Die **roten** Kästen (Störungsbild, Forscherpersönlichkeit, Vertiefung, Exkurs) lassen das Wissen lebendig werden

Fit für die Prüfung: Lila Merkkästen und Zusammenfassungen dienen zum Rekapitulieren des Gelernten

---

Störungsbild

Diabetes mellitus

Der Diabetes Typ I tritt häufiger bei jungen Menschen auf, betrifft aber insgesamt nur ca. 10 % der Diabetespatienten. Hier können die sog. B-Zellen der Langerhans-Inseln, die normalerweise Insulin produzieren, z. B. durch eine Autoimmunreaktion vollständig zerstört sein.

Die häufigere Diabetesform, der sog. Diabetes Typ II oder Altersdiabetes, beruht v. a. auf einer Verminderung der Empfindlichkeit der Zielgewebe gegenüber dem Insulin (Insulinresistenz). Diese Erkrankung geht v. a. auf übermäßige Nahrungszufuhr und zu wenig Bewegung – gekoppelt mit einer entsprechenden genetischen Disposition – zurück.

---

meist unvollständig ist. Das Intervall zwischen zwei Schüben kann zwischen wenigen Monaten und 1–2 Jahren liegen. Diese Perioden können aber auch in seltenen Fällen eine Dauer von 10–15 Jahre haben.

Bei einem Teil der Patienten (ca. 20 %) findet sich der sog. chronisch-progrediente Verlauf. Hier liegt eine kontinuierliche Verschlechterung des Krankheitsbildes vor. Zwar kann es auch hier zu schubweisen Verschlechterungen kommen, Remissionen kommen allerdings nicht vor.

Symptomatik. Zu Beginn treten häufig flüchtige Augenmuskellähmungen mit Doppelbildern auf. Die Sensibilität ist fast immer gestört. Häufig werden andauernde Missempfindungen berichtet: Taubheit, Pelzigkeit oder Kribbeln, vor allem in Händen und Füßen. Schmerzen sind dagegen selten. Später stehen dann die Lähmungen im Bereich des Bewegungsapparats im Vordergrund. Im weiteren Verlauf können sich psychische Auffälligkeiten v. a. im kognitiven Bereich einstellen.

Krankheitsursachen. Die MS ist vermutlich multifaktoriell verursacht, d. h., der Ausbruch der Erkrankung dürfte auf mehrere Faktoren zurückzuführen sein, die sich je nach Individuum unterscheiden können. Genetische Faktoren spielen vermutlich eine prädisponierende Rolle. Seit einigen Jahren mehren sich die Hinweise darauf, dass es sich um eine Autoimmunerkrankung handeln könnte, bei der das Immunsystem myelinbildende Zellen fälschlich als fremd erkennt und angreift.

Therapie. Eine ursächliche Therapie der MS, die zur Heilung führen würde, ist bis heute nicht verfügbar. Die derzeit angewandte Pharmakotherapie kann aller-

---

! Über die gesamte Zellmembran hinweg besteht eine Potenzialdifferenz infolge unterschiedlicher Konzentrationen geladener Teilchen zu beiden Seiten der Membran – das Membranpotenzial. Die Zelle ist im Ruhezustand gegenüber der Umgebung negativ geladen. Das negative Ruhepotenzial einer Nervenzelle beträgt ca. –70 mV.

einer großen Patientenstichprobe zeigte sich etwa, dass nach einer mittleren Krankheitsdauer von etwa 15 Jahren zwar Beeinträchtigungen der Motorik vorliegen, die maximale Gehstrecke der Patienten aber noch nicht eingeschränkt ist. Der Anteil der Patienten mit einer benignen (gutartigen) MS bewegt sich zwischen 20 und 40 %. Hier liegt auch nach 10-jähriger Krankheitsdauer keine oder nur eine geringgrad Behinderung vor.

Zusammenfassung

Im Nervensystem des Menschen gibt es als zweite Zelltyp neben den Nervenzellen die Gliazellen. Im Gehirn befinden sich etwa zehnmal so viele Gliazellen wie Neuronen. Die wichtigsten Funktionen der Gliazellen sind:
▶ Während der Entwicklung des Nervensystems wirken Gliazellen beim Wachstum der Neuronen mit.
▶ Sie dienen als Stützelemente im Nervensystem.
▶ Sie wirken beim Abtransport von Abbaustoffen bzw. von abgestorbenen Neuronen mit.
▶ Sie tragen zur Aufrechterhaltung des elektrischen Potenzials der Nervenzelle bei.
▶ Bestimmte Typen von Gliazellen bilden das sog. Myelin.
▶ Beim Aufbau der sog. Blut-Hirn-Schranke wirken Gliazellen mit.

Weiterführende Literatur

Dudel, J., Menzel, R. & Schmidt, R. F. (Hrsg.). (2001). Neurowissenschaft: Vom Molekül zur Kognition (2. Aufl.). Berlin: Springer-Verlag.
Klinke, R., Pape, H.-C., Kurtz, A. & Silbernagl, S. (2010). Physiologie (6. Aufl.). Stuttgart: Thieme.
Schmidt, R. F., Lang, F. & Heckmann, M. (2007). Physiologie des Menschen. Mit Pathophysiologie (30. Aufl.). Berlin: Springer-Verlag.
Thews, G., Mutschler, E. & Vaupel, P. (2007). Anatomie, Physiologie, Pathophysiologie des Menschen (6. Aufl.). Stuttgart: Wissenschaftliche Verlagsgesellschaft mbH.

Weiterführende Literatur: Hier können Sie noch tiefer einsteigen

4.1 Elektrische Ladung von Nervenzellen | 61

In aller Kürze: Abkürzungsverzeichnis auf S. 569

Online-Materialien unter www.beltz.de
▶ Multiple-Choice-Quiz
▶ Deutsch-englisches Glossar mit über 600 Fachbegriffen
▶ Kommentierte Links

Schandry

Biologische Psychologie

Rainer Schandry

Biologische Psychologie

3., vollständig überarbeitete Auflage

Anschrift des Autors:

Prof. Dr. Rainer Schandry
Universität München
Department Psychologie
Abt. Biologische Psychologie
Leopoldstr. 13
80802 München

Das Werk und seine Teile sind urheberrechtlich geschützt. Jede Nutzung in anderen als den gesetzlich zugelassenen Fällen bedarf der vorherigen schriftlichen Einwilligung des Verlages. Hinweis zu § 52 a UrhG: Weder das Werk noch seine Teile dürfen ohne eine solche Einwilligung eingescannt und in ein Netzwerk eingestellt werden. Dies gilt auch für Intranets von Schulen und sonstigen Bildungseinrichtungen.

3., vollständig überarbeitete Auflage 2011

1. Auflage 2003, Psychologie Verlags Union, Weinheim
2., überarbeitete Auflage 2006, Psychologie Verlags Union, Weinheim

© Beltz Verlag, Weinheim, Basel 2011
Programm PVU Psychologie Verlags Union
http://www.beltz.de

Herstellung: Sonja Frank
Lektorat: Reiner Klähn
Umschlaggestaltung: Torge Stoffers, Leipzig
Umschlagbild: mauritius images, Frankfurt; iStockphoto, Calgary, Kanada
Satz: Reemers Publishing Services GmbH, Krefeld
Druck: appl druck GmbH & Co. KG, Wemding
Bindung: Druckhaus »Thomas Müntzer«, Bad Langensalza

Printed in Germany

ISBN 978-3-621-27683-2

Inhaltsübersicht

	Vorwort zur 3. Auflage	19
1	Einleitung	21
2	Gene und Verhalten	28
3	Bausteine des Nervensystems – Neuronen und Gliazellen	46
4	Zelluläre Basis der Informationsverarbeitung im Nervensystem	61
5	Zusammenwirken von Nervenzellen – Informationsübertragung und -verarbeitung	83
6	Aufbau und Funktion des Nervensystems	108
7	Steuerung vegetativer Funktionen	162
8	Hormonsystem	177
9	Bewegung	196
10	Allgemeine Sinnesphysiologie	217
11	Somatosensorik	229
12	Visuelles System	240
13	Gehör	265
14	Gleichgewichts-, Bewegungs- und Lagesinn	277
15	Riechen, Schmecken und allgemeiner chemischer Sinn	282
16	Schmerz	293
17	Stress	318

18	Sexualität und geschlechtsspezifisches Verhalten	330
19	Rhythmen des Verhaltens	359
20	Schlaf und Traum	370
21	Psychische Störungen – Transmitterprozesse und Psychopharmakotherapie	396
22	Drogenabhängigkeit	424
23	Emotionen	456
24	Lernen und Gedächtnis	467
25	Sprache und Lateralisierung von Gehirnfunktionen	493
26	Methoden der Biologischen Psychologie	516

Glossar	546
Abkürzungsverzeichnis	569
Literaturverzeichnis	571
Hinweise zu den Online-Materialien	573
Quellenverzeichnis	574
Namensverzeichnis	577
Sachverzeichnis	578

Inhalt

Vorwort zur 3. Auflage		19
1	**Einleitung**	21
2	**Gene und Verhalten**	28
2.1	**Gene und Proteine**	28
2.2	**Der genetische Code**	29
2.3	**Gene und Chromosomen**	32
2.4	**Die Proteinsynthese**	33
	2.4.1 Ablesen der Information durch Transkription	33
	2.4.2 Proteinsynthese durch Translation und Transfer	34
	2.4.3 Welche Proteine produziert eine Zelle?	34
2.5	**Weitergabe der genetischen Information in Körperzellen und Keimzellen**	35
	2.5.1 Zellzyklus der Körperzellen	35
	2.5.2 Bildung der Keimzellen	35
2.6	**Klassische Genetik**	37
2.7	**Mutation und Evolution**	39
2.8	**Humangenetik und Pathogenetik**	40
2.9	**Gene und psychische Vorgänge**	43
2.10	**Gentechnik**	44
3	**Bausteine des Nervensystems – Neuronen und Gliazellen**	46
3.1	**Aufbau und Elemente des Neurons**	46
	3.1.1 Das Neuron als Spezialisierung der tierischen Zelle	46
	3.1.2 Die äußere Gestalt der Neuronen	51
3.2	**Gliazellen**	56
	3.2.1 Oligodendrozyten	57
	3.2.2 Schwann-Zellen	57
	3.2.3 Astrozyten	57
	3.2.4 Blut-Hirn-Schranke	58
	3.2.5 Mikroglia	58
	3.2.6 Gliazellen und die Entwicklung des Nervensystems	59
	3.2.7 Die multiple Sklerose – eine Demyelinisierungserkrankung	59

4 Zelluläre Basis der Informationsverarbeitung im Nervensystem 61

4.1	**Elektrische Ladung von Nervenzellen**	61
4.2	**Ionenwirksame Kräfte**	64
	4.2.1 Elektrische Kräfte auf Ionen	64
	4.2.2 Diffusionskräfte auf die Ionen	65
4.3	**Passiver Transport von Stoffen durch die Zellmembran**	67
	4.3.1 Ionenkanäle als Verbindung zwischen dem Zellinneren und dem Extrazellulärraum	67
	4.3.2 Schnelle Passage durch Ionenkanäle	68
	4.3.3 Selektivität der Ionenkanäle	68
	4.3.4 Einflüsse auf den Zustand von Ionenkanälen	69
4.4	**Aktiver Transport durch die Membran – die Natrium-Kalium-Pumpe**	69
4.5	**Der Transport elektrischer Signale längs der Nervenzellmembran**	72
	4.5.1 Passive Leitung	72
	4.5.2 Das Aktionspotenzial	74
4.6	**Spontan aktive Neuronen**	81

5 Zusammenwirken von Nervenzellen – Informationsübertragung und -verarbeitung 83

5.1	**Die Grundlagen der Erregungsübertragung an der chemischen Synapse**	84
	5.1.1 Transmitterfreisetzung durch Verschmelzung der Vesikel mit der präsynaptischen Membran	85
	5.1.2 Reaktion der Transmittersubstanz mit den Rezeptoren	87
	5.1.3 Ligandengesteuerte Ionenkanäle – ionotroper Rezeptor	87
	5.1.4 G-Protein-gekoppelter Ionenkanal – metabotroper Rezeptor	88
5.2	**Wichtige Transmitter-Rezeptor-Systeme**	90
	5.2.1 Acetylcholin und seine Rezeptoren	90
	5.2.2 Die Gruppe der Katecholamine	93
	5.2.3 Serotonin	96
	5.2.4 Glutamat und Aspartat	97
	5.2.5 γ-Aminobuttersäure (GABA) und Glycin	98
5.3	**Neuropeptide**	100
5.4	**Die neuronale Integration von Information**	100
	5.4.1 Exzitatorische und inhibitorische postsynaptische Potenziale	101
	5.4.2 Folgeprozesse der Depolarisation am Zielneuron	101
	5.4.3 »Lernfähigkeit« der Synapse und neuronale Plastizität	105

6 Aufbau und Funktion des Nervensystems 108

6.1	**Wichtige anatomische Bezeichnungen von Orientierung und Lage im Raum**	109
6.2	**Anatomische Grobgliederung des Nervensystems**	110
6.3	**Rückenmark**	111

6.4	**Das Gehirn**	116
6.4.1	Liquor- und Gefäßsystem des Gehirns	118
6.4.2	Die Medulla oblongata	118
6.4.3	Die Brücke	119
6.4.4	Das Kleinhirn	120
6.4.5	Formatio reticularis	121
6.4.6	Das Mittelhirn	125
6.4.7	Die Hirnnerven	126
6.4.8	Das Zwischenhirn	128
6.4.9	Das Endhirn – subkortikale Strukturen	137
6.4.10	Das Endhirn – kortikale Strukturen	143
6.4.11	Die weiße Substanz des Großhirns	160

7 Steuerung vegetativer Funktionen 162

7.1	**Einführung**	162
7.2	**Subsysteme des vegetativen Nervensystems: Sympathikus, Parasympathikus und Darmnervensystem**	164
7.2.1	Neuroanatomie und -chemie des sympathischen und parasympathischen Nervensystems	168
7.2.2	Besonderheiten der synaptischen Endigungen im vegetativen Nervensystem	171
7.3	**Die Transmitter im vegetativen Nervensystem**	172
7.4	**Vegetatives Nervensystem und Immunsystem**	175
7.5	**Viszerale Afferenzen**	175

8 Hormonsystem 177

8.1	**Grundprinzipien hormoneller Reaktion**	177
8.2	**Basismechanismen der Signaltransduktion**	178
8.2.1	Bedeutung der chemischen Struktur für die Interaktion mit der Zielzelle	178
8.2.2	Hormonelle Übertragungswege	180
8.3	**Strukturell unterscheidbare Hormonklassen**	181
8.3.1	Klassifizierung nach chemischer Struktur	181
8.3.2	Klassifizierung nach Bildungsort	182
8.4	**Regulation der hormonellen Aktivität**	183
8.4.1	Beeinflussung der Hormonproduktion	183
8.4.2	Transport, Bindung und Abbau von Hormonen	183
8.5	**Wichtige hormonproduzierende Organe**	184
8.5.1	Das Hypothalamus-Hypophysen-System: Steuerung zahlreicher endokriner Prozesse	184
8.5.2	Bauchspeicheldrüse: Regulation des Stoffwechsels	189
8.5.3	Schilddrüse	190
8.5.4	Nebenniere	191
8.5.5	Keimdrüsen	192
8.5.6	Weitere Orte der Hormonbildung	192

9 Bewegung 196

9.1	**Der Muskel**	196
	9.1.1 Die quergestreifte Muskulatur	196
	9.1.2 Die glatte Muskulatur	198
9.2	**Die motorische Einheit**	199
9.3	**Afferenzen aus dem Bereich der Muskulatur**	202
9.4	**Motorische Steuerung auf Rückenmarksebene**	203
	9.4.1 Rückenmarksreflexe	203
	9.4.2 Hemmungsmechanismen auf spinaler Ebene	205
9.5	**Motorische Steuerung auf der Ebene des Gehirns**	207
	9.5.1 Die Pyramidenbahn	208
	9.5.2 Motoriksteuerung außerhalb des Pyramidenbahnsystems	209
	9.5.3 Motorische Kortexareale	213

10 Allgemeine Sinnesphysiologie 217

10.1	**Sinnesempfindungen und Psychophysik**	217
	10.1.1 Empfindung und Wahrnehmung	217
	10.1.2 Psychophysik	218
10.2	**Objektive Sinnesphysiologie**	223
	10.2.1 Sinnesorgane und Sinneszellen	224
	10.2.2 Rezeptive Felder	226
	10.2.3 Organisationsschema von Sinneskanälen	227

11 Somatosensorik 229

11.1	**Tastsinn – taktile Sensorik**	229
	11.1.1 Periphere Prozesse beim Tastsinn	230
	11.1.2 Zentrale Weiterleitung der Somatosensibilität	234
11.2	**Der Temperatursinn**	236
	11.2.1 Sensoren des Temperatursinns	236
	11.2.2 Hitze- und Kälteschmerz	237
	11.2.3 Dynamik der Temperaturwahrnehmung	237
	11.2.4 Zentralnervöse Weiterleitung von Temperatursignalen	237
11.3	**Tiefensensibilität**	237
	11.3.1 Sensorik des Bewegungsapparats	237
	11.3.2 Tiefenschmerz	238

12 Visuelles System 240

12.1	Visueller Reiz – das Licht	240
12.2	Anatomischer Aufbau des Auges	240
12.3	Die Leistungen des Auges als optischer Apparat	242
12.3.1	Akkomodation	242
12.3.2	Die Regulation des Lichteinfalls	242
12.4	Aufbau der Netzhaut	243
12.5	Molekulare Vorgänge in den Photorezeptoren	245
12.5.1	Photochemische Prozesse beim Lichteinfall	245
12.5.2	Adaptation als Leistung der Photorezeptoren	246
12.6	Signalverarbeitung auf der Ebene des retinalen Neuronennetzwerks	248
12.6.1	Rezeptive Felder der Netzhautneuronen	249
12.6.2	Drei Grundtypen von Ganglienzellen	250
12.6.3	Die retinale Basis der Sehschärfe	251
12.6.4	Netzhautprozesse beim Farbensehen	251
12.7	Die Sehbahn	255
12.7.1	Nucleus suprachiasmaticus des Hypothalamus und prätektale Mittelhirnregion	255
12.7.2	Colliculi superiores	255
12.7.3	Funktion und Aufgaben des Corpus geniculatum laterale	256
12.8	Verarbeitung visueller Information im Kortex	257
12.8.1	Der primäre visuelle Kortex	257
12.8.2	Komplexe Aufgaben der visuellen Kortexareale im Anschluss an V1	260
12.9	Räumliches Sehen: Stereoskopie und Tiefenwahrnehmung	261
12.10	Sehstörungen als Folge zerebraler Schädigungen	263

13 Gehör 265

13.1	Der Schall	265
13.2	Aufbau des Ohrs	266
13.2.1	Das äußere Ohr	266
13.2.2	Das Mittelohr	266
13.2.3	Das Innenohr	268
13.3	Sinnesempfindungen bei akustischer Reizung	270
13.3.1	Der Schalltransduktionsprozess durch das Corti-Organ	270
13.3.2	Kodierung der Schallfrequenz	271
13.3.3	Verarbeitung akustischer Information im Gehirn	272

14 Gleichgewichts-, Bewegungs- und Lagesinn 277

14.1	Aufbau und Funktion des Vestibularorgans	277
14.1.1	Registrierung von geradlinigen Beschleunigungen über die Makulaorgane	277
14.1.2	Registrierung von Drehbewegungen durch die Bogengänge	279
14.2	Zentrale Weiterverarbeitung der vestibulären Information	281

15 Riechen, Schmecken und allgemeiner chemischer Sinn 282

15.1 Geruch 282
15.1.1 Olfaktorische Sensoren 283
15.1.2 Die zentrale Riechbahn 284
15.1.3 Pheromone und das vomeronasale Organ 286
15.2 Geschmack – das gustatorische System 287
15.2.1 Die Grundqualitäten des Geschmacks 287
15.2.2 Die Geschmackssensoren 289
15.2.3 Die Geschmacksbahn 291
15.2.4 Störungen des Geschmackssinns 292
15.3 Allgemeiner chemischer Sinn 292

16 Schmerz 293

16.1 Das nozizeptive System 294
16.1.1 Registrierung schmerzauslösender Reize durch Nozizeptoren 294
16.1.2 Zentralnervöse Schmerzverarbeitung 296
16.1.3 Neuronale Mechanismen der Schmerzhemmung 298
16.2 Experimentelle Schmerzforschung 302
16.2.1 Schmerzinduktion 302
16.2.2 Methoden der Schmerzmessung (Algesimetrie) 303
16.3 Besondere Schmerzformen 306
16.3.1 Chronischer Schmerz 306
16.3.2 Projizierter Schmerz 307
16.3.3 Übertragener Schmerz 307
16.3.4 Phantomschmerz 308
16.4 Schmerztherapien 309
16.4.1 Medikamentöse Therapie 309
16.4.2 Nervenblockade und Lokalanästhesie 311
16.4.3 Gegenstimulationsverfahren 311
16.4.4 Biofeedback 313
16.4.5 Neurochirurgische Therapie 315

17 Stress 318

17.1 Die Stressreaktion 318
17.1.1 Beobachtungen zu Stressfolgen im Tierreich 319
17.1.2 Die Physiologie der Stressreaktion 320
17.2 Stress und Immunsystem 323
17.2.1 Immunabwehr 323
17.2.2 Allergie 325
17.3 Stressbezogene körperliche Erkrankungen 326
17.3.1 Herz-Kreislauf-Krankheiten 327
17.3.2 Stress und Magengeschwür 327
17.4 Stress und psychische Störungen 329

18 Sexualität und geschlechtsspezifisches Verhalten 330

18.1 Neurobiologie des Sexualverhaltens – zerebrale Strukturen und Geschlechtshormone 330
18.1.1 Zerebrale Steuerungszentren für das Sexualverhalten 331
18.1.2 Sexualhormone 331
18.1.3 Gonadotropine, Prolaktin und Oxytocin 332
18.1.4 Steroidale Sexualhormone 333

18.2 Sexuelles Verhalten 336
18.2.1 Einflussfaktoren auf das Sexualverhalten 336
18.2.2 Kohabitation und Ablauf der sexuellen Reaktion 338

18.3 Der weibliche Monatszyklus 341
18.3.1 Die periodischen Veränderungen während des Monatszyklus 341
18.3.2 Das prämenstruelle Syndrom 342

18.4 Hormonelle Empfängnisverhütung 343

18.5 Empfängnis, Schwangerschaft, Geburt 344
18.5.1 Befruchtung 344
18.5.2 Entwicklung des Ungeborenen 345
18.5.3 Schwangerschaftsbedingte Umstellungsprozesse im Körper der Frau 345
18.5.4 Entwicklung des Fetus 346
18.5.5 Die Geburt 346

18.6 Geschlechtsspezifische Entwicklung über die Lebensspanne 348
18.6.1 Bedeutung des Testosterons bei der Embryonalentwicklung 348
18.6.2 Sonderformen der Geschlechtsentwicklung 349
18.6.3 Die Pubertät 350
18.6.4 Klimakterium 351

18.7 Weibliches Gehirn, männliches Gehirn? 352
18.7.1 Morphologische und hormonelle Unterschiede 352
18.7.2 Unterschiede in psychischen Funktionen 353
18.7.3 Der Einfluss der Sexualhormone auf psychische Prozesse 353

18.8 Homosexualität 354

18.9 Sexuelle Funktionsstörungen 355
18.9.1 Verminderte sexuelle Appetenz 356
18.9.2 Erektionsstörungen 356
18.9.3 Ejaculatio praecox 357
18.9.4 Orgasmusstörungen bei Frauen 357
18.9.5 Störungen mit sexuell bedingten Schmerzen 358

19 Rhythmen des Verhaltens 359

19.1 Die neurobiologische Basis von biologischen Rhythmen 359
19.1.1 Innere Uhren bei tierischen Organismen 360
19.1.2 Zellbiologische Basismechanismen für die Erzeugung von Oszillationen 361

19.2 Die zirkadiane Periodik als dominierender Rhythmus beim Menschen 362
19.2.1 Experimente zur zirkadianen inneren Uhr 363
19.2.2 Der Nucleus suprachiasmaticus als zentraler zirkadianer Taktgeber 364
19.2.3 Einflüsse externer Zeitgeber auf die zirkadiane Uhr 366

19.3 Der Basic Rest Activity Cycle als stabiler ultradianer Rhythmus 368

20 Schlaf und Traum

370

20.1 Die Funktion des Schlafs: Erholungsmechanismus oder evolutionäre Anpassung?
370

20.1.1 Der Schlaf als Reparatur- und Erholungsphase? 370
20.1.2 Schlaf als Ergebnis eines evolutionären Anpassungsprozesses? 371
20.1.3 Schlafverhalten als individuelles Merkmal 371

20.2 Methodik der Schlafbeobachtung
372

20.2.1 Historisches 372
20.2.2 Die Untersuchung im Schlaflabor 372

20.3 Schlafstadien
374

20.3.1 REM-Stadium 375
20.3.2 Schlafperiodik 376

20.4 Neurobiologie des Schlafs
377

20.4.1 Die »Schlafstoff«-Hypothese 377
20.4.2 Das Zweiprozessmodell des Schlafs 377
20.4.3 Aktivierungsmodulierende Strukturen der Schlaf-Wach-Regulation 379
20.4.4 Melatonin 380
20.4.5 Die Regulation von REM- und Slow-Wave-Schlaf 381

20.5 REM-Schlaf als besonderer psychophysischer Zustand
383

20.5.1 Die biologische Bedeutung des REM-Schlafs 383
20.5.2 Weshalb gerade im REM-Schlaf Träume? 384
20.5.3 Fördert Schlaf Lernen und Gedächtnis? 385

20.6 Schlafdeprivation und ihre Folgen
386

20.7 Schlafstörungen
388

20.7.1 Schlafmangel und Schlafunterbrechung – Insomnien 388
20.7.2 Substanzinduzierte Insomnien 391
20.7.3 Insomnie und Depression 392

20.8 Parasomnien
392

20.9 Hypersomnien
393

20.9.1 Idiopathische Hypersomnie 393
20.9.2 Narkolepsie 393
20.9.3 Das Schlafapnoe-Syndrom 393

21 Psychische Störungen – Transmitterprozesse und Psychopharmakotherapie

396

21.1 Transmitterprozesse und psychische Erkrankungen
396

21.1.1 Der neurochemische Ansatz in der Biologischen Psychiatrie 396
21.1.2 Wichtige Verfahren zum Studium von Transmitterprozessen 397
21.1.3 Serotonin und psychische Störungen 398
21.1.4 Noradrenalin und sein Bezug zur Depression 403
21.1.5 GABA und sein Bezug zu Angststörungen 404
21.1.6 Dopamin und sein Zusammenhang mit schizophrenen Psychosen 406
21.1.7 Acetylcholin und sein Zusammenhang mit Demenz 408

21.2	**Psychopharmakotherapie**	412
21.2.1	Historie und Grundprinzipien der Psychopharmakotherapie	412
21.2.2	Antidepressiva	414
21.2.3	Phasenprophylaktika: Lithium und Carbamazepin	417
21.2.4	Neuroleptika	418
21.2.5	Tranquillanzien	419
21.2.6	Hypnotika	421
21.2.7	Nootropika	422

22 Drogenabhängigkeit 424

22.1	**Zentrale Begriffe**	424
22.1.1	Drogen und Drogensucht	424
22.1.2	Abhängigkeit	424
22.1.3	Toleranz	425
22.2	**Neurobiologie der Abhängigkeit**	425
22.2.1	Das »Belohnungssystem« des Gehirns und die subjektive Drogenwirkung	425
22.2.2	Einfluss des Drogenmissbrauchs auf die Genexpression in Gehirnzellen	428
22.3	**Alkohol**	429
22.3.1	Alkoholmissbrauch als gesundheitspolitische Herausforderung	430
22.3.2	Alkoholwirkungen	430
22.3.3	Alkoholabhängigkeit	433
22.4	**Nikotin**	436
22.4.1	Gefahren des Rauchens	437
22.4.2	Die psychoaktive Wirkung des Nikotins	439
22.4.3	Behandlung der Nikotinabhängigkeit	439
22.5	**Kokain**	440
22.5.1	Die Effekte der Kokainaufnahme	441
22.5.2	Kokain als Suchtdroge	441
22.6	**Opiate**	443
22.6.1	Opiate als Suchtdrogen	444
22.6.2	Behandlung der Opiatabhängigkeit	447
22.7	**Halluzinogene**	448
22.7.1	Die wichtigsten Halluzinogene	449
22.7.2	Ecstasy	450
22.8	**Cannabis**	452
22.8.1	Cannabiswirkung	453
22.8.2	Neurobiologie der Cannabiswirkung	453
22.8.3	Cannabis, eine Suchtdroge?	454

23 Emotionen

23.1 Emotionen und Gehirnprozesse
23.1.1 Das limbische System
23.1.2 Der präfrontale Kortex
23.1.3 Der Hippocampus
23.1.4 Der anteriore Gyrus cinguli
23.1.5 Die Inselrinde als Schaltstelle zwischen Emotion und Vegetativum
23.1.6 Biochemie der Emotionen
23.2 Emotionales Geschehen und peripher-physiologische Prozesse
23.2.1 Physiologische Prozesse und Emotionstheorien
23.2.2 Mimik und Emotionen

24 Lernen und Gedächtnis

24.1 Typen des Lernens
24.1.1 Nichtassoziatives Lernen
24.1.2 Assoziatives Lernen
24.2 Erkenntnisse zu Habituation, Sensitivierung und klassischer Konditionierung bei einfachen Organismen
24.2.1 Habituation
24.2.2 Sensitivierung
24.2.3 Klassische Konditionierung in Aplysia
24.3 Klassische Konditionierung des Lidschlags am Säugetiermodell
24.4 Die zelluläre Basis für Gedächtnis und Lernen im Hippocampus
24.4.1 Langzeitpotenzierung und Konditionierung von Hippocampusneuronen
24.4.2 Subsynaptische Einzelprozesse für morphologische Veränderungen
24.4.3 Langzeitdepression
24.5 Die neuronale Basis des operanten Konditionierens
24.5.1 Die zellulären Grundlagen des operanten Konditionierens
24.5.2 Belohnungssysteme im Gehirn
24.6 Gedächtnisleistungen und Gehirnstrukturen
24.6.1 Verschiedene Gedächtnistypen
24.6.2 Die zeitliche Dimension des Gedächtnisses
24.6.3 Strukturierung des Langzeitgedächtnisses unter inhaltlichen Aspekten
24.6.4 Beim deklarativen Gedächtnis involvierte Gehirnstrukturen
24.6.5 Beim prozeduralen Gedächtnis involvierte Gehirnstrukturen

25 Sprache und Lateralisierung von Gehirnfunktionen

25.1 Sprache als außergewöhnliche mentale Leistung
25.2 »Sprache« bei Tieren
25.2.1 Kommunikationssysteme in der Tierwelt
25.2.2 Können Tiere den Gebrauch einer »Sprache« erlernen?

25.3	**Basiselemente der Sprachproduktion und -wahrnehmung**	495
	25.3.1 Aufbau gesprochener Sprache	495
	25.3.2 Frühe Sprachanalyse	496
25.4	**Sprachrelevante Hirnregionen**	496
25.5	**Die wichtigsten traditionellen Aphasieklassen**	501
	25.5.1 Broca-Aphasie	501
	25.5.2 Wernicke-Aphasie	503
	25.5.3 Leitungsaphasie	503
	25.5.4 Globale Aphasie	503
	25.5.5 Transkortikale Aphasien	504
25.6	**Lese- und Schreibstörungen**	504
	25.6.1 Alexie und Agraphie	504
	25.6.2 Dyslexie	505
25.7	**Funktionelle Hemisphärenasymmetrie — Lateralität**	506
	25.7.1 Anatomische Differenzen zwischen den Hemisphären	507
	25.7.2 Methoden zur Lateralitätsprüfung und typische Ergebnisse	508
	25.7.3 Überprüfung der Lateralität bei gesunden Personen	511
	25.7.4 Die Bedeutung der Hemisphärenspezialisierung für einzelne Funktionen	512

26 Methoden der Biologischen Psychologie 516

26.1	**Die Untersuchung von Aufbau und Funktion der Nervenzelle**	516
	26.1.1 Mikroskopische Methoden	516
	26.1.2 Färbemethoden	517
	26.1.3 Weitere Techniken zur Sichtbarmachung von Zellen und Zellbestandteilen	517
26.2	**Gehirnelektrische Aktivität und Elektroenzephalogramm**	518
	26.2.1 Typen der EEG-Aktivität	519
	26.2.2 Physiologische Grundlagen des EEG	523
	26.2.3 EEG-Registrierung, Auswertung und Kennwertebildung	525
	26.2.4 Räumliche EEG-Analyse und »Brain-Mapping«	530
26.3	**Magnetoenzephalographie**	530
26.4	**Bildgebende Verfahren**	531
	26.4.1 Bildgebung mit Röntgenstrahlen	531
	26.4.2 Magnetresonanztomographie	533
	26.4.3 Magnetresonanzspektroskopie	535
	26.4.4 Positronenemissionstomographie	536
	26.4.5 Single-Photon-Emissions-Computertomographie	537
26.5	**Transkranielle Magnetstimulation**	538
26.6	**Psychophysiologische Indikatoren des vegetativen und muskulären Systems**	539
	26.6.1 Herz-Kreislauf-Aktivität	540
	26.6.2 Elektrodermale Aktivität	543
	26.6.3 Muskuläre Aktivität	543
	26.6.4 Okuläre Prozesse	544

Glossar	546
Abkürzungsverzeichnis	569
Literaturverzeichnis	571
Hinweise zu den Online-Materialien	573
Quellenverzeichnis	574
Namensverzeichnis	577
Sachverzeichnis	578

Vorwort zur 3. Auflage

Seit mehreren Jahren vollzieht sich in unserem Fachgebiet ein faszinierender Prozess: Man kann beobachten, wie die Psychologie als bisher stark geisteswissenschaftlich orientiertes Fach dank der Ergebnisse der Neurowissenschaften ein verbreitertes Fundament erhält. Zur Erklärung einer immer größeren Zahl psychischer Phänomene (wie Lernen, Gedächtnis, Emotion, Motivation, psychische Störungen) werden neurobiologische Befunde herangezogen. Auf der Basis dieses Fundaments eröffnen sich vielfältige Entwicklungsmöglichkeiten der Psychologie (etwa in der Kognitiven, der Klinischen und der Differenziellen Psychologie), die dem Fach ein neues Gepräge geben. Ich hoffe, es ist mir mit diesem Buch gelungen, auch ein wenig von der Faszination dieser neurowissenschaftlichen Herangehensweise an die Psychologie zu vermitteln.

Als Lehrbuch richtet sich dieses Werk in erster Linie an Studierende der Psychologie im Haupt- und Nebenfach. Daneben kann es auch Lesern aus den Nachbardisziplinen und interessierten Laien einen fundierten Einblick in das Fach Biologische Psychologie geben. Für den letztgenannten Leserkreis dürfte von Bedeutung sein, dass zum Verständnis des Textes kaum psychologische, biologische oder medizinische Vorkenntnisse vorausgesetzt werden.

Beim Schreiben eines Lehrbuchs begibt man sich immer auf eine Gratwanderung zwischen wissenschaftlicher Fundiertheit und Präzision auf der einen Seite und größtmöglicher Verständlichkeit auf der anderen. Mein Ziel war es, die angesprochenen Themen so ausführlich darzustellen, dass sie ein abgerundetes Bild des jeweiligen Fragenkomplexes liefern. Dazu gehören gelegentlich auch Exkurse etwa in die Tierwelt oder zu psychiatrischen und neurologischen Krankheitsbildern. Aus meinen Vorlesungen zur Biologischen Psychologie weiß ich, dass diese Blicke über den Zaun des eigentlichen Fachs hinaus sehr geschätzt werden, auch wegen ihres »Erholungswerts« beim Lesen einer ansonsten systematisch aufgebauten Präsentation der Inhalte.

Die inhaltliche und formale Gestaltung des Buchs basiert auf einigen grundsätzlichen Überlegungen:

▶ Die Themenauswahl wurde so gestaltet, wie sie einer zweisemestrigen Vorlesung zur Biologischen Psychologie (auch: Physiologischen Psychologie) in etwa entspricht. Der Umfang des präsentierten Materials dürfte dagegen hier und da über das hinausgehen, was im Rahmen einer solchen Vorlesung vermittelt werden kann. Das Buch ist als Begleittext zur Vorlesung zu gebrauchen, der insbesondere auch für die Prüfungsvorbereitung im Fach Biologische Psychologie geeignet ist.

▶ Diejenigen Kapitel im zweiten Teil des Buchs, die sich mit bestimmten psychischen Phänomenen befassen wie Schmerz, Stress, Sprache, Sexualität, Drogenabhängigkeit, sind relativ ausführlich, da diese Themen innerhalb des Studiums der Psychologie (Haupt- und insbesondere Nebenfach) nicht unbedingt an anderer Stelle noch einmal als eigenständiger Unterrichtsgegenstand auftauchen müssen. Da es mir aber wichtig erscheint, dass jeder Studierende der Psychologie hier über ein abgerundetes Faktenwissen verfügt, entschloss ich mich zu einer – im Vergleich zu anderen einschlägigen Lehrbüchern – vertieften Darstellung.

▶ Es werden naturgemäß verschiedentlich wissenschaftliche Ergebnisse berichtet (ohne allerdings experimentelle Details zu referieren). Hierbei bevorzugte ich stets, Befunde aus dem Humanbereich zu schildern und tierexperimentelle Ergebnisse nur dort mitzuteilen, wo sie von ganz besonderer (evtl. auch historischer) Bedeutung sind. Auch habe ich es weitgehend vermieden, auf spekulative Interpretationen von empirischen Befunden oder auf wissenschaftliche Kontroversen einzugehen.

▶ Die berichteten Forschungsergebnisse werden nur in Ausnahmefällen durch Angabe von diesbezüglichen Literaturstellen im Text belegt. Während dies früher in Lehrbüchern die Regel war, kommt man mehr und mehr von dieser Gepflogenheit ab. Hierfür sprechen m. E. zwei Gründe: (1) Das wissenschaftliche Schrifttum zu Themen aus der Neurowissenschaft wächst mit einer enormen Geschwindigkeit an, sodass zu den meisten der Fragestellungen bereits nach Erscheinen eines Lehrbuchs schon wieder neuere Literatur vorliegt. (2) Es ist heute nahezu jedermann (insbesondere Studierenden) ohne großen Aufwand möglich, innerhalb von elektronischen Literaturdatenbanken und Internet-Suchmaschinen auf der Basis von Schlagwörtern zu einem bestimmten Thema zu recherchieren. Auf diese Weise ist stets ein Einblick in die modernste Fachliteratur zu jedwedem wissenschaftlichen Fragenkomplex möglich.

► Es finden sich an vielen Stellen, abgesetzt vom normalen Text, farbig unterlegte Kästen. Diese dienen als ein – auch optisches – Gliederungshilfsmittel für die unterschiedlichen Typen von Informationen (z. B. »Vertiefung«, »Übersicht«, »Zusammenfassung«). Insbesondere diejenigen Kastentexte, die über die Fachgrenzen hinausführen (v. a. »Exkurs«, »Forscherpersönlichkeit«, »Störungsbild«), können für sich, außerhalb des normalen Textflusses gelesen werden, was jedoch nicht heißen soll, dass sie übergangen werden sollten.

Am Ende des Buchs befindet sich ein Glossar. Hier sind wichtige Begriffe noch einmal erläutert. Dies soll das schnelle Auffinden der Definitionen von Schlüsselbegriffen erleichtern. Diese Glossarbegriffe sind im Text immer dort, wo es inhaltlich angezeigt erschien, farbig hervorgehoben. Des Weiteren sind die Quellen der zahlreichen Abbildungen übersichtlich in einem Verzeichnis im Anhang aufgeführt.

Darüber hinaus bietet die vorliegende 3. Auflage des Buchs zusätzliche Materialien, die über das Internet verfügbar sind. Den Zugang dazu finden Sie in den Hinweisen zu den Online-Materialien am Ende des Buchs (S. 573) beschrieben.

Welchen Nutzen bieten Ihnen die zusätzlichen Materialien?

Prüfungsfragen. Zu jedem Kapitel, nach Unterkapiteln gegliedert, finden Sie zahlreiche Fragen (größtenteils vom Multiple-Choice-Typ) und die richtigen Antworten dazu.

Zusammenfassungen. Kommen Sie nicht gleich auf die richtige Antwort, können Sie sich die Kurzzusammenfassungen, wiederum kapitelweise, dazu holen. Auch ist es möglich, das gesamte Kapitel anhand der Zusammenfassungen in komprimierter Form zu rekapitulieren.

Glossar. Online finden Sie auch das Glossar mit über 600 Fachbegriffen und zusätzlich deren englische Übersetzungen.

Zahlreiche Personen haben mich bei der Arbeit an diesem Buch unterstützt. Besonders will ich dankend erwähnen, dass beim Verfassen der 1. Auflage Frau Dipl.-Psych. Anja Weber wichtige inhaltliche Beiträge zu einzelnen Kapiteln geleistet hat. Bei der Entstehung der Ihnen vorliegenden 3. Auflage war die Arbeit von Herrn Reiner Klähn besonders wertvoll. Er hat als Lektor den Text in vieler Hinsicht optimiert, wofür ich ihm meinen besonderen Dank ausspreche. Der Verlagsleiterin Psychologie des Beltz Verlags, Frau Dr. Svenja Wahl, danke ich ausdrücklich für ihr Engagement und ihre zahlreichen Verbesserungsvorschläge für die 3. Auflage. Seitens der Herstellungsabteilung des Verlags hat Frau Sonja Frank in dankenswerter Weise einen wichtigen Beitrag zur graphischen Ausgestaltung des Buchs geleistet. Meinem Sohn Niklas gilt für seine Beiträge zum Kapitel »Genetik« mein herzlicher Dank. Nicht zuletzt will ich für die wertvollen Hinweise und Anregungen von zahlreichen Studierenden aus meinen Vorlesungen sowie von Lesern außerhalb meiner Universität danken.

München, im April 2011
Rainer Schandry

1 Einleitung

Die Biologische Psychologie ist dasjenige Teilgebiet der Psychologie, das zum Studium und zur Erklärung menschlichen Erlebens und Verhaltens einen biologischen Zugang wählt. Von zentraler Bedeutung sind hier neurobiologische Prozesse. Diese werden als Basisvorgänge gesehen, auf deren Grundlage unser Verständnis menschlichen Erlebens und Verhaltens erweitert werden soll.

Die Biopsychologie als Teilgebiet der Neurowissenschaft. Die Biopsychologie ist über weite Strecken als ein Teilgebiet der Neurowissenschaft zu verstehen. Letztere hat wiederum die Gesamtheit derjenigen Vorgänge zum Thema, die mit neuronalen Strukturen und Prozessen zusammenhängen. Die Verwandtschaft zwischen den Neurowissenschaften und der Biologischen Psychologie kommt auch darin zum Ausdruck, dass der Begriff »Behavioral Neuroscience« im angelsächsischen Sprachraum vermehrt als Synonym für »Biologische Psychologie« gebraucht wird.

Auffächerung des Fachs unter thematischen und methodischen Gesichtspunkten

Es existieren verschiedene Schwerpunktsetzungen in der Biologischen Psychologie. Diese unterscheiden sich in ihren zentralen Themen und – damit zusammenhängend – in den bevorzugten Forschungsmethoden. Dabei handelt es sich allerdings nicht um Teilgebiete im strengen Sinne, die sauber voneinander abgrenzbar wären und die eine Aufspaltung des Fachs in Subdisziplinen gestatten würden. Es sind eher historisch gewachsene thematische und methodische Spezialisierungen neurowissenschaftlichen Vorgehens.

Die Physiologische Psychologie. Die Physiologische Psychologie versucht in möglichst direkter Weise, Verhaltensphänomene durch Prozesse des Zentralnervensystems – insbesondere des Gehirns – zu erklären. Sie ist sehr stark grundlagenwissenschaftlich orientiert, untersucht also die Phänomene in erster Linie zum Zwecke der Theoriebildung und der Entwicklung breit einsetzbarer Erklärungsmodelle. Der unmittelbare Anwendungsaspekt steht dagegen im Hintergrund. Bei experimentellen Untersuchungen dienen hier i. Allg. Verhaltensparameter als abhängige Variablen, während auf der biologischen Ebene experimentell manipuliert wird. Dies geschieht etwa durch elektrische Stimulation, neurochemische Manipulation und chirurgische Eingriffe. Demgemäß ist das Vorgehen der Physiologischen Psychologie über weite Strecken tierexperimentell, allerdings stets mit dem Ziel, auf der Grundlage der so gewonnenen Befunde menschliches Verhalten aufzuklären. Einige Beispiele für Themen der Physiologischen Psychologie wären die Basisprozesse bei der visuellen Wahrnehmung, die Grundlagen des Lernens und die Wechselwirkung zwischen Hormonen und Verhalten.

Die Neuropsychologie. Die Neuropsychologie studiert ebenfalls den Zusammenhang zwischen menschlichem Verhalten und Gehirnprozessen. Dies geschieht hier überwiegend durch Betrachtung von Verhaltensauffälligkeiten bei Patienten mit Störungen der Gehirnfunktion. Die Gehirnschädigungen können auf Krankheiten, Verletzungen oder neurochirurgische Eingriffe zurückgehen. Durch die Zuordnung der beobachteten Verhaltensdefizite zu den (i. Allg. genau lokalisierbaren) Gehirnläsionen ist häufig ein Rückschluss auf die Bedeutung der geschädigten Region für das Verhalten beim gesunden Menschen möglich. Die Neuropsychologie ist stark anwendungsbezogen, wobei hier allerdings in hohem Maße der Ergebnisse der biopsychologischen Grundlagenforschung einfließen. Als wichtiges Anliegen hat sie die Verbesserung der Situation der betroffenen Patienten. Dazu gehört zum einen die Konstruktion und Anwendung sehr ausdifferenzierter diagnostischer Instrumente, zum anderen die Entwicklung von gezielten Rehabilitationsmaßnahmen.

Die Psychophysiologie. Die Psychophysiologie untersucht v. a., wie sich psychische Vorgänge auf der Ebene der physiologischen und biochemischen Prozesse abbilden. Sie operiert demgemäß auf einem Mehrebenenansatz menschlichen Verhaltens, der neben der subjektiv-verbalen Ebene den Bereich der körperlichen Prozesse und denjenigen des offenen motorischen Verhaltens in die Beobachtung einbezieht. Das Methodenarsenal der Psychophysiologie entstammt überwiegend medizinischer Diagnostik und schließt beispielsweise die Beobachtung hirnelektrischer Vorgänge, der Aktivität des Herz-Kreislauf-Systems, der

Muskulatur und der Haut ein. Zunehmend kommen auch bildgebende Verfahren sowie biochemische und zellbiologische Indikatoren des Hormon- und des Immunsystems zum Einsatz. Die Psychophysiologie sieht eine ihrer wichtigsten Forschungsaufgaben darin, immer empfindlichere Indikatoren bereitzustellen, die dazu geeignet sind, psychische Prozesse auf nichtverbalem Wege zu studieren. Typische Forschungsgegenstände der Psychophysiologie sind etwa die Phänomene Stress, Emotion, biologische Rhythmen, Belastung/Beanspruchung am Arbeitsplatz und die Analyse kognitiver Prozesse.

Speziell die klinische Psychophysiologie befasst sich mit den Begleiterscheinungen psychischer Erkrankungen auf der körperlichen Ebene. Dazu gehören etwa Fragen nach den Veränderungen von EEG-Reaktionen bei schizophrenen Patienten, den **vegetativen** Reaktionen bei Angstpatienten und dem Einsatz von Biofeedbackverfahren in der Schmerztherapie.

Die Psychopharmakologie. Da die meisten Psychopharmaka die Wirkung im menschlichen Organismus natürlich vorkommender Substanzen verstärken, abschwächen oder imitieren, kann die Psychopharmakologie helfen, die Bedeutung und die Wirkprinzipien körpereigener psychoaktiver Stoffe aufzuklären. Ein Hauptziel der Psychopharmakologie ist naturgemäß das Studium von Psychopharmakawirkungen. Hierbei bedient sie sich u.a. der Methoden der Psychophysiologie sowie neuropsychologischer Testverfahren.

Die verschiedenen Spezialisierungen der Biologischen Psychologie überlappen sich in vielen Bereichen. So finden sich etwa für die Psychophysiologie und die Physiologische Psychologie eine Reihe verwandter Fragestellungen. Man denke etwa an den Bereich der Schlafforschung: Ein Thema der Physiologischen Psychologie ist z.B., welche Gehirnstrukturen als Taktgeber für die periodischen Abläufe im Schlaf dienen; die Psychophysiologie wäre eher daran interessiert, wie sich die verschiedenen Schlafperioden auf der Basis physiologischer Begleitprozesse möglichst präzise identifizieren lassen und welche Bedeutung ihnen zukommt.

Entstehung der Biologischen Psychologie

Die Grundfragen der Biologischen Psychologie berühren ein zentrales Thema der menschlichen Ideengeschichte, nämlich den Zusammenhang zwischen Körper und Geist. Deren Historie wiederum ist unlösbar verbunden mit der Erforschungsgeschichte des Gehirns als des Organs des Geistes. Ein Abriss der wichtigsten diesbezüglichen Geschehnisse wird am Ende dieses Kapitels anhand einer Zeittafel gegeben.

Die Geburtsstunde der Biologischen Psychologie als einer Teildisziplin der modernen wissenschaftlichen Psychologie zu lokalisieren fällt leicht. Im Werk zweier Wissenschaftler, die als Gründerväter der heutigen Psychologie gelten können – Wilhelm Wundt (1832–1920) und William James (1842–1910) –, ist biopsychologisches Denken stets präsent.

Wundt und James hatten beide ein Medizinstudium absolviert, wobei sie sich speziell der Physiologie zugewandt hatten. Von dort aus – und gleichzeitig versehen mit einem tiefen Interesse für die Philosophie – führte beider Weg zur Psychologie. Das Thema von James' erster akademischer Lehrveranstaltung in Harvard war »Relations between Psychology and Physiology«. Die erste Vorlesung, die Wundt in eigener Verantwortung abhielt, befasste sich mit der »Psychologie als Naturwissenschaft«; sein erstes großes Werk trug den Titel »Prinzipien der Physiologischen Psychologie«. Die Geburtsstunde der modernen Psychologie war damit auch die Geburtsstunde der Biologischen Psychologie. Man ist versucht zu fragen, ob dies ein Zufall ist, der lediglich in der Biographie der beiden Männer liegt, oder ob es nur auf dieser Ausgangsbasis gelingen konnte, die Psychologie aus dem Reich der Philosophie herauszuführen, um sie in den Rang einer eigenständigen Wissenschaft zu erheben.

Biologische Psychologie und der Wandel gesellschaftlicher und humanwissenschaftlicher Rahmenbedingungen

In den westlichen Industrienationen war man während der zweiten Hälfte des 20. Jahrhunderts auf Anstrengungen in Forschung und Entwicklung v.a. im technisch-naturwissenschaftlichen Sektor konzentriert. Zentrale Aufgaben sah man etwa in der Weiterentwicklung der Kernenergietechnik, der bemannten Raumfahrt, der Elementarteilchenphysik und der Entwicklung neuer Verteidigungssysteme. Seit einigen Jahren ist jedoch auf diesen Gebieten eine kritischere Sichtweise und ein Rückgang des Engagements erkennbar. Dies ist eine Folge der sich global ändernden gesellschaftlichen und politischen Rahmenbedingungen. Damit einhergehend ist weiten Kreisen der Bevölkerung das schwerpunktmäßige Engagement für die genannten Felder nicht mehr verständlich zu machen. Es wird zunehmend erkannt – und dies insbesondere auch über die Medien vermittelt –, dass heutzutage in den Human- und Biowissenschaften ein enormer Forschungsbedarf besteht. Dies wird deutlich an einer Reihe ungelöster Probleme wie z.B. den bisher nicht einzudämmenden Suchtkrankheiten, der unkontrollierten Ausbreitung der HIV-Erkrankungen in der Dritten Welt, den nur mäßigen Erfolgen im Kampf gegen **Morbus Alzheimer**, die **Parkinsonsche Krankheit** und andere Erkrankungen des Gehirns sowie an der mangelnden Effektivität gesundheitlicher Präventionsmaßnahmen bei den großen Zivilisationskrankheiten. Viele dieser Probleme sind nur lösbar bei gemeinschaftlichem Einsatz verhaltenswissenschaftlicher und biomedizinischer Erkenntnisse und Methoden.

Nicht ohne Konsequenzen für die Akzeptanz und die Entwicklung unseres Fachs ist v.a. das Umdenken im Bereich des Gesundheitswesens. Nachdem die Medizin der letzten Jahrzehnte von einer primär technisch-apparativ ausgerichteten Diagnostik (mit unbestritten großen Erfolgen), begleitet von einer vorzugsweise pharmakologisch ausgerichteten Therapie, geprägt war, wird dies zunehmend sowohl von den Trägern der Gesundheitsversorgung als auch von den Patienten kritisch hinterfragt. Bekanntermaßen steigen, bedingt durch den technischen Aufwand, die Krankheitskosten in kaum noch bezahlbare Größenordnungen. Daneben erleben die Patienten häufig diese Art von Medizin als unangemessen und vermissen den ganzheitlichen Ansatz, der Psyche und Physis einbezieht. Die Biologische Psychologie, die sich ja nicht auf Hirnforschung beschränkt, ist eine der Basiswissenschaften der **Verhaltensmedizin**. Insbesondere für den Bereich der sog. Stresskrankheiten liefert die Biologische Psychologie in der Ausbildung der angehenden Psychologen und Mediziner das Rüstzeug für einen verhaltensmedizinischen Ansatz. Dieser ermöglicht ein tieferes Verständnis sowohl der Pathogenese zahlreicher Erkrankungen als auch der Wirkmechanismen psychosozial orientierter Therapieverfahren. Beispiele sind etwa chronische Schmerzzustände ohne organische Ursache, vegetative Dysfunktionen und Essstörungen.

Neue Untersuchungsmethoden. Für die Neurowissenschaften – und damit auch für die Biopsychologie – liegt eine günstige Fügung darin, dass gleichzeitig mit dieser Umorientierung im Gesundheitswesen eine Ära völlig neuer und aufsehenerregender Untersuchungsmethoden in der Biologischen Psychologie angebrochen ist. So ist es seit einigen Jahren möglich, Einblick in das Gehirn zu nehmen, ohne dass dazu der Schädel geöffnet werden muss, wobei Bilder von fotografischer Präzision gewonnen werden können. Damit lassen sich etwa bei Patienten mit Hirnschädigungen sehr genau die betroffenen Bereiche lokalisieren, was wiederum eine Zuordnung der gleichzeitig beobachteten Verhaltensdefizite zu diesen Bereichen gestattet. Darüber hinaus erlauben es die Verfahren der funktionellen Bildgebung, dem Gehirn quasi bei der Arbeit zuzuschauen, um z.B. zu erkennen, welche Hirnregionen bei welchen psychischen Prozessen aktiviert werden. Die modernen Methoden der Neurobiologie vermitteln uns überdies seit einigen Jahren ständig wachsende Kenntnisse darüber, wie man sich die zellulären Basisprozesse z.B. von Lernen und Gedächtnis vorzustellen hat, welche chemischen Substanzen dabei eine Rolle spielen und v.a. wie hier Vorgänge der Genausprägung zum Tragen kommen.

Ebenso bedeutungsvoll sind die Ergebnisse aus dem Bereich der **Psychoneuroimmunologie** und – damit eng verwandt – der Neuroendokrinologie. Es konnte gezeigt werden, wie direkt die Zusammenhänge zwischen Immunparametern und alltäglichen Belastungen etwa im psychosozialen Bereich sind oder wie stark einzelne Verhaltensdaten mit der Konzentration bestimmter Stresshormone kovariieren. Damit scheint die Erforschung der Entstehungsbedingungen »psychosomatischer« Krankheiten im Rahmen eines **biopsychosozialen Ansatzes** heute vielversprechender denn je.

Die zukünftige Entwicklung lässt erwarten, dass an die Neurowissenschaften und damit auch an die Biopsychologie Fragestellungen von beachtlicher Relevanz herangetragen werden. Unser Fach befindet sich an der Schnittstelle zwischen Medizin und Verhaltenswissenschaft, wobei es sich der Methoden beider Disziplinen bedient. Es ist daher stets dann besonders gefordert, wenn von den Humanwissenschaften integrative Lösungen erwartet werden.

Übersicht

Geschichte der Neurowissenschaften in Daten

In der folgenden Übersicht wird die Entwicklung der Neurowissenschaften und der maßgeblich daran beteiligten Forscher dargestellt.

4000 v. Chr. bis etwa Christi Geburt

Ca. 4000 v. Chr. Die euphorisierende Wirkung der Mohnpflanze wird in sumerischen Schriften beschrieben.

Ca. 2700 v. Chr. Die Anfänge der Akupunktur

Ca. 1700 v. Chr. Der »Edwin Smith Surgical Papyrus« wird geschrieben, die erste noch erhaltene Beschreibung des Nervensystems.

Ca. 500 v. Chr. Alkmaion von Crotona seziert sensorische Nerven.

460–379 v. Chr. Hippokrates diskutiert Epilepsie als eine Störung des Gehirns.

460–379 v. Chr. Hippokrates erklärt, dass das Gehirn bei Sinneseindrücken mitwirkt und der Sitz der Intelligenz ist.

387 v. Chr. Plato lehrt in Athen, dass das Gehirn Sitz der mentalen Vorgänge ist.

335 v. Chr. Aristoteles schreibt über den Schlaf. Er vertritt die Ansicht, dass das Herz Sitz der mentalen Vorgänge ist.

335–280 v. Chr. Herophilus – der »Vater der Anatomie« – glaubt, dass die menschliche Intelligenz ihren Sitz in den **Ventrikeln** hat.

Um Christi Geburt bis 1500

177 Galens Abhandlung »Über das Gehirn« erscheint.

1316 Mondino de'Luzzi schreibt das erste europäische Anatomielehrbuch »Anathomia«.

1410 Die erste Einrichtung für Geisteskranke wird in Valencia, Spanien, eingerichtet.

1500–1600

1504 Leonardo da Vinci stellt Wachsabdrücke der menschlichen Ventrikel her.

1543 Andreas Vesalius veröffentlicht »Über die Vorgänge im menschlichen Körper«.

1573 Constanzo Varolio ist der Erste, der das Gehirn in Schnitte zerlegt.

1590 Zacharias Janssen entwickelt ein mehrlinsiges Mikroskop.

1600–1700

1611 Lazarus Riverius veröffentlicht ein Lehrbuch über »Störungen des Bewusstseins«.

1641 Francis de la Boe Sylvius beschreibt eine Fissur auf der seitlichen Oberfläche des Gehirns (Sylvi'sche Furche).

1649 René Descartes sieht in der Zirbeldrüse das Steuerungszentrum für Körper und Geist.

1662 Rene Descartes' »De homine« wird veröffentlicht, er war bereits 1650 gestorben.

1668 L'Abbé Edme Mariotte entdeckt den Blinden Fleck.

1673 Joseph DuVerney setzt die **Ablation** von Gehirngewebe bei Tauben ein.

1700–1800

1736 Jean Astruc prägt den Ausdruck »**Reflex**«.

1791 Luigi Galvani veröffentlicht Arbeiten zur elektrischen Stimulation von Froschnerven.

1794 John Dalton beschreibt die Farbenblindheit.

1796 Johann Christian Reil beschreibt die Inselrinde.

1800–1850

1803 Friedrich Serturner isoliert **Morphin** aus Opium.

1808 Franz Joseph Gall veröffentlicht Arbeiten zur Phrenologie.

1809 Luigi Rolando benutzt galvanische Ströme, um den **Kortex** zu stimulieren.

1811 Charles Bell diskutiert funktionelle Unterschiede zwischen dorsalen und ventralen Wurzeln der Wirbelsäule.

1817 James Parkinson veröffentlicht »An Essay on the Shaking Palsy«.

1823 Marie-Jean-Pierre Flourens stellt fest, dass das **Kleinhirn** an motorischer Aktivität beteiligt ist.

1825 Jean-Baptiste Bouillaud beschreibt Fälle des Sprachverlusts nach frontalen Läsionen.

1825 Luigi Rolando beschreibt die Furche, die die Gyri praecentrales und postcentrales trennt (Rolandi-Furche).

1826 Johannes Müller veröffentlicht eine Theorie der »Spezifischen Sinnesenergien«.

1836 Marc Dax stellt seine Arbeit über die Effekte von Schäden der linken Hemisphäre auf die Sprache vor.

1836 Robert Remak beschreibt myelinisierte und unmyelinisierte Fasern.

1836 Charles Dickens (der Autor) beschreibt die »Obstruktive **Schlafapnoe**«.

1838 Robert Remak schlägt vor, dass Nervenfaser und Nervenzelle zusammenhängen.

1838 Theodor Schwann beschreibt die myelinbildende Zelle im peripheren Nervensystem (**Schwann-Zelle**).

1839 Theodor Schwann stellt die zelluläre Theorie belebter Organismen vor.

1848 Phineas Gage's Gehirn wird von einem Eisenstab durchbohrt. Im Rahmen seiner Krankengeschichte wird der erste Fall einer Frontalhirnverletzung wissenschaftlich exakt beschrieben.

1850–1900

1851 Marchese Alfonso Corti beschreibt das Innenohr im Detail (**Corti-Organ**).

1852 Hermann von Helmholtz misst die Geschwindigkeit von Nervenimpulsen beim Frosch.

1853 George Meissner beschreibt in Kapseln befindliche Nervenenden, später bekannt als **Meissner-Körperchen**.

1855 Richard Heschl beschreibt die Gyri transversales im **Temporallappen** (Heschl-Querwindungen).

1859 Charles Darwin veröffentlicht »The Origin of Species«.

1860 Albert Niemann stellt reines Kokain her.

1860 Gustav Theodor Fechner entwickelt das Fechner-Gesetz.

1861 Paul Broca diskutiert die kortikale Lateralisierung.

1865 Otto Friedrich Karl Deiters unterscheidet **Dendriten** und **Axone**.

1868 Julius Bernstein misst den Zeitverlauf des **Aktionspotenzials**.

1870 Eduard Hitzig und Gustav Fritsch entdecken das motorische Kortexareal des Hundes vermittels elektrischer Stimulation.

1871 Louis-Antoine Ranvier beschreibt die Verengungen von Nervenfasern (**Ranvier-Schnürringe**).

1872 George Huntington beschreibt die Symptome einer erblichen Chorea.

1873 Camillo Golgi veröffentlicht seine erste Arbeit über die Silbernitratmethode zur Färbung von Zellen.

1874 Robert Bartholow stimuliert menschliches kortikales Gewebe mittels Elektrostimulation.

1874 Carl Wernicke veröffentlicht »Der Aphasische Symptomencomplex«.

1875 Richard Caton zeichnet als Erster die elektrische Hirnaktivität auf.

1877 Jean-Martin Charcot veröffentlicht »Leçons sur les maladies du système nerveux«.

1878 Claude Bernard beschreibt die nerv- und muskelblockierende Wirkung von Curare.

1878 Paul Broca veröffentlicht Arbeiten über den »großen limbischen Lappen«.

1879 Wilhelm Wundt richtet ein Labor zur Untersuchung menschlichen Verhaltens ein.

1879 William James richtet das erste psychologische Labor der USA ein.

1883 Emil Kraepelin prägt die Begriffe »**Neurose**« und »**Psychose**«.

1884 Georges Gilles de la Tourette beschreibt mehrere Bewegungsstörungen (**Tourette-Syndrom**).

1887 Sergei Korsakow beschreibt Symptome, die für Alkoholiker charakteristisch sind (**Korsakow-Syndrom**).

1889 Santiago Ramon y Cajal behauptet, dass Nervenzellen voneinander unabhängige Elemente des Nervensystems sind.

1889 William His prägt den Begriff »**Dendrit**«.

1890 Wilhelm Ostwald entwickelt die Membrantheorie der Nervenleitung.

1890 William James publiziert das Buch »Principles of Psychology«, in dem seine peripher-physiologische Emotionstheorie dargestellt wird.

1891 Wilhelm von Waldeyer prägt den Begriff »**Neuron**«.

1894 Franz Nissl färbt Neuronen mit dem Violett von Dahlien.

1895 William His benutzt erstmals den Ausdruck »**Hypothalamus**«.

1896 Rudolph Albert von Kolliker prägt den Begriff »**Axon**«.

1896 Camillo Golgi entdeckt den später nach ihm benannten **Golgi-Apparat**.

1896 Joseph Babinski beschreibt den später nach ihm benannten »**Babinski-Reflex**«.

1896 Emil Kraeplin beschreibt die Dementia praecox.

1897 John Jacob Abel isoliert **Adrenalin**.

1897 Charles Scott Sherrington prägt den Begriff **Synapse**.

1898 Die Firma Bayer verkauft Heroin als Hustenmedizin.

1898 John Newport Langley prägt den Begriff »autonomes Nervensystem«.

1898 Angelo Ruffini beschreibt eingekapselte Nervenenden, später bekannt als **Ruffini-Körperchen**.

1900–1950

1903 Ivan Pawlow prägt den Begriff »konditionierter Reflex«.

1906 Alois Alzheimer beschreibt die »Präsenile Degeneration«.

1906 Camillo Golgi und Ramón y Cajal bekommen den Nobelpreis für ihre Arbeiten über die Struktur des Nervensystems.

1906 Sir Charles S. Sherrington veröffentlicht »The Integrative Action of the Nervous System«, worin er die Synapse und den **Motorkortex** beschreibt.

1907 John Langley führt das Konzept der Rezeptormoleküle ein.

1909 Harvey Cushing stimuliert als Erster den menschlichen sensorischen Kortex elektrisch.

1909 Korbinian Brodmann beschreibt 52 verschiedene kortikale Areale.

1911 Eugen Bleuler prägt den Begriff »Schizophrenie«.

1913 Edgar Douglas Adrian veröffentlicht Arbeiten über das **Alles-oder-Nichts-Prinzip** der Nervenleitung.

1 Einleitung | 25

1914 Henry Hallett Dale isoliert **Acetylcholin**.

1920 Henry Head stellt in »Studies in Neurology« die später nach ihm benannten, **Head-Zonen** vor.

1921 Otto Loewi veröffentlicht die Arbeit über den Vagusstoff.

1927 Chester Darrow studiert den galvanischen Hautreflex als erstes psychophysiologisches Maß.

1929 Hans Berger registriert das erste menschliche **Elektroenzephalogramm** (EEG).

1929 Joseph Erlanger und Herbert Spencer Gasser veröffentlichen Arbeiten zum Zusammenhang von Nervenfaserdicke und -funktion.

1930 John Carew Eccles entdeckt die zentrale Hemmung von Flexorreflexen.

1932 Max Knoll und Ernst Ruska erfinden das Elektronenmikroskop.

1932 Edgar Douglas Adrian und Charles Scott Sherrington wird der Nobelpreis für ihre Arbeiten zur Funktion von **Neuronen** verliehen.

1932 Walter Bradford Cannon prägt den Begriff »**Homöostase**«.

1936 Egas Moniz veröffentlicht Arbeiten über die erste frontale Lobotomie beim Menschen.

1936 Henry Hallett Dale und Otto Loewi erhalten gemeinsam den Nobelpreis für ihre Arbeiten über die chemische Übertragung zwischen Nerven.

1936 Walter Freeman führt die erste **Lobotomie** in den Vereinigten Staaten durch.

1936 Das erste EEG-Labor wird am Massachusetts General Hospital eingerichtet.

1937 James Papez veröffentlicht seine Arbeiten über das **limbische System**.

1938 Burrhus Frederic Skinner veröffentlicht »The Behavior of Organisms«, worin er u. a. das operante Konditionieren beschreibt.

1938 Albert Hofmann synthetisiert **LSD**.

1939 Nathaniel Kleitman veröffentlicht das Werk »Sleep and Wakefulness«.

1944 Joseph Erlanger und Herbert Spencer Gasser teilen sich den Nobelpreis für Arbeiten zu den Funktionen einzelner Nervenfasern.

1949 Egas Moniz erhält den Nobelpreis für Arbeiten über die Behandlung von bestimmten Psychosen mit Leukotomie.

1949 Walter Rudolph Hess bekommt den Nobelpreis für Arbeiten über seine »Entdeckung der funktionalen Organisation des Hypothalamus als Koordinator der Funktionen der inneren Organe«.

1949 Giuseppe Moruzzi und Horace Magoun veröffentlichen »Brain Stem Reticular Formation and Activation of the EEG«.

1949 Donald Olding Hebb veröffentlicht »The Organization of Behavior: A Neuropsychological Theory«.

Seit 1950

1950 Eugene Roberts identifiziert **GABA** im Gehirn.

1951 **MAO-Hemmer** werden zur Behandlung von Psychosen eingeführt.

1953 Eugene Aserinski und Nathaniel Kleitman beschreiben Rapid Eye Movements (**REM**).

1953 Stephen Kuffler veröffentlicht Arbeiten über die Zentrum-Umfeld-Organisation von rezeptiven Feldern retinaler **Ganglienzellen**.

1954 James Olds beschreibt die Belohnungsfunktion von elektrischer Stimulation bestimmter Gehirnregionen.

1956 Rita Levi-Montalcini und Stanley Cohen isolieren den Nerve Growth Factor (NGF).

1957 Wilder Penfield und Theodore Rasmussen stellen den motorischen und sensorischen Homunculus vor.

1960 Oleh Hornykiewicz zeigt, dass bei Parkinson-Patienten weniger **Dopamin** im Gehirn vorhanden ist.

1961 Georg von Békésy bekommt für seine Arbeiten zur Funktion der **Cochlea** den Nobelpreis verliehen.

1963 John Carew Eccles, Alan Lloyd Hodgkin und Andrew Fielding Huxley bekommen gemeinsam den Nobelpreis für Forschungsarbeiten über Mechanismen der Neuronenzellmembran.

1965 Ronald Melzack und Patrick Wall veröffentlichen die Gate-Control-Theorie des Schmerzes.

1969 Gründung der Society for Neuroscience (heute ca. 30.000 Mitglieder)

1970 Julius Axelrod, Bernard Katz und Ulf Svante von Euler teilen sich den Nobelpreis für Arbeiten über **Neurotransmitter**.

1972 Godfrey Hounsfield entwickelt die Röntgencomputertomographie.

1973 Candace Pert und Solomon Snyder weisen Opiumrezeptoren im Gehirn nach.

1973 Timothy Bliss und Terje Lomo beschreiben die **Langzeitpotenzierung**.

1974 John Hughes und Hans Kosterlitz entdecken das **Enkephalin**.

1974 Michael Phelps, Edward Hoffman und Michel Ter Pogossian entwickeln den ersten **Positronenemissionstomographie**-Scanner (PET-Scanner)

1976 Erwin Neher und Bert Sakmann entwickeln die Patch-clamp-Methode zum Studium von Membranprozessen.

1977 Roger Guillemin und Andrew Victor Schally erhalten gemeinsam den Nobelpreis für ihre Arbeiten über Peptide im Gehirn.

1981 David Hunter Hubel und Torsten Wiesel teilen sich den Nobelpreis für Arbeiten über das visuelle System.

1981 Roger Wolcott Sperry wird der Nobelpreis für seine Arbeiten über die Funktionen der Hirnhemisphären verliehen.

1986 Stanley Cohen und Rita Levi-Montalcini wird für ihre Arbeit über die Steuerung des Wachstums von Nervenzellen der Nobelpreis verliehen.

1987 Der selektive Serotonin-Wiederaufnahmehemmer Fluoxetin (»Prozac«) als Mittel gegen Depression wird eingeführt.

1990 US-Präsident George Bush erklärt das 1990 beginnende Jahrzehnt zur Decade of the Brain.

1991 Erwin Neher und Bert Sakmann erhalten gemeinsam den Nobelpreis für ihre Arbeit über die Funktion einzelner Ionenkanäle.

1993 Das die Huntington-Krankheit auslösende Gen wird identifiziert.

1994 Alfred Gilman und Martin Rodbell wird der Nobelpreis für ihre Entdeckung der G-Protein-gekoppelten Rezeptoren und ihrer Rolle beim Signaltransport in der Zelle verliehen.

2000 Arvid Carlsson, Paul Greengard und Eric Kandel erhalten den Nobelpreis für ihre Arbeiten zur Signaltransduktion im Nervensystem.

2003 Paul C. Lauterbur und Peter Mansfield erhalten den Nobelpreis für die Entwicklung der Magnetresonanztomographie (MRT).

2004 Richard Axel und Linda B. Buck bekommen den Nobelpreis für ihre Arbeiten über die zellulären und molekularbiologischen Grundlagen des Riechsystems.

2009 Thomas A. Steitz, Ada Yonath und Venkatraman Ramakrishnan erhalten den Nobelpreis für die Aufklärung der Struktur der Ribosomen.

2 Gene und Verhalten

Zahlreiche Aspekte unseres Verhaltens unterliegen genetischen Einflüssen. Dies betrifft sowohl den Bereich mentaler Funktionen wie Kognition, Emotion und Gedächtnis als auch das Gebiet psychischer Störungen. Gewichtige Argumente für die genetische Mitverursachung an der Ausprägung psychischer Funktionen liefern Studien zur Vererbung bestimmter Verhaltenselemente. Beispiele hierfür sind die zahlreichen Studien zum Auftreten psychischer Erkrankungen bei Zwillingen. Betrachtet man hier v. a. Vergleiche zwischen eineiigen und zweieiigen Zwillingen, so spricht eine höhere Konkordanz (d. h. das gleichzeitige Auftreten eines Merkmals) bei eineiigen Zwillingen für einen hohen genetischen Anteil bei dem Auftreten der Krankheit (s. Abb. 2.1).

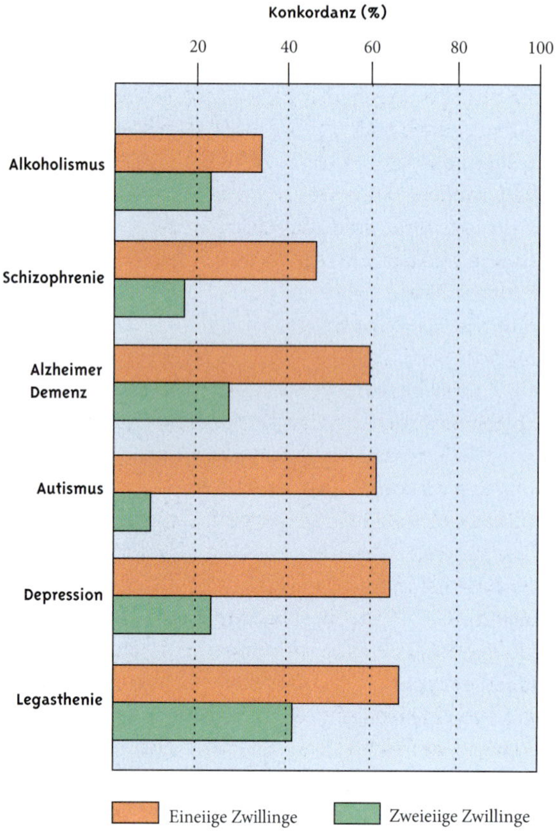

Gene regulieren die Ausdifferenzierung des Gehirns im Zuge seiner Entwicklung und damit seine jeweilige Ausgestaltung. Ebenso steuern sie die Funktionsweise des voll entwickelten Gehirns. Dazu dienen v. a. die komplexen Mechanismen des Informationsaustauschs vermittels der Herstellung und des Transports von Botenstoffen und, sekundär dazu, auf der Basis intrazellulärer Stoffwechsel- und Umbauprozesse.

2.1 Gene und Proteine

Gene üben ihre Funktion für den Organismus aus, indem sie festlegen, welche Arten von **Proteinen** eine Zelle herstellt, und zugleich den Bauplan für deren Aufbau liefern. Wegen der enormen Bedeutung der Proteine können geringste Fehlsteuerungen bei der **Proteinsynthese**, etwa infolge genetischer Defekte, zu schwersten und oft tödlichen Krankheiten führen.

Abbildung 2.1 Die Konkordanz gibt das Ausmaß der Übereinstimmung beim Auftreten (in Prozent der beobachteten Fälle) eines bestimmten Merkmals (hier: eines Störungsbildes) wieder

> **Übersicht**
>
> **Funktionen von Proteinen**
> Proteine spielen bei nahezu allen biologischen Prozessen eine zentrale Rolle. Sie erfüllen v. a. folgende Funktionen:
> (1) Steuerung von Wachstum und Differenzierung
> (2) Transport und Speicherung von Stoffen
> (3) Bildung und Weiterleitung von Nervenimpulsen
> (4) Auslösung muskulärer Bewegungsaktivität
> (5) Immunabwehr
> (6) enzymatische Steuerung chemischer Reaktionen

Aufbau von Proteinen. Ein Protein ist ein außerordentlich großes und komplexes Molekül, das aus mehreren hundert kleineren Molekülbausteinen, den **Aminosäuren** zusammengesetzt ist. Eine Aminosäure ist eine organische Säure, bei der an Kohlenstoff gebundene Wasserstoffatome durch die **Aminogruppe** –NH$_2$ ersetzt sind. Alle Aminosäuren besitzen als kennzeichnendes Merkmal die Strukturgruppe NH$_2$–CH–CO–OH. Außerdem verfügen sie über eine Seitenkette, die für die verschiedenen Aminosäuren unterschiedlich ist. Die Besonderheit der Aminosäuren besteht darin, dass sie sehr lange Ketten bilden können. Dabei können sich gleiche oder verschiedene Aminosäuren aneinanderlagern. Diese Verkettung geschieht vermittels der Peptidbindung. Dabei verbindet sich das Kohlenstoffatom der CO–OH-Gruppe mit der NH$_2$-Gruppe der angelagerten Aminosäure. Es entsteht die CO–NH-Verknüpfung. Diese Peptidbindung ist sehr stabil.

Besteht diese Molekülkette aus einem Strang von weniger als hundert aneinandergereihten Aminosäuren, spricht man von einem **Peptid**. Demnach sind Proteine **Polypeptide**. Die Grundlage für die Vielfalt aller Proteine tierischer Organismen wie auch des Menschen bilden nur 20 verschiedene Aminosäuren.

Infolge ihres spezifischen Aufbaus aus mehreren tausend Atomen und wegen der elektrischen Kraftfelder, die zwischen ihren Atomen herrschen, haben Proteine eine dreidimensionale Gestalt. Sie können z. B. die Form von **Ionenkanälen** (s. Abschn. 4.3.1) annehmen und damit Ein- und Ausgänge innerhalb der **Zellmembranen** bilden. Diese können durch Öffnen und Schließen die Passage von **Ionen** steuern. In der Funktion von Bindungsstellen an der Zelloberfläche dienen Proteine als Anlaufstationen für Botenstoffe, die Informationen von einer Zelle zur anderen übertragen.

Proteine als Enzyme. Eine besondere Rolle spielen Proteine als **Enzyme**. Dabei handelt es sich um katalytisch wirkende Vermittler, die bei nahezu jeder chemischen Reaktion innerhalb von Zellen beteiligt sind. Enzyme koordinieren chemische Reaktionen, d. h. die Synthese oder die Zerlegung von Molekülen. Bei der Synthese fördern sie die räumliche Annäherung der Reaktionsteilnehmer, der sog. Substrate des Enzyms. Sie erhöhen damit die Wahrscheinlichkeit für das Zusammentreffen der richtigen Substanzen an der richtigen Stelle. Dies erreichen sie durch die Bindung ihrer Substrate. Nach der Reaktion entlässt das Enzym die Reaktionsprodukte, wobei es selbst unverändert aus dieser Reaktion hervorgeht. In Anwesenheit eines Enzyms wird die erforderliche Aktivierungsenergie für die Reaktion und für die Bildung der Reaktionsprodukte gesenkt und die Reaktionsgeschwindigkeit enorm erhöht – um das 10^6- bis 10^{12}-fache. Innerhalb einer einzigen tierischen Zelle

sind zwischen 1.000 und 4.000 Enzyme vorhanden, von denen jedes eine ganz bestimmte Reaktion oder eine Gruppe sehr ähnlicher Reaktionen katalysiert. Enzyme wirken auch bei der Produktion von Botenstoffen (s. Abschn. 5.2) mit, die für die Arbeit unseres Gehirns eine unentbehrliche Grundlage darstellen.

2.2 Der genetische Code

Desoxyribonukleinsäure

Das genetische Basismaterial befindet sich im Zellkern fast aller Zellen des tierischen und menschlichen Organismus. Es ist die **Desoxyribonukleinsäure** oder DNA (von Deoxyribonuclein Acid), in der die Informationen für den Bauplan aller Proteine, die in einem Organismus hergestellt werden können, verschlüsselt vorliegen.

Aufbau der DNA. Die DNA ist ein langes fadenförmiges Molekül, bestehend aus zwei gegenüberliegenden Strängen, die spiralig verwunden sind. Man kann sich dies wie eine elastische Leiter vorstellen, deren Holme (die Stränge) gegeneinander so verdreht wurden, dass sie eine Spirale bilden, wobei die Sprossen nach wie vor die Holme verbinden. Es entsteht die sog. **Doppelhelix**. Die Grundelemente der Doppelhelix sind die **Nukleotide**. Nukleotide sind die Bausteine aller **Nukleinsäuren**. Ein Nukleotid besteht aus drei Teilen:

(1) einer Base,

(2) einem Zucker und

(3) einer oder mehreren Phosphatgruppen.

Der Zucker und die Phosphatgruppe bilden das strukturgebende Rückgrat der Doppelhelix (also die Holme). Die Sprossen werden durch miteinander verbundene Basenpaare gebildet (s. Abb. 2.2).

Die DNA enthält nur vier verschiedene Nukleotide; diese unterscheiden sich in den beteiligten Basen. Die vier Basen sind Adenin (Nukleotid »A«), Guanin (Nukleotid »G«), Cytosin (Nukleotid »C«) und Thymin (Nukleotid »T«). Diese vier Basen sind quasi die Buchstaben des genetischen Alphabets, die den zum Aufbau aller Proteine benötigten Text bilden.

Das menschliche **Genom** besteht – wie man seit der Entschlüsselung im Jahr 2000 weiß – aus etwa 3 Milliarden Buchstaben. Davon scheinen jedoch nur etwa 1,5 % den Bauplan für Proteine mitzutragen, sind also in Genen angelegt. Man schätzt, dass das menschliche Genom 25.000 bis 30.000 Gene enthält. Diese Zahl ist deutlich geringer, als früher angenommen wurde, und liegt in derselben Größenordnung wie bei vielen niederen Lebewesen. Der Fadenwurm Caenorhabditis elegans hat immerhin 19.000 Gene, die Taufliege Drosophila besitzt 13.000. Die große Herausforderung der Genforschung der Zukunft besteht darin, die Zuordnung der Gene zu den über 100.000 Proteinen des menschlichen Körpers herzustellen. Dies ist bisher erst für etwa 500 bis 1.000 Proteine gelungen.

RNA vs. DNA. Die Ribonukleinsäure oder **RNA**, auf die wir später als Zellbestandteil mit unterschiedlichen Aufgaben zurückkommen werden, unterscheidet sich von der Desoxyribonukleinsäure in drei Punkten:

(1) Der Zucker ist hier nicht die Desoxyribose, sondern die Ribose.
(2) Es fehlt die Base Thymin und damit das Nukleotid »T«; sie ist ersetzt durch das Uracil (Nukleotid »U«).
(3) Die Ribonukleinsäure ist – im Gegensatz zur DNA – meist nur einsträngig.

In der doppelsträngigen DNA liegen jeweils komplementäre Basen einander gegenüber. Als komplementär bezeichnet man in diesem Zusammenhang zwei Basen, die aufgrund ihrer räumlichen Gestalt zueinander »passen« und entsprechende Bindungen eingehen können. Adenin ist komplementär zu Thymin und Guanin zu Cytosin. Nur diese einander gegenüberstehenden Basen können sich über sog. Wasserstoffbrücken verbinden. Diese komplementäre Bauweise ist eine wichtige Voraussetzung für die Kopie eines DNA-Stranges zur Weitergabe der Information an die Produktionsstätte der Proteine oder an »Nachwuchszellen«.

Die in der DNA enthaltene Information ist durch die Reihenfolge der Basen eines Stranges verschlüsselt. Der **genetische Code** ist die Beziehung zwischen einer Sequenz von Basen der DNA und der Reihenfolge der Aminosäuren in dem später auf dieser Basis aufzubauenden Protein.

Codons. Der eindeutige Kode für die Bildung eines Proteins durch Verkettung von Aminosäuren steckt in der Reihenfolge der sog. **Codons** (s. Abb. 2.3). Ein Codon ist quasi ein Kodewort für eine ihm zugeordnete Aminosäure. Es besteht aus drei von vier möglichen »Buchstaben« (einem sog. Triplett). Diese »Buchstaben« entsprechen den vier in der DNS vorkommenden Nukleotiden. Damit steckt die Information letztlich in den vier Basen. Beim Zusammensetzen von Tripletts aus einem Pool von vier Buchstaben sind insgesamt $4 \times 4 \times 4 = 64$ Varianten möglich. Bei nur 20 zu kodierenden Aminosäuren ist hier fast jeder von ihnen mehr als ein Codon zugeordnet. Für die Aminosäuren Leucin, Serin und Arginin sind es sogar jeweils sechs unterschiedliche Codons.

Zusätzlich gibt es noch bestimmte Codons, die Anfang und Ende der Aminosäurekette festlegen, sog. Start- und Stoppcodons. Das Codon ATG hat eine Doppelfunktion: Es kodiert einerseits für die Aminosäure Methionin, andererseits ist es das Startcodon. Als Stoppcodons fungieren drei Tripletts: TAG, TAA und TGA. Auf diese Weise kann zwischen Start- und Stoppcodon eindeutig der Bauplan für ein Protein abgelesen werden.

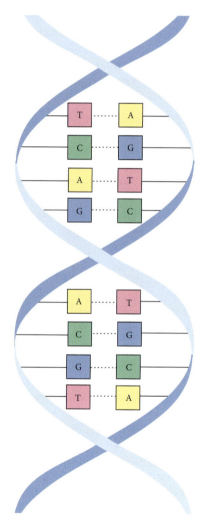

Abbildung 2.2 Die Doppelhelix der DNA. Es sind lediglich die vier Basen als wichtigste Nukleotid-Bestandteile eingezeichnet: Adenin (»A«), Guanin (»G«), Cytosin (»C«) und Thymin (»T«)

Vertiefung

Da Proteine aus einer einzigen oder aus wenigen Aminosäureketten bestehen, ist der Bauplan für die Proteinstruktur eindeutig festgelegt. Die räumliche Struktur der Proteine, ihre »Faltung«, muss nicht extra kodiert werden. Sie ist eine Konsequenz aus der Reihenfolge der Aminosäuren.

Man bezeichnet die lineare Aufeinanderfolge der Kettenglieder als Primärstruktur eines Proteins. Durch Anziehungs- oder Abstoßungskräfte der Aminosäurereste der Kette faltet sich die Struktur direkt nach dem Verknüpfen in einer bestimmten Weise zu einem dreidimensionalen Gebilde. So wenden sich hydrophobe (wasserfeindliche) Aminosäuren eher der Innenseite des Proteins zu, die dem Wasser wenig Angriffsfläche bietet, hydrophile (wasseranziehende) Aminosäuren dagegen bevorzugen die dem Wasser zugewandte Außenfläche des Proteins. Andere Aminosäuren weisen etwa positive bzw. negative Ladungsschwerpunkte auf. Dies führt zu Abstoßungs- bzw. Anziehungskräften, die ebenfalls einen Einfluss auf die sich ausbildende dreidimensionale Proteinstruktur ausüben. Die Sekundärstruktur des Proteins betrifft die räumliche Anordnung von Teilen einer solchen Kette zu regelmäßigen Strukturen, etwa zu einer Spirale. Die Tertiärstruktur entsteht durch die Kombination der Sekundärstrukturen, wobei sich meist kompakte Formen ausbilden. Setzt sich ein Protein aus mehreren Polypeptidketten – Untereinheiten genannt – zusammen (wie z. B. das Hämoglobin des Blutes), entsteht schließlich die Quartärstruktur durch Zusammenlagerung dieser Untereinheiten.

Aminosäure	Abkürzung	Codons der DNA
Alanin	Ala	GCA, GCG, GCT
Arginin	Arg	AGA, AGG, CGA, CGG, CGT, CGC
Asparaginsäure	Asp	GAT, GAC
Asparagin	Asn	AAT, AAC
Cystein	Cys	TGT, TGC
Glutaminsäure	Glu	GAA, GAG
Glutamin	Gln	CAA, CAG
Glycin	Gly	GGA, GGG, GGT, GGC
Histidin	His	CAT, CAC
Isoleucin	Ile	ATA, ATT, ATC
Leucin	Leu	TTA, TTG, CTA, CTG, CTT, CTC
Lysin	Lys	AAA, AAG
Methionin + Start	Met	ATG
Phenylalanin	Phe	TTT, TTC
Prolin	Pro	CCA, CCG, CCT, CCC
Serin	Ser	AGT, AGC, TCA, TCG, TCT, TCC
Threonin	Thr	ACA, ACG, ACT, ACC
Tryptophan	Trp	TGG
Tyrosin	Tyr	TAT, TAC
Valin	Val	GTA, GTG, GTT, GTC
Stop		TAA, TAG, TGA

Abbildung 2.3 Zuordnung der Codons zu Aminosäuren. Eine Aminosäure wird durch drei Nukleotide kodiert. Diese drei Nukleotide stellen ein Triplett dar, das Codon genannt wird. Die Codons kodieren in Form eines oder mehrerer solcher Tripletts jede der 20 verschiedenen Aminosäuren. Sie sind hier als eine Abfolge von drei Nukleotiden dargestellt. Die durch die jeweiligen Codons kodierten Aminosäuren sind hier durch ihre gebräuchlichen Abkürzungen wiedergegeben

In vielen Fällen besteht eine Eins-zu-Eins-Zuordnung zwischen einem Gen und einem Protein. Allerdings kennt man auch zahlreiche Beispiele für Proteine, die aus mehreren unterschiedlichen Polypeptiden zusammengesetzt sind. Letztere sind ihrerseits durch unterschiedliche Gene festgelegt. Man nennt die Art der Weitergabe von Erbinformation auf der Basis verschiedener Gene **polygen**.

Eine einfache Zuordnung der Form: ein Gen – ein Polypeptid (ein Enzym, ein Protein) ist in dieser Form nicht streng gültig. Man weiß heute, dass die mRNA zahlreicher Gene nach der Transkription noch verschiedenartigen Veränderungen unterliegen kann, was dann zu verschiedenen Proteinen führen kann.

Einerseits übt fast jedes Gen mehrere Funktionen aus, andererseits sind fast alle genetisch determinierten Merkmale eines Organismus von mehreren Genen beeinflusst. Dieses Zusammenspiel unterschiedlicher Gene macht z. B. das Auffinden der Ursache einer vererbten Krankheit häufig sehr schwierig.

Interessanterweise ist bei fast allen Organismen jedem einzelnen Codon dieselbe Aminosäure zugeordnet. Demzufolge dürfte alles Leben auf der Erde auf eine einzige Wurzel zurückgehen, aus der sich dann die verschiedenen Lebewesen entwickelt haben.

Zusammenfassung

Gene beinhalten den Bauplan für Proteine. Sie bestehen aus einem Abschnitt der DNA, der die Codonsequenz für eine bestimmte Aminosäurekette – ein Protein – enthält. Codons bestehen aus je drei der vier Basen Adenin, Guanin, Cytosin und Thymin. Dabei spielt die Aufeinanderfolge der Basen und die damit festgelegte Sequenz der zu verkettenden Aminosäuren die entscheidende Rolle für den Aufbau des Proteins und dessen Struktur.

2.3 Gene und Chromosomen

Exkurs

Steckt unser Schicksal in den Genen?

Der Begriff des Gens ist v. a. im Zusammenhang mit den Möglichkeiten der Gentechnik heute in aller Munde. Leider herrschen vielerorts irrige Vorstellungen davon, was ein Gen ist und was die Veränderung eines Gens bewirken kann. So glauben viele Menschen, dass es so etwas wie das »Intelligenz-Gen« oder das »Schizophrenie-Gen« gäbe.

Gene beinhalten die Information über die Reihenfolge von Aminosäuren in einem Polypeptid oder Protein. Da Letztere wichtige Funktionen im Stoffwechsel des Organismus ausüben, kann ein veränderter Bauplan u. U. den Ausfall eines wichtigen Botenstoffes oder Enzyms zur Folge haben. Im schlimmsten Falle führt diese Veränderung zum Tod des betroffenen Organismus. Einige Krankheiten beruhen auf der Veränderung nur eines einzigen Gens. So ist z. B. bei der Sichelzellanämie nur eine Base im Gen, das eine der beiden Untereinheiten des Proteins Hämoglobin kodiert, ausgetauscht. Als Folge des defekten Hämoglobinmoleküls zeigen sich dann die charakteristischen Krankheitssymptome wie Nierenversagen, Lungeninfarkte, Lähmungen und Krämpfe.

Die meisten Krankheiten sowie eine Reihe physischer und psychischer Merkmale, durch die sich Individuen unterscheiden, sind jedoch nicht von einem einzigen Gen abhängig. Sie entstehen durch das Zusammenwirken zahlreicher Gene, die viele verschiedene Proteine kodieren, mit der Umwelt. So hängt z. B. die mathematische Begabung eines Individuums sicher von der spezifischen Ausbildung unterschiedlicher Areale seines Gehirns ab, deren Proteinstruktur und Enzymausstattung im Genom dieses Individuums angelegt ist. Die tatsächliche Entwicklung dieser Hirnareale wird aber in einem ebenfalls beträchtlichen Maße von Umweltfaktoren gesteuert. Hierzu zählen die ausreichende Versorgung des Organismus mit Nährstoffen (etwa Aminosäuren) oder auch die Einwirkung von Schadstoffen. Andererseits ist gerade die Entwicklung des Nervensystems von Lernprozessen abhängig. Die unzähligen **Nervenzellen** unseres Gehirns stellen ihre Verbindungen aufgrund der Informationen, die ihnen über die Sinnesorgane vermittelt werden, sowie kognitiver Prozesse immer wieder neu her. Dieses komplexe Geschehen kann nicht durch ein einziges Gen gesteuert werden.

Die Entschlüsselung des gesamten menschlichen Genoms ist zwar zu über 99 % gelungen, die Art und Bedeutung der aus den Genen aufzubauenden Proteine jedoch, in ihrem zeitlich (über die verschiedenen Phasen des Lebens hinweg) und räumlich (im Zusammenwirken mit unterschiedlichsten biochemischen Stoffen innerhalb bestimmter Organe) komplex vernetzten Zusammenhang, ist bisher kaum verstanden. Die Kenntnis der Proteinstrukturen ist zumindest ein erster Schritt zum besseren Verständnis der Funktionsweise des menschlichen Organismus. Die eigentliche wissenschaftliche Herausforderung der nächsten Jahrzehnte liegt jedoch in der Aufklärung des Zusammenhangs zwischen Proteinstruktur und bestimmten Merkmalen und Symptomen.

Die DNA mit der Erbinformation des Organismus befindet sich im Zellkern jeder Zelle. Ausnahmen bilden einige Zelltypen, wie die roten Blutkörperchen, die ihre Zellkerne im Zuge ihrer Entwicklung abstoßen, sich daher aber auch nicht weiter teilen und vermehren können.

Die menschliche Erbinformation ist in der DNA in Form von ca. 3×10^9 Basenpaaren gespeichert. Diese verteilen sich auf 23 Paare von DNA-Fäden (den Doppelhelices) im Zellkern. Damit sich diese langen Fäden nicht verwirren und verknoten, sind sie – wie ein Gartenschlauch auf einen Schlauchwagen – auf spezielle strukturgebende DNA-Bindungsproteine, sog. **Histone**, aufgewickelt. Dadurch entstehen kompaktere Fäden von in regelmäßigen Abständen auf Histone aufgewickelter DNA, die schließlich eine verzwirbelte, spiralförmige Schleifenstruktur ergeben. Durch diese vielfache Aufwicklung und Verwindung schrumpft ein DNA-Faden auf ein Zwanzigtausendstel seiner ursprünglichen Länge. Nur so kann die fast 2 m lange menschliche DNA in einem Zellkern von ca. 0,005 mm Durchmesser Platz finden. Während der Teilungsphase einer Zelle kann man diese Gebilde unter dem Lichtmikroskop als x-förmige, gewundene Strukturen erkennen, die wir als **Chromosomen** bezeichnen. Außerhalb der Zellteilungsphase sind die Chromosomen lichtmikroskopisch nicht darzustellen.

2.4 Die Proteinsynthese

2.4.1 Ablesen der Information durch Transkription

Die DNA enthält die Information in Form von Nukleotidsequenzen. Die lineare Anordnung der Nukleotide ist zwar gut geeignet für eine stabile Speicherung von Information und für ihre Replikation, jedoch kaum brauchbar zur direkten Herstellung von Proteinen. Deshalb wird die Information zunächst abgelesen, um dann in mehreren Schritten zur Proteinsynthese (Proteinbiosynthese) zu führen.

Den Vorgang der Proteinsynthese auf der Basis der genetischen Information bezeichnet man als **Genexpression**. Am Anfang dieses Prozesses steht die **Transkription**. Dabei wird eine Kopie von einem Abschnitt eines DNA-Stranges, der im Wesentlichen einem Gen entspricht, angefertigt. Ein solcher Prozess kann durch die Gegenwart bestimmter Proteine, der sog. **Transkriptionsfaktoren**, angeregt werden bzw. ist in vielen Fällen nur in der Gegenwart eines solchen Faktors möglich. Ein Transkriptionsfaktor kann aus anderen Teilen der Zelle (außerhalb des Zellkerns) sowie aus der Umgebung der Zelle und damit auch aus der Umwelt stammen. Damit haben Faktoren aus der Umgebung der Zelle bzw. des Zellkerns die Möglichkeit, die Biosynthese eines Proteins anzustoßen oder zu dämpfen.

Kopieren der Information. Zunächst muss der DNA-Doppelstrang entwunden werden. Dies geschieht durch ein spezielles Enzym. Danach werden die beiden Stränge, wiederum durch bestimmte Enzyme, über eine gewisse Länge in Einzelstränge getrennt (s. Abb. 2.4). Dann wird die Information über die Nukleotidsequenz eines der beiden Stränge auf eine einsträngige Ribonukleinsäure umkopiert (auch hierzu sind bestimmte Enzyme erfor-

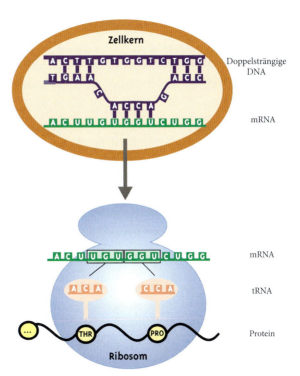

Abbildung 2.4 Genexpression und Proteinsynthese. Zum Zweck der Genexpression trennen sich in einem ersten Schritt die beiden DNA-Stränge über eine bestimmte Strecke auf, die der Ausdehnung eines Gens entspricht. Ein Strang Messenger-RNA (mRNA) wird entlang des freien DNA-Strangs synthetisiert und liest dabei den genetischen Kode ab. Die mRNA wandert aus dem Kern heraus in die Zellflüssigkeit. Hier lagert sich ein Ribosom an den mRNA-Strang an und bewegt sich entlang des Strangs. Jedes Codon wird jetzt in eine Aminosäure übersetzt. Schließlich entsteht eine fertige Aminosäurekette, das Protein

derlich). Dieser Kopiervorgang besteht darin, dass im Zellkern vorhandene freie Nukleotide an die komplementären Nukleotide des freigelegten DNA-Strangs binden und so zu einem RNA-Strang verknüpft werden können. Die DNA-Information des kopierten Abschnitts liegt nun komplementär zum Original in der RNA vor. Sie enthält auch eindeutig vorgegebene Start- und Stoppcodons, die Anfang und Ende der Kette festlegen. Die so entstandene RNA ist eine Abschrift der DNA aus dem Zellkern. Ihr kommt die Funktion eines Boten zu, da sie die Information über die Reihenfolge der Aminosäuren aus dem Zellkern hinaus transportiert. Daher wurde ihr der Name **Messenger-RNA** gegeben. Sie dient als Matrize, die den Bauplan für ein Protein enthält und diesen Bauplan aus dem Zellkern zum Ort der Proteinsynthese trägt. Dort werden die Aminosäuren auf der Grundlage der mRNA-Matrize verknüpft.

2.4.2 Proteinsynthese durch Translation und Transfer

Die eigentliche Proteinsynthese geschieht durch die **Translation** – den Schlüsselprozess für den Bau der Aminosäureketten aufgrund der mRNA-Vorlage. Hierbei bringen kleinere, spezialisierte RNA-Stücke, die sog. tRNA (Transfer-RNA), die in der Zelle vorhandenen freien Aminosäuren an den Ort der Proteinsynthese. Jede dieser tRNAs besitzt einerseits eine Matrizenerkennungsregion, andererseits eine Bindungsstelle für eine ganz bestimmte Aminosäure. Damit ausgestattet, vermag sie die an der jeweiligen Stelle benötigte Aminosäure genau an dieser Stelle zu platzieren. Der Ort der Proteinsynthese ist das **Ribosom** (s. Abschn. 3.1), ein Element der tierischen Zelle.

Vertiefung

Ein auf die beschriebene Weise synthetisiertes Protein kann nachträglich – z. B. am **Golgi-Apparat** im **Zytosol** der Zelle – auf verschiedene Art und Weise modifiziert werden. So können beispielsweise Anfangssequenzen der Aminosäurekette abgeschnitten werden, oder ein großes Protein kann in kleinere Peptide (Aminosäureketten aus weniger als 100 Aminosäuren) mit unterschiedlichen Funktionen zerlegt werden. Fette oder Zucker können an die Aminosäureketten eines Proteins angehängt werden und so seine Eigenschaften beeinflussen. Auch **Phosphorylierung**, Methylierung oder Acetylierung, das nach-

trägliche Anhängen bestimmter chemischer Gruppen an Proteine, gehört zu den Möglichkeiten der Proteinmodifikation. Inaktive Vorstufen können durch diese Proteinreifung genannte Nachbearbeitung in aktive Endprodukte umgewandelt werden.

Die zusammengebaute Aminosäurekette faltet sich daraufhin in bestimmter, wohldefinierter Weise. Sie kann durch Anhängen anderer Molekülreste (z. B. Zucker) oder Abspaltung einzelner Aminosäuresequenzen modifiziert werden. Das zelleigene Protein ist fertig. Danach werden die Proteine gegebenenfalls für den Export aus der Zelle heraus verpackt und weiter transportiert.

2.4.3 Welche Proteine produziert eine Zelle?

Im Normalfall hat jede tierische Zelle im Zellkern auf der DNA die Information für alle Proteine, die ein Organismus im Laufe seines Lebens produzieren kann. Nicht von jeder Zelle und nicht ständig wird diese gesamte Information transkribiert und für die Proteinsynthese verwendet.

Häufig sind bestimmte Zellen auf die Herstellung einzelner Proteine spezialisiert. So produzieren z. B. einige hormonbildende Zellen der Eierstöcke die weiblichen Geschlechtshormone **Östrogen** und **Progesteron**, bestimmte Nervenzellen synthetisieren **Neuropeptide**, die bei der Informationsübertragung im Gehirn mitwirken, und spezialisierte Zellen im Dünndarm stellen Enzyme her, die Nahrungsbestandteile zur Weiterverarbeitung in kleinere Einheiten aufspalten können.

Es können auch einzelne Gene, wiederum durch chemische Prozesse, vermittelt über die sog. Transkriptionsfaktoren, an- und ausgeschaltet werden. Komplexe Regelkreise legen fest, welcher Abschnitt der DNA zu welchem Zeitpunkt transkribiert wird und in eine Proteinsynthese einmündet. Damit regulieren sie die Genexpression. So wird die Proteinsynthese im Lebenslauf eines Organismus an die jeweiligen Anforderungen und an bestimmte Umweltbedingungen angepasst.

Kurzfristige Anpassungen können durch manche **Hormone** wie z. B. die Stresshormone (s. Kap. 17) **Adrenalin** oder **Kortisol** ausgelöst werden. Die zeitliche Veränderung der Genaktivität macht bei bestimmten Erbkrankheiten wie z. B. der Chorea Huntington (s. Abschn. 2.8.) erklärbar, dass sie erst zu einem relativ späten Zeitpunkt im Leben ausbrechen, nämlich erst dann, wenn die krankheitstragenden Gene aktiviert werden.

Die Proteinsynthese kann durch bestimmte Substanzen gehemmt werden. So unterbinden bzw. hemmen einige Antibiotika bereits die Replikation bzw. Transkription der DNA von in den Körper eingedrungenen Bakterien. Dadurch kann z. B. die bakterielle Fortpflanzung gestört werden. Einige Chemotherapeutika können auf ähnliche Weise die Vermehrung eines Virus im Körper eindämmen. Allerdings muss beim Einsatz solcher Medikamente immer damit gerechnet werden, dass auch gleichzeitig die »gesunden« Synthesemechanismen (z. B. DNA-Replikation) beeinflusst werden. Nebenwirkungen, die bei vielen Chemotherapeutika auftreten (z. B. Haarausfall), sind dadurch erklärbar.

Zusammenfassung

Die Proteinsynthese auf der Basis der genetischen Information bezeichnet man als Genexpression. Am Anfang steht die Transkription. Hierbei wird eine Kopie von einzelnen Abschnitten eines DNA-Strangs angefertigt. Dies kann durch die Gegenwart bestimmter Proteine, der Transkriptionsfaktoren, angeregt werden. Zum Zwecke der Transkription wird der DNA-Doppelstrang entwunden. Dann wird die Information über die Nukleotidsequenz eines der beiden Stränge auf eine einsträngige Ribonukleinsäure in komplementärer Form kopiert. Die so entstandene RNA hat die Funktion eines Boten (daher Messenger-RNA, mRNA). Sie dient als Matrize, die den Bauplan für ein Protein enthält und diesen Bauplan aus dem Zellkern zum Ort der Proteinsynthese, den Ribosomen, trägt.

Die Proteinsynthese geschieht hier durch Translation: Kleinere, spezialisierte RNA-Stücke, die sog. Transfer-RNA (tRNA), bringen die jeweils benötigten, in der Zelle vorhandenen freien Aminosäuren zu den Ribosomen. Die zusammengebaute Aminosäurekette faltet sich daraufhin in einer Weise, die durch die Sequenz der Aminosäuren vorgegeben ist. Diese Kette kann durch Anhängen anderer Molekülreste oder Abspaltung einzelner Aminosäuresequenzen modifiziert werden.

Einzelne Gene können durch chemische Prozesse (i. Allg. durch Transkriptionsfaktoren) an- und ausgeschaltet werden. Damit kann die Proteinsynthese an die jeweiligen Anforderungen und an sich ändernde Umweltbedingungen angepasst werden.

2.5 Weitergabe der genetischen Information in Körperzellen und Keimzellen

2.5.1 Zellzyklus der Körperzellen

Unter dem Zellzyklus versteht man den Zeitraum zwischen dem Entstehen einer Zelle (durch Teilung der Mutterzelle) und ihrer Teilung in zwei Tochterzellen. Grundlage für diesen Vorgang ist die Fähigkeit, die Erbinformation in identischer Weise zunächst zu verdoppeln, damit die beiden Tochterzellen die gleiche genetische Ausstattung besitzen.

Das Geschehen von einer Teilung zur nächsten besteht aus zwei Abschnitten: der Interphase, innerhalb deren sich die Zahl der Chromosomen und damit die DNA verdoppelt, und der Mitose, der eigentlichen Zellteilung.

In jeder Körperzelle des Menschen liegen 23 Chromosomen paarig vor. Die beiden Chromosomen eines Paars bezeichnet man als zueinander homolog. Dieser vollständige Chromosomensatz der Körperzellen wird als diploid bezeichnet, im Gegensatz zum halbierten, haploiden Chromosomensatz der Keimzellen. Durch bestimmte Enzyme werden während der Interphase beide Stränge der DNA gleichzeitig verdoppelt, diese Replikation führt zu einem Paar doppelsträngiger DNA, bestehend aus je einem neuen und einem alten Strang – zusammen jetzt 46 Chromosomenpaare. Bei der anschließenden Teilung erhält dann jede Tochterzelle ein Element aus dem Chromosomenpaar der Ursprungszelle.

Die DNA-Replikation wie auch die einzelnen Phasen des Zellzyklus werden durch verschiedene Enzyme angestoßen und »überwacht«. Fehler können zum großen Teil erkannt und teilweise behoben bzw. kompensiert werden, indem der Zellzyklus angehalten wird oder es zum programmierten Zelltod (Apoptose) kommt. Ein wichtiges Gen bei diesen Kontrollprozessen ist das sog. p53-Gen. In Zellen verschiedener Tumortypen ist dieses Gen defekt, sodass sich die Zellen trotz Schäden der DNA im Prinzip unendlich oft weiter teilen können. Seit einiger Zeit werden gentherapeutische Verfahren erprobt, die zum Ziel haben, ein gesundes p53-Gen in Tumorzellen einzuschleusen, um so ihre unkontrollierte Vermehrung zu beenden.

2.5.2 Bildung der Keimzellen

Eine Besonderheit der Zellvermehrung findet sich bei der Entstehung der Keimzellen, der Meiose (Reduktionsteilung, Reifeteilung). Hierbei wird der diploide Chromosomensatz geteilt (s. Abb. 2.5), sodass Zellen mit nur einem einfachen Chromosomensatz entstehen (haploider Chromosomensatz). Bei der Befruchtung einer Eizelle durch eine Samenzelle entsteht eine Zelle, die wiederum mit einem diploiden Chromosom ausgestattet ist. Dieser Chromosomensatz besteht jetzt allerdings je zur Hälfte aus väterlicher und mütterlicher DNA.

Während der Meiose kann ein wichtiger Schritt stattfinden, der für die Neukombination des genetischen Materials der Zelle von besonderer Bedeutung ist: das sog. **Crossing-over** (intrachromosomale Rekombination). Hierbei überkreuzen sich homologe Chromosomen, wobei die beiden DNA-Stränge genetisches Material austauschen können. Bei der Chromosomneubildung entstehen dann Chromosomen mit neu kombinierten Abschnitten, sodass bei der Teilung zu einzelnen Samen- oder Eizellen genetisch unterschiedliches Material mitgegeben wird (s. Abb. 2.6). Die **Allele**, also die beiden Formen eines Gens, die bei homologen Chromosomen die gleiche Position einnehmen, können ausgetauscht werden.

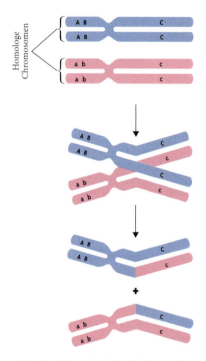

Abbildung 2.6 Crossing-over zwischen homologen Chromosomen. Beim Crossing-over kommt es zu einer Wechselwirkung zweier homologer Chromosomen, wobei Abschnitte der Chromosomen ausgetauscht werden. Dadurch wird der DNA-Doppelstrang neu zusammengesetzt

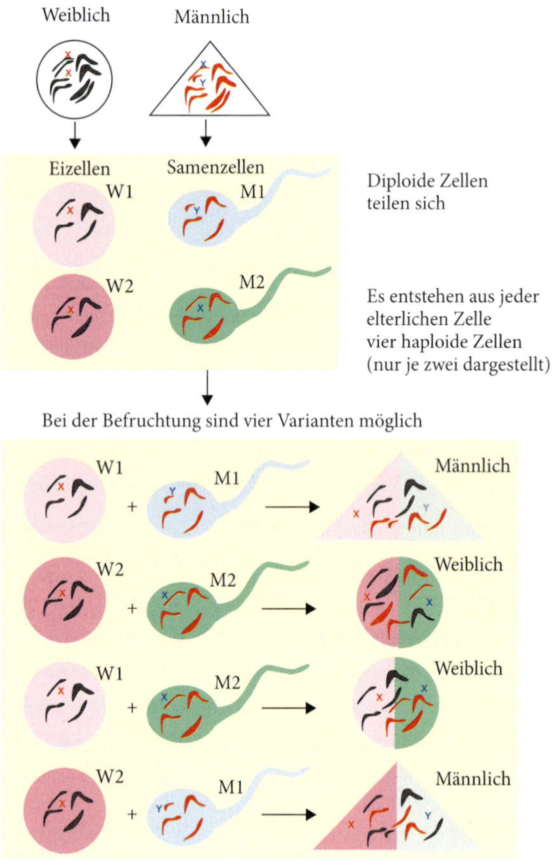

Abbildung 2.5 Meiose und Befruchtung. In Keimzellen befindet sich nur ein haploider Chromosomensatz; sie enthalten nur ein Chromosom aus einem homologen Paar. Es ist die Meiose und Befruchtung bei der Taufliege (Drosophila) dargestellt, die über vier Chromosomenpaare verfügt

Zusammenfassung

Ein Zyklus von einer Teilung zur nächsten besteht aus zwei Abschnitten, der Interphase – die Zahl der Chromosomen verdoppelt sich zu 46 Chromosomenpaaren – und der Mitose, in der die Zellteilung stattfindet. Während der Mitose erhält jede Tochterzelle ein Element aus dem Chromosomenpaar der Ursprungszelle. Nach der Mitose liegen wieder 23 Chromsomenpaare vor. Bei der Entstehung der Keimzellen wird während der Meiose der normale Chromosomensatz geteilt, es entstehen Zellen mit nur einem einfachen Chromosomensatz. Bei der Befruchtung einer Eizelle durch eine Samenzelle entsteht eine Zelle, die wiederum mit 23 Chromosomenpaaren ausgestattet ist. Dieser Chromosomensatz besteht je zur Hälfte aus väterlicher und mütterlicher DNA.

2.6 Klassische Genetik

Heute ist die Genetik ein Fach, das in hohem Maße auf biochemischem Wissen aufbaut. Viele Phänomene der Vererbung konnten erst durch das Verständnis der Prozesse der Zellteilung und Proteinsynthese auf molekularer Ebene verstanden werden. Die Anfänge der Vererbungslehre liegen jedoch weit zurück – in der zweiten Hälfte des 19. Jahrhunderts. Die damals gefundenen Prinzipien der Vererbung haben auch heute noch Gültigkeit. Unter klassischer Genetik versteht man den Teil der Vererbungslehre jenseits der molekularen Ebene, der sich mit der Ausprägung charakteristischer Merkmale befasst. Ein wichtiges Instrument der klassischen Genetik ist die Stammbaumforschung.

Im 19. Jahrhundert wurde die Lehre von der Vererbung entwickelt. Die Experimente des österreichischen Paters Gregor Mendel (1822–1884) eröffneten ein neues Wissensgebiet. Grundlegend hierfür war die Erkenntnis, dass zwischen der genetischen Ausstattung eines Organismus, dem Genotyp, und der tatsächlichen Ausprägung der einzelnen Merkmale in der äußeren Gestalt des Individuums, dem Phänotyp, unterschieden werden muss.

Ein Beispiel: Man kreuzt Pflanzen mit unterschiedlicher Ausprägung eines Merkmals, für das sie reinerbig sind (sog. »reziproke Kreuzung«). Es zeigt sich eine Generation von Nachkommen (s. Abb. 2.7), die in diesem Merkmal eine uniforme Ausprägung aufweisen. Die Tatsache, dass bei einer reziproken Kreuzung reinerbiger Linien sich immer gleiche Nachkommen ergeben, wird als erste Mendelsche Regel oder Uniformitätsregel (auch: Reziprozitätsregel) bezeichnet: Kreuzt man zwei Individuen, von denen jedes bezüglich des fraglichen Merkmals homozygot ist, die sich jedoch in diesem Merkmal unterscheiden, erhält man eine heterozygote Filialgeneration mit einem einheitlichen Phänotyp.

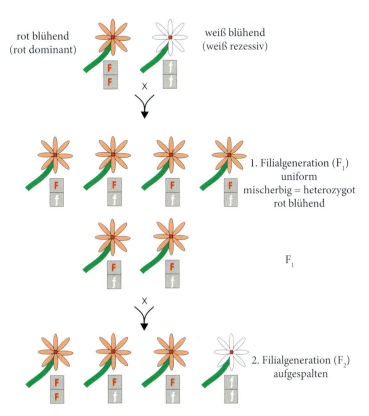

Abbildung 2.7 Beispiel für einen Erbgang. Im Beispiel ist die Vererbung im dominanten Erbgang eines Merkmals (Blütenfarbe der Erbse) wiedergegeben, das in der Parentalgeneration unterschiedlich ausgeprägt ist. Es sind die Merkmalsausprägungen in der ersten und zweiten Generation gezeigt. »F« steht für »rote Farbe, dominant«, »f« für »weiße Farbe, rezessiv«

Diese Filialgeneration ist jetzt mischerbig z. B. bezüglich der Blütenfarbe. Bei Kreuzung der Mitglieder der ersten Filialgeneration wird das Merkmal Blütenfarbe in jedem Fall neu kombiniert und aufgespalten (»Spaltungsregel«, s. u.). Die Nachkommen der zweiten Filialgeneration unterscheiden sich in ihrem äußeren Erscheinungsbild.

Übersicht

Einige Definitionen zur Genetik

Phänotyp: äußeres Erscheinungsbild

Genotyp: Summe der in den Genen angelegten Erbanlagen

Allel: Ein Allel ist eine der möglichen Zustandsformen eines Gens, das an einem bestimmten Genort (Locus) auf einem Chromosom sitzt. Die beiden Allele homologer Chromosomen, die am selben Genort sitzen, können also identisch sein oder sich unterscheiden.

homozygot (= reinerbig): Die von Vater und Mutter für ein bestimmtes Merkmal vererbten Allele sind identisch.

heterozygot (= mischerbig): Von Vater und Mutter wurden verschiedene Allele eines Gens vererbt. Man unterscheidet dann drei Fälle:

(1) dominant bzw. rezessiv:
   dominant: eines der beiden Allele setzt sich im Phänotyp allein durch;
   rezessiv: das andere Allel »tritt zurück«, d. h. ist im Phänotyp nicht sichtbar;

(2) **intermediär**: beide Allele setzen sich im Phänotyp durch zu einer Mischung, z. B.: weiß × rot führt zum Ergebnis rosa;

(3) **kodominant**: beide Allele setzen sich im Phänotyp durch, aber jedes für sich, z. B.: weiß × rot führt zum Ergebnis rot-weiß-gepunktet.

P-Generation: Parentalgeneration = Elterngeneration

F_1-Generation: 1. Filialgeneration = Tochtergeneration (»Kinder«)

F_2-Generation: 2. Tochtergeneration (»Enkel«)

Forscherpersönlichkeit

Gregor Mendel (Ordensname, eigentlich Johann), geboren in Heinzendorf (in Nordmähren) am 22.7. 1822, gestorben in Brünn am 6.1.1884. Mendel trat 1843 in das Brünner Augustinerstift ein und war ab 1849 Gymnasiallehrer in Znaim und Brünn. Von 1851 bis 1853 absolvierte er ein naturwissenschaftliches Studium in Wien, allerdings mit geringem akademischem Erfolg. Ab 1868 war er Prior seines Klosters. Mendel führte hier umfangreiche botanische Vererbungsforschungen durch. Er kreuzte Varietäten derselben Pflanzenart (zunächst Gartenerbsen) und führte künstliche Befruchtungen durch. Aufgrund seiner über 10.000 Experimente formulierte er die später nach ihm benannten Mendelschen Regeln für die Vererbung einfacher Merkmale. Diese Regeln wurden allerdings erst um 1900 einer breiteren wissenschaftlichen Öffentlichkeit bekannt, als sie von Carl Erich Correns, Erich von Tschermak und Hugo de Vries quasi wiederentdeckt wurden. Sie stießen beim Studium der älteren Literatur auf die Schriften von Mendel, die er 34 Jahre zuvor veröffentlicht hatte.

Mendels frühe Schlussfolgerungen. Ohne Kenntnis der Chromosomen oder der DNA-Struktur unserer Erbanlagen kam Mendel aus dem Auftreten eines zunächst in der ersten Filialgeneration nicht sichtbaren Merkmals in der zweiten Generation zu folgenden Schlussfolgerungen:

► Die Anlagen eines Individuums müssen paarweise vorliegen, wobei aber u. U. nur einer von beiden Anteilen in der äußeren Erscheinung ausgedrückt wird.

► Von den Eltern müssen die Anlagen hingegen (in den Keimzellen) einzeln weitergegeben werden, sodass neue Kombinationen zustande kommen können.

Ein Individuum kann also für ein Merkmal homozygot (reinerbig) sein – im Falle der Blütenfarbe würde das bedeuten, dass ein Nachkomme von beiden Elternteilen dasselbe Blütenfarbe-Gen, also zweimal rot oder zweimal weiß, mitbekommen hat und demgemäß rot oder weiß blüht. Wenn ein Nachkomme zwei verschiedene Erbfaktoren – rot plus weiß bzw. weiß plus rot – in sich trägt, nennt man diesen im Phänotyp verdeckten Sachverhalt Heterozygotie (Mischerbigkeit).

Als dominant wird ein Erbfaktor dann bezeichnet, wenn sich seine Ausprägung auch bei Heterozygotie gegenüber einem rezessiven, also unterlegenen Merkmal durchsetzt. Wird das Produkt zweier Erbfaktoren gemischt, sodass ein neues Erscheinungsbild entstehen kann, spricht man von einem intermediären Erbgang.

Übersicht

Die drei Mendelschen Regeln

Man kann die Schlussfolgerungen aus den Beobachtungen Mendels zu den drei Mendelschen Regeln (früher: »Mendel-Gesetze«) zusammenfassen.

Erste Mendelsche Regel: Uniformität der 1. Filialgeneration. Bei Kreuzung zweier homozygoter Individuen, die sich in einem oder mehreren Merkmalen unterscheiden, besteht die erste Filialgeneration (F_1) aus heterozygoten Individuen mit einheitlichem Phänotyp.

Zweite Mendelsche Regel: Spaltungsgesetz für die F_2-Generation bei Dominanz und Kodominanz. Bei Kreuzung zweier heterozygoter Individuen der ersten Filialgeneration spaltet sich die zweite Tochtergeneration (F_2) in ihrem Phänotyp in einem bestimmten Zahlenverhältnis auf: Bei dominantem Erbgang – ein dominantes gegenüber einem rezessivem Merkmal – ist dieses Verhältnis $3:1$, bei kodominantem Erbgang – zwei dominante Merkmalsausprägungen – $1:2:1$.

Dritte Mendelsche Regel: Unabhängige Weitergabe nichtgekoppelter Gene. Nichtgekoppelte Gene sind solche Gene, die nicht auf demselben Chromosom sitzen. Bei Kreuzung von zwei homozygoten Linien untereinander, die sich in zwei oder mehr Allelpaaren unterscheiden, werden die einzelnen Allele unabhängig voneinander – entsprechend den ersten beiden Mendelschen Regeln – vererbt. Dadurch kommt es zu einer neuen Kombination der Genausstattung.

Zusammenfassung

Die klassische Genetik fußt überwiegend auf der Beobachtung systematisch angelegter Kreuzungsexperimente. Aus der phänotypischen Ausprägung der Nachkommen aus diesen Kreuzungsexperimenten wird auf die zugrunde liegende genetische Ausstattung geschlossen.

Mendel kam aufgrund seiner Beobachtungen aus Kreuzungsversuchen u. a. zu folgenden Schlussfolgerungen:

(1) Die Anlagen eines Individuums müssen paarweise vorliegen, wobei aber u. U. nur einer von beiden Anteilen in der äußeren Erscheinung ausgedrückt wird.

(2) Von den Eltern müssen die Anlagen in den Keimzellen einzeln weitergegeben werden, sodass neue Kombinationen zustande kommen können.

In den Mendelschen Regeln wird systematisch beschrieben, wie Merkmale weitergegeben werden.

2.7 Mutation und Evolution

Auf allen Stufen des komplexen Prozesses der Genexpression können Fehler entstehen. Falls dies bei der Transkription, dem Umkopieren der genetischen Information auf die Messenger-RNA, passiert, kann die Zelle ein Protein, das mittels dieser Kopie aufgebaut werden soll, nicht synthetisieren. Falls die Replikation, also die Kopie der DNA vor der Zellteilung, fehlerhaft ist, erhält eine neue Zelle nie die richtige Information.

Zwar verfügt die Zelle über mehrere **Reparaturenzyme**, die Fehler erkennen und beheben können, dennoch kann sich trotz der Kontroll- und Reparaturmechanismen manchmal eine falsche Basenreihenfolge einschleichen und damit ein veränderter Bauplan für die Proteine übertragen werden. Auch können die Kontroll- und Reparaturprozeduren selbst fehlerbehaftet sein.

Als **Mutationen** bezeichnet man vererbbare Veränderungen der genetischen Information. Von Keimbahnmutationen spricht man, wenn die Veränderungen im genetischen Material in Zellen der Keimbahn auftreten, aus denen die Keimzellen entstehen. Eine hier vorliegende Mutation wird bei der Befruchtung an die nächste Generation weitergegeben.

Ein kleiner Defekt in einem Gen, z. B. das Fehlen einer Base an einer bestimmten Stelle, bewirkt aufgrund der daraus folgenden Bildung eines fehlerhaften Tripletts eine veränderte Aminosäurenreihenfolge. Dies kann wiederum ein verändertes Enzym oder einen defekten Strukturbaustein der Zelle zur Folge haben. Die Auswirkungen auf den Organismus können positiv oder negativ sein. Falls diese Veränderung in einer Keimzelle stattfindet, wird sie u. U. an die nächste Generation weitergegeben, wo dann ihre Auswirkungen deutlich werden können.

Infolge von zufälligen Mutationen konnten so im Laufe der **Evolution** Arten entstehen, die eine bessere

Anpassung an ihre Umwelt aufwiesen. Zufällig entstandene Gene werden insbesondere dann bevorzugt von Generation zu Generation weitergegeben, wenn ihr Produkt einen sog. Reproduktionsvorteil bringt, etwa zu gesünderen und widerstandsfähigeren Nachkommen führt. Anderen Arten, die schlecht an die sich verändernden Umweltbedingungen angepasst sind, droht dagegen das Aussterben. Als Konsequenz aus beiden Prozessen findet Evolution statt.

Exkurs

Die gemeinsamen Gene unterschiedlicher Tierspezies und des Menschen weisen darauf hin, dass hier Verwandtschaften bestehen. So teilt der Mensch fast 99 % seines Erbgutes mit seinem nächsten Verwandten, dem Schimpansen. Die Tatsache enger genetischer Verwandtschaften zwischen Mensch und verschiedenen Spezies der belebten Welt macht man sich vielfach zunutze. So können gewisse pflanzliche oder tierische Substanzen dem Körper von außen zugeführt werden, anstatt sie in Eigenproduktion herzustellen. Bestimmte **Antikörper** bei Impfstoffen werden so durch Tiere »produziert«. Auch sind die Ergebnisse tierexperimenteller pharmakologischer Forschung nur wegen der genetischen Verwandtschaft zwischen Mensch und Tier für den Menschen aussagefähig.

Von den vor ca. 600 Millionen Jahren im Wasser lebenden ersten einzelligen Organismen ausgehend entwickelten sich später auf dem Lande lebende Säugetiere, deren Nachkommen wir selbst sind. Alle Gene, die wir heute in uns tragen, etwa zur Regelung des Stoffwechsels, zur Ausgestaltung des Körperbaus und zur Steuerung des Verhaltens, mussten den Lebensbedingungen auf dem Lande – der Luftatmosphäre, der Fortbewegung unter dem Einfluss der Schwerkraft usw. – entsprechen.

Evolution als Verbesserung? Die laienhafte Vorstellung, dass die Evolution stets eine »Verbesserung« bestimmter körperlicher Leistungen beinhaltet, ist insofern irreführend, als es keine unabhängige Instanz gibt, die eine Veränderung als Weiterentwicklung bzw. »Verbesserung« beurteilen könnte. So wäre etwa die gesteigerte Wahrnehmungsleistung eines einzelnen Individuums als solche noch kein Merkmal, das in der Evolution als gut befunden und an die Nachkommen

weitergegeben würde. Es müsste gleichzeitig einen Beitrag zu verbesserten Überlebenschancen der Nachkommen leisten, sodass diese – über lange Zeiträume betrachtet – im Vergleich zu ihren Konkurrenten in größerer Zahl auftreten. Dies wäre dann gegeben, wenn die erhöhte Wahrnehmungsleistung z. B. zum schnelleren Erkennen von Feinden befähigte und auf diese Weise die Überlebenswahrscheinlichkeit erhöhte.

So kann z. B. auch eine kurze Lebensspanne, bei schneller Reproduktionszeit, im evolutionären Sinne erfolgversprechend sein. Letztendlich ist der Motor der Evolution eine Erhöhung der Wahrscheinlichkeit für die Weitergabe eines Gens, damit dieses nicht aus der Evolution verschwindet. Je mehr Nachkommen es innerhalb einer Zeiteinheit gibt, die das reproduktionsfähige Alter erreichen (um selbst das Gen wieder weiterzugeben), desto günstiger ist es für dieses Gen. Unser momentaner evolutionärer Status – und unsere aktuelle genetische Ausstattung – ist demnach das Ergebnis unterschiedlicher Überlebenswahrscheinlichkeiten von Genen.

Zusammenfassung

Mutationen sind gelegentliche Veränderungen in der genetischen Ausstattung. Als Folge von zufälligen Mutationen können im Zuge der Evolution Arten entstehen, die an ihre Umwelt besser angepasst sind. Zufällig entstandene Gene haben dann eine besondere Chance, von Generation zu Generation weitergegeben zu werden, wenn ihr Produkt einen Reproduktionsvorteil bringt.

2.8 Humangenetik und Pathogenetik

Werden genetische Veränderungen, die eine Krankheit zur Folge haben, innerhalb einer Art an den Nachwuchs weitergegeben, so liegt eine Erbkrankheit vor. Für zahlreiche monogene, d. h. durch ein einzelnes defektes Gen verursachte Erkrankungen, konnte ein verantwortliches Chromosom oder sogar ein Gen identifiziert werden.

Die menschliche Körperzelle besitzt 23 Chromosomenpaare, 22 sog. **Autosomen** und ein Paar geschlechtsbestimmende Chromosomen, die **Gonosomen**. Frauen haben zwei X-förmige Gonosomen (X-Chromosom), während Männer ein X- und ein sog. Y-Chromosom besitzen.

> **Störungsbild**

Chorea Huntington

Die Chorea Huntington, auch Veitstanz genannt, ist eine autosomal-dominant vererbte Krankheit, d. h., rechnerisch ist die Hälfte der Nachkommen eines betroffenen Elternteils ebenfalls davon betroffen. Die Erkrankung tritt bei den Nachkommen unabhängig vom Geschlecht auf. Die **Chorea Huntington** geht mit charakteristischen hyperkinetischen Bewegungsstörungen einher. Die Patienten leiden unter unwillkürlich schleudernden Bewegungen der Extremitäten und machen psychische Veränderungen bis hin zur **Demenz** durch. Ursache ist ein fortschreitender Untergang von **Neuronen** im **Striatum**, einem Teil der **Basalganglien** (s. Abschn. 6.4.8). Es liegt eine familiäre Häufung dieser Erkrankung vor. Sie bricht i. Allg. erst nach dem 40. Lebensjahr aus. Vor einigen Jahren konnte das verantwortliche Gen identifiziert werden. Es liegt auf dem Chromosom 4. Eine Veränderung dieses Gens führt zur Synthese eines schwer abbaubaren Proteins (Huntingtin). Dieses bedingt – vermutlich im Zusammenwirken mit dem **Neurotransmitter** Glutamat (s. Abschn. 5.2.4) – die irreversible Zerstörung speziell der Neuronen des Striatums, das insbesondere für die Motorik eine wichtige Rolle spielt.

Die Humangenetik machte sich die von Mendel und seinen Nachfolgern gefundenen Kenntnisse über die Vererbung zunutze. Als autosomal-dominanter Erbgang wird eine Vererbung bezeichnet, bei der die genetische Information auf einem Autosom liegt und bei der bereits das Vorliegen nur eines krankheitstragenden Allels zum Ausbruch der Erkrankung führt. Beim gonosomalen Erbgang befindet sich entsprechend das Gen auf einem Geschlechtschromosom.

Bei einem rezessiven Erbgang wird das Merkmal nur dann im Phänotyp ausgeprägt, wenn es entweder auf beiden Chromosomen des Chromosomenpaares eines Individuums auftritt, z. B. wenn dessen beide Eltern erblich belastet waren, oder wenn das betreffende Gen auf dem einzigen männlichen X-Chromosom liegt.

Die Rot-Grün-Blindheit (s. auch Abschn. 12.6) stellt ein Beispiel für eine gonosomal-rezessiv vererbte Erkrankung dar. Die Gene für den Rot- und Grün-Farbstoff der **Zapfen** der **Retina**, die für das Farbsehen verantwortlich sind, liegen auf dem X-Chromosom. Ein defektes Gen auf einem X-Chromosom eines weiblichen Individuums kann im Regelfall (in 99,6 % der Fälle) durch das intakte Gen des zweiten X-Chromosoms ausgeglichen werden. Die Veränderung ist dann phänotypisch unauffällig und bleibt symptomlos. Eine heterozygote Frau kann jedoch Überträgerin für dieses defekte X-chromosomale Gen sein: Gibt sie es an ihren Sohn (XY) weiter, kann dieser aufgrund eines fehlenden zweiten (intakten) X-Chromosoms den Zapfenfarbstoff nicht herstellen. Er ist daher nicht in der Lage, die entsprechende Farbe eindeutig zu erkennen. Ein Mann, bei dem diese Mutation vorliegt, kann sie wiederum nur an seine Töchter weitergeben, da die Söhne das Y-Chromosom erhalten, das frei von dem defekten Gen ist.

> **Störungsbild**

Phenylketonurie

Die Phenylketonurie ist eine Erkrankung, die einen autosomal-rezessiven Erbgang hat. Bei einem betroffenen Individuum führt sie ohne Therapie zu schweren Schädigungen des Gehirns und geistiger Behinderung. Sie ist die häufigste angeborene Stoffwechselstörung, die bei einem von etwa 8.000 Neugeborenen auftritt. Hierbei liegt auf dem Chromosom 12 ein Defekt des Gens zur Bildung des Enzyms Phenylalanin-Hydroxylase vor. Dieses Enzym wird zur Umwandlung der Aminosäure Phenylalanin aus der Nahrung gebraucht. Wenn es fehlt, geht diese dann in die toxische Phenylbrenztraubensäure über. Bereits unmittelbar nach der Geburt kann dieser Gendefekt durch Blutuntersuchung festgestellt werden, und es können Gegenmaßnahmen ergriffen werden. Daher findet bei Neugeborenen routinemäßig eine entsprechende Blutanalyse statt. Eine phenylalaninarme Diät kann vor den Auswirkungen der erhöhten Konzentrationen der toxischen Abbauprodukte von Phenylalanin auf das kindliche Gehirn schützen.

Dieses Beispiel zeigt übrigens auch, dass selbst bei rein biologisch-chemischen Prozessen die Gene nicht allein die letztendliche Ausgestaltung des Phänotyps – in diesem Falle der Manifestation der Erkrankung – festlegen, sondern dass Umwelteinflüsse ein großes Gewicht haben. Ein in der Kindheit phenylalaninarm ernährtes, also unter günstigen Umweltbedingungen lebendes Kind mit Phenylketonurie kann auf Dauer symptomfrei bleiben.

Am Beispiel eines Stammbaums wird dieser Vererbungsmodus in Abbildung 2.8 dargestellt.

Autosomal-rezessiv vererbte Erkrankungen wie zahlreiche Stoffwechselstörungen bleiben bei den Trägern der entsprechenden Gene häufig unbemerkt, da sie phänotypisch nicht wirksam werden. Sind aber beide Eltern Träger eines derartigen Gens und geben dieses beide an ein Kind weiter, tritt plötzlich die Erkrankung auf.

Eine andere Klasse humangenetisch untersuchter Erkrankungen sind die sog. Chromosomenaberrationen. Hierunter fallen Veränderungen des Genmaterials, die größere Chromatinabschnitte bzw. ganze Chromosomen betreffen. Es kann sich um eine sichtbare Veränderung der Chromosomenstruktur oder eine Variation der Anzahl der Chromosomen handeln. Viele dieser **Aberrationen** führen zum Abgang der Leibesfrucht, da ein solcher Organismus meist nicht lebensfähig ist.

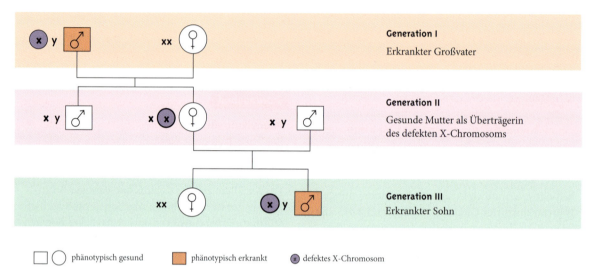

Abbildung 2.8 Rot-Grün-Blindheit als Beispiel für einen geschlechtsgebundenen Erbgang. Es wird deutlich, dass es sich hierbei um einen X-chromosomalen rezessiven Vererbungsmodus handelt

Störungsbild

Down-Syndrom

Die häufigste numerische Abweichung der Autosomen liegt beim sog. **Down-Syndrom** (Mongolismus) vor (Häufigkeit in Deutschland bei zu erwartenden Kindern: etwa 1:500). Da hier das Chromosom 21 nicht paarweise, sondern dreifach im Chromosomensatz vorkommt, wird diese Störung auch Trisomie 21 genannt. Das Down-Syndrom kann unterschiedliche Erscheinungsformen haben. Charakteristisch sind physiognomische Auffälligkeiten und Intelligenzminderungen. Zusätzlich zeigen sich gehäuft Fehlbildungen innerer Organe, wie z. B. Herzfehler, Seh- und Hörstörungen.

Als Ursache für die Trisomie 21 gilt ein Nicht-Auseinanderweichen (non-disjunction) dieser Chromosomen während der Meiose. Die Wahrscheinlichkeit dafür steigt mit dem Alter der Eltern. So haben etwa über 40-jährige Frauen ein Risiko von 1 %, ein Kind mit Trisomie 21 zu gebären. Daher wird bei Eltern im höheren Lebensalter oder bei Eltern mit chromosomalen Aberrationen in der Verwandtschaft meist während der Schwangerschaft zu einer Fruchtwasseruntersuchung geraten. Die im entnommenen Fruchtwasser befindlichen fetalen Zellen werden dabei auf chromosomale Aberrationen untersucht. Die pränatale Diagnostik kann heute darüber hinaus viele andere genetische Veränderungen mit hoher Treffergenauigkeit identifizieren.

Eine wichtige Methode zur pränatalen Diagnostik ist die **Amniozentese** (Fruchtwasseruntersuchung). Durch Einführen einer Nadel durch die Bauchdecke in die Fruchtblase kann eine kleine Menge des Fruchtwassers entnommen werden. Da sich in diesem zahlreiche abgestoßene Zellen des **Embryos** befinden, ist es möglich, ohne direkten Kontakt mit dem Embryo sein Erbmaterial zu untersuchen. Bei schwangeren Frauen mit familiärer Belastung, Auffälligkeiten in der Ultraschalluntersuchung oder bei Schwangeren höheren Alters können damit bestimmte genetische Risiken erkannt werden.

2.9 Gene und psychische Vorgänge

In allen Zellen finden ständig Synthesevorgänge statt, die auf dem Wege der Genexpression – also der aktuellen Nutzung eines DNA-Abschnittes (= eines Gens) zur Proteinsynthese – gesteuert werden. Dieser Vorgang ist selbstverständlich auch in Nervenzellen, die ja eine spezifische Untergruppe von Zellen darstellen, allgegenwärtig. Bestimmte Substanzen – insbesondere Botenstoffe wie Hormone und Neurotransmitter, aber auch Gifte, Drogen und Pharmaka – können die Genexpression in Neuronen beeinflussen. So wird speziell die Produktion von Rezeptorproteinen (**Rezeptoren**, s. Abschn. 5.1.2), die Botenstoffe binden und so die Signale von anderen Zellen empfangen können, dem wechselnden Bedarf angepasst. Über ihre Anzahl wird die Stärke der Wirkung von Botenstoffen auf die Zielzelle vermittelt. Erhöhte oder verminderte Syntheseraten von Rezeptoren durch veränderte oder pathologische Genexpression können psychiatrische Auffälligkeiten hervorrufen.

Gene und Lernen. Auch längerfristige Veränderungen des neuronalen Netzwerks hängen immer mit spezifischer Genexpression und Proteinsynthese zusammen. Viele Lern- und Gedächtnisvorgänge gehen mit der Bildung neuer Nervenfortsätze und/oder neuer Verbindungen einher (s. Abschn. 24.4). Dazu ist eine vollständige und intakte Enzymausstattung des Neurons erforderlich. Nur wenn die genetisch gesteuerten Basisprozesse funktionieren, können Lerninhalte längerfristig gespeichert und behalten werden.

Der genetische Bauplan legt die psychophysische »Grundausstattung« des Menschen fest. So ist beispielsweise der Anteil grauer Substanz (also dicht gepackter Nervenzellkörper) in bestimmten Regionen des menschlichen Gehirns genetisch determiniert (Thompson et al.,

2001). Der Anteil grauer Substanz wiederum korreliert hoch mit einem Indikator für generelle kognitive Leistungsfähigkeit. Die jeweilige Ausgestaltung bestimmter psychischer Eigenschaften kommt jedoch erst durch das permanente Zusammenspiel von dieser Grundausstattung mit außerhalb des Organismus angesiedelten Einflussquellen zustande. Dazu steht nicht im Widerspruch, dass bestimmte Dispositionen (»Anlagen«) für Persönlichkeitsmerkmale, z. B. bestimmte Fähigkeiten und Begabungen oder auch Anfälligkeiten für psychische Störungen, durchaus von Generation zu Generation weitergegeben werden können.

Zwillings- und Adoptionsstudien. Zur Erforschung der Anteile, die auf die Anlage zurückgehen, und derjenigen, die durch die Umwelt zustande kommen, führt man seit Jahrzehnten Zwillings- und Adoptionsstudien durch. Da eineiige Zwillinge aus einer einzigen befruchteten Eizelle entstanden sind, weisen sie ein absolut identisches Genmaterial auf. Sie bieten daher ein wichtiges Studienobjekt. Man untersucht insbesondere häufig Gemeinsamkeiten von eineiigen Zwillingen, die getrennt aufgewachsen sind. Da ähnliche oder gleiche Eigenschaften, die sich bei diesen Zwillingen zeigen, schwerlich identische Umwelten als Ursache haben können – sie sind ja in unterschiedlichen Umgebungen aufgewachsen –, führt man sie auf die (gleiche) genetische Ausstattung zurück. Auf dieser Überlegung basieren auch Adoptionsstudien an früh zur Adoption freigegebenen Kindern. Sie werden einerseits mit ihren leiblichen Eltern und Geschwistern verglichen, mit denen sie einen großen Anteil der Gene teilen, andererseits mit den mit ihnen gemeinsam aufgewachsenen Adoptivgeschwistern.

> **Exkurs**
>
> **Der Anteil der Gene an der Varianz der Intelligenz**
> Das Resultat zahlreicher Zwillings- und Adoptionsstudien war ein relativ hoher genetischer Anteil an der **Varianz** des Intelligenzquotienten (IQ) im Vergleich etwa zu anderen Persönlichkeitsmerkmalen wie z. B. Neurotizismus. Die verschiedenen Studien weisen darauf hin, dass zwischen 40 % und 70 % der Varianz des IQ auf die genetische Ausstattung zurückzuführen ist.

Molekulargenetische Psychologie. Nachdem es heute möglich ist, die genetische Ausstattung eines einzelnen

Individuums relativ präzise zu bestimmen, gelingt es zunehmend, bestimmte Persönlichkeitsmerkmale mit bestimmten Genen in Verbindung zu bringen. Man bedient sich dazu häufig der Tatsache, dass von zahlreichen Genen verschiedene Varianten existieren. Man spricht dann von einem Polymorphismus. In den häufigsten Fällen bleiben die verschiedenen Varianten eines Gens im Phänotyp unauffällig. Allerdings konnte gezeigt werden, dass etwa das Persönlichkeitsmerkmal »Ängstlichkeit« im Zusammenhang mit einer Genvariante steht, die den Aufbau eines Proteins steuert, das für den Transport des Neurotransmitters **Serotonin** zuständig ist. In ähnlicher Weise konnte belegt werden, dass eine spezifische Kombination von drei Varianten des sog. Dopamin-Transporter-Gens eng mit dem Aufmerksamkeitsdefizit-Syndrom verbunden ist.

Genetische Marker. Innerhalb der Psychiatrie wird zunehmend das Genmaterial von Patienten mit psychiatrischen Erkrankungen und ihren Verwandten untersucht. Für einige Krankheiten sind bereits sog. **genetische Marker** gefunden worden. Mit einem genetischen Marker hat man Information über den engeren Bereich, im Sinne eines DNA-Abschnitts, in dem sich das fragliche Gen auf einem Chromosom befindet. Dieser Bereich zeigt bei der biochemischen Chromosomenanalyse der betroffenen Patienten eine Besonderheit. Die Information über die Lage eines Markers gewinnt man durch gentechnische Verfahren, etwa durch das Zerschneiden der DNA an bestimmten Stellen mittels spezifischer Enzyme und durch die Sichtbarmachung des Musters als Anordnung von gefärbten Stellen auf einem Gelstreifen (sog. Bandenmuster). Durch Vergleich dieser Muster zwischen Patienten und Gesunden kann man ein genetisches Diagnosekriterium gewinnen. Auch ohne Verständnis der biochemischen Abläufe oder genetischen Fehlfunktionen, die zum Symptom führen, können die Marker schon auf das Vorhandensein dieser genetischen Abweichung hinweisen. Umgekehrt muss beim Auftreten nur eines einzigen Patienten mit der fraglichen Krankheit, der aber den Marker im entsprechenden Chromosomenabschnitt nicht zeigt, dieser Chromosomenbereich als irrelevant angesehen werden.

Beim Vorhandensein eines solchen Markers können bereits pränatal oder vor Ausbruch einer Krankheit Vorhersagen gemacht und u. U. prophylaktische Maßnahmen ergriffen werden. Durch Marker hat man, wie gesagt, noch nicht das Gen selbst identifiziert, das durch Mutation verändert bzw. ausgeschaltet wurde. Man kann jedoch andere, räumlich weiter entfernte Gene als für die Krankheit verantwortlich ausschließen, da das betreffende Gen sich in der Nähe des Markers befinden muss.

2.10 Gentechnik

Der enorme Wissenszuwachs im Bereich von Genetik und biochemischen Verfahren hat seit einigen Jahren vor allem in der Gentechnik praktische Anwendung gefunden. Ein wichtiges Prinzip gentechnischer Verfahren ist das Einbringen fremder DNA in eine Zelle. Diese kann daraufhin die auf dem eingebrachten genetischen Material enthaltene Information als ein Protein exprimieren. Diesen Mechanismus machen sich auch Viren zunutze, die den Proteinsyntheseapparat fremder Zellen für ihre Zwecke verwenden.

> **Exkurs**
>
> **Viren**
>
> Viren sind kleine infektiöse Einheiten (10 bis 300 Nanometer) ohne eigenen Stoffwechsel. Sie bestehen nur aus (Desoxy-)Ribonukleinsäuren, die höchstens noch von einer Kapsel und ggf. einer Hülle umgeben sind. Zur Vermehrung brauchen sie die Synthesemechanismen einer Zelle. Sie schleusen ihre eigene genetische Information in die Wirtszelle ein und lassen sie dort vervielfältigen und exprimieren. Nicht selten kann die Wirtszelle dann ihrer eigentlichen Aufgabe nicht mehr nachkommen, da sie nur noch für den Virus arbeitet.

Zur gentechnischen Einschleusung eines fremden Gens in eine Zelle muss das betreffende Gen mit einer Träger-DNA gekoppelt werden, die es in die neue Zelle bringt und dort erkennbar macht. Man bezeichnet derartige Trägermoleküle, die das genetische Material überbringen, als **Vektoren**. Häufig sind solche Vektoren unschädlich gemachte Viren, da diese die nötigen Erkennungsstrukturen tragen. Das Produkt aus dem Vektor und der DNA, die mit der relevanten Information versehen ist, nennt man rekombinante DNA. Der gesamte Vorgang des Einbaus fremder DNA in eine Zelle zum Zwecke der Vervielfältigung wird als **Klonierung** bezeichnet.

Eine bedeutsame gentechnische Anwendung ist die Produktion wichtiger Substanzen des menschlichen Stoffwechsels wie z.B. von **Insulin** oder Wachstumshormonen durch Bakterien. Viele Patienten sind auf die ständige Zufuhr dieser Hormone angewiesen. Durch Einbau der entsprechenden Gene in die bakterielle Zelle können große Mengen davon in Bakterienkulturen hergestellt werden. Andererseits können Gene, die unerwünschte Produkte erzeugen, durch die Gabe von sog. Antisense-DNA unschädlich gemacht werden. Diese bindet sich an die passende Messenger-RNA und verhindert dadurch die Synthese des betreffenden Proteins. Mit der Antisense-Technik kann voraussichtlich eine neue Klasse von Pharmaka entwickelt werden, die zur Therapie von viralen Erkrankungen oder bei Karzinomen geeignet sind.

Genveränderungen in der Keimbahn.

In der experimentellen Genforschung wird seit einigen Jahren auch eine direkte Veränderung des genetischen Materials in den Keimzellen vorgenommen. Dies bedeutet, dass die nachkommenden Generationen des betreffenden Organismus ein verändertes Genom haben. So kann man durch den Einbau bestimmter Gene eine Nutzpflanze dazu anregen, Proteine zu synthetisieren, die sie weniger anfällig für Schädlingsbefall machen oder vor Fäulnis schützen. Allerdings ist beim Einsatz dieser Verfahren zu bedenken, dass jede Veränderung innerhalb eines ökologischen Systems kaum vorhersehbare Folgen nach sich ziehen kann. Schließlich kann die Komplexität des Zusammenspiels der verschiedenen Elemente des Systems niemals im Labor simuliert werden. Strenge Kontrollen und umfangreiche Studien vor der Einführung eines genmanipulierten Produktes sind demnach unerlässlich, um das Risiko für den Verbraucher gering zu halten.

Knock-out-Mäuse.

Eine wichtige Anwendung der Manipulation an der tierischen Keimbahn ist die Veränderung des Genoms bei Mäusestämmen. Durch Ausschaltung eines oder mehrerer Gene können Mäusestämme gezüchtet werden, bei denen selektiv bestimmte Proteine nicht mehr produziert werden. Man nennt diese Mäuse, Knock-out- oder transgene Mäuse. Dient das ausgeschaltete Gen etwa zur Expression eines Rezeptors der Nervenzellmembran (s. Abschn. 5.1.2) oder eines bestimmten Hormons, so können dadurch auch Verhaltensänderungen in der Knock-out-Maus induziert werden. Die Bedeutung dieses jetzt ausgeschalteten Proteins oder Peptids für die Verhaltenssteuerung kann dadurch untersucht werden, dass das spontane Verhalten des transgenen Versuchstiers sowie dessen Reaktionen auf bestimmte Stimuli in experimentellen Situationen mit einem normalen Artgenossen (»Wildtyp«) verglichen werden. So zeigen etwa Mäuse mit einem Defekt des an der Stressreaktion (s. Abschn. 17.1) beteiligten Kortikotropin-Releasing-Hormon (**CRH**; s. Abschn. 17.1.2) in experimentellen Situationen ein weniger ängstliches Verhalten als der Wildtyp.

Derartige Analogstudien bringen u. a. neue Erkenntnisse bei der Erforschung psychiatrischer Erkrankungen, wie der Angststörung oder der Depression. Insbesondere bei der Entwicklung neuer Psychopharmaka dürfte diese Methode in Zukunft eine immer größere Rolle spielen.

Weiterführende Literatur

Graw, J. (2005). Genetik (4. Aufl.). Berlin: Springer-Verlag.

Hennig, W. (2006). Genetik (3. Aufl.). Berlin: Springer-Verlag.

Lewin, B. (2002). Molekularbiologie der Gene. Heidelberg: Spektrum Akademischer Verlag.

3 Bausteine des Nervensystems – Neuronen und Gliazellen

Das Nervensystem ist das wichtigste und schnellste informationsübertragende System des Körpers. In Sekundenbruchteilen können Informationen von der Peripherie – z. B. der Haut oder den Sinnesorganen – ins Gehirn gelangen, dort verarbeitet werden und Reaktionen darauf ausgelöst werden. Die Leistungen des menschlichen Nervensystems werden durch das Zusammenwirken von schätzungsweise 100 Milliarden Nervenzellen innerhalb eines komplexen Netzwerks ermöglicht. Dieses Netzwerk ist so engmaschig, dass eine einzelne Nervenzelle bis zu einige Tausend Kontakte mit anderen Nervenzellen besitzen kann.

> **!** Das Nervensystem hat zwei zelluläre Hauptbestandteile, die **Neuronen** (Nervenzellen) und die **Gliazellen**. Die Neuronen dienen der Informationsverarbeitung, d. h. dem Transport und der Verarbeitung von Signalen. Die Gliazellen stellen in erster Linie einen Hilfsapparat für die Neuronen dar: Sie üben Schutz-, Versorgungs- und Stützfunktionen aus.

3.1 Aufbau und Elemente des Neurons

Beim Neuron handelt es sich um eine Sonderform der tierischen Zelle. Es zeigt den Grundaufbau und die Basiselemente jeder Zelle eines tierischen Organismus. Allerdings ist es darüber hinaus mit einigen speziellen Merkmalen ausgestattet, die es ihm ermöglichen, die typischen Aufgaben des Nervensystems im Zusammenhang mit der Informationsverarbeitung zu erfüllen.

3.1.1 Das Neuron als Spezialisierung der tierischen Zelle

Die wesentlichen Eigenschaften alles Lebendigen sind Stoffwechsel, Wachstum, Bewegung und Vermehrung. Diese Aufgaben werden von den in verschiedener Weise spezialisierten Zellen des Körpers übernommen. Bei der tierischen Zelle handelt es sich um den Typ der sog. **Eukaryontenzelle**, die mit einem Zellkern versehen ist. Dieser Zelltyp findet sich in prinzipiell gleicher Weise bei den meisten einzelligen und vielzelligen Lebewesen, den sog. Eukaryonten (Pflanzen, Tiere). Daneben kennt man noch die sog. **Prokaryonten**, zu denen etwa Bakterien und bestimmte Algen zählen. In diesen Zellen fehlt ein voll ausgebildeter Zellkern. Die DNA schwimmt einfach neben anderen Zellbestandteilen in der von einer Membran begrenzten Zelle.

Auch die Eukaryontenzelle ist von ihrer Umgebung durch die Zellmembran abgegrenzt. In ihrem Inneren befindet sich das **Zytoplasma** und der Nucleus (Zellkern). Das Zytoplasma seinerseits setzt sich aus dem Zytosol (Zellflüssigkeit) und einer Reihe von kleineren Strukturen, den **Zellorganellen** (s. Abb. 3.1), und dem **Zytoskelett** zusammen.

Zellkern, Kernmembran und Nucleolus

Der Zellkern ist von dem umgebenden Zytoplasma durch eine eigene, als Doppelschicht ausgebildete Kernmembran (Kernhülle) getrennt. Im Zellkern ist die gesamte genetische Information des Individuums in Form des kompletten Chromosomensatzes gespeichert. Speziell für den Aufbau von Proteinen wird die aktuell benötigte Information zunächst auf eine Messenger-RNA (mRNA) kopiert (s. Abschn. 2.4.1) und durch Poren in der Kernmembran in das Zytoplasma ausgeschleust. Dort kann dann die Proteinsynthese stattfinden.

Im Zellkern findet sich eine Substruktur, der **Nucleolus** (Kernkörperchen). Hier werden die Ribosomen (s. u.) gebildet, die eine wesentliche Rolle bei der Proteinsynthese spielen. Bei sehr stoffwechselaktiven Zellen können auch mehrere Nucleoli vorkommen, da bei einem hohen Bedarf an Proteinsynthese auch entsprechend mehr Ribosomen benötigt werden.

Durch die Poren der Kernmembran können nicht nur die mRNA und die Ribosomen aus dem Kern hinaus ins Zytoplasma transportiert werden, sondern umgekehrt können durch sie auch sog. »regulatorische Proteine« in den Kern gelangen, um dort z. B. Einfluss auf Prozesse der Genexpression (s. Abschn. 2.4.1) zu nehmen.

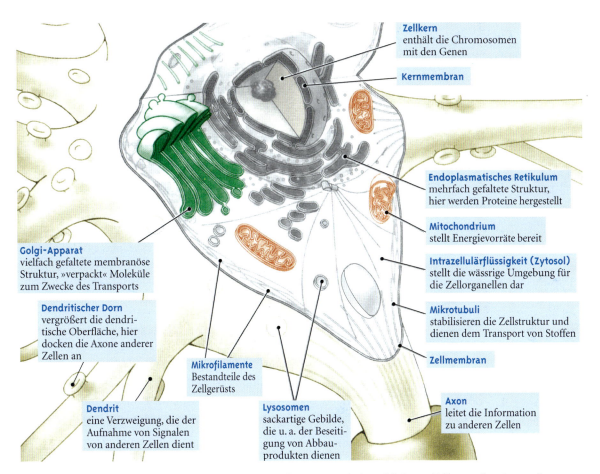

Abbildung 3.1 Typische Bestandteile des Neurons. Es ist ein Neuron mit den wichtigsten Zellorganellen dargestellt

! Der Zellkern ist vom Zellplasma durch eine **Doppelmembran** abgegrenzt. Er beherbergt die Chromosomen als Träger der genetischen Information. Der Nucleolus ist der Ort der Ribosomenbildung.

Die Kernmembran weist Poren zum Austritt von Messenger-RNA und zum Eintritt von Proteinen auf.

Neben dem Zellkern enthält die Zelle weitere Organellen. Diese sind Bestandteile des Zytoplasmas. Die wichtigsten Zellorganellen werden im Folgenden behandelt.

Mitochondrien
Im Lichtmikroskop sind die **Mitochondrien** als Körnchen sichtbar – daraus wird ihr Name verständlich. Die Mitochondrien werden häufig als die Kraftwerke der Zelle bezeichnet. Sie sind von zwei Membranen umgeben, einer äußeren und einer stark gefalteten inneren Membran (s. Abb. 3.1). Sowohl der von der inneren Membran umschlossene Raum, die sog. Matrix, als auch der Raum zwischen beiden Membranen spielen eine wichtige Rolle beim mitochondrialen Stoffwechsel, der zahlreiche lebenserhaltende chemische Umwandlungsprozesse beinhaltet. Im Mitochondrium wird z. B. Fett abgebaut und die daraus gewonnenen Energieträger werden in **Adenosintriphosphat** (ATP) umgewandelt. ATP kann in fast allen Organen – wie z. B. der Muskulatur oder dem Gehirn – bei energieverbrauchenden Prozessen als Treibstoff dienen.

! Die Mitochondrien sind die »Kraftwerke der Zelle«. Sie bilden das für den Energiehaushalt der Zelle lebensnotwendige ATP.

Ribosomen

Die Ribosomen sind die Orte der Proteinsynthese. Sie werden im Nucleolus des Zellkerns aus der ribosomalen RNA (rRNA) und aus Proteinen zusammengesetzt. Nach Ausschleusung durch die Kernporen in das Zytoplasma dienen sie hier der Proteinsynthese. Ribosomen bestehen aus zwei Untereinheiten, zwischen denen die mRNA abgelesen und die von der tRNA (Transfer-RNA) transportierten Aminosäuren in der richtigen Reihenfolge zusammengefügt werden. Normalerweise wandern viele Ribosomen gleichzeitig in festgelegter Richtung entlang einer mRNA und katalysieren die schrittweise Verkettung von Aminosäuren, bis das fertige Polypeptid (z. B. ein Protein) entstanden ist (s. Abb. 3.2).

Ribosomen können frei im Zytosol schwimmend vorkommen (freie Ribosomen). Diese lagern sich jedoch meist in Ketten an einen mRNA-Strang an – man nennt sie dann Polyribosomen oder kürzer Polysomen. Diese Ribosomen stellen überwiegend solche Proteine her, die im Zytoplasma der Zelle verbleiben. Sind die herzustellenden Proteine jedoch für die Verwendung in anderen Organellen, in der Zellmembran oder für den Export aus der Zelle heraus bestimmt, werden sie an Ribosomen synthetisiert, die in großer Dichte auf einem weiteren Zellorganell sitzen, dem **rauen endoplasmatischen Retikulum**.

> ! Ribosomen werden im Nucleolus aus der ribosomalen RNA und Proteinen aufgebaut. Aufgabe der Ribosomen ist die Proteinsynthese.

Das endoplasmatische Retikulum und der Golgi-Apparat

Unter dem Mikroskop erscheint das **endoplasmatische Retikulum** (abgek. ER) als eine mitunter weitverzweigte Hohlraumstruktur. Es besteht aus einem gut ausgebildeten Membransystem, das mehrere Hohlräume miteinander vernetzt.

Glattes und raues ER. Man unterscheidet zwei Typen von endoplasmatischen Retikula. An den Membranen des **glatten endoplasmatischen Retikulums** erfolgt die Synthese von Fettsäuren und Phospholipiden (also Fetten), die für den Aufbau der Zellmembran (s. u.) benötigt werden. Außerdem spielt es eine wichtige Rolle bei der Herstellung von bestimmten Hormonen sowie beim Abbau von Giften. In der Muskulatur dient das glatte ER der Speicherung von Kalziumionen und ist damit von essenzieller Bedeutung für die Muskelkontraktion.

Das raue ER steht mit der Membran des Zellkerns in Verbindung. Seine Oberfläche ist übersät von Ribosomen, dadurch erscheint sie rau. An diesen Ribosomen werden Proteine gebildet, die z. B. für den Aufbau von zellulären Membranen oder für den Export aus der Zelle heraus bestimmt sind. Sie werden durch das Membransystem des ER zur Oberfläche des Retikulums geleitet und an den Golgi-Apparat weitergegeben, der dem rauen ER meist eng benachbart ist.

Golgi-Apparat. Der **Golgi-Apparat** weist, ähnlich wie das ER, ein System übereinandergestapelter Memb-

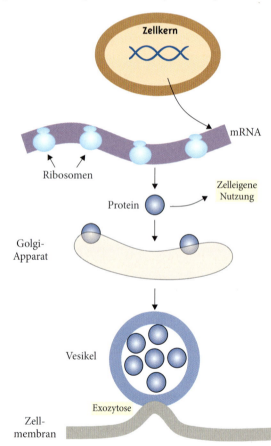

Abbildung 3.2 Proteinsynthese innerhalb der Zelle. Die mRNA transportiert die genetische Information aus dem Zellkern heraus ins Zytoplasma. Hier regt die Ribosomenaktivität die Bildung von Proteinen an, die im Golgi-Apparat in Vesikel verpackt werden, um dann entweder zu anderen Zellorganellen zu gelangen oder in den Extrazellulärraum abgegeben zu werden

ranen auf. Hier findet eine Aufbereitung der am rauen ER gebildeten Proteine statt. Häufig werden an die bereits gebildeten Aminosäureketten andere chemische Gruppen angehängt, wie z. B. Zuckerreste, Phosphat- oder Schwefelgruppen. Im Golgi-Apparat spielt sich u. a. eine Art »Sortierung« der Proteine hinsichtlich ihres Bestimmungsorts statt. Außerdem schnürt der Golgi-Apparat ständig kleine Stücke seiner Membran ab. Die so entstandenen »Pakete« bilden die Form von Bläschen, sog. **Vesikeln** (auch »Golgi-Vesikel«). In den Vesikeln kann der verpackte Inhalt – Proteine oder auch kleinere Moleküle – vermittels zellinterner Transportprozesse durch das Zytosol transportiert werden. Die Vesikel können, da sie ja ebenfalls eine membranöse Umhüllung besitzen, ggf. auch mit der Zellmembran verschmelzen und dabei ihren Inhalt über **Exozytose** nach außen freisetzen.

! Das glatte endoplasmatische Retikulum dient u. a. der Fettsynthese und im Muskel als Kalziumionenspeicher.
Das raue endoplasmatische Retikulum ist mit seinen angelagerten Ribosomen Ort der Synthese von Proteinen. Diese können im Golgi-Apparat modifiziert und in Vesikel verpackt werden. Durch Verschmelzung der Vesikelmembran mit anderen Membranen können dann die Vesikel ihren Inhalt an einem anderen Ort wieder abgeben.

Lysosomen und Peroxisomen

Lysosomen. Bei den **Lysosomen** handelt es sich um kleine runde Organellen, die von einer Membran umgeben sind. Sie dienen v. a. dem aktiven Abbau und Wegtransport von Substanzen, die in der Zelle nicht (mehr) benötigt werden. Von daher wird auch der Name verständlich: Ein Körper (soma), dessen Inhalt lytische (gr. lysis = die Auflösung) Aktivität besitzt. Der Abbau geschieht in Anwesenheit bestimmter hochaktiver Enzyme. Die abgebauten Stoffe können in der Zelle selbst entstanden sein und nicht mehr benötigt werden, oder es kann sich um extrazelluläre Makromoleküle handeln, die in die Zelle aufgenommen wurden. Letzteres ist insbesondere bei Zellen des Immunsystems der Fall, die auf diese Weise schädliche Stoffe und potenzielle Krankheitserreger (z. B. Bakterien) beseitigen.

Störungsbild

Lysosomale Speicherkrankheiten

Man kennt beim Menschen eine Reihe von Nervenkrankheiten, die mit dem gestörten lysosomalen Abbau von Substanzen zusammenhängen. Ein Beispiel dafür ist die Tay-Sachs-Krankheit, eine seltene erbliche Nervenkrankheit. Hier kann ein bestimmter Stoff (ein Lipidmolekül), das u. a. dem Aufbau der Nervenzellmembran dient, nicht mehr abgebaut werden. Beim Gesunden wird die überschüssige Substanz durch ein lysosomales Enzym aktiv zerlegt und kann so aus dem Zellmilieu entfernt werden. Bei den Erkrankten fehlt es aufgrund eines defekten Gens an dem zum Abbau benötigten Enzym. So kommt es zu Ablagerungen dieses Stoffes an den Membranen speziell der Gehirnzellen, was eine Reihe von fatalen Konsequenzen hat: Bereits im ersten Lebensjahr zeigt sich eine Einschränkung der psychomotorischen Leistungen. Später kommt es zu Lähmungen und Krampfanfällen bei stark verzögerter Gehirnentwicklung. Ebenso lässt das Sehvermögen nach, oft bis zur Erblindung. Der Tod tritt meist innerhalb von zwei bis drei Jahren ein.

Peroxisomen. **Peroxisomen** sind Gebilde, die nur von einer einschichtigen Membran umgeben sind. Sie spielen eine wichtige Rolle beim Abbau der in vielen Stoffwechselvorgängen entstehenden schädlichen Peroxidradikalen und können selbst Wasserstoffperoxid bilden und spalten – daher der Name. Darüber hinaus beteiligen sie sich neben den Mitochondrien am Fettabbau sowie am Abbau von Alkohol.

! Lysosomen beseitigen zelleigene Abfallprodukte sowie zellfremde schädliche Substanzen. Zu diesem Zweck befinden sich innerhalb ihrer Membran zahlreiche hochaktive Enzyme.
Peroxisomen dienen Entgiftungsreaktionen. Sie wandeln Peroxidradikale, Fette und Alkohol chemisch um.

Das Zytoskelett

Das gesamte Innere der Zelle wird vom Zytoskelett durchzogen. Es ist die Basis für die räumliche Struktur der Zelle und ggf. deren Veränderungen, etwa bei

3.1 Aufbau und Elemente des Neurons | **49**

Bewegungen. Das Zytoskelett wird aus speziellen Proteinen gebildet, die sich aufgrund ihres Aufbaus verhaken und vernetzen können und damit geeignet sind, ein Gerüst zu bilden. Man kann hierbei drei Klassen von Strukturen unterscheiden: **Mikrotubuli**, **Mikrofilamente** und Intermediärfilamente.

Mikrotubuli sind röhrenförmige, langgestreckte Strukturen, welche die Zelle durchziehen. Im Neuron werden sie Neurotubuli genannt. Sie haben eine röhrenförmige, relativ geradlinige Gestalt. In den langen Fortsätzen der Nervenzelle sind die Neurotubuli parallel und in etwa gleichen Abständen angeordnet. Entlang der Neurotubuli können Stoffe über große Entfernungen im Inneren der Zelle transportiert werden. Auch die Bewegung bzw. Fixierung von Organellen im Zytosol gehört zu den Aufgaben der Mikrotubuli. Bei einer Destabilisierung der Neurotubuli infolge pathologischer Veränderungen der sog. Tau-Proteine (deren physiologische Aufgabe die Strukturbildung vermittels der Neurotubuli ist) kommt es zu einer Bündelung und Klumpenbildung von Neurofibrillen. Dies ist ein wichtiger Bestandteil der Pathogenese der Alzheimer-Krankheit.

Einen wesentlich kleineren Durchmesser als die Mikrotubuli haben die Mikrofilamente. Sie bestehen hauptsächlich aus **Aktin**. Dieses Protein spielt eine wichtige Rolle bei aktiver Formveränderung von Zellen. Mikrofilamente sind häufig mit der Zellmembran verbunden und erfüllen damit einerseits strukturgebende Aufgaben, andererseits sind sie für die Bewegung von Zellen (mit)verantwortlich. Mikrofilamente sind im Neuron weit verbreitet, v. a. in den zahllosen Fortsätzen, die dem Neuron seine typische Struktur geben (s. Abb. 3.6). Während der Entwicklung des Organismus tragen die Mikrofilamente durch Kontraktion auch zur sog. **amöboiden** Bewegung bei. Hierbei kann die Zelle sich aufgrund von Änderungen ihrer Gestalt fortbewegen.

Intermediärfilamente (im Neuron: Neurofilamente) besitzen eine mittlere Größe zwischen Mikrotubuli und Mikrofilamenten. Sie dienen ebenso wie die Mikrofilamente der Stabilität und der Aufrechterhaltung der Zellform. Die intermediären Filamente können auch dazu dienen, mehrere Zellen zu strukturellen Einheiten zu verbinden.

Mikrotubuli (Neurotubuli) und Mikrofilamente (Neurofilamente) fasst man zu den Mikrofibrillen (Neurofibrillen) zusammen.

> **!** Die röhrenförmigen Mikrotubuli (beim Neuron Neurotubuli) dienen v. a. dem gerichteten Transport von Stoffen innerhalb der Zelle. Mikrofilamente (Neurofilamente) tragen zur Stabilität der Zellgestalt bei und dienen bei einigen Zellen sowie während der Entwicklung zur Fortbewegung der Zelle. Intermediärfilamente dienen v. a. zur Formgebung und Stabilisierung der Zelle.

Das Zytosol

Die Zellorganellen und das Zytoskelett sind von Flüssigkeit, dem Zytosol, umgeben. Es bildet also den flüssigen Bestandteil des Zytoplasmas. Es füllt das gesamte Zellinnere aus. Das Zytosol besteht im Wesentlichen aus Wasser, Proteinen und wasserlöslichen Ionen.

Die Zellmembran

Die Zellmembran (Plasmamembran) grenzt die Zelle von ihrer Umgebung ab und gestattet es ihr damit, als eine selbstständige Einheit zu funktionieren. Bei allen tierischen Zellen besteht die Zellmembran aus Phospholipiden sowie eingelagerten Proteinen. Lipide sind Fette oder fettähnliche Stoffe, also Substanzen, die in Wasser unlöslich sind. Phospholipide bestehen aus einem Lipid-»Schwanz« aus wasserabstoßenden (hydrophoben bzw. lipophilen) Fettsäuren und einem wasseranziehenden (hydrophilen oder lipophoben) Phosphat-»Kopf«. In einer wässrigen Lösung lagern sich die Lipidmoleküle nun quasi freiwillig so aneinander an, dass sie den wasserabstoßenden Lipidteil in der Weise vor dem Wasser »schützen«, dass sich diese Teile einander zuwenden, die hydrophilen Molekülteile dagegen dem Wasser zugewandt sind (s. Abb. 3.3). Dadurch kommt die für Zellmembranen typische **Lipid-Doppelschicht** zustande.

Auch die in die Zellmembran eingelagerten Proteine besitzen i. Allg. geladene, hydrophile, und ungeladene, hydrophobe, Bereiche. Dies führt dazu, dass sie sich in einer bestimmten, räumlich relativ stabilen Weise etwa rechtwinklig zum Membranquerschnitt ausrichten. Seitlich sind sie jedoch relativ leicht verschiebbar.

Membranproteine. Proteine, die in die Membran eingelagert sind, die sog. **Membranproteine**, sind von eminenter Bedeutung für die Zelle. Sie können entweder nur auf einer Seite aus der Membranoberfläche herausragen oder die Membran vollständig durchziehen und damit

50 | 3 Bausteine des Nervensystems – Neuronen und Gliazellen

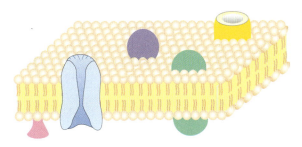

Abbildung 3.3 Struktur der Zellmembran. Die Zellmembran besteht aus einer Phospholipiddoppelschicht mit eingelagerten Proteinen. Diese können die Membran durchdringen und z. B. Poren bilden. Sie können auch nur mit dem Zellinneren oder nur dem Zelläußeren in Verbindung stehen

> **Übersicht**
>
> **Merkmale der Zellmembran**
> ▶ Filter- und Siebfunktionen für bestimmte Ionen und Moleküle
> ▶ Transport von Nahrungsstoffen in die Zelle
> ▶ Schutz vor schädlichen Einflüssen
> ▶ Ort von katalytischen Reaktionen mittels Enzymen
> ▶ Aufrechterhaltung eines elektrischen Potenzials zwischen Zellinnerem und Zelläußerem
> ▶ Weiterleitung von elektrischen Signalen
> ▶ Ort der Rezeptoren für spezifische Botenstoffe, insbesondere an Neuronen

sowohl mit dem Zellinneren als auch dem Zelläußeren in Kontakt stehen. Diese transmembranösen (durch die Membran reichenden) Proteine sind bei jeder Zelle von essenzieller Bedeutung für die Aufrechterhaltung des inneren Milieus der Zelle. Insbesondere bei den Nervenzellen nehmen sie entscheidende Aufgaben im Zusammenhang mit der Informationsübertragung von Zelle zu Zelle wahr. Die diesbezüglichen Prozesse werden im nächsten Kapitel ausführlich behandelt.

Cholesterinmoleküle. Zwischen den Phospholipidmolekülen der Doppelschicht sind außerdem in großer Zahl Cholesterinmoleküle eingebettet. Cholesterin ist ein kleines Lipidmolekül, das sich zwischen die größeren Phospholipidschwänze der Membran legt. Es dient in erster Linie der Konstanthaltung der Membranviskosität, d. h. der Zähigkeit der Membran. Außerdem ist es in einem gewissen Ausmaß, gemeinsam mit den transmembranösen Proteinen, am Transport von Botenstoffen über die Membran hinweg beteiligt. Schließlich konnte kürzlich gezeigt werden, dass es auch bei der Kontaktbildung zwischen Nervenzellen eine Rolle spielt.

Man darf sich die Zellmembran nicht als ein starres System vorstellen. Sie ist im Gegenteil sehr beweglich, da die Phospholipidmoleküle und die Proteine in der Membranebene gegeneinander verschoben werden können. Die Membran hat eher den Charakter eines viskosen öligen Films. Aufgrund dessen kommt dem formerhaltenden Element der Zelle, dem Zytoskelett (s. o.), eine ganz entscheidende Bedeutung zu.

In der folgenden Übersicht sind die wichtigsten Merkmale der Zellmembran wiedergegeben. Diese werden, soweit sie die besonderen Eigenschaften von Neuronen betreffen, später ausführlicher besprochen.

3.1.2 Die äußere Gestalt der Neuronen

In der äußeren Form weisen die Nervenzellen gegenüber anderen Zellen einige Besonderheiten auf, die im Zusammenhang mit ihren speziellen Aufgaben hinsichtlich Informationstransport und Informationsverarbeitung stehen. So unterscheiden sich Neuronen in ihrer Gestalt je nach Aufgabengebiet beträchtlich (s. u.). Von der Form her gliedert sich ein typisches Neuron in den Zellkörper, die **Dendriten**, das **Axon** – auch Neurit genannt – und häufig an den Endverzweigungen des Axons spezielle Strukturen, die synaptischen Endigungen (s. Abb. 3.4).

Zellkörper

Die oft langgestreckten und sich gebietsweise stark verästelnden Neuronen weisen eine typische Verdickung, den Zellkörper, auf. Dieser wird auch als **Soma** oder **Perikaryon** bezeichnet. Der Zellkörper enthält den Zellkern sowie zumeist eine große Zahl von Organellen, z. B. Mitochondrien, Golgi-Apparate und Ribosomen. Das Soma ist der Ort der Synthese der meisten Eiweißstoffe und der Bildung intrazellulärer Membranen, wie sie beispielsweise für die Vesikel gebraucht werden.

Axon

Bei den meisten Neuronen ist das Axon ein vergleichsweise langer Fortsatz, der dem Zellkörper entspringt. Es dient im Regelfall dem Informationstransport weg vom Zellkörper hin zu den synaptischen Endigungen, von wo aus der Informationsübertritt zu anderen Zellen des Nervensystems bzw. zur Muskulatur stattfindet. Neuronen besitzen nur ein einziges Axon, das am sog. **Axon-**

hügel aus dem Zellkörper austritt. Die Axonlänge kann weniger als 1 mm bis hin zu über einem Meter betragen. Beim Menschen etwa kann ein Axon die Länge von über einem Meter erreichen (s. Abb. 3.5). Ein derartig langes Axon finden wir beispielsweise bei jenen Nervenzellen, deren Zellkörper sich im **Rückenmark** befinden und die als Ziel die Muskulatur, etwa im Fuß, haben. Im Unterschied zum Zellkörper findet sich im Axon kein raues endoplasmatisches Retikulum und keine oder nur wenige freie Ribosomen. Demnach erfolgt im Axon keine Proteinbiosynthese; alle Proteine des Axons und v. a. der Axonmembran müssen im Soma gebildet und an ihren Zielort transportiert werden.

Axone sind häufig von einer fetthaltigen Schicht, der sog. **Myelinscheide**, umhüllt (s. u.), die allerdings in regelmäßigen Abständen unterbrochen ist. Die Myelinscheide dient u. a. einer Beschleunigung der Leitungsgeschwindigkeit längs des Axons. Die Geschwindigkeit der Impulsleitung kann beim Menschen bis zu 120 Meter pro Sekunde betragen. In ihrer Längsrichtung sind Axone von Neurotubuli und Neurofilamenten durchzogen (s. Abb. 3.1).

Um den Stoffwechsel über die langen Axone aufrechterhalten zu können, ist ein Transportsystem für Enzyme, Stoffwechselprodukte und Organellen erforderlich. Dieses wird überwiegend von den Mikrotubuli gebildet. Der Transport findet mit einer Geschwindigkeit von 1–10 mm/Tag statt. Es existiert ein spezielles, schnelles Transportsystem für Aminosäuren, die zum Zusammenbau der Proteine gebraucht werden. Hier wurden Transportgeschwindigkeiten von bis zu 1.000 mm/Tag gemessen. Es gibt auch ein System für den Rücktransport in Richtung auf den

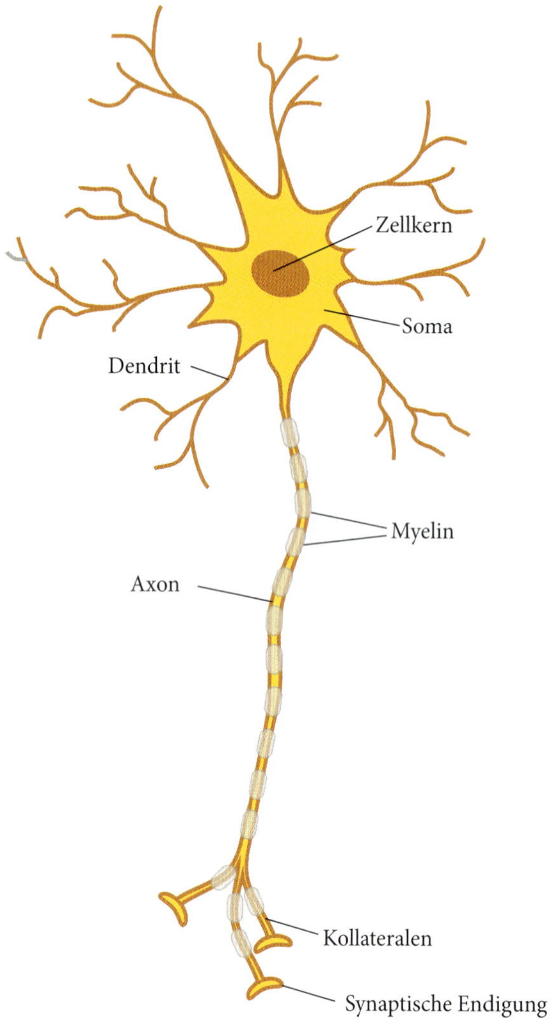

Abbildung 3.4 Äußere Gestalt des Neurons. Ein Neuron gliedert sich im Regelfall in den Zellkörper (Soma), zahlreiche und oft weitverzweigte Dendriten und ein Axon, das von einer Myelinscheide umgeben sein kann

Abbildung 3.5 Beispiel für ein besonders langes Axon. Der Ischiasnerv zieht von der Wirbelsäule (aus dem Kreuzbeinbereich) über die Hinterseite des Oberschenkels bis hinab zum Fuß, wobei er sich mehrfach verästelt. Die Axone, die von der Hüfte bis zum Fuß laufen, erreichen eine Länge von ca. 1 m

3 Bausteine des Nervensystems – Neuronen und Gliazellen

Zellkörper. Die Geschwindigkeit dieses sog. retrograden Transports liegt bei etwa 0,3 mm/Tag. Damit können etwa Endprodukte des Stoffwechsels, Abbauprodukte oder funktionsuntüchtig gewordene Organellen zum Zellkörper transportiert werden. Allerdings können so auch körperfremde Stoffe, die an der Peripherie in das Gewebe eingedrungen sind, transportiert werden. So können etwa Herpes-simplex- und Polioviren über den retrograden Stofftransport ins **Zentralnervensystem** gelangen. Dies gilt auch für das Tetanustoxin, das von der Wunde über Axone bis zum Rückenmark transportiert wird, wo es motorische Neuronen erreicht. Deren Funktion wird gestört, was zu einer permanenten Kontraktion der Muskulatur führt, dem Wundstarrkrampf.

Axone spalten sich häufig am Ende ihrer Längsausdehnung auf und verzweigen sich hier zu sog. **Kollateralen**. Die Enden dieser Kollateralen bilden i. Allg. Verdickungen, die dann den Ausgangsbereich einer Nerv-Nerv- bzw. Nerv-Muskel-Verbindung (die sog. **Synapse**) bilden.

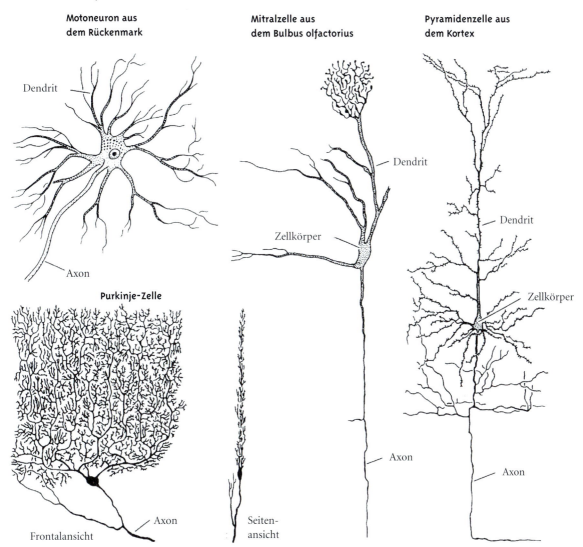

Abbildung 3.6 Formen von Neuronen. Das Motoneuron wurde aus dem Rückenmark eines Säugers herauspräpariert. Die anderen Zellen, die nach der Golgi-Methode angefärbt wurden, hat Ramón y Cajal gezeichnet. Die Pyramidenzelle stammt aus dem Großhirn einer Maus, die Mitralzelle aus dem Bulbus olfactorius (einer Schaltstelle für die Bahnen aus dem Geruchsorgan) einer Ratte und die Purkinje-Zelle aus dem menschlichen Kleinhirn

Forscherpersönlichkeit

Santiago Ramón y Cajal und Camillo Golgi – zwei Pioniere der Neurowissenschaft

Mit der Aufklärung des Aufbaus neuronalen Gewebes sind zwei Namen eng verbunden: Santiago Ramón y Cajal und Camillo Golgi. Beide führten ihre bahnbrechenden Arbeiten gegen Ende des 19. Jahrhunderts durch.

Santiago Ramón y Cajal. Santiago Ramón y Cajal wurde am 1. 3. 1852 im spanischen Aragon geboren. Er studierte an der Universität von Saragossa Medizin. Im Jahre 1873 erhielt er seine Approbation als Arzt und diente danach als Armeearzt. In den Jahren 1874–75 nahm er an einer Expedition nach Kuba teil. Hier zog er sich eine Malaria- und Tuberkuloseinfektion zu. Nach seiner Rückkehr nach Spanien nahm er eine Stelle als Assistent in der anatomischen Abteilung der Fakultät für Medizin in Saragossa an. Kurze Zeit darauf wurde er Direktor des Museums von Saragossa (1879). Im Jahr 1883 wurde ihm in Madrid der Doktortitel für Medizin verliehen, nachdem ihm am Tag zuvor eine Professur für Deskriptive und Allgemeine Anatomie an der Universität Valencia angeboten worden war. Vier Jahre später wurde er zum Professor für **Histologie** und pathologische Anatomie in Barcelona ernannt und 1892 auf den gleichen Lehrstuhl nach Madrid berufen. 1902 wurde er Direktor der Investigaciones Biológicas und des Instituto Nacional de Higiene.

Ab 1880 veröffentlichte Ramón y Cajal zahlreiche sehr bedeutsame wissenschaftliche Arbeiten, zu deren wichtigsten das »Manual de Anatomia patológica general« (»Manual der allgemeinen pathologischen Anatomie«, 1890) und »Textura del sistema nervioso del hombre y de los vertebrados« (»Lehrbuch über das Nervensystem von Menschen und Vertebraten«, 1899) zählen.

Auf der Basis seiner **neuroanatomischen** Studien, die er überwiegend mittels der Färbemethode von Golgi durchführte, kam Ramón y Cajal zu dem Ergebnis, dass das einzelne Neuron die Basiseinheit zur Erklärung der Funktionsweise des Gehirns sein müsse. Neuronen stünden zwar untereinander im Kontakt, arbeiteten jedoch weitgehend autonom (»Neuronendoktrin«). Er stand damit im Widerspruch zu Camillo Golgi, der davon ausging, die Verästelungen der Nervenzellen seien quasi miteinander verschmolzen, weshalb die Funktionsweise des Gehirns nur aus der Betrachtung dieses Netzwerks als Ganzem zu verstehen sei.

Ramón y Cajal erhielt 1906 den Nobelpreis für Medizin (gemeinsam mit Camillo Golgi). Er zählt bis heute zu den bedeutendsten Neuroanatomen überhaupt und gilt als ein Begründer der modernen Neurowissenschaft. Er starb am 18. 10. 1934 in Madrid.

Camillo Golgi. Camillo Golgi wurde am 7. 7. 1843 in Brescia (Italien) geboren. Er studierte Medizin an der Universität von Pavia. Nachdem er sein Studium 1865 abgeschlossen hatte, arbeitete er in Pavia am Krankenhaus St. Matteo. Schon zu dieser Zeit lagen seine Forschungsinteressen im Bereich des Nervensystems. Er befasste sich u. a. mit der Neurologie und den psychiatrischen Krankheiten. 1872 übernahm er einen Chefarztposten im Krankenhaus für chronisch Kranke in Abbiategrasse (Italien). Man nimmt an, dass er in der Abgeschirmtheit dieses Krankenhauses, in einer kleinen Küche, die er zu einem Labor umgebaut hatte, mit seinen histologischen Untersuchungen des Nervensystems begann. Nach einigen Jahren wurde Golgi Professor für Histologie an der Universität von Pavia, wo er schließlich 1881 den Lehrstuhl für Allgemeine Pathologie übernahm.

Die bedeutendste Leistung Golgis war die Entdeckung einer revolutionären Methode, mit der einzelne Nervenzellen durch Färbung sichtbar gemacht werden konnten. Hierzu dient eine niedrig konzentrierte Silbernitratlösung. Damit angefärbt, werden sowohl die Zellkörper als auch die axonalen und die sehr feinen dendritischen Verzweigungen erkennbar. Damit war eine Untersuchung der Feinstruktur von Nervengewebe der Weg geebnet. Mit dieser Methode führte Golgi zahlreiche histologische Untersuchungen am Gehirn durch.

Golgi wurde für seine Arbeit vielfach mit den höchsten Preisen, 1906 auch dem Nobelpreis (s. o.), ausgezeichnet. Er starb am 21. 1. 1926 in Pavia, wo er fast sein ganzes Leben verbracht hatte.

Dendriten

Nervenzellen zeigen weitere Aussprossungen, die sog. Dendriten. Sie entspringen an zahlreichen Stellen des Zellkörpers, sind i. Allg. sehr viel kürzer als Axone und verjüngen sich mit zunehmendem Abstand vom Zellkörper. Auch verzweigen sie sich sehr viel früher und stärker als Axone. Dendriten dienen v. a. dem Herantransport der Information zum Zellkörper. Vereinfacht gesprochen bilden sie die Empfangsantennen der Nervenzelle, während das Axon als Sender dient.

Dendriten tragen an ihrer Oberfläche zahlreiche Auftreibungen, die dendritischen Dornen (dendritic spines). Diese können eine sehr unterschiedliche Gestalt haben (pilz-, warzen- oder auch sackförmig). Sie finden sich v. a. in denjenigen Bereichen, die Kontaktstellen zu anderen Neuronen sind. Hier dienen sie u. a. der Vergrößerung der Kontaktfläche.

Aufgrund der Darstellung im Vorangegangenen mag der Eindruck entstanden sein, dass das Neuron eine relativ einheitliche Struktur besitzt. Dies ist jedoch keineswegs der Fall: Man kennt eine enorme Vielfalt von Formen, z. B. Nervenzellen mit nur einem Fortsatz (unipolare Zellen), mit zwei Fortsätzen (bipolare Zellen) und solche mit vielen Fortsätzen (multipolare Zellen; s. Abb. 3.6). Die Axone können eine große Länge erreichen, aber auch extrem kurz sein, z. B. in den **Interneuronen** des Gehirns, wo die Axonlänge teilweise nur einige Mikrometer beträgt. Axone können verzweigungslos ihr Ziel erreichen, weisen aber häufig auch außerordentlich viele Verzweigungen auf. Ähnliches gilt für die Dendriten: Diese können sich tausendfach verästeln oder auch nur in Form einer einzelnen Aussprossung des Zellkörpers auftreten.

Klassifikation von Neuronen

Zur Klassifikation der unterschiedlichen Neuronentypen werden verschiedene Systematiken verwendet. Eine gründet sich auf die äußere Gestalt der Zelle, v. a. die Form und die Art der Dendritenverzweigungen, aber auch die Art der Axonaussprossung. Aufgrund dieser Gestalteigenschaften unterscheidet man z. B. die **Pyramidenzellen** und die Sternzellen der Hirnrinde. Eine zweite Systematik hat die Art des vom Neuron abgegebenen Neurotransmitters als Basis. So verwenden z. B. alle Neuronen, die der Erregung der Muskulatur des Bewegungsapparats dienen, den Neurotransmitter **Acetylcholin**; man nennt solche Neuronen dementsprechend **cholinerge** Neuronen. Ein drittes Klassifikationssystem bezieht sich auf die Verbindungen, die Neuronen eingehen: Läuft ihr Axon beispielsweise zu einer Muskelzelle, so spricht man von einem **Motoneuron**; empfangen sie Information von Sinneszellen, handelt es sich um sensorische Neuronen. Wenn ein Neuron lediglich Kontakte zu anderen Neuronen aufnimmt, liegt ein Interneuron vor. Interneuronen sind im menschlichen Nervensystem die am häufigsten vorkommenden Neuronentypen.

Zusammenfassung

Das Neuron ist eine Spezialisierung der tierischen Zelle. Seine Grobstruktur gliedert sich in Zellkern, Zytoplasma und Zellmembran. Im Zellkern ist die genetische Information in Form des Chromosomensatzes gespeichert. Das Zytoplasma enthält verschiedene Unterstrukturen (Zellorganellen): Die Mitochondrien bilden das für den Energiehaushalt der Zelle lebensnotwendige ATP (Adenosintriphosphat). Die Ribosomen sind die Orte der Proteinsynthese. Am glatten endoplasmatischen Retikulum erfolgt die Synthese von Fettsäuren und Phospholipiden. Außerdem werden hier bestimmte Hormone gebildet. Das raue endoplasmatische Retikulum ist übersät mit Ribosomen. Hier werden Proteine synthetisiert. Der Golgi-Apparat dient u. a. der Aufbereitung und Umgestaltung der an den Ribosomen gebildeten Proteine.

Lysosome besorgen den aktiven Abbau und Wegtransport von Substanzen, die in der Zelle nicht mehr benötigt werden. Peroxisomen spielen eine wichtige Rolle bei vielen Stoffwechselvorgängen.

Das Zytoskelett ist die Basis für die räumliche Struktur der Zelle. Zum Zytoskelett gehören: die Neurotubuli, Mikrofilamente und die Neurofilamente. Längs der Neurotubuli können Stoffe über große Entfernungen im Inneren der Zelle transportiert werden. Mikro- und Neurofilamente fördern die Stabilität der Zellgestalt und können während der Zellentwicklung zur Zellwanderung beitragen. Die Zellorganellen und das Zytoskelett sind von Flüssigkeit, dem Zytosol, umgeben.

Die Zellmembran stellt eine zweischichtige Struktur aus Phospholipiden mit eingelagerten Proteinen dar.

Nach dem äußeren Aufbau gliedert man das Neuron in den Zellkörper (Soma) mit dem Zellkern, das Axon und die Dendriten. Man kennt sehr viele unterschiedliche Neuronentypen. Die spezifische Funktion eines einzelnen Neurons drückt sich aus in seiner Gestalt, in den von ihm produzierten Substanzen und in den Kontakten mit anderen Zellen.

3.2 Gliazellen

Im Nervensystem des Menschen finden wir neben den Nervenzellen einen zweiten Zelltyp, die Gliazellen. Im Zentralnervensystem (= Gehirn und Rückenmark), speziell im Gehirn, ist die Zahl der Gliazellen deutlich größer als die der Nervenzellen. Man schätzt, dass sich im menschlichen Gehirn etwa zehnmal so viele Gliazellen befinden wie Neuronen. Da Gliazellen aber nur etwa ein Zehntel des Volumens einer Nervenzelle einnehmen, entspricht der Massenanteil der Gliazellen im Gehirn in etwa dem der Nervenzellen.

Die wichtigsten Funktionen der Gliazellen sind in der Übersicht dargestellt. Die Gliazellen erfüllen mit Sicherheit noch einige weitere Funktionen, z. B. im Zusammenhang mit der Leitung von elektrischen Zellerregungen. Diese Funktionen sind allerdings erst unvollständig aufgeklärt.

Nach ihrer Funktion und ihrem Aussehen teilt man die Gliazellen in mehrere Gruppen ein: die **Oligodendrozyten** von Gehirn und Rückenmark bzw. deren

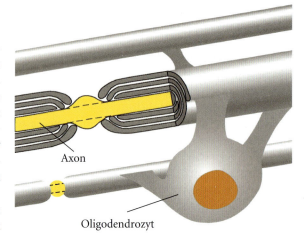

Abbildung 3.7 Bildung von Myelin. Die Aussprossungen aus dem Zellkörper des Oligodendrozyten »umwickeln« mehrere Axone über einen gewissen Bereich hinweg

Pendant im peripheren Nervensystem, die **Schwann-Zellen**, eine weitere bedeutsame Gruppe bilden die **Astrozyten** und die **Mikroglia-Zellen**

Übersicht

Funktionen von Gliazellen

Die unterschiedlich spezialisierten Gliazellen erfüllen eine Reihe von wichtigen Funktionen:

▶ Während der Entwicklung des Nervensystems wirken Astrozyten beim Wachstum der Neuronen und insbesondere bei der Aussprossung der vielfältigen Fortsätze als »Führungselemente«, welche die Wachstumsrichtung beeinflussen.
▶ Gliazellen dienen als Stützelemente im Nervensystem. Sie verleihen dem Gewebe eine gewisse Festigkeit und schützen die Nervenzellen vor allzu großer mechanischer Deformation.
▶ Astrozyten können beim Abtransport von Abbaustoffen bzw. von abgestorbenen Neuronen (etwa durch Verletzungen, Vergiftungen) als Transportmedium dienen.
▶ Bei der Aufrechterhaltung des elektrischen Potenzials der Nervenzelle spielen Speicher- und Transportvorgänge, insbesondere von Kalium- und Kalziumionen, eine wichtige Rolle. Astrozyten sorgen dafür, dass die Konzentrationsverhältnisse dieser Ionen in der Umgebung der Neuronen optimiert werden.
▶ Astrozyten können die Effektivität synaptischer Kontakte zwischen Nervenzellen beeinflussen.
▶ Bestimmte Typen von Gliazellen (Oligodendrozyten und Schwann-Zellen) bilden das sog. Myelin, das die meisten Axone umgibt und die Informationsleitung beschleunigt.
▶ Beim Aufbau der sog. Blut-Hirn-Schranke wirken Astrozyten bei der Abschirmung des Zentralnervensystems vor potenziell schädlichen Stoffen im Blut mit.

3.2.1 Oligodendrozyten

Die Oligodendrozyten sind Zellen, die im Zentralnervensystem (Gehirn und Rückenmark) die Axone von Nervenzellen umhüllen und dabei das sog. Myelin bilden (s. Abb. 3.7). Das Myelin – andere Begriffe sind Markscheide, Myelinscheide, Myelinschicht – erscheint aufgrund seines hohen Fettanteils gegenüber den Nervenzellen im Gehirnschnitt weißlich, es bildet im Gehirn die sog. weiße Substanz, die etwa 40 % der Hirnmasse ausmacht.

Die **Myelinisierung** der Axone bewirkt einerseits den Schutz vor mechanischer Überbeanspruchung, andererseits eine beachtliche Erhöhung der Leitungsgeschwindigkeit von Nervenimpulsen. Dieselben Aufgaben, die von den Oligodendrozyten im Zentralnervensystem erfüllt werden, nehmen im peripheren Nervensystem (also außerhalb von Gehirn und Rückenmark) die sog. Schwann-Zellen wahr, die nach dem Histologen Theodor Schwann benannt sind.

Oligodendrozyten bilden im Zentralnervensystem eine Hülle um das Axon, was durch das »Umwickeln« der Nervenfaser mit dünnen und flächigen Auswachsungen geschieht (s. Abb. 3.7). Jeder Oligodendrozyt besitzt mehrere Zellfortsätze und myelinisiert auf diese Weise stets verschiedene, benachbarte Axone. Bei dem Umwickeln des Axons wird aus diesen Zellschichten das Zytoplasma weitgehend verdrängt, sodass diese konzentrisch aufgewickelten Hüllen im Wesentlichen nur noch aus den nahezu »leeren« Membranen bestehen. Als Folge davon ist die Umhüllung überwiegend aus den verbleibenden Fettmolekülen aufgebaut.

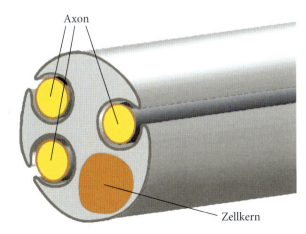

Abbildung 3.8 Unmyelinisierte Axone im peripheren Nervensystem. In eine Schwann-Zelle sind mehrere Axone eingebettet

3.2.2 Schwann-Zellen

Im peripheren Nervensystem wird, wie bereits erwähnt, die Myelinisierung von den Schwann-Zellen übernommen. Das Grundprinzip ist hier ähnlich wie bei den Oligodendrozyten, mit dem Unterschied, dass eine Schwann-Zelle immer nur ein Axon umwickeln, d. h. myelinisieren kann, während die Oligodendrozyten meist die Ummantelung für mehrere Axonen bilden.

> **Forscherpersönlichkeit**
>
> **Theodor Schwann** (1810–1882) studierte Medizin in Berlin und war dort einige Jahre Assistent des zu seiner Zeit hochberühmten Physiologen Johannes Peter Müller. Er wurde später Professor für Physiologie an den Universitäten Lüttich und Löwen in Belgien. Schwann leistete entscheidende Beiträge zur Aufklärung der neuromuskulären Interaktion. Er isolierte erstmals ein Enzym aus tierischem Gewebe, das Pepsin, und erkannte dessen Rolle als ein wesentliches Element beim Verdauungsprozess. Außerdem entdeckte er die heute nach ihm benannte Schwann-Zelle.
>
> Seine theoretisch bedeutsamste Leistung war, dass er eine einheitliche Zell-Lehre entwickelte. Deren Grundgedanke ist, dass pflanzliche und tierische Zellen nach denselben Prinzipien aufgebaut sind und dass die Zelle als kleinste funktionelle Einheit die Basis für den Aufbau aller Lebewesen liefert. Damit ist Schwann der Begründer der modernen Histologie.

Unmyelinisierte Fasern im peripheren Nervensystem liegen nicht bloß, sondern sind auf eine einfachere Weise in einen Typ von Schwann-Zelle eingebettet, der keine mehrschichtige Markscheide ausbildet (s. Abb. 3.8). Dieser Typ der Schwann-Zelle hat primär eine Stütz- und Schutzfunktion. Auf die Leitungsgeschwindigkeit hat er keinen Einfluss, sodass hier die Informationsleitung im Vergleich zu den myelinisierten Axonen langsamer vonstattengeht. Bei der Lepra werden auch die Schwann-Zellen von den Erregern angegriffen, was die vielfältigen neurologischen Symptome erklärt.

3.2.3 Astrozyten

Der zweite wichtige Typ von Gliazellen, der Astrozyt, liegt in verschiedenen Gestaltvarianten vor. Ihnen gemeinsam ist eine sternförmige Struktur mit einer starken Verästelung der Fortsätze. Astrozyten nehmen auf diese Weise Kontakt zu vielen Neuronen auf (s. Abb. 3.9).

Darüber hinaus bilden sie eine dichte Barriere um die Gefäße des Gehirns herum. Damit sind sie Bestandteil der **Blut-Hirn-Schranke** (s. Abschn. 3.2.4).

Bestimmte Astrozyten sind am Transport von Nährstoffen zu den Nervenzellen beteiligt. Außerdem wird angenommen, dass sie an verschiedenen Stellen auch mittelbar bei der Signalübertragung von einer Nervenzelle auf die andere beteiligt sind. So können Sie die Ausbreitung von Übertragerstoffen (Neurotransmittern) begrenzen, z. B. durch Aufnahme dieser Stoffe. Im Inneren der Astrozyten können diese dann auch biochemische und elektrische Prozesse auslösen. Astrozyten spielen auch ein wichtige Rolle bei der Regulation der Kaliumionenkonzentration im extrazellulären Gehirngewebe. Kalium spielt eine ganz entscheidende Rolle für die Funktion zahlreicher Neuronentypen. Darüber hinaus weiß man heute, dass die Astrozyten auch beim Aufbau von Kontaktstellen zwischen Neuronen häufig eine entscheidende Rolle spielen. Sie beliefern die Neuronen u. a. mit Cholesterin. Dieses scheint ein wichtiger Faktor bei der Bildung von neuronalen Kontakten zu sein. Schließlich können Astrozyten nach Verletzung oder Degeneration von Neuronen Füllgewebe bilden.

3.2.4 Blut-Hirn-Schranke

Unter der Blut-Hirn-Schranke versteht man eine Austauschsperre, die verhindert, dass die empfindlichen Nervenzellen des Gehirns bestimmten Stoffen ausgesetzt werden, die sich im Blut befinden können. Dies können Giftstoffe sein, aber auch normalerweise im Blut vorhandene Substanzen, wie bestimmte Aminosäuren, einzelne Hormone oder Ionen, die sich negativ auf die Funktion der Nervenzellen auswirken können. Stoffe, die für die Arbeit des Gehirns notwendig sind, z. B. Glukose und fettlösliche kleine Moleküle wie Sauerstoff und Kohlendioxid, können die Blut-Hirn-Schranke überschreiten. Allerdings auch eine Reihe von suchterzeugenden Stoffen wie Alkohol, Nikotin, Kokain und **Heroin**. Auch Viren, wie das HIV-Virus, können die Blut-Hirn-Schranke durchdringen, was dann zu weitreichenden Schädigungen im Zentralnervensystem führt. Umgekehrt können Abbauprodukte aus dem neuronalen Gewebe durch die Blut-Hirn-Schranke in Richtung Blutstrom hindurchtreten.

Die Grundlage für die Funktion der Blut-Hirn-Schranke liegt darin, dass die Endothelzellen, die das Blutgefäß innen auskleiden, äußerst dicht aneinanderliegen. Sie bilden an ihren Berührungsflächen sog. Tight Junctions. Nur wenn die Astrozyten, die an der Gefäßwand anliegen, entsprechende Signalstoffe freisetzen, können sich diese Tight Junctions ausbilden. In den Endothelzellen befinden sich zahlreiche sog. Transportproteine, die wichtige Stoffe für die Neuronenfunktion weiterleiten können. Auch für das ordnungsgemäße Funktionieren dieser Proteine ist die Anwesenheit von Astrozyten notwendig.

3.2.5 Mikroglia

Neben den bisher behandelten Typen von Gliazellen, die zusammen die Gruppe der Makroglia bilden, kennt man noch eine weitere Klasse von Gliazellen: die Mikroglia. Dies sind spezialisierte Zellformen, die in erster Linie Abwehr- und Immunfunktionen ausüben und dazu dienen, u. a. durch **Phagozytose** Abbauprodukte und Fremdstoffe aufzunehmen. Sie sind besonders häufig nach Verletzungen, Infektionen oder Krankheiten aufzufinden. Mikrogliazellen sind in der Lage, durch Alarmsignale weitere Zellen des Immunsystems zu aktivieren und damit eine Kaskade von Immunpro-

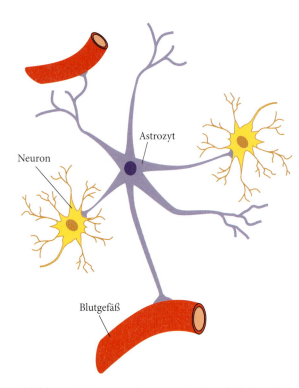

Abbildung 3.9 Astrozyt. Astrozyten sind große Zellen mit vielen Fortsätzen. Sie nehmen i. Allg. Kontakt mit vielen Nervenzellen sowie Blutgefäßen auf

zessen anzustoßen. Vor allem reichern sie sich immer auch dort an, wo Neuronen, Oligodendrozyten und andere Zelltypen des Gehirns abgestorben sind.

Gliazellen behalten auch nach abgeschlossener Entwicklung des Nervensystems die Fähigkeit zur Zellteilung. So können bestimmte Areale des Zentralnervensystems, bei denen Nervenzellen abgestorben sind – etwa durch Erkrankungen – von neu gebildeten Gliazellen aufgefüllt werden und damit zu einer Vernarbung führen. Auch bei Tumoren im Gehirn, die aus unkontrolliert wucherndem Zellgewebe bestehen, handelt es sich meist um Tumoren von Gliazellen.

3.2.6 Gliazellen und die Entwicklung des Nervensystems

Radialzellen. Im sich entwickelnden Nervensystem findet man eine bestimmte Form der Gliazelle, die sog. Radialzelle. Sie besitzt eine lang ausgedehnte röhrenartige Form, längs deren sich das in der Entwicklung befindliche Neuron fortbewegen kann, bis es an seinen endgültigen Platz gelangt. Auch bei der Aussprossung des Neurons, etwa in ein Axon, dürften bestimmte Moleküle, die von Radialzellen abgegeben werden, als »Lockstoffe« dienen, die dem Axon quasi den Weg zur Zielzelle weisen.

Oligodendrozyten. Bei den Oligodendrozyten geht man von einer gegenteiligen Funktion aus, nämlich von einer Hemmung des Axonenwachstums. So wird beispielsweise bei der Zellentwicklung ein unkontrolliertes Auswachsen der Axone und ein Über-das-Ziel-Hinausschießen verhindert. Dies geschieht über die Exprimierung von bestimmten Proteinen, die das Neuronenwachstum behindern. Diese wachstumshemmende Funktion der Oligodendrozyten dürfte beim erwachsenen Menschen dazu führen, dass nach Nervenverletzungen im Zentralnervensystem das Zusammenwachsen der Nervenfasern und das Bilden neuer Kontakte verhindert wird.

Myelinisierung. Die Myelinisierung von Gehirn und Rückenmark durch die Oligodendrozyten ist bei der Geburt des Menschen noch unvollständig, d.h., die Reifung des Nervensystems setzt sich auch nach der Geburt über die ersten zwei Lebensjahre noch fort. Da die Myelinisierung unter beträchtlichem Nährstoffverbrauch erfolgt, kann Mangelernährung im frühen Kleinkindalter auf die Entwicklung des Zentralnervensystems verhängnisvolle Auswirkungen haben.

3.2.7 Die multiple Sklerose – eine Demyelinisierungserkrankung

Eine durch Krankheitsprozesse bedingte Auflösung der Markscheiden führt in erster Linie zu Störungen im Bewegungsablauf bis hin zu Lähmungen. Die bekannteste Erkrankung, die auf eine Demyelinisierung zurückgeht, ist die **multiple Sklerose** (MS).

Die multiple Sklerose ist eine der häufigsten organischen Nervenkrankheiten bei jüngeren Erwachsenen. In Mitteleuropa liegt die Morbidität (= Häufigkeit von erkrankten Personen in der Bevölkerung) bei 8–12 Kranken auf 10.000 Einwohner. In Deutschland dürften 80.000 bis 100.000 Menschen an dieser Krankheit leiden. Man schätzt, dass etwa 8 % der Patienten in neurologischen Kliniken MS-Patienten sind. Bei Autopsien findet man Anzeichen von MS sehr viel häufiger, nämlich bei einer von 500 **Sektionen**. Sehr viele dieser Personen hatten zu Lebzeiten offenbar noch keine krankheitstypischen Beschwerden.

Vorkommen. Die Erkrankungshäufigkeit nimmt interessanterweise bei der weißen Bevölkerung auf der Nordhalbkugel der Erde mit wachsender Entfernung vom Äquator stark zu. Darüber hinaus gibt es in jedem Land Regionen besonders großer Häufigkeit an MS. Einwanderer, die ihr Geburtsland in einem Alter von unter 15 Jahren verlassen, haben das Erkrankungsrisiko ihres neuen Heimatlandes. Wenn sie dagegen den Wohnort nach der Pubertät wechseln, nehmen sie das Risiko ihres Ursprungslandes mit. Dieser Befund legt die Beteiligung eines Umweltfaktors nahe, der im Kinder- und Jugendalter wirksam wird und bei der späteren Entstehung der Erkrankung eine Rolle spielt.

Erkrankungsalter und Geschlechtsverteilung. Die bevorzugte Altersspanne für den Beginn der Erkrankung ist die Zeit zwischen dem 20. und 45. Lebensjahr. Nach dem 45. Lebensjahr sinkt die Häufigkeit von Neuerkrankungen kontinuierlich ab. Erkrankungen in einem Alter von über 60 Jahren sind sehr selten. Frauen sind zwei- bis dreimal häufiger betroffen als Männer.

Pathologie. Die MS ist eine Entmarkungskrankheit, bei der es unter Beteiligung von Entzündungsvorgängen herdförmig zu einer Auflösung der Markscheiden kommt. Häufig zeigt sich in den demyelinisierten Bereichen auch eine Schädigung der Nervenzellen, v.a. der Axone. Ohne Markscheiden ist keine schnelle Nervenleitung möglich, weshalb es sowohl zu neuromuskulären Funktionsstörungen als auch zu Störungen der

Sinnesempfindungen kommt. Die Entmarkungsherde (Plaques) haben wechselnde Größe, meist zwischen etwa 1 und 3 mm. Die Herde verhärten sich und es bildet sich eine Narbe (Sklerose). Bevorzugte Stellen für die Lokalisation der Plaques sind: Sehnerven, **Hirnstamm**, **Kleinhirn** mit Kleinhirnstielen, Pyramidenbahn und die **Hinterstränge** des Rückenmarks.

Verlauf. In ca. 80 % der Fälle liegt ein schubweiser Verlauf vor. Die Schübe, also das Auftreten neuer Symptome oder die Verstärkung bereits bekannter Symptome, entwickeln sich innerhalb von wenigen Tagen. Die Situation bleibt nach dem Schub einige Tage bis Wochen unverändert. Im Anschluss daran kommt es in ca. 50 % der Fälle spontan zu einer Rückbildung (**Remission**) der Symptome, die allerdings meist unvollständig ist. Das Intervall zwischen zwei Schüben kann zwischen wenigen Monaten und 1–2 Jahren liegen. Diese Perioden können aber auch in seltenen Fällen eine Dauer von 10–15 Jahre haben.

Bei einem Teil der Patienten (ca. 20 %) findet sich der sog. chronisch-progrediente Verlauf. Hier liegt eine kontinuierliche Verschlechterung des Krankheitsbildes vor. Zwar kann es auch hier zu schubweisen Verschlechterungen kommen, Remissionen kommen allerdings nicht vor.

Symptomatik. Zu Beginn treten häufig flüchtige Augenmuskellähmungen mit Doppelbildern auf. Die Sensibilität ist fast immer gestört. Häufig werden andauernde Missempfindungen berichtet: Taubheit, Pelzigkeit oder Kribbeln, vor allem in Händen und Füßen. Schmerzen sind dagegen selten. Später stehen dann die Lähmungen im Bereich des Bewegungsapparats im Vordergrund. Im weiteren Verlauf können sich psychische Auffälligkeiten v. a. im kognitiven Bereich einstellen.

Krankheitsursachen. Die MS ist vermutlich multifaktoriell verursacht, d. h., der Ausbruch der Erkrankung dürfte auf mehrere Faktoren zurückzuführen sein, die sich je nach Individuum unterscheiden können. Genetische Faktoren spielen vermutlich eine prädisponierende Rolle. Seit einigen Jahren mehren sich die Hinweise darauf, dass es sich um eine Autoimmunerkrankung handeln könnte, bei der das Immunsystem myelinbildende Zellen fälschlich als fremd erkennt und angreift.

Therapie. Eine ursächliche Therapie der MS, die zur Heilung führen würde, ist bis heute nicht verfügbar. Die derzeit angewandte Pharmakotherapie kann allerdings einerseits die Schubdauer verkürzen und andererseits langfristig sowohl die Häufigkeit als auch die Schwere der Schübe reduzieren. Zur **immunsuppressiven**, d. h. das Immunsystem unterdrückenden Behandlung wird vermehrt Interferon-b eingesetzt.

Prognose. Bei der Hälfte der Patienten mit MS ist ein relativ gutartiger Verlauf zu beobachten. Auf der Basis einer großen Patientenstichprobe zeigte sich etwa, dass nach einer mittleren Krankheitsdauer von etwa 15 Jahren zwar Beeinträchtigungen der Motorik vorliegen, die maximale Gehstrecke der Patienten aber noch nicht eingeschränkt ist. Der Anteil der Patienten mit einer benignen (gutartigen) MS bewegt sich zwischen 20 und 40 %. Hier liegt auch nach 10-jähriger Krankheitsdauer keine oder nur eine geringgradige Behinderung vor.

Zusammenfassung

Im Nervensystem des Menschen gibt es als zweiten Zelltyp neben den Nervenzellen die Gliazellen. Im Gehirn befinden sich etwa zehnmal so viele Gliazellen wie Neuronen. Die wichtigsten Funktionen der Gliazellen sind:

▶ Während der Entwicklung des Nervensystems wirken Gliazellen beim Wachstum der Neuronen mit.
▶ Sie dienen als Stützelemente im Nervensystem.
▶ Sie wirken beim Abtransport von Abbaustoffen bzw. von abgestorbenen Neuronen mit.
▶ Sie tragen zur Aufrechterhaltung des elektrischen Potenzials der Nervenzelle bei.
▶ Bestimmte Typen von Gliazellen bilden das sog. Myelin.
▶ Beim Aufbau der sog. Blut-Hirn-Schranke wirken Gliazellen mit.

Weiterführende Literatur

Dudel, J., Menzel, R. & Schmidt, R. F. (Hrsg.). (2001). Neurowissenschaft: Vom Molekül zur Kognition (2. Aufl.). Berlin: Springer-Verlag.

Klinke, R., Pape, H.-C., Kurtz, A. & Silbernagl, S. (2010). Physiologie (6. Aufl.). Stuttgart: Thieme.

Schmidt, R. F., Lang, F. & Heckmann, M. (2007). Physiologie des Menschen. Mit Pathophysiologie (30. Aufl.). Berlin: Springer-Verlag.

Thews, G., Mutschler, E. & Vaupel, P. (2007). Anatomie, Physiologie, Pathophysiologie des Menschen (6. Aufl.). Stuttgart: Wissenschaftliche Verlagsgesellschaft mbH.

4 Zelluläre Basis der Informationsverarbeitung im Nervensystem

Die Voraussetzung für jegliche Art von Informationstransport und Informationsverarbeitung – gleich in welchem System, ob Radioübertragung, Sprache, Rauchsignale – ist das Vorhandensein von Zeichen. In biologischen Systemen, die ja ständiger Veränderung unterliegen, ist die Grundbedingung zur Erzeugung von Zeichen, dass mindestens zwei unterschiedliche und relativ stabile Zustände »Z_1« und »Z_2« herstellbar sind. Ein Signal, der Träger der Information, besteht darin, dass sich ein Zustand ändert, also Z_1 in Z_2 übergeht oder umgekehrt. Das Ganze kann nur funktionieren, wenn die beiden Zustände klar definiert sind, d. h. wenn es nicht zu zufälligen Schwankungen in einem der beiden Zustände kommt. Wie wir sehen werden, sind im Nervensystem die möglichen Zustände v. a. auf der Basis elektrischer Phänomene realisiert.

> **Exkurs**
>
> **Elektrisch geladene Teilchen (Ionen, Moleküle) – elektrostatische Wechselwirkungen**
>
> Es gibt grundsätzlich zwei entgegengerichtete Ladungen: positive und negative Ladung. Ein Teilchen, das eine elektrische Ladung trägt, wird **Ion** genannt. Positiv geladene Teilchen bezeichnet man als Kationen, negativ geladene Teilchen als Anionen. Viele Metalle wie Natrium, Kalium, Magnesium usw. bilden Kationen, während Chlor oder Säuren dazu neigen, Anionen zu bilden.
>
> Entgegengerichtete Ladungen ziehen sich an. Die Anziehungskraft elektrisch geladener Teilchen wird als elektrostatische Wechselwirkung bezeichnet. Unter Umständen kann die beim Zusammentreffen zweier entgegengesetzt geladener Teilchen entstehende Energie so groß sein, dass sich die Teilchen verbinden. Es entstehen größere Moleküle (chemische Verbindungen).
>
> Moleküle aus Teilchen unterschiedlicher Ladung tragen eine Gesamtladung. So sind die meisten Proteine aufgrund negativ geladener Aminosäuren oder Phosphat- und Schwefelgruppen negativ geladen. Sehr große Moleküle, z. B. Membranproteine, tragen an unterschiedlichen Stellen unterschiedliche Ladungen. Durch elektrostatische Wechselwirkungen innerhalb eines Proteins wird seine räumliche Gestalt bestimmt. Wenn sich die Ladungsverhältnisse und damit die elektrostatischen Felder durch die Verbindung des Moleküls mit weiteren geladenen Teilchen ändern, kommt es häufig zu einer Änderung der räumlichen Struktur. Das Protein kann z. B. zusammenklappen oder sich entfalten. Auf diese Weise können Proteine – z. B. als Ionenpumpen – sogar kleine angelagerte Teilchen räumlich verschieben, indem sie sie bei der Veränderung der Molekülstruktur »mitnehmen«. Wenn Proteine als Enzyme wirken, können sie kleine Moleküle so nah zusammenbringen, dass diese miteinander in Reaktion treten.

4.1 Elektrische Ladung von Nervenzellen

Für alle Zellen eines lebenden Organismus gilt, dass die im Zytosol in Lösung vorhandenen Stoffe im Zellinneren in anderer Konzentration vorliegen als außerhalb der Zelle, in der Extrazellulärflüssigkeit. Bei diesen kleinsten gelösten Teilchen handelt es sich um Ionen. Wenn sich die Konzentration von geladenen Teilchen im Zellinneren von der im Zelläußeren unterscheidet, kommt es zu einer Potenzialdifferenz über die Zellmembran hinweg. Diesen Potenzialunterschied nennt man das Membranpotenzial. Es herrscht über den gesamten Bereich der Nervenzellmembran, d. h. auch über die volle Länge des Axons.

Das Membranpotenzial liegt bei den tierischen Zellen im Ruhezustand in einem Bereich von etwa −40 bis −90 mV (Millivolt, 1 mV = 1/1.000 V). Bei der Nervenzelle

4.1 Elektrische Ladung von Nervenzellen | **61**

des Menschen hat es einen Wert von etwa −70 mV. Das negative Vorzeichen bedeutet, dass das Zellinnere gegenüber dem Extrazellulärraum eine negative Ladung trägt. Da ein Potenzialunterschied zwischen dem Zellinneren und der als neutral betrachteten äußeren Umgebung herrscht, nennt man die Zelle elektrisch polarisiert. Das Potenzial von −70 mV ist das Ruhepotenzial (Membranruhepotenzial) der Zelle. An dem Begriff **Ruhepotenzial** wird bereits deutlich, dass zeitweise auch von diesem Potenzial abweichende Zustände eintreten können.

> **!** Über die gesamte Zellmembran hinweg besteht eine Potenzialdifferenz infolge unterschiedlicher Konzentrationen geladener Teilchen zu beiden Seiten der Membran – das Membranpotenzial. Die Zelle ist im Ruhezustand gegenüber der Umgebung negativ geladen. Das negative Ruhepotenzial einer Nervenzelle beträgt ca. −70 mV.

Die Messung des Membranpotenzials macht bei größeren Nervenzellen keine Schwierigkeiten. Man sticht eine feine Elektrode (eine Mikroelektrode) in die Zelle ein, während sich eine zweite Elektrode im Zelläußeren befindet. So kann man an einem angeschlossenen Spannungsmessgerät zwischen den beiden Elektroden die Potenzialdifferenz von ca. −70 mV ablesen (s. Abb. 4.1). Mikroelektroden zur Untersuchung von Zellen bestehen meist aus feinen, spitzen Glaspipetten, die mit einer leitenden Flüssigkeit gefüllt sind. Die Pipette wird in die Zelle eingestochen. Der elektrische Kontakt zwischen der Flüssigkeit und dem Messgerät wird über einen Draht hergestellt.

Natürlich lässt sich mit dieser Apparatur nicht nur der stabile Zustand des Ruhepotenzials erfassen, sondern – was genauso wichtig ist – es können auch Veränderungen im Ruhepotenzial registriert werden. Diese spielen – wie später erläutert – eine entscheidende Rolle bei der nervalen Informationsverarbeitung.

Wenn wir den Zeigerausschlag an unserem Messinstrument beobachten und feststellen, dass sich die Zelle quasi wie eine kleine Batterie verhält, so stellen sich unmittelbar zwei Fragen:
(1) Welche Arten von Ionen sind am Zustandekommen dieser Potenzialdifferenz beteiligt?
(2) Weshalb kommt es nicht im Laufe der Zeit zu einem Ladungsausgleich und damit zu einem Verschwinden dieses Potenzials?

Ein Konzentrationsunterschied von Ladungsträgern könnte nicht aufrechterhalten werden, wenn die Zellmembran für alle beteiligten Ionensorten gleichermaßen durchlässig wäre. Dann würden die Ionen, die jeweils von der zu ihrer Ladung entgegengerichteten Ladung auf der gegenüberliegenden Membranseite angezogen werden, die Membran passieren und innerhalb kürzester Zeit käme es zu einem Ausgleich der Ladungsverhältnisse und damit zu einem Zusammenbruch der Polarisation. Nun ist allerdings ist die Lipid-Doppelschicht der Membran für alle geladenen Teilchen nur schwer zu überwinden, da sich geladene Teilchen zwar gut in Wasser, jedoch kaum in Fett lösen können. Kleine, ungeladene Moleküle können dagegen relativ leicht diese Membranbarriere überwinden. Dies gilt etwa für Sauerstoff, Wasser, Kohlendioxid sowie etwas größere lipophile (fettlösliche) Moleküle wie z. B. Ethylalkohol (der Alkohol in alkoholischen Getränken). Auch Arzneimittel, die im Zellinneren ihre Wirkung entfalten sollen, bestehen aus diesem Grund meist aus fettlöslichen, ungeladenen Molekülen.

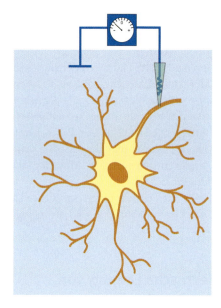

Abbildung 4.1 Spannungsmessung an der Zelle. Eine Mikroelektrode wird in die Zelle gestochen, während die andere Elektrode sich im Extrazellulärraum befindet. Das dazwischen liegende Spannungsmessgerät zeigt die Potenzialdifferenz an. Mikroelektroden werden meist aus sehr feinen Glaspipetten gefertigt, in denen sich eine leitfähige Flüssigkeit befindet. In die Flüssigkeit ragt ein Draht, der die Verbindung zum Messgerät herstellt

Permeabilitätsunterschiede. Für die verschiedenen Ionensorten, die innerhalb und außerhalb der Zelle vorhanden sind, ist die Zellmembran unterschiedlich per**meabel**. Diese Unterschiede in der Durchlässigkeit kommen dadurch zustande, dass Ionen die Membran nur dann leicht passieren können, wenn entsprechen-

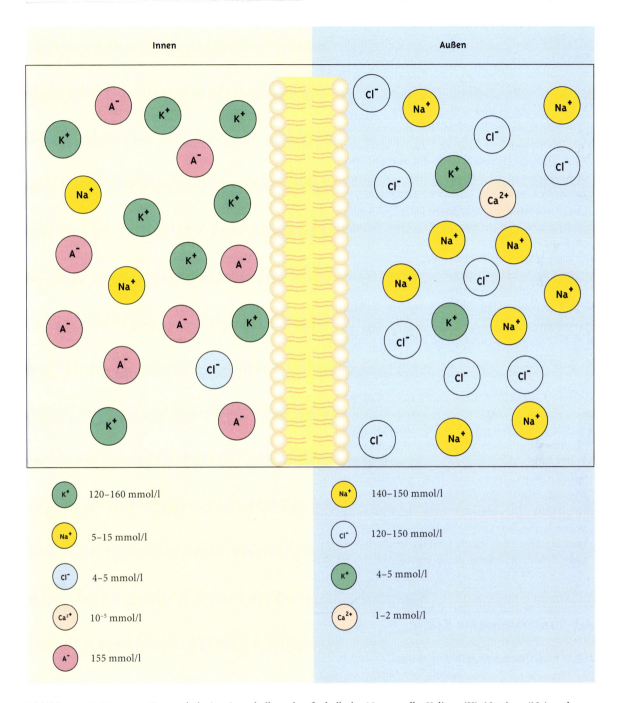

Abbildung 4.2 Konzentrationsverhältnisse innerhalb und außerhalb der Nervenzelle. Kalium (K), Natrium (Na) und Kalzium (Ca) bilden positiv geladene Kationen, Chlor (Cl) und bestimmte Proteine (A) negative Anionen (das »A« steht für »Anion«). Die Einheit für die Konzentration ist mmol/l (Millimol pro Liter). Ein Mol besteht aus ca. 10^{23} Teilchen

Tabelle 4.1 Membranpermeabilität für verschiedene Ionensorten

Ionen-Typ	Durchlässigkeit der Membran
Kalium (K$^+$)	hoch permeabel
Chlor (Cl$^-$)	hoch permeabel
Natrium (Na$^+$)	niedrig permeabel
Proteinanionen	undurchlässig

de, die Membran überbrückende **Kanäle**, realisiert als Membranproteine, dies zulassen (s. Abb. 3.3). Es existieren verschiedene Typen solcher transmembranöser Makromoleküle.

Die Membranpermeabilitäten für die vier wichtigsten Ionensorten, die Kalium-, Chlor-, Natrium- und Eiweißanionen, sind in Tabelle 4.1 angegeben.

Die Konzentrationsverhältnisse der verschiedenen Ionenarten sind mittlerweile relativ genau bekannt. Sie gehen aus Abbildung 4.2 hervor. Es herrschen offenbar sehr ausgeprägte Ungleichgewichte:

▶ Natriumionen und Chlorionen sind im Zelläußeren in sehr hoher Konzentration vorhanden.
▶ Kalziumionen sind überwiegend im Zelläußeren vorhanden.
▶ Kaliumionen sind dagegen im Zellinneren sehr hoch konzentriert.
▶ Proteinionen kommen praktisch nur im Zellinneren vor.

> ❗ Das Ruhepotenzial beruht vor allem auf der unterschiedlichen Verteilung von Natrium-, Kalium-, Chlor- und Proteinionen. Intrazellulär finden sich v. a. Kaliumionen und negativ geladene Proteinionen, extrazellulär dagegen v. a. Natrium- und Chlorionen. Die Zellmembran selbst ist für einige geladene Teilchen nahezu undurchlässig (impermeabel). Ionenwanderung wird durch spezielle kanalbildende Membranproteine ermöglicht.

4.2 Ionenwirksame Kräfte

4.2.1 Elektrische Kräfte auf Ionen

Die Überschüsse der Ionensorten im Zellinneren und Zelläußeren sind in Abbildung 4.3 noch einmal vereinfacht dargestellt. Bei der Betrachtung dieser Abbildung fällt auf, dass es offenbar bestimmte Ionensorten gibt, nämlich Kalium und Chlor, für die ihre Ladung und das herrschende Potenzial zusammenpasst: Da das Zellinnere negativ ist, besteht für das Kalium keine Tendenz zum Verlassen des Zellinneren; es wird aufgrund seiner positiven Ladung von dem entgegengesetzten Ruhepotenzial der Zelle im Inneren gehalten.

Analog sind die Verhältnisse für das negativ geladene Chlorion: für dieses herrscht keine Anziehung ins Zellinnere, sondern eine Abstoßung aufgrund der gleichen Ladungen. Es bleibt daher im Extrazellulärraum. Anders liegen die Verhältnisse für die großen negativ geladenen Eiweißionen im Zellinneren: Diese unterliegen einer starken Tendenz, nach außen zu wandern, was jedoch durch die Undurchlässigkeit der Membran für sehr große Ionen verhindert wird. Auch die Konzentrationsverteilung der positiv geladenen Natriumionen passt nicht mit dem Ruhepotenzial der Zelle zusammen: Das negative Potenzial des Zellinneren führt zu einer starken Anziehung für die Natriumionen. Dennoch sind die Natriumionen in sehr viel höherem Maße im Zelläußeren angereichert. Die Erklärung für dieses Phänomen ist

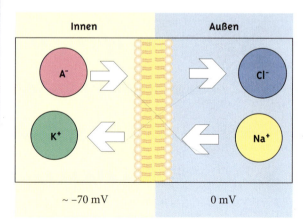

Abbildung 4.3 Überschüsse der Ionenverteilungen. Schematisierte Darstellung der Ionenverteilungen zwischen Zellinnerem und Zelläußerem und den elektrischen Kräften, die auf die Ionen wirken

die Aktivität der **Natrium-Kalium-Pumpe**, die wir in Abschnitt 4.4 kennenlernen werden.

4.2.2 Diffusionskräfte auf die Ionen

Dass die Membran z. B. für Kaliumionen permeabel ist, heißt nicht, dass die geladenen Kaliumteilchen quasi frei hindurchgelangen. Es bedeutet vielmehr, dass dicht verteilte Kaliumkanäle (Kaliumkanalproteine) die Kaliumionen mit hoher Geschwindigkeit passieren lassen. Pro Quadratmikrometer (= ein Tausendstel Quadratmillimeter) finden sich in der Zellmembran je nach Zelltyp im Durchschnitt 0,1–10 solcher Kanäle, die bei jedem Öffnen (durchschnittlich alle 1–2 ms) 30.000 bis 40.000 Ionen passieren lassen. Diese Passage geschieht auch dann, wenn eigentlich keine Ladung die Ionen auf eine Seite zieht. In diesem Fall wandern die Ionen aufgrund der Brown-Molekularbewegung in beide Richtungen, sodass dies an den Nettopotenzialverhältnissen nichts ändert. Ein »Ruhezustand« bedeutet bekanntermaßen im lebenden Organismus niemals wirklich Ruhe, sondern bloß einen in der Gesamtbetrachtung ausgeglichenen Zustand.

> **Exkurs**
>
> **Die Brown-Molekularbewegung und der »Ruhezustand« der Zelle**
>
> Kleine (molekulare) Teilchen befinden sich nie wirklich im Ruhezustand, sondern führen ständig zitternde Bewegungen aus. Diese Bewegung wird nach ihrem Entdecker Brown-Molekularbewegung genannt. Bei ihrer chaotischen Bewegung stoßen die Teilchen ständig mit anderen Teilchen zusammen, wodurch Energie frei wird. Die Molekularbewegung äußert sich also in einer Form der Energie, der Wärme eines Körpers. Je schneller sich die Teilchen bewegen, desto wärmer ist der Körper. Nur am absoluten Nullpunkt der Temperatur, bei –273 °C, sind sie tatsächlich in Ruhe. In gasförmigen Stoffen können die einzelnen Teilchen längere Wegstrecken zurücklegen, bevor sie mit anderen zusammenstoßen. In Flüssigkeiten sind die Teilchen näher zusammengedrängt und werden durch ihre Nachbarn ständig angezogen oder abgestoßen. Im Festkörper schwingen sie vorwiegend um ihre Ruhelage herum.

Wenn Teilchen relativ frei beweglich sind, wie dies im flüssigen und gasförmigen Zustand der Materie der Fall ist, herrscht eine Tendenz zum Konzentrationsausgleich. Wenn man eine bestimmte Teilchensorte in einen abgeschlossenen Raum gibt, so verteilen sich diese Partikel im Lauf der Zeit gleichmäßig über das gesamte zur Verfügung stehende Volumen. Die Ursache hierfür ist, dass sich die Partikel in einer ständigen regellosen Bewegung (Brown-Molekularbewegung) befinden, ununterbrochen mit anderen Teilchen zusammenstoßen und von diesen abprallen. Daher kommt es schließlich zu einer gleichmäßigen Verteilung der betreffenden Teilchensorte in dem Raum. Das Analoge gilt, wenn wir zwei verschiedene Teilchensorten in denselben Raum geben; dann herrscht eine Tendenz zur vollständigen Durchmischung dieser beiden Teilchenarten. Auch hier hat die Natur – wie überall – das Bestreben, Unterschiede zu nivellieren.

Diffusions- oder osmotischer Druck. Dies macht sich z. B. auch dann bemerkbar, wenn – wie im Beispiel von Abbildung 4.4 – die beiden Teilchensorten Wassermoleküle und darin gelöste Ionen (z. B. Natriumionen) sind und die beiden Teilvolumina durch eine nur für Wasser

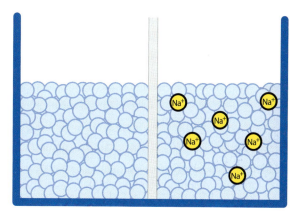

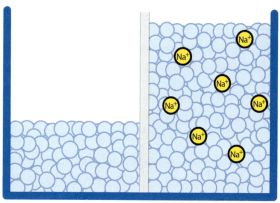

Abbildung 4.4 Diffusion. Infolge des Diffusionsdrucks steigt das Wasser im rechten Teil des Gefäßes auf

4.2 Ionenwirksame Kräfte | **65**

durchlässige Membran getrennt sind. Auf die Wasserteilchen wirkt dann der **Diffusionsdruck** oder osmotische Druck. Damit sich die Verhältnisse links und rechts möglichst ähnlich werden, muss die Lösung rechts mit Wasser weiter verdünnt werden (links herrscht quasi eine unendliche Verdünnung). Wasser strömt demzufolge nach rechts und hebt den Wasserspiegel. Der Diffusionsdruck ist nämlich so stark, dass die Flüssigkeitssäule im rechten Teil entgegen der Schwerkraft ansteigen kann. Dies geschieht so lange, bis das immer größer werdende Gewicht des Wasservolumens eine solche Kraft nach links ausübt, die dem von links nach rechts wirkenden Diffusionsdruck gleich ist. Bezieht man diese Kraft auf die Fläche, auf die sie einwirkt, so erhält man die physikalische Einheit »Druck«, den Diffusionsdruck oder osmotischen Druck.

Anhand dieses Beispiels wird auch deutlich, was geschehen würde, wenn Natrium- und Chlorionen im Zellinneren höher konzentriert wären als außen. Da das Zelläußere zum überwiegenden Teil aus Wasser besteht, würde aufgrund des im Zellinneren jetzt in hoher Konzentration gelösten Kochsalzes (Natriumionen plus Chlorionen) ein starker Diffusionsdruck für das Wasser in Richtung auf das Zellinnere herrschen. Damit würde die Zelle zusätzlich Wasser aufnehmen, sie würde aufquellen und im schlimmsten Falle sogar platzen.

Speziell für die Natriumionen gilt, dass neben der elektrischen Anziehung (s. Abb. 4.3) eine zweite, gleichgerichtete Kraft in Richtung auf das Zellinnere wirkt, nämlich die Diffusionskraft. Die Ursache dafür ist das ausgeprägte Konzentrationsgefälle (der Konzentrationsgradient) zwischen Extra- und Intrazellulärraum für die Natriumionen. Dieser Kraft können diese Ionen aufgrund der weitgehenden Impermeabilität der Zellmembran zwar nur in geringem Ausmaß nachkommen, dennoch würde sich über die Zeit hinweg ein Konzentrationsausgleich einstellen, wenn dies nicht aktiv verhindert würde (s. u.).

Vertiefung

Die Berechnung des Gleichgewichtspotenzials nach der Nernst-Gleichung

Man kann für jede Ionensorte getrennt das Nettoergebnis aus den beiden auf diese Ionensorte wirkenden Kräften (Diffusionskräfte und elektrische Kräfte) berechnen, das sich einstellen würde, wenn die Membran nur für diese eine Ionensorte permeabel wäre. Das Ergebnis kann man als ein elektrisches Potenzial, das Gleichgewichtspotenzial (E_G) ausdrücken. Es beschreibt diejenige Potenzialdifferenz, die über die Membran herrschen müsste, um die Wanderung dieser Ionensorte über die Membran hinweg zum Stillstand zu bringen.

Zur Berechnung müssen die Konzentrationen der fraglichen Ionensorte auf beiden Seiten der Membran bekannt sein (c_1 und c_2), die Wertigkeit des Ions (z; dabei kann z die Werte +1, −1, +2, −2, … annehmen) und die Temperatur. Die Berechnung geschieht nach der Nernst-Gleichung:

$E_G = (R \times T/z \times F) \times (\ln c_1/c_2)$

Dabei sind:

R = allgemeine Gaskonstante
($8{,}314 \, J \times K^{-1} \times mol^{-1}$),

T = absolute Temperatur in Grad Kelvin,

F = Faraday-Konstante (96.500 Coulomb/mol).

Setzt man für die verschiedenen Konstanten Zahlenwerte ein und rechnet den natürlichen Logarithmus

in den dekadischen um, so wird die Nernst-Gleichung bei einer Temperatur von 30 °C (303° Kelvin) zu:

$E_G = (60 \, mV/z) \times (\log c_1/c_2)$

Beispiel: Im Falle der Kaliumionen ($z = +1$) einer Muskelzelle des Säugetiers würde bei einem Konzentrationsverhältnis von 1 (außen) zu 40 (innen) keine Ionenwanderung mehr stattfinden, wenn eine Potenzialdifferenz von −98 mV herrschte. Für Natriumionen in Nervenzellen, bei denen die vorgefundenen Konzentrationsverhältnisse völlig anders sind als beim Kalium, nämlich 12 (außen) zu 1 (innen), ergibt sich ein Gleichgewichtspotenzial von +67 mV.

Anhand der Kenntnis von Gleichgewichtspotenzialen und der gemessenen Potenzialdifferenz innen zu außen kann man Aussagen darüber machen, in welche Richtung und mit welcher Stärke für die einzelnen Ionen eine Wanderungstendenz über die Membran hinweg herrscht. Ist das berechnete Gleichgewichtspotenzial für eine Ionensorte exakt gleich dem gemessenen Membranpotenzial, so besteht für diese Ionen kein sog. elektrochemischer Druck. Sie würden auch bei der Öffnung weiterer Ionenkanäle in demjenigen Konzentrationsverhältnis verharren, das gerade herrscht. Dies gilt bei Nervenzellen am ehesten für die Kalium- und Chlorionen.

---

66 | 4 Zelluläre Basis der Informationsverarbeitung im Nervensystem

Zusammenfassung

Die Ionen unterliegen zwei verschiedenen Kräften. Aufgrund der elektrostatischen Kräfte haben sie eine Wanderungstendenz zu entgegengesetzt geladenen Orten hin und von gleichgeladenen Orten weg. Aus ihrer ständigen Bewegung (thermische Bewegung, Brown-Molekularbewegung) ergibt sich eine Tendenz, sich durch Diffusion ausgewogen zu verteilen. Dies führt zum osmotischen Druck.

4.3 Passiver Transport von Stoffen durch die Zellmembran

Der Begriff »passiver« Transport beinhaltet die Wanderung von Ionen und Molekülen über die Membran hinweg, und zwar ohne dass dabei Energie aufgebracht werden muss. Als treibende Kraft kommt nach dem oben Gesagten sowohl der Konzentrationsgradient für eine bestimmte Teilchenart in Frage als auch die elektrischen Feldkräfte aufgrund von Ladungsunterschieden. Wir hatten bereits erwähnt, dass nur für bestimmte sehr kleine, ungeladene Moleküle der Durchtritt durch die Membran möglich ist. Für die meisten Substanzen dagegen ist diese Trennschicht nur schwer zu durchdringen.

Carriermoleküle und Ionenkanäle. Zum passiven Transport können zwei Typen von Transportmolekülen dienen: zum einen die sog. **Carriermoleküle**, zum anderen die Ionenkanäle (s. u.). Beide Molekülsorten sind so groß, dass sie die Membran durchspannen, also sowohl auf der Membraninnenseite als auch auf der Außenseite Zugang zur Umgebung haben. Carriermoleküle können dadurch den Stofftransport bewerkstelligen, dass sie auf der einen Seite, etwa im Zellinneren, ein Ion binden. Dadurch tritt eine Veränderung der elektrischen Verhältnisse im Carriermolekül ein, was eine Änderung seiner Konformation (räumliche Gestalt) nach sich zieht: Der Molekülbereich, an den das Ion gebunden wurde, kommt nun plötzlich auf der gegenüberliegenden Membranseite zu liegen. Hier wird das Ion wieder freigegeben.

Im Zusammenhang mit dem passiven Ionentransport durch die Membran der Nervenzelle spielen Carriermoleküle allerdings nur eine untergeordnete Rolle. In den Neuronen geschieht der passive Ionentransport ganz überwiegend über die Membrankanäle (= Kanalproteine, Membranporen, Ionenkanäle).

4.3.1 Ionenkanäle als Verbindung zwischen dem Zellinneren und dem Extrazellulärraum

Auf der Membran der Nervenzelle finden sich eine Reihe unterschiedlicher sog. Kanalproteine (Membranporen), die als Ionenkanäle wirken. Typischerweise besteht ein solches großes, porenbildendes Membranprotein aus vier bis sechs ähnlich aufgebauten Proteinen – als Untereinheiten bezeichnet –, die sich so zusammenlagern, dass sie die Struktur eines Kanals annehmen können. Dieses Protein durchzieht den Membranquerschnitt und schafft damit eine Verbindung zwischen Zellinnerem und Zelläußerem (s. Abb. 4.5). Entscheidend ist, dass es viele

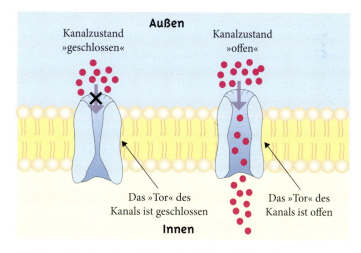

Abbildung 4.5 Ionenkanäle. Ionenkanäle durchziehen den Membranquerschnitt und schaffen eine Verbindung zwischen dem Inneren und Äußeren der Zelle. Die meisten Ionenkanäle können zwei oder mehr Zustände annehmen. Da sie über einen Molekülbereich verfügen, der als Tor wirkt, können bestimmte Ionen an der Passage gehindert werden, andere können hindurchtreten

unterschiedliche Typen von solchen Kanalproteinen gibt, die sich in ihrer Durchlässigkeit für verschiedene Ionensorten deutlich unterscheiden. Sie sind meist ionenspezifisch, d.h. selektiv für einzelne Ionensorten. So kennt man Ionenkanäle, die bevorzugt Kaliumionen passieren lassen, oder solche, die sehr spezifisch für Natriumionen sind. Nachdem es gelungen ist, die molekulare Grundstruktur vieler Ionenkanäle aufzuklären, weiß man auch, dass es für eine bestimmte Ionensorte, z.B. Kalium, eine Reihe unterschiedlich aufgebauter Kanäle gibt.

Von besonderer Wichtigkeit für die Erklärung von Verhaltensaspekten wie Lernen, Gedächtnis oder der Entwicklung von Drogenabhängigkeit ist die Tatsache, dass die Zahl dieser Ionenkanäle keineswegs konstant ist: Vermittels vermehrter Proteinsynthese kann deren Konzentration in kurzer Zeit (Stunden) deutlich erhöht werden. Ebenso können diese Proteine bedarfsabhängig abgebaut werden.

Zustandsabhängigkeit. Die meisten dieser Kanäle können zwei Zustände annehmen: »offen« oder »geschlos-

sen«. Die Öffnung eines zuvor geschlossenen Kanals zu einem ganz bestimmten Zeitpunkt hängt bei den meisten Kanalproteinen darüber hinaus auch davon ab, ob dieses gerade »aktivierbar« ist oder sich in einem »inaktivierbaren« Zustand befindet. Die Durchlässigkeit eines bestimmten Membranbereichs für eine Ionensorte ergibt sich demnach aus der Anzahl der hier vorhandenen Kanalproteine und dem Gesamtergebnis ihrer momentanen Zustände.

Die Zustände »offen« und »geschlossen« können spontan wechseln. Allerdings hängen die Wahrscheinlichkeiten für den einen oder anderen Zustand auch von den jeweiligen Umgebungsbedingungen ab, etwa der Anwesenheit weiterer chemischer Substanzen oder dem elektrischen Potenzial in der Umgebung. Darauf werden wir später eingehen.

Die Zellbiologie kennt über 100 verschiedene Typen von Ionenkanälen. Bei Nervenzellen können mehr als zehn verschiedene Arten in einen bestimmten Membranbereich eingebettet sein.

Zusammenfassung

Das Basisphänomen des Informationstransports im Nervensystem (das »Ereignis«, das zum Signal führt) ist der Wechsel des Membranpotenzials zwischen verschiedenen Werten. Das Membranpotenzial – und demnach auch seine Veränderungen – kommt durch die unterschiedlichen Ionenkonzentrationen innerhalb und außerhalb der Zelle zustande. Die Verschiebung des Membranpotenzials ist eine Konsequenz von außerordentlich schnellen Ionenwanderungen durch die Zellmembran. Daher spielen diese Trans-

portvorgänge durch Kanalproteine beim Verständnis der Grundfunktion des Nervensystems eine ganz entscheidende Rolle.

Kanalproteine können sich i. Allg. in einem von zwei Zuständen befinden: Im offenen Zustand ermöglichen sie einer oder mehreren Ionensorten eine Kanalpassage, im geschlossenen Zustand stellen sie dem Durchtritt einen hohen Widerstand entgegen. Durch bestimmte äußere Einwirkungen kann der eine oder andere Zustand wahrscheinlicher werden.

4.3.2 Schnelle Passage durch Ionenkanäle

Man weiß heute, dass bestimmte Ionen, etwa Kaliumionen, mit erstaunlicher Geschwindigkeit durch die für sie spezifischen Membrankanäle transportiert werden können. Es konnte nachgewiesen werden, dass ein bestimmter Kaliumionenkanal 10 Millionen Ionen pro Sekunde befördern kann. Dies ist eine um den Faktor 1.000 höhere Transportrate, als sie bei Carrierproteinen möglich ist. Im Bruchteil einer Millisekunde können demnach durch die Ionenkanäle enorme Ladungswanderungen stattfinden, was extrem kurze Übergangszeiten von einem elektrischen Zustand zum anderen erlaubt. Das bedeutet wiederum, dass die Membran sehr

schnell ihren Polarisationszustand wechseln kann. Diese überaus kurze Transportzeit spricht auch dafür, dass hier tatsächlich flüssigkeitsgefüllte Kanäle vorliegen, durch die sich die betreffende Ionensorte relativ frei und ungehindert bewegen kann.

4.3.3 Selektivität der Ionenkanäle

Ob ein Kanalprotein den Durchtritt eines Teilchens ermöglicht, hängt zunächst von der elektrischen Ladung des Ions ab. Das heißt, Kanäle, die etwa negativ geladene Chlorionen durchtreten lassen, sind für die positiv geladenen Ionen undurchlässig. Man stellt sich die erhöhte Durchlässigkeit für Ionen einer bestimmten Ladung so vor, dass sich am Eingang des Kanalproteins eine schwache entgegengesetzte Ladung befindet, also etwa beim Kaliumkanal eine schwache negative Polarität. Dies sorgt zunächst dafür, dass sich in der Umgebung des Tors bevorzugt positiv geladene Teilchen aufhalten, denen dann der Durchtritt »gestattet« wird.

Weiter wird angenommen, dass sich im Inneren des Kanals eine Art **selektiver Filter** befindet, der nur den Weitertransport der spezifischen Ionensorte gestattet. Diesen Filter hat man sich so vorzustellen, dass nur das passende Ion zur Konformationsänderung des Kanalproteins führen kann. In der neuen Konformation befindet sich der Kanal jetzt im Zustand »offen«. Dies kann zur Folge haben, dass etwa ein bestimmtes Kaliumkanalprotein für Kaliumionen 100-mal durchlässiger ist als für Natriumionen. Andererseits kennen wir Natriumkanäle, die unter besonderen Bedingungen – z. B. während des **Aktionspotenzials** (s. Abschn. 4.5.2) – eine 10- bis 20-mal höhere Permeabilität für Natriumionen aufweisen als für Kaliumionen.

Die Kanalöffnung kann bei den meisten dieser Ionenkanäle nur stattfinden, wenn sich das Kanalprotein im aktivierbaren Zustand befindet. Im inaktivierbaren Zustand ist dagegen die Öffnungswahrscheinlichkeit extrem niedrig.

4.3.4 Einflüsse auf den Zustand von Ionenkanälen

Auf die Ionenwanderung durch Kanalproteine können verschiedene externe Faktoren modulierend einwirken:

▶ **Anlagerung.** Bestimmte Kanalproteine erhöhen infolge der Anlagerung spezifischer Substanzen, meist kleinerer bis mittelgroßer Moleküle, plötzlich ihre Durchlässigkeit für eine bestimmte Ionensorte um ein Vielfaches. Dieser Prozess spielt eine wichtige Rolle bei der Übertragung von elektrochemischen Signalen von einem Neuron auf ein zweites durch Neurotransmitter (»synaptische Übertragung«; s. Kap. 5).

▶ **Spannungsabhängigkeit.** Manche Ionenkanäle weisen eine spannungsabhängige Permeabilität auf. Wenn sich das Membranpotenzial ändert, etwa die Polarisation zurückgeht, können diese Kanäle sehr viel durchlässiger für ihre spezifische Ionensorte werden.

▶ **Physikalische Energie.** Es existieren auch Ionenkanäle, die durch die Einwirkung physikalischer Energie (z. B. Licht, Wärme oder Druck/Zug) beeinflusst wer-

den. Diese finden sich etwa in den Sinneszellen der Haut, der Netzhaut oder im Verdauungstrakt.

Es gibt eine Reihe von Substanzen, die auf den Transportmechanismus durch Ionenkanäle störend oder blockierend einwirken. Die bekanntesten davon sind die Lokalanästhetika (z. B. Kokain, Lidocain). Diese Stoffe besetzen bei einem bestimmten Typ des Natriumkanals so das Innere des Kanals, dass der Durchtritt der Natriumionen nicht mehr möglich ist. Man nimmt an, dass das eingelagerte Molekül zu einer positiven Polarität innerhalb des Kanals führt, wodurch die Natriumionen abgestoßen werden. Auf diese Art und Weise kann der Ladungsaustausch an den betroffenen Stellen nicht stattfinden und keine Information – z. B. über Schmerzreize – über diesen Bereich hinweg fortgeleitet werden.

4.4 Aktiver Transport durch die Membran – die Natrium-Kalium-Pumpe

Wie wir gesehen haben, wirken auf die extra- und intrazellulären Ionen zwei Kräfte: das Potenzialgefälle (Potenzialgradient) und das Konzentrationsgefälle (Konzentrationsgradient). Das Nettoergebnis aus beiden bezeichnet man als elektrochemischen Gradienten.

Man kennt in der Zellbiologie eine Reihe von Membranmolekülen, die gelöste Stoffe auch entgegen ihres elektrochemischen Gradienten durch die Membran hindurchtransportieren. Dieser Typ von Membranproteinen hat zwei wichtige Eigenschaften:

(1) Die Transportrichtung ist für die jeweilige Ionenart nur einseitig, das bedeutet, die Stoffe können entweder nur in die Zelle hinein oder nur aus ihr heraus transportiert werden.

(2) Der aktive Transport kann nur unter Verbrauch von Energie geschehen.

Auf die Natriumionen wirkt sowohl die Diffusionskraft als auch das Potenzialgefälle in die gleiche Richtung, nämlich auf einen Einstrom in das Zellinnere. Da die Natriumkanäle in der Membran sich jedoch überwiegend im Zustand »geschlossen« befinden, ist der Einstrom behindert. Allerdings liegen die Zustände »offen« und »geschlossen« nur mit einer gewissen Wahrscheinlichkeit vor, daher sind immer einige wenige Natriumkanäle offen und es können trotz der geringen Permeabilität der Nervenzellmembran für die positiven Natriumionen ständig einige wenige dieser Ionen in die Zelle diffundieren. Das negative Potenzial des Zellinneren müsste deshalb langsam zurückgehen, bis es schließlich zum Potenzialausgleich käme, d.h., das Ruhepotenzial würde auf Null gehen. Dies aber wird durch ein bestimmtes Kanalprotein, die Natrium-Kalium-Pumpe, verhindert.

Die Natrium-Kalium-Pumpe ragt sowohl über die Innen- als auch die Außenseite der Membran hinaus und besitzt auf der Innenseite der Membran drei Bindungsstellen für Natriumionen, an der Außenseite finden sich zwei Bindungsstellen für Kaliumionen. Wie in Abbildung 4.6 dargestellt, werden bei jedem Aktivitätszyklus dieses Pumpenmoleküls drei Natriumionen aus der Zelle heraus in den Extrazellulärraum befördert und innerhalb desselben Zyklus werden zwei Kaliumionen in das Zellinnere transportiert. Dieser Einwärtstransport des Kaliums führt langfristig allerdings zu keiner Veränderung der Kaliumkonzentrationen, da die Plasmamembran mit passiven, d.h. immer geöffneten Kaliumionenkanälen übersät ist; ein Kaliumüberschuss im Inneren wird sehr schnell durch den passiven Auswärtstransport ausgeglichen. Der entscheidende Mechanis-

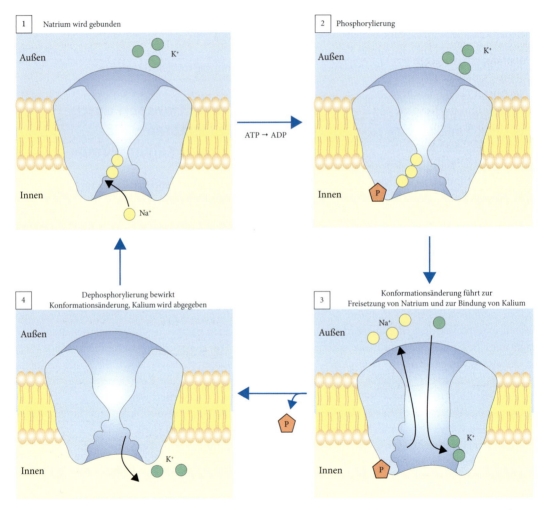

Abbildung 4.6 Natrium-Kalium-Pumpe. Die Natrium-Kalium-Pumpe transportiert pro Pumpzyklus infolge ihrer Konformationsänderung drei Natriumionen aus der Zelle hinaus und zwei Kaliumionen in die Zelle hinein. Dabei verbraucht sie Energie, die durch das ATP bereitgestellt wird. ATP = Adenosintriphosphat, ADP = Adenosindiphosphat, P = Phosphatgruppe

mus ist hier die Wiederhinausbeförderung der Natriumionen aus der Zelle. Dies ist die Basis für die Aufrechterhaltung des Ruhepotenzials der Nervenzelle.

Vertiefung

Experimenteller Beleg für die Arbeit der Natrium-Kalium-Pumpe

Durch eine elegante Versuchsanordnung kann man zeigen, dass tatsächlich eine Wanderung von Natriumionen durch die Membran ins Zellinnere stattfindet, aber dass dennoch die Natriumkonzentrationen innerhalb und außerhalb der Zelle weitgehend gleich bleiben. Dies bedeutet, dass der Einwärtstransport der Natriumionen durch einen gleich großen Auswärtstransport (entgegen des Konzentrations- und Potenzialgradienten) kompensiert wird. Ein solches Experiment besteht aus drei Schritten:

(1) Man bestimmt die Konzentration von Natriumionen in einem Neuron.
(2) Dann bringt man das Neuron in eine Lösung, die in hoher Konzentration radioaktiv markierte Natriumionen enthält.
(3) Nachdem man das Neuron aus dieser Badelösung genommen hat, kann man die Konzentration der unmarkierten und der markierten Natriumionen im Zytoplasma bestimmen.

Man findet, dass die vorher festgestellte Gesamtkonzentration an Natriumionen sich nicht verändert hat, aber dass sich nun auch im Zellinneren radioaktive Natriumionen befinden. Offenbar hat ein Wanderungsprozess dieser Ionen über die Zellmembran ins Innere stattgefunden. Allerdings war die Konzentration der Natrium-Ionen innerhalb und außerhalb der Zelle gleich geblieben, da die Natrium-Kalium-Pumpe kompensatorisch Natriumionen hinausbeförderte.

Der Pumpprozess kann nur vonstatten gehen, wenn ein energieliefernder Stoff, nämlich das **Adenosintriphosphat** (ATP), anwesend ist. ATP wird bei diesem Prozess in **Adenosindiphosphat** (ADP) überführt. ATP besitzt drei Phosphatreste, die über Sauerstoffatome verbunden sind. Zur Bildung des ATP-Moleküls müssen die Phosphatreste gebunden werden. Dazu muss Energie – etwa aus der Nahrung gewonnen – eingesetzt werden. Diese Energie kann jedoch beim Lösen der Bindung – v. a. beim Abspalten des dritten Phosphatrests – wieder

freigesetzt werden, sodass nun Energie für andere chemische Prozesse zur Verfügung steht. An der Natrium-Kalium-Pumpe wandelt sich ATP in ADP und einen Phosphatrest um, wodurch das Protein seine Form verändert (quasi umklappt), sodass es die Ionen transportieren kann (s. Abb. 4.6).

Exkurs

Enzyme

Man nennt das eben beschriebene Pumpenmolekül auch Na^+-K^+-ATPase. Die Endung »ase«, die sich aus dem Wort Diastase herleitet, wird im Bereich der Biochemie zur Bezeichnung von Enzymen verwendet. Im Wortstamm steht der Stoff, der gespalten wird (in diesem Fall das ATP), bzw. das Ergebnis der Spaltung oder der Vorgang selbst. Enzyme sind katalytisch wirksame Stoffe, die über eine Verminderung der Aktivierungsenergie eine bestimmte Reaktion beschleunigen können. In der Regel sind Enzyme Proteine. Sie werden bei der Reaktion nicht verbraucht, sondern stehen am Ende der chemischen Reaktion in derselben Form zur Verfügung wie zu Beginn. Die Na^+-K^+-ATPase ist also das Enzym, das durch ATP-Spaltung – in ADP und den Phosphatrest – Natrium- und Kaliumionen transportiert.

Exkurs

Das afrikanische Pfeilgift Ouabain hemmt spezifisch die Natrium-Kalium-Pumpe

Ouabain (g-Strophantin) ist ein Glykosid (eine pflanzliche Zuckerverbindung), das in der Nähe der Kaliumbindungsstellen an die Natrium-Kalium-Pumpe binden kann. In genügend hoher Dosierung wird der Pumpprozess für Kaliumionen behindert. In der Folge kann das Ruhepotenzial der Zelle nicht mehr aufrechterhalten werden. Die Zellen verlieren Kaliumionen und reichern sich mit Natriumionen an. Dies zieht die entgegengesetzt geladenen Chlorionen an. Die Anreicherung mit gelöstem Natriumchlorid führt zum osmotischen Wassereinstrom. Die Zelle schwillt daraufhin an und stellt ihre Arbeit ein.

Das ATP ist im Organismus für eine Vielzahl von lebenswichtigen Vorgängen von Bedeutung. Dazu gehören außer der Aufrechterhaltung des Ruhepotenzials in den

Nervenzellen auch Prozesse wie die Muskelkontraktion, Wärmeerzeugung und die Synthese von lebenswichtigen Stoffen (Phospholipide der Membranen etc.).

Es existiert eine Vielzahl von Pumpenproteinen. Von besonderer Bedeutung für das Nervensystem ist die Kalziumpumpe, die Kalziumionen aus dem Zellinneren aus der Zelle hinausbefördert. Außerhalb des Nervensystems kennt man zahlreiche Pumpenproteine für Stoffe, die nicht als Ionen vorliegen, sondern als komplexere Moleküle.

Zusammenfassung

Bestimmte Membranproteine (Pumpen) können Moleküle entgegen ihres elektrochemischen Gradienten transportieren. Dieser aktive Transport verbraucht Energie. Das wichtigste Beispiel für einen aktiven Transporter ist die Natrium-Kalium-Pumpe. Sie transportiert drei Natriumionen aus der Zelle hinaus und zwei Kaliumionen in die Zelle hinein. Die notwendige Energie für diesen Prozess erhält sie aus der Spaltung eines Moleküls ATP in ADP und einen Phosphatrest.

4.5 Der Transport elektrischer Signale längs der Nervenzellmembran

Im Vorangegangenen haben wir uns mit der Frage beschäftigt, wie das elektrische Potenzial der Zelle zustande kommt bzw. aufrechterhalten wird. Wir haben gesehen, dass das Ruhepotenzial, das über die Membran hinweg herrscht, eine Folge der unterschiedlichen Ionenkonzentrationen innerhalb und außerhalb der Zelle ist, dass Verschiebungen im Ruhepotenzial durch Ionenwanderungsprozesse zustande kommen können und dass durch Pumpenmoleküle eine dauerhafte Separierung von Ionenarten zwischen dem Zellinneren und der Zellumgebung möglich ist. Jetzt wenden wir uns der Frage zu, auf welche Weise sich elektrische Signale entlang der Zellmembran fortpflanzen.

Veränderung des elektrischen Potenzials. Basis der Signalübermittlung in den Nervenzellen ist eine lokale Veränderung des elektrischen Potenzials. Wie wir sehen werden, spielen sich die entscheidenden Prozesse bei der Fortpflanzung elektrischer Potenziale nur in der unmittelbaren Umgebung der Zellmembran ab.

Es wäre verlockend, sich die Leitung von elektrischer Information längs der Zellmembran so vorzustellen wie in einem elektrisch leitenden Draht. Dort bewegen sich Elektronen relativ ungehindert von einem negativ geladenen Ende zum anderen, positiv geladenen. Allerdings unterscheidet sich das Axon der Nervenzelle in einigen wichtigen Punkten von einem elektrischen Leiter. Die wichtigsten Unterschiede sind:

▶ Der Transport des elektrischen Signals geschieht nicht durch Elektronen, sondern durch sehr viel größere und damit trägere Teilchen, die Ionen.

▶ Das leitende Medium, etwa die intrazelluläre Flüssigkeit, ist durch die Membran nur unvollständig gegen die Umgebung isoliert, d.h., die Ladungsträger können in angrenzende Gebiete hineinwandern und werden damit dem Leitungsprozess entzogen.

▶ Es existiert nicht nur ein Typ von geladenen Teilchen, wie im elektrisch leitenden Draht, sondern mehrere Teilchensorten (z.B. Natrium-, Kalium-, Chlorionen). Diese können bei der Weiterleitung elektrischer Signale fördernd oder störend wirken.

Das Grundprinzip der elektrischen Leitung ist jedoch in beiden Fällen das Gleiche: Es werden Ladungsträger über gewisse Strecken bewegt, was dem Informationstransport gleichkommt.

Bei der einfachsten Form der Informationsleitung in der Nervenzelle, der passiven Leitung, kann man die Analogie zum leitfähigen Elektrokabel bis zu einem gewissen Grade anwenden.

4.5.1 Passive Leitung

Zur Erläuterung der passiven Leitung – gelegentlich auch **elektrotonische** Leitung oder Elektrotonus genannt – betrachten wir eine lokale Änderung der Membranpolarisation. Diese könnte aufgrund der Aktivität einer an dieser Stelle anlagernden zweiten Nervenzelle zustande gekommen sein. (Die Prozesse der Informationsübertragung zwischen verschiedenen Zellen werden wir ausführlich in Kap. 5 behandeln.) Es könnte etwa der Einstrom von Natriumionen zu einer Verschiebung des Membranpotenzials in die positive Richtung führen, also zu einer **Depolarisation**. Der Begriff »Depolarisation« bietet sich an, da das negative Potenzial der Zelle kleiner wird, also die Polarisation zurückgeht. Entsprechend bezeichnet man eine Vergrößerung des negativen Potenzials als eine **Hyperpolarisation**. Wenn wir nun mit einigen sehr nahe beieinanderliegenden Elektroden die Ausbreitung dieses elektrischen Impulses längs der Membran beobachten (s. Abb. 4.7), so stellen wir fest, dass sich an benachbarten Messpunkten fast verzögerungsfrei ebenfalls eine Depolarisation zeigt, deren Höhe aber mit zunehmendem Abstand von der Impulsquelle rapide, nahezu exponentiell abnimmt. Die passive Leitung ist also schnell, aber verlustreich.

Den Mechanismus für die hohe Ausbreitungsgeschwindigkeit bei der passiven Leitung kann man – stark vereinfacht – folgendermaßen erklären: Die positiven und negativen Ladungen besitzen innerhalb einer wässrigen Lösung (hier: der Intrazellulärflüssigkeit) eine hohe Beweglichkeit. Dies hat zur Folge, dass eine lokale Potenzialveränderung sich, ähnlich der Impulsübertragung beim elastischen Stoß zwischen Metallkugeln, durch die Abstoßungskräfte zwischen den Teilchen sehr schnell auch an benachbarten Orten bemerkbar macht, ohne dass die einzelnen Teilchen weite Strecken zurücklegen müssen. Jeder Ladungsträger lenkt seine unmittelbaren Nachbarn ein wenig aus ihrer vorherigen Position aus, und damit kommt es zur schnellen Fortpflanzung des Signals.

Kurze Ausbreitungsstrecke und »Leckstrom«. Allerdings darf man dabei nicht vergessen, dass auch an jedem Ort, an dem eine lokale Depolarisation herrscht, die Tendenz zur Wiederherstellung des Ruhepotenzials besteht. Erstens führt bei der Depolarisation die jetzt weniger negative Ladung im Zellinneren zu einer geringeren Anziehung auf die positiven Kaliumionen, die jetzt aufgrund des Konzentrationsgefälles für Kaliumionen durch die Membran hindurch verstärkt nach außen wandern (»Leckstrom«), und zweitens sorgt die Natrium-Kalium-Pumpe für einen aktiven Transport positiver Ladungen aus der Zelle heraus. Letztlich führen diese Prozesse sehr schnell zu einem Abklingen der Depolarisation und damit zu einer nur kurzen Ausbreitungsstrecke. Bei Nervenzellen rechnet man bereits bei einer Distanz von 0,2–1 mm mit einem Rückgang der Amplitude auf die Hälfte.

Schnellere Leitung in dicken Fasern. Die Leitfähigkeit längs eines Axons wächst mit dessen Querschnitt. In einer unmyelinisierten Faser nimmt die Leitungsgeschwindigkeit proportional zur Wurzel des Faserquerschnitts zu. In einer myelinisierten Faser ist die Zunahme proportional zum Durchmesser.

Die Leitungsgeschwindigkeit nimmt mit der Faserdicke zu.

Passive Ausbreitung findet sich typischerweise an den Membranen der Dendriten einer Nervenzelle. Sie spielt immer dann eine Rolle, wenn die Ausbreitung der Potenzialveränderung nur über eine relativ kurze Strecke geschehen muss (beim Axon etwa max. 1 mm). Dies ist insbesondere dann der Fall, wenn die

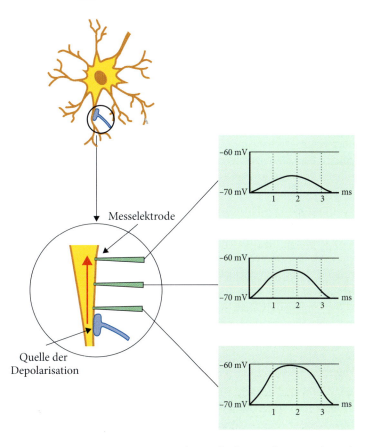

Abbildung 4.7 Passive Leitung. Von der Quelle der Depolarisation (unten) breitet sich die Potenzialverschiebung sehr schnell, allerdings auch mit einer raschen Verringerung der Amplitude, längs der Membran aus

4.5 Der Transport elektrischer Signale längs der Nervenzellmembran | 73

Neuronen sehr dicht gepackt sind und die Informationsverarbeitung auf der Ebene vergleichsweise kleiner, lokal konzentrierter Neuronen-»Ensembles« stattfindet. Im menschlichen Gehirn ist diese Art der Informationsleitung weit verbreitet.

> **Zusammenfassung**
>
> Die Weiterleitung von Informationen in der Nervenzelle geschieht durch Änderung des elektrischen Potenzials. Beim passiven Transport (elektrotonische Leitung) bewirkt der Ladungseinstrom eine Auslenkung benachbarter Teilchen, die sich fortsetzt. Diese Art der Leitung ist zwar schnell, aber infolge der Ionen-Leckströme durch die Membran verlustreich.

4.5.2 Das Aktionspotenzial

Wie wir im vorhergehenden Abschnitt gesehen haben, gestattet das Ausbreitungsverhalten von Signalen bei der passiven Leitung nur eine Informationsweiterleitung über sehr kurze Distanzen längs der Membran. Mit dem Aktionspotenzial (Nervenimpuls, Spike) verfügen bestimmte Nervenzellen, sog. erregbare Zellen, über einen Mechanismus, der sehr viel besser als der passive Signaltransport geeignet ist, Potenzialveränderungen über eine große Distanz weiterzuleiten.

In Abbildung 4.8 sehen wir wieder eine Versuchsanordnung zur Untersuchung des Ausbreitungsverhaltens von Potenzialänderungen. Wir erkennen, dass zwei Prozesse möglich sind. Zum einen beobachten wir auch hier (in der Abb. oben) eine passive Ausbreitung der Potenzialverschiebung, wie wir sie schon kennengelernt haben. Zum anderen kann aber auch etwas völlig Unerwartetes geschehen, das in der Abfolge so aussieht: Ein positiver Reizimpuls bewirkt aufgrund seiner Stärke, dass die Potenzialverschiebung der Membran einen gewissen Schwellenwert überschreitet. Als Folge davon kommt es plötzlich, durch einen selbstverstärkenden Prozess, zu einer sehr viel stärkeren Potenzialveränderung, die sogar bis weit in den positiven Potenzialbereich reicht (unterer Teil der Abb.). Es ist ein Aktionspotenzial entstanden. Offenbar liegt hier ein Verstärkungsmechanismus in dem Sinne vor, dass eine kleine – allerdings überschwellige – Potenzialverschiebung plötzliche einen sehr viel größeren Effekt anstößt.

Alles-oder-Nichts-Gesetz. Neben diesem erstaunlichen Phänomen beobachten wir noch eine zweite Besonderheit: Ist die auslösende Membrandepolarisation überschwellig, dann spielt ihre absolute Amplitude für die Höhe des darauf folgenden Aktionspotenzials keine Rolle. Ein Reiz, dessen Stärke gerade eben zu einer überschwelligen Membrandepolarisation führt, be-

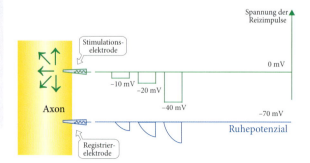

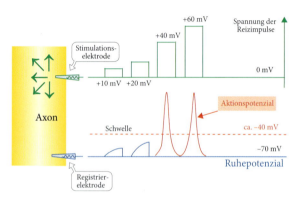

Abbildung 4.8 Aktionspotenzial. Im oberen Bildteil sehen wir die passive Ausbreitung der Erregung. Über eine Stimulationselektrode wird durch Stromimpulse die Membran kurzzeitig hyperpolarisiert (−10, −20, −40 mV). Das Ausmaß der Verschiebung des Ruhepotenzials – gemessen an der Registrierelektrode – zu negativeren Werten folgt im Wesentlichen den Eingangssignalen.
Im unteren Teil ist dargestellt, was geschieht, wenn die Reizimpulse immer positiver werden. Zunächst sehen wir einen ähnlichen Effekt wie oben, bloß mit entgegengesetzter Polarität. Überschreitet dagegen die Potenzialverschiebung der Membran einen gewissen (positiven) Schwellenwert, führt dies plötzlich und automatisch zu einer sehr viel stärkeren Potenzialveränderung, die sogar bis in den positiven Potenzialbereich geht. Es ist ein Aktionspotenzial entstanden. Ist die Membrandepolarisation einmal überschwellig, dann spielt ein weiteres Anwachsen des Reizimpulses für die Höhe des darauf folgenden Aktionspotenzials keine Rolle mehr. Es kommt zum Aktionspotenzial mit identischer Amplitude (Alles-oder-Nichts-Gesetz)

wirkt nichts anderes als ein sehr viel stärkerer Reiz. In beiden Fällen kommt es zum Aktionspotenzial mit identischer Amplitude. Man umschreibt diesen Sachverhalt auch mit dem Begriff Alles-oder-Nichts-Gesetz. Es gibt also nur zwei Möglichkeiten:

▶ Der Reiz kann die Membran nicht bis zur Schwelle depolarisieren, dann wird kein Aktionspotenzial ausgelöst.

▶ Der Reiz ist stark genug, um ein Überschreiten der Depolarisationsschwelle herbeizuführen (ganz gleich, um welchen Betrag die Schwelle überschritten wird), dann kommt es zur Auslösung des Aktionspotenzials mit konstanter Amplitude. (Wenn allerdings die Reize sehr schnell aufeinanderfolgen, gilt Letzteres nicht mehr in strenger Form; s. u.)

Intensitätsunabhängiges »Feuern«, intensitätsabhängige Latenz. Man kann diesen Sachverhalt des Alles-oder-Nichts-Gesetzes mit dem Abfeuern einer Schusswaffe vergleichen: Nur wenn der Abzug über den kritischen Punkt hinaus bewegt wird, also eine Schwelle überschritten wird, kann der Schuss ausgelöst werden. Die Stärke des Schusses hängt dabei überhaupt nicht von der Kraft ab, mit der man den Abzug betätigt. Dieses Bild ist die Ursache dafür, dass im englischen Sprachgebrauch davon gesprochen wird, dass Neuronen »feuern«.

Wenn auch die Intensität des Auslösereizes keinen unmittelbaren Einfluss auf die Höhe des Aktionspotenzials hat, so wirkt sie sich jedoch auf andere Eigenschaften des Aktionspotenzials aus; dies gilt v. a. für die Latenz: Je intensiver ein Reiz ist, desto schneller wird der Gipfelpunkt des Aktionspotenzials erreicht. Wie wir sehen werden, ist dieser Sachverhalt von Bedeutung für die Umkodierung der Reizintensität in die Aktionspotenzialfrequenz (s. u.).

Erregbarkeit. Bei den Säugetieren und beim Menschen ist die weitaus überwiegende Zahl der Neuronen (und z. B. auch die Herzmuskelzellen) zur Generierung von Aktionspotenzialen befähigt, also erregbar. Im Allgemeinen sind jedoch nicht alle Membranbereiche einer Nervenzelle erregbar. Besonders leicht lassen sich Aktionspotenziale am Axonhügel – also dort, wo das Axon aus dem Zellkörper austritt – auslösen.

Details der Abläufe beim Aktionspotenzial. Wie sieht nun die Abfolge der Einzelereignisse beim Aktionspotenzial aus? Änderungen des Membranpotenzials sind i. Allg. die Folge einer zeitlich begrenzten Veränderung der Permeabilität eines Membranbereiches für bestimmte Ionen – durch Öffnen oder Schließen der spezifischen Ionenkanäle. Im Falle des Aktionspotenzials handelt es sich v. a. um sich ändernde Permeabilitäten für Natrium- und Kaliumionen.

(1) Überschreitet die Membrandepolarisation die Schwelle, kommt es zu einem steilen Ansteigen der Natriumpermeabilität, was einen massiven Einstrom von Natriumionen in die Zelle zur Folge hat (s. Abb. 4.9). Das Membranpotenzial wächst rapide an: Diese Phase des Aktionspotenzials nennt man »Aufstrich«. Schließlich steigt sogar das Potenzial zu positiven Werten an (»Overshoot«).

(2) Die Natriumkanäle schließen sich nach etwa 1 ms wieder und gehen in einen inaktivierten Zustand über.

(3) Im inaktivierten Zustand verharren die Natriumkanäle, bis das Membranpotenzial wieder einen Wert in der Nähe des Ruhepotenzials angenommen hat. Jetzt sind die Kanäle »deinaktiviert«. Sie können jetzt erneut in den »Offen«-Zustand überführt werden.

(4) Mit etwa 1–2 ms Verzögerung nach Übersteigen der Aktionspotenzialschwelle stellt sich ein vermehrter Kaliumausstrom ein, da das Zellinnere jetzt positiver geworden ist, was die positiven Kaliumionen vermehrt hinaustreibt. Der Grund hierfür ist, dass das Gleichgewichtspotenzial für Kalium in der Nähe des Ruhepotenzials liegt, und jede Verschiebung des Membranpotenzials führt zwangsläufig zu Wanderungstendenzen der Kaliumionen. Das Zellinnere wird durch das Verlassen positiver Ladungen jetzt wieder weniger positiv und schließlich negativ (Repolarisationsphase), bis das Ruhepotenzial erneut erreicht ist. Der Kaliumionenausstrom hält auch nach dem Wiedererreichen des Ruhepotenzials noch eine kurze Zeit an. Dadurch kommt es zu einer weiteren Verschiebung des Membranpotenzials in die negative Richtung wegen des jetzt herrschenden Mangels an positiven Kaliumionen im Zellinneren. Die Zelle ist jetzt hyperpolarisiert, es herrscht das Nachpotenzial.

(5) Allerdings liegen jetzt für die Natrium- und Kaliumionen Konzentrationsverhältnisse vor, die von denjenigen der Ausgangssituation abweichen. Die ständig arbeitende Natrium-Kalium-Pumpe sorgt schließlich für die Wiederherstellung des Originalzustandes.

Refraktärphasen. Während des Aktionspotenzials ist die Membran schwerer bzw. zu Beginn überhaupt nicht erregbar: Während des Aufstrichs und der frühen Repolarisationsphase bleibt ein zweiter Reiz ohne Wirkung,

4.5 Der Transport elektrischer Signale längs der Nervenzellmembran | 75 im erregten Membranbereich herrscht die absolute **Refraktärphase**. Die Natriumkanäle befinden sich noch im Zustand »Inaktiviert-geschlossen«. Während der späteren Repolarisationsphase sowie des Nachpotenzials herrscht die relative Refraktärphase. Jetzt muss eine erhöhte Reizstärke vorliegen, um ein zweites Aktionspotenzial herbeizuführen. Die während der Refraktärphase zusätzlich aufzubringende Reizstärke ist umso größer, je (zeitlich) näher sich der Membranzustand noch an der absoluten Refraktärphase befindet. Die Amplitude des nachfolgenden Aktionspotenzials ist in diesem Fall stets erniedrigt. Der dämpfende Effekt ist umso größer, je schneller das auslösende Potenzial auf das Aktionspotenzial folgt. In der Phase des Nachpotenzials muss außerdem ein zusätzlicher Spannungshub aufgebracht werden, der in der Lage ist, auch noch den Beitrag der Hyperpolarisation zu kompensieren.

Kodierung der Reizintensität über die Frequenz der Aktionspotenziale

Die Organisation des Aktionspotenzials nach dem Alles-oder-Nichts-Gesetz bringt es mit sich, dass die Intensität des Auslösereizes, wie wir in Abbildung 4.8 gesehen haben, sich nicht in der Intensität (der Amplitudenhöhe) der Reizantwort widerspiegelt. Stattdessen wird die Intensität eines Reizes in die Frequenz der Aktionspotenziale (d. h. Zahl der Aktionspotenziale pro Zeiteinheit) umkodiert (**Frequenzkodierung**; s. Abb. 4.10). Je intensiver ein Reiz ist, desto höher ist die Frequenz. Dies gilt natürlich nur unter der Voraussetzung, dass die Dauer des Reizes deutlich länger als ein einzelnes Aktionspotenzial ist. Wäre der Reiz nur etwa so lang wie ein Aktionspotenzial, könnte damit logischerweise keine Sequenz von Aktionspotenzialen ausgelöst werden, sondern der Prozess wäre schon nach einem Aktionspotenzial wieder zu Ende. Unter natürlichen Bedingungen ist die Reizdauer fast immer deutlich länger als ein Aktionspotenzial.

Zur Erklärung betrachten wir einen konstant bleibenden Eingangsreiz, dessen Stärke ausreicht, die Membran über die Schwelle zu depolarisieren. Es wird ein Aktionspotenzial ausgelöst. Während des weiteren Einwirkens des Reizes kann ein neues Aktionspotenzial erst dann entstehen, wenn die absolute Refraktärphase verstrichen ist. Danach hängt der Zeitpunkt des Triggerns eines neuen Aktionspotenzials von der Stärke des Eingangsreizes ab. Je stärker der Reiz, desto schneller kann er nach der absoluten Refraktärphase wieder ein Aktionspotenzial auslösen. In der darauf folgenden Refraktärphase wiederholt sich die Situation. Demzufolge kann ein konstant bleibender starker Eingangsreiz eine schnellere Aktionspotenzialsalve bewirken als ein schwächerer Reiz. Dieser Zusammenhang

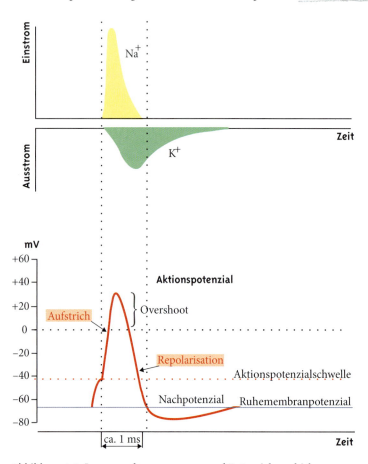

Abbildung 4.9 Ionenwanderungsprozesse und Potenzialverschiebungen beim Aktionspotenzial. Oberer Teil: Zu Beginn des Aktionspotenzials werden Natriumkanäle kurz geöffnet, die Natriumpermeabilität steigt an, und Natriumionen strömen in die Zelle. Der Kaliumausstrom erhöht sich sekundär dazu, wenn auch langsamer, sodass Kaliumionen im Ausgleich zu den Natriumionen hinausströmen. Unterer Teil: Der Spannungsverlauf während des Aktionspotenzials

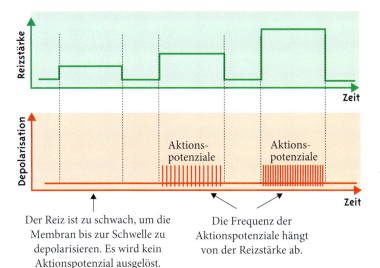

Abbildung 4.10 Frequenzkodierung der Reizstärke. In einem Membranbereich werden anhaltende Reize unterschiedlicher Stärke appliziert. Diese ziehen überschwellige Depolarisationen nach sich. Die Amplitudenhöhe der Eingangsreize wird in die Frequenz der Aktionspotenziale umkodiert

wird noch dadurch unterstützt, dass die Latenz zum Erreichen des Aktionspotenzialgipfels umso kürzer ist, je intensiver ein Reiz ist.

Aktionspotenzial durch spannungsgesteuerte Ionenkanäle

Der lawinenartige Anstieg der Natriumpermeabilität zu Beginn des Aktionspotenzials ist eine Konsequenz aus der Öffnung spezieller Natriumionenkanäle: der sog. spannungsgesteuerten Natriumkanäle.

Diese Kanäle öffnen sich in ausreichender Anzahl erst bei Erreichen eines bestimmten Werts der Membrandepolarisation, nämlich der Aktionspotenzial-Schwelle. Sie bleiben allerdings nur ca. 1 ms lang geöffnet. Danach schließen sie sich wieder, um in einen inaktiven Zustand überzugehen, in dem sie sich nicht öffnen können (absolute Refraktärphase). Schon bevor das Ruhepotenzial wieder erreicht wird, werden die geschlossenen und inaktiven Natriumkanäle jedoch wieder erneut aktivierbar, d. h., bei einer jetzt erneut folgenden Depolarisation können sie sich wieder öffnen. In dieser relativen Refraktärphase muss die Depolarisation jedoch stärker ausfallen.

Formveränderung der Kanäle durch elektrische Felder. Bei den spannungsgesteuerten Natriumionenkanälen handelt es sich um sehr große Membranproteine, die in geöffnetem Zustand den Durchtritt von Natriumionen durch die Membran ermöglichen. Diese Proteine sind aus mehreren sog. Untereinheiten (»Domänen«) aufgebaut. Mehrere dieser Untereinheiten verändern unter der Einwirkung elektrischer Felder ihre Orientierung innerhalb des Proteins und ihre Gestalt. Eine Folge davon ist, dass diese Kanalproteine – je nach Spannungsverhältnissen in der Umgebung – zwischen Zuständen unterschiedlicher Konfiguration hin und her kippen können. In der einen Konfiguration ist der Kanal offen, in der anderen geschlossen. Wie wahrscheinlich ein bestimmter Zustand ist, hängt von den elektrischen Feldern in ihrer Umgebung ab. Die spannungsgesteuerten Ionenkanalproteine sind aus ca. 1.500–2.000 Aminosäuren aufgebaut.

Der Ionenstrom durch den geöffneten Natriumkanal ist beträchtlich: Man schätzt, dass während der Millisekunde, in der sich der Kanal im geöffneten Zustand befindet, ca. 5.000–6.000 Natriumionen in die Zelle einströmen können.

Die Aminosäuresequenz vieler Kanalproteine ist heute aufgeklärt. Man kann solche Ionenkanäle im Labor gentechnisch herstellen, in künstliche Membranen einbauen und an diesem Modell die Verhältnisse sehr genau studieren.

Starke elektrische Kräfte. Die elektrischen Kräfte, die auf solche geladenen Molekülanteile wirken, sind sehr hoch. Dies wird anhand der folgenden Überlegung deutlich: Zwar beträgt das Membranpotenzial nur ca. −50 bis −100 mV, jedoch existiert diese Potenzialdifferenz über die äußerst dünne Trennschicht der Membran hinweg, die nur eine Dicke von ca. 5 nm hat. Daraus ergibt sich ein Spannungsgradient von größenordnungsmäßig 100.000 V/cm. Proteine in der Zellmembran befinden sich daher in einem sehr starken elektrischen Feld, das große Kräfte auf ladungstragende Molekülanteile ausübt.

Geringe Dichte der Kanäle. Die Dichte der spannungsgesteuerten Ionenkanäle auf der Zellmembran ist relativ niedrig. Man geht für die verschiedenen Typen von untersuchten Nervenzellen von einem Wert zwischen 35–500 dieser Natriumkanäle pro Quadratmikrometer der Axonmembran aus. Im Falle dichtester

Besetzung der Membran mit Natriumkanälen (500 pro Quadratmikrometer) würde dann ungefähr ein Hundertstel der Membranfläche von solchen Kanälen bedeckt sein.

Existenz weiterer Kanalarten. Die Existenz des oben beschriebenen Typs des Natrium- und des Kaliumionenkanals wurde von Alan Hodgkin und Andrew Huxley in den frühen 1950er-Jahren erstmals gefordert, ohne dass sie ihn direkt nachweisen konnten. Es konnte erst etwa 20 Jahre später bewiesen werden, dass dieser Typ des Ionenkanals in fast allen Nervenzellen anzutreffen ist.

Darüber hinaus ließen sich weitere Typen spannungsgesteuerter Ionenkanäle identifizieren. Von besonderer Bedeutung ist der Kalziumkanal. Die meisten Neuronen besitzen Kalziumkanäle, die sich als Folge einer Membrandepolarisation öffnen können. Dies hat dann wegen des ausgeprägten Konzentrationsgefälles einen starken Kalziumeinstrom in die Zelle zur Folge. Dieser Einstrom an Kalziumionen leistet auch einen Beitrag zum Aufstrich des Aktionspotenzials. Bei einigen Neuronentypen finden sich auch spannungsgesteuerte Chlorionenkanäle.

Es existieren verschiedene Varianten zu den meisten spannungsgesteuerten Ionenkanälen, die sich etwa in der Höhe des Auslösepotenzials für die Öffnung des Kanals unterscheiden. Diese Varianten können typisch für bestimmte Membranbereiche, Neuronentypen oder auch Tierspezies sein.

Exkurs

Giftwirkungen am spannungsabhängigen Natriumionenkanal

Die Aktivität von Ionenkanälen, die beim Aktionspotenzial beteiligt sind, kann durch verschiedene biologische Gifte behindert werden. So ist etwa das Gift des Kugelfischs, das Tetrodotoxin (TTX), ein sehr wirksames Nervengift. In der neurophysiologischen Forschung stellt TTX eine wichtige Substanz dar, weil sich damit selektiv diejenigen Prozesse ausschalten lassen, die an den spannungsabhängigen Natriumkanal gekoppelt sind. Damit sind Rückschlüsse auf die Mechanismen möglich, die nur unter Beteiligung dieses Kanaltyps ablaufen.

Der Kugelfisch kommt in subtropischen und tropischen Gewässern vor, und bestimmte Varianten sind in Japan als Speisefische sehr begehrt. Der verbreitetste, der »Fugu«, wird dort in sehr kunstvoller Weise zubereitet. Dabei darf das Gift, welches sich in den inneren Organen, speziell der Leber und den Eierstöcken befindet, nicht mit den übrigen Partien, die später verzehrt werden sollen, in Berührung kommen. Speziell ausgebildete Köche zerlegen den Fisch so, dass die inneren Organe unverletzt bleiben. Dennoch kommen jedes Jahr einige Japaner ums Leben, da die Prozedur nicht immer gelingt.

Die ersten Vergiftungserscheinungen treten bereits in der ersten Stunde nach dem Verzehr auf. Sie äußern sich zunächst in Lähmungen und Störungen der Sensibilität. Häufig kommt es durch Atemlähmung innerhalb kurzer Zeit zum Tod.

Man kennt demgegenüber auch natürlich vorkommende Gifte, die den spannungsgesteuerten Natriumkanal länger offen halten. Dazu gehören Seeanemonengifte und Skorpiontoxine. Die Verstärkung des Einstroms an Natriumionen hat folgende Wirkung auf das Aktionspotenzial: Das Zellinnere bleibt länger im positiven Spannungsbereich, dadurch wird die Repolarisation verzögert und die Nervenzelle bleibt länger refraktär. Demnach können schnelle Impulsfolgen behindert werden. Bestimmte Seeanemonenarten, die ein solches Gift über die Nesseln abgeben, finden sich auch an Badestränden des Mittelmeers. Die beim Menschen davon ausgelösten Hautreaktionen sind i. Allg. zwar unangenehm bis schmerzhaft, aber ungefährlich.

Wirkung von Lokalanästhetika und bestimmten Giften auf den spannungsgesteuerten Natriumkanal

Lokalanästhetika sind Stoffe, die zur örtlichen Betäubung eingesetzt werden, um die Schmerzleitung zu unterbrechen. Durch diese Art der Anästhesie kann im Unterschied zur Narkose auf eine zentralnervös angreifende Dämpfung bzw. weitgehende Ausschaltung des Bewusstseins verzichtet werden. Als erstes Lokalanästhetikum diente Kokain. Es wurde erstmals 1884 am Menschen im Rahmen von Augenoperationen eingesetzt. Da

Kokain eine Reihe von unerwünschten Nebenwirkungen aufweist, hat man sich auf die Suche nach ähnlichen Molekülen gemacht und konnte 1905 mit dem Prokain (Markenname »Novokain«) das klassische, auch heute noch verwendete Lokalanästhetikum synthetisieren. Durch seine blockierende Wirkung am Natriumkanal wird die Weiterleitung von Aktionspotenzialen längs der Nervenzelle (i. Allg. des Axons) unterbrochen. In sehr hohen Konzentrationen werden auch andere Ionenkanäle, z. B. der Kaliumionenkanal, blockiert.

Eine Blockade der Nervenleitung kann mit den Lokalanästhetika an allen erregbaren Zellen hervorgerufen werden, z. B. auch im Reizleitungssystem des Herzens. Eine gelegentlich auftretende Nebenwirkung bzw. eine Konsequenz von Überdosierung ist daher eine Funktionsstörung der Herz-Kreislauf-Aktivität.

Eine weitere wichtige Eigenschaft der Lokalanästhetika besteht darin, dass dünne Nervenfasern eher ausgeschaltet werden als dicke. Da schmerzleitende Fasern dünn sind, die Fasern, die zu den Muskelzellen laufen, dagegen i. Allg. dick, wird zunächst das Schmerzleitungssystem beeinträchtigt und erst bei höherer Dosierung die Motorik.

Die Ausbreitung des Aktionspotenzials

Bisher haben wir nur einen bestimmten Membranbereich betrachtet, der gerade von einem Aktionspotenzial depolarisiert wird. Wie erwähnt, ist eine wichtige Eigenschaft des Aktionspotenzials, dass es sich über weite Strecken ausbreiten kann. Damit ist es ideal zum Signaltransport geeignet. Wie aber kommt es zu dieser Weiterleitung? Es verhält sich wie mit einer abbrennenden Zündschnur: Wenn sie an einem Ende angezündet wird, so führt dieser lokale Anstieg der Temperatur zum Überschreiten der Entflammungstemperatur auch des benachbarten Bereichs. Dieser wiederum entzündet den angrenzenden Sektor. Für die Zündschnur gilt, ebenso wie für das Aktionspotenzial, dass die Ausbreitung nur in eine Richtung erfolgen kann. Der »abgebrannte« Bereich ist nicht mehr aktivierbar, d. h., die Aktionspotenzial-Welle bewegt sich über Aktivierung der benachbarten Bereiche vorwärts. Das akut erregte Membranstück kann nicht Ausgangspunkt für eine zurücklaufende Welle sein, weil sich der zuvor erregte Bereich im Refraktärzustand befindet und damit unerregbar bzw. schwerer erregbar ist.

Leitungsgeschwindigkeit. Die Leitungsgeschwindigkeit für das Aktionspotenzial in der unmyelinisierten Faser ist, wie beim passiven Signaltransport, proportional zur Faserdicke. Dies lässt sich vereinfacht folgendermaßen erklären: Die Ausbreitung der Depolarisation zu einem benachbarten unerregten Membranbezirk erfolgt auf dem Wege des passiven Signaltransports. Die ladungstragenden Teilchen bewegen sich Inneren der Faser, allerdings finden ständig Verluste durch den Leckstrom durch die Membran nach außen statt. Dies gilt natürlich in besonderem Maße für Ionen, die sich in der Nähe der Membran befinden. Ionen im Inneren des Membranquerschnitts dagegen unterliegen nicht diesen Verlusten. Sie bewegen sich in ihrer Gesamtheit quasi ungehindert längs der Faser und können damit pro Zeiteinheit größere Strecken zurücklegen. Wenn die Faser dick ist, ist der Anteil dieser frei beweglichen Ionen im Inneren des Querschnitts größer und damit die Fortpflanzungsgeschwindigkeit eines Impulses entsprechend höher. Die Größenordnung der Wanderungsgeschwindkeit des Aktionspotenzials liegt bei einigen Metern pro Sekunde (Details in Tab. 4.2).

Saltatorische Erregungsleitung

Im Nervensystem der Wirbeltiere sind viele Axone von der Markscheide (Myelinscheide) eingehüllt. Wie wir in Kapitel 3 gesehen haben, besteht das Myelin aus einer Vielzahl von Membranschichten (etwa 50–100 Membranwindungen), die von Gliazellen gebildet werden. Die Myelinscheide hat für das Axon quasi die Funktion eines elektrischen Isolators. Der Ionenstrom aus dem Zytoplasma heraus in den Extrazellulärraum wird durch die Markscheide weitgehend behindert. Natürlich sind dadurch auch die Ionenwanderungsprozesse eingeschränkt, die das Aktionspotenzial ermöglichen. Ein Aktionspotenzial kann sich hier kaum ausbilden.

Zwischen der äußeren Wand der Axonmembran und der Innenfläche der Myelinscheide finden sich – da hier die Extrazellulärflüssigkeit weitgehend verdrängt ist – kaum noch Natrium-Ionen. Dementsprechend liegen auch kaum noch spannungsgesteuerte Natriumionenkanäle im Bereich der myelinisierten Membran vor. Auch dies schränkt die Entstehung von Aktionspotenzialen ein. Die Weiterleitung der Depolarisation geschieht hier dagegen auf elektrotonischem Wege, also schnell, aber in der Amplitude rasch abklingend.

> **Forscherpersönlichkeit**
>
> **Louis-Antoine Ranvier** (1835–1922) war französischer Histologe und Pathologe. Er war Schüler des berühmten französischen Physiologen Claude Bernard (einer der Begründer der modernen, experimentell arbeitenden Physiologie) und wurde später Professor für allgemeine Anatomie an der Universität in Paris. Man schreibt Ranvier als größte Leistung zu, die Histologie, also die Lehre von den Geweben, von einer ausschließlich beschreibenden Disziplin zu einer experimentellen Wissenschaft geführt zu haben, die ihrerseits die Physiologie befruchtete. Er entdeckte 1878 die nach ihm benannten Einschnürungen in bestimmten myelinisierten Fasern und leistete weitere wichtige Arbeiten zur Zellphysiologie des Nervensystems.

Ranvier-Schnürringe. In gewissen Abständen ist die Myelinisierung der Faser allerdings unterbrochen, die Membran hat hier wieder Kontakt zur Extrazellulärflüssigkeit, die spannungsgesteuerten Natriumionenkanäle sind in diesem Bereich wieder hoch konzentriert, und ein Ionenaustausch kann stattfinden (s. Abb. 4.11). Demzufolge ist an diesen unmyelinisierten Stellen, den Ranvier-Schnürringen, die Auslösung des Aktionspotenzials möglich.

Die Erregung verhält sich also **saltatorisch**: Sie »springt« von Schnürring zu Schnürring. Natürlich darf der Abstand der Schnürringe nicht zu groß sein, sodass im Bereich der Internodien, also zwischen den Einschnürungen, die passiv weitergegebene Potenzialveränderung nicht vor Erreichen des nächsten Schnürrings in den unterschwelligen Bereich absinken kann. Ansonsten wäre am nächsten Schnürring keine Auslösung eines Aktionspotenzials mehr möglich (s. Abb. 4.11). Der Abstand der **Ranvier-Schnürringe** liegt bei etwa 1 mm. Im Bereich der Schnürringe ist die Membran mit besonders vielen spannungsgesteuerten Natriumkanälen versehen (ca. 10.000 Kanäle/μm^2; μm = Mikrometer, 1 μm = 1/1.000 mm).

Die Geschwindigkeit der Erregungsausbreitung variiert von Fasertyp zu Fasertyp stark. Generell gilt, dass mit zunehmendem Durchmesser sowohl der unmyelinisierten als auch der myelinisierten Faser die Leitungsgeschwindigkeit zunimmt. (Der Durchmesser wird inkl. des Anteils der Myelinschicht angegeben.) Zur Klassifikation dieser Fasern sind zwei Systeme im Gebrauch, die in Tabelle 4.2 wiedergegeben sind.

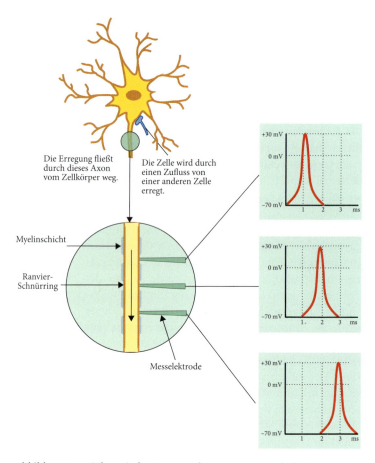

Abbildung 4.11 Saltatorische Erregungsleitung. Im Bereich der Ranvier-Schnürringe wird das Aktionspotenzial immer wieder aufgefrischt. Dies ist möglich, weil hier die Membran im Kontakt mit der Extrazellulärflüssigkeit steht und die Ionenflüsse durch die Membran stattfinden können

Tabelle 4.2 Gliederung der Nervenfasern nach ihrer Leitungsgeschwindigkeit (System nach Erlanger und Gasser sowie nach Lloyd und Hunt)

Klassifikation nach Erlanger und Gasser

Fasergruppe	Faserdurch-messer	Leitungs-geschwindigkeit
Aα	10–20 µm	60–120 m/s
Aβ	7–15 µm	40–90 m/s
Aγ	4–8 µm	30–50 m/s
Aδ	2–5 µm	10–30 m/s
B	1–3 µm	5–20 m/s
C (marklos)	0,5–1,5 µm	0,5–2 m/s

Klassifikation nach Lloyd und Hunt

Fasergruppe	Faserdurch-messer	Leitungs-geschwindigkeit
Ia* Ib*	12–20 µm	70–120 m/s
II	7–12 µm	40–70 m/s
III	2–7 µm	10–40 m/s
IV (marklos)	0,5–1,5 µm	0,5–2 m/s

* Ia = Fasern aus den Muskeln, Ib = Fasern aus den Sehnen

4.6 Spontan aktive Neuronen

Die weitaus überwiegende Zahl der Neuronen feuert nur als Konsequenz auf eine Reizung entweder durch eine Sinneszelle oder durch ein anderes Neuron. Ansonsten sind diese Neuronen stumm.

Man kennt allerdings auch Neuronen, die spontan aktiv sind. Hier liegt ein instabiles Ruhepotenzial vor, das sich innerhalb einer gewissen Zeit abbaut, sodass es zur Depolarisation bis hin zur Schwelle kommt und quasi selbsttätig ein Aktionspotenzial ausgelöst wird. Auf dieses Aktionspotenzial folgt dann, wie üblich, die Rückkehr zum Ruhepotenzialwert. Diese rhythmischen Potenzialänderungen kommen durch die Anwesenheit von besonderen spannungsgesteuerten Natrium- und Kaliumkanälen zustande, die in ihrer zeitlichen Aktivierungs- und Inaktivierungscharakteristik gegenüber den normalen Ionenkanälen verzögert sind. Ein solcher Typ von Zellen findet sich etwa im Schrittmachergewebe des Herzens, das für die rhythmische Abfolge des Herzschlags sorgt.

Schrittmacherneuronen und »Bursts«. Viele periodisch ablaufende Verhaltensweisen der Säugetiere, etwa das Atmen, Gehen, Kauen etc., werden von solchen rhythmisch entladenden, sog. »Schrittmacherneuronen« erzeugt. Ein derartiges Schrittmacherneuron ist meist mit einigen anderen Neuronen eng gekoppelt, um ein kleines Netzwerk zu bilden. Aus diesem Schaltkreis ergibt sich dann ein relativ konstanter, rhythmischer Output, der aber über Eingangssignale in der Frequenz dennoch an wechselnde Bedingungen angepasst werden kann.

Neben diesem Typ von Schrittmacherneuronen, die in einem gleichbleibenden Takt entladen, kennt man noch eine zweite Form spontan aktiver Nervenzellen: Diese entladen in Salven, sog. »**Bursts**« von Aktionspotenzialen, die durch Phasen der Ruhe unterbrochen sind. Auch dieser Neuronentyp dient der Steuerung rhythmischer Abläufe. Ein Beispiel ist die Sekretion bestimmter Hormone in den Blutkreislauf nach einem fest vorgegebenen zeitlichen Muster (s. dazu Kap. 8).

Zusammenfassung

Aktionspotenziale treten erst nach Überschreiten einer bestimmten Schwelle der Potenzialverschiebung auf und zeigen dann immer dieselbe Amplitudenhöhe. Sie gehorchen dem »Alles-oder-Nichts-Gesetz«. Aktionspotenziale bestehen i. Allg. aus drei Phasen:
(1) einer raschen Depolarisation aufgrund eines Natriumeinstroms,
(2) einer langsameren Repolarisation als Folge eines Kaliumausstroms,
(3) einer Nachhyperpolarisation.

Während der absoluten Refraktärphase kann kein weiteres Aktionspotenzial ausgelöst werden. Während der relativen Refraktärphase ist eine stärkere Depolarisation zum Auslösen eines Aktionspotenzials nötig. Der Ein- und Ausstrom der Ionen wird durch spezifische, spannungsgesteuerte Kanalproteine ermöglicht, die sich öffnen und schließen können. Durch bestimmte Gifte oder Medikamente (z. B. Lokalanästhetika) können diese Kanäle blockiert werden, sodass keine Auslösung von Aktionspotenzialen möglich ist.

Die Ausbreitungsgeschwindigkeit des Aktionspotenzials ist umso größer, je dicker die Faser ist. Größenordnungsmäßig liegt die Ausbreitungsgeschwindigkeit zwischen 1 und 100 m/s.

Bei der saltatorischen Erregungsleitung »springt« die Erregung von einem Ranvierschen Schnürring zum nächsten. In den myelinisierten Bereichen zwischen den Schnürringen erfolgt die Erregungsausbreitung auf passivem Wege, an den Schnürringen wird das Aktionspotenzial »aufgefrischt«.

Weiterführende Literatur

Bear, M. F., Connors, B. W. & Paradiso, M. A. (2008). Neurowissenschaften. Ein grundlegendes Lehrbuch für Biologie, Medizin und Psychologie (3. Aufl.). Heidelberg: Spektrum Akademischer Verlag.

Klinke, R., Pape, H.-C., Kurtz, A. & Silbernagl, S. (2010). Physiologie (6. Aufl.). Stuttgart: Thieme.

Schmidt, R. F., Lang, F. & Heckmann, M. (Hrsg.). (2007). Physiologie des Menschen. Mit Pathophysiologie (30. Aufl.). Berlin: Springer-Verlag.

Thews, G., Mutschler, E. & Vaupel, P. (2007). Anatomie, Physiologie, Pathophysiologie des Menschen (6. Aufl.). Stuttgart: Wissenschaftliche Verlagsgesellschaft mbH.

5   Zusammenwirken von Nervenzellen – Informationsübertragung und -verarbeitung

Nachdem wir im vorangegangenen Kapitel gesehen haben, wie der Informationstransport innerhalb der Nervenzelle auf elektrochemischem Wege abläuft, wenden wir uns nun der Frage zu, in welcher Weise die Signalübertragung zwischen Nervenzellen untereinander bzw. Nerven- und anderen Zelltypen geschieht. Wir werden feststellen, dass die Kontaktstelle zwischen zwei solchen Zellen – die **Synapse** – eine ganz entscheidende Rolle nicht nur bei der Weiterleitung, sondern auch bei der Verarbeitung von Information, d. h. der Verstärkung, der Abschwächung, der Ausblendung, der Modulation und der Integration von Signalen, spielt. Außerdem ist die Synapse der Wirkungsort einer ganzen Reihe wichtiger Pharmaka – insbesondere natürlich der Psychopharmaka.

Der Begriff Synapse wurde 1897 von dem englischen Physiologen Sherrington geprägt. Sherringtons Studien geschahen zu einer Zeit, als die Untersuchungstechniken für neuronales Gewebe noch sehr begrenzt waren. Mit den Mitteln des Lichtmikroskops konnte man zwar einzelne Zellen erkennen, man war jedoch noch nicht in der Lage, die Feinstruktur der Synapse zu beschreiben. Dies wurde erst möglich, als 1950 die Elektronenmikroskopie (s. Abschn. 26.1.1) eingeführt wurde. Natürlich hatte man auch davor schon Überlegungen angestellt, wie die Übertragung der Erregung von einer Zelle auf die nächste vonstattengehen könnte. Dies geschah primär auf der Basis von elektrischen Messungen der neuronalen Erregung. Zunächst stellte man sich vor, dass an den Verbindungsstellen zwischen zwei Nervenzellen die beiden Zellmembranen verschmelzen, sodass ein direkter Austausch von Ionen und damit die Weitergabe der Depolarisation möglich sei. Heute weiß man, dass es zwei verschiedene Mechanismen der Informationsweitergabe von einer Zelle auf die andere, also zwei Typen von Synapsen gibt.

Elektrische Synapsen. Bei diesem Synapsentyp (Gap Junction) können die beiden Zellen durch eine stellenweise extreme Annäherung beider Zellmembranen bis auf 2 nm über die Lücke (engl. gap) hinweg in Kontakt (engl. junction) treten. Durch zwei gegenüberliegende Porenmoleküle, die so aneinanderstoßen, dass sie eine röhrenartige Verbindung schaffen (wie die Rohrstücke einer Pipeline), kann die Passage von Ionen und sehr kleinen Molekülen von einer Zelle in die andere geschehen. Dies bedeutet, dass v. a. der Ionenaustausch, der zur Erregung einer Zelle notwendig ist, nun direkt durch die Poren der eng angenäherten Membranen von Start- und Zielzelle stattfindet. Da hier eine Analogie zur elektrischen Leitung, etwa über zwei sich berührende Drähte, vorliegt, hat man diesen Synapsentyp als elektrische Synapse bezeichnet. An dieser Art von Synapse ist die Informationsübertragung prinzipiell in beide Richtungen möglich.

Chemische Synapsen. Die Übertragung der Erregung geschieht hier in der Weise, dass ein von der Ausgangszelle ausgesandter chemischer Stoff an der Membran der Zielzelle Prozesse auslöst, die dort wiederum Ionenwanderungsprozesse durch die Membran nach sich ziehen. Dies führt dann zur Entstehung eines Signals, das sich längs der Membran der Zielzelle ausbreiten kann. Man nennt diesen Typ der Synapse chemische Synapse, da hier eine bestimmte chemische Substanz zwischen Signalsender und Signalempfänger als Botenstoff zwischengeschaltet ist. Der Aufbau der chemischen Synapse ist asymmetrisch, der Informationstransport ist hier nur in eine Richtung möglich. Der synaptische Spalt zwischen präsynaptischer Endigung und subsynaptischer Membran hat eine Breite von ca. 20–50 nm.

Heute weiß man, dass beide Typen von Synapsen in Säugetieren anzutreffen sind. Für die Verarbeitung von Informationen im menschlichen Zentralnervensystem spielt die chemische Synapse die sehr viel größere Rolle. Elektrische Synapsen dienen eher zur Synchronisation von Zellverbänden mit eng umschriebener gemeinsamer Funktion. Sie finden sich daher insbesondere zwischen den Muskelzellen des Herzens und der inneren Organe, aber auch vereinzelt bei bestimmten Neuronenverbänden im Gehirn.

Forscherpersönlichkeit

Sir Charles Scott Sherrington (1857–1952) leistete wesentliche Beiträge zur Aufklärung der Funktion des Nervensystems. Diese waren das Ergebnis einer fünfzigjährigen aktiven Forschungstätigkeit. 1932 erhielt er zusammen mit Edgar Adrian den Nobelpreis für Medizin. Sherrington war u. a. Schüler von Rudolf Virchow und Robert Koch in Berlin. Später arbeitete er an den Universitäten von London und Oxford. Er erkannte u. a. die integrative Arbeitsweise von Reflexsystemen. Demnach sind **Reflexe** nicht nur automatisch auf niederem Niveau ablaufende Prozesse, sondern sie unterliegen zugleich der Modulation durch höhere Zentren. Von ihm stammt auch die Unterscheidung der verschiedenen Hauptgruppen von Sinnessystemen: Das **exterozeptive** System, das Information aus der Umwelt aufnimmt, das **interozeptive** System, das etwa den Geschmack und die Wahrnehmung von aus den inneren Organen beinhaltet, sowie das **propriozeptive** System, das Information aus den Muskeln, Gelenken und Sehnen verarbeitet. Auf Sherrington geht neben dem Begriff »Synapse« auch die Bezeichnung »Neuron« für die Nervenzelle zurück. Er kann als der Begründer der funktionell orientierten Neurobiologie und damit als einer der Väter der modernen Neurowissenschaft gelten.

Übersicht

Zwei Typen von Synapsen

Die Synapse ist die Verbindungsstelle zwischen zwei Neuronen oder einem Neuron und einer Zelle des Erfolgsorgans (z. B. der Muskelzelle), an der Information weitergegeben wird. Es werden zwei Synapsentypen unterschieden: An der elektrischen Synapse (**Gap Junction**) sind die Membranen beider Zellen auf einen Zwischenraum von nur ca. 2 nm (nm = Nanometer, $1\,\text{nm} = 10^{-9}\,\text{m}$) angenähert und durch den Kontakt von jeweils zwei Porenmolekülen überbrückt, sodass geladene Teilchen auf diesem Weg schnell und nahezu ungehindert von einer zur anderen Zelle wandern und eine Potenzialverschiebung an der Membran der Zielzelle verursachen können. Information kann hier in beide Richtungen weitergegeben werden. Die elektrische Synapse kann v. a. der Synchronisation von Zellen mit identischer Funktion dienen.

An der **chemischen Synapse** wird der synaptische Spalt (20–50 nm) zwischen der präsynaptischen Endigung und der subsynaptischen Membran mittels chemischer Botenstoffe überbrückt. Der Aufbau der chemischen Synapse ist asymmetrisch, Information kann nur in eine Richtung weitergegeben werden. Die Informationsweitergabe dauert hier länger als an der elektrischen Synapse. Die chemische Synapse hat den Vorzug, dass hier komplexe Signalverarbeitungsprozesse stattfinden können.

5.1 Die Grundlagen der Erregungsübertragung an der chemischen Synapse

Die chemische Synapse besteht aus einer **präsynaptischen Endigung** (»synaptischer Endknopf«, »Terminal«), die zum informationssendenden Neuron gehört, und der gegenüberliegenden sog. **subsynaptischen Membran** des zweiten Neurons, das die Information empfängt. Der subsynaptische Membranbereich ist ein Teil der **postsynaptischen Membran**, also der gesamten Membran der Zielzelle. (Die beiden Begriffe »subsynaptische Membran« und »postsynaptische Membran« werden allerdings in vielen Lehrbüchern nicht klar gegeneinander abgegrenzt.) Beide Zellen sind durch den sog. synaptischen Spalt getrennt (s. Abb. 5.1). Der Basisprozess bei der Übertragung an der chemischen Synapse ist der Folgende:

Eine Membranerregung – meist ein Aktionspotenzial – läuft in die präsynaptische Endigung ein. Hier existieren bestimmte Membranbereiche, die eine Ausschüttung des sog. **Neurotransmitters**, eines Überträgerstoffs, in den synaptischen Spalt zulassen. Der Neurotransmitter verteilt sich im synaptischen Spalt und erreicht dabei auch die Empfängermoleküle, die **Rezeptoren**, an der sub-

84 | 5 Zusammenwirken von Nervenzellen – Informationsübertragung und -verarbeitung

synaptischen Membran. An diesen Rezeptoren entfaltet der Transmitterstoff seine Wirkung, die z. B. darin bestehen kann, dass sich Ionenkanäle in der subsynaptischen Membran öffnen und es daraufhin infolge der Ionenverschiebungen zu einer Potenzialveränderung kommt. Diese kann in einer Depolarisation oder einer Hyperpolarisation bestehen, was vom Neurotransmitter und vom Rezeptortyp abhängt. Bei einer Depolarisation spricht man von einem **exzitatorischen postsynaptischen Potenzial (EPSP)**, bei einer Hyperpolarisation von einem **inhibitorischen postsynaptischen Potenzial (IPSP)**. Für den Fall, dass die subsynaptische Membran hinreichend weit depolarisiert wird, um die Aktionspotenzialschwelle zu überschreiten, wird in der Zielzelle ein Aktionspotenzial ausgelöst. Dies kann allerdings nur dann geschehen, wenn der subsynaptische Membranbereich erregbar ist, also die spannungsgesteuerten Natriumkanäle vorhanden sind, die den lawinenartigen Einstrom der Natriumionen ermöglichen. Demzufolge führen keineswegs alle Potenzialverschiebungen an der subsynaptischen Membran zu einem Aktionspotenzial.

Die Verweildauer des Neurotransmitters am Rezeptor ist extrem kurz. Unmittelbar nachdem das Rezeptormolekül auf das Andocken des Neurotransmitters reagiert hat, wird dieser wieder freigegeben, um abtransportiert zu werden.

Im Folgenden werden einige Transmitter-Rezeptor-Prozesse im Detail behandelt.

5.1.1 Transmitterfreisetzung durch Verschmelzung der Vesikel mit der präsynaptischen Membran

Die Tatsache, dass bestimmte Zellen Botenstoffe freisetzen, die dann an einer anderen Zelle ihre Wirkung entfalten, ist nicht auf Nervenzellen beschränkt. **Sekretion** von Hormonen aus speziellen Drüsen stellt ebenfalls eine Abgabe von Botenstoffen dar, die dann i. Allg. über den Blutkreislauf zu einem weiter entfernten Zielorgan gelangen (s. Abschn. 8.1). Dort bewirkt das Hormon über Rezeptorbindungen ebenfalls spezifische Veränderungen.

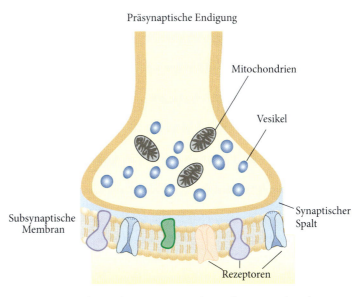

Abbildung 5.1 Chemische Synapse. Die chemische Synapse besteht aus einer präsynaptischen Endigung mit transmittergefüllten Vesikeln sowie einer subsynaptischen Membran mit spezifischen Rezeptoren für die jeweilige Transmittersubstanz. Zwischen beiden liegt der synaptische Spalt

Die Besonderheit bei der chemischen Übertragung zwischen Nervenzellen besteht darin, dass der Überträgerstoff, der Neurotransmitter (Transmitter), nur eine sehr kurze Strecke zurücklegt und i. Allg. als Bote zwischen nur zwei Zellen fungiert. Daher ist dieser chemische Übertragungsprozess sehr viel gezielter als der hormonelle und wegen der minimalen Distanz, die vom Botenstoff überwunden werden muss, auch sehr viel schneller.

Vesikel. Der Neurotransmitter ist im Regelfall in synaptischen Vesikeln der präsynaptischen Endigung gespeichert (s. Abb. 5.1). Diese bläschenförmigen Strukturen bestehen aus Membranen, die vom Golgi-Apparat der Zelle abgeschnürt wurden. Sie können aufgrund eines chemischen Signals der Zelle (s. u.) mit der Zellmembran verschmelzen und dabei ihren Inhalt, die Transmittersubstanz, in den synaptischen Spalt ergießen. Die Membranhüllen derjenigen Vesikel, die bereits ihren Transmitterstoff abgegeben haben, können von den Golgi-Apparaten wieder aufgenommen und in einer Art von Recycling zur Bildung neuer Vesikel verwendet werden. Es gibt unterschiedlich geformte Vesikel in verschiedenen Größen, die jeweils einen (in Sonderfällen auch mehrere) Neurotransmitter enthalten. Das Vesikel eines klassischen Transmitters wie des

Acetylcholins (s. Abschn. 5.2.1) kann etwa 10.000 Transmittermoleküle enthalten.

Transmitter und Kotransmitter. In einer einzigen präsynaptischen Endigung kommen in vielen Fällen unterschiedliche Vesikeltypen vor, die mit einer jeweils spezifischen Transmittersubstanz gefüllt sind. Dabei kann es sich entweder um einen »klassischen« Neurotransmitter handeln, der quasi als Haupttransmitter wirkt, oder um einen **Kotransmitter**. Letzterer kann modulierend, i. Allg. verstärkend, auf die Wirkung des Haupttransmitters an der subsynaptischen Membran einwirken. Die Bedingungen zur Ausschüttung der Kotransmitter sind meist andere als diejenigen zur Ausschüttung des Haupttransmitters. So sind dazu häufig schnellere oder länger anhaltende Aktionspotenzialfolgen in der präsynaptischen Endigung erforderlich.

Bei den klassischen Neurotransmittern handelt es sich meist um kleine Moleküle – z. B. Abkömmlinge einer Aminosäure –, während die Kotransmitter meist Neuropeptide sind. Letztere sind aus kettenförmig aneinandergereihten Aminosäuren aufgebaut.

Funktion der Kalziumionen

Zur Transmitterfreisetzung ist die Anwesenheit von Kalziumionen im Extrazellulärraum notwendig. Nur dann kann sich folgende Reaktionskaskade einstellen:

Beim Einlaufen eines Aktionspotenzials in eine präsynaptische Endigung öffnen sich spannungsgesteuerte Kalziumkanäle (s. Abb. 5.2), die hier in großer Dichte vorhanden sind. Dadurch kommt es zu einem massiven Einstrom von Kalziumionen in die präsynaptische Endigung. Nur wenn Kalziumionen in ausreichender Konzentration im Zellinneren vorhanden sind, können sich die Lipidmembranen der Vesikel mit der Lipiddoppelschicht der Zellmembran verbinden. Als Folge davon öffnen sich die Vesikel zum Extrazellulärraum hin. Dabei wird ihr Inhalt, die Transmittersubstanz, in den synaptischen Spalt ausgeschüttet. Diesen Vorgang des Austritts eines Stoffs aus der Zelle durch Verschmelzung einer Vesikelmembran mit der Zellmembran bezeichnet man als Exozytose. Die überschüssigen Kalziumionen werden durch aktive Pumpprozesse wieder aus der präsynaptischen Endigung hinausbefördert.

Derjenige Membranbereich der präsynaptischen Endigung, der zur Exozytose von Transmitterstoff in der Lage ist, heißt aktiver Membranbereich. Die Vesikel sind auch im Ruhezustand der Zelle in der Nähe dieses aktiven Bereichs angereichert, was in elektronenmikroskopischen Bildern gut erkennbar ist.

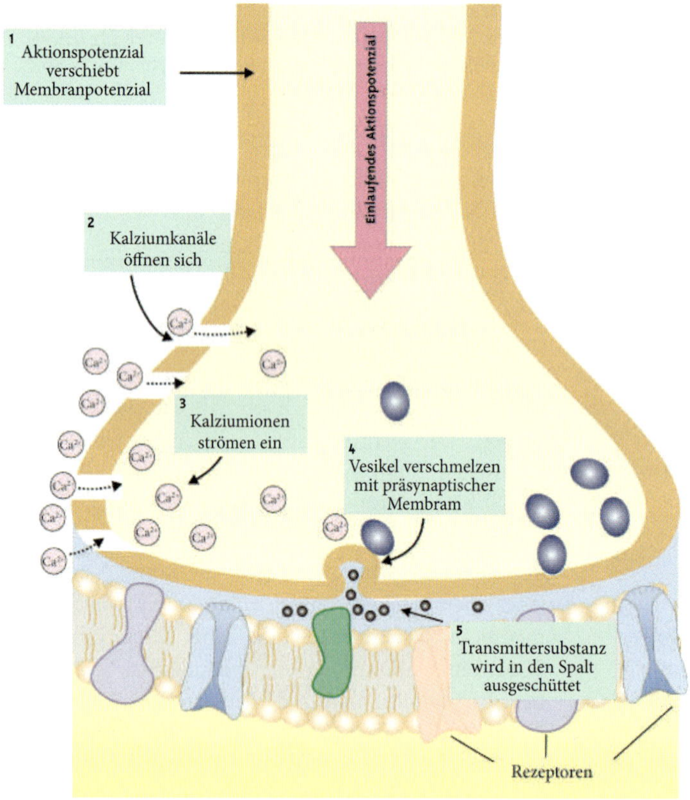

Abbildung 5.2 Synaptische Übertragung. Ein Aktionspotenzial läuft ein. Es kommt zu einem massiven Einstrom von Kalziumionen. Die Lipidmembranen der Vesikel verbinden sich mit der Lipiddoppelschicht der Zellmembran. Die Vesikel öffnen sich zum Extrazellulärraum hin, der Transmitter wird in den synaptischen Spalt ausgeschüttet

> **Störungsbild**

Untergang von Kalziumkanälen bei der Lambert-Eaton-Krankheit

Bei der Lambert-Eaton-Krankheit leiden die Patienten unter Muskelschwäche und Schmerzen besonders in der Muskulatur des Beckengürtels. Die Symptome lassen bei wiederholter Anstrengung vorübergehend etwas nach. Ursache ist eine Autoimmunstörung, bei der das Immunsystem die eigenen Kalziumkanäle in der präsynaptischen Membran angreift und zerstört. Häufig liegt diesen Prozessen auch ein Tumor (meist ein Bronchialkarzinom) zugrunde.

Die präsynaptische Endigung kann aufgrund der reduzierten Kalziumkanäle bei Ankunft eines Aktionspotenzials nicht so viel Kalzium aufnehmen, wie für die Verschmelzung der Vesikel mit der präsynaptischen Membran benötigt wird. Die freigesetzte Transmittermenge ist dementsprechend reduziert, sodass nicht in jeder Muskelzelle eine Kontraktion induziert wird, die neuromuskuläre Übertragung ist gestört. Bei wiederholter Reizung wird jedoch nach und nach immer mehr Kalzium durch die noch intakten Kalziumkanäle in die präsynaptische Endigung aufgenommen, sodass sich doch noch eine Kontraktion einstellen kann.

5.1.2 Reaktion der Transmittersubstanz mit den Rezeptoren

In die subsynaptische Membran sind spezielle Membranproteine eingebettet, die Rezeptoren. Es können mehrere Typen von Rezeptoren in einem solchen Membrangebiet vorhanden sein, die unterschiedliche Aufgaben erfüllen.

Schlüssel-Schloss-Prinzip. Rezeptoren reagieren mit einem für sie spezifischen Transmitterstoff, indem sie die Transmittermoleküle binden. Das Rezeptormolekül besitzt für »seinen« Neurotransmitter, den **Liganden**, eine besonders ausgestaltete Bindungsstelle und agiert mit diesem nach dem Schlüssel-Schloss-Prinzip. Nur wenn das Transmittermolekül aufgrund seiner räumlichen Gestalt an die Bindungsstelle des Rezeptorproteins passt, kann es tatsächlich eine chemische Bindung eingehen, die zur Aktivierung und u. U. Gestaltänderung dieses neu gebildeten Transmitter-Rezeptor-Komplexes führt.

Man kennt auch Rezeptortypen, die mehrere Bindungsstellen für verschiedene Transmittermoleküle besitzen, durch die Konformationsänderungen dieses Rezeptors bewirkt werden können. Auch wurden unterschiedliche Rezeptortypen für den gleichen Botenstoff beschrieben. Auf diese werden wir im Zusammenhang mit der Darstellung der klassischen Neurotransmitter zurückkommen.

Außerdem gibt es Transmittermoleküle, aber auch viele Pharmaka, die sich untereinander so weit ähneln, dass sie an dieselbe Bindungsstelle eines Rezeptors passen. Je nach **Affinität** des Transmitters zum Molekül ist dann dessen Bindung wahrscheinlicher und dauerhafter.

Summe der eingehenden Information relevant. Da eine Zelle im Regelfall von zahlreichen Synapsen mit dicht angeordneten Rezeptoren besetzt ist, wirken meist gleichzeitig verschiedene Prozesse auf einen Membranbereich ein. Die Art und Zahl der in diesem Gebiet vorhandenen Transmitter-Rezeptor-Komplexe entscheidet also in der Summe über Erregung oder Hemmung an der subsynaptischen Zelle. Erreicht die Depolarisation eines subsynaptischen Membranabschnitts den Schwellenwert zur Auslösung eines Aktionspotenzials, öffnen sich schlagartig zahlreiche spannungsgesteuerte Natriumionenkanäle. Auf diese Weise wird in der Zielzelle ein neues Aktionspotenzial ausgelöst, das sie gegebenenfalls über ihr Axon wiederum weitergeben kann.

Zwei Rezeptorklassen. Zum Informationstransport zwischen zwei Zellen kennt man zwei Typen von Rezeptormolekülen: solche, die selbst Ionenkanäle bilden können (**ionotrope Rezeptoren**), und solche, die über Zwischenschritte auf Ionenkanäle in ihrer Umgebung einwirken können und z. B. deren Öffnung anregen (**metabotrope Rezeptoren**).

5.1.3 Ligandengesteuerte Ionenkanäle – ionotroper Rezeptor

Der ionotrope Rezeptor (auch: direkter Rezeptor, Typ-I-Rezeptor) öffnet sich bei Anlagerung eines bestimmten Neurotransmitters und wird somit zu einem Ionenkanal (s. Abb. 5.3). Dieser Rezeptortyp stellt ein Membranprotein dar, das aus vier bis fünf Untereinheiten besteht. Sie sind räumlich so gruppiert, dass sie einen Kanal bilden können. Er ist bei einer bestimmten Kon-

5.1 Die Grundlagen der Erregungsübertragung an der chemischen Synapse

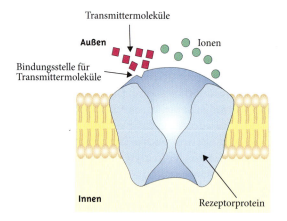

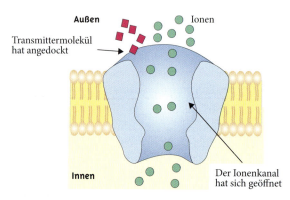

Abbildung 5.3 Ionotroper Rezeptor. Der ionotrope Rezeptor verändert bei Anlagerung eines bestimmten Neurotransmitters seine Struktur so, dass er zum Ionenkanal wird

formation (d. h. räumlicher Gestalt) geöffnet, bei einer anderen geschlossen. Die notwendige Konformationsänderung, um in den »Offen«-Zustand des Rezeptormoleküls überzugehen, wird durch die Anlagerung des Liganden bewirkt.

Auch bei den ligandengesteuerten Ionenkanälen findet sich – ebenso wie bei den spannungsgesteuerten Ionenkanälen, die wir schon kennengelernt haben – meist ein sog. Selektivitätsfilter. Dieser lässt infolge der räumlichen Anordnung ladungstragender Molekülteile bevorzugt bestimmte Ionensorten – z. B. nur Natriumionen – hindurchtreten, andere dagegen (z. B. negativ geladene Ionen) werden an der Passage gehindert. Allerdings ist diese Selektivität nicht so hoch wie bei den spannungsgesteuerten Ionenkanälen. So sind etwa ligandengesteuerte Natriumkanäle meist auch bis zu einem gewissen Grad für Kaliumionen durchlässig.

Der ligandengesteuerte Ionenkanal reagiert auf das Andocken eines Transmittermoleküls sehr schnell mit der Kanalöffnung. Die auf einen Ioneneinstrom folgende Potenzialänderung an der subsynaptischen Membran tritt zwischen einer halben und wenigen Millisekunden ein. Wegen ihrer hohen Überleitungsgeschwindigkeit finden sich diese Rezeptoren besonders häufig in den sensorischen Systemen zur Verarbeitung visueller und akustischer Information sowie bei der Reizleitung zur Muskulatur.

Wir werden auf den ionotropen Rezeptortyp zurückkommen, wenn wir die Wirkung eines wichtigen Neurotransmitters, des Acetylcholins, besprechen. Der sog. nikotinerge Acetylcholinrezeptor (s. Abschn. 5.2.1) ist eine auch im menschlichen Nervensystem weitverbreitete Form des ligandengesteuerten Ionenkanals. Außerdem wirken u. a. die Transmitterstoffe GABA und Glycin an ionotropen Rezeptoren (s. Abschn. 5.2.5).

5.1.4 G-Protein-gekoppelter Ionenkanal – metabotroper Rezeptor

Metabotrope Rezeptoren (indirekte bzw. Typ-II-Rezeptoren) sind selbst nicht zur Bildung eines Ionenkanals befähigt. Hier vollzieht sich der Ablauf zwischen Rezeptorbindung und der Öffnung eines Kanals mehrstufig: Der Rezeptor, auch hier ein membranüberquerendes Protein, bildet mit dem Transmitter den Transmitter-Rezeptor-Komplex. Diese Rezeptorstruktur aktiviert im nächsten Schritt ein sog. G-Protein (s. Abb. 5.4). Diese Guaninnukleotid-bindenden Proteine sind lange Polypeptidketten. Sie befinden sich zumeist lose verteilt und relativ frei beweglich im Zytosol der subsynaptischen Zelle. Ein G-Protein besteht i. Allg. aus drei Untereinheiten, der α-, β- und γ-Untereinheit. Man kennt eine Fülle (über 100) von unterschiedlichen G-Protein-gekoppelten Rezeptoren.

Bei Aktivierung eines metabotropen Rezeptors durch einen Liganden kann sich ein G-Protein an diesen Rezeptor anlagern. Es wird dann in der Folge aufgespalten. Die Öffnung eines Ionenkanals kann nun auf zwei unterschiedliche Arten erfolgen:
(1) Bei Bindung eines Transmitters an den Komplex Rezeptor-G-Protein wird die α-Untereinheit des G-Proteins abgespalten (s. Abb. 5.4). Diese kann an einen in der Nähe befindlichen Ionenkanal andocken und hier zu einer Konformationsänderung führen, die den Kanal in den »Offen«-Zustand überführt.

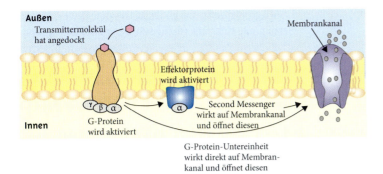

Abbildung 5.4 Beispiel für einen metabotropen Rezeptor mit zwischengeschalteten Stoffwechselprozessen. Der Rezeptor bildet mit einem sog. G-Protein einen Komplex. Bei Bindung eines Transmitters an diesen Komplex wird die α-Untereinheit abgespalten. Diese kann entweder direkt an einen Ionenkanal binden und dessen Öffnung bewirken oder einen Second Messenger aktivieren. Letzterer kann dann durch intrazelluläre Reaktion mit einem Kanalprotein dessen Öffnung bewirken

(2) Es ist ein weiterer Schritt eingeschaltet, der in der Aktivierung eines sog. **Second Messengers** besteht. Abbildung 5.4 zeigt eine solche Reaktionskaskade: Nach Abspaltung der α-Untereinheit verbindet sich diese mit einem sog. Effektorprotein, das etwa in der Nachbarschaft in die Membraninnenseite eingelagert sein kann. Bei diesen Effektorproteinen handelt es sich meist um Enzyme. Hier kommt es jetzt zur Bildung eines Second Messengers, der in der Lage ist, an einem benachbarten Ionenkanal eine Konformationsänderung auszulösen, sodass dieser sich öffnet.

Man kennt noch eine Reihe weiterer intrazellulärer Prozesse, die über Second Messenger vermittelt werden können. Dazu gehört etwa auch die Wirkung auf die Expression bestimmter Gene.

Die Öffnung von Ionenkanälen, die vermittels metabotroper Rezeptoren vonstattengeht, ist naturgemäß langsamer als bei ionotropen Rezeptoren. Schließlich sind hier verschiedene molekulare Umbauprozesse beteiligt. Allerdings hat dieser Reaktionsweg den Vorteil, dass sehr viel mehr Möglichkeiten zur Modulation (z. B. Abschwächung, Beschleunigung) des Ioneneinstroms in die subsynaptische Zelle gegeben sind. Verschiedene Enzyme, die hier vorhanden sind oder gebildet werden, können in die Reaktionsabfolge eingreifen und dadurch die Effekte an der Zielzelle steuern.

Die G-Protein-modulierten Ionenkanäle können sich auch relativ weit vom Rezeptorkomplex entfernt befinden. Interessanterweise gilt für einige Typen solcher Kanäle, dass die Wahrscheinlichkeit, sich im Zustand »offen« zu befinden, nicht nur durch Aktivierung mittels eines Second Messengers drastisch erhöht wird, sondern dass sie gleichzeitig auch potenzialabhängig ist. Durch das Zusammenspiel dieser Effekte können eingehende Informationen unterschiedlicher Art verrechnet und verarbeitet werden.

Autorezeptoren

Autorezeptoren können sich an der Membran der präsynaptischen Endigung befinden. Hier kann der von dieser Endigung selbst ausgeschüttete Transmitter andocken. Autorezeptoren sind typischerweise metabotrope Rezeptoren, über die der Ausgangszelle zurückgemeldet wird, wie hoch die aktuelle Neurotransmitterkonzentration im synaptischen Spalt ist. Bei einer höheren Konzentration der Neurotransmittermoleküle wird naturgemäß auch eine größere Zahl von Autorezeptoren eine Bindung mit dem Transmitter eingehen. Als Konsequenz kann der Transmitter über diesen Rezeptor seine eigene Ausschüttung hemmen (negatives Feedback) oder stimulieren (positives Feedback). Die Hemmung z. B. geschieht über die Bildung eines Second Messengers in der präsynaptischen Endigung und dann in einem weiteren Schritt über die Desaktivierung von Kalziumkanälen. Der dadurch reduzierte Einstrom von Kalziumionen wird das Andocken der Vesikel an der Membran behindern, wodurch die Transmitterfreisetzung zurückgefahren wird.

Zusammenfassung

Ein ankommendes Aktionspotenzial kann an der präsynaptischen Endigung zur Öffnung spannungsgesteuerter Kalziumkanäle führen. Der Einstrom von Kalziumionen verursacht das Verschmelzen der transmittergefüllten Vesikel mit der Membran, wodurch der Transmitter in den synaptischen Spalt freigesetzt wird.

Der Transmitter bindet an spezifische Rezeptoren der subsynaptischen Membran.

Ionotrope Rezeptoren stellen selbst Kanalproteine dar. Damit kann eine schnelle Ionenkanalöffnung ▶

erreicht werden, wodurch eine sprunghafte Membranpotenzialveränderung ermöglicht wird.

Metabotrope Rezeptoren lösen sekundäre Prozesse in der Zielzelle aus, die mit einer gewissen Verzögerung auch zum Öffnen von Ionenkanälen und zur Potenzialveränderung führen.

Wird an der subsynaptischen Membran ein Schwellenwert überschritten, kann dort durch das Öffnen spannungsgesteuerter Natriumionenkanäle ein Aktionspotenzial ausgelöst werden, das weitergeleitet werden kann.

5.2 Wichtige Transmitter-Rezeptor-Systeme

Die einzelnen Transmittersysteme sind v. a. im Zusammenhang mit psychischen Erkrankungen ein wichtiger Forschungsgegenstand. Die gesamte Pharmakotherapie im Rahmen der Psychiatrie und Neurologie beruht auf dem Eingriff in bestimmte Transmittersysteme. Zusätzlich verbessert die Kenntnis über den Wirkort und -mechanismus eines Psychopharmakons das Verständnis der speziellen Funktion des oder der Transmitter, die durch dieses Medikament beeinflusst werden (vgl. Abschn. 21.1). Die Zahl der Neurotransmitter im menschlichen Nervensystem liegt bei einigen hundert, wenn nicht tausend.

Im Folgenden werden die wichtigsten Transmittersubstanzen sowie ihre Rezeptoren vorgestellt.

5.2.1 Acetylcholin und seine Rezeptoren

Der Neurotransmitter Acetylcholin und die beiden Typen von Acetylcholinrezeptoren, der nikotinerge und der muskarinerge Rezeptor (s. u.), stellen das am längsten und intensivsten studierte Transmitter-Rezeptor-System dar. Man nennt ein synaptisches System, das mit Acetylcholin arbeitet, eine **cholinerge** Synapse. Analog nennt man Neuronen, die Acetylcholin ausschütten, cholinerge Neuronen. Acetylcholin war die erste Substanz, die als ein Neurotransmitter identifiziert wurde. Auf der Basis dieser Entdeckung konnte zugleich der Beweis erbracht werden, dass die synaptische Übertragung auf chemischem Wege überhaupt möglich ist. Das entscheidende Experiment hierzu wurde von Otto Loewi im Jahr 1921 durchgeführt.

Loewi erbrachte in folgender Weise den Beweis für die Beteiligung einer chemischen Substanz bei der synaptischen Weiterleitung. Er studierte die Erregungsübertragung vom Vagus-Nerv auf das Herz. Der Vagus ist ein wichtiger Nerv, der im Gehirn entspringt und dessen Wirkung z. B. zu einer Dämpfung der Herzaktivität führt. Loewi isolierte ein Froschherz, dessen Versorgung mit Nerven und Blut allerdings intakt war (s. Abb. 5.5), und umgab es mit einer Lösung, die in ihrer Zusammensetzung in etwa der Extrazellulärflüssigkeit entspricht (»Ringer-Lösung«). Er reizte dann wiederholt elektrisch den Vagus-Nerv, und beobachtete erwartungsgemäß, dass sich die Herzschlagfrequenz verlangsamte, bis die Herzaktivität schließlich völlig zum Stillstand kam. Darauf nahm er die Flüssigkeit, die das Herz umspült hatte, und führte sie einem zweiten, vom Vagus isolierten Froschherzen zu. Hierauf verlangsamte sich auch bei diesem Herzen die Schlagfolge. Loewi folgerte daraus, dass durch

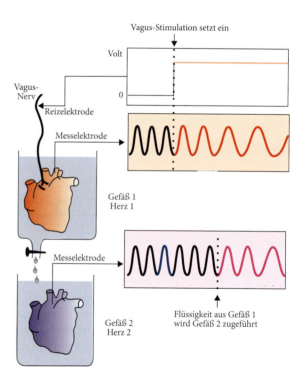

Abbildung 5.5 Das Experiment von Loewi zur Aufklärung der synaptischen Übertragung. Bei der Erregungsübertragung von der Nervenfaser auf den Herzmuskel (oberer Teil der Abbildung) wird ein Stoff freigesetzt, der sich in der umgebenden Flüssigkeit anreichert. Versorgt man ein zweites Herz (ohne nervale Zuflüsse) mit dieser Flüssigkeit (unterer Teil der Abbildung), so reagiert dieses Herz in ähnlicher Weise wie das erste Herz (Näheres im Text)

die Aktivität des Vagus-Nervs am ersten Herzen eine chemische Substanz ausgeschüttet wurde, die eine dämpfende Wirkung auf die Herzaktivität ausübt. Diese Substanz hatte sich in der Badelösung angereichert und dann in analoger Weise am zweiten Froschherzen ihre Wirkung getan. Loewi hatte damit den ersten Neurotransmitter, den er noch »Vagusstoff« nannte, entdeckt.

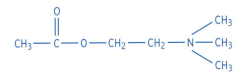

Abbildung 5.6 Acetylcholin. Der Transmitter Acetylcholin wird in der Nervenzelle vermittels des Enzyms Acetyltransferase hergestellt

Forscherpersönlichkeit

Otto Loewi (1873–1961) war Mediziner, der sich speziell der Pharmakologie und Physiologie zugewandt hatte. Er unterrichtete an mehreren europäischen Universitäten, bis er an der Universität Graz seine wichtigsten Arbeiten durchführte. Im Jahre 1940 ging er an die New York University, wo er bis zu seinem Tod lehrte. Neben den Arbeiten zur Erregungsleitung an der Synapse erforschte er vor allem die Zuckerkrankheit. Im Jahr 1936 erhielt Loewi gemeinsam mit Sir Henry Dale den Nobelpreis für die Arbeiten zur chemischen Informationsübertragung an der Synapse.

Das Experiment, das den Nachweis der Existenz von chemischen Neurotransmittern erbrachte, ist im Text beschrieben. Eine Anekdote berichtet, dass Otto Loewi die Idee zu diesem Experiment in einem Traum kam. Er wachte auf, machte sich einige Notizen, und schlief dann weiter. Am nächsten Morgen konnte er allerdings seine im Halbschlaf gekritzelten Worte nicht mehr entziffern. Glücklicherweise hatte er in der folgenden Nacht denselben Traum! Er eilte sofort in sein im selben Haus gelegenes Laboratorium, um das im Text geschilderte Experiment durchzuführen.

Sir Henry Dale gelang die Aufklärung der chemischen Struktur des »Vagusstoffs« und damit der Nachweis, dass die Übertragersubstanz Acetylcholin ist. Damit war erstmals der chemische Aufbau eines Neurotransmitters beschrieben.

Das Acetylcholin (abgek. ACh) besteht, wie sein Name schon beinhaltet, aus einem Cholinanteil und der Acetylgruppe der Essigsäure (s. Abb. 5.6). Es wird im Körper aus dem Cholin und dem Acetyl-Coenzym-A gebildet. Cholin wird mit der Nahrung aufgenommen (v. a. Rindfleisch, Gemüse) bzw. zu einem geringen Anteil im Körper synthetisiert. Acetyl-Coenzym-A wird für viele unterschiedliche chemische Reaktionen in Zellen benötigt. Das entscheidende Enzym für die Acetylcholinsynthese ist die Cholin-Acetyltransferase.

Forscherpersönlichkeit

Sir Henry Dale (1875–1968) war Physiologe und Pharmakologe. Er arbeitete in Cambridge und London. Mit seinen wichtigen Arbeiten zu den Gewebshormonen, wie z. B. dem **Histamin**, schuf er die Grundlagen der Hormontherapie. Im Zusammenhang mit seinen Untersuchungen zur synaptischen Übertragung formulierte Dale die Forderung, dass eine Nervenzelle an allen ihren Synapsen stets den gleichen Transmitter freisetzt (»Dale-Prinzip«). Aus heutiger Sicht ist dies zwar häufig der Fall, allerdings sind Neuronen, die verschiedene Transmitterstoffe ausschütten, ebenfalls vielerorts anzutreffen.

Acetylcholin wird in der präsynaptischen Endigung in Vesikel eingelagert, kommt aber in einer gewissen Konzentration auch frei im Zytoplasma dieser Zellen vor. Es ist im Gehirn ein weitverbreiteter Überträgerstoff. Außerdem wirkt es als Transmitter u. a. bei der Übertragung von Nervenimpulsen auf die Muskulatur des Bewegungsapparates und ist ein Überträgerstoff im **vegetativen Nervensystem** (s. Abschn. 7.3) sowie bei den meisten Nervenzellen, die auf Drüsen wirken.

Nachdem das Acetylcholin in den synaptischen Spalt ausgeschüttet wurde, kann es mit einem entsprechenden Rezeptor auf der subsynaptischen Membran interagieren (s. u.). Das Acetylcholin wird relativ schnell vom Rezeptor wieder in den synaptischen Spalt abgegeben und inaktiviert, indem es durch das Enzym Acetylcholinesterase in Essigsäure und Cholin gespalten wird. Die Acetylcholinesterase wird in den subsynaptischen Neuronen selbst gebildet und im Spalt eingelagert. Sie arbeitet extrem effektiv: Pro Enzymmolekül können in einer Sekunde 10.000 Moleküle Acetylcholin gespalten werden. Das Cholin kann danach in die präsynaptische Nervenendigung aufgenommen werden und steht dann wieder für die Synthese neuen Acetylcholins zur Verfügung.

Exkurs

Botulinumtoxin – ein hochpotentes Gift, das die Ausschüttung des Acetylcholins behindert

Die Ausschüttung des Acetylcholins aus den Vesikeln wird durch ein Gift, das **Botulinumtoxin**, verhindert. Man kennt sieben verschiedene Varianten dieses Proteins. Das Botulinumtoxin A ist das stärkste bekannte Gift überhaupt. Die für einen Erwachsenen tödliche Dosis liegt bei nur 0,000003 mg (bei intravenöser Gabe; bei oraler Zufuhr bei ca. 0,01 mg). Bei der Vergiftung mit Botulinumtoxin handelt es sich um eine anzeigepflichtige Lebensmittelvergiftung, den Botulismus. Diese Vergiftung kann nach dem Genuss verdorbener Fisch-, Wurst-, Fleisch-, Gemüse- und Obstkonserven auftreten. Das Botulinumtoxin wird von einer Bakteriengattung (Clostridium botulinum) gebildet. Die Bakterien wirken aufgrund der hohen Bluttemperatur bei Warmblütern selbst nicht krankheitserregend. Der Keim, dessen Sporen in der Bodenerde weit verbreitet sind, bildet das Gift. Wenn die Sporen in luftabgeschlossene Nahrungsmittel gelangen, besonders in Konserven, können sie das Gift in großer Menge produzieren. Durch Kochen wird das hitzeempfindliche Gift zwar zerstört, die Sporen selbst gehen aber erst bei Sterilisierung, d. h. bei langanhaltender Erhitzung auf ungefähr 120 °C zugrunde. Daher kann sich auch in abgekochten Speisen das Gift wieder bilden, wenn sie längere Zeit stehen. Botulinumtoxin ist geruchs- und geschmacklos. Die größte Gefahr stellen heutzutage Konserven dar, die bei der Herstellung unzureichend erhitzt wurden. Da eine andere Folge ungenügenden Erhitzens darin bestehen kann, dass sich die Dosendeckel oder die ganzen Dosen durch Gasentwicklung aufblähen, sollte man solche Konserven nicht mehr verwenden. Auch nach dem Genuss von selbsteingemachtem Gemüse und Fleisch sind häufig Vergiftungen mit dem Botulinumtoxin beobachtet worden.

Das Krankheitsbild entwickelt sich i. Allg. 12–36 Stunden nach der Aufnahme. Die Vergiftung äußert sich in Gliederschmerzen, Erbrechen und Lähmungen. Diese Lähmungen treten meist zunächst im Bereich der Augen auf, danach in der Schluckmuskulatur, der Harnblase und dem Darm. In schweren Fällen kann es zur Lähmung der Atemmuskulatur kommen, die schließlich zum Tode führt. Mit Botulinumantitoxin kann man bereits wirkendes Botulinumtoxin zwar nicht mehr vom Wirkungsort entfernen, jedoch die neuerliche Bindung der Toxinmoleküle an die präsynaptischen Endigungen verhindern und damit dessen Aufnahme in die Zelle blockieren. Wenn dieses Gegengift schnell genug gegeben wird, können die Auswirkungen der Aufnahme des Gifts also reduziert werden, die bereits auftretenden Symptome lassen nach einiger Zeit nach. Leider treten die Symptome jedoch erst mit einer gewissen Latenzzeit nach der Bindung des Toxins an den präsynaptischen Endigungen auf, sodass die Gabe des Antitoxins meist zu spät erfolgt. In diesem Fall treten, im Falle des Überlebens, häufig bleibende Schäden am neuromuskulären System auf, die Intensivpflege nötig machen können.

Exkurs

Einige Giftstoffe hemmen den Acetylcholinabbau

Eine Reihe von wichtigen Giftstoffen, die Abkömmlinge von Phosphorsäureestern sind, greifen am Enzym Acetylcholinesterase an. Sie besetzen hier die aktiven Zentren und verhindern auf diese Weise, dass das Acetylcholin anlagern kann und gespalten wird. Dadurch kommt es zu einer Hemmung des Abbaus von Acetylcholin und einer Anhäufung des Transmitters im synaptischen Spalt. Diese gesteigerte Acetylcholinkonzentration zeigt sich in einer übermäßigen Aktivität der cholinergen Rezeptoren. Da Acetylcholin die Überträgersubstanz von Nervenzellen auf Muskelzellen ist, macht sich dies durch starke Krämpfe bemerkbar, die eine koordinierte Bewegungssteuerung verhindern und im Extremfall zur Lähmung der Atmung führen. Außerdem wirken diese Gifte auf die zentralnervösen Acetylcholin-

---

5 Zusammenwirken von Nervenzellen – Informationsübertragung und -verarbeitung

rezeptoren und führen dort zu psychischen Symptomen, wie Angstgefühlen, Schwindel, Unruhe, Konzentrationsschwäche, Verwirrtheit und Desorientiertheit.

Diese Giftstoffe werden primär als Insektenvernichtungsmittel eingesetzt. Das bekannteste davon dürfte das E 605 sein, das in den 1960er- und 1970er-Jahren eine traurige Berühmtheit dadurch erlangt hat, dass es häufig für Morde und Selbstmorde verwendet wurde. Kleinkinder, die aufgrund ihres geringen Körpergewichts andere Stoffwechselbedingungen haben, können bereits auf geringere Mengen an Giftstoffen reagieren. So kann bereits das Verzehren von ungewaschenem Obst, das mit derartigen Insektiziden behandelt wurde, zu leichten Vergiftungssymptomen führen.

Ebenfalls zur Gruppe der Phosphorsäureester gehören einige überaus toxische Verbindungen, die als Kampfgase entwickelt wurden. Eine Substanz aus dieser Klasse, das Sarin, geriet in die Schlagzeilen, als im März 1995 ein Anschlag mit diesem Giftgas auf die U-Bahn-Passagiere in Tokio ausgeführt wurde. Als Gegenmittel gegen diese Giftstoffe kann Atropin wirken, wenn es schnell genug in den Blutkreislauf gebracht wird. Wie wir sehen werden, wirkt das Atropin als ein Gegenspieler des Acetylcholins und kann deshalb den Überschuss an Acetylcholin an der subsynaptischen Membran bis zu einem gewissen Ausmaß neutralisieren. (Daher auch die Atropinspritze in der Erste-Hilfe-Ausrüstung der Soldaten für den Fall eines Giftgasangriffs.)

Acetylcholinrezeptoren

Der **nikotinerge** Acetylcholinrezeptor wurde bereits als Prototyp des ionotropen Rezeptors erwähnt. Dieser Rezeptor ist der am besten studierte Rezeptortyp überhaupt. Nikotin vermag ebenso wie Acetylcholin an diesen Rezeptor zu binden und cholinerge Effekte auszulösen – daher der Name.

Bei Anlagerung eines Liganden öffnet dieser Rezeptor seinen Ionenkanal, was zu einer Depolarisation insbesondere aufgrund des Natriumeinstroms führt. Nikotinerge Rezeptoren finden sich v. a. auf Muskelzellen des Bewegungsapparats, wo sie erregend wirken und zur Kontraktion führen (s. Abschn. 9.2). Darüber hinaus sind nikotinerge Synapsen in vielen Bereichen des Zentralnervensystems anzutreffen. Man geht davon aus, dass die leicht euphorisierende und entspannende Wirkung des Nikotins beim Rauchen über diesen ZNS-Rezeptor vermittelt wird.

Der zweite Acetylcholinrezeptortyp ist der **muskarinerge** (muskarinische) Rezeptor. Diesen vermag auch das Muskarin (Gift des Fliegenpilzes) zu aktivieren. Zu den muskarinergen Acetylcholinrezeptoren gehören mehrere Subtypen, die als metabotrope Rezeptoren jeweils mit einem G-Protein interagieren können.

Muskarinische Rezeptoren für Acetylcholin sind v. a. im vegetativen Nervensystem sowie in der Großhirnrinde, dem Striatum und im **Hippocampus** zu finden. Im Gehirn kann die Wirkung des Acetylcholins, je nachdem, an welchen Subtyp des muskarinischen Rezeptors es bindet, entweder erregend oder hemmend sein.

5.2.2 Die Gruppe der Katecholamine

Der Name **Katecholamin** leitet sich davon ab, dass die betreffenden Substanzen sowohl einen **Katecholring** besitzen als auch über eine Aminogruppe verfügen. Zu den Katecholaminen gehören die Neurotransmitter **Dopamin**, **Noradrenalin** und **Adrenalin**. Der Aufbau dieser Moleküle und ihre Bildung ist in Abbildung 5.7 zu erkennen. Die Ausgangssubstanz für die Katecholaminsynthese in der Nervenzelle ist das Tyrosin, eine Aminosäure, die sowohl in der Nahrung (z. B. Milch, Erbsen, Nüsse, Fleisch) enthalten ist als auch im Körper aus der Aminosäure Phenylalanin (in nahezu in allen mit der Nahrung aufgenommenen Eiweißen vorhanden) gebildet wird. Tyrosin kann von den Nervenzellen aufgenommen und dort zu den Katecholaminen weiterverarbeitet werden.

Die Beseitigung der Katecholamine aus dem synaptischen Spalt und damit die Beendigung ihrer Wirkung geschieht dadurch, dass die Substanzen durch spezifische (Rück-)Transportproteine wieder in die präsynaptische Endigung zurücktransportiert werden. Diesen Prozess nennt man fachsprachlich **Reuptake**. Die aktive Wiederaufnahme des Neurotransmitters durch spezifische Transporter, die in der präsynaptischen Membran eingelagert sind, kann psychopharmakologisch beeinflusst werden. Bei Hemmung des Reuptake durch Blockade der Transportermoleküle wird der betreffende Transmitter länger im synaptischen Spalt verbleiben und somit auch länger seine Wirkung an den subsynaptischen Rezeptoren entfalten.

5.2 Wichtige Transmitter-Rezeptor-Systeme | 93

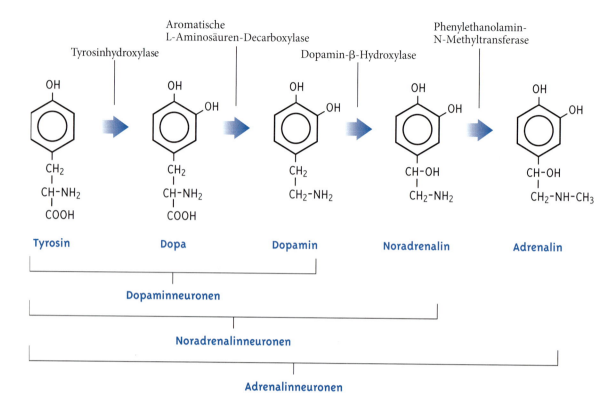

Abbildung 5.7 Synthese der Katecholamine. Zu den Katecholaminen gehören die Neurotransmitter Dopamin, Noradrenalin und Adrenalin. Sie haben als gemeinsame Ausgangssubstanz die Aminosäure Tyrosin. Die jeweiligen Enzyme, die die Reaktionen katalysieren, sind über den Pfeilen angegeben

Das ins Zytoplasma der präsynaptischen Zelle zurücktransportierte Katecholamin wird teilweise wieder in Vesikel eingespeichert, teilweise chemisch abgebaut. Ein wichtiges diesbezügliches Enzym, das auch in der Psychopharmakologie eine große Bedeutung hat (s. Abschn. 21.3.1), ist die Monoaminoxidase (MAO). Dieser Stoff ist erforderlich, um den Abbau aller drei Katecholamine, die zur größeren Gruppe der **Monoamine** gehören, zu gewährleisten.

Dopamin

Im Vergleich zur Gesamtzahl der Neuronen im menschlichen Gehirn ist die Anzahl dopaminerger Neuronen eher gering. Dopaminerge Neuronen besitzen jedoch besonders zahlreiche und lange Verzweigungen, über die sie relativ weit auseinanderliegende Zielgebiete erreichen können. Diese Neuronen spielen eine zentrale Rolle bei einer Reihe von psychischen und psychomotorischen Prozessen, z. B. bei der Suchtentwicklung (s. Abschn. 22.2) und der Steuerung der Willkürmotorik (s. Abschn. 9.4). Vom Dopaminrezeptor kennt man derzeit fünf Subtypen (D1–D5). Bei diesen handelt es sich um metabotrope Rezeptoren. Je nach Rezeptorsubtyp laufen unterschiedliche sekundäre Prozesse ab. Da die Rezeptortypen in den einzelnen Hirngebieten (mit ihren jeweils spezifischen Funktionen) unterschiedlich dicht angesiedelt sind, wird zunehmend versucht, bei der medikamentösen Behandlung einer bestimmten Störung – z. B. bei der Schizophrenie – gezielt nur an demjenigen Subtyp anzugreifen, der im fraglichen Gehirngebiet besonders zahlreich vorliegt. Damit lassen sich unerwünschte Nebenwirkungen auf der psychischen oder psychomotorischen Ebene reduzieren, die ihren Ursprung in der Beeinflussung anderer Gehirngebiete haben.

Der D2-Rezeptor ist mit relativ hoher Dichte auch in vielen präsynaptischen Membranen zu finden. Hier hat er die Funktion eines Autorezeptors. Bei Besetzung der

Autorezeptoren wird die Ausschüttung des Dopamins über das Desaktivieren von Kalziumkanälen der Präsynapse gehemmt.

Adrenalin und Noradrenalin

Adrenalin ist das Haupthormon des Nebennierenmarks, das z. B. im Zuge der Stressreaktion (s. Abschn. 17.1) bei Aktivierung des **sympathischen Nervensystems** ausgeschüttet wird. Als Hormon erreicht es seine Zielorgane – insbesondere das Herz und die Blutgefäße – über die Blutbahn. Auch im Hirnstamm (s. Abschn. 6.4.5) kommt Adrenalin als Neurotransmitter vor. Es überwiegt im Gehirn jedoch ein anderer Transmitter, der von seiner **Biosynthese** eine Vorstufe des Adrenalins und eine Modifikation des Dopamins darstellt (vgl. Abb. 5.7), das Noradrenalin. Noradrenalin steht für »normales« Adrenalin, womit ausgedrückt werden soll, dass das Noradrenalin einfacher aufgebaut ist und eine Vorstufe zum Adrenalin darstellt.

Bei der Bildung des Noradrenalins in den noradrenergen Neuronen wird zunächst das Dopamin hergestellt, an das sich in einem weiteren Syntheseschritt in der Gegenwart eines geeigneten Enzyms anstelle eines Wasserstoffatoms eine CH-Gruppe anlagert (s. Abb. 5.7). Noradrenalin ist ein wichtiger Überträgerstoff bei der Informationsübertragung von sympathischen Nerven (s. Abschn. 7.3) auf deren Erfolgsorgane – die inneren Organe (Herz, Niere, Bauchspeicheldrüse, Gefäße etc.). Noradrenalinrezeptoren finden sich auch an vielen anderen Typen von Körperzellen, z. B. den Muskelzellen des Bewegungsapparats, an Zellen des Fettgewebes und beispielsweise an Thrombozyten. Die Versorgung dieser Zellen mit Noradrenalin (und Adrenalin) geschieht zum überwiegenden Teil dadurch, dass das Nebennierenmark Adrenalin und Noradrenalin in Phasen erhöhter Belastung in den Blutstrom ausschüttet. Auf diese Weise gelangen die beiden Stoffe in hoher Konzentration an die verschiedenen Organe. Beim Menschen steht die Ausschüttung von Adrenalin und Noradrenalin aus dem Nebennierenmark in einem Verhältnis von ca. 80 % zu 20 %. Weil diese beiden Überträgerstoffe über die Blutbahn an die Zielzellen gelangen, werden sie als Hormone bezeichnet (s. Kap. 8).

Auch im Gehirn spielt das Noradrenalin eine wichtige Rolle. Die wichtigste Ansammlung noradrenalinproduzierender Nervenzellen findet sich im **Locus coeruleus** (s. Abschn. 6.4.5). Die Axone dieser Nervenzellen sind weit verzweigt, wobei alle wichtigen Regionen im Gehirn und Rückenmark von den Axonendigungen dieser noradrenergen Neuronen des Hirnstamms erreicht werden. Noradrenalin spielt als aktivierender Neurotransmitter im Gehirn bei vielen verhaltenswirksamen Prozessen (z. B. Schlaf-Wach-Rhythmus) eine entscheidende Rolle.

Adrenozeptoren

Die Adrenozeptoren sind Membranproteine, an denen sowohl Adrenalin als auch Noradrenalin andocken kann. Sie sind metabotrope Rezeptoren, die demnach selbst keine Membrankanäle bilden. Sie bestehen aus ca. 500 Aminosäuren. Die daraus zusammengesetzte, verschlungene Kette durchquert die Membran siebenmal. Es werden fünf Haupttypen von Adrenozeptoren unterschieden: α_1-, α_2-, β_1-, β_2- und β_3-Rezeptoren. Die jeweilige Dichte der verschiedenen Adrenozeptoren unterscheidet sich an den einzelnen Organen. Ebenso sind die von ihnen vermittelten Wirkungen unterschiedlich, zum Teil sogar gegenläufig. Die Wirkungsrichtung hängt davon ab, welche Enzyme im Inneren der jeweiligen Zelle vorliegen und welche Eigenschaften der von ihnen gesteuerte, über einen Second Messenger angestoßene Prozess hat.

Adrenalin und Noradrenalin haben unterschiedliche Affinitäten für die Rezeptorsubtypen. Während Noradrenalin eher α-Adrenozeptoren besetzt und in geringerem Maße β-Adrenozeptoren, bindet dagegen Adrenalin sehr viel stärker an β-Adrenozeptoren als Noradrenalin, aber noch stärker an α-Adrenozeptoren. Selektiv wirkende, am Adrenozeptor angreifende Pharmaka binden mit unterschiedlicher Stärke an die einzelnen Typen.

α-Rezeptoren. Den α_1-Rezeptor findet man besonders häufig an den Fasern der **Skelettmuskulatur**. Er bewirkt hier über eine Second-Messenger-Kaskade die Öffnung von Kalziumionenkanälen und damit die muskuläre Kontraktion.

Von den α_2-Rezeptoren weiß man, dass sie bei der Hemmung der Sympathikusaktivität als Autorezeptoren über Neuronen im Zentralnervensystem eine entscheidende Rolle spielen. Außerdem finden sie sich etwa in der Haut, im Fettgewebe, in der Bauchspeicheldrüse und auf den Thrombozyten.

β-Rezeptoren. β_1-Rezeptoren trifft man insbesondere am Herzen. Sie sind verantwortlich für die Steigerung der Herzaktivität (z. B. bei psychischem Stress oder körperlicher Belastung). Außerdem ist dieser Rezeptortyp in der Hirnrinde in großer Dichte vertreten.

β_2-Rezeptoren finden sich z.B. an den Arterien der Herzkranzgefäße und des Muskels, wo sie eine Erweiterung, d.h. eine bessere Blutversorgung bewirken. Die Bronchialmuskulatur erschlafft, d.h., die Bronchien erweitern sich, nach Aktivierung dieser Rezeptoren, daher greifen an diesen Rezeptoren einige Asthma-medikamente an. In Fettzellen wird durch sie die Fettverbrennung, in der Leber die Bereitstellung von Blutzucker gesteigert. Im Gehirn sind diese Rezeptoren vor allem im Kleinhirn zu finden. Über die Eigenschaften der β_3-Rezeptoren ist bisher nur wenig bekannt.

Exkurs

Pharmakologische Beeinflussung der Adrenozeptoren

Man kennt eine Fülle von Pharmaka, die am Adrenozeptor angreifen. Diese spielen eine besonders große Rolle im Bereich des sympathischen Nervensystems, wo sie auf die vegetativen Organe einwirken. Zu diesen Substanzen gehören die sog. **Sympathomimetika,** das sind Stoffe, welche die Sympathikuswirkung nachahmen, und **Sympatholytika,** welche die Sympathikuswirkung dämpfen (lösen). Sie erreichen diese Wirkungen durch spezifische Bindung an bestimmte Rezeptorsubtypen. Die bekanntesten Sympatholytika dürften die sog. **Betarezeptorenblocker** (Betablocker) sein. Die Betablocker lagern sich am β-Rezeptor an, ohne hier eine unmittelbare Wirkung zu entfalten; allerdings verhindern sie das Andocken von Noradrenalin und Adrenalin und damit deren Effekte. Betablocker werden etwa bei der Behandlung der **Angina pectoris**, zur Senkung der Herzfrequenz bei **Tachykardie** (beschleunigte Herzschlagfrequenz) und zur Behandlung des Bluthochdrucks angewendet. Am α-Rezeptor bleiben die Betablocker weitgehend wirkungslos.

Alphasympatholytika (Alpharezeptorenblocker) werden in erster Linie als Antihypertensiva (Pharmaka zur Behandlung des Bluthochdrucks) einge-setzt. Bei den unspezifisch wirkenden Alphablockern kann allerdings ein sehr unerwünschter Nebeneffekt auftreten: Da diese sowohl an den α_1- als auch an den α_2-Rezeptoren andocken und diese blockieren, können auch die präsynaptischen α_2-Rezeptoren (Autorezeptoren) inaktiviert werden. Dies bedeutet, dass ein wichtiger Rückmeldemechanismus, der über diesen Autorezeptor läuft, unterbunden ist. Es fehlen der präsynaptischen Zelle dann die Informationen über die Noradrenalinkonzentration im synaptischen Spalt und dies kann zu einer überschießenden Ausschüttung des Neurotransmitters führen. Das Ergebnis ist der gerade nicht erwünschte Effekt einer noradrenergen Überstimulation der Zielzelle.

Ein wichtiges Anwendungsbeispiel für Sympathomimetika sind Substanzen, die fördernd (agonistisch) am β_2-Adrenozeptor angreifen. Diese β_2-Rezeptoragonisten werden wegen ihrer erschlaffenden Wirkung auf die glatte Muskulatur (und damit auch die Muskeln, die die Bronchien umgeben) therapeutisch zum Zwecke der Erweiterung der Bronchien eingesetzt. Derartige Stoffe finden sich z.B. in Inhalationssprays zur Behandlung von Atemwegsverengung, etwa bei Asthma oder chronischer Bronchitis.

5.2.3 Serotonin

Das Serotonin (5-Hydroxytryptamin, 5-HT) gehört ebenfalls zur Gruppe der Monoamine, da es eine einzelne NH_2-Gruppe enthält (vgl. Abb. 5.8). Es wird aus der Aminosäure Tryptophan synthetisiert, die als essenzielle Aminosäure mit der Nahrung (u.a. in Kakao, Nüssen, Erbsen, Schweine- und Hühnerfleisch) in ausreichender Menge aufgenommen werden muss.

Als wichtiger Bestandteil der Blutplättchen wurde Serotonin zunächst im Zusammenhang mit der Blutgerinnung eingehend untersucht, bevor seine große Bedeutung für zahlreiche psychische Funktionen be-kannt wurde. Innerhalb des Nervensystems spielt das Serotonin primär im Gehirn eine Rolle. Es wird in erster Linie in einem kleinen Gebiet des Hirnstamms produziert, den sog. **Raphe-Kernen** (s. Abschn. 6.4.5). Von hier aus laufen serotonerge Verbindungen in fast alle Bereiche des Gehirns sowie ins Rückenmark.

Serotonin spielt bei einer Reihe wichtiger psychischer und psychophysischer Prozesse eine Rolle. Dazu gehören die Regulation des Schlaf-Wach-Rhythmus und der emotionalen Befindlichkeit, die Schmerzwahrnehmung und die Wahrnehmung von Hunger und Durst. Defizite in der Funktion serotonerger Neu-

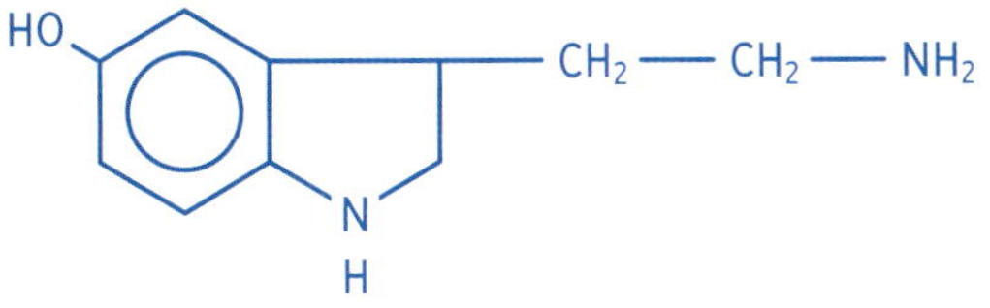

5-Hydroxytryptamin (5-HT, Serotonin)

Abbildung 5.8 Strukturformel des Serotonins

ronen werden seit längerem in Zusammenhang mit der Pathogenese der Depression diskutiert.

Es sind sieben Serotonin-Rezeptorsubtypen bekannt. Teilweise sind dies ligandengesteuerte Ionenkanäle (die sog. 5-HT_3-Rezeptoren), in der Mehrzahl wirken sie über Second-Messenger-Prozesse. Da Serotonin in den verschiedensten Nervenzellen als Neurotransmitter vorkommt und damit in viele sehr unterschiedliche Vorgänge eingreift, sind die organismischen Konsequenzen einer Abweichung vom normalen Serotoninspiegel kaum vorhersagbar. Der 5-HT_{2A}-Rezeptor ist insofern interessant, als an ihn bevorzugt bestimmte Drogen mit halluzinogener Wirkung binden; der bekannteste Stoff dieser Art ist das **LSD** (Lysergsäurediethylamid; s. Abschn. 22.7.1).

Die anderen Serotoninrezeptoren scheinen wichtige, teilweise auch sogar gegenläufige Effekte im Zusammenhang mit psychischen Erkrankungen zu haben. Die Wirksamkeit der Pharmaka vom Typ der selektiven Serotonin-Wiederaufnahmehemmer (SSRI) bei Depression, Essstörungen und Angststörungen weist auf eine Beteiligung des serotonergen Systems bei diesen Erkrankungen hin (s. Abschn. 21.1.3).

Wie auch bei den anderen Monoaminen wird die Wirkungsdauer des Serotonins durch Wiederaufnahme (Reuptake) in die präsynaptische Endigung beendet. Beim Abbau spielt ebenfalls das Enzym Monoaminoxidase (MAO) eine wichtige Rolle, das die Aminogruppe vom Molekül abspaltet.

5.2.4 Glutamat und Aspartat

Glutamat, das Anion der Aminosäure **Glutaminsäure** (s. Abb. 5.9), gehört zur Gruppe der Aminosäuretransmitter (ebenso wie die im Anschluss besprochenen Transmitter GABA und Glycin). Aminosäuretransmitter sind im Zentralnervensystem in wesentlich größeren Mengen anzutreffen als die vorher besprochenen Monoamine. So liegen die Konzentrationen von GABA und Glutamat im Gehirn etwa um den Faktor 1.000 über denen von Noradrenalin und Dopamin. Glutamat ist die mit großem Abstand am weitesten verbreitete exzitatorische, d. h. erregende Transmittersubstanz im menschlichen Gehirn. Etwa die Hälfte der Neuronen des Gehirns setzt Glutamat frei.

Man kennt verschiedene Typen von Glutamatrezeptoren. Diese sind teilweise ionotrope und teilweise metabotrope Rezeptoren. Von besonderer Bedeutung ist der ionotrope sog. NMDA-Rezeptor. N-Methyl-D-Aspartat (NMDA) ist ein synthetischer **Agonist** des Glutamats, also ein Stoff, der bei Bindung an den Rezeptor die gleiche Wirkung ausübt. Der **NMDA-Rezeptor** hat das besondere Interesse der Neurowissenschaftler erregt, da er einen Ionenkanal besitzt, der sowohl spannungs- als auch ligandengesteuert aktiviert werden kann. Außerdem ist er für verschiedene synaptische Prozesse im Zusammenhang mit Lernvorgängen verantwortlich. Darauf wird in Abschnitt 24.4 ausführlicher eingegangen.

Bei starker Stimulation der NMDA-Rezeptoren kann eine irreversible Schädigung der postsynaptischen Zelle – vermutlich durch starken Kalziumioneneinstrom – eintreten. Diese sog. Exzitotoxizität ist von Bedeutung für verschiedene neurologische Störungen, wie sie z. B. bei Folgeschäden eines Sauerstoffmangels (z. B. beim Schlaganfall) im Gehirn auftreten. Auch bei schweren epileptischen Anfallsleiden sowie bei der Alzheimer-Krankheit wird ein schädigender Einfluss der Exzitotoxizität angenommen.

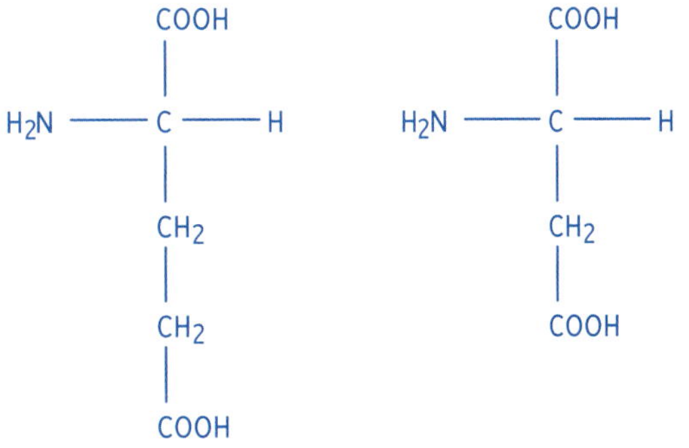

Glutaminsäure   **Asparaginsäure**

Abbildung 5.9 Strukturformeln Glutaminsäure und Asparaginsäure

5.2 Wichtige Transmitter-Rezeptor-Systeme

Weitere ionotrope Glutamatrezeptoren sind die jeweils nach ihren Agonisten benannten Kainat- und **AMPA-Rezeptoren**. Man kennt drei metabotrope Rezeptortypen. Diese können auch hemmende Feedbackmechanismen vermitteln. An einigen Synapsen wirkt statt Glutamat der ähnlich aufgebaute Aminosäuretransmitter Aspartat.

Exkurs

Glutamat als Intelligenzverstärker?

Die Glutaminsäure hat nicht nur Bedeutung als Neurotransmitter, sondern in den letzten 50 Jahren unter wechselnden Perspektiven Beachtung gefunden. Dazu im Folgenden ein Zitat aus Starke und Palm (1993):

»Die Glutaminsäure hat eine lehrreiche Geschichte als Arznei- und Genussmittel. In den 40er-Jahren wurde berichtet, sie verhüte epileptische Anfälle und helfe bei Schwachsinn. Das führte zur Anwendung in der Neurologie und Psychiatrie, nicht zuletzt aber bei Kindern mit Schulschwierigkeiten. Seit 1954 erkannte man, dass Glutaminsäure im Gegenteil Nervenzellen töten und Krämpfe auslösen kann. Das Pendel schwang zur anderen Seite. Es traf dabei vor allem Glutaminsäure als ›Geschmacksverstärker‹ – dieser Wirkung der Glutaminsäure verdanken Eiweißhydrolysate viel von ihrer gastronomischen Anziehungskraft. Flugs wurden Höchstgrenzen festgesetzt: Aus der Nervennahrung war ein Nervengift geworden. Glutaminsäure ist die häufigste Aminosäure in unserer Nahrung. Den IQ zu erhöhen, ist ihre zusätzliche Einnahme (›Nervennahrung‹) ebenso wenig geeignet wie ihre Vermeidung als Geschmacksverstärker (›Nervengift‹) und damit der Verzicht auf Sojasauce, Worcestersauce und Maggi.«

5.2.5 γ-Aminobuttersäure (GABA) und Glycin

GABA. Der wichtigste hemmende Neurotransmitter im Gehirn ist **GABA**, die γ-Aminobuttersäure (Strukturformel s. Abb. 5.10). Man geht davon aus, dass mindestens ein Drittel, wenn nicht sogar über die Hälfte aller hemmenden Synapsen im menschlichen Gehirn GABA als Neurotransmitter verwenden. Bei der Bildung des GABA ist die Glutaminsäure der Vorläuferstoff.

Drei Hauptrezeptortypen werden unterschieden: der GABA$_A$-, GABA$_B$- und der GABA$_C$-Rezeptor. GABA$_A$- und GABA$_C$-Rezeptoren sind ionotrope Membranproteine, während der GABA$_B$-Rezeptor vom metabotropen Typ ist. Der GABA$_A$- und GABA$_C$-Rezeptor stellt einen Chlorionenkanal dar. Bei der Öffnung dieses Kanals kommt es durch den Einstrom der negativen Chlorionen zu einer inhibitorischen postsynaptischen Potenzialverschiebung.

Der GABA$_B$-Rezeptor wirkt ebenfalls hemmend. Er reduziert z. B. den Kalziumeinstrom und wirkt am Kaliumionenkanal durch G-Protein-Prozesse. GABA$_B$-Rezeptoren finden sich sowohl auf präsynaptischen als auch auf subsynaptischen Membranen.

Benzodiazepine und Barbiturate. Viele dämpfende Pharmaka greifen am GABA$_A$-Rezeptor an. Eine wichtige Gruppe sind die Benzodiazepine. Der bekannteste Vertreter dürfte das Diazepam (Valium®) sein. Für sie existiert eine spezifische Bindungsstelle am GABA$_A$-Rezeptor. Diese Stoffe bewirken eine effektivere Bindung des GABA am Rezeptor, was einen verstärkten Chlorioneneinstrom zur Folge hat und damit die hemmende Wirkung auf die Zielzelle verstärkt. Diese Gruppe von Pharmaka gehört zu den **Tranquillanzien** (Tranquilizer) (s. Abschn. 21.3.4). Auch die Barbiturate – ebenfalls Tranquilizer, die in der Vergangenheit wegen ihrer hypnotisch-narkotischen Wirkung als Schlafmittel weit verbreitet waren – greifen am GABA$_A$-Rezeptor an. Sie verstärken ebenfalls den Chloreinstrom. GABA-Agonisten werden auch zur Behandlung der Epilepsie eingesetzt, um durch verstärkte Hemmungsprozesse die Ausbreitung der Übererregung des Gehirns beim Krampfanfall zu beschränken.

Im synaptischen Spalt befindliches GABA kann durch Wiederaufnahme in die GABAergen Axone oder in Gliazellen inaktiviert werden.

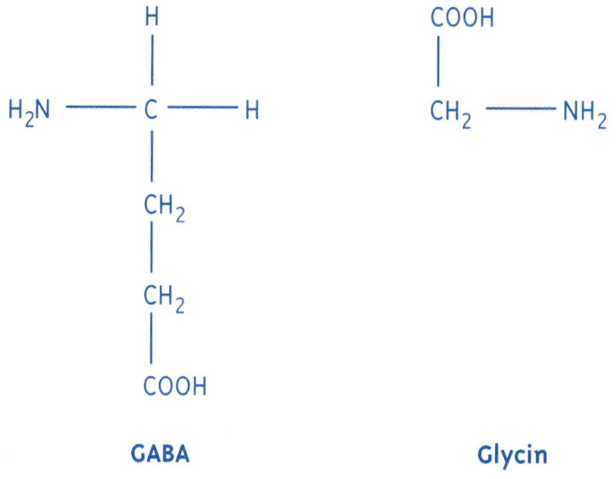

Abbildung 5.10 Strukturformeln von GABA und Glycin

Glycin. Glycin ist die am einfachsten aufgebaute Aminosäure. Es ist ebenso wie GABA eine inhibitorisch wirkende Transmittersubstanz. Anders als GABA entfaltet Glycin seine Wirkung vorwiegend an Neuronen im Rückenmark und im Hirnstamm. Der Glycinrezeptor ist ein direkter, ionotroper Rezeptor, der einen Chlorionenkanal darstellt.

Das Gift **Strychnin** blockiert selektiv den Glycinrezeptor. Die Muskulatur wird infolge der wegfallenden Hemmung überschießend erregt, koordinierte Bewegung ist nicht mehr möglich, es kommt zu krampfartigen Zuständen. Diese sind v.a. wegen der Funktionsstörung der Atemmuskulatur lebensbedrohlich. Ein wichtiges Gift, das sowohl die GABA- als auch die Glycinfreisetzung verhindert, ist das **Tetanustoxin**. Durch den Glycinmangel kommt es zum Wegfall subsynaptischer Hemmung, was die Krampferscheinungen bei der Tetanusvergiftung (Wundstarrkrampf) erklärt.

Im synaptischen Spalt befindliches Glycin wird, ähnlich wie GABA, durch Wiederaufnahmemechanismen in die Zelle inaktiviert.

Zusammenfassung

Acetylcholin und die beiden Typen von Acetylcholinrezeptoren, der nikotinerge und der muskarinerge Rezeptor, stellen das am weitesten verbreitete Transmittersystem im menschlichen Organismus dar. Acetylcholin wirkt als Transmitter u.a. bei der Übertragung von Nervenimpulsen auf die Muskulatur des Bewegungsapparates und ist Überträgerstoff im vegetativen Nervensystem. Außerdem ist es im Gehirn weit verbreitet. Der nikotinerge Acetylcholinrezeptor ist ein ionotroper Rezeptor. Zu den muskarinergen Acetylcholinrezeptoren gehören mehrere Subtypen, die als metabotrope Rezeptoren jeweils mit einem G-Protein interagieren. Nachdem Acetylcholin vom Rezeptor wieder abgegeben wurde, kommt es zu einer schnellen Inaktivierung, indem es durch das Enzym Acetylcholinesterase in Essigsäure und Cholin gespalten wird. Das Cholin kann danach in die präsynaptische Nervenendigung aufgenommen werden und steht dann wieder für die Synthese neuen Acetylcholins zur Verfügung.

Dopamin spielt eine sehr große Rolle bei einer Reihe von psychischen und psychomotorischen Prozessen, z.B. bei der Steuerung der Willkürmotorik und bei der Suchtentwicklung und -aufrechterhaltung. Vom Dopaminrezeptor existieren mindestens fünf Subtypen (D1–D5).

Adrenalin wird im Gehirn hauptsächlich im Bereich des Hirnstamms gebildet. Sehr viel weiter verbreitet ist im Gehirn das Noradrenalin. Die wichtigste Ansammlung noradrenerger Zellkörper findet sich im Locus coeruleus. Die Axone dieser Nervenzellen sind weit verzweigt, wobei alle wichtigen Regionen im Gehirn und Rückenmark von den Axonendigungen dieser Neuronen erreicht werden. Außerdem ist Noradrenalin ein wichtiger Überträgerstoff bei der Informationsübertragung von sympathischen Nerven auf deren Erfolgsorgane. Adrenozeptoren sind Membranproteine, an denen sowohl Adrenalin als auch Noradrenalin andocken kann. Sie sind metabotrope Rezeptoren.

Serotonin spielt bei einer Reihe wichtiger psychischer und psychophysischer Prozesse eine Rolle. Dazu gehören die Regulation des Schlaf-Wach-Rhythmus und der emotionalen Befindlichkeit, die Schmerzwahrnehmung und die Wahrnehmung von Hunger und Durst.

Es sind zahlreiche Serotoninrezeptorsubtypen bekannt. Teilweise sind dies ligandengesteuerte Ionenkanäle (die sog. 5-HT$_3$-Rezeptoren), in der Mehrzahl wirken sie über Second-Messenger-Prozesse. Die Wirkungsdauer des Serotonins wird durch Wiederaufnahme in die präsynaptische Endigung beendet. Beim Abbau spielt das Enzym Monoaminoxidase (MAO) eine wichtige Rolle, das die Aminogruppe vom Molekül abspaltet.

Glutamat ist der am weitesten verbreitete exzitatorische Transmitter im Gehirn. Ein Teil der Glutamatrezeptoren ist ionotrop, ein Teil metabotrop.

GABA ist der wichtigste hemmende Neurotransmitter. Etwa ein Drittel, wenn nicht sogar über die Hälfte aller hemmenden Synapsen im menschlichen Gehirn verwenden GABA als Neurotransmitter. Die ionotropen GABA$_A$-und GABA$_C$-Rezeptoren stellen Chlorionenkanäle dar. Bei der Öffnung diese Kanals kommt es durch den Chlorionenstrom zu einer inhibitorischen subsynaptischen Potenzialverschiebung.

Glycin ist eine hemmend wirkende Transmittersubstanz. Anders als GABA entfaltet Glycin seine Wirkung vorwiegend an Neuronen im Rückenmark und Hirnstamm. Der Glycinrezeptor ist ein direkter ionotroper Rezeptor, der einen Chlorionenkanal darstellt.

5.2 Wichtige Transmitter-Rezeptor-Systeme

5.3 Neuropeptide

Während die klassischen Neurotransmitter kleine Moleküle ungefähr in der Größenordnung einer Aminosäure sind, handelt es sich bei Peptiden um größere Moleküle, nämlich um Aminosäureketten. Die Neuropeptide werden vom Proteinsyntheseapparat der Zelle gebildet.

Diese Stoffe wurden zunächst nur als Hormone betrachtet, ihre Bedeutung für das Nervensystem – insbesondere das Gehirn – wurde lange Zeit verkannt. Erst in letzter Zeit werden die Neuropeptide verstärkt untersucht und ihre Bedeutung auch für psychische Funktionen erforscht. Man kennt mittlerweile über 50 Peptide, die als Neurotransmitter fungieren. Ihre Wirkungsweise über spezifische Rezeptoren entspricht im Wesentlichen derjenigen der klassischen (einfach gebauten) Neurotransmitter. Häufig werden sie gemeinsam mit den klassischen Transmittern in der präsynaptischen Endigung gespeichert. Neuropeptide spielen z. B. als **Endorphine**, **Enkephaline** und **Substanz P** im Zusammenhang mit der Schmerzübertragung eine wichtige Rolle (s. Abschn. 16.1.1). Das Peptid Kortikotropin-Releasing-Hormon (CRH) ist für die Stressreaktion von Bedeutung (s. Abschn. 17.1.2), **Oxytocin** ist an der Steuerung des Sexualverhaltens beteiligt (s. Abschn. 18.1.1), und das Neuropeptid Y scheint für das Essverhalten eine wichtige Rolle zu spielen.

5.4 Die neuronale Integration von Information

Auf der Basis der synaptischen Übertragung lassen sich drei qualitativ unterschiedliche Zustände an der subsynaptischen Membran realisieren:

(1) Die Membran der Zielzelle wird hyperpolarisiert, d. h., das Ruhepotenzial wird noch weiter zu negativen Werten verschoben (inhibitorisches postsynaptisches Potenzial, IPSP); Abbildung 5.11 zeigt die verschiedenen Abläufe.
(2) Die subsynaptische Membran wird depolarisiert, es findet also eine Verschiebung des Ruhepotenzials in Richtung zu weniger negativen bzw. positiven Werten statt. Allerdings wird kein Aktionspotenzial ausgelöst (exzitatorisches Potenzial, EPSP).
(3) Die subsynaptische Zielzelle wird soweit depolarisiert, dass die Schwelle überschritten wird und es zur Auslösung eines Aktionspotenzials kommt.

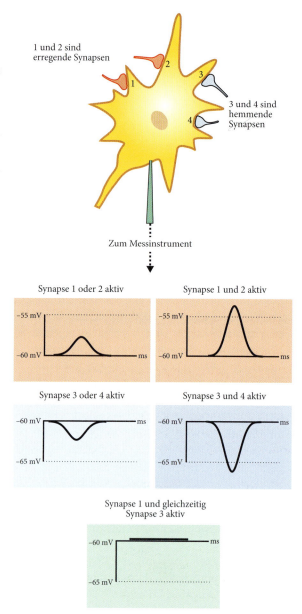

Abbildung 5.11 Beispiele für die Entstehung verschiedener Varianten postsynaptischer Potenziale. Je nach der Konstellation der Eingangssignale ergeben sich unterschiedliche postsynaptische Potenziale

Im letzteren Fall kann also eine echte Erregungsübertragung von einer Ausgangszelle auf eine Zielzelle stattfinden. Diese Erregung kann sich in der Zielzelle z. B. als Aktionspotenzial fortpflanzen und von hier aus auf eine oder mehrere nachgeschaltete Zellen weitergegeben werden.

Die Zuflüsse, die eine Nervenzelle erreichen, können von einigen Tausend anderen Neuronen stammen. Diese Flut von Input wird auf der Ebene dieser Zelle quasi »verrechnet«. Als Ergebnis dieser Verrechnung zeigt sich dann eine bestimmte Veränderung des Membranpotenzials der nachgeschalteten Zelle, gegebenenfalls auch ein hier generiertes Aktionspotenzial. Es findet Informationsverarbeitung statt. Die grundlegenden Prozesse, die hierbei eine Rolle spielen, werden im folgenden Abschnitt erläutert.

5.4.1 Exzitatorische und inhibitorische postsynaptische Potenziale

Von der Art der transmembranösen Ionenwanderung, d. h. der Art und Menge der Ionen, hängt es ab, ob es zu einer Erregung oder einer Hemmung (zu einer Depolarisation oder Hyperpolarisation) der postsynaptischen Zelle kommt.

Entstehung exzitatorischer postsynaptischer Potenziale (EPSP). Exzitatorische postsynaptische Potenziale entstehen dadurch, dass ein aktiver Transmitter-Rezeptor-Komplex solche Ionenkanäle öffnet, die das postsynaptische Membranpotenzial depolarisieren, also die Membran jetzt leichter erregbar machen. Dies geschieht zumeist durch die Öffnung von Kanälen für Natriumionen. Wegen der hohen Natriumionenkonzentration im Zelläußeren und der hohen negativen Ladung im Zellinneren ergibt sich ein sehr starker Natriumeinstrom. Je mehr solcher Kanäle gleichzeitig geöffnet sind, desto größer wird der Natriumeinstrom und desto höher die Potenzialverschiebung zu weniger negativen Werten.

Auch die Öffnung von präsynaptischen Kalziumionenkanälen kann (indirekt) erregend wirken. Durch die erhöhte Kalziumkonzentration in der Präsynapse kann die Freisetzung von erregenden Transmittern in den Spalt erleichtert werden.

Die beiden wichtigsten Neurotransmitter, die ESPS auszulösen vermögen, sind Acetylcholin und Glutamat.

Entstehung inhibitorischer postsynaptischer Potenziale (IPSP). Zu einer Hyperpolarisation, also einer Verschiebung des Membranpotenzials zu noch negativeren Werten als dem Ruhepotenzialwert, kommt es bei fast allen inhibitorischen Synapsen durch die Öffnung ligandengesteuerter Chlorionenkanäle. Es stellt sich unter folgender Bedingung ein Chlorioneneinstrom ein: Das Gleichgewichtspotenzial (s. Abschn. 4.2) für Chlo-

rionen liegt bei −65 mV. Wenn Chlorionenkanäle geöffnet sind, führt ein weniger negatives Membranruhepotenzial, etwa −60 mV, zu einem Einstrom der negativen Chlorionen in die Zelle, bis das negativere Potenzial von −65 mV erreicht ist. Es liegt also ein hyperpolarisierender Effekt vor. Dieser Mechanismus funktioniert nur, wenn es sich um eine subsynaptische Membran handelt, deren Ruhepotenzial tatsächlich über −65 mV liegt (also positiver als −65 mV ist).

Was geschieht nun, wenn das Membranruhepotenzial etwa gleich −65 mV ist? Im ersten Fall geschieht durch das Öffnen der Chlorionenkanäle gar nichts, es herrscht das Chlorionengleichgewichtspotenzial, gibt also keine bedeutenden Chlorionenbewegungen. Häufig finden sich auch Synapsen, bei denen die Öffnung von Kaliumionenkanälen zur Hyperpolarisation führt. Unter geeigneten elektrochemischen Bedingungen des entsprechenden Membranbereichs führt die Öffnung dieser Kanäle zu einem Ausstrom an Kaliumionen, also zu einer weiteren Negativierung. Tatsächlich wirken hemmende Neurotransmitter oft sowohl auf Chlorkanäle als auch auf Kaliumkanäle.

5.4.2 Folgeprozesse der Depolarisation am Zielneuron

Die Membran im Bereich der Dendriten und am Zellkörper ist nur in relativ seltenen Fällen zur Bildung von Aktionspotenzialen fähig, da hier meist die spannungsgesteuerten Natriumionenkanäle fehlen. Wie wir in Abschnitt 4.5.2 gesehen haben, sind diese aber die Bedingung für den lawinenartigen Ioneneinstrom, der dann zum Überschießen des Membranpotenzials bis auf die Höhe des Aktionspotenzialgipfels führt.

Spannungsgesteuerte Natriumionenkanäle finden wir in hoher Dichte am Axonhügel, also an der Stelle, an der das Axon den Zellkörper verlässt. Normalerweise kann sich die Depolarisation eines beliebigen Membranbereichs einer Zielzelle nur dann zu einem längs des Axons weitergeleiteten Aktionspotenzial ausbilden, wenn diese Depolarisation sich zuvor bis zum Axonhügel ausbreiten konnte und dort immer noch im überschwelligen Bereich liegt.

Die lokal ausgelösten EPSP und IPSP werden elektrotonisch weitergeleitet und summieren sich innerhalb der Grenzen ihrer Reichweite. Wird die Schwelle zur Auslösung des Aktionspotenzials – also zur Öffnung der spannungsgesteuerten Natriumionenkanäle – überschritten, kann die Nervenzelle, die zunächst Empfänger meist vielfältiger Signale über unterschiedliche Rezeptoren und Transmittersysteme war, selbst zum Sender werden und ein Aktionspotenzial ausbilden.

Am Axonhügel findet auch die Umkodierung der Höhe des Membranpotenzials in die Impulsfrequenz der axonal auslaufenden Aktionspotenziale statt (s. Abschn. 4.5.2). Bei diesem Kodierungsprozess können verschiedene Typen von Ionenkanälen beteiligt sein – Natrium-, Kalium- und Kalziumkanäle. Diese Membrankanäle befinden sich in ausreichend hoher Dichte nur am Axonhügel.

Dieser ist demnach der Ort, an dem über das Nettoergebnis – im Sinne eines Aktionspotenzials oder einer Aktionspotenzialsalve – aus einer Vielzahl von synaptischen Informationszuflüssen auf das Neuron entschieden wird. Diese Zuflüsse können erregender oder hemmender Natur sein. Wir kommen jetzt zu verschiedenen Mechanismen, über die solche Einzelereignisse zu einem Gesamtergebnis »verrechnet« werden können.

Räumliche Summation

Auf dem Wege der räumlichen Summation können exzitatorische postsynaptische Potenziale, die gleichzeitig oder nur mit geringer zeitlicher Versetzung einen bestimmten Membranbereich depolarisieren, verstärkt werden. Nach der Ausbreitung über die Membran des Zellkörpers hinweg besteht beim Erreichen der verstärkten Depolarisationswelle am Axonhügel dann eine erhöhte Wahrscheinlichkeit, dass hier ein Aktionspotenzial ausgelöst wird. Für den Fall, dass die Summation tatsächlich im Endergebnis zu einem Aktionspotenzial führt, spricht man von räumlicher Bahnung. (Allerdings wird häufig der Begriff »Bahnung« für jede Erleichterung der Reizantwort durch räumliche oder zeitlich integrative Prozesse verwendet.)

In Abbildung 5.12 sind beispielhaft verschiedene Fälle subsynaptischer Potenzialänderungen dargestellt. In Fall a sieht man, dass ein einzelner synaptischer Kontakt zwar zu einer Potenzialverschiebung der subsynaptischen Membran führt, dass diese aber – wie es von elektrotonischen Potenzialverschiebungen bekannt ist – sehr schnell mit nur geringer räumlicher Ausbreitung abklingt. Es kommt also zu keinem Feuern der Zielzelle. In Fall b ist dargestellt, wie ein dazu kommender zweiter synaptischer Kontakt im Ergebnis ebenfalls nur zu einer unterschwelligen Depolarisation führt. Ein qualitativ völlig anderes Ergebnis zeigt Fall c: Jetzt führt die gleich-

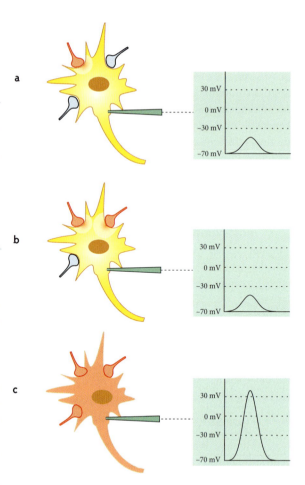

Abbildung 5.12 Beispiel für räumliche Bahnung. In **a** und **b** zeigt sich als Folge eines oder zweier exzitatorischer postsynaptischer Potenziale lediglich eine lokale, schnell abklingende Membrandepolarisation. Erst bei räumlicher Summation mehrerer EPSP, **c**, kann am Axonhügel (entspricht dem Ort des Elektrodeneinstichs) die Schwelle zur Auslösung eines Aktionspotenzials überschritten werden

zeitige Erregung dreier synaptischer Kontakte zu einer überschwelligen Erregung an der subsynaptischen Membran. In diesem Fall hat die räumliche Summation einen so hohen Wert erreicht, dass ein Aktionspotenzial ausgelöst werden konnte (Bahnung).

Konvergenz

Voraussetzung für das Phänomen der räumlichen Summation ist die **Konvergenz**, d. h. das Zusammenfließen der Fasern mehrerer Neuronen auf ein Zielneuron. Konvergenz spielt im Nervensystem eine entscheidende Rolle. Bei der integrierenden und bilanzierenden

Funktion eines Neurons ist die Konvergenz verschiedener Input-Pfade auf dieses Neuron notwendige Bedingung für die Verrechnung von Information.

Zeitliche Summation – synaptische Summation

An vielen Synapsen lässt sich beobachten, dass bei schneller Aufeinanderfolge einlaufender Impulse das postsynaptische Potenzial anwächst. Wie schnell diese Impulse aufeinanderfolgen müssen, damit sie sich in ihrem Effekt aufschaukeln, hängt vom beteiligten Synapsentyp ab. So kennt man Synapsen, etwa im motorischen System, bei denen die Aufeinanderfolge der Einzelreize sehr schnell sein muss, z. B. in einem Abstand von weniger als 20 ms. In anderen Systemen macht sich eine Sequenz mit einem Abstand der Impulse im Sekundenbereich noch effektsteigernd bemerkbar. Diese Potenzierung des Ergebnisses durch schnelle Aufeinanderfolge der Inputsignale kann zwei Ursachen haben.

Zeitliche Summation an der Präsynapse. An vielen präsynaptischen Endigungen führt die schnelle Aufeinanderfolge der einlaufenden Impulse zu einem schrittweisen Anstieg der intrazellulären Kalziumionenkonzentration. Man kann sich dies so vorstellen, dass nach einem ersten einlaufenden Impuls Kalziumionen einströmen, die Kalziumionenkonzentration ansteigt, um dann infolge des aktiven Hinaustransports wieder abzusinken. Wenn der zweite Impuls so schnell folgt, dass noch nicht alles vorher eingeströmte Kalzium wieder aus der präsynaptischen Endigung hinausbefördert werden konnte, so addiert sich das nun auf den zweiten Impuls hin einströmende Kalzium zu dem Restkalzium. Dementsprechend ist auch die ausgeschüttete Transmittermenge erhöht, da sie ja abhängig von der Konzentration der Kalziumionen in der präsynaptischen Endigung ist.

Einige Autoren wenden auch den Begriff »synaptische **Summation**« auf diesen Mechanismus an.

Zeitliche Summation an der postsynaptischen Membran. Ein zweiter, ebenfalls sehr weitverbreiteter Prozess, der zur zeitlichen Summation von Impulsen führt, ist postsynaptischer Natur. Auch wenn die schnelle zeitliche Aufeinanderfolge an der betrachteten Synapse keinen präsynaptischen Effekt zeigt, d. h. nicht zu einem Anwachsen der ausgeschütteten Transmittersubstanz führt, so können sich dennoch die postsynaptischen Potenziale »aufschaukeln«. Dies geschieht dann, wenn das erste postsynaptische Potenzial – dies muss kein Aktionspotenzial sein – noch nicht auf seinen Ruhezustand zurückgegangen ist, bevor das zweite Potenzial seinen Ausgang nimmt. Das zweite Potenzial baut demnach auf dem ersten postsynaptischen Potenzial auf. Dieser postsynaptische Prozess wird ebenfalls als zeitliche Summation (im engeren Sinne) bezeichnet. Bei dieser Betrachtung ist von entscheidender Wichtigkeit, dass dieser Vorgang sowohl für EPSP als auch für IPSP möglich ist. Es können sich also postsynaptisch nicht nur erhöhte Membrandepolarisationen zeigen, sondern auch erhöhte Hyperpolarisationen, die zu einer gesteigerten Hemmung führen. Von Bedeutung ist in diesem Zusammenhang, dass hier auch zwei oder mehr synaptische Kontakte zusammenwirken können. Hat z. B. am depolarisierenden synaptischen Kontakt A eine repetitive Reizung stattgefunden und feuert dann der – ebenfalls depolarisierende – benachbarte Kontakt B in genügend kurzem zeitlichem Abstand, so kann dieser Kontakt sozusagen »profitieren« von der »Vorarbeit« des Kontakts A und seinerseits ein erhöhtes EPSP auslösen.

Tetanische und posttetanische Potenzierung. Zwei wichtige Begriffe, die vor allem in Zusammenhang mit der Muskelkontraktion von Bedeutung sind, sind die **tetanische Potenzierung** und die **posttetanische Potenzierung**. Unter tetanischer Reizung versteht man die schnell aufeinanderfolgende Reizung von neuronalem oder muskulärem Gewebe. Tetanische Potenzierung heißt demnach nichts anderes als zeitliche Summation, also ein Anstieg des postsynaptischen Effekts durch schnelle repetitive Reizung. Posttetanische Potenzierung beschreibt das gelegentlich zu beobachtende Phänomen, dass selbst nach dem Ende einer tetanischen Reizserie noch über einen gewissen Zeitraum hinweg eine erhöhte Erregbarkeit herrscht. Ein dann einlaufendes Signal führt immer noch zu einem verstärkten Effekt.

Synaptische Depression

Es kann an bestimmten Synapsen bei repetitiver Aktivierung auch ein Rückgang der subsynaptischen Reaktion auftreten. Dies geschieht dann, wenn infolge der in die Präsynapse einlaufenden Impulskaskade der Vorrat an transmittergefüllten Vesikeln so weit zurückgegangen ist, dass jetzt ein spürbarer Mangel herrscht. Demnach können subsynaptisch nur noch weniger Rezeptoren aktiviert werden, was hier zu abgeschwächten Verschiebungen des Membranpotenzials führt. Erst wenn nach einer Erholungsphase die Zahl der Vesikel das Normalmaß erreicht hat, kann die Neurotransmission wieder im üblichen Umfang geschehen.

5.4 Die neuronale Integration von Information

Subsynaptische Desensitivierung

Wenn ein Transmitter längere Zeit in so hoher Konzentration vorhanden war, dass der Rezeptor anhaltend aktiviert wurde, kann es dazu kommen, dass das Rezeptormolekül schließlich unempfindlicher gegen den Transmitter wird. Sein Membrankanal ist dann zu keiner Öffnung mehr fähig. Der Transmitter wird in diesem Fall vom Rezeptor »unverrichteter Dinge« wieder abgespalten und inaktiviert.

Divergenz

Neben der Konvergenz ist auch die **Divergenz** – das Auseinanderlaufen von Erregung von einem Startneuron auf verschiedene Zielneuronen – ein weitverbreitetes Verschaltungsprinzip im Nervensystem. Sie findet sich generell bei der Übertragung der Erregung von einem Motoneuron auf die Muskelzellen (Muskelfasern). Ein Motoneuron ist ein Neuron, das seine Erregung ausschließlich an Muskelzellen weitergibt. Ein einzelnes Motoneuron erregt stets mehr als nur eine Muskelzelle; es findet also immer die koordinierte Kontraktion mehrerer Fasern statt. Die Anzahl der gleichzeitig erregten Muskelfasern – das Ausmaß der Divergenz – hängt naturgemäß von den Aufgaben des jeweiligen Muskels ab. Handelt es sich um Muskulatur für wenig differenzierte Bewegungen, etwa beim Haltungsapparat für die aufrechte Körperstellung, so kann von einem Motoneuron die Erregung auf einige tausend Muskelfasern gleichzeitig übertragen werden. Bei Muskeln, die sehr feine Bewegungen steuern, etwa der Augenmuskulatur, versorgt ein Motoneuron nur etwa 7 bis 10 Muskelfasern, die Divergenz ist also hier vergleichsweise gering.

Das Prinzip der Divergenz dient auch der Steigerung der Übertragungssicherheit von Information. Wenn von einem Senderneuron Impulse über sehr viele Kanäle in gleicher Weise weitergeleitet werden, so ist Redundanz gegeben und der Verlust der Information in einem Kanal hat keine gravierenden Auswirkungen. Daher ist Divergenz auch ein allgegenwärtiges Prinzip bei der Neurotransmission sensorischer Signale.

Präsynaptische Hemmung

Präsynaptische Hemmung spielt eine große Rolle an wichtigen Schaltstellen des zentralen Nervensystems, z.B. im Rückenmark. Durch präsynaptische Hemmung wird weniger Transmittersubstanz aus der präsynaptischen Endigung ausgeschüttet. Das Grundprinzip besteht darin, dass der Impuls, der in die präsynaptische Endigung einer exzitatorischen Synapse einläuft (s. Abb. 5.13), an dieser Stelle durch einen hier aufsetzenden zweiten synaptischen Kontakt reduziert wird. Präsynaptische Hemmung kann auf zwei unterschiedliche Arten zustande kommen:

(1) Wie in Abbildung 5.13 ersichtlich, ist ein Bereich der Präsynapse des synaptischen Systems 1 (erregend) zugleich subsynaptische Membran der Synapse 2 (hemmend), und zwar dort, wo die Präsynapse 2 auf 1 aufsetzt. Wenn in die hemmende Präsynapse 2 ein Aktionspotenzial einläuft, kommt es als Konsequenz davon an der Präsynapse 1 zu einem IPSP, also einer Hyperpolarisation der subsynaptischen Membran. Falls jetzt in diesen Membranbereich ein Aktionspotenzial einläuft, trifft es auf diesen hyperpolarisierten Membranbereich, was eine Depolarisation bis zur Schwelle erschwert. Dies funktioniert natürlich nur, wenn die Membran hyperpolarisiert wurde, bevor das Aktionspotenzial hier eintrifft. Es muss also eine zeitliche Abstimmung der Aktivität der Neurone 1 und 2 vorliegen.

(2) Die an der Präsynapse 1 aufsetzende Endigung 2 (hemmend) schüttet einen Transmitter aus, der in der exzitatorischen Präsynapse 1 die Öffnung von Chlorionenkanälen bewirkt. Was geschieht nun, wenn ein Aktionspotenzial in diesen letztgenannten Membranbereich einläuft? Beim Aktionspotenzial wird das Zellinnere im erregten Membranbereich positiv. Dies bedeutet jetzt für die Chlorionen eine veränderte Situation, nämlich dass sie durch die geöffneten Chlorionenkanäle in das Innere wandern, um ihrem (negativen) Gleichgewichtspoten-

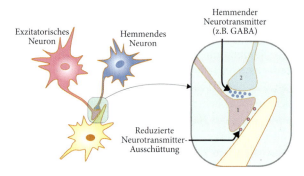

Abbildung 5.13 Präsynaptische Hemmung. Bei der präsynaptischen Hemmung wird in den Spalt der Synapse 1 weniger Transmittersubstanz ausgeschüttet als im Normalzustand. Ihr können zwei unterschiedliche Prozesse zugrunde liegen (s. Text)

zial nahezukommen. Die Depolarisationswelle des Aktionspotenzials wird auf seinem Weg längs der Membran an dieser Stelle durch diesen Einstrom negativer Chlorionen quasi unschädlich gemacht, sie »verpufft« in diesem Bereich.

Die präsynaptische Hemmung wird häufig durch die Transmitter GABA und speziell im Rückenmark durch Glycin bewirkt. Bei der Hemmung von Schmerzimpulsen auf der Basis präsynaptischer Prozesse spielen an dieser Stelle auch Enkephaline eine wichtige Rolle, opiatähnliche Stoffe, die im Gehirn des Menschen gebildet werden (s. Abschn. 16.1.3).

Vorwärtshemmung

Beim Informationstransport entlang von Neuronenketten kann die sog. Vorwärtshemmung über den Mechanismus der präsynaptischen Hemmung eine wichtige Rolle spielen. Entsprechend dem oben dargestellten Prinzip können Neuronen einer nachgeschalteten Verarbeitungsstufe durch Neuronen der vorgeschalteten Bearbeitungsstufe gehemmt werden. Dabei wird meist ein hemmendes Interneuron durch eine Axonkollaterale eines vorgeschalteten Neurons aktiviert. Dieses hemmt dann quasi vorauseilend das eigentliche Zielneuron. Dieses Hemmungsprinzip hat z. B. besondere Bedeutung in neuromuskulären Systemen. So wird z. B. bei einer intendierten Armbeugung die antagonistisch wirkende Streckermuskulatur durch Vorwärtshemmung blockiert.

Laterale Hemmung

Die sog. **laterale** Hemmung dient in vielen sensorischen Systemen der Kontrastverschärfung. Hierunter versteht man eine Überhöhung von Intensitätswechseln bzw. Intensitätsgrenzen, was einer Verschärfung des Kontrasts gleichkommt. Dieses Phänomen kennt man sowohl für die Verarbeitung visueller als auch für die taktiler Reize. Bei der lateralen Hemmung liegt i. Allg. ein zweischichtiges Neuronennetzwerk vor, wobei die Neuronen der Schicht 1 ihre Information von den reizaufnehmenden Sinneszellen erhalten und ihre Ausgangssignale an die Neuronenschicht 2 weitergeben (s. Abb. 5.14). Zwischen Schicht 1 und Schicht 2 befinden sich hemmende Interneuronen, deren Verschaltungsprinzip aus der Abbildung ersichtlich ist. Man erkennt, dass dort, wo ein Übergang über eine Intensitätsgrenze (hier: Wechsel der Lichtstärke) stattfindet,

die Output-Intensität derjenigen Neurone aus Schicht 2, die diesen Übergangsbereich repräsentieren, so moduliert wird, dass eine Überhöhung des Intensitätswechsels stattfindet.

5.4.3 »Lernfähigkeit« der Synapse und neuronale Plastizität

Von besonderer Bedeutung für Lern- und Gedächtnisvorgänge (s. Kap. 24) ist die Tatsache, dass neuronale Verbindungen »lernfähig« sind. Dies heißt, dass das Neuron oder die einzelne Synapse von vorangegangenen Ereignissen funktionelle Veränderungen zeigt oder sogar morphologische Umgestaltungen aufweist. Eine Reihe von diesen Vorgängen haben wir oben kennengelernt. Folgende Mechanismen sind von besonderer Bedeutung:

▶ Bei wiederholter Reizung kann die Präsynapse eine Verstärkung (Potenzierung) oder Abschwächung des Transmitterausstoßes (zeitliche Summation/Depression) zeigen.

▶ Der enzymatische Abbau des Neurotransmitters im Spalt kann durch eine Modifikation der Enzymaktivität (z. B. auch Blockade einer Bindungsstelle des Enzyms, Behinderung seiner Synthese) verändert werden.

▶ Bei wiederholter Reizung kann subsynaptisch sowohl eine Verstärkung des Effekts eintreten als auch eine Desensitivierung und damit eine Abschwächung des Effekts.

▶ Die Empfindlichkeit der Rezeptoren für »ihren« Neurotransmitter kann durch Modifikation des Rezeptorproteins verändert werden.

▶ Die Zahl der Rezeptoren auf der subsynaptischen Membran kann herauf- oder heruntergeregelt werden (s. u.).

▶ Die Zahl der Synapsen zwischen zwei oder mehreren an dem »Lernvorgang« beteiligten Neuronen kann zu- oder abnehmen.

Up- und Down-Regulation

Insbesondere aufgrund einiger Second-Messenger-Prozesse kann die Ausstattung eines Neurons mit spezifischen Rezeptoren durch die Beeinflussung der Genexpression des Rezeptorproteins (vgl. Abschn. 2.4.2) den Bedürfnissen des Neurons angepasst werden. Die Toleranzentwicklung bei vielen Drogen (s. Abschn. 22.1.3) beruht darauf, dass ein Neuron diejenigen Rezeptorproteine nur noch in geringem Maße herstellt (»Down-Regulation«), an denen die Droge – stellvertretend für den Neurotransmitter und im Übermaß – angreift. Wenn die Droge abgesetzt wird, kommt der nun vorliegende Mangel an Rezeptoren deutlich zum Tragen. Da der körpereigne Neurotransmitter nur in der biologischen Konzentration vorliegt, wird die zurückgeregelte Zahl an Rezeptoren als ein Defizit spürbar. Bestimmte psychische und körperliche Funktionen sind gestört. Als Folge davon treten Entzugserscheinungen auf.

Bei vielen psychischen Erkrankungen ist eine erhöhte oder verminderte Dichte bestimmter Rezeptorsubtypen in spezifischen Hirnarealen – meist allerdings erst **post mortem** – beobachtet worden.

Morphologische Veränderungen. Die wichtigste langfristige Änderung innerhalb des Netzwerks von Neuronen in unserem Gehirn, die im Zusammenhang mit Lernprozessen steht, ist die Schaffung neuer Verbindungen zwischen Neuronen. Dies geschieht durch die Bil-

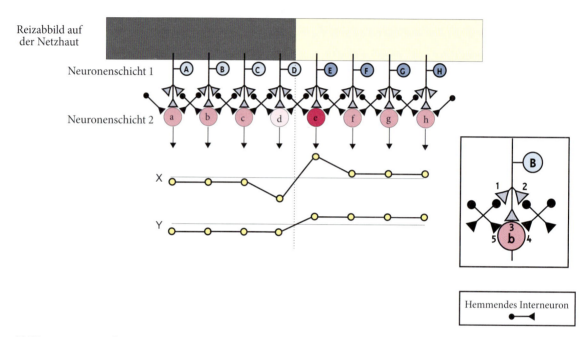

Abbildung 5.14 Laterale Hemmung. Es ist die Verarbeitung eines visuellen Reizes an einer Intensitätsgrenze dunkel/hell dargestellt. Die Neuronen (A bis H) in Schicht 1 erhalten Zufluss von den Sinneszellen der Netzhaut, auf die das Abbild des Reizes fällt. Ihr Output-Signal ist proportional zur Reizstärke am Eingang. Jedes Neuron in Schicht 2 (a bis h) hat einen erregenden Zufluss und zwei hemmende Kontakte. In dem vergrößerten Ausschnitt sieht man, dass ein Neuron aus Schicht 1 sein Axon in drei Kollateralen (1, 2 und 3) aufspaltet. An den Punkten 1 und 2 liegen Synapsen zu hemmenden Interneuronen vor. Diese hemmen jeweils jene Neuronen aus Schicht 2, die Information aus dem links und rechts benachbarten Sektor verarbeiten. Die Impulsstärke am Ausgang eines solchen Neurons aus Schicht 2 (z. B. Neuron b) ist also das Ergebnis aus seinen hemmenden Zuflüssen von den beiden Seiten (daher »laterale« Hemmung) und einem erregenden Zufluss. Im Ausschnitt sind die hemmenden Kontakte am Zellkörper von Neuron b mit den Ziffern 4 und 5 versehen.

Von Bedeutung sind die Verhältnisse an den Intensitätsgrenzen. Betrachten wir den Übergang von grau zu weiß (also von niedriger zu höherer Licht- und damit Reizintensität), indem wir in der Abbildung vom linken Rand nach rechts fortschreiten: Solange sich die Intensität nicht ändert, erhält jedes Neuron aus Schicht 2 (hier a, b, c) gleiche erregende und hemmende Inputs aus Schicht 1. Wenn erstmals an der Grenze grau zu weiß ein Intensitätsanstieg eintritt, so geschieht an Neuron d etwas Neues. Es wird über den rechts liegenden Zufluss (von E) stärker gehemmt (wegen der größeren Reizintensität am Eingang von E), als dies bei a, b und c der Fall ist. Daraus folgt ein Rückgang der Ausgangsintensität bei d. Der Effekt am Neuron e ist entgegengesetzt. Es erfährt – verglichen mit den anderen Neuronen des hellen Bereichs (h, g, f) – eine schwächere Hemmung. Dies liegt daran, dass das seitlich links liegende Neuron D bereits vom dunkleren Bereich gereizt wird, d. h., es liegt eine geringere Amplitude am Ausgang von D vor und damit geringere seitliche Hemmung nach e. Der resultierende Intensitätsverlauf ist in Kurve X wiedergegeben. In Kurve Y sieht man, wie die Verhältnisse wären, wenn keine laterale Hemmung vorläge

106 | 5 Zusammenwirken von Nervenzellen – Informationsübertragung und -verarbeitung

dung neuer Synapsen, neuer dendritischer Dornen und sogar durch die Aussprossung neuer Dendriten. Wenn von neuronaler Plastizität gesprochen wird, ist häufig nur dieser Vorgang der morphologischen Veränderung gemeint und nicht die funktionellen Änderungen eines Neurons. Die Ausbildung neuer Verbindungen und Synapsen (und ggf. deren Abbau) ist ein ständig ablaufen-des, normales Geschehen in unserem Gehirn. Auf die neuronale Plastizität im Bereich der Endhirns wird in Abschnitt 6.4.10 eingegangen. Dazu gehört auch die Neubildung von Neuronen, die Neurogenese, im Gehirn des erwachsenen Menschen. Weitere Beispiele zum Zusammenhang zwischen derartigen Prozessen und Lernvorgängen werden wir in Kapitel 24 kennenlernen.

Zusammenfassung

Exzitatorische postsynaptische Potenziale (EPSP) entstehen durch die Öffnung von Ionenkanälen, die das postsynaptische Membranpotenzial depolarisieren. Dies geschieht zumeist durch die Öffnung von ligandengesteuerten Kanälen für Natriumionen. Auch die Öffnung von präsynaptischen Kalziumionenkanälen kann infolge von erhöhtem Transmitterausstoß an der subsynaptischen Membran die Depolarisation erhöhen. Die beiden wichtigsten Neurotransmitter, die ESPS auszulösen vermögen, sind Acetylcholin und Glutamat.

Inhibitorische Synapsen arbeiten meist auf der Basis ligandengesteuerter Chlorionenkanäle. Ein Einstrom der negativen Chlorionen in die Zelle führt zu einer Hyperpolarisation und damit zu einer reduzierten Erregbarkeit.

Auf dem Wege der räumlichen Summation können exzitatorische postsynaptische Potenziale, die sich gleichzeitig oder nur mit geringer zeitlicher Versetzung ausbilden, verstärkt werden. Für den Fall, dass die Summation im Endergebnis zu einem Aktionspotenzial führt, spricht man von räumlicher **Bahnung**.

Zeitliche Summation an der Präsynapse kann durch die schnelle Aufeinanderfolge der einlaufenden Impulse zustande kommen. Dadurch kann sich die ausgeschüttete Transmittermenge erhöhen.

Zeitliche Summation an der postsynaptischen Membran kann durch die schnelle zeitliche Aufeinanderfolge von Transmitterausschüttungen entstehen. Dadurch können sich die postsynaptischen Potenziale »aufschaukeln«.

Synaptische Depression ist beobachtbar, wenn infolge der in die Präsynapse einlaufenden Impulskaskade der Vorrat an transmittergefüllten Vesikeln stark zurückgegangen ist.

Präsynaptische Hemmung spielt eine große Rolle an vielen Schaltstellen des zentralen Nervensystems. Hier wird ein Impuls, der in die präsynaptische Endigung einer exzitatorischen Synapse einläuft, durch einen hier aufsetzenden zweiten synaptischen Kontakt reduziert. Präsynaptische Hemmung wird häufig durch die Transmitter GABA und Glycin vermittelt.

Weiterführende Literatur

Dudel, J. (2006). Synaptische Übertragung. In R. F. Schmidt & H. G. Schaible (Hrsg.), Neuro- und Sinnesphysiologie (S. 43–64). Berlin: Springer-Verlag.

Kandel, E. R. & Siegelbaum, S. A. (2000). Overview of synaptic transmission. In E. R. Kandel, J. H. Schwartz & T. M. Jessell (Eds.), Principles of neural science (pp. 175–186). New York: McGraw-Hill.

Kandel, E. R. & Siegelbaum, S. A. (2000). Synaptic integration. In E. R. Kandel, J. H. Schwartz & T. M. Jessell (Eds.), Principles of neural science (pp. 207–228). New York: McGraw-Hill.

Klinke, R., Pape, H.-C., Kurtz, A. & Silbernagl, S. (2010). Physiologie (6. Aufl.). Stuttgart: Thieme.

Nicholls, J. G., Martin, A. R. & Wallace, B. G. (2002). Vom Neuron zum Gehirn. Stuttgart: Gustav Fischer Verlag.

Purves, D. et al. (2008). Neuroscience. Sunderland, USA: Sinauer Associates Inc.

Sanes, J. R. & Jessell, T. M. (2000). The formation and regeneration of synapses. In E. R. Kandel, J. H. Schwartz & T. M. Jessell (Eds.), Principles of neural science (pp. 1087–1114). New York: McGraw-Hill.

Schwartz, J. H. (2000). Neurotransmitters. In E. R. Kandel, J. H. Schwartz & T. M. Jessell (Eds.), Principles of neural science (pp. 280–287). New York: McGraw-Hill.

6 Aufbau und Funktion des Nervensystems

Der Gegenstand dieses Kapitels ist das menschliche Nervensystem in einer überwiegend makroskopischen Betrachtungsweise. Beschäftigung mit dem Nervensystem bedeutet im Rahmen der Biologischen Psychologie vor allem die Auseinandersetzung mit Funktionen des Gehirns. Schließlich steht das Gehirn als oberste Kontroll- und Steuerungseinheit über den anderen im Körper befindlichen Teilen des Nervensystems.

Unser Studium der Gehirnfunktionen wird von der Frage geleitet werden, wie sich bestimmte psychische Funktionen und deren Störungen auf der Basis von Gehirnprozessen erklären lassen. Wir werden dabei feststellen, dass

▶ eine Zuordnung von bestimmten Funktionen zu Hirngebieten innerhalb gewisser Grenzen möglich ist,
▶ diese Zuordnung immer schwieriger wird, je höher und komplexer die Funktionen werden, und
▶ sich im Nervensystem ein grober hierarchischer Aufbau findet, der von simplen Aufgaben der Reizleitung bis zu den höchsten kognitiven Funktionen des Menschen reicht.

Das Studium der **Neuroanatomie** – auch der funktionellen Neuroanatomie – ist aus drei Gründen nicht ganz einfach:

(1) Es fehlt i. Allg. die Möglichkeit, die teilweise recht komplexen Strukturen und Regionen direkt und in ihrer realen Erscheinung zu betrachten. Abbildungen können, schon aufgrund ihrer Zweidimensionalität, von den wahren Verhältnissen nur ein ungefähres Bild geben. Dafür haben sie allerdings den Vorteil, dass einzelne Strukturen insbesondere des Gehirns, die sich in der Realität nur schwer von-

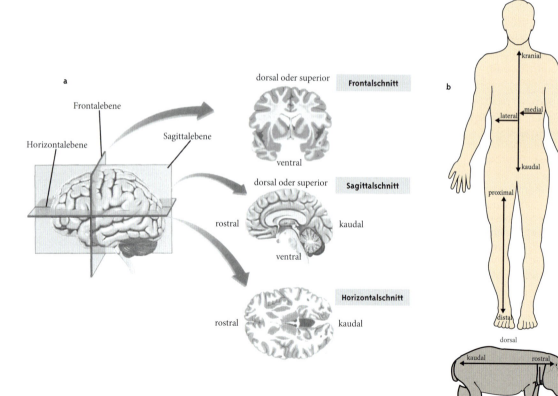

Abbildung 6.1 a, b Anatomische Ebenen, Richtungen und Lagebezeichnungen

einander abgrenzen lassen, in einer vereinfachten bildhaften Darstellung sehr viel prägnanter hinsichtlich Lage und Gestalt dargestellt werden können.

(2) Die neuroanatomischen Bezeichnungen sind nur in Einzelfällen dem Alltagssprachgebrauch entlehnt. Zumeist handelt es sich um Fachbegriffe der medizinischen Terminologie. Wir werden nicht umhin können, uns einige dieser Termini anzueignen, damit uns die Beschreibung des Nervensystems auf einer etwas detaillierteren Ebene möglich wird. Außerdem wird uns dies die Verständigung mit anderen Berufsgruppen – etwa Medizinern und Biologen – erleichtern.

(3) Leider finden sich in den Definitionen von Gehirngebieten und der Zugehörigkeit einzelner Strukturen zu übergeordneten Systemen (z.B. Hirnstamm, **limbisches System**) in der neuroanatomischen Li-

teratur gelegentlich Inkonsistenzen. Die in diesem Buch verwendeten Definitionen orientieren sich an dem, was am weitesten eingebürgert und international am gebräuchlichsten ist.

6.1 Wichtige anatomische Bezeichnungen von Orientierung und Lage im Raum

Zur sprachlichen Beschreibung von Lage, Richtung und bestimmten Schnittebenen bedient man sich in der Anatomie einer speziellen Terminologie. Auch für unsere Zwecke muss auf diese Terminologie zurückgegriffen werden. Die wichtigsten diesbezüglichen Bezeichnungen sind in Tabelle 6.1 genannt sowie in Abbildung 6.1 a und b wiedergegeben.

Tabelle 6.1 Achsen, Ebenen und Lagebezeichnungen

Achsen	
vertikal (longitudinal)	beim aufrechten Stand senkrecht
transversal (horizontal)	quer durch den Körper von rechts nach links (bzw. umgekehrt)
sagittal (ventrodorsal)	längs durch den Körper von vorne nach hinten (bzw. umgekehrt)
Ebenen	
Medianebene	in der Vertikalen stehende Symmetrieebene, die den Körper in zwei spiegelbildliche Hälften teilt
Sagittalebenen	Ebenen, die parallel zur Medianebene verlaufen
Transversalebenen	horizontale Querschnittsebenen (beim aufrechten Körper)
Frontalebenen	senkrecht zur Median- und Transversalebene liegende Ebenen (in etwa parallel zur Stirn)
Lagebezeichnungen	
superior, kranial	oberhalb, auf das Kopfende zu
inferior, kaudal	unterhalb, zum Steißende hin
anterior, ventral	vorn, zur Vorderfläche hin
posterior, dorsal	hinten, zur Rückfläche hin
lateral	seitlich
medial – median	auf die Medianebene zu – in der Medianebene
zentral – peripher	auf das Körper-(Organ-)innere zu – auf die Oberfläche des Körpers (Organs) zu
profundus – superficialis	tief – oberflächlich
dexter/-ra – sinister/-ra	rechts – links

6.2 Anatomische Grobgliederung des Nervensystems

Das menschliche Nervensystem spaltet sich – ausgehend von Gehirn und Rückenmark – in unzählige Verästelungen auf. Dadurch kann die Körperperipherie flächendeckend und das Körperinnere mit hoher räumlicher Dichte nerval versorgt werden. Nervenfasern, die Information von einem Gebiet weg transportieren, z. B. vom Zentralnervensystem zur Peripherie, werden als **efferent** bezeichnet, während umgekehrt die Fasern, die Information zu einem Gebiet hin transportieren, z. B. von der Peripherie zum Zentralnervensystem, **afferent** genannt werden.

Zentrales vs. peripheres Nervensystem. Unter topographischem (d.h. die Lage betreffenden) Gesichtspunkt unterteilt man das Nervensystem in **zentrales** und **peripheres Nervensystem**.

Zum zentralen Nervensystem (ZNS) wird das Gehirn und das Rückenmark zusammengefasst (s. Abb. 6.2 oben). Das Gegenstück dazu bildet das periphere Nervensystem (PNS), das aus Nerven bzw. Nervenfaserbündeln und peripheren Nervenzellkörpern besteht.

Somatisches vs. vegetatives Nervensystem. Eine andere Systematik unterteilt das Nervensystem nach seinen Funktionen: Das **somatische Nervensystem** dient in seinem efferenten Teil der willkürlichen Steuerung der Skelettmuskulatur, in seinem afferenten Teil der bewussten Wahrnehmung von Vorgängen an der Körperperipherie. Man nennt es auch **animalisches** (oder animales) Nervensystem. Das vegetative (autonome, **viszerale**) Nervensystem steuert eher unbewusst und unwillkürlich die Funktionen der inneren Organe. Sowohl das somatische als auch das vegetative Nervensystem haben Anteile im ZNS und dem peripheren Nervensystem (s. Abb. 6.2 unten).

Das periphere Nervensystem setzt sich aus den zahlreichen Nerven des Körpers zusammen. Ein **Nerv** besteht aus Bündeln von Nervenfasern und Bindegewebe. Die Faserbündel sind in ihrer Gesamtheit gegen die Umgebung mit einer schützenden Hülle abgegrenzt.

Das periphere Nervensystem dient dem ZNS als Signaltransportsystem, das die Informationen aus der Peripherie heranleitet und die auszuführenden Befehle an die Endorgane (Muskeln, Drüsen) hinleitet.

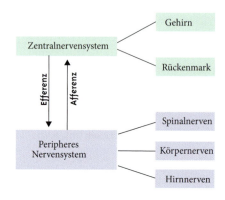

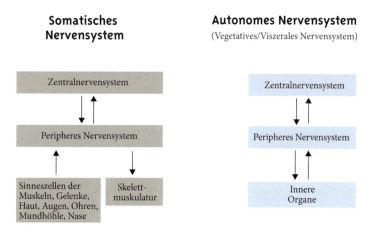

Abbildung 6.2 Schematische Einteilung des Nervensystems. Im oberen Bildteil sieht man eine Systematik unter einem rein topographischen Gesichtspunkt. Im unteren Bildteil findet sich unter einem funktionellen Gesichtspunkt die Unterteilung in somatisches und autonomes Nervensystem. Spinalnerven: Nerven, die aus dem Rückenmark austreten. Körpernerven: Verzweigungen von Spinalnerven, die in rückenmarksferne Körpergebiete, v. a. die Extremitäten, ziehen. Hirnnerven: Nerven, die direkt aus dem Gehirn entspringen

Übersicht

Systematik des Nervensystems

Folgende Unterscheidungen können getroffen werden:

- ▶ Zentrales Nervensystem: Gehirn und Rückenmark
- ▶ Peripheres Nervensystem: alle Nerven außerhalb des Gehirns und Rückenmarks
- ▶ Somatisches Nervensystem: Steuerung der Willkürmotorik, Sensorik mit Ausnahme der inneren Organe
- ▶ Vegetatives (viszerales, autonomes) Nervensystem: Steuerung der Funktionen der inneren Organe, Sensorik aus den inneren Organen
- ▶ Efferente Fasern: Informationsleitung vom betrachteten Gebiet weg (z.B. aus dem ZNS zur Peripherie)
- ▶ Afferente Fasern: Informationsleitung zum betrachteten Gebiet hin (z.B. von der Peripherie zum ZNS)

Nervenfasertypen. Grundsätzlich können sich in einem Nerv unterschiedliche Fasertypen finden:

(1) **Somatomotorische Fasern** transportieren die Befehle für die willkürliche Muskelkontraktion.

(2) **Somatosensible Fasern** bringen Informationen aus der Haut, den Muskeln, Sehnen und Gelenken zum ZNS.

(3) **Viszeromotorische Fasern** versorgen die Eingeweidemuskulatur mit Befehlen aus den vegetativen Anteilen des ZNS.

(4) **Viszerosensible Fasern** transportieren Informationen über den Zustand der Eingeweide zum ZNS.

(5) **Sensorische Fasern** leiten die von den Sinnesorganen im engeren Sinne (Auge, Ohr etc.) aufgenommenen Informationen zur weiteren Verarbeitung ins Gehirn.

Die hier getroffene Unterscheidung zwischen »sensibel« und »sensorisch« hat sich nur teilweise in der neurowissenschaftlichen Literatur eingebürgert. Häufig werden »sensibel« und »sensorisch« auch gleichgesetzt und unabhängig vom Entstehungsort des Signals verwendet.

Die meisten Nerven enthalten sowohl sensorische als auch motorische Fasern; es sind sog. **gemischte Nerven**. Einige wenige Nerven sind allerdings nur mit Fasern der einen oder anderen Funktion ausgestattet.

Ansammlungen von Nervenzellkörpern außerhalb des Gehirns werden als Ganglien bezeichnet, im Gehirn nennt man diese Zellkörpergebiete dagegen Kerne. Hier findet i. Allg. Informationsübertragung von einem Neuron auf das nächste (»Umschaltung«) statt.

Nerventypen. Nerven, die unmittelbar dem Gehirn entspringen und von dort zur Peripherie ziehen, nennt man **Hirnnerven**. Diese werden ausführlicher bei der Besprechung derjenigen Gehirnregionen behandelt, von denen sie ihren Ausgang nehmen.

Nerven, die das Rückenmark (s. Abschn. 6.3) verlassen, nennt man Spinalnerven. Nach ihrem Austritt aus dem Rückenmark verzweigen sich die Spinalnerven und verbinden sich zum Teil mit anderen Nerven, wobei sich größere Nervengeflechte, die **Plexus**, bilden können.

6.3 Rückenmark

Das Rückenmark (lat. Medulla spinalis) ist derjenige Teil des ZNS, von dem aus die Extremitäten und der Rumpf innerviert (d.h. mit Nerven versorgt) werden. Es handelt sich hierbei um eine annähernd zylindrische Struktur, die ungefähr die Dicke eines Fingers hat und beim Erwachsenen eine Länge von 40–45 cm aufweist. Das Rückenmark ist eingebettet in den Kanal der knöchernen Wirbelsäule und von Rückenmarksflüssigkeit (Liquor cerebrospinalis) umgeben. Da das spezifische Gewicht des Nervengewebes nur unwesentlich höher ist als dasjenige von Wasser, schwimmen Gehirn und Nervensystem quasi in einem flüssigkeitsgefüllten festen Behälter. Dies stellt naturgemäß einen hervorragenden Schutz gegen mechanische Belastungen von außen dar.

Das Rückenmark durchzieht den Wirbelkanal, der durch kreisförmige Öffnungen in den aufeinanderfolgenden Wirbelknochen gebildet wird. Die Wirbelsäule selbst besteht aus 33–34 Wirbelknochen (s. Abb. 6.3):

- ▶ 7 Halswirbeln (Vertebrae cervicales),
- ▶ 12 Brustwirbeln (Vertebrae thoracales),
- ▶ 5 Lendenwirbeln (Vertebrae lumbales),
- ▶ 5 zum Kreuzbein zusammengewachsenen Kreuzwirbeln (Vertebrae sacrales) und
- ▶ 4 bis 5 zusammengewachsenen Steißwirbeln (Vertebrae coccygeae).

Als **Rückenmarkssegmente** bezeichnet man scheibenförmige Abschnitte des Hals- bis Steißbereichs des Rückenmarks. Diese sind die acht Zervikalsegmente (C_1–C_8), zwölf Thorakalsegmente (Th_1–Th_{12}), fünf

6.3 Rückenmark | **111**

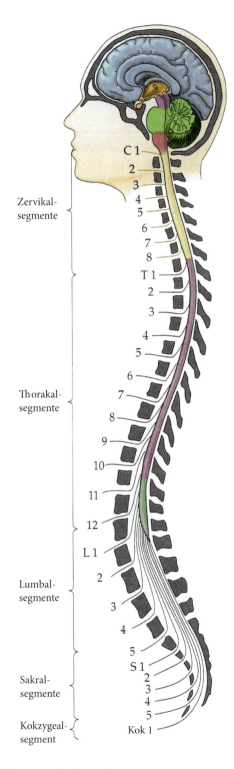

Abbildung 6.3 Rückenmarkssegmente

Lumbalsegmente (L_1–L_5) und fünf Sakralsegmente (S_1–S_5). Dazu kommt ein Kokzygealsegment. Diese Segmente sind die Ursprungs- bzw. Zielgebiete der Spinalnerven (s. u.).

Beim Austritt aus dem Rückenmark passieren die Spinalnerven Öffnungen zwischen jeweils aufeinanderfolgenden Wirbeln.

> **Vertiefung**
>
> Ebenso wie das Gehirn ist das Rückenmark von drei Häuten, den Meningen, umgeben. Die äußere Haut ist die sog. harte Hirn- oder Rückenmarkshaut (Dura mater). Diese kleidet den Wirbelkanal aus. Die mittlere Haut ist die Arachnoidea oder Spinnwebhaut, ein dünnes, entfernt an ein Spinnennetz erinnerndes Gebilde. Die innerste der drei Häute ist die blutgefäßreiche sog. Pia mater (innere oder weiche Hirn- bzw. Rückenmarkshaut). Die Pia mater liegt direkt am Rückenmark bzw. Gehirn an. Der Raum zwischen ihr und der Arachnoidea, der sog. **Subarachnoidalraum**, ist mit Rückenmarksflüssigkeit gefüllt. Den zwischen der Arachnoidea und der Dura mater liegenden Raum nennt man **Subduralraum**.

Das Rückenmark beginnt am unteren Ende des Gehirns, der **Medulla oblongata**, wobei der Übergang zwischen Gehirn und Rückenmark als solcher nicht erkennbar ist und nicht genau festgelegt ist. Das Rückenmark vergrößert sich beim Längenwachstum des Menschen nicht in demselben Maße wie die Wirbelsäule. Beim **Fetus** reicht es noch bis in den Sakralkanal, beim Erwachsenen endet es jedoch bereits auf der Höhe des ersten oder zweiten Lumbalwirbels (L_2). Von dort aus verlaufen Nervenfaserbündel (ohne Zellkörper) innerhalb der knöchernen Wirbelsäule nach unten weiter, die als sog. Cauda equina (Pferdeschwanz) bezeichnet werden. Sie treten weiterhin jeweils paarweise zwischen den Wirbeln aus.

Das Rückenmark als Ursprungsgebiet für die Spinalnerven

Vom Rückenmark aus laufen die sog. **Spinalnerven** zur Peripherie. Diese treten nach beiden Seiten aus den jeweiligen Segmenten des Rückenmarks durch die Zwischenräume zwischen den Wirbelknochen – das Zwischenwirbelloch, das sich durch entsprechende Ausbuchtungen in jeweils benachbarten Wirbeln bildet –

aus. Zunächst sind dies noch relativ dünne Bündel von Axonen, sog. Wurzelfäden, die sich dann zu den Wurzeln (Radix, pl. Radices) vereinigen (s. Abb. 6.4). Je eine solche Wurzel findet sich auf der Ventralseite (**Vorderwurzel**) und auf der Dorsalseite (**Hinterwurzel**). Vor dem Zusammenfluss der dorsalen Wurzelfäden zur Hinterwurzel zeigt sich eine Verdickung, das sog. **Spinalganglion**

Über die Hinterwurzel treten sensorische Fasern in das Rückenmark ein. Das Spinalganglion enthält Zellkörper dieser Fasern. Die Vorderwurzel führt motorische (= efferente) Fasern, von denen v. a. die Muskeln des Bewegungsapparats und zu einem gewissen Ausmaß auch die Muskeln der inneren Organe versorgt werden. Vorder- und Hinterwurzel bilden demnach die zwei Äste der Spinalnerven. Die Spinalnerven treten zu beiden Seiten des Rückenmarks aus. Sie verzweigen sich kurz nach ihrem Austritt aus dem Rückenmark in eine Vielzahl von Faserbündeln und Fasern, die zu fast allen Organen des Rumpfes und der Extremitäten hinlaufen. Insgesamt verlassen 31 Spinalnervenpaare auf der Höhe der ihnen zugeordneten 31 aufeinanderfolgenden Segmente das Rückenmark.

Während die Spinalnerven im Hals- und oberen Brustbereich nahezu waagerecht aus der Wirbelsäule austreten, verlaufen sie bei den tiefer gelegenen Segmenten zunächst innerhalb der Wirbelsäule nach unten, um dann auf verschiedenen Höhen den Wirbelkanal zu verlassen.

Feinbau des Rückenmarks

Im Querschnitt zeigt das frisch geschnittene Rückenmarkspräparat in seinem inneren Bereich eine typische aus grauer Substanz gebildete Figur, die an einen Schmetterling erinnert. (s. Abb. 6.4). Es handelt sich dabei um Ansammlungen von Nervenzellkörpern. Die umgebende weiße Substanz besteht aus myelinisierten Fasern. Im Zentrum der grauen Substanz findet sich eine nahezu kreisförmige Öffnung, der Zentralkanal, der das Rückenmark von oben nach unten durchzieht. Er ist mit Liquor gefüllt.

Die beidseitig vorhandene vordere bzw. hintere Ausbuchtung der Schmetterlingsfigur nennt man **Vorderhorn** bzw. **Hinterhorn** (Cornu anterius bzw. posterius). Das Vorderhorn enthält überwiegend motorische Zellgruppen, das Hinterhorn sensorische. Im Gebiet der Brust- und Lendenwirbel findet sich zwischen Vorderhorn und Hinterhorn ein Seitenhorn (Cornu laterale), das Zellen enthält, welche zum vegetativen Nervensystem, nämlich dem Sympathikus, gehören.

Die umgebende weiße Substanz beherbergt im **Hinterstrang** (Funiculus posterior) v. a. die aufsteigenden,

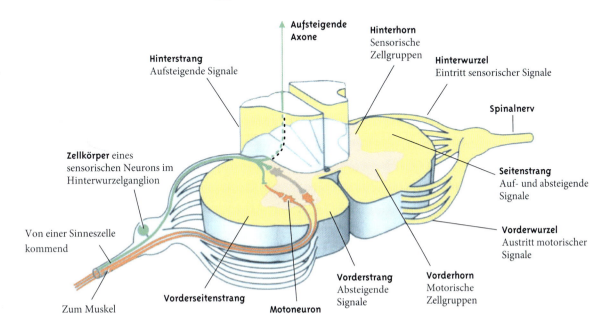

Abbildung 6.4 Feinbau des Rückenmarks. Die graue Substanz des Rückenmarks hat die Form eines Schmetterlings. Sie enthält Zellkörper. Je eine Vorder- und eine Hinterwurzel vereinigen sich zu einem Spinalnerv

im **Vorderstrang** (Funiculus anterior) v. a. die absteigenden Nervenfasern. Im **Seitenstrang** (Funiculus lateralis) finden sich sowohl aufsteigende als auch absteigende Fasern. Die absteigenden Bahnen haben auf unterschiedlichen segmentalen Ebenen Abzweigungen in die Vorderhornsubstanz und enden hier an den **Motoneuronen**

(Neuronen, die die Muskelzellen innervieren). Die aufsteigenden Fasern gehen entweder direkt von den Nervenzellkörpern der sensiblen Nerven der Spinalganglien oder von den Zellkörpern des Hinterhorns aus und enden im Gehirn. Den Hauptteil der weißen Substanz machen lange Bahnen aus, die das Rückenmark mit dem Gehirn sowohl aufsteigend als auch absteigend verbinden. Dabei liegen die längsten Fasern i. Allg. am weitesten außen, die kürzeren weiter innen.

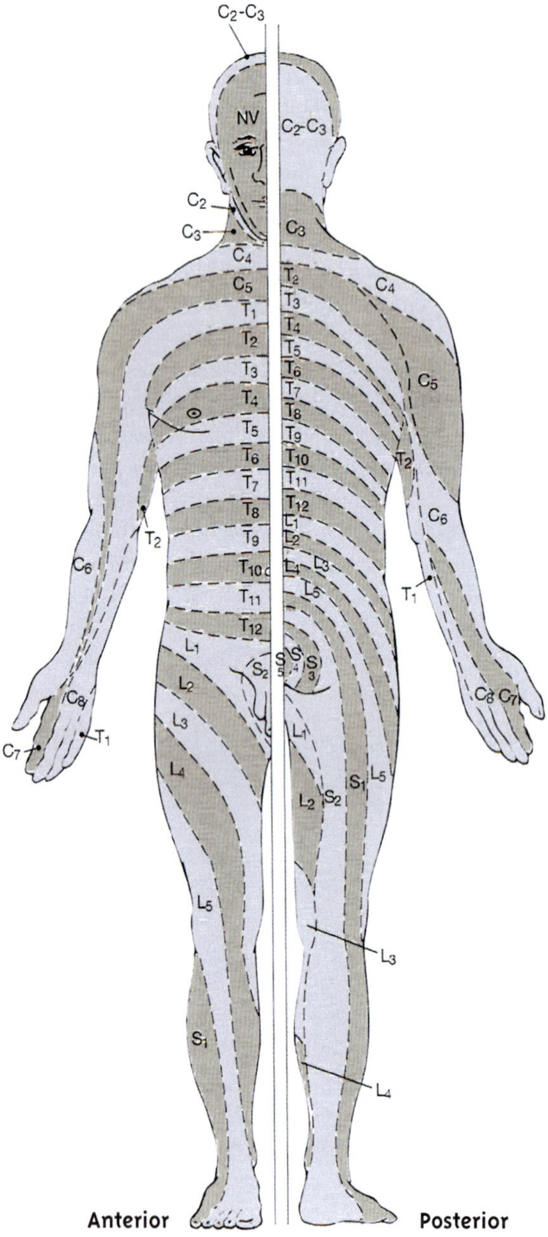

An der Körperoberfläche ist jedem Spinalnerv ein bestimmtes Gebiet, ein sog. **Dermatom**, zugeordnet, das von diesem sensibel innerviert wird (s. Abb. 6.5). Jeder Spinalnerv versorgt außer seinem unmittelbar zugeordneten Dermatom auch Teile der beiden benachbarten Dermatome mit. Dabei überlappen sich benachbarte Innervationsgebiete von Spinalnerven in der Weise, dass jeder Punkt der Körperoberfläche von mindestens zwei Spinalnerven erreicht wird.

Abbildung 6.5 Einteilung der Körperoberfläche in Dermatome. Es ist zu erkennen, dass die Aufeinanderfolge der Dermatome der Abfolge der Rückenmarkssegmente entspricht.

Störungsbild

Die Gürtelrose, eine segmentale Erkrankung

Die Gürtelrose (Herpes zoster) ist eine akute Hautkrankheit. Ihre Ursache ist eine Infektion mit dem Varicella-zoster-Virus. Die Infektion mit dem Virus nimmt ihren Ausgang von den Endigungen der Spinalnervenfasern. Von hier wandert das Virus in Richtung auf die Zellkörper im entsprechenden Spinalganglion. Hier kann das Virus über Jahre oder für immer untätig verharren. Kommt es z. B. zu einer Schwächung des Immunsystems, so kann die Krankheit ausbrechen. Das aktivierte Virus wandert längs des Axons zurück zur Peripherie und führt in dem von diesem Spinalnerven versorgten Dermatom zur Bläschenbildung. Die Grenzen des befallenen Hautareals, meist Bauch- oder Brustbereich, fallen dabei exakt mit den Dermatomgrenzen zusammen, weshalb die Rötung häufig ein gürtelförmiges Erscheinungsbild aufweist.

Drei Typen von Rückenmarksneuronen

Als Rückenmarksneuronen bezeichnet man Neuronen, die ihren Zellkörper in der grauen Substanz des Rückenmarks haben. Man kann auf der Basis ihrer axonalen Zielgebiete, aber auch ihres Aussehens drei Typen von Rückenmarksneuronen unterscheiden:

(1) Neuronen, deren Axone das Zentralnervensystem verlassen, um motorische Impulse an die Muskulatur weiterzugeben (Motoneuronen).

(2) Neuronen, die sensorische Information aus der Peripherie empfangen und deren Axone zu höheren Regionen im ZNS laufen (sensible Neuronen).

(3) Neuronen, deren Axone zu anderen Neuronen des Rückenmarks laufen (Interneuronen).

Motoneuronen. Man schätzt, dass sich im Rückenmark des Menschen etwa eine halbe Million Motoneuronen befinden. Diejenigen Neuronen, die den Bewegungsapparat versorgen, haben ihre Zellkörper im Vorderhorn. Die Zellkörper der Neuronen, die auf die Muskulatur der inneren Organe und der Drüsen einwirken, befinden sich im Seitenhorn. Sie sind Bestandteil des sympathischen Nervensystems (s. Kap. 7). Nahezu alle Motoneuronen im Rückenmark besitzen synaptische Verschaltungen mit absteigenden Fasern, die aus dem Gehirn kommen. Dies bedeutet, dass die Steuerung der Motorik nur zu einem gewissen Teil auf Rückenmarksebene abläuft; im Normalfall unterliegt sie Impulsen von höheren Zentren.

Sensible Neuronen. Diese Neuronen haben ihre Zellkörper im Hinterhorn und im Übergangsbereich zum Vorderhorn. Die afferenten Impulse stammen größtenteils von Neuronen der Peripherie, welche die in den Sinneszellen entstehende Erregung zentralwärts transportieren.

Die Zellkörper der peripheren, sensiblen Neuronen befinden sich in den Spinalganglien. Diese Neuronen haben eine spezielle Form, es sind sog. pseudounipolare Neuronen: Ihr Zellkörper wird lediglich von einer einzigen Aussprossung verlassen, die sich aber dann in geringem Abstand vom Zellkörper in zwei Zweige aufteilt. Der eine Zweig führt zu den Sinneszellen der Peripherie, der andere verläuft zentralwärts ins Rückenmark zu den Hinterhornneuronen.

Innerhalb des Rückenmarks gehen die Fasern von den Hinterwurzelneuronen vielfältige synaptische Kontakte mit anderen Neuronen ein. Diese dienen u. a. dazu, die Information zu unterschiedlichen Bereichen des Gehirns zu transportieren. Wenn sich die Axone, die ein gemeinsames Zielgebiet im Gehirn besitzen, zu Bündeln zusammenschließen, nennt man dies einen Trakt (z. B. spinothalamischer Trakt = ein Bündel, das sich aus dem Rückenmark zum Thalamus hinzieht). In einen solchen Trakt steigen Zuflüsse aus verschiedenen segmentalen Ebenen des Rückenmarks ein.

Interneuronen. Neuronen, die Kontakte lediglich zu anderen Rückenmarksneuronen aufnehmen, nennt man spinale Interneuronen. Sie können einerseits Verknüpfungen mannigfaltiger Art innerhalb ihres Rückenmarksegments aufweisen, andererseits aber auch mit Neuronen in darüber- oder darunterliegenden Segmenten synaptisch verschaltet sein. Viele dieser Neuronen empfangen Signale von sensiblen Neuronen und senden Impulse zu Motoneuronen. Sie unterliegen i. Allg. ebenfalls Zuflüssen aus dem Gehirn.

Hauptaufgaben des Rückenmarks: Leitung und Reflexaktivität

Bereits bei der vorangegangenen Besprechung der unterschiedlichen Neuronentypen wurde deutlich, dass im Rückenmark einerseits Transport von Information stattfindet, die sog. Leitungsaktivität des Rückenmarks, andererseits auch auf der Basis von Rückenmarksverschaltungen bereits eine (relativ einfache) Informationsverarbeitung vonstatten gehen kann. Dies ist die Reflexaktivität des Rückenmarks.

Leitungsaktivität. Die in Längsrichtung des Rückenmarks verlaufenden Axone bilden die weiße Substanz. Die beidseits aufsteigenden Bahnen durchziehen größtenteils den Hinterstrang, vereinzelt kommen sie auch im Seitenstrang und Vorderstrang vor. Die Hinterstrangaxone entspringen an der Hinterwurzel der gleichen Seite und haben als Zielgebiete überwiegend sensible Kerne in der Medulla oblongata, die sich als Bestandteil des Gehirns direkt an das Rückenmark anschließt. Im Vorder- und Seitenstrang verlaufen Axone, deren Ursprung Zellkörper im Hinterhorn der **kontralateralen** Seite sind. Sie projizieren zumeist auf Kerngebiete in der **Formatio reticularis** des Hirnstamms und im **Thalamus**. Ein weiterer aufsteigender Trakt zieht zum Kleinhirn.

Die absteigenden Bahnen verlaufen primär im Vorder- und teilweise im Seitenstrang – relativ zentral, d. h. nahe an der grauen Substanz. Ursprungsgebiete dieser Fasern sind Bereiche auf verschiedenen Ebenen des Gehirns. Diese schließen sowohl Hirnrindengebiete – die höchstgelegenen Strukturen des Gehirns – als auch tiefere Gehirnregionen ein.

Es wird an dieser Stelle deutlich, dass ein einzelnes Rückenmarksneuron sehr große Strecken überbrücken kann. Sowohl die Axone von Motoneuronen in Richtung Peripherie als auch aufsteigende Axone des Rückenmarks können Längen von über einem Meter erreichen.

Reflexaktivität. Im Rückenmark wird afferente Information bereits so verarbeitet, dass nach Umschaltung über eine oder mehrere Synapsen Muskel- oder Drüsenaktivität ausgelöst werden kann. Diese Verschaltung mit folgender motorischer Aktivität nennt man aufgrund ihres einfachen Charakters »Reflex«. Man unterscheidet sog. Eigen- und Fremdreflexe.

Eigenreflex. Beim Eigenreflex (= direkter Reflex) ist das Organ der Reizentstehung identisch mit dem Reaktionsorgan. Die Reflexzeit ist kurz (ca. 10 ms) und die Ermüdung bei Wiederholung gering. Wird etwa ein Muskel durch einen Schlag auf eine Sehne kurz gedehnt, so kommt es aufgrund der Reizung von Dehnungsrezeptoren in diesem Muskel über einen spinalen monosynaptischen Leitungsweg – bei dem also nur eine einzige synaptische Verschaltung zwischen zwei Neuronen vorliegt – zu einer Kontraktion des betreffenden Muskels. Der bekannteste Reflex dieser Art ist der Kniesehnenreflex (**Patellarsehnenreflex**). Dabei folgt dem Schlag auf eine Sehne unterhalb der Kniescheibe ein Vorschnellen des Unterschenkels (Details s. Abschn. 9.3.1).

Fremdreflex. Beim Fremdreflex (= indirekter Reflex) sind Reizort und Erfolgsorgan verschieden. Es sind mehr als zwei Neuronen beteiligt, demnach ist der Leitungsweg polysynaptisch. Die Reflexzeit ist relativ lang (50–150 ms) und die Ermüdbarkeit bei Wiederholung ist groß. Die wichtigsten Fremdreflexe sind sog. Fluchtreflexe. Wenn etwa Hautrezeptoren schmerzhaft gereizt werden, kommt es zu einer integrierten Fluchtbewegung (Rückzugsbewegung) mehrerer Muskelgruppen, um das gereizte Hautgebiet möglichst schnell von der Reizquelle zu entfernen. Dabei können eine Vielzahl von Interneuronen beteiligt sein, wobei sich i. Allg. die Erregung über mehrere Segmente des Rückenmarks verteilt.

Zusammenfassung

Das Rückenmark ist die Verlängerung des Hirnstamms nach unten. Es befindet sich im Wirbelkanal. Es ist von Liquor umspült und von drei Rückenmarkshäuten umgeben. Die Bereiche mit Nervenzellkörpern erscheinen grau (graue Substanz), während die Faserverbindungen (Bahnen) aufgrund der Myelinisierung von weißer Farbe sind (weiße Substanz). Im Querschnitt hat die graue Substanz des Rückenmarks die Form eines Schmetterlings mit Vorder- (motorisch) und Hinterhorn (sensibel). Im Brust- und Lendenwirbelbereich ist zusätzlich ein Seitenhorn (vegetativ) erkennbar. Die Fasern der weißen Substanz des Vorderstrangs transportieren überwiegend vom Gehirn absteigende Information, der Hinterstrang führt primär Axone, die sensorische Information zum Gehirn leiten.

Aus dem Rückenmark ziehen über die Vorderwurzel motorische und über die Hinterwurzel sensible Nervenfasern, die sich an jeder Seite zum Spinalnerv vereinigen. Die 31 Spinalnerven treten segmentweise – jeweils zwischen zwei Wirbeln – aus dem Rückenmark aus und innervieren ihnen zugeordnete Körperbereiche und Hautareale (Dermatome).

Im Rückenmark werden sensible Informationen bereits grob von Interneuronen verrechnet, die z. B. motorische Reaktionen veranlassen können, die sog. spinalen Reflexe. Es werden monosynaptische (über eine Synapse verschaltete) von polysynaptischen (über mehrere Synapsen verschalteten) Reflexen unterschieden.

6.4 Das Gehirn

Wahrnehmung, Emotion, Denken und Handeln sind einige der Funktionen des menschlichen Gehirns. Sie sind Ergebnisse der integrierten neuronalen Aktivität von meist sehr großen Netzwerken. Auf der Basis der Morphologie des Gehirns, d. h. der verschiedenen, durch Augenschein voneinander abgrenzbaren Strukturen, lassen sich nur bedingt Rückschlüsse auf Funktionen ziehen. So hat ein Gehirngebiet, das Information von den Sinnesorganen verarbeitet, dasselbe Aussehen wie eines, das motorische Programme erzeugt. Erst aus einer Kombination vieler verschiedener Untersuchungsverfahren ist es möglich, Aufschluss über die Funktionen einzelner Gehirngebiete zu gewinnen. Diese Verfahren reichen von der genauen Analyse der Defizite von Patienten mit Hirnschädigungen bis hin zu Methoden der Zellphysiologie. Besondere Fortschritte bei der Aufklärung von Gehirnfunktionen werden seit einigen Jahren auf der Basis der sog. »bildgebenden Verfahren« (s. Abschn. 26.4) gemacht. Damit ist es erstmals möglich, die aufgabenspezifische Aktivität z. B. der regionalen Neuronenaktivität zu studieren.

Das Gehirn füllt den größten Teil des knöchernen Schädels aus. Wie man aus Abbildung 6.6 erkennt, ist es stark gefurcht. Man geht davon aus, dass eine immer stärkere Oberflächenvergrößerung, bei durch den knöchernen Schädel begrenztem Volumen, zu diesen Einfaltungen führte.

Beim erwachsenen Menschen hat das Gehirn ein durchschnittliches Gewicht von 1.315 g, bei einer Variationsbreite von ca. 1.100–1.500 g. Das Gehirn des Mannes wiegt im Durchschnitt 1.375 g, das der Frau 1.254 g. Das absolute Hirngewicht spielt für die Leistungen des Gehirns keine Rolle.

Beim Vergleich der Spezies entdeckt man unterschiedliche Verhältnisse zwischen Gehirn- und Körpergewicht: Vergleicht man z. B. den Blauwal (Gehirngewicht 7 kg) mit dem Menschen, dann erhält man etwa für den Wal ein Verhältnis von 1 : 10.000, für den Menschen dagegen ein Verhältnis von 1 : 48. Die Relation zwischen Gehirn und Körpergewicht ist bei der Frau höher (1 : 46), also günstiger als beim Mann (1 : 50). Diese Zahlenspielereien wurden gelegentlich noch weiter getrieben, indem man etwa das Gehirngewicht zur Körperoberfläche in Bezug setzte. Auch damit konnte man jedoch die Überlegenheit bestimmter Tierspezies über andere nicht schlüssig erklären.

Die Versuche, Gehirngröße und Gehirnform zu psychischen Leistungen in Beziehung zu setzen, sind heutzutage nur noch von historischem Interesse. Sowohl auf der Basis der modernen Neurophysiologie als auch anhand der Befunde bei Patienten mit Gehirnmissbildungen oder Gehirnverletzungen wird deutlich, dass in Einzelfällen auch bei enorm eingeschränkter Gehirnmasse die Leistungen des Gehirns gar nicht oder nur geringfügig beeinträchtigt sein können.

Die absolute Zahl von Neuronen, die ein Mensch zur Verfügung hat, steht in keinem direkten Zusammenhang zur Gehirnleistung. Ein noch in der Entwicklung begriffenes Gehirn kann sich relativ gut mit einer geringeren Zahl von Neuronen arrangieren und diese zu den notwendigen Netzwerken verschalten. Problematisch ist allerdings der Ausfall größerer Neuronenpopulationen beim Erwachsenen, bei dem ja bereits die Verschaltung zu hochkomplexen Netzwerken stattgefunden hat. Da Nervenzellen im Normalfall nicht neu gebildet werden können, sind diese Lücken innerhalb eines Systems i. Allg. nicht mehr reparabel. Hier kommt es dann doch zu beträchtlichen neurologischen Ausfallerscheinungen und Defiziten in psychischen Funktionen.

Beim Vergleich unterschiedlicher Spezies hat sich gezeigt, dass das Gehirn im Laufe der Evolution eine enorme Entwicklung vollzogen hat. Insbesondere die Großhirnrinde hat bei den Säugetieren relativ zu den anderen Anteilen des Gehirns an Masse zugenommen. An oberster Stelle steht hier der menschliche **Kortex** als Ort vieler hochentwickelter kognitiver Funktionen – z. B. der Sprache. Der allgemeine Aufbau des Gehirns mit seinen unterschiedlichen Anteilen ist vom Prinzip her bei den verschiedenen Säugetierarten relativ ähnlich.

Abschnitte des Gehirns. Auf der Basis morphologischer, funktioneller und entwicklungsgeschichtlicher Gesichtspunkte wird das Gehirn i. Allg. in folgende Abschnitte untergliedert (s. Abb. 6.6):

▶ **Medulla oblongata** = verlängertes Mark

Vorderhirn (Prosenzephalon)	Endhirn	Neocortex
		Endhirnkerne
		Riechhirn
	Zwischenhirn	Thalamus
		Epithalamus
		Subthalamus
		Hypothalamus (mit Hypophyse)
Mittelhirn		Tectum
		Tegmentum
		Crura cebri (Hirnschenkel)
Rautenhirn (Rhombenzephalon)		Kleinhirn (Cerebellum)
		Brücke (Pons)
		Myelenzephalon (Medulla oblongata)

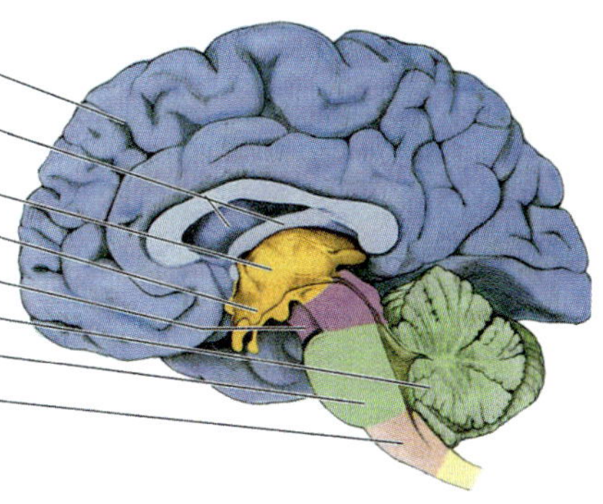

Abbildung 6.6 Gliederungssystematik und Hauptabschnitte des Gehirns

- **Pons** = Brücke
- **Mesenzephalon** = Mittelhirn
- **Dienzephalon** = Zwischenhirn
- **Cerebellum** = Kleinhirn
- **Telenzephalon** = Großhirn (Endhirn)

Manche Autoren untergliedern das Gehirn zunächst in drei Hauptteile: das Rautenhirn (Rhombenzephalon), das Mittelhirn (Mesenzephalon) und das Vorderhirn (**Prosenzephalon**).

Der Zusammenhang zwischen den verschiedenen Gliederungssystemen ergibt sich aus Abbildung 6.6. Zum Rautenhirn fasst man die folgenden Hirnanteile zusammen: die Medulla oblongata – auch **Myelenzephalon** genannt – und das **Metenzephalon**, bestehend aus Pons und Cerebellum. Diese Strukturen umgeben die sog. Rautengrube, das ist der rautenförmige Boden des liquorgefüllten vierten Ventrikels. Eine andere Systematik fasst die Medulla oblongata, die Pons mit dem darüber liegenden Mittelhirn zum sog. Hirnstamm, auf dem das Vorderhirn ruht, zusammen (von einigen Autoren werden auch das Zwischenhirn und die Basalganglien noch dem Hirnstamm zugerechnet).

Der Hirnstamm als Ganzes besitzt eine relativ einheitliche Gliederung. Absteigende Bahnen ziehen im vorderen Bereich der Hirnstammstrukturen zum Rückenmark hinab. Im mittleren und hinteren Teil des Hirnstammquerschnitts finden sich Kerngebiete, d. h. Ansammlungen von Nervenzellkörpern. Die aufsteigenden sensorischen Fasern durchziehen primär den hinteren Bereich des Hirnstamms. Diesen verlassen die 12 Hirnnerven (s. Abschn. 6.4.7).

Im vorliegenden Kapitel soll der Grundaufbau des Gehirns geschildert werden. Dies geschieht stets vor dem Hintergrund, Gehirnfunktionen verständlich zu machen.

6.4.1 Liquor- und Gefäßsystem des Gehirns

Das Zentralnervensystem ist in eine Flüssigkeit, den Liquor cerebrospinalis, eingebettet. Das äußere Flüssigkeitssystem, das Gehirn und Rückenmark umgibt, hat vor allem eine Pufferfunktion. Es liegt als dämpfende Schicht zwischen dem Nervengewebe und der knöchernen Umgebung. Der Liquor cerebrospinalis füllt auch die im Inneren des Gehirns liegenden Hohlräume, die Ventrikel, aus.

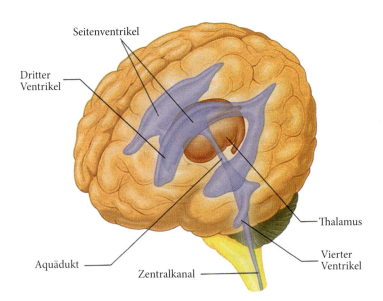

Abbildung 6.7 Ventrikel

Das Hohlraumsystem des Gehirns besteht aus vier **Ventrikeln** (s. Abb. 6.7), nämlich den beiden Seitenventrikeln (erster und zweiter Ventrikel), die im Inneren der Endhirnhemisphären liegen, dem dritten Ventrikel des Zwischenhirns und dem vierten Ventrikel im Bereich des Rautenhirns. Die vier Ventrikel stehen miteinander in Verbindung.

Blutversorgung. Die Blutversorgung des Gehirns nimmt ihren Anfang über vier große Arterien: die jeweils beidseitig vorliegenden Arteriae carotides internae und die Arteriae vertebrales. Von diesen gehen, nachdem sie aus dem Halsbereich aufsteigend das Innere des Schädels erreicht haben, auf allen Ebenen des Gehirns vielfältige Verzweigungen und immer feiner werdende Verästelungen aus.

6.4.2 Die Medulla oblongata

Die **Medulla oblongata** ist der unterste Teil des Gehirns. Über ihr befindet sich deutlich abgegrenzt die Brücke (vgl. Abb. 6.6). Die Medulla oblongata geht nach unten in das Rückenmark über. Auf der Vorderseite erkennt man einen Einschnitt, der durch Fasern der sog. **Pyramidenkreuzung** unterbrochen wird (s. Abb. 6.8). In der Pyramidenkreuzung kreuzen zwei Bahnen von absteigenden Fasern, die sich in Richtung auf das Rückenmark hin verjüngen und dort in die Vorderstränge des Rückenmarks übergehen. Ihre Aufgabe besteht in der Steuerung der Willkürmotorik. Ebenso haben die lateral gelegenen Oliven ihre Funktion im Bereich der Motorik.

Die Medulla oblongata ist, ebenso wie einige andere Bereiche des Hirnstamms, die Heimat einzelner Kerngebiete, die wichtige Funktionen der vegetativen Steuerung übernehmen. Von hier aus werden u.a. die Atmung und Kreislauffunktionen wie Blutdruck, Herzschlagfrequenz und Kontraktionskraft des Herzens gesteuert.

Wie in Abbildung 6.8 erkennbar ist, verlassen im Bereich der Medulla oblongata der VI. bis XII. Hirnnerv das Gehirn. (Hirnnerven werden alternativ zu ihrer lateinischen Nomenklatur auch mit römischen Ziffern benannt.) Insbesondere der X. Hirnnerv (Nervus vagus) ist zentral für die vegetative Steuerung der o.g. lebenswichtigen Funktionen.

Außerdem liegen in der Medulla oblongata die Zentren für die Auslösung von Reflexen wie Erbrechen, Schlucken und Husten. Hier befindet sich auch ein Zentrum zur Regulation des Wach- und Schlafrhythmus (s. Abschn. 20.4.3).

Kommt es zu einer Behinderung der Blutzufuhr (Infarkt) oder durch Verletzungen, innere Blutungen oder Tumoren zu einer Erhöhung des Drucks auf die Medulla oblongata, so können Symptome wie Schwindel, Übelkeit, Erbrechen und Bewegungsstörungen auftreten. Infolge einer Störung der basalen Kreislaufregulation oder der Atmungsfunktionen kann sehr schnell ein komatöser Zustand oder sogar der Tod eintreten.

> **Zusammenfassung**
>
> Die Medulla oblongata (verlängertes Mark) ist die unterste Struktur des Gehirns. Sie wird von den auf- und absteigenden Bahnen zwischen Gehirn und Rückenmark durchzogen. Von der Medulla oblongata aus werden wichtige Reflexe des vegetativen Bereichs gesteuert. Hier befinden sich auch verschiedene Hirnnervenkerne, deren wichtigster der Kern des Nervus vagus ist. Bei schweren Schädigungen im Bereich der Medulla oblongata tritt der Tod durch das Versagen von Herz-Kreislauf- und Atemfunktionen ein.

6.4.3 Die Brücke

Die Brücke (**Pons**) bildet einen quer verlaufenden, ca. 2,5 cm breiten Wulst auf der Ventralseite des Hirnstamms. Es finden sich hier mächtige Bündel von Fasern, die von den Brückenkernen kommend in die Kleinhirnhemisphären ziehen. Sie wird, wie die übrigen Hirnstammstrukturen auch, von in beide Richtung laufenden dicken Fasersträngen durchzogen, welche die Großhirnhemisphären mit dem Rückenmark verbinden.

Die Brücke enthält eine Reihe von **Hirnnervenkernen** (s. Tab. 6.2). Diese sind Ursprungsgebiete für den Nervus abducens (VI), Nervus facialis (VIII), Nervus vestibulocochlearis (VII) und den Nervus trigeminus (V). Der Kern des Nervus abducens, der im kaudalen Bereich der Brücke liegt, schickt Impulse zu den äußeren Augenmuskeln und löst hier Seitwärtsbewegungen des Auges aus. Der somatomotorische Kern des Nervus facialis versorgt die mimische Muskulatur des Gesichts. Der Nervus vestibulocochlearis enthält ausschließlich sensorische Fasern, die aus dem Bereich des Gleichgewichtsorgans (**Vestibularorgan**) und der akustischen

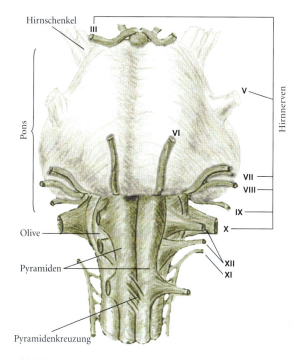

Abbildung 6.8 Hirnstamm von ventral betrachtet. Die Hirnnerven verlassen das Gehirn an unterschiedlichen Stellen im Bereich des Hirnstamms. Die Verlängerung des Hirnstamms nach unten ist das Rückenmark. Der IV. Hirnnerv, der Nervus trochlearis, ist nicht zu sehen, da er auf der dorsalen Seite des Mittelhirns entspringt

Sinneszellen des Innenohrs (**Cochlea**) kommen. Im Nervus trigeminus liegen überwiegend sensorische Fasern aus der Haut des Gesichts, der Nase und des Mundes. Motorische Fasern des Trigeminusnervs steuern die Kaubewegungen. Wegen der nicht seltenen, sehr schmerzhaften sog. **Trigeminusneuralgie** hat dieser Nerv auch bei Laien einen gewissen Bekanntheitsgrad erlangt.

Störungen im Bereich der Brücke können sich einerseits durch Symptome bemerkbar machen, die mit der Funktion der Hirnnerven zusammenhängen (z.B. Augenbewegungsstörungen, Gleichgewichtsstörungen, Ausfälle im Bereich der Mimik), andererseits durch klinische Zustandsbilder z.B. infolge einer Irritation der durchlaufenden Fasern (z.B. Bewegungsstörungen, Sensibilitätsstörungen von Rumpf und Extremitäten).

Zusammenfassung

Durch die Brücke ziehen die Verbindungen zwischen den Kleinhirnhemisphären sowie die Verbindungsstränge zwischen Großhirn und Rückenmark. Die Brücke beheimatet verschiedene Kerne von Hirnnerven, die vor allem den Kopfbereich versorgen.

6.4.4 Das Kleinhirn

Das Kleinhirn (**Cerebellum**) misst in seinem größten Durchmesser ca. 10 cm. Es befindet sich im Hinterhauptsbereich (s. Abb. 6.6) unter den beiden Großhirnhemisphären und füllt den größten Teil der hinteren Schädelgrube aus. Es bedeckt beidseitig teilweise die Medulla oblongata und den Pons. Zum Hirnstamm weist es auf jeder Seite drei Verbindungen auf (»Stiele«), durch die Bahnen vom und zum Hirnstamm ziehen.

Das Kleinhirn ist in eine linke und eine rechte Hemisphäre unterteilt. Dazwischen findet sich als Verbindung der **Kleinhirnwurm** (Vermis cerebelli). Die Oberfläche des Kleinhirns zeigt, ähnlich wie die des Großhirns, eine Reihe von bogenförmigen Furchen. Einige von diesen Furchen sind tief eingeschnitten und untergliedern die Hemisphären in Lappen.

Vertiefung

Betrachtet man den Querschnitt des Kleinhirns, so ist eine oberflächliche graue Rindenzone erkennbar (ca. 1 mm dick), in der die meisten Nervenzellkörper des Kleinhirns lokalisiert sind. Diese Rinde ist in drei Schichten untergliedert, die sich in ihrer mikroskopischen Struktur unterscheiden. In diesen Schichten finden sich unterschiedliche Neuronentypen (u. a. Korbzellen, Purkinje-Zellen, **Körnerzellen**). Unter der grauen Rinde befindet sich eine Zone, die aus Marksubstanz besteht. Diese wird aus Leitungsbahnen gebildet. Innerhalb dieses Markbereichs liegen die vier Kleinhirnkerne (Nucleus dentatus, Nucleus emboliformis, Nucleus globosus und Nucleus fastigii), die ebenfalls Nervenzellkörper enthalten und wichtige Umschaltstellen für afferente und efferente Information darstellen.

Die wichtigste Funktion des Kleinhirns besteht in seiner Beteiligung an der motorischen Feinabstimmung. Es verfügt über zahlreiche Verbindungen zu anderen Regionen des Gehirns, die ebenfalls mit Motorik befasst sind. Sowohl absteigende Fasern von diesen höher gelegenen Regionen als auch aufsteigende Fasern zu den motorischen Regionen entsenden Kollateralen – quasi im »Nebenschluss« – ins Kleinhirn. Es hat selbst keine direkten Verbindungen zu den Motoneuronen des Rückenmarks. Das Kleinhirn erhält Informationen
(1) aus dem Rückenmark über den Lage- und Bewegungszustand der Gliedmaßen und den Muskeltonus,
(2) aus dem Gleichgewichtsorgan über die Lage und den Gleichgewichtszustand des Körpers und
(3) von der Großhirnrinde über die zur Muskulatur gesandten motorischen Programme.
Das Kleinhirn integriert diese Informationen, um den Bewegungsablauf möglichst glatt und reibungslos zu gestalten bzw. ggf. korrigierend einzugreifen. Insbesondere dürfte es die zeitliche Koordination und Feinabstimmung von Einzelbewegungen steuern. Bei der Besprechung der Motorik (s. Abschn. 9.4.2) werden wir auf die Aufgaben des Kleinhirns zurückkommen.

Störungsbild

Kleinhirnerkrankungen

Erkrankungen bzw. Verletzungen des Kleinhirns gehen überwiegend mit Auffälligkeiten der Motorik einher. Kleinhirnpatienten sind nicht etwa gelähmt, jedoch können ihre Bewegungen eine Fülle von charakteristischen Defiziten aufweisen. Solche typischen Symptome sind etwa

▶ Fehler bei zielgerichteten Handbewegungen (die Nasenspitze wird bei der Aufforderung, sie zu berühren, häufig verfehlt),
▶ die Unfähigkeit, schnelle Bewegungen im Wechsel auszuführen,
▶ schwankendes oder taumelndes Gehen (die Patienten gehen oft breitbeinig, um dies zu kompensieren),
▶ häufiges Hinfallen und
▶ generelle Schlaffheit der Muskulatur.

Viele dieser Bewegungsstörungen kommen daher, dass die Koordination von Strecker und Beuger bei Bewegungen der Extremitäten gestört ist. Da die einzelnen Kleinhirnfunktionen aufgrund unterschiedlicher Verschaltungen insbesondere der Kleinhirnkerne mit dem restlichen Gehirn zustande kommen, treten je nach Lokalisation unterschiedliche Symptomkombinationen auf. Es überwiegen i. Allg. Störungen der motorischen Feinabstimmung (**Ataxie**) und des Gleichgewichts. Allerdings können auch Schwindel, Übelkeit und andere vegetative Symptome auftreten.

Während man lange Zeit glaubte, dass sich die Kleinhirnfunktionen auf die Motorik beschränkten, weiß man heute, dass hier weitere wichtige Aufgaben wahrgenommen werden. Dazu gehört v. a. die Beteiligung bei klassischen Konditionierungsprozessen (s. Kap. 24) und beim Lernen von automatisierten Bewegungsabläufen (implizites Lernen). Daneben weiß man, dass das Kleinhirn auch bei Prozessen im Zusammenhang mit dem Kurzzeitgedächtnis von Bedeutung ist. Dies gilt insbesondere – aber nicht ausschließlich – für Vorgänge im Zusammenhang mit sprachlichen Funktionen. Außerdem ist das Kleinhirn bei der Steuerung einiger vegetativer Reaktionen beteiligt.

Zusammenfassung

Das Kleinhirn stellt quasi ein Anhängsel des Gehirns im Hinterhaupt dar. Es ist in zwei Hemisphären untergliedert. Große Bedeutung kommt ihm bei der Feinabstimmung der Motorik zu. Außerdem hat es eine wichtige Funktion bei der klassischen Konditionierung und beim Erlernen von automatisierten Handlungsabläufen.

6.4.5 Formatio reticularis

Der zentrale, d. h. der innere Teil des Hirnstamms wird von einer säulenartigen Struktur vernetzter Neuronengebiete durchzogen, die man als Formatio reticularis (auch Retikulärformation) bezeichnet. Sie zieht von der Medulla oblongata über den Pons bis ins Mittelhirn. Dieser Struktur kommt eine wichtige Bedeutung im Zusammenhang mit der Integration zentralnervöser und peripher-organismischer Funktionen zur Aufrechterhaltung des inneren Milieus des Körpers zu. Hierbei handelt es sich um relativ basale Leistungen – Atmen, Kreislaufregulation, Steuerung des allgemeinen Aktivitätsniveaus –, die sich auch schon bei phylogenetisch alten Tierspezies wie niederen Wirbeltieren finden lassen.

Aufbau. Die Formatio reticularis besteht aus ziemlich unregelmäßig angeordneten, dicht benachbarten Kernen von Nervenzellen, die sich in der Form ihrer Zellkörper, ihrer Größe und der Länge ihrer dendritischen und axonalen Verzweigungen deutlich voneinander unterscheiden. Die gesamte Region ist von zahlreichen, in alle Richtungen laufenden Faserbahnen durchsetzt, daher erscheint dieses Gebiet unter dem Mikroskop als eine netzartig angelegte Struktur. Neben solchen Fasern, die Verbindungen zwischen Nervenzellen der Retikulärformation untereinander herstellen, wird das Netzwerk auch von zahlreichen Fasern durchzogen, die dieses lediglich als Durchgangsstation passieren. Rostral erreicht die Formatio reticularis einige Thalamuskerne (s. Abschn. 6.4.8), kaudal geht sie in das Rückenmark über (s. Abb. 6.10).

Die Retikulärformation lässt sich sowohl unter funktionellen als auch unter morphologischen Gesichtspunkten in drei Zonen unterteilen:

(1) eine im Innenbereich liegende, mediane und paramediane Zone, die v. a. aus den sog. Raphe-Kernen besteht (s. u.);

6.4 Das Gehirn | **121**

(2) eine mediale Zone – ebenfalls noch im Innenbereich liegend –, die sehr viele, auffallend große Nervenzellen enthält (magnozelluläre Zone);

(3) eine laterale Zone (außen liegend), die im Wesentlichen aus kleinen Neuronen besteht (**parvozelluläre** Zone).

Die Raphe-Kerne

Die Raphe-Kerne befinden sich als längliche Ansammlung von Zellen im innersten Bereich der Formatio reticularis (s. Abb. 6.9). Sie erhalten Zuflüsse aus vielen unterschiedlichen Quellen, z. B. der Hirnrinde, dem **Hypothalamus** und anderen Gebieten der Formatio reticularis. Die efferenten Verbindungen erreichen über zahllose Verzweigungen viele wichtige Gehirngebiete. Dazu gehören etwa der Thalamus, der Hypothalamus, das **Septum**, das Corpus striatum und der **Neokortex** (s. Abschn. 6.4.9).

Die meisten Neuronen der Raphe-Kerne produzieren den Neurotransmitter Serotonin. Von diesem wissen wir, dass es im Bereich des Gehirns an zahlreichen Stellen mit unterschiedlicher Wirkungsweise – erregend bzw. hemmend – aktiv wird und somit viele unterschiedliche Funktionen modulieren kann (s. dazu Abschn. 21.1.3). Neben dem Serotonin synthetisieren zahlreiche Raphe-Neuronen auch Neuropeptide, die die synaptische Wirkung von Impulsen aus den Raphe-Kernen beeinflussen können.

Bedeutung. Die Raphe-Kerne sind von beträchtlicher Bedeutung für menschliches und tierisches Verhalten. So wurde eine Beteiligung bei der Hemmung aufsteigender Schmerzimpulse aus dem Rückenmark eindeutig nachgewiesen (s. Kap. 16). Eine elektrische Stimulation des Nucleus raphe magnus (auf der Höhe des Pons gelegen) konnte im Tierversuch eine starke **Analgesie** auslösen. Dies geschieht über absteigende Bahnen, die auf Rückenmarksebene schmerzleitende Impulse blockieren. Für die Mitbeteiligung der Raphe-Kerne bei der Steuerung des Wach-Schlaf-Zyklus (s. Kap. 20) spricht, dass es bei einer Zerstörung der Raphe-Kerne zu anhaltender Schlaflosigkeit kommt. Läsionsstudien an Tieren weisen außerdem darauf hin, dass die Raphe-Kerne auch bei der Modulation von aggressivem Verhalten und grobmotorischer Aktivität beteiligt sind. Daneben wurden aus den Raphe-Kernen aufsteigende Faserverbindungen zum limbischen System und zum Zwischenhirn (s. Abschn. 6.4.8) nachgewiesen. Diese sind an der Steuerung der emotionalen Befindlichkeit maßgeblich beteiligt.

Der Locus coeruleus

Der Locus coeruleus wird meist – jedoch nicht von allen Autoren – zur Formatio reticularis gerechnet. Es handelt sich dabei um ein blau-schwarz gefärbtes, langgestrecktes Kerngebiet, das sich etwa auf der Höhe des Pons im dorsalen Bereich befindet. Der Locus coeruleus ist das wichtigste Noradrenalin (s. Abschn. 5.2.2) produzierende Zentrum des Gehirns; über die Hälfte der noradrenergen Neuronen des ZNS haben ihre Zellkörper im Locus coeruleus. Das bedeutet, dass die Mehrzahl der noradrenergen Neuronen der Hirnrinde von der Funktion des Locus coeruleus abhängt. Man macht daher auch die Verbindungen aus dieser Region zur Hirnrinde für die globale aktivierende Funktion des aufsteigenden retikulären Aktivierungssystems (s. u.) verantwortlich.

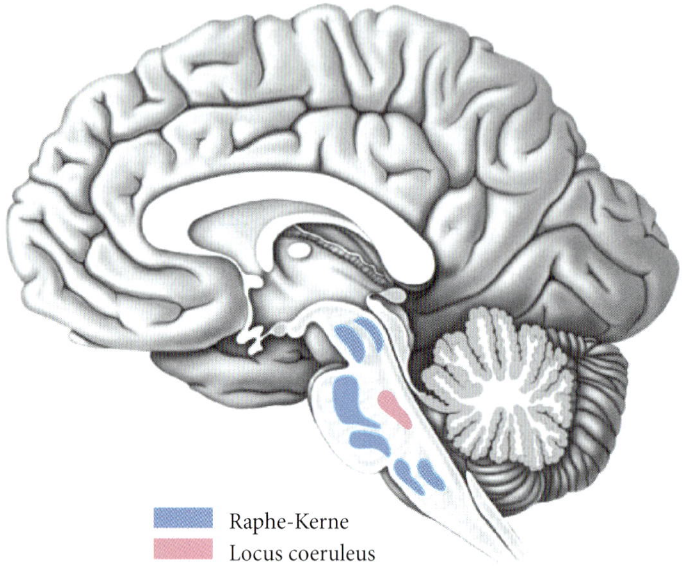

■ Raphe-Kerne
■ Locus coeruleus

Abbildung 6.9 Lage der Raphe-Kerne und des Locus coeruleus

Die Formatio reticularis medialis

Die Formatio reticularis medialis schließt sich seitlich an die Raphe-Kerne an. In diesem Bereich finden sich in erster Linie sehr große Neuronen, deren Dendriten innerhalb derselben Ebene der Retikulärformation sehr stark verzweigt sind. Auch die Formatio reticularis medialis kann in verschiedene mehr oder weniger scharf abgrenzbare Kerngebiete unterteilt werden. Diese haben einerseits über Rückenmarksverschaltungen modulierende Einflüsse auf die Motorik, andererseits wirken sie über efferente Verbindungen auf höhere Zentren wie den Thalamus und die Hirnrinde ein.

Es wird angenommen, dass diesem medialen Teil der Retikulärformation in erster Linie integrative Funktionen bei der Steuerung basaler vegetativer und grobmotorischer Funktionen zukommen und dass sich hier zugleich eine Ausgangsstation für den aufsteigenden Signaltransport zu anderen Gehirnregionen befindet.

Die laterale Formatio reticularis

Die laterale Retikulärformation besteht hauptsächlich aus Nervenzellen mit kleinen Zellkörpern, deren Axone im Wesentlichen Kontakt zu anderen Neuronen der Formatio reticularis aufnehmen. Ebenso bestehen Verbindungen zu einigen motorischen Hirnnervenkernen. Die Formatio reticularis lateralis lässt sich ebenfalls in unterschiedliche Kerngebiete aufgliedern, die aber nicht sehr scharf voneinander abgegrenzt sind. In den meisten dieser Kerne findet Umschaltung von durchlaufenden Impulsen statt, die einerseits von höher gelegenen Hirnstrukturen zum Rückenmark gesandt werden, andererseits als sensorische Information von der Peripherie kommend höhere Hirngebiete als Ziel haben.

Die Formatio reticularis im Zentrum umfassender Aktivierungs- und Hemmungsprozesse

Die Bedeutung der Retikulärformation und angrenzender Kerngebiete für das Verhalten beruht auf ihrer Funktion als aktivierendes und desaktivierendes Zentrum. Von besonderer Wichtigkeit ist dabei, dass die Retikulärformation sowohl höher gelegene Regionen des Gehirns zu beeinflussen vermag als auch auf eine Fülle von körperlichen Reaktionen einwirkt (s. Abb. 6.10).

Die Kerne der Hirnnerven Nervus hypoglossus, Nervus accessorius, Nervus vagus, Nervus glossopharyngeus und Nervus trigeminus werden auf der Ebene der kaudalen Retikulärformation miteinander verschaltet. Dies ermöglicht die Ausführung hoch integrierter Funktionen im Bereich der Kreislaufregulation und Atmungssteuerung. Offenbar gehen von hier Impulse aus, die etwa die Dynamik der Inspiration (Einatmung) und Exspiration (Ausatmung) steuern. Im Bereich der medialen Abschnitte der Formatio reticularis finden sich Kreislaufzentren (Vasomotorenzentren), die in erster Linie für die Regulation des Blutdrucks verantwortlich sind. Die Verbindungen zwischen Kerngebieten, die für das akustische und vestibuläre System

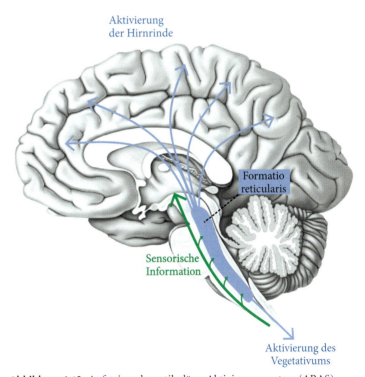

Abbildung 6.10 Aufsteigendes retikuläres Aktivierungssystem (ARAS). Über Kollateralen erhält die Formatio reticularis Information über den sensorischen Einstrom zum Gehirn. Von hier aus können aktivierende Impulse die gesamte Hirnrinde in einen angeregten Zustand versetzen. Teilweise wird zunächst der Thalamus erreicht (hier nicht eingezeichnet), von wo aus ebenfalls zum Kortex aktivierende Impulse laufen können. Über absteigende Bahnen wirken Impulse aus der Formatio reticularis auch auf das Vegetativum ein

zuständig sind, ermöglichen komplexe Leistungen im Zusammenhang mit der Orientierung im akustischen Raum bzw. mit der Lagewahrnehmung. Auf einer weiter rostral gelegenen Ebene der Retikulärformation werden Hirnnervenkerne koordiniert, die mit der Steuerung der Motorik des Gesichts und des Mundes befasst sind. Dadurch kommt es zur integrierten Steuerung der Bewegungsabläufe beim Kauen und Saugen.

Vertiefung

Das aufsteigende retikuläre Aktivierungssystem (ARAS)

Im Jahre 1949 beobachteten die beiden Neurophysiologen Giuseppe Moruzzi und Horace Magoun, dass eine elektrische Stimulation bestimmter Gebiete der Formatio reticularis zu einer großräumigen Aktivierung der Hirnrinde führt. Am anästhesierten Tier (meist der Katze) nahm die Aktivität der Hirnrinde – die unter Anästhesie normalerweise gering ist – deutlich zu. Dies wurde anhand des Elektroenzephalogramms (**EEG**; s. Kap. 26) gezeigt: Die unter Anästhesie langsamen EEG-Wellen wiesen eine auffallende Erhöhung ihrer Frequenz auf, was ein Zeichen erhöhter Aktivierung ist.

Auch beim wachen Tier kann – mit implantierten Elektroden – nachgewiesen werden, dass elektrische Impulse, die auf Retikulariskerne einwirken, im Verhalten zu Zeichen erhöhter Aufmerksamkeit führen: Das Tier wendet sich aktiver seiner Umgebung zu, registriert schwache Reize besser und zeigt insgesamt eine größere Bereitschaft zur Interaktion mit der Umgebung. Seit den Arbeiten von Moruzzi und Magoun wird davon ausgegangen, dass die Aufrechterhaltung der normalen Wachheit nur möglich ist, wenn dauernd aktivierende Impulse aus der Retikulärformation zur Hirnrinde laufen. Man fasst die Retikulärformation gemeinsam mit den von hier zur Hirnrinde aufsteigenden Bahnen, die jene Aktivierung auslösen, zum sog. aufsteigenden retikulären Aktivierungssystem zusammen.

Die Formatio reticularis erhält vermittels Kollateralen der sensorischen Bahnen, die aus dem Rückenmark aufsteigen bzw. über die Hirnnerven laufen, ständig Mitteilung über den sensorischen Informationsfluss. Diese abzweigenden Impulse führen zu einer Aktivation retikulärer und angrenzender Kerngebiete, die dann ihrerseits über die besagten aufsteigenden Bahnen, teilweise mit dem Thalamus als Zwischenstation, die Hirnrinde großräumig und unspezifisch aktivieren (s. Abb. 6.10). Die sensorische Modalität der einlaufenden Information spielt bei diesem Aktivierungsprozess der Hirnrinde keine große Rolle, es sei denn, es handelt sich um Schmerzreize. Man weiß aus Beobachtungen an Menschen mit Hirnverletzungen im Bereich der Formatio reticularis – auch wenn sie nur von geringer Ausdehnung sind –, dass es zu langen Phasen der Bewusstlosigkeit bis hin zum anhaltenden Koma kommen kann.

Die Retikulärformation weist nicht nur aktivierende Zentren auf, sondern es konnten auch Gebiete identifiziert werden, die einen hemmenden Einfluss auf die Hirnrindenaktivität ausüben. Diese Gebiete liegen im kaudalen Teil der Formatio reticularis.

Bedeutung für die bewusste Verarbeitung. Nicht nur die globale Steuerung der Hirnrindenaktivität, sondern auch die bewusste Verarbeitung von sensorischem Input wird von der Formatio reticularis moduliert. Zwar kann auf der Höhe der Retikulärformation keine Unterdrückung des sensorischen Informationstransports zu den spezifischen Hirnrindenarealen stattfinden, es ist aber anzunehmen, dass hier eine Vorentscheidung darüber fällt, ob Reize ins Bewusstsein gelangen können. Vermutlich wird hier analysiert, ob der Reiz von grundlegender Bedeutung ist, etwa indem er eine bestimmte, meist reflexhaft ablaufende Reaktion erfordert, oder ob er folgenlos bleiben kann. Somit stellt also die Retikulärformation in gewisser Weise einen Filter dar. Nur diejenigen Reize, die diesen Filter passiert haben, können eine Veränderung von Aufmerksamkeit und Bewusstseinslage induzieren. Alle anderen Reize erreichen zwar auch bestimmte, für die jeweilige Reizmodalität spezialisierte Hirnrindenareale, sie bleiben jedoch im Wesentlichen für das Verhalten unwirksam.

Wirkung der Formatio reticularis auf Körperprozesse

Absteigende Impulse aus der Retikulärformation erreichen sowohl die Muskulatur des Bewegungsapparates als auch die der inneren Organe. Ebenso wie bei den aufsteigenden Impulsen kann die Wirkung erregend oder hemmend sein, je nachdem von welchem Gebiet bzw. von welchen einzelnen Neuronen diese Impulse ausgehen. Das Wechselspiel dieser hemmenden und erregenden Steuerungszentren wirkt beispielsweise auf den Ruhetonus (die Ruhespannung) bestimmter Muskelgruppen.

6 Aufbau und Funktion des Nervensystems

Von besonderer Bedeutung dürften Impulse aus der Retikulärformation für einzelne motorische Programme sein, etwa bei rhythmischen Bewegungen im Zusammenhang mit dem Gehen und Laufen. So konnten in den entsprechenden Zentren Neuronen identifiziert werden, die mit derselben Periodizität entladen, wie sie auch bei der Rhythmik des Gehens anzutreffen ist. Andere Bereiche der Formatio reticularis wirken auf Augen- und Kopfbewegungen ein, die insbesondere im Zusammenhang mit der Orientierung auf neue Reize auftreten. Von hier aus werden etwa die Bewegungsketten gesteuert, die notwendig sind, um den Organismus in optimaler Weise auf die Aufnahme und Feinanalyse neuer Umweltreize einzustellen.

Zusammenfassung

Die Formatio reticularis ist ein Netz von Neuronen, das den Hirnstamm durchzieht. Ihre wichtigsten Kerngebiete sind die serotonergen Raphe-Kerne und der noradrenerge Locus coeruleus. Die Formatio reticularis ist als steuerndes Netzwerk durch zahlreiche auf- und absteigende Bahnen mit nahezu allen wichtigen Hirnregionen, vor allem aber der Hirnrinde verbunden. Die Aufgabe der Formatio reticularis besteht insbesondere in der Regulation der allgemeinen Aktivität der Hirnrinde sowie der motorischen Grundfunktionen. Außerdem ist sie bei der Steuerung der wichtigsten Körperfunktionen (Atmung, Schlucken und Kreislauf) beteiligt.

6.4.6 Das Mittelhirn

Das Mittelhirn (**Mesenzephalon**) ist die oberste Struktur des Hirnstamms. Es hat eine Länge von ca. 1,5 cm und wird (ebenso wie der darunter liegende Teil des Hirnstamms) von allen afferenten und efferenten Bahnen zwischen den Vorderhirnstrukturen und dem Rückenmark durchzogen. Bei einem Querschnitt durch das Mittelhirn (s. Abb. 6.11) werden zwei wichtige Substrukturen erkennbar: das **Tectum** (Dach) mit der sog. Vierhügelplatte und das **Tegmentum** (Haube). In das Tegmentum eingebettet beherbergt das Mittelhirn verschiedene wichtige Strukturen, u. a. das zentrale Höhlengrau, die Substantia nigra und den Nucleus ruber. In **ventraler** Richtung schließen sich die beiden Crura cerebri (auch Pedunculi cerebri) an, die wichtige, vom Kortex ausgehende Faserbündel enthalten.

Das Tectum

Die wichtigste Struktur des Tectums ist die Vierhügelplatte. Sie bedeckt das Tectum als eine relativ dünne Schicht und zeigt zwei Paare von Vorwölbungen: die beiden oberen und die beiden unteren Hügel (**Colliculi superiores** und **Colliculi inferiores**). Die Colliculi superiores bilden eine wichtige Schaltstelle innerhalb des optischen Systems. Hier enden ca. 10 % der von der Netzhaut kommenden Fasern. Beim Menschen erfüllen die Colliculi superiores insbesondere Aufgaben im Zusammenhang mit Reflexbewegungen der Augen und des Kopfes, die dazu dienen, einen an der Peripherie des Gesichtsfeldes erscheinenden Reiz zu fixieren und auf der Netzhaut in den Bereich des schärfsten Sehens (in die **Fovea**) zu projizieren (visueller Greifreflex). Bei niederen Wirbeltieren stellen sie dagegen das wichtigste optische Zentrum überhaupt dar.

Die Colliculi inferiores, die beiden unteren Hügel der Vierhügelplatte, sind für das Hörsystem von entscheidender Bedeutung, weil an dieser Stelle neuronale Verschaltungen (synaptische Übergänge) für die meisten akustisch aufgenommenen Informationen aus dem Innenohr vorliegen. Darüber hinaus befindet sich hier eine entscheidende Verarbeitungsinstanz für die bewusste Wahrnehmung von akustischen Reizen.

Das Tegmentum

Das Tegmentum (Haube) liegt ventral des Tectums. Es beherbergt die Kerngebiete für die an der Augenmotorik beteiligten Hirnnerven Nervus oculomotorius und Nervus trochlearis. Der Nervus oculomotorius ist zuständig für Augenbewegungen in folgende Richtungen: nach innen, nach oben, nach unten und nach außen oben. Außerdem versorgt dieser Nerv jene Augenmuskeln, die eine Veränderung der Pupillenweite bewirken

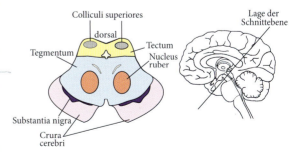

Abbildung 6.11 Querschnitt durch das Mittelhirn. Man erkennt das Tectum (dorsal gelegen), das Tegmentum und die Hirnschenkel (Crura cerebri, ventral gelegen)

sowie eine aktive Krümmung der Augenlinse bei der Scharfstellung (**Akkomodation**) auf nahe Objekte.

Der Nervus trochlearis steuert nach innen (d. h. zum Körperzentrum gerichtete) und nach unten gerichtete Augenbewegungen.

Im Bereich des Tegmentums finden sich einige Strukturen, die für psychische und psychomotorische Funktionen von besonderem Interesse sind und die an späterer Stelle ausführlicher besprochen werden. Diese sind das zentrale Höhlengrau, die Substantia nigra und der Nucleus ruber. Das zentrale Höhlengrau (**peri-aquäduktales** Grau) spielt eine wichtige Rolle bei der Schmerzwahrnehmung sowie bei der Unterdrückung von Schmerzimpulsen, die aus der Peripherie zentral-wärts laufen (s. Abschn. 16.1.3). Die **Substantia nigra** ist eine Ansammlung von stark dunkel pigmentierten Zellen. Diese Struktur dopaminproduzierender Neuro-nen erfüllt bedeutungsvolle Aufgaben bei der Bewe-gungssteuerung (s. Abschn. 9.4.2).

Der Nucleus ruber ist eine leicht rötlich gefärbte Ansammlung von Zellkörpern. Dieses Kerngebiet be-herbergt synaptische Übergänge für motorische Fasern von der Hirnrinde zum Rückenmark. Hier dürften insbesondere Impulse, welche die Willkürbewegungen feinmotorischer Muskelgruppen steuern, bearbeitet werden (s. Abschn. 9.4.2).

Darüber hinaus befinden sich etwa in der Mitte des Tegmentums die mesenzephalen Anteile der Formatio reticularis (s. Abschn. 6.4.5).

Die Hirnschenkel

Die Hirnschenkel (Crura cerebri, Pedunculi cerebri), die als zwei dicke vertikale Stränge an der Ventralseite des Mittelhirns deutlich erkennbar sind (s. Abb. 6.11), enthalten abwärtsgerichtete (efferente) Bahnen vom Kortex zu den Hirnnervenkernen, dem Pons und dem Rückenmark. Es handelt sich hierbei vor allem um motorische Faserverbindungen, die für die Willkür-motorik von Bedeutung sind. Die Verbindungen zu den Hirnnervenkernen und zum Pons weisen – ähnlich anderen motorischen und sensorischen Arealen – eine streng **somatotope** Gliederung auf: Fasern, die im Kör-per benachbarte Muskelgruppen versorgen, liegen auch hier direkt nebeneinander.

Zusammenfassung

Das Mittelhirn besteht – von dorsal nach ventral – aus den drei Anteilen Tectum (Dach), Tegmentum (Haube) und Crura cerebri (Hirnschenkel). Das Tectum beinhaltet die Vierhügelplatte mit den Col-liculi superiores (Verschaltung für optische Reflexe) und den Colliculi inferiores (Umschaltstelle für akustische Information vom Innenohr).

Das Tegmentum enthält wichtige Kerngruppen des III. und IV. Hirnnervs (Nervus oculomotorius und Nervus trochlearis), der Formatio reticularis sowie den Nucleus ruber und die Substantia nigra (beide Bestandteile des motorischen Systems).

Die Crura cerebri werden im Wesentlichen von motorischen Bahnsystemen gebildet, die vom Kor-tex absteigen und zu den Hirnnervenkernen, dem Rückenmark und dem Pons laufen.

6.4.7 Die Hirnnerven

Aus dem Gehirn treten zwölf Hirnnerven (Nervi cra-niales) paarig – jeweils rechts und links – aus. Sie ver-sorgen in erster Linie sensibel und motorisch den Kopf- und Halsbereich sowie viszerosensibel und -motorisch auch den Brust- und oberen Bauchraum. Ihre Zell-körper befinden sich – mit Ausnahme des Nervus opticus und Nervus olfactorius – im Gehirn in den sog. Hirnnervenkernen. Bei den beiden Ausnahmen befinden sich die Zellkörper in der Peripherie und senden ihre Axone mit sensorischen Informationen zu den spezifischen Verarbeitungsarealen im Gehirn.

Die Hirnnerven leiten Information

(1) aus dem Bereich der Sensorik (= Wahrnehmung von Reizen aus der Außenwelt),

(2) der Sensibilität (= Wahrnehmung von Reizen aus dem Körper) und

(3) der Motorik (= Aktivität der Muskulatur).

Die wesentlichen Informationen zu den Hirnnerven sind in Tabelle 6.2 zusammengestellt.

Der Nervus olfactorius (Geruchssinn), Nervus opti-cus (visueller Sinn) und der Nervus vestibulocochlearis (Gehör und Gleichgewichtssinn) sind rein sensorisch. Der Nervus oculomotorius, Nervus trochlearis, Nervus abducens, Nervus accessorius und Nervus hypoglossus sind rein motorisch. Die anderen Nerven (Nervus va-gus, Nervus glossopharyngeus, Nervus trigeminus und Nervus facialis) erfüllen beide Funktionen, sie führen sowohl afferente als auch efferente Fasern. Die einzelnen Hirnnervenkerne, die die Aktivität der meisten Hirnnerven steuern, und ihre Funktion werden bei der Besprechung des jeweiligen Hirnbereichs dargestellt.

Die Austrittsstellen der Hirnnerven aus dem Hirnstamm, dem Teil des Gehirns, der über dem Rückenmark liegt und auf dem das Großhirn ruht, sind in Abbildung 6.8 (von ventral) dargestellt.

Störungsbild

Trigeminusneuralgie

Eine Trigeminusneuralgie äußert sich in anfallartigen, meist einseitig auftretenden heftigen Schmerzen im Innervationsgebiet des Nervus trigeminus im Gesicht. Neben den Schmerzen kann es zu Kontraktionen der mimischen Muskulatur und zu einer Rötung des Gesichts, gelegentlich auch zu Tränen und Schweißsekretion kommen. Die Schmerzatta-

Tabelle 6.2 Hirnnerven

Nr.	Name (N. = Nervus)	Versorgungsgebiet (oder peripherer Ursprung)	Aufgaben sensorisch/sensibel	motorisch	Ursprungsgebiete der Hirnnerven
I	N. olfactorius	Riechsinneszellen der Riechschleimhaut	Geruch		Bulbus olfactorius
II	N. opticus	Sinneszellen der Retina	Sehen		Netzhaut
III	N. oculo-motorius	Augenmuskulatur (der größte Teil der äußeren und inneren Augen-muskeln)		Augenbewegung	Mittelhirn
IV	Nervus troch-learis	oberer schräger Augen-muskel		Augenbewegung	Mittelhirn
V	Nervus trige-minus	Kaumuskulatur, Gesichts-haut, Zähne, Zahnfleisch, Tränen- und Speichel-drüsen	Sensibilität von Gesicht und Mund	Kaumuskulatur, Drüsen im Gesicht	Pons, Medulla
VI	Nervus abdu-cens	seitlicher gerader Augenmuskel		Augenbewegung	Pons
VII	Nervus facialis	mimische Gesichtsmusku-latur, Speichel-, Tränen-drüsen, Geschmacksrezep-toren (vorderer Teil der Zunge)	Geschmack	Gesichts- und Mit-telohrmuskulatur, Drüsen im Gesicht	Pons
VIII	Nervus vestibulo-cochlearis	Innenohr, Gleichgewichts-organ	Gehör, Gleich-gewicht		Pons, Medulla
IX	N. glosso-pharyngeus	Rachen, Zunge	Zunge (Geschmack) und Schlund	Rachenmuskulatur, Speicheldrüsen	Medulla
X	Nervus vagus	innere Organe des oberen Bauchbereichs und der Halsregion, Herz	Rachen und Ohr, Geschmacksrezep-toren, Eingeweide	Eingeweide, Herz, Kehlkopfmuskeln	Medulla
XI	Nervus acces-sorius	Muskeln des Halses (Kopf-wende- und Trapezmuskel)		Halsmuskulatur	Medulla

6.4 Das Gehirn | **127**

cken sind i. Allg. sehr heftig, treten spontan auf und halten einige Sekunden bis 2 Minuten an, wobei sie wiederkehrend sind – bis zu hundertmal täglich. Auslösereize können z. B. Kälte, Niesen, Sprechen oder die Berührung einzelner Hautareale im Gesicht sein. Da die Schmerzen so stark sind, dass die Betroffenen nicht selten depressiv oder sogar suizidal werden, ist in Fällen, in denen die Pharmakotherapie erfolglos ist, eine neurochirurgische Behandlung angezeigt. In über der Hälfte der Fälle kommt es jedoch trotz Therapie nach einiger Zeit zu einem spontanen Wiederauftreten der Symptomatik. Eine kausale Ursache für die Trigeminusneuralgie ist in den meisten Fällen nicht auszumachen.

6.4.8 Das Zwischenhirn

Das Zwischenhirn (**Dienzephalon**) und das Endhirn (Telenzephalon) bilden gemeinsam das Vorderhirn (Großhirn, Prosenzephalon). Es befindet sich rostral des Mittelhirns zwischen den beiden Großhirnhemisphären. Das Dienzephalon besteht aus folgenden Strukturen:

▶ Thalamus und Metathalamus,
▶ Epithalamus mit der **Epiphyse** (Zirbeldrüse),
▶ Subthalamus und
▶ Hypothalamus mit der **Hypophyse**.

Im Zwischenhirn findet Informationsverarbeitung auf einem beachtlichen Komplexitätsniveau statt. Dies bezieht sich einerseits auf die Feinsteuerung vegetativer Funktionen, die sich insbesondere als Korrelat höherer psychischer Funktionen (z. B. Emotionen) einstellen, andererseits auf die Verarbeitung sensorischer Zuflüsse, die im Thalamus einer differenzierten Analyse und Selektion unterworfen werden.

Der Thalamus

Der Thalamus hat eine ungefähr eiförmige, auch als »linsenförmig« bezeichnete Gestalt und erreicht mit seiner Längsausdehnung von ca. 4 cm eine beachtliche Größe. Seine Lage im Gehirn ist aus Abbildung 6.12 erkennbar. Er ist paarig ausgebildet, d. h., es gibt genau genommen zwei Thalami, einen in jeder Gehirnhälfte, die durch die Adhesio interthalamica verbunden sind.

Der Thalamus besteht überwiegend aus Ansammlungen von Nervenzellkörpern, also aus grauer Substanz. Er ist eine der größten und am vielfältigsten ausdifferenzierten Kernansammlungen innerhalb des Zentralnervensystems. Es lässt sich eine relativ deutliche Gliederung in einzelne Kerngebiete erkennen (s. Tab. 6.3). Die größeren Kerngebiete sind durch weiße Substanz, d. h. durch Faserbahnen voneinander und nach außen abgegrenzt.

Es existieren spezifische Thalamuskerne, die in direkter Verbindung mit verschiedenen Teilen des Kortex stehen und gemeinsam mit diesen bestimmte Funktionen ausüben (s. Abb. 6.13). Die unspezifischen Kerne stehen vor allem mit dem Hirnstamm, insbesondere der Formatio reticularis und nur indirekt und diffus mit dem Kortex in Verbindung. Daneben gibt es eine dritte Gruppe von Kernen, die weder zur erstgenannten noch zur zweitgenannten Gruppe gehören und als Assoziationskerne bezeichnet werden.

Die Kerngebiete des Corpus geniculatum laterale und mediale, die sich am dorsalen Ende des Thalamus als Vorwölbungen befinden, werden auch als Metathalamus bezeichnet.

Im Folgenden soll nur überblicksartig auf die wesentlichen Thalamusfunktionen eingegangen werden, soweit sie für psychische Prozesse von Interesse sind.

In den Kerngebieten des Thalamus wird der Input vom Auge, vom Ohr, von der Haut und aus den inneren Organen und Gelenken sowie der Muskulatur verschaltet und auf diese Weise mit anderen Informationen bzw. Signalen aus dem ZNS integriert. Eine der wichtigsten Thalamusfunktionen besteht darin, sensorische Information zu sortieren und zu filtern – mit Ausnahme der Geruchsinformation, die unter Umgehung des Thalamus in höhere Hirnregionen gelangen kann – und diese an die verschiedenen Hirnrindengebiete weiterzuleiten.

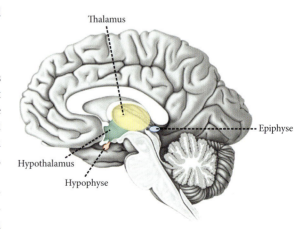

Abbildung 6.12 Lage von Bestandteilen des Zwischenhirns

Tabelle 6.3 Übersicht über die thalamischen Kerngebiete mit ihren wichtigsten Funktionen

Bezeichnung der Kerne	Funktion
Nuclei anteriores	emotionales Verhalten, Motivation, Kurzzeitgedächtnis
Nuclei mediani	Wahrnehmung und Integration von Geruchsreizen
Nuclei mediales	emotionales Verhalten, Motivation, Ich-Erleben
Nucleus ventralis anterior (VA) und Nucleus ventralis lateralis (VL)	motorische Integration (somatotopische Gliederung)
Nucleus ventralis posterior (VP)	sensible Wahrnehmung (somatotopische Gliederung)
Corpus geniculatum laterale (CGL)	Teil der Sehbahn
Corpus geniculatum mediale (CGM)	Teil der Hörbahn
Pulvinar	vermutlich integrative Funktionen (optisches System, Sprache)
Unspezifische Thalamuskerne:	
Nucleus centromedianus (CM)	Teil des retikulären Wecksystems, motorische Integration

Zu den sensorischen Signalen, die den Thalamus erreichen, gehören auch Schmerzimpulse aus der Peripherie. In seltenen Fällen können durch Dysfunktionen im Bereich des Thalamus auch Schmerzempfindungen generiert werden (»Thalamusschmerz«). Auf der anderen Seite können auch ansonsten unbehandelbare Schmerzen durch chirurgische Eingriffe am Thalamus gedämpft oder beseitigt werden.

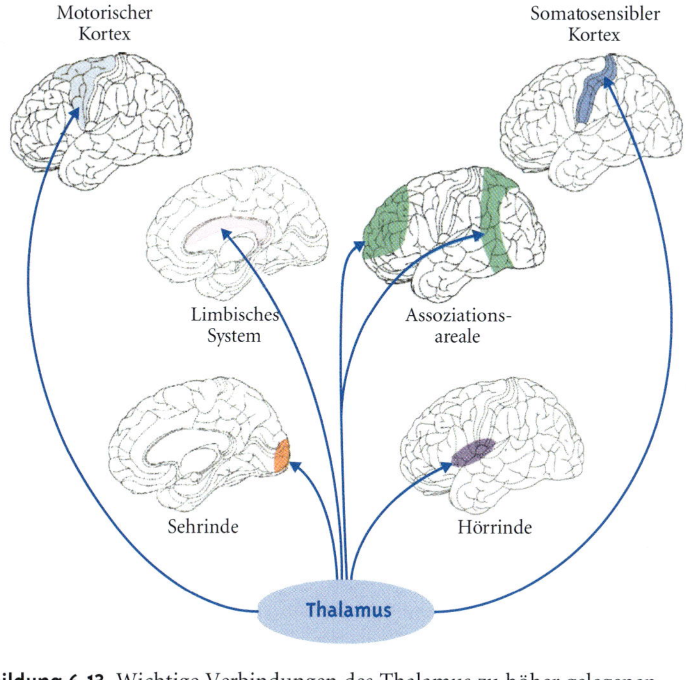

Das »Tor zum Bewusstsein«. Der Thalamus besitzt zu nahezu allen Teilen der Hirnrinde Faserverbindungen (s. Abb. 6.13). Dabei erhalten die einzelnen Kortexregionen jeweils von einem der verschiedenen modalitätsspezifischen Thalamuskerne Information. Neben der Hirnrinde versorgt der Thalamus auch subkortikale, d.h. unterhalb der Hirnrinde gelegene Strukturen mit der von ihm vorverarbeiteten sensorischen Information. Es erhalten also alle diejenigen Strukturen unseres Gehirns, die mit der bewussten Verarbeitung von Wahrnehmungsinhalten – mit Ausnahme des Geruchssystems – befasst sind, ihre einströmenden Signale erst, nachdem sie im Thalamus quasi vorsortiert wurden. Daher wird dieser auch gerne als das »Tor zum Bewusstsein« bezeichnet.

Topische Gliederung. Bei der Weitergabe sensorischer Information an höhere Gehirnregionen wird die topographische Struktur der Information, also die Repräsentation im Raum bzw. auf der Fläche, weitgehend bewahrt (**topische Gliederung**). Das bedeutet etwa, dass die »Landkarte« des Abbilds eines visuellen Reizes auf der Netzhaut auch nach dem Transport über die Sehbahn noch erhalten bleibt. Wenn also durch einen visuellen Reiz bestimmte benachbarte Zellen auf der Netzhaut erregt werden, so spiegelt sich dies wider in der

Abbildung 6.13 Wichtige Verbindungen des Thalamus zu höher gelegenen Gehirnstrukturen

Erregung benachbarter Thalamuszellen und schließlich benachbarter Zellen in dem entsprechenden Projektionsgebiet der Hirnrinde. Ähnliches gilt für die anderen Sinnesorgane.

Motorische Thalamus-Funktionen. Auch im Zusammenhang mit der Koordination motorischer Abläufe erfüllt der Thalamus wichtige Aufgaben. Er stellt Verbindungen her und moduliert den Informationsfluss zwischen verschiedenen motorischen Zentren des Gehirns. Dazu gehört etwa die Koordination der Aktivität des Kleinhirns mit Impulsen aus den Basalganglien (s. Abschn. 9.5.2) sowie die Koordination von Aktivität der Basalganglien mit der Arbeit der motorischen Regionen im Bereich der Frontalhirnrinde. Auch über die motorischen Befehle, die von spezialisierten Motorikarealen der Hirnrinde ausgesandt werden, um über das Rückenmark die Muskulatur zu aktivieren, erhält der Thalamus über Abzweigungen Information. Die Kopie dieser efferenten Motorikbefehle nennt man entsprechend **Efferenzkopie**.

Schließlich ist der Thalamus auch bei der Modulation muskulärer Reaktionen der inneren Organe beteiligt. Dies geschieht in erster Linie über seine Verbindungen zum Hypothalamus (s. u.).

Störungsbild

Das Korsakow- oder Wernicke-Korsakow-Syndrom

Das **Korsakow-Syndrom** (häufig auch als Wernicke-Korsakow-Syndrom bezeichnet) ist die Folge einer Schädigung der Mamillarkörper und häufig auch weiterer Kerngebiete des Zwischenhirns. Die Ursache hierfür ist meist mehrjähriger chronischer Alkoholmissbrauch. Es kommt dann zu einem Mangel an Vitamin B_1 (Thiamin) infolge einer – beim Alkoholismus typischen – Mangelernährung. Auch bei einer Mangelernährung aus anderen Gründen kann das Korsakow-Syndrom auftreten. Das Störungsbild ist typischerweise durch folgende Merkmale aus dem Bereich mentaler Funktionen gekennzeichnet:

(1) Anterograde **Amnesie**: Es zeigen sich deutliche Defizite bei der Bildung neuer Gedächtnisinhalte.

(2) Retrograde Amnesie: Bereits gespeicherte Gedächtnisinhalte können nicht mehr reproduziert werden. Dies kann sich sowohl auf kürzere als auch auf längere Zeiträume beziehen.

(3) Konfabulation: Häufig antworten die Patienten mit frei erfundenen Geschichten auf Fragen. Sie versuchen damit zu kaschieren, dass sie sich an bestimmte Dinge nicht mehr erinnern können (aufgrund der retrograden Amnesie).

(4) Apathie: Es liegt durchgängig Gleichgültigkeit und Interesselosigkeit an den Vorgängen des Alltagslebens vor. Außerdem zeigen die Betroffenen auch kaum das Bedürfnis, an irgendwelchen Freizeitbeschäftigungen teilzunehmen.

(5) Fehlende Einsicht: Nahezu alle Patienten sind sich nicht bewusst, dass sie unter einer Gedächtnisstörung leiden.

Im Folgenden wird der Fall eines Patienten mit Korsakow-Syndrom geschildert (aus Kolb & Whishaw, 2003, S. 319): »Die Störung des Gedächtnisses zeigt sich in einer eigenartigen Amnesie, bei der das Gedächtnis für kurz zurückliegende Ereignisse – für alles, was gerade geschehen ist – im Wesentlichen gestört ist, wohingegen die weiter zurückliegende Vergangenheit ziemlich gut erinnert wird. Während der Konversation mit solchen Patienten ist es zunächst schwierig, überhaupt eine psychische Störung festzustellen. Der Patient vermittelt den Eindruck einer Person, die im Vollbesitz ihrer Fähigkeiten ist, er denkt über alles Mögliche gründlich nach, zieht richtige Schlussfolgerungen aus gegebenen Prämissen und macht intelligente Bemerkungen. Er spielt Schach oder ein Kartenspiel, kurz gesagt, er präsentiert sich als mental gesunde Person.

Erst nach einem längeren Gespräch mit dem Patienten stellt man fest, dass er manchmal Ereignisse völlig durcheinanderbringt und dass er sich an überhaupt nichts erinnert, was um ihn herum vorgeht. Er weiß nicht mehr, ob er schon gegessen hat, ob er sich vom Bett erhoben hatte usw. Manchmal vergisst der Patient, was sich gerade zuvor zugetragen hat: Man kommt in sein Zimmer, spricht mit ihm und geht für eine Minute hinaus, kommt dann wieder herein, und schon hat der Patient absolut keine Erinnerung daran, dass man soeben bei ihm gewesen ist. Patienten dieser Art können die gleiche Seite in einem Buch immer wieder lesen. Manchmal stundenlang, weil sie sich absolut nicht daran erinnern, was sie gelesen haben.«

Der Thalamus und die Regulation höherer psychischer Funktionen. Über ihre gut ausgebildeten Verbindungen zur frontalen Hirnrinde können bestimmte Kerngebiete des Thalamus – besonders die Nuclei anteriores und mediales – auch auf höhere psychische Funktionen Einfluss nehmen. Dies bezieht sich auf motivationale, emotionale und kognitive Prozesse. Eine Störung in diesen Kerngebieten des Thalamus kann zu schwerwiegenden Einschränkungen kognitiver Funktionen führen. Vor allem im Bereich des Kurzzeitgedächtnisses zeigen sich bei Läsionen in diesen Strukturen Defizite. Ein Beispiel hierfür ist das sog. Korsakow-Syndrom (s. Kasten). Typischerweise findet sich bei Post-mortem-Untersuchungen der Gehirne von Korsakow-Patienten häufig eine Degeneration der medialen Thalamuskerne (neben der Schädigung der **Mamillarkörper**, des Hippocampus und der frontalen Hirnrinde).

> ### Zusammenfassung
>
> Der Thalamus dient als wichtiges sensorisches Umschaltzentrum, das die Information aus den Sinnesorganen filtert (»Tor zum Bewusstsein«). Darüber hinaus hat er Aufgaben im Zusammenhang mit der motorischen Koordination und der Schmerzwahrnehmung sowie höherer psychischer Funktionen.

Der Hypothalamus

Der Hypothalamus ist das wichtigste Steuerungszentrum für die Funktion unserer inneren Organe und damit die Konstanthaltung des inneren Milieus. Die hier generierten Impulse laufen sowohl über den sympathischen als auch den parasympathischen Zweig des vegetativen Nervensystems (s. Abschn. 7.2). Eine seiner Hauptaufgaben besteht in der Anpassung vegetativer Funktionen an die sich ständig ändernden Anforderungen aufgrund emotionaler und motivationaler Prozesse. Er erfüllt dabei Aufgaben im Zusammenhang mit der Atmung, den Herz-Kreislauf-Funktionen, der Temperaturregulation, der Regulation der Wasser- und Nährstoffaufnahme und der chemischen Zusammensetzung der meisten Körperflüssigkeiten. Außerdem hat er eine wichtige integrierende Funktion bei der Steuerung von Verhaltensmustern im Zusammenhang mit Reproduktion, Brutpflege und Abwehr- bzw. Fluchtreaktionen. Schließlich spielt er bei der Steuerung biologischer Rhythmen eine entscheidende Rolle (s. Abschn. 19.2.2).

Er stellt eine entscheidende Schnittstelle zwischen bewussten psychischen Prozessen (etwa emotionalen Vorgängen) und denjenigen körperlichen Vorgängen dar, die im Zusammenhang mit der psychischen Befindlichkeit stehen.

Lage und Aufbau. Wie sein Name sagt, befindet sich der Hypothalamus unterhalb des Thalamus (etwas nach ventral verschoben, s. Abb. 6.12). Verblüffenderweise ist dieses überaus wichtige Gehirngebiet relativ klein, es wiegt beim erwachsenen Menschen nur 4–5 g und macht damit nur etwa ein Vierhundertstel des gesamten Gehirngewichts aus. Der Hypothalamus besteht, ähnlich wie der Thalamus, aus einer Ansammlung von kleineren Kernen. Diese unterscheiden sich hinsichtlich ihrer **Zytoarchitektonik**, d. h. der Gestalt und Anordnung der Zellen, ihrer **Zytochemie**, d. h. den von ihnen produzierten Stoffen, und ihrer Verbindungen zu anderen Regionen.

Substrukturen. Die Grenzen zwischen den verschiedenen hypothalamischen Kerngebieten sind meist unscharf bis fließend; daher findet man in der Literatur gelegentlich unterschiedliche Angaben zu den Bestandteilen des Hypothalamus. Allerdings herrscht weitgehend Einigkeit über diejenigen Kerngebiete und Faserverbindungen, die unabdingbar zum Hypothalamus zu zählen sind. Grob kann man einen *medialen* Teil des Hypothalamus, der einige relativ gut abgrenzbare Kerne enthält, und einen *lateralen* Teil von eher diffuser Struktur unterscheiden. Diese beiden Bereiche sind konzentrisch angeordnet. Im Allgemeinen werden auch die Mamillarkörper dazugerechnet. Diese liegen etwas unterhalb und dorsal der basalen Hypothalamusausdehnung.

An seiner Unterseite setzt sich der Hypothalamus in die **Hypophyse** (Hirnanhangsdrüse) fort, die über den sog. **Hypophysenstiel** (Infundibulum) an den Hypothalamus »angehängt« ist. Die Hypophyse ist Bildungsort und Speicher für verschiedene Hormone (s. Abschn. 8.5.1), die als Folge von Hypothalamusbefehlen in den Blutstrom ausgeschüttet werden können. Damit hat der Hypothalamus nicht nur auf nervalem Wege, sondern auch auf der Basis hormoneller Signale die Möglichkeit, eine Fülle von Körperprozessen zu steuern und zu regulieren.

Neurotransmitter. Eine weitere Besonderheit des Hypothalamus besteht darin, dass in dieser Region eine beachtliche Anzahl verschiedener Neurotransmitter wirksam ist, da unterschiedlichste Neuronentypen aus unterschiedlichen Hirnarealen hierhin Fasern entsenden. Je nach hypothalamischem Kerngebiet finden sich hier Acetylcholin, Noradrenalin, Serotonin, Dopamin, Histamin und verschiedene Neuropeptidtransmitter.

Da der Hypothalamus die zentrale Drehscheibe und Umschaltstelle für Signale zwischen Gehirn und Körperperipherie und umgekehrt darstellt, ist klar, dass hier eine Fülle von Eingangs- und Ausgangssignalen verarbeitet werden müssen. Dazu gehören nicht nur neuronale Signale, sondern auch hormonelle.

Neuronaler Input des Hypothalamus. Aufgrund seiner Bedeutung für die Regulation von psychophysischen Prozessen erhält der Hypothalamus Zuflüsse von vielen Gehirnregionen. Diese Zuflüsse enden, je nach Herkunft, an unterschiedlichen Kernen des Hypothalamus. Über die zahlreichen Querverbindungen innerhalb des Hypothalamus findet dann eine Integration dieses Informationsstroms statt (s. Abb. 6.14).

Über Signale von der Netzhaut erhält der **Nucleus suprachiasmaticus** des Hypothalamus Information über den totalen Lichtpegel und damit über den Tag-Nacht-Wechsel. Dieses Kerngebiet ist daher wesentlich an der Steuerung der **zirkadianen** Rhythmik (s. Abschn. 19.2.2) beteiligt. Auch akustische und taktile Informationen fließen zum Hypothalamus, ebenso wie Geruchssignale – Letztere gelangen allerdings nur auf indirektem Wege hierher. Information aus dem Rückenmark, z. B. Signale aus den Muskeln oder den Gelenken, erreichen den Hypothalamus ebenfalls, i. Allg. jedoch indirekt nach Umschaltung in der Formatio reticularis, in gewisser Weise also bereits gefiltert und komprimiert.

Zu den unterhalb gelegenen Hirnstrukturen, die Informationen zum Hypothalamus senden, gehören der noradrenerge Locus coeruleus und die serotonergen Raphe-Kerne. Beide haben wir bei der Besprechung der Formatio reticularis kennengelernt. Vermutlich dienen diese Impulse dazu, via Hypothalamus das gesamte Spektrum körperlicher Aktivierungsprozesse (v. a. vegetative Veränderungen) zu steuern. Die wichtigsten Zuflüsse von höher gelegenen Zentren stammen aus dem Kortex, insbesondere dem präfrontalen Kortex, dem Hippocampus sowie weiteren Regionen des limbischen Systems (s. Abschn. 6.4.10).

Hormoneller Input des Hypothalamus. Der Hypothalamus besitzt Sensoren für hormonelle Signale, da zahlreiche seiner Neuronen an ihrer Oberfläche Rezeptoren für verschiedene Hormone besitzen. Dazu gehören Sexualhormone, Schilddrüsenhormone und Hypophysenhormone. Außerdem befinden sich im Hypothalamus Zellen, die etwa die Glukose-, Insulin- oder Sauerstoffkonzentration im zirkulierenden Blut registrieren.

Die hypothalamischen Hormonrezeptoren sind in vielen Fällen Bestandteile negativer Feedbackkreise: Die Konzentration der von der Hypophyse in den Blutstrom ausgeschütteten Hormone wird von Sensoren des Hypothalamus registriert und auf dieser Basis kommt es dann etwa beim Vorliegen sehr hoher Konzentrationen zu einer Dämpfung der hypophysären Sekretion des entsprechenden Hormons.

Efferente Signale. Aufgrund der Funktion des Hypothalamus als zentrales Steuerungsorgan für die Regulation des biochemischen Milieus und physiologischer Parameter ist klar, dass eine Vielzahl von efferenten Signalen vom Hypothalamus ausgehen. Die nervale Regulation der inneren Organe geschieht über absteigende Fasern zu den Neuronen des sympathischen und parasympathischen Nervensystems (s. Abschn. 7.2). Demgemäß ist der Hypothalamus für Sympathikus- und Parasympathikus-

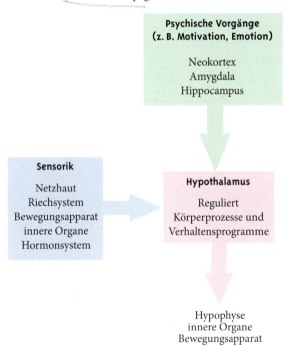

Abbildung 6.14 Der Hypothalamus erhält Informationen über die höheren psychischen Vorgänge, über die äußere Welt sowie über das innere Milieu. Diese Informationen werden integriert und aufgrund dessen werden Verhaltensprogramme angestoßen und hormonelle und vegetative Prozesse in Gang gesetzt

funktionen und damit für das gesamte Vegetativum die zentrale Steuerungsinstanz.

Nucleus praeopticus. Von besonderer Bedeutung für die Regulation der Körpertemperatur und des Sexualverhaltens ist der **Nucleus praeopticus**. Weibliche und männliche Gehirne unterscheiden sich in der Größe dieses Kernes. Er trägt zur Steuerung der Geschlechtshormonsekretion – auch im Verlauf des Menstruationszyklus – bei. Darüber hinaus kann eine Schädigung dieses Kernes eine Senkung der Körpertemperatur (**Hypothermie**), eine Reizung dagegen eine Erhöhung (**Hyperthermie**) zur Folge haben.

Interessanterweise finden sich auch efferente Verbindungen zu vielen ZNS-Regionen, die dann ihrerseits Impulse zum Hypothalamus zurücksenden (Rückenmark, Formatio reticularis, Hirnnervenkerne und Hirnrinde). Zu höher gelegenen Zentren, etwa der Hirnrinde, nimmt der Hypothalamus – meist über den Thalamus – zahlreiche Verbindungen auf. Außerdem finden sich auch direkte Bahnen zur Hirnrinde, speziell zum präfrontalen Bereich. Über die Mamillarkörper werden Verknüpfungen vom Hippocampus (s. Abschn. 6.4.10) mit dem Thalamus hergestellt, deren Funktion im Zusammenhang mit Gedächtnis und Lernvorgängen sowie dem affektiven Verhalten beschrieben wird. Beim sog. Korsakow-Syndrom (s. o., Kasten) sind besonders in diesem Bereich Schädigungen festzustellen.

Von den efferenten Verbindungen des Hypothalamus sind die teilweise **endokrinen**, teilweise neuronalen Signale von besonderer Bedeutung, die zur Hypophyse laufen. Diese steuern mit hoher zeitlicher Präzision die Ausschüttung von Hormonen aus der Hypophyse in den Blutkreislauf (s. u.). Zwei hypothalamische Kerne sind hier insbesondere beteiligt, der Nucleus supraopticus und der Nucleus paraventricularis, die zwei Hormone produzieren, **Vasopressin** und **Oxytocin** (s. u. und Kap. 8). Beide Hormone werden über axonalen Transport in den Hypophysenhinterlappen befördert und erst von dort aus in die Blutbahn ausgeschüttet (s. u.).

Exkurs

Die Folgen von Hypothalamusläsionen

Der Hypothalamus ist oberste Instanz des endokrinen und vegetativen Systems. Auf der Basis zahlreicher Tierexperimente weiß man, dass Verletzungen bzw. Zerstörungen im Bereich des Hypothalamus eine ganze Reihe lebenswichtiger Funktionen beeinflussen bzw. zum Erliegen bringen können. So wurde beobachtet, dass Läsionen im lateralen Hypothalamus bei einigen Tierspezies zu einer sog. **Aphagie**, d. h. einer Unfähigkeit zu fressen oder zu kauen, führt. Wenn die Tiere nicht künstlich ernährt werden, sterben sie. Läsionen im posterioren Hypothalamus führen häufig zur sog. **Somnolenz**, d. h. zu einem Zustand krankhafter Schlafsucht. Die Tiere zeigen anhaltendes schlafähnliches Verhalten, wobei man allerdings heute davon ausgeht, dass es sich hier nicht um echten Schlaf handelt, sondern primär um die Auswirkungen einer Blockierung der Willkürbewegungen. Läsionen im lateralen Hypothalamus führen häufig zum sog. sensorischen **Neglect**. Dies bedeutet, dass Reize aus den verschiedenen Sinnesmodalitäten nur dann wahrgenommen werden, wenn sie sehr intensiv sind oder die Aufmerksamkeit des Versuchstiers gezielt auf die Reize gesteuert wird. Eine Steuerung der unwillkürlichen Aufmerksamkeit fehlt hier.

Bei Bewegungsstörungen, die in erster Linie durch Läsionen im posterioren lateralen Hypothalamus ausgelöst werden, kann es zu so schwerwiegenden Beeinträchtigungen kommen, dass es den Tieren nicht mehr gelingt, die aufrechte Körperhaltung einzunehmen. Man geht allerdings davon aus, dass die Bewegungsstörungen nach Hypothalamusläsionen daher rühren, dass Bahnen, die von den motorischen Zentren höher gelegener Gehirnregionen absteigen und dabei den Hypothalamus passieren, hier durch die Läsion unterbrochen werden.

Die Regenerationsvorgänge nach Hypothalamusläsionen wurden intensiv studiert. Es zeigte sich, dass bei kleineren Läsionen relativ schnell das normale Verhalten wieder hergestellt wird. Auch bei größeren Läsionen kann bei geeigneter Pflege der Tiere und bei entsprechenden Trainingstechniken das Defizit zu großen Teilen abgebaut werden.

Zusammenfassung

Der Hypothalamus enthält eine Reihe von Kerngebieten, die der Steuerung vegetativer Funktionen dienen. Er ist damit u. a. für die Regulation lebenswichtiger Funktionen wie Atmung, Kreislauf, Nahrungs- und Flüssigkeitsaufnahme und Körpertemperatur verantwortlich. Sympathikus und Parasympathikus unterliegen der Steuerung durch den Hypothalamus. Über die Hypophyse vermag er auch auf hormonellem Wege regulierend auf zahlreiche Körperfunktionen einzuwirken.

Aufgrund seiner engen Verbindungen zu den vegetativen Organen ist er von großer Bedeutung z. B. für emotionsbegleitende Körperprozesse.

Die Hypophyse

Mit der Hypophyse (Hirnanhangsdrüse) hat der Hypothalamus einen verlängerten Arm, mit dem er sehr gezielt in verschiedene hormongesteuerte Lebensfunktionen eingreifen kann. Die Hypophyse ist über den Hypophysenstiel an den Hypothalamus angehängt. Die Hypophyse besteht aus einem sog. Hypophysenvorderlappen (auch **Adenohypophyse**) und einem Hypophysenhinterlappen (auch **Neurohypophyse**). Aus den Abbildungen 6.15 und 6.16 ist die Lage der Hypophyse zu erkennen. Die Hypophyse ist innerhalb des endokrinen Systems des Körpers die wichtigste Steuerungseinheit.

Die Signalübertragung vom Hypothalamus zur Hypophyse an das endokrine System geschieht auf zwei unterschiedlichen Wegen.

Der Hypophysenvorderlappen (Adenohypophyse). Vom Hypothalamus zum Hypophysenvorderlappen erfolgt die Signalleitung nicht über axonalen Stofftransport, sondern durch ein kleines Blutkreislaufsystem, das Pfortadersystem (s. Abb. 6.15). Im mittleren Hypothalamus befinden sich Zellen, in denen die sog. **Releasing-** bzw. **Inhibitingfaktoren** gebildet werden. Dies sind Hormone, die allerdings nur über eine relativ kurze Strecke über den Blutweg (innerhalb des Pfortadersystems) als Botenstoffe wirken. Jeder Releasingfaktor stimuliert die Ausschüttung eines bestimmten Hormons aus der Hypophyse, Inhibitingfaktoren hemmen dagegen die Ausschüttung bestimmter Hormone. (Releasingfaktoren werden auch Liberine genannt, Inhibitingfaktoren auch Statine.) Vom mittleren Hypothalamus laufen zahlreiche dünne Axone zu den sog. Portalvenen im oberen Bereich des Hypophysenstiels. Hier findet an extrem dünnwandigen Kapillaren dieses Gefäßsystems der Übertritt aus den axonal herantransportierten Releasing- bzw. Inhibitingfaktoren in das Pfortadersystem statt.

Jeder Releasing- bzw. Inhibitingfaktor induziert also in Hypophysenzellen, die mit diesbezüglichen Rezeptoren ausgestattet sind, eine veränderte Aktivität. So werden beispielsweise durch den Gonadotropin-Releasing-Faktor bestimmte Zellen des Hypophysenvorderlappens zur Ausschüttung von zwei Hormonen, nämlich dem **follikelstimulierenden Hormon** (FSH) und dem **luteinisierenden Hormon** (LH), angeregt (s. Kap. 18.1.3).

Man kann nach ihrem Wirkort zwei Typen von Vorderlappenhormonen unterscheiden:

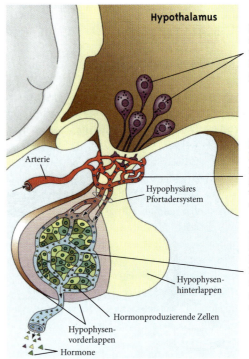

Abbildung 6.15 Hypophysenvorderlappen. Es ist der Hypophysenvorderlappen mit seiner Funktion und seinen Verbindungen dargestellt

134 | 6 Aufbau und Funktion des Nervensystems

(1) **glandotrope Hormone**, die als Zielorgane andere Drüsen haben und dort die Ausschüttung von Substanzen in den Blutstrom anregen, und
(2) **effektorische Hormone**, die ihre Effekte – ohne weitere Umwege über andere Drüsen – direkt entfalten.

Näheres zu einzelnen Hormonen und ihrer Wirkung wird in Kapitel 8 dargestellt. Tabelle 6.4 gibt eine Aufstellung der Hypophysenvorderlappenhormone.

Der Hypophysenhinterlappen (Neurohypophyse). Die beiden Hormone, die aus dem Hypophysenhinterlappen in den Blutkreislauf abgegeben werden, entstammen dem Hypothalamus. Ihre Ausschüttung wird also nicht durch Releasing- bzw. Inhibitingfaktoren gesteuert. Vom Hypothalamus aus werden sie durch die Mikrotubuli der neuronalen Axone bis in den Hypophysenhinterlappen transportiert (s. Abb. 6.16). Wegen dieses neuronalen Anschlusses an den Hypothalamus nennt man diesen Teil

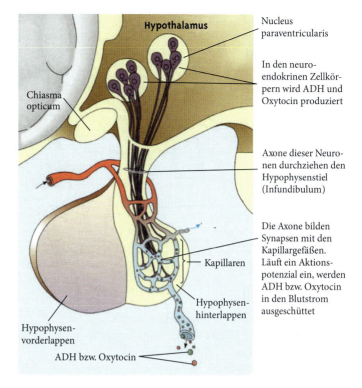

Abbildung 6.16 Hypophysenhinterlappen. Es sind die Verbindungen und die Wirkmechanismen des Hypophysenhinterlappens dargestellt

Tabelle 6.4 Hormone der Adenohypophyse

Hormon	Hypothalamische Releasing-Hormone (+) und Inhibiting-Hormone (−)	Stimulierte periphere Hormone
Corticotropin (Adrenokortikotropes Hormon, ACTH)	Corticoliberin (+)	Glukokortikosteroide
Follitropin (Follikelstimulierendes Hormon, FSH)	Gonadoliberin (+)	Östrogene
Luteotropin (Luteinisierendes Hormon, LH)	Gonadoliberin (+)	Gestagene (Frau) Androgene (Mann)
Prolaktin	Prolaktoliberin = VIP (+) Prolaktostatin = Dopamin (−)	
Thyrotropin (Thyroideastimulierendes Hormon, TSH)	Thyroliberin (+)	Schilddrüsenhormone
Somatotropin (Growth hormone, GH, Somatotropes Hormon, STH)	Somatoliberin (+) Somatostatin (−)	Somatomedine
Melanotropin (Melanozytenstimulierendes Hormon, α-, β-, γ-MSH)	Corticoliberin (+)	
Lipotropin (Lipotropes Hormon, β-, γ-LPH)	Corticoliberin (+)	

der Hirnanhangsdrüse auch »Neurohypophyse«. Hier werden die Hormone bevorzugt in der Nähe der Blutgefäße gespeichert und auf einen Reiz hin in den Blutkreislauf des Körpers abgegeben (»sezerniert«).

Die beiden Hinterlappenhormone sind das **antidiuretische Hormon** (ADH, Vasopressin) und das **Oxytocin**. Beide sind Peptidhormone, aufgebaut aus jeweils neun Aminosäuren, die sich in ihrer chemischen Struktur nur geringfügig unterscheiden, jedoch vollkommen unterschiedliche physiologische Funktionen haben. Das antidiuretische Hormon spielt eine wichtige Rolle in der Regulation des Wasserhaushalts und des Blutdrucks, während Oxytocin u.a. gegen Ende der Schwangerschaft als Wehenauslöser wichtig ist. Beide Hormone haben auch Effekte auf psychische Prozesse (Weiteres dazu s. Kap. 8).

Zusammenfassung

Die Hypophyse schüttet Hormone in den Blutstrom aus. Der Hypophysenvorderlappen empfängt hypothalamische **Releasing-** und **Inhibitinghormone**. Diese wiederum steuern die Ausschüttung der Vorderlappenhormone in den Blutkreislauf.

Der Hypophysenhinterlappen stellt eine Durchgangsstation für die Hormone Vasopressin und Oxytocin dar. Diese werden im Hypothalamus gebildet und via Hypophysenhinterlappen in den Blutkreislauf abgegeben.

Epithalamus mit Epiphyse und Subthalamus

Epithalamus. Der Epithalamus besteht aus der Epiphyse (Zirbeldrüse) und den beiden Epiphysenstielen, den Habenulae, die jedoch eigentlich dem Thalamus zuzurechnen sind. Er liegt im dorsalen Bereich des Zwischenhirns.

Epiphyse. Die Epiphyse ist ein zapfenförmiges Organ, das auch als Corpus pineale bezeichnet wird. Sie hängt – in der Nähe des Thalamus – oberhalb der Vierhügelplatte (s. Abb. 6.12), ist leicht nach hinten geneigt und etwa 0,6 cm lang bei einer Dicke von 0,3 cm und einem Gewicht von ca. 0,1 g.

Die wichtigste Funktion der Zirbeldrüse beim Erwachsenen ist die Produktion des Hormons **Melatonin** (wobei Serotonin als Vorläufersubstanz dient) und die Ausschüttung dieser Substanz in den Blutkreislauf. Es handelt sich also bei der Zirbeldrüse um eine endokrine Drüse. Die Zellen der Epiphyse sind jedoch keine Drüsenzellen im eigentlichen Sinne, sondern modifizierte Photorezeptorzellen, die bestimmte Botenstoffe produzieren und ausschütten können. Bei niederen Wirbeltieren wird die Epiphyse direkt über den Lichteinfall beeinflusst. Beim Menschen wird ebenfalls eine lichtabhängige Rhythmisierung der Melatoninausschüttung beobachtet, die hier indirekt über den Nucleus suprachiasmaticus des Hypothalamus (s. o.) als Zwischenstation stattfindet. Bei Dunkelheit steigt die Melatoninproduktion und -ausschüttung an. Die Melatoninkonzentration im Blut beeinflusst eine Reihe von Prozessen mit zirkadianer Rhythmik, d.h. im 24-Stunden-Takt variierenden Prozessen. Im Zusammenhang mit biologischen Rhythmen (s. Abschn. 20.4.4) werden wir auf die Zirbeldrüse noch einmal zu sprechen kommen.

Darüber hinaus wurde beobachtet, dass Melatonin die Freisetzung von gonadotropen Hormonen hemmt und damit auf die Entwicklung der Keimdrüsen wirkt. Bei verschiedenen Tierspezies könnte die dämpfende Wirkung des Melatonins auf das Sexualverhalten (durch Hemmung der Produktion von Sexualhormonen) in Abhängigkeit vom Lichtpegel durchaus sinnvoll sein: In der lichtarmen Zeit, also im Winter, ist die Aufzucht der Jungen wegen des geringeren Nahrungsangebots und der niedrigeren Temperaturen deutlich risikoreicher als im Sommer.

Subthalamus. Der Subthalamus (Thalamus ventralis) befindet sich zwischen dem Thalamus und der Mittelhirnhaube, d.h. unterhalb des Thalamus. Es handelt sich um eine Mischzone, die einen Übergangsbereich zwischen dem Tegmentum, dem Hypothalamus und den Basalganglien (s. Abschn. 6.4.9) darstellt. Seine wichtigsten Strukturen sind der Nucleus subthalamicus und der Globus pallidus. Beide werden allerdings unter funktionellen Gesichtspunkten häufig zu den Basalganglien gezählt (Näheres s. Abschn. 6.4.9). Die wesentlichen Funktionen des Subthalamus sind im Bereich der Motorik, und zwar hinsichtlich der Integration motorischer Programme angesiedelt.

6 Aufbau und Funktion des Nervensystems

Zusammenfassung

Wichtigstes Organ des Epithalamus ist die Epiphyse (Zirbeldrüse), die das Hormon Melatonin produziert und damit an der Schlaf-Wach-Regulation beteiligt ist.

Der Subthalamus steht in enger Verbindung mit den Basalganglien und erfüllt wie diese vor allem Aufgaben in Zusammenhang mit der motorischen Steuerung.

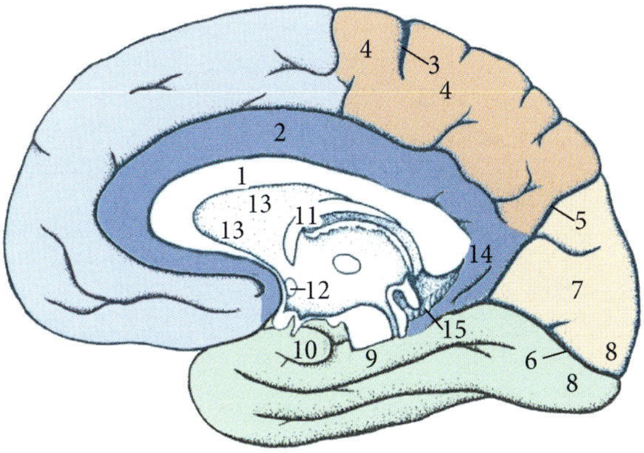

6.4.9 Das Endhirn – subkortikale Strukturen

Das Endhirn (**Telenzephalon**, Großhirn) ist beim Menschen besonders differenziert und verhältnismäßig groß ausgebildet (85 % des Gesamtgewichts des Gehirns). Das Endhirn wird untergliedert in

(1) die Großhirnrinde (Kortex) oder synonym das Pallium (den Hirnmantel) und

(2) das Großhirnmark, bestehend aus Faserverbindungen und Endhirnkernen (Basalganglien).

Von außen sind zwei durch eine große Längsfurche (Fissura longitudinalis cerebri) geteilte Hemisphären erkennbar (s. Abb. 6.19). Jede der beiden Hemisphären hat beim erwachsenen Menschen eine Länge von ca. 17 cm und misst an ihrer breitesten Stelle ca. 7 cm. Die Oberfläche der beiden Großhirnhemisphären besteht

Abbildung 6.18 Die wichtigsten Windungen (Gyri) und Furchen (Sulci) der Großhirnrinde. Medialansicht von links. 1 Corpus callosum (Balken), diesem liegt oben unmittelbar der 2 Gyrus cinguli auf. 3 Sulcus centralis, um den sich der 4 Gyrus paracentralis herumlegt (Übergang vom Gyrus prae- zum Gyrus postcentralis). Parietal- und Okzipitallappen werden durch den 5 Sulcus parieto-occipitalis getrennt, der zusammen mit dem 6 Sulcus calcarinus den 7 Cuneus begrenzt. Um 6 herum legt sich der 8 Gyrus calcarinus. 9 Gyrus parahippocampalis, 10 Uncus, 11 Fornix, 12 Commissura anterior, 13 Septum pellucidum (spannt sich zwischen Fornix und Balken aus), 14 Isthmus gyrus cinguli, 15 Gyrus dentatus

aus grauer Substanz von wechselnder Dicke. Diese Schicht grauer Substanz bildet den Kortex. Darunter befindet sich die weiße Substanz. Die Oberfläche des Großhirns ist in zahlreiche Furchen (**Sulci**) und Windungen (**Gyri**), die von Furchen begrenzt sind, untergliedert. In Abbildung 6.17 sind die wichtigsten Windungen und Furchen in Lateralansicht wiedergegeben. In Abbildung 6.18 sieht man eine Medialansicht des Gehirns mit den Bezeichnungen der wichtigsten Strukturen des Großhirns.

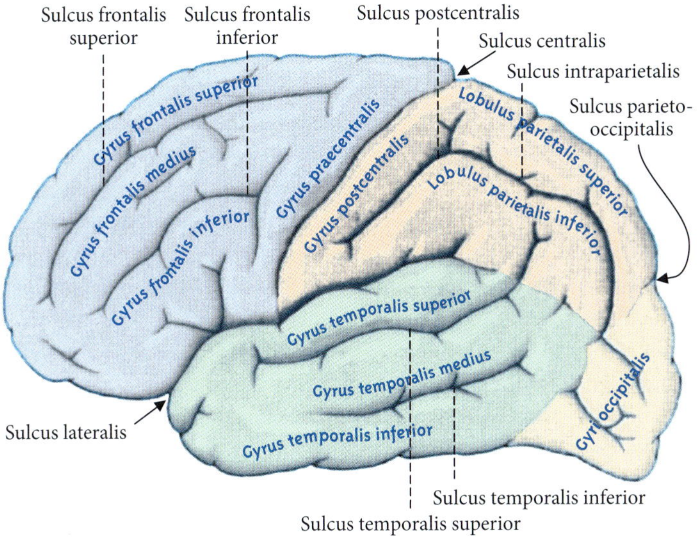

Die Basalganglien

Die **Basalganglien** (Stammganglien) sind Endhirnkerne, d. h. Ansammlungen von Nervenzellkörpern im Bereich des Endhirns. Sie sind in die weiße Substanz des Endhirns, das **Marklager**, eingebettet. Die Lage der Basalganglien ist in Abbildung 6.19 grob schematisch dargestellt.

Abbildung 6.17 Bezeichnungen für die wichtigsten Windungen (Gyri) und Furchen (Sulci) der Großhirnrinde. Ansicht von links lateral

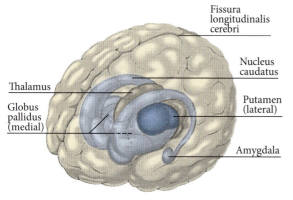

Abbildung 6.19 Lage der Basalganglien und der Amygdala

Zuordnung. Welche Kerne und Kerngebiete zu den Basalganglien gehören, wurde in der Geschichte der Anatomie immer wieder neu definiert. Aufgrund der heutigen Kenntnis der Funktion und Entwicklungsgeschichte des ZNS werden folgende Kerngebiete zu den Basalganglien gezählt:

- das **Striatum** (Streifenkörper) mit den beiden Substrukturen Nucleus caudatus und **Putamen** sowie
- das **Pallidum** (Globus pallidus).

Des Weiteren wird aufgrund der engen funktionellen Verbindung außer von den Basalganglien im engeren Sinne auch von weiteren assoziierten Basalganglienkernen gesprochen. Zu diesen gehören u. a. die bereits erwähnten Kerngebiete des

- **Nucleus subthalamicus** und
- die **Substantia nigra**.

Von verschiedenen Autoren wird auch die **Amygdala** (Corpus amygdaloideum) dazu gezählt.

Wegen ihrer Gestalt und räumlichen Nähe werden Putamen und Globus pallidus gelegentlich auch unter dem Begriff **Linsenkern** (Nucleus lentiformis) zusammengefasst.

Die Basalganglien sind unabdingbar für eine reibungslos und koordiniert verlaufende Bewegungsausführung, indem sie die motorischen Impulse des Kortex in vielfacher Weise modulieren. Dies geschieht durch eine komplexe Verschaltung mit hemmenden und erregenden Anteilen.

Verschaltung der Basalganglien. Nahezu alle von der Hirnrinde kommenden Zuflüsse gelangen über das Striatum in die Basalganglien (s. Abb. 6.20). Interessanterweise stammen diese Zuflüsse nicht nur von solchen Kortexarealen, die unmittelbar mit der Motorik befasst sind, sondern sie kommen weit gestreut aus vielen Regionen der Großhirnrinde. Die wichtigsten Ausgangsfasern verlassen die Basalganglien via Globus pallidus und eine Substruktur der Substantia nigra, die Pars reticulata.

Die Basalganglien sind untereinander sehr eng verwoben, wobei ein schleifenförmiger Informationsfluss zwischen den verschiedenen Einzelstrukturen die Regel ist. Man kann zwei Wege durch die Basalganglien unterscheiden: Der direkte Weg läuft vom Striatum direkt zum internen Segment des Globus pallidus oder der Substantia nigra und erreicht dann den Thalamus. Als Ergebnis der zweimaligen Hemmung (d. h. der Hemmung einer Hemmung) ist seine Wirkung auf den Thalamus aktivitätssteigernd. Der indirekte Weg nimmt sozusagen einen Umweg vom Striatum aus, und zwar über das externe Segment des Pallidums, dann zum Nucleus subthalamicus, um schließlich über das interne Segment des Globus pallidus oder der Substantia nigra den Thalamus zu erreichen. Die Hemmung an drei Stellen führt im Endergebnis am Thalamus zu einer Aktivitätsdämpfung. Letztlich hängt das Verhalten des Thalamus und sekundär dazu die Beeinflussung der motorischen Areale der Hirnrinde vom Gesamtergebnis der beiden Outputs von direktem und indirektem Weg ab. Dieses muss logischerweise fein ausbalanciert sein, damit eine wohlkoordinierte Bewegungssteuerung möglich ist.

Folgende Neurotransmitter sind in besonderem Maße beteiligt: Afferente erregende Impulse vom Kortex werden über Glutamat vermittelt. Auch die erregenden Neuronen des Nucleus subthalamicus verwenden Glutamat als Transmitter. Das Striatum und der Globus pallidus wirken überwiegend hemmend über den Transmitter GABA – oftmals zusätzlich mit den Neuropeptiden Substanz P und den Enkephalinen. Die Substantia nigra hemmt Bestandteile des Striatums über dopaminerge Neuronen. Andere Striatumgebiete werden durch ebenfalls dopaminerge Fasern der Substantia niagra erregt. Bestimmte Thalamuskerne werden über GABAerge Neuronen gehemmt.

Die genauen Verschaltungen der Basalganglien, deren Details über das hier Dargestellte weit hinausgehen, werden intensiv erforscht, sind allerdings noch nicht befriedigend aufgeklärt. Die Signalflüsse haben hohe klinische Relevanz. Bei Schädigung einer einzelnen der beteiligten Strukturen in diesem Netzwerk wirkt sich dies sofort auf andere Basalganglienstrukturen aus, da diese jetzt nicht mehr adäquat erregt oder gehemmt werden.

Störungsbild

Hemiballismus

Unter Hemiballismus versteht man eine auf eine Körperhälfte beschränkte Bewegungsstörung, die durch blitzartig auftretende, heftige Schleuderbewegungen der Arme oder Beine gekennzeichnet ist. Diese lassen sich willentlich nicht unterdrücken. Die Schleuderbewegungen sind dabei so stark und so weit ausgreifend, dass es nicht selten zu Verletzungen an den entsprechenden Gliedmaßen kommt. Sie folgen oft in relativ kurzen Intervallen aufeinander. In den Zwischenphasen ist die Muskelspannung normal oder sogar eher reduziert.

In den meisten Fällen liegt die Ursache des Hemiballismus in krankhaften Gefäßveränderungen im Bereich des Nucleus subthalamicus bzw. in anderen Schädigungen dieses Kerns. Dieser stimuliert normalerweise den seinerseits hemmend wirkenden Globus pallidus. Beim Hemiballismus fallen hemmende Wirkungen des Globus pallidus weg und unwillkürliche Schleuderbewegungen sind die Folge. Diese treten auf der kontralateralen Körperseite auf, d. h. auf derjenigen Körperseite, die der geschädigten Seite des Nucleus subthalamicus gegenüberliegt.

Die Bedeutung der Basalganglien für die Motorik. Es ist schon sehr lange bekannt, dass die Basalganglien bei der Bewegungssteuerung eine wichtige Rolle spielen.

Man beobachtete schon vor über 100 Jahren, dass in den Gehirnpräparaten verstorbener Patienten mit bestimmten Erkrankungen der Motorik sehr häufig Degenerationen im Bereich der Basalganglien vorlagen. Beispiele für Krankheiten mit derartigen Störungen der Motorik sind insbesondere der **Hemiballismus**, die Chorea Huntington und die Parkinson-Erkrankung (s. u.). Diese Krankheitsbilder können die Bedeutung der Basalganglien gut verdeutlichen.

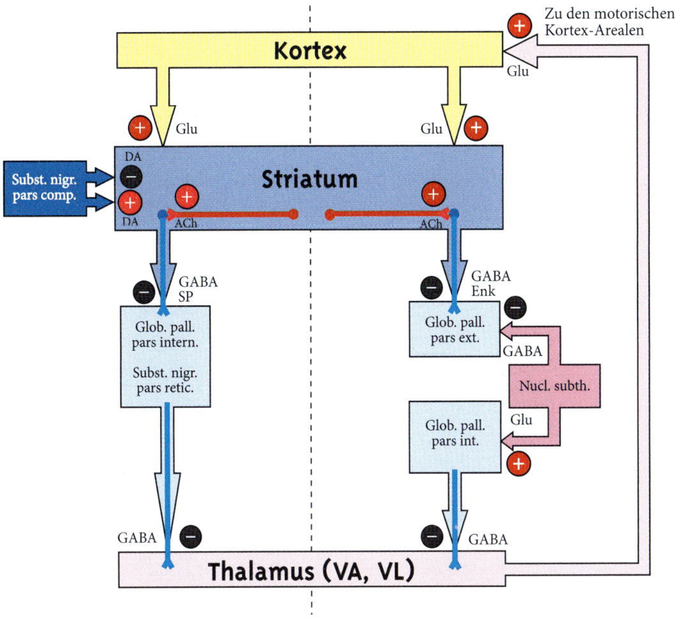

Abbildung 6.20 Basalganglienverschaltung (stark vereinfacht). Hemmende Verschaltungen sind mit »−« gekennzeichnet, fördernde mit »+«. Es sind die wichtigsten beteiligten Neurotransmitter eingezeichnet. Glu = Glutamat, DA = Dopamin, ACh = Acetylcholin, Enk = Enkephalin, SP = Substanz P, Subst. nigr. pars comp. = Substantia nigra pars compacta, Subst. nigr. pars retic. = Substantia nigra pars reticulata, Glob. pall. pars ext. = Globus pallidus pars externa, Glob. pall. pars int. = Globus pallidus pars interna, Nucl. subth. = Nucleus subthalamicus, VA/VL = Nucleus ventralis anterior und Nucleus ventralis lateralis des Thalamus

Die Parkinson-Krankheit

Die bekannteste Erkrankung, die auf eine Störung im Bereich der Basalganglien zurückgeht, ist die **Parkinson-Krankheit** (Parkinson-Syndrom, Morbus Parkinson, Schüttellähmung, Paralysis agitans). Die Erkrankung wurde erstmals 1817 von James Parkinson (1755–1824) aufgrund seiner Beobachtungen in Londoner Krankenhäusern beschrieben.

Ursache. Bei Patienten mit der Parkinson-Erkrankung findet sich ein Untergang dopaminerger Neuronen der Substantia nigra, und zwar in jenem Teil, in dem eine dichte Neuronenanordnung vorliegt, der Pars compacta. Diese hemmt normalerweise vermittels des Dopamins das inhibitorisch auf Bewegungsimpulse wirkende Striatum. Fällt

6.4 Das Gehirn | **139**

diese Hemmung des Striatums nun weg, wird die bewegungshemmende Modulation des Striatums übergewichtig, die Patienten können Bewegungen nur mit großer Mühe in Gang setzen.

Verbreitung und Verlauf. Von der Parkinson-Krankheit sind 1–2 % der über 65-Jährigen betroffen. Der Krankheitsverlauf ist relativ langsam. Bis zum Erreichen des Endstadiums der Krankheit vergehen im Durchschnitt 15 Jahre. Das bedeutet, dass viele Patienten bereits an anderen Krankheiten verstorben sind, bevor sie das Endstadium der Parkinson-Krankheit erreicht haben.

Das klinische Bild. Das Parkinson-Syndrom ist durch vier Leitsymptome gekennzeichnet: Bradykinesie, Akinesie, Rigor und Tremor. Heute wird die Akinesie als das wichtigste Symptom der Parkinson-Erkrankung gesehen, während früher der Tremor als das Leitsymptom betrachtet wurde. Ein weiteres Symptom, das bei den meisten Patienten auftritt, ist die Stand- und Gangunsicherheit, die häufig zu einem schwankenden, kleinschrittigen Trippelgang führt (s. Abb. 6.21).

> **Übersicht**
>
> **Leitsymptome des Parkinson-Syndroms**
>
> **Bradykinesie:** Hierunter versteht man eine Bewegungsverlangsamung. Diese äußert sich sowohl bei Bewegungen der Extremitäten als auch in einer Verlangsamung feinmotorischer Tätigkeiten. Die Schrift leidet darunter und das Sprechen ist angestrengt und undeutlich.
>
> **Akinesie:** Unter Akinesie (gelegentlich auch Akinese, Hypokinese) versteht man eine Bewegungshemmung im Bereich der Rumpf-, Glieder- und Gesichtsmuskulatur. Die Kranken haben meist sehr große oder sogar unüberwindliche Schwierigkeiten, eine Bewegung zu initiieren.
>
> **Rigor:** Der Rigor (Steifigkeit, Starre) geht auf eine Steigerung der Muskelspannung zurück, die sich v. a. dadurch auszeichnet, dass der Widerstand gegen eine von außen aufgezwungene Bewegung zäh (»wächsern«) ist. Eine völlige Entspannung der von dem Rigor betroffenen Muskeln ist nicht mehr möglich.
>
> **Tremor:** Der Tremor (= Zittern) zeigt sich bei ca. 80 % der Patienten. Er äußert sich meist als gleichmäßiger Ruhetremor mit einer Frequenz von ca. 4–6 Schlägen pro Sekunde. Bei Bewegungen verringert sich das Zittern oder verschwindet ganz. Besonders auffallende Formen eines Tremors sind eine ständige Auf- und Abbewegung des Kopfes (»Ja-Tremor«), eine Links-Rechts-Bewegung des Kopfes (»Nein-Tremor«) oder das sog. »Pillendrehen« bzw. »Münzenzählen« mit den Fingern. Man geht davon aus, dass der Tremor durch besonders hohe Synchronisation von Nervenimpulsen im Rückenmark ausgeht. Die diesbezüglichen Impulsgeneratoren stehen beim Gesunden unter dem Einfluss hemmender Zuflüsse aus dem Striatum. Beim Rückgang dieser Striatum-Impulse kommt es dann zu überschießender muskulärer Aktivität, in diesem Fall zum Tremor.

Abbildung 6.21 Ein Parkinson-Patient

Die Bradykinesie gepaart mit der Akinesie kann sich z. B. darin äußern, dass das Hantieren, das Gehen und das Sprechen zähflüssig werden. Viele zielgerichtete Handlungen werden langsamer, das Ausmaß der Bewegung verringert sich, der Gang wird kurzschrittig, die Sprache wird leiser, und die Schrift wird kleiner und schlechter lesbar. Man beobachtet oft eine starre, häufig nach vorne gebeugte Körperhaltung. Bereits im Frühstadium der Krankheit treten als Folge der Akinesie beim Gehen Startschwierigkeiten auf, der Gang wird oft mit einigen Trippelschritten gestartet. Im fortgeschrittenen Krankheitsstadium sind die Patienten durch die Akinesie so stark behindert, dass sie das Bett nicht mehr verlassen können. Hier liegen sie dann u. U. über längere Zeiträume unbeweglich mit gebeugtem Rücken, angezogenen Beinen und an den Körper herangezogenen angewinkelten Armen. Gelegentlich zeigt sich auch, dass der Kopf permanent in einem bestimmten Abstand von der Unterlage gehalten wird.

Wilhelm von Humboldt (1832), der selbst an der Parkinson-Krankheit litt, schrieb:

> »Anziehen, Essen, einen Knopf zumachen, ein Schubfach aufzuschließen, eine Stelle in einem Buch aufzuschlagen, alles dauert sechsmal so lange als sonst. Es ist, als seien die Füße am Boden festgeklebt. Ich versuchte sogar hindurchzutanzen, und manchmal klappte das auch. Und dann sagte ich mir, aha, also so geht's, dann machst du's eben so, und wenn du's dann am nächsten Tag wieder probierst, fällst du hin, fällst du einfach auf dein Hinterteil.«

Therapie. Die gängige Therapie beruht darauf, den Dopaminmangel im Bereich der Basalganglien zu kompensieren. Da Dopamin selbst die Blut-Hirn-Schranke nicht überschreiten kann, gibt man eine für die Synthese des Dopamins notwendige Vorläufersubstanz, nämlich Levodopa (L-Dopa). Damit oder mit verschiedenen Kombinationspräparaten, die die Wirkung von L-Dopa unterstützen sollen, kann man bei vielen Patienten für eine gewisse Zeit gute Erfolge bei der Behandlung der Symptome erzielen. Auch Amphetamine können durch eine erhöhte Dopaminfreisetzung aus den noch intakten Neuronen zunächst Besserung bringen. Glutamatantagonisten werden ebenfalls eingesetzt.

Zur Behandlung eines medikamentös nicht beherrschbaren Morbus Parkinson wird zunehmend zur Tiefenstimulation des Gehirns mit implantierten Elektroden gegriffen. Im Regelfall wird hier der Nucleus subthalamicus gereizt. Mit diesen Elektroden kann das Zittern unterdrückt werden, da eine elektrische Reizung hier zu einer Dämpfung der Aktivität führt. Die entsprechenden Neuronenverbände werden durch die Reize quasi »aus dem Takt gebracht« und entladen nicht mehr synchron, was einer Blockade ihrer Aktivität entspricht. Dadurch werden v. a. die Impulse, die das Zittern auslösen, nicht mehr generiert.

Rigor und Tremor lassen sich relativ gut mit Anticholinergika, also mit Stoffen, die die Acetylcholinwirkung hemmen, behandeln: Acetylcholin stimuliert dieselben Neuronen des Striatums, die im Normalfall durch Dopamin gehemmt werden und nun überschießend aktiv sind.

Auch vermittels der Gentechnik werden Versuche unternommen, die Bildung intakter Neuronen z. B. für die Dopaminproduktion anzuregen. Man hofft, aus embryonalen Stammzelllinien unbegrenzt Dopaminproduzierende Zellen für die Implantation entwickeln zu können. Inzwischen gibt es auch Versuche mit adulten Stammzellen, die zu Nervenzellen ausdifferenziert werden können. Bei den Versuchen mit Stammzellen bleibt das Problem, wie eine Überproduktion von Dopamin verhindert werden kann. Es besteht die Hoffnung, dass in den nächsten Jahren damit ein neuer Zugang zur Behandlung der Parkinson-Erkrankung eröffnet wird. Dieser Ansatz verspricht nicht nur Erfolge bei Morbus Parkinson, sondern auch bei anderen Erkrankungen, die mit dem Untergang von nicht regenerierbarem Zellgewebe einhergehen.

Exkurs

Neuer Therapieansatz: Übertragung von Gehirngewebe

Seit einigen Jahren wird bei der Parkinson-Erkrankung ein neuer revolutionärer Therapieansatz experimentell verfolgt. Es werden dopaminbildende Zellen im Zuge einer stereotaktischen Operation in die Basalganglien des Patienten implantiert. Dazu wird Gehirngewebe von abgetriebenen Feten verwendet. Es konnte bisher beobachtet werden, dass dieses Gewebe in vielen Fällen vom Empfängergehirn angenommen wird und dass es zu einer vermehrten Dopaminproduktion kommt. Die Verbesserungen im klinischen Bild der so behandelten Patienten sind jedoch beim derzeitigen Stand der Forschung noch nicht eindeutig zu beurteilen. Es handelt sich also bei diesem Eingriff immer noch um eine experimentelle Therapie. Natürlich wirft die Übertragung von Gehirngewebe von einem Organismus auf einen anderen eine Reihe von ethischen Fragen auf.

Störungsbild

Chorea Huntington (»Veitstanz«)

Im Jahr 1872 beschrieb George Huntington (1851–1916), ein Arzt aus New York, eine Krankheit, die auch schon sein Vater und sein Großvater (beide Ärzte) über mehrere Generationen hinweg bei manchen Patienten beobachtet hatten. Er charakterisierte die Krankheit auf der Basis von vier Hauptmerkmalen: Vererblichkeit, Chorea (= Tanz), Demenz und Tod (nach ca. 15 Jahren).

Es handelt sich bei dem Leiden um eine autosomal-dominant vererbte Erkrankung, d. h., bei Kindern von einem Elternteil mit Chorea Huntington besteht eine 50 %ige Wahrscheinlichkeit, dass die Krankheit auf sie übertragen wurde. Man kennt mittlerweile das Protein, das die Krankheit verursacht, **Huntingtin**; das codierende Gen liegt auf dem kurzen Arm von Chromosom 4.

Das Erkrankungsalter liegt vergleichsweise hoch, zwischen dem 30. und 50. Lebensjahr. Dieses späte Manifestationsalter hatte bisher die häufig bedauerliche Konsequenz, dass Eltern die Krankheit an ihre Kinder weitergaben, in der irrigen Meinung, dass sie selbst nicht betroffen seien. Heute bieten sich durch Genanalysen erstmals Möglichkeiten zu erkennen, ob ein Elternteil bzw. ein Nachkomme Genträger ist oder nicht.

Der Beginn der Krankheit äußert sich meist im psychischen Bereich. Häufig festzustellen sind: depressive Verstimmung, Irritierbarkeit, Aufmerksamkeitsschwankungen, Reizbarkeit und Hemmungslosigkeit. Bei den später einsetzenden Bewegungsstörungen sind v. a. das Grimassieren und die ruckartigen Kopfbewegungen auffällig. Das Sprechen ist meist erschwert, ebenso das Essen. Durch die unwillkürlichen Zungenbewegungen ist später koordiniertes Kauen kaum noch möglich. Mit dem Fortschreiten der Erkrankung greifen die Bewegungsstörungen auf den gesamten Bewegungsapparat über. Oft können die Patienten nicht mehr ohne Hilfe gehen, da die Bewegungsabläufe immer wieder durch schleudernde, überschießende Bewegungen der Extremitäten unterbrochen werden (daher »Veitstanz«). Der Verlauf der Erkrankung ist chronisch fortschreitend: Spontane Verbesserungen (»Remissionen«), wie man sie von zahlreichen anderen Muskelerkrankungen kennt, kommen nicht vor. Im Durchschnitt sterben die Patienten 12–15 Jahre, nachdem die ersten Symptome auftraten.

Bei der Chorea Huntington ist von den Basalganglien besonders das Striatum betroffen: Der Nucleus caudatus ist stark geschrumpft. Auch das Putamen ist häufig atrophiert, also verkleinert. Man geht heute davon aus, dass der Verlust von GABAergen Neuronen im Striatum, die im Normalfall hemmend auf die Motorik wirken, zu den typischen Symptomen führt. Da diese Neuronen auch zahlreiche Verbindungen zu Hirnrindensystemen haben, die dann ebenfalls nicht mehr adäquat versorgt werden, lassen sich die kognitiven und emotionalen Krankheitszeichen auf der Basis dieser Neuronendegeneration erklären.

Eine Therapie der Huntington-Erkrankung ist nicht bekannt. Die überschießenden Bewegungen können vorübergehend eingedämmt werden, wenn man Substanzen gibt, die Dopaminrezeptoren blockieren. Allerdings ist die Einstellung der Patienten auf die optimale Dosis nicht einfach, da es bei zu hoher Dosierung leicht zu Bewegungsstörungen kommt, die dem Parkinsontyp ähnlich sind.

Parkinson-Erkrankung und Chorea Huntington bilden in gewisser Weise die Gegenpole einer Störung des Verschaltungsnetzwerks der Basalganglien. Während sich bei der Parkinson-Krankheit in erster Linie eine Bewegungshemmung findet, da zu wenig dopaminerge Neuronen vorliegen, ist die Chorea Huntington durch unkontrollierte, überschießende und nicht intendierte Bewegungen gekennzeichnet, die u. a. auf Mangel an hemmenden striatalen Neuronen, die GABA als Transmitter verwenden, zurückgehen.

Zusammenfassung

Das Endhirn besteht aus den Basalganglien (Endhirnkerne, Stammganglien) und dem Großhirnmantel (Pallium, Kortex).

Die Basalganglien liegen in der Tiefe des Palliums über dem Dienzephalon. Das Striatum (Streifenkörper) besteht aus Nucleus caudatus und Putamen. Des Weiteren gehört das Pallidum (Globus pallidus) zu den Basalganglien im engeren Sinne. Aufgrund der engen neuronalen Verbindung werden zwei weitere assoziierte Kerne funktionell zu den Basalganglien hinzugezählt: der Nucleus subthalamicus und die Substantia nigra. Putamen und Globus pallidus werden manchmal unter dem Begriff Linsenkern (Nucleus lentiformis) zusammengefasst. Die Basalganglien sind unabdingbar für eine reibungslos und koordiniert verlaufende Bewegungsausführung, indem sie die motorischen Impulse des Kortex in vielfacher Weise modulieren. Dies geschieht durch eine komplexe Verschaltung mit (überwiegend) hemmenden und erregenden Anteilen. Kommt es zu einer chronischen Dysfunktion der Basalganglien, ist als Konsequenz mit schwerwiegenden Krankheiten im Bereich der Motorik zu rechnen (u. a. Parkinson-Krankheit, Chorea Huntington).

6.4.10 Das Endhirn – kortikale Strukturen

Der Kortex (Hirnrinde, Cortex cerebri) bildet die äußere Schicht der Großhirnhemisphären. Er besteht aus grauer Substanz, d. h. überwiegend aus Nervenzellkörpern. Die weiße Substanz, aufgebaut aus myelinisierten Nervenfasern und Gliazellen, liegt in den tieferen Bereichen des Großhirns. Hier herrschen Bahnverbindungen vor, die von den Zellkörpern der grauen Substanz kommen bzw. zu ihnen hin laufen.

Der Kortex enthält bei einer Dicke von nur 1,5 bis 4,5 mm über 10 Milliarden Neuronen. Er ist aufgrund seiner Entwicklung während des Wachstums teilweise eingefaltet und eingerollt, sodass nicht alle Hirnrindenanteile beim Blick von außen auf das Gehirn unmittelbar zu sehen sind.

Charakteristisch ist, dass die Nervenzellkörper in mehreren Schichten angeordnet sind, und zwar in der Weise, dass Zellen derselben Größe und Form jeweils zusammen in einer bestimmten Tiefe auftreten. Diese Schichtenstruktur macht den Namen »Rinde« ver-

ständlich. Ein solcher Aufbau gilt übrigens nicht nur für die Großhirnrinde, sondern auch für die Rinde des Kleinhirns.

Aufbau. Die Fortsätze der jeweiligen Zelltypen sind mehr oder weniger stark verzweigt und unterscheiden sich auch in ihrer Länge. Für die Verrechnung von Informationen besonders interessant sind die großen Neuronen, die lange Fortsätze in horizontaler und vertikaler Richtung aussenden und so mit vielen anderen – auch weiter entfernten – Neuronen synaptische Verbindungen herstellen können.

Hinsichtlich des Schichtenaufbaus der grauen Substanz kann man den Kortex weiter unterteilen. Es zeigt sich einerseits ein sechsschichtiger Aufbau im sog. Neokortex (synonym: Isokortex), andererseits ein nicht so einheitlicher Aufbau mit drei bis fünf Schichten im sog. Allokortex (= anderer Kortex). Letzterer beinhaltet vor allem die phylogenetisch älteren Anteile des Kortex, die bei niedrigeren Wirbeltieren dominieren. Der Allokortex liegt in den innenliegenden Bereichen des Kortex. Zum Allokortex gehören Anteile des Paläokortex (= alter Kortex), wie z. B. das Riechhirn (s. u.), und des Archikortex (= am Anfang stehender Kortex), z. B. der Hippocampus (s. u.). Bei den Reptilien ist der Allokortex die höchste Stufe des Gehirns, d. h., der Neokortex fehlt hier.

Beim Menschen nimmt der Isokortex den weitaus größeren Teil ein. Er bildet u. a. die beim Blick von außen auf das Gehirn sichtbaren Bereiche der Gehirnoberfläche. Die sechs Schichten des Isokortex lassen sich bei spezifischer Färbung des Gehirns deutlich unterscheiden (s. Abb. 6.23). Sie sind je nach Lokalisation auf der Kortexoberfläche sowie je nach Funktion unterschiedlich dick.

Das limbische System

Die Zusammenfassung verschiedener Strukturen des Kortex zum sog. limbischen System (s. Abb. 6.22) hat in erster Linie historische Gründe. Aus heutiger Sicht ist es nach Meinung vieler Neurowissenschaftler nur noch bedingt gerechtfertigt, die hierunter subsumierten Zellgruppen zu einem System zusammenzufassen. Auch soweit in der Fachliteratur noch vom limbischen System gesprochen wird, herrscht keineswegs Einigkeit darüber, wie viele und welche Strukturen dem limbischen System zuzuordnen sind. Weder von ihrer Funktion noch von ihrem histologischen Aufbau her zeigen die betreffenden Strukturen eine besonders große Einheitlichkeit. Ledig-

6.4 Das Gehirn | **143**

lich ihre räumliche Nachbarschaft und die vielfältigen Verbindungen, die zwischen den einzelnen Elementen bestehen, lassen es gerechtfertigt erscheinen, dass man sie zu einem System zusammenfasst.

Die Tatsache, dass die verschiedenen Kerne des limbischen Systems untereinander in enger Verbindung stehen, bedeutet noch nicht, dass sie tatsächlich alle derselben Funktion dienen. Die Kerne unterscheiden sich sowohl in der neuronalen Mikrostruktur und den beteiligten Neurotransmittern als auch den beobachtbaren Auswirkungen von elektrischer Reizung bzw. von Läsionen.

Der überwiegende kortikale Anteil des limbischen Systems ist histologisch dem Allokortex zuzurechnen. Es handelt sich dabei insbesondere um die Hippocampusformation. Der Gyrus cinguli nimmt histologisch eine Zwischenstellung zwischen Allo- und Isokortex ein. Darüber hinaus gibt es noch wichtige limbische Kerngebiete mit spezifischer Funktion: Vor allem die Amygdala, das Septum und der **Nucleus accumbens** (s. Kap. 22.6.2) sind für menschliches Verhalten von besonderer Wichtigkeit.

Wir wollen uns in der folgenden Betrachtung auf die drei Hauptregionen Hippocampus, Gyrus cinguli und Amygdala beschränken, obwohl weitere Anteile – auch des frontobasalen Neokortex und des Septums – noch dem limbischen System zugerechnet werden können.

Der Hippocampus

Der Hippocampus ist eine relativ große bogenförmige Struktur, die Bestandteil der mediobasalen Schicht der Endhirnhemisphären ist (s. Abb. 6.22). Der Hippocampus im engeren Sinne besteht aus dem Gyrus dentatus, dem Ammonshorn (Cornu ammonis) und dem Subiculum. Zur **Hippocampusformation** wird zusätzlich der Gyrus parahippocampalis mit der sog. Regio entorhinalis (s. u.) gezählt, die beide ebenfalls bogenförmig nach außen an den Hippocampus angrenzen.

Der Hippocampus bildet den Hauptteil der entwicklungsgeschichtlich älteren Anteile des Archikortex (s. o.). Der histologische Aufbau des Hippocampus zeigt eine dreischichtige Rindenstruktur. Über große Bereiche hinweg grenzt der Hippocampus an den Gyrus cinguli (s. u.) an.

Verschaltungen von Hippocampusneuronen. Sehr viele Nervenzellen des Hippocampus nehmen Verbindungen zu anderen Hippocampusneuronen auf, d. h., es findet eine intensive Verschaltung innerhalb des Hippocampus statt. Afferenzen zum Hippocampus entspringen u. a. in

(1) verschiedenen Gebieten des Neokortex (v. a. Assoziationsfelder),
(2) der Amygdala,
(3) dem Thalamus,
(4) den Raphe-Kernen und
(5) dem Locus coeruleus.

In Assoziationsfeldern des Neokortex findet die Integration sensorischer Information aus unterschiedlichen Sinneskanälen statt. Daher ist davon auszugehen, dass der Hippocampus von hier mit sehr weit vorverarbeiteter sensorischer Information versorgt wird.

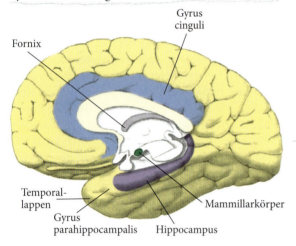

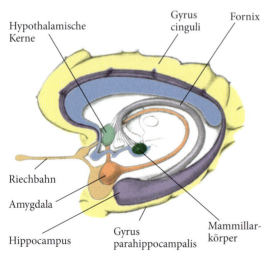

Abbildung 6.22 Limbisches System in zwei verschiedenen Ansichten. Oben Gesamtgehirn im Medianschnitt, unten Ausschnittvergrößerung im Sagittalschnitt, von der Mittellinie seitlich versetzt

Die Efferenzen des Hippocampus zielen in erster Linie auf andere Strukturen im limbischen System und laufen weiterhin über zusätzliche Verbindungen zu nahezu allen neokortikalen Regionen: zu primären sensorischen Arealen, zu sensorischen Assoziationsgebieten und zu multimodalen Assoziationsgebieten.

Im Hippocampus sind zahlreiche Neurotransmitter wirksam, z.B. GABA, Acetylcholin, Serotonin, Noradrenalin und Substanz P, was aufgrund der zahlreichen Afferenzen aus unterschiedlichen Hirnregionen nicht verwundert.

Der Hippocampus besitzt offensichtlich besonders leicht erregbares Nervengewebe, das bereits bei geringer Reizung (auch durch pathologische Prozesse wie Tumoren) zu krampfartigen Entladungen neigt. Bei schweren Epilepsien, die mehrmals täglich zu Anfällen führen und medikamentös nicht zu behandeln sind, wird daher häufig eine Hippocampusresektion der betroffenen Seite vorgenommen. Auch die Amygdala wird dabei oft mit entfernt.

Hippocampus und Gedächtnis. Der Hippocampus stellt aufgrund seiner sehr vielfältigen Verbindungen einerseits zu neokortikalen Gebieten, andererseits zu subkortikalen Regionen eine entscheidende Schalt- und Integrationszentrale für das gesamte Gehirn dar. Trotz sehr intensiver Bemühungen in den vergangenen Jahren, Struktur und Leistungen des Hippocampus aufzuklären, sind wir noch weit entfernt von einem befriedigenden Verständnis der Hippocampusfunktionen. Es kann jedoch kein Zweifel daran bestehen, dass er eine entscheidende Rolle bei der Einspeicherung und beim Abruf von Gedächtnisinhalten spielt. Dies gilt vor allem für das Kurzzeitgedächtnis. Dies belegen sowohl experimentelle Untersuchungen am Tier als auch Befunde an Patienten mit Hippocampusschädigungen, bei denen sich oft gravierende Ausfälle im Bereich des Gedächtnisses bemerkbar machen. Wir werden auf die Bedeutung des Hippocampus im Zusammenhang mit Lernen und Gedächtnis an späterer Stelle (s. Abschn. 24.4.1) zurückkommen. Legt man Frontalschnitte durch den Hippocampus, so zeigt dieser über weite Bereiche die Form eines nach medial gewundenen Horns, das an ein Widderhorn erinnert. Daher nennt man diesen Bereich auch Cornu ammonis (= Ammonshorn). Innerhalb des Cornu ammonis kann man verschiedene Sektoren erkennen, die sich durch die Gestalt und die Dichte der Vernetzung voneinander unterscheiden. Diese vier Schichten werden von CA1 bis CA4 bezeichnet. Beim Menschen und bei anderen Primaten ist das Feld CA1 besonders stark ausgeprägt. Dieses wird vor allen Dingen im Zusammenhang mit Lernprozessen intensiv studiert, da die Pyramidenzellen dieser Region bei wiederholter tetanischer Reizung eine **Langzeitpotenzierung** (s. Abschn. 24.4.1) zeigen. Dabei nimmt nach einer initialen Reizung dieser Zellen, die allerdings einen bestimmten Schwellenwert überschreiten muss, die Reizantwort bei wiederholter Reizung deutlich zu. Diese erhöhte Reizantwort kann über mehrere Wochen erhalten bleiben. Es liegt hier offensichtlich ein neurophysiologisches Korrelat für Lernen und Gedächtnis vor.

Exkurs

Historisches zum limbischen System

Pierre Paul Broca – 1824–1880, Professor für Chirurgie in Paris – beschrieb einen nahezu geschlossenen Ring von neuronalem Gewebe auf der Medialfläche, d.h. auf der nach innen gewandten Seite der Großhirnhemisphären, der sozusagen den inneren Rand der Großhirnrinde bildet. Er nannte dieses Gebiet »le grand lobe limbique«, was so viel bedeutet wie »der große limbische Lappen«. »Limbisch« leitete er vom lateinischen »limbus« (= Kante, Saum, Versatz) ab.

Später bezeichnete man diesen Bereich auch als Riechhirn (**Rhinenzephalon**), weil man meinte, dass alle Teile des limbischen Systems mit dem Geruchssinn zu tun hätten. Dies ist insofern naheliegend, als der Tractus olfactorius (die Riechbahn) direkt in den limbischen Lappen eintrat. Heute weiß man jedoch, dass die Aufgaben des limbischen Systems im Zusammenhang mit der Verarbeitung von Geruchsreizen eher untergeordneter Natur sind.

Einen völlig neuen Gedanken brachte James W. Papez im Jahre 1937 ins Spiel, als er erstmals emotionales Geschehen in Bezug zu dem limbischen Lappen brachte. Er ging davon aus, dass dieses »emotionale Gehirn« aus einer ringförmigen Verschaltung zwischen den Mamillarkörpern, bestimmten Kerngebieten des Thalamus, dem Gyrus cinguli und dem Hippocampus bestünde. Sobald über eine dieser Strukturen Information in dieses System – gelegentlich auch **Papez-Kreis** genannt – gelangte, würden Verarbeitungsprozesse im Zusammenhang mit dem emotionalen Gehalt der entsprechenden sensorischen Information stattfinden. Die

Signale, die den Papez-Kreis verlassen, könnten dann dazu dienen, die vegetativen Reaktionen im Zusammenhang mit emotionalem Geschehen auszulösen. Allerdings wurden diese Überlegungen von Papez zur damaligen Zeit nur wenig beachtet.

Im Jahr 1949 hat schließlich Paul D. McLean auf die Bedeutung des limbischen Lappens erneut hingewiesen: Er sprach ihm eine besondere Bedeutung im Zusammenhang mit Motivation und Emotion zu. McLean zählte allerdings noch weitere Strukturen zu diesem Verband, nämlich die Amygdala, das Septum und den präfrontalen Kortex. McLean hat dann dieser Gruppe von Strukturen die Bezeichnung »limbisches

System« gegeben, nachdem vorher in erster Linie vom Riechhirn bzw. vom Papez-Kreis die Rede war.

Leider herrscht in der neurowissenschaftlichen Literatur bis heute keine Einigkeit darüber, welche Strukturen letztendlich zum limbischen System zu zählen sind. Zwar gibt es drei Regionen, die nach übereinstimmender Meinung dazu zu zählen sind: der Hippocampus, die Amygdala und der Gyrus cinguli. Von anderen Autoren werden aber etwa noch das Septum, der Fornix, die Mamillarkörper, Kerngebiete des Hypothalamus, des Thalamus und sogar der Formatio reticularis dazugezählt.

Vom Hippocampus aus spannt sich der **Fornix** (Fornixbahn) in einem Bogen nach rostral. Es handelt sich hierbei um ein dickes Bündel von Fasern, die in den Mamillarkörpern enden (s. Abb. 6.22 unten).

Die **Mamillarkörper** dienen ebenfalls – vermutlich auch über ihre Verbindung mit den anterioren Thalamuskernen – Gedächtnisfunktionen. Die Amnesie bei Schädigung der Mamillarkörper wurde bereits im Zusammenhang mit dem Korsakow-Syndrom erwähnt. Über die Mamillarkörper, die ja Bestandteil des Hypothalamus sind, gewinnt damit das limbische System via Fornix direkten Kontakt zu Hypothalamusfunktionen.

Gyrus cinguli

Der Gyrus cinguli (»Gürtel-Windung«) stellt die in der Medianansicht am tiefsten gelegene Windung der Hirnrinde dar. Er bildet histologisch gesehen eine Übergangsstruktur zwischen den alten Anteilen des Hirnmantels (Allokortex) und den neuen (Isokortex). Wie in der Abbildung des limbischen Systems (s. Abb. 6.21 unten) zu erkennen ist, zieht sich der Gyrus cinguli vom Frontalhirnbereich bis in weit hinten gelegene Anteile des Gehirns. Er empfängt zahlreiche Projektionen aus dem Neokortex. Efferenzen laufen zum Hippocampus, zu den Kernen des Septums und zur Amygdala.

Aufgrund von Läsions- bzw. Stimulationsuntersuchungen weiß man, dass diese Struktur in zahlreiche Regelkreise eingebunden ist. Es ist eine gewisse funktionelle Differenzierung zwischen anteriorem und posteriorem Gyrus cinguli feststellbar: Im posterioren Teil sind nach derzeitigem Wissen Kerngebiete zur Regulation der visuell-räumlichen Aufmerksamkeit und der damit zusammenhängenden Steuerung von Augenbewegungen

lokalisiert. Ebenso dürfte sich das räumliche Gedächtnis unter Beteiligung hier gelegener Substrukturen ausbilden.

Der anteriore Gyrus cinguli übernimmt Aufgaben im Zusammenhang mit

▶ der Aufmerksamkeitsregulation,
▶ der Bewegungskoordination, v. a. wenn es sich um Bewegungen im Zusammenhang mit emotionalem Ausdrucksverhalten handelt,
▶ der Schmerzverarbeitung und
▶ der Steuerung von Eingeweidefunktionen, z. B. Atmung und Kreislauf, Verdauung.

Exkurs

Die Cingulotomie

In wenigen Einzelfällen wurden beim Menschen Trennungen der Verbindungen zwischen dem Gyrus cinguli und benachbarten Gehirnregionen vorgenommen. Dies geschah vor allem, um ansonsten nicht behandelbare Schmerzen zu bekämpfen. Die Ergebnisse dieser Operationen waren uneinheitlich. Während sich bei manchen Patienten Verbesserungen zeigten, waren bei anderen die Ergebnisse enttäuschend. Gelegentlich wurde diese Operation (Cingulotomie) auch bei Patienten mit schwersten Angstzuständen durchgeführt. Bei einem relativ großen Prozentsatz der Operierten zeigten sich tatsächlich Verbesserungen. Allerdings ließen sich auch Zurückgezogenheit, Verlust von spontaner Sprache und Bewegungseinschränkungen bis hin zu fehlenden Antworten auf Schmerzreize beobachten. Heute werden solche sog. »psychochirurgischen« Verfahren, die mit einer Zerstörung von Gehirngewebe einhergehen, nur noch selten angewendet.

Der Gyrus cinguli stellt aufgrund seiner Ausdehnung und zahlreichen Verbindungen vor allem zu Assoziationsarealen des Neokortex ein wichtiges Informationsaustauschsystem dar, das zwischen alten und neuen Hirnanteilen vermittelt. Die vielfältigen Funktionen, an denen der Gyrus cinguli beteiligt ist (vegetative Steuerung, Motorik, Sensorik, Aufmerksamkeit und Emotion), sind vermutlich verschiedenen Substrukturen des Gyrus cinguli zuzuordnen, die entsprechende Verbindungen zu anderen Regionen besitzen.

Die Amygdala

Als Amygdala (Corpus amygdaloideum, Mandelkern) bezeichnet man ein paarig vorliegendes Kerngebiet, das sich auf der Innenseite der linken und rechten Hemisphäre vor dem rostralen Ende des Hippocampus befindet (s. Abb. 6.21 unten). Sie ist ihrerseits wieder in weitere sehr kleine Kerne (sog. Subnuclei) untergliedert, die sich sowohl hinsichtlich ihrer internen Struktur als auch der beteiligten Neurotransmitter unterscheiden. Diese Substrukturen scheinen unterschiedliche Funktionen zu erfüllen.

Da die Amygdala keine einheitliche neuronale Struktur besitzt, verwundert es nicht, dass bei den Läsionsstudien zu Einflüssen auf das Verhalten heterogene und teilweise widersprüchliche Beobachtungen gemacht wurden. Es wurden hier offenbar verschiedene Substrukturen lädiert bzw. Faserverbindungen zu Substrukturen unterbrochen.

Die Subnuclei lassen sich zu zwei Gruppen zusammenfassen: einer kortikomedialen und einer basolateralen Gruppe. Die kortikomedialen Kerne empfangen Afferenzen, u. a. aus dem Riechnerv und aus dem Hypothalamus. Die basolateralen Kerne werden u. a. mit Projektionen aus dem Thalamus, den **Frontallappen** und **Temporallappen** des Neokortex und dem Gyrus cinguli versorgt. Zu den meisten dieser Strukturen entsenden die Mandelkerne ihrerseits Efferenzen. Eine besonders gut ausgebildete Verbindung existiert zum Hypothalamus.

In den verschiedenen Neuronengruppen der Amygdala werden eine Fülle von Transmittern, Hormonen und Neuropeptiden wirksam. Dazu gehören etwa Acetylcholin, GABA, Substanz P, Somatostatin, Oxytocin, Vasopressin, Enkephalin und **Testosteron**.

Stimulations- und Läsionsstudien. Zu den Auswirkungen, die eine Stimulation bzw. Ausschaltung im Bereich der Mandelkernregion nach sich zieht, liegen vielfältige Befunde vor. Im Tierversuch beobachtete man bei Reizung der kortikomediale Kerngruppe

▶ Speichelfluss, Lecken und Kaubewegungen,
▶ erhöhte Aktivität im Verdauungstrakt und
▶ Hemmung der Willkürmotorik.

Bei Reizung im Bereich der basolateralen Kerne beobachtete man

▶ erhöhte Aufmerksamkeit
▶ Erweiterung der Pupillen
▶ Furchtreaktionen oder
▶ Wutreaktionen, je nachdem, welche Subkerne stimuliert wurden.

Auch beim Menschen wurden elektrische Stimulationen der Amygdala vorgenommen, und zwar zu diagnostischen Zwecken im Rahmen von Gehirnoperationen – meist zur Behandlung schwerster Epilepsie. Am häufigsten wurden dabei von den nur lokal anästhesierten Patienten Angstgefühle empfunden. Daneben wurde auch eine Reihe anderer emotionaler Reaktionen berichtet. Interessanterweise kam es auch zu **Halluzinationen** und sog. Déjà-vu-Erlebnissen.

Die Befunde im Zusammenhang mit der experimentellen Läsion der Amygdala sind – wie Läsionsstudien i. Allg. – schwer zu interpretieren, da in vielen Fällen unklar ist, welche weiteren Schädigungen am Gehirngewebe im Zuge der Operation auftraten und welche Kerngebiete genau im Bereich der Amygdala ausgeschaltet wurden. In mehreren Fällen wurde berichtet, dass die beidseitige Zerstörung der Mandelkerne bei Versuchstieren zu einer Erniedrigung des aggressiven Verhaltens führte, die Tiere wurden sehr zahm und zeigten kaum noch Verteidigungsreaktionen. Ebenfalls häufiger berichtet wurde gesteigertes Sexualverhalten.

Man weiß seit einigen Jahren, dass die Amygdala einerseits für Angstkonditionierung von Bedeutung ist, andererseits für bestimmte Gedächtnis- und Lernprozesse. Letztere beziehen sich insbesondere auf die Verarbeitung und Speicherung emotionaler Inhalte. Wurde beispielsweise in der Vergangenheit an einem bestimmten Ort oder in Gegenwart eines bestimmten Reizes (z. B. eines Geruchs) eine starke (angenehme oder unangenehme) Emotion erlebt, so ist das spätere Wiedererleben dieser Emotion bei gleichen oder ähnlichen Umgebungs- bzw. Reizbedingungen ein Prozess, der von der Amygdala gesteuert wird.

6.4 Das Gehirn

Störungsbild

Epilepsie – die am weitesten verbreitete Hirnrindenerkrankung

Die Epilepsie ist gekennzeichnet durch plötzliche und wiederkehrende Störungen der mentalen Funktionen, des Bewusstseins, sensorischer Leistungen und/oder der motorischen Aktivität. Sie wird ausgelöst durch eine unkontrollierte, extreme Synchronisation kortikaler Nervenzellen.

Das Wort »Epilepsie« stammt aus dem Griechischen und bedeutet »plötzlich heftig ergriffen und überwältigt« zu werden. Im antiken Griechenland glaubte man, dass die Epilepsie dem Menschen durch Götter oder Dämonen aufgebürdet würde, man sprach deshalb von einer heiligen Krankheit.

Etwa 0,5–1 % der Bevölkerung in Europa und den USA leidet an einer Epilepsie. Bei ca. 5 % der Menschen unter 20 Jahren tritt mindestens einmal ein epileptischer Anfall auf, bei etwa einem Viertel dieser Kinder und Jugendlichen liegt eine echte Epilepsie vor. Sie ist die häufigste chronische Krankheit des Nervensystems im Kindes- und Jugendalter.

Symptomatik und Klassifikation. Beim Epilepsiekranken ist das Gleichgewicht zwischen erregender und hemmender neuronaler Aktivität der Hirnrinde temporär gestört. Es kommt zu gleichzeitigen exzitatorischen Entladungen sehr vieler Neuronen. Diese Entladungen breiten sich über weite Teile des Gehirns aus, was dann zum epileptischen Anfall führt.

Die Epilepsie umfasst ca. 30 sehr unterschiedliche Krankheitsbilder. Die Epilepsien werden in fokale und generalisierte Epilepsien (s. u.) unterteilt, je nachdem, ob fokale oder generalisierte Anfälle (s. u.) auftreten. Ein anderes Unterscheidungsmerkmal der Epilepsien ist ihre Ursache: Von der idiopathischen Epilepsie spricht man, wenn sie allein auf erblicher Basis beruht. Ist die Epilepsie Folge einer vorangegangenen Schädigung des Gehirns, so bezeichnet man sie als symptomatisch.

Beim epileptischen Anfall handelt es sich um ein Geschehen, das sich plötzlich ereignet und meist nach Sekunden oder Minuten beendet ist. Erst wenn bei einem Menschen ohne ersichtlichen Grund mindestens zwei epileptische Anfälle aufgetreten sind, spricht man von Epilepsie.

Ursachen. Drei Faktoren tragen entscheidend zum Auftreten einer Epilepsie bei, wobei diese Faktoren auch gemeinsam auftreten können:

(1) eine ererbte Bereitschaft zu epileptischen Anfällen
(2) eine angeborene oder erworbene Hirnschädigung
(3) Umwelteinflüsse

Die angeborene oder erworbene Hirnschädigung ist die wichtigste Ursache. Am häufigsten handelt es sich dabei um schädigende Einflüsse, die das Gehirn während seiner Entwicklung treffen, d. h. bereits vor der Geburt, während der Geburt oder in den ersten Lebensjahren. Bei Kindern und Jugendlichen spielen Hirnfehlbildungen, vorübergehender starker Sauerstoffmangel (z. B. bei der Geburt) und angeborene Stoffwechselstörungen eine besondere Rolle. Hirnverletzungen durch Unfälle, Infektionen, Hirntumoren und Durchblutungsstörungen können in jedem Lebensalter zu epileptischen Anfällen führen.

Lokalisation und Diagnose. Bei fokalen Anfällen (Partialanfällen), findet das Anfallsgeschehen in einer umschriebenen Region der Hirnrinde statt, bei generalisierten Anfällen ist das gesamte Gehirn in das epileptische Geschehen einbezogen. Die fokalen Anfälle werden weiter unterteilt in einfache fokale Anfälle, bei denen das Bewusstsein völlig erhalten ist, und komplexe fokale Anfälle, bei denen eine Bewusstseinstrübung vorliegt. Bei einem generalisierten Anfall ist der Patient in der Regel deutlich bewusstseinsgetrübt oder bewusstlos. Generalisierte Anfälle können mit oder ohne Muskelzuckungen einhergehen. Die Anfälle können von bizarren, quasi automatisch ablaufenden Bewegungsmustern begleitet sein. Es können Erinnerungen einschießen, illusionäre und/oder halluzinatorische Wahrnehmungstäuschungen auftreten und sich plötzliche unerklärliche Stimmungsveränderungen einstellen.

Die Diagnose der Epilepsie kann in vielen Fällen bereits auf das Basis von (1) einer möglichst genauen Beschreibung der Anfallsereignisse und (2) des charakteristischen EEG-Befunds gestellt werden. Häufig werden allerdings weitere Diagnoseschritte wie Blutuntersuchungen und Gehirnuntersuchungen mittels bildgebender Verfahren unternommen.

Behandlung. Die Behandlung erfolgt mit sog. **Antiepileptika.** Diese haben unterschiedliche Wirkprinzipien: Sie können die Natriumkanäle weniger durchlässig machen, die Glutamatwirkung hemmen oder die GABA-Wirkung verstärken. Durch die Antiepileptika erreicht man bei etwa 60–70 % der Betroffenen Anfallsfreiheit, bei etwa 20–30 % erzielt man noch eine deutliche Besserung; dagegen sind 10–20 % der Epilepsien pharmakologisch kaum zu beeinflussen.

Hier kann, wenn der Ausgangspunkt der neuronalen Entladungsaktivität genau bekannt und eng umschrieben ist, durch eine Operation häufig einer deutliche Besserung erzielt werden.

Bei Läsionsstudien an Affen zeigte sich, dass zwar auch ohne Beteiligung der Amygdala noch Gedächtnis und Erinnerung in den wesentlichen Elementen erhalten sind, dass aber bestimmte komplexere Lernaufgaben nicht mehr durchgeführt werden können.

Operative Amygdalaläsionen. Auch beim Menschen wurden in Einzelfällen im Rahmen psychochirurgischer Eingriffe Amygdalaläsionen durchgeführt, und zwar überwiegend bei extrem gewalttätigen Kriminellen. Bei einigen Sexualstraftätern wurden die Zuflüsse von den Mandelkernen zum Hypothalamus durchtrennt. Besonders fragwürdig und ethisch unvertretbar waren Einzelfälle von operativen Amygdalaläsionen, die gelegentlich bei hyperaktiven Kindern zur Behandlung der motorischen Überaktivität durchgeführt wurden. Man kann davon ausgehen, dass diese Operatio-

nen nur in den wenigsten Fällen ihr therapeutisches Ziel erreichten. Da diese psychochirurgischen Eingriffe nicht im Kontext wissenschaftlicher Untersuchungen durchgeführt wurden, sondern auf der Basis einer Einzelentscheidung seitens des behandelnden Neurochirurgen, sind die Fälle i. Allg. schlecht dokumentiert, und insbesondere liegen kaum Erfolgskontrollen über längere Zeiträume vor.

Eine *einseitige* neurochirurgische Entfernung der Amygdala – meist im Zusammenhang mit einer Entfernung von Hippocampusanteilen – wird teilweise noch immer bei Patienten mit schwerer, untherapierbarer Epilepsie vorgenommen. Genaue neuropsychologische Untersuchungen bei diesen Patienten stehen noch aus. Es scheinen sich jedoch hier keine so auffälligen Symptome zu zeigen wie bei beidseitiger Läsion.

Zusammenfassung

Der Kortex (Pallium, Hirnmantel) besteht aus grauer (Zellkörper) und weißer Substanz (Bahnen, Zellfortsätze). Die graue Substanz lässt sich histologisch in Isokortex (sechs Schichten von Nervenzellen), Allokortex (drei bis fünf Schichten) und einzelne Kerngebiete aufteilen.

Die tiefer gelegenen Kortexanteile und Kerne werden überwiegend als limbisches System bezeichnet. Die Hippocampusformation (Hauptteil des Allokor-

tex) ist von besonderer Bedeutung für Lernen und Gedächtnis sowie Aggression, Motivation und Bewusstsein. Der Gyrus cinguli stellt eine Verbindung zu fast allen Anteilen des Neokortex dar. Er scheint von besonderer Bedeutung im Zusammenhang mit vegetativen, psychomotorischen und emotionalen Funktionen zu sein. Die Amygdala spielt insbesondere beim Erleben von Angst und für die Speicherung emotionaler Gedächtnisinhalte eine wichtige Rolle.

Der Neokortex

Der Neokortex ist der phylogenetisch jüngste Teil der Großhirnrinde. Beim Menschen ist nahezu die gesamte Oberfläche der Großhirnhemisphären – mehr als 90 % – neokortikal. Hier laufen die anspruchsvollsten geistigen Leistungen ab. Dies bezieht sich sowohl auf die Analyse der Informationen aus der Umwelt und aus dem eigenen Körper als auch auf die Planung und Ausführung komplexer Handlungsabläufe. Das Verstehen und Erzeugen von Sprache, der künstlerische Ausdruck und die Entwicklung langfristiger Strategien sind Beispiele für Leistungen des Neokortex. Auch sind bewusstes Erleben, Ich-Gefühl und stabile

Merkmale der Person – Persönlichkeit, Habitus, Einstellungen, Motive – ohne die Arbeit des Neokortex nicht denkbar.

Neuronale Organisation. Betrachtet man unter dem Mikroskop einen Schnitt, der senkrecht zur Oberfläche des Neokortex gelegt wurde, so zeigt sich eine relativ einheitliche Schichtenstruktur. Fast über den gesamten Neokortex hinweg finden sich mehr oder weniger deutlich **sechs Schichten** (Laminae), die parallel zur Oberfläche laufen (s. Abb. 6.23). Diese sind von unterschiedlicher Dicke und variieren in der Zusammensetzung der sich hier befindenden Populationen von Nervenzellkörpern.

6.4 Das Gehirn | **149**

In diesen Schichten findet sich eine Fülle unterschiedlich geformter Neuronen. Je nach Klassifikationssystem werden hier bis zu 80 verschiedene Neuronensorten unterschieden. Die noch offene Frage ist allerdings, ob den unterschiedlichen Ausprägungen in der Morphologie auch immer Unterschiede in der Funktion entsprechen. Reduziert man die Gestaltvarianten kortikaler Neuronen auf das einfachste Schema, so kann man mit der Unterscheidung von drei Neuronentypen auskommen: Pyramidenzellen, Sternzellen und Spindelzellen (fusiforme Zellen).

Pyramidenzellen. Die Zellkörper der Pyramidenzellen erinnern in ihrer Gestalt tatsächlich an Pyramiden oder Kegel (s. Abb. 6.23, Mitte). An der Basis der Pyramide zeigt sich i. Allg. ein langes Axon, das absteigt, um ggf. den Neokortex zu verlassen. Da diese Fasern im Regelfall in andere Kortexareale projizieren, nennt man die Pyramidenzellen häufig auch Projektionsneuronen. Die Spitze der Pyramide läuft in einen sehr langen Dendriten aus, den sog. **Apikaldendriten**, der sich im Regelfall bis zur oberflächennächsten Schicht des Neokortex erstreckt. Daneben entsenden Pyramidenzellen im Bereich ihrer Basis eine Fülle weiterer Dendriten (sog. **Basaldendriten**), die sich meist in horizontaler Richtung erstrecken und nicht so lang sind wie die Apikaldendriten. Die Dendriten der Pyramidenzellen sind im Regelfall stark bedornt, d. h., sie zeigen kleine Auswüchse. An diese können Fasern, die von anderen Neuronen kommen, andocken.

Sternzellen. Die Stern- oder Körnerzellen sind etwa in gleichem Maße verbreitet wie die Pyramidenzellen. Sie können sich in ihrer Struktur stark unterscheiden. Gelegentlich erinnern sie auch an kleine Pyramidenzellen. Während die Axone der Pyramidenzellen i. Allg. von großer Länge sind und in die weiße Substanz eintauchen, haben die Sternzellen nur relativ kurze Axone und gehen Verschaltungen überwiegend mit benachbarten kortikalen Neuronen ein.

Spindelzellen. Die Zellkörper der Spindelzellen haben eine spindelförmige Grundstruktur. Sie kommen nur in Schicht VI (s. u.) des Neokortex vor.

Neurotransmitter. Wichtige Neurotransmitter bei der neokortikalen Informationsübertragung sind das erregende Glutamat und die hemmende GABA. Glutamat kommt hauptsächlich in den Projektionsneuronen vor. GABA wird vor allem von den hemmenden Interneuronen verwendet. Gemeinsam mit GABA wird häufig ein Peptidneurotransmitter ausgeschüttet.

Der Feinbau der sechs Schichten des Isokortex

Molekularschicht (Lamina I). Die äußerste (oberste) Schicht enthält wenige und isolierte, kleine Neuronen. Sie besteht überwiegend aus Gliazellen. Die Neuronen sind in tangential verlaufende axonale und dendritische Faserbündel eingebettet. Die Molekularschicht hat ihren Namen daher, dass sich hier in der Färbung einige Zellkörper, die wie Flecken in dieser Schicht verteilt sind, erkennen lassen und diese den Neuroanatomen des 19. Jahrhunderts wie »Moleküle« erschienen.

Äußere Körnerschicht (Lamina II). Hier finden sich hauptsächlich kleine runde Pyramidenzellen und Körnerzellen, die sehr eng gepackt sind. Die Fortsätze dieser Zellen sind stark verzweigt und erstrecken sich nur über vergleichsweise kurze Strecken. Die Dendriten bilden zahlreiche Synapsen zu Zellen in derselben Sicht.

Äußere Pyramidenschicht (Lamina III). Diese Schicht macht i. Allg. einen breiten Streifen aus. Die Zellkörper sind hier nur relativ locker gepackt. Es finden sich Pyramidenzellen unterschiedlicher Größe, deren Fort-

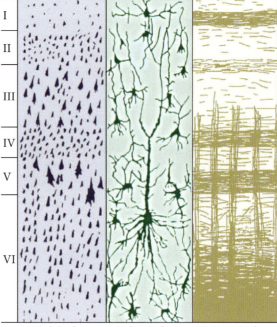

Abbildung 6.23 Schichtenstruktur des Neokortex. Es sind die Ergebnisse dreier unterschiedlicher Färbungen zu sehen. Bei der Nissl-Färbung werden primär die Zellkörper sichtbar, bei der Golgi-Färbung die gesamte Zelle und bei der Weigert-Färbung die Markscheiden. Letztere macht also insbesondere den Verlauf von Verbindungen deutlich

sätze, seien es Axone oder Dendriten, sich über weite Distanzen in die anderen kortikalen Schichten hinein erstrecken.

Innere Körnerschicht (Lamina IV). In Lamina IV finden sich überwiegend kleine Körnerzellen, die man hier Sternzellen nennt. Die Schicht IV wird von zahlreichen Bündeln myelinisierter Fasern in horizontaler Richtung durchzogen. In diese Schicht steigen die afferenten Fasern aus den spezifischen Kernen des Thalamus ein (s. u.), die hier zahlreiche Verzweigungen zeigen, um zu ihren Zielzellen innerhalb der Schicht IV zu gelangen.

Innere Pyramidenschicht (Lamina V). In dieser Schicht befinden sich vor allem die großen Zellkörper der Pyramidenzellen. Die von diesen ausgehenden Apikaldendriten steigen bis zur Schicht I auf, um sich dann hier horizontal weit zu verzweigen. Die Pyramidenzellen dieser Schicht entsenden ihre Axone in erster Linie zu subkortikalen Zellgebieten. Hierzu gehören auch die absteigenden motorischen Fasern. Daher ist es nicht verwunderlich, dass Schicht V im primären motorischen Kortex (s. Abschn. 9.4.3) besonders dick ist.

Multiforme Schicht (Lamina VI). Diese Schicht ist gekennzeichnet durch eine Ansammlung unterschiedlicher Zellkörper v.a. von Pyramidenzellen oder von Spindelzellen. Von hier aus verlassen zahlreiche efferente Fasern die Schicht VI, um in anderen kortikalen Schichten Synapsen zu bilden.

Die verschiedenen Neokortexschichten lassen sich grob in folgender Weise charakterisieren:

▶ Primär efferenter Signalstrom: Schichten III und V (v.a. Pyramidenzellen; Motorkortex als wichtiges Zielgebiet)

▶ Vorwiegend afferenter Zustrom: Schichten II und IV (Körnerzellen/Sternzellen werden z.B. in Schicht IV vom Thalamus erreicht.)

Afferente und efferente Verbindungen kortikaler Neuronen

Afferenzen. Afferente Zuflüsse zu kortikalen Neuronen können vier Quellen haben:

(1) Thalamische Neuronen entsenden, streng topisch organisiert, Fasern zum Neokortex. Hier steigen die Fasern, abhängig davon, aus welchem thalamischen Kerngebiet sie kommen, in eng umgrenzte Kortexareale ein. Diese entsprechen der jeweiligen Modalität und dem **rezeptiven Feld** des reizaufnehmenden Sinnesorgans. Unmittelbar nach dem Eintritt einer Faser eines thalamischen Neurons in den Neokortex (typischerweise in Schicht II oder IV) findet eine extreme Verzweigung in durchschnittlich 5.000 Kollateralen statt. Innerhalb einer Schicht kann dann die Information z.B. über die sternförmigen Interneuronen weiter gestreut werden.

(2) Fasern, die von nichtthalamischen subkortikalen Kernen herkommen (z.B. Raphe-Kerne oder Locus coeruleus), haben eher diffuse Zielgebiete im Kortex.

(3) **Assoziationsfasern** kommen von anderen – auch weit entfernten – Kortexbereichen derselben Hemisphäre.

(4) **Kommissurenfasern** stammen aus der gegenüberliegenden Hemisphäre. Sie kreuzen über das **Corpus callosum** zur anderen Seite.

Efferenzen. Efferente Verbindungen kortikaler Nervenzellen können Zielneuronen im Kortex haben oder in unterschiedlichen subkortikalen Kerngruppen und dem Rückenmark. Jedes Kortexneuron nimmt im Regelfall mit einer großen Anzahl (Größenordnung: 1.000) unmittelbar benachbarter Neuronen Kontakt auf. Dabei ist eine Zahl von 50.000 bis 100.000 Synapsen, die z.B. auf eine Pyramidenzelle im Motorkortex projizieren, der Regelfall.

Kortikale Säulen

Innerhalb sog. »kortikaler Säulen« sind Neuronen miteinander verbunden, die nahe beieinanderliegen, sich aber deutlich in Gestalt und Funktion unterscheiden. Sie können z.B. Zielgebiet für extrakortikale Zuflüsse sein oder Ausgang für intrakortikale Verschaltungen oder für subkortikale Kontakte.

Mikrostruktur. Seit der Untersuchung von Vernon B. Mountcastle aus dem Jahr 1957 weiß man, dass in vielen Kortexarealen die Neuronen, die in vertikaler Richtung, also in den verschiedenen »Etagen« über- bzw. untereinanderliegen, ganz ähnliche Aufgaben erfüllen. Diese Neuronen bilden die kortikalen Säulen (auch: vertikale Kolumnen). Mountcastle führte mit einer Messelektrode, die er in verschiedenen Positionen auf einer Linie senkrecht zur Kortexoberfläche platzierte, zunächst Messungen am somatosensiblen Kortex der Katze und des Affen durch. Dabei stellte er fest, dass alle Neuronen, deren Aktivität er beim Vorschieben der Elektrode nach unten aufzeichnete, Informationen aus demselben sensiblen Bereich an der Körperoberfläche verarbeiteten. Die kortikale Säulenstruktur findet sich auch im primären akustischen und visuellen Kortex (s. Kap. 12 u. 13).

Der primäre motorische Kortex (s. Abschn. 9.4.3) weist eine ebensolche Säulenstruktur auf. Wenn man in diesem Kortexgebiet mit einer Stimulationselektrode senkrecht zur Kortexoberfläche nach unten wandert, so zeigt sich, dass die jeweils kontrahierenden Muskelfasern gleich bleiben oder dass nur ein sehr kleiner Bereich synergistisch arbeitender Muskelfasern angesprochen wird.

Es existieren also kortikale Säulen sowohl für die Verarbeitung afferenter Signale aus dem somatosensiblen, akustischen und visuellen System als auch für die Steuerung der Motorik. Eine kortikale Säule, die einen solchen eng umschriebenen Aufgabenbereich erfüllt, hat einen Durchmesser von ca. 400 µm, wobei etwa 80–120 Neuronen innerhalb einer Säule anzutreffen sind.

Modulare und parallele Verarbeitung im Neokortex

Mit der kortikalen Säule liegt in den sensorischen und motorischen Arealen des Neokortex ein relativ klares funktionelles Ordnungsprinzip auf der Mikroebene vor. Wir haben es hier mit Funktionsmodulen zu tun. Es darf jedoch nicht der Eindruck entstehen, als gelte für den gesamten Neokortex eine Eins-zu-eins-Zuordnung von Funktionen zu Modulen. Es ist auch keineswegs so, dass der gesamte sensorische Kortex flächendeckend aus solchen Modulen mit klar umrissenen Aufgaben bestünde. Vielmehr herrscht sehr viel **Redundanz** bei der kortikalen Informationsverarbeitung. So ist es erklärlich, dass etwa bei Zerstörung klar umschriebener sensorischer kortikaler Bereiche sich nicht immer auch ein genau zuzuordnender oder sogar vorhersagbarer Ausfall einer sensorischen Funktion zeigen muss. Es ist durchaus möglich, dass aufgrund der engen Vernetzung kortikaler Zellverbände bestimmte Aufgaben von – auch relativ weit auseinanderliegenden – Nervenzellpopulationen mit bearbeitet oder sogar vollständig übernommen werden können.

Generell besteht das Grundprinzip kortikaler Verarbeitung in der **Parallelverarbeitung**. Dies beinhaltet, dass Informationsverarbeitung nicht streng sequenziell mit aufeinanderfolgenden Verarbeitungsschritten in getrennten, hintereinandergeschalteten Hirnarealen erfolgt. Die Information wird bereits in der Startphase der Verarbeitung teilweise redundant auf verschiedene Module verteilt, die durchaus einen gewissen räumlichen Abstand voneinander aufweisen können (»distributed processing«). Falls erforderlich, wird dann am Ende einer solchen Verarbeitungsprozedur die Information einer Ausgangsinstanz, etwa einer motorischen Neuronengruppe, zugeführt, die dann eine Handlung auslöst. Der Vorteil der parallelen Informationsverarbeitung ist die i. Allg. höhere Geschwindigkeit und die größere Sicherheit gegen Ausfälle. Dagegen muss es in einer sequenziell organisierten Verarbeitungskette bei Dysfunktion eines Kettenglieds im Endergebnis zu einer Störung kommen.

Grobgliederung des Kortex

Man unterteilt die Hirnrinde grobanatomisch in vier Lappen (s. Abb. 6.24):

(1) den **Frontallappen** (Stirnlappen, Lobus frontalis),
(2) den **Temporallappen** (Schläfenlappen, Lobus temporalis),
(3) den **Parietallappen** (Scheitellappen, Lobus parietalis),
(4) den **Okzipitallappen** (Hinterhauptslappen, Lobus occipitalis).

Im Zusammenhang mit der Verarbeitung sensorischer Information ist eine weitere Untergliederung des Kortex gebräuchlich:

(1) Die **primären sensorischen Rindengebiete** beheimaten vor allem die ersten Anlaufstationen der einzelnen Sinnesbahnen im Kortex. Hier wird die Information relativ interpretationsfrei repräsentiert.

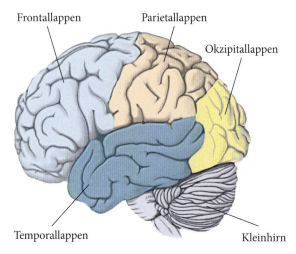

Abbildung 6.24 Die vier Lappen der Hirnrinde

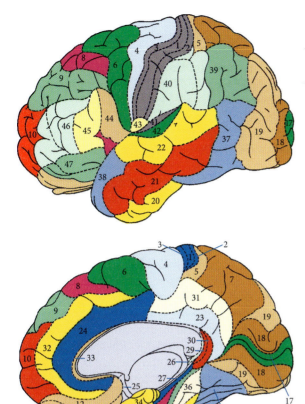

Abbildung 6.25 Brodmann-Areale. Oben: Ansicht lateral von links. Unten: Ansicht medial von links

(2) Die **sekundären Rindengebiete** dienen bereits der komplexen Verarbeitung der Sinneseindrücke: Woher kommt ein Reiz? Was ist seine Bedeutung?

(3) Die **tertiären oder Assoziationsgebiete** (Assoziationsfelder) sind die hierarchisch höchste Verarbeitungsstufe des Kortex. Hier laufen unterschiedliche Informationen auch aus verschiedenen Modalitäten zusammen und werden miteinander verknüpft. Die Assoziationsgebiete stehen mit sensorischen und motorischen Rindengebieten über vielfältige Afferenzen und Efferenzen in Verbindung. Beim Menschen sind die Assoziationsfelder im Vergleich zu allen Tierspezies am größten ausgebildet. Hier haben psychische Leistungen wie Kreativität, Entwicklung von Plänen und Strategien oder das Verfolgen von langfristigen Zielen ihren Sitz.

Auch bei den motorischen Rindengebieten unterscheidet man primäre und sekundäre Gebiete. Primäre Gebiete sind Ausgangsstationen für motorische Impulse aus dem Neokortex. Die sekundären Gebiete versorgen die primären motorischen Rindengebiete z. B. mit Handlungsimpulsen (Genaueres s. Abschn. 9.5.3).

Brodmann-Areale. Zur Bezeichnung kortikaler Areale hat sich eine Einteilung durchgesetzt, die 1909 von Korbinian Brodmann vorgeschlagen wurde (s. Abb. 6.25 und 6.26).

Brodmann schuf auf der Basis der Gestalt und der Anordnung von Nervenzellen – also der Zytoarchitektur der Hirnrinde – eine komplexe Landkarte der Kortexoberfläche. Er identifizierte Bereiche gleicher Zytoarchitektur, die er als Area 1 bis 47 durchnummerierte. Die **Brodmann-Areale** entsprechen nicht exakt den durch die Windungen und Furchen vorgegebenen Grenzen, stimmen aber doch meistens mit ihnen überein. Es darf nicht übersehen werden, dass die Einteilung Brodmanns primär die sichtbare Kortexoberfläche betrifft. Mehr als die Hälfte der Oberfläche zieht jedoch in die Sulci hinein.

Der Frontallappen

Der motorische Kortex (Area 4). Area 4 bildet das primäre motorische Feld der Hirnrinde. Dieses ist weitgehend identisch mit dem Gyrus praecentralis (s. Abb. 6.26 und 6.17), wobei es tief in die Zentralfurche hineinzieht (s. Abb. 6.25 unten). Gelegentlich wird dieses Feld auch primär-somatomotorische Rinde genannt oder auch **Motorkortex**. Diese Region hat eine entscheidende Funktion für die Motorik: Sie ist die

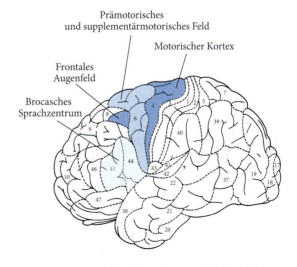

Abbildung 6.26 Rindengebiete im Frontalhirnbereich

6.4 Das Gehirn | **153**

Ausgangsstation für Bewegungsbefehle von der Hirnrinde zu tieferliegenden motorischen Regionen (Basalganglien, Hirnnervenkerne, Rückenmark) (s. dazu auch Abschn. 9.5.3).

Der Motorkortex weist eine **somatotopische Gliederung** auf. Dies bedeutet, dass benachbarte Muskelgruppen auch durch benachbarte Zellverbände in dieser Region repräsentiert sind (auf der jeweils kontralateralen Kortexhälfte). Je nach ihrer funktionellen Bedeutsamkeit sind die verschiedenen Muskelgruppen durch unterschiedlich große Bereiche auf dem motorischen Rindengebiet repräsentiert (s. Abb. 6.27). Dieser Sachverhalt lässt sich in Gestalt eines sog. **Homunculus** (Menschlein) darstellen. Besonders groß sind diejenigen muskulären Gruppen repräsentiert, die für die spezifisch menschlichen Leistungen typisch sind: die Sprechmuskulatur und die Muskulatur der Hand. Neben zahlreichen Efferenzen, die von Area 4 zu tiefer gelegenen Zentren mit motorischer Funktion ziehen, verlaufen weitere Fasern von hier zu zahlreichen anderen Arealen des Neokortex.

Bei größeren Verletzungen in diesem Areal zeigen sich Lähmungen einzelner kontralateral gelegener Muskelgruppen oder im Extremfall ist eine Lähmung der gesamten kontralateralen Körperseite (**Hemiplegie**) die Folge.

Das prämotorische und supplementär-motorische Feld (Area 6 und 8). Dieses Kortexgebiet umfasst die Area 6 und geringe Teile der Area 8 (s. Abb. 6.26). Die Hauptaufgabe dieses Rindenbezirks besteht in der Planung von Bewegungen. Demgemäß verlaufen von hier aus zahlreiche Fasern zum Motorkortex, wo dann die Ergebnisse der Motorikplanung in absteigende Bewegungsimpulse umgesetzt werden. Allerdings werden auch absteigende Fasern direkt zu subkortikalen motorischen Kerngebieten gesendet. Dennoch scheint die Hauptaufgabe in der Vorbereitung von motorischen Aktionen zu bestehen. Gut gelernte Bewegungsprogramme in ihrer sequenziellen Abfolge sind u. a. im prämotorischen Rindenfeld abgelegt. Das prämotorische Feld liegt weiter lateral und versorgt in erster Linie dem Rumpf nahe gelegene Muskeln, während das supplementär-motorische Feld weiter lateral liegt und Muskeln innerviert, die weiter distal liegen. (Weitere Details dazu in Abschn. 9.5.3)

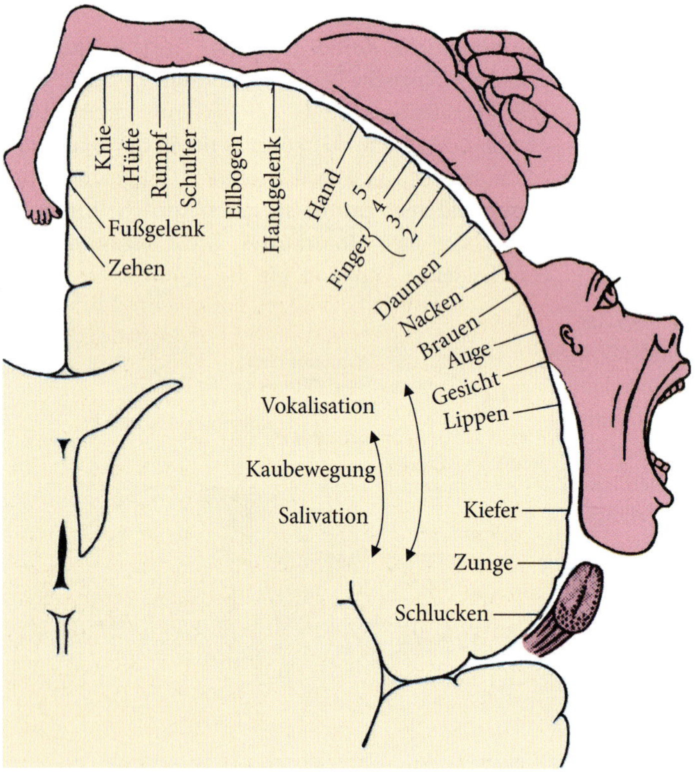

Das frontale Augenfeld (Area 8). An das prämotorische Rindenfeld schließt sich vorn das sog. frontale Augenfeld (frontales Blickzentrum) an (s. Abb. 6.26). Dieses Feld macht einen Teil der Area 8 aus. Kommt es durch Krankheit oder Verletzung zu einer beidseitigen Zerstörung des frontalen Augenfelds, sind keine willkürlichen Augenbewegungen mehr möglich.

Es erhält Afferenzen u. a. von der primären und sekundären Sehrinde (Area 17, 18 und 19; s. u.). Efferenzen ziehen teilweise zu den Motoneuronen der Hirnnervenkerne des Nervus oculomotorius beider Seiten und des Nervus abducens auf der kontralateralen Seite. Außerdem existieren Efferenzen vom frontalen Augenfeld in die Formatio reticularis, wo sich ebenfalls Zell-

Abbildung 6.27 Repräsentation verschiedener Körpergebiete im Bereich des motorischen Rindenfeldes. Je nach ihrer funktionellen Bedeutsamkeit sind die verschiedenen Körpergebiete unterschiedlich groß repräsentiert

gruppen befinden, die der Blickbewegungssteuerung dienen.

Broca-Sprachzentrum (Area 44 und 45). Das Broca-(motorische) Sprachzentrum ist weitgehend deckungsgleich mit den Brodmann-Feldern 44 und 45 (s. Abb. 6.26). Das **Broca-Zentrum** hat fundamentale Bedeutung für die Generierung von Sprache (s. Abschn. 25.4.1). Hier werden die komplexen motorischen Programme zur sprachlichen Äußerung geformt, um dann in Impulse umgesetzt zu werden, die an die motorischen Ausgangsstationen der Hirnrinde laufen.

Dieses Gebiet ist von seiner Zytoarchitektur her auf beiden Kortexhemisphären nachweisbar. Allerdings übernimmt diese Region bei ca. 90% der Menschen fast ausschließlich in der linken Hemisphäre ihre Aufgaben im Zusammenhang mit der Sprachproduktion.

Das motorische Sprachzentrum ist Zielgebiet für Fasern von der primären und sekundären Hörrinde (s. u.) und von verschiedenen Assoziationsfeldern der Hirnrinde. Efferenzen laufen zu den Basalganglien, zum Kleinhirn, zum Thalamus und entweder direkt oder indirekt (über die vorgenannten Regionen) zum Motorkortex. Von hier aus werden dann die motorischen Impulse in Richtung auf den Sprechapparat in Mund und Kehlkopf und zur Atemmuskulatur geleitet.

Der präfrontale Kortex (Area 9, 10, 11 und 46, 47). Der präfrontale Kortex wird aus der Gesamtheit derjenigen Kortexareale gebildet, die rostral der prämotorischen Rinde liegen (s. Abb. 6.28). In der moderneren neuroanatomischen Literatur werden auch die Areale, die auf der medialen und basalen Hemisphärenfläche des Kortexvorderteils liegen, hinzugerechnet.

Der Präfrontalkortex ist ein phylogenetisch junger Teil des Kortex, der beim Menschen deutlich größer ausgeprägt ist als bei anderen hochentwickelten Säugetieren. Er macht etwa 25–30% der gesamten Kortexfläche aus. Die präfrontale Rinde ist sowohl afferent als auch efferent besonders eng mit den limbischen Großhirnstrukturen verbunden. Natürlich liegen hier über Kommissurenfasern auch zahlreiche Verbindungen zur gegenüberliegenden Hemisphäre und über Assoziationsfasern zu allen anderen Bereichen der Hirnrinde vor. Auch der Thalamus steht sowohl afferent als auch efferent in enger Verbindung mit diesem Rindengebiet.

Man ordnet dem Präfrontalkortex eine Fülle von Funktionen zu. Auf der Basis von Einzelzellableitungen an Primaten konnte u. a. nachgewiesen werden, dass

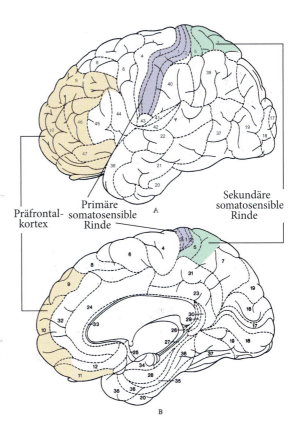

Abbildung 6.28 Präfrontaler Kortex und somatosensible Rinde. Oben: Laterale Ansicht von links. Unten: Mediale Ansicht von links

hier Neuronen lokalisiert sind, die mit der Kurzzeiteinspeicherung von Informationen und dem Arbeitsgedächtnis befasst sind. Es ließen sich auch einzelne Neuronen im Präfrontalkortex nachweisen, die nur feuern, wenn Handlungsvorbereitung auf der Basis genau umschriebener Reizkonstellationen stattfindet.

Über die Aufgaben des Präfrontalkortex erhält man besonders augenfällig Auskunft bei der Betrachtung von Patienten, die hier größere Läsionen durch Tumore, Blutungen oder Schädel-Hirn-Traumen aufweisen. Vielfach zeigen sich schwere Beeinträchtigungen der Persönlichkeit; häufig sind die langfristige Handlungsplanung und die Kontrolle motivationaler und emotionaler Impulse gestört. Nicht selten finden sich auch Defizite in der Konzentrationsfähigkeit und im motorischen Antrieb. Letzteres macht sich meist durch eine deutliche Verlangsamung bei der Ausführung von Handlungen bemerkbar. Auch scheinen bei Verletzungen in diesen Regionen übergeordnete verhaltenssteuernde Prinzipien wie Ethik und Moral betroffen zu sein (Anderson et al., 1999). Die Patienten zeigen oft ein sehr gleichgültiges oder emotional instabiles Verhalten, was den Umgang mit ihnen – trotz weitestgehend erhaltener Sensorik und Motorik – oft massiv erschwert.

Der Parietallappen

Primärer somatosensibler Kortex (Area 1, 2 und 3). Dieser Rindenbezirk entspricht weitgehend dem Gyrus postcentralis (s. Abb. 6.28 und 6.17). Hier enden afferente Fasern, die Information aus der Haut, den Sehnen und Gelenksrezeptoren sowie den Muskelspindeln herantransportieren (s. Abschn. 9.3). Alle Zuflüsse zum Gyrus postcentralis einer Hemisphäre stammen von der gegenüberliegenden Körperseite.

Die primäre somatosensible Rinde zeigt analog zum primären motorischen Kortex eine weitgehend somatotope Gliederung (s. Abb. 6.29). Allerdings sind auch hier, wie im Motokortex, die von bestimmten Körperregionen flächenmäßig eingenommenen Rindenbereiche in ihrer Ausdehnung nicht proportional zu den Verhältnissen an der Peripherie. Je größer die Dichte der Sensoren an der Peripherie ist, d. h., je präziser die Wahrnehmung in diesem Körperbereich ist, desto größer ist der ihm zugeordnete Bereich im somatosensiblen Kortex. Auch in diesem Fall lassen sich die Verhältnisse in Form eines Homunculus wiedergeben. So repräsentiert z. B. ein relativ großes Areal den Mund, hier herrscht eine sehr differenzierte Sensorik, während der Rumpf mit seiner relativ groben sensiblen Auflösung verhältnismäßig klein repräsentiert ist.

Die unmittelbaren Zuflüsse in dieses Gebiet entstammen weitgehend dem Thalamus (hier dem Nucleus ventralis posterior) und den Kernen im Hinterstrang des Rückenmarks. Zusätzlich liegen Zuflüsse aus dem Trigeminuskern und dem Vorderseitenstrang vor.

Afferenzen von kortikalen Neuronen kommen vor allem aus der primär-motorischen Rinde und über Assoziations- und Kommissurenfasern von weiter entfernt liegenden Kortexarealen unterschiedlicher Funktion.

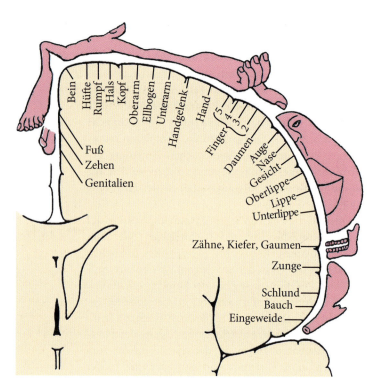

Abbildung 6.29 Somatosensibler Homunculus. Je nach ihrer funktionellen Bedeutsamkeit sind die verschiedenen Körpergebiete unterschiedlich groß repräsentiert

Efferente Fasern ziehen in großer Zahl hinab zu den sensiblen Kernen, z. B. des Trigeminus. Ebenso laufen Fasern zu Hinterhornneuronen des Rückenmarks. Es ist davon auszugehen, dass über absteigende Fasern vom somatosensiblen Kortex eine Kontrolle der afferenten Impulsweiterleitung (auch von Schmerzimpulsen) stattfinden kann.

Bei einer Schädigung im Gebiet der somatosensiblen Rinde zeigt sich typischerweise eine Beeinträchtigung der Berührungsempfindungen und der Wahrnehmung von Schmerz, Wärme/Kälte und Druck aus der kontralateralen Körperseite.

Sekundärer somatosensibler Kortex (Area 5 und 7). Dorsal vom Gyrus postcentralis und an seinem zur Basis gelegenen Ende findet sich ein relativ kleines Areal (s. Abb. 6.27), das eine vollständige sensible Repräsentation der kontralateralen Körperhälfte aufweist. Man geht davon aus, dass hier eine assoziative und interpretierende Zuordnung von Informationen aus der primären somatosensiblen Rinde stattfindet. Dies zeigt sich z. B. daran, dass bei einer Schädigung in diesem Areal über eine taktile Reizung noch berichtet werden kann, dass aber das Erkennen eines Gegenstandes etwa durch exploratorisches Befühlen nicht mehr möglich ist (taktile **Agnosie**).

Die Ausgangs- bzw. Zielgebiete von Afferenzen und Efferenzen der sekundären somatosensiblen Rinde sind weitgehend dieselben wie bei der primären somatosensiblen Rinde.

Der Okzipitallappen

Der Okzipitallappen dient in erster Linie der Verarbeitung von Information aus dem visuellen System. Dies beinhaltet zum einen die Verarbeitung der rein physikalischen Information – Farbe, Helligkeit, Kontrast etc. –, zum anderen die Erkennung und Klassifikation von Objekten.

Primäre Sehrinde (Area 17). Die primäre Sehrinde ist weitgehend identisch mit der Area 17 nach Brodmann (s. Abb. 6.30). Sie ist relativ dünn und zeigt innerhalb des Gewebes der grauen Substanz einen mit bloßem Auge erkennbaren weißen Streifen. Deshalb wird sie auch Area striata genannt. Sie dürfte wegen ihrer Bedeutung für die visuelle Informationsverarbeitung das am besten studierte Kortexareal der Primaten sein. Dies gilt sowohl für ihre Mikrostruktur als auch für die afferenten und efferenten Verbindungen.

Afferente Zuflüsse erhält die Area 17 aus dem Corpus geniculatum laterale des Thalamus. Hier befindet sich die letzte Umschaltstation visueller Afferenzen vor der Hirnrinde (s. Abschn. 12.7.3). Diese Faserverbindung nennt man auch die **Sehstrahlung** (Radiatio optica). Sie verteilt die afferente Information in der Weise auf die Neuronen der Area 17, dass die topologischen Verhältnisse, wie sie auf der Netzhaut vorliegen, erhalten bleiben (**Retinotopie**). Die Projektion aus der Fovea centralis der Retina, dem Ort der schärfsten Abbildung, gelangt dabei in den äußersten Pol des Okzipitallappens. Bei Hinterhauptsverletzungen ist dieser Bereich, da er sich am weitesten vorwölbt, am häufigsten betroffen. Dies hat dann eine besonders gravierende Beeinträchtigung der visuellen Wahrnehmung zur Folge, da nun die Abbilder, die auf die Fovea centralis fallen, nicht mehr verarbeitet werden können.

Efferente Fasern laufen aus der Area 17 in die rostral liegenden Areale 18 und 19. Außerdem liegen Efferenzen vor, die den Kortex verlassen (**kortikofugale Fasern**). Diese ziehen u. a. zum Corpus geniculatum laterale und zu Hirnnervenkernen in der Formatio reticularis im Bereich des Pons.

Verletzungen im Bereich der Area 17 führen regelmäßig zu einer **Rindenblindheit**, also zu einer Beeinträchtigung der unmittelbaren Verarbeitung visueller Information. Es kommt je nach Ausmaß der Schädigung entweder zu totaler Blindheit oder zu blinden Stellen im Gesichtsfeld, also zu Gesichtsfeldausfällen.

Sekundäre Sehrinde (Area 18 und 19). Die sekundäre Sehrinde nimmt die Area 18 vollständig und große Teile der Area 19 ein. Sie erhält ihre afferenten Zuflüsse in erster Linie aus der Area 17, der primären Sehrinde. In der sekundären Sehrinde findet die Weiterverarbeitung der visuellen Information statt, insbesondere die Klassifikation von Bildeindrücken, das Erkennen von visuellem Material und die Zusammenführung der visuellen Information mit jener aus anderen Sinneskanälen. Hierhin gelangen auch die Informationen aus beiden Augen, wodurch stereoskopisches Sehen ermöglicht wird. Außerdem laufen Verarbeitungsschritte

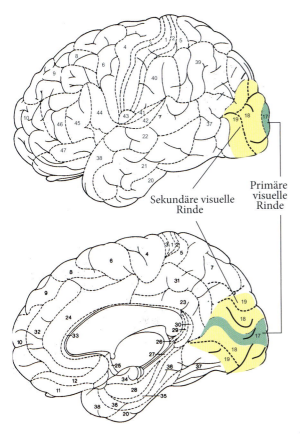

Abbildung 6.30 Primäre und sekundäre Sehrinde. Oben: Laterale Ansicht von links. Unten: Mediale Ansicht von links

6.4 Das Gehirn | 157

ab, die das Erkennen von Farben, von Formen und von Bewegungen erlauben.

Efferenzen aus der sekundären Sehrinde ziehen zu einer Vielzahl kortikaler Areale. Besonders ausgeprägt sind die Bahnen zum frontalen Augenfeld, das für die koordinierten Blickbewegungen zur Feinanalyse des Bildinhalts zuständig ist. Andere efferente Fasern laufen zum Gyrus angularis (s. u.), der eine wichtige Schaltstelle zum sprachlichen Kortex darstellt. Weitere Fasern ziehen zu den Colliculi superiores im Mittelhirn, wohin sie wichtige Informationen für die reflektorischen Anpassungsleistungen der Augenmuskulatur liefern.

Kommt es zu Schädigungen in der sekundären Sehrinde, so zeigen sich keine direkten Gesichtsfeldausfälle. Allerdings kommt es meist zu Beeinträchtigungen bei der Einordnung und Erkennung von visuellem Material (**visuelle Agnosie**). Besonders beeindruckend sind selektive Ausfälle der Erkennungsleitung bei kleineren Läsionen innerhalb der sekundären Sehrinde. Dann kann es zu einem Fehlen spezifischer Erkennungsleistungen kommen, sodass etwa bestimmte Kategorien von Objekten – z. B. Gesichter – nicht mehr identifiziert werden können.

Der Temporallappen

Im Temporallappen befindet sich die Hörrinde mit dem **Wernicke-Zentrum**. Letzeres dient der Analyse von sprachlichem Material.

Die primäre Hörrinde (Area 41 und 42). In den tief im Sulcus lateralis liegenden Gyri der Area 41 enden die Fasern der Hörbahn (s. Abb. 6.31). Auch hier findet sich eine topische Anordnung, und zwar die sog. **Tonotopie**. Dies bedeutet, dass jede Schwingungsfrequenz, die im Bereich hörbarer Töne liegt, hier einen spezifischen Repräsentationsort hat (s. Abschn. 13.3.3). Hohe Töne werden in einem anderen Bereich repräsentiert als tiefe Töne. Die afferenten Fasern entspringen dem Corpus geniculatum mediale des Thalamus und ziehen als **Hörstrahlung** (Radiatio acustica) zur Area 41. Efferenzen aus der primären Hörrinde laufen teilweise zurück zum Corpus geniculatum mediale sowie zur Area 18, zur sekundären Sehrinde.

Sekundäre Hörrinde (Area 22 und 42). Als sekundäre Hörrinde bezeichnet man – allerdings in der Literatur nicht ganz einheitlich – die Areale 42 und 22 nach Brodmann. Der entsprechende Bereich wird größtenteils vom sog. Wernicke-Sprachzentrum eingenommen (s. Abschn. 25.4.1).

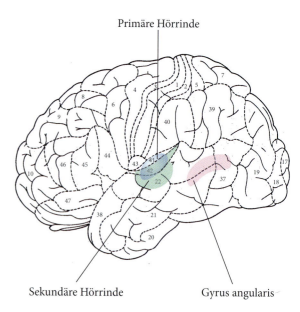

Abbildung 6.31 Primäre und sekundäre Hörrinde

Afferenzen kommen aus der primären Hörrinde. Analog zur sekundären Sehrinde findet hier die interpretierende bzw. integrierende Verarbeitung der Information statt, die aus der primären Hörrinde kommt. Es werden akustische Empfindungen, wie Laute oder Töne, zu Wörtern bzw. Melodien integriert. Weitere Afferenzen kommen nach Umschaltung im Gyrus angularis aus dem visuellen Kortex. Efferente Fasern laufen zu kortikalen Assoziationsfeldern und zum Broca-Sprachzentrum.

Bei einem Ausfall der sekundären Hörrinde kommt es zur sog. sensorischen **Aphasie** (= Wernicke-Aphasie). Hier ist das Verständnis der Sprache – der gesprochenen wie der geschriebenen – teilweise oder vollständig verloren, je nach Ausmaß der Schädigung. Ebenfalls kann beobachtet werden, dass bei einer Schädigung in diesem Rindenfeld akustische Ereignisse, wie z. B. das Läuten einer Kirchenglocke oder das Ertönen des Martinshorns, nicht mehr in ihrer Bedeutung erkannt werden können.

Die Inselrinde

Die Inselrinde (Insula) liegt in der Tiefe des Endhirns und ist von außen nicht erkennbar. Bei der Sektion eines Gehirns wird die Inselrinde sichtbar, wenn man die dem Sulcus lateralis angrenzenden Anteile des Frontal-, Temporal- und Parietallappens entfernt. In Abbildung 6.32 ist ihre Lage zu erkennen. Während der Embryonalentwicklung wird sie früh angelegt, dann aber relativ schnell von den anderen Lappen überwachsen. Auch phylogenetisch ist dieser Rindenbezirk sehr alt.

In der Inselrinde laufen v. a. relativ basale Funktionen ab. Hierhin gelangen die Signale aus dem Vegetativum einschließlich der Geschmacksempfindungen. Die Aktivität der inneren Organe wird von hier aus – teilweise über zwischengeschaltete Instanzen (z. B. den Hypothalamus) gesteuert. Durch elektrische Reizung in diesem Rindenbereich lassen sich etwa Empfindungen aus dem Magen-Darm-System und Übelkeit auslösen. Es ist nicht unwahrscheinlich, dass sich in dieser Region die am höchsten organisierten Koordinationsleistungen bei der Integration externer und körperinterner Reize abspielen.

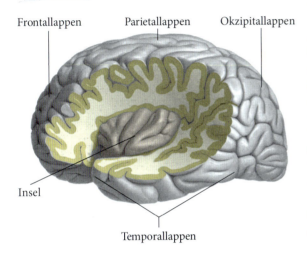

Abbildung 6.32 Die Lage der Inselrinde

Kortikale Plastizität

Ganz allgemein gesprochen versteht man unter kortikaler Plastizität die Fähigkeit der Hirnrinde, ihre synaptischen Verschaltungen zu modifizieren. Geschieht dies in großem Stil, können sich sowohl die Größe als auch das Antwortverhalten von ganzen Kortexarealen verändern (d. i. »kortikale Plastizität« im engeren Sinne).

Aus der vorangegangenen Darstellung der Kortexareale und ihrer Funktionen lässt sich ableiten, dass man von einem großen Teil des Kortex quasi eine Landkarte (eine kortikale Karte) anlegen kann. Auf dieser Karte sind als »Nationen« die psychischen Funktionen eingezeichnet. Allerdings gilt hier ähnlich wie bei Landkarten, dass sich Grenzen verschieben können oder dass sogar ganze Gebiete von einer neuen »Nation« besetzt werden können.

Verschiedene Auslöser können kortikale Plastizität herbeiführen. Beispielsweise kann die Amputation eines Fingers oder einer Extremität in dem für das amputierte Glied ursprünglich zuständigen Kortexareal zu Veränderungen führen. Das Repräsentationsareal des amputierten Glieds verkleinert sich, während sich die Repräsentationsareale angrenzender Körperabschnitte in dieses Areal ausdehnen. Bei Menschen mit einem amputierten Arm oder Bein beobachtete man ein Hineinwandern benachbarter somatosensibler Projektionsfelder in den durch die Amputation »frei gewordenen« Bereich. Dies hat z. B. bei einer amputierten Hand die Konsequenz, dass die Neuronen des Areals für »Hand« zunehmend Information aus den Bereichen »Arm« und »Gesicht« verarbeiten.

Ein weiterer Mechanismus, der kortikale Plastizität zu induzieren vermag, ist motorisches Training. So konnte etwa beobachtet werden, dass gut geübte Fingerbewegungen, z. B. bei Musikern, von einer Vergrößerung der kortikalen Repäsentationsgebiete für die entsprechenden Finger begleitet sind. Auch schon nach relativ kurzen Übungsphasen von nur wenigen Tagen sind derartige Effekte beobachtbar.

Folgen früher Erblindung. Ein Beispiel für die kortikale Umverlagerung eines ganzen Funktionsbereichs findet sich bei früh erblindeten Menschen. Was geschieht hier mit dem visuellen Kortex, der jetzt, wie man meinen könnte, nicht mehr gebraucht wird? Tatsächlich zeigt sich bei Blinden beim Lesen von Blindenschrift eine Aktivierung im primären und sekundären visuellen Kortex (gemessen mittels PET). Bei sehenden Menschen dagegen fand sich bei dieser Aufgabe eher eine Desaktivation in diesem Bereich. Außerdem war bei den Blinden bei simplen taktilen Reizen keine Aktivitätssteigerung im visuellen Kortex beobachtbar. Offenbar findet jetzt im visuellen Kortex die Verarbeitung spezifischer taktiler Information statt, obwohl die Bahnen der Somatosensorik ursprünglich keinen unmittelbaren Zugang zum visuellen Kortex besitzen. Es liegt demnach eine Reorganisation (= Plastizität) von neuronalen Verbindungen vor, die eine solche Aufgabenverlagerung gestattet.

TMS-Studien nach Amputation. Eine Reihe von Studien zur plastischen Reorganisation des Kortex wurden mittels **transkranieller Magnetstimulation** (TMS, s. Abschn. 26.5) vorgenommen. Bei diesem Verfahren können durch Applikation schwacher, aber scharf gebündelter Magnetfelder über der Kopfoberfläche kortikale Prozesse innerhalb kleiner Bereiche (ca. 1 mm) aktiviert oder inhibiert werden. Beobachtet man, wo sich motorische Reaktionen auf einen TMS-Stimulus einstellen, so kann man eine ziemlich genaue Zuordnung zwischen Gehirngebieten und den von diesen Gebieten aktivierten Muskelgruppen vornehmen. Häufig untersuchte man mit TMS-Patienten, bei denen wegen eines Unfalls oder eines chirurgischen Eingriffs eine Extremität teilweise verloren ging. Es ergab sich, dass die Muskeln unmittelbar oberhalb des Stumpfs durch ein größeres Areal des Motorkortex repräsentiert waren als die entsprechenden Muskeln auf der Seite kontralateral zum Stumpf. Dies steht im Einklang mit Befunden aus PET-Untersuchungen an anderen Patienten mit Amputationen: die Repräsentation von Muskeln proximal zur Stumpfzone hatte sich in den Bereich des Motorkortex ausgedehnt, der ursprünglich das Territorium des amputierten Bereichs ausmachte.

Tierexperimente. Neben diesen Ergebnissen aus dem Humanbereich liegt eine Reihe von einschlägigen Tierexperimenten vor. Hier zeigte sich durchgängig, dass

(1) sich durch Übung in motorischen und perzeptiven Aufgaben die diesbezügliche kortikale Repräsentation vergrößerte,

(2) bei der Hemmung von Zuflüssen zum Kortex – etwa durch sensorische **Deprivation** eines Fingers – die entsprechenden Felder die Aufgaben von benachbarten Feldern mit übernehmen.

Aus diesen Ergebnissen ist ein wichtiges Prinzip abzuleiten: Gerade auf der höchsten zerebralen Verarbeitungsebene herrscht ein beträchtliches Ausmaß an Plastizität. Je nach Anforderung können große Neuronenpopulationen infolge von Neuverschaltungen neue Aufgaben übernehmen.

6.4.11 Die weiße Substanz des Großhirns

Man kann innerhalb der weißen Substanz des Großhirns drei funktionell unterschiedliche Bahnsysteme ausmachen. Diese bestehen aus den Projektionsfasern, aus den Kommissurenfasern und aus den Assoziationsfasern.

Projektionsfasern. Die Projektionsfasern, die hin- und rücklaufende Verbindungen zu subkortikalen Gebieten schaffen, bilden im Wesentlichen die Capsula interna, die zwischen Nucleus caudatus / Thalamus und Putamen / Globus pallidus liegt. Projektionsfasersysteme sind v. a. die schon erwähnte Sehstrahlung und Hörstrahlung. Außerdem gehören zahlreiche Verbindungen vom Thalamus zu den visuellen Assoziationsfeldern des Kortex dazu. Absteigend finden sich hier v. a. die motorischen Bahnen, die vom Frontallappen kommend zu den Umschaltstellen beispielsweise im Pons und im Rückenmark ziehen.

Kommissurenfasern. Die Kommissurenfasern verbinden die beiden neokortikalen Hemisphären. Sie ziehen fast alle durch das Corpus callosum (= Balken). Damit etwa Informationen aus der rechten und der linken Gesichtsfeldhälfte zu einem Gesamteindruck verarbeitet werden können, müssen die entsprechenden Teilinformationen über die Kommissurenfasern des Corpus callosum von einer Seite auf die andere kreuzen. Ähnliches gilt für sensorische Information aus gegenüberliegenden Körperbereichen, die ebenfalls eines interhemisphärischen Austauschs bedarf, damit eine vollständige Repräsentation des körperlichen Geschehens erfolgen kann.

Assoziationsfasern. Die Assoziationsfasern bilden den größten Teil der weißen Substanz, sie verbinden die verschiedenen Kortexregionen einer Hemisphäre miteinander. Teilweise überwinden sie nur sehr kurze Strecken, etwa von der primären zur sekundären Hörrinde, die in benachbarten Gyri liegen. Sie können auch lange Strecken zurücklegen, die weit entfernte Rindengebiete verbinden. Hier sind Fasern zu nennen, die aus dem sekundären visuellen Kortex in die Frontalhirnareale ziehen, um dort etwa zu motivationalen und emotionalen Prozessen beizutragen.

Zusammenfassung

Der Neokortex ist die äußerste Neuronenschicht des Gehirns. Hier sind sehr viele Nervenzellen auf komplexe Weise verschaltet, was enorme informationsverarbeitende Leistungen ermöglicht. Man unterteilt den Neokortex in vier Lappen: den Frontal-, Temporal-, Parietal- und Okzipitallappen. Der Frontallappen erfüllt vor allem Aufgaben in Zusammenhang mit der Motorik – auch der Sprachmotorik im Broca-Areal – sowie im präfrontalen Bereich komplexe Funktionen des Arbeitsgedächtnisses, der Handlungsplanung, Motivation und Persönlichkeit. Am Temporallappen endet die Hörbahn. Außerdem findet sich hier das sensorische Sprachzentrum (Wernicke-Areal). Der Parietallappen beinhaltet insbesondere die somatosensiblen Kortexareale. Im Okzipitallappen findet sich der visuelle Kortex.

Zahlreiche andere differenzierte Aufgaben können bestimmten Kortexarealen zugeordnet werden.

Die weiße Substanz enthält Nervenzellfortsätze, also Faserverbindungen. Die Kommissurenfasern verbinden die beiden neokortikalen Hemisphären. Die Assoziationsfasern bilden den größten Teil der weißen Substanz, sie verbinden die verschiedenen Kortexregionen einer Hemisphäre miteinander. Die Projektionsfasern schaffen v. a. auf- und absteigende Verbindungen zu subkortikalen Gebieten.

Weiterführende Literatur

Benninghoff, A. & Drenckhahn, D. (2004). Anatomie, Bd. 2 (16. Aufl.). München: Urban & Fischer.

Kahle, W. & Frotscher, M. (2009). Taschenatlas der Anatomie, Bd. 3: Nervensystem und Sinnesorgane (10. Aufl.). Stuttgart: Georg Thieme Verlag.

Nicholls, J. G., Martin, A. R. & Wallace, B. G. (2002). Vom Neuron zum Gehirn. Stuttgart: Spektrum Verlag.

Trepel, M. (2008). Neuroanatomie. Struktur und Funktion (4. Aufl.). München: Urban & Fischer.

Ulfig, N. (2008). Kurzlehrbuch Neuroanatomie. Stuttgart: Georg Thieme Verlag.

7 Steuerung vegetativer Funktionen

7.1 Einführung

Man weiß seit dem Altertum, dass eine enge Verflechtung zwischen den Organfunktionen des Körpers und psychischen Prozessen besteht. Sowohl in der Philosophie – im Zusammenhang mit dem Leib-Seele-Problem – als auch in der traditionellen Medizin hat man die Verzahnung zwischen dem psychischen Befinden und den leiblichen Prozessen als elementar angesehen.

Schon Aristoteles schreibt, dass mit Emotionen typische Körperveränderungen auftreten:

»*So scheinen auch alle seelischen Vorgänge wie Zorn, Sanftmut, Furcht, Mitleid, Mut, ferner Freude, sowie Liebe und Hass in Verbindung mit dem Körper zu stehen. Denn bei allen diesen ist der Körper irgendwie beteiligt.*«

Die Wirkung von psychischen Prozessen auf die inneren Organe war in der Antike elementarer Bestandteil der Heilkunde. So wurden etwa bei einem Aufenthalt der Kranken im antiken Epidauros – einer Art »Kurzentrum« – ganz bewusst deren Träume genutzt, z.B. während des sog. »Tempelschlafs«, um dem Arzt einen Weg zur Behandlung zu weisen. Dass auch späterhin im breiten Verständnis der Menschen der Zusammenhang zwischen den Organen des Leibes und den psychischen Vorgängen präsent war, lässt sich aus der Fülle von Bildern der Umgangssprache erkennen. Beispiele sind: »Das Herz ist ihm gebrochen« oder »Das schlägt mir auf den Magen«.

Die enge Beziehung zwischen Gefühlszuständen und körperlichen (vegetativen) Veränderungen wurde am Ende des 19. Jahrhunderts zum zentralen Thema, und zwar in den Emotionstheorien von William James (1884) und Carl Lange (1887) (s. Abschn. 23.2.1). Hier werden die körperlichen Veränderungen als notwendige Bedingungen zum Emotionserleben gesehen. Demzufolge käme kein emotionales Erleben ohne die Wahrnehmung von körperlichen Prozessen – hier sind überwiegend die vegetativen Vorgänge gemeint – zustande.

Faszinierende Forschungsergebnisse aus den letzten 30 Jahren lassen zunehmend die ursächlichen Zusammenhänge zwischen psychischen Belastungen und Krankheitsentstehung erkennen. Eine besondere Rolle spielen hierbei die Auswirkungen der sog. Stresshormone auf das Immunsystem (s. Abschn. 17.2). Aber auch das Nervensystem selbst erfüllt neben dem endokrinen und dem Immunsystem viele Aufgaben, die sich direkt auf die Funktion der inneren Organe des Körpers beziehen.

Das vegetative Nervensystem, das auch **autonomes** oder **viszerales Nervensystem** genannt wird, dient der Steuerung der inneren Organe wie Herz, Lunge und Magen-Darm-Trakt sowie der Gefäße und der Drüsen. Eine der Hauptaufgaben des vegetativen Nervensystems besteht in der Konstanthaltung des **inneren Milieus**. Dieser Begriff geht auf den französischen Physiologen Claude Bernard (1859) zurück.

Das innere Milieu, insbesondere die chemische Zusammensetzung der Körpersubstanzen wie intra- und extrazelluläre Flüssigkeiten, muss so beschaffen sein, dass optimale und stabile Arbeitsbedingungen für die verschiedenen Systeme des Organismus herrschen. Man bezeichnet das Prinzip des fein regulierten und immer wieder in die Balance gebrachten Gesamtzustands des Körpers auch als **Homöostase**. Um eine solche Aufgabe erfüllen zu können, müssen sehr viele Rückmeldeschleifen existieren, über welche die verschiedenen zentralnervösen Regulationszentren mit Informationen über den Ist-Zustand an der Peripherie versorgt werden, auf den sie dann u.U. regulierend einwirken müssen. Da die Stabilisierung des inneren Milieus nur gelingt, wenn allzu große Abweichungen der einzelnen Parameter vom Sollwert vermieden werden, müssen die entsprechenden Regelschleifen meist eine rückführende Funktion ausüben; es handelt sich also überwiegend um negative Feedbacksysteme. Ausnahmen mit positiven Feedbackschleifen spielen z.B. bei zyklisch auftretenden Ereignissen, wie dem Menstruationszyklus, eine Rolle.

Forscherpersönlichkeit

Claude Bernard (1813–1878) begann sein Medizinstudium nach einem gescheiterten Versuch als Schriftsteller im Jahr 1834 in Paris. Er beendete sein Studium im Jahr 1843 mit einer Doktorarbeit über die Bedeutung des Magensafts bei der Ernährung. Dem vegetativen System blieb er in seinem späteren wissenschaftlichen Leben treu, so klärte er die Bedeutung der Leber und der Bauchspeicheldrüse für Verdauungs- und Ernährungsvorgänge auf. Sein besonderes Augenmerk galt der Wechselwirkung zwischen inneren Organen und dem Nervensystem. Als eine wesentliche Aufgabe beim Zusammenspiel zwischen beiden erkannte er die Aufrechterhaltung des »inneren Milieus« des Körpers.

Im Jahr 1854 übernahm Bernard das Institut für Physiologie an der Sorbonne. 1886 schuf man für ihn einen Lehrstuhl für Allgemeine Physiologie am Naturkundlichen Museum in Paris. Mit seinen auch schon zur damaligen Zeit weithin beachteten Schriften förderte er den Wandel der Medizin zu einer naturwissenschaftlichen Disziplin. Er bereitete dem experimentellen Forschen in der Physiologie sowie der Medizin den Weg. 1868 wurde er Mitglied der Académie Française. Als er im Jahr 1878 starb, wurde seine Beerdigung von der französischen Regierung ausgerichtet. Dies war das erste Mal, dass eine solche – wenn auch posthume – Ehrung einem Wissenschaftler zuteil wurde.

Seine regulatorischen Aufgaben erfüllt das vegetative Nervensystem im Normalfall, ohne dass dies ins Bewusstsein dringt. Aufgrund der weitgehenden Autonomie der Steuerungsprozesse und ihrer Unabhängigkeit von willentlichen Einflüssen ist der Begriff »autonomes Nervensystem« durchaus naheliegend.

Relative Autonomie. Die Auffassung, das vegetative Nervensystem sei ein System, das völlig unabhängig von der Willkür bzw. der bewussten Wahrnehmung arbeitet, ist dennoch nicht haltbar. Auch aus den inneren Organen können wir ganz bewusst Empfindungen wahrnehmen. Beispiele hierfür sind etwa Atemnot, Übelkeit und Magenschmerzen. Ebenso sind wir – innerhalb gewisser Grenzen – in der Lage, die Funktion innerer Organe bewusst zu steuern oder zumindest zu beeinflussen. Man denke dabei z. B. an die Anregung bzw. Dämpfung der Herzaktivität durch mentale Entspannung oder Imaginationen oder an die Regulation von vegetativen Funktionen durch **Biofeedback** (s. Abschn. 16.4.4).

Regulationsebenen. Das vegetative Nervensystem hat Anteile sowohl innerhalb des Zentralnervensystems als auch im peripheren Nervensystem (s. Abb. 7.1). Im Gehirn finden sich zahlreiche Zentren, die an der Steuerung vegetativer Prozesse beteiligt sind. Das wichtigste Regulationsorgan, das auch die anderen vegetativen Zentren im ZNS beeinflusst, ist der Hypothalamus (s. Abschn. 6.4.8). Die im ZNS generierten Befehle laufen größtenteils durch das Rückenmark, um dann auf verschiedenen spinalen Ebenen auszutreten und als periphere neuronale Verbindungen zu den inneren Organen zu ziehen.

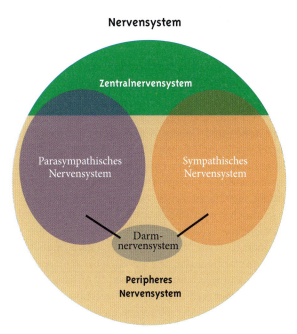

Abbildung 7.1 Zusammenhang zwischen Zentralnervensystem, peripherem Nervensystem und vegetativem Nervensystem. Das vegetative Nervensystem besteht aus sympathischem, parasympathischem und Darmnervensystem. Sympathikus und Parasympathikus besitzen sowohl im Zentralnervensystem als auch im peripheren Nervensystem Anteile

7.2 Subsysteme des vegetativen Nervensystems: Sympathikus, Parasympathikus und Darmnervensystem

Sowohl aufgrund funktioneller Unterschiede als auch auf der Basis anatomischer und neurochemischer Gegebenheiten wird heute das vegetative Nervensystem in drei Subsysteme unterteilt. Zwei davon sind sehr weit verzweigt und versorgen nahezu den gesamten Bereich der inneren Organe: das **sympathische Nervensystem** (Sympathikus) und das **parasympathische Nervensystem** (Parasympathikus). Mit einigen Ausnahmen werden alle vegetativen Organe sowohl vom Sympathikus als auch vom Parasympathikus versorgt (s. Tab. 7.1 sowie Abb. 7.2). Zu den Ausnahmen gehören etwa die Schweißdrüsen und die meisten Blutgefäße.

Das dritte System, das **Darmnervensystem**, befindet sich in den Darmwänden. Es kann aufgrund seiner Komplexität und Selbstständigkeit aus gutem Grund als drittes Subsystem des Vegetativums betrachtet werden.

Sympathisches und parasympathisches Nervensystem

Sympathisches und parasympathisches System erfüllen im Großen und Ganzen Aufgaben, die in ihrer Charakteristik komplementär sind. Man kann etwas vereinfachend davon sprechen, dass das sympathische System auf die inneren Organe denjenigen Einfluss ausübt, der sie zu Zeiten erhöhter Anforderungen – etwa durch körperliche Belastung oder durch mentale Anstrengung – adaptiert und optimiert. Dies gilt in besonderer Weise für kurzfristige, energiemobilisierende Anforderungen, wie sie etwa bei momentanen Stressbelastungen auftreten können (s. Abschn. 17.1.2). Hierbei stellen sich u.a. folgende Reaktionen ein: Die Herzleistung und der Blutdruck steigen, die Körpertemperatur erhöht sich, der Blutzuckerspiegel steigt an und die Pupillen erweitern sich. Man nennt den dadurch ausgelösten organismischen Zustand auch eine **ergotrope** Reaktionslage. Walter Cannon bezeichnete diese körperliche Umstellung als typisch für die »fight and flight reaction«, also eine Reaktion, die sich etwa beim Auftreten bedrohlicher Reize, z.B. eines Angreifers, zeigt und der man mit Flucht oder Kampf begegnen muss.

Wie sich in den Untersuchungen Cannons u.a. zeigte, kann ein Tier, dessen sympathische Nerven durchtrennt wurden, zwar prinzipiell überleben, jedoch nur in einer artifiziellen und sehr geschützten Umgebung: Die Außentemperatur muss konstant gehalten werden, das Tier muss gefüttert werden, und Belastungen körperlicher und psychischer Art müssen ferngehalten werden.

Eine vermehrte parasympathische Aktivität bewirkt an den **Effektor**organen (also den Ausführungsorganen) eine Arbeitsweise, die den Phasen der Ruhe, Entspannung und Regeneration angemessen ist (nach Cannon die »rest and digest situation«). Dabei herrscht die **trophotrope** Reaktionslage, der Körper kann seine Reserven wieder auffüllen und sich regenerieren. Für das Herz-Kreislauf-System bedeutet dies etwa einen Rückgang der Pulsfrequenz, für den Magen-Darm-Trakt eine Zunahme der verdauungsfördernden Motorik.

> **Exkurs**
>
> **Historisches zum vegetativen Nervensystem**
> Als Begründer der modernen Lehre vom vegetativen Nervensystem mit seinen Teilsystemen gilt John Langley (1852–1925). Auf ihn geht auch die Bezeichnung »autonomes Nervensystem« zurück. In der Zeit vor Langleys grundlegender Arbeit hatte man das vegetative Nervensystem noch nicht weiter unterteilt, sondern es wurde als ein einheitliches, wenig differenziertes Gefüge betrachtet. Es wurde interessanterweise damals alternativ zur noch heute gültigen Bezeichnung »vegetatives Nervensystem« auch »sympathisches Nervensystem« genannt. Die Bezeichnung »sympathisches System« lässt sich zurückverfolgen bis in die Schriften Homers, der die Empfindungen (griech. sympathein = (mit-)empfinden) durchaus im Bezug zu den Eingeweideprozessen sah.
>
> Langley erkannte die mit unterschiedlichen Funktionen versehenen Hauptteile des vegetativen Nervensystems, den Sympathikus und den Parasympathikus. Auch dem dritten Anteil, dem Darmnervensystem, sprach er bereits Eigenständigkeit zu. Dieses Subsystem war jedoch später in Vergessenheit geraten bzw. unter die beiden anderen Anteile subsumiert worden. Erst in jüngster Zeit, insbesondere mit dem Fortschreiten der mikroskopischen Anatomie und Biochemie, wurde die Komplexität und selbstständige Regulationsfähigkeit dieses Systems erkannt.

unterschiedlicher Affinitäten der beiden Botenstoffe zu den einzelnen Rezeptortypen vermittelt der Sympathikus teilweise unterschiedliche Wirkungen, die dann in ihrem Gesamtergebnis schwer vorhersagbar sind.

Forscherpersönlichkeit

Walter B. Cannon (1871–1945) war Professor für Physiologie an der Harvard University. Er bearbeitete ein sehr umfangreiches Forschungsfeld, das sich von der Röntgenologie bis hin zur Endokrinologie erstreckte. Er hat als Erster das Prinzip der Homöostase beschrieben, nach dem der tierische und menschliche Organismus das Bestreben hat, ein inneres und äußeres Gleichgewicht zu halten und es bei Störeinflüssen wieder herzustellen. Auf Cannon geht auch das Konzept der Notfallreaktion als ein einheitliches Reaktionsmuster auf verschiedene bedrohliche Reize zurück. Außerdem hat er wesentliche Beiträge zur Aufklärung der Neurotransmitter-Prozesse im autonomen Nervensystem geleistet.
In der Psychologie wurde er vor allem auch wegen seiner Auseinandersetzung mit der Emotionstheorie von William James und Carl Lange
(s. Abschn. 23.2.1) bekannt.

Darmnervensystem

Das Darmnervensystem (enterisches Nervensystem, intramurales Nervensystem) besteht aus einer Ansammlung von sensorischen und motorischen Neuronen, die teilweise durch Interneurone miteinander verbunden sind. Die Zellkörper der Neuronen sind in Ganglien gebündelt, von wo aus sich die neuronalen Aussprossungen zu einem überaus engmaschig verzweigten Netz fortsetzen. Die Zahl der Neuronen des Darmnervensystems liegt bei ca. 100 Millionen und entspricht damit derjenigen des Rückenmarks. Im Bereich des Verdauungstrakts dient dieses System in erster Linie dazu, die Muskulatur der Darmwände anzuregen, etwa zur Durchmischung und zum Transport des Speisebreis. In der Leber und der Bauchspeicheldrüse reguliert es u. a. die Absorptions- und Sekretionsprozesse. Das Darmnervensystem arbeitet weitgehend unabhängig vom übrigen Nervensystem. Wegen der Größe der Neuronenzahl und dem Ausmaß der Vernetzung wird dieses System auch gerne als »kleines Gehirn« oder »Gehirn des Darms« bezeichnet.

Trotz seiner weitgehend autonomen Funktionsweise besitzt es zahlreiche Zuflüsse von Sympathikus und Parasympathikus. Diese sorgen für Koordinierung mit den anderen vegetativen Organen. Dabei ist die Wirkung der sympathischen Verbindungen auf die Muskulatur in den Wänden der Hohlorgane hemmend und diejenige der parasympathischen Fasern erregend. Interessanterweise verlassen auch sehr viele sensorische Fasern – ca. die vierfache Zahl der effektorischen Fasern – das Darmnervensystem. Über den sensorischen Pfad werden z. B. der Füllungszustand des Darms, extreme Dehnungen und Informationen über die chemische Zusammensetzung der Nahrung zurückgemeldet. Zahlreiche Transmitter und Neuropeptide sind an der fein abgestimmten Steuerung der Verdauungsprozesse durch das enterische Nervensystem beteiligt. Hierzu zählen Acetylcholin (zugleich der Haupttransmitter des Parasympathikus) sowie Serotonin und andere Monoamine. Viele Neuropeptide wurden zuerst im Darmnervensystem entdeckt, bevor ihre Bedeutung als Botenstoff im Gehirn bekannt wurde. Dazu gehören z. B. Substanz P, Somatostatin, VIP (vasoaktives intestinales Peptid) und GRP (Gastrin-Releasing-Peptid).

Zusammenfassung

Das vegetative Nervensystem ist das Steuerungs- und Regulationsinstrument für die Funktionen der inneren Organe. Eine seiner Hauptaufgaben ist die Aufrechterhaltung der Homöostase. Es beinhaltet sympathische und parasympathische Anteile sowie das enterische (Darm-)Nervensystem.

Sympathikus und Parasympathikus lassen sich als funktionelle »Gegenspieler« betrachten. Der Sympathikus erfüllt eher ergotrope (Leistungs-)Funktionen, d. h., er tritt insbesondere bei Anspannung, körperlicher Aktivität und Stress in Aktion. Der Parasympathikus erfüllt dagegen trophotrope (regenerierende) Funktionen; er wird vorwiegend während körperlicher Ruhephasen aktiv.

7.2.1 Neuroanatomie und -chemie des sympathischen und parasympathischen Nervensystems

Allgemeine Anatomie von Sympathikus und Parasympathikus

Vegetative Steuerung auf der zerebralen Ebene. Nachdem noch in den 1970er-Jahren die gängige Meinung war, der Hypothalamus sitze im Gehirn an der Spitze der Steuerungshierarchie für Eingeweidereaktionen quasi in Alleinherrschaft, weiß man heute, dass ein ganzes Netzwerk von Gehirnstrukturen – das sog. »Central Autonomic Network« – mit der vegetativen Regulation befasst ist. Dennoch kommt auch aus heutiger Sicht dem Hypothalamus und insbesondere dessen Nucleus paraventricularis eine ganz entscheidende integrierende Rolle bei der vegetativen Regulation zu. Dies wird daran deutlich, dass eine akute Schädigung des Hypothalamus etwa durch Verletzung oder Minderdurchblutung meist unmittelbar zum Tode führt, da die Regulation des inneren Milieus in dieser Akutsituation völlig entgleist. Das Central Autonomic Network (s. Abb. 7.3) beinhaltet Strukturen des Kleinhirns, des limbischen Systems – hier ist die Amygdala von besonderer Bedeutung –, des Septums, Teile der Basalganglien, des orbitofrontalen Kortex, der Inselrinde, Bereiche des somatosensorischen Kortex, Strukturen der Formatio reticularis und den Nucleus tractus solitarii.

Die wichtigste Eingangsstation für afferente vegetative Signale ist der rostrale ventrolaterale Teil der Medulla oblongata (RVLM). Von hier aus ziehen Fasern zum Nucleus tractus solitarii, der sich ebenfalls in der Medulla oblongata befindet. Der Nucleus tractus solitarii untergliedert sich weiter in verschiedene Subkerne, die unterschiedliche Aufgaben bei der vegetativen Regulation erfüllen. Vom Nucleus tractus solitarii wird die Information dann an verschiedene höhere Zentren, v. a. den Hypothalamus, weitergegeben, um dort bedarfsabhängig komplexere und integrierte Steuerbefehle für das Vegetativum zu generieren. Diese laufen dann teilweise zurück zum Nucleus tractus solitarii, um schließlich von hier aus auf die präganglionären Neuronen weitergegeben zu werden.

Ein weiteres Output-System zur vegetativen Regulation ist, wie wir schon wissen (s. Abschn. 6.4.8), das hormonelle System, das vom Hypothalamus-Hypo-

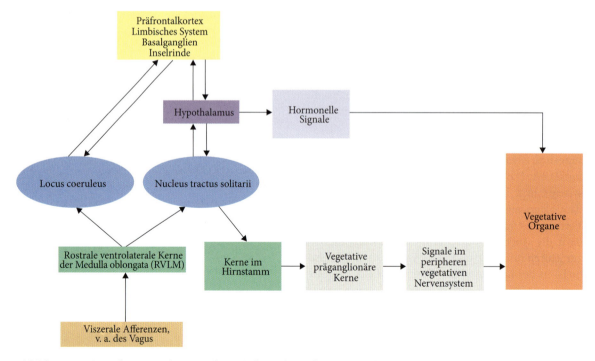

Abbildung 7.3 Central Autonomic Network. Es sind nur die wichtigsten Strukturen und deren Verschaltungen, die an der vegetativen Steuerung beteiligt sind, wiedergegeben

physen-System gesteuert wird. Von besonderer Bedeutung für die Interaktion zwischen vegetativen Prozessen und höheren Gehirnfunktionen dürfte der Weg vom RVLM über den Locus coeruleus zur Hirnrinde sein. Der Locus coeruleus ist ein Kerngebiet, das noradrenerge (also aktivierende) Fasern zu sehr vielen Bereichen der Hirnrinde sendet. Demgemäß hat eine Anregung bzw. Hemmung des Locus coeruleus durch vegetative Afferenzen einen weit gestreuten Einfluss auf den Aktivierungszustand der Hirnrinde.

Vom ZNS zum vegetativen Endorgan. In Abbildung 7.4 ist in vereinfachter Weise der grundlegende Unterschied zwischen der neuronalen Endstrecke zum Muskel des Bewegungsapparats im somatischen Nervensystem (s. Abschn. 9.1.1) und das Analoge im sympathischen bzw. parasympathischen Nervensystem dargestellt. Während beim somatomotorischen Neuron der Zellkörper in der grauen Substanz des Rückenmarks, bzw. im Hirnstamm (bei den Hirnnerven) liegt und direkt Fortsätze bis zum Erfolgsorgan (dem Muskel) sendet, wird im vegetativen Nervensystem in der Peripherie, also außerhalb des ZNS, noch einmal synaptisch umgeschaltet. Diese Informationsweitergabe

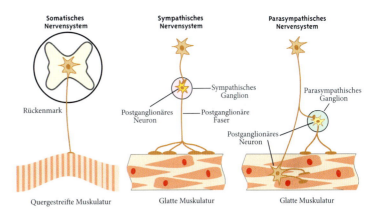

Abbildung 7.4 Neuronaler Übertragungsweg zwischen ZNS und Endorgan im somatischen, sympathischen und parasympathischen Nervensystem. Im somatomotorischen System versorgt ein motorisches Neuron im Rückenmark (bzw. im Hirnstamm für die motorische Versorgung des Kopf- und Halsraums) direkt die quergestreifte Muskulatur. Im vegetativen Nervensystem sind zwei Neuronen hintereinandergeschaltet

geschieht von einem sog. **präganglionären** auf ein sog. **postganglionäres** Neuron in der Peripherie. Das präganglionäre Neuron hat seinen Zellkörper im Rückenmark bzw. dem Hirnstamm (s. auch Abb. 7.2). Der Übertragungsweg für motorische Signale aus dem ZNS an die viszeralen Organe besteht also prinzipiell aus zwei Neuronen, gegenüber nur einem Neuron im somatomotorischen System.

Exkurs

Vegetative Symptome bei neurologischen Erkrankungen

Die enge Verzahnung zwischen vegetativen Funktionen und den unterschiedlichen Gehirngebieten manifestiert sich in zahlreichen neurologischen Erkrankungen.

Beim sog. Shy-Drager-Syndrom liegt ein Neuronenverlust bzw. eine neuronale Funktionseinschränkung meist im Bereich der Basalganglien vor. Parallel dazu – möglicherweise auch als Folgeprozess – stellt sich eine Degeneration präganglionärer vegetativer Neuronen im Rückenmark ein. Die Erkrankung tritt meist erst ab dem sechsten Lebensjahrzehnt auf, wobei Männer deutlich häufiger betroffen sind. Im Vordergrund stehen Funktionseinbußen im vegetativen Bereich, hier vor allem im Urogenitaltrakt. Daneben zeigt sich häufig eine Dysfunktion im kardiovaskulären System, wozu etwa die defizitäre Blutdruckregulation bei Lagewechsel (**orthostatische** Hypotonie) gehört. Die Patienten leiden vielfach an Gangstörungen, verminderter Schweißsekretion und Ohnmachtsanfällen. Die durchschnittliche Lebenserwartung nach Erstmanifestation der Krankheit beträgt etwa 8¼ Jahre; selten überleben Patienten einen Zeitraum von 20 Jahren. Todesursachen sind meist Komplikationen im Bereich der Atemwege und des Herz-Kreislauf-Systems. Die Ätiologie der Erkrankung liegt bis heute im Dunkeln. Eine befriedigende Therapiemöglichkeit besteht nicht.

Auch bei der Parkinson-Krankheit, die ebenfalls die Basalganglien betrifft, tritt – auch schon im Frühstadium – eine Fülle vegetativer Symptome auf. Im

Anfangsstadium leiden die Patienten häufig unter Mundtrockenheit, später wird ein vermehrter Speichelfluss (Hypersalivation) als besonders störendes Symptom beklagt. Die Talgsekretion ist deutlich erhöht und führt zum sog. Salbengesicht. Eine Verminderung der Schweißsekretion (Hypohidrose) liegt bei der Mehrzahl der Parkinson-Patienten schon im Anfangsstadium vor. Bei manchen Patienten kommt es beim Übergang vom Liegen oder Sitzen zum Stehen zu einem deutlichen Blutdruckabfall. Damit gehen Schwindelgefühl und Kollapsneigung beim Aufstehen einher. Störungen der Harnblasenentleerung gehören zu den häufigsten Symptomen des Parkinson-Syndroms. Bereits bei kleinen Blasenfüllmengen kann es zu Harndrang und -abgang kommen. Die Entleerung des Darms geschieht beim Parkinson-Patienten meist verzögert, sodass viele Patienten über Völlegefühl und Darmentleerungsstörungen klagen. Vor allem Männer unter 50 Jahren berichten häufig einen Libidoverlust, begleitet von Potenz- und Ejakulationsstörungen, was vielfach zu erheblichen psychischen Belastungen führt.

Auch als Folge eines Schlaganfalls treten nicht selten vegetative Störungen auf. Je nach Ort der Schädigung im Gehirn können Inkontinenzprobleme, Fieber und Tachykardien (= extrem beschleunigter Herzschlag) bis hin zum plötzlichen Herztod auftreten. Oft kommt es – abgesehen von Tachykardien – zu anderen gravierenden Herzrhythmusstörungen, die häufig die Implantation eines Herzschrittmachers erforderlich machen.

Spezielle Anatomie des Sympathikus

Der periphere Anteil des Sympathikus nimmt seinen Ursprung in Zellkörpern, die im Seitenhorn des Rückenmarks im Bereich des Brust- und Lendenmarks liegen (Thorakal- und Lumbalsegmente C8 bis L2, vgl. Abb. 6.3). Aus diesem Grund nennt man das sympathische System gelegentlich auch thorakolumbales System. Die Axone dieser Neurone verlassen über die Vorderwurzel das Rückenmark und treten aus der Wirbelsäule aus.

Grenzstrang. Links und rechts der Wirbelsäule (paravertebral), beginnend im Bereich der Halswirbel und endend auf der Höhe der Lendenwirbel, bilden die sympathischen Ganglien je einen sog. **Grenzstrang** (Truncus sympathicus). Es handelt sich dabei um ein senkrecht verlaufendes nervales System, das in ziemlich regelmäßigen Abständen Verdickungen, die Grenzstrangganglien (paravertebrale Ganglien), aufweist (s. Abb. 7.2). Alle sympathischen Verbindungen zu den Effektororganen durchlaufen den Grenzstrang, nachdem das Axon des sympathischen Rückenmarksneurons aus der Wirbelsäule ausgetreten ist. Ein Teil dieser Verbindungen erfährt in den Ganglien des Grenzstrangs eine Umschaltung vom ersten sympathischen Neuron auf das zweite, ein Teil zieht unverschaltet weiter. Im ersten Fall erstreckt sich das Axon des zweiten Neurons dann bis zum Endorgan hin, wie es etwa für das Herz der Fall ist. Im zweiten Fall erreicht die Faser des ersten Neurons ein sympathisches **Ganglion** außerhalb des Grenzstrangs, ein sog. prävertebrales Ganglion. Auch wenn – wie im letzteren Fall – eine Sympathikusfaser den Grenzstrang nur passiert, so nimmt sie doch häufig innerhalb eines Grenzstrangganglions synaptische Kontakte mit anderen sympathischen Neuronen auf. In den prävertebralen Ganglien findet für die im Grenzstrang unverschaltet gebliebenen Fasern die Umschaltung auf das zweite Neuron statt. Dieses übernimmt dann seinerseits die Versorgung des vegetativen Endorgans.

Die Organisation des sympathischen Nervensystems hat zur Folge, dass auch die sympathische Innervation der vegetativen Organe im Kopf- und Halsbereich – z.B. des Auges oder der Speicheldrüsen – den Umweg über das thorakale Rückenmark, den Grenzstrang und meist über ein prävertebrales Ganglion nimmt. Aus diesem Grund können Verletzungen oder krankhafte Prozesse (Tumoren) in der Hals- und oberen Brustregion auch zu Fehlfunktionen etwa des Auges führen.

Spezielle Anatomie des Parasympathikus

Auch im parasympathischen System bilden zwei Neurone die Übertragungskette für effektorische vegetative Signale aus dem ZNS. Allerdings unterscheidet sich die anatomische Organisation dieser Leitungsbahnen deutlich von der des sympathischen Systems (s. Abb. 7.2). Das präganglionäre Neuron des Parasympathikus liegt entweder im Hirnstamm oder in den Sakralsegmenten des Rückenmarks (Steißmark). Aus den im Hirnstamm lokalisierten Zellkörpern kann der Informationstransport längs der Fasern von vier verschiedenen Hirnnerven stattfinden (s. Abschn. 6.4.7). Dies sind der Nervus oculomotorius (III. Hirnnerv), der Nervus facialis (VII. Hirnnerv), der Nervus glossopharyngeus (IX. Hirnnerv) und der Nervus vagus (X. Hirnnerv). Die parasympathischen Neuronen des Kopfbereichs ziehen beispielsweise zu den Augenmuskeln, den Drüsen der Gaumen- und Nasenschleimhaut und den Tränendrüsen.

Der Vagusnerv. Der Vagusnerv steigt, paarig mit einem linken und einem rechten Zweig, von der Schädelhöhle aus in den Thorax ab. Auf der Höhe der Bronchien geht die paarige Ausgestaltung des Vagus verloren, und er zieht als ein vielfach und weitverzweigtes nervales Gebilde (sog. Plexus) abwärts. Von hier aus wird der Hals-, Brust- und obere Bauchbereich bis hin zum Anfang des Dickdarms innerviert. Die Vagusfasern laufen dann zu parasympathischen Ganglien, die entweder unmittelbar vor dem Erfolgsorgan liegen oder erst in seiner Wand. Hier findet eine Umschaltung auf das postganglionäre Neuron statt. Die parasympathische Innervation der meisten inneren Organe geschieht also durch den Vagus. Für diesen Bereich bedeutet demnach »parasympathisch innerviert« dasselbe wie »vagal innerviert«.

Die wichtigsten Effekte gesteigerter Vagusaktivität sind: Verlangsamung des Herzschlags, Verengung der Bronchien und Steigerung der Sekretbildung in den Bronchien, Zunahme der Magen-Darm-Motilität, Kontraktion der Harnblasenmuskulatur, Zunahme der sekretorischen Aktivität der Verdauungsdrüsen und Steigerung der Durchblutung im Genitalbereich (s. auch Tab. 7.1).

Parasympathische Versorgung des Beckenbereichs. Die präganglionären parasympathischen Fasern, die das Rückenmark im Sakralbereich verlassen (Segmente S2 bis S4, s. Abb. 6.3), werden in den Ganglien des Beckenraums (Plexus hypogastricus bzw. Plexus pelvicus) auf postganglionäre Neuronen umgeschaltet. Sie dienen der Versorgung der Beckenorgane, also z. B. der Harnblase und der Genitalorgane sowie der unteren Anteile des Dickdarms und Enddarms.

Hinsichtlich der prinzipiellen Organisation der postganglionären Verbindung gibt es – wie wir gesehen haben – einen deutlichen Unterschied zwischen Sympathikus und Parasympathikus: Im sympathischen System liegen die Zellkörper der postganglionären Neuronen in Ganglien nahe dem Rückenmark (Grenzstrang bzw. prävertebrale Ganglien), im parasympathischen System dagegen sind die Ganglien nahe dem Erfolgsorgan oder im Erfolgsorgan selbst lokalisiert. Die postganglionären Fasern im parasympathischen System sind deshalb i. Allg. sehr kurz.

7.2.2 Besonderheiten der synaptischen Endigungen im vegetativen Nervensystem

Die postganglionären Fasern im vegetativen Nervensystem sind unmyelinisiert. In der Nähe der Effektorzellen weisen sie eine äußerst starke Verzweigung auf und entlang dieser Kollateralen zeigen sich kleine Verdickungen, die sog. **Varikositäten** (s. Abb. 7.5). Diese entsprechen der präsynaptischen Endigung. In den Varikositäten befindet sich der Übertragungsstoff. Man hat hier jedoch nicht den typischen synaptischen Endknopf als Abschluss eines Axons, wie er für das Zentralnervensystem typisch ist, sondern es liegt eine Aneinanderreihung solcher Varikositäten vor. Die Varikositäten haben einen Durchmesser von ungefähr einem Tausendstel Millimeter und folgen in einem Abstand von einigen Tausendstel Millimetern aufeinander. Demnach finden sich über die Länge von einem Millimeter Axon einige Hundert Varikositäten.

Der Abstand zwischen den Varikositäten und den Muskelfaserzellen ist vergleichsweise groß, sodass der Neurotransmitter über relativ weite Strecken diffundieren muss, bevor er die Zielzelle erreicht. Dies hat zur Konsequenz, dass durch die Ausschüttung des Transmitters aus einer einzelnen Varikosität durchaus mehrere Zellen erregt werden können. Natürlich ist auch

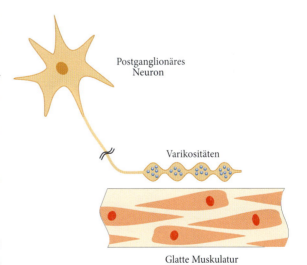

Abbildung 7.5 Varikositäten. Bei den Varikositäten handelt es sich um Auftreibungen des Axons einer postganglionären Zelle in der Nähe der Muskelfaserzellen eines inneren Organs. Varikositäten entsprechen den präsynaptischen Endigungen im ZNS

die Zeitverzögerung bei der hier vorliegenden größeren Distanz zwischen präsynaptischer und postsynaptischer Zelle beträchtlich. Diese Sachverhalte machen deutlich, dass die neuronale Ausgestaltung des vegetativen Nervensystems gegenüber dem ZNS generell besser für langsamer ablaufende, aber dafür großflächiger greifende Effekte z. B. in der glatten Muskulatur der Darmwand geeignet ist.

7.3 Die Transmitter im vegetativen Nervensystem

Schon sehr früh bei der Erforschung des vegetativen Nervensystems – d. h. in den ersten Jahrzehnten des 20. Jahrhunderts – erkannte man, dass hier im Wesentlichen zwei Übertragerstoffe, Acetylcholin und Noradrenalin, wirksam sind. Aufgrund der Erkenntnis, dass die neurochemische Vermittlung der Impulsleitung durch zwei Transmitter geschieht, gelangte man dann sehr bald zu der Annahme, dass innerhalb des vegetativen Nervensystems zwei Subsysteme vorliegen müssten.

Acetylcholin und Noradrenalin. In Abbildung 7.6 ist dargestellt, wo die beiden Neurotransmitter Acetylcholin und Noradrenalin im vegetativen System als synaptische Übertragerstoffe wirken. Sowohl im sympathischen als auch im parasympathischen System erfolgt die Übertragung vom präganglionären auf das postganglionäre Neuron durch Acetylcholin.

Der Acetylcholinrezeptor auf dem postganglionären Neuron ist vom nikotinergen Typ (s. Abschn. 5.2.1). Das bedeutet, dass sich sowohl sympathische als auch

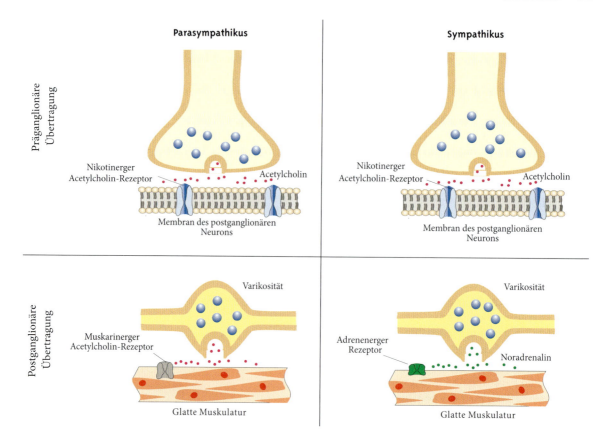

Abbildung 7.6 Neurochemie der Übertragung im vegetativen Nervensystem. Im Parasympathikus (links) und Sympathikus (rechts) erfolgt die präganglionäre Übertragung durch Acetylcholin. Acetylcholin bindet hier an nikotinerge Rezeptoren. Im Parasympathikus ist der Transmitter, der die Übertragung vom postganglionären Axon auf das Effektororgan besorgt, ebenfalls Acetylcholin. Hier wird die Wirkung von Acetylcholin über muskarinerge Rezeptoren vermittelt. Im Sympathikus ist der wichtigste Neurotransmitter in den postganglionären Axonen das Noradrenalin

parasympathische Erregung durch die Zufuhr von Nikotin an dieser Stelle stimulieren lässt.

Die Übertragung vom postganglionären Neuron auf das Endorgan geschieht im sympathischen System im Regelfall durch Noradrenalin. Eine Ausnahme bilden hierbei die Schweißdrüsen. Sie sind zwar ausschließlich sympathisch innerviert, jedoch ist hier der Überträgerstoff das Acetylcholin.

Im parasympathischen System ist der Überträgerstoff vom postganglionären Neuron auf das Effektororgan immer das Acetylcholin. Der cholinerge Rezeptor am Erfolgsorgan ist ein muskarinerger Rezeptor. Da es unterschiedliche muskarinerge Subtypen mit ebenfalls teilweise gegensätzlicher Wirkung gibt, gilt auch hier, dass die jeweilige Rezeptorausstattung des Organs über die cholinerge Wirkung entscheidet. Neben Acetylcholin und Noradrenalin, den klassischen Übertragungsstoffen im autonomen Nervensystem, sind in den meisten Neuronen des vegetativen Nervensystems auch Neuropeptide enthalten, die als Kotransmitter freigesetzt werden (s. u.).

Die Ausschüttung der beiden unterschiedlichen Neurotransmitter bei sympathischer bzw. parasympathischer Aktivität führt schließlich zu den unterschiedlichen Reaktionen des Endorgans.

Adrenalin und Noradrenalin als Hormone. Im zirkulierenden Blutstrom kommt Acetylcholin in freier Form kaum vor, da es an den cholinergen Endigungen nach der Ausschüttung in den synaptischen Spalt sehr schnell wieder abgebaut wird. Dagegen können Katecholamine wie das Noradrenalin durchaus in wirksamer Konzentration im Blut vorliegen. Die Ursache dafür ist, dass auch vom **Nebennierenmark** Katecholamine ausgeschüttet werden. Das Nebennierenmark ist seinerseits sympathisch innerviert (s. Abb. 7.2). Adrenalin wird gemeinsam mit Noradrenalin ausgeschüttet, und zwar etwa im Verhälnis 80 % Adrenalin zu 20 % Noradrenalin; auch das dritte Katecholamin, Dopamin, wird hier gebildet und ausgeschüttet, allerdings in sehr viel niedriger Konzentration. Adrenalin bindet ebenso wie das Noradrenalin an die sog. Adrenozeptoren (vgl. Abschn. 5.2.2), von denen verschiedene Subtypen existieren. Zirkulierendes Noradrenalin bzw. Adrenalin verlängert und verstärkt die Reaktionen der sympathisch innervierten Organe. Außerdem erhöht es die Aktivität von vielen Zelltypen, die selbst keine direkten sympathischen Zuflüsse haben. Auch kann die Kontraktionskraft der quergestreiften Muskulatur durch zirkulierendes Adrenalin gesteigert werden. Es ist hierbei jedoch zu beachten, dass Adrenalin und Noradrenalin mit unterschiedlicher Stärke an die verschiedenen Adrenozeptorsubtypen binden und dass über die einzelnen Subtypen u. U. verschiedene Effekte vermittelt werden. So kann eine eher adrenerge Stimulation eines Organs durch das Nebennierenmark andere Effekte hervorrufen als eine noradrenerge über direkte sympathische postganglionäre Fasern, obwohl beide letztendlich sympathischen Ursprungs sind.

Ein Beispiel für die unterschiedlichen Effekte von α- und β-Rezeptoren findet sich etwa bei den Blutgefäßen. In den Wänden der großen Arterien, die zur Versorgung der Muskulatur des Bewegungsapparates dienen, trifft man sowohl α- als auch β-Rezeptoren. Die Aktivation der β-Rezeptoren durch Noradrenalin hat eine gefäßerweiternde Wirkung durch Hemmung der Kontraktion. α-Rezeptoren wiederum entfalten hier eine erregende, also kontrahierende Wirkung. Ob also in einem bestimmten Organ Sympathikusaktivierung zu einer Kontraktion oder Erschlaffung der glatten Muskulatur führt, hängt sowohl von dem Zahlenverhältnis α- zu β-Rezeptoren in dem innervierten Gewebesektor ab als auch von den Konzentrationsverhältnissen zwischen Adrenalin und Noradrenalin.

Exkurs

Sympathomimetika und Sympatholytika, Parasympathomimetika und Parasympatholytika

Eine ganze Reihe von Pharmaka greifen an den Rezeptoren des vegetativen Systems an. Dazu gehören etwa Arzneimittel zur Therapie von Bluthochdruck, niedrigem Blutdruck, Asthma bronchiale, koronarer Herzkrankheit, Migräne, Koliken, Herzrhythmusstörungen und vielen anderen Erkrankungen unterschiedlicher Organe. Die Pharmakologie hat zahlreiche Substanzen gefunden, die an den unterschiedlichen Rezeptoren des vegetativen Nervensystems agonistische (dem ursprünglichen Botenstoff entsprechende) oder antagonistische (dem ursprünglichen Botenstoff entgegengesetzte) Wirkungen erzielen. So gibt es an adrenergen Rezeptoren wirkende Agonisten, die die Sympathikuswirkung imitieren (Sympathomimetika oder synonym Sympathikomimetika) oder blockieren (Sympatholytika oder syno-

7.3 Die Transmitter im vegetativen Nervensystem | **173**

nym Sympathikolytika). An muskarinergen Acetylcholinrezeptoren wirkende Pharmaka können hier ebenfalls entweder aktivierend (**parasympathomimetisch**) oder blockierend (parasympatholytisch) wirken.

Man kennt heute viele Pharmaka, die sehr selektiv nur an einen Rezeptorsubtyp binden. So werden z. B. bei Asthma heute selektive β_2-Sympathomimetika als Sprays eingesetzt, die zwar die Bronchien erweitern (hier hohe β_2-Rezeptordichte), aber kaum aktivierende Wirkung auf die Herzaktivität zeigen (hier eher β_1-Rezeptoren). β_1-Rezeptorenblocker (Sympatholytika) können dagegen z. B. bei Bluthochdruckpatienten die erregende Wirkung des Sympathikus auf das Herz verringern ohne nennenswerte Nebenwirkungen auf die Atemfunktion. Ein sehr bekanntes Parasympatholytikum ist das Atropin. Es blockiert die Parasympathikuswirkung an den postganglionären Synapsen der vegetativen Organe. Die Wirkung zeigt sich dann in einer stärkeren Ausprägung der Sympathikuseffekte an den von beiden (Sympathikus und Parasympathikus) innervierten Organen, so z. B. in einer Zunahme der Herzaktivität (in der Notfallmedizin relevant) oder in einer Erweiterung der Pupille (für die augenärztliche Untersuchung).

Weitere Neurotransmitter. Seit Ende der 1970er-Jahre weiß man, dass neben den beiden »klassischen Neurotransmittern« im vegetativen Nervensystem, dem Acetylcholin und dem Noradrenalin, eine Reihe von **Kotransmittern** die postsynaptischen Reaktionen beeinflussen können. Als solche wirken etwa das Stickstoffmonoxid (NO), Adenosintriphosphat (ATP) und die Neuropeptide Somatostatin, Neuropeptid Y, vasoaktives intestinales Peptid (VIP) und Enkephalin. Die Neuropeptide können gleichzeitig mit dem Acetylcholin bzw. Noradrenalin aus der präsynaptischen Endigung ausgeschüttet werden oder auch zeitversetzt. Dies geschieht i. Allg. bei höherfrequenten Impulsfolgen. Ihre Wirkung ist typischerweise deutlich länger als die der klassischen Neurotransmitter; sie liegt zumeist im Bereich von Minuten. Eine Sonderstellung nimmt das Stickstoffmonoxid ein. Es hat neben seiner **neuromodulierenden** Funktion auch die Wirkung eines Neurotransmitters im strengen Sinne. So ist bekannt, dass beim Menschen die Gefäßrelaxation im Bereich des Urogenitaltrakts teilweise über Stickstoffmonoxid als Neurotransmitter vermittelt wird.

Zusammenfassung

Bei der neuronalen Transmission im Sympathikus und Parasympathikus unterscheidet man einen präganglionären Anteil (Zellkörper des Neurons im Rückenmark oder Hirnstamm) und einen postganglionären Anteil (Zellkörper des Neurons in einem peripheren Ganglion). Die Zellkörper der präganglionären Neuronen des Sympathikus sind vorwiegend im thorakolumbalen Seitenhorn des Rückenmarks anzutreffen. Die Zellkörper der postganglionären Neuronen befinden sich entweder in den Ganglien im Grenzstrang neben der Wirbelsäule oder in prävertebralen Ganglien außerhalb des Grenzstrangs.

Der präganglionäre Neurotransmitter im Sympathikus ist Acetylcholin, der postganglionäre Noradrenalin. Die Membran des postganglionären Neurons besitzt nikotinerge Rezeptoren, während die Erfolgsorgane unterschiedliche Kombinationen α- und β-adrenerger Rezeptoren aufweisen. Die jeweilige Rezeptorausstattung bestimmt die (teilweise entgegengesetzte) Wirkung.

Die präganglionären Neuronen des Parasympathikus befinden sich zu einem Teil im Hirnstamm (**kranialer** Anteil), von wo sie sich über vier Hirnnerven (Nervus oculomotorius (III), Nervus facialis (VII), Nervus glossopharyngeus (IX) und Nervus vagus (X)) zu den parasympathischen Ganglien der Brust- und Bauchorgane erstrecken. Der andere Teil entspringt dem Sakralmark und innerviert die Ganglien im Bereich der Urogenitalorgane und des unteren Bauchraums. Alle parasympathischen Neuronen (prä- und postganglionär) verwenden Acetylcholin als Transmittersubstanz. Die Ganglienneuronen besitzen auch hier nikotinerge Rezeptoren, während das Erfolgsorgan mit unterschiedlichen muskarinergen Rezeptortypen ausgestattet ist. Die Ganglien des Parasympathikus befinden sich im Gegensatz zu den paravertebralen Ganglien des Sympathikus in nächster Nähe des Erfolgsorgans oder in dessen Wänden.

7.4 Vegetatives Nervensystem und Immunsystem

Es herrscht eine enge Verzahnung zwischen dem vegetativen Nervensystem und dem Immunsystem, die man in ihrer Vielgestaltigkeit erst seit einigen Jahren zu erkennen beginnt. Eine der Grundlagen für dieses Ineinandergreifen ist die Tatsache, dass die meisten Organe, die Zellen des Immunsystems beherbergen – z.B. die Milz und die Lymphknoten –, auch vom sympathischen Nervensystem mit Nervenfasern versorgt werden.

Durchtrennt man bei Ratten die nervale Verbindung zur Milz, so ist damit die Noradrenalinversorgung der Milz vollständig unterbrochen. Setzt man diese Tiere dann einem unkontrollierbaren Stressor aus, z.B. einer elektrischen Reizung am Fuß, zeigt sich im Gegensatz zu gesunden Kontrolltieren keine stressinduzierte Verminderung der T-Zellen. Offenbar ist im intakten Organismus das sympathische Nervensystem ein wichtiger Vermittler für die diesbezügliche Immunreaktion auf Stress.

Transmittersubstanzen und Neuropeptide, die in Zellen des vegetativen Nervensystems gebildet werden, können über spezifische Rezeptoren auf den Zellmembranen von immunkompetenten Zellen Funktionen des Immunsystems beeinflussen. Dies wurde z.B. für die B- und T-Zellen des Immunsystems nachgewiesen, an deren Oberfläche β_2-Adrenozeptoren identifiziert werden konnten.

Die genauere Kenntnis der Zusammenhänge zwischen vegetativem Nervensystem und Immunsystem trägt seit einigen Jahren ganz fundamental zum Verständnis der stressbedingten Krankheiten bei. Sie lässt vor allem auch zunehmend plausibel erscheinen, dass Abbau von Stressoren bzw. ein in Balance befindliches psychophysisches System durchaus einen protektiven Charakter hinsichtlich bestimmter Krankheiten wie Allergien, Infektionen etc. haben können.

7.5 Viszerale Afferenzen

Bis vor wenigen Jahrzehnten wurde das vegetative Nervensystem meist als ein rein effektorisches System aufgefasst. Dies ging auf die irrige Annahme zurück, dass die neuroanatomische Basis für viszeroafferenten Signaltransport fehle. Heute weiß man dagegen, dass eine sehr reichhaltige sensible Innervation der inneren Organe existiert und fast alle vegetativen Nerven sowohl efferente als auch afferente Fasern beherbergen. Man geht sogar davon aus, dass es im vegetativen Nervensystem etwa dreimal so viele afferente wie efferente Fasern gibt.

> **Vertiefung**
>
> Eine Unterscheidung des sensiblen vegetativen Systems in ein parasympathisches sensibles und sympathisches sensibles System auf der Basis der Neuroanatomie erscheint verschiedenen Autoren als nicht sinnvoll. Einer der Gründe wird darin gesehen, dass die afferenten Fasern teilweise räumlich weit getrennt von den efferenten Fasern verlaufen, also außerhalb der sympathischen und parasympathischen Nerven. Man spricht daher oft in einem allgemeineren Sinne von »viszeralen Afferenzen«.

Die Sensorzellen des vegetativen Systems befinden sich meist in den Wänden der inneren Organe und der Blutgefäße. Sie registrieren z.B. den Füllungs- und Dehnungszustand von Hohlorganen oder die Zusammensetzung des Blutes. Die afferenten Signale erreichen das Gehirn entweder über Rückenmarksverbindungen oder über die sensorischen Fasern der Hirnnerven, insbesondere des Nervus vagus. Im Gehirn selbst finden sich Projektionsgebiete für afferente Information u.a. auf der Höhe der Medulla oblongata, insbesondere im Bereich des Nucleus tractus solitarii. Von hier aus bestehen Verbindungen zu den Vagus-Kerngebieten, die etwa den Schluckakt und die Funktionen der Magen-Darm-Organe beeinflussen. Zu den höher liegenden viszeroafferenten Projektionsgebieten zählen der Hypothalamus, der Thalamus und auf der Ebene des Kortex vor allem die Inselrinde und der somatosensorische Kortex (s. Abb. 7.3).

Viszerale Schmerzen. Auf Rückenmarksebene liegen zahlreiche Verschaltungen viszeraler Afferenzen mit somatosensorischen vor, d.h., es existieren Rückenmarksneuronen, auf die beide konvergieren. Dies kann zur Folge haben, dass in höher gelegenen Zentren viszerale Reizung als von der Körperoberfläche kommend fehlinterpretiert wird. Von besonderer Bedeutung ist dies bei viszeralen Schmerzen. Hier kann der Fall eintreten, dass ein Eingeweideschmerz auf die Körperoberfläche übertragen wird. Die Übertragung von viszeralen Schmerzen geschieht naturgemäß in diejenigen Hautareale, die von demjenigen Rückenmarkssegment innerviert werden, an dem auch die viszeroafferente Schmerzinformation ankommt. Die den jeweiligen Organen zugeordneten Areale der Körperoberfläche nennt man **Head-Zonen** (Näheres dazu s. Abschn. 16.3.3).

Man kennt aus der medizinischen Praxis zahlreiche Belege für das reflektorische Zusammenspiel zwischen vegetativer und somatischer Information auf Rückenmarksebene. So ist es z. B. ein wohlbekanntes Phänomen, dass etwa bei entzündlichen Prozessen im Magen-Darm-Bereich die quergestreifte Muskulatur der Bauchdecke über eine Verschaltung des viszeralen Inputs mit somatomotorischem Output ihren Anspannungsgrad erhöht. Außerdem kann es in diesem Fall dazu kommen, dass jenes Dermatom, das durch dasselbe Rückenmarksegment innerviert wird wie das entzündete innere Organ, eine Hautrötung zeigt. Dies ist eine Konsequenz der Gefäßerweiterung in diesem Bereich.

Man geht auch davon aus, dass die Linderung von Schmerzen im vegetativen Bereich durch bestimmte Hautreize, etwa Nadelstiche bei der Akupunktur oder Wärme und Druck, darauf zurückgeht, dass die somatosensorischen Afferenzen von der Haut in dem entsprechenden Rückenmarksegment mit den efferenten Fasern verschaltet sind, die dann zum erkrankten inneren Organ hinlaufen.

Weiterführende Literatur

Benninghoff, A. & Drenckhahn, D. (2004). Anatomie, Bd. 2 (16. Aufl.). München: Urban & Fischer.

Haensch, C. A. & Jost, W. (2009). Das autonome Nervensystem: Grundlagen, Organsysteme und Krankheitsbilder. Stuttgart: Kohlhammer.

Jänig, W. (1993). Vegetatives Nervensystem. In R. F. Schmidt & H. G. Schaible (Hrsg.), Neuro- und Sinnesphysiologie (5. Aufl.; S. 132–181). Heidelberg: Springer-Verlag.

Thews, G. & Vaupel, P. (2005). Vegetative Physiologie (5. Aufl.). Berlin: Springer-Verlag.

8 Hormonsystem

Das System der Hormone – das endokrine System – ist neben dem Nervensystem und dem Immunsystem das dritte wichtige Kommunikations- und Regulationssystem des Körpers. Es steht in Wechselwirkung mit einer Reihe psychischer Funktionen. Dazu gehören u.a. Stimmung, generelles Aktivierungsniveau, Aufmerksamkeitsprozesse und Antrieb. Allerdings steht die Aufklärung der Wirkungsmechanismen, die das Zusammenspiel zwischen hormoneller Regulation und psychischen Prozessen steuern, erst am Anfang. Hier sind von der **Psychoneuroendokrinologie,** die sich mit dem Zusammenhang zwischen psychischen Prozessen und den im Nervensystem wirksamen Hormonen befasst, in den nächsten Jahren wichtige und grundlegende Beiträge zu erwarten. Schon sehr viel besser entschlüsselt sind die Zusammenhänge zwischen dem endokrinen System und basalen Funktionen des Organismus wie Wachstum, Energiestoffwechsel, Wasser- bzw. Elektrolythaushalt und Fortpflanzung.

8.1 Grundprinzipien hormoneller Reaktion

Hormone werden von spezifischen Zellen synthetisiert und von dort ins Blut sezerniert (ausgeschüttet). Über den Blutkreislauf können sie fast jeden Ort des Körpers erreichen und an bestimmten Zielzellen ihre Wirkungen entfalten. Da die Hormone mit dem Strom des Blutes schwimmen, ohne eine bestimmte Zieladresse ansteuern zu können, müssen die Zielzellen sie abfangen. Dazu dienen v.a. spezifische, auf ein bestimmtes Hormon passende Rezeptoren an ihrer Oberfläche.

Die Wahrscheinlichkeit für die gewünschte Hormonwirkung steigt mit

▶ der Konzentration des Hormons im Blut,
▶ der Größe der Kontaktfläche der Zielzelle zum Blut und
▶ der Rezeptordichte an der Zelloberfläche.

Da die Hormonkonzentration aufgrund zunehmender Verdünnung mit der Entfernung von der sezernierenden Zelle sinkt, reicht für eine gewünschte Wirkung nahe des Ausschüttungsortes eine kleinere Menge Hormonsubstanz aus als bei einer weiter entfernten.

Meist wird ein und derselbe Botenstoff für die Informationsübertragung an unterschiedliche Zellen verwendet. Je nach Zielzelle kann dasselbe Hormon also Unterschiedliches bewirken.

Vertiefung

Dass Hormone (und andere Botenstoffe) unterschiedliche Wirkungen an verschiedenen Zellen des Organismus auslösen können, hat Konsequenzen für ihren pharmakologischen Einsatz. Viele Nebenwirkungen von Medikamenten erklären sich aus unerwünschten Wirkungen an Stellen des Organismus, die eigentlich gar nicht beeinflusst werden sollten. Ein Beispiel ist die nicht selten zu beobachtende erhöhte Wassereinlagerung bei Östrogenzufuhr. Über eine komplexe Reaktionskette wird die Konzentration des Hypophysenhormons Vasopressin (s. Abschn. 8.5.1) erhöht, das seinerseits an der Niere angreift und hier zu einer Reduktion der Wasserausscheidung führt.

Die Natur hat sich durch einige grundlegende Signalübermittlungsmechanismen vermittels einer begrenzten Anzahl von Überträgerstoffen ein überaus komplexes Netzwerk unterschiedlicher Regulationsmöglichkeiten geschaffen, das auf feinste Abweichungen schnell und gezielt reagieren und die Homöostase des Organismus wiederherstellen kann. Hierbei steht das endokrine System ständig in Kontakt zum Nerven- und Immunsystem. Um die komplexen Steuerungsmechanismen im Organismus verstehen zu können, muss man diese Systeme im dynamischen Zusammenhang betrachten.

Exkurs

Ein gezieltes therapeutisches Eingreifen in die Regulationssysteme z.B. bei pathologischen Entgleisungen eines Parameters ist sehr schwierig. In den letzten beiden Jahrzehnten konnten aufgrund der rasanten Fortschritte der Biochemie zahlreiche Steuerungsprozesse und Regelkreise aufgeklärt werden. So haben sich neue Forschungsdisziplinen etablieren können, die speziell die Untersuchung der großen Kommunikationssysteme sowie ihrer Wechselwirkungen zum

Gegenstand haben: Neben der Neurophysiologie, der Endokrinologie und der Immunologie entstanden so die Psychoneuroendokrinologie und Psychoneuro-immunologie. Um einen bestimmten Steuerungsvorgang vollständig verstehen zu können, ist die isolierte Betrachtung nur eines der drei Regulationssysteme nicht sinnvoll. Dies gilt insbesondere für die Betrachtung von pathologischen Vorgängen, ob psychisch oder somatisch.

8.2 Basismechanismen der Signaltransduktion

Um ein Signal von einer Zelle zu einer anderen zu transportieren, müssen durch einen Botenstoff der Senderzelle (Hormon oder Transmitter) chemische Prozesse an der Empfängerzelle in Gang gesetzt werden. Zum Beispiel sind Nervenzellen spezialisierte Zellen, die durch Auftreffen bestimmter Substanzen zur Generierung eines neuen Signals, einer Potenzialänderung, befähigt sind. Andere Zellen (z. B. Muskelzellen) können aufgrund des aufgetroffenen Botenstoffs zur Kontraktion veranlasst werden. Wieder andere Zellen werden durch ankommende Botschaften zur Synthese bestimmter Stoffe angeregt bzw. dazu, diese Synthese einzustellen. Die zelluläre Kommunikation kann also unterschiedliche Prozesse in Gang setzen, die von der Art der Empfängerzelle und dem Zellverbund, in dem sie sich befindet, abhängen. Aufgrund der allgemeinen Organisation einer Zelle gibt es aber auch einige Basismechanismen, nach denen Veränderungen in der Zielzelle vollzogen werden können.

8.2.1 Bedeutung der chemischen Struktur für die Interaktion mit der Zielzelle

Zunächst können je nach Art des Botenstoffes zwei grundsätzlich verschiedene Interaktionswege unterschieden werden.

Direkte Interaktion über lipophile Hormone
Lipophile Überträgerstoffe sind fettlösliche, ungeladene Moleküle. Daher können sie die Zellmembran aus **Phospholipiden** passieren und so direkt in die Zelle gelangen, um dort ihre Wirkungen zu entfalten. Dies trifft für einige wichtige Hormone wie z.B. die Sexualhormone, das Stresshormon Kortisol oder die Schilddrüsenhormone zu.

Das Ziel dieser Hormone ist der Zellkern mit seiner DNA. Hier liegt die Information für jeden Stoff, den die Zelle produzieren kann, und hier wird durch An- und Ausschalten von Genen gesteuert, wie viel von welchem Protein oder Peptid synthetisiert wird. Die genannten lipophilen Botenstoffe können sich mithilfe eines im Zytosol oder im Zellkern befindlichen sog. »Rezeptors« an bestimmte Genabschnitte der DNA anlagern und hier die Transkription (s. Abschn. 2.4.1) fördern oder hemmen. Im Fall der besonders wichtigen **Steroidhormone** findet im Zytosol die Anlagerung an ein spezielles Molekül, den Steroidrezeptor, statt. Damit wird dem Steroidhormon der Eintritt in den Zellkern ermöglicht (s. Abb. 8.1).

Insbesondere für Wirkungen von Stoffen, die auf dem Blutweg in die Nervenzellen des Gehirns transportiert werden, ist die Lipophilie eine wichtige Eigenschaft. Sie ist die Voraussetzung für die Passage der Blut-Hirn-Schranke.

Vermittelte Interaktion über hydrophile Überträgerstoffe
Die hydrophilen Überträgerstoffe – wasserlösliche, geladene Moleküle – können aufgrund der Barriere der lipophilen Zellmembran nicht direkt in die Zelle gelangen. Sie docken an der Außenseite der Membran an einem Rezeptor an. Bei den Rezeptoren handelt es sich um sog. zellmembranständige Proteine, die aufgrund ihrer räumlichen Struktur ganz bestimmte ankommende Stoffe oder Klassen ähnlicher Stoffe erkennen und binden können. Diese Notwendigkeit der Passung wird auch als »Schlüssel-Schloss-Prinzip« bezeichnet, wie wir es schon von den Neurotransmittern kennen (s. Abschn. 5.1.2). Der Schlüssel – ein Hormon oder Transmitter – kann nun das Schloss (den Rezeptor) aufschließen, d.h., er kann durch die chemische Bindung an den Rezeptor die räumliche Struktur dieses Proteins so verändern, dass dadurch verschiedene Folgeprozesse in Gang kommen, welche die Wirkung dieses Hormons oder Transmitters ausmachen. Je nach Art der Rezeptoren können unterschiedliche Prozesse die Folge des Botenstoffes sein.

Second-Messenger-Prozesse. Häufig handelt es sich um eine Kaskade von Reaktionen vermittels weiterer Stoffe, der sog. Second Messenger. Je nach Art des Rezeptors und i. Allg. mithilfe eines am Rezeptor angelagerten G-Proteins können unterschiedliche Prozesse innerhalb der Zelle in Gang gesetzt werden. So ist auch erklärbar, dass ein einzelner Botenstoff, für den es unterschiedliche

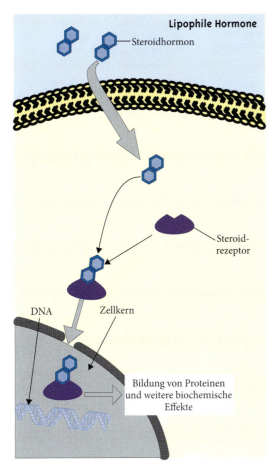
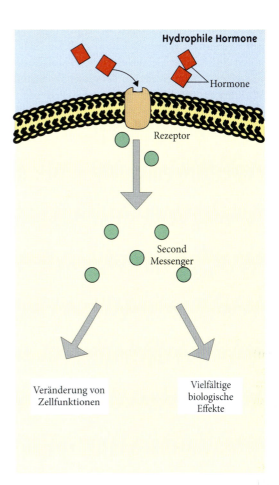

Abbildung 8.1 Die beiden unterschiedlichen Wege der Hormonwirkung in der Zelle. Lipophile Hormone können direkt in die Zelle gelangen und Prozesse im Zellkern in Gang setzen (links). Hydrophile Hormone können nur über Rezeptoren in der Zellmembran intrazelluläre Wirkungen entfalten (rechts)

Rezeptoren gibt, verschiedene, z. T. sogar gegenläufige Wirkungen innerhalb der Zellen auslösen kann.

Enzyme. Die Second-Messenger-Prozesse können auch Enzyme innerhalb der Zelle aktivieren. Führt eine Second-Messenger-Kaskade zu starker Konzentrationserhöhung eines bestimmten Enzyms, wird entsprechend mehr von dem Protein gebildet, dessen Herstellung durch das betreffende Enzym katalysiert wird. Umgekehrt können Enzyme über andere Reaktionsabläufe auch desaktiviert werden.

Beeinflussung der Transkription. Schließlich können durch Folgereaktionen in der Zelle auch Transkriptionsfaktoren aktiviert werden, die in den Zellkern gelangen und dort direkt die Abschrift der genetischen Information regulieren. Auf diese Weise haben sie z. B. Einfluss auf die Produktion von neuen Rezeptorproteinen, Enzymen, Botenstoffen usw., also auf die grundlegenden Bestandteile der Zellmaschinerie.

Zusammenfassung

Lipophile Hormone können die Zellmembran aus Phospholipiden passieren und so direkt in die Zelle gelangen. Sie gehen danach Verbindungen mit Rezeptoren im Zytoplasma oder im Zellkern ein. Hydrophile Überträgerstoffe können nicht direkt in die Zelle eintreten. Sie docken an der Außenseite der Membran an einem Rezeptor an. Über Second-Messenger-Prozesse entfalten sie i. Allg. ihre Wirkung im Zellinneren. Im Zellinneren kann die Hormonwirkung dann z. B. zum vermehrten Aufbau von Proteinen führen.

8.2.2 Hormonelle Übertragungswege

Zur endokrinen Kommunikation zwischen Zellen gehören eine Senderzelle, die einen Botenstoff aussendet, und eine Empfängerzelle, an der dieser Botenstoff eine Wirkung auslöst. Je nach Art dieser Zellen und ihrem Verhältnis zueinander werden verschiedene Arten der Signalübertragung unterschieden.

Autokrine Signalübertragung. Bei der **autokrinen** Signalübertragung wirkt eine Zelle durch den sezernierten Botenstoff auf sich selbst zurück (s. Abb. 8.2 oben). Diese Wirkung tritt meist nicht isoliert, sondern neben anderen Wirkungen der Überträgersubstanz auf. Eine autokrine Wirkung ist z. B. die Regulation der Freisetzung von Transmittersubstanzen an der präsynaptischen Membran durch sog. Autorezeptoren. Bestimmte Zellen des Immunsystems können z. B. durch die Ausschüttung sog. Zytokine auf einen Reiz hin ihre eigene Vermehrung steigern.

Parakrine Signalübertragung. Als **parakrinen** Übertragungsmodus bezeichnet man die Wirkung eines Hormons auf Zellen, die der sezernierenden Zelle benachbart sind (s. Abb. 8.2 Mitte). Insbesondere Gewebehormone wie Prostaglandine, Serotonin oder Histamin, die z. B. im Rahmen einer lokalen Entzündung ausgeschüttet werden, wirken auf diese Art. Auch die koordinierte Aktivität der einzelnen Zellen eines bestimmten Organsystems, z. B. einer Hormondrüse, wird über den parakrinen Modus gesteuert.

Endokrine Signalübertragung. Die endokrine Informationsübertragung ist der »klassische Weg« der Hormonwirkung. Hier werden Hormone von bestimmten Zellen sezerniert, die häufig in der Hormondrüse lokalisiert sind. Ihre Wirkung entfalten diese klassischen Hormone in weit entfernten Zielzellen, die sie über die Blutbahn erreichen (s. Abb. 8.2 unten).

Neuroendokrine Signalübertragung. Von besonderer Bedeutung für das Verhalten und Erleben ist die Verzahnung zwischen dem endokrinen System und dem Nervensystem. Nur auf dieser Basis können z. B. hormonell bedingte Stimmungsschwankungen oder Tagesrhythmen von bestimmten mentalen Leistungen verstanden werden. Viele lipidlösliche Hormone können die Blut-Hirn-Schranke passieren und ihre Wirkung auch an den Neuronen des Gehirns entfalten. So wurden z. B. im Gehirn an zahlreichen Neuronen Rezeptoren für die in der Nebennierenrinde gebildeten **Glukokortikoide** (vgl. Abschn. 17.2) gefunden, die einen wesentlichen Einfluss auf mentale Vorgänge u. a. im Zusammenhang mit Lernen und Gedächtnis ausüben.

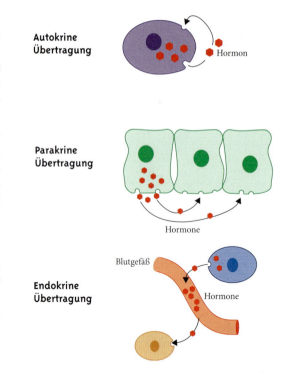

Abbildung 8.2 Autokrine, parakrine und endokrine Übertragung

Neurokrine Signalübertragung. Als **neurokriner** Modus der Kommunikation wird hingegen die Informationsübertragung von Nervenzellen als Sender vor allem mittels Neurotransmittern oder Neuropeptiden bezeichnet. Die Zielzellen dieser von Nervenzellen ausgesandten chemischen Information können noch weiter unterteilt werden. Wenn die Information dabei andere Nervenzellen erreicht, nennt man den Vorgang *neuromodulatorisch*. Dies ist z. B. bei der klassischen chemischen Synapse der Fall. Falls Drüsen- oder Muskelgewebe durch die Informationsübertragung von Nervenzellen über den Blutweg erreicht werden, nennt man dies *glandulo*- bzw. *myomodulatorische* Übertragung. Die glandulomodulatorische Übertragung spielt eine wichtige Rolle bei der Regulation der Drüsenaktivität durch das Hypothalamus-Hypophysen-System.

Zusammenfassung

Je nach dem räumlichen Verhältnis von Sender- zu Empfängerzelle bzw. deren Klassen werden verschiedene Arten der Signalübertragung unterschieden:

▶ Bei der autokrinen Signalübertragung wirkt eine Zelle durch den sezernierten Botenstoff auf sich selbst zurück.

▶ Als parakrinen Übertragungsmodus bezeichnet man die Wirkung eines Hormons auf Zellen, die der sezernierenden Zelle benachbart sind.

▶ Bei der endokrinen Informationsübertragung werden Hormone von bestimmten Zellen sezerniert, die häufig als Hormondrüse zusammenwirken. Ihre Wirkung entfalten sie in weiter entfernten Zielzellen, die sie über die Blutbahn erreichen.

▶ Bei der neuroendokrinen Übertragung sind die Senderorgane endokrine Drüsen und die Empfänger sind Neuronen.

▶ Dienen Nervenzellen als Senderzellen, spricht man von neurokriner Übertragung.

8.3 Strukturell unterscheidbare Hormonklassen

8.3.1 Klassifizierung nach chemischer Struktur

Die Fülle der Hormone, die an der Regulation der unterschiedlichsten Prozesse beteiligt sind, lässt sich zu einigen wenigen chemischen Klassen zusammenfassen:

▶ Peptidhormone
▶ Aminosäurederivate
▶ Steroide
▶ Fettsäurederivate

Peptidhormone

Peptidhormone sind aus einer Sequenz von Aminosäuren aufgebaut. Die Reihenfolge dieser Aminosäuren ist auf einem bestimmten Gen festgeschrieben. Die Synthese der Peptidhormone entspricht also der Proteinsynthese. Häufig werden zunächst größere Aminosäureketten als Vorläufermoleküle synthetisiert, aus denen diese Hormone durch bestimmte Enzyme »herausgeschnitten« werden. Die Vorläufermoleküle können auch Vorstufe für mehrere verschiedene Signalstoffe sein oder sogar selbst eigene Aktivität entfalten. Beispiele für Peptidhormone sind u.a. die Hormone der Bauchspeicheldrüse Insulin und **Glukagon**. Beide spielen eine bedeutende Rolle im Stoffwechsel (s.u.).

Das in der Adenohypophyse synthetisierte Hormon **ACTH** (adrenokortikotropes Hormon), das die Nebennierenrinde im Rahmen einer Stressreaktion zur Ausschüttung von Kortisol veranlasst (s.Abschn.17.1.2), wird z.B. aus einem größeren Molekül, dem Proopiomelanocortin (POMC) herausgeschnitten. POMC ist gleichzeitig die Vorstufe für β-Endorphin – ein endogenes Opioid, das z.B. bei der Schmerzverarbeitung eine Rolle spielt (s.Abschn.16.1.3) – und α-MSH (melanozytenstimulierendes Hormon), das u.a. wichtig für die Bräunung der Haut und die Regulation der Körpertemperatur ist.

Aminosäurederivate

Bei den Aminosäurederivaten handelt es sich um kleine Moleküle, die durch geringe Modifikationen aus Aminosäuren hergestellt werden. Zu dieser Gruppe gehört etwa das Schilddrüsenhormone Thyroxin

Die Nebennierenmarkhormone Adrenalin und Noradrenalin sowie der Neurotransmitter Dopamin werden durch Austausch der Reste am Tyrosinmolekül synthetisiert. Von diesen Überträgerstoffen hat eigentlich nur der erste klassische Hormonfunktion, die anderen beiden dagegen erfüllen primär Neurotransmitteraufgaben.

Auch die Gewebehormone Serotonin und Histamin, die ebenfalls im ZNS als wichtige Transmitter fungieren, sind chemisch modifizierte Aminosäuren: Serotonin wie auch das Produkt der Zirbeldrüse, das Melatonin, entstehen aus der Aminosäure Tryptophan.

Vertiefung

Die meisten Neurotransmitter des ZNS sind Aminosäurederivate. Neben den genannten klassischen Transmittersubstanzen Serotonin, Dopamin, Noradrenalin zählt auch GABA (γ-Aminobuttersäure aus Glutaminsäure) dazu. Glutamat – das Anion der Glutaminsäure – und Glycin wirken sogar als unveränderte Aminosäuren (nicht als Derivat) im ZNS als Neurotransmitter.

Steroide

Steroidhormone sind Abkömmlinge des Cholesterins. Wie dieses Molekül besitzen sie ein Grundgerüst aus vier Kohlenstoffringen, das sog. Steran-Gerüst. Diese fettlöslichen Hormone werden nicht in den produzierenden Organen gespeichert, sondern unmittelbar nach ihrer Produktion ans Blut abgegeben. Steroidhormone sind die Hormone der Nebennierenrinde und die Sexualhormone (s. Abschn. 18.1.4). Zu den Nebennierenrindenhormonen zählen die Stresshormone (s. Kap. 17), d. h. die Glukokortikoide. Die Mineralokortikoide spielen bei der Regulation des Wasser- und Elektrolythaushalts über die Niere eine wichtige Rolle. Die Geschlechtshormone werden vor allem in den primären Geschlechtsorganen – den Eierstöcken und Hoden – und zu einem geringen Grade auch in der Nebennierenrinde synthetisiert (s. Abschn. 8.5.4).

Fettsäurederivate

Aus Fettsäuren hergestellte Hormone haben vor allem als Gewebehormone (s. Abschn. 8.5.6) eine große Bedeutung. Zu dieser Gruppe gehören die **Prostaglandine**, Thromboxane und Leukotriene. Diese aus der mehrfach ungesättigten Fettsäure Arachidonsäure hergestellten Moleküle werden auch zusammen als Eikosanoide bezeichnet. Sie tragen zur Blutgerinnung, zu lokalen Entzündungsprozessen und zur Schmerzentstehung bei. Das Medikament Aspirin sowie einige andere Antirheumatika wirken auf diese drei Prozesse durch Hemmung der Synthese von Prostaglandinen. Die Glukokortikoide hemmen die Synthese aller Eikosanoide und haben daher u. a. eine entzündungshemmende Wirkung.

Zusammenfassung

Aufgrund ihrer chemischen Struktur kann man vier Hormonklassen unterscheiden:

(1) Peptidhormone sind aus einer Sequenz von Aminosäuren aufgebaut.

(2) Aminosäurederivate sind kleine Moleküle, die durch geringe Modifikationen aus Aminosäuren hergestellt werden.

(3) Steroidhormone sind Abkömmlinge des Cholesterins. Wie dieses besitzen sie ein Grundgerüst aus vier Kohlenstoffringen (Steran-Gerüst).

(4) Die aus der Fettsäure Arachidonsäure hergestellten Fettsäurederivate (Eikosanoide) haben vor allem als Gewebehormone eine große Bedeutung.

8.3.2 Klassifizierung nach Bildungsort

Ein anderes Klassifikationssystem für Hormone bezieht sich auf ihren Bildungsort. Aufgrund dessen kann man zwei große Gruppen von Hormonen unterscheiden, die glandulären und die aglandulären Hormone.

Glanduläre Hormone. Glanduläre Hormone sind Hormone, die in Hormondrüsen hergestellt und von dort in das Blut abgegeben werden. Hierzu zählen die Produkte der klassischen endokrinen Drüsen wie der Schild-, Nebenschild- und Bauchspeicheldrüse, der Nebenniere, der Keimdrüsen und der Adenohypophyse.

Aglanduläre Hormone. Aglanduläre Hormone sind vor allem die Gewebehormone, die in spezialisierten hormonproduzierenden Zellen, jedoch nicht in eigens dafür ausgebildeten Drüsen hergestellt werden und die über die Zellzwischenräume oder den Blutweg ihren Wirkort erreichen. Eine große Gruppe sind die Eikosanoide, die bei Blutgerinnung und Entzündungsprozessen eine Rolle spielen, aber auch viele Hormone des Magen-Darm-Traktes, wie z. B. Sekretin oder Gastrin, von denen die einzelnen Verdauungsprozesse untereinander koordiniert werden. Ihr Wirkort ist i. Allg. nahe bei ihrem Produktionsort. Dies kann bis hin zur autokrinen Wirkung oder parakrinen Beeinflussung benachbarter Zellgruppen reichen.

> **!** Nach ihrem Bildungsort unterscheidet man glanduläre, d. h. von spezialisierten Hormondrüsen hergestellte Hormone von aglandulären Hormonen anderer Zellen.

8.4 Regulation der hormonellen Aktivität

8.4.1 Beeinflussung der Hormonproduktion

Die hormonelle Aktivität, d. h. das Ausmaß der tatsächlichen Wirkung spezifischer Hormone, kann auf unterschiedliche Art und Weise reguliert werden. Zunächst kann ihre Produktion durch die Beeinflussung der Genexpression oder der Aktivität spezifischer Syntheseenzyme gesteuert werden. Einzelne Gene können bedarfsgerecht an- und ausgeschaltet werden, sodass der Syntheseprozess in Gang kommt oder reduziert wird. Dies gilt insbesondere für die Bereitstellung von Peptidhormonen oder Neuropeptiden.

Andere Überträgerstoffe sind leicht modifizierte Moleküle aus den mit der Nahrung zugeführten oder vom Organismus selbst hergestellten Grundbausteinen. Die meisten Neurotransmitter, aber auch Steroidhormone zählen zu dieser Gruppe. Ihre Verfügbarkeit ist einerseits von einer ausreichenden Zufuhr der Bausteine abhängig, andererseits aber auch von der Aktivität spezifischer Enzyme, die gezielt die eine oder andere Modifikation an einem Molekül vornehmen können. Die vorhandene Menge dieser Enzyme, die selbst Proteine sind, wird wiederum über die Genexpression gesteuert. Darüber hinaus kann ihre Produktionsgeschwindigkeit aber auch durch andere Stoffe, die sog. Aktivatoren und Inhibitoren, die an diese meist recht großen Moleküle andocken können, beschleunigt oder gehemmt werden. Auf diese Art und Weise wirken auch viele Medikamente.

8.4.2 Transport, Bindung und Abbau von Hormonen

Die fertigen Hormone werden entweder zunächst gespeichert oder wandern gleich – teilweise über weite Distanzen – zu ihrem Wirkort. Zu diesem Zweck können sie an spezifische Speicher- oder Transportproteine gebunden werden. In dieser gebundenen Form sind viele Hormone noch nicht aktiv, ihre Wirkung entfalten sie erst im freien Zustand. Über die Konzentration der Speicher- oder Transportproteine kann wiederum die Aktivität der Hormone reguliert werden. Dies ist etwa der Fall für die Schilddrüsenhormone (s. Abschn. 8.5.3), die an das große Protein Thyreoglobulin gebunden sind und erst bei Bedarf auf ein Signal hin abgespalten und freigesetzt werden. Das Kortikotropin-Releasing-Hormon, die erste Stufe der hormonellen Stressreaktion, kann im Blut an das sog. CRH-Binding-Protein gebunden werden, wodurch es inaktiviert wird.

Die Abspaltung von derartigen Speicher- und Transportproteinen kann wiederum durch Reaktionen unterschiedlicher Enzyme und Botenstoffe reguliert werden, was die Aktivierung eines bereits vorhandenen Hormons zu einem sehr komplexen Vorgang machen kann. Ebenfalls von Enzymaktivitäten abhängig und vielfach regulierbar ist natürlich auch der Abbau von Hormonen. Das Vorhandensein von Abbauenzymen ist ein wichtiger Regulator der Wirkdauer.

Diese physiologischen Regulationsmechanismen greifen in den hierarchisch gegliederten Systemebenen vielfach ineinander. Ein bestimmter Stoff hat darüber hinaus meist mehrere Wirkungen, zu denen auch die Aktivierung von Abbau- und Regulationsreaktionen und die Bereitstellung hierfür notwendiger Signal- und Ausführungssubstanzen gehört.

Zusammenfassung

Die hormonelle Aktivität kann auf verschiedene Arten reguliert werden:
- Bei der Produktion der Hormone kann durch Ein- und Abschalten von Genen der Syntheseprozess reguliert werden.
- Die Aktivität bestimmter Syntheseenzyme kann verändert werden.
- Hormone können an Speicher- und Transportproteine gebunden und dabei inaktiviert sein. Erst nachdem sie von diesen abgespalten wurden, können sie ihre Aktivität entfalten.
- Die Geschwindigkeit des Abbaus und damit der Inaktivierung von Hormonen kann über die Aktivierung oder Inhibierung der Abbauenzyme reguliert werden.

8.5 Wichtige hormonproduzierende Organe

8.5.1 Das Hypothalamus-Hypophysen-System: Steuerung zahlreicher endokriner Prozesse

Das hierarchisch am höchsten angesiedelte System, das direkt und indirekt die Aktivität vieler hormonproduzierender Organsysteme steuert, ist das Hypothalamus-Hypophysen-System. Der Hypothalamus wirkt als ein zentrales Steuerzentrum des endokrinen sowie des vegetativen Systems (vgl. Abschn. 6.4.8 und 7.2.1). Der Hypothalamus verrechnet eingehende Botschaften der inneren Organe mit neuronaler Information aus unterschiedlichen Bereichen des peripheren Nervensystems und des Gehirns selbst. Als Ergebnis davon steuert er vitale Körperfunktionen (z. B. Wachstum, Energiehaushalt, Sexualfunktionen) sowie mentale Leistungen (Aufmerksamkeit, Lernen etc.). Er steuert die Hypophyse zum einen bedarfsgerecht, zum anderen im Takt bestimmter Rhythmen – z. B. des Menstruationszyklus oder der zirkadianen Periodik (vgl. Abschn. 19.2). Die Hypophyse ist ein Ausführungsorgan des Hypothalamus, da sie dessen Steuerungsbefehle an die Peripherie weitergibt. Sie erreicht die Organe und Zellen der Peripherie, indem sie unterschiedliche Hormone ausschüttet (s. u.). In fast allen Fällen wird die Regulation durch negative Rückkopplung unterstützt. Die im Blut vorliegende Konzentration eines bestimmten Hormons wird vom Hypothalamus registriert, worauf die weitere Produktion von Releasing- bzw. Hypophysenhormonen reduziert wird. Auch können die physiologischen bzw. biochemischen Folgeprozesse der Hormonwirkung vom Hypothalamus registriert werden. Dieser steuert dann bedarfsgerecht die Produktion bzw. Ausschüttung des betreffenden Hormons (s. Abb. 8.3).

Wie wir bereits gesehen haben (s. Abschn. 6.4.8), gliedert sich die Hypophyse in einen Vorder- und einen Hinterlappen (Adeno- und Neurohypophyse). Beide unterscheiden sich prinzipiell in folgender Weise:

▶ Die **Adenohypophyse** ist Empfangsstation für Hormone, die im Hypothalamus gebildet und ihr über ein kleines Blutkreislaufsystem zugeführt werden. Diese Releasing- bzw. Inhibitinghormone steuern dann die Ausschüttung der Vorderlappenhormone (s. u.).

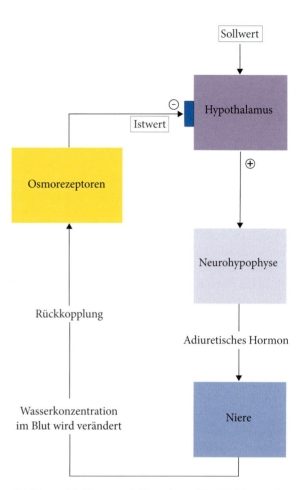

Abbildung 8.3 Hormonrückkopplung. Die Abbildung zeigt am Beispiel des ADH (Adiuretin) den Aufbau eines hormonellen Regelkreises. Es ist dargestellt, wie das effektorische Hormon ADH auf die Niere einwirkt. Hier kann der Wasseranteil im Blut reguliert werden. Dieser wiederum wird über Osmorezeptoren vom Hypothalamus registriert, der dann auf die ADH-Ausschüttung einwirkt. Nach Einspeisung des Istwerts in den Hypothalamus wird also per Gegenregulation ein Sollwert-Istwert-Abgleich durchgeführt

▶ Die **Neurohypophyse** ist im Gegensatz zum Hypophysenvorderlappen keine hormonproduzierende Drüse, sondern ein Teil des Gehirns, der eine neuronale (also nicht humorale/hormonelle) Verbindung zum Hypothalamus aufweist. Über Fortsätze von hypothalamischen Neuronen wird die Neurohypophyse mit im Hypothalamus produzierten und in Vesikel verpackten fertigen Hormonen versorgt. Ihre Aufgabe ist es, diese bei Bedarf in den Blutkreislauf des Körpers auszuschütten.

Die Hormone der Adenohypophyse

Die Adenohypophyse ist ein endokrines Organ, dessen Botenstoffe Informationen auf dem Blutweg zu anderen Organen transportieren. Man unterscheidet glandotrope und effektorische Hormone. *Glandotrope* Hormone haben als Zielorgane andere Drüsen und regen dort die Produktion und Ausschüttung von anderen Hormonen an. Hierzu zählen z.B. die Gonadotropine (auf die Keimdrüsen wirkende Hormone) LH (luteinisierendes Hormon) und FSH (follikelstimulierendes Hormon), das Thyreotropin (für die Stimulation der Schilddrüsenzellen), das Stresshormon ACTH (adrenokortikotropes Hormon) und das **Prolaktin**, das auf die weibliche Brustdrüse wirkt. Die *effektorischen* Hormone üben eine direkte Wirkung auf Zielorgane aus. Der wichtigste Vertreter dieser Gruppe ist das Wachstumshormon, das bei Wachstum, Muskel- und Kno-chenaufbau eine Rolle spielt. In Tabelle 6.4 sind die Hypophysenvorderlappenhormone aufgelistet.

Wachstumshormon

Das Wachstumshormon (somatotropes Hormon, STH, Somatotropin; engl. growth hormone, GH) hat kein einzelnes spezifisches Zielorgan, wie es bei den meisten anderen Vorderlappenhormonen der Fall ist, sondern es beeinflusst die Aktivität einer Vielzahl von Körperzellen. So mobilisiert es die Fettsäuren aus dem Fettgewebe (Lipolyse), es steigert den Blutzuckerspiegel und hemmt die Glukoseaufnahme in die Zellen. Durch die Anregung der Bildung wachstumsfördernder Faktoren insbesondere in der Leber, den Somatomedinen, wirkt es indirekt zusätzlich auf das Wachstum von Knorpel, Knochen und Muskelgewebe.

Störungsbild

Wachstumsanomalien

Ein Mangel an Wachstumshormon beim Kind hat hypophysären Zwerg- bzw. Minderwuchs zur Folge. Ein Überschuss an Somatotropin führt beim noch im Wachstum befindlichen Menschen zu Riesenwuchs (Gigantismus). Ist das Längenwachstum bereits abgeschlossen, ergibt sich als Konsequenz eines Somatotropinüberschusses **Akromegalie**. Akren sind die Enden von Körperteilen, wie Nase, Kinn, Extremitäten, hier besonders Hände und Füße. Außerdem kann es auch zu einer Größenzunahme der Eingeweide kommen. Ursachen für einen Somatotropinüberschuss sind häufig Hypophysentumoren.

Therapeutisch wird das Wachstumshormon zur Therapie des Zwergwuchses zugeführt. Bis vor kurzem war man bei der Gewinnung dieses Hormons auf die Isolierung aus menschlichen Hypophysen (von Verstorbenen) angewiesen. Dadurch war die Substanz nur in sehr kleinen Mengen verfügbar und ihre Anwendung war nicht ohne Risiken hinsichtlich der Übertragung bestimmter Virusinfektionen. Heute kann dieses Hormon gentechnisch in großen Mengen hergestellt werden.

Das Wachstumshormon dient beim Erwachsenen in erster Linie der Feinregulierung verschiedener energiebereitstellender Prozesse. Daher ist die gesteigerte STH-Ausschüttung bei Stress durchaus plausibel (s. Abschn. 17.1.2).

Somatotropin und Somatostatin als Freisetzungs- bzw. Hemmungshormon. Die Ausschüttung des Wachstumshormons wird über hypothalamische Freisetzungs- bzw. Hemmungshormone gesteuert. Das Freisetzungshormon Somatoliberin (auch: Somatotropin-Releasing-Hormon, SRH; engl. growth hormone releasing hormone, GRH) wird in Schüben an die Hypophyse abgegeben. Es wird vor allem während nächtlicher Tiefschlafphasen ausgeschüttet. Findet eine Therapie mit SRH statt, um Mangelzuständen am Wachstumshormon entgegenzuwirken, so geschieht dies i.Allg. pulsatil, d.h., implantierte Hormonpumpen geben die Substanz entsprechend den natürlichen Ausschüttungspulsen ab.

Hemmungshormon für das Somatotropin ist das sog. Somatostatin. Dieses wird ebenfalls im Hypothalamus gebildet, aber auch von endokrinen Zellen des Magen-Darm-Trakts produziert. Neben der Hemmung der Somatotropinausschüttung bewirkt das Somatostatin vor allem im Magen-Darm-Trakt die Hemmung anderer innersekretorischer Prozesse, etwa die Ausschüttung von Insulin und Glukagon (s. Abschn. 8.5.2).

Wirkung von Somatostatin im Gehirn. Das Somatostatin dürfte innerhalb des Gehirns als Neuromodulator

8.5 Wichtige hormonproduzierende Organe

einige Bedeutung haben. Es kann – je nach Wirkungsort – die Entladungsrate von Nervenzellen entweder erhöhen oder erniedrigen. Es ist daher nicht verwunderlich, dass bei Applikation von Somatostatin direkt ins Gehirn (im Tierversuch) eine Reihe von Effekten auf das Verhalten nachgewiesen werden konnte. Dazu gehört etwa eine globale Erhöhung des Aktivierungsniveaus, eine Verringerung der Tiefschlafphasen und eine Überempfindlichkeit gegenüber taktilen Reizen. Somatostatin wirkt auch auf die Produktion verschiedener Neurotransmitter im Gehirn, z.B. Noradrenalin, Dopamin, Serotonin und Acetylcholin. Andererseits unterliegt auch die Freisetzung des Somatostatins den Einflüssen von Noradrenalin und Dopamin, die seine Ausschüttung stimulieren.

> **!** Das Somatostatin stellt ein wichtiges Beispiel für ein Hormon dar, das sowohl ganz basale körperliche Prozesse wie das Organwachstum beeinflusst als auch in sehr differenzierter Weise in den Wirkungsmechanismus von Neurotransmittern eingreifen kann und selbst als Neuromodulator wirkt. Umgekehrt hängt die Ausschüttung des Somatostatins von neurohumoralen Prozessen ab und unterliegt damit auch psychischen Einflüssen.

Prolaktin

Das Prolaktin (laktotropes Hormon, LTH) ist von seiner chemischen Struktur her dem Somatotropin sehr ähnlich. Seine wichtigsten und am längsten bekannten Funktionen sind die Anregung des Wachstums der weiblichen Brust während der Pubertät und Schwangerschaft sowie die Stimulation der Milchproduktion in den Brustdrüsen. Demgemäß ist in der Schwangerschaft und während der Stillzeit die Prolaktinkonzentration erhöht.

Die Prolaktinausschüttung wird bei der stillenden Frau durch Saugreize im Bereich der Brustwarzen angeregt. Dies geschieht über nervale Verbindungen von den Brustwarzen zum Hypothalamus, von dort werden verschiedene Neuropeptid-Hormone zur Hypophyse transportiert, es kommt zur Prolaktinausschüttung und sekundär zu erhöhter Milchproduktion. (Ein Prolaktin-Releasing-Hormon existiert zwar, scheint aber bei diesem Vorgang nicht beteiligt zu sein.)

Während Phasen erhöhter Prolaktinkonzentration ist die Sekretion von Gonadotropinen reduziert. Gonadotropine sind Stoffe, die die Produktion von Geschlechtshormonen anregen. Damit wird erklärlich, dass während der Stillzeit häufig der ovariale Zyklus ausbleibt bzw. unregelmäßig verläuft. Bei Frauen, die nicht oder nur kurz stillen, ist wegen des niedrigeren Prolaktinspiegels die Wahrscheinlichkeit für die nächste Schwangerschaft höher als bei stillenden Müttern.

Prolaktin findet sich auch beim Mann (ca. 70 % des Prolaktinspiegels der Frau). Eine erhöhte Prolaktinkonzentration scheint zu erniedrigter Spermienzahl und zu Libidoeinbußen zu führen.

Da das Prolaktin i. Allg. nicht in höherer Konzentration benötigt wird, steht seine Ausschüttung unter einer tonischen, d. h. lang anhaltenden Hemmung durch den Hypothalamus. Interessanterweise wirkt hier Dopamin als hypothalamischer Prolaktinhemmungsfaktor. Die Aufrechterhaltung der physiologischen Prolaktinkonzentration bei Nichtschwangeren ist also an ein ausreichendes Maß an Dopamin gekoppelt.

Neuere Untersuchungen weisen darauf hin, dass Prolaktin auch bei immunologischen Vorgängen beteiligt sein dürfte. Viele Zellen des Immunsystems besitzen Prolaktinrezeptoren. Es hat sich auch gezeigt, dass bei unterschiedlichen Typen psychischer Belastung ein – offenbar stressinduzierter – Anstieg der Prolaktinkonzentration eintritt. Die Funktion dieser hormonellen Reaktion ist noch nicht aufgeklärt.

> **!** Prolaktin fördert das Wachstum der weiblichen Brust in der Pubertät und während der Schwangerschaft. Während der Stillzeit wird die Prolaktinausschüttung durch Saugreize an der Brust stimuliert. Bei bestimmten Stressbelastungen tritt ebenfalls eine Erhöhung des Prolaktinspiegels ein.

Gonadotropine

Der Hypophysenvorderlappen produziert zwei glandotrope Hormone, die auf die Keimdrüsen als Zielorgane wirken. Diese Hormone steuern zu einem hohen Grad die Sexualfunktionen des Menschen. Es sind das follikelstimulierende Hormon und das Luteinisierungshormon. Auf diese Hormone wird im Kapitel 18 ausführlicher eingegangen. Sie werden daher hier nur kurz erwähnt.

Follikelstimulierendes Hormon (FSH). Das follikelstimulierende Hormon (auch: Follitropin) stimuliert bei der Frau die Reifung des Follikels (Eibläschen) und die Biosynthese des Östrogens gemeinsam mit dem Luteinisierungshormon. Beim Mann regt es im Hoden die Spermienproduktion an. Ebenfalls im Hoden wird das Inhibin gebildet, das die FSH-Freisetzung hemmt.

Luteinisierendes Hormon (LH). Die wichtigsten Wirkungen des luteinisierenden Hormons sind bei der Frau die Anregung der Östrogenproduktion (gemeinsam mit FSH), die Auslösung des Eisprungs und die Gelbkörperbildung. Beim Mann werden vom LH die Synthese sowie die Ausschüttung männlicher Sexualhormone (**Androgene**) angeregt. Dies gilt insbesondere für die Ausschüttung des wichtigsten Androgens, des Testosterons, aus den sog. Leydig-Zwischenzellen des Hodens.

> **!** Die Gonadotropine FSH und LH werden aufgrund der Gonadotropin-Releasing-Hormonsekretion des Hypothalamus ausgeschüttet. FSH stimuliert vor allem die zyklische Follikelreifung und die Geschlechtshormonsynthese im Eierstock der Frau sowie die Spermienreifung beim Mann. LH fördert die Gelbkörperbildung und damit vor allem die Progesteronsynthese bei der Frau sowie die Testosteronsynthese beim Mann.

Gonadotropin-Releasing-Hormon (GnRH). GnRH stimuliert die Bildung und die Freisetzung von FSH und LH. Hierbei steht es in einem kompliziertem Wechselspiel mit den über Rückkopplung vermittelten Wirkungen der Sexualhormone Östrogen und Progesteron. Auch wirkt die Konzentration von LSH und LH selbst auf die Gonadotropinausschüttung zurück. Auch über psychische, also neuronal vermittelte Einflüsse wird die GnRH- und damit die Sexualhormon-Freisetzung beeinflusst.

Im intakten Organismus wird GnRH nicht kontinuierlich, sondern pulsatil aus dem Hypothalamus freigesetzt. Demnach ist eine Substitutionstherapie mit GnRH – etwa bei Fertilitätsstörungen – meist nur dann erfolgreich, wenn die Substanz gepulst über eine implantierte Kanüle und ein batteriegesteuertes Infusionsgerät zugeführt wird. Dabei werden meist Pulsintervalle von 60 bis 90 Minuten verwendet.

Wird das GnRH kontinuierlich zugeführt, geht die natürliche Ausschüttung der Gonadotropine aufgrund der negativen Rückkopplung zurück. Wegen der künstlich erzeugten hohen Konzentration des GnRH kommt es zu einer unerwünschten Abnahme der GnRH-Rezeptoren in der Hypophyse. Der Auslösereiz für die Gonadotropinsynthese und -ausschüttung wird damit geschwächt und sekundär dazu vermindern die Keimdrüsen die Produktion der Sexualhormone.

Adrenokortikotropes Hormon (ACTH)

Das adrenokortikotrope Hormon (Kortikotropin) hat als Ziel die Nebennierenrinde, wo es die Synthese der Nebennierenrindenhormone wie z. B. des Kortisols stimuliert. Eine Vielzahl von Reizen, insbesondere Stressoren körperlicher oder psychischer Art, können die Ausschüttung von ACTH anregen (s. Abschn. 17.1.2).

ACTH wird aus einem Vorläufermolekül, dem Proopiomelanocortin, gebildet, das u. a. auch gleichzeitig Vorstufe für die Bildung der Endorphine ist. Die ACTH-Abgabe aus der Hypophyse wird durch ein hypothalamisches Releasinghormon, den Kortikotropin-Releasing-Faktor (CRF), gesteuert. Die Ausschüttung unterliegt außerdem einem deutlichen zirkadianen Rhythmus mit erhöhter Ausschüttung in den frühen Morgenstunden.

Zusammenhänge zwischen ACTH bzw. CRF und depressiven Störungen werden seit Mitte der 1980er-Jahre postuliert und intensiv studiert (s. Abschn. 21.3.1). Es liegt einige Evidenz dafür vor, dass bei vielen Patienten mit einer Depression auch die Regulationsmechanismen für die ACTH-Ausschüttung gestört sind.

> **!** Kortikotropin (ACTH) wird von der Hypophyse nach Anregung durch das Kortikotropin-Releasing-Hormon freigesetzt. Es bewirkt an der Nebennierenrinde z. B. die Synthese und Sekretion des Kortisols. Dieser Ablauf ist ein wesentlicher Teil der Stressreaktion. Die CRH-Ausschüttung kann durch eine Vielzahl von körperlichen und psychischen Stressoren beeinflusst werden.

Thyreotropin

Das Thyreotropin (thyroideastimulierendes Hormon, TSH) wirkt auf sämtliche Schilddrüsenprozesse ein. Es stimuliert z. B. das Wachstum der Schilddrüse, deren Hormonproduktion, die Ausschüttung der beiden wichtigsten Schilddrüsenhormone Trijodthyronin und

Thyroxin sowie die Aufnahme von Iodid für die Synthese der Schilddrüsenhormone.

Auch die TSH-Ausschüttung wird durch ein Releasinghormon aus dem Hypothalamus gesteuert; dies geschieht vermittels TRH (Thyreotropin-Releasing-Hormon; Thyroliberin). TRH stimuliert zugleich auch die Somatotropinausschüttung aus der Hypophyse.

> **!** TRH-Freisetzung aus dem Hypothalamus führt zur Thyreotropinausschüttung aus der Hypophyse. TRH stimuliert die Synthese und Ausschüttung der Schilddrüsenhormone sowie die Jodaufnahme in die Schilddrüsenzellen.

Die Hormone der Neurohypophyse

Bei den Hormonen des Hypophysenhinterlappens handelt es sich um zwei Peptidhormone, die sich in ihrer chemischen Struktur zwar ähneln, jedoch völlig andere Zielorgane und Wirkungen besitzen: das antidiuretische Hormon und das Oxytocin.

Das antidiuretische Hormon

Die wesentliche physiologische Aufgabe des antidiuretische Hormons (ADH, Vasopressin) ist, die Harnkonzentration in der Niere zu fördern, also die Wasserausscheidung, die Diurese, zu verhindern. Außerdem führt es in höheren Konzentrationen zur Kontraktion der glatten Muskulatur, insbesondere in den Wänden der Blutgefäße. Dies macht den Namen »Vasopressin« verständlich. Wenn die Gefäßwände kontrahieren, steigt der Druck in den Gefäßen an. Typische Effekte von Vasopressin in höheren Konzentrationen sind daher die Steigerung des Blutdrucks und die Erhöhung der Darmperistaltik infolge der rhythmischen Kontraktionen der Darmwände.

Die Vasopressinkonzentration wird über Rezeptoren für osmotischen Druck im Bereich des Nucleus supraopticus im Hypothalamus reguliert. Hier wird quasi der Verdünnungsgrad des Blutes bestimmt. Bereits eine Erhöhung des osmotischen Drucks von nur 1% vom Normalwert führt zur Vasopressinausschüttung.

Das Vasopressin hat auch, wie man seit kurzem weiß, eine Bedeutung im Zusammenhang mit dem Sexualverhalten: Es konnte an männlichen Versuchstieren gezeigt werden, dass die Vasopressinkonzentration im Gehirn mit der Intensität sexueller Aktivität korreliert. Bei frisch kastrierten Tieren kann durch die Stimulation von Vasopressinrezeptoren im Gehirn der Rückgang sexueller Aktivität verlangsamt werden.

Psychische Funktionen. Überaus interessant und unerwartet waren Ergebnisse, die auf einen Zusammenhang des Vasopressins mit Lern- und Gedächtnisfunktionen hinweisen. So zeigte sich, dass ein künstlich induzierter Vasopressinmangel im Gehirn bei Ratten das Erlernen von Vermeidungsreaktionen verzögerte. Ebenso liegen Befunde vor, dass bei einem genetisch bedingten Defizit in der Vasopressinproduktion auch bestimmte Lernaufgaben schlechter bewältigt werden. Beim Menschen konnte u.a. nachgewiesen, dass bei intranasaler Zufuhr von Vasopressin aggressives Verhalten zunahm, allerdings auch Angst (in beiden Fällen ausgelöst durch die Darbietung von Gesichtern mit einem Ärgerausdruck). Außerdem wird der erlebte Stress in sozialen Situationen erhöht. Da das Vasopressin an sehr vielen Stellen im Gehirn seine Wirkung als Neurotransmitter bzw. Neuromodulator entfalten kann, verwundert es nicht, dass die detaillierte Aufklärung der Wirkungskette für dieses Phänomen äußerst schwierig ist und bisher noch nicht gelingen konnte.

> **!** Das antidiuretische Hormon (Vasopressin) bewirkt eine Steigerung der Harnkonzentration in der Niere sowie eine Kontraktion glatter Muskelzellen insbesondere der Blutgefäße. Es führt zu einer Erhöhung des Blutdrucks. Tierversuche lassen darauf schließen, das Vasopressin auch Funktionen im Zusammenhang mit Sexualverhalten, Lernvorgängen und emotionalen Prozessen erfüllt.

Oxytocin

Das zweite Hormon des Hypophysenhinterlappens ist das Oxytocin. Es hat wichtige Funktionen im Zusammenhang mit Geburt und Stillen. Außerdem wirkt es auch auf der Ebene des Sexualverhaltens und komplexerer Verhaltensweisen, z.B. im Zusammenhang mit sozialer Interaktion.

Oxytocin führt zu Beginn der Geburtsphase zu rhythmischen Kontraktionen der glatten Muskulatur der Gebärmutter und damit zu den **Wehen**. Man geht davon aus, dass die Uterusmuskulatur gegen Ende der Schwangerschaft aufgrund der dann vorliegenden sehr spezifischen Konzentrationsverhältnisse von Östrogen und **Gestagen** empfindlicher gegenüber der Oxytocinwirkung wird. Oxytocin kann daher als ein wehenförderndes Mittel eingesetzt werden.

Die zweite wichtige physiologische Funktion des Oxytocins bezieht sich auf die **Milchabgabe** aus der Brustdrüse. Ein Saugreiz an der laktierenden Brust führt auf nervalem Wege zu Signalen an den Hypothalamus. Eine Folge davon ist eine Steigerung der Oxytocinproduktion und vermehrte Ausschüttung des Oxytocins in den Blutstrom. Dies führt dann an der Brustdrüse zur Milchejektion.

Oxytocin als Neurotransmitter und Neuromodulator. Seit ca. 15 Jahren werden weitere Oxytocinwirkungen intensiv studiert. Vom vorderen Hypothalamus laufen zahlreiche Fasern zu anderen Gehirngebieten, wo sich Rezeptoren für Oxytocin befinden. Als Zielgebiete konnten etwa der Hippocampus, die Amygdala, Hirnstammregionen und Rückenmarksgebiete identifiziert werden. Es liegen einige Studienergebnisse vor, die darauf hindeuten, dass ein erhöhter Oxytocinspiegel sich auf Gedächtnis- und Lernleistungen nachteilig auswirkt. Es ist allerdings bisher unklar, ob dies primär Defizite im Bereich des Lernens widerspiegelt oder ob auch psychische Funktionen, wie Aufmerksamkeit und Motivation, durch erhöhte Oxytocinkonzentration beeinträchtigt werden.

Oxytocin und prosoziales Verhalten. Oxytocin übt Einflüsse sowohl auf das Brutpflegeverhalten als auch auf das Sexualverhalten aus. Das Brutpflegeverhalten wird durch erhöhte Oxytocinproduktion intensiviert. Es wurde z.B. beobachtet, dass die intrazerebrale Applikation von Oxytocin selbst bei jungfräulichen Ratten Brutpflegeverhalten induzierte. Man konnte mittlerweile Projektionen von oxytocinergen Neuronen zu nahezu allen Gehirnregionen, die mit diesen Verhaltensprogrammen befasst sind, nachweisen. Außerdem wurde gezeigt, dass Hormone der Keimdrüsen deutliche Effekte auf Oxytocinneuronen und -rezeptoren im Gehirn besitzen. Beim Menschen konnte durch die Zufuhr von Oxytocin (als Nasenspray) eine Reihe positiver Verhaltenskonsequenzen ausgelöst werden. Dazu gehören:

► häufigerer Blickkontakt
► Steigerung des Vertrauens
► Zunahme empathischen Verhaltens
► besseres Erinnerungsvermögen für Gesichter
► großzügigeres Verhalten
► Angst- und Stressreduktion

Oxytocin als Stresshormon bei Hilflosigkeit. Oxytocin scheint auch ein Stresshormon zu sein. Es wird in großen Mengen während belastender Bedingungen ausgeschüttet. Dies zeigte sich im Tierexperiment insbesondere dann, wenn Versuchstiere in Situationen gebracht wurden, die durch Hilflosigkeit gekennzeichnet waren. Kommt das Tier dagegen in eine Stresssituation wie z.B. eine fremde Umgebung, die es bewältigen kann – etwa durch Explorationsverhalten –, so steigt der Oxytocinspiegel nicht oder nur geringfügig an. Die Oxytocinausschüttung in Stresssituationen dient möglicherweise dazu, die physiologischen und psychischen negativen Begleitprozesse der Stresssituation zu mildern.

> **!** Oxytocin wirkt während des Geburtsvorgangs wehenfördernd. Außerdem steuert es den Milchabgabereflex aus der Brustdrüse. Oxytocin hat – bisher nur ansatzweise aufgeklärte – Funktionen im Zusammenhang mit Sexualverhalten und Brutpflege. Es scheint von Bedeutung für komplexe Gehirnfunktionen im Zusammenhang mit Lernen, Gedächtnis und Sozialverhalten zu sein.

8.5.2 Bauchspeicheldrüse: Regulation des Stoffwechsels

Der Organismus ist auf die ständige Zufuhr von Energie angewiesen. Die energieliefernden Substanzen werden mit der Nahrung aufgenommen, die zerkleinert, sortiert und verarbeitet werden muss. Es findet Stoffwechsel (Metabolismus) statt. Hierbei spielt die Bauchspeicheldrüse, der Pankreas, eine entscheidende Rolle.

Aufbau aus zwei Teilen. Die Bauchspeicheldrüse besitzt einen endokrinen und einen exokrinen Anteil. Der exokrine Teil, d.h. der Teil, der seine Produkte *nicht* in den Blutstrom abgibt, produziert verschiedene für die Verdauung der Nahrung notwendige Enzyme, die direkt in den Dünndarm ausgeschüttet werden, wo sie ihre Wirkung entfalten können.

Der endokrine Anteil, der ein Teil des Hormonsystems ist, besteht aus den sog. Langerhans-Inseln. Das sind verstreute Zellhaufen aus hormonproduzierenden Zellen, die ihre Produkte ins Blut abgeben, das sie an ihren Wirkorten transportiert.

Das wichtigste Hormon des Pankreas ist das **Insulin**, das von den Langerhans-Inseln produziert und ausgeschüttet wird. Das Fehlen der insulinbildenden Zellen oder das Nachlassen der Wirkung von Insulin an den Zielzellen wird als Diabetes mellitus bezeichnet.

Störungsbild

Diabetes mellitus

Der Diabetes Typ I tritt häufiger bei jungen Menschen auf, betrifft aber insgesamt nur ca. 10 % der Diabetespatienten. Hier können die sog. B-Zellen der Langerhans-Inseln, die normalerweise Insulin produzieren, z. B. durch eine Autoimmunreaktion vollständig zerstört sein.

Die häufigere Diabetesform, der sog. Diabetes Typ II oder Altersdiabetes, beruht v. a. auf einer Verminderung der Empfindlichkeit der Zielgewebe gegenüber dem Insulin (Insulinresistenz). Diese Erkrankung geht v. a. auf übermäßige Nahrungszufuhr und zu wenig Bewegung – gekoppelt mit einer entsprechenden genetischen Disposition – zurück.

Wenn die Konzentration an **Glukose** nach der Nahrungsaufnahme ansteigt, wird auch die Insulinausschüttung erhöht. Insulin zeigt in diesem Zusammenhang eine Fülle von Wirkungen.

Aufbaustoffwechsel. Insulin bewirkt eine Erniedrigung der Glukosekonzentration im Blut, also eine Senkung des Blutzuckerspiegels. Dies geschieht durch vermehrte Glukoseaufnahme vor allem in die Zellen der Leber sowie der Muskulatur und in Fettzellen. In der Leber und der Muskulatur wird Glukose dann in seiner Speicherform **Glykogen** aufbewahrt. In den Fettzellen dagegen wird sie über mehrere Zwischenschritte in Triglyzeride umgewandelt. Außerdem wird durch Insulin die Proteinsynthese gesteigert. Insulin ist also das wichtigste Enzym des Aufbaustoffwechsels (anaboler Stoffwechsel), das nach Nahrungsaufnahme zum Wiederauffüllen der Körperspeicher und für regenerative Prozesse notwendig ist. Bei Insulinmangel, wie beim Diabetes Typ I, können diese lebensnotwendigen anabolen Prozesse nicht in ausreichendem Maße stattfinden, darüber hinaus ist der Blutzuckerspiegel auch im Nüchternzustand erhöht, was zusätzliche schädliche Wirkungen auf den Organismus hat.

Abbaustoffwechsel. Beim Abbaustoffwechsel (kataboler Stoffwechsel) kommt v. a. der Gegenspieler des Insulins, das Glukagon ins Spiel. Dieses Hormon wird in den sog. A-Zellen der Langerhans-Inseln des Pankreas synthetisiert. Es stimuliert z. B. die **Glykogenolyse**, also den Glykogenabbau zur Lieferung von Glukose. Auch fördert es die **Glukoneogenese**, d. i. die Glukoseneubildung. Diese Stoffwechselwege führen zur Freisetzung von Glukose ins Blut, sodass die Versorgung der verschiedenen Organe des Körpers, insbesondere auch des Gehirns, mit Glukose gewährleistet ist.

Zusammenfassung

In der Bauchspeicheldrüse (Pankreas) werden zwei wichtige Hormone des Stoffwechsels synthetisiert: Das Insulin ist das wichtigste anabole Hormon, das nach Nahrungsaufnahme zum Wiederauffüllen der Körperspeicher mit Glukose und für regenerative Prozesse notwendig ist. Das Glukagon ist sein Gegenspieler, der bei niedrigem Blutzuckerspiegel Glukose freisetzt und damit Brennstoff für energieverbrauchende (katabole) Vorgänge darstellt. Das bedarfsgerechte Zusammenspiel beider Hormone ist lebensnotwendig.

8.5.3 Schilddrüse

Die Hormone der Schilddrüse sind das Trijodthyronin (T_3) und das Thyroxin (Tetrajodthyronin, T_4). Für die Synthese der Hormone der Schilddrüse muss ausreichend Jod zur Verfügung stehen. Bei Jodmangel, der vor allem in den meeresfernen Alpenländern häufig ist, kann als charakteristisches Symptom eine Vermehrung des Schilddrüsengewebes auftreten, um die Produktion dieser Hormone zu erhöhen. Die Folge ist ein Struma (Kropf).

Hypothalamusgesteuerte Funktionsweise. Die Steuerung der Schilddrüse erfolgt über das Hypothalamus-Hypophysen-System (s. Abschn. 8.5.1). Der Hypothalamus regt die Adenohypophyse zur Ausschüttung von Thyreotropin (TSH) an, das über den Blutweg zu den Schilddrüsenzellen gelangt. Dort steuert es die Aufnahme von Jod sowie die Produktion und Ausschüttung der Schilddrüsenhormone ins Blut. In deren Zielzellen können die fettlöslichen Schilddrüsenhormone durch die Membranen in die Zelle bis in den Zellkern gelangen, wo sich ihr Rezeptor befindet. Hier kann der Rezeptor-Hormon-Komplex nun bestimmte Gene »anschalten« und die Synthese der dort kodierten Proteine veranlassen. Die fertigen Proteine, häufig Enzyme des Stoffwechsels, verursachen über ihre Aktivität die beobachtbaren Wirkungen auf den Organismus wie einen erhöhten Energieumsatz oder eine Steigerung der Herzaktivität.

Typische Funktionsstörungen. Eine **Hyperthyreose** – eine Erhöhung der Schilddrüsenhormonkonzentration im Blut – verursacht eine gesteigerte Erregbarkeit, Erhöhung von Herzfrequenz und Körpertemperatur sowie Abnahme des Körperfettes. Diese Symptome findet man z. B. beim Morbus Basedow, einer Hyperaktivität der Schilddrüsenzellen. Bei dieser Autoimmunstörung fallen die charakteristisch hervortretenden Augäpfel der Patienten auf.

Bei einer Unterfunktion der Schilddrüse, der sog. **Hypothyreose**, z. B. aufgrund von Jodmangel, wird der Grundumsatz des Körpers reduziert. Die Betroffenen sind häufig müde und antriebsschwach und haben ein erhöhtes Körpergewicht. Kinder, die während ihrer Entwicklung unter einem Mangel an Schilddrüsenhormone litten, zeigen gravierende Wachstumsstörungen (Zwergwuchs) und geistige Retardierung. Dieses früher in abgeschiedenen Alpentälern häufig zu beobachtende Krankheitsbild wird als Kretinismus bezeichnet. Durch Zugabe von Jod in die Nahrung (Jodsalz), oder in einigen Ländern sogar in das Trinkwasser, konnte das Auftreten dieser Krankheit stark reduziert werden.

Zusammenfassung

Die Hormone der Schilddrüse Trijodthyronin und Thyroxin steigern den Grundumsatz des Körpers und die Aktivität des Herzens und werden für Wachstumsprozesse benötigt. Bei einer Unterfunktion der Schilddrüse z. B. aufgrund Jodmangels entsteht meist eine pathologische Vergrößerung der Schilddrüse (Kropf) und der Grundumsatz der Patienten ist reduziert. Bei Jodmangel während des Wachstums zeigen sich körperliche und geistige Entwicklungsstörungen (Kretinismus). Dagegen sind Patienten mit Schilddrüsenüberfunktion hyperaktiv und sehr schlank (z. B. beim Morbus Basedow). Die Synthese und Sekretion der Schilddrüsenhormone unterliegt der Hypothalamus-Hypophysen-Steuerung.

8.5.4 Nebenniere

Die hormonproduzierenden Regionen der Nebenniere lassen sich in das Nebennierenmark und die Nebennierenrinde unterteilen.

Nebennierenmark

Das Nebennierenmark ist entwicklungsgeschichtlich ein Teil des ZNS und dient als Vermittler der Sympathikuswirkungen (s. Abschn. 7.2.1). Adrenalin und Noradrenalin werden hier synthetisiert und als Hormone in die Blutbahn abgegeben. An den Zielzellen bewirken sie über verschiedene Rezeptortypen differenzierte Wirkungen, insbesondere auf das Herz-Kreislauf-System. So steigern sie z. B. die Herzkraft und den Herzschlag und erhöhen den Blutdruck. Darüber hinaus erweitern sie die Bronchien und hemmen die Aktivität des Magen-Darm-Trakts. Alle diese Wirkungen sind insbesondere im Rahmen der Stressreaktion (s. Abschn. 17.1.2) von Bedeutung.

Nebennierenrinde

Die Nebennierenrinde produziert eine Fülle von Hormonen, die ganz unterschiedliche Wirkungen besitzen. Sie hat drei verschiedene Schichten, in denen jeweils eine andere Klasse von Steroidhormonen hergestellt wird.

Störungsbild

Cushing-Syndrom (Hyperkortisolismus)

Es handelt sich um ein Krankheitsbild, das seine Ursache in einem chronischen Überangebot von Glukokortikoiden hat. Auslöser hierfür können sein: ein kortisolproduzierender Nebennierenrindentumor oder ein ACTH-produzierender Hypophysentumor. Eine hochdosierte anhaltende Glukokortikoidpharmakotherapie, z. B. bei schwerem Asthma bronchiale oder bei chronischer Polyarthritis, kann ebenfalls zum Cushing-Syndrom führen. Symptome sind u. a.: gerötetes »Vollmondgesicht«, Akne, Stammfettsucht (d. i. Fettsucht im Bereich Rumpf, Hals und Kopf), rötliche Hautstreifen im Bauchbereich, arterielle Hypertonie, allgemeine Leistungsschwäche, psychische Wesensveränderungen, Osteoporose, Diabetes mellitus, Impotenz, bei Kindern Wachstumsstörungen. Die Kortikosteroide im Blut sind erhöht und ihr physiologischer Tagesrhythmus ist aufgehoben.

An der Mannigfaltigkeit der Symptome erkennt man die enorm verflochtene Wirkung der Glukokortikoide, die eine Vielzahl von Körperfunktionen beeinflussen. Diese Verflechtung hat i. Allg. die Form komplexer Feedbackschleifen mit zahlreichen Ein- und Ausgangsgrößen.

8.5 Wichtige hormonproduzierende Organe | **191**

Glukokortikoide. Die Glukokortikoide sind Hormone, die v. a. bei Stress ausgeschüttet werden. Sie führen zu einer erhöhten Konzentration des Blutzuckers, der damit den verbrauchenden Organen wie Muskulatur und Gehirn zur Verfügung gestellt wird. Eine weitere wichtige Wirkung der Glukokortikoide, die ihren pharmakologischen Einsatz begründet, ist die Hemmung der Synthese von Entzündungsmediatoren. Chronisch ausgeschüttet wirken sie darüber hinaus immunsuppressiv.

Mineralokortikoide. Mineralokortikoide sind für den Wasser- und Elektrolythaushalt des Körpers von zentraler Bedeutung. Bei einem Sinken des Blutvolumens wird die Produktion von Mineralokortikoiden – wichtigster Vertreter ist das Aldosteron – in der Nebenniere angeregt. Der Wirkort dieser Hormone ist die Niere, wo z. B. Aldosteron die Natriumrückresorption aus dem Harn fördert und damit sekundär auch die Wasserrückresorption. Durch die Rückbehaltung von Wasser im Körper bei reduzierter Urinausscheidung wird das Blutvolumen erhöht und der Blutdruck steigt.

Androgene. Die dritte Schicht der Nebennierenrinde produziert vorwiegend Androgene, also männliche Sexualhormone. Diese werden jedoch beim Erwachsenen im geschlechtsreifen Alter in sehr viel höherem Maße von den Keimdrüsen synthetisiert (s. Abschn. 18.1.2).

Zusammenfassung

Das Nebennierenmark vermittelt einen Teil der Sympathikuswirkungen durch Sekretion der Hormone Adrenalin und Noradrenalin in die Blutbahn. Über verschiedene Rezeptortypen (Adrenozeptoren) steigern sie z. B. die Herzkraft und den Herzschlag und erhöhen den Blutdruck. Darüber hinaus erweitern sie die Bronchien und hemmen die Aktivität des Magen-Darm-Traktes.

Die Nebennierenrinde produziert in ihren drei Schichten drei Klassen von Steroidhormonen:
(1) Die Glukokortikoide (z. B. Kortisol) sind wichtige Hormone der Stressreaktion, die u. a. Blutzucker bereitstellen und Entzündungen hemmen können.
(2) Die Mineralokortikoide (vor allem Aldosteron) wirken in der Niere antidiuretisch, indem sie die Wasserrückresorption steigern.
(3) Die dritte Schicht produziert vor allem Androgene (männliche Sexualhormone).

8.5.5 Keimdrüsen

Die **Ovarien** (Eierstöcke) und die Hoden synthetisieren mehrere Sexualhormone. Dazu gehören das Progesteron, das Östrogen oder das Testosteron. Die durch die Hypothalamus-Hypophysen-Achse gesteuerte Synthese dieser Hormone – einsetzend mit der Pubertät – trägt wesentlich zur Ausbildung der primären und sekundären Geschlechtsmerkmale bei. Die Sexualhormone fördern die Bildung von Samenzellen und die Reifung der Eizellen sowie die Vorbereitung der Gebärmutter für die Einnistung eines befruchteten Eis und dessen Entwicklung während der Schwangerschaft. Darüber hinaus steuern sie das Fortpflanzungsverhalten. Auch können sie als lipophile Hormone die Blut-Hirn-Schranke passieren und die Funktion der Nervenzellen beeinflussen. Typisch männliche oder weibliche Verhaltensmuster stehen daher – zumindest teilweise – in Zusammenhang mit diesen Hormonen (ausführlicher in Abschn. 18.2.1.

> **!** Die Eierstöcke produzieren Östrogen und Progesteron, die Hoden Androgene, v. a. Testosteron. Diese Steroidhormone steuern Fortpflanzung und Sexualverhalten.

8.5.6 Weitere Orte der Hormonbildung

Verschiedene Organe haben eine hormonproduzierende Funktion, obwohl sie nicht im eigentlichen Sinne Hormondrüsen sind. Für diese Aufgabe sind spezifische hormonproduzierende Zellen innerhalb dieser Organe zuständig. Man nennt die hier produzierten Hormone auch extraglanduläre Hormone.

Gastrointestinaltrakt: Resorption und Verdauung

Im Magen-Darm-Trakt finden sich hormonproduzierende Zellen in fast allen Organen. Sie dienen der Abstimmung der einzelnen Resorptions- und Verdauungsprozesse. Zu diesen Hormonen zählt das Sekretin aus dem Dünndarm, das Gastrin aus Magen und Dünndarm, das Cholezystokinin und das gastro-inhibitorische Peptid des Zwölffingerdarms, das Histamin des Magens u. v. a. Die Verdauungsprozesse bewirken zahlreiche biochemische Umwandlungsprozesse auch für die Botenstoffe.

---

192 | 8 Hormonsystem

Niere

Die Hauptaufgabe der Niere besteht in der Regulation des Wasser- und Elektrolythaushalts des Körpers. Sie filtert das Blut und hilft bei der Ausscheidung löslicher Abfallprodukte des Körpers und bei der Erhaltung einer bestimmten Elektrolytkonzentration (Natrium, Chlorid, Kalium und Bikarbonat) in der extrazellulären Flüssigkeit. Bereits geringe Veränderungen dieser Parameter führen zum Zusammenbruch lebenswichtiger Funktionen des Körpers wie der Blutdruckregulation, der Herzaktivität und der Funktionsfähigkeit der einzelnen Zellen insgesamt. Ein Nierenversagen ist daher ohne sofortige medizinische Versorgung tödlich. Für die Aufrechterhaltung eines konstanten inneren Milieus im Körper existieren fein abgestimmte Regulationsmechanismen durch Hormone unterschiedlicher Organsysteme. Die Niere bildet das **Erythropoetin**. Dies ist, wie der Name vermuten lässt, Auslöser der Bildung von Erythrozyten (roten Blutkörperchen), die den Sauerstoff von der Lunge zu den Zellen im Gewebe transportieren. Da Erythrozyten im Durchschnitt nach 120 Tagen Lebensdauer abgebaut werden, muss der zirkulierende Pool der Erythrozyten (5 Mio. pro Mikroliter Blut) ständig erneuert werden. Erythropoetin ist daher ein lebenswichtiges Hormon.

Exkurs

Bei reduziertem Sauerstoffdruck in der Luft (z. B. im Hochgebirge) wird vermehrt Erythropoetin ausgeschüttet und somit die Erythrozytensynthese angeregt. Leistungssportler machen sich die damit einhergehende verbesserte Sauerstoffversorgung des Muskels und damit seine verbesserte Leistungsfähigkeit durch Trainingsphasen im Hochgebirge zunutze. Seit einiger Zeit kann Erythropoetin gentechnisch hergestellt und therapeutisch nutzbar gemacht werden, z. B. bei Blutbildungsstörungen. Diese neue Möglichkeit wurde allerdings auch bereits missbraucht: Sportler – insbesondere Ausdauersportler wie z. B. Radrennfahrer – stimulierten durch diese Substanz ihre Erythrozytenbildung. Diese Form des Dopings ist jedoch höchst gefährlich, da das Blut durch die erhöhte Anzahl an Blutkörperchen dickflüssiger wird und das Herz stärker belastet.

Der Kalzium- und Phosphatstoffwechsel

Kalzium und Phosphat sind wesentliche Bestandteile der Knochensubstanz. Durch ständige Umbauvorgänge im Knochen (Abbau und Aufbau) kann die Konzentration von Kalzium und Phosphat im Blut reguliert werden. Eine konstante Kalziumkonzentration im Extrazellulärraum gehört zu den wesentlichen Bestandteilen der Homöostase und ist für das Funktionieren des Gesamtorganismus – insbesondere auch des Nervensystems – unbedingt notwendig.

Störungsbild

Rachitis

Diese Mangelerkrankung geht auf Störungen des Vitamin-D-Stoffwechsels zurück mit gestörter Mineralisierung und Desorganisation der Wachstumsfugen sowie dadurch geprägten Skelettveränderungen. Am häufigsten ist die Vitamin-D-Mangelrachitis, meist verursacht durch Defizite bei der Aufnahme fettlöslicher Vitamine, z. B. bei Mukoviszidose, seltener durch mangelnde Zufuhr oder fehlende UV-Bestrahlung. Symptome sind: Unruhe, Schwitzen, Haarausfall (v. a. am Hinterkopf), **Obstipation**, Wachstumsstörungen sowie, als Hauptsymptom, eine Weichheit der Knochen mit typischen Skelettveränderungen. Zur Prophylaxe dient eine kontrollierte Vitamin-D$_3$-Zufuhr.

Hormonelle Steuerung. Die Steuerung des Kalzium- und Phosphatstoffwechsels findet durch drei Hormone statt, die an unterschiedlichen Orten synthetisiert werden.

(1) In den Nebenschilddrüsen wird das sog. Parathormon gebildet. Dieses bewirkt im Knochen Abbau von Knochensubstanz und Bereitstellung von Kalzium und Phosphat im Blut. In der Niere fördert es außerdem die Kalziumresorption sowie die Phosphatausscheidung.

(2) In den C-Zellen der Schilddrüse wird Kalzitonin gebildet, das im Knochen dem Parathormon entgegengerichtete Wirkungen zeigt. Es führt also zum Aufbau von Knochensubstanz und damit zur Senkung des Blutkalziumspiegels. In der Niere fördert es wie das Parathormon die Phosphatausscheidung.

(3) Kalzitriol ist die wirksame Form des in Leber und Niere modifizierten Vitamins D$_3$, des Cholekalziferols. Vitamin D$_3$ ist eigentlich kein Vitamin im engeren Sinne, da es auch vom Körper selbst (bei

8.5 Wichtige hormonproduzierende Organe | **193**

UV-Bestrahlung der Haut) synthetisiert werden kann. Der Nutzen von gemäßigter Sonnenbestrahlung für die Knochenbildung ist dadurch erklärbar, dass Kalzitriol im Darm die Kalzium- und Phosphatresorption verstärkt und somit die Grundbausteine der Knochenmatrix zur Verfügung stellt.

Die Epiphyse

Die Epiphyse (Zirbeldrüse) ist eine zapfenartige Verlängerung des Zwischenhirns in Richtung Vierhügelplatte (s. Abschn. 6.4.6). Sie besitzt spezialisierte Zellen, die das Hormon Melatonin produzieren können, das in die Blutbahn abgegeben wird. Die wichtigste Funktion des Melatonins besteht darin, verschiedene Organsysteme im Rhythmus des Tag-Nacht-Wechsels zu aktivieren bzw. desaktivieren. Zu diesem Zwecke ist die Blut-Hirn-Schranke hier aufgehoben.

> **Exkurs**
>
> Aufsehen erregte Melatonin vor einigen Jahren wegen Ergebnissen aus Tierversuchen, die eine verlangsamte Alterung bei erhöhten Melatoningaben vermuten ließen. Melatonin wurde daher gelegentlich als »Jugend-Droge« missverstanden und teilweise in sehr hohen Dosen eingenommen. Da bei der Biosynthese des Melatonins (Melatoninsynthese) der Neurotransmitter Serotonin eine Vorstufe darstellt, wird angenommen, dass derartige unphysiologische Dosen zu einer Down-Regulation des serotonergen Systems führen können. Bei Menschen, die sich einer derartigen »Therapie« zum Jungbleiben unterzogen, konnten daher Müdigkeit und Antriebsschwäche bis hin zur Depression beobachtet werden.

Gewebehormone

Gewebehormone werden in verschiedenen Geweben gebildet, für die allerdings eine Hormonproduktion nicht zu den hauptsächlichen Aufgaben zählt. Die Wirkung von Gewebehormonen beschränkt sich meist auf benachbarte Zellen. Da sie auch relativ kurze Halbwertszeiten besitzen, d.h. durch Abbauprozesse schnell inaktiviert werden, entfalten sie kaum systemische Wirkungen auf den Gesamtorganismus.

Eikosanoide, Prostaglandine, Thromboxane, Leukotriene. Diese Gewebehormone wurden bereits erwähnt.

Sie vermitteln Entzündungsreaktionen und spielen bei der Blutgerinnung eine Rolle, darüber hinaus wirken sie lokal der Fettabbaustimulation der Katecholamine (z.B. Adrenalin) entgegen.

Die biogenen Amine Serotonin und Histamin werden ebenfalls von spezialisierten Zellen des Gewebes produziert.

Serotonin. Serotonin ist nicht nur ein wichtiger Neurotransmitter, sondern es spielt auch im Gewebe und als Produkt der Thrombozyten eine wesentliche Rolle. Es dient u.a. als Vasodilatator, d.h., durch seine Wirkung werden kleine Gefäße erweitert, sodass z.B. bei Entzündungen oder Verletzungen dieses Gebiet besser durchblutet wird und daher von Zellen des Immunsystems gut erreicht werden kann. An den Thrombozyten wirkt Serotonin als Haftmittel. Sie können daher zusammenkleben (Thrombozytenaggregation), was die Blutgerinnung einleitet. Im Bereich der Darm-, Gefäß- und Bronchialmuskulatur kommt es durch das Andocken von Serotonin an einen spezifischen Rezeptor zu Kontraktionen. In diesem Falle kann z.B. bei einer Verletzung die Durchblutung reduziert und die Blutstillung erleichtert werden. Dieser Effekt steht der zuerst genannten **Vasodilatation** entgegen. Er wird daher durch spezifische Rezeptoren eines anderen Typs ermöglicht.

Histamin. Histamin ist ebenfalls ein wesentlicher Entzündungsmediator und Schmerzstoff, der insbesondere bei allergischen Reaktionen eine Rolle spielt. Im Gewebe führt es z.B. nach einem Insektenstich zur Schwellung und Entzündung, in der Lunge wirkt es bronchokonstriktiv und damit als Auslöser von Asthmaanfällen. Bei Allergikern und Asthmatikern werden daher antihistaminerg wirkende Medikamente als Therapeutika eingesetzt. Im Magen fungiert Histamin als Auslöser der Magensaftsekretion. Patienten mit Magengeschwüren erhalten daher häufig Antihistaminika, die spezifisch die Histaminrezeptoren des Magens blockieren können.

Kinine. Eine dritte Gruppe von Gewebehormonen bilden die Kinine. Dazu gehören z.B. das Bradykinin und das Kallidin. Kinine können überall im Gewebe vorkommen, wo sie Entzündungsprozesse und Schmerz auslösen. In einem fein abgestimmten Zusammenspiel wirken sie mit den anderen Gewebehormonen zusammen und ermöglichen so im Normalfall eine Bekämpfung der durch die Hautbarriere oder die Lunge eingedrungenen Fremdkörper direkt vor Ort.

Zusammenfassung

Der Kalzium- und Phosphatstoffwechsel wird durch drei Hormone – Kalzitonin, Parathormon und Kalzitriol – gesteuert. Diese Regulation ist vor allem für den Knochenaufbau sowie für die Kalzium- bereitstellung von Bedeutung.

Die Epiphyse produziert Melatonin, das für zirkadiane Prozesse, insbesondere den Schlaf, eine Rolle spielt.

Gewebehormone werden in spezialisierten hormonproduzierenden Zellen verschiedener Gewebs- arten gebildet. Ihre Wirkung beschränkt sich meist auf benachbarte Zellen. Hierzu zählen Fettsäurede- rivate (Eikosanoide), Serotonin und Histamin (bio- gene Amine) sowie Kinine.

Weiterführende Literatur

Kleine, B. & Rossmanith, W. G. (2010). Hormone und Hormonsystem. Berlin: Springer-Verlag.

Marischler, C. (2007). Basics Endokrinologie. München: Elsevier.

Spinas, G. A. & Fischli, S. (2001). Endokrinologie und Stoffwechsel. Stuttgart: Thieme.

9   Bewegung

Bewegung ist ein wesentliches Kennzeichen des Belebten. Ein Mensch, dessen Körper völlig starr ist und bei dem auch keine Bewegungen auslösbar sind – und seien es nur Veränderungen der Pupillengröße durch Lichteinfall –, liegt im Koma oder ist tot. Lebendigkeit und Lebensfreude dagegen drückt sich in Bewegung aus, in ihrem Fluss und in ihrer Vielfalt. Auch Persönlichkeitsmerkmale finden häufig ihren Ausdruck in Bewegung. So spiegelt sich z. B. Impulsivität in einer schnellen und spontanen Gestik wider. Schließlich ermöglicht Bewegung Kunst: Gesang, Tanz, Schauspielkunst, Musik und Malerei entstehen durch Bewegungen.

Bedeutung von Bewegung. Der Mensch wurde zum höchstentwickelten Lebewesen – ausgezeichnet durch Sprache und weitgehende Beherrschung seiner Umgebung – nicht zuletzt wegen seiner differenzierten Bewegungssteuerung und eines fein abgestimmten Bewegungsapparats. So hat die Fähigkeit zum aufrechten Gang das Überblicken der näheren und weiteren Umgebung erlaubt. Auf diese Weise konnte leichter Nahrung gefunden werden, und Gefahren ließen sich besser erkennen. Die Entwicklung von Sprache wurde erst durch die besondere Anatomie des Lautbildungsapparats bei den frühen Vertretern der Spezies Mensch ermöglicht. Nur durch die Ausbildung eines überaus komplexen sprachmotorischen Systems einschließlich der zerebralen Regulationszentren war der Mensch schließlich in der Lage, durch Sprache zu kommunizieren. Die sprachliche Weitergabe von Erleben und Erfahrung war die Grundlage für die Entstehung von Kultur.

Die Motorik erlaubt uns nicht nur die Kommunikation durch Sprache, sondern auch durch mimischen Ausdruck, durch Gebärden und durch Körperhaltung. Auf der anderen Seite kann Bewegung auch Stimmungszustände hervorrufen oder modulieren, Bewegung kann ein Instrument der Psychotherapie sein, und der richtige oder falsche Einsatz von Bewegungen kann Krankheiten verhüten bzw. auslösen.

Bewegungen sind im Prinzip räumliche Verschiebungen von Gewebe. Diese können großräumig sein, wie bei der ausgreifenden Bewegung der Beine beim Gehen oder auch winzig und fast unmerklich, etwa bei der mimischen Aktivität, bei Augenbewegungen oder bei minimalen Korrekturbewegungen, etwa zur Stabilisierung der aufrechten Körperposition. Jegliche Bewegung geschieht durch Muskeln. Der Muskel ist das ausführende Glied beim Ablauf eines motorischen Programms.

9.1 Der Muskel

9.1.1 Die quergestreifte Muskulatur

Sowohl der Muskel des Bewegungsapparats, der sog. Skelettmuskel (z. B. der Bizeps), als auch der Herzmuskel haben als kleinste funktionelle Einheit die Skelettmuskelzelle. Diese heißt auch Muskelfaserzelle oder kurz **Muskelfaser**. Das Zytoplasma der Muskelfaser (Sarkoplasma) ist von der Muskelfasermembran, dem Sarkolemm, umschlossen. Eine Muskelfaser hat etwa einen Durchmesser von 0,01 bis 0,1 mm und kann eine Länge von bis zu 20 cm erreichen. Die Muskelfasern schließen sich zu sog. **Faserbündeln** zusammen, die dann mit bloßem Auge als sog. »Fleischfasern« erkennbar sind. Bewegung und Muskelarbeit kommt zustande, indem sich die Muskelfasern und damit der Muskel kontrahieren (verkürzen).

Feinstruktur. Die Muskelfaser besitzt eine ausgeprägte Feinstruktur (s. Abb. 9.1). In ihrem Inneren befinden sich die eigentlichen, zur Kontraktion befähigten Elemente, die **Myofibrillen**. Diese nehmen den größten Teil des intrazellulären Volumens der Muskelzelle ein. Die Myofibrillen sind langgestreckt und haben einen Durchmesser von etwa 0,001 mm. Im Längsschnitt wird unter dem Polarisationsmikroskop eine Unterteilung der Myofibrille in Zonen erkennbar. Diese haben eine Länge von etwa 0,002 mm. Innerhalb der Zonen zeigt sich eine weitere Untergliederung in stark lichtbrechende Bereiche, die sog. A-Bande, und schwach brechende Sektoren, die I-Bande. Dies wird unter dem Mikroskop als Querstreifung erkennbar, deshalb quergestreifte Muskulatur als Bezeichnung für den Muskeltyp des Skelett- sowie des Herzmuskels. Innerhalb der I-Bande wiederum findet sich eine sehr schmale scharf begrenzte Schicht, die sog. Z-Linie. Den Bereich von einer Z-Linie zur nächsten bezeichnet man als **Sarkomer**. Die Sarkomere sind demnach in Längsrichtung innerhalb der Myofibrille aneinandergereiht. Innerhalb

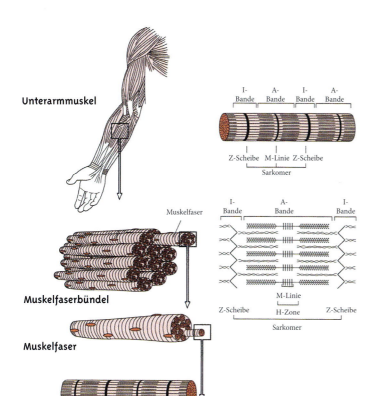

Abbildung 9.1 Feinbau des Muskels

änderungen der Myosinköpfe, die dazu führen, dass sich Aktin- und Myosinfilamente in Längsrichtung gegeneinander verschieben (Filamentgleitmechanismus). Diese minimalen Verschiebungen finden gleichzeitig in sehr vielen hintereinandergeschalteten Sarkomeren statt, sodass daraus insgesamt beachtliche Längenänderungen – stets im Sinne einer Verkürzung des Muskels – resultieren können. Der Muskel kontrahiert. Für die Verkürzung werden Kalziumionen benötigt. Diese werden auf einen Reiz hin in hoher Konzentration aus dem sarkoplasmatischen Retikulum – einem Speicherort für Kalziumionen – freigesetzt. Das sarkoplasmatische Retikulum umgibt die Myofibrillen als ein feinmaschiges Netzwerk.

eines jeden Sarkomers finden sich alle Elemente, die für eine Kontraktion notwendig sind.

Die Myofibrillen weisen in Längsrichtung eine faserige Ultrastruktur auf, die aus parallel gelagerten, fadenartigen Filamenten besteht. Hier gibt es zwei Typen, die Myosinfilamente und die Aktinfilamente. Das Myosinfilament ist aus langgestreckten Myosinmolekülen – Myosin ist ein Protein – aufgebaut, von denen sich etwa 150 bis 350 zur Bildung des Myosinfilaments zusammenbündeln. Aktin ist ein kugelförmiges Protein; die entsprechenden Moleküle lagern sich hier kettenförmig hintereinander. Zwei solcher Ketten verdrillen sich, um schließlich den Aktinfaden als Grundbaustein des Aktinfilaments zu bilden.

Die beiden Filamenttypen stehen an bestimmten Stellen in Kontakt, und zwar dort, wo Ausstülpungen aus dem Myosinmolekül, die sog. Myosinköpfe, das Aktinfilament berühren. Bei einer Aktivierung dieser sog. Myosin-Aktin-Querbrücken kommt es zu Konformationsver-

Vertiefung

Die Energie zur Kontraktion wird auch in der Muskelfaser, ähnlich wie bei der Kalium-Natrium-Pumpe, durch das Adenosintriphosphat (ATP) bereitgestellt. Nach Anlagerung des ATP an den Myosinkopf wird es in Adenosindiphosphat (ADP) und Phosphat gespalten. Nach Entfernung des abgespaltenen Phosphatrests verkürzt sich der Muskel. Damit sich der Myosinkopf zur Entspannung der verkürzten Myofibrille wieder vom Aktin lösen kann, wird wieder ATP, also gespeicherte Energie benötigt. Wenn kein ATP mehr vorhanden ist, bleibt es daher bei einer Dauerverkürzung des Muskels. Dies ist etwa bei der Totenstarre – nach Aufbrauchen aller ATP-Reserven – zu beobachten.

Muskeln kommen unterschiedlich stark zum Einsatz. Wird eine Muskelpartie ungewöhnlich beansprucht, können sich lokal begrenzte Schmerzen einstellen, die z. T. einige Tage andauern.

> **Störungsbild**
>
> **Muskelkater**
> Beim untrainierten Muskel stellen sich häufig nach ungewohnter Arbeitsbelastung Muskelschmerzen ein. Dies geschieht mit einer Verzögerung von ein bis zwei Tagen. Diese Schmerzen haben ihre Ursache in feinen Rissen, sog. Mikroläsionen, an den überlasteten Muskelfasern. Man geht davon aus, dass das Sarkolemm undicht geworden ist, sodass Kalzium in die Muskelzelle eindringen kann, wodurch das ebenfalls positiv geladene Kalium nach außen gedrängt wird. Dieses ungünstige chemische Milieu kann einerseits eine lokale Entzündung auslösen, andererseits auch die Ansammlung von Wasser zur Folge haben. Die dadurch entstehende Schwellung wird gemeinsam mit der Entzündung für den Muskelschmerz verantwortlich gemacht.

9.1.2 Die glatte Muskulatur

Im menschlichen Körper kommt ein zweiter Typ von Muskulatur vor, die sog. »glatte Muskulatur«. Diese weist keine Querstreifung auf. Glatte Muskulatur findet sich in den inneren Organen und den Gefäßen (s. Kap. 7). (Der Herzmuskel weist in seiner Mikrostruktur eine Mischform zwischen glattem und quergestreiftem Muskel auf.) Das Fehlen der Querstreifung beruht auf einem anderen Aufbau des Muskelgewebes. Die Muskelfasern sind kürzer, eher spindelförmig und relativ eng vermascht.

Die Zellen der glatten Muskulatur sind nicht zu den beachtlichen Verkürzungen befähigt, wie dies bei der quergestreiften Muskulatur der Fall ist. Sie sind eher auf länger anhaltende Kontraktionen bei geringerer Längenänderung ausgelegt. Glatte Muskelzellen sind etwa 0,05–0,4 mm lang. Ihr größter Durchmesser liegt bei 0,005–0,01 mm. Sie liegen sehr dicht benachbart und sind größtenteils untereinander durch elektrische Synapsen, sog. Gap Junctions, miteinander verbunden. Über die Gap Junctions kann ein Ionenaustausch und damit eine Weitergabe der Erregung stattfinden.

Aufbau und Funktionsweise der glatten Muskulatur.
Der zur Kontraktion fähige Teil der glatten Muskelzelle besteht aus vergleichsweise dicken Myosinfilamenten und dünnen Aktinfilamenten. Diese sind an die Membraninnenwand angeheftet, wo sie sog. Verdichtungen bilden. Damit bauen die Filamente eine netzartige Struktur auf, die das Zellinnere durchzieht (s. Abb. 9.2).

Der Grundmechanismus der Kontraktion besteht bei der glatten Muskelzelle ebenso wie bei der quergestreiften Muskelzelle aus einem Gleitvorgang zwischen Aktin- und Myosinfilamenten. Auch hier wird er durch den Einstrom von Kalziumionen in Gang gesetzt. Die gleitende, an ein Scherengitter erinnernde Verschiebung führt zu einer Annäherung der im Zellinneren unregelmäßig verteilten Verdichtungen. Es ist klar, dass aufgrund der netzartigen Verknüpfung der kontraktilen Elemente innerhalb der Muskelzelle keine sehr großen Längenänderungen des Muskels erreicht werden können, da hier die lineare Aneinanderreihung der einzelnen kontraktilen Elemente fehlt.

Eigenrhythmizität. Die glatte Muskulatur der inneren Organe wie Magen, Harnblase und Uterus besitzt die Fähigkeit zu autonomer Aktivität. Die Erregung nimmt von spontan depolarisierenden Schrittmacherzellen ihren Ausgang, um sich innerhalb eines Verbandes von Muskelzellen selbsttätig auszubreiten. Die Schrittmacherzellen besitzen spezielle Kalziumkanäle, die sich

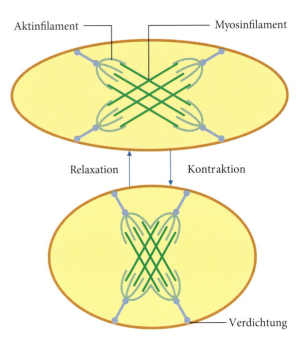

Abbildung 9.2 Mikrostruktur des glatten Muskels. Es ist (stark vereinfacht) gezeigt, wie ein einzelnes System, von denen sehr viele dicht gepackt innerhalb einer Zelle existieren, durch Verschiebung der Aktin- und Myosinfilamente zu einer Längenänderung des Muskels beiträgt

spontan in einem gewissen Rhythmus öffnen und Kalzium in die Zelle strömen lassen. Die Erregungsübertragung durch Ionenaustausch geschieht durch die Gap Junctions hindurch über mehrere glatte Muskelzellen hinweg. Der so erzeugte sog. **myogene Tonus** zeigt i. Allg. eine Eigenrhythmizität von einigen Kontraktionen pro Minute. Bei glatten Muskelzellen mit myogenem Tonus dient die Innervation durch höhere Zentren eher zur Modulation als zur Auslösung der Kontraktionen. So modulieren etwa parasympathische und sympathische Nervenfasern überwiegend die Kontraktionen der Magen-Darm-Muskulatur.

Reflektorische Tonuserhöhung. Bei einer passiven Dehnung des glatten Muskels kommt es in vielen Fällen zu einer Depolarisation der Muskelzellmembran und damit reflektorisch zu einer Tonuserhöhung. Der Grund für die Depolarisation ist ein bestimmter Typ von Ionenkanal, der sich bei mechanischer Dehnung öffnet, was zur Depolarisation führt. Dieser Mechanismus

kann z. B. in den Muskeln der Wände von kleinen Blutgefäßen zu einer Autoregulation der Durchblutung führen. Bei passiver Dehnung durch ein zu hohes Blutvolumen antwortet die Gefäßwand mit Kontraktion, wodurch der Blutfluss konstant gehalten wird.

Neben dem Typ glatter Muskulatur mit myogenem Tonus findet sich auch eine Form, bei der die Erregung primär von außen über die vegetativen Nerven erfolgt, wo also **neurogener Tonus** vorliegt. Dieser herrscht bevorzugt in kleinen Muskeln, etwa bei der Steuerung der Pupillenweite. Die einzelnen Muskelzellen sind hier untereinander nur vereinzelt durch Gap Junctions verbunden, daher fehlt auch eine weiträumige Erregungsweiterleitung wie beim ersten Typ glatter Muskulatur. Damit bleibt die Erregung auf einen kleinen Sektor beschränkt, der in unmittelbarer Nachbarschaft des Bereichs liegt, auf den die neuromuskuläre Übertragung stattfindet. Die dadurch ausgelöste motorische Aktivität ist demnach wesentlich präziser.

> **Zusammenfassung**
>
> Die kleinste funktionelle Einheit des Skelettmuskels ist die Skelettmuskelzelle oder Muskelfaser. Mehrere dieser länglichen Zellen sind zu Faserbündeln zusammengefasst. Die zur Kontraktion befähigten Elemente in der Muskelfaser sind die sog. Myofibrillen. Mikroskopisch weisen sie im Skelett- oder Herzmuskelgewebe eine Querstreifung auf. Die kontraktile Einheit der Myofibrille ist das Sarkomer. Bei Aktivierung der Muskelfaser durch eine Verschiebung des Membranpotenzials kann nach Kalziumeinstrom in die Muskelzelle – im Skelettmuskel v. a. aus dem sarkoplasmatischen Retikulum – die Verschiebung der Aktin- und Myosinfilamente der Myofibrillen gegeneinander stattfinden und damit eine Verkürzung der Muskelfaser (Kontraktion) erreicht werden. Für diesen Vorgang wird ATP als Energieträger benötigt.
>
> Die glatte Muskulatur zeigt keine Querstreifung. Hier sind die Zellen kürzer und spindelförmig. Die Fasern sind netzartig vermascht, weshalb der glatte
>
> Muskel sich weniger stark verkürzen kann als der Skelettmuskel. Ansonsten entspricht der Kontraktionsvorgang elektrochemisch demjenigen des Skelettmuskels: ein Ineinandergleiten der Aktin- und Myosinfilamente nach Kalziumeinstrom.
>
> Viele glatte Muskelzellen sind spontan depolarisierend, weshalb sie eine autonome rhythmische Kontraktion zeigen, die myogene Aktivität. Ein zweiter Typ glatter Muskelzellen steht unter neurogenem Tonus. Diese Zellen zeigen keine spontane Kontraktion, sondern werden nur durch vegetative Innervation zur Kontraktion veranlasst (z. B. die Pupillenmuskulatur).
>
> Viele glatte Muskelzellen bilden durch Gap Junctions elektrische Synapsen zu anderen glatten Muskelzellen aus. Durch diese können Ionen direkt von einer in die andere Zelle gelangen. Die Erregung kann dann schnell weitergeleitet werden, wodurch größere Einheiten aus mehreren Zellen gleichzeitig kontrahieren.

9.2 Die motorische Einheit

Die Aktivierung einer quergestreiften Muskelfaser geschieht stets durch ein einzelnes Neuron. Ein solches Neuron nennt man Motoneuron. Sein Zellkörper befindet sich entweder in einem motorischen Hirnnervenkern oder im Vorderhorn des Rückenmarks. Das Axon eines spinalen Motoneurons, eines α-Motoneurons, verlässt das Rückenmark über die Vorderwurzel, um – mit anderen Fasern zu Nerven gebündelt – zur Peripherie zu laufen. (s. Abb. 9.3).

α-Motoneuronen. Die α-Motoneuronen sind die am besten untersuchten Neuronen überhaupt. Sie erhalten synaptische Zuflüsse über ihre Dendriten und über direkt am Zellkörper anliegende Synapsen. Die subsynaptische Membran des Motoneurons kann je nach Ausgestaltung der Synapse entweder exzitatorische oder inhibitorische postsynaptische Potenziale entwickeln. Vielfach sind auch synaptische Verschaltungen vorhanden, die eine präsynaptische Hemmung (s. Abschn. 5.4.2) gestatten. Jedes spinale Motoneuron besitzt durchschnittlich mehrere tausend synaptische Eingänge. Hier konvergiert Information aus sehr vielen höher gelegenen Zentren der Motoriksteuerung sowie von sensorischen Neuronen aus dem Bewegungsapparat und von Interneuronen des Rückenmarks. Dementsprechend hat die einzelne Synapse einen sehr geringen Einfluss auf das Endergebnis. Dieses ist stets das Resultat aus allen zu einem Zeitpunkt auf das Motoneuron einlaufenden hemmenden und erregenden Impulsen. Das Gesamtergebnis aller synaptischen Erregungen führt dann am Axonhügel ggf. zur Auslösung eines Aktionspotenzials und zur Kontraktion einer Muskelfaser.

Die Zahl der von einem Motoneuron versorgten Fasern kann zwischen eins und mehreren Tausend liegen. Je größer die Anforderungen an die muskuläre Feinsteuerung sind, desto geringer ist die Zahl der Muskelfasern pro **motorischer Einheit**. So kennt man etwa bei der Muskulatur zur Steuerung der Augenposition den Fall einer 1:1-Koppelung. Bei den großen Muskeln des Bewegungsapparats – etwa der Arme und der Beine – sowie des Halteapparats (Bauch- und Rückenmuskulatur) werden von einem Motoneuron dagegen einige tausend Muskelfasern versorgt.

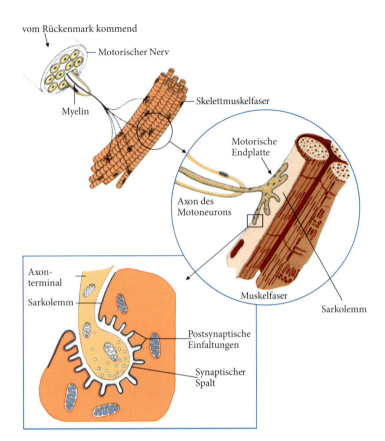

Abbildung 9.3 Neuromuskuläre Übertragung in der quergestreiften Muskulatur. Es ist der Weg von einem motorischen spinalen Nerv bis zur neuromuskulären Synapse dargestellt

Exkurs

Muskelrelaxanzien
Die Acetylcholinrezeptoren lassen sich durch Pharmaka, die dem indianischen Pfeilgift Curare verwandt sind, kompetitiv blockieren. Das verhindert das Andocken des Acetylcholins und damit die Bildung von Muskelaktionspotenzialen. Dies führt zu einer Entspannung der Muskulatur. In der Chirurgie haben Muskelrelaxanzien eine große Bedeutung, da auf diesem Wege unwillkürliche Verspannungen und reflektorische Muskelkontraktionen während der Operation ausgeschaltet werden. Wenn Muskelrelaxation den gesamten Organismus und damit auch die Atemmuskulatur betrifft, muss der Patient gleichzeitig künstlich beatmet werden.

Jede Muskelfaser hat nur eine **motorische Endplatte** (s. Abb. 9.3), d.h., sie wird von nur einem Motoneuron innerviert, das selbst jedoch im Regelfall weitere Muskelfasern innerviert. Die Gesamtheit aus einem Motoneuron und allen von ihm innervierten Muskelfasern wird als motorische Einheit bezeichnet. Zur Übertragung der Erregung auf die Muskulatur spaltet sich das Axon in mehrere Kollateralen auf, die dann verschiedene Nervenfasern versorgen. Der synaptische Kontakt mit der Muskelfaser geschieht in der motorischen Endplatte (auch: neuromuskuläre Endplatte). Hier findet sich eine weitere, allerdings kleinräumige Verzweigung, wodurch die synaptische Kontaktfläche vergrößert wird, und es kommt zu einer birnenförmigen Auftreibung der präsynaptischen Endregion (s. Abb. 9.3). Diese ragt in eine Einbuchtung im Sarkolemm hinein. Ebenfalls der Vergrößerung der Austauschfläche zwischen synaptischem Terminal und der Muskelfaser dienen weitere Einfaltungen des Sarkolemms unter der präsynaptischen Endigung. Auf der Oberfläche dieser Einfaltungen sitzen die Rezeptoren. Der Übertragerstoff ist hier Acetylcholin. Der muskuläre Acetylcholinrezeptor ist vom nikotinergen Typ.

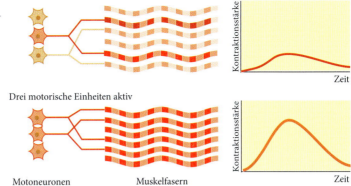

Abbildung 9.4 Rekrutierung von Fasern. Die Stärke der Muskelspannung wird determiniert durch die Zahl der aktiven motorischen Einheiten (rot), die den entsprechenden Bereich versorgen. Die sog. »Rekrutierung« motorischer Einheiten im selben Moment macht die Kontraktionsstärke aus

Kontraktion und Kontraktionsstärke. Wenn ein Motoneuron feuert, entstehen Aktionspotenziale in allen Muskelfasern, die von diesem Neuron versorgt werden. Diese Depolarisation breitet sich längs der Faser aus und führt durch Kalziumeinstrom zu einer Kontraktion der gesamten Faser. Da ein Muskel stets aus sehr vielen Fasern besteht, die ihrerseits von unterschiedlichen Motoneuronen erregt werden, wird im Regelfall nicht die Gesamtheit der Muskelfasern aktiviert, sondern nur diejenige Teilmenge, die von den gerade feuernden Motoneuronen versorgt wird (s. Abb. 9.4). Die Stärke der muskulären Kontraktion hängt demzufolge von der Zahl der diesen Muskel versorgenden, gleichzeitig feuernden (»rekrutierten«) Motoneuronen ab. Ebenso werden die Anfangsbeschleunigung, die Geschwindigkeit sowie die Präzision einer Bewegung durch die Anzahl der aktiven Motoneuronen und die Sequenz ihres Feuerns festgelegt.

Zusammenfassung

Als motorische Einheit wird ein Motoneuron des ZNS (Hirnnervenkern oder Rückenmark) mit allen von ihm innervierten Muskelfasern (-zellen) bezeichnet. Ein Motoneuron innerviert i. Allg. mehrere Muskelfasern: Sein Axon spaltet sich gegen Ende in mehrere Axonkollateralen auf.

Im Vorderhorn des Rückenmarks befinden sich die sog. α-Motoneuronen, von denen die Skelettmuskulatur innerviert wird. Sie werden durch zahlreiche synaptische Verbindungen von absteigenden Neuronen (aus dem Gehirn), Interneuronen (des Rückenmarks) und sensorischen Afferenzen beeinflusst. Als Summe aller zu einem Zeitpunkt vorhandenen exzitatorischen und inhibitorischen postsynaptischen Potenziale kann sich ggf. am Axonhügel des Motoneurons ein Aktionspotenzial ausbilden, das sich zu den Muskelfasern dieser motorischen Einheit hin fortpflanzt.

Die neuromuskuläre Synapse zwischen der Axonendigung und der Muskelfaser wird motorische Endplatte genannt. Eine Muskelfaser trägt im Regelfall nur eine motorische Endplatte, d.h., sie wird von nur einem Motoneuron innerviert. Der Transmitter der motorischen Endplatte ist Acetylcholin. Durch Acetylcholin wird an der Muskelfaser eine Depolarisation ausgelöst. Vermittels des folgenden Kalziumeinstroms kann der Muskel kontrahieren.

9.3 Afferenzen aus dem Bereich der Muskulatur

Die Aktivität des Muskels wird durch spezialisierte Sinneszellen im Muskel selbst und in den Sehnen zentralwärts weitergeleitet. Ohne die Signale dieser Sensoren wäre eine präzise Bewegungssteuerung nicht denkbar, da die zentralnervösen motorischen Steuerungseinheiten quasi blind agieren müssten, ohne Rückmeldung über den aktuellen Zustand in der Peripherie.

In der Muskulatur des Bewegungsapparats befindet sich neben dem schon besprochenen Fasertyp, der primär der Kraftentfaltung bei der Muskelkontraktion dient, ein kleiner Anteil einer weiteren Klasse von ebenfalls quergestreiften Muskelfasern, die in Bündeln von bis zu zehn Fasern die sog. Muskelspindeln ausbilden (intrafusale Muskelfasern).

Muskelspindelsignale. Die Auslösung eines sensorischen Signals geschieht von hier über Nervenendigungen afferenter Fasern, die um die Muskelspindel quasi herumgewickelt sind (s. Abb. 9.5). Kommt es infolge einer Dehnung der Faser zu einer Längenzunahme im Bereich des Spindel-»Bauchs«, so führt dies zu afferenten Impulsen in der Nervenendigung. Der adäquate Reiz für diese Afferenz ist also eine *Dehnung*, eine Verlängerung des Muskels. Diese Dehnung kann entweder passiv oder durch die Kontraktion eines antagonistisch arbeitenden Muskels geschehen. In jedem Fall werden die Muskelspindeln gestreckt. Die Folge davon ist eine Serie von Aktionspotenzialen, die diese Muskeldehnung zentralwärts melden. Dies ist von großer Bedeutung für eine kompensatorische Kontraktion, die z. B. dafür sorgt, dass die ursprünglich eingenommene Position eines Körpergliedes auch bei Dehnungen – etwa durch ein Gewicht oder durch die Gesamtbewegung des Körpers – im ursprünglichen Zustand gehalten wird. Auch wird dadurch eine extreme Überdehnung und damit die Gefahr eines Muskelrisses vermieden.

Die Muskelspindeln haben Zuflüsse über einen eigenen Typ von Motoneuronen, nämlich die sog. **γ-Motoneuronen** (s. Abb. 9.6). Die Zellkörper der γ-Motoneuronen liegen im Rückenmark, eingestreut zwischen α-Motoneuronen. Die von den γ-Motoneuronen kommenden Fasern greifen jeweils an den Enden der Muskelspindel an und können so die intrafusale Faser zur Kontraktion aktivieren, was eine Verdickung der Spindel zur Folge hat. Diese Kontraktion dient jedoch nicht der Verkürzung des Muskels, sondern einer *Voreinstellung* der Muskelspindel, die damit auch bei bereits verkürztem Muskel ihre Funktion als Längenmesser des Muskels weiterhin wahrnehmen kann. Darüber hinaus kann auch die durch γ-Motoneuronen bewirkte Verkürzung der Muskelspindel selbst eine Aktivierung der Sensoren der Spindel und damit u. U. einen Reflex auslösen.

Neben den eben beschriebenen sog. »primären« Endigungen, von denen die Information von der Muskelspindel über eine Faser vom Typ Ia zentralwärts weitergeleitet wird, kennt man noch »sekundäre« Endigungen, die außerhalb der zentralen Region an den Polen der Spindel liegen. Diese senden die Information über eine afferente Faser vom Typ II – mit kleinerem Durchmesser und geringerer Leitungsgeschwindigkeit als Typ I – zum Rückenmark.

Die **Golgi-Sehnenorgane** sind in den Muskelsehnen bzw. am Übergangsbereich der Muskelfaser zur Sehne lokalisiert (s. Abb. 9.5). Ihr adäquater Reiz ist die bei einer Muskelkontraktion herrschende *Spannung*. Die afferente Information läuft über Fasern der Gruppe Ib

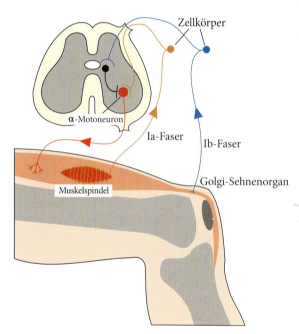

Abbildung 9.5 Verschaltung motorischer und sensorischer Skelettmuskelfasern. Die Abbildung zeigt einen Muskel mit einem exemplarisch dargestellten α-Motoneuron. Außerdem sieht man eine Muskelspindel mit einer afferenten Verbindung zum Rückenmark. Weiterhin ist ein Golgi-Sehnenorgan mit seiner Afferenz dargestellt. Diese projiziert auf ein Interneuron, das hemmend auf das α-Motoneuron einwirkt

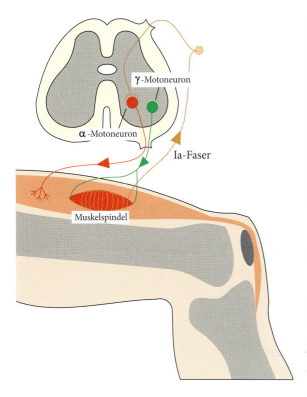

Abbildung 9.6 Spindelaktivität. Die γ-Motoneuronen können an der Spindel eine Verkürzung bewirken. Dadurch werden die Signale, die von den Spindelsensoren über die Ia-Faser ins Rückenmark laufen, moduliert

zum ZNS. Sowohl Muskelspindeln als auch Golgi-Sehnenorgane sind von großer Bedeutung für die Auslösung spinaler Reflexe, die später dargestellt werden.

Zusammenfassung

Im Bewegungsapparat finden sich zwei charakteristische Rezeptoren, die Informationen über den Zustand des Muskels ins Rückenmark transportieren:

(1) Die Muskelspindeln bestehen aus spezialisierten Muskelfasern im Muskelgewebe. Sie können die Längenveränderung des Muskels registrieren. Ihr adäquater Reiz ist also die Dehnung des betreffenden Muskels. Über schnelle Ia- oder langsamere II-Fasern senden sie ihre Information zum Rückenmark. Durch γ-Motoneuronen können die Fasern der Muskelspindel selbst zur Kontraktion veranlasst werden. Dies dient einerseits der Voreinstellung der Muskelspindel, die damit auch bei bereits verkürztem Muskel ihre Funktion als Längenmesser des Muskels weiterhin wahrnehmen kann. Andererseits kann auch die durch γ-Motoneuronen bewirkte Verkürzung der Muskelspindel selbst eine Aktivierung der Sensoren der Spindel auslösen.

(2) In den Sehnen befindet sich der zweite spezielle Rezeptortyp: die Golgi-Sehnenorgane. Diese messen die Spannung des Muskels und werden daher bei Kontraktion des Muskels aktiviert. Die Golgi-Sehnenorgane leiten ihre Information über Ib-Fasern ins Rückenmark.

9.4 Motorische Steuerung auf Rückenmarksebene

9.4.1 Rückenmarksreflexe

Unter einem Reflex versteht man eine unwillkürliche, immer gleich ablaufende Antwort eines Organs (Muskel) auf einen bestimmten Reiz. Als Reflexbogen wird die Kette aus sensorischem Neuron, evtl. zwischengeschalteten Interneuronen, dem Motoneuron und dem von ihm innervierten Muskel bezeichnet.

Eigen- und Fremdreflexe. Man unterscheidet zwei Reflexarten.

(1) Eigenreflexe sind solche, bei denen Reiz und Antwort in demselben Organ (Muskel) erfolgen. Dies ist etwa beim Muskeldehnungsreflex der Fall, wie er sich in dem bekannten Patellarsehnenreflex (Kniesehnenreflex, s. u.) äußert. Eigenreflexe sind monosynaptisch, d. h., es findet nur eine einmalige Umschaltung statt.

(2) Bei den Fremdreflexen findet die Reizeinwirkung an einem anderen Organ statt als die Reaktion. Beispiele sind die sog. Flucht- bzw. Schutzreflexe. Halten wir etwa die Hand unter den laufenden Wasserhahn und ist das Wasser kochend heiß, kommt es in der Armmuskulatur zu einem schnellen Rückzugsreflex. Fremdreflexe sind stets polysynaptisch, d. h., beim Signaltransport vom Reiz zur Reaktion werden mehrere Synapsen passiert.

Der Kniesehnenreflex als Beispiel für einen monosynaptischen Eigenreflex

Wie in Abbildung 9.7 dargestellt, wird durch einen leichten Schlag mit einem sog. Reflexhammer auf die

Kniesehne der Reflex – das Vorschnellen des Unterschenkels – ausgelöst. Der Schlag auf die Sehne dehnt den Muskel (den Kniestrecker) passiv, und es kommt zur Reizung der Dehnungsrezeptoren in den Muskelspindeln. Infolgedessen laufen erregende Impulse über die afferente Faser durch das Hinterhorn ins Rückenmark. Die Faser endet synaptisch direkt auf dem α-Motoneuron, das den Strecker innerviert. Dessen Kontraktion führt zur Aufwärtsbewegung des Unterschenkels.

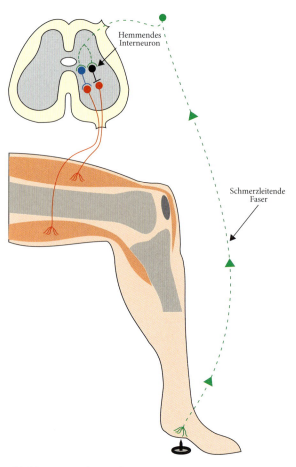

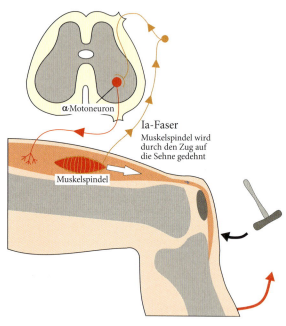

Abbildung 9.7 Patellarsehnenreflex. Bei Aktivierung (d. h. Dehnung) der Muskelspindel, z. B. durch Schlag mit dem Reflexhammer auf die Patellarsehne, erregt eine Ia-Afferenz über eine direkte synaptische Verschaltung das α-Motoneuron desselben Muskels, der daraufhin kontrahiert

Der Flexorreflex als Beispiel für einen polysynaptischen Fremdreflex

Der Flexorreflex (Beuge-Reflex) zeigt sich z. B. immer dann, wenn ein schmerzhafter Reiz distal auf eine Extremität einwirkt – etwa wenn man barfuß geht und auf einen spitzen Gegenstand tritt. Er ist ein Extremitätenrückzugsreflex (s. Abb. 9.8). Bei der Auslösung dieses Reflexes wird durch die afferente Schmerzfaser ein Kollektiv von Neuronen erregt, die u. a. bewirken, dass der **Flexor** aktiviert wird, der **Extensor** gehemmt wird und damit eine Bewegung hin zur Körpermitte, also weg vom Schmerzreiz, initiiert wird.

Abbildung 9.8 Flexorreflex. Bei Aktivierung einer Schmerzafferenz, z. B. durch Tritt in einen spitzen Gegenstand, wird über ein Interneuron (blau) das α-Motoneuron des Flexors derselben Körperseite aktiviert, wodurch der Flexor kontrahiert. Der Extensor wird durch ein hemmendes Interneuron (schwarz) gleichzeitig gehemmt. Synchron dazu aktivieren weitere Interneuronen (nicht abgebildet) die Extensoren und hemmen die Flexoren der kontralateralen Körperseite

Gleichzeitig werden auf der kontralateralen Körperseite durch weitere Interneuronen die extensorischen Muskeln aktiviert und die Flexoren gehemmt. Man nennt dies auch den gekreuzten Streckreflex. Auf diese Weise wird die gesamte Körperhaltung so verändert, dass trotz der nun abgebeugten Extremität das Gleichgewicht gehalten wird.

Diese parallel ablaufenden Reflexantworten von Aktivations- und Inhibitionsimpulsen werden von Neuronen gesteuert, die auf derjenigen Rückenmarksebene lokalisiert sind, die den entsprechenden Muskeln der

Extremität zugeordnet ist. Auch hier unterliegen die spinalen Neuronen Zuflüssen von Zentren des Gehirns, von wo aus Modulationen vorgenommen werden. Dazu gehört etwa die Auslösung weiterer kompensatorischer Aktionen oder auch das Anhalten eines gerade im Gang befindlichen Bewegungsablaufs als Anpassung auf situative Gegebenheiten.

> **Zusammenfassung**
>
> Unter einem Reflex versteht man eine unwillkürliche, immer gleich ablaufende Antwort eines Organs (Muskel) auf einen bestimmten Reiz. Als Reflexbogen wird die Kette aus sensorischem Neuron, evtl. zwischengeschalteten Interneuronen, dem Motoneuron und dem von ihm innervierten Muskel bezeichnet.
>
> Man unterscheidet Eigen- und Fremdreflexe. Eigenreflexe sind solche, bei denen Reiz und Antwort in demselben Organ erfolgen. Hier erfolgt die Verschaltung vom afferenten Neuron zum Motoneuron über nur eine Synapse (monosynaptischer Reflex).
>
> Fremdreflexe (z. B. der Flexorreflex) sind polysynaptisch, da zwischen Afferenz und Motoneuron hemmende oder aktivierende Interneurone zwischengeschaltet sind. Beim Fremdreflex erfolgen Reiz und Reflexantwort in verschiedenen Organen.

9.4.2 Hemmungsmechanismen auf spinaler Ebene

Wie im gesamten ZNS sind auch auf spinaler Ebene Hemmungsvorgänge allgegenwärtig. Insbesondere in motorischen Systemen ermöglicht Hemmung die Feinabstimmung von Bewegungen. Hemmende Interneuronen sind uns bereits in Zusammenhang mit den Fremdreflexen begegnet. Es folgen zwei weitere Beispiele für Hemmungsmechanismen auf der Basis einfacher neuronaler Verschaltungen.

Reziproke Hemmung

Das Prinzip der reziproken (auch: antagonistischen) Hemmung zielt darauf ab, bei Kontraktion einer Muskelgruppe die am selben Gelenk angreifende, dazu jedoch antagonistisch arbeitende Muskulatur zu drosseln. Dies geschieht über ein hemmendes Interneuron zwischen dem erregenden Motoneuron des Agonisten und dem Motoneuron des Antagonisten (s. Abb. 9.9). Die Folge davon ist die Erschlaffung des Antagonisten, was die intendierte Bewegung erleichtert. Dieses Prinzip ist auch beim Muskeldehnungsreflex wirksam.

Auch dieses neuronale System arbeitet nicht isoliert. Es unterliegt Zuflüssen sowohl aus demselben Rückenmarkssegment als auch von absteigenden Bahnen aus dem Gehirn. Diese bewirken, dass die Hemmungsprozesse wiederum den Detailanforderungen an die Bewegung angepasst sind.

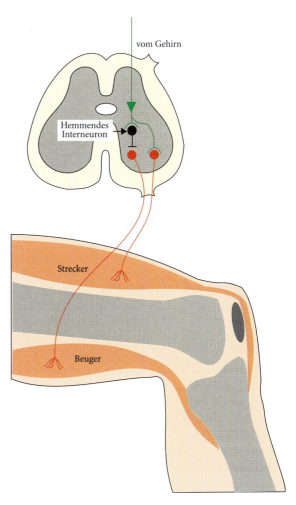

Abbildung 9.9 Reziproke Hemmung. In dem Beispiel ist gezeigt, dass bei erregenden Impulsen an den Strecker gleichzeitig der Beuger gehemmt wird

9.4 Motorische Steuerung auf Rückenmarksebene | **205**

Rückwärtshemmung

Die Begrenzung des Erregungsstroms vom Motoneuron zur Muskelzelle dient dazu, überschießende Reaktionen auf einen Reiz zu verhindern. Die nach ihrem Entdecker benannten Renshaw-Zellen sind hemmende Interneuronen, die über Axonkollateralen des Motoneurons hemmend auf dieses selbst (und u. U zusätzlich auf benachbarte agonistische Interneuronen) zurückwirken (s. Abb. 9.10). Man nennt die Renshaw-Hemmung daher auch rekurrente oder Rückwärtshemmung. Außerdem können die Renshaw-Zellen einen inhibierenden Kontakt auf das hemmende Interneuron ausbilden, das – im Zuge der reziproken Hemmung – den Antagonisten drosselt. Letzteres resultiert in einer Mitaktivierung des Antagonisten.

Diese auf den ersten Blick paradox erscheinende Aktivität hat für gewisse Leistungen durchaus ihren Sinn. So dürfte eine der Hauptaufgaben der Renshaw-Zellen sein, in koordinierter Weise durch Rücknahme der Inhibition des Antagonisten bei gleichzeitiger Dämpfung des Agonisten zu einer quasielastischen Steifigkeit einer Gelenkstellung beizutragen. Diese ist z. B. beim aufrechten Stehen erforderlich, wenn sowohl Oberschenkelbeuger als auch -strecker zur Stabilisierung des im Kniegelenk eingestellten Winkels beitragen. Hier ist ein optimaler Abgleich der Aktivität von Agonist und Antagonist erforderlich, um etwa Zitterbewegungen zu vermeiden. Die reziproke Hemmung durch die Renshaw-Zellen wird meist durch absteigende Einflüsse mitgesteuert. Somit kann sie *gezielt* bei denjenigen Aufgaben zum Einsatz kommen, die auch wirklich einen solchen Feinabgleich erfordern.

Die Bedeutung der Rückwärtshemmung wird deutlich, wenn man ihren Ausfall beim klinischen Bild des Wundstarrkrampfs (Tetanus) betrachtet. Hier gelangt infolge einer Infektion das Gift Tetanustoxin (das z. B. über Straßenstaub aufgenommen werden kann) über periphere Nerven mittels retrogradem axonalem Transport ins Rückenmark. Dort verhindert es die Freisetzung der inhibitorischen Neurotransmitter aus den Renshaw-Zellen. Der Ausfall der Renshaw-Hemmung führt zu einer Daueraktivierung der α-Motoneuronen. Die Folge davon ist u. a. eine Verschmelzung der (regulär auftretenden) muskulären Einzelzuckungen zu Dauerkontraktionen (Spastiken). Es lassen sich die typischen Tetanus-Symptome beobachten, etwa ein Krampf der Streckmuskulatur des Rückens (Opisthotonus). Er führt zu einer starken Rückwärtsneigung des

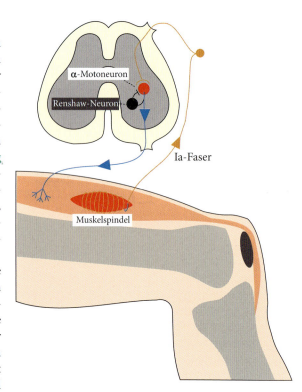

Abbildung 9.10 Rückwärtshemmung. Die Renshaw-Hemmung führt zu einer Hemmung der Aktivität eines α-Motoneurons

Kopfes und zu einer nach hinten gerichteten bogenförmigen Überstreckung von Rumpf und Extremitäten. Greifen die Krämpfe auf die Atemmuskulatur über, kommt es zum Tod durch Ersticken.

Motorische Beeinträchtigungen aufgrund fehlender absteigender Hemmung

Bei verschiedenen neurologischen Störungen, die sich in der Motorik äußern, sind spinale Hemmungsmechanismen außer Kraft gesetzt oder defizitär. Dies betrifft vor allem die sog. Dystonien und Hypertonien. Darunter versteht man Haltungs- und Bewegungsabnormitäten, die durch anhaltende Muskeltonuserhöhung verursacht sind. In vielen Fällen wird hier eine Störung in den absteigenden Zuflüssen auf motorische Rückenmarksverschaltungen vermutet. So zeigt sich bei einer Querschnittslähmung, bei der auf- und absteigende Bahnen im Rückenmark teilweise oder vollständig durchtrennt sind, häufig eine spastische Anspannung etwa der Muskulatur der Extremitäten. Hier macht sich offenbar die fehlende Inhibition der Motoneuronen des Rückenmarks durch motorische Zentren des Gehirns bemerkbar.

> **Störungsbild**

Zwei Beispiele für Erkrankungen der Motoneuronen

Progressive spinale Muskelatrophie. Die häufigste Erkrankung spinaler Motoneuronen ist die progressive spinale Muskelatrophie, von der verschiedene Varianten bekannt sind. Das Erkrankungsalter liegt im Durchschnitt bei 30–40 Jahren. Erste Anzeichen sind häufig Atrophien der Muskulatur der Hand. Die Krankheit schreitet i. Allg. meist nur langsam voran; so sind viele Patienten selbst nach 20 Jahren noch berufstätig. Die progressive spinale Muskelatrophie führt nur selten zum Tod. Lebensbedrohlich wird die Erkrankung, wenn die Motoneuronen zur Innervation der Atemmuskulatur betroffen sind. Dann muss künstlich beatmet werden.

Kinderlähmung. Eine andere Erkrankung der Motoneuronen des Rückenmarks ist die Kinderlähmung (Poliomyelitis). Sie befällt neben diesen Neuronen in schweren Fällen auch die motorischen Neuronen der Hirnnerven. Es kommt hier zu einer schlaffen Lähmung derjenigen Muskeln, die von dem betroffenen Rückenmarkssegment aus innerviert werden. Da diese Muskeln keine Befehle mehr zur Bewegung erhalten, atrophieren sie. Die Sensibilität aus den entsprechenden Körperregionen bleibt erhalten. Diese Viruserkrankung ist seit Einführung der Polioschutzimpfung und ihrer konsequenten Handhabung in den 1950er-Jahren in USA und Europa praktisch verschwunden. Vorher gehörte sie zu den häufigsten Todesursachen bei Kindern und Jugendlichen. Dagegen ist die Krankheit in weniger entwickelten Ländern, in denen entsprechende Impfprogramme fehlen, nach wie vor weit verbreitet.

> **Zusammenfassung**

Das Prinzip der reziproken Hemmung besteht darin, bei Bewegung eines Muskels dessen Antagonisten über ein Interneuron zu hemmen, wodurch die Bewegung erleichtert wird. Diese reziproke Hemmung wird auch beim Muskeldehnungsreflex wirksam.

Bei der rekurrenten oder Renshaw-Hemmung werden die sog. Renshaw-Zellen (hemmende Interneuronen) durch das aktivierte α-Motoneuron über eine Kollaterale ebenfalls aktiviert und wirken daraufhin hemmend auf dieses zurück. Gleichzeitig kann über das hemmende Interneuron die reziproke Hemmung (des Antagonisten) gehemmt werden. So ist ein fein geregelter Spannungszustand zwischen Agonist und Antagonist herstellbar. Die rekurrente Hemmung unterliegt in besonderem Maße der absteigenden Modulation von höheren motorischen Zentren.

Bei einem krankheitsbedingten Fehlen der Hemmung der spinalen Verschaltungen kann eine Überaktivierung der Motoneuronen und bestimmter spinaler Reflexe auftreten. Es entsteht eine übermäßige Anspannung der Muskulatur (Spastik).

9.5 Motorische Steuerung auf der Ebene des Gehirns

Im vorangegangen Kapitel wurde deutlich, dass bereits auf der Ebene des Rückenmarks relativ anspruchsvolle bewegungssteuernde Funktionen erfüllt werden. Wenn man nun versucht, vom Rückenmark aufwärts die Bahnen, die vom Gehirn aus die Motorik steuern, zu verfolgen, um ihre Ursprungsgebiete zu lokalisieren, gerät man in ein vielfach verästeltes Dickicht. Bei Nauta und Feirtag (1990) heißt es diesbezüglich sehr treffend und zugleich ernüchternd:

> *»Wohin gelangt man mit einem weiteren Schritt stromaufwärts? Die Antwort lautet: Überallhin.«*

Diejenigen Gehirngebiete, die sich in das motorische Geschehen einschalten können, sind so zahlreich und liegen so weit verstreut, sind aber auch größtenteils in ihrer Funktion so vielschichtig, dass es nur für einige eng umgrenzte Gebiete sinnvoll scheint, von »motorischen Zentren« zu sprechen.

9.5.1 Die Pyramidenbahn

Die Pyramidenbahn zieht als mächtiges paariges Faserbündel von der Hirnrinde zum Rückenmark – daher auch Tractus corticospinalis. Die beiden pyramidenförmigen Bereiche, die dieser Struktur ihren Namen verleihen, befinden sich im ventralen Sektor der Medulla oblongata (s. Abschn. 6.4.2). Hier bilden die Faserbündel der Pyramidenbahn links und rechts eine Vorwölbung, in der man mit viel gutem Willen eine Pyramide erkennen kann.

Die Pyramidenbahn ist insofern ein bemerkenswertes Gebilde, als sie extrem lange und teilweise dicke Nervenfasern enthält. Diese reichen von den motorischen Kortexarealen bis hinab zu den spinalen Motoneuronen. Die weitaus größte Zahl – ca. 95 % der etwa eine Million Fasern – endet hier allerdings an Interneuronen, nur etwa 5 % nehmen direkten Kontakt zu Motoneuronen auf. Diese letzteren Fasern können also ganz direkt und ohne synaptische Umschaltung Befehle aus dem Kortex mit hoher Leitungsgeschwindigkeit in motorische Aktivität umsetzen. Es ist anzunehmen, dass über diese Fasern Signale für hochgradig zeitkritische Bewegungen an die Muskulatur gesandt werden.

Verlauf der Pyramidenfasern. Nachdem die Fasern den motorischen Kortex verlassen haben (s. Abb. 9.11), kreuzen ca. 85 % von ihnen im Bereich der Pyramiden auf die Gegenseite. Sie ziehen dann im Seitenstrang (Tractus corticospinalis lateralis) des Rückenmarks nach unten, um schließlich auf den verschiedenen Ebenen in das Vorderhorn einzutreten und die Interneuronen motorischer Rückenmarksschaltkreise bzw. die Motoneuronen selbst zu innervieren. Die ungekreuzten Fasern laufen seitlich auf der Vorderseite des Rückenmarks nach unten (Tractus corticospinalis anterior). Auf der Höhe des Segments, in dem sie in die graue Rückenmarkssubstanz eintreten, wechseln sie dann auf die Gegenseite hinüber.

Funktion. Die Fasern der Pyramidenbahn versorgen in erster Linie die distale Extremitätenmuskulatur, also z. B. die Muskeln der Unterarme, der Hände, der Unterschenkel und der Füße. Daher sind diese Verbindungen äußerst wichtig für das Funktionieren der Feinmotorik. Bei der Geburt ist die Pyramidenbahn in ihrer Reifung noch nicht abgeschlossen, sondern erst nach dem zweiten Lebensjahr. Daraus wird verständlich, dass beim Säugling feinmotorische Leistungen unmöglich sind, da die neuroanatomische Basis noch gar nicht vollständig existiert. Eine wichtige Aufgabe der Pyramidenbahnfasern besteht in der Modulation von Rückenmarksreflexen durch kortikale Befehle.

Erst beim reifen Pyramidenbahnsystem ist es möglich, den primitiven Greifreflex des Fußes, den Babinski-Reflex, zu unterdrücken.

Bestreicht man beim gesunden Erwachsenen den äußeren Rand der Fußsohle (s. Abb. 9.12), so führt dies zu einer Abwärtsbeugung aller Zehen (Plantarflexion). Beim Säugling zeigt sich jedoch eine Aufwärtskrümmung (Dorsalflexion) der Großzehe mit einem fächerartigem Abspreizen der restlichen Zehen. Dies dürfte ein Rudiment des sog. Fußgreifreflexes sein. Wollte

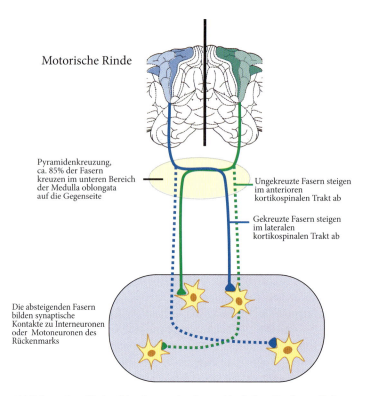

Abbildung 9.11 Verlauf der Fasern der Pyramidenbahn. Größtenteils kreuzen die von der motorischen Rinde einer Hemisphäre absteigenden Fasern auf der Höhe der Pyramiden (im Bereich der Medulla oblongata) auf die Gegenseite. Die ungekreuzt verlaufenden Fasern wechseln dann im Rückenmark auf die Gegenseite

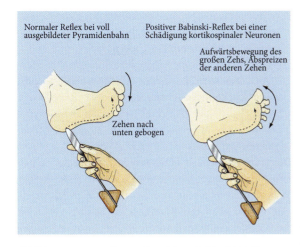

Abbildung 9.12 Prüfung auf positiven Babinski-Reflex.

man mit dem Fuß greifen, wäre dies sinnvoll, um das Umgreifen eines Gegenstands wie mit der Hand zu ermöglichen. Beim gesunden Erwachsenen unterliegt dieser Reflex jedoch absteigender Hemmung. Die Aufwärtskrümmung der Großzehe bezeichnet man als **Babinski-Reflex**. Beim Säugling ist dieser Reflex aufgrund des nicht fertig entwickelten Nervensystems noch weitgehend ungehemmt erhalten.

> **Störungsbild**
>
> **Schädigungen der Pyramidenbahn**
> Kommt es zu Schädigungen der Pyramidenbahn etwa durch eine Verletzung auf der Höhe des Hirnstamms, so tritt immer zunächst eine schlaffe Lähmung v. a. der distalen Extremitätenmuskulatur auf. Dies führt naturgemäß zu erheblichen Störungen der Feinmotorik. Zwar sind die Betroffenen zu groben Bewegungen fähig (sog. Massenbewegungen), die i. Allg. mit der gesamten Extremität ausgeführt werden. Meist nach Wochen kommt es jedoch häufig zu spastischen Tonuserhöhungen, deren Ursache noch nicht restlos geklärt ist. Vermutlich ist die jetzt fehlende Hemmung von spinalen Motoneuronen der Auslöser.

Liegen beim Erwachsenen Funktionsstörungen in absteigenden motorischen Bahnen vor, ist die Hemmung unterbrochen. Der Reiz führt, wie beim Säugling, zu einer Aufwärtsbeugung der großen Zehe, wobei meist gleichzeitig eine Abwärtsbewegung der übrigen Zehen zu beobachten ist (= positiver Babinski-Reflex). Der Babinski-Reflex kann als Hinweis auf eine Störung in der motorischen Pyramidenbahn dienen und wird daher bei der neurologischen Untersuchung häufig geprüft.

Dementsprechend ist bei Erwachsenen das Auftreten eines positiven Babinski-Reflexes ein sehr sensibles Zeichen für eine Störung in der Pyramidenbahn.

9.5.2 Motoriksteuerung außerhalb des Pyramidenbahnsystems

Die Bezeichnung »extrapyramidale Bahnen« wird häufig für die Gesamtheit der motorischen absteigenden Bahnen zwischen Gehirn und Rückenmark verwendet, die nicht zum Pyramidenbahnsystem gehören. Diese bilden jedoch keineswegs ein eigenes System, das dem Pyramidenbahnsystem vergleichbar wäre. Deshalb wird von verschiedenen Autoren in der neueren Literatur vorgeschlagen, auf den Begriff »**extrapyramidales System**« ganz zu verzichten.

Diese durch das Rückenmark absteigenden Bahnen entspringen im Hirnstamm. Sie gehen hier v. a. vom Nucleus ruber, den Nuclei vestibulares und von Kerngebieten in der Formatio reticularis (s. Abschn. 6.4.5) aus. Diese Kerngebiete stehen ihrerseits unter der Kontrolle höherer Zentren.

Nucleus ruber. Der Nucleus ruber ist im frischen Präparat rosa gefärbt, woher sich sein Name ableitet. Er befindet sich im Tegmentum und besitzt zahlreiche Afferenzen vom Kleinhirn, durch die er in Schaltkreise zur Steuerung präziser Willkürbewegungen und zur Stabilisierung der Körperhaltung sowie des Tonus bestimmter großer Muskelgruppen eingebunden ist. Über den Tractus rubrospinalis, der noch auf der Höhe des Tegmentums auf die Gegenseite kreuzt, nimmt der Nucleus ruber Kontakt zu den motorischen Neuronen des Rückenmarks auf. Hier sind seine Zielgebiete vor allem die Motoneurone der Flexoren, die er erregt, wobei parallel die Motoneurone der entsprechenden Extensoren gehemmt werden. Dies betrifft insbesondere die distale Extremitätenmuskulatur. Bei einer Schädigung des Nucleus ruber zeigt sich häufig auf der kontralateralen Seite ein sog. Intentionstremor – darunter versteht man ein Zittern, das vor allem bei Zielbewegung auftritt und umso stärker wird, je näher die Hand dem Ziel kommt. Dieses Phänomen steht vermutlich im Zusammenhang mit der Verbindung des Nucleus ruber zum Kleinhirn, das insbesondere für Korrekturbewegungen beim Ansteuern eines Zieles zuständig ist.

Nuclei vestibulares. Die Nuclei vestibulares (Vestibulariskerne) sind Kerngruppen, die zum Kerngebiet des VIII. Hirnnervs, des Nervus vestibulocochlearis – zuständig für die Sensorik aus dem Gleichgewichtsorgan (s. Abschn. 6.4.7) –, gehören. Neben den Efferenzen zum Rückenmark werden von hier u. a. Fasern zum Kleinhirn, zu den drei Augenmuskelkernen und zum Thalamus entsandt. Gemäß ihrer Einbettung in die Gleichgewichtsregulation innervieren die Nuclei vestibulares über den durch das Rückenmark verlaufenden Tractus vestibulospinalis Motoneuronen der Muskulatur für die aufrechte Körperhaltung. Dementsprechend werden Streckermotoneuronen aktiviert und die Motoneuronen der Beuger gehemmt. Auf diesem Wege wird etwa die reflektorisch ablaufende Stabilisierung der aufrechten Haltung des Kopfes bei plötzlichem Körperlagewechsel gesteuert.

Formatio reticularis. Die Kerngebiete der Formatio reticularis, die Fasern zum Rückenmark entsenden (die sog. retikulospinalen Bahnen), liegen überwiegend in der Medulla oblongata und im Pons. Die retikulären Kerngebiete empfangen ihrerseits zahlreiche Zuflüsse, vor allem von motorischen Neuronenpopulationen der Hirnrinde. Auch die retikulospinalen Verbindungen sind, ähnlich wie die vestibulospinalen, mit der Körperstellung im Raum befasst, besonders mit dem Erhalt der aufrechten Positur. Dies geschieht größtenteils reflektorisch durch sog. posturale Reflexe.

Das Kleinhirn

Der Aufbau des Kleinhirns (Cerebellum) und seine Lage wurden bereits in Abschnitt 6.4.4 besprochen. Auch wurde dort schon auf seine besondere Bedeutung für die Motorik hingewiesen.

Zuflüsse. Aus der Hirnrinde steigen zahlreiche Fasern zu Kerngebieten des Pons ab, werden hier auf Neurone umgeschaltet, deren Axone zu Rindengebieten der Kleinhirnhemisphären ziehen. Damit liegt eine Fortsetzung der Kortex-Pons-Verbindungen vor, die sowohl aus den kortikalen Assoziationsarealen entstammen als auch aus Regionen, die unmittelbar mit Motorik befasst sind. Das Kleinhirn enthält reichhaltige Information über kortikal generierte motorische Pläne. Weitere Zuflüsse erreichen das Kleinhirn aus dem Vestibularsystem und aus dem Rückenmark (spinozerebelläre Fasern).

Aus dem Rückenmark lassen sich zwei funktionell grundsätzlich verschiedene Quellen dieser Zuflüsse ausmachen:

(1) Die einen tragen Informationen aus den Muskelspindeln, den Golgi-Sehnenorganen und von den Mechanorezeptoren der Haut heran.
(2) Die zweite Gruppe erhält ihre Information nicht von Sinneszellen, sondern von Interneuronen, die auf Rückenmarksebene in spinale Reflexbögen eingebaut sind bzw. in absteigenden Bahnen zwischen den motorischen Fasern und den Motoneuronen liegen.

Der spinozerebelläre Trakt versorgt also das Cerebellum mit Informationen sowohl über die auslaufenden Motorikbefehle als auch über deren Konsequenzen. Von daher kann das Kleinhirn auch überprüfen, ob die Befehle, die aktuell an die Motoneuronen gesandt werden, in Anbetracht der gerade herrschenden dynamischen und statischen Verhältnisse in der entsprechenden Extremität sinnvoll sind bzw. optimiert werden müssen.

Ausgänge. Die abgehenden Fasern des Kleinhirns nehmen ihren Ausgang von den Kleinhirnkernen. Zielgebiete sind hierbei die Nuclei vestibulares, der Nucleus ruber, Kerne in der Formatio reticularis und Thalamuskerne. Nur über die genannten Kerngebiete erhält das Kleinhirn Zugang zum Rückenmark. Über die Kerne im Thalamus können Kleinhirnimpulse auch aufsteigend zum motorischen Kortex gelangen. Damit entsteht eine Feedbackschleife Hirnrinde – Kleinhirn – Hirnrinde. Durch die rücklaufenden Impulse zur Hirnrinde kann das Kleinhirn auf motorische Programme einwirken, insbesondere auch auf solche, die über die Pyramidenbahn laufen.

Funktionen. Dem Kleinhirn lassen sich aufgrund der Kenntnis der genannten Verbindungen vorzugsweise folgende Funktionen bei der Motoriksteuerung zuordnen:

▶ Feinabstimmung von Bewegungsentwürfen durch Afferenzen aus dem Rückenmark und Ausgangsfasern zum Motorkortex
▶ Erhöhung der Stabilität beim Stehen und Gehen durch Afferenzen aus dem Rückenmark und Efferenzen zu den Vestibulariskernen
▶ Modulation von Muskeltonus und Bewegungsabläufen der Extremitäten durch Afferenzen aus dem spinozerebellären Trakt und Efferenzen zu Nucleus ruber und Retikulariskernen

Störungsbild

Die zerebelläre Ataxie

Entsprechend den genannten Kleinhirnfunktionen zeigen sich bei Erkrankungen oder Verletzungen des Kleinhirns typische motorische Defizite. Eine große Gruppe wird unter dem Oberbegriff zerebelläre Ataxie zusammengefasst, womit die unterschiedlichen Störungen bei der Regulation des Gleichgewichts und von Extremitätenbewegungen gemeint sind.

Dies äußert sich z.B. darin, dass die Patienten nicht gerade sitzen bleiben können, sondern die Tendenz haben, nach rückwärts oder seitlich zu kippen, und dass auch beim Stehen eine Tendenz zum Fallen besteht, was sich im Schwanken des gesamten Körpers zeigt. Eine Folge der Gangataxie ist, dass der Gang oft zu einer Seite strebt und/oder taumelnd ist. Störungen in der Feinmotorik haben etwa eine stark verwackelte Schrift zur Folge. Zielbewegungen sind oft zu heftig, überschießend und ruckartig. Dazu kommt häufig ein Intentionstremor, d.h. ein Zittern bei Zielbewegungen, der bei Annäherung an das Ziel zunimmt.

Die Sprache der Patienten ist oft skandierend, stockend und eigenartig betont. Der muskuläre Tonus in den großen Muskeln des Halteapparats kann abgeschwächt sein. Häufig zeigt sich ein Nystagmus (schnelle Hin- und Herbewegungen der Augäpfel). Dieser verhindert oft eine Blickstabilisierung, v.a. wenn sich der Körper bewegt.

Die Rolle des Kleinhirns beim motorischen Lernen

Es liegen zahlreiche Befunde sowohl aus dem Humanbereich als auch aus dem Tierexperiment vor, nach denen das Kleinhirn beim Erwerb automatisiert ablaufender motorischer Reaktionen eine entscheidende Rolle spielt. So konnte die Beteiligung des Kleinhirns an der Konditionierung des Lidschlagreflexes nachgewiesen werden (s. auch Abschn. 24.3). Richtet man einen kurzen Luftstoß auf das Auge, so hat dies als unkonditionierte Reaktion einen Lidschlag (Schutzreflex) zur Folge. Bietet man ca. eine Sekunde vor dem Luftstoß einen Ton dar und wiederholt dies über eine Reihe von Lerndurchgängen, so lernt das Versuchstier, bereits unmittelbar auf den Ton – den jetzt konditionierten Reiz – mit einem Lidschluss zu reagieren.

Nucleus interpositus und Lidschlagkonditionierung. Um die Detailsteuerung dieses Reflexes aufzuklären, untersuchte man mit implantierten Mikroelektroden die Aktivität sehr vieler Neuronen im Gehirn, in der Hoffnung, solche Neuronen aufzuspüren, die ihre Entladungsraten synchron zum Lernvorgang verändern. Diese fanden sich überraschenderweise im Kleinhirn, und zwar im Nucleus interpositus. Ihre Entladungsraten nahmen synchron mit dem Lernvorgang zu. Zerstörte man diesen Kern, ging die konditionierte Lidschlagreaktion verloren. Nun bedeutet die Tatsache, dass eine gelernte motorische Leistung, die durch Zerstörung einer bestimmten Struktur verloren geht, noch nicht automatisch, dass dies auch die Struktur ist, in der Lernen stattfindet. Schließlich würde der Lidschlagreflex auch dann unterbunden, wenn man die Muskeln zur Bewegung des Augenlids zerstören würde. Indem man den Nucleus interpositus durch Injektion eines Pharmakons für einen gewissen Zeitraum lahmlegte, ließ sich jedoch nachweisen, dass der Ort des Lernvorgangs tatsächlich hier liegt. Führte man während dieses Zeitraums die Lernaufgabe durch, so wurde die konditionierte Reaktion nicht erworben. Führte man nach dem Ende der pharmakologischen Blockade die Lernaufgabe erneut durch, so waren die Tiere jetzt in der Lage, sich die konditionierte Reaktion anzueignen.

Mit großer Wahrscheinlichkeit sind diese Befunde auch auf den Humanbereich übertragbar. Mithilfe bildgebender Verfahren konnte gezeigt werden, dass sich auch beim Menschen während der Konditionierung des Lidschlagreflexes im Kleinhirn eine verstärkte Aktivität zeigte. Ebenso liegen Befunde aus der Neuropsychologie vor, die belegen, dass bei Schädigungen des Kleinhirns der Erwerb des Lidschlagreflexes gestört ist.

Die o.g. Ergebnisse weisen darauf hin, dass die Bedeutung des Kleinhirns deutlich über den Bereich der Motorik hinausgeht. Vor allem hat man dessen Beteiligung an sensorischen Prozessen in der Vergangenheit unterschätzt. Sobald die Sensorik meldet, dass eine motorische Anpassung erforderlich werden könnte, zeigt sich erhebliche Kleinhirnaktivität. Dies gilt auch, wenn die Umsteuerung der Motorik letztendlich unterbleibt.

Die Rolle des Kleinhirns bei der Zeitabstimmung. Eine noch globalere Leistung des Cerebellums wird beim präzisen Timing sensomotorischer und möglicherweise auch kognitiver Prozesse gesehen. So zeigen Menschen mit Kleinhirnläsionen häufig Leistungsminderungen,

9.5 Motorische Steuerung auf der Ebene des Gehirns | **211** wenn sie Fingerbewegungen in einem konstanten Takt – etwa im Sekundentakt – ausführen sollen, wogegen ihnen die Dosierung der Kraft der Bewegung keine Schwierigkeiten macht. Auch beim Erkennen feiner Unterschiede in der Rhythmizität von Reizsequenzen sind bei diesen Patienten nicht selten Defizite beobachtbar. In dieses Bild passt auch, dass sie Schwierigkeiten bei der Lokalisation von akustischen Reizen haben. Dazu ist eine exakte Identifikation von Laufzeitunterschieden zwischen linkem und rechtem Ohr erforderlich (s. Abschn. 13.3.3).

Die Bedeutung des Kleinhirns für exaktes Timing wird weiterhin dadurch unterstrichen, dass beim oben ausgeführten Experiment zum konditionierten Lidschlagreflex bei genauerem Hinsehen ein Versuchstier auch nach einer Kleinhirnläsion noch eine Blinzelreaktion auf den Ton zeigt. Diese ist jedoch zeitlich so variabel und unpräzise, dass sie nicht mehr dazu geeignet ist, das Lid exakt vor dem Luftstoß zu schließen, um das Auge zu schützen. Diese Art von »Konditionierung« hat also ihren Sinn verloren.

Offenbar kommen dem Kleinhirn eine Fülle von Aufgaben insbesondere auf der Ebene von Koordination sensorischer und motorischer Ereignisse zu. Dies macht verständlich, warum das menschliche Kleinhirn eine extreme Dichte von eng verschalteten Neuronen aufweist.

Die Basalganglien

Die Basalganglien wurden hinsichtlich ihrer Lage und ihrer Funktion bereits in Abschnitt 6.4.9 dargestellt. Da eine Behandlung motorischer Funktionskreise nur unter Berücksichtigung der Basalganglien möglich ist, kommen wir hier auf sie zurück.

Aufbau. Die Basalganglien sind große, im Vorderhirn angesiedelte Kerngebiete, bestehend aus Nucleus caudatus, Putamen und Globus pallidus (Pallidum). Der Nucleus caudatus und das Putamen bilden gemeinsam das Striatum. In einer engen Verknüpfung mit diesen Strukturen stehen die Substantia nigra im Mittelhirn und der Nucleus subthalamicus, der sich im Zwischenhirn befindet. Die Hauptverbindungen der Basalganglien zum übrigen Gehirn betreffen den Neokortex und den Thalamus.

Ein- und Ausgänge der Basalganglien. Einlaufende Information gelangt vom Neokortex und von der Substantia nigra zum Striatum und damit ins Basalgangliensystem. Die kortikalen Fasern entspringen in erster Linie im motorischen, sensorischen und präfrontalen Kortex.

Die abgehenden Fasern verlassen die Basalganglien, um in erster Linie zum Thalamus zu ziehen. Hier werden sie auf Neuronen umgeschaltet, deren Axone zum motorischen und präfrontalen Kortex laufen. Weitere auslaufende Fasern ziehen zur Substantia nigra und zum Nucleus subthalamicus. (Zur Verschaltung der einzelnen Kerngebiete untereinander mit ihren Transmittern s. Abb. 6.20 in Abschn. 6.4.9.)

Die Basalganglien haben wichtige Aufgaben im Zusammenhang mit der Überprüfung und Modulation von Bewegungsentwürfen. Sie stehen damit als eine weitere Instanz neben dem Kleinhirn, das ja ebenfalls – über die Schleife Kortex, Pons, Kleinhirn, Thalamus, Kortex (s. o.) – modulierend bei der Ausgestaltung von Bewegungsprogrammen mitwirkt. Bewegungskonzepte, wie sie etwa im Assoziationskortex gebildet werden, müssen die Instanz der Basalganglien passieren, bevor sie dann als Befehlsfolge zur Ausführung komplexer Programme weitergegeben werden können.

Dieser Sachverhalt wurde auch durch PET-Analysen an Gesunden bestätigt: Bei der Ausführung einer Bewegung zeigt sich zunächst eine erhöhte Aktivität in den motorischen Kortexarealen. Darauf folgt die Aktivierung im Basalganglienbereich, schließlich kommt es zur Bewegung. Die Basalganglienaktivität steigt interessanterweise auch vor einer intendierten, aber nicht ausgeführten Bewegung an. Es spielt dabei auch keine Rolle, ob die Bewegungsabläufe zum Repertoire der Bewegungsprogramme gehören oder ob es sich um erstmalig auszuführende Abläufe handelt.

Erregung und Hemmung. Die Wirkungsweise der Basalganglien ist insofern besonders komplex, als hier sowohl hemmende als auch erregende Impulse zur Abstimmung von Bewegungssequenzen generiert werden. Hemmende Impulse dürften v. a. im Striatum generiert werden. Komplexe Bewegungsabläufe können nur exakt ausgeführt weden, wenn die Hemmung von Begleitbewegungen unterdrückt wird. Man denke etwa an das Klavierspiel, bei dem eine der größten Anfangsschwierigkeiten darin besteht, nur einen Finger im richtigen Moment zu bewegen, gleichzeitig die (Mit-)Bewegung der anderen zu unterdrücken. Gelingt infolge von Basalganglienerkrankungen die koordinierte Hemmung nicht, so beginnen quasi alle Bewegungen eines sequenziell abzuarbeitenden Programms im selben Moment. Die Folge ist, dass überhaupt keine sinnvolle Bewegung zustande kommt oder dass die Bewegung stark verlangsamt und unpräzise erfolgt. Dies zeigt sich typischerweise bei der Parkinson-Erkrankung (s. Abschn. 6.4.9).

Feedbackschleifen als wesentliches Organisationsprinzip

Im Gefüge der Basalganglien und ihrer Zu- bzw. Abflüsse finden wir eine Reihe von Feedbackschleifen. In Abbildung 6.20 erkennen wir beispielsweise, dass die Basalganglien in Kerngruppen des Thalamus projizieren, dass von hier aus der Kortex angesprochen wird und dass wiederum kortikale Neuronen zum Striatum und damit ins Basalgangliensystem zurück projizieren. Auch innerhalb der Basalganglien finden sich Feedbackschleifen, so etwa vom Striatum zur Substantia nigra und zurück. Über den Thalamus herrscht eine Verbindung zu einem weiteren Feedbackkreis, der das Kleinhirn einschließt. Dieser besteht aus Kortex – Pons – Kleinhirn – Thalamus – Kortex.

Der Vorteil dieser Feedbackkreise liegt darin, dass die in den Einzelelementen generierten Befehle stets der Kontrolle und Modulation durch das Gesamtsystem unterliegen. Schließlich bietet ein solches Rückmeldesystem auch die Möglichkeit auf Störungen kompensierend zu wirken. Allerdings erfordert ein komplexes Rückmeldesystem auch stets gewisse dämpfende Elemente, da es sonst leicht zu oszillatorischen Prozessen kommen kann. Dann findet ein Hin- und Herpendeln zwischen Hemmung und Erregung statt. Da solche Oszillationen koordinierte Bewegungen erschweren bzw. unmöglich machen, wird klar, dass bei Schädigungen im jeweiligen Feedbacksystem Bewegungsstörungen auftreten müssen.

Zusammenfassung

Die Pyramidenbahn im engeren Sinne besteht aus dem Tractus corticospinalis, d.h. aus Neuronen, deren Axone vom Kortex – hier insbesondere der primäre motorische Kortex – bis zu den spinalen Motoneuronen ziehen. Etwa 80 % der Fasern kreuzen beim Absteigen in Höhe des Übergangs Medulla oblongata zum Rückenmark auf die andere Seite (Pyramidenkreuzung) und ziehen im Seitenstrang des Rückenmarks zum jeweiligen Rückenmarkssegment. Die restlichen 20 % kreuzen erst nach dem Absteigen in Segmenthöhe zur anderen Seite. Die auffallend langen Fasern der Pyramidenbahn können ganz direkt Befehle aus dem Kortex mit hoher Leitungsgeschwindigkeit in motorische Aktivität umsetzen. Dies geschieht durch Aktivierung des α-Motoneurons. Schädigungen der Pyramidenbahn führen zunächst zu schlaffen Lähmungen, später – durch fehlende absteigende Hemmung – zu Spastik und Hyperreflexie.

Die extrapyramidalmotorischen Bahnsysteme sind uneinheitlich gegliedert. Der Tractus rubrospinalis geht vom Nucleus ruber aus und wirkt auf Motoneuronen im Rückenmark, insbesondere die der distalen Flexoren. Der Tractus vestibulospinalis dient vor allem der Aufrechterhaltung des Gleichgewichts.

Das Kleinhirn erfüllt zahlreiche Funktionen innerhalb der motorischen Steuerung. Durch Afferenzen aus dem Rückenmark und Efferenzen zum Motorkortex kann es die Feinabstimmung von Bewegungsentwürfen erreichen. Beim Stehen und Gehen erhöht es die Stabilität und erhält das Gleichgewicht durch seine Efferenzen zu den Vestibulariskernen. Außerdem kann es durch Rückenmarksafferenzen und Efferenzen zum Nucleus ruber sowie zu Kernen der Retikulärformation den Muskeltonus und die Bewegungsabläufe der Extremitäten fein modulieren.

Die Basalganglien stellen ein vielfach verschaltetes Netzwerk hemmender und aktivierender Kerngebiete dar. Wichtige Aufgaben sind die Überprüfung und Modulation von Bewegungsentwürfen. Insbesondere der hemmende Einfluss des Striatums ist für fein koordinierte Bewegungen der unterschiedlichen Muskelgruppen notwendig.

9.5.3 Motorische Kortexareale

Viele Regionen des Kortex können – zumindest auf indirekte Weise – Einfluss auf die Motorik nehmen. In Abbildung 9.13 sind diejenigen Kortexareale, die im engeren Sinne mit der Organisation und Durchführung von motorischer Aktivität befasst sind, eingezeichnet. Es handelt sich dabei um den primär-motorischen Kortex, den prämotorischen Kortex, den supplementär-motorischen Kortex und den posterior-parietalen Kortex. Einige Autoren bezeichnen die Gesamtheit der

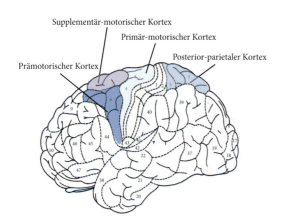

Abbildung 9.13 Motorische Kortexareale. Die in der Abbildung angegebenen Ziffern sind die Areale nach Brodmann (s. Abschn. 6.4.10)

genannten Areale (ohne den posterior-parietalen Kortex) als motorischen oder Motorkortex. Häufig wird aber auch nur der primär-motorische Kortex als Motorkortex bezeichnet.

Die einzelnen Areale sind jeweils somatotop organisiert, d.h., die räumliche Anordnung der Muskeln im Körper spiegelt sich in der Anordnung der kortikalen Regionen zur Versorgung dieser Muskelgruppen wider. Besonders ausgeprägt ist dies beim primär-motorischen Kortex.

Der primäre motorische Kortex

Der primäre motorische Kortex oder Motorkortex bzw. M1 ist im Gyrus praecentralis angesiedelt (s. Abb. 9.11). Von dort werden die motorischen Befehle abgeschickt, die dann über die Motoneuronen des Rückenmarks bzw. der Hirnnervenkerne die Muskulatur erreichen. Aus heutiger Sicht werden im Motorkortex allerdings nicht die Bewegungspläne und die Intention zur Bewegung generiert. Dies geschieht wohl eher in den Basalganglien und in den weiter frontal liegenden motorischen präfrontalen Arealen.

Der primär-motorische Kortex ist streng somatotopisch gegliedert. Dabei sind die Muskelgruppen der linken Körperseite in der rechten Kortexhemisphäre repräsentiert und umgekehrt. Lediglich die Verbindungen zur Zungen- und Schlundmuskulatur nehmen von beiden Hemisphären ihren Ausgang. Die verschiedenen Körpergebiete sind jedoch nicht entsprechend ihrer natürlichen Größe auf der Kortexoberfläche repräsentiert, sondern entsprechend dem Aufwand, der für die Feinmotorik dieser Regionen vom Kortex betrieben werden muss (s. Abb. 6.27 in Abschn. 6.4.10).

Eine der wichtigsten Funktionen des Motorkortex besteht darin, die gegenüberliegende Körperseite hinsichtlich der Feinsteuerung der kleinen Gliedmaßen zu versorgen. Wie der Homunculus in Abbildung 6.26 erkennen lässt, werden von großen Teilen der Area 4 die distalen Bereiche der Extremitäten versorgt.

> **Vertiefung**
>
> **Ein- und Ausgänge des Motorkortex**
> Die wichtigste efferente Verbindung aus dem primären motorischen Kortex ist die Pyramidenbahn. Weitere Efferenzen laufen zum Pons, zum Kleinhirn, zum Thalamus, zum Nucleus ruber, zur Substantia nigra und zur Formatio reticularis.
>
> Afferente Zuflüsse in den primären motorischen Kortex kommen aus dem Thalamus, der seinerseits motorische Impulse aus dem Kleinhirn und den Basalganglien erhält. Kortiko-kortikale Zuströme erhält die primär-motorische Rinde aus dem somatosensorischen Areal (Gyrus postcentralis) sowie der supplementär-motorischen Rinde und dem prämotorischen Kortex.

Der prämotorische Kortex

Der prämotorische Kortex wirkt vor allem auf Muskelgruppen, die dem Rumpf nahe sind. Eine der Hauptaufgaben ist, ebenso wie im supplementär-motorischen Kortex, die Generierung von komplexeren Körperbewegungen. Vor allem scheint er auch für die Startphase einer Bewegung wichtig zu sein. Die Eingangsimpulse in den prämotorischen Kortex entstammen hauptsächlich dem posterior-parietalen Kortex sowie den Basalganglien, die überwiegend über diese Station modulierend auf den Kortex einwirken. Die Efferenzen verlassen diese Region in Richtung auf den primären motorischen Kortex und den Hirnstamm.

Der supplementär-motorische Kortex

Auch der supplementär-motorische Kortex ist somatotop organisiert, allerdings beeinflusst hier – im Gegensatz zum primär-motorischen Kortex – das Feld einer Kortexhemisphäre beide Seiten des Körpers. Die von ihm innervierten Muskelgruppen liegen eher distal (z. B. Finger). Dieser Kortexbereich spielt eine wichtige Rolle beim Erlernen komplexer Bewegungsfolgen. Er wird auch bei der reinen Vorstellung von Bewegungsfolgen ohne Ausführung der Bewegung aktiviert, wie dies z. B. beim mentalen Training der Sportler geschieht. Entsprechend der Organisation des supplementär-motorischen Kortex führen Läsionen in dieser Region zu Defiziten in der Feinmotorik und in der Koordination beidhändig auszuführender Manipulationen.

Der posterior-parietale Kortex

Der posterior-parietale Kortex spielt hauptsächlich bei denjenigen komplizierten Bewegungsfolgen eine Rolle, die durch vielfältige sensorische Information gesteuert werden. Signale aus dem visuellen und akustischen System sowie dem somatosensorischen System erreichen dieses Gebiet. Hier findet die Planung und Umsetzung von Bewegungsprogrammen im Raum statt. Dementsprechend leiden Patienten, die Läsionen in diesem Gebiet aufweisen, unter großen Schwierigkeiten, räumlich-zeitlich koordinierte Bewegungen auszuführen. Nicht selten hat man bei Patienten mit Schädigungen im posterior-parietalen Kortex das Neglect-Syndrom beobachtet.

Die »Hierarchie« motorischer Befehlsfolgen

Man kann die Abläufe bei der Steuerung der Motorik zusammenfassend in einem quasi-hierarchischen Schema darstellen. In Abbildung 9.14 sind die wichtigsten zentralnervösen Strukturen, die aktiv zur Motorik beitragen, eingezeichnet. Man erkennt, dass eine Hierarchie nur teilweise gegeben ist: So sind etwa das Kleinhirn und die Basalganglien gewissermaßen »parallel geschaltet«. Sie können über Rückmeldebahnen auch die höheren Zentren modulierend erreichen. Natürlich existieren weitere Strukturen, die ebenfalls an der Motoriksteuerung beteiligt sind, z. B. der Thalamus; allerdings ist ihre zentrale Aufgabe nicht primär im Bereich der Motorik angesiedelt.

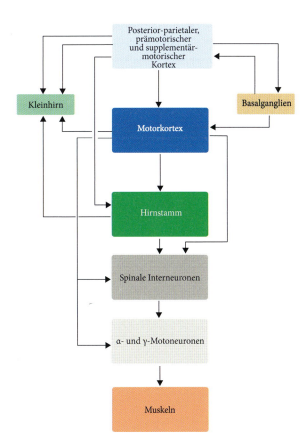

Abbildung 9.14 Vereinfachtes Wirkungsgefüge motorischer Systeme

> **Zusammenfassung**
>
> Unter den motorischen Arealen versteht man diejenigen Kortexareale, die im engeren Sinne mit der Organisation und Durchführung von motorischer Aktivität befasst sind, d. i. der primär-motorische Kortex, der prämotorische Kortex, der supplementär-motorische Kortex und der posterior-parietale Kortex.
>
> Im primären motorischen Kortex finden sich rechtsseitig Repräsentationen von Muskelgruppen der linken Körperseite und umgekehrt. Der primäre motorische Kortex schickt die motorischen Befehle ab, die dann über die Neuronen des Rückenmarks (bzw. der Hirnnervenkerne) die Muskulatur erreichen. Wichtigstes Bahnsystem von hier aus ist die Pyramidenbahn.
>
> Der prämotorische Kortex wirkt vor allem auf Muskelgruppen, die dem Rumpf nahe sind. Er steuert ebenfalls komplexere Folgen von Körperbewegungen.
>
> Der supplementär-motorische Kortex repräsentiert primär wesentliche, gut gelernte Bewegungsprogramme. Er ist für das Erlernen von Bewegungsfolgen und ihre mentale Vorbereitung wichtig.
>
> Der posterior-parietale Kortex spielt hauptsächlich bei denjenigen komplizierten Bewegungsfolgen eine Rolle, die durch vielfältige sensorische Information gesteuert werden. Dies betrifft v. a. die Planung und die Umsetzung von komplexen Bewegungsprogrammen im Raum.

Weiterführende Literatur

Benninghoff, A. & Drenckhahn, D. (2004). Anatomie, Bd. 2 (16. Aufl.). München: Urban & Fischer.

Brodal, P. (2003). The central nervous system. New York: Oxford University Press.

Deetjen, P., Speckmann, E.-J. & Hescheler, J. (2005). Physiologie (4. Aufl.). München: Elsevier.

Kahle, W. & Frotscher, M. (2009). Taschenatlas der Anatomie, Bd. 3: Nervensystem und Sinnesorgane (10. Aufl.). Stuttgart: Thieme.

Klinke, R., Pape, H.-C., Kurtz, A. & Silbernagl, S. (2009). Physiologie (6. Aufl.). Stuttgart: Thieme.

Trepel, M. (2008). Neuroanatomie. Struktur und Funktion (4. Aufl.). München: Urban & Fischer.

10 Allgemeine Sinnesphysiologie

Die Sinnesphysiologie befasst sich mit den neuroanatomischen und neurophysiologischen Basisphänomenen der sinnlichen Wahrnehmung. Sie ist damit ein Grundlagengebiet der Wahrnehmungspsychologie. Zugleich ist die Sinnesphysiologie eine Subdisziplin der Neurophysiologie und damit ein Teilgebiet der Physiologie.

Sinnessysteme als Fenster in die Umwelt

Lebewesen erhalten Informationen aus der Umwelt über ihre Sinnessysteme. Diese Systeme sind bei den verschiedenen Spezies in ganz unterschiedlicher Weise entwickelt. Menschen können elektromagnetische Wellen in einem bestimmten Wellenlängensektor – innerhalb des Spektrums des sichtbaren Lichts – wahrnehmen. Bestimmte Schlangenarten dagegen sind in der Lage, auch elektromagnetische Wellen aus dem Infrarotbereich zu identifizieren. Damit können sie etwa die von anderen Tieren abgegebene Wärmestrahlung auch in vollständiger Dunkelheit registrieren. Auch für Schallwellen gilt, dass der Mensch nur einen bestimmten Ausschnitt aus dem Wellenlängenspektrum wahrnehmen kann. So sind etwa Töne oberhalb einer Frequenz von 16.000 Hz für uns nicht mehr hörbar. Andere Lebewesen dagegen, wie z.B. Fledermäuse, können Frequenzen im Ultraschallbereich sehr sensibel verarbeiten und auf diese Weise auch bei Dunkelheit Objekte orten.

Sinnesreize. Die vom jeweiligen Sinnesapparat eines Lebewesens erkennbaren Reize stellen also einen relativ schmalen Ausschnitt aus der Welt physikalischer Phänomene dar. Zu diesem Ausschnitt gehörige Reize nennt man Sinnesreize. Die Einschränkung auf einen solchen Bruchteil der in der Umwelt vorhandenen Information hat sich in der Evolution offenbar als ausreichend, wenn nicht sogar als vorteilhaft herausgestellt. Vorteilhaft insofern, als dadurch die vielfältigen, aber meist irrelevanten Umweltphänomene schon – bevor sie überhaupt in das Nervensystem gelangen – auf der Ebene der Sinnesorgane selektiert werden. Dadurch werden die informationsverarbeitenden Systeme, die den Sinnesorganen nachgeschaltet sind, von Filteraufgaben entlastet. Zwar hat sich die so getroffene Auswahl der wahrnehmbaren Reize im Laufe der Evolution als sinnvoll erwiesen, jedoch haben sich die Umweltgegebenheiten, in denen

der Mensch lebt, in den letzten Jahrhunderten so einschneidend verändert, dass heute zusätzliche Wahrnehmungsleistungen vonnöten wären. So könnte z.B. ein Organ, mit dem radioaktive Strahlung wahrnehmbar wäre, für den modernen Zivilisationsmenschen u.U. langfristige Schädigungen vermeiden helfen. Ähnliches gilt für Schadstoffe in der Luft oder in Nahrungsmitteln.

10.1 Sinnesempfindungen und Psychophysik

10.1.1 Empfindung und Wahrnehmung

In der klassischen Wahrnehmungspsychologie wird häufig der Begriff der Empfindung gegen den der Wahrnehmung abgegrenzt. Unter Empfindungen werden fundamentale Bewusstseinsprozesse verstanden. Diese folgen quasi unmittelbar auf den Zutritt der Reizinformation zu denjenigen höheren Gehirnregionen, die überhaupt bewusstes Erleben erlauben. Empfindungen gelten damit als Elementarprozesse des sinnlichen Erlebens.

Unter Wahrnehmung versteht man dagegen die Verknüpfungen einer Sinnesempfindung mit Inhalten der Erfahrung und, falls gegeben, mit Informationen aus anderen Sinnesmodalitäten. Erfahrung kann z.B. in vorangegangenen Lernvorgängen oder Gedächtnisinhalten bestehen. Schließlich spielt beim Zustandekommen einer Wahrnehmung auch die momentane Befindlichkeit oder Stimmung eine Rolle. Der Wahrnehmungsvorgang selbst läuft meist ohne bewusste Steuerung ab.

Es ist uns unmöglich, je eine reine Empfindung ohne subjektive Tönung zu erleben, sondern was uns als sinnliches Erleben bewusst wird, ist das Ergebnis des subjektiven Wahrnehmungsvorgangs insgesamt. So wird der Geruch von frisch gebrühtem Kaffee bei einem dreijährigen Kind zu einem anderen sinnlichen Ereignis führen als bei einer Person, die nach dem morgendlichen Aufstehen zuerst eine Tasse Kaffee benötigt, um »in Schwung« zu kommen. Von daher wird von vielen modernen Autoren der Empfindungsbegriff als verzichtbar angesehen. Eine getrennte Betrachtung einerseits der Wahrnehmung eines Ereignisses, andererseits seines Ausgangselements, der Empfindung, sei ohnehin nicht möglich.

Sinnesmodalitäten. Das Sinneserleben vollzieht sich innerhalb verschiedener Modalitäten. Diese stellen zugleich die sog. »Grundqualitäten der Empfindung« dar. Die Sinnesmodalitäten sind auf der biologischen Ebene in Form unterschiedlicher neuronaler Sinnesbahnen repräsentiert. Auf dieser Basis kann man folgende Modalitäten unterscheiden:

- ▶ Sehen
- ▶ Hören
- ▶ Riechen
- ▶ Schmecken
- ▶ Tasten
- ▶ Temperaturempfinden
- ▶ Gleichgewichtssinn
- ▶ Bewegungsempfinden
- ▶ Schmerzempfinden

Allerdings ist ungewiss, ob damit die Aufzählung der sinnlich erfahrbaren Modalitäten erschöpft ist. Wie ist es mit »Jucken« oder »Kitzeln«? Ist es andererseits sinnvoll, den Gleichgewichtssinn vom Bewegungssinn abzugrenzen? Oder handelt es sich nicht bei beiden um einen Sinn, der zur Orientierung im Raum dient? Es herrscht in der Literatur gegenwärtig bezüglich der Anzahl der sinnvoll unterscheidbaren Modalitäten eine gewisse Uneinigkeit.

Zusammenfassung

Unter Wahrnehmung versteht man die Verknüpfungen einer Sinnesempfindung mit Inhalten der Erfahrung und mit Informationen aus anderen Sinnesmodalitäten. Wahrnehmung ist also immer subjektiv getönt. Sie läuft i. Allg. automatisch und ohne bewusste Steuerung ab.

Das Sinneserleben vollzieht sich innerhalb verschiedener Modalitäten. Diese beziehen sich auf die Grundqualitäten der Empfindung. Die Sinnesmodalitäten sind auf der biologischen Ebene in Form unterschiedlicher neuronaler Sinnesbahnen repräsentiert. Eine mögliche Klassifikation ist: Sehen, Hören, Riechen, Schmecken, Tasten, Temperaturempfinden, Gleichgewichtssinn, Bewegungsempfinden und Schmerzempfinden.

10.1.2 Psychophysik

Die Psychophysik befasst sich in quantitativer Weise mit den Beziehungen zwischen physikalischen Reizeigenschaften und der Repräsentation des Reizes auf der Ebene der subjektiven Wahrnehmung. Eine wesentliche Frage der Psychophysik ist z. B., wie die physikalischen Eigenschaften eines Reizes beschaffen sein müssen, damit dieser überhaupt bewusst wahrgenommen werden kann, d. h. wovon die »Wahrnehmungsschwelle« (s. u.) abhängt.

Forscherpersönlichkeit

Gustav Theodor Fechner, geboren am 19. 4. 1801 in Groß-Särchen, gestorben am 18. 11. 1887 in Leipzig. Er gilt als einer der Begründer der experimentellen Psychologie. Von 1834 bis 1839 war er Professor für Physik, danach für Naturphilosophie und Anthropologie in Leipzig. Fechner führte hier als Physiker wichtige Untersuchungen zur Gültigkeit des Ohm-Gesetzes in galvanischen Elementen und zu optischen Problemen – besonders der Farbenlehre – durch. Wegen eines Augenleidens musste er den Physik-Lehrstuhl später aufgeben. Ab 1843 galt sein Interesse zunehmend der Philosophie, der Psychophysik und der psychologischen Ästhetik.

In der Psychophysik stellte sich Fechner die Aufgabe, auf empirisch-experimenteller Grundlage die »Beziehungen zwischen Leib und Seele« in mathematisch-exakte Form zu kleiden. Diesen Bemühungen, für psychische Phänomene ein physikalisches Maß zu finden, entspringt die Erweiterung des von Ernst Heinrich Weber aufgestellten Gesetzes zum sog. Fechner-Gesetz. Von Fechner werden die Empfindungen quasi wie Atome behandelt. Die Intensität der Empfindungen wird zu einer Größe im engeren physikalischen Sinne, wodurch das Seelische weitgehend physikalisiert wird.

Obwohl dieser Denkansatz unter zeitgenössischen Psychologen auch auf Widerstand traf, wurde Fechner dennoch zu einem der Begründer der Experimentalpsychologie. Er leistete in Leipzig wertvolle Vorarbeit für das dortige, später weltberühmte psychologische Experimentalinstitut von Wilhelm Wundt.

218 | 10 Allgemeine Sinnesphysiologie

Die wissenschaftliche Begründung der Psychophysik geschah durch den Physiker und Philosophen Gustav Theodor Fechner (1801–1887). Er publizierte seine diesbezüglichen Überlegungen im Jahr 1860 in dem Werk »Die Elemente der Psychophysik«. Hier beschrieb er u. a eine Reihe von Methoden zur Untersuchung von Fragen der Psychophysik.

Von diesen Verfahren sind bis heute vor allem noch drei Methoden der Schwellenbestimmung von Bedeutung. Diese sollen hier präsentiert werden, da sie einen guten Einblick in die klassischen Arbeitsprinzipien der Psychophysik geben.

Methoden der Schwellenbestimmung

Unter der Wahrnehmungsschwelle für einen Reiz versteht man denjenigen Wert der physikalischen Reizintensität, bei dem eine sog. eben merkliche Empfindung ausgelöst wird. Allerdings geschieht der Übergang zwischen »keiner Empfindung« und »eben merklicher Empfindung« in unserer subjektiven Erlebenswelt nicht durch Überschreiten einer scharfen erlebbaren Grenze. Diese ist abhängig von verschiedenen Randbedingungen. So spielt die Aufmerksamkeit ebenso eine Rolle wie die physiologische Situation am Sinnesorgan. War z.B. das Auge optimal auf den Reiz ausgerichtet, lag schon Adaptation (s. Abschn. 10.2.1) vor etc.? Von daher ist es sinnvoll, auf der Basis von Testreihen einen mittleren Wert für die Schwellenintensität zu bestimmen.

Grenzmethode. Bei der Anwendung der Grenzmethode verwendet man zwei unterschiedliche Typen von Reizserien. Beim einen Typ werden dem Beobachter Reize – z.B. Töne oder Lichtpunkte – mit aufsteigender Intensität dargeboten. Man beginnt mit Intensitäten, die deutlich unterhalb der Wahrnehmungsschwelle liegen. Der Beobachter berichtet, wann er erstmals eine eben merkliche Sinnesempfindung hat (Übergangspunkt). Darauf wird die Reizserie vom zweiten Typ dargeboten. Hier wird mit deutlich wahrnehmbaren Reizintensitäten begonnen, die in absteigenden Intensitäten aufeinanderfolgen. Der Proband gibt nun an, wann er erstmals keinen Reiz mehr wahrnimmt. Um hieraus den Schwellenwert zu gewinnen, wird in mehreren aufsteigenden bzw. absteigenden Reizserien dieser Übergangspunkt bestimmt und daraus der mittlere Schwellenwert berechnet.

Konstanzmethode. Bei der Konstanzmethode wird, ebenso wie bei der Grenzmethode, mit Reizen unterschiedlicher Intensität gearbeitet, die jetzt aber nicht mit an- oder absteigender Intensität, sondern in zufällig variierender Aufeinanderfolge dargeboten werden. Der intensivste Reiz wird dabei natürlich weit überschwellig gewählt, der am wenigsten intensive weit unterschwellig. Zwischen den beiden Extremen liegen mindestens weitere zehn Intensitätsstufen. Während der Darbietung einer solchen Reizserie wird nach jedem Einzelreiz notiert, ob die Versuchsperson angibt, den Reiz bemerkt oder nicht bemerkt zu haben. Am Ende des Versuchs werden die Häufigkeiten ausgezählt, mit denen jede Intensitätsstufe bemerkt wurde bzw. unerkannt blieb. Sehr intensive Reize werden dabei naturgemäß mit einer Wahrscheinlichkeit von 100 % erkannt, weit unterschwellige Reize mit einer Häufigkeit von 0 %. Schwellennahe Reize werden gelegentlich entdeckt, manchmal aber auch nicht bemerkt. Aus dieser Überlegung heraus definiert man bei der Konstanzmethode diejenige Intensität als Wahrnehmungsschwelle, die in 50 % der Fälle bemerkt wurde (s. Abb. 10.1).

Herstellungsmethode. Das einfachste Verfahren zur Bestimmung der Wahrnehmungsschwelle ist die Herstellungsmethode. Diese ist anwendbar, wenn sich die Reizintensität in relativ einfacher Weise entweder vom Probanden selbst oder vom Versuchsleiter manipulieren lässt. Ein Beispiel ist die Helligkeitssteigerung eines Lichtpunkts durch Verschieben eines Reglers. Die Aufgabe des Probanden besteht nun darin, denjenigen

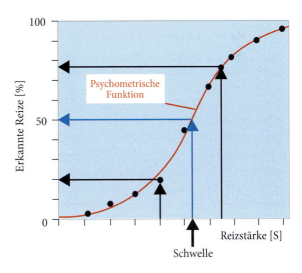

Abbildung 10.1 Schwellenbestimmung nach der Konstanzmethode. Es wird diejenige Reizstärke als Schwelle definiert, bei der in 50 % der Fälle der Reiz wahrgenommen wird. Dargestellt ist eine sog. »psychometrische Funktion« (rot)

10.1 Sinnesempfindungen und Psychophysik | **219**

Intensitätswert selbst herzustellen bzw. vom Versuchsleiter herstellen zu lassen, bei dem der Reiz eine eben merkliche Empfindung auslöst bzw. – bei absteigender Intensitätsvariation – gerade verschwindet. Diese Prozedur wird mehrfach wiederholt, und aus dem Mittelwert der jeweils eingestellten (und notierten) Intensitäten wird ein Schwellenwert berechnet.

Unterschiedsschwelle und Weber-Gesetz

Bereits einige Jahre vor Fechner hatte sich der Physiologe Ernst Heinrich Weber (1795–1878) mit einem anderen Schwellentyp, der sog. Unterschiedsschwelle, befasst. Darunter versteht man den eben merklichen Unterschied zwischen zwei Reizen, der von einem Probanden gerade noch identifiziert werden kann.

> **Forscherpersönlichkeit**
>
> **Ernst Heinrich Weber**, geboren am 24.6.1795 in Wittenberg, gestorben am 26.1.1878 in Leipzig. Ab 1818 Professor für Anatomie, ab 1840 Professor für Physiologie in Leipzig. Er gilt als einer der Väter der experimentellen Psychologie und Mitbegründer der modernen Sinnesphysiologie. Er führte Untersuchungen zum Tast- und »Kraft«-Sinn durch, die Ausgangspunkt für die Entstehung der quantitativen Psychophysik waren. Weber stellte seine Ergebnisse zusammenfassend in »Der Tastsinn und das Gemeingefühl (1851)« dar, einem Werk, das als einer der Grundsteine der experimentellen Psychologie gilt.

Weber entdeckte, dass diese Unterschiedsschwelle in ihrer Größe vom Absolutwert der Reizintensitäten abhängt. Wenn etwa ein Urteil darüber abgegeben werden soll, ob zwei Gewichte unterschiedlich schwer sind, so ist der eben merkliche Unterschied bei zwei kleinen Gewichten geringer als bei zwei großen Gewichten. Bei einem Bezugsgewicht (»Referenzreiz«) von 100 g lässt sich ein Vergleichsgewicht von 105 g, das also nur 5 g schwerer ist, bereits als schwerer identifizieren. Dagegen muss bei einem Bezugsgewicht von 500 g das Vergleichsgewicht mindestens 515 g wiegen, damit es als schwerer erkannt werden kann. Die notwendige Abweichung zwischen zwei Reizintensitäten zum Bemerken eines Unterschieds nennt man Differenzlimen.

> Das Weber-Gesetz lautet als Gleichung ausgedrückt:
> $$\frac{\Delta S}{S} = K$$
> Dabei ist S die Stärke des Referenzreizes, ΔS das Differenzlimen und K die sog. Weber-Konstante.

Da die beiden Größen durch einen konstanten Faktor verknüpft sind, handelt es sich hier um die Beschreibung eines linearen Zusammenhangs (s. Abb. 10.2).

Das Weber-Gesetz gilt näherungsweise für die meisten Sinnesmodalitäten. Die Weber-Konstante bewegt sich zwischen Werten von 0,02 und 0,12. Demnach bedarf es einer Differenz von ca. 2 bis 12% zwischen Referenz- und Vergleichsreiz, damit der Unterschied eben wahrnehmbar wird. Eine Einschränkung seiner Gültigkeit erfährt das Weber-Gesetz an den Endbereichen des Kontinuums von Reizintensitäten. Bei extrem schwachen Reizen und bei extrem intensiven Reizen nimmt die Weber-Konstante deutlich erhöhte Werte an.

> **Übersicht**
>
> Einige repräsentative Werte für die **Weber-Konstante** sind:
>
> | | |
> |---|---|
> | Helligkeit: | 0,02–0,05 |
> | Lautheit: | 0,1 –0,2 |
> | Geschmacksintensität (Salz): | 0,15–0,25 |
> | Geruchsintensität (verschiedene Substanzen): | 0,2 –0,4 |
> | Druckempfindung auf der Haut: | 0,14–0,16 |

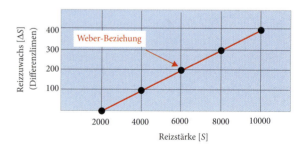

Abbildung 10.2 Weber-Gesetz. Das Weber-Gesetz beschreibt den (linearen) Zusammenhang zwischen absoluter Reizstärke und dem Zuwachs an Reizstärke, der nötig ist, damit der Unterschied zwischen zwei Reizen wahrgenommen werden kann

Das Weber-Gesetz stellt einen Zusammenhang zwischen dem eben wahrnehmbaren Unterschied zwischen zwei verschieden starken Reizen dar. Es macht keine Aussagen über den eigentlich interessierenden Zusammenhang zwischen empfundener Stärke eines Einzelreizes und der physikalischen Reizstärke.

(Weber-)Fechner-Gesetz

Fechner formulierte auf der Basis seiner Überlegungen zu Wahrnehmungsschwellen – speziell Unterschiedsschwellen – eine Weiterentwicklung des Weber-Gesetzes. Er stellte einen Zusammenhang zwischen den Unterschiedsschwellen und der Stärke der überschwelligen Empfindung eines Reizes her. Nach seiner Überlegung nähert man sich dem Wert der subjektiv empfundenen Reizstärke rechnerisch wie folgt an: Man addiert alle Differenzlimen auf, die sozusagen überwunden werden müssen, um den dargebotenen Reiz in seiner gerade vorliegenden Stärke wahrzunehmen (s. Abb. 10.3). Der sich ergebende Zusammenhang ist am besten durch eine logarithmische Kurve darstellbar.

> ! Im Fechner-Gesetz wird der Zusammenhang zwischen wahrgenommener Reizintensität (W), physikalischer Reizintensität (S) und der physikalischen Intensität des Reizes an der Absolutschwelle (S_0) durch eine logarithmische Funktion beschrieben:
> $$W = c \left(\log \frac{S}{S_0} \right)$$
> c ist eine Konstante, die von der jeweiligen Reizmodalität abhängt.

Stevens-Potenzgesetz

Im Fechner-Gesetz ist ein logarithmischer Zusammenhang zwischen der Empfindungsstärke einerseits und dem Verhältnis Reizintensität zu Schwellenintensität andererseits postuliert. Auch das Fechner-Gesetz hat jedoch nur eine begrenzte Gültigkeit, was v. a. die Extrembereiche der Reizintensitäten betrifft. Stanley S. Stevens (1906–1973) studierte auf der Basis einer verfeinerten quantitativen Methodik (s. u.) den Zusammenhang zwischen subjektiver und objektiver Reizstärke. Er kam zu dem Ergebnis, dass eine Exponentialfunktion die Zusammenhänge am besten beschreibt. Er konnte aufgrund verschiedener, von ihm entwickelter Messmethoden diesen exponentiellen Zusammenhang untermauern.

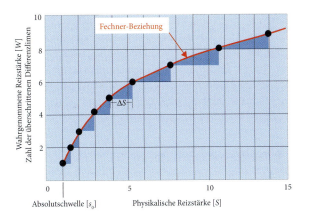

Abbildung 10.3 Fechner-Gesetz. Durch Aufaddieren der Differenzlimen ΔS, die überschritten werden müssen, um zur gegebenen Intensitätsstufe zu kommen, erhält man einen Zusammenhang zwischen objektiver und wahrgenommener Reizstärke

Methode der direkten Größenschätzung

Es wird dem Probanden zunächst ein Referenzreiz, z. B. ein Druckreiz auf die Haut dargeboten. Dessen Intensität wird ein bestimmter Zahlenwert (z. B. 100) zugeordnet. In der Folge hat der Proband die Aufgabe, Druckreize anderer Intensitäten ebenfalls mit Zahlen zu benennen, die der wahrgenommenen Druckempfindung entsprechen. Diese Zahlen sollen sich am Referenzreiz bzw. dessen Zahlenwert (hier: 100) orientieren. Wird ein Druckreiz als doppelt so intensiv wahrgenommen wie der Referenzreiz, so würde ihm vom Probanden in diesem Beispiel der Wert 200 zugeordnet, wird er als nur ein Fünftel so stark wahrgenommen, so würde der Proband ihn mit dem Wert 20 belegen.

Intermodaler Intensitätsvergleich

Hier soll die Versuchsperson die wahrgenommene Stärke der Empfindung in einer bestimmten Sinnesmodalität – z. B. die Lautstärke eines Tons – durch eine Angabe in einer zweiten Sinnesmodalität ausdrücken. Es kann auch durch ein Herstellungsverfahren ein entsprechender Wert in der zweiten Sinnesmodalität eingestellt werden. Beispielsweise könnte die Versuchsperson die Aufgabe haben, ein Handdynamometer – eine Vorrichtung, die mit der Hand umfasst wird, wobei die Kraft gemessen wird, mit der das Dynamometer zusammengepresst wird – dann so kräftig zusammenzudrücken, wie es der wahrgenommenen Intensität eines Tons entspricht. Der quantitative Wert zur Beschreibung der wahrgenommenen Reizstärke wird dann auf einer Skala am Dynamometer abgelesen. Mit diesem intermodalen Herstellungsverfahren lassen sich relativ gut reproduzierbare Angaben über subjektiv empfundene Reizstärken erzielen. Auf der Basis dieser und weiterer, ähnlicher Methoden gelangte Stevens zu der Erkenntnis, dass eine Potenzfunktion von allgemeinerer Gültigkeit und größerer Genauigkeit ist als das Fechner-Gesetz.

Das Stevens-Gesetz lautet:

$W = c\, S^n$

Dabei ist W = die wahrgenommene Reizstärke, S = die physikalische Reizintensität, c = eine Konstante und n = eine Größe, die für jede Sinnesmodalität einen typischen Wert besitzt.

Der Wert des Exponenten bewegt sich ungefähr zwischen $n = 0{,}2$ (für die Helligkeit von weißem Licht) und $n = 3{,}5$ (für die Stromstärke bei elektrischer Hautreizung). In Abbildung 10.4 ist der Zusammenhang zwischen subjektiv wahrgenommener Reizstärke und der objektiven Reizintensität für Helligkeit und elektrische Stromstärke wiedergegeben.

Stevens selbst hat die Werte von n für eine Fülle von Reizklassen bestimmt. Eine Auswahl der diesbezüglichen Kurven ist in Abbildung 10.5 wiedergegeben. Hier handelt es sich um eine doppeltlogarithmische Darstellung, bei der Exponentialfunktionen zu Geraden werden. Man erkennt hier auch, dass die Messpunkte relativ sauber auf einer Geraden liegen, was bedeutet, dass die Exponentialfunktion die empirischen Daten gut widerspiegelt.

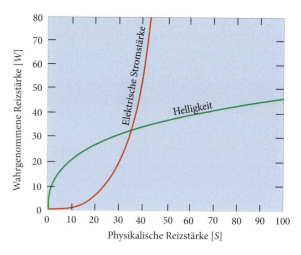

Abbildung 10.4 Stevens-Funktion. Die beispielhaft dargestellten Verläufe geben den Zusammenhang zwischen der physikalischen Reizintensität und der subjektiv eingestuften Intensität für Helligkeit und für Stromstärke wieder

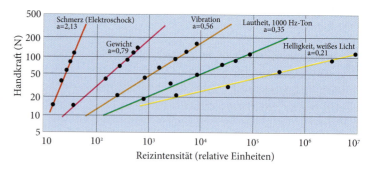

Abbildung 10.5 Beispiele für Stevens-Koeffizienten. Es sind die subjektiven Reizstärken für verschiedene Sinnesmodalitäten gegenüber den physikalischen Intensitäten doppeltlogarithmisch abgetragen. Die subjektiven Reizstärken wurden durch intermodalen Intensitätsvergleich (Handdynamometer) gewonnen

Zusammenfassung

Die Psychophysik studiert die quantitativen Beziehungen zwischen physikalischen Reizeigenschaften und der Repräsentation des Reizes auf der Ebene der subjektiven Wahrnehmung.

Eine wesentliche Frage der Psychophysik ist z. B., wie die physikalischen Eigenschaften eines Reizes beschaffen sein müssen, damit dieser überhaupt bewusst als Reiz wahrgenommen werden kann. Als Wahrnehmungsschwelle wird die Reizstärke bezeichnet, bei der ein Reiz gerade eben wahrgenommen wird.

Beispiele für klassische Methoden der experimentellen Schwellenbestimmung sind die Grenzmethode, die Konstanzmethode und die Herstellungsmethode.

Ein anderer wichtiger Schwellentyp der Psychophysik ist die Unterschiedsschwelle, d. h. der Abstand zwischen zwei Reizintensitäten, bei denen gerade eben ein Unterschied wahrgenommen werden kann. Die Unterschiedsschwelle hängt in ihrer Größe vom Absolutwert der Reizintensitäten ab – bei kleinen Reizintensitäten ist dieser geringer als bei großen.

Das Weber-Gesetz beschreibt den Zusammenhang zwischen Referenzreiz (S) und Reizunterschied (ΔS) als:

$$\frac{\Delta S}{S} = K$$

Fechner erweiterte das Weber-Gesetz zum (Weber-)Fechner-Gesetz. Es ist eine Funktion aus wahrgenommener Reizintensität (W), physikalischer Reizintensität (S) und der physikalischen Intensität des Reizes an der Absolutschwelle (S_0):

$$W = c \left(\log \frac{S}{S_0}\right).$$

Im Stevens-Gesetz wird der Zusammenhang zwischen subjektiver und objektiver Reizstärke durch eine Exponentialfunktion beschrieben:

$$W = c\, S^n$$

Dabei ist W = die wahrgenommene Reizstärke, S = die physikalische Reizintensität, c = eine Konstante und n = eine Größe, die für jede Sinnesmodalität einen typischen Wert besitzt. Dieser Wert bewegt sich ungefähr zwischen $n = 0{,}2$ und $n = 3{,}5$.

10.2 Objektive Sinnesphysiologie

Die objektive Sinnesphysiologie befasst sich mit der Neurophysiologie und Neuroanatomie der sog. Sinneskanäle. Für die unterschiedlichen Sinnesmodalitäten, teilweise auch für einzelne Merkmale innerhalb einer Modalität wie z. B. Vibrationsreize innerhalb der taktilen Modalität existieren spezifisch ausgebildete Sinneskanäle, die morphologisch über weite Strecken auch deutlich voneinander abgegrenzt sind. Jeder **Sinneskanal** besteht aus reizaufnehmenden, reizleitenden und reizverarbeitenden Strukturen (s. Abb. 10.6).

Für die meisten Modalitäten gilt, dass bestimmte Eigenschaftsklassen, sog. Submodalitäten (Sinnesqualitäten), in parallelen Sinneskanälen verarbeitet werden. Im visuellen Sinnessystem werden als Submodalitäten Farbe, Form und Helligkeit verarbeitet. Die Information, die über die einzelnen Sinneskanäle in unser Bewusstsein gelangt, ist die neurophysiologische Basis der Empfindung. Werden die Informationen aus den Sinneskanälen schließlich zu einer Repräsentation der gesamten Reizsituation zuzüglich gespeicherter Informationen integriert, liegt Wahrnehmung vor.

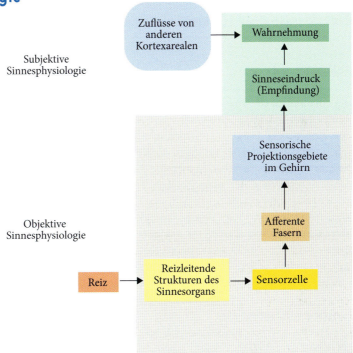

Abbildung 10.6 Ablaufschema des Wahrnehmungsvorgangs. Der untere, hellgrau unterlegte Teil der Abbildung enthält die Elemente eines Sinneskanals

Vertiefung

Als **Sinnessystem** bezeichnet man gelegentlich die Gesamtheit der neuronalen Strukturen, die bei der Verarbeitung der sensorischen Information einer bestimmten Modalität beteiligt sind. Ein Sinnessystem kann also aus mehreren Sinneskanälen bestehen. Zu einem solchen System gehören:

- ► als Eingangsstrukturen die Sensoren,
- ► die afferenten Transmissionsstrukturen zum Gehirn,
- ► subkortikale und kortikale Strukturen (einschließlich jener, die bei der *bewussten* Wahrnehmung eines Reizes aus einer bestimmten Modalität aktiv sind).

10.2.1 Sinnesorgane und Sinneszellen

Als Sinnesorgane bezeichnet man speziell ausgestaltete Bereiche des Organismus – Auge, Ohr, Haut usw. –, die so beschaffen sind, dass sie zur Aufnahme eines speziellen Reiztyps geeignet sind. Jedes Sinnesorgan besitzt wiederum spezialisierte reizaufnehmende zelluläre Strukturen, die Sinneszellen. Diese sind geeignet, die jeweilige Energieform, in der sich der Reiz manifestiert, durch Veränderungen von Membraneigenschaften in Potenzialveränderungen umzuwandeln.

Adäquater Reiz

Ein adäquater Reiz ist dadurch gekennzeichnet, dass für ihn eine Sinneszelle und damit das ihn beherbergende Sinnesorgan maximale Empfindlichkeit aufweist. Anders ausgedrückt: Dasjenige physikalische Ereignis, das mit minimaler Energie zu einer Veränderung der Membraneigenschaften der Sinneszelle führt, ist für dieses Sinnessystem der adäquate Reiz. Für das Auge ist der adäquate Reiz elektromagnetische Energie einer Wellenlänge von 400 bis 750 nm (= sichtbares Licht). Zwar lassen sich auch durch Druck oder Schlag auf das Auge visuelle Empfindungen auslösen, jedoch ist hierzu eine wesentlich höhere Energie vonnöten. Bei Letzterem handelt es sich also um inadäquate Reizung.

Funktion von Sinneszellen

Der Prozess der Umwandlung von physikalischer Reizenergie in ein zelluläres Ereignis geschieht in den Sinneszellen. Diese stellen Sonderformen von Zellen dar, die allerdings nicht in allen Fällen zur Klasse der Nervenzellen gehören. Man nennt Sinneszellen gelegentlich auch **Rezeptoren** bzw. **Sensoren**. Hierbei ist allerdings zu beachten, dass der Begriff »Rezeptor« schon für bestimmte Typen von Membranproteinen vergeben ist.

Exkurs

Das Prinzip der spezifischen Sinnesenergien

Johannes Müller (1801–1858) formulierte 1840 in seinem »Handbuch der Physiologie«, das jahrzehntelang das grundlegende Physiologielehrbuch war, das »Prinzip der spezifischen Sinnesenergien«. Danach geht unsere Wahrnehmung auf sog. Sinnesenergien zurück, die ihre Wirkung auf das Gehirn entfalten. Diese Sinnesenergien sind nach heutigem Verständnis als erregende Impulse in bestimmten, spezifischen afferenten Nervenfasern zu verstehen.

Eine Sinnesmodalität ist nach Müller dadurch bestimmt, welche Nervenfasern die Information zum Gehirn transportieren, also in welchem Sinneskanal das Reizereignis repräsentiert ist. Mit dem Prinzip der spezifischen Sinnesenergien versuchte Müller zu erklären, dass jegliche Energieeinwirkung auf ein Sinnesorgan, die zur Auslösung von fortgeleiteten Aktionspotenzialen führt, in unserem Bewusstsein die für dieses Sinnesorgan typische Empfindung auslöst und damit der diesbezüglichen Modalität zugeordnet wird. Also muss auch die mechanische Reizung des Auges zu »Sehempfindungen« führen. Schließlich wird diese Information ebenfalls über Fasern der Sehbahn vermittelt und muss deshalb im Gehirn als ein visuelles Ereignis wahrgenommen werden. Demnach ist die Sinnesmodalität nicht durch die Art des Reizes bestimmt, sondern durch den jeweiligen Sinneskanal.

Transduktion. Das Auftreffen physikalischer Energie (Reizeinwirkung) hat eine Verschiebung des Membranpotenzials zur Folge, es entsteht das sog. Sensor- oder Generatorpotenzial. Die Potenzialverschiebung kommt durch die Öffnung bzw. das Schließen von Ionenkanälen – als Folge der Reizeinwirkung – zustande, was seinerseits Ionenströme nach sich zieht. Das Generatorpotenzial besteht – mit einer Ausnahme – in einer Depolarisation des Membranpotenzials. Es ist proportional zur Reizstärke. Die Ausnahme bilden die Generatorpotenziale von Zapfen und Stäbchen der Netzhaut des Auges, hier zieht Lichteinfall eine Hyperpolarisation (s. Abschn. 12.5.1) nach sich. Diesen Umwandlungsprozess am Beginn eines Sinneskanals bezeichnet man als **Transduktion**.

10 Allgemeine Sinnesphysiologie

Die minimale Energie, die ein Reiz benötigt, um eine gerade überschwellige Empfindung auszulösen, ist in einigen Sinnesmodalitäten extrem niedrig. Bei Auge und Ohr beträgt sie 10^{-17} bzw. 10^{-18} Joule. Insbesondere für die Sensoren der Netzhaut gilt, dass hier eine äußerst geringe Energie ausreicht, nämlich ca. fünf Photonen (Lichtquanten), um zu einem Lichteindruck zu führen. Bereits das Auftreffen eines einzigen Photons kann zu elektrophysiologisch messbaren Veränderungen in dem nachgeschalteten Neuron führen, wenn auch zu keiner Lichtempfindung.

Typen von Sinneszellen

Man unterscheidet zwei prinzipiell unterschiedlich funktionierende Typen von Sinneszellen (s. Abb. 10.7): primäre und sekundäre Sinneszellen.

Primäre Sinneszellen finden sich im somatosensorischen System und im Geruchssystem. Dieser Typ von Sinneszellen stellt ein speziell ausgestaltetes Neuron dar. Er ist leistungsfähiger als die sekundären Sinneszellen, da er zwei Umwandlungsprozesse sequenziell auszuführen vermag. Hierbei geschieht die Umwandlung von Reizenergie in das Generatorpotenzial (Transduktion). Das Generatorpotenzial breitet sich längs der Membran der primären Sinneszelle – allerdings schwächer werdend – bis zu einem erregbaren Membranbereich, der Triggerzone, aus. Dort führt es – falls es noch überschwellig ist – zur Entstehung von Aktionspotenzialen. Die so umkodierte Information wird dann über Weiterleitung im eigenen Axon über eine synaptische Verbindung an ein Neuron des ZNS weitergeben. Den Prozess der Kodierung des Generatorpotenzials in »transportfähige« Aktionspotenziale nennt man Transformation.

Sekundäre Sinneszellen befinden sich am Eingang zum visuellen, akustischen, gustatorischen und vestibulären System. Es handelt sich um oberflächliche Gewebszellen (**Epithelzellen**), die so modifiziert sind, dass sie zur Aufnahme von Reizenergie geeignet sind. Bei den sekundären Sinneszellen haben wir es demnach nicht mit spezialisierten Neuronen zu tun, sondern diese Zellen geben die Information an ein nachgeschaltetes Neuron weiter. Letzteres ist dann das sog. primäre sensorische Neuron. Der Informationsübergang von der sekundären Sinneszelle auf dieses Neuron geschieht über einen transmittergesteuerten Prozess, der mit der synaptischen Übertragung vergleichbar ist. Hier ist die von der Sensorzelle ausgeschüttete Transmittermenge die

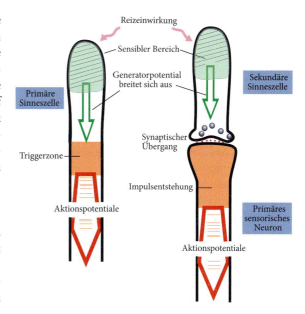

Abbildung 10.7 Primäre und sekundäre Sinneszellen

Bestimmungsgröße für die Umkodierung des Generatorpotenzials in die Frequenz der Aktionspotenziale.

Bedingungen der Frequenzkodierung. Für die Ausbildung eines Sensorpotenzials und die Umkodierung der Reizstärke in Aktionspotenzialfrequenzen (Frequenzkodierung) gilt Folgendes:

(1) Die physikalische Reizintensität muss über einem Minimalwert liegen, dem physikalischen Schwellenwert, damit der Transduktionsprozess überhaupt angestoßen wird und damit die einlaufenden Membranpotenzialverschiebungen noch in der Lage sind, die Aktionspotenzialschwelle zu überschreiten.

(2) Es herrscht kein linearer Zusammenhang zwischen Reizstärken und Aktionspotenzialfrequenzen, sondern dieser ist kurvilinear. Demnach gibt es bestimmte Bereiche der Reizstärke, bei denen eine höhere Auflösung möglich ist als bei anderen.

(3) Die Frequenz der Aktionspotenziale ist durch die Refraktärphase begrenzt. Das bedeutet, dass maximal 500–1.000 Aktionspotenziale pro Sekunde ausgelöst werden können. Da allerdings Reizintensitäten oft über sehr viel größere Bereiche als von 0–1.000 Einheiten variieren können (von 1 bis 10^7 Energieeinheiten), stößt die Genauigkeit des Kodierungsprozesses sehr schnell an Grenzen. Bei sehr hohen Reizintensitäten ist z. B. bei allen sensorischen Neuronen ein sog. **Sättigungseffekt** beobachtbar.

Dies bedeutet, dass ab einem bestimmten Intensitätswert bei weiter ansteigender Intensität keine Steigerung der Aktionspotenzialfrequenz mehr erfolgen kann. Demzufolge ist hier auch die Widerspiegelung der Reizintensität in der subjektiven Empfindungsstärke entsprechend unpräzise.

Unterschwellige Wahrnehmung. Die Energieeinwirkung auf einen Sensor muss nicht immer zu bewussten Empfindungen führen, selbst wenn die Information zu kortikalen Projektionsgebieten gelangt. Dies gilt in besonderem Maße für Reize, die den Zustand der inneren Organe (Enterozeptoren, Viszerozeptoren) und des Bewegungsapparats, also der Muskeln, Gelenke, Sehnen usw. (Propriozeptoren), signalisieren. Es liegen allerdings auch zahlreiche Befunde vor zur sog. unterschwelligen Wahrnehmung **externer** Reize. Bei sehr schwachen oder nur sehr kurz dargebotenen Reizen kann zwar eine bewusste Wahrnehmung fehlen, diese Reize können aber dennoch Einflüsse auf mentale Prozesse – z. B. die Präferenz für bestimmte Objekte – oder für die Entscheidung zwischen Handlungsalternativen ausüben.

Adaptation

Alle Sensoren zeigen in einem gewissen Ausmaß Adaptation. Dies bedeutet, dass trotz konstanter Reizeinwirkung das Sensorpotenzial nicht konstant auf demselben Niveau bleibt, sondern sich – je nach Sensortyp – schneller oder langsamer auf das Ruhepotenzial zurückbewegt. Man kennt sehr schnell adaptierende Sensoren, die unmittelbar, nachdem sie den Reizeinsatz durch eine sprunghafte Veränderung im Sensorpotenzial beantwortet haben, wieder auf das Ruhepotenzial zurücksinken, obwohl der Reiz noch anhält. Sie spiegeln also in erster Linie die dynamischen, in der Zeit schnell veränderlichen, also **phasischen** Reizeigenschaften wider. Man nennt sie, da sie hauptsächlich auf Änderungen reagieren, auch **Differenzial- oder D-Sensoren**. Diejenigen Sensoren, die relativ stabil die anliegende Reizintensität widerspiegeln, also ein zu dieser proportionales Sensorpotenzial lange aufrechterhalten und nur sehr langsam adaptieren, nennt man **Proportionalsensoren**. In vielen Sensoren sind diese Eigenschaften auch bis zu einem gewissen Grade gemeinschaftlich vorhanden, d.h., sie reagieren schnell auf Änderungen und gehen bei Konstantbleiben des Reizes nur vergleichsweise langsam auf das Ruhepotenzial zurück.

Zusammenfassung

Primäre Sinneszellen wandeln ihr Sensorpotenzial direkt in ein Aktionspotenzial um (Transformation) und leiten es über ein eigenes Axon mittels einer Synapse an eine nachgeschaltete Nervenzelle weiter. Derartige primäre Sinneszellen sind Berührungsrezeptoren der Haut und Riechzellen der Nasenschleimhaut.

Sekundäre Sinneszellen (visuelle, akustische, gustatorische und vestibuläre Sensorzellen) sind selbst nicht zur Transformation befähigt und besitzen kein Axon. Ihr Sensorpotenzial bewirkt über chemische Transmitter an einem nachgeschalteten Neuron eine Potenzialverschiebung, die im Falle der Überschwelligkeit ein Aktionspotenzial generiert. Bei der Transformation sind also hier zwei Zellen beteiligt.

Für Transduktion und Transformation gelten folgende Sachverhalte:

(1) Zur Auslösung eines Sensorpotenzials (Transduktion) ist das Erreichen eines Schwellenwertes erforderlich.

(2) Die Frequenzkodierung bei der Transformation des Sensorpotenzials in ein Aktionspotenzial folgt keinem linearen Zusammenhang. Dadurch gibt es Bereiche mit besonders hohem Auflösungsvermögen.

(3) Die Frequenz der Aktionspotenziale ist durch die Refraktärzeit begrenzt (maximal 500–1.000 Aktionspotenziale pro Sekunde), weshalb bei sehr hohen Reizintensitäten ein Sättigungseffekt beobachtbar ist.

10.2.2 Rezeptive Felder

Jedes Sinnesorgan besitzt eine abgrenzbare Region, in der sich die Sensoren befinden. Beim Auge ist dies z.B. die Netzhaut. Eine solche Region nennt man die **rezeptive Fläche**. Ein einzelnes Neuron eines Sinneskanals kann stets nur Impulse von Sensoren aus einem bestimmten, eng umgrenzten Ausschnitt der rezeptiven Fläche (s. Abb. 10.8) empfangen. So kann etwa ein sensorisches Neuron im somatosensorischen System nur durch Druckreize aus einem bestimmten wohlumschriebenen Areal der Hautoberfläche erregt werden. Alle ihm zufließenden Afferenzen entstammen diesem Areal, dem sog. rezeptiven Feld dieses Neurons. Dies gilt analog für jedes Neuron in einem Sinneskanal,

---

226 | 10 Allgemeine Sinnesphysiologie

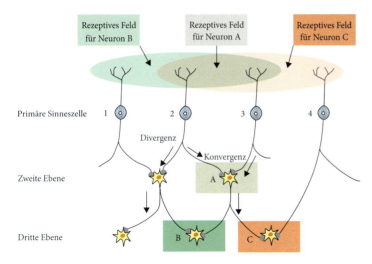

Abbildung 10.8 Rezeptive Felder. Jedes Neuron eines Sinneskanals besitzt ein sog. rezeptives Feld als einen Teilbereich der rezeptiven Fläche eines Sinnesorgans. Die Gestalt und Größe dieses rezeptiven Feldes hängt davon ab, welche Sinneszellen in einem evtl. auch mehrfach verschalteten Kontakt mit dem betreffenden Neuron stehen

10.2.3 Organisationsschema von Sinneskanälen

In den verschiedenen sensorischen Kanälen findet sich in der Hintereinanderschaltung von Neuronen ein prinzipielles Organisationsschema. Vom primären sensorischen Neuron (1. Neuron) wird die Information an ein bereits im ZNS (Rückenmark oder Hirnstamm) befindliches, sekundäres sensorisches Neuron (2. Neuron) weitergegeben. Dessen Axon zieht – i. Allg. gebündelt mit den Axonen anderer sekundärer sensorischer Neuronen – zu höher gelegenen sensorischen Projektionsgebieten. Die Axone des 2. sensorischen Neurons erreichen i. Allg. zunächst die Projektionskerne des Thalamus. Eine Ausnahme hiervon bildet das olfaktorische System (s. Abschn. 15.1): Dessen zentralnervöse Afferenzen steigen in höher gelegene Gehirngebiete – das Riechhirn und das limbische System – ein. In den sensorischen Thalamuskernen herrscht eine sog. topische Gliederung. Die Information wird dort synaptisch auf den Zellkörper eines weiteren Neurons (3. Neuron) umgeschaltet, dessen Axone das entsprechende sensorische kortikale Projektionsareal erreichen. Hier liegt das letzte Neuron (4. Neuron) der spezifischen sensorischen Bahn. Auch die Anordnung dieser kortikalen Neuronen ist topisch gegliedert.

Neben den eben beschriebenen spezifischen sensorischen Bahnen existieren in den verschiedenen Sinnessystemen weitere – allerdings meist komplexer aufgebaute – Neuronenketten. In diesen gelangt die sensorische Information auf *parallelen* Bahnen zu den höheren Verarbeitungszentren. Damit wird **Redundanz** erzielt, was eine größere Sicherheit beim Transport und bei der Analyse von Reizereignissen gewährleistet. Ausfälle in einem Signalweg können dadurch aufgefangen werden, dass die Information auch in anderen Bahnen transportiert wird.

gleichgültig auf welcher Verarbeitungsstufe es sich befindet. Allerdings sind die rezeptiven Felder einander nachgeschalteter Neuronen i. Allg. nicht identisch.

Das rezeptive Feld eines primären sensorischen Neurons (primäres rezeptives Feld) hängt ausschließlich von der Zahl der auf den Zellkörper dieses Neurons zufließenden Fasern ab, die von der rezeptiven Fläche des Sinnesorgans ihren Ausgang nehmen. Das rezeptive Feld des zweiten Neurons in einem sensorischen Kanal – auf der nächsthöheren Verarbeitungsstufe gelegen – wird dagegen von der Zahl der dorthin konvergierenden Fasern primärer Neuronen bestimmt. Da hier i. Allg. sowohl erregende als auch hemmende Zuflüsse auf ein solches Neuron konvergieren, können ihre rezeptiven Felder bereits relativ komplex aufgebaut sein.

Hier ist die sog. Umfeldhemmung (laterale Hemmung) weit verbreitet. Durch geeignete Verschaltung von sensorischen Neuronen, die erregende und hemmende Zuflüsse auf ein nachgeschaltetes Neuron haben, kommt es bei diesem zu einer Verschärfung der Konturen am Ort der Reizeinwirkung. Dies tritt insbesondere im Bereich visueller und taktiler Reizverarbeitung auf (vgl. Abschn. 12.6 bzw. 11.1).

Weiterführende Literatur

Deetjen, P., Speckmann, E.-J. & Hescheler, J. (2005). Physiologie (4. Aufl.). München: Urban & Fischer.

Goldstein, E. B. & Irtel, H. (2007). Wahrnehmungspsychologie. Der Grundkurs (7. Aufl.). Heidelberg: Spektrum Akademischer Verlag.

Handwerker, H. O. (2006). Allgemeine Sinnesphysiologie. In R. F. Schmidt & H. G. Schaible (Hrsg.), Neuro- und Sinnesphysiologie (S. 182–202). Heidelberg: Springer-Verlag.

Klinke, R., Pape, H.-C., Kurtz, A. & Silbernagl, S. (2010). Physiologie (6. Aufl.). Stuttgart: Thieme.

11 Somatosensorik

Ins Reich der Somatosensorik (Somatosensibilität) gehören jene Sinne, die Information über den eigenen Körper einschließlich der Körperoberfläche und der inneren Organe liefern. Diese Sinne sind zu unterscheiden von den sog. **spezifischen Sinnen**: Sehen, Hören, Riechen, Schmecken und Gleichgewichtssinn.

Man kann die Somatosensorik in drei Bereiche untergliedern:

(1) Sensorik der Körperoberfläche: Hautsinne, Hautsensibilität (**Ekterozeption**)

(2) Sensorik des Bewegungsapparats: Tiefensensibilität (**Propriozeption**) mit Informationen aus Muskeln, Sehnen und Gelenken

(3) Sensorik der inneren Organe: **Viszerozeption** oder **Enterozeption**

Anstelle des Begriffs »Somatosensorik« wird häufig die Bezeichnung »somatoviszerale Sensibilität« verwendet. Damit soll ausgedrückt werden, dass hier die Empfindungen aus dem Körper unter Einschluss der inneren Organe betrachtet werden. Zumeist wird auch der Schmerz zur Somatosensorik gerechnet; schließlich liefern auch Schmerzen Informationen über den Zustand unseres Körpers. Im vorliegenden Kapitel wird das Thema »Schmerz« ausgekoppelt; es wird in einem eigenen Kapitel behandelt, da der Schmerz als sensorisches Phänomen von besonders herausragender Bedeutung ist.

11.1 Tastsinn – taktile Sensorik

Mit dem Tastsinn verschaffen wir uns Information über die Beschaffenheit von Objekten, über ihre Gestalt und ihre Oberfläche. Vermittels des Tastsinns ist es uns z.B. ohne weiteres möglich, bei geschlossenen Augen eine Kaffeetasse von einem Teeglas zu unterscheiden. Wir können uns durch aktives Befühlen und Betasten in detaillierter Weise Informationen über Objekte verschaffen, die dem Auge verborgen sind. Dies kann etwa bei totaler Dunkelheit eine Rolle spielen oder bei eingeschränkter Sicht auf ein Objekt.

Man kann die taktilen Empfindungen unterteilen in:

▶ Kitzel
▶ Berührung
▶ Vibration
▶ Druck
▶ Spannung

Die Beschaffenheit der Objektoberfläche, die Intensität der Berührung und der zeitliche Verlauf entscheiden, welche Empfindung ausgelöst wird. Diese Empfindungen werden uns über die Haut vermittelt.

Die Haut. Die Haut des Menschen hat eine Oberfläche von ca. 2 m^2 und ein Gewicht von ca. 10 kg. Damit ist sie das größte Organ des menschlichen Körpers. Sie stellt ein überaus komplexes System dar und ist – neben ihrer Aufgabe als Sinnesorgan – mit zwei weiteren wichtigen Funktionen ausgestattet:

(1) Sie dient dem Schutz des Körpers vor schädlichen Umgebungseinflüssen.

(2) Sie erfüllt Dienste im Zusammenhang mit der Thermoregulation: Um die Temperatur des Körpers zu reduzieren, kann Schweiß produziert werden, der an der Oberfläche durch Verdunstungskälte zur Temperaturerniedrigung führt. Außerdem können sich die Blutgefäße der Haut erweitern, dadurch gelangt mehr Blut in die Nähe der Körperoberfläche, dies ermöglicht Wärmeabgabe. Um dagegen die Körpertemperatur zu erhöhen, können sich umgekehrt die Blutgefäße verengen, wodurch Wärmeabgabe verhindert wird.

Hauttypen. Beim Menschen und bei anderen Primaten unterscheidet man zwei Hauttypen: die *behaarte* und die *unbehaarte* Haut. Letztere findet sich in dem Bereich der Handflächen, Fingerspitzen, Fußsohlen, Zehen und teilweise im Genitalbereich. Die behaarte Haut bedeckt den Rest des Körpers. Die beiden Typen unterscheiden sich darin, dass die Haarwurzeln nur in behaarter Haut vorkommen und eine sensorische Struktur, das **Meissner-Körperchen**, nur in der unbehaarten Haut vorkommt.

Der Aufbau der unbehaarten Haut ist schematisch in Abbildung 11.1 wiedergegeben.

11.1 Tastsinn – taktile Sensorik | **229**

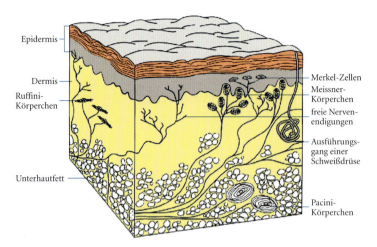

Abbildung 11.1 Querschnitt durch die unbehaarte Haut mit schematisierter Darstellung verschiedener Typen von Sinneszellen

11.1.1 Periphere Prozesse beim Tastsinn
Morphologisch unterscheidbare Sinneszellen der Haut

Zur Aufnahme mechanischer Reize dienen verschiedene, unterschiedlich ausgestaltete Typen von Sinneszellen, die **Mechanosensoren**. Es handelt sich dabei um primäre Sinneszellen (s. Abschn. 10.2.1), also Sinneszellen, die selbst zur Erzeugung von Aktionspotenzialen befähigt sind.

Im Folgenden sollen die wichtigsten Mechanosensoren in der Haut behandelt werden. Gemeinsam ist diesen **Detektoren**, dass ihre Zellkörper in den rückenmarksnahen Spinalganglien (s. Abschn. 6.3.1) bzw. den sensiblen Hirnnervenkernen liegen.

Freie Nervenendigungen. Nicht nur in der Haut, sondern in fast allen Geweben innerhalb des Körpers finden sich sog. freie Nervenendigungen. Dabei handelt es sich um Aufzweigungen am Ende afferenter Fasern. Diese sind meistens in Schwann-Zellen eingehüllt, und nur die sehr dünnen Endbereiche liegen frei im Gewebe. Sie sind weit gestreut in allen Bereichen der Epidermis und der Dermis anzutreffen (s. Abb. 11.1). Auch Thermo- und Schmerzreize werden von freien Nervenendigungen aufgenommen (s. Abschn. 11.2.1 und 11.3.2). Als Berührungssensoren der behaarten Haut umwickeln freie Nervenendigungen (sog. Haarfollikeldetektoren) den Schaft der Haarwurzeln. Bei einer Bewegung des Haares wird auf die Nervenendigung Zug oder Druck ausgeübt, was dann als Berührungsreiz weitergeleitet wird.

Merkel-Tastzellen. Sowohl in der unbehaarten als auch in der behaarten Haut – hier besonders dicht in der Nähe der Haarwurzeln – finden sich die sog. Merkel-Tastzellen (auch Merkel-Scheiben). Hier hat sich die Nervenendigung zu einem oval geformten, rezeptiven Bereich erweitert. Die Merkel-Tastzellen werden beispielsweise bei Bewegung eines Haares deformiert. Sie weisen eine sehr hohe Empfindlichkeit auf.

Meissner-Tastkörperchen. Diese Detektoren finden sich besonders dicht an den Innenflächen der Hände und der Füße, wobei wiederum im Bereich der Fingerbeeren die Dichte weiter erhöht ist. Die Meissner-Tastkörperchen (auch: Meissner-Tastscheibchen) sind von ovaler Form. Sie sind aus lamellenartig aufgeschichteten Zellen aufgebaut und sind eingekapselt. Mechanische Verformungen der Hautoberfläche übertragen sich auf das Innere der Tastkörperchen über Faserbündel, die aus Kollagen bestehen.

Vater-Pacini-Lamellenkörperchen (Pacini-Körperchen). Diese Tastfühler sind vergleichsweise große, bis zu 4 mm lange Gebilde, die recht tief in der Haut (ins Unterhautfett) eingebettet sind. Sie sind aus einer Vielzahl konzentrisch angeordneter Lamellen aufgebaut. Sie werden durch Deformierung sowie darauf folgende Entlastung erregt, wobei sie jedoch keine anhaltenden Drucksignale weiterleiten, sondern nur deren Änderungen.

Übergangsformen. Zwischen freien Nervenendigungen und den eingekapselten Detektoren gibt es zahlreiche Übergangsformen. Dazu gehören etwa auch die **Ruffini-Körperchen** in den mittleren Hautschichten.

Intensitätsdetektion

Diejenigen Sensoren der Haut, deren Aufgabe es ist, die Intensität eines Druckreizes zu kodieren, antworten auf einen gleichbleibenden mechanischen Reiz mit einer anhaltenden Impulsfolge. Intensitätsdetektoren adaptieren demnach nur extrem langsam. Man kann zwei Typen unterscheiden.

(1) Die Intensitätssensoren vom Typ I sind ohne Reiz inaktiv. Kommt es zu einer Reizung, reagieren sie mit einer anfänglich erhöhten Entladungsfrequenz, die sich dann auf stabilem Niveau einpendelt. Ein solches dynamisches Verhalten zeigen die Merkel-Zellen (s. Abb. 11.2). Diese werden etwa in Gruppen von 30 bis 50 Zellen von den Kollateralen eines

schnell leitenden myelinisierten Axons versorgt (Typ Aβ-Faser).

(2) Intensitätssensoren vom Typ II sind im Gegensatz zu denen vom Typ I spontan aktiv. Ansonsten ist ihr Verhalten ähnlich. Typische Vertreter von Typ-II-Sensoren sind die Ruffini-Endigungen.

Die Intensitätssensoren vom Typ I bzw. Typ II werden auch SA-I- und SA-II-Sensoren genannt, wobei »SA« für »slow adapting« steht.

Der Druck auf die Hautoberfläche, der notwendig ist, um eine Berührungsempfindung auszulösen, ist extrem niedrig. Es genügen Bruchteile von Millimetern einer Hautverformung, um eine Sensation auszulösen. Galanter (1962) schreibt: »Schon das Auftreffen eines Objekts, das so leicht ist wie der Flügel einer Biene, der aus einem Zentimeter Höhe auf die Wange fällt, kann eine Berührungsempfindung auslösen.«

Geschwindigkeitsdetektion

Bei den Geschwindigkeitssensoren werden Aktionspotenziale nur dann erzeugt, wenn sich die mechanische Hauteinwirkung *ändert*. Verharrt die Reizintensität auf konstantem Niveau, geht die Reizantwort auf Null zurück. Diese Sensoren sind demnach schnell adaptierende Mechanosensoren. Man nennt sie FA-Sensoren (von »fast adapting«), gelegentlich auch RA-Sensoren (von »rapidly adapting«). Diese Sinneszellen sind etwa für diejenigen Empfindungen verantwortlich, die beim Bestreichen der Haut entstehen bzw. bei der Bewegung der Haut über einen Gegenstand. Auch niedrigfrequente Vibrationen im Bereich von 1 bis 200 Hz können über diese Sinneszellen detektiert werden.

In der behaarten Haut wird die Geschwindigkeitsinformation über die Haarfollikelsensoren vermittelt, die eine Bewegung der Haare registrieren. In der unbehaarten Haut nehmen die Meissner-Körperchen diese Funktion wahr (s. Abb. 11.2). Neben den Berührungs- und Vibrationsempfindungen vermitteln die Geschwindigkeitsdetektoren auch Kitzelempfindungen.

Vibrationsdetektion

Bei der Vibrationswahrnehmung sind vor allem die Beschleunigungsdetektoren der Haut beteiligt. Dies gilt insbesondere, wenn sich die Frequenzen im Bereich zwischen 60 und 600 Hz bewegen. Die Pacini-Körperchen sind Beschleunigungsdetektoren. Sie liegen überwiegend in den tieferen Schichten der Dermis und der Unterhaut. Aufgrund ihrer lamellenartigen äußeren Umhüllung werden langsame Druckveränderungen durch die Lamellenzwischenräume aufgefangen und können an der Endigung der Faser nicht wirksam werden. Nur wenn es zu einer stoßartigen Krafteinwirkung kommt, können die Dämpfungseigenschaften des »Lamellenfilters« die Deformation nicht mehr auffangen und die Nervenendigung wird erregt.

Rezeptive Felder mechanosensibler Neuronen

Mechanosensoren unterscheiden sich deutlich hinsichtlich der Größe ihrer **rezeptiven Felder**. Jede Aussprossung, die den Zellkörper der Sensorzellen in Richtung Peripherie verlässt, verzweigt sich in mehrere Endigungen innerhalb eines bestimmten, begrenzten Hautbereichs. Diese Sensorzelle feuert nur, wenn eine Stimulation in genau diesem eng umgrenzten Sektor stattfindet. Dieses Gebiet ist das rezeptive Feld der Sensorzelle. So haben etwa die Merkel-Zellen ein sehr kleines rezeptives Feld, ebenso wie die schnell adaptierenden Meissner-Körperchen (s. Abb. 11.2). Die rezeptiven Felder beider haben einen Durchmesser von weniger als 1 mm. Das heißt, eine Erregung dieser Zellen erlaubt eine sehr präzise Lokalisation der Reizquelle.

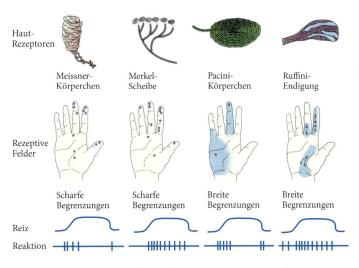

Abbildung 11.2 Rezeptive Felder und Reizantworten von Mechanosensoren

Die rezeptiven Felder der Intensitätssensoren vom Typ II sind vergleichsweise groß. Sie können sich beispielsweise wie im Fall der Pacini-Körperchen über ein ganzes Fingerglied erstrecken.

> **Exkurs**
>
> Wenn es z. B. darum geht, nur durch Betasten eine Murmel von einem Würfel zu unterscheiden, so geschieht dies primär auf der Basis der Analyse von gekrümmten Flächen, d. h. hier von Wölbungen bzw. von Kanten und Ecken. Handelt es sich um eine Wölbung, muss ein sich räumlich vergleichsweise langsam ändernder Übergang in den Druckverhältnissen (d. h. minimale Druckunterschiede) zwischen eng benachbarten Punkten der Hautoberfläche erkannt werden. Bei einer Kante ist dieser Übergang dagegen scharf begrenzt. Diese Diskrimination ist nur möglich, wenn die rezeptiven Felder entsprechend klein sind und das Hautareal mit rezeptiven Feldern dicht besetzt ist.

Analyse des Orts einer taktilen Reizung

Die Präzision, mit der ein Ort auf der Körperoberfläche beschrieben werden kann, auf den z. B. eine feine Spitze einwirkt, hängt von der Größe oder besser gesagt Kleinheit der rezeptiven Felder, die das entsprechende Hautareal versorgen, und deren Überlappung ab.

Dem Gehirn ist demnach hier – wie bei den anderen Sinnesmodalitäten auch – eine Schranke bei der räumlichen Auflösung gesetzt, die durch die Größe der rezeptiven Felder im Sinnesorgan vorgegeben ist. Je mehr benachbarte rezeptive Felder durch einen taktilen Reiz aktiviert werden, desto größer erscheint uns die mit dem Gegenstand in Berührung befindliche Hautfläche.

Das kleinste rezeptive Feld. Die Sinneszellen mit den kleinsten rezeptiven Feldern sind die Meissner-Körperchen, die über relativ schnell leitende Aβ-Fasern und Aα-Fasern (Leitungsgeschwindigkeit 40–120 m/s) mit dem ZNS in Kontakt stehen. Aufgrund dieser extrem kleinen Felder und des dadurch bedingten hohen räumlichen Auflösungsvermögens spielen die Meissner-Körperchen eine wichtige Rolle bei der Gestalterkennung betasteter Objekte.

Bestimmung des räumlichen Auflösungsvermögens. Das räumliche Auflösungsvermögen der Hautoberfläche wird i. Allg. durch Bestimmung der sog. **Zweipunkt-schwelle** (auch simultane Raumschwelle) ermittelt. Hierzu kann man eine Art Zirkel mit abgestumpften Spitzen verwenden. Je nach Öffnungswinkel der beiden Schenkel des Zirkels befinden sich die beiden Punkte, mit denen die Haut beim Aufsetzen des Zirkels berührt wird, in unterschiedlichem Abstand (s. Abb. 11.3). Die Zweipunktschwelle für ein bestimmtes Körpergebiet – z. B. Unterarm, Handrücken, Fingerspitze – ergibt sich durch den minimalen Abstand der beiden Eindruckpunkte, die noch als zwei getrennte taktile Reize erkannt werden können. Sind die beiden Druckpunkte zu nah zusammen, so entsteht der Eindruck einer Berührung durch eine einzelne Spitze.

Die Größe der Zweipunktschwelle ist über die Körperoberfläche sehr unterschiedlich. Sie ist am geringsten – d. h., die Diskriminationsfähigkeit ist am größten – an der Zungenspitze, den Fingerspitzen und den Lippen. Hier liegt sie zwischen 1 und 3 mm. Im Bereich der Handinnenfläche liegt sie bei 3 bis 5 mm und ihren größten Wert hat sie an Rücken, Bauch und Oberschenkeln, wo sie Werte zwischen 5 und 7 cm annimmt.

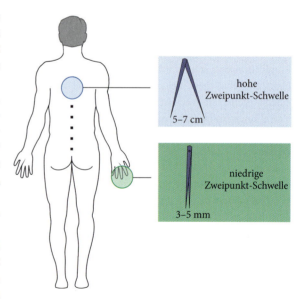

Abbildung 11.3 Zweipunktschwelle. Die Fähigkeit, benachbarte Druckreize als getrennt wahrzunehmen, variiert stark über die Körperoberfläche. Die Zweipunktschwelle wird durch gleichzeitiges Applizieren nahe benachbarter Druckreize bestimmt. Der minimale Abstand der beiden Druckpunkte, der noch zur Wahrnehmung zweier getrennter Punkte führt, determiniert die Schwelle

Exkurs

Die enorme Auflösungsfähigkeit speziell an den Fingerspitzen macht man sich bei der **Blindenschrift** (Braille-System, nach Louis Braille, 1824) zunutze: Jeder Buchstabe wird durch ein unterschiedliches Muster von einem bis sechs Punkten repräsentiert. Die Punkte sind jeweils in drei Reihen bestehend aus je 2 Punkten angeordnet. Jeder Punkt ist als eine erhobene Ausbuchtung von etwa 1 mm Durchmesser und ca. 1 mm Höhe realisiert. Die Punkte sind in einem Abstand von lediglich 2,3 mm angebracht. Eine derart niedrige Zweipunktschwelle wird tatsächlich nur von den Fingerspitzen sowie der Zungen-Lippen-Region erreicht. Daher ist es auch nicht möglich, Braille-Schrift etwa mit dem Daumenballen zu lesen.

Wahrnehmung von Oberflächenstrukturen

Um die Struktur einer Oberfläche über die taktile Modalität zu erfassen, *bestreichen* wir das entsprechende Material mit den Fingerspitzen. Es ist dagegen kaum möglich, die Oberflächenstruktur mit ruhig aufgelegten Fingerspitzen zu analysieren. Durch die Bewegung der Haut über die Oberfläche werden primär die schnell adaptierenden Meissner-Körperchen aktiviert. Wird ein solches beim Passieren einer Oberflächenunebenheit erregt, kommt es in diesem zu einer kurzen Impulsaktivität. Nach jeder Aktivierung ist dieser Detektor wieder sehr schnell zu einer erneuten Aktivierung befähigt. Je näher die Unebenheiten der Oberflächenstruktur beieinander liegen, desto schneller ist die Impulskaskade, die von den Meissner-Detektoren zentralwärts geleitet wird. Aus der Frequenz der Impulsfolge kann auf die Rauigkeit einer Oberfläche zurückgeschlossen werden.

Die schnell adaptierenden Detektoren sind nicht die einzigen, die bei der Strukturerkennung beteiligt sind. Fährt die Fingerspitze über einen absolut glatten Gegenstand, z.B. poliertes Metall, fehlen die wechselnden Hautdeformationen infolge von Oberflächenunebenheiten. Dennoch wird dies bewusst als eine glatte Oberfläche wahrgenommen, auch ohne dass es zu einer Aktivierung der Meissner-Körperchen kommt. Hier spielen langsam adaptierende Sensoren eine Rolle (Merkel-Scheiben), die uns die Information vermitteln, dass der Druck konstant bleibt, während sich der Finger über die Oberfläche bewegt. Aus dem gleichzeitigen Fehlen von Meissner-Impulsen kann dann geschlossen werden, dass es sich um eine glatte Oberfläche handelt.

Das Halten von Objekten

Wenn wir etwa ein ausgeblasenes Hühnerei halten wollen, das gerade in Öl getaucht wurde, so muss der Druck, mit dem wir zufassen, sehr genau reguliert sein. Wesentliche Informationen über die aufzuwendende Kraft erhalten wir von den Dehnungssensoren (Ruffini-Körperchen) der Haut. Diese teilen uns mit, ob durch den Griff und die Schwerkraft des Gegenstands die Haut gezerrt wird. Ist dies nicht der Fall, so haftet der Gegenstand, der von der Schwerkraft nach unten gezogen wird, nicht an der Hautoberfläche; er gleitet abwärts. Gleichzeitig muss die minimale Kraft über die Drucksensationen von den langsam adaptierenden Merkel-Endigungen verrechnet werden, um hier eine optimale Greifkraft zu erzielen.

Zusammenfassung

Die Somatosensorik wird in drei Bereiche untergliedert:
(1) Sensorik der Körperoberfläche
(2) Sensorik des Bewegungsapparats
(3) Sensorik aus den inneren Organen
Die Haut beherbergt unterschiedliche Sensortypen. Dazu gehören:
▶ die Merkel-Tastzellen mit einer hohen Empfindlichkeit für Deformation
▶ die Meissner-Tastkörperchen u.a. zur Geschwindigkeitsdetektion
▶ die Vater-Pacini-Lamellenkörperchen für Druckänderungen
▶ die freien Nervenendigungen; diese sind in der Haut weit verbreitet und reagieren auf Deformationen

Die rezeptiven Felder der verschiedenen Mechanosensoren sind unterschiedlich groß. Die kleinsten rezeptiven Felder haben die Merkel-Tastzellen und die Meissner-Körperchen.

11.1.2 Zentrale Weiterleitung der Somatosensibilität

Es existieren verschiedene parallel angelegte somatosensorische Leitungspfade. Sie bestehen zumeist aus drei Neuronen, die eine Kette vom Sensor bis zum somatosensorischen Kortex bilden.

(1) Das erste Neuron, das primäre somatosensible Neuron, hat seinen Zellkörper entweder in einem Spinalganglion oder – für den Fall der Somatosensibilität des Kopfbereichs – in einem Hirnnervenkern (s. Abb. 11.4).

(2) Der Zellkörper des zweiten Neurons, des sekundären somatosensiblen Neurons, befindet sich in der grauen Substanz des Rückenmarks bzw. im Hirnstamm. Dieses hängt davon ab, welcher der beiden Hauptwege der zentralnervösen Transmission genommen wird (s. u.).

(3) Das dritte Neuron, das tertiäre somatosensible Neuron, hat seinen Zellkörper im Thalamus. Bis dieses dritte Neuron erreicht wird, haben die von der Peripherie kommenden Fasern auf die Gegenseite gekreuzt. Dies kann auf verschiedenen Ebenen des Leitungsweges erfolgen (s. Abb. 11.4).

Somatotopische Gliederung. Hinsichtlich der räumlichen Ordnung innerhalb der Leitungsbahnen gilt, dass auf allen Ebenen der Weiterleitung eine somatotopische Gliederung vorliegt. Demnach sind die Neuronen, die Informationen von benachbarten Körpergebieten verarbeiten, innerhalb der neuronalen Leitungs- und Verarbeitungsstrukturen ebenfalls benachbart angeordnet. Außerdem gilt, dass die Neuronen, die unterschiedliche Modalitäten der Hautsinne verarbeiten, deutlich voneinander getrennte Gruppen bilden.

Zwei zentralnervöse Leitungspfade der Somatosensibilität von Rumpf und Gliedmaßen

Hinterstrangsystem: Signale der Mechanosensoren. Die von den Spinalganglien ausgehenden Fasern steigen über die Hinterwurzeln ins Rückenmark ein (s. Abb. 11.4). Sodann spalten sich die Leitungswege in zwei

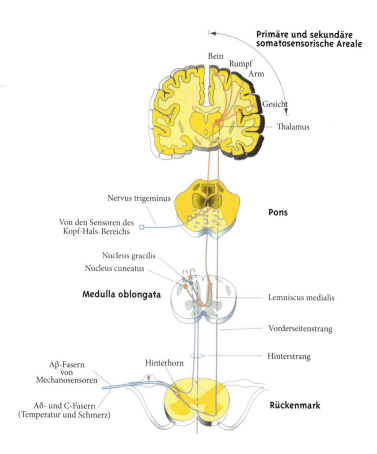

Abbildung 11.4 Zentralnervöse Weiterleitung der Somatosensorik. Die Information aus der Haut wird im Wesentlichen über das Vorderseitenstrangsystem sowie das Hinterstrangsystem zum Gehirn geleitet. Beide Systeme haben als Umschaltstelle den Thalamus und als Zielgebiete den primären und sekundären somatosensorischen Kortex

Stränge auf. Im sog. Hinterstrangsystem werden überwiegend Impulse von den Mechanosensoren der Haut und denjenigen des propriozeptiven Apparats geleitet. Es handelt sich also hier um Signale, die Druck- und Berührungsreize der Haut sowie Informationen über den Zustand im Bewegungsapparat transportieren. Die stark myelinisierten Fasern splitten sich im Hinterhorn des Rückenmarks auf, wobei ein Teil der Fasern im Hinterstrang aufsteigt. Ein anderer Teil der Fasern nimmt bereits hier auf der Ebene des Rückenmarks Kontakt zu motorischen Neuronen bzw. zu Interneuronen auf, um reflektorische Impulse zu ermöglichen.

Die aufsteigenden Fasern nehmen folgenden Verlauf:
(1) In den Hinterstrangkernen (Nuclei gracilis und Nuclei cuneatus) der Medulla oblongata werden sie umgeschaltet. Hier kommt es bereits zu ein-

fachen Informationsverarbeitungsprozessen wie Kontrastverstärkung für Hautreize durch laterale Hemmung (s. Abschn. 5.4.2).

(2) Die in den Hinterstrangkernen auf das zweite Neuron umgeschalteten Fasern kreuzen jetzt in der sog. »medialen Schleife« (Lemniscus medialis) auf die Gegenseite. Dies ist der Grund, warum das Hinterstrangsystem auch als **lemniscales System** bezeichnet wird. Von hier ziehen die Bahnen in den ventrobasalen Komplex des Thalamus.

(3) Im Thalamus werden sie erneut umgeschaltet (auf das dritte Neuron), um schließlich im primärsomatosensorischen Kortex ihr erstes kortikales Zielgebiet zu erreichen.

Vorderseitenstrangsystem: Schmerz und Temperaturreize. Das zweite Leitungssystem für Information aus der Haut ist das Vorderseitenstrangsystem (Tractus spinothalamicus). Dieses dient vor allem der Informationsübermittlung von Schmerz und Temperaturreizen. Die Fasern nehmen folgenden Verlauf:

(1) Sie treten über die Hinterwurzeln ins Rückenmark ein, allerdings handelt es sich dabei – im Gegensatz zum Hinterstrangsystem – größtenteils um dünne marklose oder nur schwach myelinisierte Fasern. Diese kreuzen entweder bereits im selben Rückenmarkssegment auf die Gegenseite oder steigen zunächst um ein oder zwei Segmente auf, um hier auf die Gegenseite zu wechseln, um auf das zweite Neuron zu wechseln.

(2) Jetzt ziehen sie im Vorderseitenstrang weiter, bis auch sie im Thalamus (posteriorer und ventrobasaler Thalamus) umgeschaltet werden.

(3) Dann gelangen sie in den somatosensorischen Kortex.

Da dieses Bahnsystem nicht über die mediale Schleife kreuzt, wird es auch **extralemniscales System** genannt.

Unterschiedliche Aufgaben des Hinterstrang- und Vorderseitenstrangsystems. Die Aufgabenverteilung zwischen den beiden Systemen ist entsprechend der Ausgestaltung ihrer Fasern: dick myelinisiert gegenüber dünn bzw. schwach myelinisiert. Im lemniscalen System wird primär Druck-, Berührungs-, Vibrations- und Stellungsinformation transportiert. Die Empfindun-

gen, die von diesen Signalen ausgelöst werden, gehören zum Bereich der sog. epikritischen Sensibilität. Die diesbezüglichen Signale dienen in erster Linie der Unterscheidung von Reizeigenschaften und Einwirkungsorten in differenzierter Form.

Das extralemniscale System oder auch System der protopathischen Sensibilität mit seinen langsamer leitenden Fasern ist dagegen eher für grobere Entscheidungen geeignet, die keine sehr differenzierten Reaktionen erfordern: Bei der Wahrnehmung einer Temperaturveränderung geschieht z.B. eine grobe Reaktion des gesamten Körpers und keine sehr präzise und zeitlich genau abgestimmte Detailreaktion. Dasselbe gilt für Schmerzreize. Auch hier reagiert der Organismus entweder mit kurzfristigen, aber grobmotorischen Aktionen – z.B. dem Zurückziehen einer Extremität von der Schmerzquelle – oder bei Schmerzen der inneren Organe mit zunächst kognitiv vorbereiteten Handlungen.

Die somatosensible Versorgung des Kopfbereichs

Die somatosensible Versorgung des Kopfbereichs geschieht über den Trigeminusnerv. Die Verbindungen nehmen folgenden Verlauf:

(1) Die Zellkörper der Sensorzellen der Haut und der Schleimhäute aus diesem Bereich liegen überwiegend im Ganglion trigeminale.

(2) Von hier aus ziehen die Axone zu den sensorischen Trigeminuskernen im Rauten- und Mittelhirn, wo eine synaptische Umschaltung auf das zweite Neuron stattfindet. Die von diesem Neuron ausgehenden Axone kreuzen zur Gegenseite und steigen zum Thalamus auf.

(3) Nach Umschaltung im Thalamus auf das dritte Neuron wird der primäre somatosensorische Kortex erreicht. Die neokortikalen Projektionsgebiete der Somatosensibilität liegen im Gyrus postcentralis. Hier herrscht eine somatotopische Organisation, die sich als somatosensibler Homunculus darstellen lässt. Die diesbezüglichen Sachverhalte wurden bereits bei der Behandlung des Neokortex besprochen (s. Abschn. 6.4.10).

Zusammenfassung

Der Informationsfluss aus der Körperperipherie zu den zerebralen Regionen geschieht über zwei verschiedene Leitungssysteme:
(1) Im Hinterstrangsystem (lemniscales System) werden überwiegend Impulse von den Mechanosensoren der Haut und denjenigen des propriozeptiven Apparats geleitet. Dieses System dient primär der detaillierten Unterscheidung von Reizeigenschaften und Einwirkungsorten.
(2) Im Vorderseitenstrangsystem (extralemniscales System) werden Schmerz- und Temperaturreize geleitet. Die hier fortgeleiteten Informationen lösen eher unspezifische Reaktionen aus.

11.2 Der Temperatursinn

Der Mensch nimmt über die Haut nicht nur taktile Empfindungen wahr, sondern auch Informationen über die Temperatur. Dies führt zu typischen Empfindungen von Wärme und Kälte, aber auch – in extremen Temperaturbereichen – zu Schmerzempfindungen. Es existieren in der Haut Warm- und Kaltsensoren sowie Schmerzsensoren, die ebenfalls auf Temperaturreize ansprechen.

11.2.1 Sensoren des Temperatursinns

Wir können über den Temperatursinn zwei prinzipielle Qualitäten unterscheiden: warm und kalt. Diesen beiden einander entgegengesetzten Empfindungsqualitäten entsprechen zwei unterschiedliche Thermosensoren: Warmsensoren und Kaltsensoren.

Kaltsensoren. Die Morphologie der Kaltsensoren ist unauffällig: Es handelt sich dabei überwiegend um freie, unmyelinisierte Nervenendigungen. Ein kleiner Teil der Kaltsensoren wird von dünnen myelinisierten Nervenendigungen gebildet. Kaltsensoren sind spontan aktiv mit einer langsamen Entladungsfrequenz, die sprunghaft ansteigt, wenn es auch nur zu einer geringen Kühlung kommt. Allerdings adaptieren diese Sensoren nahezu vollständig, d. h., ihre Entladungssalven versiegen, wenn einige Minuten lang ein stabiler Kältereiz einwirkt. Dies gilt jedoch nicht für die Schmerzsensoren, die durch extreme Kälte aktiviert werden.

Die Spontanentladung der Kaltsensoren geht bei Temperaturen von über 40 °C fast auf Null zurück, da jetzt die Warmsensoren ansprechen. Die größte Empfindlichkeit zeigen die Kaltsensoren in einem breiten Bereich mit einem Maximum bei etwa 25 °C, wobei die Empfindlichkeit relativ gleichförmig zu niederen und höheren Temperaturwerten abnimmt (s. Abb. 11.5).

Warmsensoren. Bei den Warmsensoren handelt es sich überwiegend um freie Nervenendigungen von C-Fasern. Sie sind im Bereich zwischen 30 und 50 °C aktiv (s. Abb. 11.5). Bei einer Erwärmung der Haut reagieren sie bis zum Erreichen der Schwelle für den Hitzeschmerz mit einer deutlichen Zunahme der Entladungsfrequenz, danach sinkt die Entladungsfrequenz wieder ab. Bei einer Abkühlung kommt es zu einer Senkung der Frequenz bis hin zum nahezu völligen Einschlafen der Impulsaktivität. Auch Warmsensoren sind schnell adaptierend.

Unterschiedliche Dichte der Thermosensoren. Für die Thermosensoren gilt, ähnlich wie für die Mechanosensoren, dass sie nicht gleichförmig über die Körperoberfläche verteilt sind, sondern dass ihre Dichte sehr unterschiedlich ist. An der Hautoberfläche ist die Lage eines einzelnen Sensors als ein sog. **Kalt-** bzw. **Warmpunkt** repräsentiert. Diese Punkte lassen sich sehr genau mit feinen

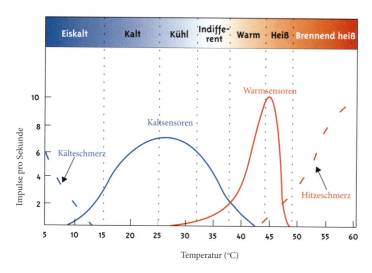

Abbildung 11.5 Empfindlichkeitskurven der Kalt- und Warmsensoren. In der oberen Zeile sind die jeweiligen subjektiven Empfindungen genannt.

heiz- oder kühlbaren Metallspitzen identifizieren, die auf die Haut aufgesetzt werden. Jeder der Warm- bzw. Kaltpunkte hat ungefähr einen Durchmesser von 1 mm. Warmsensoren finden sich besonders dicht etwa an den Fingerspitzen und im Bereich des Gesichts (Lippen, Wangen). In nahezu allen Arealen der Haut ist die Zahl der Kaltsensoren deutlich höher als die der Warmsensoren, nämlich um den Faktor 3–10. Im Bereich der Lippen finden sich 15–25 Kaltpunkte pro cm^2, dagegen in der Oberfläche der Hand nur 3–5 und in weiten Bereichen der Hautoberfläche des Rumpfs liegt die Dichte der Kaltpunkte bei ungefähr 1 pro cm^2. Die Zahl der Warmpunkte ist dann entsprechend niedriger, wobei das Verhältnis Kalt- zu Warmpunkte je nach Körpergebiet variiert.

11.2.2 Hitze- und Kälteschmerz

Erreicht die Abkühlung Werte von unter 15 °C, so entstehen schmerzhafte Empfindungen, die jetzt nicht durch die Kaltsensoren hervorgerufen werden, sondern durch Schmerzsensoren. Ähnliches gilt für den Hitzeschmerz, der graduell bei Werten oberhalb von 45 °C einsetzen kann (s. Abb. 11.5). Auch hier sind Schmerzsensoren, die durch extreme Temperaturverhältnisse aktiviert werden, die Ursache.

11.2.3 Dynamik der Temperaturwahrnehmung

Unsere Temperaturwahrnehmung beruht in erster Linie auf der Wahrnehmung von einer *Änderung* der Temperatur. Dabei hängt das Temperaturempfinden sowohl von der Geschwindigkeit ab, mit der die Änderung stattfindet, als auch von der Größe der Hautfläche, die von einer Temperaturänderung betroffen ist. Je schneller die Temperaturänderung abläuft, desto niedriger ist die Schwelle zu deren Wahrnehmung. Analoges gilt für die Größe der Fläche: Je größer die Fläche, umso kleiner kann eine Temperaturänderung sein, um noch wahrgenommen zu werden. Hier liegt offenbar ein Beispiel für räumliche **Summation** vor. Gelingt es, die gesamte Körperoberfläche einer Temperaturänderung auszusetzen, so sind Temperaturschwankungen von nur 0,01 °C bereits wahrnehmbar. Appliziert man dagegen die Temperaturänderung nur an einem Quadratzentimeter Hautoberfläche, so müssen hier die Temperaturänderungen 1 °C oder mehr betragen.

11.2.4 Zentralnervöse Weiterleitung von Temperatursignalen

Die Weiterleitung von Temperatursignalen geschieht im Vorderseitenstrangsystem, parallel zu den Fasern der Schmerzleitung.

(1) Nachdem die entsprechenden Fasern in das Rückenmark eingetreten sind, können sie hier noch einige Segmente durchziehen, um dann im Hinterhorn synaptisch auf das nächste Neuron verschaltet zu werden.

(2) Jetzt kreuzt die aufsteigende Faser auf die Gegenseite und zieht im Vorderseitenstrang nach oben (s. Abb. 11.4). Schließlich endet dieser Leitungspfad entweder in der Formatio reticularis oder – was für die größere Zahl der Fasern gilt – im ventrobasalen Komplex des Thalamus.

(3) Das kortikale Projektionsgebiet für Thermoreize liegt im somatosensorischen Kortex. Hier findet offenbar eine gemeinsame Verarbeitung mit den taktilen Reizen statt. Bisher konnte man nur eine geringe Zahl spezifisch thermosensitiver kortikaler Neuronen identifizieren. Darin spiegelt sich wider, dass unser Temperatursinn nur ein vergleichsweise geringes räumliches Auflösungsvermögen besitzt.

> **Zusammenfassung**
>
> Zur Unterscheidung der beiden prinzipiellen Temperaturmodalitäten warm und kalt besitzen wir zwei verschiedene Sensortypen. Die Kaltsensoren sind in der Haut i. Allg. dichter angeordnet als die Warmsensoren. Beide Sensortypen sind schnell adaptierend, sie reagieren also primär auf Temperaturveränderungen. Die Weiterleitung von Temperatursignalen geschieht im Vorderseitenstrangsystem. Das kortikale Projektionsgebiet für Thermoreize liegt im somatosensorischen Kortex.

11.3 Tiefensensibilität

11.3.1 Sensorik des Bewegungsapparats

Die Tiefensensibilität umfasst die Wahrnehmung der Stellung der Gliedmaßen (Stellungssinn), ihrer Bewegungen (Bewegungssinn) und des Kraftaufwandes der Muskulatur (Kraftsinn). Man spricht deshalb von Tiefensensibilität, weil sich die entsprechenden Sinneszellen nicht an der Oberfläche des Körpers befinden, sondern in tiefer gelegenen Körpergebieten. Der Begriff »Propriozeption« wird weitgehend synonym zum Begriff »Tiefensensibilität« verwendet. Von manchen Autoren wird zur Propriozeption allerdings auch die Information aus dem Vestibularsystem gerechnet, die uns ebenfalls Signale hinsichtlich der Stellung (des Kopfes) liefert. Die Sinneszellen der Tiefensensibilität befinden sich überwiegend in den Gelenken und den Muskeln.

▶ Der Stellungssinn vermag Unterschiede in der Gelenkstellung von wenigen Winkelgraden zu registrieren. Beispielsweise liegt für das Kniegelenk die Unterschiedsschwelle bei 2 bis 3°.

▶ Der Bewegungssinn registriert sowohl die Richtung einer Bewegung – Beugung oder Streckung – als auch die Geschwindigkeit. Generell gilt, dass die Unterschiedsschwelle für Änderungen der Gelenkstellung umso niedriger ist, je näher sich das Gelenk am Rumpf befindet – beim Schultergelenk liegt die Schwelle bei ca. 0,2°/s.

▶ Der Sinneseindruck über die aufgewendete Kraft, der Kraftsinn, ist das Ergebnis einer Verrechnung von Informationen aus den Muskelsensoren, den Gelenksensoren und Sensoren der Haut. Letztere registrieren, wie groß z. B. der Druck auf die Haut wird, wenn unter Aufwand muskulärer Kraft ein Gegenstand bewegt oder gehalten werden soll.

Gelenksensoren. Die Sensorzellen in den Gelenken sind teilweise den langsam adaptierenden Ruffini-Mechanosensoren verwandt, teilweise den schnell adaptierenden Pacini-Körperchen. Erstere dürften vorwiegend für die Gelenkstellung zuständig sein, Letztere für Bewegungen des Gelenks. Diese Sensoren befinden sich in den Gelenkkapseln und in gelenksnahen Gewebebereichen. (Zusätzlich sind im Bereich der Gelenke zahlreiche freie Nervenendigungen angesiedelt. Diese dienen aber evtl. nur der Schmerzleitung.)

Muskelsensoren. Man unterscheidet zwei Typen von Muskelsensoren: Die Muskelspindelsensoren und die Sehnenorgane. Bei der Besprechung der Muskelspindeln (s. Abschn. 9.3) wurde bereits dargestellt, dass diese als sensible Strukturen die Muskelspindelsensoren beherbergen. Diese Nervenendigungen umwickeln den »Bauch« der Muskelspindel. Kommt es zu einer Dehnung des Muskels, wird der Spindelbauch dünner und v. a. länger und die Muskelspindel wird gestreckt.

Dadurch werden die Nervenendigungen gedehnt – dies ist der adäquate Reiz – und es kommt zu einem Anstieg der Entladungsrate.

Im Bereich der Sehnen sind die sensiblen Strukturen die Golgi-Sehnenorgane. Diese wurden schon bei der Behandlung motorischer Reflexe angesprochen (s. Abschn. 9.4.1). Für die Golgi-Sehnenorgane ist der adäquate Reiz eine Kontraktion des Muskels. Dadurch wird die Sehne gedehnt und ihr Durchmesser verringert sich. Die längs verlaufenden Faserbündel der Sehne nähern sich einander an und üben dadurch einen verstärkten Druck auf die dazwischen eingebetteten Golgi-Sehnenorgane aus. Als Folge davon steigt deren Entladungsrate an. Zu einem ähnlichen Effekt kommt es bei einer passiven Dehnung des Muskels.

Sensoren der Haut. Streng genommen gehören die Sensoren der Haut (s. Abschn. 11.1.1) nicht zum Bereich der Tiefensensibilität, da sie an der Körperoberfläche gelegen sind. Dennoch liefern auch sie Informationen über die Gelenksstellung und -bewegung. Je nach dem Abbiegewinkel eines Gelenks und seiner Änderung kommt es auch in den darüber liegenden Hautarealen zu Verformungen durch Dehnung und Scherung. Diese Information wird – gemeinsam mit den Informationen aus Muskeln und Gelenken – im Gehirn verrechnet, um ein Gesamtbild über die räumliche Situation hinsichtlich des entsprechenden Gelenks zu erhalten.

11.3.2 Tiefenschmerz

Neben der Propriozeption können vom Bewegungsapparat auch Schmerzsignale ausgehen. Dieser Tiefenschmerz kann durch unphysiologische Zustände in verschiedenen Gewebsarten ausgelöst werden. Dazu gehört etwa eine extreme mechanische Beanspruchung von Muskelfasern, ganzen Muskeln, Gelenkkapseln oder Sehnen. Auch bei extremer Deformation der Knochenhaut kommt es zu Schmerzen. Tiefenschmerzen sind in ihrem Charakter i. Allg. dumpf und ausstrahlend.

Die Sensoren für Tiefenschmerz sind nur wenig erforscht. Größtenteils dürfte es sich um freie Nervenendigungen handeln, die sehr unterschiedliche Erregungsschwellen haben.

Zusammenfassung

Die Tiefensensibilität umfasst die Wahrnehmung der Stellung der Gliedmaßen, ihrer Bewegungen und des Kraftaufwandes der Muskulatur. Die diesbezüglichen Reize werden von Sensoren in den Gelenken, den Muskeln und der Haut aufgenommen.

Der Tiefenschmerz kann durch unphysiologische Zustände in verschiedenen Gewebsarten des Körperinneren, v. a. im Bewegungsapparat, ausgelöst werden.

Weiterführende Literatur

Deetjen, P., Speckmann, E.-J. & Hescheler, J. (2005). Physiologie (4. Aufl.). München: Urban & Fischer.

Goldstein, E. B. & Irtel, H. (2007). Wahrnehmungspsychologie. Der Grundkurs (7. Aufl.). Heidelberg: Spektrum Akademischer Verlag.

Handwerker, H. O. (1993). Somatosensorik. In R. F. Schmidt & H.-G. Schaible (Hrsg.), Neuro- und Sinnesphysiologie (5. Aufl.; S. 203–228). Berlin: Springer-Verlag.

Klinke, R., Pape, H.-C., Kurtz, A. & Silbernagl, S. (2010). Physiologie (6. Aufl.). Stuttgart: Thieme.

12 Visuelles System

Die Leistungen des visuellen Systems ermöglichen es uns, unsere Umwelt weitaus präziser zu analysieren, als dies durch die anderen Sinne möglich ist. Die meisten Eindrücke von unserer Umgebung und die hierüber gespeicherten Informationen sind visueller Natur. Das Sehsystem erlaubt uns den Genuss der Natur und der bildenden Kunst. Es gestattet uns aber auch, ein menschliches Gesicht und seinen Ausdruck zu erkennen und damit etwas über den Menschen, der uns gegenübersteht, zu erfahren: über sein Alter, sein Geschlecht und seine momentane Befindlichkeit.

Das visuelle System im Fokus der Forschung. Unter den verschiedenen Sinnessystemen genießt das visuelle seit jeher die größte Aufmerksamkeit bei Psychologen, Physiologen und Verhaltensbiologen. Dies hängt damit zusammen, dass das visuelle System höchst verblüffende Leistungen zeigt, wie das Erkennen von Farben, Bewegungen und räumlicher Tiefe, deren Erforschung allerdings aufgrund des enormen Komplexitätsgrades auch eine besondere Herausforderung darstellt. Schließlich nimmt doch die Analyse visueller Information einen beträchtlichen Teil des Gehirns in Anspruch. Viele generelle Arbeitsprinzipien neuronaler Systeme konnten erstmals für den Bereich der visuellen Informationsverarbeitung identifiziert werden.

12.1 Visueller Reiz – das Licht

Das physikalische Phänomen, das von unserem visuellen System verarbeitet wird, ist das Licht. Bei sichtbarem Licht handelt es sich um einen Ausschnitt aus dem Spektrum der elektromagnetischen Wellen, und zwar um denjenigen Bereich, der zwischen den Wellenlängen 380 und 760 nm liegt (nm = Nanometer; 1 nm = 10^{-9} m). Nach kürzeren Wellenlängen hin schließt sich **Ultraviolett** an (das z.B. für die Honigbiene noch sichtbare Anteile hat). Im noch kurzwelligeren Bereich folgen die Röntgen- und die Gammastrahlen (s. Abb. 12.1). An das sichtbare Licht grenzt zu längeren Wellenlängen hin das **Infrarot** an. Dieses macht einen Teil der Wärmestrahlung aus. Daran schließen sich die Radar- und die Funkwellen an.

Die subjektiv erlebte Helligkeit von Licht variiert mit der Amplitude, d.h. dem Energieinhalt einer Lichtwelle. Das Farberlebnis wird durch die Lichtwellenlänge determiniert.

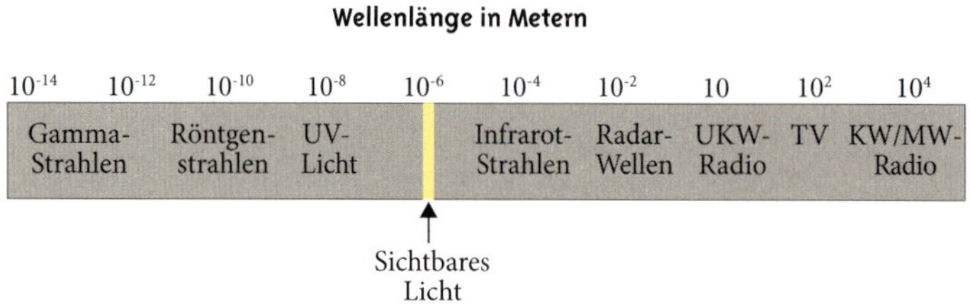

12.2 Anatomischer Aufbau des Auges

Das Auge (s. Abb. 12.2) stellt ein optisches System dar, das geeignet ist, Lichtstrahlen so aufzufangen, zu bündeln und umzulenken, dass sie in optimaler Weise auf den photosensitiven Apparat, die Netzhaut, treffen. Das Auge hat zwei wichtige Untersysteme:
(1) einen Apparat, der die Lichtstrahlen aufnimmt und lenkt (Hornhaut und Linse), und
(2) eine abbildgenerierende Struktur (Netzhaut).
Die Augen liegen im Schädel in den knöchernen Augenhöhlen. Hier ruhen sie auf einem Fettpolster. Sechs Muskeln greifen am Auge an, die es in der horizontalen und vertikalen Achse drehen können und es zu einer Rollbewegung befähigen.

Die äußere Augenhaut. Die Augenmuskeln fassen an der äußeren Augenhaut (Tunica externa bulbi), bestehend aus **Sklera** (Lederhaut) und **Cornea** (Hornhaut) an (s. Abb. 12.2). Diese ist relativ fest und größtenteils lichtundurchlässig, lediglich im Bereich der Cornea ist sie transparent. In ihrem vorderen Teil ist die Sklera teilweise von Bindehaut (Konjunktiva) bedeckt, die auch das Innere der Augenlider auskleidet. Im Bereich der Hornhaut, durch den das

Wellenlänge in Metern

10^{-14}	10^{-12}	10^{-10}	10^{-8}	10^{-6}	10^{-4}	10^{-2}	10	10^2	10^4
Gamma-Strahlen	Röntgen-strahlen	UV-Licht		Infrarot-Strahlen	Radar-Wellen	UKW-Radio	TV	KW/MW-Radio	

Sichtbares Licht

Abbildung 12.1 Elektromagnetische Wellenlängen. Das sichtbare Licht besteht nur aus einem sehr kleinen Ausschnitt aus dem Spektrum der elektromagnetischen Wellen

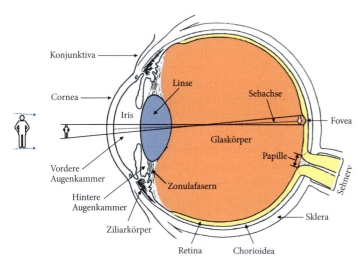

Abbildung 12.2 Schnitt durch das menschliche Auge. Die wichtigsten (im Text erwähnten) Bestandteile sind eingezeichnet

kulatur des Ziliarmuskels, der mit der Augenlinse verbunden ist und ihren Krümmungsradius verändern kann (s. u.).

An den Ziliarkörper schließt sich die **Iris** an. Diese stellt sich als Scheibe dar, deren Öffnung in der Mitte die Pupille bildet. Da der Durchmesser dieser Öffnung verändert werden kann, bildet die Iris die Blende des Auges. Die Veränderung der Öffnung geschieht durch zwei Muskeln, den Musculus sphincter pupillae, der die Pupille verengt, und den Musculus dilatator pupillae, der sie erweitert. Ersterer ist parasympathisch, Letzterer sympathisch innerviert.

Licht eintritt, fehlt der äußeren Augenhaut naturgemäß diese Bedeckung durch die Bindehaut.

Das Auge wird in einer kugeligen Gestalt gehalten, obwohl es kaum strukturfestigende Bestandteile hat. Dies liegt darin begründet, dass der Augeninnendruck (16–20 mm Hg) auf die Wände der Sklera wirkt und diese in eine Kugelform bringt.

Die Hornhaut. Die Hornhaut ist aus stark kollagenhaltigen Fasern aufgebaut, die in streng geometrischer Anordnung verlaufen. Dadurch wird sie durchsichtig. Außerdem ist die Cornea frei von Blutgefäßen. Ihre Ernährung geschieht durch Diffusion von Nährstoffen aus der Tränenflüssigkeit, dem Kammerwasser (s. u.) und solchen Blutgefäßen, die sich im Übergangsbereich zur Bindehaut befinden. Die Hornhaut ist sehr dicht mit sensorischen Fasern versorgt, die auch extrem schwache Berührungsreize weiterleiten.

Die mittlere Augenhaut. Die mittlere Augenhaut (Uvea) besteht aus drei strukturell verschiedenen Abschnitten:
(1) der **Aderhaut** (Chorioidea),
(2) dem **Ziliarkörper** (Corpus ciliare) und
(3) der **Regenbogenhaut** (Iris).

Die Aderhaut lagert sich an die Sklera an der Innenseite an. Wie der Name schon sagt, ist sie reich mit Blutgefäßen versorgt, die vor allem auch der Ernährung der angrenzenden Strukturen dienen.

Im vorderen Teil bildet die mittlere Augenhaut den Ziliarkörper. Dieser enthält vor allem die glatte Mus-

> **Exkurs**
>
> **Die Augenfarbe**
> Die Augenfarbe kommt durch die Einlagerung des Farbpigments **Melanin** in die Iris zustande. Bei Neugeborenen weißer Hautfarbe ist fast noch kein Melanin eingelagert. Daher haben sie in der Regel zunächst blaue Augen. Die blaue Augenfarbe ist kein Ergebnis einer Pigmentierung, sondern in diesem Fall ist die Iris fast durchsichtig. Sie spiegelt allerdings den Blauanteil des Lichts bevorzugt zurück. Bei hellhäutigen Menschen setzt erst einige Monate nach der Geburt die Melanineinlagerung ein. Der Farbton (blau, grün, grau, braun) hängt von der Konzentration des Melanins ab. Durch die Melanineinlagerung wird das Auge vor zu starker Helligkeit geschützt. Je dunkler die Iris wird, umso weniger Streulicht kann durch sie ins Augeninnere treten. Daher finden sich in südlichen Ländern sehr viel häufiger Menschen mit dunklen Augen als in nördlichen Ländern.

Die innere Augenhaut. Die innere Augenhaut ist identisch mit der **Netzhaut** (Retina). Diese gliedert sich in einen vorderen lichtunempfindlichen Bereich und den hinteren lichtempfindlichen Sektor. Dieser Teil der Netzhaut wird weiter unten ausführlicher besprochen.

Die Augenlinse. Die Augenlinse ist eine bikonvexe, also beidseitig nach außen vorgewölbte Linse, wobei die

12.2 Anatomischer Aufbau des Auges | **241**

Vorderfläche etwas schwächer gekrümmt ist als die Hinterfläche. Sie besteht aus elastischen langen Fasern. Die Brechkraft der Linse kann verstellt werden, in dem ihre Wölbung verändert wird. An der Linse greift der ringförmige **Ziliarmuskel** an. Wenn dieser kontrahiert, verringert sich der Durchmesser der Linse und sie wölbt sich stärker, v. a. an der Vorderfläche. Die Innervation des Ziliarmuskels geschieht überwiegend durch parasympathische Fasern des Hirnnervs Nervus oculomotorius (III. Hirnnerv). Die Linse ist durch ein System von winzigen Bändern (Zonulafasern) in den Ziliarkörper eingespannt. Sie besitzt weder Gefäße noch nervale Zuflüsse.

Der Glaskörper. Das Augeninnere wird größtenteils vom Glaskörper ausgefüllt. Es handelt sich dabei um eine gallertige Masse, die kaum Zellen enthält. Ca. 98 % des Glaskörpers bestehen aus Wasser. Er wird durch ein feines Gerüst aus **Fibrillen** stabilisiert.

12.3 Die Leistungen des Auges als optischer Apparat

Man kann das optische System »Auge« hinsichtlich der Bestandteile seines abbildenden Systems mit einer Kamera vergleichen. Es besitzt ein Linsensystem mit variabler Brennweite (Augenlinse), eine Blende mit verstellbarer Öffnung (Pupille) und eine lichtempfindliche Fläche (Netzhaut), die dem Film entspricht. Allerdings liegt hier auch schon eine der Besonderheiten des Systems »Auge«: Es findet sich auf der Netzhaut nur ein relativ kleiner Bereich, in dem scharfes Sehen möglich ist, die **Fovea centralis**, die als kleine Grube in der Netzhaut erscheint. Diese ist zugleich der Schnittpunkt der optischen Achse des Auges mit der Netzhaut.

12.3.1 Akkomodation

Die Brechkraft des Augenlinsensystems kann durch Kontraktion des Ziliarmuskels beim jugendlichen Auge über ca. 14 **Dioptrien** (Brechkrafteinheiten) variiert werden.

Ist der Gegenstand weiter als 6 m entfernt (Fernbereich), so ist keine Einstellung auf »Nahsicht«, also keine **Akkomodation** erforderlich. Die Lichtstrahlen, die aus dem Entfernungsbereich 6 m bis unendlich kommen, fallen nahezu parallel ein und werden bei entspannter Augenlinse scharf auf der Retina abgebildet. Dies entspricht der Entfernungseinstellung »unendlich« beim Fotoapparat. Je näher ein Objekt im Bereich unter 6 m dem Auge rückt, umso stärker muss die Krümmung der Linse werden, damit es scharf auf der Netzhaut abgebildet werden kann.

Weitsichtigkeit im Alter. Die Elastizität der Augenlinse nimmt mit zunehmendem Alter ab – sie wird immer steifer, was ihre Krümmungsfähigkeit bei Kontraktion des Ziliarmuskels einschränkt. Die Krümmung im entspannten Zustand bleibt dagegen erhalten. Sehr nahe gelegene Punkte können nun nicht mehr scharf abgebildet werden. Mit zunehmendem Alter wächst der Abstand zwischen Auge und dem eben noch scharf abbildbaren nächstgelegenen Punkt, es stellt sich die Altersweitsichtigkeit, die **Presbyopie**, ein. Diese muss durch konvex geschliffene Augengläser ausgeglichen werden. Während ein 10-jähriges Kind durch Akkomodation die Brechkraft noch um 12 Dioptrien steigern kann, liegt dieser Wert beim 50-Jährigen nur noch bei etwa 2 Dioptrien; beim 70-Jährigen ist er auf 0,25 bis 0,5 Dioptrien zurückgegangen.

12.3.2 Die Regulation des Lichteinfalls

Analog zur Blendenöffnung beim Fotoapparat wird beim Auge die Menge des einfallenden Lichts durch die Pupillenweite reguliert. Die **Pupille** des menschlichen Auges kann einen Durchmesser minimal von 1,5 mm und maximal von 8 mm annehmen. Da die einfallende Lichtmenge proportional zur Fläche der Pupillenöffnung ist, kann sie vom Minimal- zum Maximalzustand etwa um den Faktor 25 anwachsen.

Die Pupillen passen sich reflektorisch der Lichtdichte der Umgebung an. Je geringer diese ist, umso mehr erweitern sie sich. Wie aus der Fotografie bekannt ist, hat eine engere Pupille eine größere Tiefenschärfe der Abbildung zu Folge. Dies ist – neben der größeren einfallenden Lichtmenge – ein weiterer Vorteil heller Beleuchtung, da die jetzt enger gestellte Pupille eine größere Tiefenschärfe zulässt.

Beim Übergang vom Dunkeln ins Helle verkleinert sich die Pupille mit einer gewissen Verzögerung. Es dauert ca. eine halbe Sekunde, bis die Reaktion beginnt. Schließlich können bis zu 5 min vergehen, bis sich die Pupille optimal angepasst hat. Beim Übergang vom Hellen ins Dunkle kann dieser Prozess noch deutlich länger dauern.

Zusammenfassung

Licht ist eine Form elektromagnetischer Energie, die sich wellenförmig ausbreitet. Die Helligkeit eines Lichtreizes wird durch die Amplitude der elektromagnetischen Welle definiert, die Farbe durch die Wellenlänge.

Das Sehen besteht auf der Ebene des Auges aus einem zweistufigen Prozess:
(1) optische Verarbeitung der Lichtwelle zum Zwecke der Bündelung und zur Fokussierung des Abbildes auf der Netzhaut und
(2) Analyse des Netzhautbildes auf neuronalem Wege.

Das optische System dient dazu, das Abbild des Reizes zentral und zugleich möglichst scharf auf die Netzhaut zu werfen.

Wegen der lichtbrechenden Eigenschaften von Hornhaut und Augenlinse können die Lichtstrahlen auf der Netzhaut fokussiert werden. Die Brechkraft der Augenlinse kann durch Verstellung des Krümmungsradius (Akkommodation) variiert werden. Die einfallende Lichtmenge wird durch Veränderung der Pupillenöffnung reguliert.

12.4 Aufbau der Netzhaut

Die Netzhaut stellt den bildaufnehmenden und bildverarbeitenden Apparat des Auges dar. Sie hat eine mittlere Dicke von etwa 0,2 mm. Wie schon erwähnt, besteht sie aus einem lichtunempfindlichen und einem lichtempfindlichen Teil (Pars optica). Im Folgenden soll nur die Pars optica der Netzhaut besprochen werden, wo die Photorezeptoren und Nervenzellen angesiedelt sind. Wenn wir im weiteren Verlauf von »Netzhaut« oder »Retina« sprechen, so ist stets dieser Teil gemeint.

Fünf Schichten signalverarbeitender Zellen. Die Retina besitzt einen mehrschichtigen Aufbau (s. Abb. 12.3). Diese Schichten werden von unterschiedlichen Zelltypen gebildet. Die innerste Schicht, die aber selbst zur Verarbeitung visueller Reize noch nichts beiträgt, bilden die Pigmentepithelzellen mit stützender und ernährender Funktion für die Photorezeptorzellen. Die folgenden fünf Schichten werden von signalverarbeitenden Zellen gebildet. Dieses System stellt sich von der an der Aderhaut anliegenden Seite ausgehend nach innen – dem Glaskörper und dem Lichteinfall zu – folgendermaßen dar:

(1) Photorezeptorzellen (Zapfen und Stäbchen), (2) Horizontalzellen, (3) Bipolarzellen, (4) amakrine Zellen, (5) Ganglienzellen

In vereinfachter und idealisierter Form ist dieser Aufbau in Abbildung 12.3 wiedergegeben.

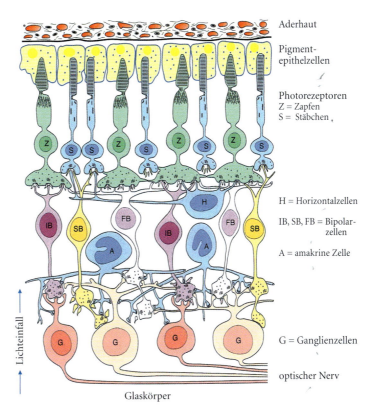

Abbildung 12.3 Elemente der Netzhaut und ihre Verschaltungen. Es ist der mehrschichtige Aufbau der Retina erkennbar. Die Zelltypen, die bei der Verarbeitung von Netzhautbildern beteiligt sind, sind eingezeichnet. Sie werden im Text besprochen (IB = invaginierende Bipolarzellen, FB = flache Bipolarzellen, SB = Stäbchen-Bipolarzellen)

Zunächst ist auffallend, dass die eigentlichen lichtaufnehmenden Strukturen, die **Photosensoren (Photorezeptoren)**, die innerste Schicht des neuronalen Netzwerks der Retina ausmachen, d.h., das Licht muss zunächst die davor liegenden Schichten durchdringen,bevor es in den photosensitiven Bereich gelangt. Dieses Phänomen wird als »Inversion der Retina« bezeichnet. Die Verluste an Lichtenergie sind nur gering, da die davor befindlichen Schichten hinreichend durchscheinend sind. Dies vor allem auch deshalb, weil sie nur feine unmyelinisierte Fasern enthalten.

Das Sinnesepithel. Die Schicht der Photosensoren – das sog. Sinnesepithel – enthält zwei Typen von Zellen, nämlich etwa 6 Millionen Zapfen und 120 Millionen Stäbchen (s. u.). In der **Sehgrube** (Fovea centralis, s. Abb. 12.2), dem Bereich des schärfsten Sehens, befinden sich allerdings ausschließlich Zapfen. Hier tritt das darüber liegende neuronale Gewebe zurück und es bildet sich eine »Grube«, wodurch die Zapfen nur noch von einer sehr dünnen Gewebsschicht bedeckt sind. Damit ist der Zutritt des Lichts hier nahezu unbehindert. An der Austrittstelle des Sehnervs, dem **blinden Fleck** (Papilla nervi optici), fehlen die Photorezeptoren gänzlich.

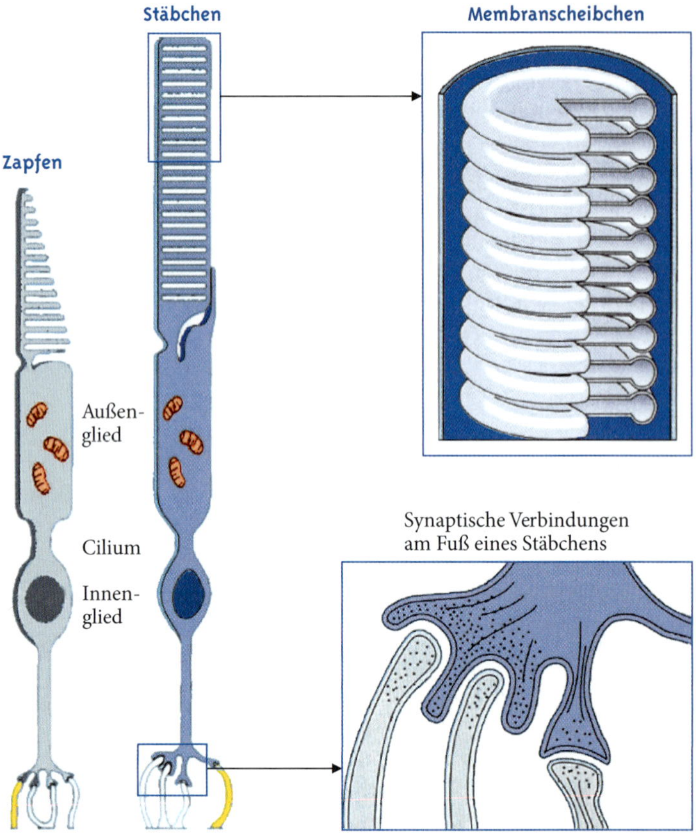

Abbildung 12.4 Feinbau eines Stäbchens

Exkurs

Der blinde Fleck

Für den blinden Fleck findet eine permanente Ergänzung statt. Zum Nachweis des blinden Flecks kann man folgendermaßen verfahren: Man schließt ein Auge und fixiert einen entfernten Punkt (Fixationspunkt) z. B. am Ende des Zimmers, der etwa in Augenhöhe ist und genau vor einem liegt. Jetzt bewegt man einen kleinen Gegenstand, z. B. einen Bleistift, mit der Spitze nach oben bei gestrecktem Arm von der fixierten Stelle aus langsam und exakt waagerecht nach außen. Dabei wird jedoch weiter der Fixationspunkt angeschaut. Wenn der blinde Fleck überstrichen wird, was bei etwa 18° seitlich vom fixierten Punkt der Fall ist, können wir bemerken, dass die Bleistiftspitze verschwindet. Wenn wir den Arm weiter bewegen, kommt sie nach »Durchqueren« des blinden Flecks wieder hervor.

Stäbchen und Zapfen. Die Photosensoren sind sekundäre Sinneszellen, die elektrische Potenzialverschiebungen erzeugen, die an Synapsen als elektrochemische Signale weitergegeben werden. Erst im nachgeschalteten Neuron können Aktionspotenziale ausgelöst werden. Die beiden Typen von Photosensoren (s. Abb. 12.4) weisen einen relativ ähnlichen Bau auf. Sie sind jedoch auf verschiedene Aufgaben spezialisiert. Das Stäbchensystem ist vor allem für die Reizverarbeitung bei schwachem Lichteinfall ausgelegt. Bei der **Adaptation** des Auges an die Dunkelheit nimmt seine Empfindlichkeit um 6 bis 7 Zehnerpotenzen zu. Allerdings beträgt die Dauer bis zur vollständigen Dunkeladaptation ca. 30 bis 50 min. Dann verschwindet das **photopische Sehen** (»Tagessehen«) der Zapfen zugunsten des **skotopischen Sehens** (»Dämmerungssehen«) vermittels der Stäbchen.

Beim photopischen Sehen wird das Stäbchensystem aktiv gehemmt. Dies geschieht durch Interneurone, die von den Zapfen erregt werden und hemmend auf die Fortleitung der Stäbchenimpulse wirken. Diese Interneuronen sind dopaminerge, amakrine Zellen (s. Abb. 12.3). Erst wenn der Lichteinfall so gering wird, dass die Zapfen kaum noch reagieren, fällt die Hemmung auf das Stäbchensystem weg.

Aufbau. Sowohl Stäbchen als auch Zapfen besitzen ein sog. Außenglied und ein Innenglied (s. Abb. 12.4). Beide sind über eine dünne Brücke, das Cilium, miteinander verbunden. Das Innenglied der Stäbchen ist dünner als das bauchiger geformte der Zapfen. Das Außenglied stellt den eigentlichen rezeptiven Teil der Photosensoren dar. In dem Außenglied der Stäbchen liegen etwa 1.000 sog. Membranscheibchen übereinandergestapelt. Bei den Zapfen finden sich Membraneinfaltungen anstelle der Membranscheibchen.

In den Lipidschichten der Membranscheibchen bzw. den Membraneinfaltungen sind die Sehfarbstoffe (Photopigmente) eingelagert. Diese sind bei Stäbchen und Zapfen von unterschiedlicher chemischer Struktur.

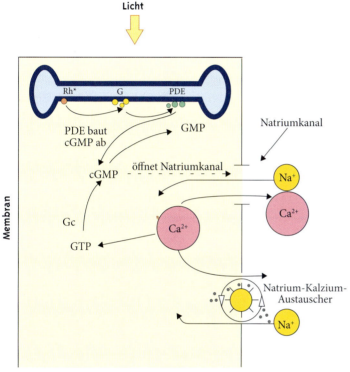

Abbildung 12.5 Phototransduktion. Im Dunkeln werden durch das zyklische Guanosinmonophosphat (cGMP) die Natriumkanäle der Zytoplasmamembran, die das Außensegment der Photorezeptoren ausmachen, offen gehalten. Bei Lichteinfall wird Rhodopsin (Rh*) aktiviert, das in einem nächsten Schritt über ein guanosinbindendes Protein (G) eine Phosphodiesterase (PDE) aktiviert. PDE baut cGMP ab, wodurch sich innerhalb weniger Millisekunden die Natriumkanäle schließen. Weil jetzt weniger Natriumionen in die Zelle einströmen, kommt es zu einer Hyperpolarisation. Da im Dunkeln auch Kalzium durch den Kanal einströmt, wird nach Belichtung auch das intrazelluläre Kalzium reduziert, da der Natrium-Kalzium-Austauscher weiter arbeitet. Der nach ca. 100–200 ms reduzierte Kalziumspiegel stellt ein »Anpassungssignal« dar, das über die Aktivierung einer Guanylatcyklase (Gc) wieder zur Erhöhung der cGMP-Konzentration führt. Dadurch öffnen sich wieder mehr Natriumkanäle. Das Kalzium-vermittelte Signal dient damit einem Anpassungsprozess an erhöhten Lichteinstrom

12.5 Molekulare Vorgänge in den Photorezeptoren

12.5.1 Photochemische Prozesse beim Lichteinfall

Das Pigment der Stäbchen ist das **Rhodopsin**. Es ist aus einem Protein, dem Opsin, und einer Farbstoffgruppe, dem 11-cis-Retinal, aufgebaut. Auftreffen von Lichtenergie führt an diesem Molekül zu einer Konformationsänderung. Die bisherige 11-cis-Form geht über in die sog. All-trans-Form. Das Rhodopsin wird als Konsequenz davon über mehrere Zwischenschritte innerhalb von wenigen Millisekunden zu Metarhodopsin II umgewandelt.

In Anwesenheit von Metarhodopsin II verringert sich die Permeabilität der äußeren Stäbchenmembran sowohl für Natrium- als auch für Kalziumionen (s. Abb. 12.5). Bei Dunkelheit werden in den Stäbchen die Natrium- und Kalziumkanäle durch zyklisches Guanosinmonophosphat (cGMP) offen gehalten. Das Zellinnere ist dann wegen des Einstroms positiver Ionen in einem relativ depolarisierten Zustand. Das Membranpotenzial liegt bei etwa –30 mV. Ist Metarhodopsin II in hoher Konzentration vorhanden (bei Helligkeit), erfolgt über Zwischenschritte eine Umwandlung des cGMP in ein unwirksames Molekül (5'-GMP). Da nun weniger cGMP vorliegt, schließen sich zahlreiche Natrium- und Kalziumkanäle, der Einstrom positiver Ionen lässt nach und das Zellinnere wird also negativer (ca. –70 mV), d. h. gegenüber dem Ruhezustand hyperpolarisiert.

Ein Lichtquant (Photon) bewirkt die Schließung von mehreren hundert Natriumkanälen, wodurch der Eintritt von über einer Million Natriumionen verhindert wird. Die Hyperpolarisation hat zur Folge, dass bei Lichteinfall in diesem System *weniger* Transmitterausschüttung bei der synaptischen Übertragung auf nachgeschaltete Nervenzellen stattfindet.

Durch einen aktiven Pumpprozess werden sehr schnell wieder Kalziumionen aus dem Zellinneren hinausbefördert. Da Kalzium die Synthese von cGMP hemmt, kann nun wieder mehr cGMP gebildet werden. Dadurch kommt es erneut zur Öffnung der Natrium-Kalzium-Kanäle, damit zu einer Depolarisation und einer Wiederherstellung des Ausgangszustandes.

Durch diesen Vorgang wird bewirkt, dass eine sehr schnelle Adaptation der Stäbchenaktivität eintritt. Demnach ist das visuelle System in erster Linie darauf ausgelegt, *Veränderungen* im Lichteinfall zu registrieren. Lässt die Beleuchtungsstärke nach, so kann unverzüglich die erneute Synthese von Rhodopsin stattfinden und das System ist wieder reaktionsbereit.

Die Vorgänge an den Membraneinfaltungen der Zapfen sind ähnlich. Allerdings lassen sich hier drei Zapfentypen für die Farben rot, grün und blau unterscheiden. Diese sind hinsichtlich der in ihnen enthaltenen photosensitiven Pigmente verschieden. Auch hier ist das 11-cis-Retinal als lichtabsorbierendes Molekül beteiligt sowie dem Rhodopsin verwandte Moleküle, sog. Zapfenopsine.

12.5.2 Adaptation als Leistung der Photorezeptoren

Hinsichtlich der **Dunkeladaptation** vollbringt das Auge erstaunliche Leistungen, vermag es doch seine Empfindlichkeit im Dunkeln um sechs bis sieben Zehnerpotenzen zu steigern. Um einen Gegenstand bei Dunkelheit zu erkennen, genügt weniger als ein Millionstel derjenigen Lichtenergie, die bei Helligkeit zur Verfügung steht. Allerdings benötigt das Sehsystem relativ lange, um seine maximale Empfindlichkeit zu erreichen. Der Verlauf dieser Dunkeladaptation lässt sich graphisch darstellen, indem man die Empfindlichkeit des Auges in Abhängigkeit von der Adaptationszeit aufträgt, nachdem sich eine Person zunächst mehrere Stunden in hellem Tageslicht aufgehalten hat und dann in vollständige Dunkelheit tritt. Man erhält eine Dunkeladaptationskurve, wie sie in Abbildung 12.6 wiedergegeben ist.

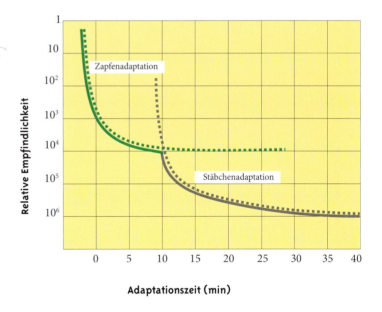

Abbildung 12.6 Dunkeladaptationskurve. Die im Zuge der Adaptation erforderliche Lichtmenge zur Auslösung einer Lichtempfindung wird immer geringer, d. h., die Empfindlichkeit steigt. Der Verlauf links vom Knick spiegelt die Adaptation der Zapfen wieder, danach erfolgt das Sehen zunehmend über das Stäbchensystem

Zu Beginn ist die Empfindlichkeit der Netzhaut sehr niedrig, erreicht aber bereits nach einer Minute ihren 10-fachen Wert; nach 20 Minuten ist sie bereits auf das 6.000-fache angestiegen. An der Dunkeladaptationskurve fällt ein charakteristischer Knick auf, der sich bei etwa 8–10 min befindet. Der erste Teil des Kurvenverlaufs kommt durch die Adaptation der Zapfen zustande, deren größte Empfindlichkeit nach ca. 15 min erreicht ist. Die Stäbchen dagegen können ihre Empfindlichkeit weiter steigern, bis sie nach ca. einer Stunde ihre höchste Empfindlichkeit erreicht haben.

Die photochemische Ursache für die hohe Leistung bei Dunkeladaptation ist die Resynthese der Pigmente in den Stäbchen. Bei der Absorption von Licht wird das 11-cis-Retinal in die All-trans-Konfiguration über-

führt, die nicht lichtempfindlich ist. Fällt die Reizung durch Licht weg, wird das Retinal durch das Enzym Isomerase wieder in die cis-Form umgewandelt. Dessen Anwesenheit in hohen Konzentrationen erklärt die jetzt erhöhte Lichtempfindlichkeit der Stäbchen.

Zur Adaptation an sich ändernde Lichtverhältnisse dienen noch weitere Mechanismen, die neuronal vermittelt sind. Dazu gehört die Pupillenreaktion, die den Lichteinfall auf die Netzhaut reguliert (s. Abschn. 12.3.2). Diese schützt das Auge bei schnellem Anwachsen der Lichtmenge (»Blendung«) durch Verengung. Auch die oben schon erwähnte Unterdrückung des Stäbchensystems beim photopischen Sehen und ihren Wegfall in der Dunkelheit sind Adaptationsmechanismen auf der Basis neuronaler Interaktion.

Störungsbild

Nachtblindheit

Bei einer Funktionsstörung oder einem Totalausfall der Stäbchen kommt es zur Dämmerungs- bzw. Nachtblindheit. Diese Krankheit kann als Folge eines Gendefekts angeboren sein. Eine häufige erworbene Ursache der Nachtblindheit ist dagegen ein Mangel an Vitamin A. Da das 11-cis-Retinal ein Aldehyd des Vitamins A_1 ist, kann man sich leicht erklären, dass bei einem Vitamin-A-Mangel die

Sehleistung in der Nacht defizitär ist. Der Mangel an Vitamin A kann durch zu geringe Zufuhr über die Nahrung oder bei Magen-Darm-Problemen und Leberkrankheiten zustande kommen. Auch andere Erkrankungen der Netzhaut (z. B. infolge eines Diabetes oder einer Netzhautentzündung) oder des Sehnervs (z. B. Grüner Star) können eine Nachtblindheit nach sich ziehen.

Zusammenfassung

Die Retina besitzt fünf Schichten von signalverarbeitenden Zellen:
(1) Photorezeptorzellen (Zapfen und Stäbchen)
(2) Horizontalzellen
(3) Bipolarzellen
(4) amakrine Zellen
(5) Ganglienzellen
Im Bereich der Sehgrube befinden sich allerdings ausschließlich Zapfen. An der Austrittsstelle des Sehnervs, dem blinden Fleck, fehlen die Photorezeptoren.

Die Photorezeptoren sind primäre Sinneszellen. Die Zapfen dienen dem photopischen Sehen (»Tages-

sehen«), die Stäbchen dem skotopischen Sehen (»Dämmerungssehen«). Stäbchen und Zapfen sind prinzipiell ähnlich aufgebaut und der Phototransduktionsprozess läuft bei beiden in ähnlicher Weise ab. Bei Lichteinfall kommt es zu einer Hyperpolarisation der Membranen bei Zapfen und Stäbchen.

Im Zuge der Dunkeladaptation vermag das Sehsystem seine Empfindlichkeit um einen Faktor zwischen einer und zehn Millionen zu steigern. Die photochemische Ursache für die hohe Leistung bei Dunkeladaptation ist die zunehmende (Re-)Synthese der Pigmente in den Stäbchen und Zapfen.

12.6 Signalverarbeitung auf der Ebene des retinalen Neuronennetzwerks

Die Zellen der Netzhaut sind in vielfältiger, systematischer Weise miteinander verschaltet. Dieses Netzwerk erbringt wichtige Leistungen bei der Analyse von Netzhautabbildern. Dazu gehören vor allem die Kontrastverschärfung und die Primärprozesse des Farbensehens.
Klassen von Bipolarzellen. Die Stäbchen und Zapfen nehmen synaptische Kontakte zu den Dendriten der **Bipolarzellen** auf (s. Abb. 12.7). Die Axone der Bipolarzellen bilden ihrerseits Synapsen zu den Dendriten der Ganglienzellen. Man unterscheidet drei Klassen von Bipolarzellen:

(1) **Invaginierende Bipolarzellen** bilden Synapsen mit den Zapfen, die in einer Vertiefung der Rezeptormembran sitzen – sie »invaginieren« die Rezeptormembran. Die subsynaptische Membran dieses Kontakts depolarisiert bei einer Zunahme der Lichtintensität.

(2) Die sog. **flachen** oder **nichtinvaginierenden Bipolarzellen** dagegen sitzen auf der glatten Photorezeptormembran auf. Die Membran der flachen Bipolarzellen depolarisiert bei einer Abnahme der Lichtintensität.

(3) Der dritte Typ sind die **Stäbchenbipolarzellen**.

Die Axone der Ganglienzellen bilden den Sehnerv. Die **amakrinen Zellen** und die **Horizontalzellen** schaffen

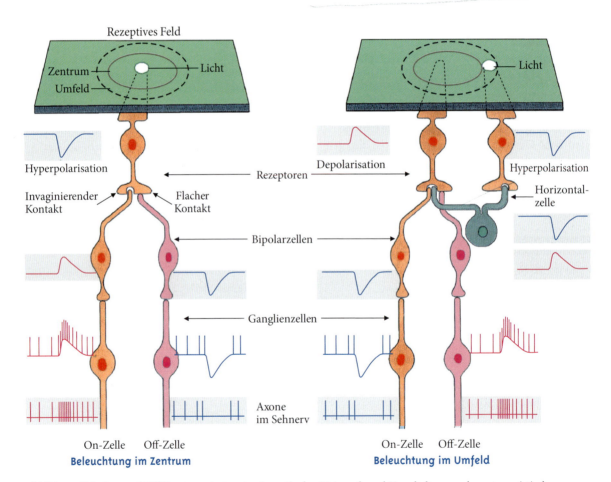

Abbildung 12.7 On- und Off-Zentrum-Antworten im retinalen Netzwerk und Verschaltungen des antagonistischen Umfelds. Links: Oben ist das rezeptive Feld mit Zentrum und Umfeld auf der Netzhaut dargestellt. Der Photorezeptor hyperpolarisiert bei Licht im Zentrum. Die invaginierende, hemmende Synapse zur On-Bipolarzelle invertiert das Signal. Rechts: Licht im Umfeld wirkt auf den Photorezeptor im Zentrum über die laterale Horizontalzellverschaltung hemmend; das Signal wird invertiert und führt zu einer Depolarisation am Photorezeptor. Diese wirkt im On-Kanal hemmend, im Off-Kanal erregend

12 Visuelles System

hauptsächlich die Querverbindungen innerhalb der Netzhaut: Die amakrinen Zellen verbinden die Bipolarzellen und die Ganglienzellen, die Horizontalzellen stellen Verbindungen zwischen auch weiter auseinanderliegenden Photorezeptoren und den Bipolarzellen her.

12.6.1 Rezeptive Felder der Netzhautneuronen

Als rezeptives Feld bezeichnet man – im Falle des Auges – diejenige Netzhautfläche, von der aus eine einzelne Nervenzelle beeinflusst werden kann. Anders ausgedrückt ist es diejenige Photorezeptorpopulation, von der die Aktivität einer einzelnen nachgeschalteten Zelle des Sehsystems (mit-)gesteuert wird. Im Bereich der Netzhaut sind die rezeptiven Felder von Ganglienzellen von besonderem Interesse, da sie die Ausgangsstation in Richtung Gehirn darstellen.

Die rezeptiven Felder der meisten Ganglienzellen besitzen insofern eine besondere Charakteristik, als sie aus einem kreisförmigen Zentrum bestehen, das von einem ringförmigen Umfeld umgeben ist (s. Abb. 12.8). Hier sind wiederum zwei verschiedene Typen von rezeptiven Feldern zu unterscheiden, die auf unterschiedlichen Leitungspfaden zu einer Ganglienzelle gelangen.

Ganglienzelle mit On-Zentrum. Bei einer Ganglienzelle mit einem On-Zentrum bewirkt ein Lichtpunkt, der das Zentrum des rezeptiven Feldes trifft

- eine Aktivierung der nachfolgenden Bipolarzelle, die diese Aktivierung dann
- auch als Aktivierung an die ihr nachgeschalteten Ganglienzelle weitergibt, was sich dann
- als erhöhte Aktionspotenzialfrequenz in der entsprechenden Faser des Nervus opticus zeigt.

Diese Ganglienzelle gibt eine Erregung des Zentrums ihres rezeptiven Feldes demnach als verstärktes Signal weiter. Da wir schon gesehen haben, dass der primäre Effekt des Lichteinfalls auf den Photorezeptor eine Hyperpolarisation ist, also eine Aktivitätsminderung an der nachgeschalteten Synapse, muss in diesem Pfad eine invaginierende Synapse einer Bipolarzelle eingeschaltet sein, um diesen Effekt wieder umzukehren und in eine Aktivitätssteigerung zu verwandeln. Fällt ein Lichtreiz auf das Umfeld, wird diese Ganglienzelle gehemmt. Die Aktionspotenzialfrequenz geht zurück bzw. Aktionspotenziale bleiben vollständig aus.

Ganglienzelle mit Off-Zentrum. Der zweite Pfad führt zu einer Ganglienzelle mit einem Off-Zentrum. An dessen Beginn steht derselbe Lichtpunkt mit denselben aktivierten Photorezeptoren. Hier geschieht die Weiterleitung dagegen über eine flache Bipolarzelle.

Wenn in das Umfeld einer Off-Zentrum-Ganglienzelle ein Lichtpunkt projiziert wird, feuert diese stärker (s. Abb. 12.8). Dies wird über den Prozess der lateralen Hemmung (s. Abschn. 5.4.2) vermittelt. Hierbei sind die Horizontalzellen beteiligt. Diese stellen in der Horizontalebene zwischen seitlich benachbarten Photorezeptoren die Verbindung her.

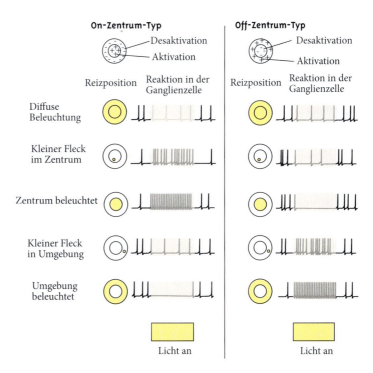

Abbildung 12.8 Response einer On-Zentrum- bzw. Off-Zentrum-Zelle. Auf der linken Seite ist das Verhalten einer On-Zentrum-Zelle wiedergegeben. Diese reagiert am stärksten, wenn Licht (hier durch Gelbfärbung dargestellt) in das Zentrum ihres rezeptiven Felds fällt. Bei Reizung des Umfelds wird sie gehemmt. Rechts erkennt man, dass sich die Verhältnisse für eine Off-Zentrum-Zelle umkehren

Generell gilt nun für die meisten Ganglienzellen, dass es bei Beleuchtung des gesamten rezeptiven Feldes – also Zentrum plus Umfeld – zu einem schwächeren, zentralwärts geleiteten Signal kommt als bei ausschließlicher Beleuchtung des Zentrums oder Umfelds allein. Jede Ganglienzelle liefert Informationen ans Gehirn, in der sich die Beleuchtungsverhältnisse eines kleinen, kreisförmigen Bereichs der Retina widerspiegeln. Wegen der speziellen Charakteristik der rezeptiven Felder – Zentrum und Umfeld, die gegeneinander verrechnet werden – liefern die Ganglienzellen auch keine Information über absolute Reizintensitäten, sondern über den **Kontrast**, der im rezeptiven Feld zwischen Zentrum und Umfeld herrscht. So schickt beispielsweise eine On-Zentrum-Ganglienzelle dann ein maximales Signal, wenn ein scharfes Lichtbündel genau ins Zentrum fällt und das Umfeld in völliger Dunkelheit bleibt (s. Abb. 12.8).

Jedes auf die Netzhaut projizierte Bild wird also dem Gehirn als ein Aktivitätsmuster, bestehend aus den Signalen der beteiligten rezeptiven Felder, gemeldet.

Benachbarte rezeptive Felder von Ganglienzellen sind stets überlappend, aber nie deckungsgleich. Im Bereich der Fovea, wo die Auflösung für eng benachbarte Punkte maximal ist, besitzen die rezeptiven Felder naturgemäß eine sehr viel kleinere Fläche als am Rande der Netzhaut. Während im Bereich der Fovea nur einige wenige Photorezeptoren ein rezeptives Feld ausmachen, sind dies am Rand mehrere Hundert.

12.6.2 Drei Grundtypen von Ganglienzellen

Auf der Ebene der Ganglienzellen lassen sich drei Grundtypen von Zellen sowohl vom Aufbau als auch von der Funktion her unterscheiden. Die von diesen drei Zelltypen ausgehenden Fasern laufen über weite Strecken – auch noch innerhalb des visuellen Kortex – in drei voneinander getrennten Bahnen.

Magnozellulärer Typ (α-Zellen, M-Ganglienzellen). Dieser Zelltyp macht 10 % der Ganglienzellen aus. Die Zellen besitzen große Zellkörper. Ihre Eingangssignale stammen hauptsächlich von Bipolarzellen, die ihrerseits mit Stäbchen in Verbindung stehen. Daher sind sie farbunempfindlich. Sie verfügen über weitreichende dendritische Verzweigungen und haben entsprechend große rezeptive Felder. Diese Zellen reagieren besonders auf Kontrast und Bewegung.

Parvozellulärer Typ (β-Zellen, P-Ganglienzellen). Hierbei handelt es sich um relativ kleine Zellen. Sie haben kleine rezeptive Felder. Ihre Eingangssignale kommen über die Bipolarzellen von den Zapfen. Diese Zellen sind besonders farbempfindlich. Sie antworten anhaltend auf konstante Lichtreize. Ihre Aufgabe ist daher in erster Linie die detaillierte Mustererkennung und das Farbensehen. Etwa 80 % der Ganglienzellen sind vom parvozellulären Typ.

Koniozellulärer Typ (γ-Zellen, K-Ganglienzellen). Diese Zellen sind blauempfindlich, klein und uneinheitlich gestaltet. Ihre Aufgaben scheinen sehr verschiedenartig zu sein. Sie sind bewegungsempfindlich. Ihre Projektionsgebiete sind vor allem die visuellen Neuronengruppen im Mittel- und Zwischenhirn, von denen aus visuelle Reflexe, z. B. Steuerung der Pupillomotorik, sowie vegetative Reaktionen ausgelöst werden.

Exkurs

In der Netzhaut des Auges existiert eine Untergruppe der retinalen Ganglienzellen, die selbst lichtsensitiv sind. Von deren Zellkörpern ziehen Axone direkt in den Nucleus suprachiasmaticus (SCN), den wichtigsten Zeitgeber für den zirkadianen Rhythmus. Eine Beteiligung von Melanopsin an der lichtabhängigen Unterdrückung der Melatoninausschüttung konnte nachgewiesen werden. Melanopsin ist ein Protein der Opsin-Familie.

Zusammenfassung

Die Ganglienzellen der Netzhaut erhalten Information von ihren jeweiligen rezeptiven Feldern. Die rezeptiven Felder der meisten Ganglienzellen besitzen eine besondere Charakteristik: ein kreisförmiges Zentrum, das von einem ringförmigen Umfeld umgeben ist.

Man unterscheidet:

▶ Ganglienzellen mit einem On-Zentrum: Hier bewirkt ein ins Zentrum fallender Lichtpunkt eine Aktivierung, ein Lichtpunkt in der Umgebung eine Hemmung.
▶ Ganglienzellen mit einem Off-Zentrum: Ein Lichtpunkt im Zentrum führt zu einer Hemmung, ein Punkt in der Umgebung zieht eine Aktivitätssteigerung nach sich.

Ganglienzellen vom **magnozellulären** Typ besitzen große Zellkörper. Sie reagieren besonders auf Bewegungen, sind jedoch farbunempfindlich. Sie haben große rezeptive Felder.

Parvozelluläre Ganglienzellen sind relativ kleine Zellen mit kleinen rezeptiven Feldern. Sie sind besonders farbempfindlich und antworten anhaltend auf konstante Lichtreize. Ihre Aufgabe ist in erster Linie die Mustererkennung und das Farbensehen.

Koniozelluläre Ganglienzellen sind klein, uneinheitlich in ihrer Gestalt und für verschiedenartige, zumeist reflexhaft ablaufende Aufgaben zuständig.

12.6.3 Die retinale Basis der Sehschärfe

Die Sehschärfe (**Visus**) wird zahlenmäßig gefasst als:

Visus = 1/α (α gemessen in Winkelminuten)

α ist der minimale Winkel zwischen zwei Objekten, unter dem diese noch getrennt wahrgenommen werden können.

Der minimale Winkel ist nicht ganz unabhängig von der Art der Objekte. Handelt es sich um zwei Leuchtpunkte, so beträgt er etwa 25 Bogensekunden. Dies bedeutet ein enormes Auflösungsvermögen: Zwei punktförmige, benachbarte Lichtquellen, die 10 m von unseren Augen entfernt sind, können dann noch gerade als getrennt erkannt werden, wenn sie nur 1,5 bis 2 mm auseinanderliegen.

Im Bereich der Fovea, wo die Zapfendichte am größten ist, liegen die Zapfen in einem Abstand von ca. 0,003 mm. Die maximal erreichbare Winkelauflösung von 25 Bogensekunden entspricht einem Abstand der beiden Bildpunkte auf der Netzhaut, der etwa doppelt so groß ist wie der minimale Abstand zweier Zapfen. Demnach genügt es zur getrennten Wahrnehmung von zwei Bildpunkten im Bereich der Fovea, wenn zwischen den beiden erregten Zapfen lediglich ein weiterer liegt.

Ist das Auge helladaptiert, so wird das Zentrum des rezeptiven Feldes einer Ganglienzelle von einem einzigen Zapfen gebildet. Das bedeutet, dass die im Bereich der Fovea durch hohe Zapfendichte erzielte Abbildungsschärfe auf dem Weg über die Ganglienzellen an das Gehirn nicht verloren geht.

Außerhalb der Fovea nimmt die Sehschärfe zum Rande hin schnell ab. Im Bereich der Peripherie der Netzhaut ist sie auf etwa ein Zehntel zurückgegangen. Wie schon erwähnt, ist eine der Hauptursachen hierfür die zunehmend größere Fläche der rezeptiven Felder bei wachsendem Abstand von der Fovea. Außerdem nimmt der mittlere Zapfenabstand deutlich zu.

> **!** Je kleiner die rezeptiven Felder sind, die eine Ganglienzelle versorgen, desto größer ist die räumliche Auflösung und damit die Sehschärfe in dem betreffenden Netzhautbereich.

12.6.4 Netzhautprozesse beim Farbensehen

Das Phänomen Farbe ist keine physikalische Eigenschaft des Lichts. Die Empfindung für Farbe ist sozusagen eine Zusatzleistung unseres Wahrnehmungsapparats, die dem Licht eine Qualität verleiht, die lediglich auf der subjektiven Seite der Wahrnehmungswelt vorhanden ist. Allerdings hat die Farbempfindung ihre Basis in einer physikalischen Charakteristik des Lichts, nämlich seiner Wellenlänge. Es findet in unserem visuellen System jedoch keine einfache Transformation von Wellenlängen in Farbeindrücke statt, etwa in der Weise, dass es Wellenlängendetektoren gäbe, die in kontinuierlicher Weise aus einer Eingangsgröße »Lichtwellenlänge« eine Ausgangsgröße »Farbe« machten. So kommt die Farbe »weiß« im physikalischen Wellenlängenspektrum gar nicht vor, wir nehmen sie aber durchaus als solche wahr. Farbempfindungen sind das Ergebnis komplizierter Verrechnungsprozesse, die in der Netzhaut ihren Anfang nehmen und in speziellen Zentren des Kortex weitergeführt werden.

Blau-, Grün- und Rot-Zapfen. In der Netzhaut existieren drei Typen von Zapfen, die sich hinsichtlich ihrer Sehfarbstoffe unterschieden:

▶ Blau-Zapfen mit einem Empfindlichkeitsmaximum (s. Abb. 12.9) im blauen Bereich, d. h. bei 440 nm

▶ Grün-Zapfen mit einem Maximum im grünen Bereich, d. h. bei ca. 535 nm

▶ Rot-Zapfen mit einem Empfindlichkeitsmaximum bei 565 nm, was dem gelb-grünen Bereich entspricht, die aber dennoch Rot-Zapfen genannt werden, weil ihr Empfindlichkeitsbereich dem roten Bereich des Spektrums am nächsten kommt. Es existiert offenbar kein Rezeptortyp, der unmittelbar durch die Farbe rot angeregt wird.

Es darf nicht übersehen werden, dass die gezeigten Empfindlichkeitskurven relativ breit sind; dies bedeutet, dass die einzelnen Rezeptoren auf ein weites Farbspektrum ansprechen. Dies hat zur Folge, dass durch nahezu alle Wellenlängen des sichtbaren Lichts *zwei* Rezeptortypen angesprochen werden. Dies ist überaus wichtig für die Verrechnung zu einem bestimmten Farbeindruck.

12.6 Signalverarbeitung auf der Ebene des retinalen Neuronennetzwerks | **251**

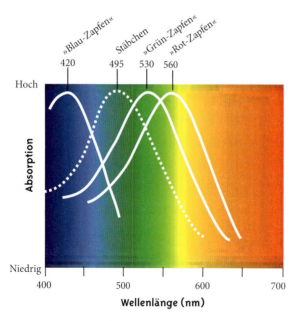

Abbildung 12.9 Empfindlichkeitskurven der drei Zapfentypen. Die drei Zapfentypen besitzen unterschiedliche Empfindlichkeiten. Am Maximum ihrer Absorptionskurve besitzen sie zugleich ihre höchste Empfindlichkeit

In jedem der drei Zapfentypen kommt nur ein einziger von den drei möglichen Sehfarbstoffen vor. Diese Sehfarbstoffe konnten im Einzelnen isoliert werden. Sie unterscheiden sich lediglich in der Sequenz der Aminosäuren im Opsinmolekül.

Das Vorhandensein der drei unterschiedlichen Zapfentypen führt zu einer trichromatischen Abbildung der Farbenwelt. Dichromatisches Sehen finden wir bei Menschen mit bestimmten Formen der Farbenblindheit (s. u.) sowie bei den meisten Säugetieren. Einige nachtaktive Tiere, z. B. Nachtaffen, besitzen nur einen Photorezeptorentyp.

Farbkodierung im retinalen Neuronennetzwerk

Die zentrale Frage ist, wie sich aus der Basisinformation, die uns diese drei Rezeptortypen über die Lichtwellenlänge vermitteln, die nahezu unbegrenzte Vielfalt der Farbtöne unseres subjektiven Erlebens ergibt. Die einfachste Theorie hierzu ist die trichromatische Theorie des Farbensehens, die ursprünglich auf den englischen Arzt und Physiker Thomas Young (1771–1829) zurückgeht und die von Hermann von Helmholtz verfeinert wurde.

Ausgangspunkt ist die Tatsache, dass man den Eindruck nahezu aller Farbabstufungen inkl. weiß hervorrufen kann, wenn man die Farben rot, grün und blau in unterschiedlicher Intensität zusammenmischt. Aufgrund dieses Sachverhalts forderte von Helmholtz das Vorhandensein dreier unterschiedlicher farbempfindlicher Sensoren – blau-, rot- und grün-empfindlich –, deren Signale getrennt zum Gehirn laufen sollten, um hier zum entsprechenden Farbeindruck verrechnet zu werden. Diese trichromatische Theorie hat sich in ihrem Grundgedanken als richtig erwiesen.

Forscherpersönlichkeit

Hermann von Helmholtz, geb. am 31. 8. 1821 in Potsdam, gest. am 8. 9. 1894 in Berlin. Beginn des Studiums der Medizin 1838 an der Militärärzteschule in Berlin, 1842 Promotion. Seine Lehrer waren unter anderem der Physiologe und Anatom Johannes Müller und der Physiker Gustav Magnus. Er unterrichtete Anatomie an der Berliner Kunstakademie und arbeitete als Assistent von Johannes Müller. Im Alter von 28 Jahren erhielt er eine Professur für Physiologie und Pathologie an der Universität Königsberg. 1855 ging er als Professor für Physiologie und Anatomie nach Bonn, 1858 nach Heidelberg und 1870 kehrte er nach dem Tod seines ehemaligen Lehrers Gustav Magnus nach Berlin zurück und übernahm dort den Lehrstuhl für Physik.

1852 bestimmte von Helmholtz die Leitungsgeschwindigkeit in Nerven und bereitete damit dem Glauben ein Ende, diese sei unmessbar groß, womit auch die Idee eines »Nervengeistes« zu Fall gebracht war. Helmholtz machte sich auf vielen Gebieten einen Namen. So wurde er u. a. durch die Erfindung des Augenspiegels (der noch heute verwendet wird) bekannt. In der Physiologie erforschte er neben der Leitungsgeschwindigkeit der Nerven das Farbensehen (Young-Helmholtz-Theorie) und den Hörmechanismus. Außerdem waren seine erkenntnistheoretischen Arbeiten zu den Grundbegriffen naturwissenschaftlicher Forschung sehr einflussreich.

Theorie der Farbzusammensetzung aus Gegenfarben. Allerdings kann die trichromatische Theorie gewisse Befunde nicht erklären. Dazu gehört etwa die Erscheinung der farbigen Nachbilder: Fixiert man ca. eine halbe Minute lang eine leuchtend rote Fläche und blickt danach auf eine weiße Fläche, so erscheint ein grünes Nachbild.

Dieses Phänomen lässt sich auf der Basis eines zweiten Prinzips der Farbkodierung erklären, nämlich durch das der Farbzusammensetzung aus Gegenfarben. Dieses geht auf den deutschen Physiologen und Psychologen Ewald Hering (1834 bis 1918) zurück. Aufgrund seiner ausgiebigen phänomenologischen Studien zur Farbwahrnehmung v. a. auch aufgrund des Effekts der farbigen Nachbilder, postulierte er eine Theorie, die von den Farb-Gegensatzpaaren Schwarz – Weiß, Rot – Grün und Blau – Gelb (wobei Gelb durch eine Rot-Grün-Mischung realisiert ist) ausgeht. Ein einzelner Farbeindruck ergibt sich dann auf folgende Weise: Kommt es zu einer Netzhauterregung durch rotes Licht, so folgt daraus in dem Rot/Grün-Kanal eine Erregung, bei grünem Licht dagegen kommt es hier zu einer aktiven Hemmung. Aber auch eine Hemmung ist eine signifikante Information, die dem Gehirn mitteilt, dass ein grünes Netzhautabbild vorliegt. Die Eingänge aus den drei Kanälen würden dann im Gehirn so verrechnet, dass beliebige Mischfarben repräsentiert werden können.

Befunde zu Farbdetektoren. Es finden sich tatsächlich bereits auf dem Niveau der Horizontalzellen sog. Gegenfarbenneuronen. Je nach Typ können sie durch Blau, Rot, Gelb oder Grün entweder erregt oder gehemmt werden. Der Typ der farbkodierenden Ganglienzellen – nicht alle Ganglienzellen, die sich in der Netzhaut befinden, sind farbkodierend – reagiert in spezifischer Weise auf Paarungen der Grundfarben. So gibt es Ganglienzellen, in denen Rot der Gegenspieler zu Grün ist und Blau die Gegenfarbe zu Gelb. Was bedeutet nun »Gegenfarbe« auf dieser neuronalen Ebene? Nahezu alle farbempfindlichen Ganglienzellen sind Zentrum-Umfeld-Zellen. So wird beispielsweise eine grünempfindliche On-Zentrum-Zelle durch Grün im Zentrum erregt und durch Rot gehemmt (s. Abb. 12.10). Im Umfeld zeigt sich bei dieser Ganglienzelle die umgekehrte Situation: Erregung durch Rot, Hemmung durch Grün. Bei Off-Zentrum-Zellen ist die Situation umgekehrt.

Helligkeitsdetektoren. Andere Ganglienzellen, deren Zuflüsse von den Zapfen kommen, kodieren dagegen nur die Intensität der Potenzialverschiebung, sie sind quasi Helligkeitsdetektoren. Sie erhalten Informationen von allen drei Zapfentypen. Es darf nicht übersehen werden, dass die Höhe des Rezeptorpotenzials sowohl von der Wellenlänge abhängt als auch von der Lichtintensität. Je weiter die Farbe des Lichtreizes vom Farbempfindlichkeitsmaximum des betreffenden Zapfentyps entfernt ist, umso schwächer wird das Ausgangssignal sein. Natürlich wird es auch umso schwächer sein, je geringer die Lichtintensität ist.

Die Farbinformation, die von einer farbempfindlichen Ganglienzelle weitergegeben werden kann, ist demnach durch das Netzwerk retinaler Neuronen definiert, das in diese Ganglienzelle Information einspeist.

Errechnung von Farbkontrast und Farbtönen. Was ist nun der Gewinn dieser komplexen Verschaltung zwischen Photorezeptoren, zwischengeschalteten Bipolarzellen, amakrinen Zellen und den nachgeschalteten Ganglienzellen? Ein unmittelbarer Vorteil, der durch die On-off-Struktur der farbempfindlichen Ganglienzellen zustande kommt, ist die Möglichkeit zur Erhöhung des Farbkontrasts und damit das Erkennen der Grenze zwischen benachbarten Farbflächen. Das ist von allergrößter Bedeutung, da uns das richtige Erkennen von Objekten und deren Oberflächenstruktur meist nur möglich ist, wenn zwi-

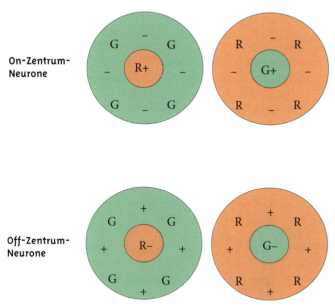

Abbildung 12.10 Beispiele für farbkodierende Zellen mit deren rezeptiven Feldern. Bei On-Zentrum-Neuronen führt die Aktivierung von Rot-Zapfen (R) bzw. Grün-Zapfen (G) im Zentrum zu einer Erregung und im Umfeld dagegen zur Hemmung der Zelle. Off-Zentrum-Neuronen reagieren komplementär

12.6 Signalverarbeitung auf der Ebene des retinalen Neuronennetzwerks | 253

schen den einzelnen Elementen Farbunterschiede bestehen. Beispielsweise erkennen wir eine insgesamt grün erscheinende Fläche deshalb als Rasen, weil hier unzählige Farbübergänge – z.B. zwischen einzelnen Grashalmen und ihrem ebenfalls grünen, aber eher dunkelgrünen Hintergrund – bestehen. Der zweite Vorteil besteht in der Differenzierung der etwa 200 Farbtöne, die der Mensch unterscheiden kann. Nehmen wir als Beispiel einen gelben Punkt, der auf die Netzhaut fällt. Dadurch wird sowohl der »Rot«- als auch der »Grün«-Photorezeptor submaximal angeregt. Dies sagt uns jedoch noch nicht alles über die tatsächliche Farbe des Lichtpunkts. Von Bedeutung ist hierbei auch, dass der »Blau«-Rezeptor nicht angeregt wurde. Eine nachgeschaltete »Sammelstelle« für Informationen aus den drei Rezeptortypen erkennt daraus, dass es sich z.B. nicht um weißes Licht handeln kann, da sonst alle drei Rezeptortypen in annähernd gleicher Weise hätten erregt werden müssen.

Weitere Prozesse bei der Farbkodierung. Die Farbkodierung ist auf der Ebene der Ganglienzellen noch nicht abgeschlossen. Es existieren spezielle Kortexareale, die eine Weiterverarbeitung der Farbinformation vornehmen (s. Abschn. 12.8.2). So wird etwa das Phänomen der Farbkonstanz, also der weitgehenden Unabhängigkeit des wahrgenommenen Farbtons von der Art der Beleuchtung, erst durch Beteiligung kortikaler Zentren ermöglicht. Diese analysieren zugleich auch die Färbung des Hintergrunds und kombinieren dies mit dem Wissen über die Farben bekannter Objekte. Dadurch können die Verrechnungsvorgänge unterstützt werden, als deren Ergebnis die Objekte wieder weitgehend in ihren »natürlichen« Farben wahrgenommen werden.

Zusammenfassung

In der Netzhaut existieren drei Typen von Zapfen, die sich hinsichtlich ihrer Sehfarbstoffe unterscheiden. Dies ist die Grundlage des Farbensehens. Auf der Ebene der Ganglienzellen findet eine differenzierte Weiterverarbeitung der Farbinformation statt, die u.a. der Verstärkung von Farbkontrasten und der Feinanalyse von Farbtönen dient.

Farbsinnstörungen

Schwächen des Farbsinns (Farbenblindheit) sind in der Regel angeboren. Es sind fast immer beide Augen betroffen. Etwa 8% der Männer sind farbuntüchtig, dagegen leiden nur 0,4% der Frauen darunter, was durch den Genort der Farbrezeptorproteine auf dem X-Chromosom erklärt werden kann (vgl. Abschn. 2.8). Farbenblindheit hat meist ihre Ursache im Bereich der Photorezeptoren vor allem durch das Fehlen von Sehfarbstoffen. Man unterscheidet im Wesentlichen drei Typen von Farbsinnstörungen:

(1) Bei der **Dichromasie** liegt eine partielle Farbenblindheit vor, bei der einer der drei Rezeptortypen vollständig ausfällt. Hier kann man zwei Untergruppen unterscheiden:
   ▶ Patienten, denen das Rot-Grün-Unterscheidungsvermögen fehlt
   ▶ Menschen, die kein Gelb-Blau-Unterscheidungsvermögen besitzen

(2) Die mildeste und zugleich am weitesten verbreitete Störung des Farbsinns ist die anomale **Trichomasie**. Es liegt lediglich eine Farbschwäche (Farbanomalie) vor. Hierbei ist der Rot-Grün-Defekt am häufigsten. Dieser findet sich fast nur bei Männern, wobei er von den Müttern weitergegeben wird. Daher ist auch hier die Annahme naheliegend, dass der Defekt auf dem X-Chromosom liegt. Dieser Typ von Farbenblindheit kann zwar bei Frauen auch auftreten, ist aber deshalb so selten, weil mit hoher Wahrscheinlichkeit das zweite der beiden X-Chromosomen der Frau ein normales Gen für die Kodierung der Sehfarbstoffe besitzt.

(3) Als Extremfall kennt man auch die **Achromasie**, die totale Farbenblindheit. Hier kann die sichtbare Welt nur in Grautönen wahrgenommen werden. Im Allgemeinen liegt hier reines Stäbchensehen vor. Deshalb besitzen diese Personen eine stark herabgesetzte Sehschärfe und leiden unter extremer Lichtempfindlichkeit.

Neben den angeborenen Farbschwächen kennt man seltene Fälle erworbener Störungen der Farbwahrnehmung. Diese konnten etwa im Zuge von Netzhauterkrankungen oder neurologischen Erkrankungen im Bereich des visuellen Kortex beobachtet werden.

> **!** Die verschiedenen Formen von Farbenblindheit kommen überwiegend durch Defekte im Photorezeptorsystem zustande. Man unterscheidet die Dichromasie, die anomale Trichromasie und die Achromasie.

12.7 Die Sehbahn

Die Axone der Ganglienzellen der Netzhaut bilden auf jeder Seite den **Sehnerv** (Nervus opticus). In jedem Sehnerv ziehen etwa 1,2 Millionen myelinisierte Fasern zur Sehnervenkreuzung, dem Chiasma opticum. Hier kreuzen die Fasern teilweise auf die Gegenseite (s. Abb. 12.11). Diejenigen Fasern, die Information vom inneren, nasal gelegenen Teil der beiden Netzhäute tragen, wechseln die Seite, diejenigen dagegen, die vom schläfenseitigen, temporalen Teil aktiviert werden, laufen ungekreuzt weiter. Lediglich die Fasern der Ganglienzellen, die vom innersten Bereich des Gesichtsfeldzentrums versorgt werden, laufen zu beiden Gehirnhälften.

Nach Passage des Chiasma opticum bilden die gekreuzten Fasern gemeinsam mit den ungekreuzten auf jeder Seite den Tractus opticus. Etwa zwei Drittel der Fasern des Tractus opticus ziehen zum Corpus geniculatum laterale (CGL) des Thalamus. Ein Drittel erreicht andere Stationen, die im Folgenden genannt werden sollen.

12.7.1 Nucleus suprachiasmaticus des Hypothalamus und prätektale Mittelhirnregion

Der Nucleus suprachiasmaticus liegt im vorderen Ende des Hypothalamus unmittelbar über dem Chiasma opticum. Die von der Netzhaut kommende Information bezüglich der Helligkeit der Umgebung dient hier zur Synchronisation von zirkadianen Taktgebern (s. Abschn. 19.2.2). Diese Information gelangt von hier aus über wenige Synapsen zur Epiphyse. Diese reguliert auf der Basis der retinalen Helligkeitsinformation die Ausschüttung des Hormons Melatonin.

In der prätektalen Region des Mittelhirns enden Fasern des Tractus opticus an Kernen, die in erster Linie für den Pupillenreflex zuständig sind. Außerdem dürften reflexhafte Augenbewegungen von hier mitgesteuert werden.

12.7.2 Colliculi superiores

Die Neuronen der Colliculi superiores haben relativ große rezeptive Felder auf der Netzhaut. Sie reagieren in erster Linie auf sich bewegende Netzhautabbilder, wobei eine Sensitivität der einzelnen Neuronen für bestimmte Bewegungsrichtungen vorliegt. Wenn ein sich bewegendes Objekt am Rande des Gesichtsfeldes

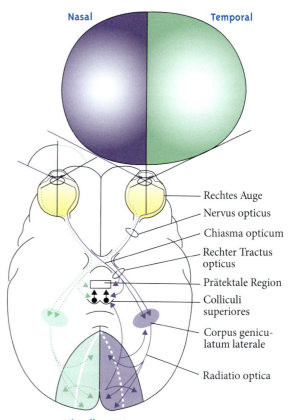

Abbildung 12.11 Verlauf der Sehbahn. Für das rechte Auge ist das Gesichtsfeld, unterteilt in eine nasale und eine temporale Hälfte, eingezeichnet. Die efferenten Verbindungen zwischen Sehrinde und subkortikalen Gebieten sind hier nur auf der rechten Seite eingezeichnet

auftaucht, so werden von den Neuronen der Colliculi superiores sprunghafte Augenbewegungen (**Sakkaden**) eingeleitet, die dazu dienen, das Objektabbild im Bereich der Fovea zu zentrieren und zu halten (visueller Greifreflex).

Da die Colliculi superiores auch Zuflüsse aus der Somatosensorik und dem akustischen System haben, finden hier relativ weitgehende Analysen des sensorischen Raumes statt. Aufgrund dessen können etwa Augenbewegungen in Koordination mit der Lage und Bewegung des Kopfes gesteuert werden. Die akustische Information kann dazu dienen, etwa im Dunkeln die Augen auf eine über das Gehör geortete Reizquelle zu richten. Damit wird ebenfalls ein »Greifreflex« des Auges ausgelöst.

12.7.3 Funktion und Aufgaben des Corpus geniculatum laterale

Das Corpus geniculatum laterale (CGL) ist die einzige Umschaltstelle auf dem *direkten* Pfad Ganglienzelle – visueller Kortex. Im CGL herrschen strenge Ordnungsprinzipien, die einerseits die Verbindungen zwischen bestimmten Zelltypen betreffen, andererseits die räumliche Anordnung der Fasern und Zellkörper.

Verfolgt man die Axone der parvozellulären und der magnozellulären Ganglienzellen, so zeigt sich in ihrem ersten Zielgebiet, dem CGL, eine Aufrechterhaltung dieses typologischen Prinzips: Parvozelluläre Axone enden überwiegend an kleinen Zellen (auch hier parvozellulärer Typ genannt), magnozelluläre Axone treten in Kontakt mit magnozellulären Neuronen des CGL.

Aufgaben der verschiedenen Neuronen. Die Aufgabenverteilung zwischen großen und kleinen Neuronen bleibt hier analog zur Netzhaut. Die magnozellulären Neuronen haben auch hier große rezeptive Felder, eine hohe Leitungsgeschwindigkeit und sind besonders empfindlich für Bewegungen. Die parvozellulären Neuronen sind zur Feinanalyse von Objekten insbesondere auch unter Berücksichtigung der Farbigkeit ausgelegt.

Dass auf der Ebene des CGL bereits sehr komplexe Verarbeitungsschritte durchgeführt werden, wird aufgrund der vielfältigen Verbindungen innerhalb dieser Struktur und zu anderen Gehirnregionen deutlich. So bewirkt ein Netzwerk lateraler Verschaltungen im CGL eine weitergehende Kontrastverstärkung. Afferente Zuflüsse vom Kortex dürften darüber hinaus dazu dienen, selektiv bestimmte Merkmale der visuellen Gesamtinformation besonders herauszuarbeiten oder auch zu hemmen.

Retinotopische Organisation. Im CGL herrscht eine streng retinotopische Organisation, daher wird für die CGL-Projektion auch gerne das Bild einer »inneren Netzhaut« verwendet. Die Information von beiden Augen wird getrennt repräsentiert. Außerdem bleiben die räumlichen Erregungsmuster so erhalten, wie sie in den Ganglienzellen der Netzhaut vorliegen. Demnach enden Fasern, die Informationen von benachbarten retinalen Punkten transportieren, auch an benachbarten Neuronen des CGL (**Retinotopie**). Allerdings spiegeln sich die Größenverhältnisse der einzelnen Elemente eines Netzhautbildes nicht exakt in den diesbezüglich rekrutierten Neuronenpopulationen wider: Die in den Zentralbereich der Netzhaut fallenden Bildteile sind durch eine größere Anzahl von Neuronen des CGL repräsentiert als die mehr peripher gelegenen Bildteile. Dies ist jedoch leicht erklärbar, da auch die Rezeptordichte hier wesentlich höher ist als an den Randbereichen der Netzhaut.

Nur 10–20 % der Eingangsfasern in den CGL stammen von der Netzhaut. Der weitaus überwiegende Teil kommt von anderen Regionen. Diese entstammen teilweise der Formatio reticularis und dem visuellen Kortex. Interessanterweise liegen hier zahlreiche Feedbackschleifen vor, die modulierend auf die reizverarbeitende Funktion des CGL einwirken.

Vom CGL des Thalamus setzt sich die Sehbahn in Richtung auf den Kortex fort. Diesen Teil der Sehbahn, der aus den Axonen der CGL-Neuronen gebildet wird, bezeichnet man als **Sehstrahlung** (Radiatio optica).

12.8 Verarbeitung visueller Information im Kortex

Als visuellen Kortex bezeichnet man diejenigen Kortexareale, die auf die Verarbeitung visueller Information spezialisiert sind. Wie wir sehen werden, sind dies verschiedene, teilweise auch weit auseinanderliegende Regionen des Kortex.

12.8.1 Der primäre visuelle Kortex

Der primäre visuelle Kortex (primäre Sehrinde) befindet sich im Okzipitallappen der Hirnrinde (s. Abschn. 6.4.9). Dies ist die Area 17 nach Brodmann. Man nennt diese Region auch visuelles Areal 1 bzw. Areal V1. Die nachgeschalteten Kortexregionen des visuellen Systems werden entsprechend V2, V3 usw. genannt (s. u.). Wegen eines in V1 auffallenden helleren Streifens, der auch mit bloßem Auge erkennbar ist, wird diese Region auch als striärer Kortex (Area striata) bezeichnet. Die Areale des visuellen Kortex außerhalb des striären Kortex nennt man entsprechend extrastriäre Areale. Wie aus Abbildung 12.11 ersichtlich ist, treten die Fasern aus dem jeweils ipsilateralen CGL in die linke bzw. rechte Hälfte von V1 ein.

Die Dicke der primären Sehrinde beträgt 1,5–3 mm. Sie ist in sechs Schichten (Laminae) untergliedert, die teilweise eine noch weiter gehende Feinstruktur aufweisen.

Die Eingangsschicht für Fasern aus dem CGL ist Lamina IV. Hier findet die synaptische Informationsübergabe an die Neuronen des visuellen Kortex statt.

Die Schicht IV weist eine weitere Untergliederung in vier Unterschichten (IV-A, IV-B, IV-Cα und IV-Cβ) auf. Die Axone der magnozellulären Neuronen des CGL enden überwiegend in Schicht IV-Cα, die der meisten parvozellulären Neuronen in Schicht IV-Cβ und zum geringeren Teil in Schicht IV-A. Schicht IV-B erhält Zuflüsse von benachbarten Sternzellen aus IV-C, die ihrerseits Zuflüsse von CGL-Neuronen haben.

Auch innerhalb der primären Sehrinde ist die Retinotopie erhalten. Dabei ist die Fovea am äußersten Pol des Okzipitalkortex relativ großflächig repräsentiert. Diese Region ist übrigens wegen ihrer Exponiertheit am hinteren Bereich des Schädels naturgemäß bei Verletzungen besonders gefährdet. Daher sind zentrale Gesichtsfeldausfälle bei schweren Verletzungen des Hinterkopfs sehr häufig. Andererseits sind die Ausfälle meist inkomplett, da wegen der großen Fläche, die das zentrale Gesichtsfeld hier einnimmt, meist Teilbereiche von der Läsion verschont bleiben.

Die primäre Sehrinde hat nicht nur Afferenzen aus dem CGL, sondern es liefern hier – typisch für fast alle Rindengebiete – zahlreiche andere Strukturen Eingangssignale. Diese kommen teilweise von subkortikalen Kerngebieten, teilweise auch von anderen Kortexregionen, die nichtvisuelle Information verarbeiten.

Rezeptive Felder der Neuronen des primären visuellen Kortex

Orientierungssensitive Zellen

Die rezeptiven Felder der nachgeschalteten Neuronen des primären visuellen Kortex – über und unter Schicht IV liegend – sind von höherem Komplexitätsgrad als diejenigen der Netzhaut bzw. des CGL. Überraschenderweise finden sich hier nur noch relativ wenige Neuronen, die reagieren, wenn ein einzelner Lichtpunkt auf die Netzhaut fällt, so wie dies noch für die Ganglienzellen und die CGL-Neuronen der Fall ist. Dagegen werden die meisten Neuronen in V1 durch komplexere Netzhautbilder aktiviert. Bevorzugt sind hier ausgedehnte Objekte, die geradlinig aufgebaut sind, etwa einzelne Linien oder Balken (vgl. Abb. 12.12) bzw. Objekte, die eine gradlinige Substruktur aufweisen (z. B. Gittermuster).

Es konnten in V1 hochspezialisierte Zelltypen nachgewiesen werden, die z. B. nur ansprechen, wenn ein lineares Objekt eine bevorzugte Lage im zweidimensionalen Raum aufweist, etwa einen Winkel von 45° zur Senkrechten. Außerdem muss sich das Netzhautabbild in einem eng umgrenzten Bereich der Retina befinden, damit die entsprechende Zelle anspricht. Man konnte am visuellen Kortex des Affen zeigen, dass die Spezialisierung dieser sog. orientierungssensitiven Zellen so weit geht, dass bereits bei einer geringen Drehung eines balkenförmigen Objekts – von etwa 180° auf 184° – die »180°-Zelle« aufhört zu feuern und jetzt die »184°-Zelle« anspricht.

Zellen dieses Typs werden – zurückgehend auf David Hubel und Thorsten Wiesel, die für ihre Arbeiten zur

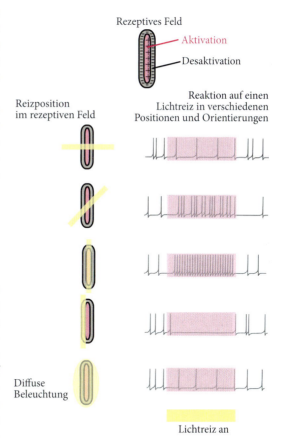

Abbildung 12.12 Rezeptive Felder von orientierungssensitiven Zellen in V1 des Okziptalkortex. Es handelt sich um eine On-Zentrum-Zelle. Das Zentrum wird vom Innenbereich des langgestreckten (»balkenförmigen«) rezeptiven Felds gebildet

12.8 Verarbeitung visueller Information im Kortex | 257

Aufklärung der visuellen Informationsverarbeitung im Jahre 1981 den Nobelpreis erhielten – auch **einfache Kortexzellen** genannt. »Einfach« deshalb, weil ihre rezeptiven Felder wie die einfachen rezeptiven Felder der Ganglienzellen in einen erregenden und hemmenden Bereich – Zentrum und Umfeld – gegliedert sind. Allerdings haben hier die beiden Bereiche keine kreisförmig konzentrische Form mehr, sondern es liegt ein balkenförmiges Zentrum mit einem Umfeld vor, das jenes Zentrum quasi umhüllt, wie in Abbildung 12.12. Auch hier kennt man Zentrum-on- und Zentrum-off-Neuronen. Die einfachen Zellen reagieren sehr spezifisch darauf, wo sich etwas in ihren rezeptiven Feldern befindet.

Bewegungssensitive Zellen

Neben diesen einfachen Zellen gibt es andere, sog. **komplexe Kortexzellen**, die zwar auch primär auf balkenförmige Objekte reagieren, aber weitgehend unabhängig davon, wo sich das Bild innerhalb des rezeptiven Feldes befindet. Viele von diesen Zellen reagieren besonders intensiv, wenn sich das Objekt bewegt. Sie befinden sich vor allem in V1 und V2. Auch hier zeigt sich eine Spezialisierung: Fast alle dieser bewegungssensitiven Zellen besitzen eine **Richtungssensitivität**, d. h., sie sprechen bevorzugt an, wenn die Bewegung in eine bestimmte Richtung verläuft. Bei diesen Zellen erhält man also dann eine maximale Antwort, wenn das Objekt (1) die »richtige« Raumorientierung hat und (2) sich zusätzlich auch in die »richtige« Richtung bewegt. Bewegt sich der Reiz etwa in die entgegengesetzte Richtung, so ist keine Antwort auszulösen.

Längensensitive Zellen

Es wurde ein dritter Zelltyp identifiziert, der nur reagiert, wenn das Objekt – relativ unabhängig vom Ort auf der Netzhaut – eine bestimmte Länge hat. Diese Zellen besitzen rezeptive Felder mit einer sog. **Endhemmung** (Endinhibition). Das heißt, wenn sich etwa ein Lichtbalken, dessen Bild auf die Netzhaut fällt, in seiner Länge über das Ende des jeweiligen rezeptiven Feldes hinaus erstreckt, kommt es zu einem schwächeren Signal, als wenn er genau in das rezeptive Feld »passt«, wenn also die Grenzen des Bildes mit den Begrenzungen des rezeptiven Feldes übereinstimmen. Diese Zellen sind besonders geeignet, mit großer Genauigkeit Ecken und komplexe Konturen zu identifizieren. Hubel und Wiesel, die auch diesen Neuronentyp als Erste beschrieben, nannten sie »hyperkomplexe Zellen«. Heute wird

dafür bevorzugt der Begriff »längensensitive Zellen« oder »Zellen mit Endhemmung« verwendet.

Es darf nicht übersehen werden, dass die diesbezüglichen Neuronen, die ein derart differenziertes Antwortverhalten zeigen, jeweils am Ausgang eines neuronalen Schaltkreises stehen. Diese Schaltkreise bestehen aus einer Vielzahl erregender und v. a. auch hemmender Neuronen (ca. 20 % der Neuronen des visuellen Kortex sind GABAerg, haben also hemmenden Charakter). Diese teilweise überaus komplexen Schaltkreise machen einen sehr großen Anteil des visuellen Kortex aus.

Ein auffallendes Funktionsprinzip des neuronalen visuellen Apparats besteht in der zunehmenden Komplexität der analysierten Reizeigenschaften, je weiter wir uns vom Auge weg bewegen. Während eine wichtige Leistung der retinalen Ganglienzellen darin besteht, auf der Basis von Farb- und Helligkeitsunterschieden den Kontrast zu verschärfen, ist eine Hauptaufgabe der Neuronen in V1 nicht nur die Identifizierung von Übergängen, die sich auf der Basis von Kontrasten ergeben, sondern auch die Gestaltanalyse von Konturen. Diese Analyse können die orientierungssensitiven sowie die endgehemmten Zellen leisten.

Bereits Hubel und Wiesel haben darauf hingewiesen, dass es zur Objektidentifikation primär notwendig und gemeinhin hinreichend ist, die Konturen, die ein Objekt gegen seinen Hintergrund abgrenzen, sowie diejenigen, die seinen Aufbau charakterisieren, zu erkennen. Das Innere gleichförmiger Flächen, die von diesen Konturen begrenzt werden, ist weniger interessant und trägt fast nichts zur Objekterkennung bei.

Säulenstruktur des visuellen Kortex

Im visuellen Kortex herrscht über weite Strecken eine ganz bestimmte strukturelle Ordnung, die sog. Säulenstruktur. Diese ergibt sich aus der Funktion der in den Säulen befindlichen Zellen. Man unterscheidet **Orientierungssäulen**, **okuläre Dominanzsäulen** und **Hypersäulen**. Ihre Funktion wird im Folgenden erläutert.

Orientierungssäulen. Die Orientierungssäulen durchziehen das Kortexareal V1 senkrecht zur Oberfläche (s. Abb. 12.13). Sie haben einen Durchmesser von etwa 0,05 mm. Die innere Struktur einer solchen Säule wird deutlich, wenn man etwa im visuellen Kortex des Affenhirns während visueller Reizung eine Messelektrode senkrecht zur Kortexoberfläche einführt und diese dann durch die Schichten I bis VI langsam nach unten schiebt. Dabei zeigt sich jeweils nur dann eine

258 | 12 Visuelles System

zelluläre Aktivität in der untersuchten Kortexsäule, wenn dasselbe Netzhautgebiet gereizt wird. Zusätzlich muss die räumliche Orientierung des Reizes gleich bleiben. Sticht man seitlich daneben ein, so zeigt sich eine ähnliche Situation, jedoch spricht diese Population von Kortexzellen auf eine andere Orientierung des Reizes an. Hat man dabei die unmittelbar benachbarte Orientierungssäule getroffen, so zeigt sich ein Unterschied in der präferierten Orientierung von ca. 10°. Geht man in eine größere Distanz zum ursprünglichen Einstichpunkt, so wird man in das Projektionsgebiet eines anderen Netzhautareals gelangen. Das ist wieder mit einer Gruppe von Orientierungssäulen verbunden, die etwa in 10°-Schritten die Analyse der Objektorientierung für dieses Areal besorgen.

Mittlerweile hat sich herausgestellt, dass es weitere Gestalteigenschaften gibt, auf die bestimmte Neuronen in V1 besonders intensiv reagieren können. Dies sind z. B. gitterförmige Muster, bei denen helle und dunkle Streifen aufeinanderfolgen. Diese werden hinsichtlich der Streifenfrequenz analysiert, also bezüglich der Dichte der Hell/Dunkel-Streifen. Wie sich anhand mathematischer Überlegungen zeigen lässt, kann diese Zerlegung eines Objekts in die Frequenz von Hell/Dunkel-Wechseln ein sehr effektiver Analyseschritt sein, um Objektmerkmale auf der Basis weniger Parameter zu beschreiben.

Okuläre Dominanzsäulen. Die Orientierungssäulen ihrerseits sind über weite Strecken eingebettet in sog. okuläre Dominanzsäulen. Diese haben einen Durchmesser von etwa 0,5 mm. Die in einer solchen Säule gelegenen Zellen werden bevorzugt entweder vom rechten oder vom linken Auge aktiviert. Fast alle Zellen des visuellen Kortex sind zwar von beiden Augen erregbar, aber in unterschiedlicher Stärke, je nachdem ob die Information vom rechten oder vom linken Auge kommt. Man spricht diesbezüglich von okulärer Dominanz, die bei einer bestimmten Zelle herrscht. Die okulären Dominanzsäulen sind in V1 abwechselnd angeordnet (s. Abb. 12.13).

Blobs. Es konnten Bereiche innerhalb der okulären Dominanzsäulen identifiziert werden, die farbempfindliche Zellen aufweisen. Diese erhielten den Namen »Blobs«, da sie zunächst auf der Basis bestimmter histologischer Färbetechniken entdeckt wurden, die sie als kleine tropfenförmige Kortexbereiche sichtbar machten (engl. blob = Tropfen, Klümpchen). Neuronen außerhalb dieser Blobs zeigen kaum Farbempfindlichkeit. Innerhalb jeder okulären Dominanzsäule finden sich Blobs, die entweder nur blau-gelb- oder nur rot-grün-empfindlich sind.

Hypersäulen. Man kann eine Überstruktur definieren, die jedem Netzhautabschnitt zugeordnet ist. Diese besteht aus den beiden okulären Dominanzsäulen für das rechte und das linke Auge, in welche die Orientierungssäulen und die Blobs eingebettet sind. Eine solche Überstruktur nennt man eine Hypersäule oder Hyperkolumne.

Eine Hypersäule hat einen Querschnitt von etwa 1 mm^2. Hierbei sind benachbarte Netzhautabschnitte in benachbarten Hypersäulen repräsentiert, die Retinotopie von V1 wird nicht durchbrochen.

Die Hypersäulen sind sozusagen die Basiseinheiten für eine weitgehende Inhaltsanalyse des Netzhautabbildes an einer bestimmten Stelle der Retina. Sie stellen die Grundmodule (kortikale Module) visueller Informationsverarbeitung in V1 dar.

Parvozelluläres und magnozelluläres System. In denjenigen Schichten von V1, die Impulse von den **parvozellulären** Neuronen empfangen, findet im Farbsystem der Blobs primär die Analyse von Farben und Formen

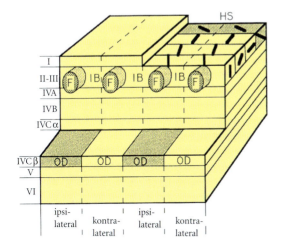

Abbildung 12.13 Säulenstruktur des primären visuellen Kortex. Mit den römischen Ziffern sind die unterschiedlichen kortikalen Schichten gekennzeichnet. OD: Okuläre Dominanzsäulen; F: »Blobs« als Gruppierung farbsensitiver Neuronen; HS: Hypersäulen. Innerhalb der Orientierungssäulen kennzeichnen die eingezeichneten Balken, für welche Orientierung die jeweilige Säule maximale Empfindlichkeit aufweist

12.8 Verarbeitung visueller Information im Kortex

statt sowie, allerdings auf einem niedrigen Analyseniveau, die Verarbeitung von Bewegungen.

Die Feinanalyse von Bewegungen im Raum sowie, damit eng zusammenhängend, die präzise Ortung eines Objekts – die Wahrnehmung von Bewegung bedeutet schließlich nichts anderes als die Analyse aufeinanderfolgender Ortsveränderungen –, ist Hauptaufgabe des **magnozellulären** Systems. Diese Aufspaltung in diese zwei getrennt und parallel, wenn auch nicht unabhängig voneinander arbeitende Systeme bleibt über das gesamte Verarbeitungsnetz des visuellen Kortex erhalten.

12.8.2 Komplexe Aufgaben der visuellen Kortexareale im Anschluss an V1

Schreitet man von der Area V1 zu den nachgeschalteten visuellen Kortexarealen (extrastriäre Areale) fort, so werden die Verarbeitungsleistungen immer komplexer. Es werden jetzt Merkmale aus Objekten und Szenen extrahiert, die sich immer weiter weg von denjenigen entfernen, die noch innerhalb einfacher optischer Kategorien wie Bewegung, relative Lage im Raum etc. zu beschreiben wären.

Das Farbsystem. Das Farbsystem aus V1 aus den »Blobs« projiziert in farbempfindliche Zellen in V2 (s. Abb. 12.14). Diese nehmen wiederum Verbindungen zu ebenfalls farbspezifischen Zellen in V3 und V4 auf.

Das Formsystem. Das Formsystem setzt sich ebenfalls in die nachgeschalteten Areale fort. In V2 finden sich orientierungs- und damit formerkennende Analysatorzellen. Diese geben ihrerseits Informationen an V3 und V4 weiter. In V4, wo ja auch Farbenanalyse stattfindet, werden jetzt vermutlich Form- und Farbinformationen zusammengeführt, um differenzierte Objekterkennung unter Einschluss der Farbkontraste.

Das »Was«-System. Vom Farbsystem aus laufen Signale zum unteren Temporalkortex (inferotemporalen Kortex, Brodmann-Areal 20 und 21). Hier liegen schließlich Zellen vor, die nur dann feuern, wenn ein ganz bestimmtes Objekt, etwa ein Auto oder ein Gesicht, auftaucht. Man hat diesen Bereich dementsprechend auch als das »Was«-System bezeichnet, da hier vor allem die Objektidentifikation stattfindet. Man nennt den diesbezüglichen Signalweg auch **Ventralbahn** bzw. **ventraler Pfad**, da er im unteren Kortexbereich verläuft. Ein eindrucksvolles Beispiel für die Analysekapazitäten des Systems gibt Abbildung 12.15, in der hochspezifische Reizantworten z. B. auf Gesichter erkennbar sind.

Bewegungswahrnehmung. Das magnozelluläre System der Bewegungswahrnehmung setzt sich aus V1 in einer eigenen Bahn fort. Diese zieht nach V2 und von dort aus weiter über V3 nach parietal zu V5 (dem sog. mediotemporalen Kortex »MT« in Brodmann-Areal 19 sowie in den mediosuperiortemporalen Kortex). Die hier gelegenen Zellen reagieren bevorzugt auf Bewegungen im Raum. Man nennt dieses mehrstufige System wegen seiner Lage auch (visuelle) **Dorsalbahn** bzw. **dorsaler Pfad**. Die hier verarbeiteten Informationen werden schließlich an das frontale Augenfeld weitergegeben, das sich im Frontalkortex befindet.

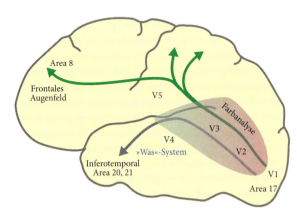

Abbildung 12.14 Kortexbahnen des visuellen Systems. Das Farbsystem hat Zellen in V1, V2, V3 und V4. Das Formsystem hat ebenfalls zelluläre Anteile in V1 bis V4. Die Objekterkennung findet im inferotemporalen Kortex statt (»Was«-System)

> **Zusammenfassung**
>
> Zu den Gehirnregionen, die mit der Analyse visueller Reize befasst sind, gehören der Corpus geniculatum laterale des Thalamus, der primäre visuelle Kortex (striärer Kortex, V1) und weitere kortikale Regionen. V1 ist in Säulen organisiert, in denen jeweils für einen bestimmten Netzhautbereich die Eigenschaften des hier auftreffenden Lichtreizes kodiert werden. Außerdem erreichen Axone der retinalen Ganglienzellen die Colliculi superiores des Mittelhirns. Der Kortex beherbergt verschiedene visuelle Areale, die darauf spezialisiert sind, eine oder mehrere Merkmale der visuellen Information (Farbe, Bewegung) zu verarbeiten.

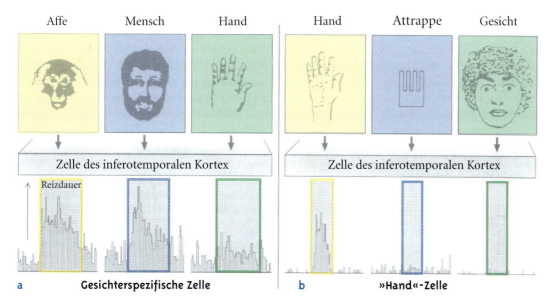

Abbildung 12.15 Analyse komplexer Formen im inferotemporalen Kortex des Affen (parvozelluläres System). Es sind auf der Basis von Einzelzellableitungen aus dem Gehirn eines Affen die Antworten auf unterschiedliche Reize dargestellt.
a Hier wurde eine »gesichtsspezifische« Zelle untersucht. Diese antwortet mit hoher Impulsrate auf Gesichter, dagegen nur sehr abgeschwächt auf die Darstellung einer Hand. **b** Eine »handspezifische« Zelle antwortet auf das Gesicht überhaupt nicht, ebenso wenig auf eine schematisierte Handattrappe. Sie feuert dagegen mit hoher Rate auf eine Hand

12.9 Räumliches Sehen: Stereoskopie und Tiefenwahrnehmung

Um Information über die räumliche Anordnung von Objekten in der Tiefe zu gewinnen, verfügt das visuelle System über verschiedene Hilfsmittel. Eine Reihe davon kommt auch beim einäugigen Sehen zum Tragen. Beispiele hierfür sind:

- Verdeckung: Wenn ein Objekt A teilweise von einem anderen Objekt B verdeckt wird, so gehen wir davon aus, dass das verdeckte Objekt A sich hinter B befindet.
- Größe des Objekts: Aufgrund von Erfahrung ist häufig die Größe von Objekten bekannt. Je kleiner das Objekt wahrgenommen wird, desto weiter wird es in die Tiefe des Raumes verlegt.
- Perspektive: Parallel verlaufende gerade Objekte – Eisenbahnschienen, Straßenrandbegrenzungen – scheinen mit zunehmender Entfernung zusammenzulaufen. Je weiter sie sich einander annähern, umso größer scheint die von den beiden Objekten durchmessene Strecke zu sein.
- Farbtöne: Farbtöne von Objekten, die sich in der Ferne befinden – insbesondere Landschaftselemente – sind bedingt durch Dunst meist blasser als die von nahegelegenen. Das heißt, schwache Farbtöne signalisieren eine größere Entfernung des Objekts.

Verrechnung der Information aus beiden Augen. Der wichtigste Prozess, der zu einem Tiefeneindruck führt, beruht jedoch auf der Verrechnung der Information aus beiden Augen. Es liegt auf der Hand, dass die Information zur räumlichen Tiefe, die sich die Bilder beider Augen zunutze macht, frühestens auf dem Niveau von V1 genutzt werden kann, wo die Information aus beiden Augen erstmals zusammengeführt wird. Dabei müssen sich die beiden Bilder irgendwie unterscheiden, und es muss Neuronen bzw. Neuronennetzwerke geben, die auf diesen Unterschied ansprechen.

Korrespondierende Photorezeptoren. Es ist immer ein Unterschied zwischen den beiden retinalen Abbildern eines Objekts vorhanden, solange sich dieses im Nahraum befindet (bis 6 m entfernt). Liegt ein Objekt dagegen weit in der Ferne, etwa ein Stern am Nachthimmel, so werden korrespondierende Photorezeptoren aktiviert. Korrespondierende Rezeptoren sind solche, die exakt übereinanderlägen, wenn man die beiden Netzhäute aufeinanderlegen würde (s. Abb. 12.16). Liegt das Objekt im Nahraum, so macht sich jetzt bemerkbar, dass die beiden Augen einen gewissen Abstand voneinander aufweisen (ca. 6 cm) und damit ihre relative Lage zum Objekt verschieden ist. Die beiden Netzhautbilder können jetzt nicht mehr identisch sein und nicht exakt korrespondierende Rezeptorpopulationen aktivieren. Auf der Ebene des visuellen Kortex existieren sowohl Neuronen, die nur feuern, wenn zwei korrespondierende Netzhautpunkte erregt werden, als auch solche, die dies nur bei einem ganz bestimmten Grad an Abweichung zwischen den beiden Bildpunkten tun. Letztere sind demnach Detektoren für die Tiefe eines Objekts im Raum.

Da die Projektionsorte auf den Netzhäuten für Objekte im Nahbereich voneinander abweichen, wäre grundsätzlich zu erwarten, dass wir zwei verschiedene Bilder (Doppelbilder) sehen. Dies ist jedoch über weite Bereiche der Abweichung nicht der Fall, da in V1 in den okulären Dominanzsäulen Neuronen existieren, die solche Unterschiede gegeneinander verrechnen und ein einziges Bild entstehen lassen.

Querdisparation. Weitere Neuronen analysieren die Stärke der Querdisparation: Je näher ein Objekt dem *Fixationspunkt* ist, desto geringer ist die Querdisparation (s. Abb. 12.17). Dies liefert Aufschluss darüber, ob ein *nicht fixiertes Objekt* weit oder wenig entfernt vom fixierten Objekt befindet. Neben dieser Abstandsinformation auf der Basis der Querdisparation lässt sich damit auch erkennen, ob das nicht fixierte Objekt vor oder hinter dem fixierten Objekt liegt. Wie aus Abbildung 12.16 hervorgeht, befindet sich der Bildpunkt eines Objekts, das hinter dem Fixationspunkt liegt, auf der Netzhaut weiter innen als das in der Fovea gelegene Abbild des Fixationspunktes. Ein Objekt, das näher ist als der Fixationspunkt, wird dagegen auf beiden Netz-

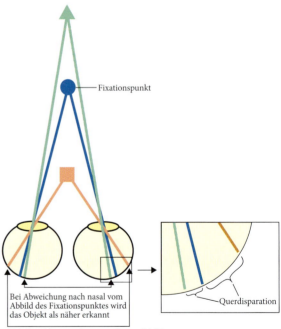

Abbildung 12.16 Korrespondierende Netzhautbereiche. Korrespondierende Rezeptoren werden aktiviert, wenn ein »unendlich« weit entfernter Lichtpunkt (= weiter als 6 m entfernt) auf die Netzhäute beider Augen fällt. Bei einem nahe gelegenen punktförmigen Objekt werden auf den beiden Netzhäuten Punkte getroffen, deren Positionen deutlich voneinander abweichen

Abbildung 12.17 Querdisparation. Wird ein Punkt fixiert, so erschließt sich die relative Tiefe anderer Punkte im Raum aus der Querdisparation

häuten schläfenwärts von der Fovea liegen. Neuronen, die jeweils bei ganz bestimmten Werten der Querdisparation ansprechen, wurden beim Affen in V1, V2, V3 und im mediotemporalen Kortex (MT) gefunden. Im nachgeschalteten mediosupratemporalen Kortex konnten auch Neuronen identifiziert werden, die nur ansprechen, wenn sich ein Objekt bewegt – und zwar in einer bestimmten Tiefe des visuellen Raums, relativ zum Fixationspunkt.

Zusammenfassung

Tiefenwahrnehmung geschieht auf der Basis verschiedener Prozesse. Dabei spielen z. B. die wahrgenommene Größe eines Objekts, dessen Farbtönung und die perspektivischen Eigenschaften einer Szene eine Rolle.

Komplexe Verrechnungsprozesse der Unterschiede in den Netzhautabbildern zwischen linkem und rechtem Auge tragen ebenfalls zur Tiefenwahrnehmung bei.

12.10 Sehstörungen als Folge zerebraler Schädigungen

Ausfälle bei Sehnervschädigungen. Kommt es zur Zerstörung eines der beiden Sehnerven, so führt dies zur monokularen Blindheit, also dem Verlust der Sehfähigkeit eines Auges. Bei Läsionen im Chiasma opticum (s. Abb. 12.11) tritt i. Allg. eine **Hemianopsie**, d. h. der Ausfall einer Gesichtfeldhälfte, auf. Ist das Chiasma opticum im zentralen Bereich betroffen, so führt dies zu Ausfällen in den kreuzenden Fasern und damit zu einem Verlust der Sehfähigkeit in den beiden temporalen Halbfeldern. Es liegt dann eine sog. bitemporale Hemianopsie vor. Wird dagegen der laterale Teil der Sehbahnkreuzung zerstört, führt dies zu einem Ausfall im nasalen Bereich des Gesichtsfelds, zu einer sog. nasalen Hemianopsie. Kommt es zu einer vollständigen Läsion des Tractus opticus oder einem Ausfall der Area V1 auf einer Seite, so stellt sich die sog. homonyme Hemianopsie ein. Das bedeutet einen vollständigen Ausfall eines Gesichtsfelds, nämlich des linken oder rechten Gesichtsfeldes beider Augen.

Skotome. Kleinere Läsionen im Bereich des Okzipitallappens führen meist zu Skotomen, das sind kleine blinde Areale im Gesichtsfeld. Wenn diese außerhalb des Zentralbereichs des Gesichtsfelds liegen, sind sich die Patienten einer solchen Schädigung oft nicht bewusst, was v. a. auf den **Nystagmus** zurückgeht. Darunter sind ständige minimale unwillkürliche Augenbewegungen zu verstehen, die dazu führen, dass das Skotom permanent seine Lage innerhalb des Gesichtsfelds verändert.

Auch wenn das Auge in Ruhestellung ist, werden fehlende Informationen über die visuellen Neuronnetzwerke ergänzt. (Dadurch wird auch das »Loch«, das durch den blinden Fleck entsteht, ausgeglichen.) Erst bei einer gezielten Überprüfung des Sehfelds können solche Ausfälle identifiziert werden.

Ausfälle bei Störungen in assoziativen visuellen Kortexarealen – visuelle Agnosien

Bei Schädigungen des visuellen Assoziationskortex, also der visuellen Areale nach V1, kann man gelegentlich Ausfälle beobachten, die unter dem Oberbegriff visuelle **Agnosien** zusammengefasst werden. Bei einer visuellen Agnosie kann ein Objekt, das gesehen wird, nicht benannt werden. Die Patienten bemerken zwar, dass sich in ihrem visuellen Reizumfeld ein Objekt befindet, können es aber nicht bezeichnen. Häufig können die betroffenen Patienten die Gegenstände auch nicht nachzeichnen. Reine Agnosien im Sinne eines vollständigen Verlusts des Erkennens bei gleichzeitig vollständig intaktem visuellem Reizdetektionsvermögen sind allerdings sehr selten. Meist tritt zu der Agnosie auch eine Beeinträchtigung basaler Sehleistungen hinzu.

Man unterscheidet apperzeptive und assoziative Formen visueller Agnosien.

Apperzeptive visuelle Agnosien. Bei den apperzeptiven visuellen Agnosien handelt es sich um einen Verlust jeglicher Objekterkennung. Die Patienten können meist nur die Grundform eines Objekts realisieren, es aber nicht in seine Umgebung einordnen. Häufig kann auch nur ein einziges Objekt aus zwei oder mehreren dargebotenen Objekten wahrgenommen werden. Die Patienten zeigen oft ein Verhalten, das demjenigen blinder Personen sehr nahe kommt.

Assoziative visuelle Agnosien. Bei den assoziativen visuellen Agnosien besteht das Hauptproblem darin, die Assoziation zwischen einem visuell wahrgenommenen Objekt und seinem Namen, seinem Verwendungszweck etc. herzustellen. Patienten mit assoziativer Agnosie können Gegenstände durchaus korrekt zeichnerisch darstellen und auch von ihrer Umgebung und von anderen Gegenständen unterscheiden.

Objektagnosien. Patienten mit einer sog. Objektagnosie sind nicht oder nur sehr eingeschränkt in der Lage, bestimmte Objektklassen zu identifizieren bzw. wiederzuerkennen. Es fehlt ihnen offenbar die Fähigkeit, die charakteristischen Merkmale für Objektklassen wie z. B. Hunde, Werkzeuge oder Fahrzeuge aus dem Wahrgenommenen zu extrahieren. Hier gibt es sehr eng umschriebene Agnosien, zu denen auch die **Prosopagnosie** gehört. Diese äußert sich als die Unfähigkeit zum Wiedererkennen bekannter Gesichter. Ebenso liegt hier eine Schwäche im Einspeichern neuer Gesichter vor. Interessanterweise können die meisten dieser Patienten, selbst wenn sie ein bekanntes Gesicht nicht wiedererkennen, dennoch den mimischen Ausdruck hinsichtlich seines emotionalen Gehalts identifizieren.

Visueller Neglect. Ursache ist zumeist eine einseitige Läsion im unteren Parietalkortex. Objekte, die im Reizumfeld kontralateral zur Läsionsseite liegen, werden von den Patienten nicht wahrgenommen bzw. nicht beachtet. Dieses Störungsbild des sog. visuellen Neglects wird häufiger bei rechtsseitigen Läsionen beobachtet.

Auf die kontralateral gelegenen Reize wird nicht reagiert und ihre Anwesenheit kann nicht berichtet werden. Den Patienten ist oft nicht bewusst, dass sie unter dieser Störung leiden. Es zeigt sich auch häufig, dass die Patienten die kontralateralen Extremitäten kaum noch benutzen, wodurch etwa ein Arm oder ein Bein als unbeweglich erscheint, was dann u. U. fälschlicherweise als eine Lähmung interpretiert wird. Es konnte beobachtet werden, dass Patienten bei einer Mahlzeit nur die ipsilateral gelegene Seite des Tellers leeressen oder dass Patientinnen beim Schminken die kontralaterale Seite des Gesichts ungeschminkt lassen. Diese Störung bildet sich bei den meisten Patienten innerhalb eines Jahres weitgehend zurück.

Blindsehen. Bei Sehfeldausfällen, die durch kortikale Schädigungen oder Schäden in der Sehstrahlung hervorgerufen wurden, konnte man das Phänomen des **Blindsehens** beobachten. Dies kann sich folgendermaßen äußern: Einem Patienten, der durch eine rechtsseitige kortikale Läsion für das linke Gesichtsfeld blind ist, präsentiert man auf einem Projektionsschirm in seinem linken Gesichtsfeld einen Lichtpunkt. Fragt man den Patienten, ob er etwas sieht, verneint er dies. Bittet man ihn, in die Richtung zu zeigen, wo ein Lichtpunkt sein könnte, so deutet er mit überzufälliger Häufigkeit in die Richtung des Punktes. Ähnlich verhält es sich mit im »blinden« Gesichtsfeld präsentierten Objekten. Bittet man den Patienten, nach etwas zu greifen, so greift er – häufig zur eigenen Überraschung – mit unerwarteter Genauigkeit nach dem Objekt.

Ursachen. Als Ursache für dieses Phänomen vermutet man, dass die visuellen Assoziationsfelder auch von Zuflüssen aus subkortikalen Strukturen und nicht nur vom striären Kortex erreicht werden. Vermutlich haben sowohl das Corpus geniculatum laterale des Thalamus als auch die Colliculi inferiores solche Verbindungen zur extrastriären Sehrinde. Allerdings können auf diesem Wege keine bewussten visuellen Wahrnehmungen zustande kommen. Hierzu ist mit größter Wahrscheinlichkeit der primäre visuelle Kortex notwendig.

Weiterführende Literatur

Eysel, U. & Grüsser-Cornehls, U. (2007). Sehen und Augenbewegungen. In R. F. Schmidt. & F. Lang (Hrsg.), Physiologie des Menschen (30. Aufl.; S. 367–407). Heidelberg: Springer-Verlag.

Goldstein, E. B. & Irtel, H. (2007). Wahrnehmungspsychologie. Der Grundkurs (7. Aufl.). Heidelberg: Spektrum Akademischer Verlag.

Klinke, R., Pape, H.-C., Kurtz, A. & Silbernagl, S. (2010). Physiologie (6. Aufl.). Stuttgart: Thieme.

Tovée, M. J. (2008). An Introduction to the Visual System. Cambridge, UK: Cambridge University Press.

13 Gehör

Das Gehör liefert uns neben dem visuellen System einen weiteren Zugang zur Welt der »Ferndinge«, also der Objekte, die wir nicht betasten, schmecken oder riechen können. Vor allem aber bildet es den überaus wichtigen Empfangskanal für die Kommunikation durch Sprache. Dementsprechend ist unser Gehör auch am empfindlichsten für den Frequenzbereich gesprochener Sprache.

Die Leistungen des auditorischen Systems, d. h. des schallaufnehmenden Apparats, der weiterleitenden nervalen Strukturen und schließlich der zerebralen Analysestationen, sind sehr komplex. So besitzt es eine extreme Empfindlichkeit für Schallwellen sowie eine außerordentliche Präzision bei der Analyse von Tonhöhen und bei der Ortung von Schallquellen im Raum.

13.1 Der Schall

Der adäquate Reiz für das Gehör ist der Schall. Schallquellen sind solche Körper, die zu Schwingungen befähigt sind, die sich auf die umgebende Luft bzw. ein anderes elastisches Medium übertragen können. Beim Übergang zur Luft entstehen Verdichtungszonen, die mit Zonen dekomprimierter Luft alternieren. Diese Zustände breiten sich wellenförmig von der Schallquelle in die Umgebung aus (s. Abb. 13.1). Die Ausbreitung der Schallwellen kommt dadurch zustande, dass die sich bewegenden Moleküle ihren Bewegungsimpuls durch Zusammenprall an benachbarte Moleküle weitergeben, was zu einer wellenförmigen Fortpflanzung führt.

Schallwellen bewegen sich in Luft mit einer Geschwindigkeit von 335 m/s von der Schallquelle weg. Treffen sie auf unser Ohr, so führen sie dort zu einem Effekt, der quasi komplementär zu ihrer Entstehung ist: Sie regen wiederum ein schwingungsfähiges Gebilde – das Trommelfell – zu Vibrationen an. Diese werden dann hinsichtlich ihrer dynamischen Eigenschaften durch einen mehrstufigen Transformationsprozess in Nervenimpulse umgewandelt.

Töne, Klänge und Geräusche. Die Akustik ist dasjenige Gebiet der Physik, das sich mit den Schallereignissen befasst. Schall setzt sich üblicherweise aus einer Mischung verschiedener Töne zusammen. Ein reiner Ton besteht lediglich aus einer einzigen Frequenz. Eine Stimmgabel, die aufgrund ihrer Bauart nur zu einer einzigen Schwingungsfrequenz befähigt ist, produziert einen reinen Ton. Schwingende Saiten dagegen erzeugen i. Allg. Klänge, da sie – einmal zur Schwingung angeregt – mit ihrer Grundfrequenz und Vielfachen davon schwingen können. Die Grundfrequenz ist durch die Länge der Saite vorgegeben. Als Geräusch bezeichnet man ein Schallereignis, das aus sehr unterschiedlichen und in keinem systematischen Verhältnis zueinander stehenden Frequenzanteilen zusammengesetzt ist.

Merkmale einer Schallwelle. Zur Beschreibung einer Schallwelle sind zwei physikalische Merkmale von besonderer Bedeutung:

(1) Die Amplitude – die Differenz zwischen Maximaldruck und Minimaldruck – macht die Lautstärke aus.
(2) Die Frequenz – die Zahl der Schwingungsperioden pro Sekunde – definiert die Tonhöhe und wird in Hertz (Hz) angegeben, wobei 1 Hz einer Periode pro Sekunde entspricht.

Unter der Schallintensität versteht man diejenige Schallenergie, die pro Zeiteinheit durch eine Flächeneinheit hindurchtritt. Sie ist dem Quadrat des Schalldrucks proportional und wird in Watt/m^2 angegeben (s. Vertiefung).

Nach der Formel für den Schalldruckpegel bedeutet eine Verzehnfachung des Schalldrucks eine Erhöhung

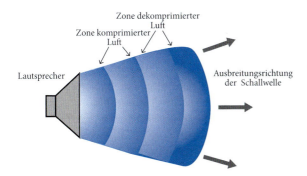

Abbildung 13.1 Schallwellen. Ein schwingender Körper überträgt Bewegungsenergie auf die Luftmoleküle. Die Luft wird dadurch im Wechsel komprimiert und dekomprimiert. Diese Zustandsänderungen breiten sich wellenförmig aus

des Schalldruckpegels um 20 dB. Zwei Töne gleicher Frequenz können dann gerade als unterschiedlich laut erkannt werden (Unterschiedsschwelle), wenn diese sich im Schalldruckpegel um ca. 1 dB unterscheiden.

Typische Werte für den Schalldruckpegel sind Tabelle 13.1 zu entnehmen.

Vertiefung

Schalldruck

Der Druck wird in der Physik durch die Einheit N/m^2 (Newton pro Quadratmeter) gemessen. Eine darauf aufbauende Schalldruckskala hat allerdings eine enorme Spannweite. Der Grund dafür ist, dass der Intensitätsumfang der für unser Ohr hörbaren Schallereignisse äußerst hoch ist: Wenn man einem eben noch hörbaren Ton den Wert 1 zuordnet, so beträgt der Wert für eine Maschinengewehrsalve oder ein Jettriebwerk ungefähr 10 Millionen. Eine solch umfangreiche Skala für den Bereich hörbarer Schallwellen ist sehr schlecht zu handhaben, deshalb verwendet man für den Schalldruck eine logarithmisch transformierte Skala. Diese ergibt sich vereinbarungsgemäß aus:

$S = 20 \log(p/p_0)$, gemessen in dB (Dezibel).

S steht für Schalldruck, p für den Druck der Schallwelle in N/m^2. p_0 ist ein Referenzdruckwert, der nach einer internationalen Vereinbarung auf $2 \times 10^{-5}\ N/m^2$ festgelegt wurde. Dieser Referenzdruck wurde gewählt, da er ungefähr der Hörschwelle des Menschen entspricht.

Für den Schalldruck S verwendet man meist den Begriff »Schalldruckpegel« (engl. sound pressure level, SPL). Die Schalldruckpegelskala bewegt sich zwischen 0 dB und maximal 160 dB, wenn man den gesamten Bereich des hörbaren Schalls unterhalb der Schädigungsgrenze für das Gehör betrachtet.

Zusammenfassung

Geräusche sind die Folge der Schwingung von Objekten, die sich auf Luftmoleküle überträgt. Dadurch entstehen Bereiche komprimierter und dekomprimierter Luft, die sich wellenförmig von der Schallquelle weg ausbreiten. Die Frequenz dieser Welle bestimmt die Tonhöhe, ihre Amplitude die Lautstärke. Reine Töne sind Schallwellen einer einzigen Frequenz.

Tabelle 13.1 Typische Werte für den Schalldruckpegel

Geräusch	SPL (dB)
Kaum hörbares Geräusch	0
Blätterrascheln	20
Ruhiges Wohngebiet	40
Normales Gespräch	60
Laute Radiomusik / lauter Straßenlärm	80
Eisenbahn	100
Startendes Propellerflugzeug	120
Startender Düsenjet (Schmerzschwelle)	140
Raketenstart in unmittelbarer Nähe	180

13.2 Aufbau des Ohrs

Unser Hörapparat besteht aus drei anatomisch und funktionell gut unterscheidbaren Teilen (s. Abb. 13.2):
(1) dem äußeren Ohr,
(2) dem Mittelohr und
(3) dem Innenohr.

13.2.1 Das äußere Ohr

Das äußere Ohr besteht aus der **Ohrmuschel** (**Auricula**) und dem **äußeren Gehörgang**. Die Ohrmuschel ist ein überwiegend knorpeliges Gebilde, das Schallwellen – ähnlich einem Parabolspiegel – so bündelt, dass sie ihren Brennpunkt im Bereich des äußeren Gehörgangs haben. Der äußere Gehörgang hat eine Länge von etwa 3 cm, wobei der Anfangsteil noch knorpelig ist, der innere Bereich dagegen knöchern. Der äußere Gehörgang endet am **Trommelfell** (Membrana tympani). Dieses trennt das äußere Ohr vom Mittelohr.

13.2.2 Das Mittelohr

Das Trommelfell hat einen Durchmesser von ca. 9 mm. Das sich anschließende Mittelohr ist ein luftgefüllter Raum. Es besteht aus der **Paukenhöhle** (s. Abb. 13.3) und weiteren Hohlräumen. Letzere sind aber in Bezug auf die Schallleitung von untergeordneter Bedeutung. Der Luftdruck in der Paukenhöhle wird über die sog. **Eustachi-Röhre** (Eustachische Röhre, Tuba eustachii) an den Außendruck angeglichen, und zwar jedes Mal beim Schluckakt. Dieser Ausgleich ist beim Fliegen und Tauchen von besonderer Bedeutung. Wenn der Druckausgleich z. B. erkältungsbedingt nicht gelingt, bildet

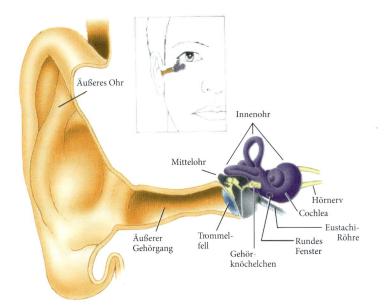

Abbildung 13.2 Aufbau des menschlichen Ohres. Es werden die Lage des äußeren Ohrs, Mittelohrs und Innenohrs im Kopf dargestellt

Gehörknöchelchen. In der Paukenhöhle befinden sich die **Gehörknöchelchen**: **Hammer** (Maleus), **Amboss** (Incus) und **Steigbügel** (Stapes). Über den »Griff« des Hammers wird die Verbindung des Gehörknöchelchensystems zum Trommelfell hergestellt. Dieser Griff ist mit dem Trommelfell fest verwachsen. Der Kopf des Hammers ist gelenkartig mit dem Amboss verbunden, sodass jede Bewegung des Hammers auch von einer Ambossbewegung begleitet wird. Das andere Ende des Amboss, das relativ lang ausläuft, ist mit dem Steigbügel ebenfalls gelenkig verknüpft. Die beiden Schenkel des Steigbügels gehen in die sog. Fußplatte über. Diese bildet den Übergang zwischen Mittelohr und dem flüssigkeitsgefüllten Innenohr. Die Fußplatte ist in dem »ovalen Fenster« zum Innenohr beweglich angebracht. Demnach ist dieses Fenster lediglich eine Öffnung, innerhalb derer sich die Fußplatte kolbenartig vor- und zurückbewegen kann. Auf diesem Wege geschieht die Schallweiterleitung vom Gehörknöchelchensystem in die Flüssigkeit als schallleitendes Medium des Innenohrs.

das Trommelfell keine plane Membran mehr, sondern es ist nach innen oder außen gewölbt – je nachdem, ob Über- oder Unterdruck herrscht. Dies führt zu einer Beeinträchtigung seiner Schwingungsfähigkeit, wodurch Hörstörungen auftreten.

Störungsbild

Mittelohrentzündung

Die akute Mittelohrentzündung (Otitis media acuta) ist die häufigste Ohrerkrankung. Die Infektion nimmt i. Allg. den Weg über die Ohrtrompete vom Nasen-Rachen-Raum her, seltener kommt sie durch Trommelfellperforation zustande. Es handelt sich dabei meist um eine Entzündung der Paukenhöhlenschleimhaut. Diese kann verursacht werden u. a. durch Viren, Streptokokken, Staphylokokken und Pneumokokken. Der klinisch akute Beginn ist meist von Fieber, Ohrschmerzen und Schwerhörigkeit begleitet. Die Mittelohrentzündung kann eine Begleitkrankheit bei Scharlach, Masern und Grippe sein. Als schwere Komplikationen können auftreten: Meningitis, Hirnabszess und Lähmungserscheinungen im Gesichtsbereich. Eine Ausheilung erfolgt meist in 2–4 Wochen. Die Therapie geschieht i. Allg. mit Antibiotika, v. a. wegen der Gefahr von Komplikationen infolge der Ausbreitung der Entzündung.

Die Gehörknöchelchenkette wird durch zwei Muskeln (Musculus tensor tympani und Musculus stapedius) gehalten. Durch Kontraktion bzw. Relaxation dieser Muskeln können die mechanischen Übertragungseigenschaften des Gehörknöchelchensystems dynamisch verändert werden. Bei sehr lauten Reizen etwa kontrahieren diese Muskeln, schränken dadurch die Beweglichkeit der Gehörknöchelchen ein und bewirken damit eine Dämpfung der Übertragung vom Trommelfell zum Innenohr.

Auf das Innenohr wird aufgrund seiner größeren Bedeutung im Folgenden vertieft eingegangen.

> **Vertiefung**
>
> **Physik der Schallübertragung**
> Zunächst erscheint der Übergang vom äußeren Gehörgang zum Innenohr über ein dreigliedriges mechanisches System als eine Kuriosität. Allerdings macht die Physik der Schallleitung den Vorteil dieses Systems unmittelbar verständlich. Es dient dazu, den Übergang von Luftschall zu Flüssigkeitsschall (im Innenohr) mit möglichst geringen Verlusten zu gewährleisten. Da der Schallwellenwiderstand der Luft deutlich niedriger ist als derjenige einer Flüssigkeit, treten beim Übergang einer Schallwelle von Luft zu Flüssigkeit starke Reflexionen auf. Diese haben einen Energieverlust von ca. 98 % zur Folge. Da die Übergangszone Luft – Flüssigkeit durch die Gehörknöchelchenleitung überbrückt wird, ist eine sehr viel effektivere Übertragung der Schallenergie auf das Innenohr möglich. Es kommt dabei eine beträchtliche Druckerhöhung zustande, die sich u. a. durch die unterschiedlich großen Flächen von Trommelfell und Steigbügelplatte ergibt (1 : 17) sowie die verschieden langen Hebelarme bei Hammer und Amboss (Druckerhöhung von 1 : 1,3). Insgesamt ergibt sich dadurch auf dem Weg vom äußeren Trommelfell zum Innenohr eine Drucksteigerung um den Faktor 22. Die Übertragungscharakteristiken dieses Systems sind am günstigsten für eine Frequenz von ca. 300–3.000 Hz. Dies entspricht in etwa dem Frequenzbereich der gesprochenen Sprache.

13.2.3 Das Innenohr

Streng genommen beherbergt das Innenohr zwei Sinnesorgane, nämlich das Gleichgewichtsorgan (s. Kap. 14) und das Hörorgan im engeren Sinne, die **Cochlea**. Die Cochlea ist aus knöchernem Material. Sie bildet unter anderem gemeinsam mit dem Vestibularorgan das **Labyrinth**. Von außen gesehen erscheint sie als ein schneckenförmiges, spiralig eingedrehtes Rohr (s. Abb. 13.3). Das Innere des Schneckengangs (s. Abb. 13.4) ist in drei Kanäle unterteilt, die Scala vestibuli, Scala media und Scala tympani. Die Scala media ist mit Abstand der dünnste der drei Kanäle. Hier sind die neuronalen Strukturen eingelagert, die für die Transduktion von akustischen Ereignissen in Nervensignale sorgen. Die entsprechenden reizaufnehmenden Strukturen befinden sich auf der **Basilarmembran**. Diese bildet die Grenze zwischen Scala media und Scala tympani. Auf der Oberfläche der Basilarmembran befindet sich das **Corti-Organ** mit den mechanosensitiven Zellen. Das Corti-Organ wird von der Tektorialmembran wie von einem Dach abgedeckt.

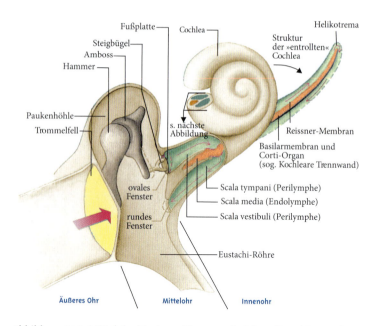

Abbildung 13.3 Mittelohr (Amboss, Hammer, Steigbügel) und Innenohr. Die Cochlea ist zusätzlich »entrollt« eingezeichnet, um die Innenohrkanäle in ihrem Verlauf besser darstellen zu können

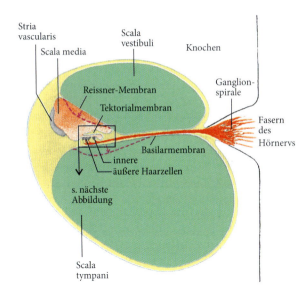 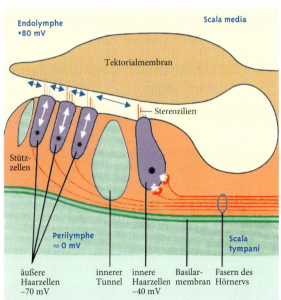

Abbildung 13.4 Querschnitt durch die Cochlea. Als unterbrochene Linie sind die Auslenkungen infolge von Schallereignissen der Basilar- und der Reissner-Membran eingezeichnet

Abbildung 13.5 Querschnitt durch das Corti-Organ und der Prozess der Reiztransduktion. Die Schwingungen der Basilarmembran übertragen sich auf die Stereozilien der äußeren Haarzellen und lenken diese aus

Das Corti-Organ. Das Corti-Organ trägt eine einzelne Reihe von sog. inneren **Haarzellen** und drei Reihen von äußeren Haarzellen (s. Abb. 13.5). Diese sind die Sinneszellen für akustische Reize. Ihre Gesamtzahl beträgt etwa 16.000. Den Namen verdanken die Haarzellen der Tatsache, dass sie an ihrer Oberfläche feine Härchen, sog. **Stereozilien** (oder **Stereovilli**) tragen. Jede Haarzelle besitzt etwa 80 solcher Stereozilien. Diese haben verschiedene Längen und sind jeweils auf einer Haarzelle in absteigender Größe angeordnet. Die Spitzen der Stereozilien verlassen sehr dünne Stränge von Eiweißmolekülen, sog. Tip Links. Hier befinden sich Ionenkanäle, die Ionenwanderungsprozesse in Abhängigkeit von der mechanischen Deformation ermöglichen. Die Tip Links verlaufen von den Spitzen der kleinen Stereozilien zu den Spitzen der längeren Stereozilien. Sie gewährleisten, dass der Abstand der Stereozilien konstant bleibt und diese sich nur als gesamtes Bündel bewegen.

Die Spitzen der längsten Stereovilli der äußeren Haarzellen sind von unten an die Tektorialmembran angeheftet, die der inneren Haarzellen dagegen nicht.

Die Haarzellen erzeugen zwar ein Sensorpotenzial (s. u.), aber keine Aktionspotenziale, sie sind also sekundäre Sinneszellen. Innerviert werden sie von den zur Peripherie laufenden Dendriten der bipolaren Neuronen des Ganglion spirale.

Zusammenfassung

Das menschliche Ohr besteht aus drei Teilen:
(1) dem äußeren Ohr,
(2) dem Mittelohr und
(3) dem Innenohr.

Das äußere Ohr dient der Aufnahme von Schallwellen und ihrer Fokussierung auf das Trommelfell, welches das äußere Ohr vom Mittelohr trennt. Das Mittelohr ist ein luftgefüllter Hohlraum, in dem sich die drei Gehörknöchelchen – Hammer, Amboss und Steigbügel – befinden. Zusätzlich zu der Schallleitung zwischen äußerem Ohr und innerem Ohr bewirkt das Gehörknöchelchensystem eine Verstärkung des Schalldrucks.

13.3 Sinnesempfindungen bei akustischer Reizung

13.3.1 Der Schalltransduktionsprozess durch das Corti-Organ

Die Haarzellen des Innenohres sind die Sinneszellen mit der höchsten Empfindlichkeit. Kleinste Bewegungen der Basilarmembran in der Größenordnung des Durchmessers eines Wasserstoffatoms (= 10^{-10} m) vermögen diese Sinneszellen zu erregen. Damit arbeiten die Haarzellen des menschlichen Ohres an der Grenze des physikalisch Realisierbaren.

Die Anordnung der Haarzellen und ihre Verbindung mit der Basilar- bzw. der Tektorialmembran führt beim Einlaufen einer Wellenbewegung zu typischen Mikrobewegungen in diesem System (s. Abb. 13.6). Es kommt dabei zu einer Abbiegung der Stereozilien der äußeren Haarzellen. Bei einer Aufwärtsbewegung der Basilarmembran kommt es zu einem Abbiegen in die eine Richtung, das führt zur Öffnung von Ionenkanälen, den sog. Transduktionskanälen, ein Abbiegen in die andere Richtung (Abwärtsbewegung der Basilarmembran) dagegen zur Schließung. Bei einer Kanalöffnung strömen Kaliumionen entsprechend dem Potenzialgradienten aus der Endolymphe in das Innere der Haarzellen im Bereich der Stereozilien. Die äußeren Haarzellen besitzen ein Membranpotenzial von −70 mV, wogegen die umgebende Endolymphe ein Potenzial von ca. +80 mV aufweist. Die Folge des Kaliumeinstroms ist eine Depolarisation der Haarzellen, was das Sensorpotenzial der Haarzellen ausmacht. Bei der Abwärtsbewegung der Basilarmembran schließen sich die Kanäle wieder. Ein weiterer Einstrom und eine weitere Depolarisation werden dadurch verhindert.

Eine zügige Repolarisation der Haarzellen wird durch den zweiten Prozess an der basalen Zellwand der Haarzellen unterstützt. Dieser Teil der Haarzellen ist im Corti-Organ verankert, wo sich sowohl spannungsabhängige als auch kalziumgesteuerte Kaliumkanäle befinden, die den Ausstrom des Kaliums in den hier kaliumarmen Extrazellulärraum der Haarzellen gestatten. Durch das Ausströmen des Kaliums kommt es zur Repolarisation.

Die Zellmembran der äußeren Haarzellen besitzt einen kontraktilen Apparat, der – ähnlich wie bei Muskelzellen – vom Membranpotenzial abhängig ist. Infolge der Depolarisation kommt es zu einer Streckung der Haarzellen in Richtung ihrer Längsachse. Entsprechend stellt sich eine Kontraktion im Zuge der Repolarisation ein. Dadurch können sich die äußeren Haarzellen aktiv synchron zur Schallwelle verlängern bzw. verkürzen und die Schwingungsbewegung der Basilarmembran wird verstärkt. Diese verstärkten Auslenkungen der Basilarmembran führen zu verstärkten Schwingungen der Endolymphflüssigkeit und die sich längs der Basilarmembran fortpflanzende Wanderwelle wird intensiviert. Dadurch können jetzt auch die Stereozilien der inneren Haarzellen abgebogen werden, in die jetzt ebenfalls Kaliumionen im Rhythmus der Schwingungen ins Zellinnere einströmen. Allerdings kommt es hierbei nicht zu einer aktiven Längenänderung wie bei den äußeren Haarzellen. Der Kaliumioneneinstrom führt an den inneren Haarzellen sekundär zu einem Kalziumioneneinstrom am entgegengesetzten Ende der Zelle. Hierdurch wird die Ausschüttung des Neurotransmitters Glutamat am synaptischen Kontakt zu einer afferenten Nervenfaser des Hörnervs (Nervus cochlearis) bewirkt und es kommt zu einer Depolarisation und damit zu einem fortgeleiteten Signal.

Die Kontraktionsfähigkeit der äußeren Haarzellen dürfte auch eine wichtige (mechanische) Schutzfunktion erfüllen. Da das Corti-Organ in hohem Maße gegen Überlastungen empfindlich ist, kann eine zu starke Auslenkung der Basilarmembran durch eine reflektorische Kontraktion der äußeren Haarzellen begrenzt werden. Dadurch werden die Schwingungen der Endolymphe gemindert und demzufolge ist die Reizung der inneren Haarzellen jetzt abgeschwächt.

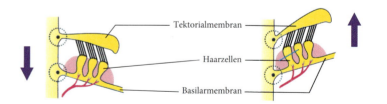

Abbildung 13.6 Bewegung der Stereozilien äußerer Haarzellen als Folge von Membranauslenkungen. Bei einer Aufwärtsbewegung der Basilarmembran zieht dies eine Verbiegung der Haarzellen in Richtung auf die längeren Zellen nach sich, wogegen eine Abwärtsbewegung die Haarzellen in die entgegengesetzte Richtung auslenkt

Zusammenfassung

Das Innenohr enthält neben den Sinnesorganen für den Gleichgewichtssinn die Cochlea. Diese besteht aus drei flüssigkeitsgefüllten Kanälen: der Scala vestibuli, der Scala media und der Scala tympani. Die Reiztransduktion findet im Corti-Organ statt, das sich auf der Oberfläche der Basilarmembran zwischen Scala media und Scala tympani befindet. Sensorzellen sind die Haarzellen, die Synapsen mit dem Hörnerv bilden. Die Haarzellen werden aktiviert, wenn die Flüssigkeit im Innenohr in Folge einer Schalleinwirkung in Bewegung, d. h. Schwingung gerät. Durch das Abbiegen der Haarzellen kommt es zu Potenzialschwankungen im Zellinneren.

13.3.2 Kodierung der Schallfrequenz

Das Ohr des Menschen besitzt eine überaus große Unterscheidungsfähigkeit für Tonhöhen (= Tonfrequenzen). So beträgt die Frequenzunterscheidungsschwelle bei einem Referenzton von 1.000 Hz nur 3 Hz, also 0,3 %. Diese hohe Präzision bei der Frequenzdiskrimination spielt vor allem eine wichtige Rolle bei der Analyse akustischer Sprachsignale.

Bei der Frage nach dem Mechanismus zur Frequenzkodierung der Schallwellen ist unmittelbar einsichtig, dass eine Eins-zu-Eins-Kodierung der Schallschwingungen in Aktionspotenziale ausscheidet. Aufgrund der minimalen Dauer der Refraktärphase von ca. 1 ms sind Aktionspotenzialfolgen von mehr als 1.000 pro Sekunde nicht möglich. Damit läge die obere, durch diesen Mechanismus noch kodierbare Frequenz bei etwa 1.000 Hz.

Ortskodierung

Zur Kodierung der Frequenz wird in der Cochlea ein völlig anderes Prinzip verwendet, nämlich das Verfahren der Ortskodierung. Die Funktionsweise dieses Kodierungsvorgangs hängt in hohem Maße mit der räumlichen Ausgestaltung der Cochlea zusammen. Die diesbezüglichen Vorgänge sind relativ komplex, konnten aber vor allem aufgrund der Arbeiten, die Georg von Békésy in den 1940er- und 1950er-Jahren durchführte, zu einem großen Teil aufgeklärt werden.

Forscherpersönlichkeit

Georg von Békésy, geboren am 3. 6. 1899 in Budapest, gestorben am 13. 6. 1972 in Honolulu. Von Békésy hatte eine Ausbildung als Physiker und Physiologe. Er war zunächst über 20 Jahre lang Direktor des Forschungslabors der ungarischen Telefongesellschaft. Später arbeitete er an den Universitäten Budapest, Stockholm und Harvard. Er konnte zahlreiche Detailprozesse der Reizverarbeitung in der Cochlea aufklären. Vor allem fand er den Grundprozess zur Umkodierung von Tonhöhen in Aktionspotenzialfrequenzen. Dazu baute er Cochleamodelle sowie überaus empfindliche Instrumente zur Messung elektrischer Phänomene im Innenohr. Auf der Basis seiner Forschungen ergaben sich wichtige Erkenntnisse zum Hörprozess sowie zu verschiedenen Formen von Taubheit. Von Békésy erhielt für seine Forschungsarbeiten 1961 den Nobelpreis für Medizin.

Trifft ein Schallereignis auf das Trommelfell, zieht dies eine Bewegung der Steigbügelfußplatte in Richtung auf die Cochlea nach sich, was wiederum zu einer momentanen Drucksteigerung im angrenzenden Flüssigkeitsvolumen der Scala media der Cochlea führt. Da Flüssigkeiten aber nahezu unkomprimierbar sind, muss ein Ausgleich des lokalen Druckanstiegs erfolgen. Dieser kann durch eine Ausbuchtung des runden Fensters nach außen geschehen (s. Abb. 13.3). Dabei biegt sich die Basilarmembran durch. Eine solche lokale Biegung der elastischen Basilarmembran bleibt naturgemäß nicht auf den Entstehungsort der Auslenkung begrenzt, sondern es kommt zu einer wellenförmigen Fortpflanzung dieser Auslenkung. Diese Welle läuft in Richtung auf die Spitze der Cochlea bis zum **Helikotrema** (s. Abb. 13.3).

Von großer Bedeutung ist, dass die Basilarmembran im Unterschied zur Saite eines Musikinstruments nicht über die ganze Länge die gleiche Form und damit die gleichen Schwingungseigenschaften besitzt (s. Abb. 13.7). An ihrer Basis, also da, wo sie am Trommelfell angreift, ist sie schmal (ca. 0,15 mm) und steif. An ihrem Ende (dem **Apex**) ist sie etwas breiter (0,5 mm) und ihre Steife beträgt nur noch ca. ein Zehntausendstel der Steife an der Basis. Aus diesem Grund pflanzt sich die Welle auch nicht in Form einer gleichförmigen Schwingung fort.

13.3 Sinnesempfindungen bei akustischer Reizung | **271**

Für jede Frequenz gibt es längs der Membran einen optimalen Bereich, innerhalb dessen sie besonders leicht in Schwingungen versetzt werden kann. An dieser Stelle findet **Resonanz** statt, d. h., die Basilarmembran schwingt hier mit maximaler Amplitude. Eine Konsequenz davon ist, dass an dieser Stelle die Energie der bis hierhin gewanderten Welle aufgrund der vergleichsweise großen Massenbewegungen der Membran nahezu vollständig verbraucht wird. Membranbereiche, die jenseits dieses Resonanzorts liegen, werden von der Wanderwelle nicht mehr erreicht und demgemäß auch nicht mehr erregt.

Frequenzortsabbildung. Der Ort dieses Maximums hängt in direkter Weise von der Schallfrequenz ab. Hohe Frequenzen erzeugen ein Maximum der Schwingungen in der Nähe des Trommelfells, wo die Membran schmal und steif ist, niedrige Frequenzen dagegen am Apex. Es kommt also zu einer eindeutigen Zuordnung zwischen Frequenzen und Orten der Basilarmembran, die maximal schwingen. Diesen Sachverhalt nennt man Frequenzortsabbildung. Damit wird die Tonfrequenz umkodiert in die räumliche Position der durch sie maximal erregten Sinneszelle. Auf diese Weise sind Frequenzen zwischen 20.000 Hz an der Basis der Cochlea bis herunter zu 200 Hz am Apex durch den Ort der Sinneszellen kodierbar.

Für die Analyse der tiefen Frequenzen von 16 bis etwa 5.000 Hz steht ein weiteres Kodierungsprinzip zur Verfügung, die sog. Periodizitätsanalyse. Diese arbeitet mit der Verrechnung der Entladungsmuster von akustischen Sinneszellen.

13.3.3 Verarbeitung akustischer Information im Gehirn

Die Verarbeitung akustischer Information auf der Ebene des Gehirns geschieht in bereits relativ differenzierter Weise zunächst auf subkortikalem Niveau. Hier finden basale Analyseprozesse hinsichtlich Tonhöhe, -intensität und -dauer statt. Auch die Analyse der Position der Schallquelle im Raum läuft überwiegend auf subkortikaler Ebene ab. Die Verarbeitung gesprochener Sprache ist naturgemäß eine der Funktionen, die den kortikalen Arealen vorbehalten bleibt.

Die Dauer des Schallereignisses ist kodiert durch die Aktivierungsdauer der jeweiligen Faser. Die Intensität – also der Schalldruckpegel – erfährt seine Verschlüsselung durch die Entladungsrate. Bei sehr hohen Intensitäten, bei denen die Entladungsrate der Einzelfaser in ihren Sättigungsbereich gerät, wird zusätzlich die Intensität aus der Zahl der gleichzeitig erregten Fasern berechnet. Da sehr intensive Reize größere Bereiche der

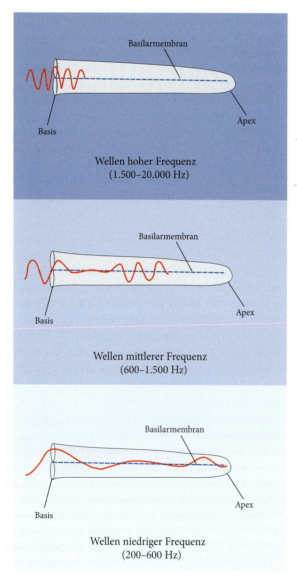

Abbildung 13.7 Frequenzkodierung längs der Basilarmembran. Für jede Frequenz gibt es längs der Membran einen optimalen Bereich, innerhalb dessen sie besonders leicht in Schwingungen versetzt werden kann. Hier findet Resonanz statt, die Basilarmembran schwingt hier mit maximaler Amplitude. Die Position dieses Ortes der maximalen Schwingung dient zur Umkodierung von Tonhöhen in neuronale Entladungsfrequenzen (Frequenzortsabbildung)

Basilarmembran in Bewegung versetzen, werden dadurch auch mehr Sinneszellen aktiviert.

Die Hörbahn

Die sog. Hörbahn beginnt in den Nuclei cochleares der Medulla oblongata (s. Abb. 13.8). Die Fasern des Hörnervs (Nervus cochlearis), die hierhin gelangen, erhalten ihre Signale von den Sinneszellen der Cochlea. Die Tonfrequenz ist – wie schon erwähnt – durch die Identität der jeweiligen Faser kodiert. Diese tonotopische Gliederung muss demnach in den nachfolgenden Verarbeitungsstationen bis zum Kortex erhalten bleiben.

Nach einer Umschaltung in den Cochleariskernen (Nucleus cochlearis ventralis bzw. dorsalis) kreuzen die Fasern der Hörbahn zum überwiegenden Teil auf die Gegenseite, ein kleinerer Teil zieht auf der ipsilateralen Seite nach oben. Das kreuzende Faserbündel enthält verschiedene Gruppen von Nervenzellen, die Kerne ausbilden. Diese Kerne bilden die sog. **Oliva superior**. Hier werden einige Fasern zum zweiten Mal umgeschaltet. In diesen oberen Olivenkernen findet also über die gekreuzten und ungekreuzten Fasern eine erste Zusammenführung der Information aus beiden Ohren statt. Die Zellen, die diese kombinierte Information verarbeiten und weiterleiten, sind von besonderer Bedeutung für das binaurale Hören und damit für die Lokalisation von Geräuschquellen im Raum.

Von der Oliva superior ziehen die Fasern der Hörbahn als sog. Lemniscus lateralis zu den **Colliculi inferiores**. Auch in diese Bahn ist links und rechts je ein Kern eingebettet (Nucleus lemnisci lateralis), wo ein Teil der Fasern umgeschaltet wird und z. T. wieder zurück auf die ursprüngliche Seite kreuzt, um hier in den Lemniscus lateralis der anfänglich ipsilateralen Seite einzutreten und dann zu den Colliculi inferiores zu ziehen.

Jetzt kreuzen wiederum einige Fasern zum gegenüberliegenden Colliculus inferior. Von den Colliculi inferiores ziehen die Fasern in das **Corpus geniculatum mediale** des Thalamus. Hier findet letztmalig vor dem Erreichen der primären Hörrinde (s. Abschn. 6.4.10) eine Umschaltung statt. Die Bahnen, die von hier aus zur primären Hörrinde ziehen, bezeichnet man als **Hörstrahlung**.

Von einiger Bedeutung ist die Tatsache, dass zahlreiche Fasern Kollateralen in die Formatio reticularis entsenden. Dadurch ist gewährleistet, dass bei lauten bzw. alarmierenden Tönen von hier aus über das aufsteigende retikuläre Aktivierungssystem (s. Abschn. 6.4.5) eine aufwärts gerichtete globale Erregung des Gehirns stattfinden kann. Daneben kann eine über das Rückenmark abwärts laufende Aktivierung der Peripherie erfolgen. Andere Kollateralen ziehen ins Kleinhirn, von wo aus ebenfalls unmittelbare Reaktionen auf laute Töne ausgelöst werden können.

Die Tatsache, dass an verschiedenen Stellen einige der ursprünglich gekreuzten Fasern wieder zur ipsilateralen Seite zurückkehren, bedeutet, dass die primäre Hörrinde einer Hemisphäre Information aus beiden Cochleae erhält. Dies hat einen positiven Effekt, wenn einseitige Schädigungen im Bereich der Hörbahn zwischen den Nuclei cochleares und Corpus geniculatum mediale vorliegen. Dann erreicht dennoch die (teil-

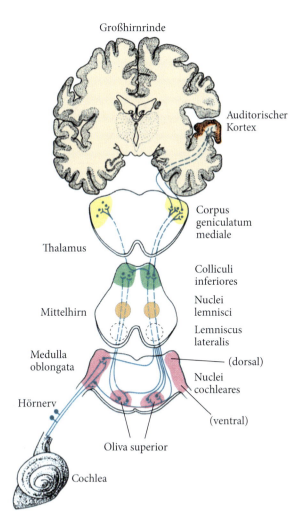

Abbildung 13.8 Verlauf der Hörbahn

weise abgeschwächte) Information aus beiden Ohren die kortikale Hörrinde.

Bei der Weiterleitung akustischer Information von der Cochlea bis hin zu den kortikalen Projektionsarealen bleibt die **Tonotopie** erhalten. Das heißt, benachbarte Fasern und Zellkerne verarbeiten Tonhöhen, die ebenfalls aneinander angrenzend sind.

> **Zusammenfassung**
>
> Nach einer Umschaltung in den Cochleariskernen erreicht ein Teil der akustischen Fasern die Oliva superior. Über den Lemniscus lateralis gelangt die akustische Information zu den Colliculi inferiores. Von hier ziehen die Fasern in das Corpus geniculatum mediale des Thalamus. Nach einer Umschaltung im Thalamus bilden die Fasern auf dem Weg zur primären Hörrinde die sog. Hörstrahlung. Die primäre Hörrinde einer Hemisphäre erhält Informationen aus beiden Cochleae.
>
> Auf der Höhe der Formatio reticularis entsenden zahlreiche Fasern Kollateralen. Dadurch kann bei lauten bzw. alarmierenden Tönen eine globale Erregung des Gehirns stattfinden.

Tonhöhenverarbeitung

Bereits auf der Ebene des Nucleus cochlearis dorsalis findet eine Vorverarbeitung akustischer Information statt. Hier werden Reizbeginn und Reizende kodiert sowie Veränderungen in der Frequenz. Auf der Ebene der Colliculi inferiores dürften weitere zeitliche Merkmale eines akustischen Reizes extrahiert werden und damit zur Periodizitätsanalyse (s. u.) beitragen. Von einiger Bedeutung ist auch die Tatsache, dass die Colliculi inferiores Information von der Somatosensorik erhalten. Demnach findet bereits auf dieser Ebene eine polymodale Integration von Teilen unserer Sinneswelt statt.

Periodizitätsanalyse. Zur Analyse von Tonhöhen wird neben der sog. Ortskodierung (s. Abschn. 13.3.2) in einer zweiten Weise die vom Hörnerv gelieferte Information verarbeitet. Bis zu Frequenzen von ca. 1.000 Hz lässt sich die Tonhöhe unmittelbar in der Aktionspotenzialfrequenz kodieren, da die Aktionspotenziale noch der Aufeinanderfolge der Tonschwingungen folgen können. Durch einen bestimmten Verrechnungsmodus kann weitere Information bezüglich der Tonhöhe aus den Aktionspotenzialfrequenzen gewonnen werden. Dies geschieht auf dem Wege der Periodizitätsanalyse, die für die Analyse von Tonhöhen bis zu etwa 5.000 Hz geeignet ist.

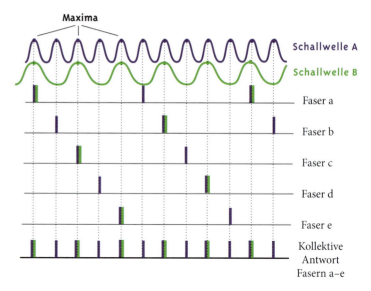

Abbildung 13.9 Periodizitätsanalyse. Die verschiedenen Fasern (a–e) werden von derselben wandernden Welle erregt, und zwar aufgrund der räumlichen Anordnung der Sinneszellen in der Cochlea nacheinander. Die Sinneszellen sind im dargestellten Fall in ihrer Empfindlichkeit so eingestellt, dass sie nur am Maximum der Schwingung zu einem Aktionspotenzial in der nachgeschalteten Faser führen. Das heißt, mit dem Fortschreiten der Welle können immer neue Fasern rekrutiert werden. Aus dem zeitlichen Abstand der Entladungen dieser Faserpopulation (kollektive Antwort) kann im Gehirn auf die Periodendauer und damit auf die Frequenz zurückgerechnet werden. Es ist ein Beispiel gezeigt, in dem Schallwelle B die halbe Frequenz von Schallwelle A hat. Man erkennt, dass sich in der kollektiven Antwort genau diese Verdopplung der Periode von A nach B widerspiegelt

Die Periodizitätsanalyse beruht auf dem Phänomen der **Phasenkopplung**. Diesem Prinzip liegt die Tatsache zugrunde, dass bei der Analyse der Frequenz eines einzelnen Tons (etwa von 2.000 Hz) stets mehrere Neuronen zusammen arbeiten (s. Abb. 13.9).

▶ Wichtige Voraussetzung für die Phasenkopplung ist, dass alle durch diesen Ton erregten Nervenfasern *beim selben Intensitätswert* einer jeden Periode erregt werden. Dies könnte etwa jeweils das Maximum der Einzelperiode sein.

▶ Es kann nicht jede Faser zum Maximum *jeder einzelnen Periode* feuern, da die Refraktärzeit dies nicht erlaubt.

▶ Durch die Wanderung der Schallwelle werden in zeitlicher Serie verschiedene Fasern, die jeweils erst zu einem späteren Zeitpunkt von der Welle erreicht werden, anlässlich des Wellenmaximums erregt. In deren kollektivem Entladungsmuster herrscht dann eine feste Beziehung zur auslösenden Wellenform.

▶ Die von der betreffenden Faser*population* zentralwärts weitergegebenen Impulse spiegeln die Frequenz des auslösenden Tons insofern wider, als die Abstände der Impulse über alle Fasern hinweg gesehen nur ganzzahlige Vielfache der Periodendauer des Tons sein können, da alle Fasern jeweils nur am Maximum der Schwingung Impulse weiterleiten. Über einen Verrechnungsmechanismus, der letztendlich noch nicht aufgeklärt ist, gelingt es dem Gehirn, hieraus die Grundfrequenz zu extrahieren. Diese Analyse findet vermutlich bereits auf der niedrigsten Ebene der zerebralen Hörbahn statt, nämlich im Nucleus cochlearis.

Ein Beleg für diesen Analysemechanismus ist die Tatsache, dass trotz einer Zerstörung des apikalen Teils der Cochlea – wo die niedrigfrequenten Töne über Schwingungen der Basilarmembran detektiert und nach dem Ortsprinzip analysiert werden – dennoch Töne niedriger Frequenz wahrgenommen werden können. Dies geschieht auf der Basis der Information, die vom nichtbeschädigten Teil der Cochlea kommt und über die Periodizitätsanalyse ausgewertet wird.

Exkurs

Cochleaimplantate

Bei Cochleaimplantaten geschieht die Tonhöhenanalyse ausschließlich über das Verfahren der Periodizitätsanalyse. Cochleaimplantate werden bei vollständig bzw. nahezu ertaubten Patienten in das Innenohr eingepflanzt. Voraussetzung ist, dass die Taubheit auf einen Innenohrdefekt zurückgeht und der Hörnerv und die Hörbahn intakt sind. Das Gerät besteht aus einem Mikrofon, das am oder im Ohr getragen wird und das über eine Induktionsspule die elektrischen Impulse einem Mikroprozessor zuführt, der die Schallanalyse durchführt. Der Ausgang des Mikroprozessors ist mit einer Gruppe von Hörnervenfasern verbunden ist. Das generierte Impulsmuster ist den Aktionspotenzialfolgen ähnlich, die vom gesunden Innenohr durch Schallreize ausgelöst werden. Die mit einem solchen Cochleaimplantat ausgestatteten Patienten können nach intensivem Training zumeist wieder gesprochene Sprache verstehen.

Die räumliche Ortung einer Schallquelle

Die Ortung einer Schallquelle im Raum geschieht über zwei unterschiedliche Prinzipien. Das eine bezieht sich auf die Laufzeitunterschiede zwischen beiden Ohren, das andere auf den Effekt der Abschattung eines der beiden Ohren. Beiden Mechanismen liegt die Tatsache zugrunde, dass das linke Ohr i. Allg. eine andere Position relativ zur Schallquelle hat als das rechte. Nur wenn sich die Schallquelle genau mittig vor oder hinter dem Kopf befindet, ergeben sich für beide Ohren identische Verhältnisse (s. Abb. 13.10).

(1) Die **Laufzeitunterschiede** werden bereits auf der Höhe der oberen Olive aus den von beiden Seiten einlaufenden Aktionspotenzialserien extrahiert. Die Impulssalven von dem der Schallquelle näher gelegenen Ohr liegen zeitlich vor denjenigen vom weiter entfernten Ohr. Von dem diesbezüglichen auditorischen Analyseapparat können extrem kleine Laufzeitunterschiede zwischen beiden Ohren bis hinunter zu etwa 30 Millionstel Sekunden erkannt werden.

(2) Auch der Effekt des **Geräuschschattens** kann mit hoher Empfindlichkeit genutzt werden. Es kommt zu einem interauralen Intensitätsunterschied. Bei

13.3 Sinnesempfindungen bei akustischer Reizung

Abbildung 13.10 Laufzeitunterschiede zwischen den beiden Ohren und Geräuschschatten. Wenn die Schallquelle nicht genau mittig vor oder hinter den Ohren liegt, erhalten die beiden Ohren unterschiedliche Informationen.
(1) Ein Ohr liegt im »Schatten« des Kopfes, weshalb hier die Schallintensität geringer ist als beim »freien« Ohr.
(2) Die Wegstrecken Schallquelle – Ohr sind für die beiden Ohren unterschiedlich. Aus den Laufzeitunterschieden kann auf die Lage der Schallquelle geschlossen werden

der Unterscheidung von Intensitäten genügt eine Differenz von nur 1 dB zwischen linkem und rechtem Ohr, um als Lautstärkeunterschied für die räumliche Ortung verwendet zu werden.
Auf der Basis dieser beiden Analyseprozesse ist es möglich, Auslenkungen einer Schallquelle von der Mittellinie – d. h. von einem Punkt, der sich exakt vor oder hinter uns befindet – von bereits drei Grad zu identifizieren.

Funktion der Ohrmuschel. Die bisher besprochenen Analyseformen (Laufzeit- bzw. Intensitätsdifferenz) sind in erster Linie geeignet, Schallquellen in der horizontalen Ebene, d.h. rechts und links vom Kopf im Raum zu orten. Ob sich die Schallquelle über, unter, vor oder hinter dem Kopf befindet, beinhaltet eine wesentlich schwierigere Analyse, die auf anderem Wege geschieht. Eine entscheidende Rolle spielt hier die Form der Ohrmuschel. Je nachdem, von welchem Punkt im Raum das Signal auf die Ohrmuschel trifft, wird es ganz unterschiedlich verzerrt, bevor es auf das Trommelfell auftritt. So ist etwa das durch den äußeren Gehörgang zum Trommelfell transportierte Signal, das von einer vorne befindlichen Schallquelle kommt, durch die Form der Ohrmuschel deutlich anders modifiziert als jenes von einer Schallquelle, die sich hinter dem Kopf befindet. Dasselbe gilt für Quellen, die ober- oder unterhalb der Horizontalebene liegen, die durch die Ohren verläuft. Auf verschiedenen Ebenen der Hörbahn findet durch spezialisierte Neuronen eine Analyse dieser Schallcharakteristiken statt.

> **Zusammenfassung**
>
> Die Ortung von Schallquellen im Raum geschieht aufgrund verschiedener Mechanismen:
> (1) Laufzeitunterschiede zwischen dem linken und rechten Ohr
> (2) Intensitätsunterschiede zwischen linkem und rechtem Ohr
> (3) Analyse der Verzerrungen durch die Gestalt der Ohrmuschel. Diese Verzerrungen sind unterschiedlich je nach relativer Lage der Geräuschquelle zum Ohr.

Weiterführende Literatur

Brown, M. C. & Santos-Sacchi, J. (2008). Audition. In L. R. Squire, D. Berg, F. E. Bloom, S. DuLac, A. Ghosh & N. Spitzer (Eds.), Fundamental neuroscience (pp. 609–636). Amsterdam: Elsevier.

Klinke, R., Pape, H.-C., Kurtz, A. & Silbernagl, S. (2010). Physiologie (6. Aufl.). Stuttgart: Thieme.

Zenner, H.-P. (2007). Die Kommunikation des Menschen: Hören und Sprechen. In R. F. Schmidt, F. Lang & M. Heckmann (Hrsg.), Physiologie des Menschen (30. Aufl.; S. 334–356). Heidelberg: Springer-Verlag.

14 Gleichgewichts-, Bewegungs- und Lagesinn

Informationen über unsere Lage im Raum sowie über unseren Bewegungszustand werden uns über verschiedene Sinnesorgane vermittelt. Das wichtigste ist in diesem Zusammenhang das **Vestibularorgan** (Gleichgewichtsorgan). Daneben erhalten wir Informationen über die Lage und Bewegung unserer Gliedmaßen aus dem visuellen System, der Muskulatur und den Gelenken sowie von Rezeptoren für Druckreize, vor allem in der Haut.

Auf verschiedenen Ebenen des Gehirns werden diese Informationen zusammengeführt, um ein möglichst vollständiges Bild einerseits über die Körperlage, andererseits über die Bewegungssituation zu erhalten. Dies ist vor allem für die aufrechte Körperhaltung sowie für den Gang von außerordentlicher Bedeutung, die beide komplexe Koordinationsleistungen erfordern. Hierbei müssen u. a. die auf den Körper einwirkenden Kräfte – Schwerkraft oder Beschleunigungskräfte – und die momentane Lage verschiedener Gliedmaßen berücksichtigt werden.

14.1 Aufbau und Funktion des Vestibularorgans

Das Vestibularorgan befindet sich – gemeinsam mit der Cochlea, mit der es das sog. Labyrinth bildet –, im Innenohr (s. Abb. 14.1). Es gliedert sich in zwei sog. **Makulaorgane** und die drei **Bogengänge**. Die Makulaorgane dienen primär der Registrierung von Linearbeschleunigungen, vor allem solchen, deren Ursache die Gravitationskraft ist. Die adäquaten Reize für die Bogengänge sind dagegen die Drehbewegungen des Kopfes.

14.1.1 Registrierung von geradlinigen Beschleunigungen über die Makulaorgane

Die beiden Makulaorgane, **Sacculus** und **Utriculus**, stellen Verdickungen am Zusammenfluss der Bogengänge dar. Sie enthalten spezialisierte Bereiche, die Makulae, die mit Sinneszellen besetzt sind. Diese Sinneszellen sind ähnlich aufgebaut wie diejenigen der Cochlea (s. Abb. 14.2).

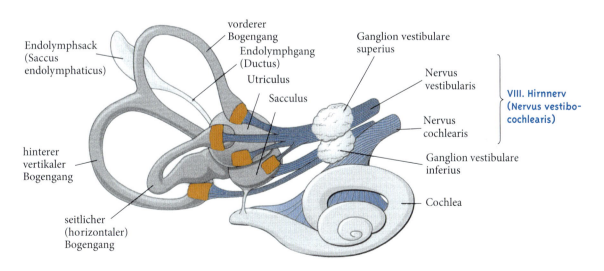

Abbildung 14.1 Das Labyrinth. Die rezeptiven Areale sind orange eingezeichnet, die zentralwärts führenden Nervenbahnen blau

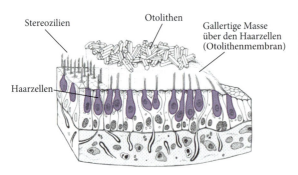

Abbildung 14.2 Feinbau der Makula

Es handelt sich auch hier um Haarzellen – beim Menschen etwa 30.000 –, die an ihrer Oberfläche ca. 60–100 **Stereozilien** (**Stereovilli**) tragen. Diese sind in aufsteigender Länge angeordnet. An den Spitzen der Stereozilien befinden sich sog. Tip Links, das sind dünne Eiweißfäden, an denen die eigentliche Reiztransduktion stattfindet. Auf jeder Haarzelle ist zusätzlich eine besonders lange Stereozilie, das Kinozilium, lokalisiert. Die Sinneszellen sind von einer gallertigen Membran, der Otolithenmembran, bedeckt, in welche die Stereozilien hineinragen.

In den Makulaorganen sind im oberen Teil der Otolithenmembran kleine Kristalle eingebettet. Diese sog. Otolithen bestehen überwiegend aus Kalk. Dadurch wird das Gewicht der Membran erhöht und ihre Masse – und damit auch ihre Massenträgheit – nimmt zu. Kommt es zu einer Linearbeschleunigung des Kopfes, so geschieht folgendes:

- Infolge der Beschleunigung des Kopfes – und damit auch des Labyrinths – kommt es nun durch diese Massenträgheit zur Abscherung der Otolithenmembran.
- Dadurch werden die Stereozilien, die in die Otolithenmembran hineinragen, ausgelenkt (s. Abb. 14.3).
- Es entsteht je nach Richtung der Verschiebung ein Zug oder eine Entlastung der Tip Links.
- Die dabei ablaufenden Ionentransportprozesse sind vergleichbar denjenigen in den kochleären Haarzellen. Die Stereozilien werden in die eine oder andere Richtung abgebogen, dies führt zu einer Dehnung oder Stauchung der Tip Links und es öffnen bzw. schließen sich Kaliumkanäle.
- Dies wiederum moduliert die Freisetzung des Neurotransmitters Glutamat am entgegengesetzten Pol der Haarzelle.
- Die Folge davon ist die Entstehung von Aktionspotenzialen in der afferenten Faser des Vestibularisnervs.

Im Gegensatz zu den Haarzellen des Innenohrs herrscht hier eine permanente Ruheaktivität an der Synapse zur afferenten Faser, auch wenn die Stereozilien nicht ausgelenkt sind. Diese Grundaktivität liegt bei 60–90 Entladungen pro Sekunde.

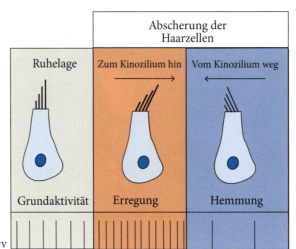
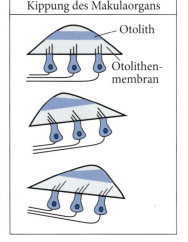

Abbildung 14.3 Transduktion in den Stereozilien. Bei einer Auslenkung der Stereozilien in Richtung auf das Kinozilium kommt es zu einer Dehnung der Tip Links und die Aktionspotenzialfrequenz steigt an. Werden die Stereozilien in die entgegengesetzte Richtung ausgelenkt, nimmt entsprechend die Aktivität in der Afferenz ab

> **Störungsbild**

Die Menière-Krankheit

Aufgrund einer Störung der Signale von den Haarzellen des vestibulären Labyrinths kann es zur sog. Menière-Krankheit kommen. Diese ist von ihrer Symptomatik her durch spontan auftretende Schwindelanfälle, häufig mit Übelkeit und Erbrechen, gekennzeichnet. Die Dauer der Anfälle kann zwischen wenigen Minuten bis zu mehreren Stunden liegen – allerdings nur sehr selten länger als 24 Stunden. Die Schwere der Symptome ist ebenfalls sehr unterschiedlich: Sie können sich als nur leichte Befindlichkeitsstörungen äußern bis hin zu extrem beeinträchtigendem Schwindel. Häufig kommt Tinnitus (Ohrgeräusche) dazu bei einer gleichzeitigen Verminderung des Hörvermögens. Die Anfälle können durch Stress ausgelöst werden. Bei manchen Patienten scheint auch erhöhte Salzaufnahme eine Rolle zu spielen.

Die Ätiologie der Erkrankung ist nach wie vor unbekannt. Histologische Untersuchungen des Innenohrs zeigen, dass eine häufige Ursache die Störung der Beweglichkeit und des Drucks der Endolymphe, die das Innere des Labyrinths ausfüllt, ist. Die Ursache hierfür können z. B. Ödeme im Bereich der Labyrinthkanäle sein. Auch die ständig erforderliche Erneuerung der Endolymphe kann behindert sein. Folge ist meist eine Funktionsbeeinträchtigung der Haarzellen.

Eine effektive, pharmakologische Standardtherapie für die Menière-Krankheit existiert bisher nicht. Gelegentlich erzielt man Erfolge mit entwässernden Substanzen und mit salzarmer Diät. Ein chronisch erhöhtes Volumen an Endolymphe lässt sich durch einen chirurgischen Eingriff reduzieren: Über eine Art Bypass wird die Endolymphe in die Zerebrospinalflüssigkeit abgeleitet. In besonders schweren Fällen kann es notwendig sein, die vestibulären Haarzellen völlig auszuschalten, da von ihnen die Signale für den pathologischen Schwindel ausgehen. Dies kann entweder auf chemischem Wege geschehen (durch das Antibiotikum Streptomycin) oder durch einen chirurgischen Eingriff, bei dem meist das gesamte Labyrinth entfernt wird.

Wenn der Kopf sich in horizontaler Position befindet, so ist die Otolithenmembran im Utriculus nahezu waagerecht. Dann ist sie quasi in Ruhe. Anders ist die Situation in der Otolithenmembran des Sacculus, die sich senkrecht zur Ersteren befindet. Diese wird jetzt maximal geschert. Es werden dementsprechend in jeder Kopfstellung Stereozilien ausgelenkt, sodass immer ein Impulsstrom zum Gehirn vorliegt. Aus den relativen Aktivitäten, die von Sacculus und Utriculus aus jedem Ohr kommen, kann ständig die Lage des Kopfes errechnet werden.

14.1.2 Registrierung von Drehbewegungen durch die Bogengänge

Der Kopf unterliegt Drehbewegungen immer dann, wenn er zur Seite gewendet wird, geneigt wird oder wenn sich der ganze Körper – aktiv oder passiv – dreht bzw. neigt. Diese Drehbewegungen werden durch die Bogengänge in allen drei Raumrichtungen registriert, da sie jeweils senkrecht aufeinander stehen. Das Prinzip der Erfassung von Drehbewegungen besteht in Folgendem:

▶ Bei einer Bewegung des Kopfes machen die Bogengänge diese unverzögert mit, da sie knöchern mit dem Schädel verbunden sind.
▶ Die **Endolymphe**, die sich im Inneren der Bogengänge befindet, kann dieser Verschiebung aufgrund ihrer Massenträgheit zunächst nicht folgen, und es entsteht ein Druck auf die gelatinöse Cupula (s. Abb. 14.4).
▶ Diese befindet sich in der Verdickung eines jeden Bogengangs. Sie wird durch den Druck ausgelenkt, den die Endolymphe bei Rotationsbeginn wegen ihrer Massenträgheit auf sie ausübt. Die Richtung dieser Auslenkung hängt von der Drehrichtung des Kopfes ab.
▶ In die Cupula ragen Haarzellen hinein, die weitgehend analog zu denen der Makulaorgane aufgebaut sind. Wird die Cupula in die eine oder andere Richtung ausgebeult, so werden die Stereozilien der Haarzellen entsprechend nach rechts oder links abgebogen.
▶ Es kommt zu Ionenströmen und den damit einhergehenden synaptischen Prozessen, wie wir sie oben beim Makulaorgan kennengelernt haben.

Jeder der drei Bogengänge wird bei einer bestimmten Richtung der Drehung maximal erregt. Bei »normalen« Drehungen, die nicht genau mit einer der Körperachsen zusammenfallen, entstehen in zwei oder drei Bogengängen gleichzeitig Signale. Im Gehirn werden diese Signale verrechnet, um die tatsächliche Richtung der Drehbeschleunigung zu ermitteln.

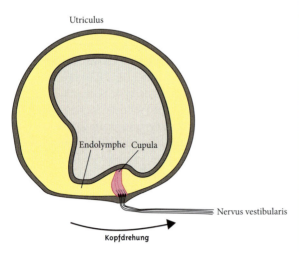

Abbildung 14.4 Auslenkung der Cupula im Bogengang. Bei jeder Kopfdrehung dreht sich auch der Bogengang mit. Da die Endolymphe wegen ihrer Massenträgheit zunächst in Ruhe bleibt, kommt es zu einer Durchbiegung der Cupula in Gegenrichtung zur Drehbewegung. Diese Biegung überträgt sich auf die Stereozilien, was zu Veränderungen im Membranpotenzial der Haarzellen führt

Störungsbild

Die Bewegungskrankheit

Als Bewegungskrankheiten bezeichnet man Störungen im Wohlbefinden, die von Bewegungen verursacht und durch Übelkeit charakterisiert sind. Es ist also eine übergreifende Bezeichnung für ähnliche Syndrome wie Reisekrankheit, Seekrankheit, Zugkrankheit, Autokrankheit und Flugkrankheit.

Die Symptome beinhalten Schwindel, Blässe, kalten Schweiß, vermehrten Speichelfluss sowie Übelkeit und Erbrechen.

Auslösende Faktoren. Die Bewegungskrankheit kann durch Schwingen, Drehungen, Schütteln oder Auf- und-nieder-Bewegungen entstehen. Die Störung stammt offensichtlich von den sich widersprechenden Daten, die während solcher Bewegungen von den Augen und dem Gleichgewichtsorgan an das Gehirn übertragen werden. Die Bogengänge und die Makulaorgane werden kontinuierlich von der Schwerkraft und von abrupten linearen Beschleunigungen stimuliert. Im Gegensatz dazu basieren die Informationen, die von den Augen über die Körperposition und Bewegung zum Gehirn übertragen werden, eher auf der externen Umgebung als auf internen Reizen.

Beispiel Seekrankheit. Ein Beispiel dafür ist die Seekrankheit: Das Innenohr spürt Veränderungen in der linearen und kreisförmigen Beschleunigung, wenn sich der Körper mit der Bewegung des Schiffs auf und ab bewegt. Da sich aber die Kabine, in der sich der Passagier befindet, in gleicher Weise wie der Passagier auf und ab bewegt, registrieren seine Augen eine relativ stabile Szene. Das Gehirn wird durch diese widersprüchlichen Botschaften von verschiedenen sensorischen Rezeptoren verwirrt. Es stimuliert im Übermaß die Ausschüttung der Stresshormone Adrenalin und Noradrenalin sowie von Vasopressin. Nach einigen Minuten beschleunigen sich demzufolge die rhythmischen Kontraktionen der Magenmuskeln von drei Zyklen pro Minute im Normalzustand auf bis zu neun Zyklen pro Minute. Jetzt nehmen auch die sichtbaren Symptome der Bewegungskrankheit zu und die Übelkeitsgefühle können zum Erbrechen führen. Es bleibt jedoch unklar, warum das Gehirn die Unvereinbarkeit der Bewegungswahrnehmungen mit diesen speziellen körperlichen Reaktionen beantwortet.

Therapie. Die Bewegungskrankheit ist eine Störung, die im Regelfall von selbst abklingt. Wenn man sich den ungünstigen Bewegungsabläufen entziehen kann, ist dies der Schlüssel zur Erholung. Ansonsten kann man versuchen, in einer zurückgelehnten Position zu sitzen, Drehbewegungen des Kopfes zu vermeiden, die Augen zu schließen oder den Blick auf relativ weit entfernte Objekte zu fokussieren. Lesen und exzessives Essen und Trinken, aber auch Angst, Stress oder andere quälende emotionale Zustände können die Symptome verschlimmern.

Für die Vorbeugung oder Milderung der Bewegungskrankheit ist eine Reihe von Medikamenten im Handel. Dazu gehören Scopolamin, Flunarizin und verschiedene Antihistaminika.

14.2 Zentrale Weiterverarbeitung der vestibulären Information

Die Rezeptoren des Vestibularorgans haben synaptische Kontakte zu Nervenfasern, die den Vestibularnerv bilden. Diese Fasern entspringen aus Zellkörpern im Ganglion vestibulare nahe dem Vestibularorgan (s. Abb. 14.1). Zentralwärts ziehen die Fasern gebündelt zu den Vestibulariskernen in der Medulla oblongata. Allerdings umgehen einzelne Fasern diese Kerne und ziehen direkt zum Kleinhirn. Interessanterweise führen auch Afferenzen aus dem visuellen System sowie von den Propriozeptoren zu den Vestibulariskernen. Dies geschieht, um visuell und propriozeptiv registrierte Lageveränderungen, insbesondere Drehbewegungen, an diese Integrationsstelle für Körperlagesignale zu melden.

Ausgänge von den Vestibulariskernen (s. Abb. 14.5) ziehen
- zum Kleinhirn, von wo aus reziproke Verbindungen zu den Vestibulariskernen zurückprojizieren,
- zum Hypothalamus,
- zum Thalamus und von dort zum Kortex,
- zu den Augenmuskelkernen im Mittelhirn, von wo aus reflektorische Augenbewegungen zur Kompensation von Kopfbewegungen initiiert werden,
- zu Motoneuronen des Rückenmarks, die auf der Basis dieser Information den aufrechten Stand und den Gang feinregulieren.

Die Information, die zu den Augenmuskelkernen im Mittelhirn läuft, wird hier mit Informationen aus anderen Quellen (Auge, Nackenmuskulatur) verrechnet, um Ausgleichsbewegungen der Augen und der Körperhaltemuskulatur zu initiieren. Man geht davon aus, dass bei ungewohnten passiven Körperbewegungen an dieser Stelle die Bewegungskrankheit ausgelöst wird.

Die Information, die über den Thalamus zum Kortex zieht, erreicht hier die primären und sekundären somatosensorischen Areale sowie den **insulären Kortex**. Vor allem im sekundären somatosensorischen Kortex sowie im Bereich der Inselrinde findet die Integration unterschiedlicher Signalquellen, z. B. auch von den Druckrezeptoren der Haut sowie den Stellungsrezeptoren der Gelenke, statt, um schließlich eine bewusste Vorstellung von der Lage und Bewegung des Körpers im Raum entstehen zu lassen.

Zusammenfassung

Das Vestibularsystem verarbeitet Informationen hinsichtlich der Lage und der Bewegung im Raum. Die Sinneszellen liegen im Vestibularorgan, das aus den Bogengängen und den Makulaorganen besteht. Innerhalb dieser Strukturen dienen Haarzellen der Reiztransduktion. Diese werden entweder durch Flüssigkeitsbewegungen (in den Bogengängen) oder durch die Abscherung infolge der Schwerkraft (Makulaorgane) aktiviert. Die Haarzellen bilden Synapsen mit Neuronen des Vestibularnervs. Von hier läuft die Information zu verschiedenen Regionen des Gehirns. Es findet auf unterschiedlichen zerebralen Ebenen eine Verschaltung mit Information aus anderen Sinnesorganen – z. B. dem Auge oder den Dehnungsrezeptoren der Muskeln und Gelenke – statt.

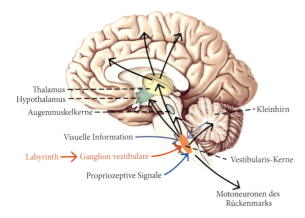

Abbildung 14.5 Die wichtigsten Verbindungen der Vestibulariskerne

Weiterführende Literatur

Goldberg, M. E. & Hudspeth, A. J. (2000). The vestibular system. In E. R. Kandel, J. H. Schwartz & T. M. Jessell (Eds.), Principles of neural science (pp. 801–815). New York: McGraw-Hill.

Klinke, R., Pape, H.-C., Kurtz, A. & Silbernagl, S. (2010). Physiologie (6. Aufl.). Stuttgart: Thieme.

Zenner, H.-P. (2007). Der Gleichgewichtssinn und die Bewegungs- und Lageempfindungen des Menschen. In R. F. Schmidt, F. Lang & M. Heckmann (Hrsg.), Physiologie des Menschen (30. Aufl.; S. 357–366). Heidelberg: Springer-Verlag.

15 Riechen, Schmecken und der allgemeine chemische Sinn

Bei der Geruchs- und Geschmackswahrnehmung treten chemische Stoffe in Interaktion mit dem Körper, und zwar an dessen Peripherie. Damit wird über diese beiden Sinnessysteme eine erste Prüfung auf potenziell ungenießbare oder schädliche Substanzen durchgeführt. Dem dritten diesbezüglichen Sinn, dem allgemeinen chemischen Sinn, kommt diese Schutzfunktion in besonders hohem Maße zu. Er wird primär durch Stoffe angesprochen, die in vergleichsweise hohen Konzentrationen vorliegen oder die gewebsschädigend wirken können.

Es ist davon auszugehen, dass aufgrund einer Warnfunktion die Kopplung von Geruchs- und Geschmacksempfindungen zu affektiven Erlebnisqualitäten besonders eng ist. Diese Empfindungen können in sehr unmittelbarer Weise – etwa durch die Auslösung von Ekel – ein Abwehr- oder Rückzugsverhalten induzieren. Relativ spezifische Informationen über den Charakter von Nahrungsmitteln können wir über deren Geschmack gewinnen: Bitterer Geschmack warnt vor potenziell giftigen Stoffen, süß signalisiert kalorienhaltige Nahrung und salzig ist typisch für Nahrungsmittel, die eine Steigerung der Flüssigkeitsaufnahme in den Organismus bewirken.

15.1 Geruch

Viele Tierspezies besitzen einen deutlich leistungsfähigeren **olfaktorischen Sinn** (Geruchssinn) als der Mensch. So können zahlreiche Tiere auf der Basis des Geruchs z. B. feststellen, wo sich andere Tiere aufhalten, ob diese gefährlich sind oder ob es sich um Beutetiere handelt. Hamster erkennen am Geruch, ob ein anderes Tier ein Mitglied der eigenen sozialen Gruppe ist. Bestimmte Instinkthandlungen werden ebenfalls bei sehr vielen Tierarten durch Duftstoffe ausgelöst. Beispiele sind das Paarungs- und das Brutpflegeverhalten.
Verhaltenssteuerung durch Geruch. Auch wenn der Geruchssinn beim Menschen nicht so hoch entwickelt ist, kann er dennoch verhaltenssteuernd wirken, und zwar meist ohne oder unter nur minimaler Beteiligung kognitiver Prozesse. So wird die Lust auf Essen durch wohlriechende Speisen gesteigert, die Sympathie oder Antipathie zu einem Gegenüber ist abhängig von Duftsignalen und selbst Kaufentscheidungen können durch Duftstoffe – etwa ob ein Kleidungsstück »neu« riecht – beeinflusst werden. Auch scheinen Menschen ein Unterscheidungsvermögen für die Körpergerüche vertrauter Personen wie z. B. des Ehepartners zu besitzen, was allerdings i. Allg. nicht bewusst wird. Von Neugeborenen ist seit langem bekannt, dass sie positiv auf den Körpergeruch der Mutter reagieren.

Olfaktorische Reize. Olfaktorische Reize sind in Luft enthaltene Moleküle eines Geruchsstoffs, sog. Geruchsmoleküle. Diese Moleküle müssen naturgemäß flüchtig, d. h. in Gasen löslich sein. Zusätzlich müssen sie im Sekret der Riechschleimhaut in Lösung gehen können. Geruchsmoleküle sind fast immer von niedrigem Molekulargewicht. Allerdings kann aus der Struktur eines Moleküls nicht vorhergesagt werden, ob es sich dabei um einen riechbaren Stoff handelt oder nicht.

Fast alle Gerüche, die wir wahrnehmen und als typisch für eine Substanz identifizieren, sind Mischgerüche. So tragen etwa zum typischen Kaffeegeruch ca. 500 riechbare Stoffe bei. Es gibt offenbar keine den Grundfarben vergleichbaren Basis- oder Elementargerüche, aus denen sich alle anderen Gerüche ableiten ließen.

Leistungen des menschlichen Riechsystems. Der Mensch verfügt hinsichtlich der Analyse von Geruchsstoffen über eine außerordentliche Leistungsfähigkeit. Man vermutet, dass wir potenziell ein Unterscheidungsvermögen für etwa 10.000 verschiedene Gerüche besitzen. Es wird von Parfumeurs berichtet, die nachgewiesenermaßen über 5.000 Duftstoffe voneinander unterscheiden können.

Die zweite, höchst erstaunliche Leistung unseres Riechsystems besteht in seiner enormen Empfindlichkeit. So genügen zwei Millionstel eines Milligramms Vanille in einem Kubikmilliliter Luft, um wahrgenommen zu werden. Man konnte nachweisen, dass die menschlichen Riechzellen im Extremfall bereits auf ein einziges Molekül eines Duftstoffs reagieren. Allerdings ist nicht anzunehmen, dass diese Wechselwirkung eines einzelnen Duftmoleküls mit einer Sinneszelle schließlich auch als ein Riechereignis wahrnehmbar wird. Durch Training kann sowohl das Unterscheidungsvermögen für Duftreize gesteigert als auch die Wahrnehmungsschwelle gesenkt werden.

Adaptation. Das menschliche Riechsystem zeigt deutliche Adaptation. Wird ein Duftstoff über mehrere Minuten dargeboten, sinkt die subjektiv wahrgenommene Intensität langsam ab und verharrt schließlich bei 25–40 % der anfänglich wahrgenommenen Reizstärke. Die Adaptation läuft einerseits auf der Ebene der Sensorzellen ab, hier allerdings nur vergleichsweise wenig ausgeprägt, andererseits geschieht im Bulbus olfactorius eine aktive Signaldämpfung durch Hemmprozesse.

15.1.1 Olfaktorische Sensoren

Olfaktorische Sensoren sind primäre Sinneszellen. Sie sind in hoher Zahl – beim Menschen etwa 30 Millionen – in das **Riechepithel** eingebettet. Diese Riechschleimhaut überzieht mit einer Ausdehnung von etwa 5 cm^2 den hinteren, oberen Teil der Nasenhöhle (s. Abb. 15.1). Das Sekret des Riechepithels wird von spezialisierten Zellen, den sog. Bowman-Drüsen, gebildet. Beim normalen Atmen wird das Riechepithel vom Atemstrom fast nicht überstrichen, sodass nur wenige Prozent der in der Luft enthaltenen Duftmoleküle wirksam werden können. Erst beim »Schnüffeln« erreicht aufgrund des jetzt umgelenkten Luftstroms eine hohe Zahl von Duftmolekülen das Riechepithel.

Spezifika der olfaktorischen Sinneszellen. Die olfaktorischen Sinneszellen stellen als Nervenzellen insofern eine Besonderheit dar, als sie ständig neu gebildet werden. Sie sind mit einer Lebensdauer von ca. einem Monat relativ kurzlebig. Die nachwachsenden Neuronen entstehen durch Teilung aus Stammzellen, die sich in der Riechschleimhaut befinden. Im Zuge ihrer Reifung wachsen die Axone der Sensoren bis zum Bulbus olfactorius (s. Abschn. 15.1.2), um hier Kontakt mit den

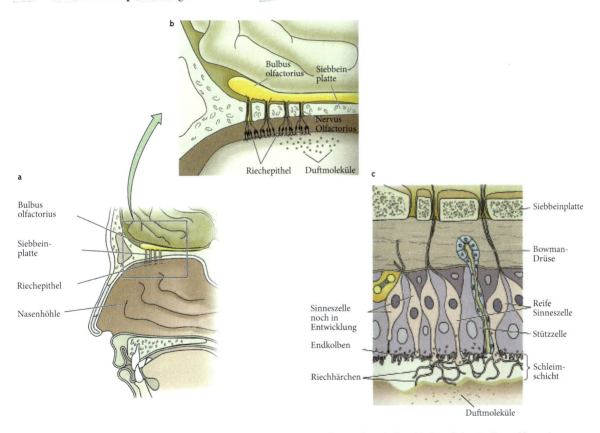

Abbildung 15.1 a Längsschnitt durch die menschliche Nase. Man erkennt das Riechepithel und den Bulbus olfactorius. **b** Von hier aus führt der Tractus olfactorius zu den primären olfaktorischen Zentren. **c** Riechepithel. Die bipolaren Riechzellen sind von Stützzellen umgeben. Die Bowman-Drüsen bilden das Sekret, das die Riechschleimhaut bedeckt

entsprechenden nachgeschalteten Neuronen aufzunehmen.

Die olfaktorische Sinneszelle ist eine **bipolare Zelle**, d.h., aus ihrem Zellkörper tritt ein Axon und ein Dendrit aus. Der Dendrit zieht zur Oberfläche des Epithels, wo er sich knopfförmig zum Endkolben verdickt. Hier entspringen zwischen 5 und 20 **Zilien** (Riechhärchen), die sich mattenförmig verflochten über die Epitheloberfläche erstrecken. Auf der gegenüberliegenden Seite des Zellkörpers verlässt ein dünnes, unmyelinisiertes Axon, eine C-Faser, den Zellkörper. Diese zieht zum Bulbus olfactorius, nachdem es sich mit zahlreichen anderen Axonen zu einem Bündel zusammengeschlossen hat.

Die eigentlichen Rezeptorproteine sitzen auf den Zilien. Bei der Reiztransduktion ist ein G-Protein-vermitteltes System eingeschaltet, das über einen mehrstufigen intrazellulären Prozess zur vermehrten cAMP-Produktion führt, was seinerseits die Öffnung von Kalzium-/Natriumkanälen zur Folge hat. Durch den Einstrom positiver Ionen bzw. den Austrom von Chlorionen, kommt es zur Depolarisation der Membran und schließlich zur Fortleitung von Aktionspotenzialen in den Fasern, die zum Bulbus olfactorius laufen.

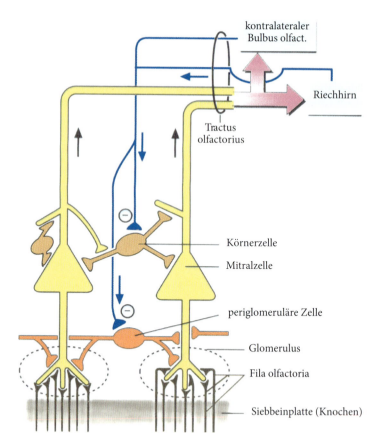

Abbildung 15.2 Neuronale Verschaltungen im Bulbus olfactorius (vereinfacht) und zentrale Weiterleitung der Geruchsinformation. Die Richtung des Informationsflusses ist durch Pfeile gekennzeichnet. Minuszeichen bedeuten »Hemmung«

Genetische Kodierung der Geruchsrezeptoren. Man konnte beim Menschen eine enorme Zahl von Genen (über 350) identifizieren, die für Geruchsrezeptoren kodieren. Die Zahl von 350 Genen für ein einzelnes funktionelles System ist im Übrigen außerordentlich hoch. Bedeutet es doch, dass bei insgesamt ca. 25.000 menschlichen Genen deutlich mehr als 1% des Genmaterials für die Geruchswahrnehmung reserviert sind. Damit wird belegt, dass die Bedeutung des Riechens für den Menschen außerordentlich groß ist oder in der Vergangenheit war.

15.1.2 Die zentrale Riechbahn

Das zentralwärts gelegene Zielgebiet der Riechsinneszellen ist der **Bulbus olfactorius**. Dieser stellt quasi eine Ausstülpung der Hirnrinde dar, da er im Wesentlichen aus oberflächlich gelegener grauer Substanz besteht und in unmittelbarem Kontakt zur zerebralen Hirnrinde im engeren Sinne steht. Ebenso wie der übrige Kortex ist er in parallel verlaufende Schichten gegliedert, die sich histologisch gut unterscheiden lassen. Im Bulbus olfactorius, der links- und rechtsseitig vorliegt, enden die Axone der Riechzellen in sog. **Glomeruli** (s. Abb. 15.2). Die Glomeruli sind komplexe synaptische Netzwerke, in denen die vielfach verzweigten Axonkollateralen der Sinneszellen Kontakte zu den Dendriten der nachgeschalteten sog. Mitralzellen aufnehmen. Im Durchschnitt konvergieren mehr als 1.000 Axone von Riechzellen auf eine Mitralzelle.

Duft als ein typisches Aktivierungsmuster bestimmter Glomeruli. Außerdem finden sich im Bulbus olfactorius zahlreiche Interneurone, sog. **Körnerzellen**.

Diese dienen u. a. vermutlich durch laterale Hemmung einer »Duftkontrast«-Verschärfung. Im Gebiet der Glomeruli werden durch sog. periglomeruläre Zellen Querverbindungen zwischen den Dendriten der Mitralzellen geschaffen. Diese haben hemmenden Charakter und führen zu einer Beschränkung des afferenten Zustroms aus den Riechzellen. Jeder Glomerulus scheint das Zielgebiet nur für einen bestimmten Rezeptortyp, d. h. für die Neuronen, zu sein, die genau diesen Rezeptor tragen. Glomeruli sind also duftstoffspezifisch. Die Sinneseindrücke, die durch Mischung von verschiedenen Duftstoffen zustande kommen, entstehen erst durch die Verschaltung der Informationen, die von den Glomeruli kommen und zum Gehirn gelangen. Demnach wird durch den Duft eines Veilchens eine andere Kombination von Glomeruli aktiviert als durch den Duft eines Schweinestalls. Jeder Duft ist gekennzeichnet durch ein ganz typisches Aktivierungsmuster einer Teilmenge der Glomeruli.

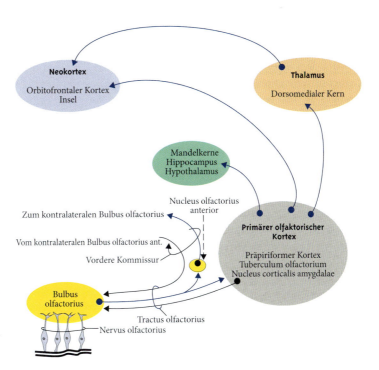

Abbildung 15.3 Zerebrale Weiterverarbeitung der Geruchsinformation

Wurde ein Duft in der Vergangenheit erst einmal kennengelernt, so genügt diesem Analysesystem in der Folge meist nur ein Bruchstück des ursprünglichen Aktivationsmusters, damit der Duft erneut identifiziert werden kann. Ähnliches gilt übrigens auch für das visuelle System, wo wir oft auch auf der Basis mangelhafter oder verzerrter Information – etwa bei schlechten Sichtverhältnissen – bekannte Objekte identifizieren können.

Im Glomerulisystem ergibt sich aus der ständigen Neubildung der Riechzellen ein verblüffender Sachverhalt: Die Axone der neuen Zellen müssen beim Ersatz der Vorgängerzelle ihren Weg präzise durch das dichte Geflecht der Glomeruli finden, um genau an der richtigen Mitralzelle anzudocken. Wie dies im Einzelnen vermittelt wird, ist noch weitgehend ungeklärt.

Verlauf der Riechbahn. Die Axone der Neuronen des Bulbus olfactorius ziehen gebündelt als Riechbahn (Tractus olfactorius) zum ipsilateral gelegenen Riechhirn (**Rhinenzephalon**). Vor dem Erreichen des Riechhirns verlassen Kollateralen die Riechbahn, um zum Nucleus olfactorius anterior zu ziehen (s. Abb. 15.3).

Dieser besitzt hemmende Ausgänge, die zum gegenüberliegenden Bulbus olfactorius ziehen. Damit findet hier erstmalig eine Verschaltung der Information von beiden Seiten statt.

Bestandteile des Riechhirns. Die wichtigsten Bestandteile des Riechhirns befinden sich im unteren Temporallappen an der am weitesten vorne gelegenen Position. Man zählt folgende Strukturen dazu:

(1) Tuberculum olfactorium (Riechrinde): Es handelt sich hierbei um einen entwicklungsgeschichtlich alten dreischichtigen Kortexteil. Hier dürfte die detaillierte Geruchsanalyse auf der Basis der Information von beiden Hemisphären stattfinden. Kaudal dazu schließt sich der präpiriforme Kortex an.

(2) Präpiriformer Kortex: Dies ist die primäre Riechrinde des Neokortex (primärer olfaktorischer Kortex). Bei Tieren, die sich sehr stark mithilfe von Geruchsreizen orientieren, ist dieser Kortexbereich besonders groß, beim Menschen dagegen klein.

(3) Rindenbereiche der Amygdale.

Diese drei Strukturen entsenden Fasern zum Thalamus, von wo aus der orbitofrontale Kortex erreicht wird. Allerdings ziehen auch einige Fasern direkt vom primären olfaktorischen Kortex zum orbitofrontalen Kortex. Ebenfalls wird das limbische System (hier weitere

15.1 Geruch | **285**

Amygdalaekerne und der Hippocampus) ebenso wie der Hypothalamus relativ direkt mit Geruchsinformation aus dem Riechhirn versorgt.

Geruchsdiskrimation und Gedächtnis. Ist der orbitofrontale Kortex beschädigt, so geht dies meist mit einem Verlust von olfaktorischen Sensationen einher. Hier dürfte also die bewusste Geruchsdiskrimination stattfinden. Die affektiven und vegetativen Begleitprozesse der Geruchswahrnehmung sind wegen der Beteiligung des limbischen Systems (Amygdala) bzw. des Hypothalamus an den olfaktorischen Informationskanälen leicht erklärbar. Auch ist wegen der sehr unmittelbaren Zuflüsse zum limbischen System – es existieren nur zwei Synapsen zwischen Riechepithel und Amygdala – unmittelbar verständlich, dass Gerüche sehr direkt auf das Gedächtnissystem einwirken. Schließlich sind Amygdala und Hippocampus wichtige Schaltstellen für Gedächtnisprozesse. Es hat sicher jeder schon einmal erlebt, dass durch die Wahrnehmung eines bestimmten Geruchs unvermittelt längst »verschüttete«Erinnerungen wieder hervorgerufen wurden.

15.1.3 Pheromone und das vomeronasale Organ

Als **Pheromone** bezeichnet man Duftstoffe, die der »Kommunikation« zwischen Individuen derselben Spezies dienen können. So ist von vielen Säugetieren bekannt, dass durch die Absonderung solcher Duftsignale Reviergrenzen markiert werden oder Paarungsbereitschaft angezeigt wird. Pheromone können vermutlich einerseits über das olfaktorische System ähnlich den klassischen Geruchsstoffen verarbeitet werden, andererseits über das sog. akzessorische oder vomeronasale System. Es dürfte eine Region im Bulbus olfactorius geben, die speziell der Verarbeitung von Pheromonsignalen dient. Die Weiterleitung dieser Signale geschieht primär über Fasern, die zur Amygdala ziehen und hier auf Zellen umgeschaltet werden, die zum Hypothalamus projizieren. Allerdings wurde dies bisher zweifelsfrei erst an den Gehirnen von Nagetieren nachgewiesen.

Das vomeronasale Organ (VNO). Das VNO konnte bei vielen Säugetieren, aber auch Reptilien eindeutig als ein zweites »Geruchsorgan« identifiziert werden. Es dürfte speziell, aber nicht ausschließlich für die Aufnahme der Pheromone ausgelegt sein. Es besteht im Wesentlichen aus einer Ansammlung von Epithelzellen, die sich bei Säugetieren i. Allg. in der Nähe der Riechschleimhaut befindet. Einiges spricht dafür, dass das VNO auch bei den meisten erwachsenen Menschen – allerdings vermutlich nur rudimentär – vorhanden ist. Es stellt sich als ein dünner Gang dar, der unter der Schleimhaut der Nasenscheidewand liegt und sich zum unteren Nasengang hin öffnet. Es liegen vereinzelte Studien vor, die über die Identifizierung von Nervenfasern berichten, die aus dem VNO des Menschen zum Gehirn laufen sollen. Die meisten Forscher gehen allerdings davon aus, dass ein menschliches VNO keine Funktion bei der sensorischen Verarbeitung von Duftstoffen bzw. Pheromonen hat.

Für den Humanbereich gilt als gesichert, dass Pheromone i. Allg. keinen Duftcharakter aufweisen, der als solcher bewusst wahrgenommen werden könnte. Ihre Wirkung ist daher nur auf der Basis sekundärer Effekte zu erschließen. Es konnten nur wenige Studien wirklich schlüssige Resultate dafür liefern, dass Pheromone zwischen den Menschen als Informationsträger wirken (s. Kasten).

Exkurs

Wirkungen von Pheromonen im Humanbereich

Eine beweiskräftige Studie für die Wirkungen von Pheromonen im Humanbereich wurde von Kathleen Stern und Martha McClintock (1998) publiziert. Hier konnte nachgewiesen werden, dass derartige Stoffe einen Einfluss auf die Zykluslänge der Frau haben können. Es nahmen 29 Frauen an der Studie teil; 9 von diesen dienten als Duftstoffspender, 20 als Empfänger.

Bei den Spenderfrauen wurde sowohl während der Follikelphase als auch der Ovulationsphase des Monatszyklus (s. Abschn. 18.3) über kleine Textilpflaster der Unterarmschweiß gesammelt und in einer neutralen Lösung konserviert. Die Empfängerfrauen erhielten die Substanz später (ohne zu wissen, woher der Stoff stammte und ohne die Wahrnehmung eines Geruchs) über zwei Monate hinweg täglich oberhalb der Oberlippe appliziert. Hierbei waren die Empfängerfrauen in zwei Subgruppen je 10 Personen geteilt: Die einen erhielten die Substanz, die während der Follikelphase gesammelt worden war (Gruppe »F«), die anderen die Substanz, die in der Ovulationsphase gewonnen worden war (Gruppe »O«).

15 Riechen, Schmecken und der allgemeine chemische Sinn

Es zeigte sich folgender Effekt: In Gruppe »F« wurde der Menstruationszyklus beschleunigt, in Gruppe »O« dagegen verlangsamt. Die Veränderungen in der Zyklusdauer betrugen dabei in beiden Gruppen ca. 1,5 Tage. Dies lag weit über der natürlichen Schwankungsbreite der Zykluslänge bei den untersuchten Frauen. Damit konnte gezeigt werden, dass ein biologisch relativ exakt regulierter Mechanismus wie der Monatszyklus durch die Einwirkung von Riechstoffen, die von anderen Menschen stammen, verschoben werden kann.

Zusammenfassung

Olfaktorische Reize sind in Luft enthaltene Moleküle eines Geruchsstoffs. Fast alle Gerüche liegen gemischt vor, es gibt keine Elementargerüche. Der Mensch besitzt ein Unterscheidungsvermögen für bis zu 10.000 verschiedene Geruchsnoten. Das Riechsystem ist außerordentlich empfindlich; i. Allg. genügen wenige Moleküle eines Duftstoffs, um eine Riechsinneszelle zu erregen.

Das Riechsystem zeigt ausgeprägte Adaptation.

Olfaktorische Sensoren sind primäre Sinneszellen. Sie sind in das Riechepithel im hinteren, oberen Teil der Nasenhöhle eingebettet. Die olfaktorischen Sinneszellen sind Nervenzellen, die ständig neu gebildet werden. Ihre Axone ziehen zum Bulbus olfactorius. Dessen Axone ziehen als Riechbahn zum Riechhirn.

Pheromone sind Duftstoffe, die der »Kommunikation« zwischen Individuen derselben Spezies dienen können. Bei vielen Säugetieren, möglicherweise auch bei Menschen, existiert ein zweites »Geruchsorgan«, das vomeronasale Organ (VNO). Dieses dürfte speziell der Aufnahme von Pheromonen dienen.

15.2 Geschmack – das gustatorische System

Auch bei der Geschmackswahrnehmung sind chemische Substanzen, die in Wechselwirkung mit speziellen Sensorzellen treten, die Auslöser für eine Empfindung. Allerdings ist der Geschmackssinn im Gegensatz zum Geruchssinn eher ein Nahsinn, da hier die Quelle des Geschmacksstoffs in direktem Kontakt mit dem entsprechenden Sinnesorgan – Zunge und Gaumen – treten muss, damit die Geschmacksmoleküle in Lösung gehen können. Beim Geruchssinn dagegen können die flüchtigen Duftstoffe auch auf größere Entfernung von der Reizquelle aufgenommen werden. Die natürliche

Aufgabe des Schmeckens ist die Prüfung der zum Verzehr vorgesehenen Nahrung. Ebenso wie beim Riechsinn können durch Geschmacksreize sowohl vegetative als auch affektive Reaktionen ausgelöst werden.

Der Geschmackssinn wird meist gemeinsam mit drei weiteren Informationskanälen aktiviert:
(1) dem Geruchssinn,
(2) somatosensorischer Information aus dem Mundbereich sowie
(3) Temperaturinformation, ebenfalls aus dem Bereich der Mundhöhle.

15.2.1 Die Grundqualitäten des Geschmacks

Das **gustatorische System** ist, anders als das Riechsystem, auf die Unterscheidung von wenigen Grundqualitäten des Geschmacks ausgelegt. Diese sind die vier »klassischen« Geschmacksqualitäten süß, sauer, salzig und bitter sowie »umami« (s. Kasten) und »fettig«. Letzteres wird erst seit kurzem als sechste Geschmacksqualität angesehen. Aus diesen »reinen« Grundqualitäten setzen sich unsere vielfältigen Geschmacksempfindungen zusammen. Der Hauptteil dessen, was wir beim Schmecken erleben, wird uns allerdings über den Geruchssinn vermittelt. Dies erfahren wir, wenn die Aufnahme von Riechstoffen blockiert ist, etwa beim Schnupfen.

Exkurs

Umami und Fett als Geschmacksqualitäten
Umami (abgeleitet aus dem japanischen »umai« für »wohlschmeckend«) ist eine Geschmacksqualität, die verschieden ist von den Grundqualitäten bitter, salzig, süß und sauer. Sie kann als solche von den Angehörigen einiger Völker, etwa Japanern, auch als eigene Qualität geschmeckt und differenziert werden. Es wird beschrieben als der »herzhafte Geschmack eiweißreicher Nahrung wie Fleisch, Fisch oder altem Käse«. Es wurde demzufolge auch als der Geschmack von Aminosäuren bezeichnet.

Die hauptsächlichen Geschmacksstoffe für Umami sind Glutamat (L-Glutamat) bzw. Natriumglutamat. Diese Substanzen kommen in vielen Speisen wie Tomaten, Fisch, Parmesankäse und Sojasoße vor. Natriumglutamat wird als Geschmacksverstärker in der asiatischen Küche in großen Mengen verwendet.

Kürzlich wurde berichtet, dass das Rezeptorprotein für Umami isoliert wurde (Chaudhari et al., 2000). Damit ist erstmals ein Rezeptormolekül identifiziert und im Detail beschrieben worden, das eindeutig einer der fünf Grundqualitäten des Geschmacks zugeordnet werden kann. Es ist dem Glutamatrezeptor des ZNS in seinem Aufbau nah verwandt. Darüber hinaus konnte auch gezeigt werden, dass es im orbitofrontalen Kortex Neuronen gibt, die spezifisch auf die Reizung von Umami-Geschmackszellen reagieren.

Seit dem Jahr 2005 wird diskutiert, ob der Geschmack von Fett eine eigenständige sechste Geschmacksqualität ausmacht. In Versuchen an Ratten und Mäusen konnte man das Schmecken von Fetten mit einem Glycoprotein in den Geschmacksknospen der Zunge in Verbindung bringen. Dieses Molekül (CD36) besteht aus einem Eiweiß mit angekoppeltem Zucker. Es steuert sowohl die Vorliebe für Fett als auch die Produktion von fettspezifischen Verdauungssäften, sogar wenn das Fett den Magen nie erreicht. Eine neuere Untersuchung am Menschen hat ergeben, dass man offenbar auch Fett als eigenen Geschmack wahrnehmen kann. Probanden waren in der Lage, aus ansonsten geschmacklosen Lösungen verschiedene Fettsäuren herauszuschmecken. Es zeigte sich auch ein negativer Zusammenhang zwischen Körpergewicht und der Fähigkeit, Fett zu schmecken. Demzufolge essen Menschen, deren Geschmackssinn für Fett ausgeprägt ist, weniger Fett als diejenigen, deren Geschmackssinn für Fett weniger ausgeprägt ist.

Auch der allgemeine chemische Sinn (s. Abschn. 15.3) trägt zur Geschmacksempfindung bei: Wird eine Speise als »scharf« wahrgenommen, so werden i. Allg. freie Nervenendigungen, also die Sensoren des allgemeinen chemischen Sinns (mit-)erregt.

Löslichkeit im Speichel als Voraussetzung. Alle Geschmacksstoffe – es sind einige Tausend – müssen wasserlöslich sein, sonst sind sie nicht schmeckbar (z. B. Glas, Keramik, Kunststoffe). Jedoch sind nicht alle wasserlöslichen Stoffe auch Geschmacksträger, z. B. ist Sauerstoff geschmacklos. Aus der Struktur der Moleküle kann nur in Ausnahmefällen auf die durch sie ausgelöste Geschmacksqualität zurückgeschlossen werden.

Um die Auflösung eines Stoffs zu gewährleisten, muss genügend Speichel vorhanden sein. Ist die Speichelsekretion defizitär, so kann sich auch das Geschmacksaroma nur ungenügend entwickeln. Außerdem ist bei mangelhafter Speichelproduktion die Umspülung der Geschmacksknospen (s. Abschn. 15.2.2) mit der wässrigen Lösung der Geschmacksstoffe nicht gegeben und deren Abtransport ist gleichfalls verzögert. Bei bestimmten Erkrankungen ist die Speichelsekretion behindert, was dann häufig Appetitlosigkeit zur Folge hat.

Psychophysik des Geschmacks

Einflüsse auf die Geschmacksintensität. Die Intensität eines Geschmacks wird beeinflusst durch

(1) die Konzentration des Geschmacksstoffs,
(2) seine Temperatur und
(3) die Einwirkdauer.

Im Temperaturbereich zwischen 30 und 35 °C entwickeln die meisten Geschmacksstoffe ihre stärkste Intensität. Auch die Größe der Oberfläche, die mit dem Geschmacksstoff in Berührung kommt, wirkt sich auf die Intensität aus.

Bedingungen der Geschmacksqualität. Die Qualität des Geschmacks hängt bei vielen Stoffen nicht nur von der chemischen Struktur des Geschmacksmoleküls ab, sondern auch von der Konzentration des Stoffs. So zeigt sich etwa für Natriumchlorid und Kaliumchlorid bei einer sehr niedrigen Konzentration ein leicht süßlicher Geschmack, bei etwas höheren Konzentrationen ein deutlich süßer Geschmack und erst bei weiterer Konzentrationssteigerung tritt der typische salzige Geschmack zutage. In sehr hohen Konzentrationen schmecken alle Geschmacksstoffe, außer den süßen, unangenehm.

Sensibilität für verschiedene Geschmacksrichtungen. Die Schwellen für die verschiedenen klassischen Grundqualitäten des Geschmacks sind sehr unterschiedlich. Für bitter schmeckende Stoffe sind wir am sensibelsten, für salzige und süße am unsensibelsten. Die hohe Sensibilität für bitter schmeckende Stoffe hat ihre Berechtigung: Ist ein Stoff sehr bitter, so führt dies zu einer deutlichen Aversion, bei Kindern zu einer Verweigerung der Nahrungsaufnahme. Viele tödliche Pflanzengifte, von denen die meisten zur Gruppe der Alkaloide gehören, schmecken bitter. Beispiele für bitter schmeckende Stoffe sind Chinin, Koffein, Nikotin und Strychnin.

Adaptation. Bei anhaltender Einwirkung von Geschmacksstoffen tritt, ähnlich wie beim Geruch, Adaptation auf. Das Adaptationsverhalten ist für die verschiedenen Geschmacksstoffe unterschiedlich: An süß und bitter kann eine vollständige Adaptation stattfinden, an salzig und sauer dagegen nicht. Auch die Erholungszeiten, die verstreichen müssen, damit ein Stoff, an den vollständig adaptiert wurde, wieder geschmeckt wird, sind unterschiedlich. Sie können bei einigen bitter schmeckenden Substanzen mehrere Stunden betragen.

Findet eine längere Reizung mit einem bestimmten Geschmacksstoff statt, führt dies zu **Geschmacksnachbildern**. So erhält plötzlich auch Wasser einen Geschmack, wenn man es nach anhaltender Reizung der Geschmackssensoren mit einem Geschmacksstoff aufnimmt. Auch der Geschmack von anderen Stoffen ändert sich in dieser Situation. Stoffe, die derselben Geschmacksrichtung angehören wie der zuerst gegebene Stoff, werden jetzt als schwächer schmeckend empfunden.

Zusammenfassung

Die Geschmacksqualitäten sind süß, sauer, salzig, bitter, umami und mit hoher Wahrscheinlichkeit auch fettig. Aus diesen »reinen« Grundqualitäten setzen sich unsere Geschmacksempfindungen zusammen.

Die Intensität eines Geschmacks wird durch die Konzentration des Geschmacksstoffs, durch seine Temperatur und die Einwirkdauer beeinflusst.

Die Qualität hängt sowohl von der chemischen Struktur des Geschmacksmoleküls ab als auch von der Konzentration des Stoffs.

Die Schwellen für die verschiedenen klassischen Grundqualitäten des Geschmacks sind sehr unterschiedlich. Für bitter schmeckende Stoffe sind wir am sensibelsten.

Bei anhaltender Exposition mit Geschmacksstoffen tritt Adaptation auf. Findet eine längere Reizung mit einem bestimmten Geschmacksstoff statt, kann dies zu Geschmacksnachbildern führen.

15.2.2 Die Geschmackssensoren

Die gustatorischen Sensoren sind nicht regellos in der Mundhöhle verteilt, sondern sie schließen sich zu sog. **Geschmacksknospen** zusammen (s. Abb. 15.4). Die Geschmacksknospen wiederum sind zumeist eingebettet in die **Geschmackspapillen**. Dabei handelt es sich um kleine Erhebungen v. a. des Zungenrückens, die der Oberflächenvergrößerung der Schleimhaut dienen.

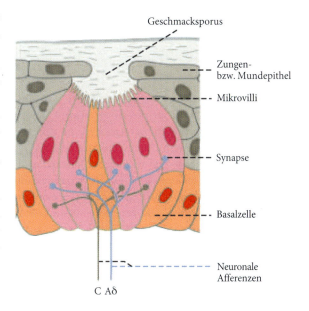

Abbildung 15.4 Geschmacksknospen mit Sensoren. Gustatorische Sinneszellen sind sekundäre Sinneszellen. Sie sind zu Geschmacksknospen zusammengeschlossen und nehmen synaptische Kontakte zu C- und Aδ-Fasern auf

Eigenschaften der Geschmacksknospen. Die Geschmacksknospen haben einen Durchmesser von etwa 0,03 mm und eine Länge von ca. 0,07 mm. Der erwachsene Mensch besitzt 3.000 bis 8.000 davon. Bei Kindern sind es mehr (ca. 10.000). Mit zunehmendem Alter nimmt die Zahl der Geschmacksknospen kontinuierlich ab. Bei Hochbetagten liegt ihre Zahl nur noch bei ca. 2.000. Damit lässt sich erklären, dass alte Menschen häufig über einen Rückgang der Geschmacksempfindung klagen, was oft Appetitlosigkeit zur Folge hat.

Die weitaus größte Zahl an Geschmacksknospen (ca. zwei Drittel) findet sich auf der Zunge und zwar überwiegend an den Zungenrändern in einem ca. 1,5 cm breiten Streifen (s. Abb. 15.5). Weitere größere Ansammlungen von Geschmacksknospen sind im weichen Gaumen und im Eingang zur Speiseröhre

15.2 Geschmack – das gustatorische System | **289**

lokalisiert. Man war früher der Ansicht, die Geschmackszellen für die vier klassischen Geschmacksqualitäten lägen sauber voneinander getrennt auf eng umgrenzten Zungenarealen. Dies ist nicht der Fall. In allen geschmackssensitiven Bereichen der Zunge finden sich alle Typen von gustatorischen Sinneszellen, allerdings in unterschiedlicher Dichte.

Aufbau der Geschmacksknospen. Die Geschmacksknospen unterliegen einem ständigen Prozess der Erneuerung, vergleichbar der Neubildung der Riechsinneszellen. Aus der umgebenden Schicht von Basalzellen ziehen durch Mitose entstandene junge Sinneszellen in die Geschmacksknospe, ersetzen dort abgestorbene Sinneszellen und sterben selbst nach ca. 10 Tagen ab. An der Oberseite der Geschmacksknospe findet sich eine Öffnung (Porus), in die der Speichel eintreten kann, um die Mikrovilli der Sinneszellen zu erreichen. In den Geschmacksknospen sind im Durchschnitt etwa 50 Sinneszellen anzutreffen. Diese sind **sekundäre Sinneszellen**.

Der sensorische Primärprozess. Die Reiztransduktion beginnt an den zum Porus gerichteten Membranbezirken der Sinneszellen. Die Rezeptoren besitzen Bindungsstellen, die primär sensitiv für die dreidimensionale Struktur des Moleküls sind, wobei die chemische Zusammensetzung zweitrangig ist. So schmeckt eine Reihe von D-Aminosäuren süß, ihre L-Stereoisomeren – aus denselben Bestandteilen aufgebaute Moleküle anderer Form – schmecken bitter oder sind geschmacksarm.

Bei einer Reizung der Sinneszelle mit einem Geschmacksstoff kommt es zu einer Depolarisation mit nachfolgender Transmitterfreisetzung. Diese führt an der Membran des afferenten Axons zu Aktionspotenzialen.

Man geht heute davon aus, dass jede Geschmackszelle auf jede der vier klassischen Geschmacksqualitäten ansprechen kann. Die entsprechende Membranausstattung mit den diesbezüglichen Rezeptorproteinen ist offenbar stets vorhanden. Allerdings sind die relativen Anteile dieser Rezeptoren bei den verschiedenen Sinneszellen unterschiedlich. Daher sprechen sie auch mit unterschiedlicher Intensität auf den jeweils vorliegenden Geschmacksstoff an.

Unterschiedliche Erregungsmuster. Die Axone der nachgeschalteten Geschmacksneuronen versorgen meist mehrere Geschmacksknospen. In jedem Fall innervieren sie stets mehrere Sinneszellen. Jedes Geschmacksneuron weist bevorzugte Muster von abgestuften Erregungszuständen »seiner« Sinneszellen und damit »seiner« Geschmacksstoffe auf. Läuft ein solches Muster ein, reagiert

es mit erhöhter Aktivität. Maximale Reaktionen lassen sich durch die Grundqualitäten des Geschmacks auslösen. So existieren beispielsweise Neuronen, die am intensivsten auf süße Reize antworten und mit einer schwächeren Reaktion auf saure und bittere.

Auf der Ebene des ersten Neurons der Geschmacksbahn findet also bereits eine Kategorisierung der Geschmacksreize statt. Allerdings bleibt die Feinanalyse gustatorischer Reize zentralen Analysatoren vorbehalten.

Vertiefung

Transduktionsmechanismen

Für die vier klassischen Geschmacksqualitäten konnte man jeweils typische Transduktionsmechanismen identifizieren. Relativ direkt wirken saure und salzige Geschmacksstoffe.

(1) Bei sauren Stoffen blockieren die Wasserstoffionen einen Kaliumkanal, was den Kaliumionenausstrom behindert und damit zu einer Positivierung des Zellinneren führt (= Depolarisation).

(2) Salzige Stoffe in Lösung geben Natriumionen ab. Die jetzt erhöhte Natriumionenkonzentration im Zelläußeren führt zu einem verstärkten Einstrom von Natrium in das Zellinnere (= Depolarisation).

(3) Bei bitteren Geschmacksstoffen wird durch die Bindung an ein Rezeptorprotein ein Second-Messenger-Prozess in Gang gesetzt, der schließlich, vermittelt über ein G-Protein, zu vermehrter Freisetzung von Kalzium aus Speichern innerhalb der Zelle führt. Auch dies zieht eine Positivierung des Intrazellulärraums und damit eine Depolarisation nach sich.

(4) Die Wirkung von süßen Stoffen kann auf zwei Arten geschehen: In jedem Fall binden sie an ein Rezeptorprotein an der Membranoberfläche. Dies kann entweder ein Kanalprotein sein, das einen Natriumkanal öffnet, oder ein Rezeptor, der einen G-Protein-vermittelten Prozess anstößt, welcher zur Blockade von Kaliumkanälen führt und dadurch diese Ionen am Austritt aus der Zelle hindert, was einer Depolarisation gleichkommt.

Der molekulare Prozess der Umami- und Fettwirkung ist ebenfalls mehrstufig, im Detail aber noch nicht aufgeklärt.

Zusammenfassung

Die Geschmackssensoren sind in Geschmacksknospen zusammengefasst. Diese sind zumeist eingebettet in die Geschmackspapillen. Die größte Zahl an Geschmacksknospen findet sich auf der Zunge, überwiegend an den Zungenrändern. In allen geschmackssensitiven Bereichen der Zunge finden sich auch alle Typen von gustatorischen Sinneszellen, allerdings in unterschiedlicher Dichte. Die Geschmacksknospen unterliegen einem ständigen Erneuerungsprozess mit einer Zyklusdauer von ca. 10 Tagen. In den Geschmacksknospen sind im Durchschnitt etwa 50 Sinneszellen lokalisiert. Diese sind sekundäre Sinneszellen.

15.2.3 Die Geschmacksbahn

Wie schon erwähnt, sind die Geschmackssinneszellen sekundäre Sinneszellen. Sie verfügen demnach nicht über ein eigenes Axon, in dem Aktionspotenziale fortgeleitet werden können. Das Generatorpotenzial der Sinneszelle führt über Transmitterausschüttung an der Synapse zwischen Sinneszelle und Geschmacksneuron zu einer Aktionspotenzialsalve im Fortsatz dieses ersten Neurons der Geschmacksbahn. Die Geschmacksinformation erreicht das Gehirn über drei getrennte Nerven (s. Abb. 15.5):

- Längs des Nervus glossopharyngeus (IX. Hirnnerv) verlaufen die Fasern von den Geschmacksknospen aus dem Bereich des Zungengrunds.
- Die Zungenspitze wird vom Nervus facialis (VII. Hirnnerv) versorgt.
- Der Schlundbereich wird vom Nervus vagus (X. Hirnnerv) innerviert.

Die Zellkörper des ersten afferenten Neurons befinden sich in den sensorischen Ganglien dieser **Hirnnerven**. Von hier aus werden Fasern in den gustatorischen Teil (Nucleus gustatorius) des **Nucleus tractus solitarii** entsandt. Letzteres ist ein langgestrecktes Kerngebiet in der Medulla oblongata. Neben den gustatorischen Fasern projizieren hierhin vor allem Fasern aus dem Bereich der inneren Organe.

Auf der Ebene des Hirnstamms findet eine synaptische Weitergabe der gustatorischen Information an die viszeromotorischen und sekretorischen Kerne statt. Dadurch kommt es aufgrund von Geschmacksreizen zu Reflexen, die mit dem Verdauungsvorgang gekoppelt sind, wie Speichelfluss, Magensaftsekretion, Speiseröhrenperistaltik etc. Im Nucleus tractus solitarii findet die Umschaltung auf das zweite Neuron der Geschmacksbahn statt. Dessen aufsteigende Fasern kreuzen auf die Gegenseite. Ein Teil der Fasern zieht zum Hypothalamus sowie zum limbischen System, wo die Zielgebiete größtenteils identisch mit denjenigen der Geruchsfasern sind. Von hier aus werden die vegetativen und vor allem affektiven Begleitprozesse der gustatorischen Reizung ausgelöst. Ein anderer Teil der Fasern hat als Zielgebiet den **Thalamus** und hier speziell den Nucleus ventralis posteromedialis, eine kleine Substruktur, die im unteren Teil des Thalamus zu finden ist.

Von den Zellkörpern der hier angesiedelten Geschmacksneuronen laufen Fasern zur **primären Geschmacksrinde**. Deren Felder liegen im Gyrus postcen-

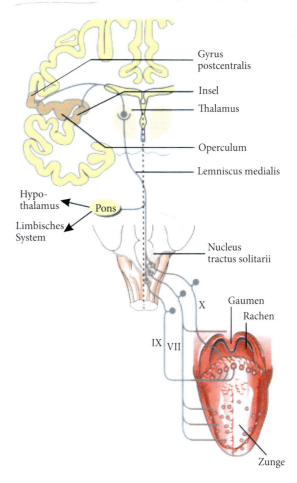

Abbildung 15.5 Geschmacksbahn von den Sinneszellen der Zunge bis zur Hirnrinde. Die römischen Ziffern kennzeichnen Hirnnerven

tralis in unmittelbarer Nachbarschaft der sensorischen Projektionsgebiete für die Mundhöhle. Außerdem finden sich Projektionen in dem Übergangsbereich zwischen Operculum und insulärem Kortex. Auch im orbitofrontalen Kortex von Primaten konnten Neuronen nachgewiesen werden, die sehr spezifisch auf bestimmte Geschmacksqualitäten reagieren. Manche von ihnen zeigen interessanterweise nur dann eine Reaktion, wenn das Individuum hungrig ist. In den genannten kortikalen Projektionsgebieten findet die ausdifferenzierte Empfindung der verschiedenen Geschmacksnuancen statt. Es scheint hier eine räumliche Trennung für die verschiedenen Geschmacksqualitäten vorzuliegen.

15.2.4 Störungen des Geschmackssinns

Liegt ein völliger Ausfall von Geschmackssensationen vor, so bezeichnet man dies als **Ageusie**. Herrscht nur eine Minderempfindlichkeit, spricht man von **Hypogeusie**; hier müssen die Geschmacksstoffe höher konzentriert sein, um in normaler Intensität wahrgenommen zu werden. Bei einer Überempfindlichkeit gegen Geschmacksstoffe liegt eine **Hypergeusie** vor. Man kennt auch die partielle Ageusie. Hier bezieht sich der Ausfall nur auf einzelne Geschmacksqualitäten.

Ursachen. Störungen in der Geschmackswahrnehmung können durch bestimmte Medikamente, z. B. ACE-Hemmer (Bluthochdrucktherapeutika) und Antibiotika ausgelöst werden. Meist liegt die Ursache für Geschmacksstörungen jedoch in einer Beeinträchtigung der Nerven der Geschmacksbahn. Diese kann auf Entzündungen, Verletzungen, Tumoren oder auch Strahlenschäden zurückgehen. Sind die gustatorischen Hirnrindenfelder betroffen, so können z. B. auch Geschmackssensationen ohne diesbezüglichen Reiz auftreten, oder es kommt zu Verwechslungen zwischen Geschmacksqualitäten.

Zusammenfassung

Die Axone des ersten Neurons der Geschmacksbahn (Geschmacksneuron erreicht über den VII., IX. und X. Hirnnerv das Gehirn. Eine wichtige Umschaltstelle ist der Nucleus tractus solitarii. Von hier aus werden Reflexe, die mit dem Verdauungsvorgang gekoppelt sind, ausgelöst. Aufsteigende Fasern erreichen den Thalamus, den Hypothalamus sowie das limbische System. Vom Thalamus projizieren Fasern in die primäre Geschmacksrinde (im Gyrus postcentralis).

15.3 Allgemeiner chemischer Sinn

Geruch und Geschmack gehören zu den sog. chemischen Sinnen. In der Physiologie zählt man hierzu ein drittes sensorisches System, den sog. »allgemeinen chemischen Sinn«.

Funktionsweise. Der allgemeine chemische Sinn wird erregt durch spezielle Reizstoffe wie bestimmte Gase (CO_2, NH_4), Inhaltsstoffe von Gewürzen sowie zahlreiche Geschmacks- und Geruchsstoffe, wenn diese in sehr hoher Konzentration vorliegen. Die Rezeptoren für diese Substanzen sind freie Nervenendigungen, die sich in den Schleimhäuten von Augen, Mund, Nase und anderen Körperöffnungen befinden. Die ausgelösten Empfindungen sind vor allem Brennen und Stechen. Die Funktion dieses Sinnessystems ist der unmittelbare Schutz vor Schadstoffen, die entweder in der Luft oder in wässriger Lösung vorliegen können. Die unwillkürlich auftretenden Reaktionen auf die Einwirkung dieser Stoffe erfüllen demgemäß auch schützende Funktionen, z. B. Lidschluss, Sekretion von Speichel, Tränen oder Schleim. Es können – vor allem bei gasförmigen Reizen – extreme Reaktionen wie Hustenanfälle und Atemstillstand auftreten.

Die diesbezüglichen Neuronen im Kopfbereich gehören zum Nervus trigeminus, diejenigen aus dem Bereich der Körperperipherie sind den somatosensorischen Neuronen benachbart. Da der allgemeine chemische Sinn von der Empfindungsqualität her eher schmerzhafte Sensationen auslöst, wird er in der Wahrnehmungspsychologie bzw. Sinnesphysiologie oft gemeinsam mit dem nozizeptiven System (s. Kap. 16) behandelt.

Weiterführende Literatur

Hatt, H. (2006). Geruch. In R. F. Schmidt & H. G. Schaible (Hrsg.), Neuro- und Sinnesphysiologie. Berlin: Springer-Verlag.

Hatt, H. (2006). Geschmack. In R. F. Schmidt & H. G. Schaible (Hrsg.), Neuro- und Sinnesphysiologie. Berlin: Springer-Verlag.

Klinke, R., Pape, H.-C., Kurtz, A. & Silbernagl, S. (2010). Physiologie (6. Aufl.). Stuttgart: Thieme.

Scott, K. (2008). Chemical Senses: Taste and Olfaction. In L. R. Squire, D. Berg, F. E. Bloom, S. DuLac, A. Ghosh & N. Spitzer (Eds.), Fundamental neuroscience (pp. 549–580). Amsterdam: Elsevier.

16 Schmerz

In den vorangegangenen Kapiteln wurde die Verarbeitung von Sinnesreizen behandelt. Auch der Schmerz gehört zum Bereich der Sensorik, ist jedoch insofern eine Besonderheit, als er stets und unmittelbar mit einer *negativen Gefühlsqualität* verbunden ist. Dadurch unterscheidet er sich von den anderen Sinnesmodalitäten, bei denen Reize erst vor dem Hintergrund der persönlichen Erfahrung und Lerngeschichte des einzelnen Individuums mit affektiven Qualitäten ausgestattet werden.

Aus einem zweiten Grund scheint es gerechtfertigt, Schmerz gesondert von den anderen Modalitäten zu behandeln: *Chronischer Schmerz* stellt ein zentrales Problem in der medizinischen Versorgung dar. Eine rein somatisch orientierte Therapie bleibt hier in vielen Fällen erfolglos. Man hat erkannt, dass subjektiv verankerten Verhaltensweisen, Einstellungen und Erwartungen eine ganz entscheidende Rolle zukommt. Daher wurde das Phänomen Schmerz zu einem Kernthema der Gesundheitspsychologie und Verhaltensmedizin. Basiskenntnisse im Bereich Schmerzentstehung und Schmerzbehandlung gehören daher zum Grundbestand psychologischen Fachwissens.

Am Phänomen Schmerz zeigt sich besonders deutlich, wie eng psychisches Erleben mit körperlichen Prozessen verwoben ist. In keinem anderen Bereich subjektiver Vorgänge wird uns der Zusammenhang zwischen einem bestimmten körperlichen Zustand und der subjektiven Befindlichkeit derart unmittelbar vor Augen geführt. Schmerz wirkt *in* unserem Bewusstsein und *auf* das Bewusstsein. Er vermag alle anderen psychischen Prozesse zu überlagern und kann zum Zentrum des Lebens werden. Schmerz steuert unser Verhalten, er kann in Depression münden und Menschen zum Suizid treiben.

Für viele Menschen ist Schmerz ein alltägliches Geschehen. Dies geht aus Abbildung 16.1 hervor, in der die Häufigkeiten von unterschiedlichen Schmerzen auf der Basis der letzten sieben Tage wiedergegeben sind. Interessant ist an dieser Erhebung insbesondere, dass nur 37 % der Befragten angaben, in diesem Zeitraum keine Schmerzen verspürt zu haben.

Schmerz wurde von der »Internationalen Gesellschaft zum Studium des Schmerzes« (sinngemäß) fol-gendermaßen definiert: Schmerz ist ein unangenehmes Sinnes- und Gefühlserlebnis, das mit tatsächlicher oder drohender Gewebeschädigung einhergeht oder von betroffenen Personen mit den entsprechenden Begriffen beschrieben wird.

Diese Schmerzdefinition beinhaltet wichtige Charakteristika des Schmerzgeschehens.

▶ Schmerz gehört zum Erlebensbereich der Sinnesempfindungen. Demnach weist er auch die typischen Charakteristika auf, wie sie Empfindungen aus anderen Modalitäten (Sehen, Hören, Schmecken etc.) zukommen: Er ist charakterisierbar z. B. durch die Intensität, die Dauer und den Ort des Auftretens.

▶ Schmerz hat eine Schutzfunktion, er soll uns eine drohende oder bereits stattfindende Schädigung bzw. Überbeanspruchung von Körpergewebe signalisieren.

▶ Im Gegensatz zu den anderen Sinnesmodalitäten ist Schmerz stets negativ affektiv getönt. Es handelt sich dabei also um eine besondere und eigenständige Dimension des Erlebens, indem hier eine Sinnesempfindung direkt an eine Emotion gekoppelt ist.

▶ Schmerz kann auch erlebt werden, ohne dass eine Gewebsschädigung herrscht oder droht, d. h. Schmerz ist auch möglich, ohne dass die entsprechenden Sinneszellen adäquat gereizt werden.

Für die systematische Behandlung des Schmerzes hat es sich als sinnvoll erwiesen, die Aufnahme, Weiterleitung und Verarbeitung noxischer, d. h. gewebsschädigender oder potenziell gewebsschädigender Reize zunächst unabhängig von den Prozessen im Bewusstsein zu betrachten. Die negative Erlebensqualität des Schmerzes bleibt fürs Erste unberücksichtigt, u. a. deshalb, weil sie zwischen den Individuen sehr stark variiert und ihre Quantifizierung problematisch ist.

Nozizeption und Schmerz. Man bezeichnet denjenigen Bereich der Sinnesphysiologie, der sich auf noxische Reize bezieht, als Nozizeption. Das nozizeptive System ist demnach das schmerzleitende System. Zur Abgrenzung von Schmerz gegen Nozizeption lässt sich festhalten: Schmerz ist eine Erlebensqualität, die Bewusstsein verlangt, Nozizeption dagegen beschreibt die Aktivität der Nervenzellen des schmerzleitenden

Systems, die schließlich zu Schmerz führen kann. Noziception kann ohne bewusstes Schmerzerleben vorliegen, so z. B. bei Fluchtreflexen auf schmerzhafte Reize, im Schlaf und unter Anästhesie. Auch zeigt sich bei Patienten mit einer vollständigen Rückenmarksdurchtrennung reflektorisch das Zurückzucken etwa des Armes oder des Beines von einer Schmerzquelle (dies ist auf Rückenmarksebene verschaltet), ohne dass es zu einer bewussten Schmerzempfindung gekommen wäre.

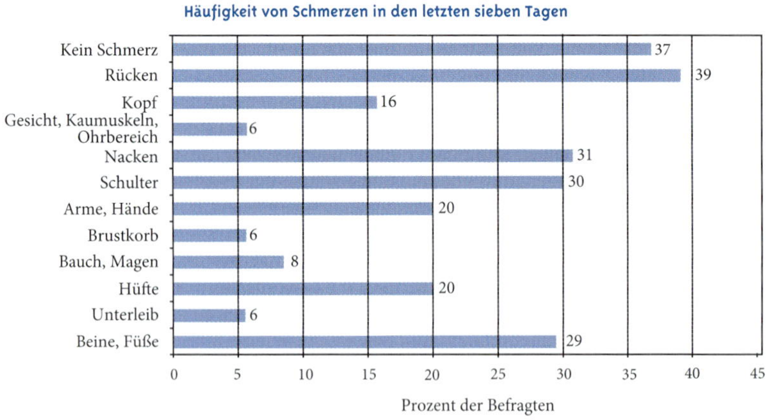

Abbildung 16.1 Auftretenshäufigkeiten von Schmerzen in der Normalbevölkerung (Quelle: Bundesgesundheitssurvey 1998)

Nozizeption liegt übrigens bei all jenen Tierspezies vor, die mit einem – wenn auch noch so simplen – Nervensystem ausgestattet sind. Das wird z. B. anhand der im Tierreich durchgängig beobachtbaren Abwehr- und Schutzreflexe deutlich. Nozizeption ohne Schmerzerleben dürfte typisch sein für niedere Tierspezies, z. B. die Wirbellosen.

16.1 Das nozizeptive System

Das nozizeptive System (gelegentlich auch nozifensives System genannt) weist eine Reihe von Parallelen zum somatosensiblen System auf. Die afferenten nozizeptiven Fasern laufen in enger Nachbarschaft zu den somatosensiblen Fasern, die Umschaltprozesse auf Rückenmarksebene sind mit denen der Somatosensibilität vergleichbar und schließlich sind die subkortikalen und kortikalen Projektionsgebiete teilweise identisch mit denjenigen der Somatosensibilität.

16.1.1 Registrierung schmerzauslösender Reize durch Nozizeptoren

Nozizeptoren – die Sinneszellen für noxische Reize – finden sich besonders zahlreich in der Haut, den Muskeln, den Gelenken und den inneren Organen. Auf ihrer Eingangsseite verfügen Nozizeptoren über sensible Membranbereiche, die eine Umwandlung von mechanischer und thermischer Energie sowie von chemischen Einwirkungen in elektrische Impulse erlauben. Diese Endbereiche sind freie Nervenendigungen von

langsam leitenden Aδ- und häufiger von C-Fasern (s. u.). Freie Endigungen erscheinen im Mikroskop als eine Aufspaltung eines neuronalen Fortsatzes in meist zahlreiche Verästelungen. Sie sind in allen Organen des Körpers, mit Ausnahme des ZNS, zu finden. Freie Nervenendigungen sind uns bereits bei der Besprechung der Sinneszellen der Haut im Zusammenhang mit der Mechanorezeption begegnet (s. Abschn. 11.1.1)

Nozizeptoren für mechanische Reize. Nozizeptoren für noxische mechanische Reize werden i. Allg. durch extreme Deformation des Gewebes bzw. durch hohen mechanischen Druck erregt. Auf mechanische Reizung niedriger Intensität reagieren sie entweder überhaupt nicht oder nur unverhältnismäßig schwach. Der Schmerz, der sich infolge von Verletzungen durch mechanische Einwirkung ergibt, wird u. a. auf die schmerzauslösende Wirkung von Substanzen, die aus zerstörten Zellen austreten, auf chemosensible Nozizeptoren zurückgeführt. Zu diesen Stoffen gehören Kaliumionen und Wasserstoffionen. Letztere bilden sich in Folge einer Übersäuerung des beschädigten Gewebes und führen zu einer Depolarisation in der freien Nervenendigung.

Thermonozizeptoren. Beim Menschen haben die Thermonozizeptoren der Haut eine Schwelle von ca. 45 °C. Sie werden beim Temperaturanstieg also erst dann aktiviert, wenn auch die bewusste Schmerzschwelle für thermische Reize erreicht wird (s. Abschn. 11.2.2).

Chemosensible Nozizeptoren. Chemosensible Nozizeptoren können durch eine Fülle von chemischen Substanzen aktiviert werden. Diese wirken entweder direkt oder als Auslöser einer in der Nachbarschaft des Nozizeptors ablaufenden Reaktionskette unter Beteiligung weiterer Substanzen. Bradykinin, Kaliumionen, Acetylcholin, Histamin, Prostaglandine, Serotonin und Wasserstoffionen gehören zu diesen schmerzfördernden Substanzen. Man geht davon aus, dass es verschiedene Typen von chemosensiblen Nozizeptoren gibt, die auf die verschiedenen Substanzen unterschiedlich empfindlich reagieren. Der wichtigste schmerzauslösende Stoff ist das Bradykinin.

Entzündungsmediatoren. Bei Entzündungen reichert sich im betroffenen Gewebe neben dem Bradykinin meist eine Reihe von anderen Stoffen an, die sog. Entzündungsmediatoren. Dazu gehören etwa die Prostaglandine, das Histamin und die Substanz P. Nozizeptoren, die durch diese Substanzen sensibilisiert wurden, zeigen im entzündeten Gewebe einen drastischen Anstieg der Empfindlichkeit für Berührungsreize, aber auch für andere schmerzauslösende Substanzen. Dies führt zur wohlbekannten *Hyperalgesie* – einer gesteigerten Schmerzempfindlichkeit im entzündeten Gewebe und seiner Umgebung.

Bei Entzündungsprozessen kommt es allerdings nicht nur zur Anreicherung sensibilisierender Substanzen im betroffenen Gewebe, sondern es werden zugleich auch schmerzhemmende Prozesse unterstützt. So werden beispielsweise in den Zellkörpern der beteiligten Nozizeptoren vermehrt *Opioidrezeptoren* gebildet. Diese wandern längs der schmerzleitenden Faser zur peripheren Endigung, wo sie in die Membran eingebettet werden. Infolgedessen finden schmerzstillende *Opioide* bereits hier – auf der Ebene der Sensoren – Angriffspunkte, um ihre Wirkung zu entfalten.

Uni- und polymodale Nozizeptoren. Man unterscheidet uni- und polymodale Nozizeptoren. Unimodale Nozizeptoren reagieren nur auf eine Art der Einwirkung, z. B. auf mechanische Reize hoher Intensität oder auf Temperatur oberhalb eines Schwellenbereichs.

Polymodale Nozizeptoren sprechen auf zwei oder drei verschiedene Reizklassen an, z. B. sowohl auf mechanische als auch thermische noxische Reize. Die meisten Nozizeptoren der Haut, der Muskeln und der Gelenke sind polymodal: Sie werden sowohl durch mechanische als auch chemische Reize aktiviert. Diejenigen der Haut sind häufig auch noch temperaturempfindlich.

Pseudounipolare Nervenzellen. Nozizeptoren sind i. Allg. pseudounipolare Nervenzellen. Dendrit und Axon besitzen hier einen gemeinsamen Abgang vom Soma und spalten sich nach einer kurzen Strecke auf. Das Soma wird auf diese Weise beim Prozess der Erregungsleitung quasi kurzgeschlossen. Der Dendrit einer solchen pseudounipolaren Zelle verhält sich in vielen Fällen wie ein Axon – z. B. durch die Fähigkeit zur Erregungsleitung – und wird aus diesem Grunde gelegentlich als »dendritisches Axon« bezeichnet.

Erregungsweiterleitung. Die Erregungsweiterleitung geschieht nahezu ausschließlich durch langsam leitende C-Fasern (unmyelinisiert) und Aδ-Fasern (schwach myelinisiert). Die Aδ-Fasern leiten Impulse mit max. 20 m/s. Sie sind im schmerzleitenden System in der Minderzahl, wobei sie primär bei schnellen Schutzreflexen beteiligt sind. Bei mechanischer Einwirkung auf die Haut, z. B. bei einem Stich, vermitteln sie den schnellen **ersten Schmerz** – scharf, gut lokalisierbar, kurz anhaltend (s. Abb. 16.2). Den **zweiten Schmerz** – brennend, dumpf, lang anhaltend – leiten

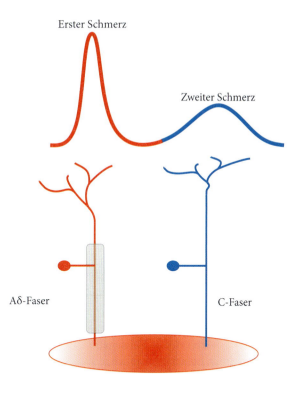

Abbildung 16.2 Erster und zweiter Schmerz. Der erste Schmerz (rot) wird über die schnell leitenden Aδ-Fasern vermittelt. Der zweite, länger anhaltende und langsamer abklingende Schmerz (blau) entsteht durch Transmission in den langsamer leitenden C-Fasern

die C-Fasern (Leitungsgeschwindigkeit bis zu 5 m/s). Letztere sind dort besonders dicht gepackt, wo wir Schmerzen als außerordentlich heftig bzw. störend empfinden, z. B. in der Haut, an der Zahnwurzel oder der Hornhaut des Auges.

Exkurs

Es mag zunächst überraschend erscheinen, dass die Schmerzleitung, die ja für den Organismus von enormer Wichtigkeit ist, über langsam leitende Fasern geschieht. Möglicherweise hat dies seinen Grund in der geringen Dicke langsam leitender Fasern: In fast allen Nerven des Organismus, in denen Fasern unterschiedlichen Typs gebündelt sind, befinden sich die nozizeptiven Fasern in der Überzahl. Damit der Nerv als Ganzes nicht zu dick wird, ist es von Vorteil, wenn hier solche Fasern vorliegen, die wenig Raum beanspruchen.

Efferente Funktion von Nozizeptoren. Nozizeptoren besitzen neben der afferenten Impulsleitung, ausgelöst durch noxische Reize, in den meisten Fällen eine wichtige efferente Funktion: die Freisetzung von Substanzen aus der freien Endigung. Es konnte gezeigt werden, dass bei elektrischer Nozizeptorstimulation im Bereich der Spinalganglien in dem vom Nozizeptor versorgten Organgebiet Gefäßerweiterung und Zunahme der Gefäßdurchlässigkeit auftreten. Man geht davon aus, dass es zu den peripheren Effekten durch zentrifugal verlaufende Aktionspotenziale kommt, die an der freien Endigung zur Ausschüttung von vasoaktiven (d. h. auf Gefäße wirkenden) Substanzen führen.

Zusammenfassung

Nozizeptoren sind freie Nervenendigungen von langsam leitenden Aδ- und C-Fasern.
▶ Nozizeptoren für noxische mechanische Reize werden durch extreme Deformation des Gewebes bzw. durch hohen mechanischen Druck erregt.
▶ Thermonozizeptoren der Haut haben eine Schwelle von ca. 45 °C. In diesem Bereich liegt auch die Hitzeschmerzschwelle.
▶ Chemosensible Nozizeptoren können z. B. durch Bradykinin, Kaliumionen, Acetylcholin, Histamin, Prostaglandine, Serotonin und Wasserstoffionen aktiviert werden.

▶ Bei Entzündungen reichern sich sog. Entzündungsmediatoren (Prostaglandine, Histamin, Substanz P) an. Es können aber auch schmerzhemmende Prozesse wie die vermehrte Bildung von Opioidrezeptoren ablaufen.

Unimodale Nozizeptoren reagieren nur auf eine einzige Art der Einwirkung, z. B. auf mechanische Reize hoher Intensität. Polymodale Nozizeptoren sprechen auf zwei oder drei verschiedene Reizklassen an. Die meisten Nozizeptoren der Haut, der Muskeln und der Gelenke sind polymodal: Sie werden sowohl durch mechanische als auch chemische Reize aktiviert. Nozizeptoren sind i. Allg. pseudounipolare Nervenzellen.

16.1.2 Zentralnervöse Schmerzverarbeitung

Die kleinen Zellkörper der Nozizeptoren befinden sich in den Spinalganglien des Rückenmarks (erstes Neuron der Schmerzbahn; s. Abb. 16.3). Im Kopfbereich geschieht die Versorgung über die Hirnnerven (s. u.). Der Transmitter in Nozizeptoren ist Glutamat sowie das Neuropeptid Substanz P. Letzteres wird durch schnelle Aktionspotenzialsalven freigesetzt. Die Entstehung mittelstarker bis starker Schmerzen ist an die Ausschüttung von Substanz P gebunden. Das zweite Neuron der Schmerzbahn hat den Zellkörper im Hinterhorn des Rückenmarks. Hier finden sich v. a. zwei Neuronentypen, die für die nozizeptive Informationsweiterleitung verantwortlich sind.

Die Axone der **Strangzellen** (auch: Projektionsneuronen) kreuzen noch in demselben Rückenmarkssegment auf die Gegenseite, um dann aufzusteigen (s. Abb. 16.3), bis sie in subkortikalen Strukturen Kontakt mit Neuronen des Gehirns aufnehmen.

Der zweite Typ ist ein Interneuron, das seine Verschaltungen ausschließlich auf Rückenmarksebene hat (in der Abb. nicht eingezeichnet). Dieser Neuronentyp ist etwa bei der Auslösung von Schutzreflexen beteiligt, die im Rückenmark gesteuert werden. Außerdem greifen an diesen Interneuronen Synapsen hemmender absteigender Bahnen aus dem Gehirn an (s. Abschn. 16.1.3).

Aufsteigende Bahnen der Schmerzleitung

Das Axon einer Strangzelle durchzieht das Rückenmark im Vorderseitenstrang (anterolaterales System), um
▶ dann die Information an verschiedene Gehirnregionen

zu leiten. Über den **spinoretikulären Trakt** gelangt die Information in die Formatio reticularis. Von hier aus wird vor allem die aktivierende Komponente des Schmerzgeschehens ausgelöst. Diese besteht u. a. in einer globalen Aktivierung der gesamten Hirnrinde bei starken oder neuartigen Schmerzen. Der **spinomesenzephale Trakt** leitet Signale zum Tectum im Mittelhirn und zum **periaquäduktalen Grau**. Letzteres ist von großer Bedeutung für die absteigenden, schmerzhemmenden Impulse (s. Abschn. 16.1.3). Aus dem Mittelhirn werden über weitere neuronale Verschaltungen auch der Hypothalamus und das limbische System erreicht. Das stärkste Bahnsystem ist der **spinothalamische Trakt**, der die Verbindung zu verschiedenen Kernen des Thalamus (u. a. Nucleus ventralis posterolateralis, Teile des Nucleus medialis dorsalis) schafft.

Auf der Höhe des Pons liegt der Trigeminuskern, in dem sich die Zellkörper des zweiten Neurons der sensiblen Schmerzleitung aus dem Bereich des Gesichts und der Halsregion befinden. Die Zellkörper des davor liegenden ersten schmerzleitenden Neurons sitzen größtenteils im Ganglion trigeminale.

Der Zellkörper des dritten Neurons der schmerzleitenden Bahn findet sich entweder in verschiedenen Thalamuskernen, innerhalb der Formatio reticularis (im medialen Bereich) oder in den Colliculi inferiores und superiores. Zum Thalamus laufen auch Fortsetzungen der Schmerzbahn, die in der Formatio reticularis umgeschaltet wurden.

Schmerzverarbeitende Kortexareale

Bis zu den 1950er-Jahren glaubte man, dass der Kortex bei der Schmerzverarbeitung keine oder nur eine marginale Rolle spielte. Dies lag vor allem daran, dass Patienten während Gehirnoperationen durch elektrische Stimulation von kortikalen Neuronen kaum über Schmerzempfindungen berichteten. Später konnte jedoch in Einzelfällen gezeigt werden, dass sich durch elektrische Kortexreizung Schmerzempfindungen – scheinbar in der Peripherie lokalisiert – auslösen lassen.

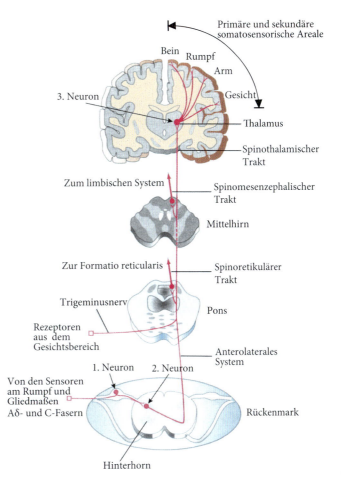

Abbildung 16.3 Zentralnervöse Schmerzbahn. Im anterolateralen Leitungssystem wird die nozizeptive Information von der Peripherie zu unterschiedlichen Zielgebieten im Gehirn transportiert

Projektionsgebiete im Kortex. Aus dem Thalamus entsenden die dritten Neuronen der Schmerzbahn Axone zu verschiedenen Kortexregionen. Die folgenden Gebiete konnten u. a. mithilfe bildgebender Verfahren als die hauptsächlichen Zielregionen identifiziert werden.

Am wichtigsten sind der **primäre und sekundäre somatosensorische Kortex**. Der primäre somatosensorische Kortex (SI) liegt auf dem Gyrus postcentralis, der sekundäre (SII) befindet sich lateral und kaudal von SI (s. Abb. 16.4). Die Annahme liegt nahe, dass diejenigen Anteile des Schmerzerlebens, die eher sensorischer Natur sind wie Ort, Dauer und Intensität des Reizes, in diesen somatosensorischen Arealen verarbeitet werden. Allerdings scheint SI auch für die affektiven Qualitäten der Schmerzverarbeitung eine gewisse Bedeutung zu haben.

Störungsbild

Die dissoziierte Empfindungslähmung

Aufgrund der Tatsache, dass die Bahnen für die mechanosensible (nichtnozizeptive) Informationsleitung ipsilateral (ungekreuzt) nach oben laufen, jene für die Schmerzleitung jedoch kontralateral, kann es zu einem in der neurologischen Diagnostik wohlbekannten Phänomen, der sog. »dissoziierten Empfindungslähmung«, kommen. Diese kann auftreten, wenn eine Rückenmarksverletzung nur auf einer Seite vorliegt. Ist etwa die rechte Seite betroffen, so führt dies zu einer Unterbrechung aufsteigender Fasern, die Tast-, Berührungs- und Vibrationsinformation aus der rechten Körperseite (unterhalb der Läsion) transportieren, und zu einem gleichzeitigen Ausfall der Schmerzimpulse aus der linken Körperseite unterhalb der Läsion.

Die **Inselrinde** dürfte vor allem von den viszeralen Schmerzprojektionen erreicht werden. Außerdem wird vermutet, dass sie beim »Schmerzgedächtnis« eine wichtige Rolle spielt.

Der **anteriore Gyrus cinguli** (AGC) wird mit den motivationalen Aspekten des Schmerzes in Verbindung gebracht. Ebenso dürften die affektiven Qualitäten des Schmerzerlebens (Unlustgefühle, Angst) unter wesentlicher Beteiligung des anterioren Gyrus cinguli ablaufen.

Letzteres ist insbesondere wegen der zahlreichen Faserverbindungen zum limbischen System plausibel.

Zerebrales schmerzverarbeitendes Netzwerk. Die schmerzverarbeitenden Kortexareale stehen nicht nur untereinander in Verbindung, sondern sie sind zugleich Bestandteil eines zerebralen Netzwerks der Schmerzverarbeitung. Dazu gehören:

- der primäre und der sekundäre somatosensorische Kortex,
- der anteriore Gyrus cinguli,
- die Inselrinde,
- der dorsolaterale präfrontale Kortex,
- der Thalamus,
- das Kleinhirn,
- der Hypothalamus,
- die Amygdala und
- das periaquäduktale Grau.

Alle diese Regionen tragen zur Schmerzverarbeitung und höchstwahrscheinlich auch zum Schmerzerleben bei. Die spezifische Rolle der einzelnen Elemente in diesem Netzwerk liegt noch weitgehend im Dunkeln.

16.1.3 Neuronale Mechanismen der Schmerzhemmung

Seit ca. drei Jahrzehnten wird in der Schmerzforschung immer deutlicher, dass innerhalb des schmerzverarbeitenden Systems verschiedene Angriffspunkte für schmerzdämpfende Mechanismen existieren. Diese Mechanismen funktionieren teilweise auf der Basis simpler neuronaler Schaltkreise auf Rückenmarksniveau, teilweise werden sie über absteigende Bahnen aus dem Gehirn vermittelt. Schließlich existieren mit Sicherheit auch auf rein zerebraler Ebene Schmerzhemmungsmechanismen, die aber noch weitgehend unerforscht sind.

Gate-Control-Theorie

Die Gate-Control-Theorie stammt in ihrer ersten Fassung aus den 1960er-Jahren (Ronald Melzack & Patrick Wall, 1965) und war damals als ein integratives Schmerzmodulationskonzept zukunftsweisend. Der innovative Gedanke bestand darin, dass Schmerzverarbeitung im nozizeptiven System nicht als eine simple Verknüpfung zwischen schmerz-

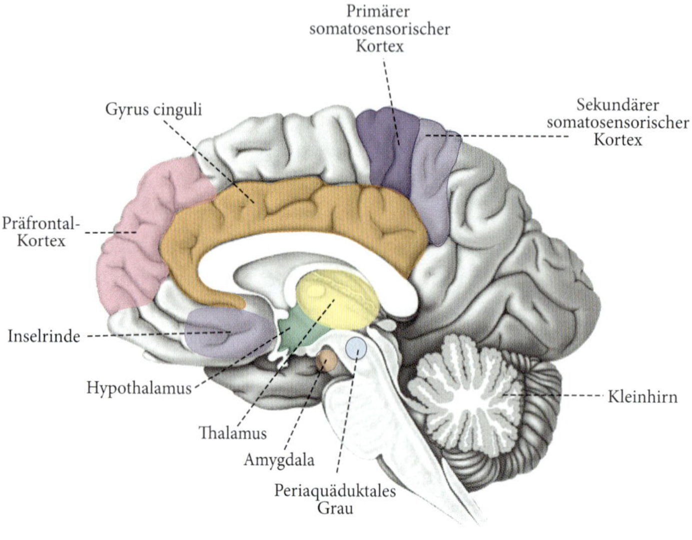

Abbildung 16.4 Schmerzverarbeitende zerebrale Strukturen. (Der Zeichnung ist nur die ungefähre Lage und Größe der einzelnen Strukturen zu entnehmen.)

hafter Reizung und Schmerzerfahrung über afferente Bahnen zu verstehen ist, sondern dass eine Modulation des Signaltransports auch durch nicht schmerzleitende Fasern bereits auf einer frühen Verarbeitungsstufe, nämlich im Rückenmark, stattfinden kann.

Grundannahmen. Die Gate-Control-Theorie postuliert Schmerzmodulation auf der Basis von zwei prinzipiell unterschiedlichen Prozessen. Diese können auf das »Tor«, das die Schmerzinformation über Rückenmarksafferenzen zum Gehirn passieren lässt, entweder öffnend oder schließend einwirken – daher »Gate Control« im Sinne einer Steuerung des »Schmerztors«.

Erster Prozess: In der Substantia gelatinosa der grauen Rückenmarkssubstanz, in der sich die Zellkörper der zweiten Neuronen der Schmerzbahn befinden, liegen an zwei Stellen Verschaltungen nozizeptiver Neuronen (afferente C-Fasern) mit nichtnozizeptiven mechanosensiblen Aβ-Fasern aus der Peripherie vor (s. Abb. 16.5).

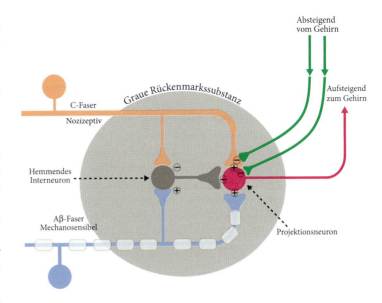

Abbildung 16.5 Gate-Control-Modell. Beim Gate-Control-Modell wird von einer Schmerzhemmung auf der Ebene des Rückenmarks ausgegangen. Dies geschieht (1) durch die Mitaktivierung von mechanosensiblen Fasern (überwiegend Aβ-Fasern), die gemeinsam mit der Schmerzafferenz auf ein Interneuron konvergieren, und (2) durch absteigende Fasern, die das schmerzleitende Projektionsneuron hemmen (Näheres im Text)

▶ Beide Fasern konvergieren auf ein sog. Projektionsneuron, dessen Axon in zerebrale Strukturen projiziert. Die weitergeleitete Aktivität dieses Neurons ist das Ergebnis aus den beiden genannten Zuflüssen. Sind beide Zuflüsse gleichzeitig aktiv, so ist die Schmerzempfindung überlagert mit der mechanosensiblen Information von der Aβ-Faser.

▶ Es existiert ein hemmendes Interneuron, das spontan aktiv ist und das Projektionsneuron hemmt. Die C-Faser verzweigt sich nach ihrem Eintritt ins Rückenmark zu diesem Interneuron und bildet hier einen hemmenden Kontakt. Auch die Aβ-Faser entsendet eine Kollaterale zu diesem Interneuron, allerdings mit einer erregenden Synapse. Ist diese letztere Synapse aktiv, kann dies im Ergebnis eine Hemmung des Projektionsneurons bewirken. Auf der Basis dieses neurophysiologischen Mechanismus lässt sich der bekannte schmerzdämpfende Effekt der Gegenirritation erklären: Eine mechanische Reizung der Hautoberfläche kann zu einer Linderung von Schmerzen in den entsprechenden Gebieten führen. (Wenn man sich etwa den Finger in einer Tür einklemmt, wird man sofort danach den Finger anfassen, reiben, massieren etc.)

Zweiter Prozess: Es existiert ein **absteigendes Schmerzhemmsystem** (Top-down-Schmerzhemmung), das von verschiedenen subkortikalen Strukturen seinen Ausgang nimmt (periaquäduktales Grau, Raphe-Kerne) und das als Zielgebiet wiederum die nozizeptiven Neuronen in der Substantia gelatinosa hat. Die Hemmung kann hier entweder direkt am Projektionsneuron angreifen oder präsynaptisch am Endknopf der schmerzleitenden C-Faser. Die aufsteigenden, schnell leitenden Verbindungen aus der Substantia gelatinosa zum Gehirn können dort derartige Hemmprozesse anregen, die dann zurücklaufend über kortifugale Bahnen auf das »Schmerztor« im Rückenmark einwirken können.

Endogene Schmerzhemmung

Im schmerzleitenden System existieren verschiedene Angriffspunkte und Mechanismen für aktive Schmerzhemmung. Die meisten Neuronen, die direkte schmerzhemmende Impulse vermitteln, verwenden **endogene Opioide** als Neurotransmitter. Diese unterteilt

man auf der Basis ihrer unterschiedlichen Bildungsmechanismen in drei Gruppen:
(1) das β-Endorphin,
(2) die beiden Enkephaline Methionin-Enkephalin und Leucin-Enkephalin und
(3) die Dynorphine.

Häufig wird die Bezeichnung »Endorphine« auch als Oberbegriff für alle endogenen Opioide verwendet. Die endogenen Opioide werden v.a. vom Hypothalamus, der Hypophyse und in geringeren Mengen auch vom Nebennierenmark gebildet. Sie binden an Opioidrezeptoren, die sich an vielen Membranen schmerzleitender Neuronen befinden. Dies sind dieselben Rezeptoren, an die auch körperfremde Morphine andocken. Eine der neuromodulatorischen Wirkungen der endogenen Opioide besteht darin, dass sie die Freisetzung von Neurotransmittern wie Glutamat und Substanz P, die bei der Schmerzleitung beteiligt sind, unterdrücken.

Sitz und Funktionsweise der hemmenden Neuronen. Neuronen, die bei der absteigenden Schmerzhemmung (s. Abb. 16.6) beteiligt sind, haben ihre Zellkörper im
▶ Rückenmark,
▶ periaquäduktalen Grau,
▶ Nucleus raphe magnus und
▶ Locus subcoeruleus.

Bei den drei letztgenannten Hirnstammneuronen kennt man solche, die (absteigend) direkt auf die Übertragung von der Schmerzfaser auf das Hinterhornneuron hemmend einwirken, und solche, die (teilweise auch über die Aktivierung eines hemmenden Interneurons) auf Rückenmarksebene den aufsteigenden Schmerzleitungsprozess dämpfen. Zur Impulsübertragung auf das Interneuron wird i. Allg. Serotonin oder Noradrenalin als Neurotransmitter ausgeschüttet. Das Interneuron hemmt die Impulsweitergabe vom Nozizeptor (durch präsynaptische Hemmung) vermittels eines Transmitters aus der Klasse der endogenen Opioide. (Zum therapeutischen Einsatz von Opioiden auf Rückenmarksebene s. Abschn. 16.4.1.)

Transmitter und Modulatoren im nozizeptiven System

Im nozizeptiven System als Ganzem finden sich die wichtigsten Transmitter, die auch im übrigen Nervensystem präsent sind. Dazu gehören Dopamin, Serotonin, Acetylcholin, Noradrenalin, Glutamat, GABA und Glycin (s. Tab. 16.1). Außerdem sind bei der Erregungsübertragung und -hemmung eine Reihe von Neuropeptiden mitbeteiligt, die als **Neuromodulatoren** wirken. Beispiele sind die Substanz P, das Neurokinin A und das Somatostatin.

Schmerzfördernde und -hemmende Substanzen. Auf die Schmerzleitung wirken primär fördernd Glutamat, Substanz P, Neurokinin A und Aspartat. Dabei ist Glutamat der Neurotransmitter an der ersten schmerzleitenden Synapse von der nozizeptiven Faser auf ein Rückenmarksneuron. Eine eher schmerzhemmende Wirkung haben Serotonin, Noradrenalin, Neuropeptid Y, GABA und Glycin. Allerdings gilt dies nicht als eine feste Regel: Es kann auch vorkommen, dass eine bestimmte Substanz je nach Wirkort im nozizeptiven System entweder schmerzfördernde oder schmerzhemmende Wirkung entfalten kann. Dies wurde etwa für das Somatostatin und das Serotonin nachgewiesen.

Serotonin, Noradrenalin und Dopamin sind u. a. bei der absteigenden Hemmung auf Rückenmarksniveau

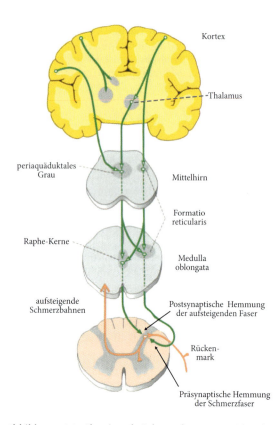

Abbildung 16.6 Absteigende Schmerzhemmung. Absteigende Bahnen der Schmerzhemmung entspringen u. a. dem periaquäduktalen Grau, den Raphe-Kernen und der Medulla oblongata

Tabelle 16.1 Mediatoren, die an der Schmerzperzeption und -modulation beteiligt sind (modifiziert nach Hiemke, 2003)

Mediatoren	Wirkort	Funktion
Adenosin und andere Purine	Rückenmark	hemmt die antinozizeptive Wirkung von Opioiden
Bradykinin	periphere Nozizeptoren	löst Entzündungsschmerz aus
Cholezystokinin	periaquäduktales Grau	antinozizeptiv via Opioide
β-Endorphin	Gehirn und Rückenmark	antinozizeptiv
Enkephaline	Gehirn und Rückenmark	antinozizeptiv
GABA	Medulla oblongata, Rückenmark	antinozizeptiv
Glutamat/Aspartat	Rückenmark	aktiviert nozizeptive Neuronen
Histamin	periphere Nozizeptoren	Entzündungsschmerz
Neurokinin A	Rückenmark (C-Fasern)	Transmitter primärer Afferenzen
Neurotensin	Medulla oblongata	schmerzhemmend
Noradrenalin	Medulla oblongata	kontrolliert Nozizeption über serotonerge Neuronen
Prostaglandine	periphere Nozizeptoren	sensitivieren Nozizeptoren
Substanz P	Rückenmark	Transmitter primärer nozizeptiver Afferenzen
Serotonin	Rückenmark, Hirngefäße	antinozizeptiv, aber Auslöser von Migräneschmerz
Somatostatin	Rückenmark	antinozizeptiv
Stickstoffmonoxid (NO)	Rückenmark	antinozizeptiv
Vasoaktives intestinales Polypeptid (VIP)	Rückenmark	antinozizeptiv
Vasopressin	Rückenmark	antinozizeptiv

beteiligt. Serotonerge Neuronen haben ihre Zellkörper im Raphe-Magnus-Kern, noradrenerge im Locus coeruleus. Neuropeptide, die exzitatorisch wirken, sind v. a. die Tachykinine, zu denen auch die Substanz P gehört. Neuropeptide mit hemmender Wirkung sind in erster Linie die endogenen Opioide.

Zusammenfassung

Die Zellkörper der Nozizeptoren liegen in den Spinalganglien des Rückenmarks bzw. im Ganglion trigeminale des Gehirns. Das zweite Neuron der Schmerzbahn hat den Zellkörper im Hinterhorn des Rückenmarks bzw. im Trigeminuskern. Im Rückenmark findet Informationsübertragung entweder auf die aufsteigenden Strangzellen oder auf Interneuronen statt, die Verschaltungen auf Rückenmarksebene herstellen.

Das Axon einer Strangzelle durchzieht das Rückenmark im Vorderseitenstrang, um dann die Information an verschiedene Gehirnregionen weiterzugeben, u. a. an die Formatio reticularis, das periaquä-

duktale Grau, den Hypothalamus, das limbische System und v. a. den Thalamus.

Der Zellkörper des dritten Neurons der schmerzleitenden Bahn findet sich entweder innerhalb der Formatio reticularis (im medialen Bereich), den Colliculi inferiores und superiores oder in verschiedenen Thalamuskernen. Aus dem Thalamus projizieren die dritten Neuronen der Schmerzbahn v. a. in den primären und sekundären somatosensorischen Kortex. Die Inselrinde dürfte als Zielgebiet vor allem von viszeralen Schmerzprojektionen erreicht werden.

Es existieren verschiedene Mechanismen für aktive Schmerzhemmung. Die meisten Neuronen, die direkte schmerzhemmende Impulse vermitteln, schütten endogene Opioide aus. Eine der schmerzdämpfenden Wirkungen der endogenen Opioide besteht darin, dass sie die Freisetzung von Neurotransmittern unterdrücken, die bei der Schmerzleitung beteiligt sind (z. B. Substanz P).

Im nozizeptivem System finden sich die wichtigsten Transmitter, die auch im übrigen Nervensystem präsent sind. Auf die Schmerzleitung wirken primär fördernd Substanz P, Neurokinin A und Glutamat. Eine eher schmerzhemmende Wirkung haben Serotonin, Noradrenalin, Neuropeptid Y, GABA und Glycin.

16.2 Experimentelle Schmerzforschung

Die experimentelle Schmerzforschung liefert die Basis für das Verständnis der biologischen und psychologischen Grundprozesse der Schmerzverarbeitung sowie für die Entwicklung und Prüfung von Schmerztherapieverfahren. Die beiden Hauptbereiche der experimentellen Schmerzforschung im Humanbereich fußen auf Techniken zur Induktion von experimentellem Schmerz und Verfahren zur Messung von Schmerzen sowohl auf der neurobiologischen Messebene als auch auf der Ebene des subjektiven Erlebens und des Verhaltens.

16.2.1 Schmerzinduktion

Bei der Schmerzinduktion werden vier Klassen von Methoden unterschieden:
(1) mechanische Reizung
(2) elektrische Reizung
(3) thermische Reizung
(4) chemische Reizung
Diese Verfahren werden im Folgenden kurz dargestellt.

Mechanische Schmerzreizung

Die mechanische Schmerzreizung ist ein klassisches Verfahren der Schmerzinduktion, das seit über 100 Jahren angewandt wird. In den meisten Fällen wird dabei so vorgegangen, dass auf eine eng umgrenzte, meist sehr kleine Stelle der Körperoberfläche ein variabler und genau definierter mechanischer Druck ausgeübt wird. Die Übertragung des Drucks geschieht über Stifte oder Nadeln mit exakt vermessenen Kontaktflächen. Es wird bei ansteigendem Druck derjenige Wert registriert, bei dem die Versuchsperson erstmals eine Schmerzempfindung angibt. Mit dieser Methode wurden in erster Linie die Körperbereiche Unterarm, Hand und Gesicht untersucht.

Ischämieschmerz. Ein ebenfalls häufig angewandtes Verfahren der mechanischen Schmerzinduktion ist die Erzeugung von Ischämieschmerz. Dies geschieht durch Anlegen einer Blutdruckmessmanschette am Ober- oder Unterarm. Der Druck in der Manschette wird erhöht, bis es zu einer Unterbrechung der Blutzirkulation kommt. Wenn die Versuchsperson jetzt die Hand in einem vorgegebenen Rhythmus öffnet und schließt, entsteht ein langsam ansteigender, dumpfer und tiefer Schmerz im Arm. Dieser Schmerz soll mit bestimmten klinischen Schmerzen eng verwandt sein. Allerdings darf nicht übersehen werden, dass der Schmerz zwar mittelbar durch mechanische Einwirkung entsteht, die Schmerzauslösung selbst aber durch chemische Substanzen geschieht, die infolge des Sauerstoffmangels gebildet werden. Aus diesem Grunde wird diese Methode von manchen Autoren zu den Verfahren der chemischen Schmerzindikation gezählt.

Elektrische Schmerzreizung

Auch die elektrische Schmerzreizung ist ein althergebrachtes Verfahren, das man seit der Mitte des 19. Jahrhunderts kennt. Sie ist in der experimentellen Forschung relativ weit verbreitet, da die physikalische Reizstärke sehr genau quantifizierbar und reproduzierbar ist. Vielfach geht man so vor, dass man die Haut unter Einsatz zweier Metallelektroden elektrisch reizt. Man verwendet kurze Impulse oder Impulsserien mit ansteigender Stromstärke. Es wird diejenige Stromstärke registriert, bei der ein Proband gerade eben angibt, Schmerzen zu verspüren.

Gelegentlich wird auch eine elektrische Reizung der **Zahnpulpa** (Zahnmark) eingesetzt. Das zwar aufwendige und für den Probanden belastende Verfahren der Zahnpulpareizung hat gegenüber der Hautreizung zwei Vorzüge: Erstens werden hierbei nur die schmerzleitenden Aδ- und C-Fasern gereizt, jedoch keine proprio-

302 | 16 Schmerz

zeptiven Fasern, wie dies bei der Hautreizung immer der Fall ist. Zweitens weist die Haut im Gegensatz zur Zahnwurzel sehr wechselnde elektrische Eigenschaften auf – bedingt durch Temperaturschwankungen, Schweißproduktion und Durchblutung. Daher kann die Stärke des durch die Haut fließenden Stroms in kaum kontrollierbarer Weise variieren.

Nachteile. Ein genereller Nachteil der elektrischen Schmerzreizung ist der unnatürliche Charakter der Reize. Unterhalb der Schmerzschwelle wird der Reiz als ein Kribbeln registriert, das mit steigender Stromstärke intensiver wird und dann, bevor es zum eigentlichen Schmerz kommt, schon als deutlich aversiv wahrgenommen wird. Man führt dies darauf zurück, dass durch den elektrischen Strom auch Rezeptortypen erregt werden, die nicht der Nozizeption dienen. Außerdem kann es durch die Anwendung des elektrischen Stroms zu einer direkten Reizung der Nervenfasern ohne Beteiligung der sensiblen Endigungen kommen, was ebenfalls bei natürlicher Nozizeptorreizung nicht vorkommt.

Thermische Schmerzreizung

Kälteschmerz. Im Standardverfahren zur Erzeugung von Kälteschmerz taucht der Proband den Unterarm in Eiswasser zwischen 0 und 4 °C ein. Dieses Verfahren – auch bekannt als **Cold-Pressure-Test** – wird häufig auch außerhalb der reinen Schmerzforschung als Stresstest eingesetzt. Es ist gewebeschonend und induziert eine natürliche Schmerzempfindung.

Hitzereize. Methodisch schwieriger und mit größerem apparativen Aufwand verbunden ist die Applikation von Hitzereizen. Dies kann etwa dadurch geschehen, dass der Proband mit der Hand einen Metallkörper umfasst, dessen Temperatur auf elektrischem Wege langsam und in definierten Schrittweiten gesteigert wird. Die Versuchsperson hat dann etwa anzugeben, ab wann der Reiz als warm, als unangenehm heiß, als schmerzhaft und schließlich als unerträglich beschrieben wird.

Ein anderes Verfahren zur thermischen Schmerzinduktion besteht in der Bestrahlung der Haut mit langwelligen elektromagnetischen Strahlen, wodurch Strahlungshitze erzeugt wird. Seit einigen Jahren wird zur Erzeugung von Hitzeschmerz auch Laserlicht verwendet. Dieses bietet den Vorteil, dass man den Ort und die Zeitcharakteristik der Reizeinwirkung sehr präzise regulieren kann.

Die Reizstärke wird bestimmt, indem mit physikalischen Methoden die thermische Energie gemessen wird, die auf den gereizten Hautbereich auftrifft.

Chemische Schmerzreizung

Chemische Reize werden nur selten eingesetzt, da sie schlechter kontrollierbar sind und zumeist eine unzumutbare Belastung für den Probanden darstellen. Man appliziert dazu entweder auf der Hautoberfläche oder subkutan schmerz- und/oder entzündungsinduzierende Substanzen, z. B. Histamin oder Capsaicin.

16.2.2 Methoden der Schmerzmessung (Algesimetrie)

Es werden fünf verschiedene Methoden der Schmerzmessung unterschieden:
(1) Schmerzschwellenbestimmung
(2) intermodaler Intensitätsvergleich
(3) Kategorisierungsverfahren
(4) klinische Algesimetrie
(5) psychophysiologische Algesimetrie
Alle fünf Methoden sollen im Folgenden betrachtet werden.

Schmerzschwellenbestimmung

Bei der Bestimmung der Schmerzschwelle kann man zwei verschiedene Wege beschreiten.

Grenzmethode. Bei der Grenzmethode (s. Abschn. 10.1.2) werden aufsteigende Reizintensitäten verwendet, bis der Proband bei einer bestimmten Intensität angibt, dass der Reiz nun schmerzhaft sei. Man kann dann in einem weiteren Durchgang – diesmal von höheren Intensitäten kommend – wiederum diese Schwelle aufsuchen, indem man den Probanden fragt, wann der Reiz aufhört, schmerzhaft zu sein. Normalerweise sind diese beiden Schwellen nicht identisch. Man definiert dann den Schwellenwert als Mittelwert aus den beiden Grenzwerten.

Konstanzmethode. Beim Verfahren konstanter Stimuli (s. Abschn. 10.1.2) wird die Intensität so lange gesteigert, bis der Proband erstmals Schmerz anzeigt. Um diese Schwelle genauer zu definieren, muss man im betreffenden Intensitätsbereich durch Wiederholung des Vorgangs diejenige Intensität auffinden, bei der ein Proband in 50 % der Fälle angibt, dass der Reiz schmerzhaft sei.

16.2 Experimentelle Schmerzforschung | **303**

Die Bestimmung der Schmerzschwelle unterliegt zahlreichen externen und internen Einflüssen: Dazu gehören etwa die Tageszeit, die Stimmungslage, die momentane körperliche Befindlichkeit und ggf. die Art einer Medikation.

Häufig wird auch die **Schmerztoleranzschwelle** bestimmt. Dies ist – bei aufsteigenden Reizintensitäten – derjenige Wert, bei dem eine weitere Steigerung vom Probanden nicht mehr toleriert wird. Auch dieser Wert hängt von subjektiven Faktoren wie der emotionalen Disposition und der Bereitschaft zur Mitarbeit bei dem Experiment ab.

Der intermodale Intensitätsvergleich

Beim intermodalen Intensitätsvergleich (Intermodalitätsvergeich) wird die Intensität des Schmerzes durch Vergleich mit der Reizstärke in einer anderen Sinnesmodalität reproduziert. So kann etwa die Lautstärke eines akustischen Reizes vom Probanden selbst so eingestellt werden, dass sie in seiner subjektiven Empfindung der Stärke des Schmerzreizes entspricht. Bei einem verwandten Verfahren drückt der Proband den subjektiv empfundenen Schmerz durch die Kraft aus, mit der er ein sog. Handdynamometer zusammenpresst (s. Abschn. 10.1.2).

Kategorisierungsverfahren

Bei den Kategorisierungsverfahren besteht die Aufgabe darin, den Schmerz durch Einordnung in bestimmte Kategorien zu beschreiben. Dies können etwa verbale Kategorien sein – z. B. »kaum schmerzhaft«, »ein wenig schmerzhaft«, »schmerzhaft«, »sehr schmerzhaft« – oder die Einordnung geschieht durch die Kategorisierung auf einer numerischen Skala, die aus einer Zahlenreihe besteht, einer Rating-Skala. Am bekanntesten ist eine Sonderform der Kategorisierung auf graphischem Wege durch die sog. **visuelle Analogskala**. Hier soll das Ausmaß des Schmerzes dadurch angezeigt werden, dass auf einer Linie von meist 10 cm Länge mit den beiden Endpunkten »kein Schmerz« und »unerträglicher Schmerz« die momentane Schmerzsituation durch eine Markierung zwischen diesen Punkten angegeben wird.

Klinische Algesimetrie

Die klinische Algesimetrie hat zum Ziel, krankhafte Schmerzzustände quantitativ zu erfassen. Diese können einerseits Folgeerscheinungen einer organischen Grunderkrankung sein, andererseits verselbstständigte, chronifizierte Schmerzzustände. In diesen Fällen tritt der Schmerz spontan auf und ist auf keine organische Ursache zurückführbar.

Schmerzfragebogen. Im Bereich der klinischen Algesimetrie ist das wichtigste Instrument der Schmerzfragebogen. Es existieren verschiedene Varianten von Schmerzfragebögen, die teilweise eine getrennte Erfassung der affektiven, der sensorischen und der kognitivbewertenden Komponente des Schmerzgeschehens gestatten, wie z. B. der weitverbreitete McGill Pain Questionnaire. Ein wichtiges Gütekriterium für Schmerzfragebögen ist ihre Sensitivität gegen Veränderungen. Schließlich dienen sie i. Allg. dazu, im Therapieverlauf Veränderungen der Schmerzproblematik aufzuzeigen.

Schmerztagebücher und -kalender. Häufig haben Schmerzfragebögen die Form von Schmerztagebüchern oder von Schmerzkalendern. Diese enthalten zur schnellen Erfassung des aktuellen Schmerzes visuelle Analogskalen oder numerische Rating-Skalen zur Schmerzeinstufung. Die Patienten tragen hier in vorgegebenen Zeitabständen (z. B. stündlich, täglich oder wöchentlich) die Schmerzstärke ein.

Gelegentlich wird in der klinischen Algesimetrie auch der intermodale Intensitätsvergleich (s. o.) eingesetzt, um ein nichtsprachliches Maß für die momentane Schmerzintensität zu erhalten. Als Vergleichsmodalität wird dazu meist ein variabler akustischer Reiz eingesetzt, dessen Intensität vom Patienten selbst variiert werden kann, um ihn an die Schmerzintensität anzupassen.

Psychophysiologische Algesimetrie

Zur Schmerzmessung lassen sich auch quasi-objektive Verfahren verwenden, bei denen man nicht auf verbale Auskünfte der Probanden angewiesen ist. Hierbei geht es um die Beobachtung teilweise reflexhaft ablaufender körperlicher Reaktionen, die regelmäßig im Zusammenhang mit dem Schmerzerleben auftreten und die sich mit Methoden der Psychophysiologie (s. Abschn. 26.6) erfassen lassen.

Zu diesen Verfahren gehören einerseits schmerztypische hirnelektrische Reaktionen, andererseits Reaktionen des vegetativen und muskulären Systems. Allerdings ist hier zu bedenken, dass diese Reaktionen zwar das Schmerzgeschehen begleiten, dass sie jedoch nicht streng schmerzspezifisch sind. Derartige Reaktionen treten nicht nur dann auf, wenn subjektiv Schmerz erlebt wird, sondern generell beim Einwirken eines starken Stressors.

Ereigniskorrelierte Potenziale. Mit den **ereigniskorrelierten (evozierten) Potenzialen** des EEG (s. Abschn. 26.2.3), die eine hirnelektrische Reaktion auf externe Reize widerspiegeln, lässt sich – innerhalb gewisser Grenzen – die Schmerzintensität quantifizieren. Im Zeitbereich zwischen 100 und 300 ms nach dem Einsetzen eines Schmerzreizes zeigt sich hier häufig eine biphasische Wellenform, bestehend aus einer negativen und einer darauf folgenden positiven Halbwelle, deren Ausprägung mit der Schmerzintensität im Zusammenhang steht. Dies dürfte insbesondere für die positive Halbwelle gelten, die etwa 100–300 ms nach dem Reiz auftritt. In Abbildung 16.7 sind die schmerzevozierten Potenziale bei elektrischer Zahnpulpareizung wiedergegeben. Es konnte verschiedentlich gezeigt werden, dass die Höhe der Amplitude dieser Wellenform in einem negativen Zusammenhang mit der Dosis eines Schmerzmittels (z. B. Aspirin) und in einem positiven Zusammenhang mit der subjektiv erlebten Schmerzintensität steht.

Die Methode der schmerzevozierten Potenziale ist für die experimentelle Schmerzforschung von beträchtlicher Bedeutung. Zur Diagnose chronischer Schmerzzustände ist sie kaum geeignet, da die hier auftretenden Schmerzen eher zu einer unspezifischen Veränderung der kortikalen Aktivierung führen, aber weniger zu scharf ausgeprägten Einzelreaktionen im EEG.

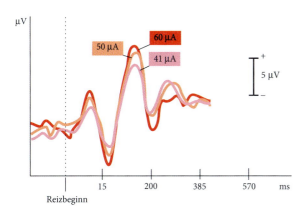

Abbildung 16.7 Schmerzevozierte Potenziale bei elektrischer Zahnpulpareizung. Man erkennt v. a. an der positiven Halbwelle bei ca. 200 ms den Zusammenhang zwischen der Amplitude und der Reizintensität (in µA der Reizstromstärke). µA = Mikroampere. µV = Mikrovolt

Messung vegetativer Schmerzreaktionen. Ebenfalls zu den psychophysiologischen Verfahren gehört die Messung vegetativer Schmerzreaktionen. Wie generell beim Einwirken von Stressoren zeigen sich in verschiedenen vegetativen Parametern typische reflexhafte Reaktionen auf Schmerzreize. Dazu gehören:
- Anstieg der Herzfrequenz
- Anstieg des Blutdrucks
- Pupillenerweiterung
- Verengung der peripheren Blutgefäße (v. a. der Haut)
- Anstieg der Leitfähigkeit der Haut mit vermehrter Schweißproduktion

Muskuläre Schmerzreaktionen. Auch im Bereich der quergestreiften Muskulatur finden sich schmerzbegleitende Reaktionen. Dies sind zunächst die nozifensiven Schutzreflexe, die in einer Wegbewegung des betroffenen Körpergebiets vom schmerzauslösenden Objekt bestehen. Diese Fluchtreflexe werden in der tierexperimentellen Schmerzforschung sehr häufig studiert, da sie quantitativ über Latenzzeit und Kraft der muskulären Reaktion beschreibbar sind. Auch beim Menschen werden diese Reflexe gelegentlich erfasst, etwa um eine neurologische Untersuchung hinsichtlich der Unversehrtheit der beteiligten neuronalen Systeme durchzuführen. Außerhalb der reinen Schutzreflexe findet sich im motorischen System als **unspezifische Schmerzreaktion** eine gesteigerte Grundanspannung der Muskulatur. Dies betrifft vor allem Muskelgruppen im Bereich des Armes und der Stirn- und Nackenregion sowie die Rückenmuskulatur. Diese Anspannungsreaktionen, die auch bei nicht schmerzhaften Reizen mit lediglich belastendem Charakter auftreten können, werden oft so intensiv, dass sie selbst zu einem eigenständigen Schmerzsyndrom werden.

Besonders bei Patienten, die unter muskulär bedingten Schmerzen leiden – was relativ häufig ist –, finden sich meist erhöhte Muskelreaktionen auch auf unspezifische, jedoch belastende Reize.

> **Zusammenfassung**
>
> Zur Schmerzinduktion verwendet man mechanische, elektrische, thermische und in Einzelfällen chemische Reize.
>
> Zur Schmerzmessung kann man die psychophysischen Verfahren der Schwellenbestimmung einsetzen. Häufig angewandt werden auch der intermo- ▶

dale Intensitätsvergleich und Rating-Verfahren. In der klinischen Algesimetrie sollen krankhafte Schmerzzustände quantitativ erfasst werden. Das wichtigste Instrument ist der Schmerzfragebogen.

Als quasi-objektive Verfahren können psychophysiologische Messungen dienen. Hier kommt den ereigniskorrelierten Potenzialen des EEG eine besondere Bedeutung zu. Wichtige psychophysiologische Variablen sind auch die Herzfrequenz, der Blutdruck und die Hautleitfähigkeit. Im Bereich der quergestreiften Muskulatur kann man die nozifensiven Schutzreflexe sowie die Grundanspannung quantitativ erfassen.

16.3 Besondere Schmerzformen

Man kennt eine Fülle unterschiedlicher Erscheinungsweisen von Schmerz, die im Rahmen chronischer und akuter Schmerzzustände auftreten können. Sie werden einerseits auf der Basis der typischen Empfindungsqualitäten definiert, andererseits aufgrund der neurologischen Dysfunktion, auf die sie zurückgehen. Tabelle 16.2 gibt eine Auflistung der diesbezüglichen Terminologie.

16.3.1 Chronischer Schmerz

Chronisch schmerzkrank sind Patienten, bei denen der Schmerz seine Leit- und Warnfunktion verloren und selbstständigen Krankheitswert erlangt hat. In diesen Fällen führt das Schmerzleiden häufig zu psychopathologischen Erscheinungen. Der Patient erlebt den Schmerz als Mittelpunkt seines Denkens und Verhaltens. Dadurch wird er seinem sozialen Umfeld entfremdet, was i. Allg. zu einer Verschlimmerung des Krankheitsbildes führt. Kennzeichnend für diese chronisch schmerzkranken Patienten sind Behandlungsversuche über lange Zeit, die jedoch erfolglos waren. Es kommt zur Schmerzkarriere.

Häufigkeit chronischer Schmerzen. Nach einer Erhebung aus der Mitte der 1980er-Jahre (Schmerz-Enquete der Bundesregierung) leiden 5–7% der Bevölkerung unter chronischen Schmerzen. Dadurch entstehen im Gesundheitswesen Kosten zwischen 5 und 10 Milliarden Euro pro Jahr. Die Höhe dieser Kosten erklärt sich zum Teil daraus, dass im medizinischen Alltag akuter und chronischer Schmerz zu selten voneinander abgegrenzt werden: Daraus folgt u.a., dass beim chronischen Schmerzpatienten immer wieder diagnostische Anstrengungen unternommen werden, um zu organpathologischen oder erkennbaren funktionellen Befunden zu kommen. Es wird zu selten gesehen, dass bei diesen Patienten der Schmerz seine Signalfunktion verloren hat und ein eigenständiges Leiden darstellt. Der chronisch Schmerzkranke muss demgemäß auf der Basis eines biopsychosozialen Ansatzes behandelt werden.

Die häufigsten chronischen Schmerzen sind Rückenschmerzen, Kopf- und Gesichtsschmerzen sowie Ge-

Tabelle 16.2 Erläuterung einiger Begriffe in Zusammenhang mit Schmerz

Hyperästhesie	verstärkte normale Empfindungen (auf nicht schmerzhafte Reize)
Dysästhesie	unangenehme Missempfindungen (spontan oder induziert)
Allodynie	schmerzhafte Empfindungen durch normalerweise nicht schmerzauslösende Reize
Hyperalgesie	verstärkte Schmerzempfindung auf normalerweise schmerzhafte Reize
Hyperpathie	verstärkte, oft verzögerte, dann explosionsartige Reaktion besonders auf repetitive Reize (evtl. erhöhte Schwelle)
Kausalgie	brennender Schmerz, meist mit Allodynie und Hyperpathie sowie Neuralgie
Neuralgie	Schmerz im Versorgungsbereich eines oder mehrerer Nerven, oft attackenhaft
Zentraler Schmerz	Schmerz, der auf eine Läsion im Zentralnervensystem zurückzuführen ist
Deafferenzierungs-schmerz	Schmerz, der seine Ursache im Verlust von sensorischem Input in das Zentralnervensystem hat (z. B. Phantomschmerz)
Neuropathie	eine Funktionsstörung oder eine pathologische Veränderung in einem Nerv
Nozizeptorschmerz	Stimulation von Schmerzrezeptoren (Nozizeptoren)

lenkschmerzen. Leider befinden sich die meisten Schmerzpatienten in inadäquater Behandlung, wobei in der Standardtherapie fast ausschließlich medikamentös behandelt wird. Da sich der Schmerz aber in vielen Fällen verselbstständigt hat – auch im Sinne einer gelernten Reaktion –, kann dieser Zugang letztendlich nicht zum Erfolg führen. Der Schmerzmittelgebrauch mündet in vielen Fällen in einen Schmerzmittelmissbrauch, befreit aber den Patienten fast nie von seinem Leiden.

Schmerzgedächtnis

Starke Schmerzen hinterlassen bei unzureichender oder fehlender Therapie nicht selten Spuren im Nervensystem. Es kommt zum Schmerzgedächtnis. Diese Schmerzspuren können sich als Hyperalgesie, als Allodynie oder auch als spontane Schmerzen äußern. Eine neurophysiologische Basis für dieses Schmerzgedächtnis ist vermutlich eine **Langzeitpotenzierung** (s. Abschn. 24.4.1) am zweiten Neuron der Schmerzbahn im Rückenmark. Bei starker Erregung aus dem synaptischen System, bestehend aus der Endigung der Nozizeptorenfaser und der Membran des zweiten Neurons (Glutamat als Neurotransmitter), kann es hier zu einer Empfindlichkeitssteigerung für nachfolgende Impulse kommen. Da diese Sensibilitätserhöhung teilweise auf die Aktivierung von Transkriptionsfaktoren für das Ablesen von Genen zurückgeht, kommt es zu längerfristigen Umbauprozessen in der subsynaptischen Membran. Damit wird verständlich, dass das Schmerzgedächtnis über lange Zeit bestehen kann und sich (bisher) therapeutisch kaum gezielt beeinflussen lässt.

Darüber hinaus konnte bei entzündlichen Prozessen gezeigt werden, dass auch absteigende Schmerzhemmungsprozesse gestört werden können. Sowohl GABAerge als auch glyzinerge Neuronen, die normalerweise über Interneurone im Rückenmark ihre Wirkung entfalten, können dann in ihrer Funktion beeinträchtigt werden.

16.3.2 Projizierter Schmerz

Wird eine periphere nozizeptive Faser mechanisch gereizt – etwa an deren Eintrittstelle ins Rückgrat – so folgt daraus meist eine Schmerzempfindung, die im peripheren Versorgungsgebiet der Faser wahrgenommen wird. Obwohl der Schmerz hier nicht entsteht, kommt es zu einer Projektion der Schmerzempfindung in die Peripherie, da das ZNS ja nicht »weiß«, wo die afferenten Impulse in der Faser ihren Ursprung hatten. Im Falle des projizierten Schmerzes handelt es sich sozusagen um eine »Rückwärtsprojektion« in das eigentliche Ursprungsgebiet einer neuronalen Erregung.

Ein wichtiges Beispiel für projizierten Schmerz liefert der Bandscheibenvorfall. Führt die Verschiebung einer Bandscheibe zur mechanischen Reizung einer schmerzleitenden Faser im Bereich der Hinterwurzel – etwa im Sakralmark – so können dadurch Schmerzen z. B. im Unterschenkel, an den Knöcheln oder sogar an der kleinen Zehe auftreten.

16.3.3 Übertragener Schmerz

Bei einer Aktivierung nozizeptiver Fasern der Eingeweide kann es zu einer Schmerzwahrnehmung außerhalb des viszeralen Bereichs kommen. Der Schmerz

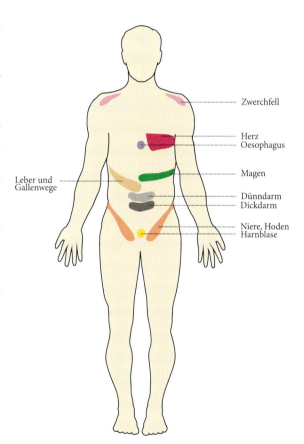

Abbildung 16.8 Head-Zonen. In bestimmten Hautbereichen kann es bei der Erkrankung eines inneren Organs zu Schmerzen oder Überempfindlichkeiten kommen. Dabei ist jedes Organ in einer bestimmten Head-Zone repräsentiert. Es sind einige Beispiele für Head-Zonen wiedergegeben

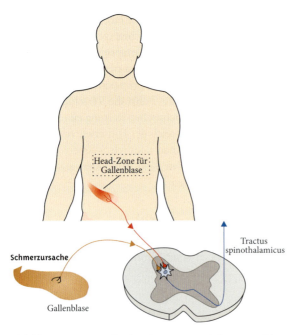

Abbildung 16.9 Ursache des übertragenen Schmerzes. Die nozizeptiven Afferenzen aus der Haut und aus den inneren Organen, die in ein bestimmtes Rückenmarkssegment eintreten, konvergieren teilweise auf dieselben Zellkörper aufsteigender spinothalamischer Neuronen

wird dann oft an der Körperoberfläche wahrgenommen. Er wird aus den Eingeweiden in Gebiete der Körperoberfläche »übertragen« (s. Abb. 16.8). Die mit den bestimmten Eingeweideorganen auf diese Weise verbundenen Areale der Körperoberfläche nennt man **Head-Zonen**.

Ein wichtiges Beispiel hierfür ist das Auftreten von Schmerzen im Zusammenhang mit einer Minderdurchblutung des Herzmuskels, der Angina-pectoris-Schmerz. Dieser macht sich häufig als Druck bzw. Engegefühl im Bereich des Brustkorbs bemerkbar.

Die Ursache für die Übertragung von Schmerzen aus den Eingeweiden in den Bereich der Körperoberfläche liegt in der neuronalen Verschaltung beider Systeme auf Rückenmarksebene (s. Abb. 16.9). Die in ein bestimmtes Rückenmarkssegment eintretenden nozizeptiven Afferenzen aus der Haut und aus den inneren Organen konvergieren teilweise auf dieselben Interneuronen bzw. auf Zellkörper aufsteigender spinothalamischer Neuronen. Die Information, die von diesen Neuronen bis zu den kortikalen Zentren für bewusste Schmerzwahrnehmung läuft, ist dann nicht mehr eindeutig der Schmerzquelle zuzuordnen. Als Folge davon kann es zur beschriebenen Wahrnehmungstäuschung kommen. Die Kenntnis der Head-Zonen und der mit ihnen in Beziehung stehenden inneren Organe ist von großem Wert bei der Diagnose internistischer Erkrankungen.

16.3.4 Phantomschmerz

Unter Phantomschmerzen versteht man die häufig auftretenden Schmerzempfindungen, die z. B. nach Amputationen auftreten und so wahrgenommen werden, als kämen sie aus dem amputierten Glied. Phantomschmerz gehört zur Gruppe der sogenannten Deafferenzierungsschmerzen. Diese haben ihre Ursache in der (Teil-)Zerstörung eines afferenten Nervs. Unfälle, chirurgische Eingriffe, Nervenerkrankungen oder degenerative Prozesse können hierfür die Ursache sein.

Man geht nach neueren neurophysiologischen und neuroanatomischen Erkenntnissen davon aus, dass eine der Ursachen hierfür die Plastizität zentralnervöser Neuronen ist. Von der frisch durchtrennten afferenten Schmerzfaser gelangen – vermutlich als Folge der starken Irritation – erregende Impulse zu den nachgeschalteten Neuronen. Diese scheinen ihre Entladungsrate nun permanent zu steigern (s. Abschn. 16.3.1). Für die Existenz dieses Sensibilisierungsprozesses spricht folgende Tatsache: Wird bereits während der Amputation die Reizleitung an der durchtrennten Faser und die Übertragung auf zentrale Neuronen durch Lokalanästhetika unterbrochen, so kann damit in vielen Fällen das Auftreten von Phantomschmerzen in der Folge verhindert oder zumindest reduziert werden.

Kortikale Reorganisation. Neueren Studien zufolge besteht bei Patienten mit Phantomschmerz auch ein Zusammenhang zwischen Schmerz und kortikaler Reorganisation: Kortexareale, die infolge des Verlustes von einem Körperteil nicht mehr adäquat erregt werden, können im Laufe der Zeit von anderen afferenten Projektionen aus der Somatosensorik aktiviert, also quasi mitbenutzt werden. Es überwuchern gleichsam bestimmte intakte Körperregionen mit ihrem Projektionsgebiet das nicht mehr adäquat stimulierte Kortexareal. Je ausgeprägter dieser Prozess ist – was sich mit bildgebenden Verfahren erkennen lässt –, desto häufiger tritt Phantomschmerz auf.

Zusammenfassung

Chronischer Schmerz liegt vor, wenn der Schmerz seine Leit- und Warnfunktion verloren hat und selbstständigen Krankheitswert erlangt. Die häufigsten chronischen Schmerzen sind Rückenschmerzen, Kopf- und Gesichtsschmerzen sowie Gelenkschmerzen. Der Schmerzmittelgebrauch mündet in vielen Fällen in einen Schmerzmittelmissbrauch.

Wird eine periphere nozizeptive Faser mechanisch gereizt, so folgt daraus meist eine Schmerzempfindung, die in das periphere Versorgungsgebiet der Faser projiziert wird.

Bei einer Aktivierung nozizeptiver Fasern der Eingeweide kann übertragener Schmerz auftreten: Der Schmerz wird aus den Eingeweiden in Gebiete der Körperoberfläche (Head-Zonen) übertragen. Die Ursache für die Übertragung des Schmerzes liegt in der neuronalen Verschaltung beider Systeme auf Rückenmarksebene.

Phantomschmerzen gehören zur Gruppe der Deafferenzierungsschmerzen. Es handelt sich um Schmerzempfindungen, die z. B. nach Amputationen auftreten und so wahrgenommen werden, als kämen sie aus dem amputierten Glied.

16.4 Schmerztherapien

16.4.1 Medikamentöse Therapie

Bei der Einteilung der **Analgetika**, d.h. der schmerzhemmenden Substanzen, wollen wir uns der Systematik der modernen Pharmakologie anschließen: Man unterscheidet opioidartige Analgetika (Opioidanalgetika) und nichtopioidartige Analgetika (Nichtopioidanalgetika).

Opioidanalgetika

Zu den Opioidanalgetika zählt man

(1) die Opiate, zu denen das **Morphin** und die Alkaloide des Opiums mit morphinartiger Wirkung gehören, sowie synthetische Verbindungen mit morphinartiger Wirkung wie das Methadon und

(2) die körpereigenen Substanzen – **Endorphine**, **Enkephaline** und **Dynorphine** –, die ebenfalls an den Opioidrezeptoren wirken.

Die Opioidanalgetika docken an die Opioidrezeptoren neuronaler Membranen des nozizeptiven Systems an. Man unterscheidet drei Haupttypen von Opioidrezeptoren, an welche die verschiedenen Opioide mit unterschiedlicher Affinität bevorzugt binden: Diese sind der

▶ μ-Rezeptor, an den besonders das β-Endorphin und das Morphin binden,

▶ κ-Rezeptor als die bevorzugte Bindungsstelle des Dynorphins,

▶ δ-Rezeptor mit besonderer Affinität zum Leu-Enkephalin und β-Endorphin.

Therapeutisch kann Morphin entweder oral verabreicht, subkutan bzw. intravenös eingespritzt oder direkt ins Rückenmark eingebracht werden. Letzteres geschieht über eine feine Kanüle, durch die das Opiat direkt in den Rückenmarkskanal injiziert oder durch ein Dauerkathetersystem verabreicht wird.

Vertiefung

Von den drei Opioidrezeptortypen wurden wiederum Untertypen beschrieben, die minimale Strukturunterschiede aufweisen. Man nimmt an, dass beim Menschen der κ-Rezeptor vor allem für die Analgesie im Bereich des Rückenmarks verantwortlich ist sowie für die Atemdepression und Sedation. Der μ-Rezeptor, von dem die Untertypen μ_1 und μ_2 existieren, vermittelt Schmerzdämpfung vorwiegend in supraspinalen nozizeptiven Netzwerken. Auch die δ-Rezeptoren leisten einen Beitrag zur opioidinduzierten Schmerzdämpfung.

Besonders hohe Opioidrezeptordichten wurden in denjenigen Zentren identifiziert, die bekanntermaßen mit Schmerzleitung und Schmerzdämpfung befasst sind. Dazu gehören vor allem

▶ die Substantia gelatinosa im Rückenmark,

▶ das periaquäduktale Grau,

▶ die Raphe-Kerne,

▶ Kerne des Thalamus,

▶ das limbische System und

▶ der Hypothalamus.

Die synaptische Wirkung der Opioide besteht in erster Linie darin, dass neuronale Entladungen im schmerzleitenden System unterdrückt werden. Dies kann entweder durch Hyperpolarisation postsynaptischer Neuronen geschehen, was die Fortleitung von Aktionspotenzialen erschwert, oder durch präsynaptische Hemmung, was eine verminderte Transmitterausschüttung aus der schmerzleitenden Präsynapse zur Folge hat. Die Mechanismen sind für den Humanbereich allerdings noch nicht vollständig aufgeklärt.

Bei der Behandlung von chronischen Schmerzen (z. B. Tumorschmerzen) liegt das hauptsächliche Bestreben darin, die für den Patienten optimale Opiatdosis in möglichst konstanter Konzentration über lange Zeit aufrechtzuerhalten. Neben der regelmäßigen Infusion über implantierbare Infusionspumpen, die mikroprozessorgesteuert und programmierbar sind, stehen mittlerweile auch als eine besonders einfach zu handhabende Alternative für die Opiatbehandlung Pflaster zur Verfügung, von denen die Substanz über die Haut in geringen Dosen an den Organismus abgeben wird.

Außer der schmerzdämpfenden Wirkung haben **Opiate** eine Reihe von Effekten auf das zentrale Nervensystem und das Vegetativum. Zu den zentral gesteuerten Wirkungen gehören die Atemdepression, die Hustendämpfung und die Verengung der Pupille.

Seitens der wissenschaftlich fundierten Schmerztherapie wird zunehmend darauf aufmerksam gemacht, dass in der Praxis immer noch zu selten von der schmerzdämpfenden Wirkung der Opioide Gebrauch gemacht wird.

Exkurs

Die Befürchtung, dass Opioid-Analgetika zu einer Sucht führen können, zieht eine weitverbreitete, allerdings meist unberechtigte Scheu vor der Anwendung dieser Arzneimittel nach sich. Die Gefahr einer Suchtentstehung ist bei akuten Schmerzzuständen, wo Opioidanalgetika nur über kurze Zeit eingesetzt werden, zu vernachlässigen. Ebenso wenig ist bei chronischen Schmerzen und sachgemäßer Anwendung von Opioidanalgetika mit einer Suchtentstehung zu rechnen. Opioidanalgetika sollten keinesfalls nur zur Behandlung von Schmerzen im Endstadium eines Tumorleidens eingesetzt werden, sondern generell bei Tumorschmerzen, wenn nichtopioidartige Analgetika zur Beherrschung der Schmerzen nicht ausreichen. Es hat sich bewährt, auch chronische Schmerzen nichtmaligner Ursache mit Opioidanalgetika zu behandeln. Ganz allgemein gilt, dass jeder Patient ein Recht auf Beseitigung seiner Schmerzen hat (vgl. Forth et al., 2001).

Nichtopioidanalgetika

Die Nichtopioidanalgetika gehören nahezu alle zur Gruppe der antipyretischen (d. h. fiebersenkenden) Analgetika, die größtenteils chemisch verwandt sind und entsprechend ähnlich wirken. Nichtopioidanalgetika, die keine antipyretische Wirkung entfalten, spielen in der pharmakologischen Schmerztherapie nur eine geringe Rolle.

Hemmung der Prostaglandinsynthese. Die antipyretischen Analgetika wirken vorwiegend in der Peripherie, ZNS-Effekte sind in geringerem Ausmaß beteiligt. Die meisten der antipyretischen Analgetika bewirken eine Hemmung der Prostaglandinsynthese. Prostaglandine haben eine schmerzfördernde Wirkung u. a. wegen einer Senkung der Schwelle für Nozizeptorentladungen. Insbesondere bei entzündlichen oder anderen gewebsschädigenden Prozessen werden Prostaglandine in hoher Konzentration synthetisiert und freigesetzt.

Da allerdings die Hemmung der Prostaglandinsynthese nicht nur am Ort der Schmerzentstehung stattfindet, sondern im ganzen Organismus, können an anderer Stelle unerwünschte Nebenwirkungen auftreten. Dies betrifft vor allem den Bereich des Magen-Darm-Traktes, wo es u. a. zu Schleimhautschädigungen kommen kann.

Auch die zentrale Wirkung der antipyretischen Analgetika wird auf die Hemmung der Prostaglandinsynthese zurückgeführt, denn auch im ZNS spielen Prostaglandine bei der nozizeptiven Erregungsübertragung eine wichtige Rolle. Sie führen hier vermutlich zu einer Steigerung der Freisetzung von Substanz P aus den nozizeptiven Afferenzen.

Das wichtigste Medikament aus der Gruppe der antipyretischen Analgetika ist die Acetylsalicylsäure, deren bekanntester Vertreter wiederum das Aspirin ist.

Zusammenfassung

Bei der Einteilung der Analgetika unterscheidet man opioidartige und nichtopioidartige Analgetika.

Zu den Opioidanalgetika gehören die Opiate und die körpereigenen Substanzen – Endorphine, Enkephaline und Dynorphine –, die ebenfalls an den Opioidrezeptoren angreifen. Die Nichtopioidanalgetika sind meist antipyretische Analgetika, die durch Hemmung der Prostaglandinsynthese wirken. Das wichtigste Medikament aus dieser Gruppe ist das Acetylsalicylsäure enthaltende Aspirin.

16.4.2 Nervenblockade und Lokalanästhesie

Lokalanästhetika blockieren in reversibler Weise die Entstehung sowie die Fortleitung von Aktionspotenzialen. Geschieht dies an einer schmerzleitenden Faser, so wird dadurch die Schmerzempfindung verhindert, ohne dass es zu Einschränkungen des Bewusstseins kommt. Mittels klassischer Lokalanästhetika wie Kokain, Prokain oder Lidocain geschieht eine Unterbrechung der peripheren Schmerzleitung. Indikationen zur Nervenblockade sind vor allem **Neuralgien** von Rückenmarksnerven, postoperative Schmerztherapie, Narbenschmerzen und Schmerzen nach einer Herpeserkrankung. Das Lokalanästhetikum kann entweder an der Peripherie (z.B. der Haut) – am Nervenende – oder im Verlauf des peripheren Nervs z.B. vor seinem Eintreten ins Rückenmark appliziert werden.

Ein wesentliches Ziel der Nervenblockade besteht darin, den Teufelskreis infolge pathologisch gesteigerter Nozizeptorempfindlichkeit zu durchbrechen. Häufig liegt dem eine Entgleisung der Nozizeptoraktivität zugrunde: Nozizeptoren können über Verschaltungen mit Sympathikusfasern auf Rückenmarksebene zu gesteigerten Sympathikusimpulsen in Richtung auf die Peripherie führen. Überschießende Sympathikusaktivität führt hier u.U. zur unphysiologisch starken Kontraktion der Gefäße. Dies zieht Gefäßschmerzen nach sich, also erhöhte Nozizeptoraktivität. Gelingt es, durch pharmakologische Schmerzausschaltung die Sympathikuserregung zu dämpfen, unterbleiben auch die Impulse zu den Schmerzregionen an der Peripherie, und die Nozizeptoraktivität geht schließlich auf das natürliche Ausmaß zurück.

16.4.3 Gegenstimulationsverfahren

Die Gegenstimulationsverfahren beruhen auf der Tatsache, dass der Zustrom aus den schnell leitenden Nervenfasern auf die nozizeptiven Neuronen des Rückenmarks schmerzhemmend wirken kann (s. Gate-Control-Theorie in Abschn. 16.1.3). Die sog. transkutane elektrische Nervenstimulation (**TENS**) macht sich diesen Effekt direkt zunutze. Bei der Akupunktur und insbesondere der Elektroakupunktur kann ebenfalls von einem derartigen Wirkmechanismus ausgegangen werden.

Transkutane elektrische Nervenstimulation

Bereits die Ägypter, Griechen und Römer benutzten stark elektrisierende Fische wie den afrikanischen Zitterwels oder den Zitterrochen zur Behandlung verschiedener schmerzhafter Erkrankungen. Nachdem im Jahre 1965 die Gate-Control-Theorie vorgestellt worden war, konnte eine Erklärung dafür geliefert werden, warum durch eine solche Stimulation peripherer Nervenfasern Schmerzsignale gehemmt und damit Schmerzen unterdrückt werden können. Die Impulse schmerzleitender Aδ- und C-Fasern werden auf Rückenmarksebene durch die Aktivität der elektrisch stimulierten Aβ-Fasern gehemmt.

Wie die Akupunktur hat die transkutane elektrische Neurostimulation mittlerweile auch innerhalb der Schulmedizin ihren Platz und gehört in der Schmerzbehandlung zum Repertoire der nichtmedikamentösen Therapieformen.

Exkurs

Anwendung der TENS

Die Stimulierung geschieht meist mittels eines Gerätes mit variabler Frequenzeinstellung (1–200 Hz), veränderbarer Stromstärke und ggf. unterschiedlichen Stimulationsmustern. Dieser Stimulator hat etwa die Größe einer Zigarettenschachtel und ist über Elektroden mit der Haut verbunden. Der Patient kann sich die Elektroden nach kurzer Schulung selbst anlegen, entweder direkt an der schmerzenden Stelle oder in Rückenmarksnähe. Wichtig ist die Blockade zwischen Schmerzquelle und Gehirn. Häufig werden Akupunkturpunkte oder Triggerpunkte – das sind Punkte, die entweder spontan oder nach Druckreizung schmerzen – zur Elektrodenlokalisation verwendet. Eine Behandlungsphase dauert i. Allg. 20–50 Minuten und kann nach Belieben wiederholt werden. Dem Auftreten von Gewöhnungseffekten kann man durch Erhöhung der Stromstärke entgegenwirken.

Bei der TENS konnten zwei unterschiedliche neurochemische Prozesse identifiziert werden:

(1) Bei niederfrequenter Stimulation im Bereich von 1 bis 4 Hz werden primär Enkephaline und andere endogene Opioide freigesetzt. Niederfrequente TENS kommt damit in ihrer Wirkung möglicherweise der Akupunktur nahe. Die Analgesiewirkung ist hier länger andauernd als bei hochfrequenter TENS. Allerdings zeigen sich häufiger Reizungen der Haut, z.B. Brennen oder Jucken.

(2) Bei hochfrequenter TENS im Bereich von 80 bis 100 Hz tritt die Schmerzlinderung schneller ein, hält aber nicht so lange an. Möglicherweise findet hier durch synaptische Depression eine Hemmung im schmerzleitenden System statt.

TENS kann prinzipiell bei jeder Schmerzform angewendet werden. Es ist eine besonders nebenwirkungsarme Behandlung, die sich höchstens in allergischen Reaktionen der Haut bemerkbar macht. Es wird berichtet, dass bei chronisch Schmerzkranken durch diese Behandlungsmethode der Schmerzmittelverbrauch um ca. 50 % gesenkt werden konnte. Bei 20–30 % der Behandelten wirkt TENS allerdings nicht. Es wird spekuliert, dass die Ursache hierfür in einer Unausgewogenheit der Serotoninkonzentration im Gehirn oder einem ineffektiven endogenen Opioidsystem liegen könnte.

Akupunktur

Die Annahme, dass das Körperinnere auf die Körperoberfläche projiziert und dass umgekehrt über die Körperoberfläche Organe beeinflusst werden können, ist die Basis verschiedener alternativer Heilverfahren. Davon ist das bekannteste und am häufigsten angewandte die Akupunktur. Aus der chinesischen Medizin kommend, hat sie auch im Westen aufgrund ihrer hohen Erfolgsquoten insbesondere bei der Behandlung chronischer Schmerzen, aber auch bei Allergien, Gastritis, Herzbeschwerden, Bluthochdruck, Suchterkrankungen, psychosomatischen Beschwerden und psychischen Störungen wie Depressionen eine gewisse Verbreitung gefunden.

Die aus der klassischen chinesischen Tradition entstandene Systematik der Heilkunst entspricht in ihren Begründungen und Modellen nicht dem westlichen, naturwissenschaftlichen Ansatz der Medizin. So ist ein biologisches Substrat für die Meridiane als Verbindungen der bekannten Akupunkturpunkte bisher nicht gefunden. Die Erfolge der chinesischen Behandlungsverfahren rechtfertigen jedoch die Anwendung im klinischen Bereich auch bei unvollständiger wissenschaftlicher Erklärung der Wirkmechanismen.

Mögliche Begründung der Effekte. Der Effekt der Akupunktur dürfte sowohl auf nervalen als auch auf humoralen Mechanismen beruhen. So stellte man fest, dass bei Verbindung der Blutkreisläufe zweier Kaninchen die Schmerzschwelle eines Tieres durch Akupunktur des anderen angehoben werden konnte. Die Rolle der Endorphine und des Serotonins bei der synaptischen Übertragung wird u. a. dadurch unterstrichen, dass deren Antagonisten die Akupunkturwirkung (teilweise) aufheben. Sowohl der Opioidantagonist Naloxon, der die Endorphinrezeptoren blockiert, als auch Parachlorphenylalanin als Serotoninsynthesehemmer, dämpfen den analgetischen Effekt der Akupunktur (s. das neurophysiologische Modell in Abb. 16.10).

Neue tierexperimentelle Befunde weisen auch auf eine Beteiligung von Adenosintriphosphat hin, das sich bei stärkerer mechanischer Stimulation, wie z. B.

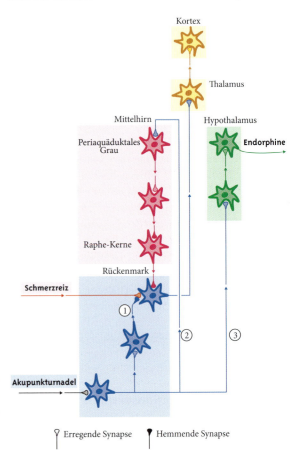

Abbildung 16.10 Neurophysiologisches Modell zur Erklärung der schmerzdämpfenden Wirkung der Akupunktur. (1) Es werden hemmende Interneuronen aktiviert, die präsynaptisch hemmend auf die schmerzleitende Faser aufgeschaltet sind und hier die Schmerzleitung unterdrücken. (2) Es findet über eine zweite (aufsteigende) Leitungsbahn eine Aktivierung der Schmerzhemmungszentren im periaquäduktalen Grau und im Nucleus raphe statt, die ihrerseits über absteigende Bahnen hemmend auf Rückenmarksneuronen zurückwirken. (3) Ein weiteres aufsteigendes Bahnsystem erreicht den Hypothalamus und wirkt hier – vermittelt über die Ausschüttung von β-Endorphinen – schmerzdämpfend

beim Einstechen und Drehen der Akupunkturnadel, anreichert. Es wird zügig u. a. zu Adenosin abgebaut, das bekanntermaßen eine analgetische Wirkung hat. Diese wird durch die Bindung von Adenosin an den Adenosinrezeptor A1 ausgelöst. Wird dieser Rezeptor pharmakologisch durch einen anderen agonistisch wirkenden Liganden aktiviert, so lässt sich ebenfalls Schmerzminderung induzieren. Wird die Expression dieses Rezeptors gehemmt, so geht auch die schmerzlindernde Wirkung der Akupunktur zurück. Offenbar spielt der A1-Rezeptor eine entscheidende Rolle bei der schmerzmindernden Wirkung der Akupunktur.

Bei Nervenblockade durch Lokalanästhesie oder bei Akupunktieren von Punkten unterhalb einer Querschnittslähmung wird keine Akupunkturwirkung erzielt, was darauf hinweist, dass ein intaktes nervales Reizleitungssystem eine notwendige Voraussetzung darstellt.

Es wird auch davon ausgegangen, dass die Akupunktur als unspezifische Reiztherapie das Immunsystem und das vegetative Nervensystem stimuliert.

Aufgrund dessen werden vielfältige Einsatzmöglichkeiten sowohl bei funktionellen wie bei psychovegetativen Erkrankungen gesehen. In der westlichen klinischen Anwendung in der Anästhesie wird Akupunktur oft mit anderen schmerzdämpfenden Verfahren aus der Schulmedizin kombiniert. Die klassische chinesische Medizin hingegen verwendet Akupunktur als alleiniges Anästhetikum selbst bei schweren, langwierigen Operationen.

Akupunktur und Migräne. Auch bei chronischen Schmerzerkrankungen wie der Migräne kann Akupunktur – einigen Berichten zufolge – einerseits akut zur Schmerzlinderung eingesetzt werden, andererseits auch zu langanhaltender Besserung bis hin zur Heilung führen. Verschiedene klinische Studien weisen darauf hin, dass über 50% der mit Akupunktur behandelten Migränepatienten von der Therapie profitierten – erhoben über subjektive Angaben zur Schmerzlinderung und über den Rückgang des Schmerzmittelgebrauchs. Bei über der Hälfte der gebesserten Patienten wurde bei Beobachtungszeiträumen zwischen 6 und 18 Monaten eine anhaltende Linderung beschrieben. Allerdings waren die diesbezüglichen Untersuchungen nicht immer streng kontrolliert, etwa gegen Placeboeffekte, sodass Akupunktur bei Migräne derzeit nicht als eine standardmäßig einsetzbare Therapiealternative gilt.

Abbildung 16.11 Biofeedback. Beispiel einer Anordnung zum Hauttemperaturbiofeedback. Die Aufgabe der Person besteht darin, eine möglichst große grüne Fläche auf dem Bildschirm zu erzeugen. Dies entspricht dann einer hohen Hauttemperatur

16.4.4 Biofeedback

Unter **Biofeedback** versteht man – wörtlich genommen – die Rückmeldung eines biologischen Körpersignals an das Individuum. Nach dem allgemeinen Sprachgebrauch wird jedoch der Begriff spezieller verstanden:

▶ Es handelt sich um biologische Prozesse *beim Menschen*.
▶ Biofeedback beinhaltet nicht immer nur die bloße Rückmeldung eines biologischen Prozesses, sondern zusätzlich die Verwendung der rückgemeldeten Information zur *willentlichen Veränderung* dieses Prozesses.

System aus drei Elementen. Ein Biofeedbackaufbau besteht im Wesentlichen – makroskopisch gesehen – aus drei Elementen:

(1) dem Organismus, der die relevante zu regulierende Größe (z. B. Hauttemperatur) liefert,
(2) einem Messsystem, das geeignet ist, die zu regulierende Größe zu erheben, und das Eingangssignal für das dritte Element liefert,
(3) einem Signalgeber, der dem Organismus Informationen über den Status und/oder Veränderungen der zu regelnden Größe liefert (s. Abb. 16.11).

Neben vegetativen Funktionen wie Blutdruck, Hauttemperatur, Herzrate und Gefäßmotorik kann durch Biofeedback auch die Aktivität der quergestreiften Muskulatur und des zentralnervösen Systems, z. B. die elektrische Aktivität des Gehirns (EEG), beeinflusst

16.4 Schmerztherapien

werden. Man verwendet als Rückmeldesignal z.B. einfache visuelle Darstellungen auf einem Bildschirm, die durch Einspeisung eines physiologischen Parameters hinsichtlich einer ganz bestimmten Charakteristik verändert werden können, etwa ihrem Ort auf dem Schirm. Es können z.B. auch Töne sein, die sich in Intensität oder Frequenz ändern können.

Chronische Schmerzen sind ein wichtiges Indikationsgebiet für Biofeedback. Speziell bei Rückenschmerzen – soweit sie nicht auf einer Organschädigung beruhen – kann Biofeedback als Therapie der ersten Wahl angesehen werden (s.u.). Daneben spielt Biofeedback eine große Rolle für die Therapie von Spannungskopfschmerz, Migräne und von Kiefergelenkschmerzen.

Wirkungsweise. Nach übereinstimmender Sichtweise aus verhaltensmedizinischer Perspektive wirkt Biofeedback zwar primär durch die direkte Beeinflussung des biologischen Zielparameters, aber zusätzlich dazu über wichtige sekundäre Effekte: Es ist erstens ein Mittel zur Verbesserung der Körperwahrnehmung, und zweitens zeigt es dem Patienten, dass er selbst auf seinen Körper einwirken kann. Dadurch kann die Konkordanz zwischen subjektivem Empfinden und körperlichen Prozessen erhöht werden. Der Patient lernt, bei Schmerzzuständen etwaige psychische Auslöser für das Auftreten der Schmerzen besser von körperlichen Auslösern zu differenzieren. Außerdem erkennt er, wie sensibel der Körper auf psychische Belastung reagieren kann, und wie es durch maladaptive Reaktionen zur Schmerzentstehung bzw. -verstärkung kommt.

Biofeedback wird nur gelegentlich als alleinige Therapiemethode eingesetzt, sondern meist in Kombination mit anderen Verfahren der Verhaltensmodifikation. Es kann z.B. immer dann die Therapie erfolgreich unterstützen, wenn den Patienten – etwa bei einer Angststörung – der enge Bezug zwischen psychischen Vorgängen und körperlichen Prozessen nicht bewusst ist.

Biofeedbackbehandlung bei chronischen Rückenschmerzen

Chronische Rückenschmerzen sind das am weitesten verbreitete Schmerzsyndrom überhaupt. Man geht von einer Häufigkeit von 20–30 % in der Bevölkerung aus. Rückenschmerzen können sehr unterschiedliche Ursachen haben, wobei häufig verschiedene pathogene Prozesse zusammenkommen. In jenen häufigen Fällen, in denen eine – wenn auch nur mittelbare – Beteiligung der Muskulatur an der Schmerzentstehung anzunehmen ist, ist ein Muskelrelaxationsbiofeedback angezeigt.

Muskelrelaxationsbiofeedback. Biofeedback wird bei Rückenschmerzpatienten mit dem Ziel eingesetzt, entweder bestimmte Bewegungsabläufe, die unphysiologisch sind, zu korrigieren oder dysfunktionale Muskelaktivität – meist im Sinne einer chronischen Tonuserhöhung – im Bereich des Rückens zu beseitigen. Im ersten (selteneren) Fall ist es erforderlich, sehr genau den Ort der Schmerzentstehung zu lokalisieren, was oft nicht einfach ist. Im zweiten Fall ist das Ziel der Biofeedbackbehandlung eher eine Verhinderung der muskulären Anspannungsreaktion, z.B. auf Stressreize. Es hat sich gezeigt, dass bei einer großen Zahl von Rückenschmerzpatienten die Reaktion auf psychische Belastungen in einer anhaltenden Verspannung bestimmter Muskeln des Rückens besteht. Biofeedback dient hier dem Erlernen einer gezielten Muskelentspannung im Rückenbereich.

Zum Erfolg des Muskelentspannungsbiofeedback spielt – ebenso wie bei anderen Biofeedbackverfahren – nicht nur die Veränderung in der physiologischen Zielvariablen eine wichtige Rolle, sondern auch ein Wechsel in der Einstellung des Patienten zu seiner Krankheit: Die Erfahrung, dass durch eigenes Zutun die Schmerzen gelindert werden können, stärkt das Vertrauen des Patienten in die Beeinflussbarkeit seiner Krankheit. Er kann die Rolle des passiv Leidenden aufgeben zugunsten eines aktiven und steuernden Umgangs mit seinem Körper.

Biofeedback bei Kopfschmerz

Unter chronischen Kopfschmerzen versteht man Kopfschmerzen, die länger als sechs Monate anhalten. Die Schmerzen können in diesem Zeitraum entweder als Dauerschmerz vorliegen oder temporär auftreten, dabei aber so häufig und intensiv sein, dass sie eine schwere Belastung darstellen. Chronische Kopfschmerzen sind in der Bevölkerung weit verbreitet. Für Deutschland schätzt man, dass ca. 8–11 % der Bevölkerung betroffen sind.

Biofeedback bei chronischem Spannungskopfschmerz. Chronischer Spannungskopfschmerz (Kopfschmerz vom Spannungstyp) ist definiert als symmetrischer, in seiner Intensität variierender und in der Qualität als dumpf erlebter Schmerz. Spannungskopfschmerz kann – muss aber nicht – seine Ursache in einer verstärkten muskulären Anspannung im Bereich des Ge-

314 | 16 Schmerz

sichts, Nackens, Halses und Schädels haben. Dies ist dann in relativ einfacher Weise mittels des **Elektro-myogramms** (s. Abschn. 26.6.3) nachweisbar, bei dem auf die Haut aufgeklebte Elektroden die (elektrische) muskuläre Aktivität erfassen. Stellt sich dabei heraus, dass eine erhöhte Muskelanspannung als Auslösefaktor vorliegt, kann ein Muskelentspannungsbiofeedback die Methode der Wahl sein.

Ablauf. In den meisten Fällen wird entweder der Stirnmuskel (Musculus frontalis), ein Nackenmuskel (Musculus trapezius) oder ein Kiefermuskel (Musculus masseter) für das Muskelrelaxationsbiofeedback ausgewählt. Dabei erhält der Patient die Aufgabe, durch geeignete Selbstinstruktion das Feedbacksignal in diejenige Richtung zu verändern, die einer geringeren Muskelanspannung entspricht.

Die Wirksamkeit des Muskelentspannungsbiofeedbacks ist beachtlich: Man kann auf der Grundlage einer Vielzahl von klinischen Studien davon ausgehen, dass bei etwa der Hälfte der Patienten mit Spannungskopfschmerz die Biofeedbacktherapie ein Nachlassen der Schmerzintensität um mindestens 50 % bewirkt. Die Effekte liegen in den gleichen Größenordnungen wie bei einer pharmakologischen Therapie.

Biofeedback bei Migräne. In Deutschland leiden etwa 10 % der Bevölkerung unter Migräne. Der Migräne-kopfschmerz tritt typischerweise anfallartig auf. Die Anfälle können mit sehr unterschiedlicher Häufigkeit auftreten, wobei die Dauer der anfallsfreien Intervalle zwischen einigen Stunden bis zu einem Jahr betragen kann. Meistens hält eine Migräneattacke zwischen 4 und 72 Stunden an. Die Schmerzen sind i. Allg. einseitig, pulsierend und werden durch körperliche Anstrengung verstärkt. Übelkeit und Erbrechen im Migräneanfall sind häufig. Die Auslöser sind sehr vielfältig, z. B. können Stressbelastung, bestimmte Nahrungsmittel und/oder Getränke (v. a. Alkoholika) und die hormonelle Situation (z. B. die prämenstruelle Zyklusphase) eine Rolle spielen. Die Ursachen für den Migräneschmerz sind noch nicht vollständig aufgeklärt. Nach neueren Erkenntnissen ist bei einem Migräneanfall die Aktivität v. a. im Ursprungsgebiet des Trigeminusnervs erhöht. Als Folge davon erweitern sich die Blutgefäße im Gehirn und in der Hirnhaut. Zusätzlich werden Transmitter (v. a. Neuropeptide) freigesetzt, die Mikroentzündungen auslösen (z. B. Substanz P). Der migränetypische, meist pulsierende Schmerz wird mit größter Wahrscheinlichkeit durch die extreme Gefäßerweiterung hervorgerufen.

Zur Biofeedbackbehandlung der Migräne wird überwiegend das **vasomotorische Biofeedback** der Kopfgefäße eingesetzt. Dieses greift unmittelbar am Ort der Schmerzentstehung an: Es wird über einen auf die Haut aufgeklebten photoelektrischen Sensor der Dehnungszustand der Schläfenarterie registriert. Das Feedbacksignal ermöglicht es dem Patienten, eine Gefäßverengung herbeizuführen. Es wird davon ausgegangen, dass diese auf die Gefäße innerhalb des Schädels generalisiert.

Es liegen zahlreiche, allerdings qualitativ sehr unterschiedliche Studien zur Wirksamkeit des Biofeedbacks bei Migräne vor. Als Quintessenz aus diesen Untersuchungen lässt sich festhalten, dass die Wirksamkeit belegt ist. Am stärksten wird die Häufigkeit und Dauer der Migräneattacken reduziert. Zudem werden die Stärke der Schmerzen und der Medikamentenkonsum positiv beeinflusst. Auch hier ist es stets sinnvoll, die Biofeedbackmethode mit anderen Verfahren der Verhaltensmedizin zu kombinieren, etwa mit Stressbewältigungstraining, Entspannungstraining oder klassischer Verhaltenstherapie.

16.4.5 Neurochirurgische Therapie

Die neurochirurgischen Verfahren zur Beseitigung oder Linderung von sonst nicht befriedigend behandelbaren Schmerzen können zwar Erleichterung vom Symptom »Schmerz« bringen, sie beseitigen jedoch nur in Ausnahmefällen (z. B. bei einer Nervenkompression) die Schmerzursache. Neurochirurgische Eingriffe werden in erster Linie bei Tumorschmerzen als **palliative** Maßnahme durchgeführt. Man unterscheidet drei verschiedene Verfahren zur Linderung von Schmerzen auf neurochirurgischem Wege:

(1) Läsionsverfahren (Durchtrennung oder Abtragung von Nervengewebe)
(2) Thermokoagulation
(3) Elektrostimulation

Läsionsverfahren: anterolaterale Chordotomie

Bei der **Chordotomie** wird meist der Tractus spinothalamicus des Rückenmarks operativ durchtrennt. Er besteht aus den aufsteigenden Bahnen im Vorderseitenstrang (= anterolateral) für die Druck-, Berührungs-, Schmerz- und Temperaturempfindung, ausgehend von den Zellen des Hinterhorns.

16.4 Schmerztherapien **315**

Im Allgemeinen wird bei 70–90 % der Patienten mit einseitiger anterolateraler Chordotomie zunächst eine deutliche Schmerzreduzierung erreicht. Bei beidseitiger Chordotomie liegt die Erfolgswahrscheinlichkeit zwischen 40 und 78 %. Wie bei allen operativen Verfahren der Schmerzbehandlung kehren in Einzelfällen die Schmerzen nach einiger Zeit zurück. Die anterolaterale Chordotomie wurde früher bei einer Vielzahl therapie-resistenter Schmerzsyndrome eingesetzt. Heute wird sie bevorzugt bei tumorbedingten schweren Schmerzen bei jenen Patienten angewendet, deren Lebenserwartung maximal wenige Jahre beträgt. Es muss in vielen Fällen eine Einschränkung der Lebensqualität wegen Störungen der Motorik, der Sexualität und der Blasenfunktion in Kauf genommen werden.

Thermokoagulation

Ein weiteres Verfahren zur Schmerzbehandlung ist das Verkochen (Thermokoagulation) der schmerzleitenden Fasern eines Nervs. Bei Erhitzen auf ca. 72 °C wird der Nerv noch nicht komplett zerstört, sondern es werden nur die außen liegenden Fasern geschädigt. Da sich hier eher die nozizeptiven und einige sensible Fasern befinden, kann so gezielt der Schmerz ausgeschaltet werden, ohne die motorische Komponente zu berühren. Vielfach müssen allerdings leichte Sensibilitätsstörungen in Kauf genommen werden, die jedoch nach einiger Zeit durch Regeneration des peripheren Nervs verschwinden können. Leider besteht durch das Wiederaussprossen der geschädigten Nervenfasern auch die Möglichkeit der Rückkehr des Schmerzes.

Neurostimulation

Eine vollständige Nervendurchtrennung beinhaltet das große Risiko, dass sich nach einiger Zeit der Schmerzfreiheit ein neuer dauerhafter, brennender Schmerz einstellt. Dieser Schmerz entspricht den Phantomschmerzen, die durch Deafferenzierung der zuführenden Nerven zustande kommen. Das Gehirn erhält keine normale Information aus den durchtrennten Nerven mehr und ersetzt diese Leere durch ständige Schmerzinformation. Ein solcher Schmerz ist kaum zu behandeln, weshalb man in der heutigen Neurochirurgie lieber etwas sanftere Methoden einsetzt, die den Nerv nicht komplett ausschalten.

Ein solches Verfahren ist die Neurostimulation insbesondere peripherer Nerven. Hier wird, vor allem nach Bandscheibenschädigungen, der betroffene Nerv durch elektrische Stimulation gereizt und die Schmerzinformation durch angenehmere Kribbelreize ersetzt. Zunächst wird eine Probestimulation für einige Tage durchgeführt und bei Erfolg ein Impulsgeber z. B. unter der Bauchhaut implantiert, der die kleine Elektrode im Rücken steuert. Die Einstellung dieses Impulsgebers erfolgt über einen kleinen Sender, der vom Patienten selbst bedient werden kann.

Prinzipiell kann diese Methode bei jedem Nerv verwendet werden. Experimentell wurde Schmerz auch durch zerebrale Neurostimulation – vor allem im Thalamus und im Mittelhirn – durch implantierte Elektroden behandelt.

Zusammenfassung

Nichtmedikamentöse Schmerztherapie

Die Unterbrechung der peripheren Schmerzleitung (= periphere Nervenblockade) kann mittels klassischer Lokalanästhetika geschehen. Das Lokalanästhetikum wird entweder an der Peripherie (z. B. der Haut) in das Nervende oder im Verlauf des peripheren Nervs bzw. vor seinem Eintreten ins Rückenmark appliziert.

Die Gegenstimulationsverfahren beruhen auf der Tatsache, dass der Zustrom aus den schnell leitenden Nervenfasern auf die nozizeptiven Neuronen des Rückenmarks schmerzhemmend wirken kann. Bei der transkutanen elektrischen Nervenstimulation (TENS) werden Aβ-Fasern elektrisch stimuliert, was auf Rückenmarksebene zu einer Hemmung der Impulse schmerzleitender Aδ- und C-Fasern führt.

Der schmerzlindernde Effekt der Akupunktur dürfte sowohl auf nervalen als auch auf humoralen Mechanismen beruhen. Endorphine, Serotonin und Adenosin spielen hierbei vermutlich eine wichtige Rolle. Es werden bei der Akupunktur sowohl schmerzhemmende Mechanismen auf Rückenmarksebene als auch das absteigende Schmerzhemmungssystem aktiviert.

Beim Biofeedback wird ein biologischer Prozess an das Individuum apparativ zurückgemeldet und diese Information kann zur willentlichen Veränderung des Prozesses dienen. Biofeedback wird bei chronischen Rückenschmerzen, bei Spannungskopfschmerz und gelegentlich auch bei Migräne erfolgreich eingesetzt. Es ist stets sinnvoll, die Bio-

▶

feedbackmethode mit anderen Verfahren der Verhaltensmedizin zu kombinieren, etwa mit Stressbewältigungstraining, Entspannungstraining oder klassischer Verhaltenstherapie.

Neurochirurgische Eingriffe werden in erster Linie bei Tumorschmerzen als palliative Maßnahme durchgeführt.

Weiterführende Literatur

Basler, H.-D. (2001). Psychologische Methoden zur Behandlung chronisch Schmerzkranker. In M. Zenz & I. Jurna (Hrsg.), Lehrbuch der Schmerztherapie (2. Aufl.). Stuttgart: Wissenschaftliche Verlagsgesellschaft mbH.

Diener, H.-C. & Meier, C. (2008). Die Schmerztherapie (3. Aufl.). München: Urban & Fischer.

Kröner-Herwig, B., Frettlöh, J., Klinger, R. & Nilges, P. (2007). Schmerzpsychotherapie (6. Aufl.). Berlin: Springer-Verlag.

Rief, W. & Birbaumer, N. (2006). Biofeedback (2. Aufl.). Stuttgart: Schattauer.

17 Stress

Stress ist ein Prozess, der aus drei Komponenten besteht:
(1) einer Interaktion des Individuums mit seinem Reizumfeld, die durch Anforderungscharakter gekennzeichnet ist;
(2) einem oder mehreren Bewältigungsversuchen im Umgang mit dieser Situation;
(3) einer Auslenkung aus der Balance körperlicher und psychischer Funktionen als Ergebnis dieser Anstrengungen des Individuums (»Stress« im engeren Sinne).

Das Stressphänomen setzt sich also zusammen aus einem Stimulus, dem **Stressor**, einem Element subjektiven Erlebens im Sinne eines Bewältigungsversuchs einschließlich des begleitenden affektiven Zustands und einer Stressreaktion. Schließlich ist noch hinzuzufügen, dass die Stressreaktion wiederum oft als eine – unangenehm erlebte – Befindlichkeitsveränderung wahrgenommen wird und damit u. U. selbst Stimuluscharakter erhält. Stress wird in dem Moment gesundheitsgefährdend, in dem die Bewältigungsversuche erfolglos bleiben und der Zustand eines psychophysischen Ungleichgewichts über einen längeren Zeitraum herrscht.

Die physiologischen Reaktionen bei Stress sind aus evolutionärer Perspektive gesehen sinnvolle Reaktionen auf Stressoren, die eine unmittelbare Bedrohung der Unversehrtheit eines Organismus darstellen. Diese Bedrohungen kamen bei unseren tierischen und sehr frühen menschlichen Vorfahren vor allem als »Fressfeinde« vor. In der Auseinandersetzung mit Feinden kann man einerseits fliehen oder andererseits versuchen, sie durch Kampf zu überwältigen. Schon zu Beginn der Stressforschung wurde daher die sog. **Kampf-Flucht-Reaktion** (»fight flight reaction«) als weitgehend deckungsgleich mit der physiologischen Stressreaktion angesehen. Sowohl der Begriff der Kampf-Flucht-Reaktion als auch die Verwendung des Wortes »Stress« im Zusammenhang mit psychophysischen Belastungen wurde von Walter B. Cannon (s. Abschn. 7.2) in den 1930er-Jahren eingeführt.

Der moderne Stressbegriff geht aber nicht primär von derart extremen oder außergewöhnlichen Belastungen aus, sondern man spricht bei jeder Art von Belastung, die den Organismus zu einer Anpassungsleistung zwingt, von einer »Stressbelastung«. Unter solche Anforderungssituationen fallen z. B. auch Nahrungsmangel, starke Temperaturschwankungen, Zwang zu Entscheidungen bei Unsicherheit, Arbeiten unter Zeitdruck oder emotionale Belastungen ohne Bewältigungsmöglichkeiten.

Wie geht nun ein menschlicher Organismus, dessen genetische Ausstattung sich den veränderten kulturellen bzw. zivilisatorischen Anforderungen noch nicht vollständig anpassen konnte, mit den Stressoren unserer Zivilisation um? Die »natürliche« (physiologische) Stressreaktion, die für besondere akute Anforderungen an den Organismus vorgesehen ist, ist hier inadäquat. Offenes Kampf-Flucht-Verhalten ist im Regelfall unangemessen. Dennoch kommt es zu Aktivierungsanstiegen in vielen Organsystemen.

 Der Komplex »Stress« setzt sich zusammen aus
- einem Stimulus (Stressor),
- einer Erlebenskomponente, meist im Zusammenhang mit einer Bewältigungshandlung, und
- einer Auslenkung aus dem optimalen, im Gleichgewicht befindlichen körperlichen Funktionsniveau.

17.1 Die Stressreaktion

Die Evolution hat solche Spezies überleben lassen, die sich den naturgegebenen Anforderungen anpassen konnten. Die Stressreaktion ist eine auf viele Stressoren **generalisierte Anpassungsreaktion**, bei der u. a. endokrine und neuronale Reaktionen in koordinierter Weise ablaufen. Durch diese Abstimmung von Parametern des Stoffwechsels, des Immunsystems und des Verhaltens wird der Organismus in die Lage versetzt, adäquat auf die gestellten Anforderungen zu reagieren.

Historische Befunde. Die Idee einer auf sehr unterschiedliche Stressoren *generalisierten Stressreaktion* geht auf Hans Selye zurück, der als Begründer der modernen Stressforschung gilt. Er fand in einer langen Reihe von Tierexperimenten in der Zeit von 1950 bis 1970 relativ übereinstimmende (patho-)physiologische Reaktionen (s. Abschn. 17.1.1) auf verschiedene Stressoren wie Temperaturschwankungen, Immobilisierung und soziale Stressoren. Aufgrund dessen formulierte er die These, dass die Stressreaktion hinsichtlich der Auslösereize unspezifisch sei und immer aus gleichartigen Komponenten bestehe.

Forscherpersönlichkeit

Hans Selye wurde 1907 in Wien geboren. Er studierte Medizin und Philosophie an den Universitäten Prag, Paris und Rom. Im Jahr 1932 nahm er seine Tätigkeit an der McGill-Universität in Montreal (Kanada) auf. Er gründete das International Institute of Stress (University of Montreal). Hier führt er bis zu seinem Tode seine bahnbrechenden Arbeiten zum Thema Stress durch.

Er entdeckte, dass bei Labortieren eine Fülle von Stressoren (Giftstoffe, Verletzungen, ungünstige Umweltbedingungen, soziale Belastungen) in nahezu gleichartiger Weise schwerwiegende körperliche Veränderungen hervorriefen. Dazu gehörten Schrumpfung der Thymusdrüse, Vergrößerung der Nebennierenrinde und Magengeschwüre. Viele Tiere starben an den Folgen dieser Belastungen. Er nannte das Syndrom stressbedingter körperlicher Veränderung »General Adaptation Syndrome« (GAS). Selye übertrug diese Ergebnisse auf den Menschen, wobei er vor allem auf die schädlichen Begleiterscheinungen einer Imbalance im hormonellen System aufmerksam machte.

Es ist das Verdienst Selyes, dass der Zusammenhang zwischen psychischen Belastungen und somatischen Krankheiten eine wissenschaftliche Fundierung fand und von einer breiteren Öffentlichkeit beachtet wurde. In seiner 50-jährigen Laufbahn als Stressforscher schrieb Selye 33 Bücher, die in mehrere Sprachen übersetzt wurden. Außerdem verfasste er über 1500 Zeitschriftenartikel. Er starb 1982 in Montreal.

In ihrer strengen Form ist Selyes These einer generalisierten Stressreaktion heute nicht mehr haltbar. Auf der Basis sehr sorgfältiger neuerer Untersuchungen hat man davon auszugehen, dass unterschiedliche Stressoren keineswegs immer zu identischen Reaktionen führen müssen. Ebenso ist festzustellen, dass verschiedene Individuen bei gleichen Stressoren unterschiedliche Reaktionen zeigen können.

17.1.1 Beobachtungen zu Stressfolgen im Tierreich

Die Stressreaktion äußert sich über die verschiedenen Arten hinweg in vergleichbaren Verhaltensmustern, die im Rahmen einer natürlichen Bedrohung sinnvolle Anpassungen darstellen. Im natürlichen Umfeld werden Tiere vor typische Herausforderungen gestellt: Innerhalb der eigenen Gruppe müssen Rangordnungen geschaffen und nach außen das Territorium verteidigt werden. Es muss Nachwuchs gezeugt und aufgezogen, d. h. vor allem ernährt und verteidigt werden, weshalb zumindest zeitweise eine Paarbeziehung aufgebaut werden muss. Außerdem sind Anpassungen an wechselnde Umweltbedingungen zu leisten, und es kann die Eroberung eines neuen Territoriums erforderlich werden. Einige dieser Anforderungen erfordern eine schnelle Reaktion auf sich plötzlich ändernde Situationen. Insbesondere für diese Situation enthält die Stressreaktion bestimmte Elemente, die rasch und automatisiert ausgelöst werden. Dazu gehören auch bestimmte Emotionen.

Stresstypisches Verhalten. Angst ist die wichtigste Emotion im Zusammenhang mit dem Einwirken von Stressoren. Bei Tieren äußert sie sich häufig im sog. Freezing (Erstarren). Auch Aggressivität tritt häufig auf – besonders bei sozialen Stressoren. Sie kann sich z. B. als Drohgebärde vor oder während eines Kampfes zeigen. Während dieser Vorgänge im Zuge einer Kampf- oder Fluchtreaktion werden zwei andere prinzipiell für das Überleben wesentliche Verhaltenskomponenten zurückgestellt: die Nahrungsaufnahme und das reproduktive Verhalten.

Dauerstress und seine Folgen. Von besonderer Bedeutung sind die langfristigen Folgen anhaltender Stressbelastung. So scheint bei bestimmten Tierspezies ihre Populationsdichte nicht nur durch die stressbedingte Reduzierung des Reproduktionsverhaltens verringert zu werden, sondern sogar durch den stressbedingten Tod hierarchisch niedriger Tiere. Insgesamt scheint bei einem durch Stress chronisch aktivierten Organismus das Aggressionsverhalten zu sinken, wodurch eine stabile Rangordnung ermöglicht wird. Bei einigen Tierspezies zeigt sich nach wiederholtem Misserfolg im Kampf um die Rangordnung eine drastische Reaktion: Der Körper scheint gleichsam seine Reserven zu verbrauchen, die Tiere magern ab, werden schwächer und das Immunsystem bricht zusammen. Dies kann zum Tod dieser Tiere führen. Auch beim Menschen werden typische Stressreaktionen beobachtet, die einerseits in aggressivem Verhalten (Kampf) bestehen können, andererseits aber auch im Rückzug (Flucht). Viele dieser Reaktionen werden innerhalb kürzester Zeit aktiviert, was auf automatisierte Prozesse hinweist. Eine chronische Stressbelastung – verbunden mit fehlenden Bewältigungsmöglichkeiten – setzt beim Menschen ebenso wie im Tierreich physische Reaktionen in Gang, die den betreffenden Organismus noch mehr schwächen. Sollen diese im Zuge einer Verhaltensmodifikation verändert werden, erfordert das meist langwierige therapeutische Interventionen wie Stressmanagementtraining oder kognitive Umstrukturierung.

Erlernte Hilflosigkeit. Die Verhaltensbeobachtung bei Tieren kann wichtige Anregungen zur Erklärung für menschliche Adaptationsmechanismen liefern. Dies zeigt das Beispiel eines zentralen Konzepts der Depressionsforschung. Die »Theorie der erlernten Hilflosigkeit« nach Martin Seligman (1975) bildet eine theoretische Verknüpfung von Stress, Angst und Depression. Seligman beobachtete ursprünglich, dass Hunde, die einem aversiven Reiz ausgesetzt wurden, unterschiedliche Verhaltensweisen zeigten, je nachdem, ob sie Einfluss auf den Reiz nehmen konnten oder nicht. Wurden die Hunde durch einen Ton akustisch vor einem Elektroschock gewarnt, sodass sie durch Sprung in einen anderen Bereich des Käfigs dem aversiven Stimulus ausweichen konnten, blieb ihr weiteres Verhalten normal. Tiere, die dagegen unsystematisch und ohne Vorwarnung Elektroschocks erhielten und keine Gelegenheit zur Flucht hatten, zeigten zunehmend passives Verhalten. Sie kauerten sich zusammen und unternahmen – selbst wenn sich ihnen später die Gelegenheit bot – kaum noch Anstrengungen, den Schocks zu entfliehen. Sie verhielten sich auch überaus schreckhaft. Dieses Benehmen ist einem *depressiven* Verhaltensmuster sehr ähnlich, das auch durch Passivität und Antriebslosigkeit gekennzeichnet ist. Nach Seligmans Theorie könnte also eine Depression durch die Erfahrung von Kontrollverlust und Hilflosigkeit ausgelöst werden. Obwohl dies nur einen Teilaspekt des Zusammenhangs zwischen Depression und Stress betrifft (Weiteres zur Depression s. Abschn. 21.1.3), hat dieses Konzept sowohl die Stressforschung als auch verhaltenstherapeutische Behandlungsansätze bei der Depression angeregt.

17.1.2 Die Physiologie der Stressreaktion

Das innerorganismische Netzwerk zur Steuerung der verschiedenen Komponenten einer Stressreaktion bedient sich zweier Systeme (auch Stressreaktions-Achsen genannt). Das eine bedient sich der Neurotransmission über den Sympathikus. Das zweite ist die Hypothalamus-Hypophysen-Nebennierenrinden-Achse (**HPA-Achse**; s. u.), die auf hormonellem Wege agiert.

Der Hypothalamus als Ausgangspunkt für die beiden Stressreaktions-Achsen. Der Hypothalamus ist mit über- und untergeordneten Bereichen des ZNS efferent und afferent verschaltet (s. Abb. 17.1). Er erhält sowohl Informationen über den sensorischen Input als auch über Eingeweidevorgänge. Auf der Basis der Informationen über den Zustand des inneren Milieus, wie Temperatur, Ionenhaushalt oder Hormonkonzentrationen im Blut, kann er seine Funktion als oberstes Integrationsorgan vegetativer Funktionen ausüben. Er ist u. a. für die Anpassung von Atmung, Kreislauf, Flüssigkeits- und Nahrungsaufnahme, Körpertemperatur und Reproduktionsverhalten zuständig. Hypothalamische Efferenzen verlaufen auf neuronalem Wege zu Neuronen des sympathischen und parasympathischen Nervensystems und zum Hypophysenhinterlappen (Neurohypophyse), auf hormonellem Weg vermittels neurosekretorischer Neuronen zum Hypophysenvorderlappen.

Stressreaktion und sympathisches Nervensystem

Sympathikus und Parasympathikus bilden die beiden Hauptzweige des peripheren vegetativen (autonomen) Nervensystems (vgl. Abschn. 7.2). Der Sympathikus steuert primär Aktivierungsvorgänge, wie sie für die Kampf- oder Flucht-Reaktion nötig sind. Er sorgt bei einer Änderung des inneren oder äußeren Milieus – z. B. aufgrund einer Temperaturänderung, bei Blutverlust oder der Angst während eines Kampfes – u. a. für eine Leistungssteigerung des Herzens, für die Weitstellung der Bronchien und für Veränderung im peripheren Gefäßsystem. Der Transport des Blutes mit seinen Inhaltsstoffen zu den Muskeln der Arbeitsmuskulatur wird gefördert.

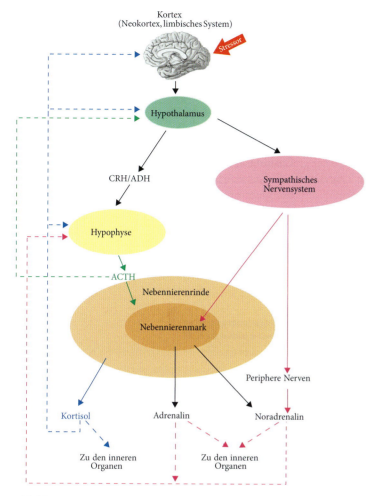

Abbildung 17.1 Die zwei Systeme der Stressreaktion. Die Abbildung zeigt das Zusammenspiel der HPA-Achse (links) und des sympathischen Nervensystems (rechts) bei der Stressreaktion. CRH = Kortikotropin-Releasing-Hormon, ADH = antidiuretisches Hormon, ACTH = adrenokortikotropes Hormon. Die Arbeit der HPA-Achse wird durch zahlreiche Feedbackschleifen sehr eng reguliert (unterbrochene Linien). So besitzen v. a. die Hypophyse und der Hypothalamus Chemosensoren zur Registrierung der im Blut vorhandenen Konzentrationen verschiedener Hormone

Adrenalin und Noradrenalin. Von besonderer Bedeutung im Zusammenhang mit der sympathisch vermittelten Stressreaktion (s. Abb. 17.1) ist die Ausschüttung von **Adrenalin** und **Noradrenalin** aus dem Nebennierenmark in den Blutstrom (s. Abschn. 8.5.4). Diese beiden Hormone wirken an vielen inneren Organen funktionssteigernd. So wird z. B. die Herzarbeit intensiviert und der Blutdruck erhöht. Adrenalin fördert darüber hinaus durch Eingriff in den Glukosestoffwechsel die Freisetzung energieliefernder Substanzen. Noradrenalin wirkt zugleich als ein Neurotransmitter im Gehirn. Es wird davon ausgegangen, dass einige der psychischen Komponenten der Stressreaktion von noradrenergen Neuronen vermittelt werden. Zumindest ist (aus dem Tierexperiment) bekannt, dass beim Einwirken verschiedener Stressoren die Ausschüttung von Noradrenalin z. B. im Bereich des Hypothalamus und des Frontalkortex ansteigt. Ebenso dürften die Zellkörper noradrenerger Neuronen im Hirnstamm zahlreiche Zuflüsse von der Amygdala erhalten. Letztere gilt als das wichtigste Gehirngebiet für die Entstehung von Angstreaktionen.

Die HPA-Achse

Für die Hypothalamus-Hypophysen-Nebennierenrinden-Achse hat sich auch im Deutschen weithin die Bezeichnung »HPA-Achse« (für engl. hypothalamus-pituitary-adrenocortical axis) eingebürgert. Das Zusammenspiel des unter Stress aktivierten Regelkreises von Hypothalamus, Hypophyse und Nebennierenrinde dient insbesondere zur Sekretionsregulation der **Glukokortikoide**. Die Hypophyse ist das hormonelle Ausführungsorgan des Hypothalamus. Durch die Freisetzung des Kortikotropin-Releasing-Hormons (**CRH**) in den hypophysären Portalkreislauf der **Adenohypophyse** reguliert der Hypothalamus die Ausschüttung des adrenokortikotropen Hormons (**ACTH**) aus dem Hypophysenvorderlappen. An der Nebennierenrinde löst ACTH vor allem die Sekretion von Glukokortikoiden aus. Diese werden in der mittleren der drei Schichten der Nebennierenrinde, der Zona fasciculata, gebildet, während die innere Schicht (Zona reticularis) hauptsächlich Androgene (s. Abschn. 18.5.5) und die äußere Schicht (Zona glomerulosa) vor allem Mineralokortikoide produziert. (Die Mineralokortikoide – Hauptvertreter ist das Aldosteron – spielen z. B. eine wichtige Rolle in der Regulation des Wasserhaushalts durch die Niere.)

Funktionen der Glukokortikoide

Glukokortikoide – vor allem Kortisol – erfüllen eine Reihe wichtiger Funktionen im Zusammenhang mit der Aufrechterhaltung der Homöostase. Im Zuge der Stressreaktion dient die Glukokortikoidausschüttung der **Energiebereitstellung**. Über vielfältige biochemische Reaktionsketten kann dem Körper durch die Glukokortikoidwirkung **Glukose** zur Verfügung gestellt werden. Die **Glukoneogenese** der Leber wird stimuliert, Aminosäuren werden in Glukose umgewandelt, wofür Muskelproteine abgebaut werden. Triglyzeride werden gespalten, wodurch sich der Fettsäurespiegel im Blut erhöht. Die Glukoseaufnahme in Fettzellen wird reduziert. Die Summe dieser Einzelwirkungen besteht u. a. in einer Erhöhung des Blutzuckerspiegels. Eine diabetogene Wirkung der Glukokortikoide – z. B. bei ständiger Erhöhung des Kortisolspiegels – hat hier ihre Ursache. Darüber hinaus sind die Glukokortikoide ein wichtiges Bindeglied zwischen der HPA-Achse und dem Immunsystem (s. Abschn. 17.2). Auch im Gehirn, das von den fettlöslichen Glukokortikoiden über die Blut-Hirn-Schranke erreicht werden kann, haben sie Wirkungen, etwa im Zusammenhang mit Lernen und Gedächtnis. Begleiterscheinungen eines chronisch erhöhten Glukokortikoidspiegels können sein: Bluthochdruck, Abbau von Muskelgewebe, Fertilitätsstörungen und Wachstumshemmung.

Die Feinabstimmung der HPA-Achse geschieht durch mehrere negative Rückkopplungsmechanismen auf nahezu allen Ebenen des Systems (s. Abb. 17.1).

Beeinflussung von Immunsystem und Gehirn. Eine weitere wichtige Funktion erfüllen die Glukokortikoide bei Entzündungsreaktionen, da sie Entzündungsprozesse hemmen und das Immunsystem supprimieren (= dämpfen) können. Sie scheinen jedoch an anderer Stelle des Immunsystems auch aktivierende Funktionen auszuüben.

Im Gehirn können die Glukokortikoide direkte Wirkungen auslösen. Hierfür sind zwei Rezeptorsysteme zuständig: die Mineralokortikoidrezeptoren und Glukokortikoidrezeptoren. Beide Rezeptoren scheinen differenzierte Funktionen zu erfüllen, die sowohl für die positiven als auch für die schädlichen Wirkungen der Glukokortikoide – und damit von Stress – im Gehirn ursächlich sind. So modulieren sie

(1) Emotionen wie Angst und depressive Verstimmungen,
(2) kognitive Prozesse wie Lernen und Gedächtnis.

Eine erhöhte Glukokortikoidkonzentration scheint im Bereich des Hippocampus eine auf Dauer schädigende Wirkung auszuüben. Es konnte am Gehirn von Nagetieren gezeigt werden, dass anhaltende Stressbelastung (über mehrere Wochen) zu einem Untergang hippocampaler Neuronen führt. Es liegen auch einige Befunde am Menschen vor, die auf eine schädigende Wirkung der Glukokortikoide auf den Hippocampus hinweisen: Zum einen zeigt sich bei Patienten mit dem **Cushing-Syndrom**, das durch eine Überproduktion von Glukokortikoiden gekennzeichnet ist, eine Hippocampusatrophie. Diese ist umso stärker, je höher die Glukokortikoidkonzentration im Blut ist. Zum anderen fand sich bei Vietnamkriegsveteranen, die ein posttraumatisches Stresssyndrom (PTSD, für engl. posttraumatic stress disorder) entwickelt hatten, eine sehr viel stärkere Hippocampusatrophie als bei denjenigen Kriegsveteranen ohne PTSD.

> #### Zusammenfassung
>
> Glukokortikoide, deren wichtigster Vertreter das Kortisol ist, erfüllen wichtige Funktionen im Zusammenhang mit der Energiebereitstellung im Organismus. Sie wirken außerdem immunsuppressiv. Über Rezeptoren im Gehirn können sie einen Einfluss auf die emotionale Befindlichkeit und kognitive Leistungen ausüben.
>
> Bei lang anhaltender erhöhter Glukokortikoidkonzentration kann es zu Störungen einer ganzen Reihe von Systemen kommen. Dazu gehören erhöhter Blutdruck, Zerstörung muskulären und hippocampalen Gewebes, Unfruchtbarkeit, Wachstumshemmung, Hemmung von Immunreaktionen, Hemmung von Entzündungsreaktionen und Diabetes.

Das Kortikotropin-Releasing-Hormon-System

Das Kortikotropin-Releasing-Hormon (CRH) löst in der Hypophyse die ACTH-Sekretion aus, die wiederum in der Nebennierenrinde die Glukokortikoidsynthese in Gang setzt. Darüber hinaus hat CRH aber auch eigenständige Wirkungen im ZNS, die für die Stressreaktion von großer Bedeutung sind.

Im Tierversuch wurden die Wirkungen von CRH-Injektionen in die Ventrikel des Gehirns untersucht. Es konnten verschiedene Verhaltensauffälligkeiten beobachtet werden, die sonst auch in Anwesenheit von Stressoren auftreten: reduzierte Nahrungsaufnahme, verminderte sexuelle Aktivität, erhöhte Schreckhaftigkeit und Angst. Auch das Lernen und die Gedächtnisleistung verändern sich durch CRH. Einzelne CRH-Gaben förderten die Lernleistung im Experiment. Es gibt jedoch Hinweise darauf, dass chronische Stressaktivierung und damit erhöhte CRH-Konzentrationen die Merkfähigkeit verschlechtert. Darüber hinaus führen Veränderungen der CRH-Konzentration zu einer Destabilisierung des Schlaf-Wach-Zyklus und der Schlafphasen.

Zwei Typen von CRH-Rezeptoren. Bisher sind im Gehirn zwei Typen von CRH-Rezeptoren identifiziert worden: der CRH_1- und der $CRH_{2\alpha}$-Rezeptor. (Ein $CRH_{2\beta}$-Rezeptor findet sich in der Peripherie.) Diese Rezeptoren scheinen für unterschiedliche Aufgaben zuständig zu sein. So ist der CRH_1-Rezeptor bei Angstverhalten, Lernen und Gedächtnis beteiligt, v.a. vermittelt über die Amygdala, während der $CRH_{2\alpha}$-Rezeptor bei der Nahrungsaufnahme und Gewichtsregulation eine Rolle spielt. Die aktuelle CRH-Rezeptorendichte in unterschiedlichen Hirnarealen hat also, neben der CRH-Konzentration, eine wichtige Bedeutung für die Regulation der genannten Vorgänge.

Zusammenfassung

Das CRH-System ist nicht nur als Startpunkt der HPA-Achse von zentraler Bedeutung für die Regulation zahlreicher wichtiger Körperfunktionen, sondern es spielt selbst auch bei kognitiven und emotionalen Prozessen eine entscheidende Rolle. Demnach können Dysregulationen im Bereich des CRH-Systems und nachgeschalter Funktionen auch an der Entstehung von Störungen kognitiver und emotionaler Prozesse beteiligt sein.

17.2 Stress und Immunsystem

Das schnell wachsende Wissensgebiet der **Psychoneuroimmunologie** befasst sich mit den Zusammenhängen zwischen Prozessen im Zentralnervensystem, dem endokrinen System und dem Immunsystem. Eine Fülle von Untersuchungen an Mensch und Tier belegt, dass Stressbelastungen einen (meist negativen) Einfluss auf das Immunsystem ausüben können. Dies scheint nicht nur für Stressoren aus der Umwelt zu gelten, sondern auch für negative Emotionen und psychopathologische Zustände. Über die Ausschüttung der Glukokortikoide, die einen Einfluss auf Immunfunktionen haben, herrscht hier eine enge Verzahnung.

Neben dieser hormonellen Interaktion existieren auch nervale Verbindungen zwischen dem vegetativen Nervensystem und Organen des Immunsystems, nämlich der Thymusdrüse und der Milz. Ein Beleg für eine zelluläre Basis der Interaktion zwischen Nervensystem und Immunsystem ist die Tatsache, dass auf Zellen des Immunsystems, z.B. auf den Lymphozyten (s. Abschn. 17.2.1), Rezeptoren für Neurotransmitter (v.a. Adrenalin und Noradrenalin) gefunden wurden. Der wichtigste diesbezügliche Rezeptor scheint der β_2-adrenerge Rezeptor zu sein. Er konnte auf Makrophagen und T-Lymphozyten (s.u.) nachgewiesen werden.

Zweiwegekommunikation. Ebenfalls empirisch abgesichert ist, dass auch die umgekehrte Kommunikation existiert: Immunparameter können auch auf Gehirnfunktionen und damit auf das Verhalten wirken. Es ließ sich beispielsweise nachweisen, dass Produkte des Immunsystems, z.B. Interferon und Interleukin, die Gehirnaktivität beeinflussen. Auch zeigten erhöhte Antikörperkonzentrationen Effekte auf die Entladungsraten hypothalamischer Neuronen. Auf der Basis dieser und zahlreicher weiterer Untersuchungen ist gesichert, dass die zelluläre und biochemische Ausgestaltung des Immunsystems sowie des Nervensystems eine Zweiwegekommunikation gestattet. Das Vorhandensein dieser Kommunikationswege bildet die organische Grundlage einerseits für die Entstehung körperlicher Krankheit durch anhaltenden Stress, andererseits für die (positiven oder negativen) Auswirkungen des somatischen Zustands auf kognitive und emotionale Prozesse.

17.2.1 Immunabwehr

Die Aufgabe des Immunsystems besteht darin, den Körper vor Einflüssen durch schädliche Substanzen von außen zu schützen. Hierzu zählen Parasiten oder Krankheitserreger wie Bakterien und Viren, aber auch bestimmte chemische Stoffe. Das Immunsystem muss also in der Lage sein, zwischen »fremd« und »eigen« zu unterscheiden. Bei den Immunmechanismen unterscheidet man grob die unspezifischen angeborenen von den spezifischen, die im Laufe des Lebens erworben werden und sich gegen einzelne Erreger richten.

Unspezifische Immunabwehr

Zur unspezifischen Immunabwehr gehören – neben der Abwehr auf zellulärer Basis – auch die physikalischen und chemischen Barrieren der Haut und Schleimhäute, die den Körper vor dem Eindringen fremder Substanzen von außen schützen. Auch die Möglichkeit, durch Fieber bereits eingedrungene Mikroorganismen zu schädigen, ist Teil der unspezifischen Abwehr.

Zelluläre Abwehr. Der Körper produziert verschiedene Zellen, die vollständig im Dienste des Abwehrsystems stehen. Hierzu zählen insbesondere die **Makrophagen**, große Fresszellen, die eingedrungene Erreger in sich aufnehmen und dort abbauen können. Auch chemische Systeme wie das sog. **Komplementsystem**, das in kaskadenartigen Reaktionsketten fremde Zellmembranen zerstören und dadurch diese Zellen auflösen kann, gehört zur angeborenen Ausstattung des Organismus zum Schutz vor Eindringlingen. Daneben beteiligen sich einige Substanzen wie Lysozym und β-Lysin an der unspezifischen chemischen Abwehr fremder Mikroorganismen. **Interferone** tragen dagegen vor allem zur Zerstörung virusinfizierter Zellen bei und hemmen die Virusreplikation.

MHC-Proteine erkennen »fremd« und »eigen«. Die unspezifischen Abwehrmechanismen sind bereits in jedem Organismus angelegt. Woher weiß nun das Immunsystem, welche Zellen es bekämpfen soll und welche nicht? Die Antwort liegt in bestimmten Proteinen, die fast jede Zelle auf ihrer Oberfläche trägt, den sog. MHC-Proteinen (MHC = Major Histocompatibility Complex). Diese Glykoproteine können auch die Abstoßungsreaktionen bei Organtransplantationen verursachen. Das Gen, das den Bauplan für diese MHC-Proteine trägt – beim Menschen liegt es auf Chromosom 6 –, zeigt eine extrem große Variabilität, sodass nur bei eineiigen Zwillingen identische MHC-Proteine vorhanden sind. Insbesondere das MHC-Klasse-1-Protein ist für die Erkennung der Zellen als eigen oder fremd zuständig. Bei Organtransplantationen versucht man daher, eine möglichst große Übereinstimmung zwischen dem Spender- und Empfänger-MHC-Gen zu erreichen.

Die spezifische Immunabwehr

Die unspezifischen Abwehrmechanismen sind im Regelfall schon angelegt, bevor der Organismus mit dem Erreger das erste Mal in Kontakt getreten ist. Die spezifische Abwehr zeichnet sich dagegen durch den Erwerb eines Gedächtnisses gegen bestimmte **Antigene** aus. Ein Antigen ist eine Substanz, die eine spezifische Immunreaktion auslöst. Wenn das Antigen bereits einmal mit dem spezifischen Immunsystem in Kontakt getreten ist, kann es ins »Gedächtnis« der Abwehr gelangen und beim zweiten Kontakt schneller und wirksamer bekämpft werden. Unsere Schutzimpfungen machen sich diese spezifische Abwehr zunutze. Durch Kontakt mit weniger gefährlichen, aber für das Immunsystem gleich aussehenden Antigenen wird der Organismus auf diese Krankheitserreger vorbereitet und kann sie im Ernstfall schnell erkennen und bekämpfen, bevor sie größeren Schaden anrichten.

Zelluläre und humorale Abwehr durch Lymphozyten. Die spezifische Abwehr wird in die zelluläre und humorale Abwehr unterteilt. Für beide sind besondere immunkompetente Zellen, die Lymphozyten, zuständig. Die humorale Abwehr ist derjenige Teil des spezifischen Immunsystems, der durch im Plasma oder in anderen Flüssigkeiten des Körpers vorhandene Antikörper (s. u.) vermittelt wird. Hier wird die Abwehr vor allem von den sog. **B-Lymphozyten** übernommen.

Bei der zellulären Immunabwehr übernehmen die **T-Lymphozyten** diese Aufgabe. Wie auch die anderen Zellen des Immunsystems werden beide Lymphozytenarten im Knochenmark gebildet. Die T-Lymphozyten wandern jedoch von dort zunächst in den Thymus (daher der Name), wo sie einen Reifungsprozess durchmachen, bevor sie ihre Aktivität im Rahmen des Immunsystems aufnehmen können. Das Knochenmark und der Thymus werden daher als primäre lymphatische Organe (s. Abb. 17.2) bezeichnet. Die gereiften Lymphozyten warten in den sog. sekundären lymphatischen Organen auf Antigene, die das Gedächtnis des Immunsystems aktivieren und eine spezifische Immunantwort auslösen. Diese sekundären lymphatischen Organe sind die Lymphknoten, die Milz, die Rachenmandeln, der Blinddarm und die sog. Peyer-Plaques im Darm.

Die zelluläre Abwehr der T-Lymphozyten bekämpft vor allem virusinfizierte, fremde oder tumorös entartete Zellen. Eine spezielle Form der T-Lymphozyten sind die sog. T-Helferzellen. Sie helfen bei der Aktivierung der humoralen Immunität durch die B-Lymphozyten. Letztere stellen im Falle einer Immunreaktion sog. **Antikörper** her, die sich an die fremde Zelle oder das Virus binden und dadurch weitere unspezifische Immunmechanismen auslösen.

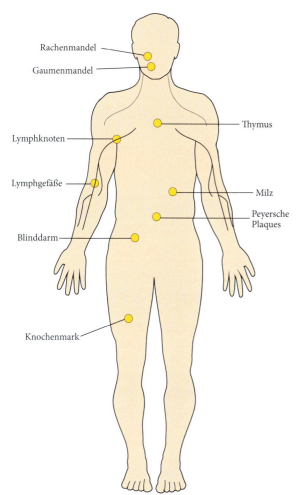

Abbildung 17.2 Lymphatische Organe

Eine dritte wichtige Klasse von immunkompetenten Zellen sind die sog. natürlichen **Killer-Zellen** (NK-Zellen; sie werden auch als Nullzellen oder die »3. Population« bezeichnet, da sie weder zu den lymphatischen Zellen noch zu den Zellen der unspezifischen Abwehr zählen.) Ihre Aufgabe besteht vor allem in der Bekämpfung von virusinfizierten Zellen und Tumorzellen. Diese können sie durch Anheftung an die Zelloberfläche und Abgabe von zytolytischen (= zellauflösenden) oder zytotoxischen Substanzen zerstören.

Zusammenwirken spezifischer und unspezifischer Abwehr. Bei einer Reaktion des Körpers aufgrund einer Infektion wirken unspezifische und spezifische Abwehrmechanismen zusammen, wobei zahlreiche Interaktionen stattfinden. Die Aktivität des Immunsystems wird häufig am Vorhandensein und der Aktivität bestimmter Komponenten des Immunsystems gemessen. Da die Aufgabenteilung zwischen diesen Komponenten und ihr komplexes Zusammenspiel sehr genau geregelt ist, können aus der spezifischen Aktivität einzelner Subsysteme häufig Rückschlüsse auf die Erreger geschlossen werden. Bei dem Ausfall oder der Schädigung eines Abwehrmechanismus resultieren spezifische Krankheitsbilder.

17.2.2 Allergie

Unter einer Allergie versteht man eine Veränderung der spezifischen Reaktionsweise des Immunsystems gegenüber einer körperfremden, eigentlich unschädlichen Substanz. Es bilden sich **Antikörper**, das Antigen wird damit zum Allergen. Die veränderte Reaktion besteht in den allermeisten Fällen in einer **Hypersensibilität** (Überempfindlichkeitsreaktion).

Eine Allergie kann sich nach einem unbemerkt verlaufenden Erstkontakt über Tage bis Jahre hinweg entwickeln. Kommt es zu einem erneuten Kontakt, stellt sich die Antigen-Antikörper-Reaktion ein. Es zeigen sich dann beim sog. *verzögerten Typ* Entzündungsreaktionen an den allergisierten Organsystemen. Beim sog. *Soforttyp* kann es dagegen innerhalb von Sekunden oder Minuten zu einer Überreaktion kommen. Eine besonders dramatische allergische Reaktion vom Soforttyp ist der sog. *anaphylaktische Schock*. Dieser kann sich z. B. nach einer Medikamenteninjektion oder einem Bienenstich innerhalb weniger Minuten einstellen. Es kommt im Extremfall zum Kreislaufversagen mit Todesfolge. Bei leichteren Formen betreffen die Symptome eher die Haut, die Bronchien oder die Blutgefäße.

Symptome und Ursachen der Allergie. Die typischen Allergiesymptome wie Hautrötung und -schwellung (z. B. bei Nesselsucht), vermehrte Schleimabsonderung (Heuschnupfen) oder Jucken sind meist eine Folge der Freisetzung von Histamin und Serotonin sowie der Bildung von Prostaglandinen. Für die Entwicklung einer Allergie kommen zahlreiche Ursachen infrage: Es kann eine genetische Veranlagung vorliegen, es können extreme Allergenexpositionen stattgefunden haben, die Durchlässigkeit der Haut und der Schleimhäute kann durch Infekte erhöht sein, oder es kann eine Entgleisung der Immunabwehr infolge starker psychischer Belastung vorliegen.

Zusammenfassung

Es herrscht eine enge Kopplung zwischen der Stressreaktion und Immunprozessen. Dies wird z. B. daran deutlich, dass auf Zellen des Immunsystems Rezeptoren für Adrenalin und Noradrenalin gefunden wurden. Andererseits beeinflussen Produkte des Immunsystems die Gehirnaktivität.

Bei der Immunabwehr unterscheidet man (1) die unspezifischen angeborenen Immunmechanismen unter Beteiligung der Makrophagen und (2) die spezifischen Immunprozesse. Letztere werden im Laufe des Lebens erworben. Sie sind über die Lymphozyten vermittelt. Die Lymphozyten werden in den lymphatischen Organen des Körpers gebildet.

Bei einer Allergie liegt eine Veränderung der spezifischen Reaktionsfähigkeit des Immunsystems vor, die sich gegen eine körperfremde, eigentlich unschädliche Substanz richtet. Es bilden sich Antikörper. In diesem Fall bezeichnet man das Antigen als Allergen.

17.3 Stressbezogene körperliche Erkrankungen

Der Einfluss psychischer Faktoren auf die Entstehung und Aufrechterhaltung bestimmter organischer Erkrankungen ist von jeher bekannt. Bereits in der Antike wusste man über diese Zusammenhänge. Im 20. Jahrhundert entwickelte sich eine eigenständige medizinische Fachrichtung, die sich insbesondere mit derartigen Störungen beschäftigt: die **Psychosomatik**. Diese Disziplin entstand aus der Erkenntnis, dass einzelnen Erkrankungen offenbar keine erkennbaren externen Ursachen wie etwa eine Infektion o. Ä. zugrunde liegen. Darüber hinaus sprechen viele Symptome dieser Erkrankungen auf psychotherapeutische Behandlungsmaßnahmen an.

Neben der klassischen psychosomatischen Medizin, die bevorzugt den Ansatz psychoanalytischer Konfliktmodelle verfolgte, wurde ein weiteres Modell entwickelt, aufgrund dessen Erkrankungen mit möglichen psychogenetischen Faktoren empirisch und experimentell untersucht wurden. Dies ist das **biopsychosoziale Modell**, dessen sich bevorzugt die **Verhaltensmedizin** bedient. Demnach gilt es bei der Suche nach Erklärungen für die Krankheitsentstehung und -aufrechterhaltung die drei Ebenen zu beachten, die für menschliches Verhalten (im weitesten Sinne) bedeutsam sind: die biologischen (organismischen) Gegebenheiten, die psychischen Prozesse und die sozialen Interaktionen. Vor allem muss die Interaktion zwischen diesen Ebenen und deren wechselseitige Abhängigkeit beachtet werden.

Die psychophysiologische Forschung konnte im Experiment zahlreiche Effekte psychischer Faktoren – v. a. auch im Zuge von Stressbelastungen – auf körperliche Parameter nachweisen. Hierunter fallen insbesondere Herz-Kreislauf-Funktionen wie die Herzfrequenz oder der Blutdruck, aber auch der Muskeltonus, die Magensäureproduktion und die Speichelsekretion. Man nimmt demnach an, dass Symptome mit Krankheitswert durch veränderte Aktivierung dieser Funktionen bedingt sein könnten. Erkrankungen, für die ein solches Modell anwendbar ist, werden von vielen Autoren als **psychophysiologische Störungen** bezeichnet. Es sollen beispielhaft einige Krankheiten beleuchtet werden, bei denen eine Mitverursachung durch Stressbelastungen als sehr wahrscheinlich gilt.

»Auswahl« von Symptomen. Die individuelle Neigung zur Entwicklung eines bestimmten psychosomatischen Symptoms wie z. B. Herzbeschwerden hat ihre Ursache oft auch in körperlichen Faktoren. Hierunter fallen insbesondere genetische Prädispositionen, die zu einer Organschwäche führen. Auch können früh erlernte körperliche Reaktionen auf bestimmte Reize bzw. Stressoren eine Rolle spielen. Ein Organismus kann aufgrund seiner früheren Erfahrung die Neigung, mit einer bestimmten Krankheit auf Belastungen zu reagieren, durchaus stabilisieren. Dies ist vergleichbar den Mechanismen, wie wir sie für den Erwerb psychischer Verhaltensmuster kennen.

Diathese-Stress-Modell. Unter Diathese versteht man die Disposition für eine bestimmte Krankheit bzw. die Tendenz eines Menschen, auf eine bestimmte körperliche Weise auf Belastungen zu reagieren. Stress beinhaltet hier belastende Umweltereignisse oder Lebenssituationen. Nach diesem Modell gilt es bei der Frage nach der Entstehung einer bestimmten Krankheit immer beide Faktoren und v. a. deren Zusammenwirken zu berücksichtigen. Von zentraler Bedeutung ist die Annahme, dass zur Entwicklung einer Störung sowohl Diathese als auch Stress nötig sind.

17.3.1 Herz-Kreislauf-Krankheiten

Insbesondere das Herz-Kreislauf-System stand bereits früh im Mittelpunkt des Interesses der Verhaltensmedizin. Dies hat zwei Gründe: (1) Herz-Kreislauf-Krankheiten sind Volkskrankheiten und die klinische Beobachtung spricht schon seit langem für einen Zusammenhang zwischen Stressbelastung und der Entstehung und dem Verlauf dieser Krankheiten. (2) Experimentelle Untersuchungen an Gesunden zeigen, dass Stressoren einen unmittelbaren und oft gravierenden Einfluss auf Parameter der Herz-Kreislauf-Funktion haben.

Auswirkungen akuter Stressbelastung. In Laborstudien konnte gezeigt werden, dass sich durch typische Stressoren wie mentale Aufgaben, belastende Interviews oder Reden vor Publikum innerhalb von Minuten in zahlreichen Parametern Veränderungen zeigen. Es *steigen* an:

▶ Blutdruck
▶ Herzfrequenz
▶ Entladungsraten in sympathischen Nerven
▶ Gerinnungsfähigkeit des Blutes

Und es *erhöhen* sich die Konzentrationen von:

▶ zirkulierenden Katcholaminen
▶ Kortisol
▶ Kortikotropin

Es gilt heute als gesichert, dass in Stresssituationen ein ungünstiges Zusammenspiel zwischen der Aktivität der HPA-Achse, dem sympathischen Nervensystem und bestimmten Entzündungsmediatoren herrscht, was den **arteriosklerotischen** Prozess und damit die Erkrankung der Herzkranzgefäße (koronare Herzkrankheit) fördert.

Auswirkungen von chronischer psychischer Belastung. In teilweise sehr groß angelegten epidemiologischen Studien konnten verschiedene psychische Faktoren identifiziert werden, die Herz-Kreislauf-Erkrankungen fördern. Dazu gehört v. a. die Depression. Bei 20 % der Patienten mit einer koronaren Herzkrankheit liegt eine manifeste Depression vor. Außerdem ist beim Vorliegen einer Depression die Mortalität nach einem Herzinfarkt deutlich erhöht. Als weitere Risikofaktoren für eine koronare Herzkrankheit konnten identifiziert werden: Neigung zu Ärgerreaktionen und Feindseligkeit sowie phobische Ängste und unspezifische Angstzustände.

Es wurde in Längsschnittstudien aus den 1970er-Jahren verschiedentlich beobachtet, dass Personen, die ein erhöhtes Risiko für koronare Herzkrankheit bzw. für Herzinfarkt haben, besonders häufig ein starkes Konkurrenzverhalten, Kontrollbedürfnis, Feindseligkeit und Ehrgeiz zeigen. Dieses Verhaltensmuster kann z. B. mit einem standardisierten Interview identifiziert werden. Man nennt diese Kombination von Eigenschaften bzw. Verhaltensweisen **Typ-A-Verhalten**. Die gelasseneren, ausgeglicheneren Personen zeigen danach **Typ-B-Verhalten**. Auf der Basis neuerer Studien wurden die Befunde reinterpretiert. Demnach sind es insbesondere die ebenfalls bei Typ-A-Personen besonders ausgeprägten Merkmale »Feindseligkeit« und »Ärger«, die hier zu einer Risikoerhöhung für koronare Herzkrankheit beitragen.

Stress und Bluthochdruck. Auch der Bluthochdruck (essenzielle **Hypertonie**) gilt als eine Erkrankung, zu deren Entstehung der Faktor Stress beiträgt. Eine plausible, aber bis dato unbewiesene Annahme ist, dass ständig wiederkehrende, stressbedingte Blutdruckerhöhungen schließlich zu einer Chronifizierung des hohen Blutdrucks führen können. Schlüssig belegt werden könnte diese Annahme nur durch groß angelegte Längsschnittstudien, die allerdings noch ausstehen. In jüngster Zeit mehrt sich die empirische Evidenz, dass bei der Entstehung des Bluthochdrucks eine bestimmte Komponente des Stresserlebens von Bedeutung ist, nämlich der sog. »negative Affekt«. Dies ist ein psychologisches Konstrukt, das sich in erster Linie aus Depressivität, Angst und Anspannung zusammensetzt. Es lässt sich mit diesbezüglichen Fragebögen leicht erfassen. So konnte etwa in einer 13-jährigen prospektiven Studie gezeigt werden, dass diejenigen Personen, die zu einem ersten Messzeitpunkt (es war noch kein Bluthochdruck vorhanden) erhöhte Werte im Merkmal »negativer Affekt« aufwiesen, in den folgenden Jahren eine deutlich erhöhte Inzidenz des Bluthochdrucks aufwiesen. Bei Männern war sie um den Faktor 1,6 erhöht, bei Frauen um den Faktor 2. Eine These zur Erklärung dieses Befunds besagt, dass erhöhte Adrenalin- und Noradrenalinspiegel, wie sie typischerweise bei Angst und Depression vorliegen, durch ihre Wirkung auf Herz und Gefäße langfristig zu einer Hypertonie führen.

17.3.2 Stress und Magengeschwür

Eine zweite chronische Erkrankung, die – vor allem in der Vergangenheit – als typischerweise stressinduziert angesehen wurde, ist das Magengeschwür. So zeigte sich in verschiedenen, gut kontrollierten Studien ein Zusammenhang zwischen Stressbelastung in den zu-

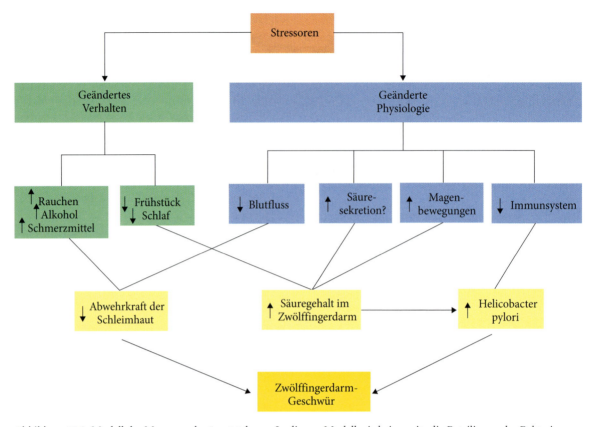

Abbildung 17.3 Modell der Magengeschwürentstehung. In diesem Modell wird einerseits die Beteiligung des Bakteriums Helicobacter pylori berücksichtigt, andererseits werden auch Stressfolgen auf der Ebene des Verhaltens integriert. Nach oben gerichtete Pfeile bedeuten ein Zunahme der entsprechenden Aktivität, nach unten gerichtete eine Abnahme

rückliegenden Monaten und dem Auftreten von Magengeschwüren.

In den 1990er-Jahren stellte sich heraus, dass ein großer Teil der Magengeschwürpatienten mit dem Bakterium Helicobacter pylori infiziert ist und dass eine antibakterielle Behandlung zu sehr guten Heilungserfolgen führt. Aufgrund dieser Ergebnisse trat der Faktor Stress im Zusammenhang mit der Entstehung von Magengeschwüren in den Hintergrund. Dennoch kann nach wie vor kein Zweifel daran bestehen, dass anhaltende Stressbelastung entweder mittelbar – über damit einhergehende ungesunde Verhaltensweisen – oder unmittelbar – über Beeinflussung der Immunfunktion – zur Entstehung von Magengeschwüren beiträgt. Eine beispielhafte Darstellung des Zusammenspiels von Stressbelastungen und sekundär damit zusammenhängenden Faktoren bei der Entstehung von Magengeschwüren gibt Abbildung 17.3. Hier erkennt man, dass die Verhaltensbesonderheiten, die sich bei stressgeplagten Personen einstellen können, im Endeffekt das Risiko für Geschwüre v. a. im Bereich des Zwölffingerdarms in beträchtlichem Maße beeinflussen können.

> **Zusammenfassung**
>
> Die Stressforschung belegt immer deutlicher, dass Zusammenhänge zwischen psychischen Faktoren und Krankheitsentstehung und -aufrechterhaltung bestehen. Das Immunsystem und das endokrine System können durch psychische Faktoren in beträchtlichem Ausmaß beeinflusst werden
>
> In der Verhaltensmedizin werden Dysfunktionen als Folge der generell engen Verzahnung zwischen psychischen und physiologischen Prozessen verstanden (Diathese-Stress-Modell). Diese führt bei extremen psychischen Belastungen auch zu extremen körperlichen Reaktionen, die chronifizieren können.

Die koronare Herzkrankheit tritt gehäuft bei Personen auf, bei denen die psychischen Merkmale »Feindseligkeit«, »Ärger« und Angst besonders ausgeprägt sind. Der Bluthochdruck scheint speziell bei Personen, bei denen negative Affektivität als Persönlichkeitsmerkmal von Bedeutung ist, gehäuft aufzutreten. Auch beim Magengeschwür ist davon auszugehen, dass der Faktor Stress – wenn auch sekundär – eine pathogenetische Relevanz besitzt.

17.4 Stress und psychische Störungen

Aus zahlreichen experimentellen Untersuchungen weiß man, dass alle großen Transmittersysteme – das serotonerge, das noradrenerge, das dopaminerge und das cholinerge System – auf die HPA-Achse (s. Abschn. 17.1.2) einwirken. Umgekehrt werden die Transmitterausschüttung und die Dichte der entsprechenden Rezeptoren durch einzelne Komponenten der HPA-Achse – insbesondere die Glukokortikoide und CRH – beeinflusst.

Depression. Im Mittelpunkt des Interesses der psychiatrischen Forschung steht die Depression (s. Abschn. 21.1.4). Man beobachtete, dass viele depressive Patienten eine gesteigerte HPA-Aktivität zeigen, was insbesondere durch erhöhte Kortisolspiegel gekennzeichnet ist. Bei einigen Antidepressiva normalisierte sich dieser Zustand bei gleichzeitigem Einsetzen einer klinischen Besserung der depressiven Symptome. Seit einiger Zeit häufen sich Befunde, dass eine angestiegene HPA-Aktivität – z. B. durch lang anhaltende oder besonders schwere, belastende Lebensereignisse – depressionsauslösend sein kann. Klassische psychologische Theorien von der Entstehung einer Depression durch kritische Lebensereignisse finden damit auf der Basis der Neurochemie Unterstützung.

Posttraumatische Belastungsstörung. Bei der posttraumatischen Belastungsstörung zeigen sich ähnliche Veränderungen in der Aktivität der HPA-Achsen wie bei der Depression. Es handelt sich hierbei um eine Störung, die durch extreme Traumatisierung wie z. B. Folter oder Vergewaltigung ausgelöst wird. Sie ist durch einschießende Erinnerungen (Flashbacks), Gedächtnislücken oder emotionale Veränderungen wie hohe Schreckhaftigkeit, depressive Verstimmung und emotionale Verflachung gekennzeichnet. Es ist naheliegend, dass durch das Trauma eine extreme Aktivierung des Stresssystems eintrat, die nicht der üblichen Normalisierung unterlag. Die dadurch ausgelösten biochemischen Veränderung im ZNS könnten zu den genannten Symptomen geführt haben.

Weitere psychische Störungen wie die Angststörungen (s. Abschn. 21.1.5), Schlafstörungen (s. Abschn. 20.7.1), Essstörungen, und Zwangsstörungen (s. Abschn. 21.1.4) sowie die Schizophrenie (s. Abschn. 21.1.6) werden zurzeit auf eine mögliche Abhängigkeit vom Stresssystem untersucht. Nicht zuletzt werden bekanntermaßen häufig Episoden bzw. Verschlechterungen dieser Erkrankungen durch besondere Stresssituationen ausgelöst.

Die HPA-Achse scheint einen zentralen Einfluss auf das biochemische Gleichgewicht unseres Körpers und Gehirns auszuüben, das auf unterschiedliche Art und Weise durch Stress gestört werden kann. Schließlich werden durch den Hypothalamus fast alle vegetativen Funktionen wie z. B. Nahrungsaufnahme und Sexualität kontrolliert und beeinflusst. Außerdem sind dem Hypothalamus Anteile des limbischen Systems, die bei Emotionen und kognitiven Prozessen wie Lernen und Gedächtnis beteiligt sind, vorgeschaltet. Sowohl auf der Ebene des Gehirns als auch zwischen den zerebralen Strukturen einerseits und dem Vegetativum und dem Immunsystem andererseits gibt es zahlreiche Rückkopplungs- und Steuerungsmechanismen. In dieser Verzahnung liegt der Schlüssel zur Erklärung von Entwicklung und Aufrechterhaltung stressbedingter Krankheiten.

Zusammenfassung

Zu den psychischen Erkrankungen, bei denen eine Mitverursachung durch Stressfaktoren anzunehmen ist, gehören die Depression, die posttraumatische Belastungsstörung, bestimmte Angststörungen, verschiedene Essstörungen, die Schlafstörungen und möglicherweise auch die Zwangsstörungen sowie die Schizophrenie.

Weiterführende Literatur

de Kloet, E. R., Joels, M. & Holsboer, F. (2005). Stress and the brain: From adaptation to disease. Nature Reviews Neuroscience, 6, 463–475.

Rensing, L., Koch, M., Rippe, B. & Rippe, V. (2005). Mensch im Stress: Psyche, Körper, Moleküle. Heidelberg: Spektrum Akademischer Verlag.

18 Sexualität und geschlechtsspezifisches Verhalten

*»The purpose of sex remains
one of the great mysteries in science«*
Richard E. Michod, Autor des Buchs
»Eros and Evolution« (1995)

Die nahe Verwandtschaft psychischer, körperlicher und sozialer Prozesse ist im Bereich der Sexualität ganz besonders augenfällig und für jeden unmittelbar erfahrbar. Wo findet sich sonst eine solche Nähe zwischen psychischen Vorgängen (Liebe, Verlangen etc.) und körperlichem Geschehen (Reaktionen der Haut, des Herz-Kreislauf-Systems, der Sexualorgane) wie hier? Auch die Bedeutung der sozialen Komponente ist unverkennbar. Dies bezieht sich sowohl auf die Tatsache, dass sich Sexualität typischerweise zwischen zwei Menschen abspielt, als auch darauf, dass soziale Normen wie Schönheitsideale, Vorstellungen von »normalem« und »unnormalem« Sexualverhalten und sexuelle Tabus einen außerordentlichen Einfluss auf das Sexualverhalten von Individuen ausüben.

Der Bereich der Sexualität stellt also in der Biologischen Psychologie quasi ein Paradebeispiel für die Verwobenheit psychischer Prozesse mit körperlichem Geschehen dar. Im Leiblichen und seinen Reaktionen erfahren wir hier direkt die Macht von Wahrnehmungen, Gefühlen und Vorstellungen. Umgekehrt wird uns die Abhängigkeit des psychischen Erlebens von körperlichen Vorgängen wie z. B. hormonellen Prozessen unmittelbar vor Augen geführt.

Evolutionsbiologische Überlegungen. Der evolutionäre Vorteil eines sexuellen **Dimorphismus**, d. h. einer Zweigestaltigkeit der Geschlechter und einer geschlechtlichen Vermehrung, ist nicht unmittelbar erkennbar. Seitens der Evolutionsbiologie ist die diesbezügliche Debatte noch in vollem Gange. Eine nicht unbedeutende Konsequenz aus der geschlechtlichen Vermehrung ist die bessere Durchmischung der Genausstattung einer Population. Ohne Paarung ist eine Variation der genetischen Ausstattung bei einer Fortpflanzung in mehrzelligen Tieren nur durch Mutation möglich. Dagegen erfolgt bei jeder geschlechtlichen Reproduktion eine Durchmischung aus zwei Genpools, was zu einer größeren Diversifizierung innerhalb einer Spezies führt. Daraus ergibt sich ein Anpassungsvorteil bei sich schnell ändernden Umweltbedingungen. Beispiele wären neu aufkommende Krankheitserreger oder Parasiten. Hier können sich im Zuge der geschlechtlichen Fortpflanzung schneller resistente Genotypen ausbilden. Auf der anderen Seite werden wegen der ständigen Neuzusammensetzung der genetischen Ausstattung Exemplare einer Art, die gut an die Umwelt angepasst sind, nicht ständig identisch reproduziert, was von Nachteil sein kann.

Hauptvorteil der Genvermischung. Ein Vorteil der Zusammenführung zweier unterschiedlicher Genausstattungen besteht darin, dass Schädigungen an einzelnen DNA-Abschnitten (der bei der Befruchtung haploid vorliegenden Zelle) unwirksam gemacht werden können. Kommt es bei der Zusammenführung mit dem entsprechenden Chromosom der zweiten elterlichen Keimzelle zur einer Verschmelzung der beiden haploiden Chromosomensätze, so liegt jetzt das Gen für ein bestimmtes Merkmal einmal in mutierter, einmal in gesunder Form vor. Genügt bereits die Information aus einem Gen, um ein bestimmtes Eiweißmolekül zu bilden, wird im Regelfall das gesunde (dominante) Gen dem mutierten (rezessiven) vorgezogen. Global gesprochen hat die geschlechtliche Fortpflanzung auf der Ebene der Gene einen Reinigungseffekt hinsichtlich der Genausstattung zur Folge.

18.1 Neurobiologie des Sexualverhaltens – zerebrale Strukturen und Geschlechtshormone

Sexualfunktionen sind von der koordinierten und fein aufeinander abgestimmten Arbeitsweise verschiedener Systeme abhängig: den Sinnessystemen, dem peripheren Nervensystem, dem Hormonsystem, limbischen Strukturen und neokortikalen Bereichen. Vor allem die Interaktion zwischen Hormonen und Neuronen ist hier von essenzieller Bedeutung. Man weiß beispielsweise, dass zahlreiche Nervenzellen im limbischen System an ihrer Oberfläche mit Hormonrezeptoren ausgestattet sind. Dies wiederum macht verständlich, dass hormonelle Schwankungen durchaus auf die emotionale Befindlichkeit einwirken können.

18.1.1 Zerebrale Steuerungszentren für das Sexualverhalten

Von besonderer Bedeutung für das Sexualverhalten des Menschen ist das limbische System. Hier wiederum dürften drei Gebiete von herausgehobener Wichtigkeit sein:

▶ das sog. mediale präoptische Areal (MPOA) und hier v. a. der mediale präoptische Kern (Nucleus praeopticus medialis) des Hypothalamus,
▶ der ventromediale Kern des Hypothalamus (VMH) und
▶ verschiedene Kerngebiete der Amygdala.

Diese Strukturen sind untereinander stark vernetzt und beherbergen zahlreiche Neuronen, die an ihrer Oberfläche Rezeptoren für steroidale Sexualhormone (s. Abschn. 18.1.4) tragen.

Mediales präoptisches Areal. Das MPOA wird gemeinhin zum Hypothalamus gezählt, und zwar zu dessen anteriorem Teil. Eine Zerstörung des MPOA bei Affen führte zu einer Unterdrückung des Sexualverhaltens, eine elektrische Reizung dagegen zu gesteigertem Paarungsverhalten. Im Einklang damit ist die Beobachtung, dass sich – mittels implantierter Elektroden – während sexueller Aktivität erhöhte Entladungsraten in diesem Gebiet nachweisen ließen. Aus dem Humanbereich ist bekannt, dass bei Schädigungen des präoptischen Areals des Hypothalamus i. Allg. eine Reduktion der Libido die Folge ist und dass der Geschlechtsverkehr häufig als unbefriedigend erlebt wird. Diese Beeinträchtigungen sind zumeist bei Männern stärker ausgeprägt als bei Frauen. In Einzelfällen zeigt sich allerdings auch Hypersexualität. Von daher ist anzunehmen, dass es sich hier nicht um ein primäres Auslösezentrum für sexuelles Verhalten handelt, sondern um einen Bestandteil von Regelkreisen, die sowohl fördernd als auch hemmend auf das Sexualverhalten einwirken können.

Ventromedialer Kern. Die spezifische Bedeutung des ventromedialen Kerns des Hypothalamus für das Sexualverhalten des Menschen ist bisher nicht aufgeklärt. Aus dem Tierversuch weiß man, dass dieses Gebiet für sexuelle Reaktionsmuster im weiblichen Tier von besonderer Bedeutung ist.

Amygdala. Ergebnisse aus dem Humanbereich zur Bedeutung der Amygdala für sexuelles Verhalten beruhen zum Teil auf der Beobachtung von Patienten mit Temporallappenläsionen. (Die chirurgische Ausschaltung der Temporallappen wird gelegentlich bei schweren Epilepsien vorgenommen.) Hier zeigt sich häufig exzessive sexuelle Aktivität bei gleichzeitig verminderter affektiver Beteiligung in emotionsauslösenden Situationen. Man kann folgern, dass hinsichtlich des menschlichen Sexualverhaltens die Amygdala einen kanalisierenden und eher begrenzenden Effekt ausübt, also für den typisch menschlichen Umgang mit sexuellen Reizen sorgt. Überdies sprechen auch Studien mit bildgebenden Verfahren an Gesunden dafür, dass die Verarbeitung sexuell stimulierender Reize unter erhöhter Aktivität in der (rechten) Amygdala abläuft.

Man unterteilt die Amygdala in zwei Kerngruppen, eine kortikomediale Gruppe und eine basolaterale Gruppe. Innerhalb der kortikomedialen Kerngruppe zeigen die Neuronen eine starke Besetzung mit Rezeptoren für steroidale Sexualhormone (s. Abschn. 18.1.4); außerdem enthalten sie zahlreiche Enzyme, die im Zusammenhang mit dem Metabolismus dieser Hormone stehen. Diese Kerngruppe dürfte v. a. für die Verarbeitung von Geruchsreizen verantwortlich sein, die sexuelles Verhalten regulieren. Sie wird als eine Zwischenstation für sexuell bedeutsame Reize auf dem Weg vom Riechnerv zum Hypothalamus gesehen. So zeigte sich bei solchen Tierspezies, bei denen das Sexualverhalten in hohem Maße durch olfaktorische Signale gesteuert wird, nach Zerstörung dieses Kerngebiets ein Ausbleiben sexueller Aktivität.

Der basolaterale Kernkomplex der Amygdala hat Verbindungen zum orbitofrontalen Kortex, zu den dorsomedialen Thalamuskernen, zum ventralen Striatum sowie zu vegetativen Steuerungszentren. Vor allem die Verbindungen zum orbitofrontalen Kortex dürften für die motivationalen Komponenten menschlicher Sexualität von Bedeutung sein.

18.1.2 Sexualhormone

Hormone spielen eine entscheidende Rolle für nahezu alle körperlichen Prozesse (s. Kap. 8). In besonderer Weise gilt dies für geschlechtsbezogene und geschlechtstypische Vorgänge. Dies trifft sowohl für kurzzeitige Abläufe zu, wie wir sie von der sexuellen Reaktion her kennen, als auch für periodische Prozesse wie den Monatszyklus der Frau und schließlich für lebenslang angelegte Eigenschaften, die sich in verschiedenen

18.1 Neurobiologie des Sexualverhaltens – zerebrale Strukturen und Geschlechtshormone

geschlechtsspezifischen Merkmalen und Verhaltensweisen äußern.

Sexualhormone im weiteren Sinne sind alle Hormone, die auf die Entwicklung und Funktion der Keimdrüsen (Hoden bzw. Eierstöcke) und Geschlechtsorgane einwirken und deren Funktion steuern. Außerdem bewirken sie die Ausbildung der sekundären Geschlechtsmerkmale. Man unterscheidet zwei Klassen von Sexualhormonen: die **Gonadotropine** und die **Steroidhormone**.

Ähnlich wie bei den Stresshormonen werden auch die Synthese und die Freisetzung der Sexualhormone durch ein System mit Rückkopplungsschleifen gesteuert. Dessen Hauptelemente sind der Hypothalamus, die Hypophyse und die Gonaden (Eierstöcke bzw. Hoden).

Als Kopf des Regulationssystems (s. Abb. 18.1) für Sexualhormone fungiert der Hypothalamus, der das System über die Hypophyse steuert. Diese schüttet zwei Hormone (Gonadotropine) als Antwort auf das hypothalamische Freisetzungshormon Gonadoliberin aus.

18.1.3 Gonadotropine, Prolaktin und Oxytocin

Gonadotropine

Die Gonadotropine werden vom Hypophysenvorderlappen ausgeschüttet (s. Abb. 18.1). Es handelt sich dabei erstens um das **luteinisierende Hormon (LH)** bei der Frau, das identisch ist mit dem interstitialzellenstimulierenden Hormon (IZSH) beim Mann, zweitens um das **follikelstimulierende Hormon (FSH)**. Ihre Sekretion wird durch das vom Hypothalamus produzierte **Gonadoliberin** (Gonadotropin-Releasing-Hormon, GnRH, auch Luteinisierendes-Hormon-Releasing-Hormon, LHRH, genannt) ausgelöst. GnRH gelangt einerseits in den Hypophysenvorderlappen, andererseits wird es auch direkt in den Blutstrom abgegeben. Die optimale Menge an LH und FSH wird nur dann vom Hypophysenvorderlappen abgegeben, wenn er durch das GnRH pulsatil angeregt wird. Die Ausschüttung von GnRH muss also stoßweise erfolgen, und zwar beim Mann in einem 3- bis 4-stündigen Rhythmus. Bei der Frau gilt dieser Rhythmus in der zweiten Zyklusphase ebenfalls, in der ersten Zyklusphase jedoch liegt er bei etwa 1¼ Stunden.

Wirkungen von LH und FSH. LH und FSH gelangen wie alle Hormone über die Blutbahn zu ihren Zielgebieten, den Keimdrüsen. Bei der Frau bewirken sie die Produktion und Ausschüttung der Östrogene (z. B. Östradiol) und beim Mann von Testosteron.

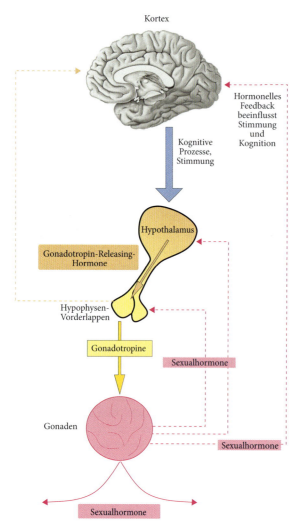

Abbildung 18.1 Rückkopplungsschleifen zwischen dem Gehirn und den Keimdrüsen. Es existieren zahlreiche Rückkopplungswege innerhalb des Systems Endhirn-Hypothalamus-Hypophyse-Keimdrüsen. Von besonderer Bedeutung für die Steuerung des Milieus der Sexualhormone ist das Feedback an den Hypothalamus. Für die hormonell bedingten Stimmungs- und Leistungsschwankungen sind die Einflüsse der Hormone auf Neuronen der Hirnrinde bedeutsam

FSH und LH wirken stets gemeinsam.

Bei der Frau:

- ▶ FSH hat insbesondere die Aufgabe, die Eibläschen (Follikel) reifen zu lassen.
- ▶ LH regt den Eisprung und die Gelbkörperbildung sowie die Progesteronproduktion an (s. u.).
- ▶ Durch präzise regulierte Konzentrationsverhältnisse von FSH und LH wird der gesamte Menstruationszyklus gesteuert (s. Abschn. 18.3.1).

Beim Mann:

- ▶ LH (= IZSH) regt die Hoden zur Testosteronbildung und -ausschüttung an.
- ▶ FSH stimuliert die Spermatogenese. Letzteres ist vor allem beim Einsetzen der Pubertät ein zentraler Faktor.

Die Gonadotropine sind Peptidhormone, d. h., sie bestehen – ähnlich wie Proteine – aus Ketten von Aminosäuren (max. 100 Kettenglieder). Sie werden von Rezeptormolekülen an der Außenseite der Membran der Zielzelle erkannt und gebunden. Darauf wird im Zellinneren im Regelfall ein Second-Messenger-System aktiviert, durch das verschiedene weitere intrazelluläre Prozesse in Gang gesetzt werden.

Die Hypophysenhormone Prolaktin und Oxytocin

Die Hypophyse produziert neben LH und FSH noch zwei weitere Hormone, die für die sexuelle Aktivität von Bedeutung sind: das **Prolaktin** und das **Oxytocin**.

Prolaktin. Prolaktin, auch mammotropes oder laktogenes Hormon genannt, ist ein sog. Proteohormon, also ein Hormon, das biochemisch zur Klasse der Proteine gehört. Eigenschaften von Prolaktin sind:

- ▶ Von der 8. Schwangerschaftswoche an wird es in steigender Menge ausgeschüttet.
- ▶ Zum Geburtstermin erreicht es seine maximale Plasmakonzentration.
- ▶ Es wirkt direkt auf die weibliche Brustdrüse und die Milchproduktion.
- ▶ Beim Mann verstärkt Prolaktin die Testosteronwirkung.

Die Regulation der Prolaktinsekretion erfolgt v. a. durch einen hemmenden Faktor (engl. prolaktin inhibiting factor, PIF) aus dem Hypothalamus, der mit Dopamin identisch ist.

Oxytocin. Das Hypophysenhinterlappenhormon Oxytocin regt am Ende der Schwangerschaft die Wehentätigkeit und den Milchfluss an (s. Abschn. 18.5.5). Bei männlichen Individuen wird es während des Orgasmus vermehrt ausgeschüttet. Eine Blockade von Oxytocinrezeptoren bei Ratten führt zu einem Nachlassen sexueller Aktivität.

18.1.4 Steroidale Sexualhormone

Die Steroidhormone gleichen in ihrem chemischen Aufbau den Stresshormonen sowie den ebenfalls in der Nebenniere gebildeten Mineralokortikoiden (s. Abschn. 8.3). Bei den steroidalen Sexualhormonen handelt es sich um Hormone, die sich vom Cholesterinmolekül ableiten. Sie besitzen dasselbe Grundgerüst aus Kohlenstoffatomen, das allerdings durch unterschiedliche Seitenketten ergänzt wird (s. Abb. 18.2).

Steroidhormone müssen, um ihre Wirkung zu entfalten, in die Zelle eindringen. Dort binden sie an ein Eiweißmolekül des **Zytosols** (ein sog. »Rezeptor«). Der **Steroidhormon-Rezeptor-Komplex** kann in den Zellkern eindringen und löst dort eine Beschleunigung der Transkription aus (also eine beschleunigte Bildung von Messenger-RNS für die Biosynthese der spezifischen Proteine, z. B. von Enzymen). Auf diese Weise ist das Steroidhormon je nach Typ der Zielzelle in der Lage, die Proteinsynthese in der Zelle zu steuern.

Da die Wirkung der Steroidhormone über die Genexpression abläuft, können die diesbezüglichen Effekte nicht so schnell eintreten, wie dies bei anderen Hormonen, z. B. dem Adrenalin, der Fall ist. Erst innerhalb von Stunden zeigen sich die diesbezüglichen Effekte.

Nicht nur die Geschlechtsdrüsen produzieren die Steroidhormone. Auch die Nebennierenrinde, die primär für die Synthese der für die Stressreaktion relevanten Kortikosteroide verantwortlich ist (s. Abschn. 17.1.2), bildet in geringerem Maße Geschlechtshormone.

> **!** Die wichtigsten steroidalen Sexualhormone sind
>
> - ▶ Androgene (Hauptvertreter ist das Testosteron),
> - ▶ Östrogene (insbesondere das Östradiol) und
> - ▶ Gestagene (wie das Progesteron).
>
> Sexualhormone bestimmen die Entwicklung der primären und die Ausbildung der sekundären Geschlechtsmerkmale. Darüber hinaus haben sie zahlreiche Aufgaben im Körperstoffwechsel und sind nicht zuletzt bei der Verhaltenssteuerung beteiligt, besonders beim sexuellen Verhalten.

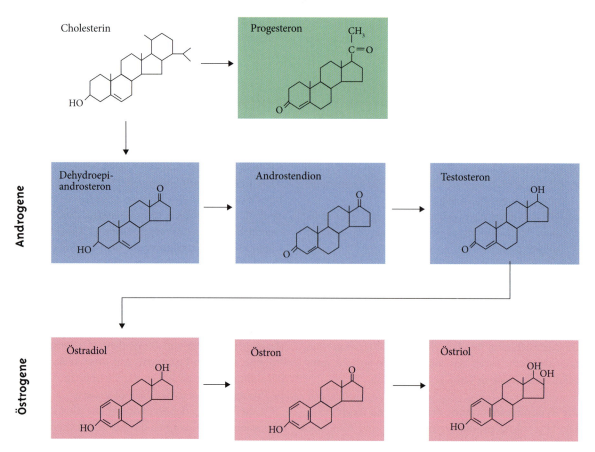

Abbildung 18.2 Steroidale Sexualhormone. Die Bildung der einzelnen Hormone aus ihren Vorläufern geschieht meist über (hier nicht eingezeichnete) Zwischenschritte

> **Übersicht**
>
> **Beispiele für Hormonwirkungen**
>
> Einige der Hauptwirkungen der Östrogene, Gestagene und des Testosterons sind der folgenden Aufstellung zu entnehmen.
>
> **Östrogene** wirken z. B.
> - auf die Entwicklung der weiblichen Brust während der Pubertät,
> - auf den Transport und die Einnistung der Eizelle in der Gebärmutter,
> - auf das Wachstum der Gebärmutterschleimhaut während des Monatszyklus,
> - hemmend auf den Knochenabbau,
> - fördernd auf die Speicherung von Wasser im Bindegewebe des Körpers.
>
> **Gestagene**
> - bereiten die Gebärmutterschleimhaut auf die Einnistung eines befruchteten Eis vor,
> - sind für die Befruchtungsfähigkeit der Spermien von Bedeutung,
> - schützen während der Schwangerschaft vor vorzeitigen Wehen,
> - wirken während des weiblichen Monatszyklus auf die Körpertemperatur.
>
> **Androgene** sind u. a. verantwortlich für
> - die Ausbildung der Schambehaarung bei beiden Geschlechtern,
> - die Entstehung von Geheimratsecken und Glatzenbildung,
> - den größeren Anteil von Muskelmasse und weniger Fettanteil im Bindegewebe beim Mann.

Zielzellen von Sexualhormonen. Die Zielzellen der Sexualhormone sind vielfältig. Hierunter fallen in erster Linie die Zellen der Geschlechtsorgane. Von großer Bedeutung ist die Tatsache, dass auch Nervenzellen Rezeptoren für Sexualhormone besitzen. Diese scheinen sich bei Wirbeltieren allerdings fast nur im Bereich limbischer Strukturen und des Hypothalamus zu finden. Es konnte nachgewiesen werden, dass sich im menschlichen Hypothalamus Rezeptoren für Progesteron und Androgene finden. Von daher ist leicht verständlich, dass diese Hormone auch ähnlich wie Neurotransmitter im Gehirn wirken und das Verhalten direkt beeinflussen können. Dies gilt natürlich in besonderer Weise für das Sexualverhalten. Darüber hinaus konnte gezeigt werden, dass auch die Wahrnehmung durch Sexualhormone beeinflusst. Dies gilt vor allem für Reize, die für das Reproduktionsverhalten relevant sind. Interessanterweise liegen auch im weiblichen Hypothalamus Androgenrezeptoren vor. Es kann also davon ausgegangen werden, dass auch bei der Frau die »männlichen« Sexualhormone eine regulatorische Funktion ausüben.

Die Geschlechtshormone haben demnach zwei grundsätzliche Funktionen:
(1) eine aktivierende insbesondere für das Sexualverhalten und
(2) eine organisierende bezüglich der geschlechtstypischen körperlichen Entwicklung.

Exkurs

Doping

Androgene erhöhen das Skelett- und Muskelwachstum und damit die Trainierbarkeit der Muskulatur. Sportler setzen daher nicht selten gezielt sog. **Anabolika** ein, um ihre sportliche Leistung zu verbessern.

Durch dieses – im Leistungssport verbotene – Doping wird in den körperlichen Regelkreis zwischen Hypothalamus, Hypophyse und endokrinen Drüsen eingegriffen. Es entstehen durch negatives Feedback über die erhöhte Konzentration von Testosteron oder einer verwandten Substanz zahlreiche unerwünschte Wirkungen: Die körpereigene Testosteronproduktion lässt nach, was z. B. zu einer Schrumpfung der Hoden führt. Stattdessen wird das Brustwachstum erhöht. Bei Frauen, bei denen kaum körpereigenes Testosteron produziert wird, führt die jetzt erhöhte Gesamtkonzentration zu einer Virilisierung (Vermännlichung). Die Brüste schrumpfen, die Körperbehaarung nimmt zu und die Stimme wird tiefer. Der Menstruationszyklus wird ebenfalls gestört.

Die anabolen Wirkungen betreffen darüber hinaus das Wachstum aller Organsysteme, sodass z. B. die Entstehung eines sog. »Sportlerherzens« mit übermäßiger Herzmuskelmasse die Folge sein kann. Der Stoffwechsel des Körpers wird durch die verstärkten Eiweißaufbauprozesse gestört, wodurch u. a. der Elektrolythaushalt verändert wird. Ödeme (Wassereinlagerungen im Gewebe) können auftreten. Durch Rückkopplungsprozesse im Hormon-Synthesesystem wird außerdem der Cholesteringehalt des Körpers erhöht, was wiederum ein erhöhtes Herz-Kreislauf-Risiko bedeutet.

Zusammenfassung

Das Regulationssystem für Sexualhormone besteht primär aus Hypothalamus, Hypophyse und den Keimdrüsen. Vom Hypophysenvorderlappen werden nach Anregung durch das hypothalamische Releasinghormon GnRH die Gonadotropine ausgeschüttet. Diese sind
▶ das luteinisierende Hormon (LH) bei der Frau, das identisch ist mit dem interstitialzellenstimulierenden Hormon (IZSH) beim Mann, sowie
▶ das follikelstimulierende Hormon (FSH).

In den Keimdrüsen bewirken sie u. a. die Produktion und Ausschüttung von Östradiol (bei der Frau) bzw. Testosteron (beim Mann). Zwei weitere Hypophysenhormone sind das Prolaktin und das Oxytocin.

Die wichtigsten steroidalen Sexualhormone sind die Androgene (u. a. Testosteron), die Östrogene (z. B. Östradiol) und die Gestagene (z. B. Progesteron). Zielzellen für Sexualhormone sind neben Zellen der Geschlechtsorgane auch Nervenzellen, v. a. im Bereich des limbischen Systems und des Hypothalamus.

18.1 Neurobiologie des Sexualverhaltens – zerebrale Strukturen und Geschlechtshormone

18.2 Sexuelles Verhalten

18.2.1 Einflussfaktoren auf das Sexualverhalten

Steuerung des Sexualverhaltens durch Hormone

Aus dem gesamten Verhaltensrepertoire der Säugetiere, der Primaten und auch der Menschen ist das Sexualverhalten derjenige Verhaltensbereich, der am stärksten hormoneller Steuerung unterliegt. Hier haben wir eines der augenfälligsten Beispiele für die Beeinflussung komplexer Verhaltensabläufe durch biochemische Prozesse vor uns.

Befunde aus dem Tierexperiment

Zahlreiche Beobachtungen z. B. bei Nagetieren wie Ratten und Mäusen belegen, dass die sexuelle Aktivität in sehr direkter Weise von Hormonen gesteuert wird. Entfernt man einer weiblichen Ratte die **Ovarien**, sodass sie kaum noch Östrogene produzieren kann, lässt ihre sexuelle Aktivität sofort nach. Dies ist erkennbar am Ausbleiben der typischen Paarungsstellung, der **Lordose**. (Der Rücken krümmt sich einwärts, der Kopf ist aufgerichtet und das Weibchen erwartet die Begattung.) Durch Östrogeninjektionen kann dieses Verhalten jedoch wiederhergestellt werden. Auch das Progesteron scheint beim Paarungsverhalten eine – wenn auch untergeordnete – Rolle zu spielen. Dies betrifft vor allem die Häufigkeit der Paarungsbereitschaft.

Bei männlichen Ratten lässt nach Entfernung der Hoden die sexuelle Aktivität ebenfalls nach. Dies geschieht jedoch nicht so prompt wie bei den ovariektomierten Weibchen und ist weniger absolut. Durch Testosteroninjektionen ist auch diese Verhaltensänderung beim Männchen wieder vollständig rückgängig zu machen.

Befunde beim Menschen

Beim Menschen sind die Zusammenhänge zwischen hormonellem Status und Sexualverhalten naturgemäß weniger direkt. Dass sexuelles Interesse auch von anderen Faktoren als vom Hormonspiegel abhängt, zeigt sich z. B. daran, dass Frauen auch nach einer **Ovariektomie** oder nach der Menopause, wenn die Ovarien ihre Aktivität eingestellt haben, im Regelfall sexuelles Verlangen verspüren und sexuell aktiv bleiben. Eine mögliche Erklärung auf biologischer Basis könnte darin liegen, dass bei Frauen sexuelles Interesse auch von Androgenen gesteuert wird. Androgene werden im weiblichen Organismus vor allem in der Nebenniere produziert. Diese Erklärung wird durch Untersuchungen gestützt, in denen das sexuelle Interesse diesbezüglich befragter Frauen eher mit der Testosteron- als mit der Östrogenkonzentration korrelierte. Darüber hinaus konnte gezeigt werden, dass Testosteroninjektionen bei ovariektomierten Frauen das sexuelle Interesse erhöhen können.

Bei Männern, denen die Hoden entfernt wurden, zeigt sich ebenfalls ein Rückgang der sexuellen Aktivität sowie eine leichte Verweiblichung. Bei Testosteronzufuhr von außen kann auch bei diesen Männern die sexuelle Aktivität auf das Normalniveau zurückkehren.

Es darf allerdings nicht übersehen werden, dass niemals die absoluten Konzentrationen der einzelnen Hormone das Verhalten bestimmen, sondern dass zu der jeweils individuell vorliegenden Hormonkonzentration ein für die betrachtete Person typisches »normales« Verhalten gehört. In diese Richtung weist die Tatsache, dass durch künstliche Erhöhung der Testosteronkonzentration bei gesunden Männern keineswegs das sexuelle Verlangen parallel dazu ansteigt. Im Regelfall zeigt sich im Sexualverhalten kein bedeutsamer Effekt.

Vertiefung

Testosteron und soziale Interaktion

Nachdem in den 1980er-Jahren einige Studien publiziert worden waren, die einen direkten Zusammenhang zwischen Aggressivität und Testosteronspiegel nahelegten, war man geneigt, hier eine ursächliche Beziehung zu sehen. Allerdings hat sich herausgestellt, dass die diesbezüglichen Ergebnisse, die überwiegend an jugendlichen Delinquenten erhoben worden waren, sich an Stichproben erwachsener Männer aus der Normalpopulation nicht replizieren ließen bzw. dass die Effekte hier nur schwach und insignifikant waren. Vor allen Dingen kann auf dieser Basis nicht angenommen werden, dass der Testosteronspiegel als ein Prädiktor für Aggressivität dienen könnte.

Allerdings scheint ein relativ enger Zusammenhang zwischen der Testosteronkonzentration und dem Dominanzstreben – erfasst über Verhaltensbeobachtung in sozialen Situationen – sowie antisozialem Verhalten zu herrschen. Hierfür spricht z. B. eine Langzeitstudie an über 4000 ehemaligen US-Soldaten, die über mehrere Jahre beobachtet wurden.

Es konnte eine zeitliche Koinzidenz zwischen erhöhtem Testosteronniveau und antisozialem bzw. normverletzendem Verhalten nachgewiesen werden (Mazur, 1995).

Weitere Befunde (Mazur & Booth, 1998) sprechen für eine wechselseitige Beeinflussung von Testosteron und sozialem Verhalten. Dementsprechend wirkt auch die soziale Situation auf den Testosteronspiegel zurück. So konnte gezeigt werden, dass nach einer Konkurrenzsituation z. B. im Sport bei demjenigen, der als Sieger aus der Konfrontation hervorging, der Testosteronspiegel anstieg, beim Verlierer dagegen absank. Interessant ist in diesem Zusammenhang eine Beobachtung von Fielden et al. (1994) während der Fußballweltmeisterschaft 1994. Es wurden Testosteronwerte an brasilianischen und italienischen (männlichen) Fans gewonnen, die das Match im Fernsehen verfolgten. Italien verlor das Spiel. Daraufhin fiel bei den italienischen Fans der Testosteronspiegel ab, während er bei den brasilianischen anstieg.

Auch längerfristige situative Veränderungen, z. B. sozialer Abstieg oder Aufstieg, schlagen sich im Testosteronspiegel als Verringerung bzw. Erhöhung nieder. So sank z. B. bei Strafgefangenen nach Einweisung in einen verschärften Strafvollzug das Testosteronniveau deutlich ab.

Sexualverhalten im sozialen Kontext

Bei höher entwickelten Säugetieren scheint die Sexualität neben der Fortpflanzungsfunktion auch eine wichtige soziale Funktion zu erfüllen. Ein Beispiel ist die soziale Organisation der Bonobos, eine dem Menschen genetisch nahe verwandte Schimpansenart. Diese leben in einer von den Weibchen dominierten Gesellschaft. Die sexuelle Aktivität geht hier deutlich über Fortpflanzungsabsichten hinaus, da auch Weibchen miteinander intim werden und ihre Geschlechtsteile aneinander reiben oder ältere Weibchen sich fast spielerisch von noch nicht geschlechtsreifen Jungen »begatten« lassen. Die Sexualität scheint in diesen Gruppen eine aggressionsabbauende und entspannende Funktion zu haben, mit der unbefangen umgegangen wird. Homosexuelle Aktivitäten sind hier – wie auch bei manchen anderen Tierarten – an der Tagesordnung.

Der Zusammenhang zwischen sozialer Rolle und Sexualverhalten zeigt sich vielerorts bei hoch entwickelten Säugetiersozietäten. Bei Affen und Wölfen sind die hierarchisch höher gestellten Männchen sexuell wesentlich aktiver als in der Rangordnung niedrigere. Im Einklang damit lässt sich bei diesen Tieren im Blut auch eine erhöhte Testosteronkonzentration nachweisen. Rückt ein zunächst vergleichsweise sexuell inaktives Männchen auf, zeigen sich daraufhin bei ihm höhere Testosteronwerte.

Bei Festlegen der Rangordnung und den damit verbundenen Kämpfen werden zunächst vor allem Stresshormone ausgeschüttet (vgl. Abschn. 17.1.2). Starke Stressachsenaktivierung bewirkt typischerweise eine Reduktion der Sexualhormone. Diese tritt jedoch bei den rangniedrigeren Tieren schneller ein und fällt stärker aus als bei den dominanten Tieren. Es besteht also ein unmittelbarer Zusammenhang zwischen den Hormonen der Stressachse (wie Kortisol) und den Geschlechtshormonen.

Stress und Sexualfunktionen. Ähnliche Effekte zeigen sich auch beim Menschen. So findet sich eine deutliche Libidoabnahme bei psychischem und physischem Stress. Die entsprechenden Hormonkonzentrationen sind dann massiv erniedrigt. Das geht so weit, dass Frauen in extremen Stresssituationen – z. B. in Konzentrationslagern im Dritten Reich – keinen Menstruationszyklus mehr aufweisen oder Schwangere in belastenden Situationen Fehlgeburten erleben.

Einfluss des Alters auf das Sexualverhalten

Subjektive Angaben zum Sexualverhalten, sei es zur Häufigkeit oder zur Art des sexuellen Verkehrs, sind stets mit großer Vorsicht zu betrachten. Bei Befragungen zu einem derart intimen Thema herrscht bei den Befragten in besonderem Maße eine Tendenz, eher das anzugeben, was sie für »normal« halten, oder das, wovon sie glauben, dass es der Untersucher für »normal« hält. Andererseits ist vermutlich – insbesondere bei Männern – mit einer Neigung zur »Übertreibung« zu rechnen.

Insbesondere zur Häufigkeit des Sexualverkehrs in Abhängigkeit vom Alter hängt die Meinung bei vielen Menschen eher vom Volksglauben ab als von statistischen Zahlen. Abbildung 18.3 nennt diesbezügliche Zahlen, die im Rahmen einer Befragung von ca. 7.000 erwachsenen Paaren (Alter über 19 Jahre) in den USA erhoben wurden (Call et al., 1995). Die Paare waren entweder verheiratet oder lebten in einer festen Partnerschaft.

18.2 Sexuelles Verhalten | **337**

Abbildung 18.3 Häufigkeit sexueller Aktivität in Abhängigkeit vom Lebensalter

Es zeigte sich hier u. a., dass auch im höheren Lebensalter die sexuelle Aktivität durchaus erhalten bleibt. Ein weiteres wichtiges Ergebnis dieser Studie war, dass der Rückgang im Mittelwert der Frequenz des Geschlechtsverkehrs bei den über 50-Jährigen vor allem eine Folge davon ist, dass ab diesem Alter ein gewisser Prozentsatz der Paare sexuelle Aktivität völlig aufgibt. Bei denjenigen, die weiterhin sexuell aktiv bleiben, geht die Frequenz dagegen kaum zurück.

> **Zusammenfassung**
>
> Sexualverhalten wird in gewissem Ausmaß von der Konzentration der Sexualhormone gesteuert. Weitere Einflussfaktoren auf menschliches Sexualverhalten sind soziale Interaktion, sozialer Status, Stress und Alter.

18.2.2 Kohabitation und Ablauf der sexuellen Reaktion

Der Geschlechtsakt (**Kohabitation**, **Koitus**) dient unter dem Gesichtspunkt der menschlichen Fortpflanzung dazu, Spermien aus dem männlichen Sexualtrakt in den Endbereich der Scheide gelangen zu lassen. Diesem Ziel sind nahezu alle Elemente der sog. »sexuellen Reaktion« untergeordnet. Es hat sich gezeigt – vor allem durch die von William Masters und Virginia Johnson in den 1960er-Jahren initiierten Untersuchungen –, dass sowohl beim Mann als auch bei der Frau ein vergleichsweise stabiles Reaktionsmuster vorliegt, das beim Koitus durchlaufen wird (s. Abb. 18.4).

Innerhalb des sexuellen Reaktionszyklus lassen sich danach bei beiden Geschlechtern vier psychophysiologisch relativ gut abgrenzbare Phasen mit typischen körperlichen Reaktionen unterscheiden:
(1) die Erregungsphase,
(2) die Plateauphase,
(3) der Orgasmus und
(4) die Entspannungsphase (Resolutionsphase).

Die Phasen der sexuellen Reaktion beim Mann

Erregungsphase. Vorstellungen, Wahrnehmungen oder sensorische Stimulation im Bereich des Penis und anderer sensibler Hautregionen, der sog. erogenen Zonen, lösen ein Verlangen nach sexueller Aktivität aus. Es stellt sich die Erregungsphase ein, die subjektiv durch das Gefühl der Lust gekennzeichnet ist. Bereits in dieser Phase treten charakteristische körperliche Reaktionen auf. Die Hoden werden besser durchblutet und etwas

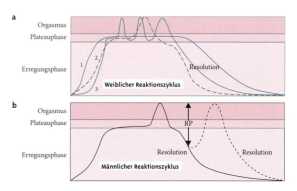

Abbildung 18.4 Verlauf der sexuellen Reaktion nach Masters und Johnson (1966). **a** Die Kurve 1 zeigt eine Erregung, die zwar die Plateauphase erreicht, ohne sich jedoch bis zum Orgasmus zu steigern. In Kurve 2 sieht man einen Verlauf mit einem Orgasmus nach Erreichen der Plateauphase. In Kurve 3 erkennt man einen steilen Anstieg zur Plateauphase, von wo aus multiple Orgasmen erfolgen. **b** In der durchgezogenen Linie ist das am weitesten verbreitete Muster der männlichen Reaktion zu sehen. Ein zweiter Orgasmus kann nach der Refraktärphase (RP) erfolgen. Es sind weitere Varianten möglich, auch solche ohne Orgasmus

angehoben. Das deutlichste Zeichen der sexuellen Erregung ist die Erektion des Penis. Die unmittelbare Ursache hierfür ist eine bessere Durchblutung des erektilen Gewebes infolge einer Gefäßerweiterung.

Die neuronale Auslösung der Erektion geschieht über parasympathische Fasern vom Erektionszentrum im Sakralmark aus. In Abbildung 18.5 erkennt man sehr deutlich die **parasympathische Dominanz** während des Vorgangs der Erektion: Nach einem initialen Anstieg der Herzfrequenz, des Blutflusses im Unterarm und der Hautleitfähigkeit (s. Abschn. 26.6.2) sinken diese in der Folge aufgrund der Parasympathikusaktivierung wieder ab. Als Neurotransmitter von den efferenten Fasern auf die kleinen Arterien im Schwellkörper wirken u. a. Acetylcholin und Stickstoffmonoxid (NO).

Plateauphase. In der Plateauphase stabilisieren sich die typischen physiologischen Anzeichen der Erregung auf einem hohen Niveau. Die Prostata und die Hoden vergrößern sich und das Skrotum (Hodensack) verdickt sich. Es vertieft sich auch die Farbe des Penis. Kurz vor dem Orgasmus werden die in der Nähe der Prostata gelegenen sog. Cowper-Drüsen (Glandulae bulbourethrales) zur Sekretion angeregt. Das von ihnen abgegebene Sekret tritt meist kurz vor der Ejakulation aus. Es dient vermutlich dazu, die Harnröhre zu reinigen (von evtl. vorhandenen Harnrückständen) und für das Sperma gleitfähiger zu machen. Wird die sexuelle Aktivität jetzt nicht mehr unterbrochen, schließt sich der Orgasmus an.

Orgasmusphase. Während der Orgasmusphase wird durch Kontraktionen der Prostata und des Penis die Samenflüssigkeit in die Harnröhre transportiert (Emission). Der Zugang der Blase zum Harnleiter ist in diesem Moment verschlossen, damit ein Rückfluss des Samens in die Blase verhindert wird. Aufgrund von 3 bis 10 rhythmischen Kontraktionen der quergestreiften Muskulatur der Peniswurzel und des unteren Beckenbereichs steigt der Druck in der Harnröhre so weit an, dass schließlich das Ejakulat ausgestoßen wird. Nachdem die erste Phase des Ejakulationsvorgangs begonnen hat, ist dieser nicht mehr aufzuhalten. Das Ejakulationsvolumen liegt bei 2 bis 6 ml, die Zahl der Spermien beträgt 35–200 Millionen pro ml.

Der Ejakulationsprozess wird von einem Zentrum im Bereich des unteren Thorakal- sowie Lumbalmarks ausgelöst. Über **sympathische Fasern** wird die bei der Ejakulation beteiligte glatte Muskulatur aktiviert und zugleich über somatomotorische Fasern die quergestreifte Muskulatur im Bereich des Beckenbodens.

Entspannungsphase. Auf die Orgasmusphase folgt die Entspannungs- oder Rückbildungsphase. In dieser Phase geht die Durchblutung des Penis auf das normale Niveau zurück, wodurch er wieder seine ursprüngliche Größe annimmt. Es tritt unmittelbar nach der Ejakulation beim Mann eine sog. **Refraktärphase** von einigen Minuten bis zu mehreren Stunden ein, während deren kein weiterer Orgasmus möglich ist. Diese Refraktärzeit ist vermutlich nötig, um für die nächste Emissionsphase genügend Samen bereitzustellen.

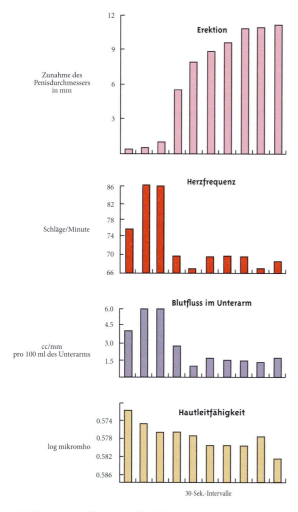

Abbildung 18.5 Vegetative Reaktionen während der Erektion. Es wird an den Verläufen der Herzfrequenz, des Blutflusses und der Hautleitfähigkeit deutlich, dass die Erektion ein parasympathisch gesteuertes Geschehen ist

Die Phasen der sexuellen Reaktion bei der Frau

Der zeitliche Verlauf und die Abfolge der einzelnen Phasen sind bei der Frau variabler als beim Mann. Am Rande sei angemerkt, dass die sexuelle Erregung sowie ein Durchlaufen des sexuellen Reaktionszyklus bei der Frau keineswegs Voraussetzungen zur Befruchtung sind.

Erregungsphase. Während der Erregungsphase wird die Scheide durch die Aktivität von Drüsen am Eingang der Vagina befeuchtet (**Lubrikation**). Durch einen venösen Blutstau, die **Vasokongestion**, schwellen die Schamlippen an und die Klitoris vergrößert sich und erigiert. Die Vagina dehnt sich aus und die Gebärmutter wird leicht angehoben. Die Brustwarzen werden härter und richten sich auf; auch kann sich gegen Ende der Erregungsphase eine leichte Vergrößerung der Brüste einstellen. Diese Abläufe während der Erregungsphase sind ebenfalls parasympathisch vermittelt.

Plateauphase. Die Plateauphase ist auch bei der Frau dadurch gekennzeichnet, dass sich jetzt die typischen physiologischen Anzeichen der Erregung stabilisieren. Es bildet sich gegen Ende der Plateauphase am Scheideneingang eine verengte Zone, die sog. orgiastische Manschette, wodurch sich die Vaginalöffnung um 30 % oder mehr verengen kann. Die Schamlippen werden durch die stärkere Durchblutung dunkler. Die Höfe der Brustwarzen (die Areolen) schwellen an, und die Brust insgesamt kann sich weiter vergrößern – insbesondere bei Frauen, die noch kein Kind gestillt haben.

Orgasmusphase. Die Orgasmusphase ist bei der Frau durch rhythmische Kontraktionen der orgiastischen Manschette (3 bis 15 Kontraktionen) sowie der Gebärmutter gekennzeichnet. Diese Reaktion ist sympathisch vermittelt. Bei manchen Frauen (man schätzt, bei einem Drittel) kann es während des Orgasmus zur sog. weiblichen Ejakulation kommen. Dabei wird eine zumeist farblose, wässrige Flüssigkeit stoßweise abgegeben

Entspannungsphase. Während der Rückbildungsphase geht das Blutvolumen im Vaginal- und Beckenbereich rasch wieder auf das Ausgangsniveau zurück. Bei Frauen kann es ohne eine Rückbildung der physiologischen Reaktionen unter das Plateauniveau zu weiteren Orgasmen kommen.

Exkurs

Der G-Punkt

Es herrscht seitens der Sexualwissenschaft immer noch keine einhellige Meinung darüber, ob der G-Punkt (nach dem Gynäkologen Ernst Gräfenberg so genannt, der ihn als Erster erwähnte) existiert bzw. bei jeder Frau existiert. Er wird folgendermaßen beschrieben: An der Vorderwand der Vagina etwa 3–5 cm nach der Scheidenöffnung liegt eine sensible Zone von etwa 1 bis 2 cm Durchmesser. Diese weist zwei kleine, oft nur schwach ausgebildete Wülste auf. Dieser Bereich scheint bei manchen Frauen für die sexuelle Erregung eine besondere Rolle zu spielen.

Begleiterscheinungen außerhalb der Sexualorgane

Sowohl bei der Frau als auch beim Mann wird der sexuelle Reaktionszyklus ab der Plateauphase von einer Erhöhung der Herzfrequenz und des Blutdrucks sowie einer Steigerung der Atmung und des Muskeltonus begleitet. Diese Aktivität wird zum Ende der Plateauphase besonders intensiv und erreicht beim Orgasmus ihren Höhepunkt, um danach schnell wieder abzufallen. Während des Orgasmus zeigt sich eine starke zentralnervöse Erregung mit Pupillenerweiterung und Hautrötung sowie eine Einschränkung der Sinneswahrnehmung.

Zusammenfassung

Innerhalb des sexuellen Reaktionszyklus lassen sich vier relativ gut abgrenzbare Phasen mit typischen körperlichen Reaktionen unterscheiden:
(1) die Erregungsphase,
(2) die Plateauphase,
(3) der Orgasmus und
(4) die Entspannungsphase.
Bei beiden Geschlechtern weisen die vier Phasen vergleichbare physiologische und psychische Begleiterscheinungen auf. Diese beziehen sich sowohl auf den Bereich der Geschlechtsorgane als auch auf weitere Reaktionen des vegetativen und somatischen Systems.

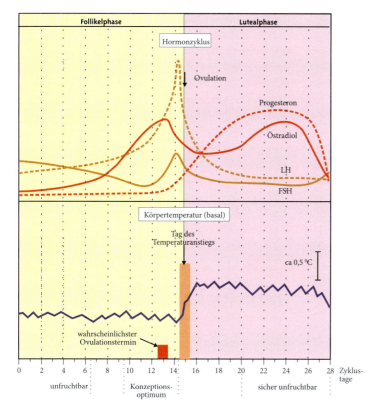

(1) Follikelphase (1.–12. Tag)
(2) Ovulationsphse (13.–15. Tag)
(3) Lutealphase (16.–28. Tag)

Follikelphase

- Zu Beginn des Monatszyklus setzt die Follikelbildung ein.
- FSH fördert die Reifung einer der in den Ovarien vorhandenen 30–50.000 Eizellen.
- Um das Ei bildet sich eine Schicht von Follikelzellen, die v. a. Östradiol erzeugen (in geringerem Maße die beiden anderen Östrogene, das Östron und das Östriol).
- Daraufhin setzt ein schnelles Wachstum des Follikels ein.
- Der reife Follikel (**Graaf-Follikel**) hat seine volle Größe von 4–6 mm erreicht.

Die freigesetzten Östrogene regen den Hypothalamus zu einer Steigerung der Gonadoliberinausschüttung an. Dessen Abgabe geschieht in Pulsen mit einem Abstand von ca. 90 Minuten, was eine vermehrte Freisetzung von LH und FSH zur Folge hat.

Abbildung 18.6 Die Verläufe der Hormonspiegel und der Temperatur während des Monatszyklus

18.3 Der weibliche Monatszyklus

18.3.1 Die periodischen Veränderungen während des Monatszyklus

Ein besonders beeindruckendes Beispiel der biochemischen Steuerung körperlicher Vorgänge ist der weibliche Monatszyklus. Im 28-Tage-Rhythmus führt die – mit der Pubertät einsetzende – genau festgelegte Abfolge von unterschiedlichen Konzentrationsverhältnissen der Östrogene, Gestagene, des follikelstimulierenden Hormons (FSH) und des luteinisierenden Hormons (LH) zur Eireifung, zum Eisprung und zur Vorbereitung der Gebärmutterschleimhaut auf die Einnistung eines eventuell befruchteten Eis (s. Abb. 18.6).

Im Einzelnen gilt zum Zeitverlauf Folgendes: Der Monats- oder Menstruationszyklus wird ab dem ersten Tag der Menstruationsblutung, also der Abstoßung der Gebärmutterschleimhaut bei Ausbleiben einer Schwangerschaft, gezählt. Dieser Zyklus wird in drei verschiedene Abschnitte unterteilt:

Lutealphase

- Der hohe LH-Spiegel führt dazu, dass der Follikel platzt und das Ei freigegeben wird. Es findet der **Eisprung** (Ovulation, Follikelsprung) statt.
- Danach sinkt der Östradiolspiegel im Blut ab.
- Der geplatzte Follikel wird zum **Gelbkörper** umgebildet und produziert Progesteron (Gelbkörperhormon) sowie Östrogene.
- Letztere veranlassen den Hypothalamus, das Gonadoliberin mit einer jetzt längeren Pulsdauer (ca. alle 180 Minuten) abzugeben.
- Dadurch sinken der LH- und FSH-Spiegel auf ihre Basiswerte ab.
- Bei Ausbleiben der Befruchtung kommt es zur Abstoßung der Gebärmutterschleimhaut und der Eizelle.

Die Östrogene sind u. a. für den Transport des Eis und die Einnistung in der Gebärmutter notwendig und regen das Schleimhaut- und Milchdrüsenwachstum an. Das vom Gelbkörper gebildete Progesteron unterstützt die Wanderung des Eis in die Gebärmutter und bereitet die Schleimhaut dort auf seine Einnistung vor.

Die Basaltemperaturmethode. Da Progesteron die Körpertemperatur erhöht, kann in der zweiten Zyklushälfte eine um ca. 0,5–1°C höhere Temperatur gemessen werden (s. Abb. 18.6). Diese Tatsache lässt sich bei Frauen mit sehr regelmäßigem Zyklus zur Empfängnisverhütung nutzen. Dazu muss regelmäßig morgens direkt nach dem Aufwachen (also noch unter Ruhebedingungen) die Temperatur gemessen werden. Falls die Körpertemperatur nicht durch besondere Umstände (Infektion, Klimawechsel) beeinflusst wird, kann mit dieser Methode die unfruchtbare Zeit relativ genau bestimmt werden.

Die Dauer des Menstruationszyklus ist nicht absolut stabil, sie kann um mehrere Tage variieren. Man geht davon aus, dass bei Abweichungen, die mehr als 2–3 Tage betragen, keine normale Follikelreifung stattfindet. Solche sog. anovulatorischen Zyklen sind vergleichsweise häufig; sie können auch bei gesunden Frauen bis zu einem Fünftel der Zyklen ausmachen.

18.3.2 Das prämenstruelle Syndrom

Nicht selten zeigt sich eine Veränderung des psychischen Befindens einer Frau kurz vor dem Einsetzen ihrer Menstruationsblutung. Dies bezeichnet man als prämenstruelles Syndrom (PMS). Man geht davon aus, dass 3–8 % der davon betroffenen Frauen dadurch auch im Arbeitsleben massiv beeinträchtigt sind, bis hin zur Arbeitsunfähigkeit. Als psychische Symptome können sich eine veränderte Stimmung, gekennzeichnet durch Reizbarkeit, Depressivität oder Aggressivität zeigen. Veränderungen des Essverhaltens und des Schlafes sind ebenfalls nicht selten. Auch Migräneanfälle können auftreten. An körperlichen Symptomen werden häufig Schwellungen und Schmerzen der Brust und/ oder eine Gewichtszunahme berichtet.

Da Sexualhormone auch im Gehirn wirken, ist es nicht verwunderlich, dass sie hier mit anderen neurochemischen Systemen interagieren und unterschiedliche Wirkungen auf der Befindensebene entfalten können. Der zyklische Wechsel des hormonellen Status bei der geschlechtsreifen Frau erfordert vielfache Anpassungsleistungen anderer Systeme, die nicht unmittelbar am Monatszyklus beteiligt sind und zentralnervös wirken, was u. U. nicht reibungslos verläuft. Dies gilt insbesondere für das serotonerge System und das Opio-

idsystem, die beim prämenstruellen Syndrom eine Rolle zu spielen scheinen.

Bedeutung des Serotonins. In verschiedenen klinischen Studien erwiesen sich Antidepressiva aus der Klasse der selektiven Serotonin-Wiederaufnahmehemmer beim prämenstruellen Syndrom als wirksam. Da viele der betroffenen Frauen eine melancholische Verstimmung vor dem Einsetzen der Menstruation erleben, ist die Nähe zu biochemischen Vorgängen im Zusammenhang mit der Depression (s. Abschn. 21.1.4) nicht weiter überraschend. Tatsächlich konnten bei diesen Patientinnen niedrigere Serotoninkonzentrationen festgestellt werden. Auch dies spricht für eine veränderte zentrale serotonerge Aktivität.

> **Exkurs**
>
> Da die meist nur wenige Tage anhaltenden psychischen Symptome des prämenstruellen Syndroms vor allem auf Selbstberichte betroffener Frauen zurückgehen, war die Existenz dieses Störungsbildes im Sinne eines eigenständigen Syndroms in der Medizin lange Zeit umstritten. Nicht selten wurde darin eher eine Entschuldigung für unangemessenes Verhalten der Frauen gesehen und ein Versuch, sich der Verantwortung für die eigenen Launen zu entziehen. Aber auch Feministinnen wollten die Existenz eines so weitreichenden, letztlich biologischen Unterschieds zwischen Männern und Frauen nicht anerkennen und sahen in der Darstellung eines solchen Syndroms eher den Versuch von Männern, Frauen eine periodisch wiederkehrende »Unzurechnungsfähigkeit« anzulasten.

Bedeutung der Opioide. Durch Steroide des Eierstocks, insbesondere durch Östrogene, wird auch die Aktivität des körpereigenen Opioidsystems mit den Hauptvertretern β-Endorphin und den Enkephalinen angeregt. Durch Zufuhr des Opioidantagonisten Naloxon konnte gezeigt werden, dass durch körpereigene Opioide auch die Sekretion des luteinisierenden Hormons und damit die Steuerung des Zyklus beeinflusst wird. Während des Monatszyklus fallen die Konzentrationen der endogenen Opioide prämenstruell ab. Einige Studien ergaben bei Patientinnen mit prämenstruellem Syndrom im Vergleich zu gesunden Frauen in dieser Phase tatsächlich erniedrigte Endorphinkonzentrationen. Diese zu niedrige Endorphinkonzentration wird von einigen Forschern als Auslöser einer überschießenden gegenregulatorischen Rebound-Reaktion (zu starkes negatives Feedback) angesehen, was dann zu einer Überaktivität des dopaminergen Systems führt. Auf diese Weise könnten aggressive reizbare Verstimmungen und innere Spannungszustände bis hin zu einem psychotischen Zustand erklärt werden. Aus Tierexperimenten ist bekannt, dass auch ein direkter Zusammenhang zwischen dem Opioidsystem und Essverhalten besteht. Zahlreiche Frauen berichten von Schokoladenheißhungerattacken während dieser Zeit, deren Befriedigung das Endorphindefizit u. U. ausgleichen könnte.

Zusammenfassung

Beim weiblichen Monatszyklus findet im 28-Tage-Rhythmus eine zeitlich genau festgelegte Abfolge von Konzentrationsveränderungen der Östrogene, Gestagene, des follikelstimulierenden Hormons und des luteinisierenden Hormons statt. Diese haben Eireifung, Eisprung und die Vorbereitung der Gebärmutterschleimhaut auf die Einnistung eines eventuell befruchteten Eis zur Folge.

Bei sehr regelmäßigem Zyklus kann durch Messung der Körpertemperatur die unfruchtbare Zeit bestimmt werden.

Das prämenstruelle Syndrom kann sich in Reizbarkeit, Depressivität oder Aggressivität äußern. Körperliche Symptome können sein: Migräne, Schmerzen in der Brust und Gewichtszunahme.

18.4 Hormonelle Empfängnisverhütung

Die Prozesse im Zusammenhang mit dem Menstruationszyklus stehen wie Empfängnis und Schwangerschaft unter eng regulierter hormoneller Kontrolle. Kommt es zu geringfügigen Veränderungen bei den Konzentrationen der beteiligten Hormone, so können die regulären Abläufe dadurch empfindlich gestört werden. Dies gilt insbesondere für die Empfängnis. Körperfremde Stoffe, die wie Östrogene und Gestagene wirken und im Blutplasma zirkulieren, hemmen auf dem Wege des negativen Feedbacks über Hypothalamusrezeptoren die Ausschüttung der Gonado-

tropine. Dies hat wiederum ein Ausbleiben des regulären ovariellen Zyklus zur Folge.

Einphasenpräparate. Klassische Kombinationspräparate zur Empfängnisverhütung bestehen aus einer Kombination von zwei synthetischen Substanzen, die den Östrogenen und den Gestagenen verwandt sind. Sie werden 21 Tage lang eingenommen. Bei Einphasenpräparaten bleibt die chemische Zusammensetzung während dieser Phase gleich. Danach tritt infolge des Hormonentzugs eine sog. Abbruchblutung ein, die den Charakter einer Menstruation hat. Die Wirkung beruht darauf, dass durch negatives Feedback auf Hypothalamus und Hypophyse der LH-Gipfel während der Zyklusmitte reduziert wird.

Diese Präparate hemmen auf dreierlei Art die Konzeption:

(1) Der Eisprung wird verhindert.
(2) Das Wachstum der Gebärmutterschleimhaut wird unterbunden. Käme es doch zum Eisprung, könnte eine befruchtete Eizelle keine zur Einnistung vorbereitete Gebärmutterschleimhaut vorfinden.
(3) Das Sekret am Muttermund ist verdickt, wodurch die Spermien den Muttermund kaum passieren können. Die Einphasenpräparate sind aufgrund des mehrfachen Wirkprinzips relativ sicher.

Zweiphasenpräparate. Im Gegensatz zur gleichmäßigen täglichen Gabe von Östrogen-Gestagen-Kombinationspräparaten versucht man bei Mehrstufenpräparaten den zeitlichen Ablauf der zyklischen Hormonschwankungen ansatzweise nachzuahmen. Zweiphasenpräparate bestehen aus rein östrogenhaltigen Tabletten für die erste Hälfte und Östrogen-Gestagen-Kombinationstabletten für die zweite Hälfte des Zyklus. Die Hauptwirkung ist hier die Ovulationshemmung. Bei ihnen führt – wie bei den klassischen Kombinationspräparaten – eine Einnahmepause von sieben Tagen zu einer Abbruchblutung aufgrund der plötzlich erniedrigten Hormonkonzentrationen. Diese Blutung fällt jedoch wegen der weniger stark entwickelten Gebärmutterschleimhaut meist schwächer aus als die normale Menstruationsblutung.

Dreiphasenpräparate. Beim Dreiphasenpräparat findet insofern eine noch stärkere Anpassung an die realen Zeitverläufe im hormonellen Milieu statt, als diese Präparate niedrige Östrogendosen enthalten bei zugleich wöchentlich ansteigenden Gestagenanteilen.

Die oben genannten Präparate-Klassen werden zum Typ der **Mikropille** zusammengefasst. (Genau genommen wird allerdings nur dann von der Mikropille gesprochen, wenn der Östrogenanteil unter 0,05 mg pro Dragee liegt. Dies ist für den Großteil der heutigen Präparate der Fall.)

»Minipillen«. Die sog. Minipille beruht demgegenüber auf einem relativ geringen Eingriff in den weiblichen Hormonhaushalt. Sie enthält niedrige dosierte Gestagene. Sie greift meist nicht in die Eireifung ein, und es findet in der Regel ein Eisprung statt. Minipillen wirken vor allem durch Veränderungen des Schleimpfropfes am Gebärmutterhals: Die Spermien werden daran gehindert, in die Gebärmutter bzw. in den Eileiter zu gelangen. Zusätzlich beeinträchtigen sie den Aufbau der Gebärmutterschleimhaut, sodass selbst eine möglicherweise befruchtete Eizelle sich nicht einnisten könnte. Die meisten Präparate dieser Klassen müssen mit hoher Zuverlässigkeit, was den Einnahmezeitpunkt angeht, eingenommen werden. Abweichungen von mehr als drei Stunden können die Wirksamkeit stark einschränken.

Die Postkoitalpille. Die sog. »Pille danach« verhindert durch hochdosierte Gestagene bzw. Gestagen-Östrogen-Kombinationen die Einnistung der Eizelle in der Gebärmutterschleimhaut. Maximal 72 Stunden nach einem Geschlechtsverkehr eingenommen, kann sie eine Schwangerschaft trotz Befruchtung einer Eizelle verhindern. Der kurzzeitige »Hormonschock« führt in etwa 50 % der Fälle zu einer Blutung. Aufgrund der hohen Dosierung können stärkere physische und psychische Nebenwirkungen auftreten, als dies bei den regelmäßig einzunehmenden Präparaten der Fall ist.

Übersicht

Schwangerschaftsrisiko bei verschiedenen Verhütungsmethoden

Im Folgenden wird die Sicherheit einiger Methoden der Empfängnisverhütung nach dem Pearl-Index (= Ungewollte Schwangerschaften pro 100 Frauenjahre) und dem sich daraus ergebenden Restrisiko dargestellt:

Phasenpräparate	0,3–0,9
Minipille	0,4–3
Pille danach	ca. 0,5
Kondom	3–28
Coitus interruptus	8–38
Basaltemperaturmessung	1–2

Zusammenfassung

Einphasenpräparate stellen eine Kombination aus Stoffen dar, die den Östrogenen bzw. den Gestagenen eng verwandt sind. Sie werden 21 Tage lang eingenommen. Danach kommt es zur sog. Abbruchblutung. Sie verhindern den Eisprung und unterbinden das Wachstum der Gebärmutterschleimhaut.

Bei Mehrstufenpräparaten wird der zeitliche Ablauf der zyklischen Hormonschwankungen nachgeahmt. Die sog. Minipille beeinflusst kaum den weiblichen Zyklus. Ihr Wirkprinzip besteht vielmehr in einer Behinderung der Spermienwanderung.

18.5 Empfängnis, Schwangerschaft, Geburt

18.5.1 Befruchtung

Ausgelöst durch den fein abgestimmten Wechsel der aktuellen Konzentrationen der beiden Sexualhormone Östrogen und Progesteron (s. Abschn. 18.3.1) wandert bei der geschlechtsreifen Frau einmal während des Monatszyklus eine Eizelle aus den Eierstöcken in den Eileiter (Tubus). Hat ein Spermium, angelockt von bestimmten chemischen Substanzen an der Oberfläche der Eizelle, seinen Weg aus der Vagina über den Uterus und den Eileiter bis zum Ei gefunden, kann eine Verschmelzung von Ei- und Samenzelle stattfinden (s. Abb. 18.7). Das Ei ist befruchtet.

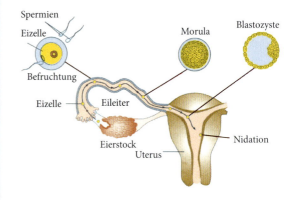

Abbildung 18.7 Befruchtung, Entwicklung und Einnistung des Keims

Die Befruchtung der Eizelle ist nur innerhalb von 12 Stunden, während derer sich die Eizelle am Anfang des Eileiters befindet, möglich (**Konzeptionszeit**). Da die Spermien maximal 3 Tage im weiblichen Körper überleben können, ergibt sich eine Konzeptionszeit von 4–5 Tagen pro Monatszyklus. Da allerdings bei vielen Frauen Unregelmäßigkeiten im Monatszyklus (z.B. durch Verschiebungen im Schlaf-/Wach-Rhythmus oder veränderte Ernährung) auftreten können, die einen längeren oder kürzeren Menstruationszyklus bedingen, werden diese 4–5 Tage der Konzeptionsfähigkeit keineswegs immer exakt eingehalten.

Die Zellteilung der befruchteten Eizelle, der **Zygote**, beginnt sofort. Sie setzt sich während ihrer drei- bis viertägigen Wanderung durch den Eileiter bis in den Uterus fort, den sie etwa am vierten Tag nach der Befruchtung erreicht. Infolge mehrfacher Zellteilungen hat sie sich zur sog. **Morula** entwickelt. Bei Ankunft dieses Zellhaufens im Uterus verändert sich dessen Aussehen, da Flüssigkeit in die Interzellulärräume eindringt; er wird zur **Blastozyste**. Diese heftet sich sechs bis sieben Tage nach der Befruchtung an der Gebärmutterschleimhaut an und nistet sich dort ein, es kommt zur **Nidation**.

18.5.2 Entwicklung des Ungeborenen

Eine normale Schwangerschaft dauert 266 ± 3 Tage, dies entspricht 38 Wochen oder ca. 9 Monaten. Die Entwicklung der verschiedenen Zellen des Körpers des Embryos bzw. Fetus aus einer befruchteten Eizelle geschieht durch gezielte Aktivierung bestimmter Gene und Inaktivierung anderer Gene des in jeder Zelle in gleicher Weise enthaltenen Genmaterials. Zellen mit ähnlicher Genaktivierung können sich zu Zellverbänden zusammenschließen, wodurch Gewebe entsteht.

Es gibt für verschiedene Organsysteme kritische Phasen, in denen ihre Entwicklung besonders vorangetrieben wird und sie daher gegen schädigende Einflüsse besonders anfällig sind. Zu diesen Einflüssen gehören neben radioaktiver Strahlung bestimmte Chemikalien, Pharmaka oder Drogen. So besteht beispielsweise in der 3. bis 5. Schwangerschaftswoche die Gefahr, dass die Entwicklung des ZNS beim Embryo durch den Konsum von größeren Alkoholmengen oder auch eine Infektionskrankheit der Mutter – wie z.B. Röteln – so gestört wird, dass es zu einer bleibenden geistigen Behinderung kommen kann. In späteren Entwicklungsstadien, wenn die Organsysteme anatomisch bereits weitgehend angelegt sind, entstehen durch schädigende Einflüsse weniger Missbildungen, sondern eher Störungen der physiologischen Funktion des betroffenen Organs.

Die Gehirnentwicklung ist bereits in der 28. Woche so weit abgeschlossen, dass jetzt die endgültige Neuronenzahl erreicht ist. Die Myelinisierung beginnt in der 24. Woche und dauert bis zum 6. Lebensjahr an. Die Ausdifferenzierung des Gehirns ist bei der Geburt noch nicht beendet, da die Neuronen bis zum 4. Lebensjahr noch wachsen und sich in ihrer Form weiter umgestalten und verfeinern können.

18.5.3 Schwangerschaftsbedingte Umstellungsprozesse im Körper der Frau

Nach der Einnistung der befruchteten Eizelle im Uterus verändert sich schlagartig die hormonelle Situation der Frau. Diese Veränderungen dienen primär der körperlichen Anpassung an die Schwangerschaft und Geburt. Solche Anpassungsvorgänge haben meist auch Auswirkungen auf das mütterliche Verhalten. Ihr primärer biologischer Sinn liegt darin, optimale Bedingungen für den Schutz des Neugeborenen, seine Betreuung und sein Heranwachsen zu gewährleisten.

Schwangerschaftsnachweis durch HCG. Bereits einige Tage nach der Befruchtung wird von Nachbarzellen der Zygote das Hormon Humanes Choriongonadotropin (HCG) produziert. HCG beeinflusst die Umstellung der Hormonproduktion der Mutter besonders zu Beginn der Schwangerschaft. Da dieses Hormon nur in der Schwangerschaft auftritt, ist sein Nachweis Grundlage vieler Schwangerschaftstests.

Plazentahormone. Nach Ausbildung der **Plazenta**, eines Organs, das die Hauptstoffwechselfunktionen für den sich entwickelnden Organismus erfüllt, wird ein weiteres Hormon produziert: das Humane Plazentalaktogen (HPL). Dieses Hormon ist für die Ernährung des Ungeborenen aus den im mütterlichen Blut enthaltenen Aminosäuren und der Glukose nötig und fördert darüber hinaus die Progesteronsynthese. Die Plazenta übernimmt nach und nach die Hauptrolle bei der gesamten Sexualhormonproduktion im Körper der schwangeren Frau. Ab dem dritten Monat wird sie fast vollständig von ihr bestritten.

Postnatale Hormonveränderungen. Im Zuge der Geburt wird die Plazenta als sog. Nachgeburt abgestoßen. Dadurch erlebt der Körper der Mutter jetzt einen drasti-

18.5 Empfängnis, Schwangerschaft, Geburt | **345**

schen Abfall der Konzentrationen der Sexualhormone auf fast Null. Dieser Schock in der Veränderung des Hormonhaushalts bewirkt einerseits wichtige Umstellungen für die Stillzeit. So wird auf diese Weise eine verstärkte Sekretion des Hypophysenvorderlappenhormons Prolaktin erreicht, das die Brustdrüsen zur Milchproduktion stimuliert. Andererseits kann der plötzliche Hormonschock zu unerwünschten Begleiterscheinungen führen. Die sog. Wochenbettpsychose bzw. die Wochenbettdepression sind vermutlich eine Folge dieser hormonellen Umstellung auf die Neurochemie des Gehirns.

Störungsbild

Wochenbettdepression und Wochenbettpsychose

Bei der Wochenbettdepression handelt es sich um eine psychische Störung, die bevorzugt in den ersten 2–6 Wochen nach der Entbindung auftritt. Die Prognose ist meist günstig. Man weiß, dass der Östrogenspiegel innerhalb der ersten drei bis vier Tage nach der Geburt um das 100- bis 1000-Fache abfällt. Genau umgekehrt proportional steigt dagegen der Anteil des Enzyms Monoaminoxidase A (MAO-A). Man findet das Enzym jetzt mit deutlich erhöhter Konzentration in Gliazellen und Neuronen. Dort baut es die Neurotransmitter Serotonin, Dopamin und Noradrenalin ab. Dieser Mangel an den drei Monoaminen ist für die Stimmungstiefs verantwortlich.

Symptome der schwerwiegenderen Wochenbettpsychose können sein: Angst, Erregungszustände, Halluzinationen, Antriebsstörungen, Schuldgefühle, Stimmungslabilität und Wahnvorstellungen. Vorherrschend sind Angstgefühle und häufig die Befürchtung bzw. Überzeugung, das Neugeborene nicht ausreichend versorgen zu können.

18.5.4 Entwicklung des Fetus

Während der Fetalentwicklung geht das Größenwachstum der Leibesfrucht zügig voran. Die Größe des Fetus wird i. Allg. als Scheitel-Steiß-Länge angegeben. Im dritten Monat macht die Größe des Kopfes noch ca. die Hälfte dieser gesamten Länge aus, während sie dann im vierten bis fünften Monat auf ein Drittel zurückgeht. Am Ende der Schwangerschaft liegt sie bei einem Viertel. Der Umfang des Kopfes ist jedoch stets größer als der Umfang aller anderen Körperbereiche. Bei der Geburt erfordert daher der Durchgang des Kopfes die maximale Dehnung des Geburtskanals.

Etwa ab der 28. Schwangerschaftswoche ist die Frucht auch außerhalb der Gebärmutter überlebensfähig. Von einer **Frühgeburt** spricht man, wenn diese zwischen der 28. und der 38. Schwangerschaftswoche stattfindet. Die Ursachen für Frühgeburten sind unterschiedlich: Mehrlingsschwangerschaft, Missbildungen, vorzeitiger Blasensprung, Nikotinabusus, Infektionskrankheiten und psychosoziale Belastungen.

Komplikationen beim Frühgeborenen ergeben sich häufig aus der Unreife der Organsysteme. So können u. a. auftreten: Atemstillstand, Hirnblutungen, psychomotorische Retardierung, Unterzuckerung, Infektneigung und Untertemperatur. Die Überlebenschancen hängen sowohl vom Reifegrad als auch von einer optimalen Versorgung und deren möglichst raschem Einsatz ab.

18.5.5 Die Geburt

Für fast alle Frauen stellt die Geburt eines Kindes ein in ihrer persönlichen Biographie herausragendes Lebensereignis dar. In der Phase vor der Geburt herrscht i. Allg. eine besonders gelagerte psychische Befindlichkeit, geprägt durch eine Mischung aus Freude und Hoffnung, aber auch Angst und Befürchtungen. Dazu kommen die massiven hormonellen Umstellungen im Körper der Frau. Auch dies trägt dazu bei, dass jede Geburt für die Mutter den Charakter eines sog. »kritischen Lebensereignisses« hat.

Hormonelle Vorgänge vor und bei der Geburt

▶ Der Beginn der Geburt ist in erster Linie eine Konsequenz aus der Zunahme des fetalen ACTH und damit auch des Kortisols.

▶ Als Folge davon werden vermehrt Östrogene gebildet.

▶ Unter dem Einfluss der Östrogene kommt es zu einer Steigerung der Erregung innerhalb der Uterusmuskulatur.

▶ Ihre Empfindlichkeit für Oxytocin und andere auf die Gebärmutter aktivierend wirkende Hormone steigt.

▶ Durch Umbauprozesse in der Gebärmuttermuskulatur wird die Kontraktionskraft gesteigert.

▶ Kommt es durch das weit fortgeschrittene Wachstum des Embryos und durch dessen zunehmende Bewegungen zu Spontankontraktionen der Uterusmuskulatur, werden Dehnungsrezeptoren im Gebärmutterhals gereizt.

▶ Aufsteigende Nervenimpulse erreichen den Hypothalamus, von wo aus über den Hypophysenhinterlappen Oxytocin freigesetzt wird.

▶ Daraus folgt eine wellenförmige Erregung der Uterusmuskulatur und sekundär die Synthese und Ausschüttung von Prostaglandinen.

▶ Dies bewirkt eine weitere Aktivitätssteigerung der Gebärmuttermuskulatur.

Geburtsverlauf

Der Geburtsverlauf wird in drei Abschnitte eingeteilt:
(1) die Eröffnungsperiode,
(2) die Austreibungsperiode und
(3) die Nachgeburtsperiode.

Eröffnungsperiode. Die Eröffnungsperiode ist der längste Zeitraum der Geburt und dauert ca. 6–14 Stunden. Sie beginnt mit den ersten regelmäßigen Wehen – zu Beginn ca. dreimal pro 10 Minuten – und endet mit der vollständigen Eröffnung des äußeren Muttermunds.

▶ Der Kopf des Kindes befindet sich am Beckeneingang.

▶ Der Gebärmutterhals (Zervix) dehnt sich.

▶ Es entsteht eine starke Spannung im Gewebe des Gebärmutterhalses, der Gebärmutter und im Gewebe des kleinen Beckens.

▶ Wenn sich der Muttermund etwas geöffnet hat, wird das untere Ende der Fruchtblase in Richtung Gebärmutterhals gepresst und wölbt sich zur Scheide vor.

▶ Die Fruchtblase zerreißt.

▶ Die Druckreize auf den Zervix innervieren über sensorische Bahnen motorische Neuronen im Rückenmark, die auf die Bauchmuskulatur und das Zwerchfell wirken.

▶ Es kommt infolge dessen reflexhaft zu pressender Motorik, die den Geburtsvorgang weiter unterstützt.

Austreibungsperiode. Als Austreibungsperiode bezeichnet man die Phase der Geburt, die von der vollständigen Öffnung des äußeren Muttermundes bis zur Geburt des Kindes reicht. Die Austreibungsperiode dauert bei Erstgebärenden ca. 40–70 Minuten. Bei Mehrgebärenden ist sie im Schnitt nach einer halben Stunde beendet. In diesem Zeitraum erreichen die Wehen ihre maximale Intensität, wobei der Abstand zwischen den einzelnen Wehen nur noch etwa 2–4 Minuten beträgt.

▶ Die Geburt wird im Regelfall durch willentliche Anspannung der Bauchmuskulatur der Mutter (»Pressen«) unterstützt.

▶ Bei der normalerweise gegebenen sog. »Schädellage« zeigt sich zunächst der Kopf, es folgen die Schultern und schließlich tritt der restliche Körper zutage.

▶ Das Neugeborene ist jetzt noch über die Nabelschnur mit der Plazenta verbunden.

▶ Diese wird abgeklemmt, es kommt im Blut des Neugeborenen zu einer Übersäuerung und zu einem Anstieg der Kohlendioxidkonzentration.

▶ Dadurch wird das Atemzentrum im Hirnstamm des Kindes aktiviert und der erste Schrei wird ausgestoßen.

▶ Das Neugeborene beginnt selbstständig zu atmen.

▶ Im selben Moment geschieht die Umstellung des embryonalen Kreislaufs, der mit der Mutter verbunden war, auf den eigenen Kreislauf des Kindes.

Nachgeburtsperiode. Während der Nachgeburtsperiode sorgen die Nachgeburtswehen für eine Ablösung der Plazenta und für deren Ausstoß. Dies erfolgt ca. 5–10 Minuten nach der Geburt des Kindes. Ist dies geschehen, nimmt die Uterusaktivität deutlich ab. In den folgenden 12 Stunden treten jedoch mit einer Frequenz von ca. 5 bis 6-mal pro Stunde immer noch leichtere Wehen auf.

Folgen des Stillens. Wenn die Mutter das Kind stillt, kommt es während der Stillzeit zu einer deutlichen Steigerung des Prolaktinspiegels. Dieses Hypophysenhormon regt das Wachstum des Brustgewebes an und ermöglicht damit eine Steigerung der Milchproduktion. Das Saugen des Kindes erhöht die Prolaktinkonzentration akut auf das Zehnfache, die danach wieder auf den Ausgangswert zurückgeht. Der erhöhte Prolaktinspiegel während der Stillzeit führt i. Allg. zu einem Rückgang der Libido und erniedrigt damit die Wahrscheinlichkeit einer neuerlichen Schwangerschaft, bevor das Baby abgestillt ist.

Zusammenfassung

Der Zeitraum für eine mögliche Konzeptionszeit liegt bei 4–5 Tagen pro Monatszyklus. Kommt es zur Befruchtung, beginnt sofort die Zellteilung, die sich während der Wanderung der befruchteten Eizelle durch den Eileiter bis in den Uterus fortsetzt. Nach ihrer Ankunft im Uterus verändert sie sich zur Blastozyste. Diese nistet sich in der Gebärmutterschleimhaut ein, es kommt zur Nidation.

18.5 Empfängnis, Schwangerschaft, Geburt | **347**

Nach der Einnistung der befruchteten Eizelle im Uterus verändert sich die hormonelle Situation der Frau. Diese Veränderungen dienen primär der körperlichen Anpassung an die Schwangerschaft und Geburt und haben meist auch Auswirkungen auf das mütterliche Verhalten.

Eine normale Schwangerschaft dauert 266 ± 3 Tage. Durch gezielte Aktivierung bestimmter Gene und Inaktivierung anderer Gene des in jeder Zelle in gleicher Weise enthaltenen Genmaterials kommt es zur Ausbildung spezifischer Zellen.

Etwa ab der 28. Schwangerschaftswoche ist die Frucht auch außerhalb der Gebärmutter überlebensfähig. Von einer Frühgeburt spricht man, wenn die Geburt zwischen der 28. und der 38. Schwangerschaftswoche stattfindet.

Der Geburtsverlauf wird in drei Abschnitte eingeteilt: die Eröffnungsperiode, die Austreibungsperiode und die Nachgeburtsperiode.

Die Eröffnungsperiode beginnt mit den ersten regelmäßigen Wehen und endet mit der vollständigen Eröffnung des äußeren Muttermunds. Wenn sich der Muttermund etwas geöffnet hat, zerreißt i. Allg. die Fruchtblase.

Die Austreibungsperiode dauert von der vollständigen Öffnung des äußeren Muttermundes bis zur Geburt des Kindes. Wenn die Nabelschnur durchtrennt wird, beginnt das Neugeborene innerhalb einiger Sekunden selbstständig zu atmen und der eigene Kreislauf des Kindes beginnt zu arbeiten.

Während der Nachgeburtsperiode kommt es zur Ablösung der Plazenta und zu deren Ausstoß.

Bei der stillenden Mutter steigt der Prolaktinspiegel an. Dadurch wird u. a. das Wachstum des Brustgewebes angeregt und die Milchproduktion gesteigert.

18.6 Geschlechtsspezifische Entwicklung über die Lebensspanne

18.6.1 Bedeutung des Testosterons bei der Embryonalentwicklung

Durch die Verschmelzung von Ei- und Samenzelle mit ihrem jeweils einfachen Chromosomensatz (vgl. Abschn.

2.5) ist das Geschlecht des neu entstandenen Organismus bereits durch die Kombination der beiden Geschlechtschromosomen festgelegt: Wird das X-Chromosom der weiblichen Eizelle durch ein X-Chromosom der männlichen Eizelle ergänzt, wird das Entwicklungsprogramm für einen weiblichen Organismus ablaufen. Bei Ergänzung durch ein Y-Chromosom entsteht ein männlicher Organismus. Damit ist der Grundstein für den **sexuellen Dimorphismus** gelegt.

Die Embryonalentwicklung beginnt zunächst unabhängig vom genetisch festgelegten Geschlecht in gleicher Weise. Jeder Embryo besitzt anfangs gleichartige Gonaden und zwei anatomische Strukturen, die Vorläufer für die Geschlechtsorgane sind, den sog. Urnierengang – auch Wolff-Gang genannt – und den sog. Müller-Gang.

Ab etwa der 10. Schwangerschaftswoche beginnt eine kritische Phase, die maßgeblich die Ausbildung der geschlechtstypischen Unterschiede bestimmt. Auf dem Y-Chromosom liegt ein Gen, das sog. **SRY-Gen** (**s**exdeterminierende **R**egion des **Y**-Gens), das über einen Transkriptionsfaktor (TDF, für engl. testis-determining factor), die Entwicklung von Hoden aus den zunächst undifferenzierten Gonaden auslöst. Sind die Hoden angelegt, produzieren sie Testosteron, das seinerseits im Sinne eines positiven Feedbacks das Hodenwachstum und damit auch die weitere Testosteronsynthese fördert. Testosteron führt darüber hinaus zu einer Weiterentwicklung des Wolff-Gangs zu Samenbläschen und Samenleiter und schließlich zu den männlichen Genitalien. Der Müller-Gang hingegen degeneriert unter dem Einfluss von Testosteron.

Bei weiblichen Individuen, die zwei X-Chromosomen besitzen, läuft ein anderes Entwicklungsprogramm ab. Die undifferenzierten Gonaden werden zu Ovarien und der Wolff-Gang degeneriert. Der Müller-Gang entwickelt sich zu den weiblichen Geschlechtsorganen Vagina und Uterus.

Die Tatsache, dass das Testosteron die Schlüsselrolle in der geschlechtstypischen Differenzierung der Entwicklung einnimmt, wird dadurch gestützt, dass auch bei einem weiblichen Fetus, der ja kein Y-Chromosom besitzt, experimentell durch Testosterongabe dieses Programm der anatomisch männlichen Entwicklung auslösbar ist. Es entwickelt sich dann ein äußerlich männliches Individuum, das jedoch keine Hoden aufweist. Umgekehrt kann man durch Inaktivierung des Testosterons bei einem genetisch männlichen Individuum die Entwicklung weiblicher Geschlechtsmerkmale auslösen. Man kennt weitere Gene, die zum sexuellen Dimorphismus während der Embryonalentwicklung beitragen. Beispiele hierfür sind: Das WT1-Gen (Chromosom 11) dürfte für die Gonadenentwicklung entscheidend sein, das SOX9-Gen (Y-Chromosom) ist wichtig für die Hodenentwicklung und das DAX1-Gen (X-Chromosom) muss während der Embryonalentwicklung »angeschaltet« werden, damit sich die weiblichen Geschlechtsorgane entwickeln können.

18.6.2 Sonderformen der Geschlechtsentwicklung

Die körperliche Entwicklung zur Frau oder zum Mann kann aufgrund von genetischen oder hormonellen Abweichungen gestört sein. Vieles, was man heute über die normale Entwicklung weiß, konnte aufgrund dieser Abweichungen erhellt werden.

Klinefelter-Syndrom. Männer bzw. Knaben mit **Klinefelter-Syndrom** besitzen zwei (oder mehrere) X-Chromosomen und ein Y-Chromosom. Sie zeigen äußerlich bereits im Kindesalter einen großen Wuchs bei relativ kleinem Kopf. Ihr Genital ist ungewöhnlich klein. Die Pubertät tritt verzögert ein. Häufig entwickeln die Knaben Ansätze zu Brüsten. Außerdem zeigt sich nicht selten ein milder geistiger und motorischer Entwicklungsrückstand. Da die Androgenwerte im Blut sehr niedrig sind, müssen diese Hormone häufig von außen zugeführt werden. Klinefelter-Patienten sind unfruchtbar.

Turner-Syndrom. Beim Turner-Syndrom liegt nur ein einzelnes X-Chromosom vor, das zweite Geschlechtschromosom fehlt (»X0«). Frauen mit einem Turner-Syndrom sind meist von kleinem Wuchs und besitzen unvollständig entwickelte weibliche Geschlechtsorgane. Ihr sexuelles Interesse ist meist niedrig. Sie können keine Kinder bekommen. In neuropsychologischen Untersuchungen wurde beobachtet, dass die betroffenen Frauen häufiger Probleme in solchen Aufgaben aufweisen, die räumliche Orientierungsfähigkeit erfordern, obwohl sie in Intelligenztests meist normal sind. Das fehlende zweite X-Chromosom könnte also durchaus Auswirkungen auf die Gehirnentwicklung haben.

XYY-Syndrom. Bei Männern mit einem zusätzlichen Y-Chromosom (XYY) spricht man vom XYY-Syndrom. Dieses Syndrom wurde erst mit der Verfügbarkeit zytogenetischer Methoden bekannt. Die Betroffenen sind etwas größer als der Durchschnitt. Eine Zeit lang wurde angenommen, dass diese Männer übermäßig aggressiv seien, da in amerikanischen Gefängnissen unter Schwerverbrechern diese Abweichung gelegentlich beobachtet wurde. Mittlerweile ist jedoch bekannt, dass ca. 1–2 Promille aller Männer diese chromosomale Abweichung aufweisen. Hierunter fallen natürlich auch viele sozial unauffällige Männer.

Hermaphroditismus (Intersexualität). Der Begriff kommt vom zwittrigen Sohn der griechischen Gottheiten Hermes und Aphrodite. Die Ursache könnte eine Mutation auf dem X-Chromosom sein. **Hermaphroditen** sind Menschen, die sowohl männliches als auch weibliches Keimdrüsengewebe besitzen. Die Keimdrüsen können manchmal auch in einem Mischgewebe vereint sein, den sog. Ovotestis.

Menschen, die sowohl männliche als auch weibliche äußerliche Geschlechtsmerkmale haben, jedoch nur die Keimdrüsen eines Geschlechts, werden als Scheinzwitter bezeichnet. Da beide Keimdrüsen ihre Hormone produzieren, zeigt sich bei diesen Menschen eine sehr ungewöhnliche Hormonzusammensetzung. Hermaphroditen sind fast immer unfruchtbar.

Adrenogenitales Syndrom. Beim adrenogenitalen Syndrom besteht eine angeborene Überfunktion der Nebennierenrinde, die jetzt auch in übermäßigem Maße männliche Sexualhormone synthetisiert. Männer mit adrenogenitalem Syndrom sind relativ kleinwüchsig und erreichen keine vollständige Hodenentwicklung. Frauen sind ebenfalls klein und entwickeln im Laufe der Pubertät häufig sekundäre männliche Geschlechtsmerkmale.

Testikuläre Feminisierung. Bei der testikulären Feminisierung entwickeln sich Individuen mit einem männlichen Chromosomensatz (XY) aufgrund einer Störung der Androgenproduktion zu äußerlich häufig sehr attraktiven Frauen. Sie verfügen über ein weibliches äußeres Genital, jedoch keinen Uterus. In der Leistenbeuge findet sich meist eine unentwickelte Hodenanlage.

Zusammenfassung

Ab etwa der 10. Schwangerschaftswoche beginnt die Ausbildung der geschlechtstypischen Unterschiede. Auf dem Y-Chromosom liegt das sog. SRY-Gen, das die Entwicklung von Hoden aus den zunächst undifferenzierten Gonaden auslöst. Die Hoden produzieren Testosteron, was schließlich zur Ausbildung der männlichen Genitalien aus den sog. »Wolff-Gänge« führt.

Bei weiblichen Individuen werden die zunächst undifferenzierten Gonaden zu den Ovarien. Die sog. »Müller-Gänge« entwickeln sich zu den weiblichen Geschlechtsorganen.

Durch Aberrationen in der Ausstattung mit Geschlechtschromsomen können sich verschiedene Syndrome ergeben: Hierzu gehören u. a. das Klinefelter-Syndrom (XXY), das Turner-Syndrom (XO) und das XYY-Syndrom (XYY).

18.6.3 Die Pubertät

Die HPG-Achse (Hypothalamus-Hypophysen-Gonaden-Achse) kontrolliert über vielfältige Feedbackmechanismen die Konzentration zahlreicher Hormone in der Blutbahn (s. Abb. 18.1). Darüber hinaus spielt sie eine zentrale Rolle für das Einsetzen der Geschlechtsreife im Leben eines Individuums. Etwa im Alter von 7–10 Jahren bei Mädchen und etwas später bei Jungen beginnt der Hypothalamus, das Hormon Gonadoliberin auszuschütten. Die Folge ist ein allmählicher Anstieg der gonadotropen Hormone mit entsprechender Wirkung auf die Gonaden. Die Aktivität der HPG-Achse erreicht jetzt langsam ihr endgültiges Niveau.

Das Einsetzen der Pubertät wird auch durch das Körpergewicht beeinflusst. Nur ab einem Körpergewicht von ca. 40 Kilogramm kann die Hormonausschüttung beim Mädchen so verändert werden, dass die Eierstöcke für ihre eigentliche Funktion vorbereitet werden. Daher kann durch starkes Abmagern aufgrund von Nahrungsmangel oder übermäßiger Diät – z. B. bei Turnerinnen oder Tänzerinnen – die normale Entwicklung zur Geschlechtsreife beeinträchtigt werden.

Die von den Keimdrüsen nach Beginn der Pubertät vermehrt produzierten Steroidhormone, insbesondere Östradiol und Testosteron, lösen die Entwicklung der sekundären Geschlechtsmerkmale aus. Bei Mädchen entwickeln sich Brüste und die Hüften werden breiter (s. Abb. 18.8). Zwischen 12 und 16 Jahren treten – zunächst meist noch unregelmäßig – die ersten Menstruationszyklen auf. Den Zeitpunkt der ersten monatlichen Periode bezeichnet man als **Menarche**.

Knaben kommen während der Pubertät in den Stimmbruch, entwickeln Bartwuchs und breitere Schultern. Bei beiden Geschlechtern zeigt sich die

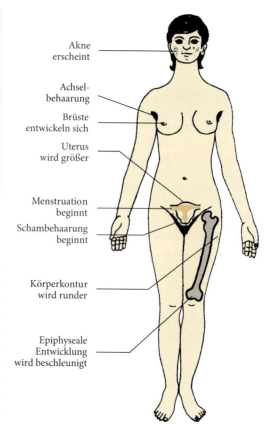

Abbildung 18.8 Körperliche Veränderungen im Zusammenhang mit der Pubertät beim Mädchen

Schambehaarung, und das Längenwachstum des Körpers steigt zunächst schnell an, um schließlich die endgültige Körpergröße zu erreichen. Diese ist durch die Begrenzung des Knochenwachstums festgelegt, den sog. Epiphysenschluss. (Die Epiphyse ist das beidseitige Endstück der langen Röhrenknochen.)

Exkurs

Östrogentherapie zur Wachstumsbegrenzung

Durch Gabe von Östrogenen kann bei Mädchen ein vorzeitiger Epiphysenschluss ausgelöst und somit das Wachstum früher gestoppt werden. Falls ein übermäßiges Längenwachstum des Mädchens erwartet wird, kann die endgültige Körpergröße so unter Inkaufnahme einer vorzeitigen Reifung begrenzt werden. Diese Östrogentherapie zur Wachstumsbegrenzung wird z. B. angewendet, falls ein Mädchen mit hochgewachsenen Eltern Gleichaltrige bereits im Kindheitsalter so überragt, dass bei weiterem Wachstum eine starke psychische Belastung für die junge Frau zu erwarten ist.

Die Phase der Pubertät ist zugleich ein Beispiel für die Fernwirkungen hormoneller Prozesse. Im Verhalten sowie im Gefühlsleben Pubertierender zeigen sich oft dramatische Veränderungen. Es geschieht jetzt nicht nur eine zunehmende Hinwendung zum anderen Geschlecht, sondern es wird gleichzeitig die konfliktträchtige Phase zwischen Nicht-mehr-Kind-Sein und Noch-nicht-erwachsen-Sein durchlebt. Gleichzeitig beobachten die Jungen und Mädchen jetzt auch die körperlichen Veränderungen, die auch nach außen hin verdeutlichen, dass sie dem männlichen oder weiblichen Geschlecht angehören – es wird eine tief gehende Identifikation mit der eigenen Geschlechtsrolle notwendig. Dies ist ein weiterer kritischer Prozess. Insbesondere für Jungen bedeutet er, dass jetzt ganz eindeutig die biologische Verschiedenheit zur i. Allg. primären Bezugsperson, der Mutter, erlebt wird. Die damit einhergehenden Ablösungsprozesse tragen weiteres Konfliktpotenzial in sich.

18.6.4 Klimakterium

Etwa zwischen dem 45. und 55. Lebensjahr – in Europa im Mittel bei 51 Jahren – kommen Frauen in das sog. **Klimakterium**, auch »Wechseljahre« genannt. Die Eierstöcke stellen jetzt langsam ihre Tätigkeit ein. Der Monatszyklus und die Menstruationsblutungen werden unregelmäßig und bleiben nach und nach aus. Der Körper beginnt, sich hormonell umzustellen. Als **Menopause** wird der Zeitpunkt der letzten Menstruation, als Prämenopause der Zeitraum drei Jahre davor und als Postmenopause der Zeitraum sieben Jahre nach der Menopause bezeichnet.

Ursachen und Folgen. Durch Reduktion bzw. Wegfall der Follikelreifung kommt es u. a. zu einem Rückgang bzw. Ausbleiben der Östrogenproduktion. Der Eisprung und die Gelbkörperbildung finden nicht mehr statt und damit fehlt auch das im Sinne einer Rückregulation negative Feedback auf die Hypophyse, was eine vermehrte Produktion von FSH zur Folge hat. Daraus und aus dem Östrogenmangel ergibt sich eine Reihe von überschießenden bzw. hochgradig labilen Reaktionen v. a. des vegetativen Nervensystems. Häufig leiden die Frauen in dieser Phase unter Hitzewallungen,

depressiven Verstimmungen und Gereiztheit, Müdigkeit, Veränderungen der Haut und der Schleimhäute oder veränderter Libido. Auch die Knochendichte kann sich durch die reduzierten Östrogenkonzentrationen verändern, sodass u. U. eine Osteoporose – ein progressiver Knochenschwund mit Neigung zu Knochenbrüchen – entsteht.

Therapeutisch können je nach Art der klimakterischen Beschwerden die unterschiedlichen Sexualhormone in Tablettenform oder über ein Pflaster zugeführt werden. Vor allem durch eine an den Zyklus angepasste Zufuhr von Östrogenen und Gestagenen ist eine Minderung der typischen Symptome möglich.

Veränderungen beim Mann. Auch bei Männern können psychovegetative Symptome (Climacterium virile) auftreten, die durch das allmähliche Nachlassen der Testosteronproduktion in den Hoden bedingt sind. Etwas später als bei den Frauen, ca. um das 55. Lebensjahr, und viel langsamer verändert sich damit auch bei ihnen das hormonelle Gefüge des Körpers. Die Fortpflanzungsfähigkeit bleibt jedoch zumeist bis ins hohe Alter erhalten. Zu den typischen Befindlichkeitsstörungen gehören hier eine rasche Erschöpfung in Anforderungssituationen, eine gesteigerte Erregbarkeit, Tachykardie (Pulsbeschleunigung) und Schlafstörungen. Auch ein allmähliches Nachlassen der Potenz fällt in diese Altersspanne.

Seit einiger Zeit wird auch den männlichen Patienten bei schweren subjektiven Beeinträchtigungen eine Hormonzufuhr angeboten. Diese muss individuell auf die Beschwerden der Betroffenen abgestimmt ein.

Zusammenfassung

Etwa im Alter von 7–11 Jahren beginnt der Hypothalamus, das Hormon Gonadoliberin auszuschütten, wodurch die Produktion der gonadotropen Hormone ansteigt. Zu Beginn der Pubertät werden vermehrt Östradiol und Testosteron freigesetzt, was die Entwicklung der sekundären Geschlechtsmerkmale auslöst.

Etwa zwischen dem 45. und 55. Lebensjahr setzt das Klimakterium ein. Durch Ausbleiben der Follikelreifung kommt es zu einem Rückgang der Östrogenproduktion. Dies hat zunächst eine vermehrte Produktion von FSH zur Folge. Daraus und aus dem Östrogenmangel folgen die typischen klimakterischen Veränderungen im Bereich der Sexualorgane ▶

sowie die vegetativen Beschwerden. Durch Hormongaben sind diese Symptome z. T. auszugleichen.

18.7 Weibliches Gehirn, männliches Gehirn?

Der sexuelle Dimorphismus, d. h. die geschlechtsbedingt unterschiedliche Gestalt, ist nicht auf die primären und sekundären Geschlechtsmerkmale sowie andere äußere Merkmale wie Körpergröße und Knochenbau beschränkt. Es mehren sich Belege dafür, dass es eine geschlechtsspezifische Ausbildung von bestimmten Gehirnstrukturen und geschlechtstypische Einflüsse von Hormonen auf psychische Prozesse gibt.

18.7.1 Morphologische und hormonelle Unterschiede

Das Gehirn als Ganzes ist beim Mann im Durchschnitt um 9 % größer als bei der Frau. Dieser Unterschied geht überwiegend auf den größeren Anteil an weißer Substanz beim männlichen Gehirn zurück. Allerdings ist dies nicht durch einen größeren Volumenanteil des Balkens bedingt; das Verhältnis Balkenvolumen zum Gesamtvolumen des Gehirns ist vielmehr beim Mann kleiner. Die Zahl der Neuronen in der Hirnrinde ist beim männlichen Gehirn größer und diese sind dichter gepackt als beim weiblichen. Aus dieser Tatsache und dem größeren Anteil an weißer Substanz wird gefolgert, dass beim Mann auf Kortexebene die lokale neuronale Vernetzung größer ist, bei einem geringeren interhemisphärischen Signaltransport (z. B. über den Balken).

Bereits in der frühesten geschlechtsspezifischen Entwicklungsphase im 3. bis 4. Schwangerschaftsmonat reagieren nicht nur die Keimdrüsen, sondern auch das Gehirn auf die beim männlich angelegten Individuum stattfindende Testosteronausschüttung und vermutlich auch auf andere Sexualhormone. Im Hypothalamus zeigen sich die Unterschiede am deutlichsten: Entwickelt sich dieser ohne Testosteronzufuhr – wie beim weiblichen Organismus oder durch Gabe eines Testosteronantagonisten – wird die Fähigkeit zu derjenigen zyklischen Hormonausschüttung ausgebildet, die für einen funktionierenden Monatszyklus notwendig ist. Bei Gabe von Testosteron während der ersten Lebensmonate verliert der Hypothalamus diese Fähigkeit jedoch.

Eine weitere Konsequenz aus der Anwesenheit hoher Testosteronkonzentrationen im hormonellen Milieu des Fetus könnte eine unterschiedliche Entwicklungsgeschwindigkeit der beiden Großhirnhemisphären sein. Dies konnte vereinzelt bei Nagetieren nachgewiesen werden, für den Menschen liegen analoge Ergebnisse jedoch nicht vor.

Das mediale präoptische Areal. Auch beim voll ausgebildeten Individuum zeigt sich sexueller Dimorphismus des Gehirns. Ein Hirnareal, das deutliche Abweichungen zwischen männlichen und weiblichen Individuen aufweist, ist das mediale präoptische Areal (MPOA), das sich im vorderen Teil des Hypothalamus, im Nucleus präopticus (s. Abschn. 6.4.8), befindet. Es ist bei männlichen Säugetieren etwa zwei- bis dreimal größer als bei weiblichen. Im MPOA sind vorwiegend zwei Neurotransmitter für die synaptische Übertragung zuständig: Dopamin und Noradrenalin. Insbesondere bei männlichen Tieren ist sexuelle Aktivität mit erhöhter Dopaminausschüttung in dieser Region verbunden. Interessant ist in diesem Zusammenhang, dass sich dann bei verschiedenen Tierspezies auch im Nucleus accumbens, der z. B. auch bei Suchtverhalten eine große Rolle spielt (s. Abschn. 22.2.1), eine erhöhte Aktivität dopaminerger Neuronen zeigte.

Der ventromediale Kern des Hypothalamus. Auch bei weiblichen Tieren findet sich ein Areal, das größer ist als bei den Männchen. Dies ist der ventromediale Kern des Hypothalamus. Er ist zwischen den anterioren und posterioren Kerngebieten des Hypothalamus angesiedelt. Dieser Kern ist wesentlich empfindlicher für die weiblichen Sexualhormone Östradiol und Progesteron als andere Hirnareale. Er scheint beim Paarungsverhalten des Weibchens z. B. die charakteristische Lordose beim paarungswilligen Tier auszulösen.

Zusammenfassung

Ab dem 3. bis 4. Schwangerschaftsmonat reagieren nicht nur die Keimdrüsen, sondern auch das Gehirn auf das Vorhandensein von Testosteron. Dies zeigt sich vor allem im Bereich des Hypothalamus. Bei erwachsenen männlichen Säugetieren ist das mediale präoptische Areal (MPOA) des Hypothalamus größer als bei weiblichen. Dagegen zeigt sich bei verschiedenen Säugetierarten bei Weibchen ein größerer ventromedialer Kern des Hypothalamus.

18.7.2 Unterschiede in psychischen Funktionen

Bereits in der Periode der frühen Kindheit, d.h. im Alter von einigen Monaten, liegen Unterschiede in der Entwicklung und in Verhaltensweisen von Jungen und Mädchen vor.

Mädchen reagieren deutlicher auf körperliche Berührung und lassen sich durch persönliche Zuwendung eher trösten als Jungen. Sie halten länger den Blickkontakt zu Erwachsenen. Auch können sie bereits im Alter von vier Monaten die Fotos von bekannten und fremden Personen unterscheiden, was Jungen erst später gelingt. Bereits in diesem frühen Stadium ist also eine stärkere Bedeutung sozialer Komponenten bei Mädchen nachweisbar.

Im Erwachsenenalter zeigen Frauen durchschnittlich bessere Leistungen im Bereich verbaler Aufgaben – insbesondere solchen zur Wortflüssigkeit –, der Wahrnehmungsgeschwindigkeit und der Feinmotorik. Männer dagegen schneiden besser bei räumlich-konstruktiven Aufgaben ab (am deutlichsten bei Aufgaben zur »mentalen Rotation« von dreidimensionalen Objekten). Außerdem erzielen sie im Durchschnitt bessere Testergebnisse, wenn mathematisches Schlussfolgern verlangt ist. Die genannten Ergebnisse legen nahe, dass beim weiblichen Geschlecht möglicherweise generell linkshemisphärische Leistungen zu besseren Ergebnissen führen, bei Männern dagegen rechtshemisphärische (s. Abschn. 25.7.4).

Interhemisphärische Kommunikation. Es sprechen einige neuroanatomische Befunde dafür, dass das Corpus callosum (Balken) bei Frauen etwas stärker ausgebildet ist als bei Männern. Es enthält die meisten Verbindungen zwischen den beiden Hemisphären des Kortex. In einigen PET- und funktionellen Kernspin-Studien (s. Abschn. 26.4) konnte gezeigt werden, dass sich bei Frauen während des Lösens komplexer Aufgaben mit unterschiedlichem Charakter wesentlich häufiger eine Aktivität *beider* Hemisphären einstellte als bei Männern, bei denen die Aktivierung überwiegend nur in einer Hemisphäre vorliegt. Dies könnte damit zusammenhängen, dass bei Frauen die kortikale Aktivität wegen eines stärker ausgebildeten Balkens öfter und schneller zwischen den beiden Seiten des Gehirns wechseln kann, während bei Männern längere Zeit einseitig ein bestimmtes Areal benutzt wird. Auch scheint die funktionelle Trennung der beiden Hemisphären – linkshemisphärisch eher sprachliche, rechtshemisphärisch eher räumliche Leistungen – bei Frauen weniger strikt festgelegt zu sein.

Verschiedene Befunde aus der Neuropsychologie legen ebenfalls eine unterschiedliche Organisation bestimmter Kortexfunktionen bei Männern und Frauen nahe. Nach einseitigen lokalen Schädigungen, z.B. nach einem Schlaganfall, weisen Männer im Vergleich zu Frauen i. Allg. deutlichere Funktionseinbußen auf als Frauen. So zeigen Männer bei linkshemisphärischer Schädigung gravierendere sprachliche Funktionseinbußen. Nach rechtshemisphärischer Schädigung sind bei ihnen räumliche Leistungen stärker beeinträchtigt.

18.7.3 Der Einfluss der Sexualhormone auf psychische Prozesse

Die Annahme liegt nahe, dass gewisse Unterschiede zwischen den männlichen und weiblichen Leistungsspektren durch den Einfluss der weiblichen Hormone (speziell Östrogen und Progesteron) mit verursacht sein könnten. Der Einfluss dieser Hormone auf die kognitiven Fähigkeiten des erwachsenen Individuums lässt sich gut mit einem beobachtenden Ansatz – ohne Manipulationen am Hormonsystem vorzunehmen – studieren: Man testet Frauen zu verschiedenen Zeitpunkten innerhalb ihres Monatszyklus, d.h. bei unterschiedlichen hormonellen Konstellationen. Wenn die beiden Hormone Östrogen und Progesteron einen deutlichen Effekt auf bestimmte Leistungen ausüben sollten, dann ist zu erwarten, dass diese Effekte auch bei maximaler Konzentration dieser Hormone im Blut, nämlich für Östrogen zum Zeitpunkt des Eisprungs bzw. für Progesteron einige Tage danach, am größten sind. Minimal sollten die Effekte dagegen während der Menstruationsphase sein (s. Abb. 18.6). Tatsächlich zeigte sich vereinzelt, dass zur Zyklusmitte bzw. in der zweiten Zyklushälfte die »typisch weiblichen« Stärken wie Wortflüssigkeit, Feinmotorik und Wortfindung gesteigert waren. Während der Menstruationsphase dagegen gingen die weiblichen »Schwächen« zurück. So konnten etwa räumliche Aufgaben während der Phase mit einem niedrigen Spiegel weiblicher Hormone besser gelöst werden. Die Effekte sind allerdings gering und konnten auch nicht in allen diesbezüglichen Studien gefunden werden. Es kann also bisher nicht von einer alltagsrelevanten Beeinflussung bestimmter Leistungen durch zyklusbedingte hormonelle Schwankungen ausgegangen werden.

Aktivitätsdämpfung durch Progesteron. Hinsichtlich der affektiven Befindlichkeit scheint ein Progesteronanstieg eine beruhigende, emotional ausgleichende Wirkung zu haben. Allerdings können in dieser Phase auch eher Erschöpfung und depressive Zustände auftreten und es kann sich ein Rückgang der Libido bemerkbar machen. Mittels bildgebender Verfahren ist in dieser Phase eine relativ zu anderen Phasen reduzierte Hirnaktivität nachweisbar.

Auch die Rezeptorausstattungen in verschiedenen Hirnarealen sind je nach hormonellem Niveau unterschiedlich. Diese Zyklusabhängigkeit ließ sich zumindest bei weiblichen Ratten nachweisen. Hierunter fallen nicht nur die Rezeptoren für Geschlechtshormone, wie Progesteron oder Östrogen, die zahlreich v. a. an Neuronen des limbischen Systems und des Hypothalamus zu finden sind, sondern auch die Rezeptoren für klassische Neurotransmitter.

Zusammenfassung

Zwischen den Geschlechtern herrschen (geringfügige) Leistungsunterschiede bei spezifischen Aufgaben. Bei verbalen Aufgaben, in der Wahrnehmungsgeschwindigkeit und der Feinmotorik schneiden Frauen im Durchschnitt besser ab. Männer sind im Vorteil bei räumlich-konstruktiven Aufgaben und beim mathematischen Schlussfolgern.

Beim Lösen komplexer Aufgaben scheint sich bei Frauen eher eine Aktivierung beider Hemisphären einzustellen.

Teilweise dürften die zwischengeschlechtlichen Unterschiede bei kognitiven Leistungen mit der Konzentration von Hormonen im Blut zusammenhängen. Dies wird z. B. nahegelegt durch zyklusabhängige Leistungsunterschiede bei Frauen: Ist der Spiegel an weiblichen Hormonen besonders hoch, so sind auch die spezifisch weiblichen Leistungen besonders gut.

18.8 Homosexualität

Im Zusammenhang mit der sexuellen Orientierung wird neben der Untersuchung von Persönlichkeitsmerkmalen auch immer wieder nach angeborenen bzw. genetischen Komponenten geforscht. Zweifelsfreie Belege für eine biologische Determinierung der sexuellen Präferenz konnten bisher jedoch nicht gefunden werden. Ähnlich wie bei anderen komplexen psychischen Eigenschaften und Leistungen spielen hier wohl sowohl die Umwelt wie auch eine genetische Prädisposition eine Rolle. Einige Indizien für biologische Unterschiede zwischen Homo- und Heterosexuellen werden zur Zeit diskutiert.

Die Testosteronkonzentration im Plasma männlicher Homosexueller unterscheidet sich kaum von derjenigen heterosexueller Männer. Es wird jedoch vermutet, dass eine reduzierte Androgenkonzentration in den frühen Entwicklungsphasen während der Schwangerschaft und der ersten Monate nach der Geburt bei einem Teil der Homosexuellen zu einer Hirnentwicklung geführt haben könnte, die sich eher beim weiblichen Geschlecht findet. Dies könnte zu einer Präferenz männlicher Sexualpartner führen.

Im Tierversuch (an Ratten) konnten bei Weibchen primär männliche sexuelle Verhaltensweisen (Besteigen eines Weibchens) durch die Zufuhr männlicher Hormone ausgelöst werden. Umgekehrt zeigte sich durch Androgenentzug weibliches Verhalten (Lordosestellung) bei männlichen Tieren.

Ein »weiblich« gearteter INAH3. Auch ein neuroanatomisches Korrelat der sexuellen Präferenz wird diskutiert: In Gehirnen an Aids verstorbener Homosexueller (LeVay, 1994) fand sich, dass der dritte interstitielle Nucleus des anterioren Hypothalamus (INAH3) nur eine Größe hat, wie sie eher für Frauen charakteristisch ist. Bei heterosexuellen Männern ist dieser Kern größer als bei Frauen. Dieser Befund muss jedoch mit Vorsicht interpretiert werden. Ein solcher Unterschied könnte zwar die Ursache für eine bestimmte sexuelle Orientierung sein, es könnte jedoch auch sein, dass die sexuelle Orientierung und die dementsprechende Nutzung bestimmter Hirnareale deren Wachstum bedingt und nicht umgekehrt. Die selektive Auswahl von Aidspatienten in der Stichprobe könnte ebenfalls eine Rolle spielen, da das Virus auch die Gehirne der Betroffenen in bestimmter Weise verändert haben könnte. Darüber hinaus gestatten Postmortem-Untersuchungen immer nur Hinweise auf bestimmte anatomische Sachverhalte, sie können jedoch nicht funktionelle Zusammenhänge zwischen dem lebenden Gehirn und dem Verhalten erklären. Die viel diskutierte Beobachtung von LeVay kann also noch kein eindeutiger Beleg für eine biologisch-genetische Festlegung einer lebenslangen sexuellen Präferenz sein.

Selbst eine zweifelsfrei nachgewiesene Existenz von neuroanatomischen Unterschieden zwischen homo- und heterosexuellen Individuen weist nicht zwangsläufig auf eine genetische Festlegung der sexuellen Orientierung hin. Wie bei anderen Persönlichkeitsmerkmalen kann hier sowohl eine Prädisposition als auch eine durch Lernen ausgelöste, sich neuronal manifestierende Differenzierung vorliegen

Die Suche nach genetischen Markern für Homosexualität war ebenfalls bisher nur wenig erfolgreich. In Zwillings- und Familienstudien wurde zwar eine überzufällige Häufung von Homosexualität bei nahen Verwandten beobachtet; Umwelteinflüsse im Sinne von Erfahrungen und erlernten Mustern dürften jedoch hier ebenfalls eine wichtige Rolle spielen.

Zusammenfassung

Reduzierte Androgenkonzentrationen während der Schwangerschaft und der ersten Lebensmonate könnte zu einer Hirnentwicklung führen, die sich eher beim weiblichen Geschlecht findet.

Als ein neuroanatomisches Korrelat homosexueller Präferenz bei Männern wird ein verkleinerter dritter interstitieller Nucleus des anterioren Hypothalamus (INAH3) diskutiert.

18.9 Sexuelle Funktionsstörungen

Sexuelle Funktionsstörungen sind von den sog. **Paraphilien** – früher auch als Perversionen bezeichnet – zu unterscheiden. Darunter versteht man deutlich vom »Normalen« abweichende sexuelle Präferenzen. Dazu gehören u. a. die **Pädophilie**, der **Exhibitionismus**, sexueller **Masochismus** und **Sadismus**. Eine sexuelle Funktionsstörung dagegen liegt vor, wenn individuelle Ansprüche an eine erfüllte Sexualität nicht erreichbar sind. Dies umfasst sowohl Störungen der sexuellen Reaktion als auch subjektives Erleben. Ein Hauptkriterium für die Diagnose einer solchen Störung ist v. a. auch der Leidensdruck bei den Betroffenen.

Zahlen über die relativen Auftretenshäufigkeiten sexueller Störungen sind naturgemäß nicht leicht zu gewinnen. Schließlich wird hiermit ein sehr privater Bereich der Betroffenen berührt, über den i. Allg. nur ungern Auskunft gegeben wird. Hinzu kommt, dass auch viele Ärzte sich scheuen, bei ihren Patienten dieses Thema anzusprechen. Daher dürften die statistischen Angaben in der Regel zu niedrige Werte aufweisen. In Tabelle 18.1 sind Daten aus einer Befragung aus dem Jahr 1994 von niedergelassenen Psychotherapeuten und Ärzten unterschiedlicher Fachrichtungen wiedergegeben. Dabei beziehen sich die Prozentangaben auf die Zahl der Patienten – also nicht auf die Bevölkerung insgesamt –, die beim Arzt oder Psychotherapeuten in Behandlung sind.

Tabelle 18.1 Die am häufigsten auftretenden sexuellen Störungen. Erhoben an Patientinnen und Patienten in psychiatrischen (!) Praxen (Quelle: PsychotherapeutenFORUM 2/2000)

Störungsart	weiblich	männlich
Mangel oder Verlust von sexuellem Verlangen oder sexuelle Abwehr oder Ekel	8,1 %	3,0 %
Versagen genitaler Reaktionen	4,7 %	4,4 %
Orgasmusstörungen	5,1 %	1,6 %
Gesteigertes sexuelles Verlangen	0,5 %	0,2 %
Nichtorganischer Vaginismus	1,1 %	–
Nichtorganische Dyspareunie*	3,9 %	–
Vorzeitiger Samenerguss	–	1,3 %
Verzögerter oder ausbleibender Samenerguss	–	0,8 %
Insgesamt	23,4 %	11,3 %

*Dyspareunie = Schmerzen beim Geschlechtsverkehr

18.9.1 Verminderte sexuelle Appetenz

Ein genauer Wert für die normale Häufigkeit des sexuellen Verlangens – der sexuellen Appetenz – existiert nicht. Häufig begeben sich Paare in Therapie, bei denen das sexuelle Bedürfnis beider Partner stark voneinander abweicht. Die sexuelle Appetenz des einen Partners wird vom anderen als vermindert betrachtet.

Eine zweite Variante der Appetenzstörung liegt vor, wenn ein Patient bei sich selbst feststellt, dass sein sexuelles Verlangen zurückgegangen ist. Dies kann z. B. als Nebenwirkung verschiedener zentralnervös wirkender Pharmaka (z. B. Antidepressiva) auftreten oder im Zusammenhang mit hormoneller Empfängnisverhütung. Derartige Faktoren müssen vor Beginn einer psychologischen Therapie gut abgeklärt werden, da u. U. durch Wechsel des Medikaments rasche Abhilfe geschaffen werden kann.

Spezialfall: sexuelle Aversion. Die sexuelle Aversion geht noch über die verminderte sexuelle Appetenz hinaus. Hier empfindet der oder die Betroffene eine heftige Abneigung gegen den Geschlechtsverkehr, was sich auch in körperlichen Reaktionen wie Übelkeit o. Ä. äußern kann. Der sexuellen Aversion gehen häufig traumatische Erlebnisse, insbesondere sexueller Missbrauch voraus. Da Frauen häufiger als Männer Opfer sexuellen Missbrauchs sind, findet sich die sexuelle Aversion auch eher bei Frauen. Eine sorgfältige Psychotherapie, wenn möglich unter Einbeziehung des Partners, ist hier meist das Vorgehen der Wahl.

Paradoxe Intervention. Als psychotherapeutisches Verfahren mit den besten Erfolgschancen bei vielen Störungen der Appetenz hat sich hier interessanterweise die sog. paradoxe Intervention erwiesen. Die Partner werden angehalten, eine Zeit lang zwar Zärtlichkeiten auszutauschen, jedoch den eigentlichen Geschlechtsverkehr zu unterlassen. In der Folge wird der Geschlechtsverkehr häufig nicht mehr als bedrohlich oder unangenehm erlebt, und der betroffene Partner kann ein neues Verlangen entwickeln.

18.9.2 Erektionsstörungen

Die beiden häufigsten sexuellen Funktionsstörungen beim Mann sind Erektionsstörungen (erektile Dysfunktion oder Impotenz) und vorzeitiger Samenerguss (Ejaculatio praecox). Von einer Erektionsstörung spricht man, wenn eine Versteifung des Gliedes beim Geschlechtsverkehr unzureichend ist. Etwa jeder fünfte Mann ist davon betroffen, im Alter von 40 bis 70 Jahren leidet ungefähr die Hälfte der Männer zumindest unter einer leichtgradigen Form der erektilen Dysfunktion. Nicht selten liegen rein physische Ursachen vor, z. B. Erkrankungen wie Diabetes mellitus oder Herz-Kreislauf-Erkrankungen, weitere Ursachen können bestimmte Medikamente wie Betablocker, einige Antidepressiva oder auch Drogengebrauch sein. In einer Vielzahl von Fällen stehen jedoch psychische Ursachen im Hintergrund. Um festzustellen, ob physiologisch überhaupt eine Erektion möglich ist, kann ein Penisplethysmograph verwendet werden. Dieser besteht aus einer Manschette, die um den Penis gelegt wird, um Umfangsänderungen aufzuzeichnen. Damit lässt sich z. B. feststellen, ob die regelmäßigen Erektionen während des Schlafs – insbesondere in den REM-Phasen (s. Abschn. 20.3) – beim Patienten vorhanden sind. Ist dies der Fall, dürften eher psychische Gründe für die Erektionsschwäche ursächlich sein.

Therapie. Aufgrund der unterschiedlichen Ursachen von Erektionsstörungen ist die Entscheidung für eine bestimmte Therapie nicht einfach. Bei psychischen Ursachen, wie z. B. durch Leistungsdruck verursachte Versagensangst, ist häufig eine Psychotherapie, insbesondere als Paartherapie hilfreich.

Exkurs

Viagra

Das erste Medikament (seit 1998 auf dem Markt), das nachgewiesenermaßen hohe Erfolgsquoten bei erektiler Dysfunktion hatte, ist Sildenafil (Handelsname Viagra). Es steigert – bei intakter nervaler Steuerung – im Schwellkörper des Penis die Gefäßerweiterung. Die Substanz wirkt auf die durch den Neurotransmitter Stickstoffmonoxid (NO) ausgelöste Relaxation der Gefäßmuskulatur. NO führt in den Zellen der Gefäße zur Bildung von zyklischem Guanosinmonophosphat (GMP). Dieses wird im Normalfall sehr schnell wieder durch ein Enzym (Phosphodiesterase Typ 5) abgebaut. Dieses Enzym wird durch Sildenafil gehemmt, wodurch die Blutfüllung der Gefäße länger erhalten bleibt bzw. erleichtert wird. In Gegenwart stimulierender Reize wird durch Sildenafil in der Mehrzahl der Fälle eine Erektion erreicht. Als Nebenwirkungen können z. B. Kopfschmerzen und Gesichtsrötung auftreten. Seltener beobachtet wurden Sehstörungen.

Zur Therapie von Erektionsstörungen aufgrund körperlicher Ursachen sind verschiedene Verfahren verfügbar. Am häufigsten ist die pharmakologische Therapie mit sog. Phosphodiesterasehemmern (PDE-5-Hemmer, z. B. Viagra). Hier ist die hohe Effektivität und gute Verträglichkeit klar belegt. Seltener angewandt werden die folgenden Verfahren.

Bei der sog. Schwellkörperautoinjektionstherapie (SKAT) wird ein durchblutungsförderndes Pharmakon vom Patienten selbst vor dem Geschlechtsverkehr direkt in den Penisschaft gespritzt. Dies geschieht über eine einfach zu handhabende halbautomatisch arbeitende Spritze mit einer sehr feinen Kanüle.

Es werden auch Vakuumpumpen verwendet, die einen Unterdruck erzeugen, der den Blutfluss in den Penis verstärkt. Damit kann vor dem Geschlechtsverkehr eine Erektion herbeigeführt werden.

In schweren Fällen kann eine Penisprothese implantiert werden. Dies ist ein halbflexibler Stab, der mechanisch aufgerichtet werden kann. Auch gefäßchirurgische Eingriffe zur besseren Durchblutung der Schwellkörper des Penis sind in einigen Fällen wirksam.

Aphrodisiaka. So genannte Aphrodisiaka sind Substanzen, die vor allem den sexuellen Antrieb steigern sollen. Sie existieren vor allem in Mythen und Erzählungen. Lediglich für das aus der Yohimbe-Wurzel gewonnene Yohimbin wurde in einer Studie berichtet, dass es luststeigernd wirken soll (Pittler et al., 1998). Es war in der Zeit vor Viagra das einzige Pharmakon, das nachweislich eine Verbesserung bei erektiler Dysfunktion bewirkte. Der genaue Wirkmechanismus dieses Adrenalinantagonisten ist jedoch noch ungeklärt.

18.9.3 Ejaculatio praecox

Die **Ejaculatio praecox** dürfte die häufigste sexuelle Funktionsstörung des Mannes sein. Man kann davon ausgehen, dass 30–40 % der Männer zumindest gelegentlich darunter leiden. Gegen den Willen des Mannes (und meist auch der Frau) kommt es zum vorzeitigen Samenerguss. Dies geschieht häufig sogar noch vor oder beim Eindringen des Penis in die Scheide. Die Ejaculatio praecox ist vermehrt bei jüngeren, sexuell unerfahrenen Männern zu finden. Durch eine entsprechende Therapie, die darauf abzielt, den Orgasmus systematisch immer weiter hinauszuzögern, ist sie im Regelfall relativ leicht zu behandeln.

Auch die fehlende oder verzögerte Ejakulation (Ejaculatio retarda) ist bekannt. Sie ist allerdings wesentlich seltener als die Ejaculatio praecox. Meist liegen hier psychische Ursachen oder Einflüsse von psychotropen Substanzen zugrunde.

18.9.4 Orgasmusstörungen bei Frauen

Bei Frauen finden sich Orgasmusstörungen häufiger als beim Mann. Zuverlässige Zahlen liegen jedoch nicht vor. Es ist davon auszugehen, dass die höhere Prävalenz der weiblichen Orgasmusstörung auch mit der Sexualerziehung und der Prüderie vieler Kulturen und Religionen zusammenhängt. Weibliche Sexualität durfte auch in unserem Kulturkreis über Jahrhunderte hinweg nicht thematisiert werden oder wurde gar als etwas Unreines, Unanständiges betrachtet.

Anorgasmie. Das Fehlen eines Orgasmus bezeichnet man als Anorgasmie. Im Falle einer absoluten oder primären Anorgasmie haben die betroffenen Frauen noch nie einen Orgasmus erlebt, ganz unabhängig von der Art der sexuellen Stimulierung. Bei der koitalen Anorgasmie, können die Frauen zwar zum Orgasmus kommen (z. B. durch manuelle Stimulation), jedoch nicht beim Koitus. Schließlich kann die Anorgasmie auch situationsbedingt auftreten bzw. auf bestimmte Lebensphasen beschränkt sein.

Ein verbreiteter Therapieansatz für Orgasmusstörungen

Zur Therapie von Orgasmusstörungen psychischer Ursache kann u. a. ein Therapieschema eingesetzt werden, das erstmals im Jahre 1970 von William Masters und Virginia Johnson vorgestellt wurde: Die Therapie erfolgt ca. zwei Wochen lang zeitgleich bei beiden Partnern stationär. Es arbeiten zwei Kotherapeuten – ein Mann und eine Frau – mit dem Paar. Die Therapie, die symptomspezifisch angelegt ist, beinhaltet außer den psychologischen Therapieschritten auch Verhaltensübungen unter Einschluss von Sexualhandlungen, die nach exakten Anweisungen schrittweise durchlaufen werden. So geschieht ein behutsames Fortschreiten bis hin zum eigentlichen Koitus. Besonders erfolgreich ist diese Art der Therapie bei der Ejaculatio praecox (über 90 % Therapieerfolge) und bei Frauen mit absoluter Anorgasmie (über 80 %). Mittlerweile wurde dieser Therapieansatz in verschiedene Richtungen weiterentwickelt, sodass er in seinen Varianten für eine Fülle von Sexualstörungen anwendbar ist.

18.9.5 Störungen mit sexuell bedingten Schmerzen

Störungen mit sexuell bedingten Schmerzen (**Dyspareunie**) können bei Männern und Frauen auftreten, häufiger sind jedoch Frauen betroffen. Meist spielen hier körperliche Faktoren eine ursächliche Rolle. So findet sich z. B. bei einigen Frauen schmerzempfindliches Gewebe der Gebärmutter auch im Bereich der Scheide. Operations- oder Geburtsnarben können ebenfalls Schmerzen verursachen. Durch Hormonmangel kann die Scheide u. U. nicht genügend Feuchtigkeit produzieren, sodass das Eindringen des Penis als schmerzhaft empfunden wird.

Vaginismus. Unter Vaginismus versteht man eine reflexhafte, meist schmerzhafte Verkrampfung der Beckenbodenmuskulatur und vor allem des äußeren Drittels der Vagina beim Versuch eines Geschlechtsverkehrs. Dies macht den Koitus fast oder ganz unmöglich. Für Vaginismus konnte bisher keine körperliche Ursache gefunden werden. Durch gezielte Übungen können Frauen jedoch lernen, ihre Beckenbodenmuskulatur willkürlich zu entspannen. Auch kann mithilfe von zunächst sehr kleinen, dann dickeren Dilatatoren, die von der Frau selbst in die Vagina eingeführt werden, der unwillkürliche Muskelreflex langsam abgebaut werden. In den meisten Fällen ist eine Therapie erfolgreich und führt zum vollständigen Verschwinden der Störung.

Zusammenfassung

Wichtige sexuelle Funktionsstörungen sind beim Mann die erektile Dysfunktion sowie die Ejaculatio praecox und bei der Frau die Anorgasmie. Zur Behandlung der psychisch bedingten erektilen Dysfunktion sowie der Ejaculatio praecox sind psychotherapeutische Maßnahmen i. Allg. sehr erfolgreich. Bei der erektilen Dysfunktion können heute gefäßerweiternde Medikamente in den meisten Fällen Abhilfe schaffen.

Orgasmusstörungen der Frau können sehr viele verschiedene Ursachen auf der psychischen Ebene haben. Diese lassen sich in vielen Fällen durch eine sexualtherapeutische Intervention im Zuge einer Kurztherapie beseitigen oder reduzieren.

Weiterführende Literatur

Beier, K. M., Bosinski, H. A. G., Hartmann, U. & Loewit, K. (2005). Sexualmedizin (2. Aufl.). Grundlagen und Praxis. München: Urban & Fischer.

Lautenbacher, S., Güntürkün, O. & Hausmann, M. (Hrsg.) (2009). Gehirn und Geschlecht. Berlin: Springer.

LeVay, S. & Valente, S. M. (2006). Human Sexuality. Sunderland, USA: Sinauer Associates.

19 Rhythmen des Verhaltens

»Wir sind zu jeder Stunde des Tages ein anderer Mensch«
  Jürgen Aschoff (1967)

Nahezu alle Funktionen des menschlichen Organismus unterliegen rhythmischen Schwankungen. Dazu gehören mentale, physiologische, endokrine und psychomotorische Vorgänge. Diese Rhythmen können sich im Zeitbereich von einigen Sekunden, von Stunden, von Monaten und sogar von Jahreszeiten und Jahren abspielen. Am dominierendsten und zugleich am alltäglichsten ist die 24-stündige Schlaf-Wach-Periodik. Diese beherrscht unser Leben, sie unterwirft uns ausgeprägten Veränderungen der körperlichen und psychischen Leistungsbereitschaft und unserer Aktivität.

Chronobiologie und Chronomedizin. Die wissenschaftliche Untersuchung der rhythmischen Veränderungen von Lebensvorgängen ist Gegenstand der **Chronobiologie**. Dieser Forschungszweig erlebte einen rasanten Aufschwung mit der Entdeckung der inneren Uhren beim Menschen (s. Abschn. 19.2). Die klinisch-medizinischen Aspekte rhythmischer Schwankungen von Körpervorgängen fallen in das Gebiet der **Chronomedizin**. Hier geht es in erster Linie um Veränderungen in Krankheitsverläufen und in der Wirkung von Behandlungsmaßnahmen, insbesondere aus dem Bereich der Pharmakotherapie. Daneben befasst sich die Chronomedizin mit den pathogenetischen Einflüssen von Rhythmusveränderungen, die dem Organismus von außen aufgezwungen werden – etwa durch Schichtarbeit oder durch häufigen Zeitzonenwechsel.

Biologische Rhythmen finden sich nicht nur beim Menschen, sondern auf allen Stufen der belebten Welt bis hinab zu Pflanzen und zu Einzellern. Die hierbei anzutreffenden periodischen Schwankungen, die **Oszillationen**, können sehr unterschiedliche Periodenlängen besitzen. So kennt man einerseits oszillierende Entladungsrhythmen erregbarer Zellen im Bereich von Millisekunden und andererseits Periodendauern von mehreren Jahren.

Exkurs

Die 17-Jahr-Zikade

Ein Beispiel für einen extrem langen biologischen Rhythmus findet sich bei der in Nordamerika verbreiteten 17-Jahr-Zikade. Kurze Zeit nach der Paarung sucht das Weibchen dieses Insekts geeignete Zweige von kleinen Bäumen auf, um dort insgesamt 400 bis 600 Eier abzulegen. Bei diesen ist dann nach fünf bis acht Wochen die Embryonalentwicklung abgeschlossen, die jungen Larven streifen die Eihülle ab und fallen zu Boden. Sie leben von nun an in der Erde, wobei sie sich vom Saft der Wurzeln ernähren. Die weitere Entwicklung dauert bei dieser Zikadenart, wie der Name schon sagt, 17 Jahre. Die Larven häuten sich während dieser Zeit fünfmal und arbeiten sich gegen Ende der Larvenzeit bis dicht an die Erdoberfläche vor. Die schlüpfreifen Larven klettern dann bei geeigneten Witterungsverhältnissen massenhaft an Bäumen, Sträuchern oder anderen Gewächsen empor und schlüpfen hier nach wenigen Minuten als Vollinsekten. Interessanterweise geschieht dies für unglaubliche Massen von 17-Jahres-Zikaden zur gleichen Zeit. Das voll ausgebildete Tier lebt jetzt nur noch ca. vier Wochen, wobei es meist wenige Tage nach der Paarung und Eiablage stirbt.

19.1 Die neurobiologische Basis von biologischen Rhythmen

Die Frage nach der biologischen Funktion der verschiedenen Oszillationen und insbesondere der spezifischen Periodendauern ist nicht immer leicht zu beantworten. Aus der Biokybernetik weiß man, dass alle Systeme, die in irgendeiner Form reguliert sind und die äußeren Störeinflüssen unterliegen, zu Oszillationen neigen. Diese stellen Schwankungen um einen für das jeweilige System typischen Sollwert dar.

Einflussgrößen für Periodizitäten

Die Unterschiede in den Periodizitäten der verschiedenen biologischen Systeme können – zumindest teilweise – auf folgende Ursachen zurückgeführt werden:

Faktor 1: Größe des Systems. Die Größe des Systems – auch im Sinne seiner trägen Masse – ist mitentscheidend dafür, welche Oszillationen sich einstellen können. So ist etwa der menschliche Herzrhythmus von ca. einem Schlag pro Sekunde eine Konsequenz aus dem spezifischen Verhältnis zwischen dem Volumen des zu transportierenden Bluts, der Größe des Herzens, der Ausdehnung des Gefäßsystems und dem Bedarf an Blutversorgung der Organe. Die Herzfrequenz eines Neugeborenen liegt bei ca. 140 Schlägen/min, diejenige eines zehnjährigen Kindes bei ca. 90 Schlägen/min und die des Erwachsenen bei 60–70 Schlägen/min.

Faktor 2: Aufgaben des Systems. Die Aufgaben des Systems spielen ebenfalls eine Rolle. So muss etwa das Gehirn als zentrale Regelungsinstanz u. a. für Wahrnehmung und Motorik sehr schnell arbeiten. Daher ist es nicht verwunderlich, dass wir hier hochfrequente Oszillationen finden (bis über 50 Hz). Dagegen existieren im Bereich des Magen-Darm-Traktes, der die Aufgabe hat, die aufgenommene Nahrung umzuwandeln und weiter zu transportieren, langsame Periodizitäten etwa in der Größenordnung von 1–3 Kontraktionswellen pro Minute. Höhere Frequenzen würden der spezifischen Aufgabe dieses Systems entgegenlaufen.

Faktor 3: Externe Zeitgeber. Auf sehr viele rhythmisch arbeitende biologische Systeme wirken sog. externe Zeitgeber wie z. B. Lichtintensität, Temperaturschwankungen oder durch soziale Interaktionen vermittelte Informationen modulierend bzw. steuernd ein. Der Wechsel der Jahreszeiten ist für ein Tier, das Winterschlaf hält, der Zeitgeber für periodisch variierende Fetteinlagerungen. Es wird im Herbst an Gewicht zulegen, um den Winter überstehen zu können. Für die nachtaktive Fledermaus, die bei Dunkelheit auf Nahrungssuche geht, ist eine Dämpfung der Aktivität und ein Zurückfahren von Körperfunktionen am Tage zur Minimierung des Energieverbrauchs günstig.

19.1.1 Innere Uhren bei tierischen Organismen

In der biologischen Forschung lösten die Rhythmizitäten der Lebensvorgänge von dem Moment an besonderes Interesse aus – und führten zum Aufblühen des Wissenszweigs Chronobiologie –, als man der Tatsache gewahr wurde, dass die meisten Rhythmen von körperinternen **Schrittmachern**, den »biologischen« oder »inneren Uhren«, generiert werden. Allerdings sind diese inneren Uhren i. Allg. in ihrer Periodizität durch externe Ereignisse modulierbar (sog. Entrainment). Die ersten Berichte zur inneren Uhr legte bereits Curt Richter in den 1920er-Jahren vor, als er beobachtete, dass die rhythmischen Schwankungen der Bewegungsaktivität von Ratten selbst dann erhalten blieben, wenn die Umweltbedingungen absolut konstant gehalten wurden (Richter, 1922). Seitdem konnte man eine Vielzahl von biologischen Rhythmen aufzeigen, die zwar im Einklang mit Umweltvariationen (z. B. der Helligkeit) schwanken, deren Eigenrhythmus oder endogener Rhythmus aber dennoch von einem internen Schrittmacher erzeugt wird.

Befunde zu langperiodischen Rhythmen. Besonders beeindruckend war die Entdeckung, dass auch Rhythmen von überaus langer Periodizität, die etwa zur Abfolge der Jahreszeiten parallel laufen, endogen generiert werden. So ist bei Zugvögeln unter Normalbedingungen das Nachlassen der Tageshelligkeit im Spätsommer bzw. Herbst der externe Auslöser zur Vorbereitung für den Flug nach Süden. Die Triebfeder für den Rückflug z. B. aus den Tropen (in Äquatornähe) muss allerdings anderer Natur sein, denn hier sind die jahreszeitlichen Schwankungen in der Tageshelligkeit nur minimal. Offenbar existiert eine innere Uhr, die jetzt den Tieren das Signal zum Beginn der Rückwanderung gibt. Dies konnte in einem Experiment belegt werden, das Eberhard Gwinner im Jahr 1986 durchführte. Die Vögel wurden in Gefangenschaft bei extern gesteuerten Lichtverhältnissen (12 Stunden Helligkeit, 12 Stunden Dunkelheit) gehalten. Während der drei Jahre, die das Experiment dauerte, zeigten die Tiere dennoch im Frühjahr und im Herbst das für den Beginn der Migrationsphase typische Verhalten.

Allerdings trat bei den Tieren eine Irregularität auf, die typisch für innere Uhren ist. Unter freilaufenden Bedingungen, d. h., wenn keine externen Zeitgeber für den Wechsel der Jahreszeiten vorhanden waren, fand sich im Migrationsverhalten eine immer größer werdende Verschiebung gegenüber den realen Jahreszeiten. Die innere Uhr der Tiere lief demnach mit einer etwas anderen Geschwindigkeit als der externe Zeitgeber. Daraus kann man schließen, dass unter Realbedingungen, d. h. bei Anwesenheit eines externen Zeitgebers, die innere Uhr ständig mit den Umweltbedingungen abgestimmt wird.

19.1.2 Zellbiologische Basismechanismen für die Erzeugung von Oszillationen

Schrittmacherzellen

Selbst auf der Ebene einzelner Zellen finden sich Mechanismen zur Generierung von Oszillationen. Bei den Schrittmacherzellen mit kurzer Zyklusdauer geschieht dies meist durch periodische Veränderungen des Membranpotenzials. Diese Potenzialschwankungen haben ihre Ursache in einem sich abwechselnden Ein- und Ausstrom von bestimmten Ionensorten. So kennt man etwa einen Schrittmacherzelltyp, bei dem ein Einstrom von positiven Kalziumionen einen kompensatorischen Ausstrom von Kalium- oder Natriumionen zur Folge hat. Diese werden dann durch ein Pumpenmolekül wieder aktiv zurücktransportiert, worauf es zu einem Ausströmen der Kalziumionen kommt. Dadurch steigt jedoch im Äußeren der Kalziumkonzentrationsgradient wieder an, was in Gegenwart einer genügend hohen Zahl spontan offener Kalziumkanäle wiederum zu einem Einströmen von Kalziumionen führt und die geschilderte Folge von Ionenaustauschprozessen erneut anstößt. Das Phänomen derart schwingender Membranpotenziale findet sich natürlich nicht bei allen Nervenzellen, sondern nur bei solchen, die einerseits Membrankanäle mit einer geeigneten Zeitcharakteristik hinsichtlich der Spontan-offen- und Spontan-geschlossen-Zustände besitzen, andererseits auch über die entsprechenden Pumpenmoleküle verfügen.

Steuerung von Rhythmen durch Schwankungen in der Genexpression

Man weiß heute, dass bereits auf der Ebene von Genprozessen eine Steuerung von Periodizitäten, insbesondere auch des **zirkadianen** Rhythmus, stattfindet. Für zirkadiane Rhythmen konnte dies zuerst an der Taufliege (Drosophila) gezeigt werden. Hier sind zwei Gene, das »Period-«(per-)Gen und das »Timeless-« (tim-)Gen für die Steuerung des zirkadianen Rhythmus zuständig, sie sind sog. **Clock-Gene**. Die diesbezügliche Forschung wurde angestoßen, als man beobachtete, dass Mutationen in einem dieser Gene zu Veränderungen im zirkadianen motorischen Verhaltensmuster der Fliegen führen. Man fand hier z. B. eine Mutation mit einer Verschiebung zu einem langsameren Rhythmus (28-Stunden-Periode) und eine andere Mutation, die einen beschleunigten Rhythmus aufwies (20-Stunden-Periode). Sowohl für die Konzentration der vom per- und tim-Gen exprimierten Proteine »PER« bzw. »TIM« als auch für die per-mRNA konnten zirkadiane Konzentrationsschwankungen nachgewiesen werden. Wie kommen nun diese rhythmischen Konzentrationsschwankungen zustande? Die Proteine PER und TIM bewegen sich zwischen dem Zytoplasma und dem Zellkern hin und her, wobei sie Einflüsse auf die Genexpression auch ihrer eigenen Gene ausüben, d. h. diese an- oder abschalten können. Sie bilden damit einen sich selbst aufrechterhaltenden negativen Feedbackzyklus. Dabei ist die molekulare Kinetik so beschaffen, dass sich für den Gesamtprozess eine etwa zirkadiane Periodik ergibt.

Vertiefung

Clock-Gene als Taktgeber bei Drosophila

In stark vereinfachter Form kann das Zustandekommen des zirkadianen Rhythmus bei der Drosophila durch das Zusammenspiel von Clock-Genen in folgender Weise beschrieben werden: Die per- und tim-Gene sind in der frühen Nacht aktiv, wobei sie mRNA produzieren. Darauf erhöht sich die Konzentration der Proteine PER und TIM. Zunächst werden diese Proteine – vor allem PER – im Zytoplasma schnell wieder abgebaut. Dieser Abbau kann jedoch aus folgendem Grund verzögert werden: PER besitzt eine Bindungsstelle für TIM, es bildet sich eine Verbindung zwischen beiden, die schließlich in hoher Konzentration vorliegt. Dieses PER-TIM-Doppelmolekül ist wesentlich resistenter gegen einen Abbau. Außerdem ist es in der Lage, durch die Kernhülle in den Zellkern einzudringen. Nun kommt eine wichtige zweite Eigenschaft dieses Moleküls zum Tragen: Es kann die Aktivität der per- und tim-Gene unterdrücken, was zu einem Tiefpunkt in der Produktion von TIM und PER führt. Allerdings kommt diese nicht vollständig zu Erliegen, sonst wäre hier der zyklische Prozess erloschen. Es findet ein langsamer Zerlegungsprozess für das PER-TIM-Doppelmolekül statt, sodass wieder ein Teil der beiden Gene in den aktiven Zustand übergehen kann. Die Produktion von PER und TIM nimmt daraufhin wieder ein substanzielles Ausmaß an. Die Zeitcharakteristiken für den Auf- und Abbau der beteiligten Proteine sind eine Folge des Ausmaßes ihrer Reaktionsfreudigkeit (ihrer Bindungswahrscheinlichkeiten) und ihrer jeweiligen Konzentrationen. Daraus ergibt sich eine 25-Stunden-Periodik des resultierenden Kreisprozesses.

Eine Anpassung dieser Uhr an den 24-stündigen Tag-Nacht-Rhythmus geschieht durch Signale von der Retina, die v. a. auf die Abbaugeschwindigkeit von PER einen Einfluss ausüben. Allerdings sind hier die genetischen Vorgänge im Detail noch kaum erforscht. Vor allem liegen hier zwischen den verschiedenen Tierspezies offenbar große Unterschiede vor.

Auch beim Menschen konnten mittlerweile bestimmte Clock-Gene nachgewiesen werden. Dazu gehören u. a. auch das per- und tim-Gen bzw. Varianten davon. Die Messenger-RNA für Clock-Gene wurde im menschlichen Gehirngewebe in der wichtigsten zirkadianen Schrittmacherstruktur, dem Nucleus suprachiasmaticus (s. Abschn. 19.2.2), gefunden, außerdem im Hippocampus, dem Kleinhirn und im Bereich des Riechhirns.

Zusammenfassung

Nahezu alle Organismen der belebten Welt weisen oszillatorische Aktivitätsschwankungen auf. Die hier beobachtbaren Rhythmen liegen im Bereich von Minuten bis Jahren. Es ist davon auszugehen, dass Rhythmen kurzer Periodendauer in Nervengewebe durch Instabilitäten im Membranpotenzial von Schrittmacherneuronen zustande kommen. Längere Peridodizitäten werden durch rhythmische Veränderungen in der Expression bestimmter Gene – sog. Clock-Gene – gesteuert.

19.2 Die zirkadiane Periodik als dominierender Rhythmus beim Menschen

Der dominante Rhythmus beim Menschen und bei den Säugetieren ist der **zirkadiane** Rhythmus, der eine ungefähr 24-stündige Periodik aufweist und dem eine Fülle körperlicher und psychischer Funktionen unterliegt. So gibt es Hochs und Tiefs für die Aufmerksamkeitsleistung, die psychomotorische Performanz, die Hormonkonzentrationen, die muskuläre Leistung, den sexuellen Antrieb, die Schmerzempfindung und die

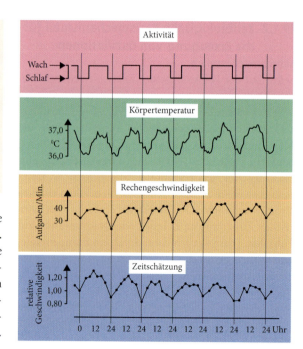

Abbildung 19.1 Tagesperiodische Schwankungen einiger Variablen. Es sind die Verläufe der körperlichen Aktivität, der Körpertemperatur (rektal gemessen), der Rechengeschwindigkeit bei einfachen Aufgaben und der Zeitschätzung wiedergegeben

Körpertemperatur. Einige Beispiele für solche rhythmischen Schwankungen finden sich in Abbildung 19.1.

Auch für bestimmte Ereignisse wie etwa für Unfälle, Todesfälle und Geburten gibt es bevorzugte Tages- bzw. Nachtzeiten.

Exkurs

Späte Nacht als bevorzugte Geburtszeit
Geburten ereignen sich, wie man schon lange weiß, gehäuft zu bestimmten Tageszeiten. Die meisten Kinder kommen in dem Zeitraum zwischen 0 und 4 Uhr zur Welt. Statistiken belegen, dass bei solchen Geburten seltener Komplikationen auftreten. Man geht auf der Basis von Tierexperimenten davon aus, dass dieser bevorzugte Zeitbereich für Geburten eine Folge rhythmisch synchronisierter fetaler und mütterlicher Hormonsignale ist. Die jeweiligen Hormonkonzentrationen hängen auch von der Körpertemperatur ab, die zirkadian schwankt. Aus evolutionärer Sicht dürften Geburten im Schutz der Dunkelheit die Gefahr reduziert haben, von Raub-

tieren oder menschlichen Aggressoren entdeckt zu werden. Dadurch wurden die Überlebenschancen für die Mutter und die Säuglinge erhöht.

Einige biologische und psychophysische Parameter verhalten sich in ihrem 24-Stunden-Rhythmus synchron zueinander. »Synchron« bedeutet in diesem Zusammenhang, dass die Maxima bzw. Minima der Kurven zusammenfallen. Ein Beispiel ist etwa die Katecholaminfreisetzung, die parallel zur Körpertemperatur verläuft. Die meisten zirkadianen Rhythmen sind jedoch mehr oder weniger gegeneinander phasenverschoben (s. Tab. 19.1).

Theorien zur Entwicklung der zirkadianen Rhythmik. Zirkadiane Rhythmen lassen sich bei nahezu allen Lebewesen beobachten, bis hinunter zu bestimmten einzelligen Organismen. Es kann vermutet werden, dass sich die zirkadiane Periodizität im Zusammenhang mit dem Wechsel der Sonneneinstrahlung entwickelte. Eine An-

nahme geht dahin, dass in früheren Phasen der Geschichte unseres Planeten die Ozonschicht noch nicht vollständig ausgebildet war. Demnach war der Anteil an schädlicher UV-Strahlung erhöht. Für diejenigen Tiere, die eine zirkadiane Rhythmik entwickelten und sich aufgrund dessen tagsüber der Sonneneinstrahlung regelhaft entzogen, bedeutete dies einen Selektionsvorteil. Es kann aber auch vermutet werden, dass die zirkadiane Rhythmik entstand, weil sich der Schlaf-Wach-Zyklus, der ja ebenfalls zirkadian abläuft, als ein phylogenetisch vorteilhaftes Aktivitätsmuster herausbildete. So reduziert etwa die körperliche Ruhigstellung zu Zeiten der Dunkelheit das Risiko für Angriffe von Feinden.

Die relative Synchronizität verschiedener rhythmisch ablaufender Prozesse, wie sie sich in Abbildung 19.1 zeigt, ist eher die Ausnahme als die Regel. Dies wird deutlich, wenn man den Auftrittszeitpunkt maximaler (bzw. minimaler) Aktivität für verschiedene körperliche und psychische Prozesse betrachtet. Tabelle 19.1 gibt hierfür eine Reihe von Beispielen.

Tabelle 19.1 Extremwerte verschiedener Phänomene innerhalb 24 Stunden

Uhrzeit	
0–4	Die meisten Kinder kommen auf die Welt.
2–3	Autofahrer sehen am schlechtesten.
3–4	Nachtarbeiter hantieren am ungeschicktesten.
4–5	Der Blutdruck ist am niedrigsten.
8–9	Es werden die meisten Geschlechtshormone ausgeschüttet.
9–9.30	Die Haut ist am unempfindlichsten gegen Spritzen.
9–10	Der Händedruck ist am kräftigsten.
10–12	Das Gehirn ist am aktivsten.
13.30	Die Muskulatur ist am leistungsfähigsten.
13–14	Es wird die meiste Magensäure gebildet.
15–16	Die Fingerfertigkeit ist am größten.
16–18	Die Lunge atmet am intensivsten.
17–19	Geschmack, Gehör und Geruch sind am sensibelsten.
18–20	Die Leber baut Alkohol am besten ab.
20–22	Man erträgt Einsamkeit am schwersten.
22–23	Das Immunsystem ist am aktivsten.

19.2.1 Experimente zur zirkadianen inneren Uhr

Die Chronobiologie entwickelte sich von dem Moment an zu einem eigenständigen und aufstrebenden Forschungszweig, als auch für den Menschen zweifelsfrei nachgewiesen werden konnte, dass die zirkadiane Periodik durch (mindestens) eine innere Uhr gesteuert wird. Die Erforschung innerer Uhren und der Konsequenzen, die sich aus den vielfältigen biologischen Rhythmen für menschliches Wohlbefinden und Leistungsfähigkeit ergeben, ist seitdem ein wichtiger Gegenstand humanbiologischer Forschung.

Isolationsexperimente. Diese Forschungsrichtung nahm ihren Ausgang mit der Pionierarbeit von Jürgen Aschoff und seinen Kollegen in den 1960er-Jahren im Max-Planck-Institut für Verhaltensphysiologie in Andechs (Bayern). Hier wurde in den sog. »Bunker-Experimenten« – wie sie damals von den beteiligten Wissenschaftlern selbst genannt wurden – eine Fülle neuer und aufsehenerregender Beobachtungen gemacht. Die Versuchspersonen hielten sich meist drei bis vier Wochen in dem Isolationsbau auf, der so gestaltet war, dass eine fast vollständige Abschirmung von Umweltreizen gegeben war, wobei sie ohne Uhr und ohne Radio und Fernsehen, d.h. ohne jegliche Information über die Uhrzeit, lebten. Die Probanden konnten in den meisten Experimenten die Raumbe-

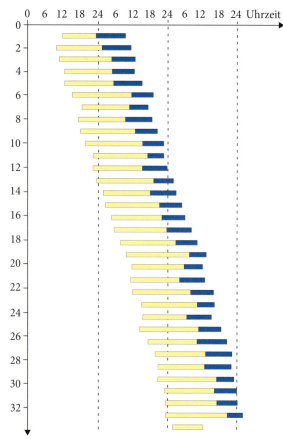

Fortlaufende Nummern der Wach-Schlaf-Perioden
(= der subjektiven Tage)

Abbildung 19.2 Aufeinanderfolge der subjektiven Tage, d. h. einer Wachperiode (gelb) mit anschließender Schlafperiode (blau) im Isolationsexperiment. Man erkennt, dass der subjektive Tag länger als 24 Stunden ist. Daher verschieben sich subjektive und objektive Tage immer weiter gegeneinander

leuchtung selbst regulieren und sich ihren Tag ganz nach Belieben einteilen. Mit geeigneten Beobachtungseinrichtungen wurde in jedem Fall die Wach- und Schlafzeit registriert und permanent die Körpertemperatur aufgezeichnet. Die Teilnehmer konnten sich mit Dingen ihrer Wahl beschäftigen, Musik hören, lesen, schreiben, sich auf Examina vorbereiten und sich auf Trimmgeräten körperlich betätigen.

In den 25 Jahren, während derer diese Studien durchgeführt wurden, haben insgesamt ca. 450 Probanden teilgenommen. Dies waren zumeist Studenten, aber auch Berufstätige und Rentner – der älteste Teilnehmer war 81 Jahre alt. Interessanterweise haben im gesamten Zeitraum nur neun Probanden das Experiment abgebrochen.

Bei den Isolationsexperimenten war also gewährleistet, dass die Versuchspersonen nicht unter dem Einfluss äußerer Zeitgeber standen. Es herrschten sog. freilaufende Bedingungen, in denen sich körpereigene Rhythmen unabhängig von den externen Zeitgebern einpendeln konnten.

Ergebnisse der Experimente. Die wichtigsten Ergebnisse aus diesen Untersuchungen, die später in anderen Labors reproduziert werden konnten, waren:
- Es stellte sich in einer Vielzahl der Fälle eine mittlere Schlaf-Wach-Rhythmik von ca. 25 Stunden ein (s. Abb. 19.2).
- Die unter natürlichen Bedingungen beobachtbaren periodischen Schwankungen verschiedener körperlicher und psychischer Prozesse blieben erhalten.
- Der regelmäßige Wechsel zwischen Wachen und Schlafen wurde insofern beibehalten, als ein Tag von ca. zwei Drittel Wachzeit und einem Drittel Schlafenszeit ausgefüllt wurde.

> **Zusammenfassung**
>
> Beim Menschen unterliegt eine Fülle von körperlichen und psychischen Funktionen einer 24-stündigen (zirkadianen) Periodizität. Allerdings sind diese rhythmischen Schwankungen meist nicht synchron, sondern gegeneinander phasenverschoben. Die Aktivitätsmaxima in den verschiedenen Systemen werden zu unterschiedlichen Zeiten innerhalb eines Tag-Nacht-Zyklus erreicht. Unter freilaufenden Bedingungen, d. h. bei Fehlen externer Zeitgeber, stellt sich bei den meisten Menschen ein etwa 25-stündiger Rhythmus ein.

19.2.2 Der Nucleus suprachiasmaticus als zentraler zirkadianer Taktgeber

Nicht zuletzt auf der Basis der Andechser Isolationsexperimente wurde klar, dass der zirkadiane Rhythmus *intern* generiert wird, also im Prinzip unabhängig von äußeren Zeitgebern ist. Nur so lässt sich erklären, dass selbst beim Fehlen jeglicher Information über den externen Tagesverlauf dennoch eine zirkadiane Rhythmik erhalten bleibt, und zwar in sehr stabiler Weise.

Bei Säugetieren und bei Menschen konnte als der wichtigste zirkadian schwingende Oszillator der Nucleus

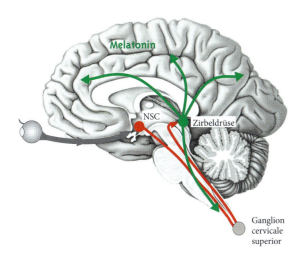

Abbildung 19.3 Lage des Nucleus suprachiasmaticus (NSC). Der NSC befindet sich im vorderen Hypothalamus und liegt über der Kreuzung der Sehbahn. Aus dem Sehnerv zweigen Zuflüsse von der Netzhaut in den NSC ab und

suprachiasmaticus (NSC; engl. suprachiasmatic nucleus, SCN) identifiziert werden. Es handelt sich dabei um ein kleines Kerngebiet im vorderen Hypothalamus, das sich unmittelbar über der Kreuzung der Sehbahn (Chiasma opticum) befindet und von daher seinen Namen trägt (s. Abb. 19.3). Der NSC erhält Zuflüsse von den aus der Netzhaut kommenden Fasern, die abzweigen, bevor das Chiasma opticum erreicht wird. Neuere Forschungsergebnisse weisen darauf hin, dass die Information über die Lichtmenge auch von spezialisierten lichtempfindlichen Ganglienzellen (also nicht Stäbchen oder Zapfen) ausgeht. In diesen ist auch ein eigenes Photopigment, das Melanopsin, enthalten, das in Stäbchen und Zapfen nicht vorkommt. Die Verbindung von der Netzhaut zum NSC nennt man den retinohypothalamischen Trakt. (Genau genommen sind es zwei solcher Trakte, die von der Netzhaut eines jeden Auges ihren Ausgang nehmen.) Unter dem Einfluss dieser externen Zeitgeberinformation über den Hell-Dunkel-Rhythmus kommt es zur Mitnahme (Entrainment) des endogenen Rhythmus. Der NSC schwingt jetzt synchron zur externen Tag-Nacht-Periodik.

Folgende Befunde (eine Auswahl) belegen die Bedeutung des NSC für den zirkadianen Rhythmus:
- Eine Zerstörung des NSC (etwa bei Ratten oder Hamstern) führt zum Verlust zirkadianer Verhaltensweisen, z. B. der periodisch auftretenden motorischen Aktivität im Laufrad, der regelmäßigen Flüssigkeitsaufnahme, der rhythmisch variierenden Kortisolkonzentration, der Temperaturperiodizität und des Schlaf-Wach-Rhythmus.
- Ein vom Körper isoliertes NSC-Präparat zeigt in seiner neuronalen Aktivität weiterhin einen zirkadianen Rhythmus.
- Wird NSC-Schrittmachergewebe von gesunden Spendertieren auf Empfänger mit einer NSC-Läsion übertragen, die durch diese Läsion ihre Rhythmizitäten verloren hatten, so kehren diese wieder zurück.
- Man kennt Mutanten von Hamstern, die einen 20-Stunden-Rhythmus aufweisen. Transplantiert man NSC-Gewebe von diesen Tieren in das Gehirn von normalen Hamstern, deren NSC vorher chirurgisch entfernt wurde, so stellt sich bei den ursprünglich zirkadianen Tieren jetzt ebenfalls der abweichende 20-Stunden-Rhythmus ein.
- Durch eine elektrische Stimulation des NSC lassen sich die zirkadianen Rhythmen, die unter freilaufenden Bedingungen herrschen, leicht stören.

Exkurs

Beeinflussung von Rhythmen durch extraokuläre Lichtwahrnehmung

Außer der Beeinflussung der zirkadianen Rhythmik durch den Weg über die Netzhaut scheint es auch eine extraokuläre Lichtsensitivität beim Menschen zu geben, die Einfluss auf die zirkadianen Phasen nehmen kann. Campbell und Murphy (1998) bestrahlten die Kniekehle ihrer Probanden mit pulsierendem Licht und beobachteten eine systematische Korrelation zwischen Bestrahlungszeitpunkt und -dauer einerseits und der Höhe und Richtung von Phasenverschiebungen der zirkadianen Rhythmik andererseits.

Nach dem Modell der humoralen Phototransduktion von Oren (1996) wird vermutet, dass helles Licht neuroaktive Gase wie Kohlenmonoxid (CO) und Stickoxid (NO) aus dem Hämoglobin der roten Blutkörperchen freisetzen kann. Es gibt Anzeichen dafür, dass Stickoxid die zirkadiane Phase auf ähnliche Weise wie retinale Lichteinwirkung beeinflussen kann. Die kleinen Gasmoleküle können leicht die Blut-Hirn-Schranke überwinden, sodass Einflüsse auf zerebrale Strukturen nicht auszuschließen sind.

Impulsgeber für den NSC. Es gilt als gesichert, dass der zirkadiane Rhythmus des NSC durch die oszillierende Aktivität verschiedener Gene gesteuert wird. Es sind hier mindestens drei Gene vom Typ »per« involviert. Noch nicht restlos aufgeklärt ist der Mechanismus des Entrainment durch das Tageslicht, also die exakte Anpassung der Prozesse im Zellkern an den exakten 24-Stunden-Rhythmus.

Verbindungen des NSC. Der NSC steht in relativ enger Verbindung mit weiteren Kernen des Hypothalamus. Über diese werden die tagesperiodischen Schwankungen vieler vegetativer Größen (Temperatur, Blutdruck etc.) sowie der Konzentration zahlreicher Hormone reguliert. Über verschiedene Zwischenstationen, nämlich den paraventrikulären Kern des Hypothalamus, und das Ganglion cervicale superior im Halsbereich (s. Abb. 19.3), gelangt die Information auch zur Zirbeldrüse. Diese ist über das von ihr ausgeschüttete Hormon **Melatonin** in hohem Maße an den peripheren Begleiterscheinungen der Schlaf-Wach-Regulation beteiligt (s. Abschn. 20.4.4). Weitere Efferenzen laufen u. a. zur Hypophyse, zum Septum und zu Hirnstammregionen. Afferente Information erreicht den NSC v. a. vom Thalamus. Außerdem verfügt er vermittels Melatoninrezeptoren über eine Feedbackschleife zur Zirbeldrüse. Der NSC enthält Neuronen, die neben GABA eine Reihe von Kotransmittern synthetisieren, u. a. Vasopressin, Enkephalin und das Neuropeptid Y.

Weitere Taktgeber

Für mindestens zwei voneinander weitgehend entkoppelte Taktgeber sprechen Daten aus Isolationsexperimenten. Hier fand sich beispielsweise bei einer Versuchsperson ein Schlaf-Wach-Zyklus von circa 33 Stunden, während die Periodizität der Körpertemperatur bei 25 Stunden lag. Eine andere Versuchsperson zeigte dagegen einen Zyklus, der aus einer 29-stündigen Wachphase im Wechsel mit einer 21-stündigen Schlafphase bestand. Diesem Rhythmus unterlagen auch die Nahrungsaufnahme, die Flüssigkeitsaufnahme und die Konzentration bestimmter Hormone. Die Körpertemperatur dagegen verharrte auf dem 25-Stunden-Rhythmus. Dieser Befund lässt sich am einfachsten damit erklären, dass es zwei unterschiedliche Oszillatoren gibt. Einer von beiden steuert die Aktivität und bestimmte lebenserhaltende Interaktionen mit der Umwelt, ein anderer, davon entkoppelter Rhythmus reguliert die Körpertemperatur. Wenn ein externer Zeitgeber vorhanden ist (z. B. der Hell-Dunkel-Wechsel), wird diesen Prozessen der 24-Stunden Rhythmus aufgezwungen. Herrschen jedoch freilaufende Bedingungen, so können sich die Oszillatoren auf ihre unterschiedlichen Eigenfrequenzen einschwingen.

Zusammenfassung

Der wichtigste zirkadian oszillierende Taktgeber ist beim Menschen der Nucleus suprachiasmaticus (NSC), der sich als ein Kern des Hypothalamus oberhalb der Kreuzung der Sehnerven befindet. Er erhält Zuflüsse v. a. von der retinothalamischen Bahn, über die vermittels der Hell-Dunkel-Unterschiede im Tageslauf ein ständiges Angleichen (Entrainment) der Rhythmik des NSC an die Tag-Nacht-Periodizität ermöglicht wird. Die wichtigsten Zielgebiete für NSC-Impulse sind andere hypothalamische Kerne, die v. a. vegetative Funktionen steuern, sowie die Zirbeldrüse, die über die Ausschüttung von Melatonin auf hormonellem Wege zahlreichen weiteren Systemen einen zirkadianen Rhythmus aufprägt.

19.2.3 Einflüsse externer Zeitgeber auf die zirkadiane Uhr

Schichtarbeit

Von Schichtarbeit spricht man, wenn Arbeit zu wechselnden Tageszeiten – Früh-, Spät- und Nachtschicht – oder dauerhaft zu ungewöhnlicher Tageszeit, z. B. dauernd zur Nachtzeit, stattfindet. In Deutschland geht etwa ein Viertel bis ein Fünftel der Bevölkerung Schichtarbeit nach. Insbesondere wenn zur Nachtzeit gearbeitet wird, werden die biologischen Systeme aus ihrem natürlichen Rhythmus gebracht.

Unzulängliche Anpassung. Es konnte verschiedentlich gezeigt werden, dass sich bei Schichtarbeitern mit regelmäßigen Nachtschichten auch nach mehreren Monaten, teilweise sogar Jahren die zirkadianen Rhythmen der meisten vegetativen Systeme nicht anpassten. So behält die Körpertemperatur ihren Höchstwert nach wie vor tagsüber, wobei dies bei Nachtarbeitern jedoch Schlafenszeit ist und die Körpertemperatur ihr Minimum erreichen sollte. Auch die Konzentration bestimmter Hormone, etwa Melatonin und Kortisol, zeigt keine oder nur eine stark verzögerte Anpassung an die von außen aufgeprägte Rhythmik.

Folgen einer Störung der natürlichen Rhythmen. Diese mangelnde Anpassung der biologischen Systeme führt zu Störungen im Befinden und der körperlichen Leistungsfähigkeit, zu erhöhter Müdigkeit und Stimmungsschwankungen. Vor allem in den frühen Morgenstunden, zwischen 3 und 5 Uhr, haben Schichtarbeiter verstärkt gegen die Müdigkeit anzukämpfen, was mit verminderter Leistungsbereitschaft und stark nachlassender Vigilanz verbunden ist.

Schichtarbeit kann neben Störungen im psychischen Befinden (Müdigkeit, Abgeschlagenheit) auch zu körperlichen Funktionsstörungen vor allem im vegetativen System führen. Es kann nicht ausgeschlossen werden, dass diese Störungen über eine Schwächung des Immunsystems vermittelt werden.

Beeinflussung durch helles Licht. Seit einigen Jahren – die ersten diesbezüglichen Studien wurden von Charles Czeisler und Mitarbeitern im Jahre 1989 durchgeführt – kennt man eine überaus wirksame Methode, den internen zirkadianen Taktgeber anzupassen: die Einwirkung von hellem Licht. Während frühere Untersuchungen ergeben hatten, dass während der Nacht die normale Raumbeleuchtung zu keiner Umstellung der inneren Uhr führt, weiß man heute, dass Licht einer Intensität von mindesten 2.500 Lux, besser aber zwischen 7.000 und 12.000 Lux, überaus wirksam ist. Dies liegt weit über der Helligkeit der gängigen Raumbeleuchtung. (Die im Freien gemessene Tageshelligkeit beträgt 50.000 Lux und darüber.) Bei einer Einwirkungsdauer dieser Beleuchtungsstärke während mehrerer aufeinanderfolgender Nächte kann die Phasenlage der körperlichen Parameter einschließlich der Körpertemperatur verstellt werden. Ebenso passen sich subjektive Variablen wie die mentale Leistungsfähigkeit, die Wachheit und die Schlafqualität tagsüber den Normalwerten an. Diese Erkenntnisse finden zunehmend Eingang in die Arbeitsumwelt von Schichtarbeitern.

Das Jetlag-Syndrom

Unter dem Jetlag-Syndrom versteht man die körperlichen und psychischen Anpassungsschwierigkeiten, die bei Flügen in Ost- bzw. West-Richtung auftreten (sog. Transmeridianflüge). Da am Zielort eine andere Zeit herrscht als am Startort sind Anpassungsvorgänge der inneren Uhr erforderlich, um die Systeme an die neue Ortszeit anzupassen. Erschwerend kommt hinzu, dass sich die unterschiedlichen körperlichen und mentalen Leistungsbereiche mit jeweils eigenen Verzögerungen auf die neue Zeit einstellen, sodass Synchronizitäten von Körperprozessen zeitweise verloren gehen.

Beim Jetlag-Syndrom zeigen sich v. a. erhöhte Müdigkeit am Tage, Einschlaf- und Durchschlafstörungen, reduzierte körperliche und psychische Leistungsfähigkeit, Übelkeit und schlechtes Allgemeinbefinden.

Exkurs

Methoden zur Abschwächung des Jetlag-Syndroms

Am Ankunftsort sollte man sich möglichst zügig den dortigen Verhältnissen anpassen. Das bedeutet, dass man erst am Abend zu Bett geht, tagsüber nicht schläft und dass man beim nächtlichen Aufwachen nicht aufsteht, sondern im Bett bleibt. Hilfreich kann es auch sein, wenn man sich am Zielort – etwa bei der Ankunft in den USA – möglichst lange dem Tageslicht aussetzt, da helles Licht das wirksamste Mittel ist, um die innere Uhr neu einzustellen (s. o.).

Man kann versuchen, sich bereits im Flugzeug den neuen Zeitverhältnissen anzupassen, indem man etwa die Mahlzeiten ganz ausfallen lässt, da diese dem Organismus Information über die (vermeintliche) Tageszeit liefern.

Es wird gelegentlich empfohlen, die Umstellung durch eine gezielte Ernährung zu erleichtern. Mit stark eiweißhaltiger Nahrung kann man den erhöhten Anforderungen an den Organismus zur ungewohnten Zeit besser begegnen. Wenn dann am Zielort der Tag zu Ende geht, sollte man eher kohlehydrathaltige Kost (Brot, Gemüse, Kartoffeln) zu sich nehmen, da dies die Schlafbereitschaft fördert.

Es wurde verschiedentlich berichtet, dass die Einnahme des Hormons Melatonin einen positiven Effekt haben kann. Melatonin ist eine schlaffördernde Substanz. Es wird von der Zirbeldrüse bei Nachlassen der Tageshelligkeit vermehrt ausgeschüttet. Nimmt man am frühen Abend vor dem Rückflug von den USA nach Deutschland Melatonin ein, so kann man den Körper hinsichtlich der Melatoninkonzentration bereits auf die Situation am Heimatort einstellen. Außerdem ist mit einem leichteren Einschlafen und einem besseren Schlaf während des Rückflugs zu rechnen.

Einflussfaktoren auf das Jetlag-Syndrom. Die Dauer und die Stärke des Jetlag-Syndroms hängen von der Dauer des Flugs, der Anzahl der überquerten Zeitzonen, der Flugrichtung – nach Westen oder nach Osten – und der individuellen Disposition ab. Im Durchschnitt benötigt man drei Tage zur Anpassung an die neue Ortszeit.

Fliegt man nach Westen, so ist mit einem kürzeren Jetlag-Syndrom zu rechnen, da die innere Uhr hier vorgestellt werden muss. Dies ist aus folgendem Grund eher in Einklang mit der endogenen 25-stündigen Rhythmik als ein Flug in die umgekehrte Richtung: Bei einem Flug nach Westen kommen wir am Zielort erst später ins Bett als gewöhnlich, da die Uhrzeit zurückgestellt wurde. Unser endogener 25-Stunden-Rhythmus würde unter freilaufenden Bedingungen dazu führen, dass wir ohnehin jeden Tag gegenüber der gegebenen Uhrzeit um eine Stunde später ins Bett gingen (s. Abb. 19.2). Also weisen sowohl die Zeitverschiebung durch den Ortswechsel als auch unsere endogene Rhythmik in dieselbe Richtung. Entsprechend schwieriger ist die Anpassung an die neue Zeitzone bei Flügen in West-Ost-Richtung.

> **!** Sowohl bei der Schichtarbeit als auch beim sog. Jetlag-Syndrom zeigt sich, dass eine Umstellung der zirkadianen Abläufe aufgrund veränderter äußerer Bedingungen nur stark verzögert möglich ist. Bei der Anpassung an veränderte Außenbedingungen spielen v. a. die Lichtverhältnisse eine wichtige Rolle.

Der zirkadiane Rhythmus bei Blinden

Wenn unser interner Rhythmus eigentlich bei 25 Stunden liegt, dieser jedoch durch die 24-stündigen Helligkeitsschwankungen aufgehoben wird, so stellt sich die Frage, welcher Rhythmus sich bei Menschen mit totaler Blindheit findet. Hier kann der zirkadiane Hell-Dunkel-Wechsel nicht wahrgenommen werden, was eine eher 25-stündige Periodizität erwarten ließe.

Der Melatoninrhythmus. Die variierende Konzentration des Zirbeldrüsenhormons Melatonin im Blut kann als ein Indikator für zirkadiane Rhythmik dienen. Beim Gesunden wird sie durch den Hell-Dunkel-Zyklus moduliert. So ist die Konzentration von Melatonin im Blut tagsüber niedrig, am frühen Abend vor dem Einschla-fen steigt sie an und erreicht ihr Maximum gegen Mitternacht. Verschiedene Studien ergaben, dass bei ungefähr der Hälfte der untersuchten vollkommen blinden Menschen eine stabil zyklische Melatoninkonzentration im Blut vorlag, die sich jedoch meist in einem etwas verlängerten, etwa 25-stündigen Rhythmus bewegte. Die untersuchten blinden Personen lebten in normaler Umgebung, gingen meist einem Beruf nach und hielten sich an den üblichen 24-stündigen Schlaf-Wach-Rhythmus. Offenbar wurde der hier beobachtete 25-stündige Melatoninrhythmus weder durch die sozialen Reize noch durch die tatsächlichen Schlafzeiten beeinflusst. Dies ist ein Beleg dafür, dass ein intaktes visuelles System, das den Hell-Dunkel-Zyklus über retino-hypothalamische Verbindungen zur Zirbeldrüse weiterleiten kann, von großer Wichtigkeit für die Synchronisation des endogenen Taktgebers mit der exogenen 24-Stunden-Periode ist.

Melatoningabe bei Schlafstörungen. Mehr als zwei Drittel aller Blinden leiden unter Schlafstörungen. Dies sind meist nächtliche Durchschlafstörungen sowie zeitweilige Schläfrigkeit am Tage. Letztere scheint parallel zur Melatoninkonzentration zu laufen. Wie sich aus einer placebokontrollierten Studie ergab, kann bei diesen Personen durch regelmäßige Einnahme von Melatonin am Abend vor dem Schlafengehen das Schlafmuster stabilisiert werden (s. Sack et al., 2000). Es kommt zu einem deutlichen Nachlassen der Wachzeiten während der Nacht.

19.3 Der Basic Rest Activity Cycle als stabiler ultradianer Rhythmus

Im Schlaf zeigt sich sehr deutlich eine **ultradiane Periodizität**, d. i. ein Rhythmus mit einer Periodenlänge, die kürzer als der Tag ist. Mit einer Periodizität von 60–120 min schwanken hier zahlreiche physiologische Größen (s. Abschn. 20.3). Ein solcher Rhythmus wurde von Nathaniel Kleitman bereits 1961 beobachtet, als er das Verhalten von Säuglingen über den Tag hinweg studierte. Er fand eine etwa Eineinhalb-Stunden-Periodizität sowohl für die Nahrungsaufnahme als auch für die motorische Aktivität. Er gab diesem Rhythmus den Namen »**Basic Rest Activity Cycle**« (BRAC), da er zu Recht vermutete, dass dies ein fundamentaler Rhythmus sei, der einer Vielzahl von psychischen und physischen Funktionen unterlegt ist.

Später ließ sich auch für Erwachsene zeigen, dass eine Reihe von Variablen Schwankungen in einem ein- bis zweistündigen Rhythmus aufweisen. Dazu gehören das Bedürfnis nach Nahrung und nach Flüssigkeit, das Rauchen, die Sauerstoffaufnahme, die Herzrate, die Magenbewegungen, die Harnausscheidung, die Konzentration bestimmter Hormone und eine Reihe psychomotorischer Leistungen (s. Abb. 19.4).

Die verschiedenen Systeme können deutlich gegeneinander phasenverschoben sein. Von daher ist anzunehmen, dass diese Rhythmen nicht von einem Generalschrittmacher geführt werden. Das ist insofern auch nicht verwunderlich, als die Generierung und Stabilisierung von Rhythmen stets unter Einschluss von Feedbackschleifen geschieht. Diese sind naturgemäß in den verschiedenen hormonellen und neuronalen Systemen ganz unterschiedlich ausgestaltet, was nicht ohne Einfluss auf die Zeitcharakteristiken bleiben kann.

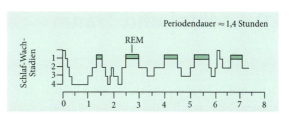
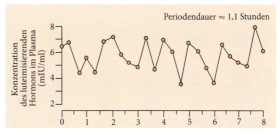

Abbildung 19.4 Beispiele für ultradiane Rhythmen einer Periodendauer von 1 bis 2 Stunden (Basic Rest Activity Cycle)

Zusammenfassung

Bei Schichtarbeitern können sich auch nach Monaten oder Jahren die zirkadianen Rhythmen der meisten vegetativen und hormonellen Systeme den veränderten Bedingungen nicht anpassen. Dies führt zu Störungen im Befinden und in der körperlichen Leistungsfähigkeit, zu erhöhter Müdigkeit und zu Stimmungsschwankungen. Daneben zieht Schichtarbeit mit hoher Wahrscheinlichkeit auch körperliche Funktionsstörungen v. a. im gastrointestinalen und neurovegetativen Bereich nach sich. Der interne zirkadiane Taktgeber lässt sich durch Einwirkung von sehr hellem Licht umstellen.

Das Jetlag-Syndrom tritt bei Flügen über mehrere Zeitzonen hinweg auf. Hier zeigen sich v. a. erhöhte Müdigkeit am Tage, Einschlaf- und Durchschlafstörungen, reduzierte körperliche und psychische Leistungsfähigkeit, Übelkeit und schlechtes Allgemeinbefinden. Eine wichtige Strategie zur Abschwächung des Jetlag-Syndroms besteht darin, sich am Zielort möglichst zügig den dortigen Verhältnissen anzupassen.

Bei blinden Menschen bewegen sich die zirkadianen Schwankungen in der Melatoninkonzentration zumeist in einem 25-stündigen Rhythmus. Mehr als zwei Drittel aller Blinden leiden unter Schlafstörungen, die mit Unregelmäßigkeiten in der Melatoninkonzentration zusammenhängen dürften.

Der Basic Rest Activity Cycle stellt eine Eineinhalb-Stunden-Rhythmik dar. Eine Reihe von Variablen weist Schwankungen in diesem Rhythmus auf. Dazu gehören das Bedürfnis nach Nahrung und nach Flüssigkeit, das Rauchen, die Sauerstoffaufnahme, die Herzrate, die Magenbewegungen, die Harnausscheidung, die Konzentration bestimmter Hormone und verschiedene psychomotorische Leistungen.

Weiterführende Literatur

Dunlap, J.C., Loros, J. & DeCoursey, P.J. (Eds.) (2004). Chronobiology: Biological Timekeeping. Sunderland, USA: Sinauer Associates.

Fleissner, G. (2001). Rhythmizität, zirkadiane Rhythmik und Schlaf. In J. Dudel, R. Menzel & R.F. Schmidt (Hrsg.), Neurowissenschaft (2. Aufl.; S. 527–542). Berlin: Springer-Verlag.

Waver, D.R. & Reppert, S.M. (2008). Circadian Timekeeping. In L.R. Squire, D. Berg, F.E. Bloom, S. DuLac, A. Ghosh & N. Spitzer (Eds.), Fundamental neuroscience (pp. 931–957). Amsterdam: Elsevier.

Zulley, J. & Knab, B. (2009). Unsere innere Uhr. Frankfurt a. M.: Mabuse.

20 Schlaf und Traum

Der Schlaf ist zwar ein alltägliches, aber keineswegs ein simples Phänomen. Seit der Antike wird darüber nachgedacht und spekuliert, warum wir überhaupt schlafen, warum es ein unwiderstehliches Schlafbedürfnis gibt und welche Bedeutung dem Phänomen »Traum« zukommen könnte. Aristoteles sah als Ursache für den Schlaf die Hitzeentwicklung, die aufgrund der Nahrungsaufnahme entstünde. Hippokrates vermutete, dass Schlaf eintritt, wenn sich das Blut in das Körperinnere zurückzöge. Seit Beginn der modernen, systematischen Schlafforschung in den 1950er-Jahren hat man zumindest eine Reihe von Irrtümern ausräumen können und ist hinsichtlich vieler Probleme befriedigenden Lösungen ein gutes Stück nähergekommen:

> »More has been learned in the past 60 years about sleep than in the preceeding 6.000.«
> (Hobson, 1999)

Zu den noch nicht geklärten Fragen gehört die biologische Funktion von Schlaf und Traum. Welchen Sinn kann dieser stete Wechsel zwischen Phasen der Aktivität und extremer Desaktiviertheit haben? Wodurch werden wir zum Schlaf gezwungen? Wieso können wir in der Regel nicht länger als zwei Tage ohne Schlaf sein? Ein anderer Fragenkomplex: Wie verhält es sich mit der Entstehung und Funktion der Träume? Ist es für einen intakten psychischen Apparat vonnöten, dass derselbe sich nachts solche Kapriolen erlaubt? Haben wir hier womöglich ein Beispiel für ein evolutionäres Zwischenstadium vor Augen, in dem der Traum noch benötigt wird, auf den aber irgendwann verzichtet werden kann? Oder handelt es sich beim Traum um ein ausgereiftes System zur Optimierung komplexer Bewusstseinsleistungen? Bei vielen dieser Fragen sind wir auf dem Weg zu einer Klärung, aber simple und eindeutige Antworten sind derzeit noch nicht zu erwarten.

20.1 Die Funktion des Schlafs: Erholungsmechanismus oder evolutionäre Anpassung?

20.1.1 Der Schlaf als Reparatur- und Erholungsphase?

Dass der Schlaf für den intakten Organismus eine unabdingbare Reparatur- und Erholungsfunktion haben könnte, wird dadurch nahegelegt, dass sich nach längeren Phasen des Schlafentzugs ein nicht zu beherrschendes Schlafbedürfnis einstellt und der Mensch schließlich einschläft. Ist dies ein Schutzmechanismus des Körpers, der dafür sorgt, dass wichtige Funktionen nicht entgleisen? Im Schlaf finden tatsächlich verschiedene Regenerations- und Aufbauprozesse statt. Beispiele sind:

► Die Ausschüttung des Wachstumshormons geschieht nahezu ausschließlich im Schlaf.
► Zellteilungsvorgänge sind am häufigsten in den späten Nachtstunden.
► Die Zellen werden während der Nacht bevorzugt mit dem Energieträger ATP versorgt.
► Verdauungsprozesse und damit Energiegewinnungsvorgänge spielen sich vermehrt in den Nachtstunden ab.

Allerdings fehlen Belege dafür, dass die genannten und verwandte Vorgänge nur während des Schlafs ablaufen können. Es scheint vielmehr so zu sein, dass sie typischerweise an Ruhe- und Entspannungsphasen gebunden sind.

Schlaf als Sonderzustand des Gehirns. Die Frage ist allerdings, ob das für Erholungsvorgänge des Gehirns genauso gilt. Im Schlaf zeigen sich ganz spezielle hirnelektrische Vorgänge, die sich deutlich von denen im Wachzustand unterscheiden (s. Abschn. 20.3). Die im Tiefschlaf auftretenden sehr langsamen hirnelektrischen Wellen dürften tatsächlich einen besonderen Zustand der Gehirnaktivität repräsentieren, welcher mit Regenerationsvorgängen der kortikalen Neuronen zusammenhängt. Dafür spricht u. a. die Tatsache, dass nach längerer Schlafdeprivation (Schlafentzug) diese Tiefschlafphasen bevorzugt nachgeholt werden, ebenso wie sie auch nach Phasen extremer körperlicher Anstrengung gehäuft auftreten – Marathonläufer schlafen nach einem sehr anstrengenden Lauf in den folgenden Nächten etwa eineinhalb Stunden länger als üblich. Diese zusätzliche Schlafenszeit verbringen sie überwiegend in den Tiefschlafphasen. Für die Notwendigkeit des Schlafs für eine adäquate Gehirnfunktion spricht auch die Tatsache, dass sich bei Schlafmangel noch vor den körperlichen Anzeichen des Schlafentzugs Leistungsminderungen im Bereich der Wahrnehmung (etwa das Auftreten von Halluzinationen oder Defizite bei Signalerkennungsaufgaben), der Psychomotorik und der Vigilanz zeigen. Andererseits beobachten wir im Schlaf auch Muster hirnelektrischer Aktivität, die keineswegs mit Ruhe und Minimierung des Energieverbrauchs in Einklang zu bringen sind (s. Abschn. 20.3).

Schlaf als langzeitlich günstiger Vorgang. Man geht heute davon aus, dass die im Schlaf ablaufenden Regenerationsvorgänge nicht etwa die unmittelbare Konsequenz eines allabendlichen Erschöpfungszustandes sind, sondern sich eher als langzeitlich günstige Mechanismen etabliert haben. Ansonsten wäre nicht zu erklären, dass beim Menschen unter freilaufenden Bedingungen (bei Isolationsexperimenten; s. Abschn. 19.2.1) ein negativer Zusammenhang zwischen der Wachdauer und der darauf folgenden Schlafzeit gefunden wurde. Wenn also eine Versuchsperson länger als gewöhnlich wach war, so war die darauffolgende Schlafdauer keineswegs verlängert, sondern oft sogar verkürzt. Die Ursache dürfte sein, dass von der Periodenlänge von ca. 24 Stunden unseres Schlaf-Wach-Zyklus möglichst wenig abgewichen werden soll. Würde auf eine 20-stündige Wachphase eine 12-stündige Schlafphase folgen, hätte dieser Schlaf-Wach-Zyklus eine Dauer von 32 Stunden. Dies wiederum würde für den nächsten Zyklus eine völlig verschobene Einschlafenszeit bedeuten – beispielsweise anstatt 23 Uhr jetzt 23 Uhr plus 8 Stunden, also 7 Uhr. Der zirkadiane Takt wäre damit entgleist und müsste unter großen Anstrengungen wieder zurückreguliert werden.

20.1.2 Schlaf als Ergebnis eines evolutionären Anpassungsprozesses?

Eine evolutionsbiologische Theorie des Schlafs muss erklären können, welchen Selektionsvorteil eine Phase extremer körperlicher Ruhigstellung – wie der Schlaf sie darstellt – bringen könnte. Ein Gewinn ist für solche Tiere erkennbar, die sich vor Verfolgern schützen mussten. Für diese war es eine sinnvolle Überlebensstrategie, in der Dunkelheit, wenn vielfältige Gefahren lauern, inaktiv und ruhig an einem geschützten Ort zu verharren.

Möglicherweise bringt der Schlaf auch insofern einen evolutionären Vorteil, als er zu einer Optimierung der Arbeit des Gehirns beiträgt. Es wird beispielsweise angenommen, dass gespeicherte Information während des REM-Schlafs durch bestimmte Gehirnprozesse aufgefrischt bzw. konsolidiert wird. Schließlich ist das Gehirn im Schlaf keineswegs untätig, sondern – wie sich am Elektroenzephalogramm erkennen lässt (s. Abschn. 26.2) – ununterbrochen aktiv. Besonders beim REM-Schlaf lässt sich eine Gehirnaktivität vermuten, die dem Wachzustand relativ ähnlich ist (wenn auch die Inhalte der mentalen Vorgänge völlig anders geartet sind). Diese Nachbearbeitungs- und Wiederauffrischungstätigkeit des Gehirns kann im Schlaf deshalb besonders ungestört ablaufen, weil jetzt keine neue Information einläuft, die zusätzlich verarbeitet werden müsste, und überdies keine Interaktion mit der Umwelt über motorische Aktionen erforderlich ist. Tatsächlich gleicht sich in der Reihe der Tierspezies mit der Höherentwicklung des Gehirns auch der REM-Schlafanteil immer mehr den Verhältnissen beim Menschen an.

20.1.3 Schlafverhalten als individuelles Merkmal

Auch wenn alle Menschen schlafen müssen, so variieren die Schlafmenge und die bevorzugte Schlafenszeit beträchtlich. Manche Menschen kommen mit vier Stunden Schlaf aus (bekanntestes Beispiel ist Napoleon), andere benötigen mehr als neun Stunden. Die bevorzugte Schlafenszeit weicht zwischen Lerchen (Frühaufstehern) und Eulen (Nachtmenschen) um Stunden voneinander ab. Die sog. **Chronotypen** sind genetisch festgelegt. Chronotypus und Schlafdauer haben keinen Einfluss aufeinander. Ungünstig ist ist es, wenn man gegen seinen Chronotypus lebt, d.h., wenn der Spättyp (Eule) gezwungen ist, morgens um sieben Uhr aufzustehen, aber erst um drei Uhr einschlafen kann, dann bekommt er nur vier Stunden Schlaf. Da an Arbeitstagen im Durchschnitt alle Chronotypen zur gleichen Zeit aufstehen müssen, ist die Konsequenz, dass späte Chronotypen an Arbeitstagen ein großes Schlafdefizit ansammeln, das sie an freien Tagen aufzuholen versuchen. Auch nach vielen Jahren hat sich die innere Uhr eines Spättypen nicht an unsere üblichen Arbeitszeiten gewöhnt, sodass diese Menschen nur an ihren freien Tagen nach ihrem angeborenen inneren Rhythmus leben können.

Kinder sind zumeist frühe Chronotypen, was sich dann in der Pubertät und Adoleszenz nach hinten verschiebt. Etwa mit 20 Jahren erreicht die Tendenz zum Spättyp ihr Maximum. Dann bewegt sich der Mensch wieder hin zu früheren Schlafenszeiten.

20.2 Methodik der Schlafbeobachtung

Schlaf ist keineswegs ein Zustand totaler Ruhe. Dazu müssen wir lediglich einen schlafenden Menschen beobachten. Wir können dabei z. B. Zuckungen der Muskulatur, Wechsel der Körperlage, Wandel im mimischen Ausdruck, Bewegung der Augen unter den geschlossenen Augenlidern, Veränderungen im Atemrhythmus, Stöhnen, Schnarchen, Zähneknirschen usw. registrieren. Kein Zweifel, der Mensch ist auch im Schlaf aktiv, allerdings mit dem wichtigen Unterschied zum Wachzustand, dass diese Aktivität weitgehend unabhängig von externen Ereignissen ist und sich auch nicht nach außen an die Umwelt richtet. Allerdings ist auch der Schlaf ein Zustand, der nach bestimmten Regeln bzw. Mustern abläuft. Dies zeigt uns die systematische Beobachtung des Schlafs, v. a. mit den Methoden der physiologischen Registrierung.

20.2.1 Historisches

Die physiologische Schlafbeobachtung nahm ihren Anfang in den 1930er-Jahren, als Alfred Loomis und Mitarbeiter erstmals das Elektroenzephalogramm (EEG) beim schlafenden Menschen aufzeichneten (Loomis et al., 1937). Schon damals erkannte man zwei wichtige Grundtatsachen:

(1) Die hirnelektrische Aktivität verändert sich im Laufe einer Nacht mehrfach.
(2) Sie wechselt in zyklischer Weise zwischen typischen EEG-Mustern, die ihrerseits mit der Schlaftiefe, d. h. der Höhe der Weckschwelle, zusammenhängen.

Die systematische laborexperimentelle Schlafforschung bekam Aufschwung im Jahre 1953, als Eugene Aserinsky und Nathaniel Kleitman in der Zeitschrift Science einen Beitrag mit dem Titel »Regularly occuring periods of eye motility and concommittant phenomena during sleep«

veröffentlichten. Mit diesem ersten wissenschaftlichen Beleg für die phänomenale Bedeutung des REM-Schlafs begann die Entwicklung der Schlafforschung zu einer eigenständigen humanwissenschaftlichen Forschungsdisziplin.

Rapid Eye Movements. Kleitman, der in den 1950er-Jahren das damals wichtigste Standardwerk der Schlafforschung vorgelegt hatte, interessierte sich eigentlich für die langsam schwingenden Augenbewegungen, die üblicherweise beim Einschlafen zu beobachten sind. Das Phänomen sollte von seinem Doktoranden Aserinsky genauer studiert werden. Dieser beobachtete jedoch etwas völlig Unerwartetes, nämlich dass sich im Schlaf immer wieder sehr schnelle Augenbewegungen zeigten, wie sie ansonsten nur von den raschen Augenfolgebewegungen im Wachzustand bekannt waren. Man nannte sie Rapid Eye Movements (REM). Diese Bewegungen wurden mittels des **Elektrookulogramms** (EOG, s. Abschn. 26.6.4) aufgezeichnet, was eine objektive und quantitative Registrierung der Augenbewegungen erlaubt. In der Folge widmete sich William Dement, ein Student von Kleitman, speziell diesen schnellen Augenbewegungen und insbesondere den Traumberichten von Versuchspersonen, die man unmittelbar nach oder auch während der REM geweckt hatte. Dement beobachtete, dass Träume gehäuft nach Weckungen aus dem REM-Schlaf bzw. unmittelbar nach REM-Phasen auftreten (Weiteres dazu s. Abschn. 20.5.2).

Im Jahre 1968 wurde von Allen Rechtschaffen und Anthony Kales eine Publikation zur Standardisierung von Schlafuntersuchungen vorgelegt. Diese Schrift war richtungsweisend, da sie zu einer Vereinheitlichung von Untersuchungen im Schlaflabor führte, die bis heute weithin akzeptiert und angewandt wird.

20.2.2 Die Untersuchung im Schlaflabor

Die Registrierung mehrerer Variablen während des Schlafs nennt man **Polysomnographie**. In Abbildung 20.1 sind die Ableitpunkte für die drei wichtigsten Variablen bei Schlafuntersuchungen zu erkennen. Diese Grundvariablen werden durch folgende Messmethoden erfasst:

(1) Die **Elektroenzephalographie** (EEG) dient der Aufzeichnung der hirnelektrischen Aktivität. Es wird dabei von mindestens zwei Positionen abgeleitet, i. Allg. auf der Kopfmitte links und rechts der Mittellinie.

(2) Die **Elektrookulographie** (EOG) erfasst die horizontale Augenbewegung.
(3) Mit der **Elektromyographie** (EMG) wird die Muskelspannung der Wangen-, Hals- oder Nackenmuskulatur erfasst.

Auf der Basis dieser drei Messgrößen lassen sich die verschiedenen Schlafstadien nach den Kriterien, wie sie von Rechtschaffen und Kales definiert wurden, in relativ eindeutiger Weise identifizieren (s. Abschn. 20.3).

Über diese drei Grundvariablen hinaus werden nicht selten weitere Messgrößen im Schlaflabor erhoben, die für spezifischere Fragestellungen von Bedeutung sein können. Dazu gehören etwa die Herz-Kreislauf-Aktivität, die Atmung, die Grobmotorik (z. B. der Extremitäten) sowie die Genitaldurchblutung.

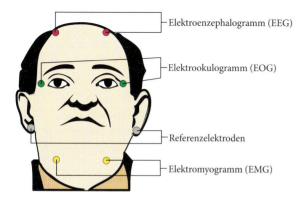

Abbildung 20.1 Typische Elektrodenpositionen für eine Schlafableitung. Es sind die Elektrodenorte für die Aufzeichnung des Elektroenzephalogramms (EEG), des Elektrookulogramms (EOG) und des Elektromyogramms (EMG) eingezeichnet

Die Beleuchtung des Schlafraums ist von außen regulierbar. Eine Videoüberwachung des schlafenden Probanden ist Standard. Neben oder hinter dem Kopf des Probanden wird die sog. Elektrodenbox angebracht, in die die Elektrodenkabel eingestöpselt werden. Von hier aus laufen die elektrischen Signale über einen Kabelstrang an die Aufzeichnungsgeräte im Technikraum weiter. Diese Geräte gestatten die dauernde Beobachtung der physiologischen Variablen (etwa durch auf Papier aufgezeichnete Schreiberkurven oder durch die Darstellung am Bildschirm).

Selbstverständlich muss während der ganzen Nacht ununterbrochen eine Nachtwache anwesend sein, um den störungsfreien Ablauf der Schlafaufzeichnung zu gewährleisten.

Die Versuchsperson (ein gesunder Proband oder ein Patient) erscheint i. Allg. ein bis zwei Stunden vor der Schlafenszeit. Sie wird mit den Räumlichkeiten vertraut gemacht, und es werden die Elektroden angebracht. Obwohl zunächst der Eindruck entstehen mag, die am Körper angebrachten Elektroden seien beim Schlaf sehr hinderlich, gewöhnen sich die Versuchspersonen meist sehr schnell an diese Messfühler. Dennoch werden in den meisten Fällen die Daten während zweier (manchmal dreier) Nächte aufgezeichnet. Die erste Nacht dient primär der Gewöhnung, und die folgende Nacht gestattet eine Aufzeichnung des Schlafprofils, wie es auch unter häuslichen Schlafbedingungen aussehen würde.

Exkurs

Schlaflabor und Schlafregistrierung

Ein Schlaflabor besteht aus mindestens zwei Räumen:
1. einer Technikzentrale, in der sich die Aufzeichnungsgeräte befinden und in der sich der Versuchsleiter während der Nacht aufhält, sowie
2. mindestens einem Untersuchungsbereich, zu dem der Schlafraum gehört, meist mit einer angrenzenden Toilette/Dusche.

Der Schlafraum muss hinreichend groß sein, sodass er nicht nur ein Bett aufnehmen, sondern auch mit Tisch, Stuhl und Schrank möbliert werden kann. Die Räume sollten schallisoliert und klimatisiert sein. ▶

Zusammenfassung

Bei der Untersuchung im Schlaflabor werden standardmäßig abgeleitet:
(1) das Elektroenzephalogramm (EEG) zur Erfassung der hirnelektrischen Aktivität,
(2) das Elektrookulogramm (EOG) zur Registrierung der horizontalen Augenbewegung und
(3) das Elektromyogramm (EMG) zur Aufzeichnung der Muskelspannung der Wangen-, Hals- oder Nackenmuskulatur.

Oft werden für spezielle Fragestellungen weitere Größen registriert, z. B. Atmung, Herz-Kreislauf-Aktivität, Grobmotorik und Genitaldurchblutung.

20.3 Schlafstadien

Auf der Basis des von Rechtschaffen und Kales (1968) vorgeschlagenen Klassifikationsschemas lassen sich anhand einer standardmäßigen Schlafableitung fünf Schlafstadien, nämlich die vier sog. **Non-REM-Stadien** und das REM-Stadium, unterscheiden. In Abbildung 20.2 ist schematisch wiedergegeben, wie die typischen Verläufe von EEG, EMG und EOG in den verschiedenen Stadien aussehen. Man erkennt an dieser Abbildung, dass es schwierig wäre, auf der Basis von nur einer physiologischen Messgröße die fünf verschiedenen Schlafstadien voneinander zu unterscheiden.

Man unterschiedet im EEG verschiedene Wellentypen (Näheres s. Abschn. 26.2.1). Dabei geschieht die Klassifikation des EEG auf der Basis seiner Frequenz nach folgendem Schema:

- Deltawellen (δ): 0,5–3 Hz
- Thetawellen (θ): 4–7 Hz
- Alphawellen (α): 8–13 Hz
- Betawellen (β): 14–30 Hz
- Gammawellen (γ): 31–60 Hz

Die typischen EEG-Charakteristika der verschiedenen Schlafstadien sind im Folgenden aufgeführt (s. auch Abb. 20.3).

Wachstadium. Das Wachstadium ist gekennzeichnet durch

- Alphawellen und alternierend damit
- Betawellen.

Die beiden Wellentypen lösen sich innerhalb recht kurzer Zeitabstände (ca. 1–20 Sekunden) gegenseitig ab. Unmittelbar vor dem Einschlafen zeigen sich allerdings fast ausschließlich Alphawellen.

Stadium 1. Im Stadium 1, das noch eher einen Übergangszustand zwischen Wachen und Schlafen darstellt, zeigen sich im EEG nur noch

- wenige Alphawellen niedriger Amplitude,
- niedrigamplitudige Betawellen und
- niedrigamplitudige Thetawellen sowie
- häufig langsam rollende Augenbewegungen.

Stadium 2. Das Schlafstadium 2 ist dasjenige, in dem wir, verglichen mit den anderen vier Stadien, die meiste Zeit verbringen.

- Thetawellen können noch auftreten;
- Schlafspindeln und
- K-Komplexe kennzeichnen den Eintritt in den Schlafzustand.

Schlafspindeln sind kurze Züge von EEG-Wellen mit einer Frequenz von 12–14 Hz und einer Dauer von 0,5–1 Sekunden. Sie können neben dem Schlafstadium 2 auch in den Stadien 3 und 4 auftreten. Im REM-Schlaf und im Stadium 1 sind sie dagegen nicht vorhanden. Es gibt Hinweise darauf, dass **Schlafspindeln** ein Zeichen der reduzierten Aufnahmebereitschaft des Kortex für externe Reize sind. Dies würde dann speziell im Stadium 2, in dem die Spindeln am häufigsten sind, einen Schutzmechanismus gegen Aufwachen zu diesem frühen Zeitpunkt darstellen. Für diese Vermutung spricht auch die Tatsache, dass bei älteren Menschen, bei denen spontanes Aufwachen häufiger ist, Schlafspindeln im Laufe der Nacht seltener werden.

K-Komplexe sind plötzlich erscheinende scharfe Wellenformen, die eine ungewöhnlich hohe Amplitude aufweisen und die typischerweise nur im Stadium 2 zu finden sind. Ihre Auftretenshäufigkeit liegt bei ungefähr

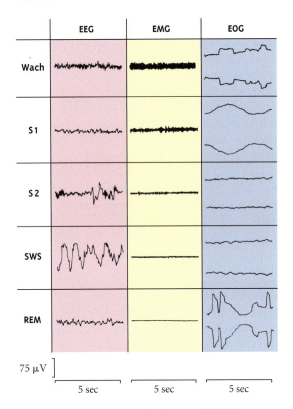

Abbildung 20.2 Kurvenverläufe einer Schlafableitung. Es sind die Aufzeichnungen der Variablen EEG, EMG und EOG für die Schlafstadien S1, S2, Slow-Wave-Schlaf (= S3 und S4) und das REM-Stadium wiedergegeben. Außerdem sind für den Wachzustand die entsprechenden Signale dargestellt. Es handelt sich jeweils um 5-Sekunden-Abschnitte der physiologischen Aufzeichnungen

einmal pro Minute. K-Komplexe zeigen sich insbesondere auch als hirnelektrische Reaktion auf akustische Reize, wobei die Amplitudenhöhe sowohl mit der physikalischen Reizintensität ansteigt als auch mit der subjektiven Bedeutsamkeit der akustischen Information.

Stadium 3. Das Schlafstadium 3 ist gekennzeichnet durch das Auftreten von Deltawellen mit einem Anteil von 20–50 % des EEG innerhalb eines 30-Sekunden-Zeitraums.

Stadium 4. Das Schlafstadium 4 ist gekennzeichnet durch das Auftreten von Deltawellen mit einem Anteil von über 50 % des EEG innerhalb eines 30-Sekunden-Zeitraums.

Die Schlafstadien 3 sowie 4 bezeichnet man als **Tiefschlafstadien**. Eine andere Bezeichnung dafür ist »Slow-Wave-Schlaf« (SWS) oder »Deltaschlaf« wegen der hier auftretenden langsamen Deltawellen.

20.3.1 REM-Stadium

Im REM-Schlaf ist das EEG dem Schlafstadium 1 sehr ähnlich: Es wird wieder hochfrequent, wobei sich einschießende Thetaaktivität mit nun etwas spitzeren Wellenformen (»Sägezahnaktivität«) zeigt. Außerdem können hier Gammawellen vermehrt auftreten. Während des REM-Schlafs, dessen auffälligstes Charakteristikum naturgemäß die schnellen Augenbewegungen sind (s. u.), ist die Weckschwelle hoch, was in Anbetracht des hier vorherrschenden EEG (dem Wachzustand ähnlich) paradox ist. Aus diesem Grund nennt man den REM-Schlaf gelegentlich auch paradoxen Schlaf.

Schnelle Augenbewegungen. Die für den REM-Schlaf typischen schnellen Augenbewegungen – 1 bis 4 Rollbewegungen pro Sekunde – treten in kurzen Zügen, den sog. REM-Bursts (engl. burst = Ausbruch), auf, die kaum länger als 20 Sekunden dauern. Während der REM-Schlafphase zeigen die Augen demnach nicht ständig heftig rollende Bewegungen, sondern es wiederholen sich immer wieder diese kurzen Züge. Wenn man den Schläfer beobachtet, kann man diese Augenbewegungen auch unter den geschlossenen Augenlidern wahrnehmen.

Muskuläre Inaktivierung. Die muskuläre Grundaktivität (der »Muskeltonus«) wird im REM-Schlaf noch weiter gehemmt als während der übrigen Schlafphasen: Der Grundtonus der Muskulatur geht nahezu vollständig verloren. Die biologische Bedeutung dieser totalen muskulären Inaktivierung sieht man darin, dass ein eventuelles Ausagieren von Trauminhalten, die in den REM-Phasen besonders häufig auftreten, durch unkontrollierte Bewegungen verhindert wird. Solche Bewegungen würden die Wahrscheinlichkeit erhöhen, dass der Schläfer aufwacht und damit der REM-Schlaf leidet.

Mit einer gewissen Regelmäßigkeit zeigen sich im REM-Schlaf kurze Muskelzuckungen, sog. **Myocloni**. Diese machen sich im Elektromyogramm als sehr scharfe, vereinzelt auftretende Spitzen bemerkbar.

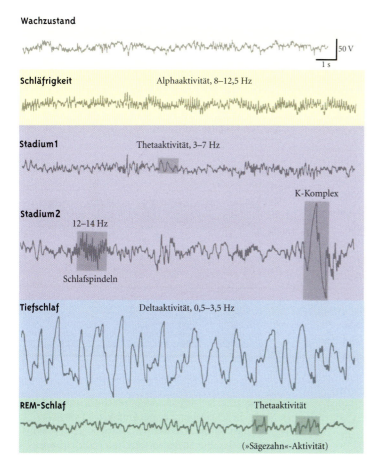

Abbildung 20.3 EEG in verschiedenen Schlafstadien. Ausschnitte aus einem Schlaf-EEG, die typisch für verschiedene Schlafstadien sind

20.3 Schlafstadien | 375

Verstärkte Genitaldurchblutung. Ein weiteres, relativ stabiles Merkmal für den REM-Schlaf ist die vermehrte Durchblutung der Genitalregion, was sich bei Männern als Peniserektion, bei Frauen als Steigerung der Vaginaldurchblutung äußert.

> **Exkurs**
>
> **Peniserektionen im Schlaf**
> Peniserektionen treten bei gesunden Männern mit großer Regelmäßigkeit während der REM-Phasen auf. Sie können als ein objektiver Indikator für die physiologische Erektionsfähigkeit dienen. Bei der diagnostischen Abklärung einer erektilen Dysfunktion (s. Abschn. 18.9.2) kann aufgrund dessen in den meisten Fällen eine organisch bedingte von einer psychogenen Impotenz unterschieden werden.
>
> Nächtliche Peniserektionen scheinen unabhängig davon zu sein, ob Männer sexuell besonders aktiv, eher inaktiv sind oder ob sie völlig enthaltsam leben. Wie sich aus zahlreichen Studien zur Traumforschung ergab, besteht kein Zusammenhang zwischen Trauminhalten und REM-Erektionen. Ebenso wenig ist ein Altersrückgang bei REM-Erektionen zu erkennen. Bei über 60-jährigen Männern zeigt sich weder ein nennenswerter Rückgang in der Häufigkeit dieser Erektionen, noch in deren Stärke – gemessen an der Umfangszunahme des Penis.
>
> Die Funktion der REM-Erektionen ist nicht aufgeklärt. Ein eher spekulativer Erklärungsansatz besagt, es sei für den dauerhaften Erhalt der Fähigkeit zur Erektion notwendig, dass es zu regelmäßigen Vasodilatationen in den Blutgefäßen des Penis kommen müsse. Dies käme einer mit »use it or lose it« umschriebenen Volksmeinung nahe.
>
> Die Registrierung nächtlicher Erektionen geschieht i. Allg. mit leichten und hochflexiblen Dehnungsmessfühlern, die abends am Penis angelegt werden und dort während der ganzen Nacht verbleiben. Gelegentlich werden im Schlaflabor Weckungen bei Beobachtung einer Erektion vorgenommen, um die Steifheit des Penis zu bestimmen.
>
> In Analogie zu den Erektionen im REM-Schlaf zeigt sich erhöhte Vaginaldurchblutung bei Frauen. Dieses Phänomen ist wegen der geringeren Bedeutung für die Diagnostik nicht so gut untersucht.

! Zusammenfassend sind als Merkmale des REM-Schlafs zu nennen:
▶ schnelle Augenbewegungen (»REM-Bursts«)
▶ hochfrequentes EEG, ähnlich dem Wachzustand
▶ Thetaaktivität, häufig in Sägezahnform
▶ evtl. vermehrte Gammawellen
▶ Grundtonus der Muskulatur minimal
▶ Myocloni
▶ verstärkte Genitaldurchblutung

20.3.2 Schlafperiodik

Wie in Abbildung 20.4 zu erkennen ist, wechseln im Lauf einer Nacht die Schlafphasen in einer quasi-zyklischen Reihenfolge. Dies betrifft in erster Linie den Wechsel zwischen REM- und Non-REM-Perioden, in zweiter Linie mit gewissen Einschränkungen auch das Durchlaufen der Schlafphasen 2, 3 und 4. Ein kompletter REM-/Non-REM-Zyklus hat etwa die Dauer von 90 Minuten, wovon 10 bis 30 Minuten im REM-Schlaf verbracht werden. Die REM-Phasen werden mit dem Fortschreiten der Nacht länger, die Non-REM-Phasen verkürzen sich dementsprechend. Das bedeutet, dass die größten Anteile des Tiefschlafs (Stadien 3 und 4) in der ersten Nachthälfte auftreten. Non-REM-Schlaf zu den

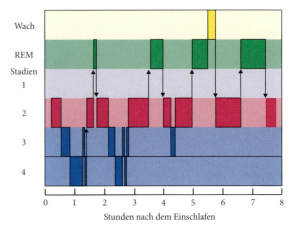

Abbildung 20.4 Schlafprofil eines Probanden während einer Nacht im Schlaflabor. Die mit kräftigeren Farben hervorgehobenen Blöcke markieren, in welchem Schlafstadium die Person sich während der entsprechenden Zeitspanne befand. Findet der Übergang von einem Schlafstadium zum anderen ohne Durchlaufen des »benachbarten« Schlafstadiums statt, so ist ein Pfeil eingezeichnet

späteren Nacht- beziehungsweise frühen Morgenstunden besteht dann überwiegend aus Schlaf im Stadium 2.

In einer normal durchschlafenen Nacht verbringen wir etwa 20 % der Zeit im REM-Schlaf, etwa 60 % im Slow-Wave-Schlaf und die restliche Zeit in den übrigen Schlafstadien.

Der periodische Ablauf in der Aktivität der drei Standardvariablen der Schlafdiagnostik – der hirnelektrischen Aktivität, der Augenbewegungen und der Muskelspannung – findet sich auch in zahlreichen anderen Größen des vegetativen Systems. So unterliegen auch Blutdruck, Atmung und Pulsfrequenz einer Periodizität.

Zusammenfassung

Die Schlafstadien sind in folgender Weise gekennzeichnet:

- ▶ Stadium 1: Ein Frequenzgemisch aus niedrigamplitudigen Alpha-, Beta- und Thetawellen.
- ▶ Stadium 2: Immer noch niedrigamplitudiges EEG, jetzt mit Schlafspindeln und K-Komplexen.
- ▶ Stadium 3: 20 bis 50 % der Zeit herrscht Deltaaktivität.
- ▶ Stadium 4: Über 50 % der Zeit Deltawellen.
- ▶ REM-Schlaf: Das EEG ist dem Schlafstadium 1 sehr ähnlich, es treten die schnellen Augenbewegungen (REM) auf.

Die Schlafphasen werden in zyklischer Abfolge durchlaufen. Ein solcher Zyklus dauert etwa 90 Minuten.

20.4 Neurobiologie des Schlafs

Eine Reihe von Fragen im Zusammenhang mit dem Phänomen »Schlaf« verlangen nach einer Erklärung aus neurobiologischer Perspektive. Dazu gehören folgende Fragen:

- ▶ Welche Kräfte zwingen uns täglich in den Schlaf und welche wecken uns wieder auf?
- ▶ Wodurch wird die rhythmische Abfolge der verschiedenen Schlafstadien gesteuert?
- ▶ Wie entsteht das eigenartige Phänomen des paradoxen Schlafs, in dem wir einerseits mental besonders aktiv sind, andererseits aber unser motorisches Verhalten mit Ausnahme der schnellen Augenbewegungen nahezu lahmgelegt ist?

20.4.1 Die »Schlafstoff«-Hypothese

Die älteste und einfachste Überlegung zum periodischen Auftreten des Schlafs beruht auf dem Postulat eines »Schlafstoffs« oder mehrerer solcher Stoffe: Während des Wachzustands werde dieser Schlafstoff – das sog. »Hypnotoxin«, das man sich in der Antike als ein Gift zur Lahmlegung wesentlicher Lebensfunktionen vorstellte – kontinuierlich produziert und angesammelt. Es zirkuliere im Blutkreislauf, und wenn schließlich eine bestimmte Konzentration erreicht sei, führe dies – ähnlich einem Hypnotikum – zum Einschlafen. Während des Schlafs werde dieser Stoff dann abgebaut und – möglicherweise in einem komplementären Vorgang – eine »Wachsubstanz« aufgebaut. Wenn schließlich eine bestimmte Konzentrationsuntergrenze des Schlafstoffs erreicht sei, komme es zum Aufwachen und ein neuer Zyklus beginnt.

Die Suche nach einer spezifischen schlafinduzierenden Substanz, die sich etwa im Liquor des Gehirns oder auch innerhalb einzelner Zellen nachweisen ließe, war nicht sehr erfolgreich, wenn auch hier das letzte Wort noch nicht gesprochen ist. Nach heutiger Auffassung unterliegt der Schlaf zwar einer neurochemischen Steuerung, die beteiligten Stoffe haben jedoch neben der Schlafregulation auch andere Aufgaben. So konnte man mittlerweile einige Neurotransmitter und Neuromodulatoren identifizieren, die für den Schlaf eine wichtige Rolle spielen, jedoch im Gehirn bei vielfältigen anderen Prozessen beteiligt sind.

20.4.2 Das Zweiprozessmodell des Schlafs

Ein elaboriertes Modell zur Schlaf-Wach-Regulation wurde von Borbely und Achermann vorgelegt (z. B. 1992), das modernen Erkenntnissen der Schlafforschung Rechnung trägt. Sie gehen in ihrem Modell von zwei Tatsachen aus, die im Folgenden betrachtet werden sollen.

Bedürfnis nach Deltaschlaf. Wenn wir nach einer Phase des Schlafmangels schlafen, so wird in erster Linie Deltaschlaf nachgeholt. Wie sich in verschiedenen Studien zeigte, besteht ein direkter Zusammenhang zwischen der Dauer der vorangegangenen Wachzeit und der Zeit, die in der folgenden Nacht im Deltaschlaf verbracht wird. Allerdings verteilt sich der Deltaschlaf nicht gleichförmig über die gesamte Nacht, sondern sein Anteil fällt umso mehr ab, je weiter die Nacht voranschreitet. Dieses Absinken folgt in etwa einem exponentiellen Verlauf.

Nach dem Zweiprozessmodell hängt das – sich sowohl auf den Wach- als auch den Schlafzustand erstreckende – Schlafbedürfnis S (worunter v. a. das Bedürfnis nach Deltaschlaf zu verstehen ist) zu einem gegebenen Zeitpunkt t sowohl von der Dauer der vorangegangenen Wachzeit als auch vom Zeitpunkt des Einschlafens ab. Je länger wir wach sind, umso größer wird unser Schlafbedürfnis. (Dieses Schlafbedürfnis könnte auch eine Konsequenz der zunehmenden Konzentration eines »Schlafstoffs« sein.) Im Verlauf des Schlafs nimmt S naturgemäß kontinuierlich ab. Wenn S während des Schlafs seinen Minimalwert erreicht, wachen wir auf, wenn es während des Wachzustands seinen Maximalwert erreicht, schlafen wir ein. S ist eine der beiden Determinanten unseres Schlaf-Wach-Verhaltens.

Die zirkadiane Steuerung. Die zweite Determinante – der Prozess C – ist die zirkadiane Uhr, die unser Schlaf-Wach-Verhalten bzw. unser Schlafbedürfnis mitsteuert. Sie sorgt z. B. dafür, dass die meisten Menschen am Vormittag weniger müde sind als am späten Abend. Ebenfalls lässt sich damit erklären, dass nach einer kurzen Nacht, wenn man erst in der Frühe ins Bett geht, man meist am späten Vormittag wieder aufwacht und nicht bis zum Spätnachmittag schläft. C wirkt also begrenzend auf S. Dieser zirkadian ablaufende Rhythmus C verläuft weitgehend parallel zum Gang der Körpertemperatur (Temperaturmaximum in den späten Nachmittagsstunden, Temperaturminimum in den späten Nachtstunden). Man kann nun beide Determinanten für das Schlafbedürfnis in Abhängigkeit von der Zeit auftragen, wie in Abbildung 20.5. ersichtlich.

Konsequenzen aus dem Modell. In der graphischen Verdeutlichung des Modells wird meist C^* als das Spiegelbild von C verwendet. Demnach ist bei hohem C^* das Schlafbedürfnis gering, d.h. die Aufwachschwelle niedrig und die Aktivierung hoch, bei kleinem C^* ist das zirkadian gesteuerte Schlafbedürfnis hoch. Der Vorteil dieser Umpolung liegt darin, dass jetzt der Abstand zwischen S und C^* eine unmittelbare Widerspiegelung des insgesamt herrschenden »Schlafdrucks« darstellt. Wenn sich die beiden Kurven berühren, ist der Schlafdruck bei Null und wir wachen auf; danach nimmt der Schlafdruck zunächst sehr langsam zu, um in den späteren Abendstunden seinen Maximalwert zu erreichen, was dann im Regelfall zum Einschlafen führt. Das Modell gestattet eine Vorhersage des Schlafbedürfnisses bei länger anhaltendem Schlafentzug, und zwar in Abhängigkeit sowohl von der Dauer des Schlafentzugs als auch von der Uhrzeit (Teil b der Abb. 20.5). Dies ist von Bedeutung z. B. bei der Abschätzung der Einschlafgefahr bei Arbeiten, die rund um die Uhr ausgeführt werden müssen und bei denen Einschlafen oder Aufmerksamkeitsdefizite ein großes Gefahrenpotenzial bergen (Fernfahrer, Radarbeobachter etc.).

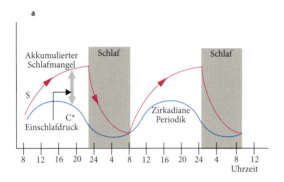

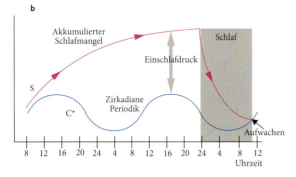

Abbildung 20.5 Zweiprozessmodell der Schlafregulation. In Teil **a** ist die Situation einer normalen Wach-Schlaf-Periodik wiedergegeben. In Teil **b** ist die Situation dargestellt, die sich bei längerem Schlafentzug einstellt. S gibt das Schlafbedürfnis wieder, C^* den umgepolten Verlauf der zirkadianen Verlaufs der Aktivierung, wie er etwa an dessen Körpertemperatur ablesbar ist. Der Abstand zwischen beiden Kurven ist ein Maß für den »Einschlafdruck«

Zusammenfassung

Um das Entstehen und Anwachsen des »Schlafdrucks« mit zunehmenden Wachperioden und des spontanen Wiederaufwachens nach genügend langer Schlafdauer zu erklären, bietet sich die Annahme eines »Schlafstoffs« in zirkadian variierender Konzentration an. Ein solcher Schlafstoff konnte bisher jedoch nicht eindeutig identifiziert werden.

Im Zweiprozessmodell wird das Schlafbedürfnis auf der Basis der zirkadianen Periodik zu dem Schlafbedürfnis aufgrund der vorangegangenen Wachheit in Bezug gesetzt. Daraus resultiert der »Einschlafdruck«.

renerge Neuronen, die sich weit im Gehirn verzweigen und als Zielgebiete den Neokortex, den Hippocampus, den Thalamus, die Kleinhirnrinde, weitere Kerne des Pons und die Medulla oblongata haben. Eine Zerstörung des Locus coeruleus führte bei der Katze zum Verschwinden der Leichtschlafstadien. Die Aktivität von Neuronen des Locus coeruleus sinkt vor dem Einschlafen kontinuierlich ab. Im Tiefschlaf ist sie deutlich erniedrigt und im REM-Schlaf schließlich minimal.

20.4.3 Aktivierungsmodulierende Strukturen der Schlaf-Wach-Regulation

Eine ganz wesentliche Rolle bei der Schlaf-Wach-Regulation spielt die **Formatio reticularis**. Diese stellt eine stark vernetzte und relativ ausgedehnte säulenförmige Region im inneren Bereich des Hirnstamms dar (s. Abschn. 6.4.5). Hier finden sich verschiedene aktivitätsmodulierende Substrukturen, die Input von Kollateralen aus den aufsteigenden sensorischen Systemen erhalten und aktivierende Impulse u. a. an die Hirnrinde senden. Der sich darauf einstellende Zustand erhöhter Wachheit und Verarbeitungsbereitschaft für unterschiedliche Anforderungen wird als **Arousal** bezeichnet. Auch die Weckreaktion wird von hier aus gesteuert.

Arousal-Steuerung. Die Steuerung der Arousal-Reaktion von der Formatio reticularis aus geschieht bei den höheren Säugetieren und aller Wahrscheinlichkeit nach auch beim Menschen auf zwei Wegen:

(1) über einen dorsal gelegenen Pfad über den Thalamus zum Kortex (s. Abb. 20.6),
(2) über eine ventral lokalisierte Verbindung zum lateralen Hypothalamus und zu den basalen Vorderhirnkernen (auch: »basales Vorderhirn«). Diese befinden sich rostral des Hypothalamus. Der wichtigste Kern dieser Gruppe ist der acetylcholinproduzierende Nucleus basalis Meynert. Die basalen Vorderhirnkerne sind v. a. durch ihre überaus zahlreichen Verbindungen sowohl zu kortikalen (v. a. Hippocampus und Kortex) als auch zu subkortikalen Zentren gekennzeichnet.

Eine Struktur der Formatio reticularis, der insbesondere im Zusammenhang mit der REM-Schlaf-Produktion große Bedeutung zukommt, ist die ventrale pontine Region, die sich ventral vom Locus coeruleus befindet.

Bedeutung des Locus coeruleus. Der Locus coeruleus wirkt ebenfalls aktivitätsmodulierend. (Er wird häufig zur Formatio reticularis gezählt.) Er enthält norad-

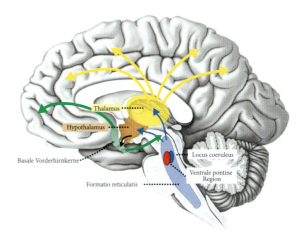

Abbildung 20.6 Formatio reticularis und aufsteigende Bahnen. Von der Formatio reticularis aufsteigende Bahnen versorgen zahlreiche Regionen des Gehirns mit aktivitätssteigernden Impulsen. Diese laufen zu einem Teil über den Thalamus, zum anderen Teil über den Hypothalamus

Acetylcholin und Serotonin. Neben dem aktivierenden Neurotransmitter Noradrenalin ist auch das Acetylcholin (ACh) von eminenter Bedeutung für die Schlafregulation. So sind zahlreiche Neuronen, die von der Formatio reticularis zum basalen Vorderhirn laufen, cholinerg. Für diese Fasern konnte an verschiedenen Tierspezies nachgewiesen werden, dass die ACh-Ausschüttung hoch mit der motorischen Aktivität im Schlaf korreliert. Insbesondere im Zusammenhang mit dem REM-Schlaf dürfte Acetylcholin von besonderer Wichtigkeit sein (s. Abschn. 20.4.5).

Neben Noradrenalin und Acetylcholin moduliert auch das Serotonin die Aktivierung. Fast alle Zellkörper serotonerger Neuronen sind in den Raphe-Kernen zu finden. Die Axone dieser Neuronen sind ebenfalls weit verzweigt; sie erreichen den Thalamus, den Hypothalamus, die Basalganglien, den Hippocampus und den Neokortex. Bei elektrischer Stimulation der Raphe-

Kerne zeigt sich motorische Unruhe und kortikales Arousal. Allerdings resultiert die Aktivität serotonerger Neurone nicht in einer generellen Arousal-Steigerung. Es können je nach Zielgebiet durchaus unterschiedliche Effekte beobachtet werden. So dürfte Serotonin sowohl bei der aktiven REM-Beendigung und REM-Unterdrückung von Bedeutung sein als auch bei der Aufrechterhaltung einer eher unspezifischen Aktivierung und damit der Wachheit.

Ventrolaterales präoptisches Areal. Im ventrolateralen präoptischen Areal (VLPO) des Hypothalamus befinden sich schlafinduzierende Neurone. Diese haben Verbindungen zu zahlreichen aktivierenden Zentren, auf die sie hemmend, vermittelt v. a. über den Neurotransmitter GABA, einwirken. Man vermutet, dass sedierende Pharmaka wie Benzodiazepine und Barbiturate (s. Abschn. 21.2.6) schlaffördernd wirken, indem sie die GABAerge Hemmung des VLPO von den aktivierenden Zentren weiter steigern.

Orexin A und B. Diese beiden Neuropeptide (auch unter der Bezeichnung Hypocretin 1 und 2 bekannt) werden von Neuronen im lateralen und posterioren Hypothalamus von Säugetieren produziert. Sie erfüllen u. a. eine stoffwechselanregende Funktion. Diese Neurone zeigen die stärkste Aktivität im Wachzustand, v. a. während Phasen erhöhten Arousals etwa bei starker motorischer Aktivität. Orexine sind also wachheitsfördernd. Sie nehmen zahlreiche Kontakte zu anderen Gehirnstrukturen auf. Dazu gehören der Locus coeruleus, die Raphe-Kerne und die ventrale pontine Region. Die Orexine sind also eng verwoben mit dem komplexen neuronalen Netzwerk der Schlafregulation. Einige Befunde sprechen dafür, dass bei der **Narkolepsie** (s. Abschn. 20.9.2) eine Dysfunktion im Orexin-System vorliegt. Die Produktion von Orexin scheint hier reduziert zu sein und außerdem dürfte eine Störung in der Expression des Orexin-A-Rezeptors im Spiel sein.

20.4.4 Melatonin

Melatonin hat eine entscheidende Bedeutung bei der Schlafinduktion bzw. bei der Aufrechterhaltung eines ununterbrochenen Schlafs. Die Melatoninproduktion findet in der Epiphyse (Zirbeldrüse) statt. Diese befindet sich im dorsalen Teil des Zwischenhirns (s. Abschn. 6.4.8). Sie hat interessanterweise fast keine direkten Verbindungen zum übrigen Gehirn. Ihre Impulse vom Nucleus suprachiasmaticus (NSC) empfängt sie per »Umweg« über sympathische Neuronen im Bereich des oberen Halsganglions (Ganglion cervicale superior). Die von hier aus aufsteigenden noradrenergen Fasern stimulieren in der Zirbeldrüse die Bildung von Melatonin (s. Abb. 19.3 in Abschn. 19.2.2). Bei einigen niederen Wirbeltieren, wie bei Fröschen, Eidechsen und Haien, dient die Zirbeldrüse quasi als ein drittes Auge, das sich auf der Hinterseite des Schädels befindet. Ihre Funktion besteht darin, Helligkeitswechsel zu registrieren.

Die **Melatoninsynthese** in der Zirbeldrüse geschieht auf der Basis des Ausgangsstoffes Tryptophan, aus dem zunächst Serotonin und dann in einem weiteren Schritt Melatonin gebildet wird. Die Melatoninproduktion unterliegt einem sehr ausgeprägten zirkadianen Rhythmus: Sie steigt in den Abendstunden deutlich an, erreicht im Laufe der Nacht einen Höhepunkt und fällt in den frühen Morgenstunden wieder scharf ab. Hierbei spielt der Lichteinfall auf die Retina, der via NSC weitergemeldet wird, eine entscheidende Rolle.

Im Blutkreislauf zirkulierendes Melatonin kann die Blut-Hirn-Schranke ungehindert passieren. Daher gelangt von außen zugeführtes Melatonin ebenso an die entsprechenden Empfangsstellen wie jenes, das in der Zirbeldrüse produziert wird.

Da beim Menschen die Melatoninkonzentration im Blut einen Höhepunkt während der Pubertät erreicht, um dann mit zunehmendem Alter kontinuierlich abzusinken (von einem Wert von 125 Picogramm/ml auf ca. 25 Picogramm/ml bei einem 80-Jährigen), wird von einigen Wissenschaftlern die Ansicht vertreten, das zunehmende Verschwinden dieses Hormons könne für altersbedingte Abbauprozesse und Defizite ursächlich sein. Experimente an Mäusen legen die Vermutung nahe, dass bei einem Rückgang der Melatoninproduktion auch der Thymus, eine Drüse, die für Immunantworten wichtig ist, einer Rückbildung unterliegt. Es wird daher von einigen Autoren spekuliert, eine erhöhte Melatoninzufuhr von außen könnte auf diesem Wege vor bestimmten Krankheiten schützen.

Nebenwirkungen des Melatonins, auch wenn es in hohen Dosen von außen zugeführt wird, konnten bisher nicht zweifelsfrei identifiziert werden. Jedoch liegen vereinzelte Berichte vor, die auf einen depressionsauslösenden Effekt hinweisen.

Zusammenfassung

Von eminenter Bedeutung für die Schlaf-Wach-Regulation ist die Formatio reticularis mit ihren verschiedenen Kerngebieten. Eine ihrer wichtigsten Funktionen ist die Steuerung des Arousals der Hirnrinde. Dies geschieht über zahlreiche Verbindungen zu höhergelegenen Strukturen (Thalamus, Hypothalamus, basalen Vorderhirnkernen). Aktivitätssteigernd und damit schlafhemmend wirkt der noradrenalinproduzierende Locus coeruleus im Hirnstamm. Auch Orexin ist eine wichtige aktivitätssteigernde Substanz.

Die Zirbeldrüse empfängt Impulse vom NSC, wodurch ihre Melatoninproduktion reguliert wird. Bei hoher Impulsrate – hohem Lichteinfall auf die Retina – wird die Melatoninausschüttung reduziert. Melatonin ist schlaffördernd und wirkt auf zahlreiche Zielorgane aktivitätsdämpfend.

20.4.5 Die Regulation von REM- und Slow-Wave-Schlaf

Die Mechanismen bei der Regulation der verschiedenen Schlafphasen beim Menschen konnten im Detail bisher nicht aufgeklärt werden. Es ist davon auszugehen, dass hierbei eine Reihe subkortikaler Regionen beteiligt sind, die über verschiedene Neurotransmitter in einem komplexen Wechselspiel zueinander stehen. Das derzeitige Bild ist daher bruchstückhaft und kann den tatsächlichen Verhältnissen nur annähernd gerecht werden.

Regulation des REM-Schlafs

Für den Wechsel zwischen REM- und Non-REM-Schlaf nimmt man an, dass zwei Neuronengruppen – sog. REM-on- und REM-off-Neuronen – beteiligt sind. Diese Neuronenverbände finden sich in verschiedenen Bereichen der Formatio reticularis. Sie weisen ausgedehnte axonale Verbindungen zu anderen Hirnregionen auf.

REM-on-Neuronen. Hierbei handelt es sich um cholinerge Neuronen einerseits im Nucleus reticularis pontis oralis – gelegentlich v. a. im Zusammenhang mit Schlaf einfach als »pontine Region« bezeichnet –, andererseits im Nucleus reticularis gigantocellularis (s. Abb. 20.7). Diese Neuronen sind während der Non-REM-Phasen nahezu inaktiv und erreichen ihre höchste Entladungsrate während des REM-Schlafs. Die beiden genannten Strukturen entsenden u. a. Efferenzen zu den Augenmuskelkernen und anderen okulomotorischen Strukturen. Es ist also davon auszugehen, dass die schnellen Augenbewegungen direkt von hier ausgelöst werden.

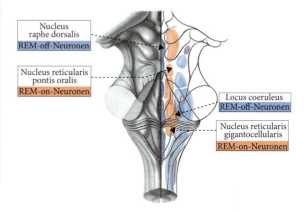

Abbildung 20.7 Wichtige Kerngebiete der Formatio reticularis, die im Zusammenhang mit der Schlafregulation stehen. Von dorsal gesehen. (Links: Blick von außen, rechts: Darstellung der Kerngebiete in isolierter Form)

REM-off-Neuronen. Ihre Kontrahenten finden sich u. a. in zwei anderen Sektionen der Formatio reticularis: im Locus coeruleus und im dorsalen Raphe-Kern. Als Transmitter dient im ersten Fall Noradrenalin, im zweiten Serotonin.

PGO-Wellen. Die REM-on-Neuronen gelten als Auslöser der für den REM-Schlaf typischen PGO-Wellen. Diese Wellen sind die Folge einer Erregungskaskade, die sich vom **P**ons über das Corpus **g**eniculatum laterale im Thalamus zum **O**kzipitalkortex ausbreitet (s. Abb. 20.8).

Die PGO-Aktivität lässt sich nur mit implantierten Elektroden beobachten, weshalb sie beim Menschen noch nicht nachgewiesen wurde. Allerdings wird davon ausgegangen, dass diese Aktivität auch bei Menschen auftritt. PGO-Wellen zeigen sich bereits wenige Sekunden vor den schnellen Augenbewegungen und gelten als ein wichtiges elektrophysiologisches Korrelat der REM-Aktivität. Man geht von folgendem Ablauf aus:

- Die schnellen Augenbewegungen werden durch Impulse zu den im **Pons** gelegenen Kernen des III., IV. und VI. Hirnnervs gesteuert.
- Die darauf folgenden Entladungen im **Corpus geniculatum laterale** (CGL) führen dazu, dass hier externe Sinnesreize vorgetäuscht werden, die dann ihrerseits visuelle Traumerlebnisse induzieren. Schließlich ist das CGL eine wichtige Umschaltstelle für visuelle Signale auf dem Leitungsweg von der Netzhaut zum Gehirn.
- Das CGL projiziert in den visuellen Okzipitalkortex, in dem dann letztlich die visuelle Repräsentation der einlaufenden Erregung stattfindet.

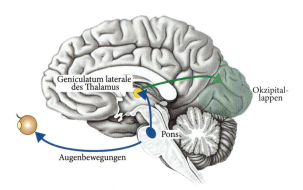

Abbildung 20.8 PGO-Wellen. Die PGO-Wellen ziehen als Erregungskaskade vom Pons über das Corpus geniculatum laterale zum Okzipitalkortex. Impulse aus dem Pons aktivieren zugleich die schnellen Augenbewegungen

Regulation des Slow-Wave-Schlafs
Entstehung der Deltawellen. Deltawellen sind die langsamsten und höchstamplitudigen Wellenformen des EEG. Sie sind ein Zeichen für maximale Synchronisation sehr großer Neuronenpopulationen. Auf der Basis von intrazellulären Ableitungen konnte gezeigt werden, dass sich in verschiedenen Regionen des Thalamus Neuronen befinden, die Verbindungen zum Kortex haben und Muster von Potenzialschwankungen im Deltawellenrhythmus zeigen. Aus diesem Grund geht man davon aus, dass der Schrittmacher für die Deltawellen in bestimmten Thalamuskernen zu suchen ist.

Das Resonanzphänomen. Im Zustand des Slow-Wave-Schlafs (SWS) wird die Aktivität im Thalamus so weit verstärkt, bis Aktionspotenziale über Axone thalamokortikaler Zellen zu Dendriten von Pyramidenzellen im Kortex fortgeleitet werden. Hier findet u. a. Erregungsübertragung auch auf Neuronen mit absteigenden Fasern zum Thalamus statt. Dieser Feedbackprozess verstärkt die thalamischen Entladungen im Deltarhythmus, wodurch weitere thalamische Neuronen erregt werden. Mehr Thalamusneuronen erregen wiederum mehr kortikale Neuronen. Dieses Resonanzphänomen erzeugt den stabilen Deltarhythmus mit hoher Amplitude.

Präoptische Region. Wodurch wird nun dieses System getriggert, damit sich der SWS-Zustand einstellt? Eine eindeutige Antwort darauf steht noch aus. Möglicherweise spielt auch hier die sog. präoptische Region am Boden des Hypothalamus eine entscheidende Rolle. Bei Ratten ist nach der Läsion dieser Region eine dauerhafte Insomnie beobachtet worden, bis die Tiere schließlich starben. Eine elektrische Reizung der präoptischen Region führt bei Ratten zu schnellem Einschießen kortikaler Synchronizität, wie sie für den Slow-Wave-Schlaf typisch ist. Darüber hinaus wurden dort Neuronen identifiziert, die nur während des Slow-Wave-Schlafs aktiv waren, nicht aber während des Wachzustands oder während des REM-Schlafs.

Hinsichtlich der Frage, wie der Slow-Wave-Schlaf wieder beendet wird, nimmt man an, dass hierfür aktivierende Strukturen der Retikulärformation verantwortlich sind. Diese bewirken die Hemmung thalamischer Deltaaktivität durch desynchronisierende Impulse einerseits zum Thalamus und andererseits zu kortikalen Regionen.

Zusammenfassung
Der Wechsel zwischen REM- und Non-REM-Schlaf wird einerseits durch cholinerge Neuronen in dem Nucleus reticularis pontis oralis und im gigantozellulären tegmentalen Feld (REM-on) bewirkt, andererseits durch noradrenerge Zellen im Locus coeruleus und im dorsalen Raphe-Kern (REM-off). Die für den REM-Schlaf typischen PGO-Wellen werden von den REM-on-Neuronen ausgelöst und ziehen über den Thalamus zum Okzipitalkortex.

Die kortikalen Deltawellen des Slow-Wave-Schlafs werden von Schrittmacherstrukturen im Thalamus erzeugt. Die sehr hohen Amplituden der Deltawellen kommen durch einen positiven Feedbackkreis zwischen Kortex und Thalamus zustande. Die sog. präoptische Region des Hypothalamus dürfte den Slow-Wave-Schlaf anstoßen.

20.5 REM-Schlaf als besonderer psychophysischer Zustand

Der REM-Schlaf wird von vielen Wissenschaftlern als quasi dritter Bewusstseinszustand gesehen, der neben dem Non-REM-Schlaf und dem Wachzustand steht. Dies ist nicht unplausibel, denn einerseits zeigt das EEG Anzeichen hoher Aktivierung, andererseits ist die Muskulatur völlig desaktiviert. Dazu kommt, dass sich die Augen schnell und scheinbar chaotisch hin und her bewegen, die vegetativen Funktionen vergleichsweise stark aktiviert sind und außergewöhnlich hohe Schwankungen aufweisen. Schließlich zeigt sich eine höchst seltsame Art mentaler Aktivität, die Träume. REM-Schlaf ist übrigens ein Zustand, der sich nicht nur beim Menschen findet, sondern bei allen Säugetieren und auch bei einigen niedrigeren Tierspezies.

Beim Menschen verändert sich der Anteil des REM-Schlafs an der Gesamtschlafdauer vom Neugeborenen bis zum betagten Menschen in systematischer Weise: Während in den Monaten nach der Geburt noch ca. 50 % der Schlafenszeit im REM-Zustand verbracht werden, nimmt dieser Anteil kontinuierlich mit dem Alter ab, bis es beim älteren Menschen nur noch etwa 10 bis 15 % sind (s. Abb. 20.9).

Schnelle Augenbewegungen werden auch schon beim Ungeborenen im Mutterleib beobachtet, jedoch ist naturgemäß eine Aussage darüber, ob es sich hier um REM-Schlaf handelt, nicht möglich. Ähnlich verhält es sich mit Neugeborenen in den ersten Lebenstagen: Sie zeigen zwar während des Schlafs ebenfalls schnelle Augenbewegungen, aber das EEG ähnelt so stark dem Wachzustand, dass man hier eher von »aktivem Schlaf« spricht. Dem steht hier ein zweiter Schlaftyp gegenüber, der »ruhige Schlaf«. Letzterer läuft ohne Augen- und Körperbewegungen ab und scheint dem Non-REM-Schlaf des Erwachsenen zu entsprechen.

20.5.1 Die biologische Bedeutung des REM-Schlafs

Bereits unmittelbar nach der Entdeckung des REM-Schlafs wurden erste Experimente zur REM-Schlaf-Deprivation durchgeführt. Man wollte Erkenntnisse darüber gewinnen, wie groß das biologische Bedürfnis nach REM-Schlaf ist. Schlafende Versuchspersonen wurden immer dann geweckt, wenn sich in der Schlafableitung der Beginn einer REM-Phase zeigte. Als Kontrollbedingung zu den Weckungen im REM-Schlaf wurden sie gleich häufig während des Non-REM-Schlafs geweckt. Im Falle der selektiven REM-Deprivation zeigte sich:

▶ Mit jeder weiteren Nacht, in der REM-depriviert wird, musste immer häufiger aufgeweckt werden. In der ersten Nacht waren ca. 20 Weckungen notwendig, in der zehnten Nacht ca. 40. Demnach fällt der Organismus immer schneller und häufiger in REM-Phasen.
▶ In den Nächten, die auf REM-Deprivation folgen, in denen also wieder ungestört geschlafen werden kann (»Erholungsnächte«), trat REM-Schlaf mit erhöhter Häufigkeit auf, der sog. **REM-Rebound**.
▶ In der ersten Erholungsnacht trat die erste REM-Schlafphase schneller auf als unter Normalbedingungen.

REM-Schlaf als Schutz- und Trainingsmöglichkeit für das Gehirn. Das Bedürfnis, Verluste an REM-Schlaf zu kompensieren, weist darauf hin, dass der REM-Schlaf eine besondere biologische Relevanz hat. Die meisten Erklärungsversuche hierfür nehmen ihren Ausgangspunkt von der Tatsache, dass sich während des REM-Schlafs das Gehirn in einem aktivierten Zustand befindet. So wurde beispielsweise spekuliert, dass der REM-Schlaf lediglich verhindern solle, dass sich das Gehirn zu lange im Slow-Wave-Schlaf befindet. Letzterer ist dadurch gekennzeichnet, dass das Gehirn besonders stark von äußeren Sinnesreizen abgekoppelt ist. Diese Art der Untätigkeit sei für das Gehirn auf Dauer ungünstig. Daher werde im REM-Schlaf durch Träume sensorischer Input »vorgespielt«, der das Gehirn zu komplexerer Aktivität anregt. Diese Überlegung gewinnt an Attrakti-

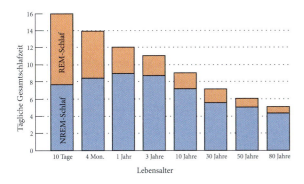

Abbildung 20.9 Veränderung von Schlafdauer und Anteil des REM-Schlafs über die Lebensspanne. Der Anteil des REM-Schlafs nimmt mit zunehmendem Lebensalter kontinuierlich ab (NREM = Non-REM)

vität, wenn man sie auf den Sachverhalt erhöhter REM-Schlafaktivität bei Neugeborenen und Kleinkindern anwendet: Die Funktion des REM-Schlafs bestünde hier in besonderer Weise darin, die noch nicht vollständig entwickelten Hirnrindenareale, die der Verarbeitung und Integration sensorischer Information dienen, durch den in den Träumen »vorgespielten« Reizeinstrom zu trainieren. Dadurch würde die Bildung einer Vielzahl synaptischer Kontakte angeregt, die das Gehirn erst voll funktionsfähig machen.

20.5.2 Weshalb gerade im REM-Schlaf Träume?

Man könnte die Annahme vertreten, dass die schnellen Augenbewegungen mit dem Träumen nur insofern etwas zu tun haben, als der Träumende sozusagen die Traumszenerie betrachtet und deren visuelle Inhalte abtastet. Dies ist die Aussage der sog. »Scanning«-Hypothese der schnellen Augenbewegungen. Danach müsste die Häufigkeit der Augenbewegungen in einem sehr engen Verhältnis zum bildhaften Ablauf in der Traumszenerie stehen. Dies konnte jedoch bisher nicht bewiesen werden. Bei Weckungen in den REM-Phasen konnte nur in Ausnahmefällen ein Zusammenhang zwischen der vorherrschenden Richtung der Augenbewegungen (auf/ab bzw. links/rechts) und dem Trauminhalt gefunden werden.

Paradoxe Zustände im Gehirn. Eine wichtige, allerdings völlig anders ausgerichtete Hypothese zum bevorzugten Auftreten von Träumen im REM-Schlaf geht auf Allan Hobson (1995) zurück. Er macht auf die während des REM-Schlafs herrschenden paradoxen Zustände im Gehirn aufmerksam, die – sozusagen als eine Bewältigungsstrategie unseres mentalen Systems – schließlich zum Träumen führen:

▶ Im REM-Schlaf werden einerseits motorische Impulse in den kortikalen Neuronen erzeugt, was sich in den gelegentlich auftretenden Myocloni und natürlich besonders in den schnellen Augenbewegungen niederschlägt.

▶ Andererseits werden gleichzeitig hemmende Neuronen auf Hirnstammebene aktiviert, deren axonale Endigungen auf Motoneuronen im Rückenmark zu postsynaptischer Hemmung führen. Dies führt zur REM-typischen **Atonie** der Muskulatur.

▶ Ebenfalls im Hirnstamm werden aktivierende Impulse gebildet, die in den PGO-Wellen ihren Ausdruck finden.

▶ Zugleich wird auf Hirnstammebene die externe sensorische Stimulation blockiert. Dies geschieht im Fall der Somatosensorik vermutlich durch präsynaptische Hemmung bei der Verschaltung sensorischer Afferenzen auf Rückenmarksniveau.

Vertiefung

Träume im REM- und Non-REM-Schlaf

Dem REM-Schlaf wird primär deshalb besondere Beachtung geschenkt, da zahlreiche ältere Beobachtungen vorliegen, dass bei Weckungen während oder unmittelbar nach dem REM-Schlaf sehr viel häufiger Träume berichtet werden (etwa in 70 % der Fälle) als nach Weckungen aus dem Non-REM-Schlaf. In neueren Untersuchungen zeigte sich allerdings, dass auch nach Non-REM-Weckungen häufig (in ca. 25 bis 75 % der Fälle) die Probanden angeben, geträumt zu haben. Die Diskrepanzen zwischen der älteren und neueren Literatur erklären sich größtenteils dadurch, dass in der älteren Literatur strengere Kriterien angelegt wurden, was als ein Traumbericht zu gelten habe: So verlangte man etwa eine zusammenhängende und auch relativ detaillierte Beschreibung des Traums, während spätere Untersucher auch eher fragmentarische, unklare oder handlungsarme Berichte als Träume akzeptierten.

Während beider Schlaftypen liegt offenbar mentale Aktivität vor, die sich jedoch in qualitativer Weise unterscheidet. Traumberichte aus dem REM-Schlaf sind i. Allg. lebendiger, häufig auch bizarrer, komplizierter, aber auch gefühlsbetonter als Traumberichte nach Non-REM-Weckungen. In Letzteren finden sich eher rationale, realitätsnahe Schilderungen oder auch die Wiedergabe von Gedankenabläufen und Überlegungen. Generell sind REM-Träume länger als Non-REM-Träume. Interessanterweise waren Beurteiler von Traumschilderungen, die über den Zeitpunkt des Traumes (nach REM- oder Non-REM-Schlaf) nicht informiert waren, mit einer hohen Treffsicherheit in der Lage, aufgrund der Trauminhalte die Berichte dem REM-Schlaf oder dem Non-REM-Schlaf zuzuordnen.

► Dagegen sind die kortikalen sensorischen Verarbeitungssysteme durchaus aktiv, vermitteln also den Assoziationsarealen der Hirnrinde Input. Hier finden üblicherweise Prüfungen hinsichtlich der Plausibilität und Kohärenz zwischen den Informationen statt, die aus den verschiedenen sensorischen Modalitäten einlaufen. Diese liefern jetzt – bei Mangel an »echter« sensorischer Information – naturgemäß schwer interpretierbare Resultate. Auch die Informationen über die raum-zeitliche Einbettung der eigenen Person in die Situation, über die Lage und Bewegung im Raum durch reflektorische muskuläre Aktivität und die (gelegentliche) Wahrnehmung der eigenen Sprache über das auditive System kann nicht zur Passung gebracht werden.

Träume wären demnach das Ergebnis dieser inkohärenten Information aus den verschiedenen Input-Kanälen, wobei die kortikalen Assoziationsregionen versuchen, quasi das Beste daraus zu machen.

20.5.3 Fördert Schlaf Lernen und Gedächtnis?

Es liegen zahlreiche Studien vor, nach denen sowohl REM-Schlaf als auch Slow-Wave-Schlaf sich auf die Konsolidierung von Lernleistungen positiv auswirken. Bei Unterdrückung von Slow-Wave-Schlaf bzw. REM-Schlaf ist am nächsten Tag bzw. an den folgenden Tagen die Leistung suboptimal.

Verschiedene tierexperimentelle Befunde weisen darauf hin, dass bei einer REM-Schlaf-Deprivation nach einem ersten Lerndurchgang der Lernerfolg gegenüber Tieren reduziert war, die nach dem ersten Lerndurchgang ungestört schlafen konnten. Es zeigte sich auch, dass generell nach Lernaufgaben vermehrt REM-Schlaf auftrat. Darüber hinaus wurde ein direkter Zusammenhang zwischen der Dauer des REM-Schlafs nach Lernaufgaben und dem Lernerfolg gefunden.

Bedeutung von REM- und Slow-Wave-Schlaf für die Konsolidierung. Ein Zusammenhang zwischen Gedächtnisleistung und Schlaf beim Menschen kann als gesichert gelten. Dies gilt insbesondere für die Konsolidierung **prozeduraler Gedächtnisinhalte**. So konnte vielfach gezeigt werden, dass die Konsolidierung von Gedächtnisinhalten nach einer durchschlafenen Nacht besser ist nach einem gleich langen Zeitraum im Wachzustand. Hierfür sprechen vor allem Studien mit selektiver REM-Schlaf-Unterdrückung. So konnte etwa gezeigt

werden (s. Born & Plihal, 1998), dass bei vermehrter REM-Schlaf-Unterdrückung, v.a. in der zweiten Nachthälfte, eher Aufgaben vom prozeduralen Typ betroffen sind. Anders ausgedrückt heißt das, dass für eine optimale Leistung in prozeduralen Aufgaben REM-Schlaf fördernd wirkt. Für die Konsolidierung deklarativer, d.h. nichtprozeduraler Gedächtnisaufgaben scheint v.a. die frühe Nachthälfte wichtig zu sein, in der Slow-Wave-Schlaf vorherrscht. Allerdings stellte sich heraus, dass auch bei diesen deklarativen Aufgaben der ungestörte Schlaf in der zweiten Nachthälfte eine weitere Verbesserung der Lernleistung brachte, was bedeutet, dass auch hier dem REM-Schlaf noch eine Konsolidierungsfunktion zukommt.

Es ergibt sich also folgendes Bild: Die Bedeutung des REM-Schlafs zur Konsolidierung von prozeduralen Lerninhalten kann als gesichert gelten. Es liegen zusätzlich Hinweise darauf vor, dass beim Erlernen von deklarativen Aufgaben der Slow-Wave-Schlaf von besonderer Bedeutung ist, wobei zusätzlich durch den REM-Schlaf eine weitere Konsolidierung stattfinden kann. Demnach führt die Schlafdeprivation sowohl in der ersten Nachthälfte (hauptsächlich Slow-Wave Schlaf) als auch in der zweiten Nachthälfte (vermehrt REM-Schlaf) zu nachteiligen Effekten auf das Lernen.

Neuere Befunde legen nahe, dass auch die Schlafmenge *vor* der Lernaufgabe von Bedeutung ist: Schlafdeprivation (eine Nacht ohne Schlaf) führt gegenüber Personen ohne Schlafdeprivation zu deutlich schlechterer Behaltensleistung. Ebenso zeigt sich mit bildgebenden Verfahren in verschiedenen relevanten Gehirnregionen (Hippocampus, präfrontaler Kortex) nach Deprivation eine reduzierte Aktivität.

Aus der Tatsache, dass ungestörter und normaler Schlaf für das Lernen eine wesentliche Bedeutung hat, kann für den praktischen Alltag – etwa von Studenten – die Konsequenz gezogen werden, dass Lernen bis in die späte Nacht hinein, wenn dies auf Kosten der üblichen Schlafdauer geht, keine optimale Strategie zur Prüfungsvorbereitung darstellt.

Zusammenfassung

Träume im REM-Schlaf sind i. Allg. lebendiger, handlungsreicher und gefühlsbetonter als Non-REM-Träume. In den Nächten nach REM-Deprivation tritt REM-Schlaf mit erhöhter Häufigkeit auf. Dies spricht für die besondere Bedeutung des REM-

►

Schlafs. Im sich entwickelnden Organismus dürfte der REM-Schlaf die Ausbildung von ZNS-Kompetenzen fördern. Der Anteil des REM-Schlafs an der Gesamtschlafdauer ist beim Neugeboren am höchsten und nimmt bis ins hohe Alter kontinuierlich ab.

Sowohl REM-Schlaf als auch Slow-Wave-Schlaf sind für eine optimale Konsolidierung von Lern- und Gedächtnismaterial von Bedeutung.

20.6 Schlafdeprivation und ihre Folgen

Schlafdeprivation ist ein weitverbreitetes Phänomen in unserer Gesellschaft. Die größte Rolle spielt hier Schichtarbeit (s. Abschn. 19.2.3). Auch bei Menschen, die einer geregelten Arbeit am Tage nachgehen, kommt es häufig zu Schlafmangel. Dieser kann einerseits durch äußere Störeinflüsse wie z. B. Lärm bedingt sein, andererseits auch am Unterhaltungsbedürfnis vieler Menschen liegen, das bis in die späten Abend- und Nachtstunden hineinreicht.

Einige der dramatischsten Katastrophen der letzten Jahrzehnte gehen – wie man heute weiß – auf Schlafmangel bei den Verantwortlichen zurück. Dazu gehört der Beinahe-GAU des Atomreaktors Three Mile Island 1979, die Explosion des Space-Shuttles Challenger 1986 und die Ölkatastrophe, verursacht durch den Tanker Exxon-Valdez im Jahre 1989.

Psychische Minderleistung, sensorische Beeinträchtigung und negativer Affekt. Schlafmangel übt einen deutlich nachteiligen Effekt auf die kognitive und motorische Leistungsfähigkeit sowie die Stimmung aus. Zu den Auswirkungen auf der Ebene psychischer Leistungen gehören z. B. Konzentrationsschwierigkeiten und zunehmende Fehlerraten bei psychomotorischen und kognitiven Aufgaben. Auf der Ebene der Sensorik finden sich u. a. Halluzinationen, Doppelbilder, Schwierigkeiten beim Lesen sowie eine Erniedrigung der Schmerzschwelle. Generell scheinen visuelle Wahrnehmungsstörungen bei starker Müdigkeit häufiger aufzutreten als akustische. Im affektiven Bereich zeigen sich vor allem depressive Verstimmungen und Niedergeschlagenheit, aber auch Gereiztheit und gesteigerte Aggressivität.

Organische Auswirkungen. Körperliche Folgen von mehrtägiger Schlafdeprivation sind v. a. eine massive Verschiebung in der Konzentration des Schilddrüsenhormons und des Kortisols. Außerdem zeigen sich unphysiologische Schwankungen im Glukosestoffwechsel. Herzschlag und Atmung werden unregelmäßig und es stellt sich ein erniedrigter Blutdruck ein.

Mikroschlafepisoden. Ein bedeutsamer Effekt von Schlafmangel sind sog. Mikroschlafepisoden. Dies sind kurze Ausfälle in der Wahrnehmung, die insbesondere vor dem tatsächlichen Einschlafen auftreten. Vor allem beim Autofahren in der Nacht können diese gefährlich werden. Der Betroffene bemerkt nicht, dass er sekundenweise »wegdriftet«, obwohl die Wahrnehmung schon sehr weit reduziert ist. Es kommt also zu kurzen Schlafphasen ohne vorherige Warnzeichen.

Tiefschlaf zur Regeneration. Interessant ist die Betrachtung des Schlafprofils in einer Erholungsnacht, also einer Nacht, in der nach einer Phase der Schlafdeprivation wieder normal geschlafen werden kann. Während die Gesamtschlafdauer kaum verlängert ist, weisen die Probanden eine deutliche Zunahme des Tiefschlafs auf. Das EEG zeigt einen höheren Anteil an Deltawellen als während der üblichen Nächte. Man kann aus diesem Ergebnis ableiten, dass der Slow-Wave-Schlaf eine regenerative Funktion hat, da der Organismus versucht, ein Defizit an diesem Schlaftyp unverzüglich zu kompensieren.

Exkurs

Die längste dokumentierte Schlafdeprivation – der Rekordversuch von Randy Gardner

Im Januar 1964 versuchte der 17-jährige Randy Gardner, ein kalifornischer Schüler, den damaligen Weltrekord von 260 Stunden ohne Schlaf zu brechen. Mit Unterstützung zweier Freunde wollte er ganze elf Tage, d. h. 264 Stunden, aus eigener Kraft, ohne Zuhilfenahme von Drogen und Stimulanzien wach bleiben.

Randy begann sein »Experiment« nur mit der Unterstützung seiner Freunde und Eltern, beobachtet von der Presse. Erst nachdem er bereits 150 Stunden wach war, erfuhren Forscher des nahe gelegenen US-Navy-Schlaflabors von dem Projekt, sodass die zweite Hälfte des elftägigen Schlafentzugs unter medizinischer Betreuung und wissenschaftlicher Beobachtung weitergeführt wurde.

Am zweiten Tag begannen Schwierigkeiten beim Fokussieren der Augen, die zudem subjektiv als extrem schwer und müde beschrieben wurden. Aus diesem Grund musste Randy bis zum Ende des Experiments auf Fernsehen verzichten.

Am dritten Tag machten sich leichte Stimmungsschwankungen und anhaltende Übelkeit bemerkbar. Außerdem hatte er Probleme bei der Koordination von Bewegungsabläufen (leichte Ataxie) und Sprachschwierigkeiten, besonders beim Wiederholen von Zungenbrechern.

Randys Stimmung verschlechterte sich am vierten Tag, er wurde leicht reizbar und unkooperativ. Außerdem entwickelte er Gedächtnisausfälle und hatte Konzentrationsschwierigkeiten. Erstmals stellten sich leichte halluzinatorische Wahrnehmungsstörungen ein: Er begann, um Straßenlaternen herum Nebel zu sehen und verwechselte ein Straßenschild mit einem Menschen. Schließlich hielt er sich für einen großen Footballspieler und reagierte empfindlich, als dies bestritten wurde.

Randy beruhigte sich am fünften Tag wieder, berichtete aber nach wie vor über Fantasievorstellungen z. B. von nichtexistierenden Pflanzen im Garten. Am sechsten Tag kehrten die schon früher aufgetretenen motorischen Koordinationsschwierigkeiten und Sprachstörungen sowie Gedächtnisausfälle und Konzentrationsprobleme zurück, seine Stimmung war gereizt. Dieser Zustand hielt weitere zwei Tage an, die Sprachschwierigkeiten nahmen noch weiter zu und er begann, zusammenhanglos und undeutlich zu sprechen.

Am neunten Tag wurden seine Gedanken immer zerfahrener und oft brach er mitten im Satz ab. Während der letzten zwei Tage ohne Schlaf glaubte er, dass die Leute ihn für verrückt hielten, weil er dauernd Dinge vergaß. Außerdem wurde das verschwommene Sehen für ihn zu einem immer größeren Problem.

Körperliche Untersuchungen am elften Tag des Schlafentzugs ergaben einen normalen Blutdruck und Puls, aber eine um 1 °C erniedrigte Körperkerntemperatur. Am auffälligsten war die Hauttemperatur, die

ca. 10 °C unter der Norm war. Neben trockenen Augen und verstopfter Nase litt Randy unter leichtem Halsweh mit Lymphknotenschwellung. Ein Herzgeräusch wurde entdeckt, das EKG war jedoch normal.

Im EEG zeigte sich keine besondere Auffälligkeit, obwohl neuropsychologische Tests eine massive Aufmerksamkeitsverschlechterung und starke Beeinträchtigung von Sprach- und Gedächtnisfunktionen ergaben. Die Steuerung der Augenbewegung war beeinträchtigt und er schielte. Sein Gesichtsausdruck war starr, mit einiger Anstrengung gelang es ihm jedoch, Emotionen mimisch auszudrücken. Seine Hände zitterten und gelegentlich hatte er unwillkürliche Zuckungen im Oberarm. Ansonsten war die Koordination der Hände aber kaum betroffen, ebenso wenig seine Balance oder Gehfähigkeit, obwohl einige Beinreflexe stärker waren als normal.

Nach Erreichen seines Ziels, elf Tage lang wach zu bleiben, ging Randy zu Bett und schlief über 14,5 Stunden. Als er aufwachte, fühlte er sich gut, nur noch ein bisschen müde. Die Sprach-, Gedächtnis- und Wahrnehmungsschwierigkeiten waren verschwunden. Randy schlief in den nächsten zwei Nächten noch ca. 6,5 Stunden mehr als sonst, holte jedoch insgesamt nur ca. 24 % seines verlorenen Schlafes nach.

Interessanterweise blieb der zirkadiane Schlaf-Wach-Rhythmus die ganze Zeit über weitgehend bestehen, was sich z. B. darin äußerte, dass auch über die elf schlaflosen Nächte hinweg die Müdigkeit in den frühen Morgenstunden am stärksten war.

Das wichtigste Ergebnis aus dem Versuch ist die Tatsache, dass ein derartig langer Schlafentzug relativ geringe körperliche (am auffallendsten das Sinken der Körpertemperatur), aber deutliche psychische und psychomotorische Effekte hat, die auf temporäre Leistungseinbußen des Kortex zurückzuführen sind. Dennoch sind die Verhaltens- und Wahrnehmungsveränderungen noch deutlich von echtem psychotischem Verhalten zu unterscheiden, da hier nie ein wirklicher Realitätsverlust eintrat. (Nach Horne, 1988)

Zusammenfassung

Schlafdeprivation hat einen nachteiligen Effekt auf die kognitive und motorische Leistungsfähigkeit und beeinflusst die Stimmung negativ. Es zeigen sich u. a. Konzentrationsschwierigkeiten, erhöhte Fehlerzahlen bei psychomotorischen und mentalen Anforderungen, Wahrnehmungsstörungen, eine erniedrigte Schmerzschwelle, Niedergeschlagenheit, Gereiztheit und nicht selten auch gesteigerte Aggressivität.

20.7 Schlafstörungen

Gesunder Schlaf ohne Unterbrechungen und ohne Alpträume ist ein wichtiges Element des körperlichen und psychischen Wohlbefindens. Schlafstörungen jeglicher Art werden unter dem Oberbegriff **Dyssomnien** zusammengefasst. Diese äußern sich meist als Ein- oder Durchschlafstörungen (**Insomnien**). Sie werden oft als sehr quälend empfunden und wirken auf das Wohlbefinden und die Leistungsfähigkeit am Tage nach.

Eine **Hypersomnie** kann mit einer Insomnie einhergehen oder auch als eigenständiges Störungsbild vorliegen. Dabei handelt es sich um ausgeprägte Müdigkeit am Tage, die sich in episodischem Einschlafen oder in deutlich verlängerter Schlafenszeit äußert. Die Hypersomnie hat allerdings bei weitem nicht den klinischen Stellenwert, wie er den Insomnien zukommt.

20.7.1 Schlafmangel und Schlafunterbrechung – Insomnien

Man geht davon aus, dass Insomnien mit einer Prävalenz von ca. 20 bis 30 % in den westlichen Ländern zu den häufigsten Gesundheitsproblemen überhaupt gehören. In Deutschland dürften ca. 10 Millionen Menschen unter einer behandlungsbedürftigen Insomnie leiden. Beim nationalen Gesundheitssurvey in Deutschland (1998, 7124 Teilnehmer) gaben ca. 20 % der Befragten an, dass sie »stark« bis »mäßig« unter Schlaflosigkeit litten. Eine Behandlung ausschließlich mit Schlafmitteln kann in den meisten Fällen die Störung nicht beseitigen. Vor allen Dingen ist hier auf die Problematik der Substanzabhängigkeit zu achten, die schließlich dazu führen kann, dass sich das Leiden perpetuiert (s. Abschn. 20.7.2).

Klassifikationskriterien. Eine Insomnie bezeichnet gemäß der Klassifikationssysteme DSM-IV und ICD-10 eine Ein- oder Durchschlafstörung, ein zu frühes Erwachen oder einen nicht erholsamen Schlaf. Ein Krankheitswert liegt dann vor, wenn die Schlafstörungen seit mindestens einem Monat bestehen und mindestens dreimal wöchentlich auftreten. Außerdem muss die Tagesbefindlichkeit gestört sein, z.B. durch eingeschränkte Konzentrations- und Leistungsfähigkeit. Eine verkürzte nächtliche Schlafdauer stellt dagegen kein Krankheitskriterium dar.

Die Ursachen für Schlafstörungen können unterschiedlich sein. Eine Grobgliederung unterscheidet zwischen drei Ursachenbereichen:

(1) Psychiatrisch bedingte Insomnien: Die verursachende Grunderkrankung ist hier häufig eine Depression.
(2) Insomnien infolge organischer Erkrankungen, wie z.B. Schmerzzustände, Restless-Legs-Syndrom oder **Schlafapnoe** (s. Abschn. 20.9.3).
(3) Primäre Insomnien: Hier sind die Patienten psychiatrisch und organisch unauffällig.

Diese drei Insomnieformen kommen etwa gleich häufig vor. Entscheidend sind bei den organisch und psychiatrisch bedingten Schlafstörungen Diagnose und Therapie der Grunderkrankungen. Deshalb wird im Folgenden nur die primäre Insomnie ausführlich behandelt.

Daneben treten relativ häufig Schlafstörungen im Zusammenhang mit dem Gebrauch bestimmter Substanzen auf, sog. substanzinduzierte Insomnien (s. Abschn. 20.7.2). Bei der Einnahme hoher Dosen von Alkohol, Koffein, Kokain, Opiaten ist dies nicht selten. Auch mit dem Entzug von Substanzen wie Alkohol, Hypnotika und Opiaten zeigen sich vielfach Schlafstörungen.

Primäre Insomnie

Die Diagnose primäre Insomnie wird auf der Basis von subjektiven Beschwerden über Ein- und Durchschlafschwierigkeiten oder über nicht erholsamen Schlaf gestellt, wobei dies zu »Leiden oder Beeinträchtigung in sozialen, beruflichen oder in anderen wesentlichen Funktionsbereichen führt« (vgl. DSM-IV).

Beschwerden über Schlaflosigkeit treten mit zunehmendem Alter vermehrt auf, und zwar bei Frauen häufiger als bei Männern. Während im jüngeren Erwachsenenalter Klagen über verzögertes Einschlafen häufiger sind, finden sich im höheren Alter vermehrt Schwierigkeiten durchzuschlafen und Beeinträchtigungen durch zu frühes Erwachen.

Charakteristika. Für Patienten mit primärer Insomnie gilt Folgendes:
▶ Sie berichten meist sowohl über Einschlafschwierigkeiten als auch über Wachphasen während der Nacht.
▶ Die Störung tritt mit der für Schlafstörungen typischen Häufigkeit auf (d.h. mindestens dreimal wöchentlich).
▶ Charakteristisch ist ein Teufelskreis, der durch eine zu intensive Beschäftigung mit der Schlafstörung und den dadurch verursachten Beeinträchtigungen

zustande kommt. Das enttäuschte Bemühen einzuschlafen führt zu Frustration und schließlich kreisen die Gedanken nur noch um Fragen wie »Wann werde ich wohl heute einschlafen?« oder »Kann ich heute wieder nicht einschlafen?«

▶ Diese Personen stehen unter einem deutlichen Leidensdruck und es zeigen sich Auswirkungen im sozialen und/oder beruflichen Umfeld.

Übersicht

Einteilung der primären Insomnie nach ihren Ursachen

Hinsichtlich der Ursachen der primären Insomnie kann man vier Gruppen von Patienten unterscheiden.

Idiopathische Insomnie. In diese Kategorie ordnet man Patienten ein, deren Schlafstörung bereits seit der Kindheit oder dem frühen Erwachsenenalter vorliegt und/oder bei denen sich eine familiäre Häufung von Schlafstörungen zeigt. Die idiopathische Insomnie tritt eher selten auf. Man geht hier von einer genetisch verursachten Schwäche schlafgenerierender und -regulierender Zentren im Gehirn aus.

Mangelnde Schlafhygiene. Patienten mit mangelnder Schlafhygiene (s. u.) zeigen ein die Schlafstörung förderndes Verhalten.

Pseudoinsomnie. Diese Patienten geben an, sehr schlecht geschlafen zu haben und unausgeschlafen aufzuwachen. Im Schlaflabor zeigen sie jedoch ein vollkommen normales Schlafprofil. Die Ursache liegt hierbei meist in einer falschen Vorstellung davon, was richtig oder gut schlafen bedeutet.

Psychophysiologische Insomnie. Die größte und wichtigste Gruppe der Patienten mit einer primären Insomnie wird von den Personen mit psychophysiologischer Insomnie gebildet. Diese Patienten sind häufig durch folgende Merkmale gekennzeichnet:

▶ Sie reagieren häufig auf belastende Lebensereignisse mit übermäßiger Aktivierung und/oder erhöhter Ängstlichkeit. Auf der physiologischen Ebene findet sich meist gesteigerte Sympathikus-

aktivierung und im kognitiven Bereich eine exzessive Beschäftigung mit meist negativ getönten Inhalten. Letzteres verhindert, dass es zu einem entspannten Zustand und damit zum Einschlafen kommt.

▶ Im Bereich der Persönlichkeit zeigen sich bei diesen Patienten Erhöhungen in den Bereichen Depressivität, Hypochondrie und Ängstlichkeit. Konflikte werden nicht ausgetragen, sondern eher unterdrückt und verdrängt.

▶ Im Schlaflabor beobachtet man üblicherweise eine Verlängerung der Einschlaflatenz und eine Zunahme der Frequenz nächtlicher Wachperioden. Außerdem ist ein erhöhter Anteil des Leichtschlafstadiums 1 zu beobachten. Häufig finden sich Diskrepanzen zwischen den Daten aus dem Schlaflabor und den subjektiven Berichten. So kommt es nicht selten vor, dass Patienten, wenn sie aus einem polysomnographisch nachgewiesenen Tiefschlafstadium geweckt werden, der Meinung sind, sie seien vorher wach gewesen. Auch den Zeitpunkt des Einschlafens erleben sie subjektiv später als Schlafgesunde.

▶ Das Tagesbefinden dieser Patienten ist erheblich beeinträchtigt, mit erhöhter Müdigkeit, Ablenkbarkeit und Einschränkungen der Konzentrationsfähigkeit.

Verlauf der primären Insomnie. Üblicherweise beginnt die primäre Insomnie im mittleren Lebensalter. Der Verlauf kann sehr unterschiedlich sein: Es finden sich Fälle, bei denen die Schlafstörung auf einige Monate beschränkt ist. Dies tritt meist dann auf, wenn besondere psychische oder körperliche Belastungen vorliegen. Typischerweise zeigt sich jedoch eine über Monate und Jahre hinweg erstreckende Verschlechterung der Schlafstörung.

Die nichtpharmakologische Therapie der primären Insomnien

Neben einem aufklärenden und beratenden Gespräch mit dem Arzt ist die erste Therapiemaßnahme die Beachtung der Schlafhygiene. Unter Schlafhygiene versteht man ein konsequent schlafförderndes Verhalten.

20.7 Schlafstörungen | **389**

> **Übersicht**
>
> ### Elemente der Schlafhygiene
> Schlafhygiene umfasst die Gewohnheiten und/oder Umstände, die einen gesunden Schlaf ermöglichen oder fördern. Als wesentliche Elemente der Schlafhygiene gelten:
> - sich nicht länger im Bett aufhalten als unbedingt notwendig
> - regelmäßige Zeiten für das Zubettgehen und das Aufstehen einhalten
> - auf Schlafepisoden tagsüber verzichten
> - schlaffördernde Gestaltung des Schlafzimmers beachten, z. B. Temperatur eher niedrig, gute Beleuchtung etc.
> - vor dem Zubettgehen: leichtverdauliches Abendessen möglichst nicht später als drei Stunden vor dem Zubettgehen; Alkohol-, Koffein- und Nikotinkonsum minimieren
> - die Abendstunden so entspannend wie möglich gestalten (möglichst nicht arbeiten)
> - ein immer gleich ablaufendes Zubettgehritual einführen
> - das Einschlafen durch regelmäßige körperliche Betätigung am Nachmittag erleichtern

Im Bereich kognitiv-emotionaler Prozesse wird dem Patienten geraten, keine Schlaferwartungsangst aufkommen zu lassen. Außerdem soll nächtliches Grübeln über die Folgen des Wachliegens – z. B. das Unausgeschlafensein am Tage – vermieden werden.

Ein wichtiges Element zur Therapie von Schlafstörungen sind Entspannungsmethoden. Damit kann ein erhöhtes Aktivierungsniveau abgebaut werden, wozu sich besonders gut autogenes Training oder Muskelentspannungstraining eignet.

Schlafrestriktion. Seit einigen Jahren wird bei der primären Insomnie das Verfahren der Schlafrestriktion angewendet. Bei vielen Schlafgestörten erstreckt sich der Schlaf-Wach-Rhythmus in regelloser, nahezu chaotischer Form über die Tag-Nacht-Periode. Sie legen oft tagsüber kurze Schlafepisoden ein oder schlafen am Wochenende exzessiv lange. Bei der Methode der Schlafrestriktion müssen die Patienten ihre normale Schlafdauer auf einen engen Zeitraum konzentrieren. Schläft ein Patient etwa nur durchschnittlich fünf Stunden, dann wird er angehalten, erst um 2.00 Uhr zu Bett zu gehen, um dann um 7.00 Uhr wieder aufzustehen.

Naturgemäß führt dies dazu, dass die Patienten, wenn sie ins Bett gehen, sehr müde sind, schnell einschlafen und in vielen Fällen auch wieder durchschlafen. Im Verlauf der mehrwöchigen Therapie werden dann die Einschlafzeiten im Halbstundenabstand weiter nach vorne verlegt, sodass der Patient Zug um Zug eine halbe Stunde Schlafdauer dazugewinnt, bis er schließlich bei etwa sieben Stunden angelangt ist.

Behandlung von Insomnien mit Hypnotika
Substanzen, die eingesetzt werden, um den Schlaf zu beeinflussen, fasst man unter dem Oberbegriff **Hypnotika** zusammen.

Benzodiazepine. Benzodiazepine sind die klassischen Tranquilizer (s. Abschn. 21.2.5). Sie wirken spannungsreduzierend und angstlösend. Zunächst glaubte man, die Abhängigkeitsentwicklung bei Benzodiazepinen sei vernachlässigbar. Diese Annahme musste man jedoch in den letzten Jahren korrigieren. Es wird empfohlen, Tranquilizer zunächst nicht länger als vier Wochen einzusetzen.

Die verschiedenen Substanzen vom Benzodiazepin-Typ unterscheiden sich in erster Linie durch ihre unterschiedlichen Halbwertszeiten, also ihre Wirkungsdauer im Organismus:

- **Kurz wirksame Benzodiazepine.** Die kurz wirksamen Benzodiazepine mit einer Halbwertszeit von 1,5 bis 5 Stunden – je nach Präparat und Dosierung – bieten den Vorteil, dass der stark beeinträchtigende sog. »Hangover« vermieden wird. Das sehr schnelle Anfluten der Wirksubstanz im Gehirn kann gelegentlich zu amnestischen Episoden führen. Außerdem dürfte bei dieser Substanzklasse eine erhöhte Gefahr schneller Toleranzentwicklung vorliegen. Außerdem kann es am folgenden Tag aufgrund der kurzen Wirkdauer zu Rebound-Symptomen kommen.
- **Mittellang wirksame Benzodiazepine.** Bei den mittellang wirksamen Benzodiazepinen mit einer Halbwertszeit zwischen 5 und 15 Stunden ist eine Wirkdauer für die ganze Nacht gesichert. Natürlich ist hier die Gefahr des Hangovers am folgenden Vormittag erhöht. Auch darf die Kumulationsgefahr nicht unterschätzt werden, d. h. eine Wirkungsverstärkung durch unerwünschte Anreicherung der Substanz bei erneuter Einnahme.
- **Lang wirksame Benzodiazepine.** Lang wirksame Benzodiazepine mit einer Wirkdauer von 20 bis 100

Stunden sind in den Fällen angezeigt, in denen auch die tagsüber anhaltende Benzodiazepinwirkung das Ziel ist. Dies ist bei Schlafstörungen eher unerwünscht; der Anwendungsbereich liegt bei Patienten mit Angst- und Erregungszuständen.

Bei den meisten Benzodiazepinen muss mit einer Reduktion des REM-Schlafs und der Tiefschlafzeiten gerechnet werden. Weitere mögliche Nebenwirkungen sind eine Toleranz- und Abhängigkeitsentwicklung, Verwirrtheitszustände tagsüber, Entzugsinsomnie und die schon genannte Gefahr von Amnesien. Bei der Verordnung als Schlafmittel gilt daher unter problembewussten Ärzten die Regel »klare Indikation, kleine Dosis, kurze Verordnungsdauer«.

Moderne Hypnotika. Seit einigen Jahren sind weitere Hypnotika verfügbar (Zolpidem, Zopiclon), die zwar ähnliche Charakteristiken wie die Benzodiazepine aufweisen, jedoch eine eigene Substanzklasse darstellen. Sie greifen ebenso wie die Benzodiazepine in den Wirkmechanismus eines GABA-Rezeptors (des sog. Omega-1-Rezeptors) ein. Die Gefahr der Toleranzentwicklung ist hier, verglichen mit den Benzodiazepinen, geringer. Über das Ausmaß des Abhängigkeitspotenzials liegen allerdings uneinheitliche Studienergebnisse vor.

20.7.2 Substanzinduzierte Insomnien

Zahlreiche Substanzen können Störungen des Schlafs verursachen. Diese Störungen können sich direkt als Folge des Substanzgebrauchs oder nach dem Absetzen der Substanz im Entzug zeigen. Zu diesen Substanzen gehören:

▶ Hypnotika (z. B. Benzodiazepine)
▶ Antidepressiva
▶ Alkohol
▶ Koffein
▶ Stimulanzien (Amphetamine)
▶ Anti-Parkinson-Pharmaka
▶ Antibiotika
▶ Aspirin
▶ Diuretika (entwässernde Substanzen)
▶ Bluthochdruckmittel (Betablocker, ACE-Hemmer)
▶ Asthmamedikamente

Hypnotika. Die wichtigste Gruppe bilden hier paradoxerweise die Hypnotika. Speziell bei kurz wirksamen Benzodiazepinen tritt häufig das Problem auf, dass sie zwar die Einschlaflatenz verkürzen und die Häufigkeit von Wachphasen reduzieren, dabei jedoch den Gesamtanteil an REM-Schlaf verringern und die Tief-

schlafphasen und damit die Schlaftiefe v. a. im letzten Drittel der Nacht reduzieren. Der so induzierte Schlaf zeigt ein hochgradig abnormes Profil. Der Organismus »erlernt« damit kein physiologisches Schlafprofil, sondern es wird ihm ein unnatürliches Muster aufgezwungen.

Nach dem Absetzen des Medikaments kann es in vielen Fällen zur sog. **Rebound-Insomnie** kommen, also einem erneuten Auftreten der Schlafstörung. Meist ist diese dann heftiger ausgeprägt als vor Beginn der u. U. auch nur kurz andauernden Behandlung. Zu den negativen Effekten nach dem Absetzen gehört das sog. REM-Rebound. Jetzt wird besonders lange und intensiv geträumt, allerdings häufig mit Alptraumcharakter. Dies führt dann zum Aufwachen und zur Angst vor dem Wiedereinschlafen.

Die geringere Schlaftiefe in den Morgenstunden wird bei länger anhaltendem Medikamentengebrauch im Zuge der Toleranzentwicklung immer ausgeprägter, sodass die Person in dieser Zeit »schlechter schläft«, dem in vielen Fällen mit einer (unerwünschten) Dosissteigerung begegnet wird.

Alkohol. Alkohol wirkt sich auf die Charakteristik des Schlafs ebenfalls negativ aus. Alkoholgebrauch und -missbrauch führt häufig zu Klagen über Schlafstörungen. Zwar zeigt sich hier – ähnlich wie bei den Schlafmitteln – bei Schlafgesunden ein schnelleres Einschlafen und weniger Aufwachepisoden in der ersten Nachthälfte (gleichfalls bei reduziertem REM-Schlafanteil), in der zweiten Nachthälfte jedoch nehmen die Aufwachphasen und die REM-Phasen zu. Dies bedeutet insbesondere für das letzte Nachtdrittel ein gestörtes Schlafprofil, und dementsprechend wacht die Person mit dem Gefühl des Unausgeschlafenseins auf.

Zusammenfassung

Insomnien haben eine Prävalenz von ca. 20 bis 30 %. Man unterscheidet
(1) psychiatrisch bedingte Insomnien (v. a. aufgrund einer Depression),
(2) Insomnien infolge organischer Erkrankungen und
(3) primäre Insomnien (keine Folge einer anderen Erkrankung).
Zur eindeutigen Diagnose der primären Insomnie und v. a. zur Abgrenzung von einer Pseudoinsomnie ist eine Untersuchung im Schlaflabor notwendig.

Hier zeigt sich i. Allg. eine reduzierte Schlafkontinuität mit verspätetem Einschlafen. Die wichtigste nichtpharmakologische Therapiemaßnahme von Schlafstörungen ist die Verbesserung der Schlafhygiene. Außerdem ist der Einsatz von Entspannungsverfahren meist wirksam.

Substanzen, die schlaffördernd wirken, bezeichnet man als Hypnotika. Die wichtigste Substanzklasse sind die Benzodiazepine (»klassische Tranquilizer«).

Kurz wirksame Benzodiazepine fördern das Einschlafen, die Gefahr des Hangovers am nächsten Tag ist hier gering.

Bei mittellang wirksamen Benzodiazepinen herrscht die Wirkdauer über die ganze Nacht, teilweise bis in den Vormittag hinein.

Lang wirksame Benzodiazepine sind nur in den Fällen angezeigt, in denen auch die tagsüber anhaltende Benzodiazepinwirkung das Ziel ist, u. a. bei gleichzeitigen Angststörungen.

Durch eine Reihe von Substanzen können Insomnien ausgelöst oder gefördert werden. Von besonderer Bedeutung ist die durch chronische Schlafmitteleinnahme bedingte Rebound-Insomnie. Diese ist eine sekundäre Folge der Veränderung des Schlafprofils durch Schlafmittel.

20.7.3 Insomnie und Depression

Etwa ein Viertel der Insomniepatienten zeigt auch depressive Symptome (s. Abschn. 21.1.3). Umgekehrt liegt bei Patienten mit einer gesicherten Depression in über 90 % der Fälle auch eine Störung des Schlafs vor. Diese Insomnien können in Ein- oder Durchschlafstörungen bestehen; häufig zeigt sich auch frühmorgendliches Aufwachen. Die Hypersomnie (übermäßiger Schlaf) ist selten, gelegentlich findet sie sich bei der sog. Winterdepression bzw. saisonal abhängigen Depression.

Schlafentzugstherapie. Das Schlafprofil Depressiver zeigt häufig charakteristische Veränderungen: Die Spanne zwischen Schlafbeginn und der ersten REM-Phase ist verkürzt, diese REM-Phase hält länger an und die Zahl der Augenbewegungen in den REM-Perioden ist erhöht. Bei circa der Hälfte der depressiven Patienten lassen sich Erfolge – im Sinne einer Stimmungsaufhellung – durch Schlafentzug erzielen. Es wird dabei während einer Nacht entweder total oder lediglich in der zweiten Nachthälfte auf Schlaf verzichtet. Allerdings kommt es bei den meisten Patienten nach einer normal durchschlafenen Nacht wieder zu einem Rückfall in die alte Symptomatik. Lediglich bei einem kleinen Prozentsatz der Patienten kann durch wiederholten Schlafentzug etwa dreimal pro Woche (»serieller Schlafentzug«) eine anhaltende Besserung erzielt werden.

20.8 Parasomnien

Parasomnien sind ungewöhnliche und meist auch unerwünschte Erlebens- und Verhaltensweisen im Schlaf. Bei den Parasomnien liegt – verglichen mit den Dyssomnien – keine Störung der Mechanismen vor, die den Ablauf des Schlaf-Wach-Zyklus bewirken. Parasomnien treten bevorzugt in ganz bestimmten Schlafstadien auf. Die betroffenen Personen klagen kaum über Tagesschläfrigkeit oder über andere Einschränkungen am Tage. Die wichtigsten Beispiele für Parasomnien sind der **Somnambulismus** und der Alptraum. Da zum Somnambulismus viel Volksglaube herrscht, der an den Tatsachen weitgehend vorbeizielt, sollen einige Fakten dazu präsentiert werden.

Das **Schlafwandeln** (Somnambulismus) tritt v. a. im Kindes- und Jugendalter auf. Man schätzt, dass zwischen 1 und 17 % der 5- bis 12-Jährigen in dieser Zeit einmal eine Episode des Somnambulismus durchlaufen. Falls er häufiger auftritt, so verliert er sich fast immer nach dem 15. Lebensjahr. Etwa 4 % der Erwachsenen sollen gelegentlich Schlafwandeln zeigen.

Eine solche Episode dauert zwischen wenigen Sekunden und maximal einer halben Stunde. Die Augen sind meist geöffnet, Gegenstände werden registriert, aber Personen werden i. Allg. nicht erkannt. Von »schlafwandlerischer Sicherheit« kann allerdings keine Rede sein: Der Schlafwandler kann nur bedingt Objekten ausweichen, insbesondere wenn sie sich bewegen. Es liegen zahlreiche Berichte von Verletzungen während des Schlafwandelns vor.

Erklärungsversuche. Es ist gelegentlich im Schlaflabor gelungen, das EEG vor und während Perioden des Schlafwandelns abzuleiten. Solche Episoden treten meist im ersten Nachtdrittel aus dem Tiefschlaf heraus auf. Während des Umhergehens – insbesondere, wenn es sich um längere Episoden handelt – ist das EEG dann nicht mehr so hochamplitudig und in seiner Frequenz beschleunigt. Weckt man Schlafwandler, so sind sie zunächst desorientiert und berichten fast nie über Träume.

Man geht davon aus, dass das kindliche Schlafwandeln mit einer noch nicht vollständigen ZNS-Reifung in Verbindung steht. Die Annahme, dass beim Somnambulismus Träume ausagiert werden, hat keine empirische Grundlage. Vermutlich fördert emotionale Belastung oder auch Übermüdung das Schlafwandeln.

20.9 Hypersomnien

20.9.1 Idiopathische Hypersomnie

Unter **Hypersomnien** versteht man eine übermäßige Schläfrigkeit während des Tages, die auch zu »Schlafattacken« führen kann. Eine zu kurze Schlafdauer während der Nacht ist nicht die Ursache. Von einer echten Hypersomnie spricht man nur, wenn sich daraus Beeinträchtigungen der Leistungsfähigkeit bzw. des Soziallebens ergeben.

Symptomatik. Die idiopathische Hypersomnie ist nicht Begleiterscheinung einer anderen Erkrankung. Kennzeichnend ist eine übermäßige Schläfrigkeit, die sich entweder durch verlängerten Schlaf in den Morgenstunden oder durch eine übermäßige Müdigkeit während des Tages auszeichnet. Letzteres führt zu häufigen Episoden von Tagesschlaf. Der nächtliche Schlaf kann dabei bis zu zwölf Stunden betragen, mit Schwierigkeiten beim morgendlichen Erwachen. Die Schlafepisoden während des Tages sind meist relativ lang (über eine Stunde), werden jedoch nicht als erholsam erlebt und führen auch zu keiner Verbesserung der Aufmerksamkeit oder anderer psychischer und/oder motorischer Leistungseinbußen.

Therapieansätze. Die Therapie der idiopathischen Hypersomnie fußt meistens auf zwei Ansätzen:

(1) Es muss ein Verhalten etabliert werden, das den Erfordernissen der Schlafhygiene gerecht wird. Ziel ist dabei das Erreichen eines konstanten Schlaf-Wach-Rhythmus. Hierzu ist es v. a. erforderlich, dass sich die Patienten an gleichbleibende Zeiten für das Zubettgehen und das Aufstehen halten.

(2) Meist müssen zusätzlich stimulierende Pharmaka, die insbesondere aufmerksamkeitssteigernd wirken, gegeben werden.

20.9.2 Narkolepsie

Die **Narkolepsie** ist meist gekennzeichnet

▶ durch tagsüber auftretende, wiederholte und nicht beherrschbare Anfälle von Schlaf,

▶ von **Kataplexie**, d. h. einem vorübergehenden Verlust des normalen muskulären Haltungstonus,

▶ durch wiederkehrende Einstreuungen von REM-Schlaf in den Übergangsperioden zwischen Wachen und Schlafen.

▶ Häufig sind zudem traumähnliche Halluzinationen festzustellen.

Allerdings finden sich selten bei einem Patienten alle Symptome in vollständiger Ausprägung.

Die Schlafepisoden dauern meist 10 bis 20 Minuten, u. U. aber auch bis zu einer Stunde. Träume in diesen Episoden sind häufig. Die extreme Schläfrigkeit bei der Narkolepsie kann auch in unangemessenen Situationen – z. B. während eines Gesprächs, beim Autofahren usw. – zu Schlafepisoden führen.

Bei unbehandelter Narkolepsie treten i. Allg. zwei bis sechs Schlafepisoden am Tag auf. Die Häufigkeit der Narkolepsie wird auf ca. 0,1–0,5 Promille geschätzt. Sie betrifft meist Menschen im jüngeren oder mittleren Erwachsenenalter.

Die Narkolepsie gilt als eine neurologische Erkrankung, wobei man davon ausgeht, dass hier eine Dysfunktion der Schlaf-Wach-Zentren im Hirnstamm vorliegt. Es wird diskutiert, dass eine Dysfunktion im Orexin-System (s. Abschn. 20.4.3) zugrunde liegt. Diese könnte in einem Verlust der orexinergen Zellen im Hypothalamus und/oder einer Mutation im Orexin-2-Rezeptor ihre Ursache haben.

Bei der Ätiologie muss von einer genetischen Mitverursachung ausgegangen werden. Bei 5–10 % der Betroffenen findet sich ein weiterer Fall in der Familie. Die Therapie der Narkolepsie geschieht i. Allg. nach dem gleichen Prinzip, das auch bei der idiopathischen Hypersomnie angewandt wird, nämlich einer Kombination aus nichtmedikamentöser Therapie und einer pharmakologischen Therapie. Im Zusammenhang damit kommen häufig Substanzen aus der Klasse der Antidepressiva zum Einsatz.

20.9.3 Das Schlafapnoe-Syndrom

Da die **Schlafapnoe** in den meisten Fällen zu einer übermäßigen Schläfrigkeit am Tage führt, die häufig von Leistungseinbußen begleitet ist, wird sie an dieser Stelle zusammen mit den Hypersomnien behandelt. Allerdings ist die Tagesmüdigkeit hier eher ein Begleitsymptom. Im Vordergrund steht die Störung der regelmäßigen Atmung während des Schlafs, die im Einzelfall durchaus lebensbedrohliche Ausmaße annehmen kann.

Unter Apnoe versteht man einen Atemstillstand. Beim Schlafapnoe-Syndrom kommt es typischerweise zum Auftreten von Atempausen mit mindestens 10 bis zu 60 Sekunden Dauer (u.U. auch länger) und mehr als zehn solcher Atemunterbrechungen pro Stunde.

Vertiefung

Typen des Schlafapnoe-Syndroms

Man unterscheidet

(1) das obstruktive,

(2) das zentrale und

(3) das gemischte Schlafapnoe-Syndrom.

Beim obstruktiven Schlafapnoe-Syndrom (die häufigste Form) sind die Atemstillstände durch eine Behinderung des Luftstroms in den oberen Atemwegen verursacht. Beim zentralen Schlafapnoe-Syndrom liegt eine Desaktivation der an der Atemtätigkeit beteiligten Muskeln vor. Beim gemischten Schlafapnoe-Syndrom treten beide Ursachen gemeinsam auf.

Beim obstruktiven und gemischten Schlafapnoe-Syndrom findet sich typischerweise lautes und unregelmäßiges Schnarchen. Schnarchperioden werden häufig durch Apnoeepisoden unterbrochen. Auf diese folgt häufig ein erneutes, explosionsartiges Einsetzen des Schnarchens. Diese Episoden ereignen sich nicht selten bis zu mehreren Hundert Mal pro Nacht. Am Ende der Atemnotphase kommt es meist zu Körperbewegungen, die ihrerseits ein kurzes Aufwachen zur Folge haben. Das resultierende gestörte Schlafprofil ist gefolgt von Tagesmüdigkeit mit höherer Einschlafneigung, die großen Leidensdruck erzeugt. Darüber hinaus klagen die Patienten über nichterholsamen Schlaf, fühlen sich morgens eher abgeschlagen und verspüren häufig dumpfen Kopfschmerz.

Die obstruktive und gemischte Schlafapnoe ist keineswegs ungefährlich: Während der Apnoephasen und unmittelbar danach kommt es häufig zu Tachyarrhythmien – Herzrhythmusstörungen bei gleichzeitig beschleunigter Herzfrequenz –, was ein erhöhtes Risiko für den plötzlichen Tod im Schlaf darstellt. Statistiken belegen, dass bei mehr als 20 Apnoephasen pro Stunde die Lebenserwartung der Patienten deutlich reduziert ist.

Die Ursachen für die Obstruktion können sehr vielfältig sein. Neben rein organisch bedingten Auslösern spielen Übergewicht, Alkohol- und Nikotingenuss, Einnahme von sedierenden Medikamenten und ein unregelmäßiger Schlaf-Wach-Rhythmus eine Rolle.

Beim zentralen Schlafapnoe-Syndrom klagen die Patienten ebenfalls über Durchschlafstörungen und erhöhte Müdigkeit am Tage gemeinsam mit Abgeschlagenheit und Konzentrationsschwäche. Hier steht das Schnarchen nicht im Vordergrund und die Faktoren wie Übergewicht oder Schlafmittelgebrauch spielen hier ebenfalls nur eine untergeordnete Rolle. Das zentrale Schlafapnoe-Syndrom geht auf organische oder funktionelle Störungen der neuronalen Regelkreise zur Steuerung der Atemtätigkeit zurück.

Die Häufigkeit des Schlafapnoe-Syndroms liegt bei ca. 1–2 % der Bevölkerung. Das obstruktive Schlafapnoe-Syndrom tritt bevorzugt nach dem 40. Lebensjahr auf. Männer sind achtmal häufiger betroffen als Frauen.

Therapie des Schlafapnoe-Syndroms

In den meisten Fällen kann mit Allgemeinmaßnahmen geholfen werden. Dazu gehören Gewichtsreduktion, Einschränkung von Alkohol und Nikotingebrauch, Absetzen von sedierenden Medikamenten und Einhalten eines geregelten Schlaf-Wach-Rhythmus. Bei leichter bis mittelschwerer obstruktiver Schlafapnoe kann mit einem bronchienerweiternden Medikament ein Therapieversuch unternommen werden. Ebenfalls können Versuche zur Reduktion des Schnarchens angestellt werden, insbesondere eine Verhinderung der Rückenlage im Schlaf (z.B. durch das Einnähen von Tennisbällen in das Rückenteil des Schlafanzugs).

Falls die genannten Maßnahmen nicht zum Erfolg führen, ist das vielversprechendste Verfahren die apparative, leichte Erhöhung des Luftdrucks in den oberen Atemwegen. Dazu muss während der ganzen Nacht eine Nasenmaske getragen werden. Der gesteigerte Luftdruck verhindert die Verengung der oberen Atemwege. Unter Einsatz dieser Technik kommt es meist zu einer Normalisierung des Schlafprofils und damit zu einer Verbesserung des subjektiven Befindens der Patienten schon nach wenigen Nächten.

Zusammenfassung

Die Schlafapnoe wird meist aufgrund der übermäßigen Schläfrigkeit am Tage diagnostiziert.

Beim Schlafapnoe-Syndrom kommt es typischerweise zum Auftreten von Atempausen mit 10 bis 60 Sekunden Dauer oder länger. Beim obstruktiven Schlafapnoe-Syndrom sind die Atemstillstände durch eine Behinderung des Luftstroms in den oberen Atemwegen verursacht, beim zentralen Schlafapnoe-Syndrom liegt dagegen ein Defizit der neuronalen Steuerung der Atemmuskulatur vor. Beim gemischten Schlafapnoe-Syndrom sind beide Ursachen beteiligt.

Weiterführende Literatur

Borbely, A. (2004). Schlaf. Frankfurt: Fischer.

Hobson, J. A. (2004). Dreaming. An introduction to the science of sleep. Boston: Oxford University Press.

Pace-Schott, E. F., Hobson, J. A. & Stickgold, R. (2008). Sleep, dreaming and wakefulness. In L. R. Squire, D. Berg, F. E. Bloom, S. DuLac, A. Ghosh &. N. Spitzer (Eds.), Fundamental neuroscience (pp. 959–985). Amsterdam: Elsevier.

Staedt, J. & Riemann, D. (2006). Diagnostik und Therapie von Schlafstörungen. Stuttgart: Kohlhammer.

Stuck, B., Maurer, J. T., Schredl, M. & Weeß, H.-G. (2009). Praxis der Schlafmedizin. Heidelberg: Springer.

21 Psychische Störungen – Transmitterprozesse und Psychopharmakotherapie

Die Bedeutung psychischer Erkrankungen geht besonders augenfällig aus einer Studie der Harvard Universität aus dem Jahr 1995 hervor (Murray & Lopez, 1997), in der die Häufigkeiten von Krankheiten, bezogen auf die Weltbevölkerung, abgeschätzt wurden. Demnach ist die Depression die am weitesten verbreitete Erkrankung überhaupt. Unter den zehn häufigsten Krankheiten finden sich vier weitere psychische Erkrankungen: Alkoholismus, bipolare Störungen, Schizophrenie und Zwangsstörungen. Besonders beunruhigend ist die Situation insofern, als eine weitere Zunahme der Krankheitsfälle zu erwarten ist. Bei dieser enormen Zahl psychisch Kranker kommt sowohl der Diagnostik als auch der Therapie eine außerordentliche Bedeutung zu. Bei vielen psychischen Erkrankungen ist eine Pharmakotherapie angezeigt. Dies gilt sowohl unter dem Gesichtspunkt der Wirksamkeit als auch der Ökonomie und der Schnelligkeit, mit der ein therapeutischer Effekt zu erwarten ist. Leider gilt jedoch, dass nur selten, insbesondere bei den schweren psychischen Krankheiten, eine Heilung zu erwarten ist.

Wir werden uns im vorliegenden Kapitel mit den wichtigsten psychischen Erkrankungen und deren Therapie auf pharmakologischem Wege befassen. Dabei wird sich herausstellen, dass der positive Effekt einer bestimmten Substanz auf eine psychopathologische Symptomatik häufig Rückschlüsse darauf zulässt, welche Entgleisungen neurochemischer Abläufe bei der Krankheit vorliegen.

21.1 Transmitterprozesse und psychische Erkrankungen

Die Kenntnisse über die Biochemie und Physiologie psychischer Erkrankungen sind noch relativ jung. Sie bauen größtenteils auf Forschungsergebnissen zur Funktion von Neurotransmittern auf. In den letzten Jahren konnten hier beachtliche Fortschritte erzielt werden, was v.a. auch auf die Verfügbarkeit neuer Techniken zum Studium der Neurotransmitterwirkung zurückgeht.

21.1.1 Der neurochemische Ansatz in der Biologischen Psychiatrie

Auf der Basis aktueller Befunde insbesondere aus dem Bereich der Neurochemie wurde von überkommenen Vorstellungen der Psychiatrie Abschied genommen. Die ursprüngliche Annahme früherer Generationen von Medizinern und Psychologen, dass sich eine einzige Gehirnstruktur oder ein einziger Stoff als Verursacher einer ganz bestimmten Störung identifizieren ließe, ist nicht mehr haltbar. Aus heutiger Sicht muss man sowohl die Interaktionen verschiedener Gehirnstrukturen beachten als auch das Wechselspiel zwischen verschiedenen Neurotransmittern und ihre unterschiedliche Wirkung auf die verschiedenen Rezeptortypen und Gehirnstrukturen.

Multifaktorielle Verursachung. Man geht heute davon aus, dass nahezu alle psychischen Erkrankungen multifaktoriell verursacht sind. Demnach führt in den meisten Fällen nicht das Entgleisen eines einzelnen, meist neurochemischen Systems zum Ausbruch der Krankheit, sondern diese ist das Ergebnis verschiedener Faktoren. So kann zwar eine genetische Disposition vorliegen, sie allein muss allerdings keineswegs zur Manifestation der Krankheit führen. Erst wenn weitere ungünstige Bedingungen wie etwa hormonelle Sondersituationen und/oder psychosoziale Belastungen hinzukommen, kann »das Fass zum Überlaufen gebracht werden«. Wenn es um den einzelnen Patienten geht, ist jedoch stets zu beachten, dass jeder Organismus ein komplexes Wirkungsgefüge mit seinen eigenen Besonderheiten und vielfachen dynamischen Wechselwirkungen darstellt. Daher sind **Prognosen** auf individueller Basis zum kritischen Grenzwert der verschiedenen Belastungen nicht möglich.

Im Bereich der Therapie bestehen allerdings immer noch nur sehr eingeschränkte Möglichkeiten, multifaktoriell, d.h. entsprechend den verschiedenen Ebenen der Krankheitsentwicklung und -manifestation vorzugehen. Nach wie vor muss man sich meist mit dem Eingreifen auf einer einzelnen Station des entgleisten Systems begnügen.

Komplexe Regulationsprozesse erschweren Diagnostik und Therapie. Bei Veränderungen eines einzelnen Elements kommt es typischerweise zu komplexen Regulations- und Gegenregulationsprozessen, die eine Vielzahl weiterer Elemente des Systems einbeziehen und einige von ihnen möglicherweise aus ihrem optimalen Arbeitszustand auslenken. Das psychopathologische Symptom zeigt sich letztendlich als Ergebnis aller neurochemischen Interaktionen und nicht aufgrund des isolierten Zustands eines einzelnen (Transmitter-)Systems. Dies bedeutet, dass man zwar bei verschiedenen psychischen Erkrankungen eine Dysfunktion im selben Neurotransmittersystem beobachten kann, dass es aber voreilig wäre, hierin eine einheitliche Ursache für diese Krankheit zu sehen. Man hat bei der beobachteten Fehlfunktion nur ein einzelnes Element innerhalb des entgleisten Systems vor sich, das keineswegs der Ausgangspunkt für die Sequenz pathologischer Prozesse sein muss.

So wurde bei unterschiedlichen psychischen Erkrankungen eine Dysfunktion im serotonergen System festgestellt. Zu diesen Störungen gehören depressive Verstimmungen, Angststörungen, Zwangsstörungen, Migräne, Essstörungen und Schlafstörungen. Serotonin ist ein im Gehirn weitverbreiteter Transmitter. Es ist Bestandteil zahlreicher, auf ganz unterschiedliche Verhaltensweisen wirkender neuroregulatorischer Systeme, in denen eine Reihe von Neurotransmittern zusammenwirken. Damit wird auch verständlich, dass ein bestimmtes Medikament – etwa ein Serotoninagonist – bei diesen unterschiedlichen Störungsbildern therapeutisch wirksam sein kann. Dennoch wäre der Rückschluss voreilig, dass die betreffende Störung durch eine Entgleisung im serotonergen System ausgelöst wird. Solange nicht bekannt ist, an welcher Stelle einer möglichen Kaskade von neuronalen Dysfunktionen das Serotoninsystem steht, kann man nur sagen, dass man hier lediglich einen Bestandteil der Pathologie des betreffenden Störungsbildes vor sich hat.

Die Bedeutung, die ein Transmitter für eine psychische Funktion gewinnt, hängt v. a. auch mit der *Lokalisation* der entsprechenden Neuronen und den Zielgebieten ihrer Axone zusammen sowie der Rezeptorausstattung in spezifischen Hirnarealen. So liegen z. B. die Zellkörper des serotonergen Systems in den Raphe-Kernen des Hirnstamms (s. Abschn. 6.4.5). Deren Axone reichen jedoch in unterschiedliche Hirnareale hinein, sodass eine Ausschüttung von Serotonin in weit auseinanderliegenden Strukturen bis hin zum Neokortex stattfindet. Entsprechend ist auch die Ausstattung mit Serotoninrezeptoren über das gesamte Gehirn unterschiedlich verteilt. Vor allem können diese Rezeptoren auf der Membran eines einzelnen Neurons gemeinsam mit anderen, etwa noradrenergen lokalisiert sein. Dadurch kommt es intrazellulär zu *Wechselwirkungen* zwischen verschiedenen neurochemischen Prozessen.

Weiterhin werden die Verhältnisse dadurch kompliziert, dass die Syntheserate von Rezeptormolekülen durchaus variabel ist. Sie ist sowohl von der genetischen Ausstattung, aber v. a. auch vom funktionellen Zustand und von den Aufgaben der spezifischen Neuronen und Hirnareale abhängig. Zusätzlich spielen die Ernährung und der Gesamtstoffwechsel des Körpers für den Aufbau der Rezeptoren eine Rolle. Nur wenn die Bereitstellung bestimmter Enzyme und/oder Vorläufermoleküle der Rezeptoren gewährleistet ist, können diese in genügend großer Zahl gebildet werden.

21.1.2 Wichtige Verfahren zum Studium von Transmitterprozessen

Mikrodialyse. Ein relativ direktes, tierexperimentelles Verfahren zur Erfassung von Konzentrationen bestimmter Neurotransmitter im Gehirn ist die Mikrodialyse (s. auch Abschn. 26.1.3). Hier werden durch eine kleine Sonde direkt aus einem eng umschriebenen Bereich des Gehirns eines lebenden Versuchstiers Proben entnommen, die anschließend hinsichtlich ihrer Konzentration von Neurotransmittern und Hormonen untersucht werden. Damit hat man einerseits die Möglichkeit, die Wirkung bestimmter Pharmaka auf den Gehirnstoffwechsel zu untersuchen, andererseits kann man durch eine parallele Beobachtung des Verhaltens auf die Beziehung zwischen bestimmten Neurotransmittern und Verhaltensmerkmalen zurückzuschließen.

Positronenemissionstomographie. Ein anderes Verfahren, das auch beim Menschen anwendbar ist, ist die **Positronenemissionstomographie** (PET, s. Abschn. 26.4.4). Damit lassen sich bestimmte Rezeptoren (etwa Dopaminrezeptoren) im menschlichen Gehirn darstellen. Man muss zu diesem Zweck eine radioaktive Substanz mit kurzer Halbwertszeit in den Blutkreislauf einbringen, die an den fraglichen Rezeptor bindet. Durch die räumliche Analyse der von dieser Substanz ausgesandten Positronenstrahlung kann man dann auf die

Dichte bzw. Aktivität – z. B. blockiert/nicht blockiert – der zu untersuchenden Rezeptoren schließen (s. Abb. 21.1).

Isolierte Zellpräparate. Biochemische Zusammenhänge zwischen bestimmten Substanzen und Stoffwechselfunktion der lebenden Zelle können zunehmend auch am isolierten zellulären Präparat untersucht werden. Damit lassen sich sehr genau Rezeptordichten und -typen bestimmen.

Klonieren. Ebenso ist es möglich, Rezeptoren zu klonieren. Dabei kann auf der Grundlage des genetischen Codes in der mRNA in einem mehrstufigen und komplizierten Verfahren der Rezeptor in großer Zahl produziert werden.

Auf der Basis der modernen Techniken hat etwa seit Beginn der 1990er-Jahre ein enormer Erkenntnisgewinn stattgefunden. Diese Ergebnisse zur Zellfunktion dürften uns gemeinsam mit der weiteren Aufschlüsselung des menschlichen genetischen Codes und genetischer Detailmechanismen innerhalb weniger Jahre der Aufklärung pathogenetischer Mechanismen bei der Entstehung psychischer Krankheiten sehr viel näher bringen.

21.1.3 Serotonin und psychische Störungen

Im menschlichen Organismus wird Serotonin (5-Hydroxytryptamin = 5-HT) aus der Aminosäure L-Tryptophan gebildet. Diese Aminosäure ist in eiweißhaltigen Nahrungsmitteln wie z. B. Milchprodukten, Geflügel, Fisch, Sojabohnen und Erdnüssen enthalten. Sie kann die Blut-Hirn-Schranke passieren und wird über zwei enzymatisch ablaufende Zwischenschritte zu Serotonin umgewandelt (s. Abb. 21.2). Serotonin gehört, da es eine einzelne Aminogruppe besitzt, zur Klasse der **Monoamine**, gemeinsam mit Adrenalin, Noradrenalin und Dopamin.

Serotonin wird im Organismus durch das Enzym Monoaminoxidase (MAO) abgebaut.

Serotonerge Verbindungen. Beim serotonergen System handelt es sich um das weitreichendste Transmitter-

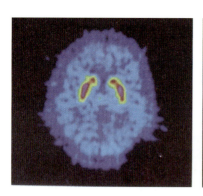 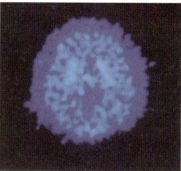 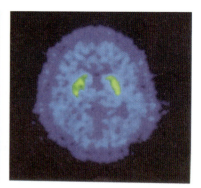

Abbildung 21.1 PET-Aufnahmen im Zusammenhang mit Neuroleptikawirkung. Die drei Testpersonen, deren Gehirne hier untersucht wurden, hatten alle die Substanz Raclorid eingenommen, die spezifisch an D2-Rezeptoren bindet. Das Raclorid wurde zuvor mit dem radioaktiven Kohlenstoffisotop ^{11}C markiert, das Positronen emittiert und dadurch das Raclorid detektierbar macht. Da sich die Substanz in den Basalganglien anreichert, werden aus dieser Gehirnregion besonders viele Positronen emittiert.
Die Person, deren PET-Bild links gezeigt ist, nimmt keine antipsychotischen Medikamente ein. Wie an den roten (sehr viel ^{11}C) und gelben (viel ^{11}C) Bereichen zu erkennen ist, bindet bei dieser Person sehr viel ^{11}C-Raclorid an die D2-Rezeptoren in den Basalganglien.
Die zweite Person (mittleres Bild) wird mit dem Neuroleptikum Haloperidol behandelt. Dieses Medikament ist ein starker D2-Ligand und besetzt die Rezeptoren in den Basalganglien nahezu vollständig, sodass ^{11}C-Raclorid praktisch nicht mehr binden kann. Die Basalganglien erscheinen daher in diesem Bild genau wie alle anderen Hirnregionen blau.
Die Person, deren PET-Bild rechts gezeigt ist, nimmt Clozapin ein, das nicht so stark an D2-Rezeptoren bindet wie Haloperidol. Es tritt entsprechend weniger mit ^{11}C-Raclorid in Konkurrenz, sodass eine gewisse Menge ^{11}C-Raclorid binden kann, woraus ein schwach gelbes Signal folgt. Clozapin blockiert auch in Konzentrationen, die bereits eine antipsychotische Wirkung hervorrufen, nur einen Teil der D2-Rezeptoren in den Basalganglien (erkennbar daran, dass immer noch viele Rezeptoren frei sind (gelb), an die sich das ^{11}C-Raclorid anlagern kann)

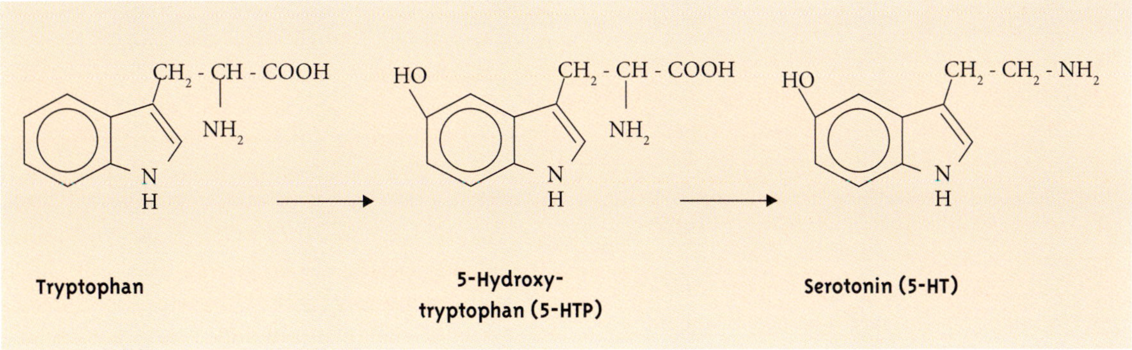

Abbildung 21.2 Biosynthese des Serotonins (5-HT)

system des Gehirns. Die Zellkörper serotoninproduzierender Neuronen sind fast ausschließlich in den Raphe-Kernen des Hirnstamms lokalisiert (s. Abb. 21.3). Von hier aus ziehen besonders zahlreiche Axone
- zum Rückenmark (mit einer Beteiligung bei der Regulation von Sexualreflexen),
- zum Hirnstamm (Zuständigkeit für Hustenreflexe, Übelkeit, Schlaf-Wach-Regulation),
- zum Hypothalamus (Regulation der Nahrungsaufnahme),
- zum limbischen System, v. a. Amygdala, Gyrus cinguli (Einflüsse auf die Stimmung und Erzeugung von Angst),
- zu den sensorischen Arealen des Neokortex (Abbild unseres Reizumfeldes),
- zum Frontallappen (Regulation von Stimmungen).

Bedeutung des Serotonins für das Verhalten. Serotonin ist an einer Vielzahl von grundlegenden Steuerungsprozessen für psychische und physiologische Reaktionen beteiligt:
- Es beeinflusst die Stimmungslage, was schon daraus hervorgeht, dass reduzierte Tryptophanaufnahme über die Nahrung zu Stimmungstiefs führen kann.
- Es greift in die Aktivität der HPA-Achse ein und moduliert damit die für den Gesamtorganismus sehr bedeutsame Stressreaktion (s. Abschn. 17.1.2).
- Es spielt eine Rolle bei der Regulation der Nahrungsaufnahme und der Körpertemperatur.
- Es wirkt bei der Schlafregulation mit.
- Es moduliert die sexuelle Aktivität und die Aggression, also zwei wichtige, sozial bedeutsame Faktoren.
- Es beeinflusst die sensorische Informationsverarbeitung, u. a. auch das Schmerzempfinden.
- Die synthetische Droge LSD (s. Abschn. 22.7.1), die Halluzinationen und Wahrnehmungsveränderungen auslöst, wirkt über eine Beeinflussung des serotonergen Systems.

Verschiedene Serotoninrezeptoren. Es existieren sieben Klassen von Serotoninrezeptor-Subtypen: 5-HT$_1$ bis 5-HT$_7$. Teilweise sind dazu wiederum verschiedene Untertypen bekannt. Die Rezeptoren sind in den verschiedenen Gehirngebieten sehr ungleich verteilt. Die aktuell vorherrschende Dichte eines bestimmten Rezeptorsubtyps in einem bestimmten Hirngebiet kann innerhalb kurzer Zeit herauf- oder heruntergefahren werden. Damit wird erklärlich, dass das Serotonin sehr unterschiedliche und fluktuierende Wirkungen auf das Erleben und Verhalten ausüben kann.

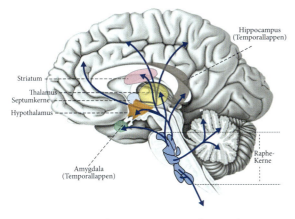

Abbildung 21.3 Wichtige serotonerge Bahnen. Die serotoninproduzierenden Neuronen haben ihre Zellkörper in den Raphe-Kernen des Hirnstamms. Von dort ziehen zahlreiche Axone zu unterschiedlichen Gehirngebieten

> **Zusammenfassung**
>
> Die serotonergen Neuronen erreichen mit ihren Aussprossungen eine Vielzahl von Gehirngebieten. Serotonerge Bahnen haben ihren Ursprung vor allem in den Raphe-Kernen, von denen aus Verbindungen u. a. zu Regulationszentren des Rückenmarks und des Hypothalamus ziehen. Außerdem werden das limbische System, die sensorischen Areale des Neokortex und Regionen des Frontalkortex erreicht. Schließlich greift Serotonin auch in die Aktivität der HPA-Achse ein.
>
> Es existieren zahlreiche Serotoninrezeptor-Subtypen, die in den verschiedenen Gehirngebieten ungleich verteilt sind. Daher sind die Auswirkungen des Serotonins auf Erleben und Verhalten sehr komplex.

Serotonin und Depression

Das Krankheitsbild der Major Depression

Die **Major Depression** ist die charakteristischste, aber auch besonders schwere Form einer depressiven Episode. Aufgrund verschiedener epidemiologischer Untersuchungen geht man von einer Lebenszeitprävalenz für eine depressive Episode von 12 bis 17 % aus. (Unter Lebenszeitprävalenz versteht man das Auftreten einer Erkrankung in der bis zum Erhebungszeitpunkt verstrichenen Lebenszeit des Befragten.)

Symptomatik. Eine Episode der Major Depression geht mit einer anhaltenden Traurigkeit und Mutlosigkeit einher. Die meisten Patienten berichten, sie fühlten sich leer, oder sie hätten jegliche Freude am Leben verloren. Häufig zeigt sich auch ein vermindertes Interesse an Dingen, mit denen sie sich vorher gerne beschäftigten. Generell liegt eine Antriebsschwäche und ein Energieverlust vor. Häufig leiden die Betroffenen unter Schlafstörungen, meist verbunden mit großer Tagesmüdigkeit. Auch eine deutliche Gewichtsveränderung, meist als Gewichtsverlust ohne organische Ursache, wird bei depressiven Patienten beobachtet.

Nicht selten erleben die Patienten neben ihrer depressiven Stimmung auch Schuldgefühle, die bisweilen wahnhafte Züge annehmen können. Die Beschäftigung mit dem eigenen Tod (der in diesem Zustand als Erlösung gelten kann) gipfelt häufig in Selbstmordgedanken bis hin zu konkreten Plänen oder tatsächlichen Suizidversuchen. Viele Betroffene berichten

kognitive Einbußen, insbesondere Störungen der Aufmerksamkeit und Konzentrationsfähigkeit.

Diagnosekriterien. Damit die Diagnose einer Major Depression gestellt werden kann, müssen eine bestimmte Kombination der geschilderten Symptome mindestens über zwei Wochen bestehen und erkennbares Leiden oder soziale Beeinträchtigungen vorliegen. Auch darf dieser Zustand nicht durch eine körperliche Erkrankung oder eine Substanzwirkung – z. B. durch Drogen oder Medikamente – verursacht sein. Details der diagnostischen Kriterien finden sich im »Diagnostischen und statistischen Manual psychischer Störungen« (**DSM-IV**).

Nichtmedikamentöse Therapieverfahren der Depression

Im Zusammenhang mit der Therapie der Depression sind einige Verfahren von Bedeutung, die zwar nicht pharmakologischer Natur sind, aber mit hoher Wahrscheinlichkeit auch in das Wirkungsgefüge der Neurotransmitter eingreifen. Wichtige Beispiele sind die Lichttherapie, der Schlafentzug und die Elektrokrampftherapie. Die genauen Vorgänge bei diesen unspezifisch auf die Hirnchemie wirkenden Verfahren sind zum größten Teil noch unklar. Im Gegensatz zu den pharmakologischen Verfahren, die bestimmte Transmittersysteme mehr oder weniger gezielt beeinflussen, wird hier vermutlich eher ein pauschaler Eingriff in das gesamte Zusammenspiel der Transmittersysteme vorgenommen.

Lichttherapie. Die Lichttherapie ist mittlerweile ein relativ etabliertes Verfahren zur Behandlung einer Sonderform der Depression, der saisonal abhängigen Depression (**SAD**). Bei dieser Form der Depression treten die Symptome regelmäßig, aber mit unterschiedlicher Intensität im Herbst/Winter auf und verschwinden im Frühjahr/Sommer, evtl. können sie im Frühjahr/Sommer auch in eine **Hypomanie** übergehen.

Im Vordergrund steht hier während der Wintermonate ein verminderter Antrieb gemeinsam mit einer depressiven Verstimmung. Auffallend und eher untypisch für eine Depression im eigentlichen Sinne ist in diesem Zeitraum der vermehrte Appetit, die Gewichtszunahme und das erhöhte Schlafbedürfnis bei vermehrter Tagesmüdigkeit. Neben der Lichttherapie kann die Behandlung der SAD auch mit Antidepressiva durchgeführt werden.

Exkurs

Bei der Lichttherapie wird eine Beleuchtungsstärke von 2.500–10.000 Lux angewandt, dies entspricht etwa dem 5- bis 20-fachen einer normalen Raumbeleuchtung. Die Patienten sollten zu Beginn der Therapie mindestens zwei Stunden dieser Beleuchtungsstärke ausgesetzt sein (morgens und/oder abends), wobei die Lichtquelle etwa 0,5 m von den Augen entfernt ist. Während der Beleuchtung können die Patienten lesen, schreiben oder anderen Tätigkeiten nachgehen, die es ihnen erlauben, den Abstand von der Lichtquelle einzuhalten. Sie sollen allerdings ca. jede Minute ein paar Sekunden direkt in die Lichtquelle blicken.

Die antidepressive Wirkung dieser Therapie setzt i. Allg. bereits nach 3–4 Tagen ein, wenn es sich um eine echte SAD handelt. Bei anderen depressiven Krankheitsbildern kann die Wirkung – wenn überhaupt – erst nach 1–2 Wochen erwartet werden. Der Wirkmechanismus der Lichttherapie ist noch nicht befriedigend aufgeklärt. Die derzeit vielversprechendste Hypothese besteht darin, dass bei den SAD-Patienten das serotonerge System besonders vulnerabel ist. Als Folge davon kommt es durch komplexe Wechselwirkungen mit Neurotransmittern, die bei der Verarbeitung von Lichtsignalen beteiligt sind, während der dunklen Jahreszeit zu einer Absenkung des Serotoninspiegels und damit zu depressiver Verstimmung. Dieser Regulationsfehler lässt sich durch die verstärkte Zufuhr von Licht kompensieren.

Schlafentzugstherapie. Von einiger Bedeutung zur Behandlung der Depression ist die Schlafentzugstherapie. Auch hier ist der Wirkmechanismus nicht aufgeklärt. Es werden verschiedene Erklärungsansätze diskutiert. Bei der sog. **Phase-Advance-Hypothese** wird davon ausgegangen, dass man den Patienten in einer für sie »kritischen Phase«, die auf den normalen Ablauf des Schlafs zusätzlich aufgesetzt ist, den Schlaf entziehen muss. Diese kritische Schlafphase komme dadurch zustande, dass bei den Patienten eine Rhythmusverschiebung gegenüber dem regulären Schlaf-Wach-Zyklus stattgefunden habe und eine weitere Schlafphase hinzugekommen sei. Bei der Schlafentzugstherapie wird nun diese kritische Schlafphase wieder »entfernt«. Das werde auch zur Reduzierung von REM-Schlaf führen und damit die Neurotransmitterbalance des Gehirns zu einer eher noradrenerg dominierten Lage führen (s. »REM-off«-Mechanismus, Abschn. 20.4.5).

Bei der praktischen Durchführung der Schlafentzugstherapie gibt es verschiedene Varianten, die von einem totalen Schlafentzug von maximal 40 Stunden bis zu einem selektiven REM-Schlafentzug reichen. Der antidepressive Effekt tritt sehr schnell ein, oft schon nach dem ersten Tag des Schlafentzugs. Eine vollständige und andauernde Verbesserung der Symptomatik nach einem einmaligen Schlafentzug ist jedoch relativ selten (nur bei etwa 5 % der Patienten).

Elektrokrampftherapie. Bei der **Elektrokrampftherapie** (EKT) wird meist an einer Hemisphäre – i. Allg. der nichtdominanten – durch Anlegen eines Stroms ein generalisierter Krampfanfall, vergleichbar einem epileptischen Anfall, ausgelöst. Die Behandlungen werden meist sechs- bis zwölfmal mit jeweils mindestens 48 Stunden Pause vorgenommen. Der Verkrampfung der Muskulatur infolge der Elektrostimulation wird durch Gabe eines Muskelrelaxans vorgebeugt. Die EKT wird heute unter Kurznarkose durchgeführt, sodass sie von den Patienten meist nicht als belastend erlebt wird. Unerwünschte Wirkungen können kurzzeitige leichte Verwirrungszustände oder Gedächtnisstörungen sein, die jedoch meist nicht anhalten.

Mit dieser immer noch umstrittenen Methode konnten empirisch gute Erfolge z. B. bei ansonsten therapieresistenten Depressionen oder der lebensbedrohlichen perniziösen Katatonie – einer hoch-fieberhaften Bewegungsstarre – beobachtet werden. Über den langfristigen Erfolg und mögliche Spätschäden ist die Debatte noch nicht abgeschlossen.

Zusammenfassung

Zu den nichtmedikamentösen Therapieverfahren der Depression gehören die Lichttherapie, der Schlafentzug und die Elektrokrampftherapie. Die Lichttherapie ist relativ erfolgversprechend bei der Behandlung saisonal abhängiger Depression (SAD). Die Schlafentzugstherapie dürfte nur für eine relativ kleine Gruppe depressiver Patienten erfolgversprechend sein. Die Elektrokrampftherapie (EKT) kann dann das Mittel der Wahl sein, wenn eine pharmakologische Therapie bei schwersten depressiven Zuständen erfolglos bleibt.

Serotoninhypothese der Depression

In klinischen Untersuchungen an psychiatrischen Patienten im Vergleich zu Gesunden wurden häufig Veränderungen des serotonergen Systems beobachtet. Insbesondere im Falle der Major Depression konnte eine reduzierte Aktivität des serotonergen Systems beobachtet werden. Dies führte zur Serotoninhypothese der Depression. Unterstützung fand diese Hypothese u. a. dadurch, dass man im Liquor depressiver Patienten, die einen Suizidversuch unternommen hatten, eine reduzierte Konzentration eines Serotoninmetaboliten (5-HIAA) nachweisen konnte.

Allerdings ist die Serotoninhypothese der Depression bis heute nicht zweifelsfrei belegt.

Das serotonerge System scheint jedenfalls bei großen Subgruppen Depressiver mit betroffen zu sein. Allerdings müssen auch andere Regulationssysteme wie das noradrenerge und das dopaminerge System (v. a. bei psychotischen Episoden im Rahmen einer Depression, s. u.) sowie die HPA-Achse bei diesem Krankheitsbild berücksichtigt werden.

Nicht nur bei depressiven Patienten, sondern auch bei Patienten mit Angst-, Ess- und Schlafstörungen wurden Veränderungen in einzelnen Komponenten des serotonergen Systems beobachtet. Häufig treten diese Störungsbilder auch zusammen mit einer Depression auf. Einige Autoren sprechen daher von einem generellen Serotonindysfunktionssyndrom, das affektive Verstimmung, Ängste, Suizidalität, Essstörungen, aber auch chronische Schmerzen, Alkoholismus und Migräne umfassen soll.

Serotonin und Essstörungen

Die beiden am häufigsten diagnostizierten Essstörungen sind die **Anorexie** (Anorexia nervosa) und die **Bulimie** (Bulimia nervosa).

Für die Anorexie geht man für die Altersgruppe der 15- bis 35-jährigen Frauen von einer Punktprävalenz (d. h. dem Vorkommen der Erkrankung zu einem fixen Beobachtungszeitpunkt) von 0,5 bis 1,5 % aus. Für die Bulimie liegt der entsprechende Bereich zwischen 0,5 und 3 %. Beide Störungen werden bei Frauen etwa zehnmal häufiger als bei Männern beobachtet. Dies dürfte einerseits auf hormonelle Unterschiede, andererseits aber auch auf gesellschaftliche Einflüsse, die Frauen traditionellerweise auf ein bestimmtes Schönheitsideal (u. a. Schlankheit) festlegen, zurückzuführen sein. Für die Bedeutung gesellschaftlicher Zwänge

spricht auch die Zunahme dieser Essstörungen bei Männern innerhalb der letzten Jahre. Auch hier wurde zunehmend die schlanke Figur zu einem wichtigen Ziel. Beide Störungen beginnen häufig in der Adoleszenz oder dem frühen Erwachsenenalter. Die Bulimie scheint im Durchschnitt etwas später aufzutreten als die Anorexie.

Bei der Anorexie sind die Betroffenen deutlich untergewichtig und weigern sich dennoch, normal zu essen. Wird diese Krankheit nicht behandelt, zeigt sich im späteren Stadium eine sog. **Kachexie** mit schwerwiegenden organischen Schädigungen aufgrund der Unterversorgung mit Nährstoffen. In diesen Fällen müssen die Patientinnen zwangsernährt werden, da sie ansonsten verhungern.

Symptomatik. Sowohl bei der Anorexie als auch bei der Bulimie haben die Patientinnen Sorge, zu viel zu essen und damit an Gewicht zuzulegen. Während die Anorektikerinnen jedoch das Essen radikal einschränken und dabei extrem abmagern, fällt die Bulimie äußerlich weniger ins Auge. Viele Bulimikerinnen sind normalgewichtig und haben ein gepflegtes Äußeres. Ihre Störung zeigt sich in Attacken von Heißhungeranfällen, in denen sie unkontrolliert beträchtliche Mengen an Essbarem zu sich nehmen, und dem anschließend selbst herbeigeführten Erbrechen. Während der »Fressattacken« haben die Patientinnen das Gefühl, keine Kontrolle über ihr Verhalten zu haben, sodass sie die Nahrung fast zwanghaft aufnehmen müssen. Anschließend erleben sie häufig Schuldgefühle und versuchen, die unkontrollierte Nahrungsaufnahme rückgängig zu machen. Neben dem Erbrechen setzen sie oft zusätzlich Abführmittel ein.

Die Beschäftigung mit dem eigenen Körper steht für Essgestörte häufig im Mittelpunkt ihres Lebens. In vielen Fällen – insbesondere bei Patientinnen mit Anorexie – dürfte der Störung ein verändertes Körperbild zugrunde liegen. Die Patientinnen nehmen sich selbst als wesentlich dicker wahr, als sie tatsächlich sind.

Behandlung. Die psychotherapeutische Behandlung setzt häufig an der Veränderung des Körperschemas in Richtung einer realistischeren Einschätzung an. Obwohl beide Störungsbilder gewisse Ähnlichkeiten aufweisen, zeigen sich in der Behandlung Unterschiede. Bei Bulimikerinnen werden seit einiger Zeit neben verhaltenstherapeutischen Maßnahmen auch Antidepressiva, hier insbesondere gezielt serotonerg wirkende Medikamente wie selektive Serotonin-Wiederaufnahmehemmer (s. Abschn. 21.2.2), eingesetzt. Hier findet möglicherweise die klinisch-phänomenologische Nähe zwischen Bulimie und Zwangsstörung (s. u.) eine biochemische Entsprechung. Eine erhöhte Komorbidität der Bulimie mit der Depression stützt ebenfalls die Hypothese eines veränderten serotonergen Systems bei den betroffenen Patientinnen. Leider scheint die Anorexie nicht in demselben Maße auf psychopharmakologische Interventionen anzusprechen.

Serotonin und Zwangsstörungen

Die Lebenszeitprävalenz für Zwangsstörungen liegt bei 2,5 % der Allgemeinbevölkerung. Der Patient wird von Zwangshandlungen und/oder Zwangsgedanken beherrscht. So fühlt er sich wie durch einen inneren Befehl gezwungen, bestimmte Handlungen auszuführen, wie z. B. sich immer wieder zu waschen oder wiederholt in kürzesten Abständen zu kontrollieren, ob er den Herd ausgeschaltet hat. Auch können sich ihm bestimmte, meist unangenehme und quälende Gedanken, Ideen, Vorstellungen oder Impulse immer wieder aufdrängen, von denen er sich nicht ablenken kann. Jeder Widerstand gegen die Zwangsgedanken oder -handlungen scheitert. Ein Missachten der inneren Befehle und Gedanken ruft Angst hervor. Diese Angst wird als starke Belastung erlebt und verursacht einen hohen Leidensdruck.

Zwangsstörungen können in Beziehung zu den Essstörungen gesetzt werden, die sich teilweise wie eine zwanghafte Beschäftigung mit dem Essen äußern (s. o.). Viele Essgestörte leiden gleichzeitig unter Wasch-, Kontroll- und Ordnungszwängen. Häufig kommt zu einer Zwangsstörung später eine Depression hinzu.

Medikamentöse Behandlung. Zwangserkrankungen scheinen in besonderem Maße mit dem serotonergen System verbunden zu sein. Dieser Zusammenhang lässt sich daraus ableiten, dass Pharmaka, die fördernd in die Funktion des serotonergen Systems eingreifen (z. B. selektive Serotonin-Wiederaufnahmehemmer) als einzige Medikamentengruppe eine deutliche Wirksamkeit bei der Behandlung von Zwängen aufweisen. Sie entfalten ihre positive Wirkung auf die Symptomatik bei Zwangskranken wie auch bei Depressiven i. Allg. erst mit einer zeitlichen Verzögerung von einigen Wochen. Dafür könnten Feedback- und Umbaumechanismen an der serotonergen Synapse sorgen, die eine verzögerte Wiedereinstellung des normalen Serotoninrezeptor-Gleichgewichts bedingen.

> ! Die Serotoninhypothese der Depression besagt, dass bei den Betroffenen eine Minderfunktion bei der serotonergen Signalübertragung vorliegt. Auch bei Patienten mit Ess- und Zwangsstörungen wird von Veränderungen in der Funktion des serotonergen Systems ausgegangen.

21.1.4 Noradrenalin und sein Bezug zur Depression

Der Transmitter Noradrenalin gehört gemeinsam mit Adrenalin und Dopamin zur Gruppe der Katecholamine (s. Abschn. 5.2.2). Noradrenalin spielt insbesondere innerhalb des peripheren vegetativen Nervensystem eine wichtige Rolle, wo es der Transmitter der postganglionären sympathischen Neuronen ist. Im ZNS wird Noradrenalin vor allem im Locus coeruleus des Tegmentums und einigen kleineren Kerngruppen in der Nachbarschaft gebildet. Von dort gelangt es über lange aufsteigende oder absteigende Fasern zu den Synapsen in unterschiedlichen Hirnarealen. So findet sich Noradrenalin im Hypothalamus und Thalamus, im limbischen System (v. a. im Hippocampus), im Cerebellum und im gesamten Neokortex.

Noradrenalinhypothese der Depression. Auch im noradrenergen System dürften bei der Depression Abweichungen vom Normalzustand vorliegen. Bereits vor der Serotoninhypothese wurde die Noradrenalinhypothese der Depression aufgestellt, die eine reduzierte Aktivität des noradrenergen Systems als ursächlich für die depressive Stimmung ansah. Es fehlen allerdings bisher eindeutige Belege dafür, dass bei depressiven Patienten durchgängig ein Noradrenalinmangel im Gehirn herrscht. Jedoch konnte nachgewiesen werden, dass der Erfolg von Antidepressiva aus der Klasse der Noradrenalin-Wiederaufnahmehemmer bei denjenigen Patienten besonders groß war, bei denen die Noradrenalinmetaboliten im Gehirn zunächst reduziert waren. Auch hat sich gezeigt, dass in der Folge einer antidepressiven Pharmakotherapie mit unterschiedlichen Substanzen die Dichte von α_2- und β_1-adrenergen Rezeptoren abnimmt. Dies dürfte eine Folge der jetzt erhöhten Verfügbarkeit von Noradrenalin im synaptischen Spalt sein. Interessanterweise zeigt die Herunterregulation der Noradrenalinrezeptoren einen ähnlichen Zeitverlauf – im Regelfall über zwei bis drei Wochen – wie der klinisch-therapeutische Effekt der antidepressiven Therapie.

Ein gewisser Prozentsatz depressiver Patienten spricht auf selektiv wirkende Noradrenalinagonisten sehr gut an, auf Serotoninagonisten dagegen weniger gut. Dies weist darauf hin, dass die Ursache der Depression weniger in der Fehlfunktion eines einzelnen Transmittersystems zu suchen ist, sondern eher eine Dysregulation im Zusammenspiel mehrerer Transmittersubstanzen und Rezeptortypen vorliegt. Auch ist daran zu denken, dass es hinsichtlich der neurochemischen Prozesse verschiedene Depressionstypen geben kann.

Zusammenfassung

Neben der reduzierten Aktivität im serotonergen System ist bei der Depression auch von einer Dämpfung der noradrenergen neuronalen Übertragung auszugehen. Hierfür spricht v. a. der Erfolg der Noradrenalin-Wiederaufnahmehemmer bei der Depressionsbehandlung. Allerdings ist die Ursache der Depression kaum in der Dysfunktion eines einzelnen Transmittersystems zu suchen, sondern eher in einer Dysregulation beim Zusammenspiel mehrerer Transmittersubstanzen und Rezeptortypen.

21.1.5 GABA und sein Bezug zu Angststörungen

Angststörungen im Überblick

Man kennt eine Fülle verschiedener Angststörungen, die sich sowohl phänomenologisch hinsichtlich ihrer Symptomatik als auch in Bezug auf die jeweils wirksamste Therapie unterscheiden. Demzufolge ist auch kein übergreifender, generell gültiger neurochemischer Wirkungsmechanismus für Angstkrankheiten anzunehmen.

Panikstörung. Die Lebenszeitprävalenz der Panikstörung wird mit 1,5 bis 3,8 % angegeben. Bei einer Panikstörung treten plötzliche Attacken übermäßiger, unkontrollierbarer Angst auf, die von massiven körperlichen Symptomen wie Zittern, Schweißausbrüchen und Herzklopfen begleitet sind. Dieser Zustand ist vergleichbar mit dem in einer extremen Stresssituation. Da Panikattacken die Patienten meist völlig unvorbereitet ohne erkennbaren äußeren Anlass überfallen, führt es bei vielen Patienten zu Todesangst und ständi-

gen Befürchtungen im Alltag, dass eine solche Attacke erneut auftreten könnte.

Panikattacken können mit unterschiedlichen Substanzen (wie Natriumlaktat, Kohlendioxidinhalation, Serotoninagonisten, α_2-Adrenoantagonisten, Benzodiazepinantagonisten u. a.) künstlich ausgelöst werden. Die verschiedenen Substanzen sind allerdings jeweils nur bei einer Subgruppe der Patienten wirksam. Es scheinen der Panikauslösung also unterschiedliche neurochemische Mechanismen zugrunde zu liegen. Neben dem GABAergen System dürfte auch das serotonerge System – z. B. im Sinne einer Hypersensitivität serotonerger Neuronen – involviert sein: Es haben sich neben Benzodiazepinen auch selektive Serotonin-Wiederaufnahmehemmer bei der Panikstörung als wirksam erwiesen. Die genauen neurochemischen Regulationsmechanismen sind jedoch noch unklar.

Phobien. Die **Phobien** sind Ängste, die sich auf bestimmte Objekte oder Situationen beziehen. Ihre Lebenszeitprävalenz liegt je nach Art der Phobie etwa zwischen 2 und 8 %. Das Erleben unkontrollierbarer, überwältigender Angst ähnelt der Panikattacke. Die Angst kann zu teilweise gravierenden Einschränkungen im Alltagsleben führen. So verlassen manche Agoraphobiker (s. u.) das Haus nicht mehr, und Patienten mit sozialer Phobie leben einsam und isoliert, da sie sich dem zwischenmenschlichen Kontakt nicht gewachsen fühlen. Das Vermeidungsverhalten dieser Menschen kann bis zum Verlust des Arbeitsplatzes, zu finanziellen Problemen und vollkommener sozialer Isolation führen.

Phobiearten. Häufig sind Spinnen- oder Schlangenphobien. Ebenfalls relativ verbreitet ist die Höhenangst und die sog. **Klaustrophobie**, also die Angst vor engen, geschlossenen Räumen. Bei der Agoraphobie fürchten sich die Patienten vor öffentlichen Plätzen mit vielen Menschen. Bei der Soziophobie erleben Betroffene die Kommunikation mit anderen Menschen als furchteinflößend und ziehen sich aus dem zwischenmenschlichen Kontakt zurück. Bei der Herzphobie haben die Patienten Angst, einen Herzanfall zu erleiden, und beobachten ihren Körper übergenau, um ja kein Anzeichen dafür zu übersehen. Im Extremfall begeben sie sich nur noch an Orte, die in geringer Entfernung zu einer Klinik oder einer Arztpraxis liegen.

Durch das Vermeiden von phobischen Situationen wird die Phobie stabilisiert. So erfährt ein Prüfungsängstlicher, der zur gefürchteten Prüfung nicht er-

21 Psychische Störungen – Transmitterprozesse und Psychopharmakotherapie

scheint, zunächst eine große Erleichterung. Vor der nächsten Prüfung wird er jedoch vermutlich wieder Angst erleben und sich u.U. erneut durch Nichterscheinen zu entziehen versuchen, um die Erleichterung wiederzufinden, statt die angstbelastete Situation aufzusuchen.

Behandlung der Phobie. Verhaltenstherapeutische Ansätze basieren häufig darauf, den Patienten mit der angstbelasteten Situation zu konfrontieren (auch in der Imagination), wobei aber die Entstehung der Angst verhindert werden soll (etwa durch muskuläre Entspannung). Der Erfolg einer solchen Therapie könnte mit der Etablierung neuer synaptischer Verbindungen zusammenhängen. Die enge neuronale Kopplung zwischen der Repräsentation des phobischen Reizes im Gehirn mit angstauslösenden Strukturen kann durch das Entstehen anderer synaptischer Verbindungen »aufgeweicht« werden. So kann nach Erleben des friedlichen Kontaktes mit einer vorher gefürchteten Katze und dem systematischen Aufbau von angenehmen Erinnerungen – weiches Fell, anschmiegsam, zutraulich, Wohlgefühl etc. – die unwillkürliche Aktivierung der Angststrukturen (vermutlich durch neuronale Verschaltungen in der Amygdala) verhindert werden.

Verhaltenstherapeutische Maßnahmen sind in der Behandlung von Phobien sehr erfolgreich. Im Regelfall sind sie der rein medikamentösen Behandlung im Hinblick auf die langfristigen Erfolgsaussichten überlegen. Benzodiazepine (s. Abschn. 21.2.5) können zwar ebenfalls die angstbedingte Anspannung kurzfristig reduzieren, sie führen jedoch nicht selten zu Abhängigkeit: Der Patient lernt, das Abflauen der Angst mit der Einnahme des Medikaments zu assoziieren, wobei er ohne die Medikamenteneinnahme unverminderte Angst verspürt.

Der Transmitter GABA bei Angst und anderen Störungen

GABA ist der wichtigste inhibitorische Transmitter im Gehirn. Es spielt sowohl bei der präsynaptischen als auch bei der postsynaptischen Inhibition zerebraler sowie spinaler Neurone eine entscheidende Rolle. Für GABA wurden bisher drei Rezeptorsubtypen identifiziert: der $GABA_A$-, der $GABA_B$- und der $GABA_C$-Rezeptor.

GABA als Angstlöser. Im gesamten limbischen System finden sich zahlreiche GABAerge Synapsen. In der Amygdala, dem für die Angstkonditionierung maßgeb-

lichen Hirnareal, sind diese besonders hoch konzentriert. Von daher ist plausibel, dass GABA hier durch Hemmung anderer – u.U. an der Angstentstehung beteiligter – Neuronen angstlösend wirken kann. Für den Fall, dass eine Angststörung von der Amygdala ausgeht, ist ihre Ursache vermutlich nicht eine Unterfunktion des GABAergen Systems, sondern es liegt eher eine Überfunktion eines aktivierenden Systems (z.B. des serotonergen oder noradrenergen) vor. Diese kann dann durch die Aktivität des GABAergen Systems nicht in ausreichendem Maße kompensiert werden. Die Behandlung durch Substanzen, die wie die Benzodiazepine fördernd auf das GABAerge System wirken, mildert zwar im kurzfristigen Zeitbereich den Angstzustand, kann jedoch i. Allg. die Angststörung nicht langfristig beseitigen.

GABA als Hemmer der Stressachse. Das GABAerge System scheint bei einer Stressreaktion der Aktivität der Hypothalamus-Hypophysen-Nebennieren-Achse (HPA-Achse, s. Abschn. 17.1.2) entgegenzuwirken. Die Konzentration des Kortikotropin-Releasing-Hormons (CRH) kann in einigen Hirnarealen durch Benzodiazepine gesenkt werden. Die Reduktion des CRH, das selbst Unruhe und Erregung hervorrufen kann, wirkt demzufolge beruhigend und angstlösend. Es kann davon ausgegangen werden, dass durch eine solche Hemmung auch die Interaktion der Stressachse mit anderen aktivierenden Transmittersystemen, v. a. dem noradrenergen System, geschwächt wird.

GABA und Alkohol. Im Zusammenhang mit dem Alkoholismus (s. Abschn. 22.3) spielt GABA eine wichtige Rolle. Alkohol stimuliert den $GABA_A$-Rezeptor. Bei Alkoholismus hat sich das GABAerge System der ständigen Stimulation angepasst, indem die $GABA_A$-Rezeptorendichte herunterreguliert wurde. Bei Alkoholentzug entsteht wegen der dann reduzierten Hemmung eine Hyperaktivität einiger Gehirnsysteme. Dadurch kommt die typische Unruhe, Angst und Nervosität bis hin zum Alkoholdelir zustande.

GABA und Gedächtnis. Neben der Amygdala finden sich auch im Hippocampus zahlreiche GABAerge Synapsen. Es ist demnach nicht verwunderlich, dass GABA eine Rolle in der Regulation sowohl des expliziten (Hippocampus) als auch impliziten (Amygdala) Gedächtnisses (s. Abschn. 24.6.3) spielt. Die Verstärkung der hemmenden GABA-Funktion kann somit Gedächtnisprozesse stören, wie dies im Zusammenhang mit Benzodiazepinen beobachtet wurde.

Zusammenfassung

GABA ist der wichtigste inhibitorische Transmitter im Gehirn. Es dürfte v. a. im limbischen System angstlösend wirken. Substanzen, die fördernd auf das GABAerge System wirken, wie die Benzodiazepine, können im kurzfristigen Zeitbereich einen Angstzustand mildern oder beseitigen.

Außerdem wirkt GABA dämpfend auf die Aktivität der Hypothalamus-Hypophysen-Nebennieren-Achse ein. So kann die Konzentration des Kortikotropin-Releasing-Hormons (CRH) und somit eine stressbedingte Überaktivierung durch Benzodiazepine gemildert werden. Da auch im Hippocampus zahlreiche GABAerge Synapsen angesiedelt sind, kann es durch pharmakologisches Eingreifen in die GABA-Wirkung zu Störungen von Lern- und Gedächtnisprozessen kommen.

21.1.6 Dopamin und sein Zusammenhang mit schizophrenen Psychosen

Der wichtigste Ansatz zur Erklärung der Schizophrenie auf der Basis neurochemischer Prozesse ist die sog. **Dopaminhypothese**. Für diese Hypothese sprechen zwei wichtige Befunde:

(1) Die zur Behandlung der Schizophrenie eingesetzten **Neuroleptika** sind großenteils Dopaminantagonisten (s. Abschn. 21.2.4).

(2) Durch Dopaminagonisten können schizophrenieähnliche Symptome hervorgerufen werden.

Damit liegt die Annahme nahe, dass bei der Schizophrenie eine Überfunktion im dopaminergen System bzw. in einem Subsystem davon vorliegt (Dopaminhypothese der Schizophrenie). Aufgrund der Tatsache, dass die antipsychotische Wirkung der Neuroleptika durch den Angriff dieser Substanzen am D2-Rezeptor vermittelt wird, konzentrierte man sich in der Forschung hauptsächlich auf die Prozesse an diesem Dopaminrezeptorsubtyp.

Das Krankheitsbild der Schizophrenie

Die Schizophrenie ist die am häufigsten vorkommende wahnhafte Störung. Ihre Lebenszeitprävalenz liegt bei 0,6 bis 1 % in der erwachsenen Bevölkerung (allerdings schwanken die Zahlen stark je nach Nation und Diagnosekriterien). In besonders schwerer und auffallender Form weichen hier Denken, Wahrnehmen und Fühlen vom normalen Erleben ab. Zahlreiche Symptome, die auf Veränderungen in diesen Bereichen hinweisen, kommen in unterschiedlicher Kombination vor: So können die Patienten z. B. ihre Gedanken als fremd oder eingegeben empfinden. Häufig glauben sie, dass ihre Handlungen und die anderer Menschen durch fremde Mächte beeinflusst würden. Um solche Ideen herum spannen sie dann nicht selten große Wahnsysteme, die auf phantastische Art die Wahninhalte erklären sollen.

Man kann die Symptome der Schizophrenie in sog. Positiv- und Negativsymptome unterteilen. Zu den Positivsymptomen gehören: Denkstörungen formaler und inhaltlicher Natur, Ich-Störungen, Sinnestäuschungen, Halluzinationen und motorische Unruhe. Beispiele für Negativsymptome sind: Gefühl der innerlichen Leere, Schwierigkeiten beim Begreifen komplexer Zusammenhänge, Konzentrationsstörungen, Interessensverlust, Verarmung der sprachlichen Ausdrucksfähigkeit und eine reduzierte Mimik und Gestik.

Häufig kommen bei der Schizophrenie – überwiegend akustische – **Halluzinationen** vor. Prinzipiell können Halluzinationen in jeder Sinnesmodalität auftreten. Die höchsten Stufen des Wahrnehmungsapparates im Gehirn erhalten hier Informationen, die offenbar nicht von denen aus den Sinneskanälen unterscheidbar sind, sodass der Betroffene kaum Möglichkeiten zur Differenzierung zwischen wirklich und unwirklich hat. Die Halluzinationen, wenn vorhanden, sind häufig in das Wahnsystem des Patienten eingebunden.

Beim Gespräch mit einem schizophrenen Patienten fällt i. Allg. eine Zerfahrenheit im Denken und Reden auf. Die Patienten springen von einem Thema zum anderen. Häufig schaffen sie auch neue Worte (**Neologismen**), um ihre skurrilen Ideen zu beschreiben. Es können motorische Besonderheiten auftreten, die sich im Extremfall in völliger Bewegungslosigkeit (**Stupor**) oder auch in psychomotorischen Erregungszuständen ausdrücken können. Der Affekt ist häufig verflacht oder der Situation unangemessen. Auch fallen Einschränkungen der kognitiven Leistungsfähigkeit auf.

Bei vielen Patienten treten schizophrene Episoden, d. h. zeitliche Perioden besonderer Ausprägung der schizophrenen Symptomatik, wiederholt im Laufe des Lebens auf. Sie werden von symptomfreien Phasen unterbrochen. Es kann auch nur einmalig im Leben eine Episode mit schizophrenem oder wahnhaftem Charakter auftreten.

Behandlung. Angehörige und Freunde der Patienten stehen oft fassungslos vor dieser Persönlichkeits- und Wesensveränderung, die sie machtlos mit ansehen müssen. Vor der Entdeckung der antipsychotisch wirkenden Medikamente griffen Psychiater in ihrer Hilflosigkeit häufig zu Maßnahmen, die aus heutiger Sicht sehr fragwürdig sind. Vorrangiges Ziel war dabei, die oft agitierten Patienten ruhigzustellen. Dazu wurden sie in Zwangsjacken gesteckt, mit Wechselbädern behandelt oder psychochirurgischen Eingriffen unterzogen.

Seit Entdeckung der sog. Neuroleptika (s. Abschn. 21.2.4) konnten die Leiden vieler Patienten und ihrer Angehörigen gemindert werden. Um das Wiederkehren schizophrener Episoden bei chronisch kranken Patienten zu verhindern, müssen diese Medikamente jedoch häufig jahrelang und regelmäßig eingenommen werden, was i. Allg. nicht ohne Nebenwirkungen bleibt. Um die Bereitschaft zur medikamentösen Therapie nach Anweisung des Psychiaters zu erhöhen, werden heute Patienten und ihre Angehörigen über die biochemischen Grundlagen dieser Krankheit und die Medikamentenwirkung genau aufgeklärt. Psychotherapie kann wichtige unterstützende Arbeit leisten. Als alleinige Therapie ist sie bei Schizophrenie allerdings kaum wirksam.

Zur Bedeutung dopaminerger Bahnen

Im Gehirn existieren vier wichtige dopaminerge Bahnsysteme, die jeweils bestimmte Aufgaben erfüllen. Dies sind:
(1) die mesolimbische Bahn,
(2) die mesokortikalen Bahn,
(3) die nigrostriatale Bahn und
(4) das tuberoinfundibuläre System.

Die **mesolimbische** und die mesokortikale Bahn ziehen von der Area tegmentalis ventralis (einer Struktur des Mesenzephalons) zu limbischen bzw. kortikalen Gebieten (s. Abb. 21.4). Diese Bahnen nehmen ihren Ursprung von Kernen in der Substantia nigra. Bei der Schizophrenie beruhen eine Reihe von Symptomen wahrscheinlich auf einer Dysfunktion dieser Bahnen.

Mesolimbisch-mesokortikales Ungleichgewicht. Neuere Überlegungen gehen dahin, dass bei der Schizophrenie ein mesolimbisch-mesokortikales Ungleichgewicht vorliegt.

▶ In der **mesokortikalen Bahn**, die hauptsächlich zu frontalen Kortexarealen zieht, kommt es bei der

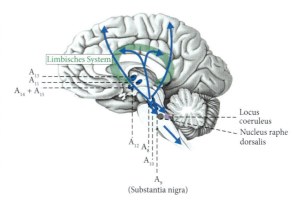

Abbildung 21.4 Dopaminbahnen. Man unterschiedet im Hirnstamm und Zwischenhirn aufgrund ihrer mikroskopischen Struktur die dopaminergen Zellgruppen A_8 bis A_{15}. Diese bilden die Ausgangsbereiche für verschiedene dopaminerge Bahnsysteme zu anderen Gehirnarealen

Schizophrenie zu einer *Unteraktivität* in den frontalen Kortexarealen. Vermutlich wirkt Dopamin hier überwiegend *hemmend*. Dies kann die Negativsymptome der Schizophrenie wie Denkstörungen und Verflachung der Affekte verständlich machen.

▶ In der **mesolimbischen Bahn** sehen wir eine *Überaktivität*, da Dopamin hier überwiegend *erregend* wirkt. Damit lassen sich die Positivsymptome wie Halluzinationen und Wahnvorstellungen erklären.

▶ Die **nigrostriatale Bahn** von der Substantia nigra zum Striatum spielt eine wesentliche Rolle bei der Steuerung der Willkürmotorik. Bei der Parkinson-Erkrankung (s. Abschn. 6.4.9) führt ein Neuronenuntergang in der Substantia nigra zu den charakteristischen motorischen Symptomen. Eine ähnliche Hypoaktivität der nigrostriatalen Bahn scheint auch bei der Blockade dopaminerger Rezeptoren im Rahmen einer Neuroleptikatherapie (s. Abschn. 21.2.4) stattzufinden, die sich in den charakteristischen motorischen Nebenwirkungen zeigt.

▶ Die vierte wichtige dopaminerge Bahn läuft vom Infundibulum zum Tuberculum olfactorium, einer Struktur des Riechhirns. Als Infundibulum bezeichnet man den trichterförmigen Bereich des Hypophysenstiels, der noch zum Hypothalamus gerechnet wird. Das tuberoinfundibuläre System beeinflusst die Hormonausschüttung des Hypothalamus und wirkt damit auf grundlegende vegetative Funktionen ein.

Entgleisung im komplexen Wechselspiel. Durch empirische Untersuchungen an schizophrenen Menschen konnte die Dopaminhypothese der Schizophrenie bisher nicht zweifelsfrei belegt werden. Bei strenger Gültigkeit wäre etwa zu erwarten gewesen, dass sich bei den Patienten konsistent Veränderungen in der Konzentration von Abbauprodukten des Dopamins im Liquor zeigen oder dass sich eine generell erhöhte Dichte von Dopamin-D2-Rezeptoren nachweisen lässt. Da hier die Befundlage nicht eindeutig ist sowie Ergebnisse vorliegen, die weitere Neurotransmitter ins Spiel bringen (GABA, Serotonin), geht man heute von einer Entgleisung im komplexen Wechselspiel verschiedener Neurotransmitter aus.

Beteiligung von Serotonin und GABA. Der erste Hinweis auf eine Beteiligung des Serotonins bei der Schizophrenie kam von Beobachtungen zur Wirkung des LSD. Dieses ist ein Agonist des Serotoninrezeptors 5-HT$_{2A}$. Unter LSD zeigen sich einige Effekte (v. a. Halluzinationen), die an eine schizophrene Psychose erinnern. Im Einklang damit steht, dass verschiedentlich bei Schizophrenen eine reduzierte Dichte von 5-HT$_{2A}$-Rezeptoren in mehreren Kortexregionen (präfrontal, temporal) registriert wurde. Dies könnte durch Herunterregulation der Rezeptordichte infolge chronisch erhöhter Aktivität zustande kommen.

Für eine Beteiligung des Neurotransmitters GABA bei der Schizophrenie spricht, dass in einigen Postmortem-Untersuchungen der Gehirne schizophrener Patienten eine reduzierte Zahl GABAerger Neuronen in bestimmten Gehirnregionen gefunden wurde. Außerdem ist das GABAerge System sehr eng mit den dopaminergen Bahnen verkoppelt, sodass hier Dysfunktionen in einem der beiden Systeme sich i. Allg. auch im anderen System bemerkbar machen.

Zusammenfassung

Für die sog. Dopaminhypothese der Schizophrenie spricht zum einen, dass zur Behandlung der Schizophrenie Dopaminantagonisten mit großem Erfolg eingesetzt werden, und zum anderen, dass durch Dopaminagonisten schizophrenieähnliche Symptome ausgelöst werden können.

Bei der Schizophrenie dürfte eine Überfunktion im dopaminergen System, primär vermittelt über den D2-Rezeptor, vorliegen. Weitere Neurotransmittersysteme, die bei der Schizophrenie möglicherweise dysfunktional arbeiten, sind das serotonerge und das GABAerge System. Beide sind über zahlreiche Interaktionen an das dopaminerge System gekoppelt.

21.1.7 Acetylcholin und sein Zusammenhang mit Demenz

Im Gehirn des Menschen, insbesondere im Neokortex, gehört das Acetylcholin zu den häufigsten Neurotransmittern. Außerdem ist es Überträgerstoff im vegetativen Nervensystem und an der motorischen Endplatte. Im Gehirn sind drei wichtige cholinerge Bahnsysteme identifiziert worden:

(1) Verbindungen innerhalb des Striatums. Diese werden normalerweise durch die nigrostriatalen dopaminergen Neuronen gehemmt. Bei deren Degeneration (Parkinson-Erkrankung) kommt es zu einer Enthemmung.

(2) Bahnen von Kerngebieten des Tegmentums zu Neuronen des extrapyramidalen motorischen Systems, dem Hypothalamus, dem Thalamus und dem Neokortex.

(3) Verbindungen, ausgehend vom Nucleus basalis Meynert, projizieren zum Bulbus olfactorius, zur Amygdala, zum Hippocampus und in verschiedene Kortexareale.

Im Zusammenhang mit der Demenz vom Alzheimer-Typ (s. u.) ist bekannt, dass im Zuge der Erkrankung bevorzugt Neuronen im Frontalhirn untergehen, die Zielgebiete cholinerger Fasern, ausgehend vom Nucleus basalis Meynert sind. Acetylcholin scheint also eine wichtige Bedeutung für kognitive Funktionen zu haben, die dann bei der Demenz nachlassen bzw. ausfallen. Die spezifische Rolle der cholinergen Neuronen im Frontalhirn, diesem höchsten koordinierenden Areal, das z. B. für Antrieb, Handlungsplanung oder Arbeitsgedächtnis steht, ist noch nicht befriedigend geklärt.

Demenz

Von einer Demenz spricht man, wenn der Verlust intellektueller Fähigkeiten und das objektiv nachweisbare Nachlassen des Gedächtnisses schon seit mindestens sechs Monaten deutlich vorhanden sind und dies zu Beeinträchtigungen im Alltag führt (nach ICD-10).

Die Patienten werden zunehmend vergesslich und können neue Informationen nur noch schlecht aufnehmen und behalten. Sie werden unsicher bei Handlungsabläufen, die sie vorher problemlos ausgeführt haben. So verlaufen sie sich z. B. immer häufiger – auch in der Nähe ihrer Wohnung.

Im fortgeschrittenen Stadium sind die Patienten orientierungslos und unselbstständig. Sie erkennen selbst die nächsten Angehörigen nicht mehr; sie wissen nicht mehr, wie alt sie sind und welchen Beruf sie erlernt haben. Darüber hinaus zeigen sich häufig emotionale Verflachung oder fehlende emotionale Kontrolle sowie eine zunehmende Antriebsschwäche.

Übersicht

Die Hauptmerkmale der Demenz

▶ Verlust intellektueller Fähigkeiten in einem Ausmaß, dass die sozialen und beruflichen Leistungen kaum mehr bewältigt werden können
▶ objektiv nachweisbares Nachlassen des Gedächtnisses (z. B. durch Hirnleistungstests), das zunehmend die Bewältigung von Alltagsaktivitäten beeinträchtigt
▶ Störungen in mindestens einem der folgenden Bereiche: abstraktes Denken, Urteilsvermögen, andere höhere kortikale Funktionen (z. B. **Aphasie**, **Apraxie**, **Agnosie**), Persönlichkeit
▶ Fehlen einer Bewusstseinstrübung
▶ kein Hinweis auf eine andere, der Demenz zugrunde liegende Grunderkrankung ursächlichen organischen Faktors

Es handelt sich um eine chronische Störung mit fortschreitend sich verschlechterndem Verlauf, die häufig im höheren Lebensalter eintritt. Die Prävalenz eines manifesten Demenzsyndroms in der Bevölkerung ist naturgemäß deutlich altersabhängig: In der Altersgruppe der 40- bis 64-Jährigen sind Demenzen noch sehr selten (Prävalenz ca. 0,1 bis 0,2 %). In der Altersspanne von 60 bis 90 Jahren muss man von einer Verdoppelung der Prävalenz nach jeweils fünf Altersjahren ausgehen. Bei den 85- bis 90-Jährigen liegt das Erkrankungsrisiko bei 20 %.

Vaskuläre Demenz. Neben der Alzheimer-Erkrankung (s. u.) existiert als zweithäufigste Demenzform die vaskuläre Demenz. Deren Ursache ist eine Minderung der Blutversorgung des Gehirns, z. B. infolge von arteriosklerotischen Gefäßveränderungen oder zahlreichen Mikroinfarkten, was zu einem Untergang von Nervengewebe im Gehirn führt. Die vaskuläre Demenz ist allerdings deutlich seltener (ca. 15 % der Demenzkranken) als die Alzheimer-Demenz. Im Gegensatz zur Alzheimer-Demenz können bei der Untersuchung dieser Patienten leichte Bewegungs- und Koordinationsstörungen oder Gangunsicherheiten auffallen. Außerdem gibt es bei der vaskulären Demenz häufig größere Unterschiede in der geistigen Leistungsfähigkeit von Tag zu Tag. Öfter bestehen in der Vorgeschichte transitorisch Attacken mangelnder Blutversorgung des Gehirns mit kurzen Bewusstseinsstörungen, flüchtigen Lähmungen oder Einschränkungen der Sehschärfe.

Demenz vom Alzheimer-Typ

In den westlichen Ländern ist die **Alzheimer-Krankheit** (Morbus Alzheimer; Demenz vom Alzheimer Typ, DAT) die weitaus häufigste Demenzform in der Altersgruppe der über 60-Jährigen. Die Alzheimer-Krankheit ist also eine organische Störung. In der Altersgruppe der 60- bis 69-Jährigen beträgt die Prävalenz etwa 1 %, bei den 70- bis 79-Jährigen steigt sie auf ca. 3 % und erreicht schließlich bei den 80- bis 98-Jährigen einen Wert von 10–11 %. Seit längerem ist bekannt, dass hier ein ausgeprägtes Defizit an Acetylcholin im Bereich des Kortex vorliegt (s. u.).

Forscherpersönlichkeit

Alois Alzheimer wurde am 14. Juni 1864 geboren. Nach dem Studium der Medizin in Berlin, Tübingen und Würzburg erstellte er 1887 seine Dissertation »Über die Ohrschmalzdrüsen« und wurde im Dezember 1888 Assistenzarzt an der »Städtischen Heilanstalt für Irre und Epileptische« in Frankfurt am Main, später II. Arzt (Oberarzt).

Der Ursprung der Bezeichnung »Morbus Alzheimer« geht auf den Fall einer 51-jährigen Patientin zurück (»Frau Auguste D.«), die im November 1901 in der Frankfurter Klinik mit den Zeichen einer Demenz aufgenommen wurde. 1906 berichtete Alois Alzheimer auf der »37. Tagung Südwestdeutscher Irrenärzte« in Tübingen über diese Patientin. Sein Vortrag hatte den Titel »Über eine eigenartige Erkrankung der Hirnrinde«. Später wurde die präsenile Demenz auf Vorschlag von Emil Kraepelin als »Morbus Alzheimer« bezeichnet.

21.1 Transmitterprozesse und psychische Erkrankungen

1903 verließ Alois Alzheimer Frankfurt und siedelte über Heidelberg nach München um, um an der »Königlichen Psychiatrischen Klinik« (Direktor: Emil Kraepelin) seine wissenschaftliche und ärztliche Tätigkeit fortzusetzen. Unter seiner Leitung wurde das Labor an der Münchner Klinik zu einem Zentrum histopathologischer Forschung. 1912 wurde Alois Alzheimer Direktor der Psychiatrischen- und Nervenklinik der Schlesischen Friedrich-Wilhelm-Universität in Breslau.

Er starb am 19. Dezember 1915 in Breslau und fand seine letzte Ruhestätte auf dem Hauptfriedhof in Frankfurt am Main.

Die Diagnose der Alzheimer-Krankheit kann mit einiger Sicherheit vom niedergelassenen Arzt gestellt werden. Typisch sind die Merkmale, wie sie in Tabelle 21.1 zur Stadieneinteilung der Alzheimer-Erkrankung dargestellt sind. Die Diagnose sollte stets durch standardisierte Testverfahren zur Prüfung der kognitiven Leistungsfähigkeit (z. B. dem Mini-Mental Status Test, MMST) untermauert werden.

Die Gehirne verstorbener Alzheimer-Patienten zeigen eine generelle **Atrophie**. Außerdem finden sich die sog. **amyloiden Plaques** (»Amyloidfilamente«), das sind Verklumpungen von bestimmten Proteinen. Diese zeigen sich zunächst nur im Bereich des Riechhirns und im Hippocampus. Schließlich breiten sie sich allmählich über den gesamten Kortex aus. Dabei sind der Temporallappen und der Parietallappen besonders betroffen. Außerdem finden sich fibrilläre Ablagerungen in den Neuronen (Alzheimer-Fibrillen, neurofibrilläre Bündel). Die Dichte dieser fibrillären Ablagerungen korreliert hoch mit dem Ausmaß der kognitiven Minderleistung. Bereits in frühen Krankheitsstadien findet sich ein Verlust cholinerger Neuronen.

Letzter Befund führte zur **cholinergen Hypothese** der Alzheimer-Krankheit. Diese besagt, dass die kognitiven Defizite auf eine Minderfunktion des cholinergen Systems zurückgehen. Für diese Hypothese spricht folgendes:

▶ Verlust kortikaler cholinerger Neuronen bei Alzheimer-Patienten

▶ eine verminderte Cholin-Acetyltransferase-Aktivität im Gehirn

▶ die Korrelation zwischen cholinergen Defiziten und kognitiven Minderleistungen

▶ die Besserung der Symptomatik bei Behandlung mit Acetylcholinesterase-Hemmern

Die genaue Ursache für die Veränderungen im Gehirn ist noch unklar. Es könnte sich um eine multifaktorielle Genese, bestehend aus einer Schädigung durch Sauerstoffradikale, einer Entzündungsreaktion mit Stimulierung von Mikrogliazellen sowie einen Mangel am Nervenwachstumsfaktor (NGF, für engl. nerve growth factor) handeln. Ein genetischer Faktor dürfte mit hoher Wahrscheinlichkeit eine Rolle bei der Bildung der amyloiden Plaques spielen. Mehrere veränderte Gene bei Erkrankten und ihren Angehörigen werden zurzeit erforscht.

Die Behandlung der Alzheimer-Demenz

Eine Therapie der Alzheimer-Demenz kann nur das Fortschreiten der Krankheit verlangsamen, eine Heilung ist derzeit nicht möglich.

Hemmstoffe der Acetylcholinesterase (AChE), d.h. Wirkstoffe, die den Abbau von Acetylcholin verhindern und so zu einem vermehrten Angebot führen, zeigen Erfolge bei der Behandlung des Morbus Alzheimer. Sie können das Voranschreiten der Krankheit verzögern. Jedoch spricht nur ein Teil der Patienten auf diese Behandlung an. Der Nutzen einer cholinerg wirkenden medikamentösen Therapie für andere demenzielle Erkrankungen ist noch nicht ausreichend nachgewiesen.

Eine weitere Klasse von Medikamenten gegen die Alzheimer-Demenz bilden NMDA-Rezeptorantagonisten (zum NMDA-Rezeptor s. Abschn. 24.4.1). Eine Substanz aus dieser Klasse (Memantin) ist seit 2002 im Handel. Es konnte in klinischen Studien gezeigt werden, dass sich dadurch kognitive Leistungen verbessern lassen, Alltagskompetenzen länger erhalten bleiben und sich Pflegezeiten reduzieren lassen.

Zusammenfassung

Im Neokortex ist das Acetylcholin einer der am weitesten verbreiteten Neurotransmitter. Defizite im cholinergen System spielen außer bei der Parkinson-Erkrankung v. a. eine Rolle bei der Alzheimer-Demenz. In den Gehirnen verstorbener Alzheimer-Patienten zeigt sich ein Untergang acetylcholinproduzierender Neuronen. Hemmstoffe der Acetylcholinesterase können den Fortschritt der typischen Krankheitssymptome verlangsamen.

Tabelle 21.1 Stadien der Alzheimer-Krankheit

	Stadium I Selbstständige Lebensführung weitgehend erhalten	Stadium II Selbstständige Lebensführung eingeschränkt	Stadium III Selbstständige Lebensführung aufgehoben
Zeitraum nach Auftreten der Erkrankung	0 bis ca. 7 Jahre	ca. 7 bis ca. 12 Jahre	nach ca. 12 Jahren
Symptombereiche			
Lernen und Gedächtnis	Speicherung und Abruf neuer Informationen erschwert, jedoch auch Abruf von alten Erinnerungen betroffen	Hochgradige Vergesslichkeit, Erinnerung an eigene Biographie verblasst	Alle höheren psychischen Funktionen erlöschen allmählich, die sprachlichen Äußerungen reduzieren sich auf wenige Wörter.
Denkvermögen	Bewältigung komplexer Aufgaben nicht mehr möglich, Arbeitsleistung nimmt ab	Logisches Schließen, Erkennen von Zusammenhängen und Planen erheblich eingeschränkt	**Echolalie** und **Logoklonie** treten auf. Für nichtverbale Kommunikation bleiben die Patienten empfänglich.
Sprache	Wortfindung und Benennen erschwert, unpräzise Ausdrucksweise, verringerter Mitteilungsgehalt	**Paraphasien**, **Perseverationen**, floskelhafte Sprache, reduzierter Informationsgehalt, Fähigkeit des Lesens und Schreibens geht verloren.	
Zerebrale Sehstörungen	Erkennen von Gegenständen erschwert	Vertraute Gesichter werden nicht mehr erkannt, **Balint-Syndrom**	
Räumliche Leistungen	Einschätzung räumlicher Verhältnisse und Nachzeichnen von geometrischen Figuren erschwert	Störungen der räumlichen Orientierung, optische **Apraxie**, Störung visuell geleiteter Handlungen	
Praxie	Ideomotorische Apraxie	Ideatorische Apraxie	
Nichtkognitive Symptome	Aspontaneität, Unsicherheit, depressive Verstimmungen, Stimmungslabilität	Angstzustände, Wahnphänomene, illusionäre Verkennungen, **Capgras-Syndrom**, ziellose Unruhe oder Inaktivität, Tag-Nacht-Umkehr	Zeichen der Enthemmung, Unruhe, Teilnahmslosigkeit, Nesteln
Neurologische Symptome	Keine	Harninkontinenz	Parkinson-ähnliche Motorik, Harn- und Stuhlinkontinenz, Schluckstörungen, Krampfanfälle

Erläuterungen: Echolalie: krankhafter Zwang, Sätze und Wörter von Gesprächspartnern selbst zu wiederholen. Logoklonie: Silbenanhäufung, taktmäßiges Wiederholen der Endsilben. Paraphasie: Wortverwechslungsstörung. Perseveration: Wiederholen von Bewegungen oder Wörtern. Apraxie: Störung der Ausführung willkürlicher zielgerichteter und geordneter Bewegungen. Ideomotorische Apraxie: falsche Ausdrucksbewegungen und Gesten. Ideatorische Apraxie: Probleme beim Zusammensetzen von Einzelhandlungen zu komplexeren Handlungsabläufen. Capgras-Syndrom: Der Glaube, nahe Verwandte seien durch Doppelgänger ausgetauscht worden

21.2 Psychopharmakotherapie

21.2.1 Historie und Grundprinzipien der Psychopharmakotherapie

Die Psychiatrie hat sich seit der Verfügbarkeit spezifischer psychopharmakologischer Therapieverfahren enorm verändert. Noch vor 70 Jahren wurden psychisch Kranke üblicherweise in »Irrenanstalten« verwahrt. Die damalige Psychiatrie war durch weitgehende Ratlosigkeit geprägt. Nicht selten wurden Therapieversuche mit Methoden unternommen, die für die Patienten durchaus riskant waren, die zu bleibenden Schädigungen oder gar zu Todesfällen führen konnten.

Exkurs

Historische Therapiemethoden

Einige Beispiele für frühere »Therapie«-Formen sollen die Hilflosigkeit der damaligen Psychiatrie und eine teilweise frappierende Sorglosigkeit gegenüber potenziell schädlichen Begleiteffekten verdeutlichen.

Bei der **Insulinkomatherapie** wurden die Patienten durch hohe Insulindosen in ein Koma versetzt. Dies diente einerseits der Ruhigstellung, andererseits erhoffte man sich davon eine positive Langzeitwirkung. Die schwere Unterzuckerung des Blutes hatte nicht selten bleibende Schädigungen des Gehirns zur Folge.

Ebenfalls zur Induzierung einer Bewusstlosigkeit diente die sog. **Schlaftherapie**. Die Patienten wurden hierzu für fünf bis zehn Tage in eine tiefe Dauernarkose versetzt. Bei beiden Verfahren lag die Sterblichkeitsrate bei ca. 10 %.

Ähnlich riskant und in ihrer Wirkung unvorhersehbar war die **Liquorentzugstherapie.** Hier wurde Gehirnflüssigkeit entnommen und das frei werdende Volumen mit Luft aufgefüllt.

Die **Lobotomie** ist ein psychochirurgisches Verfahren, bei dem Nervenfasern im Frontalhirnbereich durchtrennt werden. Lobotomien wurden in der Zeit zwischen 1945 und 1955 in großer Zahl v. a. in den USA durchgeführt. Auch hier war das Therapieziel nur selten erreichbar. Häufig kam es zu schweren Komplikationen bis hin zu Todesfällen. Oft waren auch schwerste psychische Veränderungen bei den Patienten die Folge.

Psychotrope Substanzen und Psychopharmaka. Chemische Stoffe, die das Erleben und Verhalten beeinflussen können, nennt man psychoaktive oder **psychotrope** Substanzen. Dazu gehören alle Drogen und Rauschmittel sowie z. B. Schmerzmittel und Narkotika. Auch Substanzen, deren Wirkung primär in der Peripherie liegt, die aber auch zentralnervöse Begleitprozesse aufweisen, sind i. Allg. psychoaktive Stoffe.

Psychopharmaka sind psychoaktive Substanzen, die psychische Prozesse in der Weise modifizieren, dass ihr Einsatz beim psychisch Kranken zu einer Besserung bzw. Normalisierung der psychopathologischen Symptome führen kann.

Die Dauer von der Substanzzufuhr bis zum Eintreten der ersten nachweisbaren psychischen Veränderungen kann von wenigen Minuten – z. B. bei einigen Sedativa – bis hin zu Wochen oder Monaten – z. B. bei vielen Antidepressiva – reichen. Auch der Zeitraum und die Stärke der Wirkung eines Medikaments sowie ggf. das Nachlassen der Effekte kann sich zwischen den Substanzen und auch zwischen den Patienten beträchtlich unterscheiden.

Die Psychopharmakotherapie auf wissenschaftlicher Basis ist vergleichsweise jung. Sie ist erst in den 1950er-Jahren entstanden und hat seitdem rasante Fortschritte gemacht. Viele Psychopharmaka wurden durch Zufall entdeckt, indem z. B. nach Anwendung eines Medikaments für eine andere Indikationsstellung unerwartete Effekte auf das psychische Befinden zu beobachten waren. Die rasche Weiterentwicklung der Grundlagenkenntnisse auf dem Gebiet der Neurochemie führte dazu, dass sich das Wissen über die Wirkungsweise der einzelnen Substanzen ständig erweiterte und dass man sehr gezielt neue Psychopharmaka entwickeln konnte. Dies hat vor allem dazu geführt, dass sich die Nebenwirkungen der älteren Psychopharmaka deutlich reduzieren ließen.

Über Prüfverfahren zur Zulassung als Arzneimittel. Auch Psychopharmaka durchlaufen, wie jedes andere neue Medikament, vor ihrer Zulassung aufwendige und mehrstufige Prüfphasen, die vom Tierversuch bis hin zur klinischen Erprobung und zur Anwendungsbeobachtung im Praxisalltag reichen. Hier gilt es primär, die Wirksamkeit und die Sicherheit einer Substanz zu belegen. Da bei Psychopharmaka der Placeboeffekt besonders ausgeprägt ist, muss durch **Doppelblindstudien** – weder der Arzt noch der Patient weiß, ob ein Placebo oder eine Wirksubstanz verabreicht wird – ein Unterschied zwischen einem tatsächlichen Medikamenteneffekt und dem Placeboeffekt nachgewiesen werden. Jedes neue Medikament wird nur für solche Indikationen (d. h. Anwendungsgebiete) zugelassen, für die seine Wirksamkeit auch belegt ist. Häufig wird für eine bestimmte psychische Störung auch ein kontrollierter Vergleich zwischen der neuen Substanz und bereits etablierten Psychopharmaka und/oder bestimmten psychotherapeutischen Verfahren vorgenommen.

Zielgerichteter Einsatz. Im Praxisalltag erfordern der Einsatz und die Dosierung der verschiedenen Präparate großes medizinisches und pharmakologisches Wissen. Meist muss die Dosierung sehr individuell auf den einzelnen Patienten abgestimmt werden können. Nur dann gelingt es, eine befriedigende Wirkung bei Minimierung von Nebenwirkungen zu erzielen. Psychopharmaka können die Wirksamkeit psychotherapeutischer Verfahren u. U. erhöhen. Häufig werden beide Methoden auch kombiniert.

Prozesse an der Synapse. Alle Psychopharmaka wirken im Bereich der neuronalen Synapse. Hier können sie einerseits die Erregungsübertragung von einem Neuron zum anderen beeinflussen, andererseits auch bestimmte neurochemische Prozesse in der subsynaptischen Zelle anstoßen.

Beispiele für verschiedene Wirkorte im Zusammenhang mit unterschiedlichen synaptischen Elementen sind in Abbildung 21.5 dargestellt.

Besonders häufig finden sich folgende Mechanismen:
▶ Das Pharmakon dockt, ähnlich dem in diesem System natürlich vorkommenden Transmitter, an Rezeptoren der *postsynaptischen* Seite an. Hier gibt es zwei mögliche Effekte:
  – Es kann eine **agonistische**, d. h. dem natürlichen Transmitter ähnliche Wirkung ausgelöst werden.

> **Exkurs**

> ### Eine Studie zum Einsatz von Psychotherapie bzw. Pharmakotherapie bei Depression
>
> (Übersetzung des Abstracts aus »New England Journal of Medicine«, 2000, 342, 1462–1470)
>
> **Hintergrund.** Patienten mit chronischen Verlaufsformen der Major Depression sind schwierig zu behandeln und die relative Wirksamkeit von Medikamenten und Psychotherapie ist unsicher.
>
> **Methode.** Es wurden 681 Erwachsene mit chronischer, nichtpsychotischer schwerer Depression in drei Gruppen eingeteilt: Sie nahmen entweder zwölf Wochen lang in ambulanter Behandlung Nefazodon ein (maximale Dosis 600 mg pro Tag) oder wurden mit einer standardisierten Form kognitiver Verhaltenstherapie behandelt (16 bis 20 Sitzungen) oder sie erhielten beides. Zu Beginn hatten alle Patienten in der Hamilton Rating Scale for Depression Werte von mindestens 20, was eine klinisch signifikante Depression bedeutet. Remission (= Abklingen der Krankheit) wurde als ein Wert von 8 oder darunter in der 10. und 12. Woche definiert. Für Patienten, bei denen keine Remission eintrat, wurde eine Reduktion des Werts um mindestens 50 % und ein Wert von 15 oder darunter als ein zufriedenstellendes Ansprechen auf die Therapie festgelegt. Der Test wurde von Personen durchgeführt, die nicht wussten, welcher Therapieform die Patienten sich unterzogen.
>
> **Ergebnisse.** Von den 681 Patienten besuchten 662 mindestens eine Behandlungssitzung und gingen in die Datenanalyse ein. Die Ansprechrate insgesamt – also Remission und zufriedenstellendes Ansprechen – betrug sowohl in der Nefazodon-Gruppe sowie der Psychotherapie-Gruppe 48 %, verglichen mit 73 % in der Gruppe mit der kombinierten Therapie ($p < 0.001$ für beide Vergleiche). Unter den 519 Personen, welche die Studie beendeten, betrugen die Ansprechraten 55 % in der Nefadozon-Gruppe und 52 % in der Psychotherapie-Gruppe, verglichen mit 85 % in der Gruppe mit der kombinierten Therapie ($p < 0.001$ für beide Vergleiche). Die Abbruchraten in den drei Gruppen waren ähnlich. Beschwerden in der Nefadozon-Gruppe deckten sich mit den bekannten Nebenwirkungen des Medikaments (z. B. Kopfschmerz, Schläfrigkeit, trockener Mund, Übelkeit und Schwindelgefühl).
>
> **Folgerungen.** Obwohl ungefähr die Hälfte der Patienten mit chronischen Formen der Major Depression auf eine kurzzeitige Behandlung mit entweder Nefazodon oder einer kognitiven Verhaltenstherapie anspricht, ist die Kombination beider Verfahren signifikant effektiver als eine Behandlungsform allein.

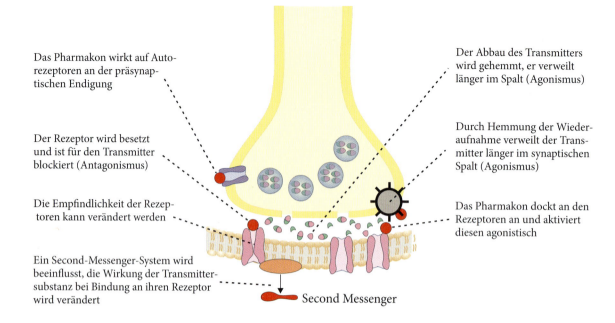

Abbildung 21.5 Beispiele für synaptische Wirkorte von Psychopharmaka

- Der Rezeptor wird **blockiert**, indem er lediglich besetzt wird. Damit steht er für den eigentlichen Transmitter als Andockstelle nicht mehr zur Verfügung. In diesem Fall wirkt das Pharmakon antagonistisch, d.h. dem Originaltransmitter entgegengesetzt.
▶ Infolge der Medikamenteneinwirkung verweilt die Transmittersubstanz länger im synaptischen Spalt und kann damit auch länger ihre Wirkung an den Rezeptoren der Postsynapse ausüben. Dies kann durch **Hemmung der Wiederaufnahme** in die präsynaptische Endigung geschehen.
▶ Eine andere Möglichkeit, mehr Transmitter verfügbar zu machen, besteht in der **Hemmung des Abbaus** der Transmittersubstanz. Dies geschieht z.B. dann, wenn das Pharmakon ein abbauendes Enzym blockiert und damit dessen Funktion ausschaltet.
▶ Es kann die **Empfindlichkeit der postsynaptischen Rezeptoren** verändert werden. So kann ein Medikament an einem spezifischen Rezeptor an der Postsynapse andocken, wodurch Mechanismen innerhalb des Zielneurons ausgelöst werden, die sekundär die Rezeptoren für die eigentliche Transmittersubstanz empfänglicher machen.
▶ Die Substanz wirkt auf **Autorezeptoren** an der präsynaptischen Endigung. Werden diese z.B. blockiert,

so fehlt die Rückmeldung über die Konzentration des Neurotransmitter in der Umgebung und es findet eine vermehrte Ausschüttung statt.
▶ Durch die medikamentöse Beeinflussung von **Second-Messenger-Systemen** kann die Wirkung der Transmittersubstanz bei Bindung an ihren Rezeptor verändert werden.

Zusammenfassung

Seit etwa 60 Jahren kennt man die Behandlung psychischer Krankheiten mit Pharmaka. Davor gab es keine zuverlässige Therapie bei schweren psychischen Störungen. Psychopharmaka entfalten ihre Wirkung auf der Ebene der Synapse. Sie können z.B. die Menge eines im synaptischen Spalt verfügbaren Neurotransmitters steigern oder reduzieren, an postsynaptischen oder präsynaptischen Rezeptoren andocken, hier agonistisch oder antagonistisch wirken oder in der subsynaptischen Zelle sekundäre Transmitterwirkungen verstärken oder dämpfen.

21.2.2 Antidepressiva

Unter Antidepressiva oder Thymoleptika versteht man Wirkstoffe, die in der Lage sind, Symptome der Depression zu bessern. Ihr Wirkungsprofil ist durchaus unterschiedlich. Zwar sind alle depressionslösend und stimmungsaufhellend, jedoch nehmen sie auf den Achsen »aktivierend – dämpfend«, »antriebssteigernd – antriebshemmend« und »angststeigernd – angstdämpfend« unterschiedliche Positionen ein.

> **Übersicht**
>
> **Antidepressivaklassen**
> Zu den Antidepressiva gehören verschiedene Klassen von Medikamenten. Diese lassen sich einteilen in:
> ▶ trizyklische Antidepressiva (TZA)
> ▶ Monoaminoxidasehemmer (MAO-Hemmer)
> ▶ selektive Serotonin-Reuptake-Inhibitoren (SSRI)
> ▶ selektive Noradrenalin-Reuptake-Inhibitoren (SNRI)
> ▶ Noradrenalin-plus-Serotonin-selektive-Reuptake-Inhibitoren (NaSSRI)
> ▶ Hypericin (Johanniskraut)

Welches Medikament bei welchem Patienten einzusetzen ist, richtet sich einerseits nach dem klinischen Bild, d. h. der individuellen Symptomatik des Patienten, andererseits nach der Verträglichkeit bei dieser Person. So kann ein Medikament für einen bestimmten Patienten aufgrund der biochemischen Beschaffenheit seines Organismus schlecht verträglich sein, während bei einem anderen Patienten dasselbe Mittel seine volle Wirkung bei sehr guter Verträglichkeit entfaltet. Im Hinblick auf Verträglichkeit und Wirksamkeit spielen bei Psychopharmaka in besonderem Maße die Einstellungen des Patienten zur Krankheit und zum Präparat eine wichtige Rolle. Dies kann durchaus substanzielle Effekte nach sich ziehen (vgl. Placeboeffekt), die auch therapeutisch relevant sein können.

Trizyklische Antidepressiva

Die am weitesten verbreitete Klasse von Antidepressiva sind die trizyklischen Antidepressiva (TZA) oder Trizyklika. Den Namen haben sie aufgrund ihrer biochemischen Gestalt (s. Abb. 21.6) aus drei Kohlenstoffringen. Das älteste bekannte Antidepressivum ist das 1957 vom Schweizer Psychiater Roland Kuhn entdeckte Imipramin (Tofranil®). Es wird auch heute noch verschrieben.

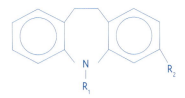

Abbildung 21.6 Allgemeine Strukturformel der Trizyklika. R_1 und R_2 bezeichnen wechselnde Bausteine, je nach Substanz

Wirkmechanismus. Die Trizyklika wirken hemmend sowohl auf die Wiederaufnahme von Noradrenalin als auch von Serotonin in die präsynaptische Endigung. Außerdem können Trizyklika adrenerge Rezeptoren, muskarinische Acetylcholinrezeptoren sowie Histaminrezeptoren blockieren. In geringerem Maße scheinen einige Trizyklika auch das dopaminerge System zu beeinflussen. Obwohl ihre Wirkung an der Synapse sehr schnell einsetzt, tritt ihre stimmungsaufhellende Wirkung meist erst nach Tagen oder Wochen ein. Bei gesunden Menschen heben sie interessanterweise die Stimmung nicht an.

Beachtung von Wirkungsunterschieden. Die einzelnen trizyklischen Antidepressiva beeinflussen die beteiligten Transmittersysteme – das serotonerge, adrenerge, cholinerge und dopaminerge – unterschiedlich stark. Vermutlich kann hieraus ihre unterschiedliche klinische Wirkung abgeleitet werden. So fördern einige Trizyklika wie z. B. Desipramin (Pertofran®) eher den Antrieb und die Psychomotorik, während Amitriptylin (Saroten®) vor allem einen anxiolytischen (angstlösenden) und leicht sedierenden Effekt hat. Imipramin nimmt bezüglich der Wirkung eine Mittelstellung ein.

Der Arzt muss bei der Verordnung eines Antidepressivums den psychischen Zustand seines Patienten genau kennen. So sollte die antriebssteigernde Wirkung bei einem Patienten mit suizidalen Absichten nicht vor der stimmungsaufhellenden Wirkung eintreten. Sonst könnte die Einnahme dazu führen, dass der Patient den Suizid ausführt, wozu er vorher aufgrund der Antriebslosigkeit nicht in der Lage war.

Die häufigsten unerwünschten Wirkungen der trizyklischen Antidepressiva beruhen auf ihrer anticholinergen Wirkung. So können Tachykardie, Mundtrockenheit, Sehstörungen oder Verstopfung auftreten. Darüber hinaus wächst häufig der Appetit bei einer Zunahme des Körpergewichts.

Neben den TZA gibt es auch **tetrazyklische Antidepressiva**, d. h. Substanzen mit vier Kohlenstoffringen (z. B. Maprotilin). Diese wirken ähnlich wie die Trizyklika. Sie kommen in ihrer klinischen Wirkung besonders dem Imipramin nahe (stimmungsaufhellend, psychomotorisch nur schwach wirksam).

Monoaminoxidaseinhibitoren

Einen anderen Wirkmechanismus hat die Klasse der Monoaminoxidaseinhibitoren oder auch **MAO-Hemmer**. Sie blockieren das Enzym **Monoaminoxidase**, das den Abbau von Serotonin, Adrenalin und Noradrenalin (= Monoamine) im Neuron bewirkt. Dadurch nimmt die Konzentration der Monoamine im Gehirn zu.

Neuere MAO-Hemmer, z. B. Moclobemid (Aurorix®), wirken spezifisch und reversibel am Enzym MAO-A, das insbesondere den neuronalen Monoaminabbau bewirkt. Die erwünschte Wirkung im ZNS ist somit gegeben, die unerwünschten peripheren Wirkungen fehlen jedoch weitgehend.

Exkurs

Ältere MAO-Hemmer wirken auf die beiden Subtypen der Monoaminoxidase MAO-A und MAO-B. Da MAO-B auch in der Leber zum Abbau bestimmter mit der Nahrung zugeführter Amine führt, konnte es zu drastischen unerwünschten Wirkungen kommen. Auch bestand durch den medikamentös bewirkten Überschuss von sympathomimetisch wirksamen Aminen im peripheren Nervensystem die Möglichkeit von erheblichen und u. U. lebensgefährlichen Blutdrucksteigerungen (hypertone Krise). Es war daher bei Gabe dieser Medikamente die strikte Einhaltung einer bestimmten Diät – z. B. ohne Käse und Rotwein – erforderlich, um die Zufuhr von Tyramin zu begrenzen, das ebenfalls sympathomimetisch wirkt.

Selektive Transmitter-Wiederaufnahmehemmer

Seit etwa 1980 existiert eine neue Klasse von Antidepressiva, die mittlerweile sehr häufig eingesetzt werden, die **selektiven Serotonin-Wiederaufnahmehemmer** (selektive Serotonin-Reuptake-Inhibitoren, SSRI). Diese hemmen selektiv die **Serotonin-Wiederaufnahme** aus dem synaptischen Spalt in die präsynaptische Endigung, indem sie das hierfür notwendige Transportermolekül blockieren. Zur Gruppe dieser Stoffe gehört z. B. Fluoxetin (Fluctin®) und Paroxetin (Seroxat®). Für viele Patienten sind diese Medikamente verträglicher als die Trizyklika. Als unerwünschte Wirkungen wurden hier Appetitminderung und Gewichtsabnahme, Schlafstörungen, Nervosität und Abnahme der Libido beobachtet. Aufgrund ihrer breiten Indikation mit therapeutischen Erfolgen auch bei Zwangs- und Angsterkrankungen sowie der Bulimie werden diese Medikamente zunehmend eingesetzt. Sie können auch bei Gesunden stimmungsaufhellend wirken.

Nach einem verwandten Wirkprinzip funktionieren die **selektiven Noradrenalin-Wiederaufnahmehemmer** (selektive Noradrenalin-Reuptake-Inhibitoren, SNRI). Eine Substanz, die das für die Wiederaufnahme von Noradrenalin notwendige Transportermolekül blockiert, ist das Reboxetin (Edronax®). Dieser Stoff wirkt insbesondere antriebssteigernd, was u. a. einen nachweisbaren positiven Einfluss auf die soziale Aktivität depressiver Patienten hat.

Auch gibt es spezifische Noradrenalin-plus-Serotonin-Wiederaufnahmehemmer, die auf beide Transmittersysteme gleichermaßen wirken. Diese kommen jedoch in ihren Effekten den TZA wieder ziemlich nahe.

Hypericin

Ein pflanzliches Präparat ist das **Johanniskraut** mit seinem Wirkstoff Hypericin. Für leichte bis mittelschwere Depressionen konnte in klinischen Studien eine antidepressive Wirkung nachgewiesen werden. Für diesen Indikationsbereich besitzt es in Deutschland die Zulassung. Ebenso wie die SSRI und viele Trizyklika beeinflusst Hypericin das serotonerge System. Natürlich bleibt es, wie bei jedem anderen wirksamen Medikament, nicht ohne unerwünschte Wirkungen. So wird eine erhöhte Lichtempfindlichkeit der Haut berichtet, die sog. »Photosensibilisierung« mit gesteigerter Neigung zum Sonnenbrand. Insbesondere bei gleichzeitiger Einnahme von anderen Arzneien, die monoaminerg wirken (z. B. Herz-Kreislauf-Medikamente), ist mit unerwünschten Wechselwirkungen zu rechnen.

CRH-Antagonisten

Ein anderer Angriffspunkt für einen antidepressiven Wirkstoff befindet sich noch im Erprobungsstadium. Grundlage der Entwicklung war die Beobachtung, dass depressive Patienten häufig eine erhöhte Aktivität der HPA-Achse (s. Abschn. 17.4) zeigen, die sich u. a. in einer erhöhten Konzentration des Nebennierenrinden-hormons **Kortisol** bemerkbar macht. Die steuernde Instanz für die mit zahlreichen Transmittersystemen in Beziehung stehende HPA-Achse ist der Hypothalamus. Von hier aus wird das Kortikotropin-Releasing-Hormon (CRH) freigesetzt, das die ACTH-Ausschüttung aus der Hypophyse in den Blutkreislauf anstößt, was wiederum die Nebennierenrinde zu Sekretion von Glukokortikoiden veranlasst.

Überaktivität der HPA-Achse. Die bei depressiven Patienten beobachtete Überaktivität der HPA-Achse (erhöhter Ausstoß von CRH) bei gleichzeitig defizitärer Regulierbarkeit durch begrenzende Feedbackmechanismen wird bei erfolgreicher Antidepressivatherapie häufig wieder normalisiert. Daher liegt der Versuch einer Beeinflussung der depressiven Symptomatik durch direkte Manipulation der HPA-Achse nahe. Seit einiger Zeit befinden sich CRH-Antagonisten im Erprobungsstadium. Diese blockieren den CRH-Rezeptor. Die übermäßige Aktivierung der HPA-Achse wird so verhindert.

21.2.3 Phasenprophylaktika: Lithium und Carbamazepin

Affektive Störungen laufen oft phasenhaft ab. Der Schweregrad schwankt zwischen manifesten Krankheitsphasen und symptomfreien bzw. symptomarmen Perioden. Dies ist besonders deutlich bei der **bipolaren Störung** (früher »manisch-depressive Erkrankung«), wo depressive Episoden mit (hypo-)manischen Episoden im Wechsel stehen. Bei der bipolaren affektiven Störung werden spezielle Psychopharmaka auch *zwischen* den Phasen eingesetzt, um das erneute Auftreten einer manischen oder depressiven Episode zu verhindern. Es handelt sich hierbei insbesondere um Lithiumsalze sowie das Antiepileptikum Carbamazepin. Lithium kann auch akut während manischer Phasen eingesetzt werden. Allerdings ist sein Wirkungseintritt verzögert (ein bis zwei Wochen), sodass bei extremen Fällen von Manie zu Neuroleptika gegriffen werden muss.

Lithiumwirkung. Der Mechanismus der rezidivprophylaktischen und auch therapeutischen Wirkung von Lithium ist bisher noch nicht vollständig geklärt. Es ist wie Natrium oder Kalium ein einwertiges Metall der Gruppe der Alkalimetalle. Man verabreicht es in Form von Lithiumkarbonat, -sulfat, -acetat oder -aspartat. Lithium beeinflusst über bestimmte Second-Messen-ger-Systeme in einer mehrstufigen Reaktionskaskade negativ den Kalziumeinstrom in die Präsynapse. Dadurch wird das Neuron weniger reaktionsfreudig.

Die Behandlung erfolgt in der Regel lebenslang. Bei plötzlichem Absetzen ist das Rückfallrisiko stark erhöht.

Carbamazepinwirkung. Ein ebenfalls phasenprophylaktisch wirkendes Medikament, das allerdings zu einer völlig anderen Substanzklasse gehört, ist das Antiepileptikum Carbamazepin (Tegretal®). Es verringert u. a. die Durchlässigkeit der spannungsabhängigen Natriumkanäle und reduziert dadurch die Erregbarkeit von Neuronen. Es greift an weiteren Schaltstellen synaptischer Aktivität an, ohne dass sich daraus eine schlüssige Erklärung für seine therapeutische Wirksamkeit ergäbe. Auffällig ist seine chemische Ähnlichkeit mit den trizyklischen Antidepressiva. Carbamazepin spielt neben seinem Einsatz in der Phasenprophylaxe und bei der Epilepsiebehandlung auch eine wichtige Rolle bei der Behandlung des Alkoholdelirs (s. Abschn. 22.3.3) sowie bei schmerzhaften Nervenerkrankungen wie der Trigeminusneuralgie. Unerwünschte Wirkungen v. a. zu Beginn der Therapie sind Schläfrigkeit, Schwindel und Übelkeit sowie Veränderungen des Blutbilds.

Zusammenfassung

Die vier verbreitetsten Klassen von Antidepressiva sind trizyklische Antidepressiva (TZA), Monoaminoxidasehemmer (MAO-Hemmer), selektive Serotonin-Reuptake-Inhibitoren (SSRI) und selektive Noradrenalin-Reuptake-Inhibitoren (SNRI).

Die Trizyklika wirken hemmend sowohl auf die Wiederaufnahme von Noradrenalin als auch von Serotonin. Außerdem können sie adrenerge Rezeptoren, muskarinische Acetylcholinrezeptoren sowie Histaminrezeptoren blockieren. Das bekannteste trizyklische Antidepressivum ist das Imipramin.

MAO-Hemmer blockieren das Enzym Monoaminoxidase, das für den Abbau von Serotonin, Adrenalin und Noradrenalin im Neuron notwendig ist.

SSRI hemmen selektiv die Wiederaufnahme von Serotonin, indem sie das hierfür notwendige Transportermolekül blockieren. Sie besitzen ein breites Indikationsgebiet, das sich außer der Depression auch auf Zwangs- und Angsterkrankungen sowie Essstörungen erstreckt.

▶

Das wichtigste Phasenprophylaktikum v. a. zum Einsatz bei der bipolaren Störung ist das Lithium. Es kann auch akut während manischer Phasen eingesetzt werden. Das therapeutische Fenster beim Lithium ist schmal, d. h., die Dosierung muss für den einzelnen Patienten sehr genau eingestellt und eingehalten werden.

21.2.4 Neuroleptika

Neuroleptika (auch: Antipsychotika) wirken antipsychotisch, d. h., sie sind geeignet, eine halluzinatorische, wahn- oder zwanghafte Erlebnisproduktion sowie psychomotorische Erregung zu beseitigen. Darüber hinaus haben sie einen dämpfenden und sedierenden Effekt. Die intellektuellen Leistungen bleiben voll erhalten. Neuroleptika werden sowohl bei chronisch verlaufender Schizophrenie als auch zur Rückfallprophylaxe schizophrener Psychosen eingesetzt. Darüber hinaus können sie bei unterschiedlichen Formen psychomotorischer Erregtheit und verschiedenen akuten psychotischen Zuständen angewendet werden.

Bei Erkrankungen aus dem Formenkreis der schizophrenen Psychosen wird übrigens die Bedeutung von Psychopharmaka besonders sichtbar. Vor Entdeckung antipsychotischer Medikamente (1951) wurden Schizophrene häufig unter menschenunwürdigen Bedingungen in Verwahranstalten eingesperrt. Hier mussten sie nicht selten den Rest ihres Daseins verbringen. Zahlreiche oft recht zweifelhafte und teilweise lebensgefährliche Therapieverfahren wurden an ihnen erfolglos ausprobiert.

Hauptwirkungen und Substanzklassen. Die beiden Hauptwirkungskomponenten der Neuroleptika, die sedierende und die antipsychotische, sind bei den jeweiligen Klassen von Neuroleptika unterschiedlich stark ausgeprägt. So wirkt ein Präparat, dessen antipsychotische Potenz relativ stark ist – z. B. das am weitesten verbreitete Neuroleptikum Haloperidol (Haldol®) –, gleichzeitig weniger sedierend im Vergleich zu einem niedrigpotenten Neuroleptikum. Man kennt verschiedene, auf der Basis ihrer Struktur unterscheidbare Klassen von Neuroleptika. Die beiden wichtigsten bilden die Phenothiazine (z. B. Chlorpromazin) und die Butyrophenone (z. B. Haloperidol). Diese Substanzklassen unterscheiden sich v. a. in ihrem individuellen Wirkspektrum (antipsychotischer Effekt, Ausmaß der Sedierung, extrapyramidalmotorische Nebenwirkungen).

Atypische Neuroleptika. Seit einigen Jahren haben die sog. atypischen Neuroleptika große Verbreitung in der Pharmakotherapie v. a. schizophrener Psychosen gefunden. Diese Substanzklasse zeichnet sich durch eine hohe Bindungsaffinität an dopaminergen, muskarinergen und serotonergen Rezeptoren aus, bei gleichzeitig geringem Nebenwirkungsprofil. Vor allem die extrapyramidalmotorischen Störungen und die Spätdyskinesien treten hier in den Hintergrund. Spätdyskinesien treten nicht selten nach längerer Behandlungsdauer mit konventionellen Neuroleptika auf. Darunter versteht man Bewegungsstörungen im Gesichtsbereich (Zuckungen, Schmatz- und Kaubewegungen) oder Hyperkinesen (unwillkürliche Bewegungsabläufe) der Extremitäten. Die geringeren Nebenwirkungen der atypischen Neuroleptika im Bereich der Motorik führt man in erster Linie auf die geringere Bindungsaffinität an D2-Rezeptoren im Striatum (einer Struktur der Basalganglien) zurück. Auch die Minussymptome (Negativsymptome) der Schizophrenie wie Affektverflachung, Aufmerksamkeitsdefizite und Apathie dürften sich mit diesen Substanzen meist bessern. Wichtige Vertreter dieser Substanzklasse sind Clozapin und Risperidon.

Zu Beginn der Therapie mit Neuroleptika scheint vor allem die dämpfende Wirkung im Vordergrund zu stehen, wobei die oftmals quälenden Wahnvorstellungen langsam zurückgehen. Innerhalb einiger Wochen normalisieren sich die psychischen Vorgänge, wenn auch häufig die Negativsymptome wie Antriebsschwäche, kognitive Defizite und Affektverarmung bestehen bleiben.

Wirkungsweise der Neuroleptika. Das generelle neurochemische Wirkprinzip der Neuroleptika besteht v. a. in einer Blockade der verschiedenen Dopaminrezeptoren (D1 bis D5), wobei die antipsychotische Wirkung hoch mit der Fähigkeit korreliert, antagonistisch den D2-Rezeptor zu besetzen.

Hier sind zwei Effekte im Spiel: Durch eine Blockade des D2-Autorezeptors steigt die Ausschüttung von Dopamin an. Die Blockade der postsynaptischen D2-Rezeptoren dagegen reduziert die Dopaminwirkung an der subsynaptischen Membran. Je nachdem, in welchem neuronalen Zellverband sich diese Synapsen befinden (z. B. Kortex, Putamen, Substantia nigra), können die beiden gegenläufigen Effekte im Ergebnis zu einer Aktivierung oder Hemmung dopaminerger Aktivität führen. Da die dopaminergen Neuronen ihrerseits z. B. auch GABAerge und glutamaterge Verbindungen beeinflussen, ergibt sich ein höchst komplexes Wechselspiel verschiedener Neurotransmittersysteme. Eine theoriegeführte Vorhersage der sich letztendlich einstellenden Wirkung am einzelnen Patienten ist derzeit noch nicht möglich.

Neuroleptika (v. a. die atypischen) blockieren in geringerem Maße auch Acetylcholin-, Serotonin-, Noradrenalin- und Histaminrezeptoren. Man geht davon aus, dass die Blockade der letztgenannten Rezeptoren nicht zu der therapeutischen Wirksamkeit der Neuroleptika beiträgt. Allerdings dürften sich einige unerwünschte Wirkungen daraus erklären lassen: Die Beeinflussung des cholinergen und noradrenergen Systems führt zu vegetativen Regulationsstörungen wie Blutdrucksenkung, Mundtrockenheit, Blasen- und Darmentleerungsstörungen, Schwitzen etc., während die antihistaminische Wirkung zur Sedierung beiträgt.

Nebenwirkungen auf die Motorik. Vor allem die hochpotenten Neuroleptika haben i. Allg. starke **extrapyramidalmotorische Nebenwirkungen**. Darunter versteht man Störungen der Feinmotorik, wie sie auch bei der Parkinson-Erkrankung auftreten: Tremor, **Dyskinesien**, Rigor, Verlangsamung von Bewegungsabläufen und die sog. Akathisie (Bewegungsdrang, motorische Unruhe). Die sog. Frühdyskinesien sind meist bei Absetzen des Präparats reversibel, während die erst nach jahrelanger Neuroleptika-Einnahme auftretenden Spätdyskinesien häufig irreversibel sind.

Diese Nebenwirkungen entstehen vorwiegend aufgrund der Beeinflussung dopaminerger Neuronen der Substantia nigra, während die antipsychotische Wirkung vermutlich auf der Hemmung übererregter mesolimbisch-mesokortikaler Bahnen beruht. Darüber hinaus wirkt Dopamin allerdings auch im tuberoinfundibulären System, das die Hormonausschüttung der Hypophyse steuert, wodurch endokrine Störungen unter Neuroleptikaeinnahme erklärbar sind.

Verzögerte Wirkung. In der klinischen Praxis wird stets beobachtet, dass die antipsychotische Wirkung der Neuroleptika langsam, d. h. im Verlauf von einigen Tagen bis zu wenigen Wochen einsetzt, was im Gegensatz zur unmittelbar geschehenden D2-Rezeptorblockade steht. Man erklärt sich dies damit, dass zwar Dopamin durch die subsynaptische Rezeptorblockade weniger wirksam werden kann, dass aber durch gleichzeitige Blockade präsynaptischer Dopamin-Auto-

rezeptoren (deren Aktivierung führt im Normalfall zu einer gegenregulatorischen Abnahme der Dopaminausschüttung) – mehr Dopamin in den synaptischen Spalt ausgeschüttet wird. Bei anhaltender Behandlung geht diese Dopaminfreisetzung aufgrund regulatorischer Prozesse wieder zurück, sodass die postsynaptisch wirkende Hemmung der Dopaminwirkung ein immer größeres Gewicht bekommt.

> ### Zusammenfassung
>
> Neuroleptika wirken antipsychotisch, dämpfend und sedierend. Sie werden sowohl bei chronisch verlaufender Schizophrenie als auch zur Rückfallprophylaxe schizophrener Psychosen eingesetzt. Das am weitesten verbreitete Neuroleptikum ist Haloperidol.
>
> Generell korreliert die antipsychotische Wirkung der Neuroleptika hoch mit der Fähigkeit, den D2-Rezeptor zu blockieren. Da sie jedoch auch das cholinerge und das noradrenerge System beeinflussen, ergeben sich eine Reihe von Nebenwirkungen. Aufgrund der Blockade von Dopaminrezeptoren haben vor allem die hochpotenten konventionellen Neuroleptika starke Nebenwirkungen im Bereich der Motorik.

21.2.5 Tranquillanzien

Tranquillanzien (**Anxiolytika**, Tranquilizer) sind Stoffe mit vorwiegend dämpfender Wirkung. Sie können angstmindernd wirken und zu einer emotionalen Entspannung führen. Außerdem lassen sich Agitiertheitszustände damit bekämpfen, die nichtpsychotischen Ursprungs sind.

Aus dem Kreis der Tranquillanzien werden im Folgenden nur die Benzodiazepine und die Betarezeptorenblocker vorgestellt.

Benzodiazepine

Die heute gebräuchlichsten Tranquilizer gehören zur Gruppe der Benzodiazepine. Deren spezifische Wirkung ist seit 1961 bekannt. Benzodiazepine wirken sedierend (beruhigend), anxiolytisch (angstlösend), **antikonvulsiv** (gegen Krampfneigung) und muskelrelaxierend.

Diese Wirkungen kommen v. a. durch die Aktivierung des $GABA_A$-Rezeptors zustande (s. u.). Die Affini-

21.2 Psychopharmakotherapie | **419**

tät der unterschiedlichen Benzodiazepine zu dieser Bindungsstelle ist unterschiedlich hoch und bestimmt damit auch das pharmakologische Wirkungsprofil, z. B. hinsichtlich des sedierenden Effekts.

Die $GABA_A$-Rezeptoren, die über eine Benzodiazepin-Bindungsstelle verfügen (s. Abb. 21.7), sind im menschlichen Gehirn unterschiedlich dicht verteilt. Im Neokortex und der Kleinhirnrinde findet man sie in hoher Dichte, während sie im limbischen System mit geringerer Häufigkeit auftreten und etwa in der Medulla oblongata und im Rückenmark kaum anzutreffen sind. Da dieser Rezeptorsubtyp im Bereich des Neokortex auch an der Steuerung von Aufmerksamkeitsprozessen beteiligt sein dürfte, lässt sich der aufmerksamkeitsdämpfende Effekt der Benzodiazepine erklären.

Vor- und Nachteile. Benzodiazepine wirken im Gegensatz zu den älteren Tranquilizern aus der Gruppe der Barbiturate nicht narkotisch (d. h. schlafanstoßend), weniger atemdepressorisch und beeinflussen das Herz-Kreislauf-System nicht. Ein Suizid durch eine Überdosis von Beruhigungstabletten, wie dies früher häufig bei Barbituraten vorkam, ist hier nahezu unmöglich. Das bekannteste, bestuntersuchte und am weitesten verbreitete Benzodiazepin ist das Diazepam (Valium®).

Einsatzbereiche. Wichtige Einsatzbereiche für Benzodiazepine sind vor allem die symptomatische Linderung von Schlafstörungen, die Behandlung von Krampfanfällen (Epilepsie), die Behandlung von Verspannungen der Skelettmuskulatur (Muskelrelaxation) und die Narkoseeinleitung. Die Auswahl einer bestimmten Substanz aus der Klasse der Benzodiazepine richtet sich vor allem auch nach der jeweiligen Wirkdauer. So werden zur Behandlung von Schlafstörungen eher kurz wirksame Benzodiazepine, z. B. Triazolam (Halcion®), verwendet, um keine Tagesmüdigkeit entstehen zu lassen. Bei Angststörungen (v. a. bei Panikattacken) scheinen Benzodiazepine zwar relativ schnell Hilfe zu verschaffen, sie sind jedoch langfristig nicht so wirksam wie eine Psychotherapie. Zur Unterstützung und Erleichterung einer Verhaltenstherapie bei Angststörungen können Benzodiazepine – insbesondere zu Beginn der Therapie – kurzzeitig und unter ärztlicher Aufsicht eingesetzt gute Dienste leisten.

Bei Verwendung von Benzodiazepinen gegen Prüfungsangst ist zu beachten, dass sie Gedächtnis- und Lernstörungen verursachen können. Das GABAerge System scheint im Hippocampus in Wechselwirkung mit dem Glutamatsystem von wichtiger Bedeutung zu

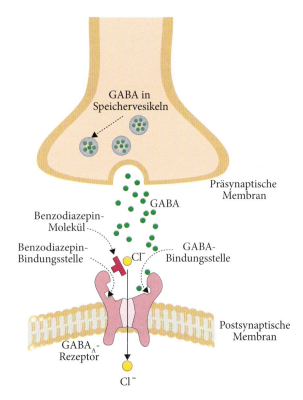

Abbildung 21.7 Benzodiazepinwirkung. Benzodiazepine erleichtern die Bindung von GABA an den $GABA_A$-Rezeptor und verstärken damit dessen hemmende Wirkung. Der $GABA_A$-Rezeptorkomplex besitzt eine spezielle Bindungsstelle für Benzodiazepin. Dockt hier ein Benzodiazepinmolekül an, so kommt es zu einer Veränderung der Konfiguration des Rezeptormoleküls, was die Leitfähigkeit des Chloridionenkanals erhöht

sein und so einen großen Einfluss auf das Gedächtnis auszuüben (s. Abschn. 24.4.1).

Nebenwirkungen. Typische Nebenwirkungen von Benzodiazepinen sind Müdigkeit, Konzentrationsschwäche und Minderung von Aufmerksamkeit und Reaktionsschnelligkeit. Daraus ergibt sich eine Beeinträchtigung im Straßenverkehr und bei der Bedienung von Maschinen. Aufgrund der muskelrelaxierenden Effekte kann es zu Gangunsicherheit bis hin zu Stürzen kommen.

Langzeiteffekte. Bei länger anhaltender regelmäßiger Einnahme von Benzodiazepinen besteht eine gewisse Gefahr von psychischer und physischer Abhängigkeit. Liegt physische Abhängigkeit vor, so können sich in extremen Fällen nach unvermitteltem Absetzen teilweise schwere Entzugserscheinungen – Krämpfe, Delir, Wahrnehmungsstörungen – einstellen. Diese können innerhalb von 2 bis 10 Tagen nach Absetzen der Substanz eintreten und ca. eine bis zwei Wochen andauern. Liegt noch keine physische Abhängigkeit vor, so sind die psychischen Entzugserscheinungen v. a. Angst, Schlafstörungen und generelle Unruhe. Nach längerer Einnahme von Benzodiazepinen kommt es i. Allg. zur Toleranzentwicklung. Demgemäß ist häufig eine Dosissteigerung zur Erzielung der gleichen Wirkung erforderlich. Die Toleranzentwicklung geht auf Adaptationsvorgänge im Gehirn vermutlich auf Rezeptorebene zurück. Sie bezieht sich v. a. auf die sedierenden und antikonvulsiven Effekte, in geringerem Maß auf die anxiolytischen.

> ### Zusammenfassung
>
> Tranquillanzien sind Stoffe mit vorwiegend dämpfender Wirkung, die anxiolytisch und emotional entspannend wirken. Die gebräuchlichsten Tranquilizer gehören zur Gruppe der Benzodiazepine. Deren Wirkungen beruhen v. a. auf der Funktionssteigerung des hemmenden GABA$_A$-Rezeptors.
>
> Typische Nebenwirkungen von Benzodiazepinen sind Müdigkeit, Konzentrationsschwäche und Rückgang der Aufmerksamkeit und Reaktionsgeschwindigkeit. Bei länger anhaltender regelmäßiger Einnahme besteht die Gefahr von Abhängigkeits- und Toleranzentwicklung.

Betarezeptorenblocker

Betablocker sind Medikamente, deren hauptsächliche therapeutische Wirkung das Herz-Kreislauf-System betrifft. Sie wirken antagonistisch zu Adrenalin, indem sie den adrenergen Betarezeptor besetzen und blockieren. Dadurch senken sie den Blutdruck und die Herzfrequenz und können so ihre therapeutische Wirkung bei Hypertonie und Herz-Rhythmus-Störungen entfalten.

Im Zusammenhang mit Panikattacken (s. Abschn. 21.1.5) können Betablocker (z. B. Propranolol oder Pindolol) die **körperlichen Symptome der Angst**, insbesondere das Gefühl des Herzrasens und Zitterns bekämpfen, die zu einer unkontrollierten Panikreaktion führen können. Da Betablocker weder die Aufmerksamkeit noch die Gedächtnisleistung beeinträchtigen, werden sie zuweilen von Künstlern oder Rednern vor Auftritten gegen das Lampenfieber oder von Studenten gegen Prüfungsangst eingenommen. Ein derartiger Einsatz stellt jedoch keine medizinische Indikation dar und rechtfertigt die u. U. nicht unerheblichen Effekte im Herz-Kreislauf-Bereich nicht.

21.2.6 Hypnotika

Hypnotika fördern die Schlafbereitschaft und erleichtern damit das Einschlafen. Da alle Schlafmittel das Schlafprofil verändern, indem sie v. a. die REM-Phasen (s. Abschn. 20.5.1) verkürzen, tritt nach Absetzen der Medikamente in den folgenden Nächten häufig gesteigert REM-Schlaf auf, was zu vermehrten Träumen und dem subjektiven Empfinden schlechteren Schlafes führt. Als Folge davon wird erneut zum Schlafmittel gegriffen, sodass nach und nach eine Abhängigkeit entsteht. Es sollten bei einer Insomnie daher in jedem Fall zunächst Maßnahmen bedacht werden, die an der Ursache angreifen (z. B. Schlafhygiene, s. Abschn. 20.7.1).

Eingesetzte Substanzen

Benzodiazepine sowie die heute nicht mehr gebräuchlichen Barbiturate wirken je nach Konzentration zunächst sedierend, dann schlafanstoßend und schließlich schlaferzwingend. Um sog. Überhangeffekte (»Hangover«), d. h. auch am Folgetag bestehende Müdigkeit und Konzentrationsstörungen, zu vermeiden, werden v. a. Präparate eingesetzt, die vom Körper rasch resorbiert und abgebaut werden können. Es handelt sich also vor allem um Benzodiazepine mit raschem Wirkungseintritt und kurzer Wirkdauer.

Zolpiclon und Zolpidem sind relativ neu entwickelte Hypnotika, die sich chemisch von den Benzodiazepinen unterscheiden. Dennoch erregen auch sie deren Bindungsstelle am GABA$_A$-Rezeptor und verstärken folglich die GABAerge Neurotransmission. Im Wirkungs- und Nebenwirkungsprofil zeigen sie Gemeinsamkeiten mit den Benzodiazepinen.

Eine andere Medikamentenklasse, die als Schlafmittel Verwendung findet, sind die (H$_1$-)Antihistaminika. Sie blockieren insbesondere den histaminergen H$_1$-Rezeptor. Neben ihrer sedierenden Wirkung haben sie vor allem antiallergische Eigenschaften, weshalb sie bei der Behandlung von allergischen Reaktionen jeder Art verwendet werden. Je nach Medikament treten entweder die sedierenden oder die antiallergischen Eigenschaften in den Vordergrund, was bei der jeweiligen Indikation beachtet werden muss.

Natürliche beruhigende und schlaffördernde Substanzen, die aus Pflanzen extrahiert werden können, sind in Baldrian, Hopfen oder Melisse enthalten. Sie werden seit jeher auch in Form von Getränken (Tee, Bier) erfolgreich angewendet.

Zusammenfassung

Hypnotika fördern die Schlafbereitschaft. Sie verkürzen allerdings bevorzugt die REM-Phasen, was zu einem ungünstigen Schlafprofil führt. Benzodiazepine wirken je nach Konzentration zunächst nur schlafanstoßend und bei höheren Konzentrationen schließlich schlaferzwingend. Häufig treten bei der Anwendung von Hypnotika, v. a. bei höherer Dosierung, am Folgetag Überhangeffekte wie Müdigkeit und Konzentrationsstörungen oder Schwindel auf.

21.2.7 Nootropika

Nootropika (Neurotropika, Antidementiva, Psychoenergetika) sind Medikamente, deren Ziel es ist, die Hirnleistung zu steigern. Sie sollen kognitive Funktionen wie das Gedächtnis, die Konzentration, das Lernen und die Denkfähigkeit verbessern. Diese Substanzen können

(1) vasoaktiv sein, d. h., sie sollen die Hirndurchblutung verbessern;

(2) stoffwechselaktiv sein, d. h., man geht davon aus, dass sie den Gehirnstoffwechsel fördern; oder

(3) cholinomimetisch sein, d. h., es wird das cholinerge System unterstützt.

Zu den Nootropika muss generell angemerkt werden, dass Wirken und Nutzen dieser Medikamentengruppe als Ganzes bisher nur in Ausnahmen empirisch sicher belegt werden konnte. Es handelt sich hier um eine pharmakologisch überaus heterogene Gruppe, wobei unsicher ist, welcher Wirkmechanismus letztendlich greifen soll. Der therapeutische Effekt ist meist gering, schlecht vorhersagbar und die Zusammenhänge zwischen einer Nootropikatherapie und alltagsrelevanten Kompetenzen sind meist nur gering.

Erweiterung der Hirngefäße. Vielen Formen der Demenz liegt eine Störung der Durchblutung des Gehirns zugrunde (s. Abschn. 21.1.7). Neben dem Schlaganfall gilt hier die Multiinfarktdemenz mit zahlreichen Mikroinfarkten kleiner Hirngefäße als Ursache für die Verschlechterung der kognitiven Leistungen. Ein Therapieprinzip ist hierbei, die Hirndurchblutung durch Erweiterung der Gefäße zu erreichen, sodass die Nervenzellen besser mit den für den Stoffwechsel notwendigen Sauerstoff- und Glukosemolekülen versorgt werden können. Zu diesen vasoaktiven Substanzen gehört z. B. das Dihydroergotoxin (Dihydergot®), Nimodipin (Nimotop®) oder bestimmte Sympatholytika, z. B. Nicergolin (Sermion®). Auch in der Wurzel der Ginkgobiloba-Pflanze enthaltene Stoffe wirken vasoaktiv.

Aktivierung des Gehirnstoffwechsels. Eine zweite große Gruppe von Nootropika wirkt vermutlich sowohl über eine Durchblutungsverbesserung als auch über eine Aktivierung des Gehirnstoffwechsels. Es wird angenommen, dass diese Substanzen die ATP-Bereitstellung und den Transmitterstoffwechsel so beeinflussen, dass die neuronale Impulsfrequenz gesteigert werden kann. Hierbei dürfte die Stabilisierung der intrazellulären Kalziumkonzentration ebenfalls eine Rolle spielen. Präparate dieser Kategorie sind z. B. Piracetam (Normabrain®), Pyritinol (Encephabol®) und Vincamin (Cetal®).

Verlangsamung des Transmitterabbaus. Um den reduzierten cholinergen Transmitterstoffwechsel bei der Alzheimer-Erkrankung auszugleichen, versucht man, den Abbau des Acetylcholins zu verlangsamen. Dies kann durch Hemmung des Enzyms Cholinesterase geschehen. Es gibt zwei Arten der Cholinesterase (A und B), die im peripheren und Zentralnervensystem in unterschiedlicher Verteilung vorkommen. Man strebt naturgemäß an, die eher zentral lokalisierte Cholinesterase A selektiv zu hemmen und damit die Verfügbarkeit von Acetylcholin im Gehirn zu erhöhen, ohne zu starke vegetative Nebenwirkungen durch Hemmung der eher peripher lokalisierten Cholinesterase B zu verursachen. Derartige Cholinesterasehemmer zur Therapie der Demenz vom Alzheimer-Typ sind z. B. Tacrin oder als neuere Substanzen mit weniger Nebenwirkungen das Donepezil (Aricept®) und das Rivastigmin (Exelon®). Für die beiden letztgenannten Substanzen konnte in groß angelegten kontrollierten Studien bei leichter bis mittelschwerer Alzheimer-Demenz eine Verlangsamung der Symptomprogression nachgewiesen werden.

Antagonismus am NMDA-Rezeptor. Ein Wirkstoff, der auf der (teilweisen) Blockade des NMDA-Rezeptors beruht, ist Memantine (Axura®, Ebixa®). Dieser Rezeptor wird durch Glutamat aktiviert, was den Einstrom von Kalziumionen in die subsynaptische Zelle zur Folge hat. Beim Alzheimer-Kranken ist permanent Glutamat im synaptischen Spalt in zu hoher Konzentration vorhanden. Infolgedessen findet ein *anhaltender* Einstrom von Kalziumionen in die subsynaptische Nervenzelle statt. Dies führt auf Dauer zu einem Funktionsverlust dieser Zelle, z. B. durch vermehrte Bildung freier Radikalen. Memantine blockiert den Rezeptor so weit, dass der *permanente* Kalziumeinstrom zur Erliegen kommt. Bei erhöhter Glutamatausschüttung durch ein Aktionspotenzial überschreitet die Glutamatkonzentration einen Schwellenwert, die Blockade durch Memantine wird überwunden und die Signaltransmission kann stattfinden.

Die beiden Präparate sind zur Behandlung der mittelschweren bis schweren Alzheimer-Krankheit zugelassen. In klinischen Studien zeigte sich gegenüber Placebo, dass

▶ häufiger eine Besserung im ärztlichen Gesamturteil eintritt,
▶ die Pflegebedürftigkeit zurückgeht,
▶ die Angehörigen weniger Zeit für die Pflege aufwenden müssen,
▶ die geistige Leistungsfähigkeit langsamer abnimmt und
▶ die Aktivitäten des täglichen Lebens länger erhalten bleiben.

Zusammenfassung

Nootropika sollen die Hirnleistung verbessern. Man kann durchblutungsfördernde, stoffwechselaktive und cholinomimetische Substanzen unterscheiden. Die Wirkung von Nootropika ist nur in Ausnahmefällen, nämlich für AChE-Hemmer und Memantine, klar belegt. Diese können die Progredienz der typischen Symptome der Demenz verlangsamen und so das Eintreten schwergradiger Einschränkungen im Alltag hinausschieben.

Weiterführende Literatur

Arolt, V., Reimer, C. & Dilling, H. (2006). Basiswissen Psychiatrie und Psychotherapie (6. Aufl.). Berlin: Springer-Verlag.

Laux, G. & Dietmaier, O. (2009). Psychopharmaka (8. Aufl.). Berlin: Springer-Verlag.

Möller, H.-J., Laux, G. & Kapfhammer, H.-P. (Hrsg.). (2007). Psychiatrie und Psychotherapie (3. Aufl.). Berlin: Springer-Verlag.

Tretter, F. & Albus, M. (2004). Einführung in die Psychopharmakotherapie. Stuttgart: Georg Thieme Verlag.

22 Drogenabhängigkeit

Das Drogenproblem gehört neben der Überbevölkerung und dem Hunger in der dritten Welt zu den gravierendsten Problemen unserer Zeit. Zahlen aus den USA sprechen von 20 Millionen Bürgern über 12 Jahre, die im vorangegangenen Monat eine illegale Droge zu sich genommen haben. Die jährlichen Kosten, verursacht durch die Folgen von illegalem Drogenkonsum, werden auf 110 Milliarden Dollar geschätzt, die von Alkoholabusus auf 166 Milliarden Dollar. Zum Vergleich: Der gesamte Bundeshaushalt Deutschlands beläuft sich auf ca. 300 Milliarden Euro (ca. 360 Milliarden Dollar).

Wohlfeile Lösungen für das Drogenproblem sind nicht in Sicht. Dennoch gewinnt man nicht selten den Eindruck, dass seitens der politisch Verantwortlichen Lösungen eher unter ideologischen Gesichtspunkten als unter Zuhilfenahme wissenschaftlicher Erkenntnisse gesucht werden. Angesichts der immer noch wachsenden Drogenkriminalität und ihrer enormen sozialen Implikationen sowie der sozialmedizinischen Aspekte wie der Verbreitung von HIV und Hepatitis scheint ein Umdenken seitens der politischen Entscheidungsträger unumgänglich. Die Ergebnisse der neurobiologisch ausgerichteten Grundlagenforschung sowie der psychologischen Suchtforschung lassen erkennen, dass das reine Verbot des Drogenbesitzes und der Drogenanwendung das Problem der Drogenabhängigkeit nicht lösen kann.

22.1 Zentrale Begriffe

22.1.1 Drogen und Drogensucht

Definition

Unter Drogen versteht man nach einer gängigen Definition solche Stoffe, die eine direkte Einwirkung auf das ZNS haben und bei deren Zufuhr sich ein als subjektiv angenehm empfundener Zustand einstellt oder ein als mangelhaft empfundener Zustand gemindert oder zum Verschwinden gebracht wird. Es kann sich dabei um Arzneimittel – häufig Betäubungsmittel – handeln, um legale Drogen wie Nikotin, Koffein und Alkohol oder um illegale Drogen wie Heroin, Kokain etc.

Während im deutschen Sprachgebrauch unter Drogen meist solche Stoffe verstanden werden, die Abhängigkeit erzeugen, muss dies nicht für alle Substanzen gelten, die unter den obigen Drogenbegriff fallen.

Zum Begriff »Sucht« fehlt eine klare und einheitliche Definition. Ein älterer Definitionsvorschlag (WHO, 1952) lautet folgendermaßen: Zur Sucht gehören
(1) ein überwältigendes Verlangen oder echtes Bedürfnis (Zwang), die Substanz fortgesetzt zu nehmen und sie auf jede Weise zu bekommen – auch durch kriminelle Mittel (sekundäre Kriminalisierung);
(2) eine Tendenz, die Dosis zu steigern (pharmakologische Gewöhnung);
(3) psychische und meist auch körperliche Abhängigkeit von der Substanzwirkung, wobei sich nach Absetzen Entzugssymptome zeigen;
(4) schädliche Folgen für den Einzelnen – als periodische oder chronische Vergiftung – und die Gesellschaft.

Diese Fassung des Suchtbegriffs orientierte sich noch sehr stark an der Morphiumsucht. Auf den Gebrauch schwächerer Drogen ist er nur teilweise anwendbar. Stattdessen bevorzugt man heute den Begriff »Abhängigkeit«.

22.1.2 Abhängigkeit

Unter psychischer Abhängigkeit (»Abhängigkeitssyndrom«) versteht man ein starkes, nicht zu unterdrückendes Verlangen nach einer Substanz. Dieses Verlangen ist von einer typischen Empfindung begleitet, die man Craving nennt. Um von Abhängigkeit zu sprechen, müssen nach dem Klassifikationsschema der ICD-10 der WHO und in ganz ähnlicher Weise des DSM-IV bestimmte Kriterien erfüllt sein.

Übersicht

Abhängigkeitsklassifikation nach ICD-10
Drei oder mehr der folgenden Kriterien sollen zusammen mindestens einen Monat lang bestanden haben. Falls sie nur für kürzere Zeit gemeinsam aufgetreten sind, sollten sie innerhalb von zwölf Monaten wiederholt bestanden haben.

(1) Ein starkes Verlangen oder eine Art Zwang, die Substanz zu konsumieren.

(2) Verminderte Kontrolle über den Substanzgebrauch, d.h. über Beginn, Beendigung oder die Menge des Konsums. Dies wird z.B. daran deutlich, dass mehr von der Substanz konsumiert oder über einen längeren Zeitraum genommen wird als geplant oder dass erfolglose Versuche unternommen wurden oder der anhaltende Wunsch vorliegt, den Substanzkonsum zu verringern oder zu kontrollieren.

(3) Ein körperliches Entzugssyndrom, wenn die Substanz reduziert oder abgesetzt wird, mit den für die Substanz typischen Entzugssymptomen oder auch nachweisbar durch den Gebrauch derselben oder einer sehr ähnlichen Substanz, um Entzugssymptome zu mildern oder zu vermeiden.

(4) Toleranzentwicklung gegenüber den Substanzeffekten. Für eine Intoxikation oder um den gewünschten Effekt zu erreichen, müssen größere Mengen der Substanz konsumiert werden, oder es treten bei Konsum derselben Menge deutlich geringere Effekte auf.

(5) Einengung auf den Substanzgebrauch, deutlich an der Aufgabe oder Vernachlässigung anderer wichtiger Vergnügen oder Interessensbereiche wegen des Substanzgebrauchs; oder es wird viel Zeit darauf verwandt, die Substanz zu bekommen, zu konsumieren oder sich davon zu erholen.

(6) Anhaltender Substanzgebrauch trotz eindeutig schädlicher Folgen, deutlich an dem fortgesetzten Gebrauch, obwohl der Betroffene sich über die Art und das Ausmaß des Schadens bewusst war oder hätte bewusst sein können.

Man beachte, dass nach dieser Definition Entzugssymptome nicht zwingend vorliegen müssen. Ebenso kann Toleranzentwicklung mit gleichzeitiger Dosissteigerung fehlen. Allerdings sind gerade diese beiden Phänomene besonders häufig bei der Drogenabhängigkeit anzutreffen.

22.1.3 Toleranz

Drogentoleranz bedeutet, dass sich ein substanzspezifischer Effekt nach längerem Gebrauch der Droge nur noch in abgeschwächtem Ausmaß zeigt. Demzufolge werden zunehmend höhere Dosen der Substanz benötigt, um den gewünschten Effekt herbeizuführen. Toleranz kann sich sowohl auf körperlicher Ebene einstellen als auch auf der Ebene des Erlebens und Verhaltens.

Von **Kreuztoleranz** spricht man, wenn sich die Toleranzentwicklung auf eine zweite Droge, die pharmakologisch meist ähnlich ist, ausweitet. Dann ist auch die Wirkung dieser Droge reduziert und auch hier eine Dosissteigerung nötig, um nach wie vor den gewünschten Effekt zu erzielen.

Toleranzentwicklung stellt sich hinsichtlich der verschiedenen Effekte einer Substanz meist nicht parallel ein. So kann z.B. die subjektiv erlebte Drogenwirkung relativ schnell abnehmen, die toxische Wirksamkeit aber keineswegs zurückgehen. Das subjektiv erlebte Nachlassen der Drogenwirkung – etwa beim Alkohol – wird vom Konsumenten dann oft fälschlicherweise als ein Indikator dafür gesehen, dass der Körper jetzt mehr Alkohol »verträgt«.

22.2 Neurobiologie der Abhängigkeit

Für die unterschiedlichen Substanzen mit Abhängigkeitspotenzial konnte gezeigt werden, dass ihr suchterzeugendes Potenzial auf teilweise sehr ähnlichen neurobiologischen Basisprozessen beruht. Dies gilt sowohl für die beteiligten neuroanatomischen Strukturen als auch für die neurochemischen Mechanismen. Die Ähnlichkeit der beteiligten Basismechanismen ist insofern überraschend, als die verschiedenen Drogen sich in ihrem chemischen Aufbau und ihren chemischen Eigenschaften deutlich unterscheiden.

22.2.1 Das »Belohnungssystem« des Gehirns und die subjektive Drogenwirkung

Die Erforschung des »Belohnungssystems« des Gehirns nahm ihren Anfang mit einer bahnbrechenden Entdeckung von James Olds und Peter Milner (1954). Olds war ein junger, gerade promovierter Wissenschaftler, Milner war einer seiner Studenten. Ihr ursprüngliches Untersuchungsziel war die Aufklärung der aktivierenden Mechanismen, die von der Formatio reticularis ausgehen. Zu diesem Zwecke führten sie Elektrostimulationen im Rattengehirn durch. Sie beobachteten eines Tages, dass ein Versuchstier danach bevorzugt immer wieder jenen Bereich seines Käfigs aufsuchte, in dem es die Stimulation erfahren hatte, auch ohne dass es stimuliert wurde. Zufällig und ungewollt hatten sie bei diesem Tier die Stimulationselektrode im Septum platziert.

Intrakranielle Selbststimulation. In einem zweiten entscheidenden Schritt verschafften Olds und Milner dem Versuchstier die Möglichkeit, durch eigenes Hebeldrücken die Stimulation über die implantierte Elektrode selbst ein- bzw. auszuschalten (s. Abb. 22.1). Überraschenderweise zeigte sich, dass ein so präpariertes Tier sich nahezu ununterbrochen selbst stimulierte. Die Frequenz der Hebelbetätigungen erreichte dabei Werte von über 2.000 pro Stunde. In nachfolgenden Experimenten, bei denen nun die Elektrode gezielt in die Septumregion eingebracht wurde, ließ sich dieser Befund replizieren. Die Tiere stimulierten sich bis zur Erschöpfung. Auch überwanden sie schmerzauslösende Barrieren, um die Selbststimulation durchzuführen. Sie liefen z. B. über erhitzte oder elektrisch geladene Bodenplatten, um in den Käfigbereich mit dem Hebel zu gelangen. Außerdem vernachlässigten sie die Nahrungs- und Flüssigkeitsaufnahme, Paarungsverhalten, Brut- und Körperpflege. Wenn der Strom abgeschaltet wurde und damit die Selbststimulation nicht mehr möglich war, liefen die Versuchstiere unruhig hin und her, was von den Beobachtern als »Frustration« interpretiert wurde.

In den folgenden Jahren wurden mit diesem Verfahren der **intrakraniellen** Selbststimulation (ICSS) weitere Gehirnstrukturen identifiziert, die zu einem ähnlichen Verhalten führten. Bei der Ratte liegen diese Strukturen relativ weiträumig verteilt über das Gehirn. Man nannte die verschiedenen, auf diese Weise identi-

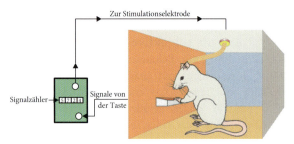

Abbildung 22.1 Versuchsanordnung zur intrakraniellen Selbststimulation. Implantiert man bei einer Ratte Elektroden im Bereich des mesolimbischen Systems, so kommt es im Zuge der Selbststimulation zu extrem hohen Hebeldruckraten

fizierten Zentren des Gehirns – insbesondere in der populärwissenschaftlichen Literatur – gerne »Lustzentren« oder »Belohnungszentren«. Dies geht auf die naheliegende Annahme zurück, dass das Erleben der Versuchstiere durch ein starkes Lustgefühl gekennzeichnet ist, mit dem sie für das Hebeldrücken belohnt werden.

Seit den Arbeiten von Olds und Milner wurde eine außerordentliche Fülle von Studien zur weiteren Aufklärung dieses Phänomens durchgeführt. Bei anderen Tierspezies und sogar beim Menschen konnten derartige Belohnungszentren identifiziert werden. So liegen einige Fallberichte vor (z. B. Delgado, 1969), dass bei Gehirnoperationen am wachen Patienten eine Stimulation z. B. bestimmter Stellen des Temporallappens als angenehm beschrieben wird.

Das mesolimbische System. Die diesbezügliche Forschung ist so weit fortgeschritten, dass man nicht nur eine lose Aufzählung von Strukturen geben kann, deren Stimulation belohnend wirkt, sondern es lassen sich die wichtigsten diesbezüglichen Strukturen und die zwischen ihnen existierenden Verbindungen zu einem System zusammenfassen. Dies ist das sog. **mesolimbische System**. Man ist sich heute relativ sicher, dass die suchterzeugende Wirkung von Drogen teils über eine direkte, teils über eine indirekte Beeinflussung dieses Belohnungssystems zustande kommt. Zum gegenwärtigen Zeitpunkt kann allerdings nicht ausgeschlossen werden, dass es weitere, untereinander in Verbindung stehende Gehirnstrukturen gibt, die möglicherweise ebenfalls verhaltensverstärkend wirken.

Das mesolimbische Belohnungssystem als wichtigster Angriffspunkt für Drogen

Das sog. mesolimbische Belohnungssystem besteht aus
▶ dem ventralen Teil des Mittelhirns (Mesenzephalon),
▶ dem limbischen System und
▶ Kerngebieten, die in enger Beziehung zum limbischen System stehen.

Seinen Ausgang nimmt das mesolimbische System im Mittelhirn (s. Abb. 22.2), und zwar im **ventralen tegmentalen Areal** (VTA). Von hier ziehen Bahnen über den lateralen Hypothalamus zum Nucleus accumbens im Vorderhirn. Der Nucleus accumbens ist morphologisch gesehen ein Teilgebiet des Striatums. Er steht wiederum über afferente Kontakte in Verbindung mit der Amygdala, dem Hippocampus, dem Nucleus caudatus im Striatum, dem präfrontalen Kortex, dem Bulbus olfactorius und dem Septum. Der Nucleus accumbens – insbesondere dessen Außenbereich – hat sich für die Drogenwirkung als besonders bedeutsam erwiesen, wobei hier die dopaminergen Synapsen eine herausragende Rolle spielen.

Übersicht

Wichtige Strukturen des mesolimbischen Belohnungssystems sind:
- ventrales tegmentales Areal (VTA)
- lateraler Hypothalamus
- Nucleus accumbens
- Amygdala
- Hippocampus
- Nucleus caudatus
- präfrontaler Kortex
- Bulbus olfactorius
- Septum
- Nucleus accumbens

Es handelt sich beim mesolimbischen System um kein einheitlich aussehendes, gut abgrenzbares Gefüge, sondern es finden sich diffuse Verästelungen, von denen nur einzelne genauer untersucht sind. Innerhalb dieses Systems gibt es neben dem aufwärts gerichteten Erregungsfluss auch Schleifen, die zurückführen, etwa vom Frontalkortex zum Nucleus accumbens und vom Nucleus accumbens zum VTA.

Der beherrschende Neurotransmitter in diesem System ist das Dopamin. Auch Serotonin und Noradrenalin spielen jedoch eine gewisse Rolle.

Substanzselbstapplikation. Der Zusammenhang zwischen Strukturen des mesolimbischen Belohnungssystems und der Drogenwirkung lässt sich tierexperimentell in sehr direkter Weise prüfen, und zwar mit der Technik der Substanzselbstapplikation. Dabei wird einem Versuchstier – meist einer Ratte – eine sehr feine Kanüle in ein genau definiertes Gehirngebiet implantiert. Das Tier kann dann selbst steuern (z.B. durch Hebeldruck), ob durch die Kanüle eine Droge (z.B. Alkohol oder ein Opiat) zugeführt wird. Bei Positionierung der Kanüle in einer mesolimbischen Struktur tritt eine hohe Rate an Selbstapplikation auf. Diese führt beim Tier darüber hinaus zu den typischen Erscheinungen süchtigen Verhaltens:
- Im Lauf der Zeit steigt die Frequenz der Selbstapplikation langsam an (Dosissteigerung im Zuge einer Toleranzentwicklung).
- In Stressphasen nehmen die Tiere größere Dosen der Droge zu sich.

Werden die Substanzen in andere Gehirnregionen eingebracht, ist kein vergleichbarer Effekt beobachtbar.

Neben der Tatsache, dass sich die Versuchstiere mit einer gewissen Regelmäßigkeit die Droge zuführen, wenn die Kanüle im mesolimbischen System platziert ist, sprechen weitere Befunde für die belohnende Wirkung der Drogenapplikation in dieses Gebiet:
- Die Tiere suchen im Käfig bevorzugt denjenigen Bereich auf, in dem die Drogenzufuhr stattgefunden hat.
- Läsionen des mesolimbischen Systems führen dazu, dass die Drogenwirkung bei Applikation in den Blutkreislauf deutlich nachlässt.
- Führt man Opiate über den Blutkreislauf zu, so steigert dies die Wirkung der elektrischen Selbststimulation des mesolimbischen Systems.

Es konnten an Neuronen des VTA Opioidrezeptoren und Niktinrezeptoren in hoher Dichte nachgewiesen werden. Vom VTA laufen dopaminerge Fasern zum Nucleus accumbens. Deren Impulse bewirken dann dort eine erhöhte Dopaminausschüttung.

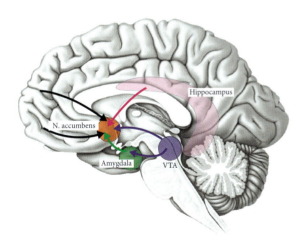

Abbildung 22.2 Mesolimbisches System. Das mesolimbische System ist im Wesentlichen ein dopaminerges System, das u. a. wichtige Anteile im Tegmentum (ventrales tegmentales Areal, VTA) und im Striatum (Nucleus accumbens) besitzt. Der Nucleus accumbens erhält Zuflüsse u. a. vom präfrontalen Kortex und von Anteilen des limbischen Systems, z. B. Amygdala, Hippocampus und Septum. VTA, Nucleus accumbens und Amygdala sind stark vergrößert eingezeichnet

An Neuronen, deren Zellkörper im Nucleus accumbens liegt, sind neben Opioidrezeptoren auch Nikotinrezeptoren identifiziert worden.

Dopamin als Schlüsselsubstanz bei der Drogenwirkung

Im mesolimbischen System ist – wie erwähnt – der am weitesten verbreitete Neurotransmitter das Dopamin. Ihm kommt bei der Drogenwirkung und bei der Entstehung von Abhängigkeit eine besondere Bedeutung zu. Einige Drogen wirken im mesolimbischen System relativ unmittelbar, z. B. Morphium und Heroin: Nach einer ersten Reaktion mit einem Opioidrezeptor kommt es zu einem deutlichen Anstieg der Aktivität dopaminerger Neuronen in dem VTA. Andere Substanzen, z. B. Stimulanzien, aktivieren zunächst ein anderes Neurotransmittersystem, etwa das adrenerge, was dann jedoch als Sekundäreffekt eine Steigerung der dopaminergen Aktivität im mesolimbischen System nach sich zieht.

Zahlreiche tierexperimentelle Befunde belegen in unmittelbarer Weise die Beteiligung des Dopamins bei der Drogenwirkung. Injiziert man Tieren, die vorher an Kokain gewöhnt wurden, einen Dopamin-Antagonisten, so führen sie sich in der Folge höhere Kokaindosen über Selbstapplikation zu als im Normalzustand. Dies wird als kompensatorische Reaktion auf die nun infolge des Dopamin-Antagonisten reduzierte Kokainwirkung verstanden.

Versorgt man den Nucleus accumbens mit einem Dopamin-Agonisten, so zeigt sich, dass durch die Förderung der Dopaminwirkung bei elektrischer Selbststimulation ein Anstieg des Belohnungseffekts stattfindet, was sich z. B. in einer höheren Stimulationsrate ausdrückt. Offenbar kann die Selbststimulation nun einen noch stärkeren Effekt entfalten als bei der regulären Dopaminwirkung.

Das dopaminerge System hat nicht nur einen zentralen Stellenwert bei der Erklärung von Drogenwirkung und Abhängigkeitsentwicklung, sondern auch als ein neuronales Korrelat von **Belohnung**. In Experimenten mit Ratten, denen man zunächst Futter vorenthalten hatte, konnte mittels Mikrodialyse (s. Abschn. 26.1.3) gezeigt werden, dass danach beim Verzehr von Nahrung ein deutlicher Anstieg der extrazellulären Dopaminkonzentration im Nucleus accumbens eintrat. In anderen Experimenten, bei denen Messelektroden in dopaminerge Neuronen der VTA eingebracht waren, konnte unter vergleichbaren Bedingungen eine erhöhte Entladungsrate dieser Neuronen beobachtet werden. Waren die Tiere nicht nahrungsdepriviert, blieben die Effekte aus.

22.2.2 Einfluss des Drogenmissbrauchs auf die Genexpression in Gehirnzellen

Drogenmissbrauch hat verschiedene **neuroadaptive Prozesse** zur Folge. Darunter versteht man Umbauprozesse auf molekularer Ebene, die zu einer längerfristigen Veränderung neuronaler Funktionen führen. Besonders gravierend sind hier Veränderungen in der zellulären Genexpression (s. Abschn. 2.4.1). Die meisten Suchtdrogen (Kokain, Opiate, Alkohol) stimulieren bei langfristigem Gebrauch infolge einer Hochregulation des dopamingesteuerten Second-Messenger-Systems in einem mehrstufigen Ablauf die Expression spezifischer Gene (s. Abb. 22.3).

Am besten untersucht wurde im Zusammenhang mit chronischer Opiatzufuhr ein Prozess, der auf einer Hochregulation des intrazellulären zyklischen Adeno-

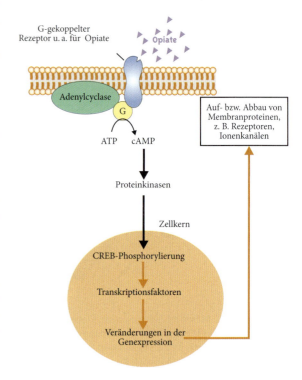

Abbildung 22.3 Genetische Prozesse beim anhaltenden Drogengebrauch (stark vereinfacht). Bei chronischer Opiatzufuhr kommt es unter Ablauf verschiedener Zwischenschritte zu einer Veränderung der Membranausstattung mit Rezeptoren

sinmonophosphats (cAMP) beruht. Beim akuten, nicht gewohnheitsmäßigen Opiatgebrauch kommt es zu einer Hemmung des cAMP-Systems.

Bei Dauerzufuhr eines Opiats kommt es zu folgenden Prozessen:

- Jetzt stellt sich eine Erhöhung der Konzentration des **cAMP** ein.
- Als Folge davon werden **Proteinkinasen** aktiviert. Proteinkinasen sind Enzyme, die andere Proteine verändern, indem sie bestimmte Aminosäuren auf deren Oberfläche mit einer Phosphatgruppe modifizieren. Die neu eingeführte Phosphatgruppe verändert die biologischen Eigenschaften dieser Proteine. Sowohl Enzymaktivitäten als auch die Bindung an andere regulatorische Moleküle können so kontrolliert werden.
- Die Proteinkinasen führen dann über weitere Zwischenschritte – v. a. über die Aktivierung von Transkriptionsfaktoren – im Zellkern zur Expression bestimmter Gene.
- Das wiederum verändert die Ausstattung der Nervenzellmembran mit verschiedenen Rezeptoren v. a. im Bereich des mesolimbischen Systems. Die Entzugserscheinungen während einer Drogenkarenz sind vermutlich auf diese veränderte Rezeptorausstattung zurückzuführen.

Zusammenfassung

Drogen sind Stoffe, die eine direkte Einwirkung auf das ZNS haben und eine positive Wirkung auf die Befindlichkeit ausüben. Unter psychischer Abhängigkeit versteht man ein starkes, nicht zu unterdrückendes Verlangen nach einer Substanz. Bei Toleranzentwicklung lässt ein substanzspezifischer Effekt nach längerer Zufuhr der Droge nach.

Das mesolimbische System ist der wichtigste Angriffspunkt für Drogen. Es wird zum großen Teil von dopaminergen Neuronen gebildet, deren Zellkörper im ventralen Tegmentum liegen und deren Axone zum Nucleus accumbens ziehen. Dieses System spielt sowohl bei der intrakraniellen Selbstreizung als auch bei Drogenwirkung eine zentrale Rolle.

Die längerfristigen Effekte bei der Abhängigkeitsentwicklung sind mit hoher Wahrscheinlichkeit auch beim Menschen durch Veränderungen in der Genexpression innerhalb von Neuronen des mesolimbischen Systems mit verursacht.

22.3 Alkohol

Alkohol ist diejenige Droge, die in der westlichen Welt am weitesten verbreitet ist. Etwa ein Drittel der Bevölkerung Deutschlands im Alter zwischen 25 und 69 Jahren nimmt eine tägliche Alkoholmenge zu sich, die über dem Grenzwert zum gesundheitsschädlichen Konsum (s. Abschn. 22.3.1) liegt. Alkohol am Arbeitsplatz ist nach wie vor eines der drängendsten arbeitsmedizinischen Probleme. Man schätzt, dass für das Gesundheitssystem in Deutschland als Folge des chronischen Alkoholmissbrauchs direkte Kosten von etwa 15 Milliarden Euro pro Jahr entstehen.

Exkurs

Kulturhistorisches zum Alkohol

Das Wort »Alkohol« lässt sich herleiten aus dem spanisch-arabischen »al-kuhl« (= Antimon). Dies war ein Pulver, das als Schminkmittel zum Färben der Augenlider verwendet wurde. Im 16. Jahrhundert gebrauchte Paracelsus das Wort »alcool« allgemein im Sinne von »feines Pulver«. Die Verwendung des Begriffs »Alkohol« für Weingeist deutet darauf hin, dass es sich um einen Stoff handelt, der von eben solcher Erlesenheit sei wie das Kosmetikum.

Die berauschende Wirkung des Alkohols war bereits den alten Ägyptern bekannt (ca. 3000 v. Chr.). Bei diesen galt Wein als das Getränk der königlichen Familie und der vornehmen Geschlechter. Das Bier, das es hier wegen des weitverbreiteten Getreideanbaus im Überfluss gab, war – vor allem bei den niederen Schichten – bereits ein gebräuchliches Getränk.

Aus den späteren Kulturen des Altertums ist der Alkoholgebrauch durchgängig überliefert. Im griechischen und römischen Schrifttum findet sich überdies auch schon früh Kritik an der Trunksucht und an Alkoholexzessen. Schon damals wurden Geisteskrankheit, Verbrechen und sozialer Niedergang mit dem Alkoholmissbrauch in Zusammenhang gebracht.

Im Mittelalter war der Alkoholrausch ein weitverbreiteter und nahezu alltäglicher Bewusstseinszustand. Im frühen 17. Jahrhundert wurden die ersten Vereine zur Bekämpfung der Trunksucht gegründet. Im ausgehenden 19. Jahrhundert setzte man neben dem Alltagsgebrauch den Alkohol im

Zuge der hemmungslosen Ausnutzung der Arbeitskraft von Industriearbeitern gezielt ein: Es war keine Seltenheit, dass in Fabriken den Arbeitern während ihres bis zu 15-stündigen Arbeitstages Branntwein ausgeschenkt wurde, um sie von der körperlichen Anstrengung abzulenken, und vermutlich auch, um Impulse zum sozialen Widerstand gar nicht erst aufkommen zu lassen.

Ende des 19. Jahrhunderts und zu Beginn des 20. Jahrhunderts, als man das Suchtpotenzial des Alkohols erkannt hatte, erlebte insbesondere in den USA die »Mäßigkeitsbewegung« einen großen Aufschwung. Diese führte zur Prohibition des Alkohols.

22.3.1 Alkoholmissbrauch als gesundheitspolitische Herausforderung

Beim Pro-Kopf-Konsum an Alkohol liegt Deutschland mit ca. 10 Litern (reiner Alkohol) in der Spitzengruppe der Weltstatistik (zum Vergleich: Schweden: 5,1 Liter). Beim Pro-Kopf-Verbrauch an Bier befinden sich die Deutschen mit ca. 140 Litern pro Jahr an dritter, in »guten« Jahren auch schon an erster Stelle.

Man schätzt die Zahl der behandlungsbedürftigen Alkoholabhängigen in Deutschland auf 2,5 Millionen. Darüber hinaus dürften rund 10 % der erwachsenen Bevölkerung mehr Alkohol zu sich nehmen, als nach der Definition der WHO als Grenzwert für **riskanten Konsum** gilt. Nach dieser Definition beginnt riskanter Alkoholkonsum (für Männer) bei einer Tagesmenge von 30 g Alkohol, was etwa 0,4 Liter Wein oder 0,8 Liter Bier entspricht (für Frauen gelten 20 g Alkohol als der entsprechende Grenzwert).

Die Zahl der Alkoholtoten wird für Deutschland auf 40.000 pro Jahr geschätzt. Dazu kommen etwa 1.500 Verkehrstote aufgrund von Alkoholwirkungen.

Alkoholkranke fehlen 16-mal häufiger als Gesunde am Arbeitsplatz und sind drei- bis fünfmal häufiger in Arbeitsunfälle verwickelt. Man kann davon ausgehen, dass der Gesamtschaden infolge von Alkoholmissbrauch für das Gemeinwesen (Krankenkassen, Fehlzeiten am Arbeitsplatz etc.) in Deutschland bei ca. 40 Milliarden Euro pro Jahr liegt. Diese Zahl ist weitaus höher als die für Heroin- oder Kokainsucht zusammen.

Fehlbildungen bei Neugeborenen. Besonders besorgniserregend sind die Zahlen hinsichtlich der Fehlbildungen bei Kindern, deren Mütter alkoholkrank sind: Hier finden sich

▶ Minderwuchs und Untergewicht in 88 % der Geburten,
▶ geistige und psychomotorische Entwicklungsverzögerungen bei 89 %,
▶ Veränderungen im Gesicht, insbesondere im Bereich der Augen, bei 95 %,
▶ Verhaltensstörungen wie z. B. Hyperaktivität bei 72 %.

> **!** Alkohol ist die in der westlichen Welt am weitesten verbreitete Droge. Etwa ein Zehntel der Bevölkerung Deutschlands nimmt täglich eine gesundheitsgefährdende Alkoholmenge zu sich. Alkoholabusus verursacht weitaus höhere Kosten als alle anderen Suchtarten zusammen.

22.3.2 Alkoholwirkungen

Wenn wir von Alkohol sprechen, meinen wir i. Allg. **Ethanol** (Ethylalkohol), das zur Gruppe der aliphatischen Alkohole (Methanol, Ethanol, Propanol, Butanol usw.) gehört. Diese Stoffe besitzen eine narkotisierende Wirkung, sie zählen also im strengen Sinne zu den Betäubungsmitteln. Ethylalkohol (C_2H_5OH) bildet sich bei der Vergärung (alkoholische Gärung) von zuckerhaltigen Substanzen über zahlreiche Zwischenschritte auf fermentativem Wege, d. h. unter Beteiligung von Hefe.

Aufnahme und Abbau von Alkohol. Die Blut-Hirn-Schranke ist für den Alkohol leicht zu überschreiten, da er fettlöslich ist. Ethanol wird im Körper in kurzer Zeit resorbiert und schnell im Organismus verteilt. Dies geschieht bei vollem Verdauungstrakt – nach dem Essen von Speisen mit hohem Fett- oder Kohlehydratanteil – deutlich langsamer als im nüchternen Zustand. Nach fünf Minuten ist Alkohol i. Allg. bereits im Blutplasma nachweisbar. Nach 30 Minuten bis 2 Stunden ist das Maximum der Alkoholkonzentration im Blut erreicht. Der Hauptteil des Alkohols wird in der Leber durch das Enzym Alkoholdehydrogenase zu Acetaldehyd und dann weiter in Gegenwart des Enzyms Acetaldehyddehydrogenase nach Oxidation zu Wasser und Kohlendioxid abgebaut.

Circa 5 % des aufgenommenen Alkohols werden über die Lunge wieder ausgeschieden. Dies macht sich als »Alkoholfahne« bemerkbar. Da der Anteil des in der Ausatemluft abgegebenen Alkohols relativ zum Blutalkohol bekannt und konstant ist (1 : 2.100), lässt sich durch Bestimmung des Alkoholanteils in der Atemluft auf die Blutalkoholkonzentration zurückrechnen. Dies macht man sich bei der polizeilichen Alkoholkontrolle im Straßenverkehr zunutze.

Akute Alkoholwirkung

Die hervorstechendsten Wirkungen des Alkohols ist zum einen eine **Sedierung**, die sich als dosisabhängige Dämpfung zentralnervöser Funktionen und Leistungen äußert, und zum anderen eine **milde Euphorisierung**. Folge der dämpfenden Funktionen sind Minderungen in
▶ der Konzentrationsfähigkeit,
▶ der Aufmerksamkeit,
▶ dem Urteilsvermögen,
▶ psychomotorischen Fähigkeiten.

Alkohol wirkt zu Beginn der Nacht schlaffördernd, wobei allerdings in den Morgenstunden der Schlaf zunehmend leichter und unruhiger wird.

Im Zuge der Euphorisierung zeigt sich häufig auch ein Nachlassen der Kritikfähigkeit, eine Enthemmung, Angstlösung, gelegentlich auch eine vermehrte Neigung zur Gewalttätigkeit.

Auf die Alkoholaufnahme folgt ein relativ stabiler und typischer Ablauf der psychischen Symptome in Abhängigkeit von der Blutalkoholkonzentration (s. Tab. 22.1).

Alkohol ist auch ein mildes **Analgetikum**: Beispielsweise bewirkt die Aufnahme von 60 ml von 95 %igem Alkohol eine Erhöhung der Schmerzschwelle um 35–40 %. Unter Alkoholeinfluss geht insbesondere die subjektiv empfundene Aversivität von Schmerzreizen zurück.

Die dämpfende Wirkung betrifft auch die Atemtätigkeit, was sich insbesondere bei höheren Dosen immer stärker bemerkbar macht und im Extremfall in eine Atemlähmung einmünden kann. Im Herz-Kreislauf-System wirkt Alkohol zunächst gefäßerweiternd, v. a. an den Blutgefäßen der Haut. Letzteres führt zwar subjektiv zu einer Wärmeempfindung, hat aber naturgemäß wegen der erweiterten Gefäße eine stärkere Wärmeabgabe über die Haut zur Folge. Infolgedessen geht die Körpertemperatur zurück. Daher kann Alkohol als Gegenmittel gegen kalte Außentemperaturen nur schaden.

Die Wasserausscheidung wird durch Alkohol gesteigert. Dies ist eine Folge davon, dass die Ausschüttung des Hypophysenhormons ADH (antidiuretisches Hormon) durch Alkohol reduziert wird.

Tabelle 22.1 Auswirkungen des Alkohols auf Funktionen des Nervensystems in Abhängigkeit von der Blutalkoholkonzentration (mod. nach Mutschler et al., 2001)

Alkoholkonzentration in mg/ml Blut (Promille)	Symptome
0,1–0,5	Redseligkeit, Reflexsteigerung
0,5–1,0	Verringerung der Tiefensehschärfe und der Dunkeladaptation beim Sehen, Reaktionszeit verlängert, Grenze der Fahrtüchtigkeit bei ca. 0,8 mg/ml
1,0–1,5	Euphorie, Enthemmung, hohe Unfallgefahr im Straßenverkehr
1,5–2,0	Reaktionszeit stark verlängert, Sprach-, Gleichgewichts- und Koordinationsstörungen
2,0–2,5	starker Rauschzustand, Gleichgewichts- und Koordinationsstörungen noch stärker hervortretend
2,5–3,5	Lähmungserscheinungen, grobe Gleichgewichts- und Koordinationsstörungen, Bewusstseinstrübung, fehlendes Erinnerungsvermögen
3,5–4,0	tiefes, evtl. tödliches Koma

Übersicht

Einschränkungen der Verkehrstauglichkeit durch Alkohol

Das Nachlassen von Wahrnehmungsleistungen und psychomotorischen Funktionen ab 0,5 Promille – bei vielen Menschen auch schon darunter – führt zu einer deutlichen Einschränkung der Verkehrstauglichkeit. So lassen sich schon bei Blutalkoholkonzentrationen unter 0,5 Promille Fehler bei der Abschätzung von Entfernungen nachweisen, und die Anpassungsfähigkeit der Augen an den Wechsel zwischen Hell und Dunkel geht zurück. Das Risiko, beim

▶

22.3 Alkohol | **431**

Lenken eines Fahrzeugs unter Alkohol in einen Unfall verwickelt zu werden, steigt in folgender Weise an:

▶ 0,5 Promille: 2-fach erhöhtes Risiko;
▶ 0,8 Promille: 4-fach erhöhtes Risiko;
▶ 1,5 Promille: 16-fach erhöhtes Risiko

10 % aller Verkehrsunfälle sind alkoholbedingt. Bei Verkehrsunfällen mit Todesfolge liegt der entsprechende Wert bei 18 %.

Folgen des Alkoholismus

Alkohol beeinflusst Immunreaktionen negativ, indem er z. B. die Leukozytenfunktion verändert. Ebenso beeinträchtigt Alkohol die Sexualfunktionen: Akut mindert er die Bildung des Testosterons, langfristig führt Alkoholmissbrauch zum Rückgang der Libido, zur Schädigung des Hodengewebes und infolgedessen zu reduzierter Spermienbildung. Auch das maßgebliche weibliche Sexualhormon Östrogen wird durch Alkohol negativ beeinflusst.

Beim Langzeitabusus von Alkohol ist mit einer Reihe von schwerwiegenden Gesundheitsschäden zu rechnen:

▶ Entwicklung einer Polyneuropathie, d. h. einer allgemeinen Degeneration von Nervenfasern bzw. Nervenzellen.
▶ Im Magen-Darm-Trakt wird die Säureproduktion durch Alkohol erhöht, was zu einer Gastritis führen kann.
▶ Rückbildung der Schleimhaut im Verdauungssystem, die sich auch im Mund- und Rachenbereich bemerkbar machen kann.
▶ Leberschädigungen (Hepatitis, Fettleber, Leberzirrhose)
▶ Herzmuskelschwäche
▶ Pankreatitis (Entzündung der Bauchspeicheldrüse)

Da Alkohol ein Gewebsgift ist, wirkt er sich nachteilig auf das gesamte Nervensystem aus. Die zentralnervösen Störungen bei chronischem und über Jahre anhaltendem Alkoholabusus können dabei schwerste Grade annehmen, die sich z. B. im sog. Wernicke-Korsakow-Syndrom (s. Abschn. 6.4.8) oder dem **Delirium tremens** äußern können.

Alkohol als Risikofaktor für Krebs. Chronischer übermäßiger Alkoholgenuss stellt einen wichtigen Risikofaktor für Krebs dar. Dies betrifft insbesondere die Krebserkrankungen im Mund- und Rachenraum sowie der Leber. Man geht davon aus, dass der Alkohol die Wirkung krebserregender Stoffe (z. B. Tabak) verstärkt. Ein besonders erschreckendes Faktum ist, dass chronischer Alkoholabusus gemeinsam mit starkem Rauchen zu einem um das 44-fache erhöhten Risiko für Speiseröhrenkrebs führt.

Das Alkoholdelir

Ganz allgemein versteht man unter einem Delir eine Bewusstseinsstörung, die von Veränderungen kognitiver Funktionen begleitet ist. Dies äußert sich z. B. darin, dass die Aufmerksamkeit nicht auf einen bestimmten Sachverhalt gerichtet werden kann, sondern fluktuiert und dass der Betroffene über die Situation nicht orientiert ist, in der er sich befindet. Eine normale Unterhaltung ist wegen der extremen Ablenkbarkeit häufig erschwert oder sogar unmöglich.

Beim Alkoholdelir bezieht sich die Beeinträchtigung der kognitiven Funktionen v. a. auf das Gedächtnis und die Wahrnehmungsleistungen (v. a. Kurzzeitgedächtnis). Als Wahrnehmungsstörungen können Halluzinationen und Illusionen auftreten. Charakteristisch sind visuelle Halluzinationen, die häufig kleine, bewegte Objekte zum Inhalt haben (Mäuse, Insekten).

Ein weiteres wichtiges Kriterium für das Delir ist seine schnelle Entwicklung und die meist starke Fluktuation der Symptomatik im Tagesverlauf. Das Alkoholdelir bildet sich normalerweise innerhalb weniger Stunden bis Tage nach Beendigung der Alkoholaufnahme zurück.

Delirium tremens. Das Delirium tremens ist ein Entzugsdelir, das bei plötzlicher Alkoholkarenz nach lange anhaltendem Alkoholabusus auftritt. Typische Karenzsituationen liegen vor bei Reisen, bei Wechsel der gewohnten Umgebung, nach Unfällen und bei Krankenhausaufenthalten. Wie der Name schon sagt, ist ein wichtiges Symptom beim Delirium tremens das starke, grobe Zittern an den Extremitäten, das auch von Zittern am ganzen Körper begleitet sein kann. Häufig sind die Kranken von einem unstillbaren Rededrang betroffen, wobei die Sprache allerdings schlecht artikuliert oder ganz unverständlich sein kann. Zu den typischen Symptomen gehören weiter psychomotorische Unruhe, Schwächegefühl, Kopfschmerzen, Herzjagen, erhöhter Blutdruck, Schwitzen, Übelkeit mit Würgen oder Erbrechen. Psychische Symptome des Delirium tremens sind übersteigerte Ängstlichkeit, Desorientiertheit, Wahrnehmungsstörungen sowie Beeinträchtigung der Merkfähigkeit und Aufmerksamkeit.

Das Delirium tremens stellt häufig eine lebensbedrohliche Situation dar. Todesfälle sind nicht selten, wenn eine adäquate Behandlung ausbleibt – sie treten in ca. 20 % der Fälle auf. Zur Therapie des Delirium tremens wird Clomethiazol eingesetzt. Es handelt sich dabei um ein schnell wirkendes Hypnotikum, das in erster Linie der Dämpfung des psychovegetativen Erregungszustandes dient.

22.3.3 Alkoholabhängigkeit
Tierexperimentelle Befunde

Da Alkohol eine subjektiv als angenehm erlebte Qualität des Befindens erzeugt, kann Alkoholzufuhr als ein Verstärker eingesetzt werden. Dies wurde vielfach im Rahmen des Selbstapplikationsparadigmas nachgewiesen. Ratten drücken vermehrt einen Hebel, wenn sie dadurch mit einer kleinen Portion Alkohol belohnt werden. Im Verlauf von einigen Wochen kommt es zu einem stabilen Alkoholkonsum, der schließlich die typischen Anzeichen von Suchtverhalten aufweist.

Typisches Suchtverhalten. Zu diesem alkoholtypischen Suchtverhalten gehört etwa, dass die Tiere während Stressbelastung mehr Alkohol aufnehmen als unter Normalbedingungen. Dies kennt man auch als Alltagsverhalten beim alkoholkonsumierenden Menschen. Im Tierexperiment kann man Stress z. B. dadurch erzeugen, dass das Tier isoliert gehalten wird (s. Abb. 22.4 a) oder dass man es einer sozialen Belastung aussetzt. Letzteres lässt sich dadurch realisieren, dass man das Tier in eine Gruppe versetzt, in der es aufgrund des hier herrschenden sozialen Ranggefüges eine subdominante Rolle einnehmen muss (s. Abb. 22.4 b). Vergleicht man die Alkoholaufnahme des subdominanten Tieres mit derjenigen des dominanten, so zeigen sich deutliche Unterschiede.

Von besonderer Bedeutung hinsichtlich der Aufrechterhaltung von Abhängigkeit sind Versuchsergebnisse (an Ratten), die belegen, dass der bloße Entzug über mehrere Monate die Abhängigkeit keineswegs zum Verschwinden bringt. Die Tiere nehmen in dem Moment, in dem sie erneut Zugang zum Alkohol haben, wieder – sogar in verstärktem Maße – Alkohol auf. Ebenso spricht für ein typisches Abhängigkeitsverhalten, dass die Tiere

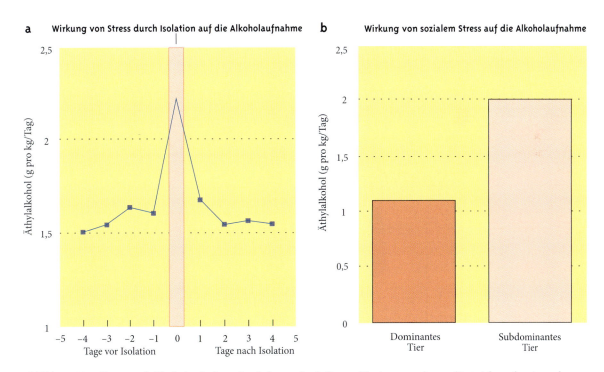

Abbildung 22.4 Stress und Alkoholaufnahme. Im Rahmen des Selbstapplikationsparadigmas lässt sich nachweisen, dass Versuchstiere unter Stress mehr Alkohol zu sich nehmen als unter Normalbedingungen. **a** Am Tag 0 wurde das Tier von seinen Artgenossen isoliert. **b** Wird ein Tier in eine Gruppe versetzt, in der es eine subdominante Rolle einnehmen muss, ist sein Alkoholkonsum deutlich erhöht

auch dann noch Alkohol in unveränderten Mengen zu sich nehmen, wenn der Alkohol mit bitter schmeckendem (aversivem) Chinin vergällt wird.

Neurochemische Haupteffekte von Alkohol

Die psychotropen und Suchteffekte des Alkohols lassen sich durch alkoholspezifische Prozesse an der Nervenzellmembran erklären. Alkohol interagiert nach heutigen Erkenntnissen mit einer Reihe von Rezeptoren. Dazu gehören vor allem der Glutamat- und der GABA-Rezeptor. Außerdem greift Alkohol aktivitätssteigernd am nikotinischen Acetylcholinrezeptor und am Serotoninrezeptor an. Für inhibitorische synaptische Systeme scheint generell zu gelten, dass diese durch die Alkoholwirkung in ihrer hemmenden Potenz gefördert werden.

Alkohol und das glutamaterge System

Alkohol wirkt auf die Übertragung an glutamatergen Synapsen hemmend ein. Das Suchtpotenzial des Alkohols lässt sich teilweise durch seine Interaktion mit dem Glutamatrezeptor erklären.

Glutamat ist der wichtigste erregende Neurotransmitter im Gehirn. Man schätzt, dass es an ca. 80 % der erregenden Synapsen vorkommt. Eine entscheidende Rolle für die Alkoholwirkung spielt der ionotrope **NMDA-Glutamatrezeptor**. NMDA steht für N-Methyl-D-Aspartat; dies ist eine (körperfremde) Substanz, die selektiv an diesen Glutamatrezeptor zu binden vermag und dadurch auf biochemischem Wege zu seiner Identifikation dienen kann (s. Abb. 22.5).

Die Zufuhr von Alkohol hemmt die Reaktionsbereitschaft des NMDA-Rezeptors infolge eines Umbaus der dreidimensionalen Struktur des Moleküls, sodass seine Durchlässigkeit für Natrium-, Kalium- und Kalziumionen reduziert wird (Näheres zum NMDA-Rezeptor s. Abschn. 24.4.1). Im Nucleus accumbens sind diese Effekte besonders ausgeprägt.

Die hemmende Wirkung des Alkohols auf diesen Rezeptortyp, der bei Lernprozessen und Gedächtnisvorgängen eine entscheidende Rolle spielt (s. Abschn. 24.4.1), dürfte sowohl für die im Zuge der Alkoholwirkung auftretenden kognitiven Einbußen ursächlich sein als auch für die Schädigungen des fetalen ZNS bei chronischer Alkoholzufuhr. Letzteres steht im Zusammenhang damit, dass der NMDA-Rezeptor auch bei Entwicklungsvorgängen des Nervensystems eine entscheidende Rolle spielt.

Entzugserscheinungen aufgrund erhöhter Dichte der NMDA-Rezeptoren. Alkoholaufnahme über längere Zeiträume führt im Sinne eines neuroadaptiven Vorgangs zu einer kompensatorischen Hochregelung der NMDA-Rezeptordichte, um der Hemmung entgegenzuwirken. Die dann vorliegende erhöhte Anzahl der Glutamatrezeptoren dürfte insbesondere in den ersten Stunden und Tagen während des Entzugs, wenn die Hemmung durch den Alkohol wegfällt, die Ursache für die häufig beobachtete psychische und motorische Übererregung sein.

Auch das drängende Verlangen des Alkoholabhängigen nach der Droge, das sog. Craving, wird der erhöhten NMDA-Rezeptorenzahl zugeschrieben. Es konnte in klinischen Studien belegt werden, dass eine Substanz (Acamprosat), die am NMDA-Rezeptor dämpfend angreift und hier den Ionenstrom reduziert, das Craving beim Entzug zu lindern vermag.

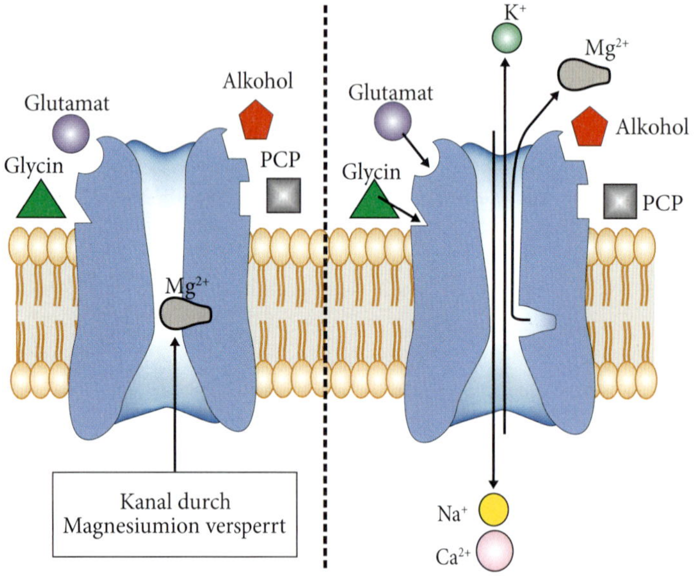

Abbildung 22.5 NMDA-Rezeptor mit Alkoholbindungsstelle. Der NMDA-Rezeptor ist ein Glutamatrezeptor. Er besitzt zugleich Bindungsstellen für Glycin, Phencyclidin (PCP) und Alkohol. Über die Magnesiumbindungsstelle wird die Durchlässigkeit des Ionenkanals für verschiedene Ionensorten reguliert

Alkohol und das GABAerge System

Ein weiterer gut abgesicherter Effekt des Alkohols auf die synaptische Übertragung betrifft das GABAerge System. Die γ-Aminobuttersäure (GABA) ist neben Glycin der wichtigste hemmende Neurotransmitter im ZNS. Der GABA$_A$-Rezeptortyp bildet bei Anlagerung von GABA einen Chloridionenkanal. Alkohol fördert die GABA-Wirkung am GABA$_A$-Rezeptor. Das bedeutet hinsichtlich der akuten Alkoholwirkung eine Steigerung der GABA-vermittelten Hemmungsmechanismen.

Es konnte gezeigt werden, dass die Zufuhr von GABA$_A$-Rezeptor-Antagonisten die Alkoholwirkung reduzieren kann. Offenbar geht dies auf die durch den Antagonisten vermittelte Minderzahl reaktionsfähiger GABA$_A$-Rezeptoren zurück. Die Alkoholwirkung auf den GABA-Rezeptor ist im Zentralbereich der Amygdala besonders stark ausgeprägt.

Bei chronischer Alkoholzufuhr findet auch hier ein kompensatorischer Prozess statt: Da durch die permanente Alkoholwirkung am GABA$_A$-Rezeptor hemmende Einflüsse auf das subsynaptische Neuron verstärkt werden, kann vom Organismus die Ansprechbarkeit (in diesem Fall nicht die Dichte) der GABA$_A$-Rezeptoren zurückgefahren werden. Diese werden weniger empfindlich. Beim Alkoholentzug liegen immer noch die desensibilisierten GABA-Rezeptoren vor, was dann zu einer Reduzierung von hemmenden Mechanismen (also einer Überaktivierung) führt. In der Amygdala kann diese unkontrollierte und unspezifische Erregung des Nervensystems z. B. mit dem Auftreten starker Angstgefühle beim Entzug in Verbindung gebracht werden.

Weitere Alkoholwirkungen auf neuronaler Ebene

Unter chronischer Alkoholzufuhr kommt es vermutlich zu zahlreichen anderen Veränderungen in synaptischen Systemen, z. B. wird auch die Serotoninrezeptorfunktion verändert. Außerdem kommt es an vielen Synapsen zu einer Hemmung der spannungssensitiven Kalziumkanäle in der präsynaptischen Endigung. Letzteres führt zu einer generellen Reduzierung der Erregbarkeit im synaptischen System: Eine präsynaptisch einlaufende Depolarisation zieht einen jetzt verminderten Kalziumeinstrom nach sich und damit wegen der geringeren Ausschüttung von Neurotransmittern eine reduzierte Signaltransmission über den synaptischen Spalt hinweg.

Daten sowohl aus dem Tier- als auch aus dem Humanbereich belegen, dass bei der suchterzeugenden Wirkung des Alkohols auch das **mesolimbische Dopaminsystem** beteiligt ist. Injiziert man Alkohol intravenös, so führt dies zu einer erhöhten Entladungsrate dopaminerger Neurone des VTA. Im Einklang damit konnte nachgewiesen werden, dass bei Alkoholzufuhr auch die extrazelluläre Dopaminkonzentration im Nucleus accumbens zunimmt. Dies wird höchstwahrscheinlich über die mesolimbische Bahn zwischen VTA und Nucleus accumbens vermittelt.

Alkoholismustherapie

Die Erfolgsaussichten einer Therapie des Alkoholismus (»Entwöhnungsbehandlung«) liegen unter stationärer Behandlung bei ca. 50 %. Diese Zahl besagt, dass nach einem Zeitraum von ca. einem Jahr etwa die Hälfte der Patienten entweder noch abstinent ist oder zumindest nur als geringgradig rückfällig gilt. Relativ gute Erfolge lassen sich mit kognitiver Verhaltenstherapie in Form von Einzel- oder Gruppentherapie erzielen.

Im Einzelfall hängen die Erfolgschancen einer Alkoholismustherapie sehr stark von der Persönlichkeit und dem sozialen Umfeld des Patienten ab. Besitzt der Patient Vertrauen in die eigene Kompetenz und arbeitet zuverlässig bei der Therapie mit, so sind die Erfolgsaussichten günstig. Findet er zusätzlich innerhalb seines sozialen Netzwerks, z. B. der Familie oder des Freundes- oder Kollegenkreises, Unterstützung in seinem Bemühen um Abstinenz, so verbessert dies ebenfalls deutlich die Prognose für dauerhaften Therapieerfolg.

Medikamentöse Alkoholismustherapie hat bisher in Deutschland nur eine untergeordnete Bedeutung. Eine Behandlung mit Acamprosat (s. o.) kann zum Erfolg führen, wenn sie konsequent durchgeführt wird, allerdings scheitert diese Therapie häufig an der unbefriedigenden Mitarbeit seitens des Patienten bzw. der unzureichenden psychologischen Führung (Motivation, Vorbereitung auf Frustrationserlebnisse etc.) durch den Arzt. Die günstigste Prognose herrscht, wenn unterstützend eine Psychotherapie erfolgt.

Zusammenfassung

Alkoholzufuhr wirkt primär hemmend auf das ZNS, was die dämpfende und sedierende Wirkung des Alkohols erklärt. Bei chronischer Alkoholzufuhr reagiert der Organismus gegenregulatorisch auf diese Effekte, was schließlich zu einer weitgehenden Kompensation der genannten Alkoholwirkung führt (Toleranzentwicklung). Im Entzug, wenn der Alkohol-effekt ausbleibt, führen diese neuroadaptiven Mechanismen zu einer Übererregbarkeit des Nervensystems.

Die hemmende Wirkung des Alkohols kommt einerseits durch eine Reduktion der glutamatinduzierten exzitatorischen Signalleitung zustande, andererseits durch eine Verstärkung der inhibitorischen GABAergen Transmission. Die euphorisierende und abhängigkeitserzeugende Potenz des Alkohols geht größtenteils auf seine Wirkung im mesolimbischen System zurück. Beteiligte Neurotransmittersysteme sind u. a. neben dem dopaminergen System das glutamaterge und das GABAerge System.

22.4 Nikotin

Der Begriff »Nikotin« geht auf den Namen des französischen Diplomaten und Gelehrten Jean Nicot (1530–1600) zurück. Er war der Gesandte Katharinas von Medici am Hofe Portugals und förderte den Anbau und die Nutzung der Tabakpflanze in Frankreich.

Nikotin gehört zweifellos zur Klasse der Substanzen mit hohem **suchterzeugendem Potenzial**. Allerdings ist in unserer Gesellschaft das Problembewusstsein hinsichtlich dieses Suchtphänomens aus verschiedenen Gründen nur bedingt vorhanden: Der Tabak – insbesondere als Zigarette – ist allgemein verfügbar, Tabakabusus wird gesellschaftlich kaum als Suchtphänomen verstanden und der durch Nikotin erzeugte Rauschzustand tritt sowohl subjektiv als auch nach außen hin nur schwach in Erscheinung. Ein sehr bedeutendes Problem stellen die gesundheitlichen Folgen des Tabakrauchens dar (s. Abschn. 22.4.1).

Verbreitung des Rauchens. Nach deutschen Statistiken (Statistisches Bundesamt, 2010) weiß man Folgendes zur Verbreitung des Rauchens und zu seiner Bedeutung als Wirtschaftsfaktor: In der Altersgruppe über 15 Jahre bezeichneten sich 26 % als Raucher (Männer 31 %, Frauen 21 %). Bei den 30- bis 40-Jährigen ist der Raucheranteil mit 35 % bei den Männern und 24 % bei den Frauen besorgniserregend hoch. Weltweit sehen die Zahlen noch ungünstiger aus. Es rauchen etwa zwei Drittel aller Männer und ein Drittel aller Frauen. Der durchschnittliche Zigarettenkonsum je Raucher liegt in Deutschland bei 15,4 Stück pro Tag.

In der erwachsenen Bevölkerung werden mehr als 35 Millionen Nichtraucher zu Hause, am Arbeitsplatz oder in ihrer Freizeit mit den Schadstoffen des Passivrauchs belastet. Allein am Arbeitsplatz sind noch immer etwa 8,5 Millionen Nichtraucher dem Passivrauch ausgesetzt.

Exkurs

Kulturgeschichtliches zum Tabakrauchen

Die Tabakpflanze, von der man etwa 70 verschiedene Arten kennt, gehört zur Gattung der Nachtschattengewächse. Tabakpflanzen gedeihen vor allem in Nord- und Südamerika, aber auch auf Pazifikinseln, in Australien, Südwestafrika und Europa.

Als Christoph Kolumbus Amerika entdeckte, konnte er bereits die Ureinwohner beim Tabakgenuss beobachten. Unter diesen herrschte die Meinung, dass der Tabakrauch eine heilsame Wirkung hat. Außerdem war das Tabakrauchen von kultischer Bedeutung – dies vor allem bei den Indianern Nordamerikas. Portugiesische und spanische Seeleute verbreiteten den Tabak in der Folge über Europa und die übrigen Teile der Welt. Das Tabakrauchen wurde in fast allen Ländern der Erde zu einer alltäglichen Erscheinung. Schon sehr früh wurden von staatlicher Seite Versuche unternommen, das Rauchen einzudämmen. In der Türkei wurde im 17. Jahrhundert das Tabakrauchen sogar mit der Todesstrafe geahndet.

Die Tabakpflanze wurde jahrhundertelang bei einer Vielfalt medizinischer Indikationen wie Verstopfung, Kopfschmerzen etc. eingesetzt. Die wichtigste Art der Anwendung war der Umschlag mit angefeuchteten Tabakblättern.

Giftstoffe im Tabakrauch. Tabakrauch und das darin enthaltene Nikotin sind die mit Abstand bedeutendsten Umweltgifte. Neben Nikotin fnden sich hier zahlreiche Substanzen, die mehr oder weniger giftig sind. Dazu gehören u. a. ca. 200 (!) aliphatische Kohlenwasserstoffe, aromatische Kohlenwasserstoffe, Aldehyde, Ketone, organische Säuren, Alkohole wie z. B. Methanol, Ester, Phenole, Basen, Sterine, Nitrile, Schwefelverbindungen und Spuren von Schwermetallen. Weiterhin finden sich im Rauch geringe Mengen Kohlenmonoxid und Cyanwasserstoff.

22.4.1 Gefahren des Rauchens

Nikotin als **Alkaloid** der Tabakpflanze ist ein potentes Gift, seine akute Giftigkeit entspricht derjenigen der Blausäure. Die tödliche Nikotindosis beträgt beim Nichtraucher 40 bis 60 mg. Dies entspricht ungefähr der Substanzmenge, die in fünf Zigaretten enthalten ist. Akute Nikotinvergiftungen durch Zigarettenrauchen treten allerdings fast nie auf, da ca. 70 % des Nikotins in die Umgebungsluft übergehen, ohne vom Raucher eingeatmet zu werden.

> **Übersicht**
>
> **Zahlen zu Gesundheitsschäden bei Rauchern**
> Die Statistik tabakbedingter Todesfälle in Deutschland weist für das Jahr 1998 Folgendes aus: ca. 100.000 Todesfälle insgesamt, davon 43.000 an Krebs, 37.000 an Kreislauferkrankungen und 20.000 an Atemwegskrankheiten. Wer 1–9 Zigaretten täglich raucht, stirbt statistisch gesehen 4-mal häufiger an Lungenkrebs als ein Nichtraucher. Bei 10–19 Zigaretten ist das Risiko schon 7-mal so hoch. Die durch Tabakrauchen entstehenden Kosten für das Gesundheitswesen dürften in Deutschland die Größenordnung von einigen Milliarden Euro haben.

Vergiftungserscheinungen. Die typischen Nikotinvergiftungserscheinungen bestehen aus Kopfschmerzen, Zittern, Übelkeit, Erbrechen und Durchfall. Kommt es zu schweren Vergiftungen, treten Krämpfe auf und es kann Schock, Herzstillstand, Atemlähmung und Koma eintreten. Trinkt man einen Teeaufguss, der vom Tabak einer Zigarre oder von vier bis sechs Zigaretten bereitet wurde, so kann dies bereits als tödliche Dosis wirken. Ein starker Gewohnheitsraucher verträgt dagegen in der Stunde bis zu 20 mg Nikotin.

Nikotin kann zu Uterusbewegungen führen und bei schwangeren Frauen einen **Abort** auslösen. Es führt ferner zu einer Freisetzung des antidiuretischen Hypophysenhinterlappenhormons (ADH), was einerseits zu Diuresehemmung, andererseits – besonders bei vorgeschädigtem Herzen – zu Koronarkonstriktion führen kann. Dieser Effekt kann bereits durch das Rauchen von einer Zigarette ausgelöst werden bzw. durch intravenöse Gabe von 0,3 mg Nikotin.

Beim Inhalieren von Zigarettenrauch wird das aufgenommene Nikotin dem Körper fast ausschließlich über die Lunge zugeführt. Dies hat zur Folge, dass die Leber als Organ zur Entgiftung des Körpers umgangen wird. Daher wird mit jedem Lungenzug dem Herzen und dem Gehirn in stoßförmiger Weise eine relativ hohe Nikotinkonzentration zugeleitet.

Die Halbwertszeit für den Nikotinabbau ist mit nur zwei Stunden relativ kurz. Dies dürfte einer der Gründe dafür sein, dass bei Rauchern eine hohe Frequenz der Nikotinaufnahme herrscht. Andererseits ist eine positive Folge, dass während der Nacht – in der üblicherweise rauchfreien Zeit – das Nikotin fast vollständig abgebaut werden kann.

Arteriosklerose und Erkrankungen der Herzkranzgefäße

Raucher leiden etwa doppelt so häufig wie Nichtraucher an Erkrankungen der Gefäße. Die Arteriosklerose stellt sich bei Rauchern sehr viel früher ein als bei Nichtrauchern und ist im Durchschnitt über alle Altersklassen hinweg etwa doppelt so häufig. Die Sterblichkeit bei Eintritt eines **Herzinfarkts** – meist als Folgeerscheinung der Arteriosklerose – ist bei starken Rauchern sieben- bis achtmal so hoch wie bei Nichtrauchern (s. Abb. 22.6). Beim Tabakrauchen kommen mindestens zwei für das Herz-Kreislauf-System ungünstige Bedingungen zusammen: Das im Rauch ent-

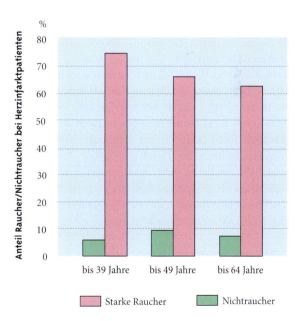

Abbildung 22.6 Tödliche Herzinfarkte bei Rauchern und Nichtrauchern. Altersanteile bei Herzinfarktpatienten in Abhängigkeit von der Rauchgewohnheit

22.4 Nikotin | **437**

haltene Kohlenmonoxid verdrängt den Sauerstoff aus dem Blut, dadurch kann der Sauerstoffbedarf des Herzmuskels nicht gedeckt werden. Gleichzeitig steigert das Nikotin die Belastung des Herzmuskels durch Erhöhung des Blutdrucks und der Herzfrequenz.

Nikotin bedingt infolge der Freisetzung von Fettsäuren Ablagerungen an den Gefäßwänden. Außerdem vermindert es die Konzentration des protektiv wirkenden HDL-Cholesterins. Die durch das Nikotin bedingte erhöhte Arteriosklerosegefahr manifestiert sich z. B. in einer erhöhten Inzidenz von Schlaganfällen, aber auch Verschlüssen von Gefäßen an der Peripherie (Raucherbein). Es konnte gezeigt werden, dass sich bereits bei Rauchern unter 25 Jahren eine drei- bis vierfach erhöhte Häufigkeit von Gefäßveränderungen zeigt.

Magen- und Darmerkrankungen
Da Nikotin die Sekretion des Magensafts erhöht und die Bewegungen von Magen und Darm steigert, führt es zu einer Erhöhung der Verdauungsaktivität. Der Appetit geht – möglicherweise aufgrund der besseren Verstoffwechselung der Nahrung – zurück. Auf Dauer kann es zu Schädigungen der Magenschleimhaut kommen, dementsprechend sind Magen- und Zwölffingerdarmgeschwüre bei Rauchern deutlich häufiger als bei Nichtrauchern.

Atemwegserkrankungen
Die größte Gefahr für die Atemwege stellt der im Tabakrauch enthaltene Teer dar. Besonders betroffen sind davon der Kehlkopf, der Rachen und die Bronchien. Die anhaltende Reizung der Bronchien führt meist zu chronischem Husten sowie gesteigerter Infektanfälligkeit und mündet nach jahrelangem inhalativem Rauchen nicht selten in ein **Lungenemphysem**. Da hierbei chronisch die Leistungsfähigkeit des Gasaustauschs in der Lunge reduziert ist, ergeben sich schädliche Rückwirkungen auf das Herz-Kreislauf-System. Die chronische Bronchitis des Rauchers hat eine deutlich lebenszeitverkürzende Wirkung.

Tabakbedingte Krebserkrankungen
Von den ca. 4.000 Inhaltsstoffen des Tabakrauchs wurden mindestens 40 als krebserregend eingestuft. Der Zusammenhang zwischen Rauchen und Krebs gehört zu den am besten abgesicherten Sachverhalten der Onkologie überhaupt. Zigarettenrauchen ist die

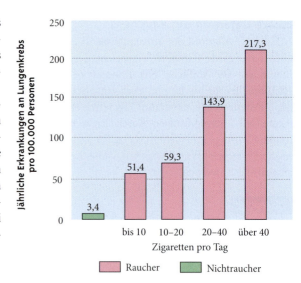

Abbildung 22.7 Lungenkrebshäufigkeit bei Rauchern und Nichtrauchern in Abhängigkeit von der täglichen Dosis

Hauptursache für Lungenkrebs, der in Deutschland pro Jahr ca. 40.000 Todesopfer fordert. Zwischen dem Rauchen und dem Auftreten von Lungenkrebs besteht eine deutliche Dosis-Wirkungs-Beziehung, die aussagt, dass mit zunehmendem Tabakkonsum auch die Wahrscheinlichkeit für Lungenkrebs ansteigt (s. Abb. 22.7). Wird ein Raucher abstinent, so sinkt sein Lungenkrebsrisiko kontinuierlich vom Zeitpunkt des Abstinenzbeginns an.

Neben dem Lungenkrebs wird die Bildung von Tumoren im Mund, Rachen und Kehlkopf durch das Rauchen begünstigt. Außerdem bestehen statistisch gesicherte Zusammenhänge zwischen dem Rauchen und dem Auftreten von Blasenkrebs, Bauchspeicheldrüsenkrebs und Gebärmutterhalskrebs. Man geht davon aus, dass ca. ein Drittel aller tödlich verlaufenden Krebserkrankungen auf das Rauchen zurückgeht.

Passivrauchen
Das Passivrauchen bedeutet eine Gesundheitsgefährdung für die Betroffenen. Dies konnte in verschiedenen groß angelegten Untersuchungen bewiesen werden. Sowohl der vom Raucher wieder exhalierte Tabakrauch als auch der sog. Nebenstromrauch, der durch das Abbrennen des Tabaks entsteht, enthalten krebserzeugende Substanzen.

> **Übersicht**
>
> **Befunde zum Passivrauchen**
> Einige Ergebnisse aus diesbezüglichen Untersuchungen sind:
> ▶ Frauen, die regelmäßig dem Passivrauchen ausgesetzt sind, erkranken fast doppelt so häufig an einem Herzinfarkt und haben ein deutlich erhöhtes Risiko für Lungenkrebs.
> ▶ Kinder im Alter zwischen neun und elf Jahren, die in Raucherhaushalten aufwachsen, leiden etwa doppelt so häufig an Husten, Schwindel, Kopfschmerzen, Konzentrationsstörungen und dreimal häufiger an Schlafstörungen als Kinder, die in Nichtraucherhaushalten leben.
> ▶ Die Gesundheitsschädlichkeit von Passivrauchen ist etwa 1.000-mal höher als die asbestverseuchter Innenräume.

Es sind übrigens verschiedene Schadensersatzklagen im Gange, die von Passivrauchern angestrengt werden. So klagten z. B. in den USA 60.000 Stewardessen gegen ihre Fluggesellschaften, weil sie bis in die 1980er-Jahre hinein ständig dem Rauch der Fluggäste ausgesetzt waren.

22.4.2 Die psychoaktive Wirkung des Nikotins

Nikotin wirkt als Agonist am nikotinergen Subtyp der cholinergen Rezeptoren. Dieser Rezeptortyp ist im **sympathischen** und **parasympathischen Nervensystem** und im ZNS einschließlich der Hirnrinde weit verbreitet. Nikotin hat in niedrigen Dosen stimulierende Wirkung, die beispielsweise bei gewohnheitsmäßigen Rauchern die Aufmerksamkeit und die psychomotorische Leistung zu steigern vermag.

Der durch Nikotin stimulierte **Acetylcholinrezeptor** bleibt länger besetzt als im Falle einer Aktivierung durch Acetylcholin (ACh) selbst. Die Acetylcholinesterase, die normalerweise zu einer erneuten Empfangsbereitschaft des ACh-Rezeptors führt, ist hier weniger effektiv. Im Gehirn sind also infolge Nikotinzufuhr insgesamt gesehen weniger durch ACh stimulierbare Rezeptoren verfügbar. Dies wird durch eine Hochregulation der nikotinergen ACh-Rezeptorenzahl kompensiert. Im Nikotinentzug dürfte diese erhöhte ACh-Rezeptordichte die Entzugssymptome hervorrufen. Es

entsteht während der Nikotinkarenz ein Zustand erhöhter Aktivierung des ACh-Systems. Nervosität, Unruhe, aggressives Verhalten und Konzentrationsstörungen sind typische Symptome.

Die belohnende und damit **suchterzeugende Wirkung** des Nikotins geht mit hoher Wahrscheinlichkeit darauf zurück, dass dopaminerge Neuronen des mesolimbischen Belohnungssystems v. a. im Nucleus accumbens über – meist präsynaptisch lokalisierte – Nikotinrezeptoren verfügen. Werden diese durch Nikotin aktiviert, so führt dies zu einer erhöhten Dopaminausschüttung. Diese über Nikotin vermittelte erhöhte Dopaminausschüttung scheint über eine Stunde anzuhalten. Es konnte auch im Bereich des VTA ein durch Nikotin hervorgerufenes Zurückgehen der über GABA vermittelten Hemmung sowie eine Anstieg der über Glutamat gesteuerten Aktivierung nachgewiesen werden. Insgesamt ergibt sich ein aktivitätssteigernder Effekt.

Wird am nikotinergen ACh-Rezeptor ein bestimmter Bereich auf genetischem Wege eliminiert (s. Knockout-Mäuse, Abschn. 2.10), so führt dies zu einem Rückgang der typischen Nikotinwirkung. Die dopaminergen Neuronen im Nucleus accumbens werden bei Nikotinzufuhr nicht mehr aktiviert. Auf der Verhaltensebene zeigt sich, dass sich die so genetisch veränderten Mäuse im Selbstapplikationsparadigma kaum noch Nikotin zuführen.

22.4.3 Behandlung der Nikotinabhängigkeit

Die meisten in der Vergangenheit angewandten Verfahren zur Raucherentwöhnung zeigten mit Abstinenzraten von ca. 20 % nach zwölf Monaten nur geringe Erfolge. Zur Palette der angewandten Therapiemethoden gehörte die Akupunktur, das autogene Training, Aversionstherapie, Behandlung mit Antidepressiva und die Verwendung von nikotinarmen bzw. nikotinfreien Zigaretten.

Vergleichsweise erfolgversprechend ist ein Ansatz, bestehend aus einem verhaltenstherapeutisch orientierten Nikotinentwöhnungsprogramm, kombiniert mit der **Nikotinersatztherapie** (meist Nikotinpflaster). Die verhaltenstherapeutische Unterstützung ist insofern von besonderer Bedeutung, als ansonsten die Motivation und das Durchhaltevermögen des Nikotinabhängigen schnell nachlassen und es mit hoher Wahrscheinlichkeit zu einem Rückfall kommt. Raucherentwöhnungsprogramme, die auf der Basis der Nikotinsubstitution ge-

22.4 Nikotin | **439**

meinsam mit verhaltenstherapeutischer Betreuung operieren, erreichen Erfolgsquoten von 20–40 %.

Neben dem Nikotinpflaster zur Abgabe des Nikotins an den Körper kennt man schon seit längerem den Nikotinkaugummi, der es den Benutzern erlaubt, die Nikotinmenge – im Gegensatz zum Nikotinpflaster – in flexibler Weise zuzuführen. Nikotinnasenspray ist seit kurzem verfügbar. Es ermöglicht eine sehr schnelle und flexible Nikotinzufuhr.

Seit dem Jahr 2000 ist in Deutschland Zyban® zur Nikotinentwöhnung verfügbar. Die Wirksubstanz Bupropion wurde zunächst vorwiegend als Antidepressivum eingesetzt. Sie hemmt selektiv die neuronale Wiederaufnahme der Katecholamine Noradrenalin und Dopamin bei nur geringer Wiederaufnahmehemmung für Serotonin. Auf welche Weise Bupropion die Nikotinabstinenz ermöglicht, ist bisher nicht geklärt. In kontrollierten Studien zeigte sich, dass Zyban® wirksamer als Placebo und eine Nikotinersatztherapie ist. Während der Behandlung ist eine intensive Verhaltenstherapie sinnvoll, was die Heilungschancen deutlich steigert.

Zusammenfassung

Nikotin besitzt suchterzeugendes Potenzial. In der deutschen Bevölkerung sind in der Altersgruppe über 18 Jahre 33 % Raucher. Neben dem giftigen Nikotin kommen im Tabakrauch noch zahlreiche ebenfalls giftige Substanzen vor. Spätschäden des Rauchens sind v. a. Arteriosklerose, Magen- und Darmerkrankungen und Lungenkrebs. In Deutschland sterben pro Jahr ca. 100.000 Menschen an den Folgen des Rauchens.

Nikotin wirkt als Agonist an cholinergen Rezeptoren. Die psychotrope Wirkung wird primär über dopaminerge und vermutlich auch serotonerge Neuronen des mesolimbischen Belohnungssystems vermittelt, die präsynaptisch über nikotinerge ACh-Rezeptoren verfügen.

22.5 Kokain

Kokain wird aus den Blättern des Coca-Strauchs gewonnen. Dieser Strauch wächst bevorzugt in Südamerika an den Osthängen der Anden, in Indien, auf Sri Lanka und Java. Es handelt sich um einen immergrünen Strauch mit kleinen Blättern, die zahlreiche Alkaloide enthalten, von denen Kokain das bedeutendste ist.

Exkurs

Kulturgeschichtliches zum Kokain

Bereits ca. 3000 v. Chr. wurden in Südamerika Coca-Blätter gekaut. Die Inkas verehrten den Coca-Strauch als heilige Pflanze. Als die spanischen Eroberer nach Südamerika kamen, war das Coca-Kauen schon weit verbreitet. Zur Förderung der Leistungsfähigkeit der in den Minen eingesetzten Indianer und um den Hunger zu bekämpfen, wurde der Coca-Strauch von den Spaniern kultiviert und Coca-Blätter wurden an die Arbeiter verteilt.

In Europa interessierte man sich für Coca im Vergleich zu Tabak zunächst nur in geringem Ausmaß. Die spätere Verbreitung von Coca über ganz Europa und schließlich auch in den Vereinigten Staaten geht hauptsächlich auf das Konto des korsischen Chemikers Angelo Mariani. Im Jahr 1863 ließ er sich seinen »Vin Mariani« patentieren, einen Coca-Extrakt auf Weinbasis, der bald darauf zu Europas populärstem Erfrischungs- und Stärkungsgetränk avancierte. Verkaufsanzeigen hoben sowohl die depressionslösende Wirkung als auch einfach seinen köstlichen Geschmack und das herrliche Trinkgefühl hervor. Mediziner empfahlen den Vin Mariani für die Behandlung zahlreicher allgemeiner Beschwerden – von Halsentzündung bis zu Blähungen.

Marianis Präparate waren der Anstoß für die Arbeiten von John Pemberton, einem Apotheker aus Georgia, der 1886 die Rezeptur für Coca-Cola entwickelte. Als Apotheker verkaufte Pemberton Coca-Cola ursprünglich als Mittel gegen Kopfschmerzen und als belebendes Getränk. Pembertons Original-

22

440 | 22 Drogenabhängigkeit

getränk enthielt Wein als alkoholische Grundlage, doch dieser wurde bald durch einen koffeinhaltigen Extrakt der Cola-Nuss ersetzt. Das neue Coca-Cola pries man nun als das »geistige Erfrischungsgetränk ohne Alkohol« an. 1888 ersetzte Pemberton das gewöhnliche Wasser durch Sodawasser. Abgesehen davon, dass es noch Kokain enthielt, war das Produkt damit zu seiner klassischen Form herangereift, wie wir es heute kennen. Ein anderer Apotheker, Asa Chandler, kaufte Pemberton seine Rechte an dem Getränk ab und gründete 1892 die Coca-Cola-Company. Der Siegeszug von Coca-Cola ließ in den amerikanischen Drugstores den »Sodabrunnen« (engl. soda fountain) zu einer festen Einrichtung werden. Anfang des 20. Jahrhunderts erkannte die medizinische Öffentlichkeit allmählich die Gefahr von Gewöhnung und Abhängigkeit bei Kokaingenuss, und so wurde dieses letztlich aus der Rezeptur für Coca-Cola gestrichen und durch einen erhöhten Coffeinanteil ersetzt. (Text modifiziert aus Snyder, 1994)

Im Jahre 1860 wurde von dem deutschen Chemiker Albert Niemann aus den Blättern des Coca-Strauchs eine farblose, kristalline Substanz isoliert. Niemann nannte die Substanz »Kokain«.

22.5.1 Die Effekte der Kokainaufnahme

Bei der Aufnahme *niedriger Kokaindosen* zeigen sich akut eine Reihe von Veränderungen sowohl im Bereich des vegetativen Nervensystems als auch der quergestreiften Muskulatur. Es kommt zu

► Gefäßverengung,
► Blutdruckerhöhung,
► erhöhter Pulsfrequenz,
► Erweiterung der Bronchien,
► Schwitzen,
► Anstieg der Körpertemperatur,
► Anstieg der Blutzuckerkonzentration und
► Erweiterung der Pupillen.

Bei *höherer Dosierung* können sich

► Kopfschmerzen,
► Übelkeit,
► Zittern,
► Muskelkrämpfe und
► Ohnmachtsgefühle

einstellen.

Der *Dauergebrauch* kann bei hoher Dosierung zu schwerwiegenden gesundheitlichen Komplikationen wie

► Herzrhythmusstörungen,
► Schlaganfall,
► Krampfanfällen,
► Unterversorgung des Gehirns mit Blut und
► Sauerstoffmangel am Herzen

führen.

Lokalanästhetische Wirkung. Kokain war das erste beim Menschen eingesetzte Lokalanästhetikum (1884). Die lokalanästhetische Wirkung geht auf die Blockade des spannungsabhängigen Natriumkanals zurück (s. Abschn. 4.5.2). Lokalanästhetika vom Kokaintyp blockieren dieses Kanalprotein, da ihre Anlagerung dessen Konformationsänderung verhindert, die im Normalfall beim Einlaufen eines depolarisierenden Impulses zu einer Öffnung des Kanals führen würde. Dadurch kommt die Depolarisationswelle zum Erliegen und Aktionspotenziale – z. B. längs einer schmerzleitenden Faser – können nicht mehr weitergeleitet werden.

Psychoaktive Wirkung. Die psychoaktive Wirkung des Kokains erklärt sich in erster Linie daraus, dass eine **Wiederaufnahme-Hemmung** von Dopamin, Noradrenalin und Serotonin in die präsynaptische Endigung stattfindet. Insbesondere wegen der Eigenschaft der Wiederaufnahmehemmung des Noradrenalins hat Kokain eine stimulierende Wirkung. Es gehört damit zur Klasse der **Stimulanzien**. Als unmittelbare psychische Effekte der Kokainaufnahme in moderaten Dosen werden von Kokain-Usern u. a. genannt:

► Euphorisierung
► Steigerung der Kontaktfreude
► geistige Stimulation
► sexuelle Anregung
► erhöhte Konzentrationsfähigkeit
► gesteigerte Selbstsicherheit
► Unterdrückung des Müdigkeitsgefühls

Lässt die Kokainwirkung nach, ist mit Müdigkeit, Erschöpfung und Niedergeschlagenheit bis hin zur depressiven Verstimmung und neuerlichem Verlangen nach der Droge zu rechnen.

22.5.2 Kokain als Suchtdroge
Abhängigkeit und Folgen gewohnheitsmäßigen Gebrauchs

Die Potenz des Kokains als »Sucht«-Droge ist unter Fachleuten unbestritten, auch wenn die diesbezüglichen Gefahren in der »Szene« gern heruntergespielt

22.5 Kokain | **441**

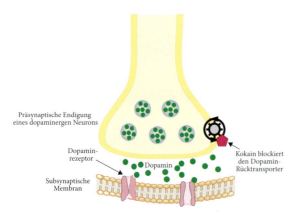

Abbildung 22.8 Blockade des Dopamintransports durch Kokain

werden. Die abhängigkeitserzeugende Wirkung hängt in erster Linie mit der Wiederaufnahmehemmung des Dopamins (neben dem Noradrenalin) und damit mit einer Anreicherung des Dopamins im synaptischen Spalt zusammen. Kokain blockiert ein Membranprotein, das als Dopaminrücktransporter (DAT) dient (s. Abb. 22.8). Das Dopamin ist so länger und in höherer Konzentration verfügbar. Von besonderer Bedeutung ist hierbei die Verstärkung der Dopaminwirkung im Bereich des **mesolimbischen Systems**.

Im Selbstapplikationsexperiment von Kokain bei Ratten konnte gezeigt werden, dass bei Zufuhr von Kokain im Nucleus accumbens eine außerordentliche Zunahme des Dopamingehalts einsetzte. Ähnliche, wenn auch quantitativ etwas niedrigere Effekte zeigten sich für die Amygdala und den präfrontalen Kortex. Die Suchtentwicklung bei selbstapplizierter Kokainaufnahme bei der Ratte kann einerseits verhindert werden, wenn man Dopaminrezeptor-Antagonisten zuführt, andererseits, wenn man dopaminerge Neuronen im Nucleus accumbens zerstört.

Infolge der erhöhten Verfügbarkeit des Dopamins im synaptischen Spalt stellen sich zwei gegenregulatorische Prozesse ein:
(1) Die Zahl der subsynaptischen Dopaminrezeptoren vom Typ D2 nimmt ab.
(2) Die Zahl der Transportermoleküle für Dopamin, die den Rücktransport in die präsynaptische Endigung besorgen, nimmt zu. Dies geschieht über Veränderungen der Aktivität von Transkriptionsfaktoren, die im Zellkern auf die Genexpression für dieses Transportprotein einwirken.

Steht während einer Phase der Kokainkarenz die Droge nicht mehr zur Verfügung, ist die Empfindlichkeit der subsynaptischen Zelle für Dopamin wegen der zurückgeregelten D2-Rezeptorenzahl zu niedrig und das im Spalt vorhandene Dopamin wird zu schnell wieder zurücktransportiert. Es kommt dadurch zu Entzugserscheinungen und dem für Kokain typischen Heißhunger auf die Droge, dem Craving. Bei regelmäßigem Konsum stellt sich außerdem rasch Toleranzentwicklung ein, die häufig zu erhöhtem Konsum führt.

Verbreitung

Für die USA wird geschätzt, dass ca. 300.000 Menschen täglich Kokain nehmen und etwa vier Millionen – das sind 2 % der Bevölkerung – gewohnheitsmäßig zum Kokain greifen. Für Deutschland nimmt man eine Zahl von ca. 200.000 bis 500.000 Menschen mit gelegentlichem Kokaingebrauch an.

Exkurs

Ein prominenter Kokainkonsument
Im Juni 1982 starb der deutsche Filmregisseur Rainer Werner Fassbinder im Alter von 36 Jahren an der Wechselwirkung von Kokain, Barbituraten und vermutlich Alkohol. Fassbinders Werk umfasste damals 40 Filme in einer Schaffensperiode von 17 Jahren. Er war darüber hinaus Schauspieler und inszenierte sechs Theaterstücke. Er hatte seit mehreren Jahren intensiv Kokain konsumiert und nahm gewohnheitsmäßig eine Reihe von anderen Drogen (Haschisch, Alkohol, Nikotin) zu sich. Er war überzeugt davon, dass der Konsum von Kokain die Kreativität – zumindest im Sinne einer vielfältigeren Ideenwelt – steigert. Die Wirkung auf das tatsächliche Schaffen, also die Herstellung des Kunstwerks, sah er dagegen eher skeptisch.

Da Fassbinder eine deutliche Neigung zur Depression hatte, ist davon auszugehen, dass er Kokain auch quasi als Therapeutikum einsetzte, um die Phasen der Niedergeschlagenheit und Melancholie zu überwinden. (s. Tretter, 1983)

Kokain besitzt seit den 1970er-Jahren in Europa den Charakter einer Modedroge. Dies mag damit zusammenhängen, dass die Substanz das Schlafbedürfnis reduziert, ein Gefühl erhöhter geistiger Leistungsbereitschaft vermittelt und die Selbstsicherheit steigert.

Zu Beginn dieser modischen Welle herrschte die Meinung vor, der gewohnheitsmäßige Gebrauch der Droge sei weitgehend harmlos. Aus heutiger Sicht ist dies ein fataler Irrtum. Während oder nach den meist zyklisch ablaufenden Phasen des Kokaingenusses (meist über Tage hinweg, dann wieder mit mehrwöchigen Pausen) können Angstzustände, Phasen erhöhter Aggressivität und Halluzinationen auftreten, die teilweise paranoid-psychotische Züge annehmen. Daneben besteht die Gefahr schwerer körperlicher Schäden (s. Abschn. 22.5.1) wie Herzinfarkt, Schlaganfall und tödliche Krampfzustände.

»Crack« als eine Sonderform der Kokainzubereitung

Das Kokain, wie es üblicherweise in den Handel kommt (»Schnee«, »Koks«), ist Kokainhydrochlorid. Es wird geschnupft, wobei meist etwa 20–50 mg der Substanz aufgenommen werden, und in seltenen Fällen gespritzt. Um die Wirkung schneller herbeizuführen, wurde eine Variante entwickelt, die sich rauchen lässt. Kokainhydrochlorid selbst zersetzt sich nämlich beim Erhitzen und ist im Rauch kaum noch vorhanden. In die basische Form umgewandelt (»Freebase«), lässt sich der Stoff auch verdampfen und kann über die Atemwege aufgenommen werden. Zu dieser Form gelangt man z. B. durch Kochen von Kokain gemeinsam mit einer Backpulverlösung. Man erhält dann durch Trocknen ein Konzentrat, das als »Crack« bezeichnet wird.

Schneller, aber kurzer Effekt. Beim Rauchen von Crack – als Zigarette oder in einer Wasserpfeife – können deutlich höhere Dosen der aktiven Substanz zugeführt werden als beim Schnupfen von Kokainhydrochlorid. Viel wichtiger ist jedoch der Effekt, dass beim Rauchen die Plasmakonzentration des Kokains fast verzögerungslos ihren Maximalwert erreicht, was zu einem sofortigen »High« führt. Dieses euphorische Hochgefühl klingt gewöhnlich nach Minuten wieder ab und ist dann meist von einem »Crash« gefolgt, der sich in Dysphorie, Unruhe und erneutem Substanzhunger äußert. Das Abhängigkeitspotenzial von Crack ist wesentlich höher als das von geschnupftem Kokain.

»Freebase-Kokain« führt schneller zu vielfachen Schädigungen fast aller wesentlicher Organsysteme als das geschnupfte Kokain. Insbesondere die Lungenfunktionen werden sowohl durch direkte lokale Wirkungen als auch durch Veränderung der zentralen Atemregulation nachhaltig verändert, die sog. »Crack-Lunge« ist die Folge. Auch die Blutgefäße, die Nieren und das Herz werden häufig irreversibel geschädigt.

Zusammenfassung

Bei der Aufnahme von Kokain kommt es u. a. zu Gefäßverengung, Blutdruckerhöhung, erhöhter Pulsfrequenz, Erweiterung der Bronchien, Schwitzen und erhöhter Körpertemperatur. Bei höherer Dosierung ist mit Kopfschmerzen, Übelkeit, Zittern, Muskelkrämpfen und Ohnmachtsgefühlen zu rechnen. Bei Dauergebrauch in hoher Dosierung können sich Herzrhythmusstörungen, Schlaganfall, Krampfanfälle, Unterversorgung des Gehirns mit Blut und Sauerstoffmangel am Herzen einstellen.

Die psychotrope Wirkung kommt v. a. durch die Wiederaufnahme-Hemmung des Dopamins zustande. Es ist jetzt länger und in höherer Konzentration verfügbar. Von besonderer Bedeutung ist hierbei die Verstärkung der Dopaminwirkung im Bereich des mesolimbischen Systems. Beim langfristigen Gebrauch wird die D2-Rezeptorenzahl zurückgeregelt. Dadurch kommt es bei fehlender Kokainzufuhr zu teilweise sehr starken Entzugserscheinungen.

22.6 Opiate

»Es gibt auf der Welt wohl kein anderes pflanzliches Produkt, das soviel Segen und Unheil gestiftet hat, wie das Opium.«
(aus Ladewig, 1996)

Opium (der Name leitet sich ab von griechisch »opos« = Pflanzensaft) wird aus den unreifen Fruchtkapseln des Schlafmohns gewonnen, wobei der durch Anritzen auslaufende milchige Saft an der Luft getrocknet wird und schließlich als knetbare Masse in den Handel kommt. Als Opiate bezeichnet man die v. a. schmerzstillenden Wirkstoffe, die im Opium enthalten sind. Das wichtigste Opiat ist Morphin, aus dem Heroin hergestellt wird (s. Abschn. 22.6.1). Unter dem Begriff **Opioide** werden alle Stoffe zusammengefasst, die an Opioidrezeptoren wirksam sind.

> **Exkurs**

Kulturgeschichtliches zum Opium

Opium ist seit dem Altertum bekannt, vermutlich wurde es schon in der Odyssee – allerdings unter dem Namen »Nepenthe« – als eine Substanz beschrieben, die beruhigend wirkt, Wohlbefinden auslöst und schließlich einen Dämmerzustand bzw. Schlaf herbeiführt. Der Einsatz des Opiums in der Medizin wird bereits im ersten Jh. n. Chr. in einem Werk über Pharmakologie beschrieben. Der griechische Arzt Galen (2. Jahrhundert n. Chr.), der die Medizin der folgenden Jahrhunderte maßgeblich beeinflusst hat, empfahl Opium insbesondere wegen seiner schmerzlindernden Wirkung bei Magen-Darm-Beschwerden, Nierensteinen und Kopfschmerzen. Auch seine Wirkung als Beruhigungsmittel war ihm bekannt.

Der Anbau von Mohn zur Gewinnung von Opium wurde im Altertum in Griechenland und Mesopotamien gepflegt. In den asiatischen Ländern tauchte Opium erst einige Jahrhunderte später auf, China wurde vermutlich erst im 7. Jahrhundert n. Chr. vom Opium erreicht, Japan nicht vor dem 15. Jahrhundert. In der Neuzeit geschah die Opiumgewinnung fast ausschließlich in Asien. Heute sind die hauptsächlichen Opiumproduzenten Indien, die Türkei und Afghanistan.

Spätestens seit dem 16. Jahrhundert war man sich auch der Gefahr der Abhängigkeit beim Opiumgenuss bewusst. Entzugssymptome wie Schmerzen, Angstzustände und Todesfurcht wurden schon damals beschrieben. Auch war bereits bekannt, dass das einzige schnell wirkende Gegenmittel gegen diese entsetzlichen Qualen eine neuerliche Opiumdosis ist.

Im Jahre 1806 wurde der wichtigste psychoaktive Bestandteil des Opiums, das Morphin (abgeleitet von Morpheus, dem griechischen Gott der Träume) erstmals von dem deutschen Chemiker Friedrich Wilhelm Sertürner isoliert. Mit ihm war die potenteste in der Natur vorkommende schmerzlindernde chemische Substanz entdeckt.

Mit der Erfindung der Injektionsspritze im Jahr 1853 wuchs die Bedeutung des Morphins als schnell wirksames Schmerzmittel ohne Bewusstseinstrübung rapide an. Es wurde beispielsweise in der zweiten Hälfte des 19. Jahrhunderts sowohl im deutsch-französischen Krieg als auch im amerikanischen Bürgerkrieg bei Verletzten zur Schmerzbekämpfung eingesetzt. Da der Morphingebrauch damals völlig naiv und in uneingeschränkter Weise ablief, kamen viele Kriegsteilnehmer als Morphiumabhängige aus dem Krieg nach Hause (sog. »Soldatenkrankheit«).

Gegenwärtig stellt die Opiatabhängigkeit – auch in Deutschland – ein gravierendes soziales Problem dar. Man schätzt den Prozentsatz der Opiatabhängigen auf ca. 0,5 %. Allerdings dürften hier sehr große Unterschiede zwischen den verschiedenen Bevölkerungsschichten vorliegen.

Bei Opiatabhängigkeit liegt eine 10-Jahres-Mortalität von 20 % vor; d. h., jeder fünfte Opiatabhängige stirbt innerhalb von 10 Jahren.

22.6.1 Opiate als Suchtdrogen

Die wichtigsten Bestandteile des Opiums mit pharmakologisch bedeutsamer Wirkung sind das Morphin und das Kodein. Etwa 10 % des Opiums bestehen aus Morphin, dagegen macht das Kodein nur 0,5 % aus. **Heroin** (Diacethylmorphin) wird durch chemische Umwandlung aus Morphin hergestellt. Seine chemische Struktur unterscheidet sich nur minimal von derjenigen des Morphins, zeichnet sich aber durch eine deutlich höhere Potenz als das Morphin aus. Da es besser fettlöslich ist als jenes, kann es die Blut-Hirn-Schranke sehr schnell überwinden, was zu einer fast unmittelbar eintretenden Wirkung führt. Heroin ist extrem abhängigkeitserzeugend, weshalb seine Herstellung sowie der Gebrauch in Deutschland und den meisten anderen Ländern verboten ist.

Toleranzentwicklung gegenüber Opiaten

Toleranz gegenüber Opiaten entwickelt sich bei verschiedenen Personen mit sehr unterschiedlicher Geschwindigkeit. Generell gilt, dass die Toleranzentwicklung bei nur gelegentlicher Einnahme von Morphin und verwandten Substanzen eher mäßig ist. Findet der Drogenkonsum jedoch mit einer gewissen Regelmäßigkeit und innerhalb vergleichsweise kurzer Intervalle statt, entwickelt sich relativ schnell Toleranz. Immer höhere Dosen sind zur Herbeiführung des euphorischen Zustands bzw. zur Abwehr der Entzugssymptome nötig. Die Toleranzentwicklung kann derart rasant fortschreiten, dass nicht selten eine Steigerung der Morphindosis um den Faktor 10 – von etwa 50 mg auf 500 mg pro Tag – innerhalb von knapp zwei Wochen zu beobachten ist.

Die wichtigste biochemische Ursache für die Toleranzentwicklung bei Opiaten besteht in einer Empfindlichkeitsabnahme der Opioidrezeptoren im Gehirn, sodass die zugeführte Opiatmenge gesteigert werden muss. Eine zweite Ursache für die Toleranzentwicklung liegt in einer Beschleunigung des enzymatischen Abbaus der Droge. Demgemäß werden die notwendigen Konzentrationen im Blut nur auf der Basis höherer Dosen bzw. kürzerer Intervalle aufrechterhalten.

Neurobiologie der Opiatwirkung

Opiate entfalten ihre Wirkung im Nervensystem über die Opiatrezeptoren. Man kennt mehrere Klassen von Opiatrezeptoren, von denen die am besten untersuchten der μ-Rezeptor, der κ-Rezeptor und der δ-Rezeptor sind. (Von diesen drei Rezeptortypen existieren wiederum Subtypen, so z. B. der $μ_1$- und der $μ_2$-Rezeptor, an die verschiedene Testsubstanzen mit unterschiedlicher Affinität binden.)

Nach heutigem Wissensstand kann man davon ausgehen, dass die belohnende Wirkung von Morphin und verwandten Stoffen bevorzugt durch ihre Interaktion mit μ- und δ- Rezeptoren im ventralen Areal des Tegmentums (VTA) zustande kommt. Zu vermuten ist auch, dass μ-Rezeptoren im Bereich des medialen Thalamus, im Locus coeruleus und in den Nuclei raphes bei der Wirkung der Opiate auf das psychische Befinden beteiligt sind.

Opiatrezeptoren sind häufig am synaptischen Endknopf lokalisiert; über präsynaptische Hemmung führt die Anlagerung eines Agonisten (z. B. Morphin) zu einer Senkung der Transmitterausschüttung (z. B. GABA) aus der präsynaptischen Endigung. Opiate, die an den μ-Rezeptor eines Interneurons im VTA anlagern, erleichtern die Entladung dopaminerger Neuronen in dieser Region dadurch, dass sie GABAerge Neuronen hemmen (s. Abb. 22.9). Letztere wirken im Normalfall inhibitorisch auf die dopaminergen Neuronen. Feuern die dopaminergen Neuronen des VTA, so erhöhen sie damit im Zielgebiet der meisten ihrer Axone – im Nucleus accumbens – die Dopaminkonzentration. Auch die Aktivierung der δ-Rezeptoren scheint eine Steigerung der Dopaminkonzentration im Nucleus accumbens zu bewirken, allerdings sind die Mechanismen hier noch weniger klar. Für den κ-Rezeptor kann man vergleichbare Effekte weitgehend ausschließen.

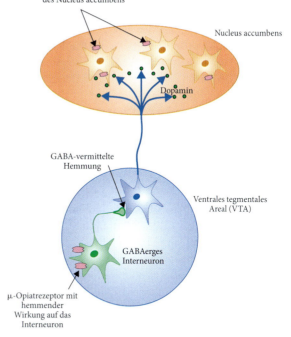

Abbildung 22.9 Sequenz der opiatvermittelten Effekte auf die Dopaminausschüttung im Nucleus accumbens. μ-Opiatrezeptoren an hemmenden GABAergen Interneuronen im VTA wirken hier aktivitätsdämpfend. Diese Interneuronen wirken hemmend auf dopaminerge Zellen, die Axone in den Nucleus accumbens entsenden. Das Andocken eines Opiatmoleküls führt also zu einer Reduktion der Hemmung. Dadurch nimmt die Dopaminausschüttung im Nucleus accumbens zu. Auch im Nucleus accumbens sind mit Opiatrezeptoren besetzte Neuronen vorhanden. Vermutlich wird hier durch die Opiatwirkung die Sensibilität für Dopamin gesteigert

Psychologie des Opiatgebrauchs – die verstärkende Wirkung der Opiatzufuhr

Die Opiate – insbesondere Morphin und verwandte Stoffe – erzeugen ein mit Euphorie, Wärme und Wohlbefinden beschriebenes Gefühl. Opiatabhängige, die sich die Droge spritzen, sprechen häufig von einem ekstatischen Zustand, der gelegentlich auch mit sexuell vermitteltem Lustgefühl in Verbindung gebracht wird. In der Sprache der Lernpsychologie bedeutet dies, dass der sich fast verzögerungslos einstellende angenehme psychische Zustand als *Verstärker* für den Akt der Substanzzufuhr wirkt. Die Stärke der Euphorie bleibt jedoch bei wiederholtem Substanzgebrauch nicht konstant, sondern lässt schrittweise nach. Dennoch wird die Droge weiter genommen.

Warum immer wieder? Für die Aufrechterhaltung des Substanzgebrauchs – auch unter schwierigen Bedingungen – verbunden mit der Hinnahme negativer Konsequenzen beruflicher, materieller und sozialer Natur sind verschiedene Gründe zu nennen:

▶ Der mit jeder Injektion verbundene positive Gefühlszustand soll herbeigeführt werden.
▶ Negative Gefühle (Angst, Entfremdung etc.) sollen unterdrückt werden.
▶ Missliche Lebensumstände sollen durch die Flucht aus der Realität ausgeblendet werden.
▶ Entzugssymptome sollen verhindert werden.

Konditionierte Drogentoleranz

Hinsichtlich der Toleranzentwicklung ist beim alltäglichen Umgang Süchtiger mit der Droge ein Konditionierungseffekt von besonderer Bedeutung: Findet der Drogengenuss gewohnheitsmäßig unter denselben sozialen, räumlichen oder zeitlichen Gegebenheiten statt, stellt sich im Lauf der Zeit eine sog. konditionierte Drogen- oder Wirkstofftoleranz ein. Toleranz entwickelt sich demnach besonders schnell und intensiv, wenn die Droge immer unter den gleichen Randbedingungen genommen wird.

Auswirkungen der Drogenumgebung. Für dieses Modell sprechen verschiedene Befunde. Shepard Siegel et al. (1982) studierten den Effekt einer Heroinüberdosis bei zwei Gruppen von Ratten, die an Heroin gewöhnt waren. Die eine Gruppe erhielt die Überdosis außerhalb der gewohnten Umgebung für die Heroinaufnahme. Fast alle Tiere aus dieser Gruppe starben (82 %). Der zweiten Gruppe gab man die Überdosis in der gewohnten Umgebung, im üblichen »Heroinkäfig«. Hier konnte sich die konditionierte Gegenreaktion einstellen und signifikant weniger Tiere (31 %) starben an der Überdosis.

Siegel wies auf eine überaus wichtige Konsequenz dieses Phänomens hin: Wenn sich Süchtige außerhalb der gewohnten Umgebung – etwa in einer Klinik oder einer fremden Stadt – die Droge hochdosiert zufüh-

ren, so kann dies infolge der jetzt »ungebremsten« Wirkung zu ernsthaften Komplikationen bis hin zum Tod führen.

Übersicht

Konditionierte Drogentoleranz

Shepard Siegel (1982) und Mitarbeiter konnten in einer Reihe von Experimenten plausibel machen, dass es sich bei der konditionierten Drogentoleranz um einen Lernvorgang im Sinne einer klassischen Konditionierung handelt.

(1) Die unkonditionierte Reaktion ist hierbei die Gegenregulation des Organismus auf den durch die Substanzzufuhr ausgelösten unphysiologischen Körperzustand. Dieser Reaktionskomplex des Körpers zielt natürlicherweise darauf ab, die Auswirkung des Giftstoffs abzuschwächen.

(2) Durch die Paarung eines vorher neutralen Reizes – z. B. das Zimmer, in dem die Droge genommen wird – mit dem unkonditionierten Reiz, d. h. der Droge, geschieht Folgendes: Es kommt schließlich bereits bei der Darbietung des ursprünglich neutralen Reizes zu Körperreaktionen, die gegenregulatorischen Charakter haben.

(3) Die Situation wird also zum konditionierten Reiz für die drogentypischen Gegenregulationen. Demzufolge führt diese Art der Konditionierung zu einer kontinuierlichen Dosissteigerung, um trotz der gegenregulatorischen Anstrengungen des Körpers zum gewünschten Ausmaß der Drogeneffekte zu gelangen.

Drogenumgebung verstärkt Entzugserscheinungen. Eine weitere Folgerung aus diesem Modell konnte ebenfalls experimentell abgesichert werden: Wenn schon die alleinige Konfrontation mit der drogenassoziierten Umgebung zu gegenregulatorischen Effekten führt, dann müssen sich beim Aufenthalt in dieser Umgebung *ohne* Drogenzufuhr verstärkt Entzugserscheinungen bemerkbar machen. Entzugssymptome sind schließlich (auch) eine Folge der überdauernden Anstrengungen des Körpers, die Drogenwirkung zu kompensieren. Diese nehmen dann allerdings in Abwesenheit der Droge die Gestalt eines eigenständigen Syndroms an, das nun eine andere Art der Entgleisung der normalen Körperfunktionen darstellt. Tatsächlich zeigten sich im Tierversuch während der Opiatkarenz innerhalb der Umgebung, in der die Droge üblicherweise zugeführt wurde, deutlich stärkere Entzugserscheinungen als in einer fremden Umgebung.

22.6.2 Behandlung der Opiatabhängigkeit

70 % aller Opiatabhängigen verzichten auf therapeutische Betreuung trotz eines relativ großen Angebots zur Abstinenztherapie. Zu einer langfristigen Behandlung der Opiatabhängigkeit werden derzeit drei Verfahren eingesetzt:

(1) die Behandlung durch Ersatzstoffe – die »Methadonsubstitution«
(2) eine medikamentöse Therapie, mit dem Ziel, die Wirkung von Opiaten zu blockieren, z.B. durch den Opiatantagonisten **Naltrexon**
(3) eine Abstinenztherapie, die entweder ambulant oder stationär durchgeführt wird

Methadonsubstitution

In Deutschland befinden sich etwa 40.000–45.000 Patienten in einer Methadonsubstitutionstherapie. Sie ist das weltweit am häufigsten angewandte und wissenschaftlich evaluierte Verfahren zur Therapie der Heroinabhängigkeit.

Methadon, genauer Levomethadon (im Handel als L-Polamidon), ist ein Morphinagonist, der eine deutlich längere Wirkdauer hat als Morphin. Hinsichtlich der schmerzstillenden Wirkung ist es etwa viermal wirksamer. Methadon wird vollsynthetisch hergestellt. Sein Gebrauch im Rahmen pharmakologischer Therapie ist erlaubt, was – in Deutschland und vielen anderen Ländern – für das Heroin nicht gilt. Die Substanz hat aufgrund ihrer engen chemischen Verwandtschaft zu den Opiaten auch eine vergleichbare Wirkung.

Wirkungsweise und Behandlungsziele. Methadon besetzt agonistisch den Opiatrezeptor, insbesondere den μ-Rezeptor. Demnach sind die vegetativen und psychoaktiven Eigenschaften denen der Opiate eng verwandt, insbesondere führt auch die anhaltende Methadonzufuhr zur Entwicklung physischer und psychischer Abhängigkeit sowie der bekannten Opiatentzugssyndrome.

Der psychotrope Effekt des Methadon ist bei oraler Einnahme deutlich geringer als derjenige des Heroins. Dies gilt allerdings nur für an Heroin gewöhnte Drogenabhängige. Bei Neulingen führt auch Methadon zum entsprechenden psychischen »High«. Der Grundgedanke einer methadongestützten Drogentherapie besteht darin, dass man

▶ die Abhängigen aus der Beschaffungskriminalität heraushalten bzw. herausführen will,
▶ ihnen den Ausstieg aus dem Drogenmilieu erleichtert,
▶ sie durch den ständigen Kontakt mit medizinischem und sozialtherapeutischem Personal in ihren Bemühungen um eine endgültige Drogenabstinenz unterstützt.

Vertiefung

Vorgehensweise bei der Methadonsubstitution

Das Vorgehen bei der Methadonsubstitution Opiatabhängiger sieht im Wesentlichen wie folgt aus.

In ein bis zwei sehr ausführlichen Aufnahmegesprächen wird zunächst die Eignung für ein solches Programm geprüft. Zu den Aufnahmebedingungen gehört:

▶ ein Mindestalter von 18 (je nach therapeutischer Einrichtung auch bis zu 23 Jahren) Jahren,
▶ eine mehrjährige Opiatabhängigkeit,
▶ die Motivation bzw. die erklärte Bereitschaft, auf andere psychoaktive Substanzen wie Alkohol und Medikamente zu verzichten.

Am Therapiebeginn steht eine eingehende medizinische Untersuchung, auch auf Hepatitis und HIV, bei Frauen ein Schwangerschaftstest. Danach erfolgt, falls notwendig, der Entzug von anderen Drogen (Nichtopiaten), was häufig im Rahmen eines ein- bis zweiwöchigen stationären Klinikaufenthalts geschieht. Ebenfalls in dieser Anfangsphase geschieht die individuelle Einstellung auf die optimale Methadondosis.

Während des eigentlichen Programms erscheinen die Abhängigen zunächst täglich in der Praxis bzw. der Klinikambulanz und erhalten unter Aufsicht ihre Methadondosis, verdünnt in Flüssigkeit, z.B. Fruchtsaft. Das Methadon wird in nichtinjizierbarer Form abgegeben, was dem heimlichen Sammeln von Methadon, um es sich dann zu spritzen, entgegenwirken soll. In regelmäßigen Abständen werden Alkoholtests durchgeführt und gelegentlich auch Urinkontrollen vorgenommen, um die Einnahme weiterer psychotroper Substanzen (sog. Beigebrauch) zu prüfen.

▶

Ein zentraler Punkt des Programms ist die psychosoziale Betreuung der Patienten, die regelmäßige Gespräche mit dem Arzt bzw. dem entsprechend geschulten Klinik- oder Praxispersonal beinhaltet.

Nach längerer Behandlungsdauer und zufriedenstellender Mitarbeit der Programmteilnehmer wird diesen die Möglichkeit zur Mitnahme von Methadon über das Wochenende angeboten.

Wichtiger Bestandteil eines jeden Methadonprogramms ist der Versuch, durch Reduktion der Methadondosis den Patienten langsam von der Substanz unabhängig zu machen. Nach bisherigen Erfahrungen mit Methadonprogrammen ist allerdings der totale Verzicht auf die Substanz nur in seltenen Fällen gelungen, eine gewisse Reduktion der aufgenommen Substanzmenge wird häufiger berichtet (vgl. Soyka et al., 1997).

Erfolgsaussichten. Erfolgsquoten einer Methadonsubstitutionsbehandlung können nur geschätzt werden. Aufgrund mehrjähriger Datenerhebungen in Deutschland und der Schweiz kann man von Abstinenzraten von 10–20 % ausgehen (bei etwa 10-jähriger Beobachtungsdauer). Dieser niedrige Wert mag insofern ernüchternd sein, als offenbar Drogenfreiheit nur in seltenen Fällen gelingt. Auf der anderen Seite darf aber nicht übersehen werden, dass Teilnehmer an Methadonprogrammen im Durchschnitt sowohl in gesundheitlicher als auch in sozialer Hinsicht deutlich profitieren: Es sinkt ihr Risiko, infolge Drogenmissbrauchs zu sterben, um das Achtfache, die Zahl der Berufstätigen verdoppelt sich und der allgemeine Gesundheitszustand verbessert sich in hohem Maße.

Die Behandlung mit dem Opiatantagonisten Naloxon

Naloxon blockiert als Opiatantagonist die Opiatrezeptoren, wodurch sämtliche Opiatwirkungen reduziert bzw. verhindert werden. Dies gilt besonders für die euphorisierende Wirkung. Naloxon selbst erzeugt keine Abhängigkeit und hat nur vergleichsweise geringfügige Nebenwirkungen. Es wird in Deutschland üblicherweise nur nach abgeschlossener stationärer Entgiftung eingesetzt. Greift dann der Patient während der Naloxontherapie wieder zur Droge, so bleiben die euphorisierenden Drogeneffekte aus. Damit geht die belohnende Wirkung der Droge verloren.

In den meisten Fällen, insbesondere in den USA, geschieht die Naloxontherapie unter intensiver Betreuung der Patienten, vergleichbar einem Methadonprogramm. Andernfalls dürfte es nur in Einzelfällen gelingen, dass der auf sich selbst gestellte Patient genügend Selbstdisziplin aufweist, um auf dem Weg der Naloxoneinnahme den Drogeneffekt außer Kraft zu setzen.

Zusammenfassung

Man schätzt den Prozentsatz der Opiatabhängigen in der Bevölkerung auf ca. 0,5 %. Nach der Statistik stirbt jeder fünfte Opiatabhängige innerhalb von 10 Jahren.

Opiate entfalten ihre Wirkung im Nervensystem direkt über die Opiatrezeptoren. Die belohnende Wirkung von Morphin und verwandten Stoffen geht v. a. auf die Interaktion mit den µ- und δ-Opiatrezeptoren von Neuronen im ventralen Areal des Tegmentums zurück. Eine der Hauptwirkungen besteht in einer Erhöhung der Dopaminkonzentration im Nucleus accumbens.

Nur 30 % aller Opiatabhängigen nehmen jemals therapeutische Hilfe in Anspruch. Zu einer langfristigen Behandlung der Opiatabhängigkeit werden derzeit drei Verfahren eingesetzt:
(1) die Behandlung durch Ersatzstoffe, z. B. die sog. »Methadonsubstitution«
(2) eine medikamentöse Therapie mit dem Ziel, die Wirkung von Opiaten zu blockieren, z. B. durch den Opiatantagonisten Naltrexon
(3) eine Abstinenztherapie, die entweder ambulant oder stationär durchgeführt wird
Ohne begleitende psychosoziale Maßnahmen ist die Rückfallquote bei jeder Art der Therapie von Opiatabhängigen extrem hoch.

22.7 Halluzinogene

Als Halluzinogene bezeichnet man solche Substanzen, deren auffallendste Eigenschaft es ist, Halluzinationen und Illusionen auszulösen. Es stellen sich also Wahrnehmungsphänomene ein, die im »nüchternen« Zustand nicht auftreten. Daher verwendet man für diese Substanzen gelegentlich auch den Begriff »bewusstseinserweiternde Drogen«, wovon sich auch das Wort »Psychedelika« ableitet. Häufig wirken Halluzinogene auch auf die Stimmung und das Denkvermögen. Bei den Halluzinogenen handelt es sich um Stoffe, die in ihrer chemischen Struktur teilweise sehr unterschiedlich sind.

Typisch für die Veränderung und Auflösung der Wahrnehmung etwa im visuellen Bereich sind das Zerfließen von Objektgrenzen, ein sehr reichhaltiges Farbenspektrum, gelegentlich auch extreme Klarheit von Bildern und das Verschmelzen von Objekten. Ebenso wird berichtet, dass sich unbelebte Gegenstände plötzlich in Lebewesen verwandeln, die allerdings meist bizarre und wirklichkeitsfremde Züge tragen. Auch Wahrnehmungsverzerrungen im akustischen Bereich werden nicht selten berichtet und eigenartige Verschmelzungen von verschiedenen Sinnesmodalitäten – etwa dass Berührungen von akustischen Phänomenen begleitet werden. Häufig werden auch ein Zerfließen der Ich-Grenzen und ein Hineinschlüpfen in verschiedene Individuen beschrieben. Letzteres mag der Grund dafür sein, dass man Halluzinogene gelegentlich auch als »Psychotika« bezeichnet, um die Nähe des psychedelischen Rauschzustandes zu psychotischen Erlebniszuständen wie etwa bei der Schizophrenie auszudrücken.

22.7.1 Die wichtigsten Halluzinogene

Die ältesten bekannten Halluzinogene sind sog. magische Pflanzen, zu denen die Schwarze Tollkirsche, der Gemeine Stechapfel, das Bilsenkraut, der Fliegenpilz und die Alraune gehören. Insgesamt kennt man ca. 100 Pflanzen, aus denen sich halluzinogene Extrakte gewinnen lassen. Diese wurden neben ihrem Einsatz als Rauschdrogen mit Ausnahme des Fliegenpilzes auch als Heilpflanzen in der Medizin der Naturvölker und des Altertums verwendet.

Meskalin

Der »Klassiker« unter den psychedelischen Drogen ist das Meskalin, das schon von den Azteken aus dem Kopf des Peyote-Kaktus gewonnen wurde. Meskalin ist eine relativ schwach wirkende Substanz, die nur in hoher Dosierung (ca. 0,2–1,5 g) ihre Wirkung entfaltet. Der typische Meskalinrausch zeichnet sich durch euphorisch getönte Stimmung und Wahrnehmungsveränderungen aus, die sich auf alle Sinnesmodalitäten beziehen können. Außerdem ist die Wahrnehmung von Zeit und Raum verzerrt, wodurch die Orientierung in der Umgebung schwer fällt.

Wirkung über den Serotoninrezeptor. Meskalin wirkt wie die meisten Halluzinogene an einem speziellen Serotoninrezeptortyp, dem 5-HT$_2$-Rezeptor. Dieser löst wahrscheinlich die typischen Wahrnehmungsveränderungen aus. Darüber hinaus werden über Neuronen, die mit diesem Rezeptor ausgestattet sind, sekundär auch andere Transmittersysteme angesprochen, wie z. B. das noradrenerge System. Auch auf die Acetylcholinrezeptoren der motorischen Endplatte konnte eine Wirkung des Meskalins nachgewiesen werden.

Meskalin erlebte mit anderen psychedelischen Drogen eine Renaissance unter der Hippie- und Indien-Bewegung der 1960er- und 1970er-Jahre.

Psilocybin

Auch diese Substanz wird – wie das Meskalin – aus einer Pflanze gewonnen, nämlich dem Pilz Psilocybe mexicana, der in ganz Mittelamerika seit mehr als 2000 Jahren bekannt ist.

Der aktive Wirkstoff – das Psilocybin – des Pilzes wurde erst vor etwa 40 Jahren in der Arbeitsgruppe um den Chemiker Albert Hofmann identifiziert, der auch als erster das **LSD** (s. u.) synthetisierte. Nach seiner Entdeckung wurde das Psilocybin in den 1960er- und 1970er-Jahren in einigen Bereichen der experimentellen Psychotherapie eingesetzt. Man hoffte, unter dem Einfluss dieser Substanz bestimmte psychotherapeutische Vorgehensweisen unterstützen zu können. Allerdings stellte sich bald heraus, dass sich die Effektivität einer Psychotherapie schon deshalb nicht steigern ließ, weil die induzierten Drogeneffekte zu unsystematisch und zu schwer steuerbar waren.

Psilocybin ist dem LSD relativ nahe verwandt. Es wirkt ebenso wie dieses auf das serotonerge System.

LSD

LSD ist die Abkürzung für Lysergsäurediethylamid. Es wird synthetisch hergestellt. Seiner chemischen Struktur nach ist es mit einem Bestandteil des Mutterkornpilzes verwandt. Es wurde erstmals im Jahre 1938 von Albert Hofmann synthetisiert. Seit 1943, als Hofmann die Substanz im Selbstversuch studierte, ist ihre halluzinogene Wirkung bekannt.

Akute LSD-Wirkungen

Die körperlichen Auswirkungen des LSD sind nur mäßig. Pulsfrequenz, Blutdruck, Körpertemperatur und Blutzuckerspiegel können ansteigen. Pupillenerweiterungen, Übelkeit und Schwindel werden gelegentlich berichtet.

Die psychischen Folgen des LSD-Konsums sind allerdings bemerkenswert: Bereits nach dem Konsum sehr niedriger LSD-Dosen, etwa von 0,1 mg aufwärts, können sich außerordentliche psychische Wirkungen einstellen, die von einer Stunde bis ca. acht Stunden anhalten. Häufig werden im LSD-Rausch verschiedene Phasen durchlaufen:

Initialphase. Die Initialphase (somatische Phase) zeichnet sich in erster Linie durch die sympathomimetischen Veränderungen im Vegetativum aus. Dazu gehören Schwindel, Tachykardie und Angespanntheit.

Sensorische Phase. Die sensorische Phase als die eigentliche Rauschphase ist gekennzeichnet durch Pseudohalluzinationen, Veränderungen im zeitlichen und räumlichen Wahrnehmungsgefüge und ein Gefühl der positiven Gestimmtheit bis hin zur Euphorie. Dies sind die von dem LSD-Konsumenten gewünschten Effekte.

Nachwirkungsphase. In einer seltener auftretenden Nachwirkungsphase (auch »psychische Phase« oder »psychotische Phase«) können unerwünschte Drogenwirkungen einsetzen, wie etwa Depersonalisation, psychotische Episoden, Erschöpfung, Anspannung, Unruhe, Angst und depressive Verstimmung. Durch Veränderung der Affekte in Qualität und Intensität kann es je nach dem emotionalen Grundbefinden des Konsumenten zum sog. »Horrortrip« kommen, der sogar Todesangst und Selbstvernichtungsideen beinhalten kann.

Langzeiteffekte des LSD-Konsums

Toleranz. Gewohnheitsmäßiger LSD-Konsum ist selten. Liegt er jedoch vor, entwickelt sich allmählich Toleranz durch die schwächere Ansprechbarkeit der Serotoninrezeptoren (s. u.). Die Toleranzbildung ist nur mäßig stark im Vergleich zu anderen psychoaktiven Drogen. Es muss jedoch beachtet werden, dass Kreuztoleranz mit anderen Psychedelika auftreten kann. Physische Entzugserscheinungen nach dem Absetzen der Drogen wurden nur sehr vereinzelt beobachtet. So betrachtet ist die Gefahr einer körperlichen Abhängigkeit beim LSD niedrig. Im Selbstapplikationsparadigma zeigen Versuchstiere nur eine geringe Tendenz zur Selbstverabreichung von LSD.

Psychische Abhängigkeit. Die Gefahr psychischer Abhängigkeit ist beim LSD wie bei allen anderen Drogen mit stimmungsaufhellendem und euphorisierendem Charakter gegeben. Allerdings ist das Abhängigkeitspotenzial hier deutlich geringer als etwa beim Kokain und bei den Opiaten. So dürften Fälle von sozialem Abstieg etwa aufgrund einer reinen LSD-Abhängigkeit sehr selten sein.

Neurobiologie der LSD-Wirkung

Das LSD-Molekül hat große Ähnlichkeit mit dem Serotoninmolekül. Allerdings kann nicht davon ausgegangen werden, dass es stets als Serotoninagonist wirkt. Es ist zu vermuten, dass es in einigen Gehirnstrukturen lediglich den Serotoninrezeptor blockiert, an anderen hingegen die Serotoninwirkung nachahmt. Letzteres scheint insbesondere für einen Subtyp des Serotoninrezeptors zu gelten, den 5-HT_{2A}-Rezeptor.

Zusammenfassung

Als Halluzinogene oder psychedelische Substanzen bezeichnet man Stoffe, die Halluzinationen und Illusionen auslösen. Die wichtigsten Halluzinogene sind Meskalin, Psilocybin und LSD.

Die akuten Hauptwirkungen des LSD sind Halluzinationen, Veränderungen im zeitlichen und räumlichen Wahrnehmungsgefüge und ein Gefühl der positiven Gestimmtheit.

Hinsichtlich der psychotropen Wirkung ist zu vermuten, dass LSD in einigen Gehirnstrukturen einen Serotoninrezeptor blockiert, in anderen Strukturen hingegen die Serotoninwirkung nachahmt.

22.7.2 Ecstasy

Bereits 1914 wurde in Darmstadt von der Firma Merck eine Substanz patentiert, die als Appetitzügler eingesetzt werden sollte: **MDMA** (3,4-Methylendioxy-N-methyl-amphetamin). Aufgrund einer Reihe von Nebenwirkungen kam dieses Präparat jedoch nie in den Handel. Seit Ende der 1980er-Jahre wurde MDMA nun als »Ecstasy« (»XTC«) zum Symbol der Raving Society für »Love, Peace & Unity«. Mit der allgemeinen Verbreitung der Technokultur verbreitete sich auch die Droge als Party- und Tanzdroge von England aus auf dem europäischen Kontinent.

Entakto-/Empathogene. Oft enthalten Ecstasy-Pillen neben MDMA andere Abkömmlinge der Methylendioxyamphetamine oder Methylendioxybutamine, am häufigsten MDA (Methylendioxyamphetamin) oder

MDEA (Methylendioxy-N-ethylamphetamin) sowie MBDB (Methyl-benzodioxolyl-butamin). Alle diese Substanzen zeigen als Wirkung

▶ eine Kombination von Entspannung und Anregung mit charakteristischem emotionssteigerndem Effekt,
▶ Kommunikationsförderung,
▶ in geringem Ausmaß Halluzinationen.

Im Zusammenhang mit stundenlangem Tanzen entstehen auf diese Weise euphorische Gefühle bis hin zur Ekstase. Häufig finden sich auch Verliebtheitsempfindungen. Man nennt diese Substanzen »Entaktogene«, weil sie das Innere berühren, oder – aufgrund der Steigerung der Kommunikationsfreudigkeit – »Empathogene«.

Mit den Entaktogenen als Freizeitdrogen der 1990er-Jahre entwickelte sich ein völlig neues Profil der Drogenkonsumenten. Im Gegensatz zum Heroinjunkie der 1970er- und 1980er-Jahre, der in den meisten Fällen als sozial Gescheiterter am Rande der Gesellschaft steht, findet man hier Wochenendkonsumenten, die innerhalb der Gesellschaft funktionieren und ihre Freizeit mit maximaler Effektivität nutzen wollen.

Akute Ecstasy-Wirkung

Die Wirkdosis liegt für MDMA bei ca. 1,0–1,5 mg pro kg Körpergewicht. Eine Ecstasy-Tablette enthält zwischen 110 und 150 mg MDMA. Die Wirkung beginnt etwa 20–60 Minuten nach der Einnahme und dauert zwischen zwei und sechs Stunden.

Physische Anspannung, psychische Wachheit. Physische Veränderungen sind Steigerung des Blutdrucks und der Pulsfrequenz bei normalem EKG, Pupillenerweiterung, Appetitverlust. Gelegentlich treten Brechreiz und motorische Störungen (insbesondere Anspannung der Kiefermuskulatur) auf.

Zu den psychischen Effekten gehören erhöhte sinnliche Wahrnehmungsbereitschaft bei wachem Bewusstsein, klarem Denken und intaktem Kurzzeitgedächtnis. Visuelle, akustische und taktile Wahrnehmungsveränderungen – intensiveres Empfinden von Licht, Musik, Berührungen – sind häufig. Bei starker Überdosierung verschwinden die entaktogenen Erscheinungen zugunsten stärkerer sympathomimetischer Effekte, es kommt zu starker Aktivitätssteigerung wie bei den Amphetaminen.

Neurobiologie der Ecstasy-Wirkung

Entaktogene wirken insbesondere an den Synapsen des serotonergen Systems, wo sie die **Serotoninfreisetzung** fördern und die Wiederaufnahme aus dem synaptischen Spalt hemmen. Hierdurch unterscheiden sie sich von den Halluzinogenen wie dem LSD, das die Serotonineffekte auf Rezeptorebene imitiert. Die Serotoninfreisetzung durch MDMA könnte sekundär zu einer verstärkten Dopaminfreisetzung führen. Eine Wirkung auf Dopamin- und Noradrenalinrezeptoren, die auch für die Nachwirkungen wie Müdigkeit und Erschöpfung verantwortlich gemacht werden, liegt vermutlich ebenfalls vor.

Da Entaktogene, insbesondere MDMA, durch erzwungene Transmitterausschüttung und Wiederaufnahmehemmung die Menge an Serotonin im synaptischen Spalt erhöhen, überrascht eine kurzfristige antidepressive Wirkung nicht (zum Zusammenhang zwischen Serotonin und Depression s. Abschn. 21.1.3). Durch Erschöpfung der Speicher, der präsynaptischen Vesikel, können jedoch nach Abklingen der akuten Reaktion Nebenwirkungen wie Müdigkeit, Niedergeschlagenheit bis hin zu Depressionen auftreten. Auf das »Wochenendhoch« folgt nicht selten zur Wochenmitte das »Tief«.

Risiken des Ecstasy-Konsums

In Deutschland wurden im Jahr 2003 im Zusammenhang mit Ecstasy 19 Todesfälle bekannt. Als Todesursachen kommen u.a. Nierenversagen durch zu starken Flüssigkeitsverlust, allergische Reaktionen – v.a. auch auf zusätzliche Inhaltstoffe der »Pillen« – und vor allem Herz-Kreislauf-Versagen durch Mischkonsum mit anderen Drogen in Frage.

Akute Nebenwirkungen und Risiken stehen besonders im Zusammenhang mit dem Setting der Ecstasy-Einnahme. Das stundenlange Tanzen mit gravierendem Flüssigkeits- und Mineralverlust durch Schwitzen führt zu höheren kurzfristigen Risiken als die ausschließlichen Wirkungen der Substanzen. Unter dem Einfluss von Ecstasy werden die normalen Alarmsymptome des Körpers nicht rechtzeitig wahrgenommen. Es kann zu tödlichen Kollaps- und Erschöpfungszuständen kommen.

Ein nicht zu unterschätzendes Risiko ist die Tatsache, dass dem Konsumenten von Ecstasy-Pillen deren genaue Zusammensetzung meist nicht bekannt ist. In den illegalen Produktionsstätten gelangen oft toxische Verunreinigungen in die Tabletten, die unvorhersehbare Auswirkungen haben können. Auch schwankt die Dosierung von Tablette zu Tablette.

Schädigung von Neuronen und Synapsen. An Versuchstieren (auch Primaten) konnte gezeigt werden, dass bei chronischer Einnahme von MDMA die Serotoninsynthese langfristig reduziert wurde. Zudem ließ sich bei Ratten und Affen unter hohen Dosen eine irreversible Schädigung von serotonergen Neuronen, begleitet von Synapsenabbau, beobachten. Das Ausmaß der Veränderungen scheint speziesabhängig zu sein.

Beim Menschen führt häufiger und länger anhaltender Ecstasy-Gebrauch zu nachweisbaren Defiziten in verschiedenen kognitiven Funktionen. Betroffen ist das Gedächtnis (Kurzzeitgedächtnis, Arbeitsgedächtnis), die Lernleistung, die psychomotorische Geschwindigkeit und Exekutivfunktionen des Frontalhirns wie Planung und Flexibilität bei der Strategienauswahl. Mit bildgebenden Verfahren konnte gezeigt werden, dass es nach gewohnheitsmäßigem Ecstasy-Gebrauch zu anhaltenden zerebralen Funktionsstörungen insbesondere im Bereich serotonerger Neuronenpopulationen

kommen kann. Ebenfalls ist belegt, dass es bei etwa einem Viertel der Dauerkonsumenten zu ernstzunehmenden psychischen Störungen wie Halluzinationen, Wahn oder Panikattacken kommt.

Abhängigkeit. Obwohl Ecstasy keine körperliche Abhängigkeit im strengen Sinne verursacht, ist ein hohes psychisches Abhängigkeitspotenzial gegeben, das auf der Suche nach dem leichten Glück und der Flucht vor der Realität auch zu anderen Drogen oder Psychopharmaka führen kann. Dies wird insbesondere dadurch gefördert, dass die Ecstasy-Wirkung, wie bei allen anderen Drogen auch, bei längerem Gebrach nachlässt, weshalb die User häufiger zu stärker und zuverlässiger aufputschenden Amphetaminen greifen. Dies wird etwa durch eine Erhebung aus dem Jahre 1997 belegt, in der die im Durchschnitt 20-jährigen Besucher von 12 Diskotheken hinsichtlich ihres Konsums an Drogen befragt wurden: Nur 1% nahm ausschließlich Ecstasy. Viele verwendeten Amphetamine als zusätzliche Aufputschmittel.

Zusammenfassung

Ecstasy soll zu einer Kombination von Entspannung und Anregung mit emotionssteigerndem Effekt führen. Akut zeigt sich nach Ecstasy-Einnahme u. a. eine Steigerung des Blutdrucks und der Pulsfrequenz, Pupillenerweiterung und Appetitverlust. Auf der psychischen Ebene stellt sich eine erhöhte Wahrnehmungsbereitschaft mit visuellen, akustischen und taktilen Wahrnehmungsveränderungen ein. Bei

Überdosierung kommt es zu starken sympathomimetischen Effekten mit ausgeprägter Aktivitätssteigerung.

Ecstasy und verwandte Substanzen fördern die Serotoninfreisetzung und/oder hemmen die Serotoninwiederaufnahme aus dem synaptischen Spalt. Sie wirken neurotoxisch. Einschränkungen psychischer Funktionen nach Dauergebrauch sind nachgewiesen.

22.8 Cannabis

Die blühenden Spitzen und die Blätter der Pflanze Cannabis sativa variatio indica (indischer Hanf) enthalten psychoaktive Substanzen, die sog. **Cannabinoide**. Die höchste Konzentration der Cannabinoide findet sich in den Blütenblättern, niedrigere Konzentrationen in den Blättern und Zweigen.

Marihuana wird aus den getrockneten Blütenblättern und Zweigspitzen gewonnen, **Haschisch** ist das getrocknete Blütenharz. Haschisch ist in seiner Wirkung fünf- bis zehnmal stärker als Marihuana.

Die Hanfpflanze enthält 60 Cannabinoide, von denen das wichtigste das **Delta-9-Tetrahydrocannabinol** (Δ^9-THC) ist. Letzteres macht 0,1–10 Gewichtsprozent des Marihuanas aus. In den letzten Jahren wurden vielerorts Anstrengungen unternommen, durch spezielle Züchtungen die Konzentration des Δ^9-THC in den Pflanzenbestandteilen zu erhöhen. Dabei konnten Konzentrationen bis zu 20 % erreicht werden.

Die Anwendung von Marihuana und Haschisch geschieht meist durch inhalierendes Rauchen. Gelegentlich werden die Substanzen auch in Flüssigkeiten eingenommen. Eine Marihuanazigarette (»Joint«) enthält 5–20 mg des Δ^9-THC.

Exkurs

Kulturgeschichtliches zum Cannabis

Man schätzt, dass der indische Hanf seit mindestens 12.000 Jahren als Kulturpflanze bekannt ist. Seine Verwendung bestand über Jahrtausende hinweg allerdings primär in der Herstellung sehr reißfester Seile und von Kleidungsstoffen. **Cannabis** dürfte daneben eine der ältesten bekannten Heilpflanzen sein. Die frühesten Quellen (chinesisch und assyrisch) gehen auf das 3. Jahrtausend v. Chr. zurück. Die Chinesen verwendeten Cannabis zur Behandlung von Verstopfung, Malaria, rheumatischen Schmerzen und gynäkologischen Beschwerden. In Indien war bereits im 2. Jahrtausend v. Chr. bekannt, dass Cannabis euphorische Zustände auslösen kann. Es wurde auch als Arzneimittel angewendet, um Fieber zu senken, Schlaf herbeizuführen und Kopfschmerzen zu reduzieren. Die Medizin der westlichen Welt nahm Cannabis allerdings erst in der ersten Hälfte des 19. Jahrhunderts wahr, als der britische Militärarzt William Brooke O'Shoughnessy aus der indischen Literatur den Kenntnisstand über Cannabis aufarbeitete und die Droge in systematischer Weise studierte. Er beschrieb die schmerzlindernde, krampflösende, angstreduzierende und **antiemetische** (Brechreiz reduzierende) Wirkung der Droge.

22.8.1 Cannabiswirkung

Die akute Wirkung der Δ^9-THC-Aufnahme liegt sowohl im Bereich des vegetativen Nervensystems als auch im zentralnervösen System. Sie setzt typischerweise 15–40 Minuten nach der Aufnahme in voller Stärke ein. Im Vegetativum ist die Folge meist Hungergefühl, Beschleunigung des Herzschlags, erhöhte Durchblutung der Bindehaut, erweiterte Pupillen, Husten und Mundtrockenheit.

Das subjektive Erleben ist durch ein Gefühl der Entspannung, mäßige Euphorie, gelegentlich aber auch Apathie gekennzeichnet. Generell zeigen sich meist Anzeichen einer Sedierung verbunden mit einer höheren Schmerzschwelle. Außerdem wird häufig eine Verlangsamung des Zeitablaufs, größere Intensität der Wahrnehmung von Farbe, Geschmack, Geruch und Klängen, Illusionen bzw. Halluzinationen, phantasievolleres Denken, erhöhtes Selbstvertrauen und ein Eintauchen in die sinnlichen Empfindungen berichtet. Nicht selten wird auch gesteigertes sexuelles Verlangen empfunden.

Cannabis in der Medizin. Es hat sich in mehreren kontrollierten Studien herausgestellt, dass Δ^9-THC eine therapeutisch interessante Substanz ist. Dies gilt insbesondere hinsichtlich der effektiven Bekämpfung von Übelkeit, etwa in Zusammenhang mit der Chemotherapie bei Krebs. Auch als Schmerzmittel besitzt Cannabis eine beachtliche Potenz. Es scheint dabei primär am periaquäduktalen Grau des Mittelhirns anzugreifen sowie an der Übertragung schmerzleitender Impulse im Rückenmark. Eine Ursache dafür dürfte sein, dass sich THC-Rezeptoren in großer Zahl an denselben Neuronen finden, die Opiodrezeptoren tragen, und hier vergleichbare neuronale schmerzhemmende Prozesse vermitteln.

Unerwünschte Wirkungen. An unerwünschten Wirkungen können auftreten: Angstzustände, Depressionen und Verfolgungswahn. Unter dem Einfluss von Δ^9-THC ist die Aufmerksamkeitsspanne reduziert, das Kurzzeitgedächtnis eingeschränkt, die motorische Koordinationsfähigkeit beeinträchtigt und die Tiefenwahrnehmung unpräzise. Deshalb besteht beim Autofahren erhöhte Unfallgefahr. Schwierige motorische Aufgaben können nicht mehr adäquat bewältigt werden. Diese Einschränkungen können nach dem Substanzgebrauch bis zu 10 Stunden und auch länger anhalten. Bei Überdosierung bzw. beim Erstgebrauch kann es zur sog. Cannabispsychose kommen, die durch Agitation, Ideenflucht und gelegentlich auch Hang zur Gewalttätigkeit gekennzeichnet ist.

Langfristige Effekte. Langjähriger und häufiger (mehrmals wöchentlicher) Gebrauch hoher Cannabisdosen kann durchaus schädliche Wirkungen ausüben. Dazu gehören erwiesenermaßen kognitive Einbußen z. B. in den Bereichen Lernen, Aufmerksamkeit und Gedächtnis. Auch wurden affektive Störungen bis hin zur Depression berichtet. Besonders gewarnt wird vor einem häufigen Cannabiskonsum vor oder während der Pubertät. Hier sind noch Reifungsprozesse des Gehirns im Gange, die ungünstig beeinflusst werden können. Die neurotoxischen Effekte der Droge können z. B. langfristig die visuelle Informationsverarbeitung beeinträchtigen.

22.8.2 Neurobiologie der Cannabiswirkung

Bei den zentralnervösen Effekten sind spezifische Cannabinoidrezeptoren (THC-Rezeptoren) beteiligt. Man konnte bisher zwei Typen dieser Rezeptoren identifi-

22.8 Cannabis | **453**

zieren. Der **CB$_1$-Rezeptor** findet sich überwiegend im ZNS. Man geht davon aus, dass die Aktivierung dieses Rezeptors an den diesbezüglichen Neuronen eine Hemmung der Transmitterfreisetzung (z. B. Acetlycholin, Noradrenalin, GABA, Serotonin) bewirkt. An Neuronen des Gehirns liegt er in großer Dichte vor. Beim Menschen dürfte er insbesondere in der Amygdala, dem Hippocampus, dem Gyrus dentatus, den Basalganglien, dem Thalamus und weit gestreut in verschiedenen Kortex-Arealen (hier überwiegend in Schicht I und VI) zu finden sein. Auch im Nucleus accumbens wurden CB$_1$-Rezeptoren entdeckt, was nahelegt, dass bei der psychoaktiven Wirkung des Δ^9-THC auch das dopaminerge Belohnungssystem beteiligt ist.

Auch Cannabinoide wirken im mesolimbischen Dopaminsystem und führen damit zum Belohnungseffekt bei der Drogenaufnahme. Dies dürfte über die Hemmung ihrerseits GABAerger Präsynapsen im VTA geschehen. Diese Disinhibierung von Zuflüssen zum Nucleus accumbens führt demnach hier zu einer Steigerung der Dopaminausschüttung.

Der Rezeptor CB$_2$ wurde bisher im Gehirn nicht nachgewiesen. Er findet sich z. B. in der Milz und den Lymphknoten. Er scheint also insbesondere im Immunsystem vertreten zu sein. Auch die Besetzung dieses Rezeptortyps durch Cannabinoide dürfte einen hemmenden Effekt haben. Dies wäre im Einklang mit einer verschiedentlich berichteten immunsuppressiven Wirkung der Cannabinoide.

Endogene Cannabinoide. Man hat vor wenigen Jahren auch körpereigene Liganden zum Cannabinoidrezeptor, sog. **Endocannabinoide**, entdeckt. Der wichtigste Botenstoff – auch beim Menschen nachgewiesen – ist das **Anandamid**. Ein weiteres Endocannabinoid ist das 2-Arachidonylglycerol. Bis heute ist die Frage ungeklärt, was die biologische Bedeutung eines solchen körpereigenen Cannabinoidsystems sein könnte, ob ihm eine unmittelbare physiologische Bedeutung zukommt und ob Entgleisungen in diesem System psychopathologische Relevanz besitzen.

22.8.3 Cannabis, eine Suchtdroge?

Bei der Frage nach der Gefahr von Suchtentwicklung muss man nach der Häufigkeit des Cannabisgebrauchs differenzieren. Bei seltenem Gebrauch ist die Gefahr einer Toleranzentwicklung nur mäßig. Bei hohen Dosen und häufigem Gebrauch besteht allerdings auch beim Cannabisgenuss eine Toleranzentwicklung und wie bei allen Drogen mit belohnenden Eigenschaften die Gefahr der Abhängigkeitsentwicklung. Das führt über die Zeit hinweg nicht selten dazu, dass andere Aktivitäten, die ebenfalls mit Wohlbefinden und Glücksgefühlen verbunden sind – z. B. soziale Kontakte, Sport oder Hobbys –, vernachlässigt bzw. eingestellt werden.

Legalisierungsbestrebungen. In den USA und in verschiedenen europäischen Ländern, darunter auch in Deutschland, ist seit einigen Jahren die Diskussion um die Legalisierung von Cannabis erneut in Gang gekommen. Dabei wird von den Verfechtern der Legalisierung die Meinung vorgebracht, dass die Kriminalisierung des Gebrauchs einer vergleichsweise harmlosen Droge substanzielle Teile der Bevölkerung zu Gesetzesbrechern macht. Für die USA liegen Zahlen vor, die besagen, dass 59 % der Personen zwischen 26 und 34 Jahre schon einmal Cannabis konsumiert haben. Man solle daher den Interessenten einen legalen, wenn auch nicht gänzlich unkontrollierten Erwerb ermöglichen, etwa in Apotheken. Ein weiteres Argument besteht darin, dass Δ^9-THC eine therapeutisch interessante Substanz ist. Dies gilt insbesondere hinsichtlich der effektiven Bekämpfung von Übelkeit, etwa in Zusammenhang mit der Chemotherapie bei Krebs. Außerdem besitzt Cannabis als Schmerzmittel eine beachtliche Potenz. Es scheint dabei primär am periaquäduktalen Grau des Mittelhirns anzugreifen sowie an der Übertragung schmerzleitender Impulse im Rückenmark. Möglicherweise finden sich die THC-Rezeptoren in großer Zahl an denselben Neuronen, die Opiodrezeptoren tragen, und vermitteln hier vergleichbare neuronale schmerzhemmende Prozesse.

Zusammenfassung

Das wichtigste Cannabinoid der Hanfpflanze ist das Delta-9-Tetrahydrocannabinol (Δ^9-THC). Zur akuten Wirkung des Δ^9-THC im Vegetativum gehören Hungergefühl, Beschleunigung des Herzschlags und erweiterte Pupillen. Subjektiv zeigt sich meist eine Sedierung, mäßige Euphorie und möglicherweise auch Apathie. Häufig wird eine intensivere Sinneswahrnehmung berichtet. Die Aufmerksamkeitsspanne ist reduziert, das Kurzzeitgedächtnis eingeschränkt und die motorische Koordinationsfähigkeit beeinträchtigt. Bei hohen Dosen und häufigem Gebrauch zeigt sich eine mäßige Toleranzentwicklung.

Beim Menschen existieren Cannabinoidrezeptoren z. B. im Nucleus accumbens. Von daher ist aufgrund der damit zusammenhängenden belohnenden Effekte die Gefahr der Abhängigkeitsentwicklung zumindest theoretisch gegeben. Cannabis ist ein relativ starkes Schmerzmittel; außerdem wirkt es sehr effektiv bei der Linderung von Übelkeit.

Weiterführende Literatur

Köhler, T. (2000). Rauschdrogen und andere psychotrope Substanzen. Stuttgart: Kohlhammer.

Ladewig, D. (2002). Sucht und Suchtkrankheiten. Ursachen, Symptome, Therapien (3. Aufl.). München: Beck.

Meyer, J. S. U. Quenzer, L. F. (2005). Psychopharmacology. In L. R. Squire, D. Berg, F. E. Bloom, S. DuLac, A. Ghosh &. N. Spitzer (Eds.), Fundamental neuroscience (pp. 987–1016). Amsterdam: Elsevier.

Snyder, S. & Solomon, H. (2000). Chemie der Psyche. Heidelberg: Spektrum Akademischer Verlag.

Tretter, F. (2008). Suchtmedizin kompakt. Stuttgart: Schattauer.

23 Emotionen

Eine Emotion ist i. Allg. gekennzeichnet durch drei Elemente:

(1) einen bestimmten Funktionszustand des Gehirns
(2) eine typische subjektive Befindlichkeit
(3) charakteristische Vorgänge auf der körperlichen Ebene

Sowohl auf der subjektiven als auch auf der körperlichen Ebene ist das Geschehen in der Regel spezifisch für die Art der Emotion.

Im subjektiven Bereich erschließt sich uns unmittelbar, ob eine Emotion von uns Besitz ergriffen hat und um welche Emotion es sich handelt, d. h., in welchem Gefühlszustand wir uns befinden. Dies geschieht in der Regel ohne die Beteiligung bewusster mentaler Prozesse.

Im Bereich der körperlichen Vorgänge stellen sich im Zuge emotionaler Vorgänge typische Reaktionsmuster ein. Unter einem Reaktionsmuster ist die Gesamtheit der physiologischen und biochemischen Prozesse zu verstehen, die während dieses emotionalen Zustands herrschen. Hier wiederum werden meist zwei große Reaktionsbereiche unterschieden und zumeist auch getrennt studiert: einerseits die »Ausdrucks«-Reaktionen, vermittelt über die Muskulatur des Bewegungsapparats, hier vor allem der Gestik und Mimik, andererseits die Prozesse im vegetativen System.

Schließlich führen Emotionen häufig zu komplexeren Handlungsketten, wie wir sie etwa vom Fluchtverhalten kennen. Beim Menschen fußen diese Handlungsschemata teilweise auf evolutionär angelegten Programmen, teilweise auf gelernten Mustern. So sind die Äußerungen von Aggression oder Wut in ihren Grundelementen genetisch verankert, in ihrer Ausgestaltung in einer speziellen Situation jedoch durch Lernvorgänge und kognitive Prozesse überformt.

Vier Untersuchungsmöglichkeiten der Emotion. Die Betrachtung des emotionalen Geschehens kann auf vier verschiedenen Ebenen erfolgen:

(1) Die Vorgänge im Gehirn: Die Beobachtung kann mit bildgebenden Verfahren geschehen oder auf der Basis von elektrophysiologischen Methoden, bevorzugt dem EEG (s. Abschn. 26.2).
(2) Vegetative und hormonelle Prozesse: Hierzu gehören die wohlbekannten Körperreaktionen wie Herzjagen, Schweißausbruch oder »flaues« Gefühl im Magen. Viele dieser Vorgänge lassen sich mit den Methoden der Psychophysiologie (s. Abschn. 26.6) registrieren.
(3) Motorische Reaktionen, v. a. der Gestik und Mimik: Diese besitzen großenteils einen Signalcharakter an die Umgebung. Sie können einem Kommunikationspartner mitteilen, in welchem emotionalen Zustand sich das Subjekt befindet. Außerdem können handlungssteuernde Programme ausgelöst werden (Flucht, Kampf, Gesten der Zuwendung). Zur Beobachtung dieser Vorgänge existieren zahlreiche Methoden, die von der klassischen Verhaltensbeobachtung bis hin zu ausgefeilten Verfahren der Mimikanalyse und -kodierung reichen.
(4) Der Bereich der subjektiv erlebten Gefühle: Diese lassen sich prinzipiell nur vermittels der Sprache studieren, also nur beim Menschen.

Im vorliegenden Kapitel werden wir von diesen vier Ebenen emotionalen Geschehens die drei ersten behandeln. Der vierte Bereich – die Ebene der subjektiv erlebten Gefühle – gehört nicht zum engeren Gegenstandsbereich der Biologischen Psychologie.

23.1 Emotionen und Gehirnprozesse

23.1.1 Das limbische System

Wir haben das limbische System – seinen Aufbau und seine wesentlichen Funktionen – bereits im Abschnitt 6.4.10 besprochen. Dort wurde deutlich gemacht, dass einzelne Bestandteile des limbischen Systems eine wichtige Rolle beim Zustandekommen emotionalen Geschehens spielen. Gleichzeitig wurde darauf hingewiesen, dass aus heutiger Sicht die vereinfachende Sichtweise, die Hauptaufgabe aller limbischen Strukturen sei die Emotionsregulation, nicht mehr haltbar ist. Die meisten Bestandteile des limbischen Systems sind zumindest bei zwei Aufgabenbereichen des Gehirns beteiligt: bei emotionalen Prozessen und bei Gedächtnis-/Lernvorgängen. Historisch gesehen jedoch galt das limbische System fast 50 Jahre lang (ca. 1940 bis 1990) als ein primär mit Emotionen befasstes System.

Das Klüver-Bucy-Syndrom

Erste Hinweise auf die Bedeutung limbischer Strukturen für emotionales Ausdrucksverhalten lieferten die Läsionsexperimente von Heinrich Klüver und Paul Bucy (1939). Bei Affen entfernten sie große Bereiche der Temporallappen; hier befinden sich u. a. die limbischen Strukturen Amygdala und Hippocampus. Bei den Tieren stellten sich nach der Operation auffallende und unerwartete Veränderungen im Verhalten ein, das heute sog. Klüver-Bucy-Syndrom.

- Am auffallendsten war, dass die Tiere außerordentlich zahm wurden. Aus der freien Wildbahn stammend, hatten sie zuvor gegenüber Menschen ein ängstliches Verhalten gezeigt, das gelegentlich in Aggression umschlug. Jetzt waren keinerlei Äußerungen von Furcht oder Angriffslust mehr beobachtbar. Es lag also offenbar eine Dämpfung, wenn nicht Ausschaltung emotionaler Impulse vor.
- Es zeigte sich in vielen Fällen ein orales Explorationsverhalten. Die Tiere nahmen die verschiedensten Objekte in den Mund – auch nicht essbare –, um sie so zu untersuchen.
- Häufig wurde exzessives Paarungsverhalten beobachtet.
- Einige Tiere zeigten visuelle Agnosie. Sie konnten Objekte nicht erkennen, obwohl sie keineswegs blind waren. Dieses Phänomen ist auch oft bei Menschen nach Temporallappenentfernung zu beobachten.
- Die Affen waren oft ruhelos bis hyperaktiv.

Wie man heute weiß, lassen sich v. a. die Veränderungen im Sozialverhalten der Versuchstiere, wie man sie aus dem Klüver-Bucy-Syndrom kennt, auch dann beobachten, wenn beidseitig lediglich die Amygdalae entfernt wurden. Die Tiere sind dann deutlich weniger ängstlich gegenüber Artgenossen und auch das Umschlagen von Angst in Aggression wird sehr viel seltener beobachtet. Allerdings dürfte nach neueren Erkenntnissen das exzessive orale Explorationsverhalten sowie die Hypersexualität kaum eine unmittelbare Konsequenz aus einer Amygdalaläsion sein.

Die Rolle der Amygdala für emotionale Prozesse

Die beiden Amygdalae (amygdaloider Komplex, Mandelkerne, s. Abschn. 6.4.10) befinden sich jeweils links- und rechtsseitig im vorderen, seitlich gelegenen Teil des Temporallappens (s. Abb. 6.21). Obwohl sie paarig vorliegen, spricht man häufig von der »Amygdala«.

Die Amygdala ist von Bedeutung sowohl als ein Zentrum zur Steuerung, u. U. auch Auslösung bestimmter emotionaler Verhaltensweisen wie Aggression und Angst, aber auch als eine integrierende Struktur für emotionsrelevante Prozesse in verschiedenen anderen Gebieten des Gehirns. Sie besteht aus verschiedenen kleineren Kernen (Subnuclei), die sich offenbar hinsichtlich ihrer Afferenzen und Efferenzen und ihrer Funktion unterscheiden. Von besonderer Bedeutung sind folgende Kerngruppen bzw. Kerne (s. Abb. 23.1).

Die mediale Kerngruppe. Die (kortiko-)mediale Kerngruppe besitzt Zuflüsse aus den sensorischen Arealen der Hirnrinde und des Thalamus und insbesondere aus dem olfaktorischen System. Ihre Ausgangssignale ziehen zum medialen Vorderhirnbündel und zum Hypothalamus. Diese Kerngruppe ist beteiligt bei der Steuerung von Sexualverhalten. Vor allem scheint sie für die Analyse von Duftsignalen, die von möglichen Sexualpartnern ausgehen, verantwortlich zu sein.

Die basolateralen Kerne. Die basolateralen Kerne erhalten Input von zahlreichen kortikalen Arealen, v. a. den sensorischen, dem Thalamus und der Hippocampusformation. Es existieren von hier ausgehende Rückprojek-

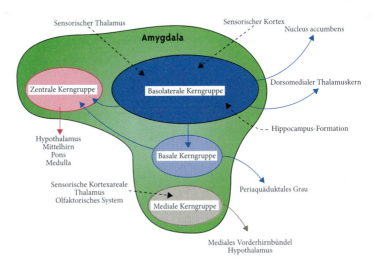

Abbildung 23.1 Amygdalaverschaltungen. Es sind die wichtigsten internen Verschaltungen sowie die Verbindungen zwischen Amygdalakernen und anderen Hirnregionen wiedergegeben

tionen zum Thalamus (dem dorsomedialen Kern), die dann auf Neuronen umgeschaltet werden, deren Fasern zum Präfrontalkortex ziehen. Außerdem projizieren diese Kerne zum ventralen Teil des Striatums, v.a. in den Nucleus accumbens, der besonders bei Belohnungsprozessen eine Rolle spielt (s. Abschn. 24.5.2). Auch die Vorgänge bei der Furchtkonditionierung laufen unter entscheidender Beteiligung dieser Kerngruppe ab.

Die Subnuclei des zentralen Kerns. Die Subnuclei des zentralen Kerns erhalten hauptsächlich Zuflüsse von den basolateralen Kernen. Die Ausgangsfasern ziehen zum Hypothalamus, zum Mittelhirn, zur Brücke und zur Medulla oblongata. Von diesen Strukturen aus werden zahlreiche vegetative und motorische Begleitprozesse emotionalen Geschehens gesteuert.

Der basale Kern. Auch der basale Kern besteht aus kleineren Kernen, deren Eingangssignale hauptsächlich von anderen Kernen der Amygdala stammen. Die efferenten Fasern ziehen wiederum zu anderen Amygdalakernen bzw. zum periaquäduktalen Grau des Mittelhirns.

Die Erkenntnisse zur Bedeutung der Amygdala für emotionale Prozesse stammen aus drei Quellen:
(1) Läsionsstudien an Tieren (meist Affen oder Nagetiere)
(2) Befunden an Patienten mit Amygdalaschädigungen bzw. Patienten mit implantierten Elektroden im Bereich der Amygdala
(3) Studien mit bildgebenden Verfahren

Furchtkonditionierung – ein wichtiges Paradigma der Emotionsforschung

Hier sind v.a. die Ergebnisse von Joseph LeDoux von eminenter Wichtigkeit. LeDoux konnte in einer Reihe sehr aufwendig und sorgfältig durchgeführter Experimente zeigen, dass die Amygdala sich an zentraler Stelle innerhalb eines Netzwerks befindet, das bei der Furchtkonditionierung aktiviert wird. Bei einer Läsion der Amygdala ist Furchtkonditionierung nicht mehr möglich. Ein klassisches Experiment hierzu hat folgenden Ablauf: Ein zunächst neutraler Reiz – meist ein Ton – wird in der Konditionierungsphase von einem aversiven Reiz, z.B. einer elektrischen Reizung am Fuß, gefolgt. Auf den aversiven Reiz zeigt das Versuchstier typischerweise sowohl vegetative Reaktionen, z.B. Blutdruckanstieg, als auch die **Freezing-Reaktion**, d.h., es nimmt eine starre Körperhaltung ein. Nach mehrmaliger Paarung von Ton mit Fußschock stellt sich auch auf den Ton schon die Angstreaktion ein.

Abläufe im Gehirn. Im Einzelnen hat sich aus den Studien von LeDoux und Mitarbeitern folgendes Schema der Abläufe bei der Furchtkonditionierung ergeben (s. Abb. 23.2):

▶ Der akustische Reiz wird im Geniculatum mediale des Thalamus – einem Teil der Hörbahn (s. Abschn. 13.3.3) – verarbeitet. Von dort laufen Fasern u.a. zur Amygdala. Wenn diese durchtrennt werden, ist Furchtkonditionierung nicht mehr möglich. Dagegen sind die Verbindungen zwischen Geniculatum mediale und auditorischem Kortex zur Furchtkonditionierung nicht erforderlich.

▶ Auch die Fasern, die vom auditorischen Kortex zur Amygdala ziehen, sind bei der Furchtkonditionierung nicht beteiligt. Allerdings liefern sie der Amygdala differenzierte Information über Eigenschaften des akustischen Reizes.

▶ Zur Ausbildung der peripheren Komponenten der Angstreaktion läuft die Information zum periaquäduktalen Grau, von wo aus die Freezing-Reaktion

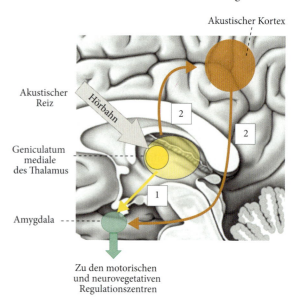

Abbildung 23.2 Amygdala und Angstkonditionierung. Wird ein akustischer Reiz zum konditionierten Angstreiz, so läuft die Information zunächst zum Geniculatum mediale des Thalamus. Von hier aus werden zwei Wege beschritten: Der »kurze« Weg (1) läuft direkt zur Amygdala. Der »lange« Weg (2) zieht zunächst zum akustischen Kortex (und weiter zu Assoziationsarealen), um von hier aus zur Amygdala zu gelangen. Über den »kurzen« Weg erfolgt die Furchtkonditionierung. Auf dem »langen« Weg sind bewusste Vorgänge im Zusammenhang mit einem Angstreiz möglich

ausgelöst wird, und zum Hypothalamus (vegetative Reaktionen).

Zwei Signalwege. Ein Hauptergebnis aus diesen Experimenten ist, dass zwei Signalwege vom Geniculatum mediale zur Amygdala existieren:

(1) Der eine, »schnelle« Weg führt direkt vom Thalamus zur Amygdala. Über diese dürften die reflektorisch ablaufenden Angstreaktionen auch beim Menschen ablaufen. Dazu gehören etwa das Erstarren beim Anblick eines Angstobjekts oder die angsttypischen vegetativen Veränderungen.

(2) Der zweite, »langsame« Weg führt über den Neokortex und ist damit dem Bewusstsein zugänglich. Hier finden z. B. Bewertungsvorgänge statt, bevor die Amygdala über die entsprechenden Zuflüsse weitere Signale erhält.

Untersuchungen an Patienten mit Epilepsie und Amygdalaläsion Die Bedeutung der Amygdala für die Emotion Angst wird auch durch Fallberichte über Patienten mit Epilepsie unterstrichen, bei denen die Amygdala im Bereich des epileptischen Fokus liegt: Vor einem Anfall verspüren diese Patienten oft unbestimmte Angstgefühle.

Bei Patienten mit eng umschriebenen Amygdalaläsionen, die allerdings sehr selten sind, konnten ebenfalls Beeinträchtigungen im emotionalen Bereich festgestellt werden. Diese waren sehr spezifisch: Die Patienten versagten bei der Identifikation mimischer Darstellungen von Angst. Sie konnten zwar am Gesichtsausdruck (Fotografien) andere Emotionen erkennen, z. B. Freude oder Wut, nicht jedoch Angst (Adolphs et al., 1999). Dieses Ergebnis weist darauf hin, dass die Amygdala nicht nur bei der Auslösung emotionaler Reaktionen entscheidend beteiligt ist, sondern auch bei der Wahrnehmung emotionaler Signale. Weitere Studien an Patienten mit einer Amygdalaläsion zeigten, dass bei ihnen die Konditionierung vegetativer Reaktionen auf aversive Reize stark beeinträchtigt ist.

Studien mit bildgebenden Verfahren

Auch auf der Basis bildgebender Verfahren (s. Abschn. 26.4) konnte der Zusammenhang zwischen Amygdala-Aktivierung und Angst gezeigt werden. So ließ sich wiederholt beobachten, dass phobische Patienten bei der Darbietung des angstbesetzten Objekts eine erhöhte Aktivierung der Amygdala aufweisen.

Im Einklang mit den vorgenannten Studien an Patienten mit Amygdalaläsionen wurde beobachtet, dass bei der Darbietung von Bildern mit mimischem Emotionsausdruck sich bei angsterfüllten Gesichtern maximale Amygdala-Aktivierung einstellte. Diese war sogar beobachtbar, wenn die Mimikbilder durch neutrale Reize maskiert waren, also gar nicht bewusst wahrgenommen wurden. Weitere Studien mit bildgebenden Verfahren weisen auf die Bedeutung der Amygdala nicht nur für die Emotion Angst, sondern darüber hinausgehend für negative affektive Zustände generell hin.

23.1.2 Der präfrontale Kortex

Eine ganz Reihe von Studien aus dem Tier- und Humanbereich belegen, dass der Präfrontalkortex bei emotionalem Geschehen beteiligt ist. Er liegt vor den motorischen und prämotorischen Arealen und wird sowohl auf der Basis der Zytoarchitektur als auch aufgrund unterschiedlicher Funktionen weiter untergliedert in den

(1) dorsolateralen Präfrontalkortex,
(2) ventromedialen Präfrontalkortex und
(3) orbitofrontalen Kortex.

Linker Präfrontalkortex eher für positive Emotionen. Man hat seit über 30 Jahren Patienten mit einseitiger Schädigung des Frontalkortex – v. a. aufgrund eines Schlaganfalls – hinsichtlich des emotionalen Erlebens untersucht. Es zeigte sich relativ konsistent, dass bei einer Schädigung des linken Präfrontalkortex vermehrt Symptome einer Depression auftraten. Daraus wurde gefolgert, dass beim gesunden Menschen der (intakte) linke präfrontale Kortex eine wichtige Rolle beim Erleben positiver Emotionen spielt, der rechte demgegenüber eher bei negativen Emotionen involviert ist. Bei der genannten Patientengruppe komme es aufgrund der linksseitigen Schädigung zu einem diesbezüglichen Defizit und damit zu negativ getönten Emotionen. Es deutet einiges darauf hin, dass dies eher die Folge einer Verschiebung in der emotionalen Bewertung von Reizen ist als eine überdauernde depressive Stimmungslage.

Rechter Präfrontalkortex eher für negative Emotionen. EEG-Untersuchungen und bildgebende Verfahren bei gesunden Probanden lieferten weitere Ergebnisse zur Bedeutung des Präfrontalkortex für das Emotionserleben. So konnte etwa demonstriert werden, dass sich bei der Betrachtung von Filmsequenzen mit negativem emotionalen Gehalt im rechten Präfrontalkortex eine größere Aktivierung als im linken einstellte. Bei der Darbietung positiver Filmszenen kehrte sich das Aktivierungsmuster um. Mit der Methode der PET (s. Abschn. 26.4.4) konnte während positiver Emotionen eine größere Stoffwechselaktivität in verschiedenen linksseitigen Sektionen des Frontalkortex gezeigt werden. Entsprechend ließ sich bei negativen Emotionen eine rechtsseitige Aktivitätssteigerung im Frontalbereich nachweisen. Im Einklang mit diesen Ergebnissen sind Befunde an Angstpatienten. So zeigte sich an verschiedenen Gruppen von Phobikern mit unterschiedlichen Phobien in der spezifischen phobischen Situation eine verstärkte Aktivierung im rechten Präfrontalkortex. Dies galt in besonderem Maße für den inferioren Präfrontalkortex sowie den medialen Orbitofrontalkortex.

Dorsolateraler Präfrontalkortex. Die Frage nach der funktionellen Differenzierung der verschiedenen Hauptregionen des Präfrontalkortex ist erst ansatzweise geklärt. Man nimmt an, dass im dorsolateralen Präfrontalkortex v. a. die Ziele emotionaler Verhaltensmuster repräsentiert sind – etwa das Erreichen einer Belohnung, Vermeidung einer unangenehmen Situation etc.

Ventromedialer Präfrontalkortex. Der ventromediale Präfrontalkortex dürfte eher bei der Repräsentation von basalen positiv oder negativ getönten Stimmungen – unabhängig von der gerade herrschenden speziellen Reizkonstellation – beteiligt sein. Auch bei der Antizipation erst zu erwartender emotionaler Konsequenzen ist diese Sektion wahrscheinlich involviert.

Orbitofrontaler Kortex. Schließlich schreibt man dem Orbitofrontalkortex (dem Teil des Frontalkortex, der über den Augenhöhlen liegt) eine wichtige Rolle für die Emotionsregulation zu. Wenn sich etwa die emotionale Bedeutung eines Reizes ändert, z. B. wenn er Signalwirkung hinsichtlich nachfolgender Belohnung oder Bestrafung erwirbt, ist mit einer verstärkten Aktivierung in diesem Gehirnbereich zu rechnen. Liegt hier eine Schädigung vor, ergibt sich daraus eine Maladaptation, die durchaus schwerwiegende – v. a. soziale – Folgen haben kann. Patienten mit Läsionen im orbitofrontalen Kortex haben meist Schwierigkeiten, die Konsequenzen ihres Handelns für den emotionalen Bereich – auch ihrer Mitmenschen – abzuschätzen. Deshalb werden sie oft unzuverlässig, sprunghaft und rücksichtslos. Dies kann oft ungünstige oder gar katastrophale Folgen für die Betroffenen haben. Im Zusammenhang mit den genannten Verhaltensauffälligkeiten sehen manche Autoren (z. B. An-

derson et al., 1999) im orbitofrontalen Kortex den »Sitz« von Moral und sozialer Verantwortung.

23.1.3 Der Hippocampus

Hippocampusfunktionen werden typischerweise im Bereich des deklarativen Gedächtnisses und des kontextbezogenen Lernens (s. Abschn. 24.6.4) gesehen. Allerdings mehren sich seit einigen Jahren die Befunde, die auf eine Bedeutung des Hippocampus bei emotionalen Prozessen, v. a. im klinischen Bereich, hinweisen. So ergaben einige Studien ein verringertes Hippocampusvolumen bei Patienten mit stressbedingten psychischen Erkrankungen wie der posttraumatischen Belastungsstörung und bei Depression. Diese Ergebnisse sind insofern bedeutungsvoll, als sich hier ein Zusammenhang mit dem Stresshormon Kortisol herstellen lässt: Der Hippocampus besitzt eine sehr hohe Dichte an Glukokortikoidrezeptoren (s. Abschn. 17.1.2). Es kann angenommen werden, dass unter starker Stressbelastung die erhöhte Kortisolkonzentration zu einer schädlichen Überstimulation von Hippocampusneuronen führt, die deren Zelltod nach sich ziehen könnte.

Der Hippocampus spielt als ein wichtiges Gedächtnissystem auch eine entscheidende Rolle v. a. beim Zustandekommen expliziter Erinnerungen für emotional getönte Erlebnisse. So erfüllt der Hippocampus eine wichtige Rolle der Bildung von *kontextabhängigen* Angstassoziationen. Außerdem läuft die Entstehung von Gefühlen lediglich auf der Basis von aus der Erinnerung wiederbelebten emotionalen Szenen ganz entscheidend über die Hippocampusaktivität ab.

23.1.4 Der anteriore Gyrus cinguli

Der anteriore Gyrus cinguli (s. Abschn. 6.4.10) ist für die Integration von viszeralen Vorgängen, Aufmerksamkeitsprozessen und emotionaler Information von besonderer Bedeutung. Demnach spielt er eine wichtige Rolle bei der Emotions*regulation*. Man geht davon aus, dass er insbesondere in Situationen, die einen Abgleich zwischen dem vegetativen Istzustand und emotionalen Reaktionsalternativen erfordern, aktiv ist. Dies ist kompatibel damit, dass das anteriore Gyrus cinguli bei rein kognitiven Aufgaben bevorzugt der Analyse von konfliktrelevanten Aspekten der Aufgabe dient. Daher lässt sich vermuten, dass auch im emotionalen Kontext hier eher diejenigen Anteile der Situation, die Konfliktbearbeitung beinhalten, repräsentiert sind.

Es liegen verschiedene Befunde vor, die eine erhöhte Aktivation des anterioren Gyrus cinguli bei einer emotionsbezogenen Bearbeitung von Reizen belegen. Beispielsweise führt die Aufforderung, den emotionalen Gehalt von Bildern zu beschreiben, hier zu einer deutlich höheren Aktivation gegenüber der Anweisung, die dargestellte Szene lediglich anhand von äußeren Merkmalen zu schildern.

23.1.5 Die Inselrinde als Schaltstelle zwischen Emotion und Vegetativum

Die Inselrinde ist eine Struktur, die durch die Einfaltung des Kortex in das Innere gedrängt wurde und vom Temporallappen verdeckt ist (s. Abschn. 6.4.10). Man sieht eine ihrer Hauptaufgaben in der Regulation von viszeralen Prozessen. Sie ist das Zielgebiet zahlreicher afferenter Verbindungen, die von anderen vegetativen Verarbeitungszentren stammen. Ebenso entsendet sie Fasern zu verschiedenen Regulationszentren für das Vegetativum, z. B. dem Hypothalamus.

Es ließ sich mit bildgebenden Verfahren zeigen, dass sich bei Emotionsinduktion Aktivitätssteigerungen in der Inselrinde einstellen. Auch ergab sich bei Angstpatienten eine Erhöhung der Stoffwechselaktivität der Inselrinde, wenn man ihnen einen für ihre Phobie spezifischen Auslösereiz präsentierte.

Da die Inselrinde sowohl bei emotionalen Prozessen beteiligt als auch für die vegetative Regulation zuständig ist, liegt hier vermutlich eine Schaltstelle zur Verknüpfung dieser beiden Reaktionsbereiche.

Zusammenfassung

Das limbische System spielt eine zentrale Rolle bei der Entstehung und Regulation von Emotionen. Im Zusammenhang mit der Angstkonditionierung und der Auslösung von typischen Angstreaktionen ist die Amygdala von besonderer Bedeutung. Darüber hinausgehend dürfte generell bei negativ getönten Emotionen eine erhöhte Amygdalaaktivation beteiligt sein. Weitere für emotionales Geschehen wichtige Gehirnstrukturen sind der präfrontale Kortex zur Umsetzung von Emotionen in Handlungspläne und zur Antizipation von Konsequenzen emotionalen Verhaltens, der Hippocampus bei emotionalem Stress, der Gyrus cinguli für die Reizanalyse im emotionalen Kontext und die Inselrinde bei der Kopplung emotionaler mit vegetativen Prozessen.

23.1.6 Biochemie der Emotionen

Es kann kein Zweifel daran bestehen, dass emotionales Erleben und emotionaler Ausdruck auch im Zusammenhang mit bestimmten Neurotransmittern stehen. Wir haben schon im Kapitel über psychische Störungen, die oft Störungen im affektiven Bereich sind oder sie zumindest tangieren, gesehen, dass hier häufig Entgleisungen in bestimmten Neurotransmittersystemen vorliegen (s. Abschn. 21.1).

Serotonin. Vom Serotonin wissen wir, dass es – pauschal gesprochen – bei der Entstehung positiver Emotionen und der Dämpfung negativer Emotionen/Verhaltensweisen beteiligt ist. Bei der Depression wirken diejenigen Pharmaka lindernd, die das serotonerge System aktivieren. Aus zahlreichen Tierexperimenten ist bekannt, dass aggressives Verhalten mit niedrigen Serotoninspiegeln korreliert. Erhöht man pharmakologisch die Serotoninkonzentration, so zeigt sich ein Rückgang im aggressiven Verhalten.

Dopamin. Da Dopamin die entscheidende Wirksubstanz bei der Drogenabhängigkeit darstellt, steht außer Zweifel, dass dieser Neurotransmitter für zahlreiche positive Emotionen eine wesentliche Rolle spielt. Das positive Gefühl, das von Belohnung begleitet ist, geht überwiegend auf einen Anstieg der Dopaminausschüttung, v. a. im Bereich des Nucleus accumbens, zurück. Eine Vielzahl von Studien belegen, dass auch bei sozial vermittelten positiven Emotionen, wie z. B. dem Verliebtsein, das Dopamin im Spiel ist.

Opioide und Stimulanzien. Drogen, die fördernd auf das dopaminerge System einwirken, führen nach dem vorher Gesagten zu positiv getönter Stimmungslage. Das gilt natürlich in besonderer Weise für die Opioide, die relativ unmittelbar die Dopaminausschüttung aktivieren.

Hormone. Die Wechselwirkungen zwischen Hormonen und Emotionen sind vielfältig. Dies gilt sowohl für die Sexualhormone, Hormone der Nebenniere und Hypophysenhormone. Vielfach untersucht wurden mögliche Zusammenhänge zwischen Sexualhormonen und Emotionen. Zwischen Testosteron und Aggression scheint ein Zusammenhang zu bestehen. Aus Tierversuchen liegen zahlreiche Befunde vor, die einen solchen Zusammenhang unterstützen. Für den Humanbereich sind die entsprechenden Daten weniger eindeutig. Prolaktin führt bei Frauen in erhöhten Konzentrationen zu depressiver Verstimmung, Ängstlichkeit und Feindseligkeit. Oxytocin dürfte bei Gefühlen wie Empathie,

23.1 Emotionen und Gehirnprozesse | **461**

Vertrauen und Sicherheit im interpersonalen Kontext einen fördernden Effekt haben.

23.2 Emotionales Geschehen und peripher-physiologische Prozesse

Das vegetative Geschehen galt schon bei verschiedenen Denkern der Antike als ein wichtiges Element emotionaler Vorgänge. Insbesondere wurde hier die Tätigkeit des Herzens hervorgehoben. Platon lokalisiert in der Brust – womit v. a. an das Herz gedacht war – die Gefühle, im Kopf den Verstand und im Unterleib die Begierden. Auch die Bedeutung des Herzens in vielen Mythologien und Religionen lässt sich daraus erklären, dass hier der Sitz der Gefühle gesehen wurde.

Innerhalb der modernen Psychologie hat die Frage nach der Bedeutung des Vegetativums für das emotionale Geschehen eine lange Tradition. Einer der Begründer der modernen wissenschaftlichen Psychologie, William James, präsentierte gegen Ende des 19. Jahrhunderts eine Theorie, die den innerorganismischen Prozessen einen zentralen Platz innerhalb des emotionalen Geschehens zuwies. Diese Theorie ist unter dem Namen »James-Lange-Theorie« in die Lehrbücher eingegangen.

23.2.1 Physiologische Prozesse und Emotionstheorien

Mit Charles Darwins Schrift »The Expressions of the Emotions in Man and Animal« (1873) setzte die moderne biologisch-naturwissenschaftliche Betrachtungsweise der Emotionen ein. Darwin richtete das Augenmerk auf das Nervensystem als Vermittler der körperlichen Begleitprozesse emotionalen Geschehens. In diesem Ansatz hatten die biologischen Substrate der Gefühle eine sinnvolle Funktion bei der Auseinandersetzung mit der Umwelt: Sie dienten der Vorbereitung von Handlungen und der Kommunikation zwischen den Lebewesen. So hätten z. B. die Äußerungen von Wut und Angriffslust die Funktion, den Gegner zu warnen und ihn ggf. zum Rückzug zu bewegen. Dadurch werde die Möglichkeit zum Überleben erhöht, womit eine arterhaltende Funktion des emotionalen Ausdrucks gegeben sei.

Forscherpersönlichkeit

Charles Robert Darwin, geboren am 12. 2. 1809 in Shrewsbury (England), gestorben am 19. 4. 1882 in Downe (England), studierte Medizin in Edinburgh, schloss aber das Studium nicht ab – angeblich, da er kein Blut sehen konnte. In Cambridge studierte er Theologie, um Geistlicher zu werden. Allerdings übte er diesen Beruf nie aus. Im Jahre 1831 erhielt er die Einladung, als »Naturforscher« – ohne eine diesbezügliche Ausbildung zu haben – auf dem Forschungsschiff »Beagle« an einer Reise teilzunehmen, die sich über fünf Jahre erstreckte. Vor allem der Aufenthalt auf den Galapagos-Inseln und das Studium der dortigen Vogelwelt regte ihn zu den Überlegungen über den Ursprung der Arten an. Darwin präsentierte seine Evolutionstheorie erstmals 20 Jahre nach ihrer Konzeption im Jahr 1858. Ein Jahr später brachte er das Buch »On the Origin of the Species by Means of Natural Selection, or the Preservation of Favoured Races in the Struggle for Life« heraus, das den sog. Darwinismus begründete. In seinem Buch »The Expression of the Emotions in Man and Animal« (1872) vertritt er die These, dass auch der Emotionsausdruck des Menschen evolutionär angelegt sei.

Radikal veränderte Betrachtungsweise von W. James. Die klassische Betrachtungsweise von Emotionen aus der Ideenwelt vor 1900 sah Körperprozesse als mehr oder weniger belanglose Folgeerscheinungen des letztlich ausschließlich mentalen Vorgangs »Emotion«. Diese Sicht wurde gegen Ende des 19. Jahrhunderts neben Darwin von zwei weiteren Wissenschaftlern, William James und Carl Lange, fast gleichzeitig angegriffen.

Der amerikanische Philosoph, Mediziner und Psychologe James behauptete, der Kern des emotionalen Erlebens bestehe in der *Wahrnehmung* des Körpergeschehens, das sich als Konsequenz auf einen emotionsauslösenden Reiz (oder eine diesbezügliche Imagination) einstelle. Damit wurde eine Gegenposition zur jahrhundertelang herrschenden Sicht der Körperprozesse als Nebenerscheinungen von Emotionen bezogen, was eine heftige, anhaltende und weltweite emotionstheoretische Diskussion auslöste.

> **Forscherpersönlichkeit**
>
> **William James** wurde am 11. 1. 1842 in New York geboren und starb am 26. 8. 1910 in Chocorua (New Hampshire). Er nahm 1864 sein Medizinstudium in Harvard auf, das er 1869 abschloss. 1873 wurde er Lehrbeauftragter für Physiologie und Anatomie in Harvard, 1876 Professor für Physiologie und 1879 übernahm er eine Assistenzprofessur für Philosophie. Er unterrichtete in Harvard u. a. auch »Physiologische Psychologie«. Nach Reisen in Europa (1882–1883) wurde er schließlich in Harvard ordentlicher Professor für Philosophie und richtete hier das erste psychologische Institut der USA ein. Das zweibändige, überaus einflussreiche Werk »The Principles of Psychology« erschien 1890. Hierin setzte sich James u. a. mit Fragen des Bewusstseins und des Emotionserlebens auseinander. Er veröffentlichte außerdem wichtige Werke zur Religionsphilosophie und Religionspsychologie und gilt als der Begründer der philosophischen Richtung des Pragmatismus.

Langes physiologische Theorie der Emotionen.

Die Theorie von Lange, einem dänischen Physiologen, aus dem Jahr l887 wird häufig in einem Atemzug mit der James'schen Theorie genannt. Lange setzte die körperlichen Vorgänge mit den Emotionen gleich und präsentierte damit eine rein physiologische Theorie der Emotionen.

Die beiden Theorien unterscheiden sich jedoch in mindestens zwei Punkten wesentlich voneinander:

(1) Die Lange-Theorie bezieht sich ausschließlich auf Prozesse des kardiovaskulären Systems, während James die Gesamtheit der körperlichen Vorgänge – vegetative, muskuläre, hormonelle – meinte.

(2) Die Theorie von Lange ist keine psychologische Theorie. Lange sah die Frage nach den Wahrnehmungen und Empfindungen aus den inneren Organen als peripher und außerwissenschaftlich an. Daher beschränkte er sich auf den rein physiologischen Aspekt emotionalen Geschehens

James' Emotionstheorie

Als James im Jahre 1884 seine berühmte Arbeit »What is an Emotion?« veröffentlichte, begann in der Geschichte der Emotionspsychologie eine neue Ära: Es war eine psychologische Theorie formuliert worden, die experimentell prüfbare Aussagen beinhaltete und sich nicht ausschließlich auf das introspektive Studium mentaler Prozesse bezog. Sie sah das körperliche Geschehen als essenziellen Bestandteil emotionalen Geschehens an.

Folgendes Zitat gibt die Kernbehauptung von James' Emotionstheorie wieder.

> *»An object falls on a sense-organ and is apperceived by the appropriate cortical centre; or else the latter, excited in some other way, gives rise to an idea of the same object. Quick as a flash, the reflex currents pass down through their pre-ordained channels, alter the condition of muscle, skin and viscus; and these alterations, apperceived like the original object, in as many specific portions of the cortex, combine with it in consciousness and transform it from an object-simply-apprehended into an object-emotionally-felt.«*
>
> *(James, 1884)*

Tierexperimentelle Widerlegungsversuche. An diesem Zitat wird deutlich, dass James nicht nur viszerales Geschehen, sondern ausdrücklich auch Prozesse der Skelettmuskulatur und der Haut mit einbezog. Gerade dieser Punkt wurde jedoch bei den zahlreichen Widerlegungsversuchen von James' Emotionstheorie außer Betracht gelassen. Insbesondere die Läsionsexperimente von Sherrington (1900) und Cannon (1927) setzten ausschließlich am vegetativen Bereich an. Durch eine Durchtrennung vegetativer Nerven wurde im Tierversuch versucht, jegliche viszerale Reaktionsmöglichkeit auszuschalten. Daraufhin wurde der emotionale Ausdruck der Versuchstiere (meist Hunde), z. B. als Reaktion auf Schmerzreize studiert. Man konnte auch nach der Läsion noch »emotionale« Reaktionen – z. B. Bellen oder Fluchtverhalten – beobachten. Daraus wurde gefolgert, dass Emotionen bzw. emotionale Äußerungen auch nach Durchtrennung der Eingeweideafferenzen noch möglich seien. Allerdings kann mit Befunden dieser Art James' Emotionstheorie nicht widerlegt werden. Im Sinne von James wäre z. B. auch ein Bellen als eine (nichtviszerale) Körperreaktion zu sehen, die ihrerseits beim Tier erst zum Emotionserleben führt. Am Beispiel dieser Versuche zur Widerlegung von James' Emotionstheorie wird deutlich, wie wichtig die Unterscheidung zwischen emotionalem *Ausdruck* und emotionalem *Erleben* ist. Nachdem emotionales Erleben nur sprachlich zu erfassen ist, sind letztlich nur Humanstudien zur Klärung des Problembereichs geeignet.

Rückgang emotionalen Erlebens nach Querschnittslähmung. Eine der ersten und meistzitierten Untersuchungen im Humanbereich zur Bedeutung von Körperprozessen für das Emotionserleben stammt von Hohmann (1966). Er untersuchte an querschnittsgelähmten Patienten – bei diesen liegt eine Unterbrechung aufsteigender Fasern aus dem Körper zum Gehirn vor – Veränderungen ihres Emotionserlebens. Er befragte sie, wie stark sie die Emotionen Ärger und Angst vor ihrem Unfall erlebt hatten bzw. jetzt erleben. Die Hypothese war – von James' Emotionstheorie ausgehend –, dass bei diesen Patienten wegen des läsionsbedingten defizitären Feedbacks aus der Peripherie das Emotionserleben herabgesetzt sein müsste. Es zeigte sich tatsächlich ein Rückgang emotionalen Erlebens. Dieser war umso stärker, je höher im Rückenmark die Läsion lag (s. Abb. 23.3), also je größer der Bereich des Körpers war, der vom Gehirn abgekoppelt war.

Alternative Theorien im Gefolge der James-Lange-Theorie

Die Theorie von Cannon und Bard. Der amerikanische Physiologe Walter Cannon präsentierte im Jahr 1927 (später ergänzt durch Philip Bard, 1934) eine alternative Theorie zur James-Lange-Theorie. Diese hatte als Grundidee, emotionales Erleben laufe *unabhängig* von peripheren Körperprozessen ab. Letztere träten zwar gemeinsam mit Emotionen auf, seien aber lediglich Begleitprozesse. Nach der Theorie von Cannon und Bard spielt der Thalamus eine entscheidende Rolle bei der Entstehung von Emotionen: Der emotionsauslösende Reiz wird hinsichtlich seiner sensorischen Qualitäten zunächst im Thalamus und den spezifischen sensorischen Arealen des Kortex verarbeitet. Sodann werde im Thalamus die subjektiv erfahrbare Emotion generiert. Parallel dazu, aber für das Emotionserleben weitgehend irrelevant, käme es via Hypothalamus zur Auslösung der peripher-physiologischen Begleiterscheinungen der Emotion.

Nachdem es mit den Cannon-Arbeiten nach Meinung vieler Zeitgenossen gelungen war, die Theorie von James zu widerlegen, wurden zentralnervöse, primär thalamische Emotionstheorien favorisiert. (Seit den 1950er-Jahren wissen wir jedoch, dass der Thalamus für das Emotionserleben im Humanbereich von untergeordneter Bedeutung ist.)

Die Theorie von Schachter und Singer. Eine Wende nahm die emotionstheoretische Diskussion mit der Theorie von Stanley Schachter und Jerome Singer (1962), in der physiologische und kognitive Prozesse quasi gleichberechtigt nebeneinandergestellt wurden. Hier wird die Wahrnehmung einer Körperveränderung als notwendige Bedingung zum Entstehen emotionalen Erlebens gefordert. Allerdings müsse aus der Situation heraus ein »Bewertungsdruck« entstehen, der erst zur Einstufung dieser Körperwahrnehmung innerhalb emotionaler Kategorien führe. Dieser Bewertungsdruck – ein kognitiver Prozess – sei i. Allg. durch den Mangel einer unmittelbaren Erklärung für das veränderte Körpergeschehen (u. a. körperliche Anstrengung) und das gleichzeitige Vorhandensein situativer emotionaler Hinweisreize gegeben. Die Verknüpfung kognitiver Elemente mit den physiologischen Prozessen geschieht in dieser Theorie in sehr eleganter und plausibler Weise.

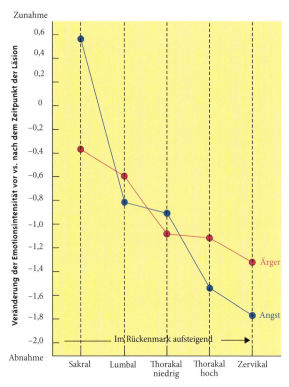

Abbildung 23.3 Emotionserleben nach Querschnittsläsion. Es ist das Ergebnis einer Studie von Hohmann (1966) an querschnittsgelähmten Patienten dargestellt. Diese wurden hinsichtlich der Stärke der Emotionen Angst und Ärger vor und nach dem Zeitpunkt der Rückenmarksläsion befragt. Es ergab sich ein Rückgang der Emotionsintensität, der abhängig war von der Höhe der Läsion

Damasios Theorie somatischer Marker. Die Bedeutung der Neurotransmission von peripheren Körpersignalen zum Gehirn hat Antonio Damasio (vgl. Damasio, 1995) in der Theorie der »somatischen Marker« wieder aufgegriffen. Demnach sind die mit bestimmten Reizkonstellationen (meist emotionaler Art) verbundenen körperlichen (»somatischen«) Prozesse wichtige Informationsträger (»Marker«) sowohl zur adäquaten Beurteilung der Situation als auch zur Auswahl einer angemessenen Handlungsalternative. Damasio nimmt darüber hinaus an, dass sich auch während einer in die Zukunft gerichteten planerischen Aktivität bei der Vorstellung einer bestimmten Situation automatisch der entsprechende Körperzustand einstellt oder zumindest auf der zerebralen Ebene repräsentiert wird. Dessen charakteristische Merkmale tragen nun – unbewusst – zur Auswahl einer Handlungsalternative oder zur Gestaltung eines Handlungsplans bei.

23.2.2 Mimik und Emotionen

In dem Buch »The Expressions of the Emotions in Man and Animal« beschrieb Darwin bereits sehr ausführlich die verschiedenen mimischen Ausdrucksformen von Emotionen, wie er sie bei Tier und Mensch beobachtete. Er betonte, dass hier große Ähnlichkeiten vorliegen und dass es sich dabei um universelle Charakteristika des Emotionsausdrucks handeln müsse. Mimik sei ein wichtiges Mittel, um dem sozialen Interaktionspartner einen emotionalen Zustand zu signalisieren.

Kulturübergreifende angeborene Mimik. Tatsächlich konnte mehrfach nachgewiesen werden, dass zwischen den verschiedenen menschlichen Kulturen eine enge Verwandtschaft im mimischen Ausdruck von Emotionen vorliegt. So zeigen sich bei der Darbietung eines bestimmten fotografierten Gesichtsausdrucks, etwa der Freude oder der Wut, hohe Übereinstimmungen, wenn Angehörige völlig verschiedener Kulturkreise die jeweils gezeigte Emotion identifizieren sollen.

Die motorischen Programme zur Produktion eines bestimmten emotionalen Gesichtsausdrucks sind teilweise bereits genetisch angelegt. Sie werden unwillkürlich in emotionalen Situationen ausgelöst. Bestimmte kleine Muskeln des mimischen muskulären Apparats können wir nicht willentlich oder nur in ganz geringem Ausmaß kontrahieren, etwa den Musculus orbicularis oculi. Dieser »Augenschließmuskel« umschließt ringförmig das Auge. Er wird z. B. beim Lächeln aktiviert.

Beteiligung von Inselrinde, Thalamus und subkortikalen Strukturen. Es ist anzunehmen, dass die motorischen Programme, die den emotionalen mimischen Ausdruck steuern, im Gehirn *außerhalb* desjenigen Bereichs des primären motorischen Kortex liegen, der für die unmittelbare Steuerung der mimischen Muskulatur zuständig ist. So kennt man bestimmte Formen von Gesichtsmuskellähmungen, z. B. nach Schlaganfall, bei denen etwa ein willentliches koordiniertes, beidseitiges Hochziehen der Mundwinkel nicht mehr gelingt. Schaut jedoch der Patient z. B. eine lustige Filmszene an, zeigt sich ein völlig normales Lächeln mit symmetrisch hochgezogenen Mundwinkeln. Es spricht einiges dafür, dass bei der Steuerung der emotionalen Mimik u. a. die Inselrinde, der Thalamus und weitere subkortikale Strukturen beteiligt sind.

Feedback aus der mimischen Muskulatur

Von einiger Bedeutung für die empirische Prüfung von James' Emotionstheorie ist die Frage nach dem Einfluss des afferenten Zustroms aus der mimischen Muskulatur zum Gehirn, das Gesichtsmuskelfeedback. Es hat sich herausgestellt, dass die Art des momentan herrschenden mimischen Ausdrucks ihrerseits einen Einfluss auf das emotionale Befinden hat.

Experimentelle Bestätigung. So manipulierten z. B. Paul Ekman und Mitarbeiter in verschiedenen experimentellen Untersuchungen den Gesichtsausdruck per Instruktion, ohne dass die Personen wussten, welches emotionale mimische Muster sie dabei produzierten. Die Instruktion lautete etwa: »Heben Sie die Augenbrauen an und ziehen Sie sie zugleich zusammen. Ziehen Sie jetzt die oberen Augenlider nach oben und versuchen Sie die unteren anzuspannen. Ziehen sie jetzt die Lippen in horizontaler Richtung auseinander.« Dabei handelte es sich um das mimische Muster bei der Emotion Angst. Sowohl in der bewussten Wahrnehmung der Probanden als auch auf der Ebene der vegetativen Reaktionen stellte sich die »zugehörige« Emotion ein. In anderen Experimenten betrachteten Versuchspersonen lustige oder traurige Filmszenen. Wenn sie währenddessen angeleitet wurden, z. B. den mimischen Ausdruck für Freude zu »stellen«, ohne zu wissen, dass es genau um diesen emotionalen Gesichtsausdruck ging, so fanden sie die Filmszene lustiger als bei einem neutralen Gesichtsausdruck. Analog dazu beurteilten sie traurige Filmszenen weniger traurig verglichen mit bei einem von ihnen »gestellten« traurigen Gesichtausdruck.

23.2 Emotionales Geschehen und peripher-physiologische Prozesse

Übereinstimmung mit James' Theorie. Diese und ähnliche Befunde sind im Einklang mit der Emotionstheorie von James. Offenbar haben die Rückmeldesignale aus der Peripherie – hier der Gesichtsmuskulatur – zum Gehirn einen unmittelbaren Einfluss auf das emotionale Erleben. Die diesbezüglichen Vorgänge laufen weitgehend unbewusst ab.

Zusammenfassung

Die Theorie von James und Lange besagt, dass die Wahrnehmung körperlicher Veränderungen, die durch einen Reiz (oder dessen Vorstellung) ausgelöst wurden, das Emotionserleben ausmacht. Sowohl die Intensität als auch die Qualität der Emotion würden dadurch determiniert. Im Widerspruch dazu stehen sog. zerebrale Theorien der Emotion (z. B. die Cannon/Bard-Theorie), nach denen emotionales Erleben ausschließlich durch Gehirnvorgänge – ohne Beteiligung von Signalen aus der Peripherie – zustande kommt. Eine Verknüpfung beider Ansätze findet sich in der Theorie von Schachter und Singer. Danach wird das Emotionserleben durch die Wahrnehmung von Körperveränderungen ausgelöst, die Qualität der Emotion erschließt sich durch den kognitiven Prozess der Situationsanalyse.

Das afferente Feedback aus der mimischen Muskulatur hat eine deutliche Wirkung auf die Intensität von Emotionen. Dies unterstreicht die Bedeutung peripher-physiologischer Prozesse für das Emotionserleben.

Weiterführende Literatur

Damasio, A. (2001). Ich fühle, also bin ich. München: List Verlag.

Davidson, R. J. (2000). The neuroscience of affective style. In M. S. Gazzaniga (Ed.), The new cognitive neurosciences (2nd ed.; pp. 1149–1159). Cambridge: MIT Press.

Davidson, J. D., Scherer, K. R. & Goldsmith, H. H. (Eds.) (2003). Handbook of affective sciences. Oxford: Oxford University Press.

LeDoux, J. (1998). Das Netz der Gefühle. München: Carl Hanser Verlag.

Stemmler, G. (1998). Emotionen. In N. Birbaumer, D. Frey, J. Kuhl & F. Rösler (Hrsg.), Enzyklopädie der Psychologie, Bd. 5 – Ergebnisse und Anwendungen der Psychophysiologie (S. 95–163). Göttingen: Hogrefe.

24 Lernen und Gedächtnis

> »Doch diese wunderbaren gottverdammten Tiere
> können einfach alles lernen. Natürlich keine französi-
> schen Vokabeln, aber sonst alles, was Pawlow und
> andere Verhaltenspsychologen in Tierexperimenten
> vorgemacht haben.«
>   Eric Kandel (Nobelpreis für Medizin, 2000) über die
>   Meeresschnecke Aplysia

Unter Lernen versteht man die Fähigkeit eines Individuums, Wissen und Fertigkeiten zu erwerben. Der
Begriff »Gedächtnis« bezieht sich auf den Erhalt des
Gelernten in einer Form, die gestattet, es später wieder
zu verwenden. Beides kann sich auf höchst einfache
Gegebenheiten beziehen – etwa darauf, dass ein Reiz
auftauchte und wieder verschwand –, aber auch auf
sehr komplexe und vielgestaltige Sachverhalte wie z. B.
das Erarbeiten einer Rolle für ein Schauspiel.

> **!** Lernen und Gedächtnis sind untrennbar mit-
> einander verbunden. Durch Kodierung, Speiche-
> rung und Abruf von Information (= Gedächtnis)
> kann ein vorangegangenes Geschehen zukünftiges
> Verhalten beeinflussen (= Lernen). Das Gelernte
> wiederum wird im Gedächtnis eingespeichert, um
> später wieder zur Verfügung zu stehen.

Das Studium von Lernvorgängen in ihren grundlegenden Formen geschieht meist durch Beobachtung der
Änderung eines Verhaltens aufgrund vorangegangener
»Erfahrung«. Im Experiment kann man den Lernerfolg
quantitativ als die Wahrscheinlichkeit beschreiben, mit
der ein Organismus nach vorangegangener Reizdarbietung auf denselben Reiz konsistent anders als vor dem
Lernvorgang antwortet, d. h. sich anders verhält als
zuvor.

24.1 Typen des Lernens

Man kann aufgrund der Relation, in der die Reaktion
zum Reiz steht, zwischen verschiedenen Typen des
Lernens unterscheiden (s. u.). Ist der Lernvorgang nicht
an eine Paarung (Assoziation) von Reizen oder Ereignissen gebunden, so spricht man vom nichtassoziativen
Lernen. Ist eine solche Paarung für den betreffenden
Lernvorgang erforderlich, liegt assoziatives Lernen vor.
Bestimmte Lernvorgänge finden z. T. schon bei sehr
einfachen Organismen statt. Auch auf der Ebene der
einzelnen Zelle sind bereits einige typische Basisvorgänge des Lernens vorhanden.

24.1.1 Nichtassoziatives Lernen

Beim nichtassoziativen Lernen erfolgt eine Änderung
des Verhaltens auf der Basis einzeln, d. h. ungepaart
auftretender Ereignisse bzw. Ereignistypen. Man kennt
drei Typen von nichtassoziativem Lernen, die sich auch
in einfachen Organismen studieren lassen: Habituation, Sensitivierung und Dishabituation.

Habituation. Habituation ist der einfachste Lernvorgang überhaupt. Er besteht darin, dass ein Organismus
bei wiederholter Darbietung eines Reizes immer schwächer reagiert, bis hin zum völligen Ausbleiben der
Reaktion trotz anhaltender Reizung (s. Abb. 24.1 a).
Habituation lässt sich nur bei nicht schmerzhafter Reizung beobachten bzw. auf Reize hin, deren Intensitäts-
niveau nicht so hoch ist, dass eine Fluchtreaktionen
ausgelöst wird. Habituation findet unabhängig von
sensorischer Adaptation statt, d. h., sie ist keine Folge
nachlassender Erregung im Bereich der Sinneszellen.
Auch ist sie keine Konsequenz der Ermüdung derjenigen Muskeln, die bei der Reaktion beteiligt sind.

Sensitivierung. Unter Sensitivierung oder Sensibilisie-
rung versteht man eine Zunahme der Reaktion auf
einen Reiz, der vorher schon mehrfach präsentiert
wurde. Sensitivierung kann beobachtet werden, wenn
an einer bestimmten Stelle in der Reizserie gleichzeitig
oder ummittelbar vor dem (Standard-)Reiz S ein sog.
Störreiz auftritt, der aversiv oder noxisch ist. Auch
wenn die Reaktion auf S schon reduziert oder erloschen
war, zeigt sich nach dem sensitivierenden Störreiz ein
Anstieg der Reaktionsamplitude auf S sogar über das
Ausgangsniveau hinaus (s. Abb. 24.1 b).

Dishabituation. Dishabituation tritt auf, wenn das Ha-
bituationsgeschehen auf einen Standardreiz S durch
einen *Fremdreiz* unterbrochen wird (s. Abb. 24.1 c).
Dann erhöht sich die Amplitude der Reaktion auf S so

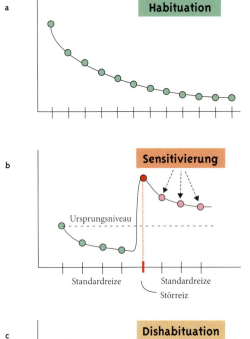

24.1.2 Assoziatives Lernen

Assoziatives Lernen bezieht sich allgemein darauf, dass ein neuer Bezug (eine Assoziation) zwischen zwei oder mehr Ereignissen hergestellt wird, der vorher nicht bestand. Die Ereignisse können Informationen sein, die durch Lernen miteinander verknüpft werden – z. B. Wortfolgen beim Auswendiglernen eines Gedichts. Es können auch zwei Reize sein, zwischen denen infolge gepaarten Auftretens eine Assoziation hergestellt wird (beim klassischen Konditionieren). Schließlich kann es auch ein Element des Verhaltens sein, das eine Verknüpfung mit einem Reiz eingeht (beim operanten Konditionieren).

Klassisches Konditionieren. Besonders gut studierte Beispiele für assoziatives Lernen sind die sog. Konditionierungsvorgänge. Beim klassischen Konditionieren beinhaltet der Lernvorgang die Verknüpfung von zwei Umgebungsreizen. Das bekannteste Beispiel ist die Konditionierung beim **pawlowschen Hund**: Der Anblick von Futter löst als eine biologische, angeborene Reaktion Speichelfluss aus (unkonditionierte Reaktion; UR, für engl. unconditioned reaction). Wird im Experiment mehrmals unmittelbar vor der Darbietung des Futters ein Licht- oder Tonsignal gegeben, so zeigt sich nach einigen solcher Lerndurchgänge der Speichelfluss bereits auf das Signal hin (konditionierte Reaktion; CR, für engl. conditioned reaction). Durch Paarung des biologisch bedeutsamen, unkonditionierten Reizes (UCS, für engl. unconditioned stimulus) mit einem bisher neutralen (unkonditionierten) Reiz erlangt Letzterer eine neue Bedeutung, er wird zum konditionierten Reiz (CS, für engl. conditioned stimulus).

Operantes bzw. instrumentelles Konditionieren. Beim **operanten** oder auch instrumentellen **Konditionieren** liegt eine andere Form assoziativen Lernens vor. Diese geht über die bloße zeitliche Verknüpfung von zwei Reizen hinaus. Das klassische Beispiel für operantes Konditionieren zeigt sich bei einem Labortier, das lernt, durch die Betätigung eines Hebels Futter zu erhalten, also »belohnt« (»verstärkt«) zu werden. Durch die **Belohnung** wird die Wahrscheinlichkeit für das Auftreten eines Verhaltens (z. B. das Drücken des Hebels) erhöht. Dieses Verhalten hat zu einer Rückwirkung der Umgebung geführt. Diese Rückwirkung (z. B. die Verfügbarkeit des Futters) wirkt als **Verstärker** für die konditionierte Reaktion. Diese Verstärkung muss kontingent stattfinden, d. h., sie tritt nur auf dieses ganz bestimmte Verhalten und nicht auf andere

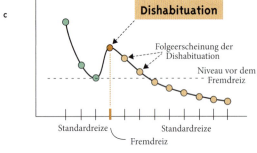

Abbildung 24.1 Habituation, Sensitivierung und Dishabituation. **a** Habituation: Bei wiederholter, identischer Reizung lässt die Reaktionsamplitude kontinuierlich nach. **b** Sensitivierung: Zunahme der Reaktion auf einen Standardreiz als Folge eines zwischengeschalteten aversiven Störreizes. Die Reaktionsamplitude liegt jetzt über dem Ursprungsniveau. **c** Dishabituation: Zunahme der Reaktion auf einen Standardreiz durch Einschalten eines Fremdreizes weit, dass sie das Niveau der letzten Reaktion S (vor dem Fremdreiz) übersteigt. Der Fremdreiz ist nicht aversiv, sondern lediglich neu.

Ein wichtiger Unterschied zwischen Sensitivierung und Dishabituation besteht also darin, dass bei der Sensitivierung die Reaktionsamplitude über das Ausgangsniveau (wie es bei erstmaliger Darbietung des Reizes beobachtet wurde) ansteigt. Bei der Dishabituation dagegen wird das Abklingen der Reaktionsamplituden lediglich durch einen mäßigen Wiederanstieg unterbrochen.

Verhaltensweisen auf. Außerdem muss die Verstärkung innerhalb eines gewissen Zeitfensters erfolgen. Es wird also die Assoziation zwischen einem bestimmten motorischen Akt (z. B. Hebeldruck) und dessen Konsequenz hergestellt. Eine Voraussetzung für das stabile Auftreten verstärkten Verhaltens ist schließlich, dass ein sog. diskriminativer Reiz vorhanden ist, der dem Versuchstier signalisiert, dass die Bedingungen herrschen, die zur Verstärkung eines Verhaltens führen können.

Motorisches, Wahrnehmungs- und Imitationslernen. Neben diesen einfachen Formen des assoziativen Lernens kennt man eine Fülle weiterer Lernvorgänge, die für den Erwerb neuer Leistungen von Bedeutung sind. Dazu gehören etwa das Erlernen von komplexen motorischen Abläufen wie Tennisspielen, Autofahren oder Tanzen (motorisches Lernen). Eine andere Form ist das sog. Wahrnehmungslernen, bei dem etwa der Bedeutungsgehalt sensorischer Ereignisse durch Erfahrung modifiziert wird. Zum Beispiel hat das Ertönen eines Martinshorns aufgrund vorangegangener Erfahrung einen ganz bestimmten Signalcharakter (Bedeutung) gewonnen, was etwa für ein Trompetensolo nicht zutrifft, obwohl beide von den sensorischen Qualitäten her ähnlich sind.

Eine ganz spezielle Form des Lernens stellt beim Menschen das Erlernen von Sprache dar. Hier dürfte v. a. das Imitationslernen, also das Nachahmen von bestimmten Verhaltenseinheiten, von großer Bedeutung sein.

> **Zusammenfassung**
>
> Beim nichtassoziativen Lernen erfolgt eine Änderung des Verhaltens auf der Basis einzeln auftretender Ereignisse. Drei Typen von nichtassoziativem Lernen können beobachtet werden: Habituation, Sensitivierung und Dishabituation. Beim assoziativen Lernen werden Bezüge zwischen Ereignissen hergestellt. Die einfachsten Formen assoziativen Lernens sind Konditionierungsvorgänge.

24.2 Erkenntnisse zu Habituation, Sensitivierung und klassischer Konditionierung bei einfachen Organismen

Grundformen des Lernens wie Habituation, Sensitivierung und klassische Konditionierung zeigen sich interessanterweise bereits bei sehr niederen Tierspezies mit vergleichsweise simplen Nervensystemen. Derartige Lernvorgänge konnten z. B. bei Mollusken, Insekten, Schlangen und sogar bei Würmern nachgewiesen werden.

Zahlreiche wegweisende Befunde zu den Basisprozessen der Konditionierung wurden an der Meeresschnecke Aplysia californica (»kalifornischer Seehase«) gewonnen (s. Abb. 24.2). Das Tier hat eine Länge von etwa 15 cm und lebt unter Wasser. Sein Nervensystem enthält ca. 20.000 Neuronen. Wie bei allen einfachen Nervensystemen Wirbelloser sind die Neuronen hier vergleichsweise groß und damit einer Untersuchung mit Elektroden und Mikropipetten gut zugänglich. Aplysia zeigt verschiedene Verhaltensweisen, an denen sich Habituation, Sensitivierung und klassische Konditionierung mit einfachen Methoden studieren lassen.

24.2.1 Habituation

Berührt man den Kopf oder den Siphon – ein Auswuchs oberhalb der Kiemen, der zur Ausscheidung von Wasser und Abbauprodukten dient – des Tieres, so

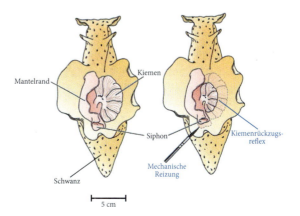

Abbildung 24.2 Die Meeresschnecke Aplysia californica von oben gesehen. Die neuronalen Prozesse im Zusammenhang mit Lernvorgängen wurden überwiegend an Nervenzellanhäufungen im Bereich der Bauchganglien untersucht

zeigt sich ein reflektorisches Zurückziehen der Kiemenregion, der sog. **Kiemenrückzugsreflex**.

Dieser Reflex reduziert sich nach einem Habituationstraining (also der mehrfachen Darbietung identischer Reize in Folge) von etwa zehn Reizen drastisch. Die Dämpfung der Reaktion bleibt über den Zeitraum von einigen Stunden bestehen. Wird das Habituationstraining mehrfach in größeren Abständen wiederholt, so bleibt die Reaktionsdämpfung sogar über mehrere Wochen erhalten. Die Aufklärung des zugrunde liegenden Habituationsmechanismus ist so weit gelungen, dass man die beteiligten Neuronen identifizieren konnte und über die relevanten Neurotransmitter weitgehend Klarheit herrscht.

Es konnte gezeigt werden, dass sich der Habituationsvorgang auf der Strecke zwischen sensorischem Neuron und motorischem Neuron (zur Steuerung des Kiemenrückzugsreflexes) auf der Basis des Geschehens an einer einzigen Synapse verstehen lässt. Das schließt nicht aus, dass der Impulsstrom vom sensorischen zum motorischen Neuron weitere Neuronen tangiert und synaptische Kontakte involviert. (Was beim intakten Tier mit hoher Wahrscheinlichkeit der Fall ist.) Diese sind aber zum Zustandekommen der Reaktionsdämpfung prinzipiell nicht erforderlich. Es ist z. B. kein hemmender Einfluss von Interneuronen notwendig (s. Abb. 24.3).

Bei der Aufklärung der beteiligten Prozesse war ein erstes wichtiges Ergebnis, dass weder beim sensorischen noch beim Motoneuron die absolute Erregbarkeit zurückgeht, d.h. die Schwelle zur Auslösung von Aktionspotenzialen gleich bleibt. Dies konnte durch Elektrostimulation mittels Mikroelektroden nachgewiesen werden. Dagegen zeigt sich bei der Informationsübertragung vom sensorischen auf das motorische Neuron eine Reduktion der postsynaptischen Potenziale an der Membran des Motoneurons.

Inaktivierung von Kalziumkanälen. Die Ursache hierfür ist eine reduzierte Ausschüttung des Neurotransmitters Glutamat. Diese Reduktion wiederum hat ihre Ursache in einer zunehmenden Inaktivierung von Kalziumkanälen in der präsynaptischen Endigung der Synapse zwischen sensorischem Neuron und Motoneuron. Der dadurch bedingte reduzierte Kalziumeinstrom verringert die Anzahl von Vesikeln, die sich mit der Membran verbinden können, und damit den Austritt des Neurotransmitters in den synaptischen Spalt. Offenbar steckt das »Gedächtnis« für vorausgegangene Reizungen – nach heutigem Wissen zumindest teilweise – in den Kalziumkanälen. Die Mechanismen, die zur Inaktivierung der Kalziumkanäle führen, sind bisher noch nicht aufgeklärt. Man geht davon aus, dass ein Second-Messenger-System in der präsynaptischen Endigung die Modifikation der Kalziumkanäle bewirkt. Dieses System reagiert offenbar sensibel auf wiederkehrende Aktivierung.

Morphologische Veränderungen. Der erwähnte Effekt einer sehr lang anhaltenden Dämpfung der Reaktions-

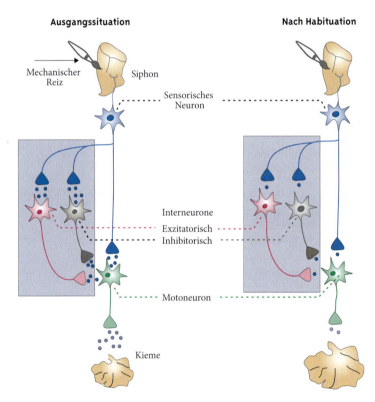

Abbildung 24.3 Habituation bei Aplysia. Die Reaktionsdämpfung im Zuge der Habituation geschieht auf der Basis eines monosynaptischen Geschehens zwischen sensorischem und motorischem Neuron. Allerdings zeigen auch zahlreiche andere Synapsen, die nicht in den direkten Reaktionsweg eingeschaltet sind, ein Nachlassen der Übertragungseffektivität (im Bild blau unterlegt)

bereitschaft (über Wochen) nach intensiverem Habituationstraining lässt sich allerdings nicht allein aus der Inaktivierung der Kalziumkanäle erklären. Hier kommen Veränderungen in den Mechanismen der Proteinbiosynthese ins Spiel. Diese führen dazu, dass die Anzahl der synaptischen Kontakte zwischen sensorischen und motorischen Neuronen zurückgeht (s. Abb. 24.4). Man geht davon aus, dass dieser Untergang synaptischer Verbindungen eine direkte Konsequenz aus der reduzierten Aktivität dieses Systems ist, die ihrerseits durch die oben beschriebenen Membranprozesse zustande kommt.

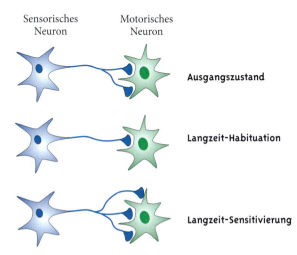

Abbildung 24.4 Veränderungen in der Zahl synaptischer Kontakte bei längerfristigen Lerneffekten. Bei der dauerhaften Speicherung (Konsolidierung) von Lernergebnissen sind stets morphologische Veränderungen im neuronalen Gefüge beteiligt. Diese bestehen überwiegend in einem Rückgang (Langzeithabituation) oder einer Zunahme (Sensitivierung) synaptischer Kontakte

Zusammenfassung

Wir begegnen selbst bei den einfachsten Formen des Lernens einem Prinzip, das für Lern- und Gedächtnisvorgänge weithin Gültigkeit hat:
(1) Kurzzeitige Effekte (Kurzzeitgedächtnis) sind die Folge membranphysiologischer Mechanismen, die primär auf die Ionenströme wirken.
(2) Langfristige Effekte (Konsolidierung von Gedächtnis) gehen auf Umbauprozesse in der Morphologie der Zellen zurück. Diese Umbauprozesse betreffen vor allem die Neubildung, aber auch den Untergang synaptischer Kontakte zwischen Neuronen.

24.2.2 Sensitivierung

Sensitivierung als Konsequenz auf einen intensiven oder noxischen Reiz lässt sich an der Aplysia studieren, indem man zunächst durch mehrmalige Siphonreizung das Abklingen des Kiemenrückzugsreflexes – wie beim Habituationsversuch – induziert. Appliziert man dann einen elektrischen Reiz im Bereich des Schwanzes des Tieres, unmittelbar bevor ein weiterer mechanischer Reiz in die Kiemenregion gegeben wird, so wird dadurch der Kiemenrückzugsreflex verstärkt. Eine vorher erfolgte Habituation wird unterbrochen. Diese Verstärkung des Rückzugsreflexes bleibt nach einmaliger Schwanzreizung mehrere Minuten bestehen. Auch hier kann durch wiederholte Trainingsdurchgänge mit dem aversiven Reiz eine lang anhaltende Sensitivierung erreicht werden. Diese kann bis zu einigen Wochen bestehen. Der neuronale Mechanismus bei der Sensitivierung ist komplexer als bei der Habituation. Es kommen mehrere sensitivierende Interneuronen hinzu. Diese nehmen auf die Übertragung zwischen sensorischem Neuron (S1) und Motoneuron (M) zur Aktivation der Kiemenmotorik Einfluss (s. Abb. 24.5). Wir betrachten hier beispielhaft nur zwei solcher Interneuronen, »Int« und »Int(s)« in der Abbildung. Diese wirken modulierend auf die Strecke S1–M ein.

Beim Kontakt zwischen S1 und M greift präsynaptisch das Interneuron Int(s) über die Präsynapse Y an. Der Neurotransmitter ist hier Serotonin. Einer der Effekte von Serotonin ist die Blockade von Kaliumkanälen in X.

Dies geschieht über verschiedene Zwischenschritte, deren Grundprinzip in Abbildung 24.6 verdeutlicht ist.

Die hier dargestellten Prozesse sind denen der **Langzeitpotenzierung** (s. Abschn. 24.4.1) sehr ähnlich, die für Lernvorgänge beim Menschen eine entscheidende Rolle spielt. Auch hier ist Serotonin als Neurotransmitter beteiligt.

Langzeitsensitivierung. Ein anderer Mechanismus als bei der eben beschriebenen Kurzzeitsensitivierung kommt bei der Langzeitsensitivierung ins Spiel: Hier führt die anhaltend hohe Konzentration der Proteinkinase A (PKA) zu Prozessen im Zellkern. Es kommt zur Exprimierung neuer Proteine, die nun auf völlig andere Weise zu einer lang anhaltenden Verstärkung des Erregungstransports vom sensorischen Neuron des Siphons zum Motoneuron der Kiemen führen: Es werden neue axonale Aussprossungen gebildet, die zusätzliche

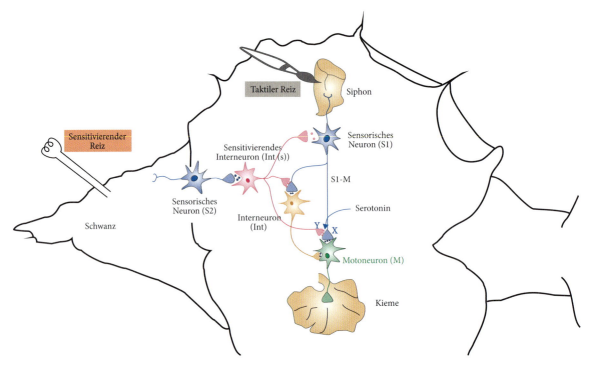

Abbildung 24.5 Sensitivierung bei Aplysia. Ein sensitivierendes Interneuron Int(s) hat einen exzitatorischen Kontakt (Y) zur präsynaptischen Endigung (X) zwischen sensorischem Neuron (S1) und Motoneuron (M) zur Aktivation der Kiemenmotorik. Außerdem wirkt Int(s) durch eine präsynaptische Verschaltung auf die Verbindung S1–Int steigernd. Aufgrund dessen nehmen die aktivierenden Impulse von Int auf M zu. Beide Prozesse führen zu einer Steigerung der Entladungsraten von M und damit zu einer Reaktionsverstärkung an den Kiemen

Verbindungspfade v. a. zwischen dem sensorischen und dem Motoneuron schaffen (s. Abb. 24.4). Von besonderer Bedeutung ist bei diesem Prozess u. a. das Protein CREB-1 (**c**AMP **R**esponsive **E**lement **B**inding Protein, Typ 1), das an ein sog. »cAMP response element« an den Zielgenen bindet und hier eine Kaskade weiterer genetischer Prozesse auslöst. An deren Ende stehen dann Proteine, die den Zellkern verlassen und das Wachstum von Aussprossungen der Zelle fördern. Ein solches Protein ist u. a. der »elongation factor 1α« (EF1α), von dem die Neubildung synaptischer Verbindungen gesteuert wird (s. z. B. Kandel, 2001). Diese sind entscheidend beim axonalen Wachstum und der Festigung von axodendritischen und axosomatischen Kontakten beteiligt. Bei der Langzeitsensitivierung sind also morphologische Veränderungen im neuronalen Netzwerk beteiligt. Damit wird die über sehr ausgedehnte Zeiträume anhaltende Wirkung der Langzeitsensitivierung verständlich.

24.2.3 Klassische Konditionierung in Aplysia

Man kann klassische Konditionierung an der Aplysia zeigen, indem man wiederum Reizung im Bereich des Siphons studiert (s. Abb. 24.7).

Eine entscheidende Rolle spielt hierbei das Zeitfenster, innerhalb dessen der unkonditionierte Reiz über S2 die Präsynapse zwischen Int(s) und Int erreicht (s. Abb. 24.5). Wenn gerade die synaptische Verbindung von S1 auf Int aktiv ist, da soeben die Siphonreizung stattgefunden hat, und der verstärkende Effekt (präsynaptisch aufsetzend) der starken Schwanzreizung hinzukommt, so zeigt sich die – schon von der Sensitivierung bekannte – starke Kiemenrückzugsreaktion.

Die wesentlichen Details der intrazellulären Abläufe bei der Konditionierung an der Präsynapse X (aus Abb. 24.5) sind in Abbildung 24.8 dargestellt.

Postsynaptische Vorgänge. Beim klassischen Konditionieren sind zusätzlich postsynaptische Prozesse an der Membran des Motoneurons von entscheidender Bedeutung. Es stellt sich an dieser Membran als Folge der gesteigerten Transmitterausschüttung (Glutamat) aus

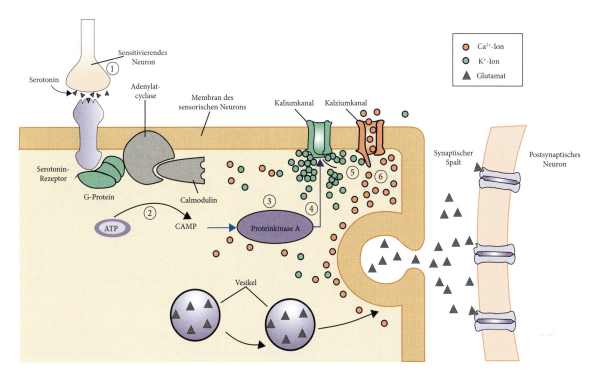

Abbildung 24.6 Intrazelluläre Prozesse bei der Sensitivierung an den synaptischen Kontakten zum Motoneuron bei Aplysia. (1) Der Serotoninrezeptor wird aktiviert. (2) Die Konzentration von cAMP steigt an. (3) Dadurch wird das Enzym Proteinkinase A (PKA) aktiviert. (4) PKA führt zur Blockade von Kaliumkanälen. (5) Der Kaliumausstrom wird behindert. Kalium liegt jetzt länger und in höherer Konzentration vor, woraus eine längere Positivierung im Zellinneren folgt. (6) Dadurch wird die Repolarisation nach dem Aktionspotenzial behindert und die einlaufenden Aktionspotenziale werden verlängert. Es gehen mehr Kalziumkanäle in den geöffneten Zustand über, die Transmitterausschüttung steigt an

der Präsynapse ein zweiter, eigenständiger Prozess ein, der die Entladungsrate weiter erhöht. Letzterer ist eine Konsequenz aus Vorgängen am sog. **NMDA-Rezeptor** für Glutamat (in der Abbildung nicht gezeigt), der auch bei der Langzeitpotenzierung (s. Abschn. 24.4.1) eine entscheidende Rolle spielt. In einem dritten – ebenfalls aktivitätssteigernden – Schritt kommt ein **retrogrades chemisches Signal** hinzu: Aus der subsynaptischen Membran tritt ein chemischer Stoff aus – in Hippocampusneuronen dürfte dies Stickstoffmonoxid sein –, der von der präsynaptischen Endigung aufgenommen wird und dort zu einer weiteren Aktivitätssteigerung führt. Auch dieser Prozess ist analog den Vorgängen bei der Langzeitpotenzierung.

Der Unterschied zwischen der hier auftretenden klassischen Konditionierung und der Sensitivierung besteht in der Spezifität des Prozesses. Bei der Sensitivierung sind unspezifisch alle jene afferenten Verbindungen betroffen, auf die Kontakte vom sensitivierenden System (Schwanz) zugreifen. Diese zeigen alle in der Folge erhöhte Reaktionsamplituden. Im Falle der Konditionierung tritt eine Erhöhung der Reaktionsamplitude nur dort auf, wo unmittelbar vorher der CS vorlag – in diesem Fall die Stimulation zur Kiemenretraktion –, alle anderen sensorischen Pfade bleiben davon unberührt.

Die langfristigen Effekte einer Reaktionsverstärkung auf den CS lassen sich primär durch die Zunahme synaptischer Kontakte erklären. Auch hier spielt das PKA eine entscheidende Rolle, das über zahlreiche Zwischenschritte Gene aktiviert, die schließlich das Wachstum neuer synaptischer Kontakte anregen.

> **Exkurs**
>
> **Klassische Konditionierung beim Wurm Caenorhabditis elegans**
> Der Wurm Caenorhabditis elegans (C. elegans) liefert ein Beispiel dafür, dass klassische Konditionierung bereits auf der Evolutionsstufe von Würmern

nachweisbar ist. C. elegans wird etwa 1 mm lang, lebt im Boden, wo er sich vor allem von Bakterien ernährt. Sein Nervensystem ist vollständig beschrieben. Es besteht aus 302 Neuronen. Ebenso ist sein Genom vollständig entschlüsselt. Dieser Wurm besitzt sensorische Neuronen, mit welchen er Natrium- und Chlorionen aus der Umgebung aufspüren kann. Wenn diese Ionen in mäßiger Konzentration vorliegen, bewegt sich der Wurm auf die Ionenquelle zu.

In einem ersten Konditionierungsschritt wird eine Nahrungsquelle A, von der die Würmer angezogen werden (bestimmte Bakterien), mit Natriumionen versetzt, eine aversive andere Nahrungsquelle B (Knoblauchextrakt) wird mit Chlorionen versetzt. Die Würmer können dann die beiden Mixturen explorieren. Danach werden sie gründlich gereinigt und auf eine Schale gelegt. Neben sie wird ein Wassertropfen platziert, der entweder Natrium- oder Chlorionen (beide haben für die Tiere einen neutralen, aber unterscheidbaren Geschmack), jedoch weder A noch B enthält. Auf den Wassertropfen mit Natriumionen bewegen sich die Würmer zu und suchen aktiv nach Nahrung. Dagegen meiden sie den Wassertropfen mit den Chlorionen. Die Tiere sind also fähig, einen positiven (Bakterien) oder negativen (Knoblauch) unkonditionierten Reiz mit je einem bis dahin neutralen Signal zu verknüpfen (jetzt konditionierter Reiz), was schließlich verhaltenslenkend wirkt.

Ein weiteres erstaunliches Ergebnis bezieht sich auf die genetischen Grundlagen dieser Lernfähigkeit. Man konnte durch Erzeugung von verschiedenen Mutanten, bei denen jeweils nur ein einzelnes Gen fehlt, diese Kapazität für Lernen auslöschen. Zwei Gene, »learn-1« und »learn-2«, sind für die Fähigkeit zu lernen entscheidend. Würmer, in deren genetischer Ausstattung eines dieser Gene fehlt, sind ohne weiteres fähig, Natrium- und Chlorionen zu identifizieren, und sie lieben Bakterien nach wie vor, ebenso wie sie Knoblauch hassen. Sie können sich perfekt bewegen und reagieren nach wie vor adäquat auf Nahrungsquellen und Ionen. Allerdings können sie die Assoziation zwischen den beiden Reiztypen nicht mehr herstellen.

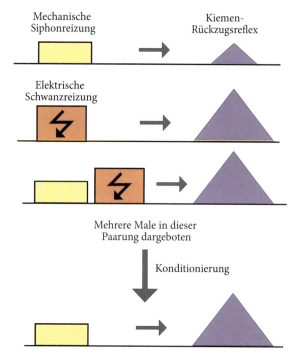

Abbildung 24.7 Schema der Aplysia-Konditionierung. Ein elektrischer Reiz am Schwanz führt zu einem starken Kiemenrückzugsreflex. Ein schwacher mechanischer Reiz im Bereich des Siphons führt ebenfalls zu einem (schwächeren) Kiemenrückzugsreflex. Wird einige Male unmittelbar (ca. ¼ Sekunde) vor dem elektrischen Schwanzreiz der mechanische Siphonreiz gegeben, so erfolgt Konditionierung: In der Folge führt die Präsentation des Siphonreizes auch ohne Schwanzelektrisierung zu deutlich höheren Kiemenrückzugsreflexen

Zusammenfassung

Die Untersuchungen an der Meeresschnecke Aplysia und an anderen einfachen Organismen zur neuronalen Basis des Lernens erbrachten ein überaus wichtiges Ergebnis. Lernen – und damit auch ein simples Gedächtnis – ist eine Leistung, die auf der Basis des einzelnen Neurons bzw. eines einzelnen synaptischen Systems erfolgen kann. Es bedarf dazu prinzipiell keines komplexen Zusammenspiels großer Zellpopulationen oder gar größerer Gehirnareale. Auf der Grundlage weniger membranphysiologischer und neurochemischer Elementarprozesse kommen einfache Lernvorgänge zustande. Die hier beteiligten Membranproteine, Neurotransmitter und Enzyme sind im menschlichen Nervensystem ebenso präsent und haben als Basiselemente von

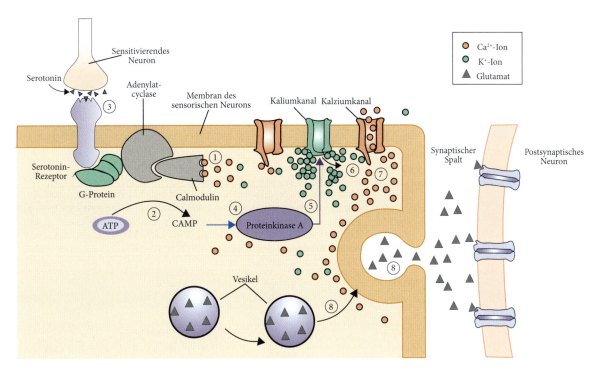

Abbildung 24.8 Intrazelluläre Prozesse bei der Konditionierung in Aplysia. Die Erregung vom sensorischen Neuron (durch den CS aktiviert) ist bereits kurz vor Aktivierung des UCS-Kontakts eingelaufen. Das System ist durch den CS bereits aktiv. (1) Kalziumionen können sich an das Calmodulin anlagern, dadurch wird Calmodulin in beträchtlichem Ausmaß aktiviert. (2) Der Kalzium-Calmodulin-Komplex erleichtert als Enzym die Aktivierung von cAMP. (3) Der UCS läuft ein. Serotonin wird freigesetzt. (4) Es folgt eine erhöhte Produktion von PKA, wodurch (5) Kaliumkanäle blockiert werden. (6) Kalium bleibt länger intrazellulär anwesend. (7) Dies wiederum resultiert in verlängerten Aktionspotenzialen in der präsynaptischen Endigung und vermehrtem Kalziumeinstrom. (8) Dadurch kann eine größere Menge an Glutamat ausgeschüttet werden

Lernen und Gedächtnis eine vergleichbare funktionelle Bedeutung wie in den einfach aufgebauten Nervensystemen wirbelloser Tiere.

24.3 Klassische Konditionierung des Lidschlags am Säugetiermodell

Die Modellsysteme der Wirbellosen erlauben eine basale Darstellung der Neurophysiologie und Neurochemie von Lern- und Gedächtnisvorgängen. Allerdings ist das Studium des höher entwickelten Säugetiergehirns unumgänglich, um die komplexen Prozesse, wie sie auch beim Menschen unter natürlichen Bedingungen ablaufen, modellhaft beschreiben zu können. Schließlich bedeutet die Existenz eines sehr viel weiter entwickelten Gehirns ja nicht nur einen quantitativen Zuwachs an Neuronen, sondern auch eine qualitative Veränderung (im Sinne einer Optimierung) der Informationsverarbeitungsmechanismen. Diese Veränderung besteht v. a. darin, dass auch bei einfachen Aufgaben verschiedene neuronale Systeme beteiligt sind, die unterschiedliche Aufgaben erfüllen. Der Vorteil der Verteilung von Aufgabenelementen an unterschiedliche Systeme ermöglicht erst die **Parallelverarbeitung**, die das wesenliche Arbeitsprinzip bei höheren Gehirnleistungen darstellt

Komplexere Abläufe bei der klassischen Konditionierung. Hinsichtlich der klassischen Konditionierung hat man zwar Erkenntnisse darüber, welche Basisprozesse auf der Ebene simpler synaptischer Systeme ablaufen, doch wäre es voreilig, daraus zu schließen, dass dieser Lernvorgang auch bei Säugetieren stets in derart einfacher Weise – d. h. unter Beteiligung weniger Synapsen – geschieht. Dabei würde man außer Acht lassen, dass auch bei der klassischen Konditionierung eine Fülle von Randbedingungen und Vorerfahrungen eine Rolle spielen. Diese werden naturgemäß immer komplexer, je differenzierter die Interaktion der jeweiligen Spezies – aufgrund erweiterter sensorischer und motorischer Funktionen – mit seiner Umgebung ist. Insofern ist es nicht verwunderlich, dass das Studium des klassischen Konditionierens beim Säugetier (z. B. Kaninchen, Ratte, Katze) ein relativ komplexes Zusammenspiel unterschiedlicher Gehirnstrukturen zutage treten ließ. Neuere Ergebnisse zeigen, dass die hier gefundenen Ergebnisse auch über weite Strecken für den Menschen Gültigkeit haben dürften. Ein wichtiges diesbezügliches Forschungsprogramm (v. a. von Richard Thompson und seinen Mitarbeitern an der University of California vorangetrieben) galt der Untersuchung einer konditionierten Reaktion, die als solche auch beim Menschen existiert, der konditionierten Lidschlagreaktion.

Der konditionierte Lidschlagreflex. Der Lidschlagreflex zeigt sich als Schluss des Augenlids bei einer Irritation der Oberfläche des Auges. Dieser Reflex lässt sich beim Säugetier sowie beim Menschen sehr leicht und stabil konditionieren. Als unkonditionierter Reiz dient meist ein Luftstoß auf die Hornhaut des Auges (s. Abb. 24.9). Als konditionierter Reiz kann ein Ton- oder Lichtsignal eingesetzt werden.

Beteiligung des Kleinhirns. Der Erwerb dieses Reflexes wurde an einer Reihe von Säugetierspezies, insbesondere dem Kaninchen, untersucht. Hierbei wurde die Abwärtsbewegung der sog. Nickhaut studiert, die sich ähnlich dem Lid über das Auge bewegen kann. Im Zusammenhang mit diesem Lernvorgang wurde die neuronale Aktivität an vielen Neuronen in unterschiedlichen Regionen des Gehirns mittels Mikroelektrodenableitungen aufgezeichnet. Ein eher

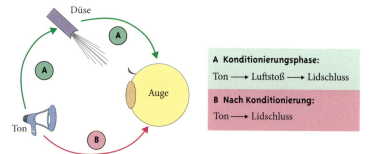

Abbildung 24.9 Versuchsanordnung zur Lidschlagkonditionierung. Der Lidschlagreflex zeigt sich z. B. bei mechanischer Irritation des Auges. Zur Konditionierung gibt man als unkonditionierten Reiz einen Luftstoß auf das Auge. Bietet man vor dem Luftstoß einen neutralen Reiz, z. B. einen Ton, dar, so zeigt sich nach wenigen Ton-Luftstoß-Paarungen der Lidschluss bereits auf den Ton (jetzt CS)

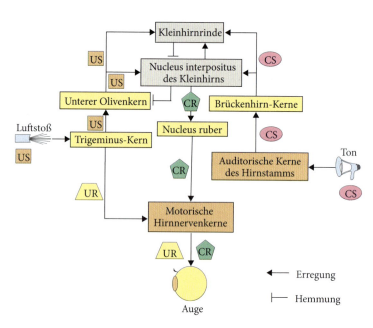

Abbildung 24.10 Bei der Lidschlusskonditionierung beteiligte Strukturen und Bahnen. Auf der linken Seite der Abbildung ist der Pfad für den unkonditionierten Reiz (UCS) wiedergegeben. Einerseits geschieht über die motorischen Hirnnervenkerne die Auslösung der unkonditionierten Reaktion (UR), andererseits läuft die Information zum Nucleus interpositus des Kleinhirns und zur Kleinhirnrinde. In diesen beiden Strukturen werden auf der Basis der Zuflüsse vom Ohr (CS) die Verschaltungen für die erlernte Reaktion aufgebaut. Die normalerweise hemmende Verbindung zwischen Kleinhirnrinde und Nucleus interpositus wird im Zuge der Konditionierung ihrerseits gehemmt. Dadurch kommt es über den »CR«-Pfad unter Beteiligung der motorischen Mittel- und Stammhirnkerne zur konditionierten Reaktion (CR) an der Muskulatur des Lids

476 | 24 Lernen und Gedächtnis

unerwartetes Ergebnis war, dass beim konditionierten Lidschlagreflex Kerngebiete des Kleinhirns von entscheidender Bedeutung sind. Während etwa die Entfernung des Thalamus und des Kortex – und damit auch des Hippocampus – keinen Effekt auf den eigentlichen Lernvorgang hatte, war dieser bei Kleinhirnläsionen nicht mehr möglich.

Mittlerweile sind die verschiedenen Stadien beim Erlernen des konditionierten Lidschlagreflexes beim Kaninchen weitgehend aufgeklärt. Die Information über den Luftstoß auf die Hornhaut nimmt zur reflektorischen Auslösung des Lidschlusses (unkonditionierter Reflex) den Weg über den Kern des Trigeminusnervs direkt zu den motorischen Hirnnervenkernen, die den Lidschluss ansteuern (s. Abb. 24.10).

Bei diesem rein reflektorischen Geschehen konnte eine Beteiligung des Kleinhirns ausgeschlossen werden.

Die Information über den CS (Ton oder Licht) projiziert dagegen auch in das Kleinhirn, wobei sie größtenteils in den Kernen des Brückenhirns umgeschaltet wird. Von hier aus gelangen die Impulse sowohl zur Rinde des Kleinhirns als auch zum sog. Nucleus interpositus des Kleinhirns. Von besonderer Wichtigkeit ist, dass auch die Trigeminusneuronen, die Information über den Luftstoß auf die Hornhaut erhalten haben, über den unteren Olivenkern des Hirnstamms Fasern zum Nucleus interpositus und zur Kleinhirnrinde senden. In diesen beiden letztgenannten Strukturen findet offenbar die Verschaltung von UCS- und CS-Information statt. Nachdem die konditionierte Reaktion im Nucleus interpositus durch Enthemmung der Verbindung von der Kleinhirnrinde zum Nucleus interpositus ausgelöst wurde, gelangen die Impulse über den Kleinhirnstiel zum roten Kern (Nucleus ruber) und von hier zu den motorischen Hirnnervenkernen, die den Lidschlag triggern.

Die genannten Verbindungen konnten in ihrer Bedeutung für den konditionierten Lidschlagreflex in eindeutiger Weise identifiziert werden, wobei man sich einer Reihe unterschiedlicher neuroanatomischer und neurophysiologischer Untersuchungsverfahren bediente. Dazu gehörten neben Mikroelektrodenableitungen auch elektrische Nervenzellstimulation sowie Ausschaltung von bestimmten Zellverbänden etwa durch pharmakologische Einwirkung oder durch Unterkühlung.

Konditionierung beim Menschen über Kleinhirn und Nucleus ruber. Es spricht einiges dafür, dass dieser Konditionierungsvorgang beim Menschen in ähnlicher Weise und unter Beteiligung vergleichbarer Strukturen abläuft. PET-Analysen erbrachten, dass sich auch bei der Konditionierung des Lidschlagreflexes beim Menschen eine erhöhte Aktivität u. a. im Nucleus ruber und im Kleinhirn zeigte (s. Abb. 24.11). Ebenfalls für die Bedeutung des Kleinhirns bei der klassischen Konditionierung beim Menschen sprechen Befunde an Patienten mit Kleinhirnschädigungen: Hier ist etwa die Lidschlagkonditionierung nicht mehr möglich.

> **Zusammenfassung**
>
> Am Säugetiergehirn konnten für die klassische Konditionierung die beteiligten Gehirnbereiche identifiziert werden: Kleinhirn, Nucleus ruber und diejenigen Hirnnervenkerne, die bei der Verarbeitung der sensorischen Information sowie der Auslösung der motorischen Reaktion beteiligt sind. Auch beim Menschen spielt das Kleinhirn für die Konditionierung motorischer Reaktionen eine wichtige Rolle.

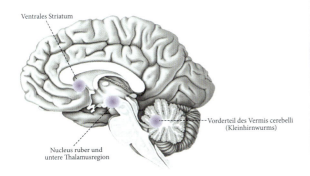

Abbildung 24.11 Ergebnisse einer PET-Studie (Logan & Grafton, 1995) zur Lidschlusskonditionierung beim Menschen. Bei den lila markierten Bereichen zeigte sich während der Konditionierung des Lidschlagreflexes (Paarung von Ton und Luftstoß auf das Auge) eine erhöhte Stoffwechselaktivität

24.4 Die zelluläre Basis für Gedächtnis und Lernen im Hippocampus

Die Hebb-Regel. Die **Langzeitpotenzierung** (LTP, für engl. long term potentiation) synaptischer Kontakte, d.h. die längerfristige Erleichterung oder Verstärkung der Erregungsübertragung von einem Neuron auf das nächste, kann als ein neurophysiologischer Basisprozess von Lernvorgängen gelten. Die synaptische Verstärkung als Konsequenz einer wiederholten Aktivierung einer »lernfähigen« Synapse wurde bereits von Donald Hebb im Jahre 1949 gefordert. Die sog. Hebb-Regel besagt: »Wenn ein Axon der Zelle A die Zelle B erregt und wiederholt und dauerhaft zur Erzeugung von Aktionspotenzialen in Zelle B beiträgt, so resultiert dies in Wachstumsprozessen oder metabolischen Veränderungen in einer oder in beiden Zellen, die bewirken, dass die Effizienz von Zelle A in Bezug auf die Erzeugung eines Aktionspotenzials in B größer wird.« Dies besagt in anderen Worten, dass bei einer wiederholten *gemeinschaftlichen* Aktivierung der Neuronen A und B die Effektivität der Erregungsübertragung von A nach B gesteigert wird.

> **Forscherpersönlichkeit**
>
> **Donald O. Hebb** (geboren 1904 in Chester, Kanada, gestorben 1985) promovierte in Psychologie an der Harvard-Universität. Seine akademische Laufbahn verbrachte er überwiegend an der McGill-Universität in Montreal. Er war einer der einflussreichsten Psychologen seiner Zeit, der v.a. die biologische Perspektive zur Erklärung psychischer Funktionen in den Vordergrund stellte. Sein wichtigstes Werk war »The Organization of Behavior« (1949), das auch wesentlich zum konnektionistischen Ansatz der Gehirnfunktion beitrug. In seinem Lehrbuch »A Textbook of Psychology« (übersetzt in elf Sprachen) macht er deutlich, wie stark Psychologie und Neurowissenschaft aufeinander bezogen sind.

Erst in den späten 1960er-Jahren konnten erste Hinweise auf einen solchen Prozess gewonnen werden, der dann in den folgenden Jahrzehnten mit großen Forschungsanstrengungen studiert wurde. Auch wenn der letzte Beweis noch fehlt, dass LTP auch im Gehirn des Menschen die Grundlage aller Gedächtnis- und Lernvorgänge ist, so dürfte diese in vielen Fällen zumindest eine entscheidende Rolle spielen. Zumindest wurde mit verschiedenen Methoden nahegelegt, dass LTP auch beim Menschen existiert. Der direkteste Beweis bestand in der neurophysiologischen Untersuchung menschlichen Hirngewebes, das aus medizinischen Gründen dem Hippocampus entnommen werden musste.

24.4.1 Langzeitpotenzierung und Konditionierung von Hippocampusneuronen

Die Langzeitpotenzierung wurde besonders intensiv an Hippocampusneuronen der Ratte studiert. Der Hippocampus ist eine Struktur, die für Lern- und Gedächtnisleistungen von zentraler Bedeutung ist. Dies ist sowohl aus zahlreichen Experimenten im Tierversuch als auch durch Beobachtungen an Patienten mit Hippocampusverletzungen belegt. Von daher hat man auch seitens der Neurophysiologie das Augenmerk auf neuronale Prozesse im Bereich des Hippocampus gerichtet, um hier möglicherweise Basisvorgänge von Lernen und Gedächtnis zu identifizieren.

Struktur des Ammonshorns. Der Hippocampus liegt auf der Innenseite des Schläfenlappens. Er wird nach dem Verständnis der meisten Neuroanatomen vom Gyrus

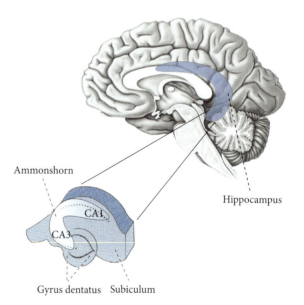

Abbildung 24.12 Hippocampus. Der Hippocampus ist im Schläfenlappen lokalisiert. Er besteht aus Gyrus dentatus, Ammonshorn und angrenzendem Subiculum. Im unteren Bildteil ist ein Frontalschnitt durch den Hippocampus gezeigt

dentatus, dem Ammonshorn (Cornu ammonis, CA) und dem Subiculum gebildet (s. Abb. 24.12). Im Bereich des Ammonshorns kann man verschiedene Felder zytoarchitektonischer Struktur unterscheiden. Das Feld CA1 enthält sehr viele kleine Pyramidenzellen, im Feld CA2 liegen ausschließlich besonders große Pyramidenzellen. Diese sind hier dicht gepackt, im Feld CA3 dagegen sind sie eher locker angeordnet. Noch größer werden die Abstände zwischen den Pyramidenzellen im Feld CA4. Im Zusammenhang mit Untersuchungen zum operanten Konditionieren ergaben sich vor allem bei Neuronen in CA1 und CA3 Veränderungen im Sinne einer LTP.

LTP nach tetanischer Erregung. Die LTP äußert sich in folgender Weise: Wird ein Neuron, das zur LTP fähig ist, mit einer Salve von Reizen erregt – typischerweise mit 10 bis 100 Reizen pro Sekunde für die Dauer von mindestens einer Sekunde – (»tetanische« Erregung), stellt sich **tetanische Potenzierung** ein. Dieses Neuron reagiert für längere Zeiträume sehr viel stärker auf (nichttetanische) einlaufende Reize. Die erhöhte Reaktion spiegelt sich in der Höhe exzitatorischer postsynaptischer Potenziale (EPSP) wieder (s. Abb. 24.13). Die Dauer dieser Phase potenzierter Reaktionen hängt einerseits vom Neuronentyp ab, andererseits vom Darbietungsmodus der potenzierenden Reize. Sie kann zwischen Minuten und einigen Wochen liegen.

Voraussetzungen der LTP. Die LTP funktioniert nur, wenn die aufeinanderfolgenden potenzierenden Impulse mit genügend hoher Geschwindigkeit einlaufen. Offenbar hat jeder Einzelimpuls eine Nachwirkung, die allerdings nach einer kurzen Zeitspanne erloschen ist. Wenn jedoch innerhalb der Nachwirkungsphase neue Impulse einlaufen, dann kann es zu dem Prozess des Aufschaukelns kommen, der schließlich zur LTP führt. Da die LTP ein Effekt ist, der sich an der subsynaptischen Membran zeigt, ist es naheliegend, diese auf eine Eigenschaft hier lokalisierter Rezeptoren zurückzuführen. Die entscheidende Nachwirkung des potenzierenden Impulses bzw. der Impulsserie besteht in einer Depolarisation der postsynaptischen Membran. Kommt der nächste

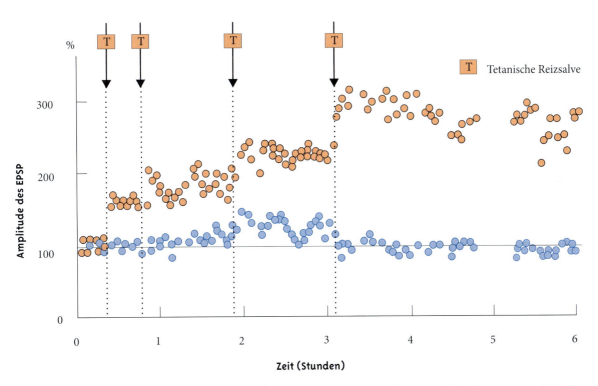

Abbildung 24.13 Effekt der Langzeitpotenzierung auf exzitatorische postsynaptische Potenziale in Neuronen von CA1. Zu den Zeitpunkten »T«, wurde kurz tetanisch gereizt (15 Reize pro Sekunde für die Dauer von 10 Sekunden). Auf jeden dieser tetanischen Reize zeigte sich eine anhaltende Amplitudenerhöhung der postsynaptischen Potenziale (braune Kreise). Kein diesbezüglicher Effekt ergab sich bei der Reizung von Leitungsbahnen außerhalb des CA1-Gebiets (hellblaue Kreise)

(potenzierende) Impuls bereits an, während dieser depolarisierte Zustand der Membran noch vorliegt, dann kann es zu der Potenzierung kommen.

Der Nachweis für LTP in Neuronen des Hippocampus konnte für verschiedene Tierspezies bis hin zu Primaten erbracht werden. Außerdem kann das Phänomen auch in vitro, also an dünnen Schichten entnommenen Gewebes von Hippocampusneuronen studiert werden. Ebenso konnte der Effekt der LTP auch in anderen Strukturen wie Kleinhirn, Amygdala und Neokortex nachgewiesen werden.

Von großer Bedeutung ist die Tatsache, dass die meisten dieser Neuronen spezifisch reagieren. Nur Impulse, die über diejenige Synapse einlaufen, die vorher auch die Potenzierung bewirkt hat, lösen erhöhte subsynaptische Potenziale aus (»Input-Spezifität«). In Abbildung 24.14 ist als Beispiel der Fall dargestellt, dass eine Ratte darauf konditioniert wurde, immer einen bestimmten Platz im Käfig aufzusuchen, um dort für Hebeldrücken mit Futter belohnt zu werden.

Verknüpfen von verschiedenen Signalen. Besonders interessant ist der weitere Sachverhalt, dass für bestimmte Hippocampusneuronen, bei denen LTP möglich, also ein »Gedächtnis« vorhanden ist, auch assoziatives Verknüpfen von Signalen aus zwei verschiedenen Quellen möglich scheint (»Assoziativität«). Bei diesen

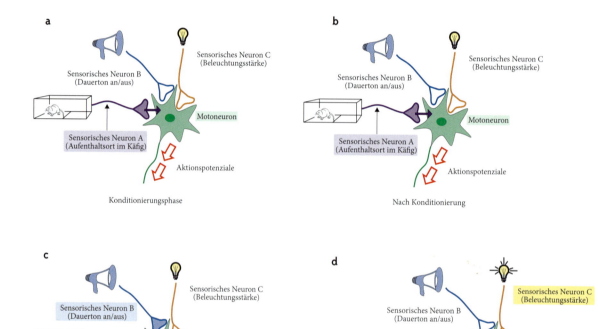

Abbildung 24.14 Versuchsaufbau zur Konditionierung bei unterschiedlichem Reizangebot. Eine Ratte wurde darauf konditioniert, einen bestimmten Platz im Käfig aufzusuchen, um dort (vermittelt über das Motoneuron) einen Hebel zu bedienen, der eine Futterportion freigibt. Die Information über den Aufenthaltsort werde über das sensorische Neuron A mit dem Motoneuron, das den Hebeldruck steuert, verschaltet (**a**). Es seien nun noch zwei andere Reizquellen vorhanden: eine Geräuschquelle und eine Lampe. Die diesbezüglichen Informationen können über die sensorischen Neuronen B bzw. C ebenfalls auf das Motoneuron einwirken. Allerdings kommt es nach der Konditionierung nur dann im Motoneuron zu Aktionspotenzialen, wenn der Kontakt zwischen dem Neuron A und dem Motoneuron aktiv ist (**b**). In den Fällen, in denen die Neuronen B oder C (**c** und **d**) aktiv sind, stellt sich an diesem Motoneuron keine Erregung ein

Neuronen kann ein einzelner synaptischer Kontakt X, der mit einer Reizsalve repetitiv aktiviert wurde, keine LTP auslösen. Wenn jedoch ein weiterer Kontakt Y gleichzeitig oder kurz danach tetanisch aktiviert wird, so kommt es an X zu einer LTP. Wenn man sich vorstellt, dass über Kontakt X die Information über das Auftreten des CS, über »Y« das Auftreten des UCS an das Zielneuron weitergegeben wird, hat man damit die Basis für klassisches Konditionieren.

Erklärung: der NMDA-Rezeptor. Der NMDA-Rezeptor, der in Hippocampusneuronen in großer Konzentration insbesondere im Feld CA1 nachweisbar ist, besitzt Eigenschaften, die dieses spezifische Membranverhalten erklären können. (Dieser Rezeptortyp wurde schon im Kapitel über Drogen im Zusammenhang mit der Alkoholabhängigkeit kurz behandelt. Seine wichtigsten Eigenschaften sollen hier zur Erleichterung des Verständnisses wiederholt werden.) Er wirkt quasi als Koinzidenzdetektor für das Auftreten von CS und UCS. Der Nachweis, dass der NMDA-Rezeptor von entscheidender Bedeutung für Lernvorgänge in CA1-Neuronen ist, konnte z.B. durch selektive Blockade dieses Rezeptors erbracht werden. In Anwesenheit eines NMDA-Antagonisten findet keine LTP mehr statt. Allerdings bleibt LTP erhalten, wenn sie vor Zugabe des NMDA-Antagonisten initiiert wurde.

Im Folgenden soll der Mechanismus der LTP und der Konditionierung am NMDA-Rezeptor erläutert werden (s. Abb. 24.15). Dieser Rezeptortyp wird am längsten erforscht und die diesbezüglichen Kenntnisse sind am weitesten fortgeschritten. Bei der synaptischen Übertragung in diesem System ist Glutamat der Neurotransmitter. Es zeigte sich, dass bei zahlreichen Neuronen eine Auslösung von LTP nur möglich ist, wenn mehrere Axone, die auf ein Zielneuron konvergieren, gleichzeitig feuern. Es muss also Kooperation verschiedener Nervenzellen herrschen.

Der NMDA-Rezeptor stellt einen Kalziumkanal dar, der allerdings unter regulären Bedingungen durch ein Magnesiumion blockiert ist. Das heißt, selbst wenn der Neurotransmitter Glutamat als NMDA-Ligand andockt, kommt es zunächst nur zu vernachlässigbarem Kalziumeinstrom.

Wird der den Rezeptor umgebende Membranabschnitt aufgrund der Einwirkung anderer Kontakte (s. u.) depolarisiert, d. h. zu positiveren Werten verschoben, so führt das zu einer Abstoßung des (ebenfalls positiven) Magnesiumions und es verlässt den Kanal

und gibt ihn damit frei. Der NMDA-Rezeptor stellt demnach einen Ionenkanal dar, der sowohl liganden- als auch spannungsgesteuert ist. Ist der Kanal geöffnet, können bei Andocken von Glutamat Kalziumionen in hoher Konzentration durch den Kanal ins Zellinnere eintreten.

Ablauf der Potenzierung. Wie kommt die Membrandepolarisation zustande? Für die LTP im betrachteten Membranbereich spielt ein zweiter Typ von Glutamatrezeptor, der sog. Non-NMDA- oder auch AMPA-Rezeptor, eine entscheidende Rolle (AMPA steht für α-Amino-3-hydroxy-5-methyl-4-isoxazol-Propionsäure, womit dieser Rezeptor ebenfalls aktiviert werden kann). Der AMPA-Rezeptor kann bei Aktivierung einen Kationenkanal bilden, der v. a. Natriumionen eintreten lässt (in geringerem Maße kann Kalium ausströmen). Er liegt i. Allg. in hoher Dichte in der Umgebung des NMDA-Rezeptors vor und kann sich auch im subsynaptischen Bereich eines benachbarten Kontakts (s. »modulierender Zufluss« in Abb. 24.15) befinden. Hier ist ein NMDA-Rezeptor zu einem Non-NMDA-Rezeptor hinreichend eng benachbart. Durch die Wirkung von Glutamat am Non-NMDA-Rezeptor erfolgt eine Depolarisation der postsynaptischen Membran (u. U. bis hin zu einem Aktionspotenzial). Für eine hinreichend hohe Membrandepolarisation ist allerdings repetitive Reizung notwendig. Nur dann kann sich das Membranpotenzial weit genug aufschaukeln und sich ausbreiten, was zu folgendem Ablauf führt:

▶ Das Magnesiumion eines NMDA-Rezeptors wird infolge der Membrandepolarisation (elektrische Abstoßung) aus dem Kanal des NMDA-Rezeptors ausgeworfen und gibt den Ionenkanal frei.

▶ Wenn jetzt eine Erregung in eine benachbarte Präsynapse (gegenüber dem vom Magnesiumion befreiten NMDA-Rezeptor) einläuft (»potenzierbarer Zufluss« in Abb. 24.15) und das ausgeschüttete Glutamat andockt, ist hier unmittelbar eine Kanalöffnung möglich.

▶ Nun können hier bei jedem einlaufenden Impuls Kalziumionen durch die NMDA-Kanäle einströmen und es ergibt sich ein kaskadenartiges Ansteigen der Membranspannung.

▶ Dies wiederum führt zu besseren Bedingungen für das Öffnen weiterer spannungsabhängiger Kalziumkanäle in den NMDA-Rezeptoren.

▶ Es stellt sich ein Aufschaukelungsprozess ein (Potenzierung).

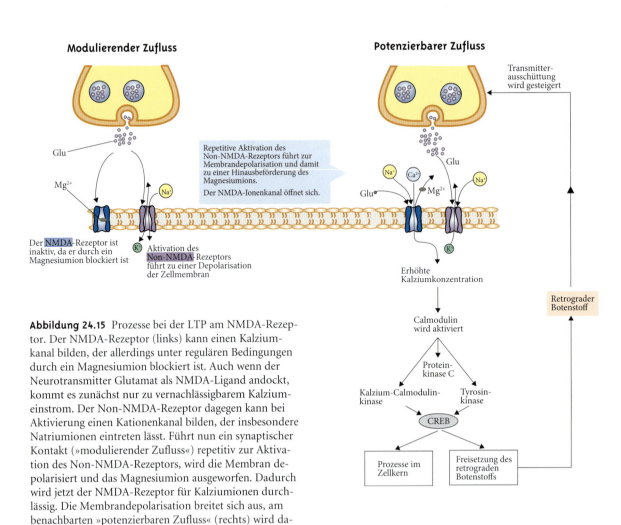

Abbildung 24.15 Prozesse bei der LTP am NMDA-Rezeptor. Der NMDA-Rezeptor (links) kann einen Kalziumkanal bilden, der allerdings unter regulären Bedingungen durch ein Magnesiumion blockiert ist. Auch wenn der Neurotransmitter Glutamat als NMDA-Ligand andockt, kommt es zunächst nur zu vernachlässigbarem Kalziumeinstrom. Der Non-NMDA-Rezeptor dagegen kann bei Aktivierung einen Kationenkanal bilden, der insbesondere Natriumionen eintreten lässt. Führt nun ein synaptischer Kontakt (»modulierender Zufluss«) repetitiv zur Aktivation des Non-NMDA-Rezeptors, wird die Membran depolarisiert und das Magnesiumion ausgeworfen. Dadurch wird jetzt der NMDA-Rezeptor für Kalziumionen durchlässig. Die Membrandepolarisation breitet sich aus, am benachbarten »potenzierbaren Zufluss« (rechts) wird dadurch der NMDA-Rezptor vom Magnesiumion befreit, und die Ausschüttung von Glutamat führt hier unmittelbar zu einer Membrandepolarisation. Außerdem ist an dieser Synapse gezeigt, welche Prozesse in der subsynaptischen Zelle zusätzlich ablaufen

Es kommt also zur »Assoziation« zweier Ereignisse an zwei verschiedenen Zellen (s. Abb. 24.15):
(1) Durch die Wirkung des »modulierenden« Zuflusses ergibt sich an der subsynaptischen Membran der Zielzelle als günstige Bedingung für den potenzierbaren Zufluss eine Depolarisation.
(2) Das Einlaufen einer Erregung in dem »potenzierbaren Zufluss« führt zur Transmitterausschüttung und hat jetzt hier einen Kalziumeinstrom zur Folge.

Beides zusammen bringt einen sehr viel stärkeren Effekt als ein alleiniger Impuls am »potenzierbaren Zufluss« (der i. Allg. ohne subsynaptische Konsequenz bleibt). Demnach liegt hier ein Basisprozess für die oben angesprochene Assoziativität im Verhalten von bestimmten Hippocampusneuronen vor. Dies wiederum ist die Grundlage der klassischen Konditionierung.

Ursachen für längerfristige Potenzierung. Wie kommt es jetzt zu einer Potenzierung, die über nur kurzzeitige Veränderungen der Membraneigenschaften hinausgeht? Mögliche Ursache für eine *mäßige* Verlängerung der LTP können sowohl präsynaptische als auch postsynaptische Veränderungen sein. Präsynaptisch verursachte Potenzierung würde beinhalten, dass im Zuge einer tetanischen Reizung bei neuerlichen Aktionspotenzialen mehr Neurotransmitter ausgeschüttet wird als zuvor. Dieses Phänomen konnte tatsächlich nachgewiesen werden. Es stellte sich heraus, dass der Anstoß hierzu über einen **retrograden Botenstoff** kommt, der von der postsynaptischen Membran freigesetzt wird und in die präsynaptische Endigung eindringen kann. Dieser Botenstoff führt dann über Second-Messenger-Prozesse in der präsynaptischen Endigung zu einer längerfristigen Steigerung der Glutamatausschüttung. Die beiden gasförmigen Moleküle Stickstoffmonoxid und Kohlenstoffmonoxid wurden als solche retrograden Messenger identifiziert.

Zunahme von Non-NMDA-Rezeptoren und neue Synapsen. Postsynaptische Potenzierung kann ebenfalls zustande kommen, indem die Sensibilität der Rezeptoren ansteigt bzw. deren Zahl zunimmt. Man geht heute davon aus, dass tatsächlich prä- und postsynaptische Veränderungen involviert sind. So konnte an der postsynaptischen Membran gezeigt werden, dass im Zuge der LTP die Zahl der Non-NMDA-Rezeptoren zunimmt.

Zur Erklärung synaptischer Plastizität, die über Tage und Wochen anhält, sind Prozesse im Zellkern von entscheidender Bedeutung. Diese stoßen die Exprimierung von Proteinen an, die Umbauprozesse in der Zellstruktur einleiten und damit zu stabilen morphologischen Veränderungen, etwa neuen synaptischen Kontakten, führen.

24.4.2 Subsynaptische Einzelprozesse für morphologische Veränderungen

Durch den Kalziumeinstrom werden einige Enzyme aktiviert, die eine Phosphorylierung fördern (s. Abb. 24.15 und 24.16). Durch Phosphorylierung können die chemischen Eigenschaften vieler Proteine verändert werden, meist in dem Sinne, dass ihre Reaktionsfreudigkeit erhöht wird. Zahlreiche Neuronen enthalten als Enzyme Proteinkinasen – z. B. die Proteinkinase A (PKA), die Proteinkinase C (PKC) und die Calmodulinkinase (CaM-Kinase). Alle diese scheinen für die LTP von Bedeutung zu sein, da ihre selektive Blockade LTP verhindern kann. Die CaM-Kinase vermag AMPA-Rezeptoren durch Phosphorylierung zu aktivieren und darüber hinaus den vermehrten Einbau von AMPA-Rezeptoren in die Membran anzuregen. Für die CaM-Kinase gilt, dass diese in ihrem aktivierten Zustand bleibt, sobald sie einmal durch Kalziumionen angeregt wurde. Nur durch die Anwesenheit anderer spezifischer Enzyme kann CaM wieder in den inaktiven Zustand zurückgeführt werden. Hier herrscht offenbar eine lang

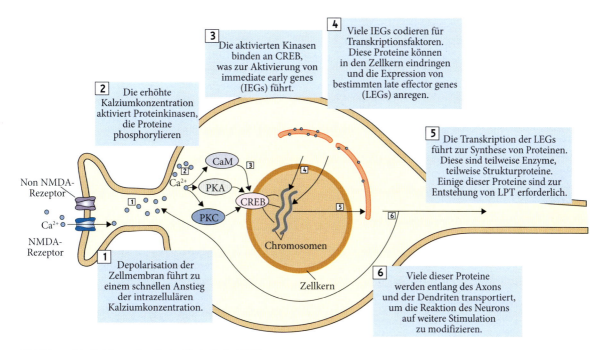

Abbildung 24.16 Neurochemische Kaskade bei LTP

anhaltende Veränderung in einem bestimmten Enzym vor, die ein Basisprozess für LTP sein dürfte. Tatsächlich zeigte sich in einigen Präparationen, dass die Hemmung der CaM eine Bildung von intermediärem Gedächtnis behindert. Das Langzeitgedächtnis dagegen wird durch die Hemmung der PKC blockiert.

Übersicht

Von den genannten Proteinkinasen wird neben der Phosphorylierung von Proteinen auch die Proteinsynthese angestoßen.

▶ Eine Untereinheit der PKA, die sog. katalytische Untereinheit (catalytic subunit) kann in den Zellkern eindringen.

▶ Hier wird ein Protein aktiviert, dem eine Schlüsselrolle zukommt: das cAMP Response Element Binding Protein (CREB).

▶ Wird CREB aktiviert, so folgt darauf eine Zunahme weiterer sog. »immediate early genes« (IEG).

▶ Diese wiederum können für weitere Transkriptionsfaktoren kodieren.

▶ Diese Transkriptionsfaktoren können – u.a. durch die Steuerung der Exprimierung anderer Gene – die Bildung bestimmter Proteine auslösen, die für Wachstum bzw. Differenzierung von Nervenzellen entscheidend sind.

▶ IEG können den Zellkern verlassen, im Zytoplasma weitere Transkriptionsfaktoren aktivieren, die dann wieder in den Zellkern eindringen. Hier wirken sie auf die Exprimierung bestimmter sog. »late effector genes« (LEG) ein. Diese wiederum steuern die Synthese von anderen Proteinen sowie Enzymen, denen eine Bedeutung bei der Strukturbildung von Zellen zukommt.

Die Vorgänge sind hier nur in ihren elementaren Grundzügen dargestellt. Die Details sind weitaus komplexer; so kennt man sowohl bei der Drosophila als auch bei Säugetieren zahlreiche Varianten des CREB, deren Bedeutung für Lernvorgänge bisher nur ansatzweise bekannt ist.

24.4.3 Langzeitdepression

Neben der LTP konnte auch das Phänomen der Langzeitdepression (LTD) nachgewiesen werden. Auch dieser Prozess dürfte eine Rolle bei der Gedächtnisbildung

spielen. LTD äußert sich als eine lang anhaltende Abschwächung in der Amplitude subsynaptischer Membranpotenziale. Sie zeigt sich meist bei relativ niedrigfrequenter Impulsfolge in der präsynaptischen Endigung. Der Prozess der LTD hängt ebenfalls mit dem NMDA-Rezeptor zusammen, und zwar auch hier mit der Konzentration der Kalziumionen. Während eine sehr hohe Kalziumionenkonzentration eine LTP auf dem Wege der Aktivierung von Proteinkinasen auslöst, führt eine niedrige Konzentration von Kalziumionen zum entgegengesetzten Ergebnis. Es werden u.a. Enzyme (Proteinphosphatasen) aktiviert, die einen Effekt haben, der demjenigen der Proteinkinasen entgegengesetzt ist: Die Entfernung von Phosphatgruppen von Proteinmolekülen wird angeregt.

Die im Vorangegangenen geschilderten Ergebnisse bilden nur einen kleinen Ausschnitt dessen, was über die neuronalen Prozesse im Zusammenhang mit Lernen und Gedächtnis bekannt ist. In Zellen anderer Gehirnregionen spielt bei Lern- und Gedächtnisvorgängen eine Reihe anderer Rezeptormoleküle, zwischengeschalteter Ionen und Enzyme sowie verschiedener genetischer Faktoren eine wichtige Rolle. Doch wenn auch die involvierten Substanzen und molekularen Mechanismen durchaus variieren können, so bleibt als Hauptbefund festzuhalten, dass bei Lern- und Gedächtnisvorgängen sowie deren Konsolidierung stets die folgenden Schritte durchlaufen werden:

▶ neuronaler Impuls
▶ Ioneneinstrom in die subsynaptische Membran
▶ Aktivierung von Enzymen
▶ Umbau von Proteinen
▶ kurz- und längerfristig wirkende genetische Prozesse
▶ Wachstum bzw. Degeneration von Zellbereichen

Zusammenfassung

Im Hippocampus konnte ein Modellsystem zur Beschreibung der klassischen Konditionierung auf zellulärer Ebene identifiziert werden. Dieses arbeitet unter wesentlicher Beteiligung der glutamatergen NMDA- und Non-NMDA-Rezeptoren. An diesem Modell zeigt sich Langzeitpotenzierung (LTP), wenn etwa die Zuflüsse über zwei benachbarte Synapsen zeitgleich aktiv sind (Assoziation). LTP über Zeiträume von Tagen und Wochen ist erklärbar über morphologische Umbauprozesse. Diese werden zunächst von der stark erhöhten intrazellulären Kalziumkonzentration angestoßen, die ihrerseits dann eine Kaskade von enzymatischen und genetischen Prozessen nach sich zieht, an deren Ende die Synthese von zellstrukturbildenden Proteinen steht.

24.5 Die neuronale Basis des operanten Konditionierens

Während man für die klassische Konditionierung sowohl Modellsysteme auf zellulärer Ebene als auch zerebrale Wirkungsgefüge identifizieren konnte, ist dies für die operante Konditionierung bisher nur ansatzweise gelungen. Man kann zwar gut begründete Aussagen über die Bedeutung einzelner Neurotransmitter machen (z. B. Dopamin) sowie Gehirnstrukturen angeben, die bei der operanten Konditionierung eine Rolle spielen, eine umfassende und konsistente Beschreibung der Zusammenhänge ist aber noch nicht möglich.

24.5.1 Die zellulären Grundlagen des operanten Konditionierens

Ähnlich dem klassischen Konditionieren ist auch beim operanten Konditionieren erforderlich, dass sich zwischen den Nervenzellen, die beim Konditionierungsprozess beteiligt sind, eine dauerhafte Festigung der Verbindungen ergibt. Die Verhältnisse sind beim operanten Konditionieren insofern komplizierter, als diese Kräftigung von Verbindungen nur vonstatten gehen kann, wenn ein Verstärkungssystem eingeschaltet ist. Während beim klassischen Konditionieren nur zwei Elemente zum Zustandekommen der konditionierten Reaktion nötig sind, werden beim operanten Konditionieren drei Elemente benötigt: ein (diskriminativer) sensorischer Reiz, ein motorischer Akt und ein verstärkender Reiz. Es muss also letzten Endes erklärt werden, wie das Zusammenspiel zwischen der Sequenz sensorischer Reiz – motorische Reaktion und einem belohnenden System, das die Reaktion verstärkt, aussehen kann.

Beispiel: Wie ist es zu erklären, dass der Anblick einer Taste (1), deren Bedienung zur Futterabgabe führt, die Tendenz zum Hebeldrücken (2) erhöht, wenn ein Lerndurchgang vorausgegangen ist? Vor dem Lernvorgang war diese Reiz-Reaktions-Verknüpfung (1) → (2) nicht vorhanden. Welcher Mechanismus sorgt also dafür, dass der synaptische Kontakt zwischen dem sensorischen und dem motorischen Neuron modifiziert wird?

Dopaminwirkung in CA1 des Hippocampus. Es konnten tatsächlich Modellsysteme identifiziert werden, auf deren Basis sich ein solcher Verstärkungsprozess verstehen lässt. Ein solches System befindet sich im Hippocampus, und zwar bevorzugt wiederum im Bereich CA1 (s. Abb. 24.12). Hier wurden im Experiment Neuronen folgendermaßen »belohnt«: Bei permanenter Registrierung der Spontanentladung eines Neurons mit einer Mikroelektrode wird zusätzlich eine Mikropipette in dasselbe Neuron eingestochen, um bestimmte Substanzen durch Mikrodialyse in das Zellinnere einbringen zu können (s. Abb. 24.17). Das »operante Konditionieren« sieht in diesem Fall so aus, dass jedes Mal auf eine spontane Entladungssalve des Neurons eine Infusion folgt, quasi als »Belohnung« für die Aktivität des Neurons. Die Infusion kann entweder Dopamin, Kokain oder Salzlösung enthalten.

In einer Kontrollbedingung finden ebenfalls Infusionen statt, diese sind jedoch nicht kontingent auf die spontanen Entladungen des Neurons, sondern erfolgen zufällig. Es ergab sich eine Zunahme der Entladungssalven nur in den Fällen, in denen Dopamin oder

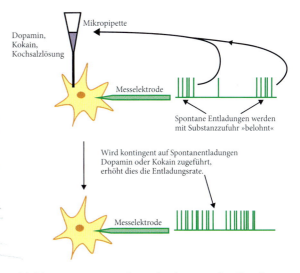

Abbildung 24.17 Verstärkung durch Dopaminmikrodialyse. Beim »operanten Konditionieren« einer einzelnen Zelle in CA1 erfolgt auf eine spontane Entladungssalve eine Infusion, quasi als »Belohnung« für die Aktivität. Die Infusion kann entweder Dopamin, Kokain oder Salzlösung enthalten. Nur bei Dopamin und Kokain erhöht sich die Spontanentladungsrate

Kokain gegeben wird, und zwar kontingent auf die spontanen Salven. Kein solcher Effekt ist beobachtbar bei nichtkontingenter Applikation bzw. bei der Verabreichung von Salzlösung. Mit diesen Studien kann zwar noch keine Verstärkung synaptischer Kontakte auf zellulärer Ebene belegt werden, jedoch erkennt man, dass Neuronen ihr Verhalten ändern können, wenn ihre Umgebung in kontingenter Weise auf »spontanes« Verhalten reagiert.

Keine Reiz-Reaktions-Verstärkung bei Dopaminblockade. Ein wichtiges Ergebnis zur Bedeutung des Dopamins für Verstärkungsprozesse besteht darin, dass sich bei Blockade von Dopaminrezeptoren auch die Verstärkerwirkung unterbinden lässt.

Es wurde folgendes Experiment durchgeführt: Ein Tier, z. B. eine Ratte, erhält sein Futter immer in einem von zwei Käfigen, die durch einen Gang miteinander verbunden sind. Man trainiert das Tier etwa eine Woche lang, indem man es immer in den linken Käfig setzt, wo es dann Futter erhält. Setzt man es danach in den rechten Käfig, so wird es später immer in den linken Käfig gehen, wenn es hungrig ist. Man nennt dieses Verhalten eine konditionierte »Platzpräferenz« (place preference).

Vor dem Training teilte man die Tiere in zwei Gruppen. Gruppe A erhielt eine Woche lang stets vor der Platzierung im linken Käfig eine Injektion von Haloperidol, einem Dopaminrezeptoren-Blocker (s. auch Abschn. 21.1.6). Die Tiere der Gruppe B erhielten statt dessen eine Injektion mit einer (unwirksamen) Kochsalzlösung. Es zeigte sich, dass die Ratten aus Gruppe A keine Platzpräferenz entwickelten. Wenn sie den Käfig frei wählen konnten, ergab sich keine Bevorzugung für den linken Käfig. Bei den Tieren der Gruppe B hatte sich erwartungsgemäß die Platzpräferenz entwickelt: Sie suchten, wenn sie hungrig waren, immer den linken Käfig auf. Man konnte durch weitere Experimente ausschließen, dass es sich um eine unspezifische Blockade der rein motorischen Verhaltensanteile handelt: Die isolierte motorische Reaktion ist durchaus noch auslösbar, z. B. das Trinken von Zuckerlösung bzw. die Bedienung des Hebels, der die Zuckerlösung freigibt. Ebenso ist belegt, dass es sich hier um keine Gedächtnisstörungen handelt. Das Defizit liegt tatsächlich in der Reiz-Reaktions-Verbindung.

24.5.2 Belohnungssysteme im Gehirn

Seit den Untersuchungen von James Olds und Peter Milner aus dem Jahr 1954 (s. Abschn. 22.2.1) und einer Vielzahl nachfolgender Untersuchungen weiß man, dass es sog. Belohnungssysteme im Gehirn gibt. Implantiert man in eine Region, die zu einem solchen System gehört, eine Mikroelektrode und gibt dem Versuchstier die Möglichkeit, den elektrischen Strom zur Elektrode selbst durch Hebeldruck zu steuern, so beobachtet man, dass die Tiere mit hoher Wiederholungsfrequenz die Taste betätigen, um das entsprechende Gehirngebiet zu reizen. Man nennt diese Selbstreizungsprozedur »intrakranielle Selbststimulation« (ICSS). Mittlerweile konnte eine Reihe von Orten im Gehirn identifiziert werden, wo dieser Effekt der freiwilligen Selbstreizung funktioniert.

> **Übersicht**
>
> **Intrakranielle Selbstreizung**
> Intrakranielle Selbstreizung zeigt sich bei Implantation der Reizelektrode in folgenden Gebieten:
> ▶ präfrontaler Kortex
> ▶ Nucleus accumbens
> ▶ Nucleus caudatus
> ▶ Putamen
> ▶ Thalamuskerne (bestimmte Kerngebiete)
> ▶ Amygdala
> ▶ Locus coeruleus
> ▶ mediales Vorderhirnbündel (medial forebrain bundle, MFB)

Das MFB besteht aus einer Vielzahl von Fasern, die v. a. aus der Formatio reticularis im Bereich des Mittelhirns (daher »medial«) zu Strukturen des Vorderhirns laufen, etwa dem Hippocampus, der Amygdala und dem Septum. Hierbei werden auch Bereiche des Hypothalamus berührt. Im MFB finden sich überwiegend dopaminerge und noradrenerge Fasern. Insbesondere die dopaminergen Fasern dürften die verstärkenden Effekte bei einer Stimulation des medialen Vorderhirnbündels vermitteln.

Drei dopaminerge Verbindungspfade. Von besonderer Bedeutung für Verstärkungsprozesse sind drei dopaminerge Verbindungspfade im Gehirn.

(1) Das **nigrostriatale System**: Es nimmt seinen Ausgangspunkt in der Substantia nigra, genauer gesagt in deren Pars compacta, und zieht zum Striatum, bestehend aus Nucleus caudatus und Putamen. Ne-

486 | 24 Lernen und Gedächtnis

ben seiner Bedeutung für Verstärkungsprozesse besitzt dieses System hohe Relevanz für die Bewegungssteuerung.

(2) Das **mesolimbische System**: Ausgangspunkt ist das ventrale Tegmentum des Mittelhirns (ventrales tegmentales Areal, VTA). Es projiziert zur Amygdala, dem Hippocampus, dem Nucleus accumbens und zu lateral gelegenen Gebieten des Septums. Die Fasern verlaufen teilweise durch das mediale Vorderhirnbündel. Der Nucleus accumbens befindet sich im basalen Vorderhirn und grenzt unmittelbar an das Septum an.

(3) Das **mesokortikale System**: Es nimmt seinen Ausgang ebenfalls von der VTA und projiziert in zahlreiche limbische Strukturen und weitgestreut in den Frontal-, Parietal- und Temporallappen.

Im Mittelpunkt: das VTA. Von besonderer Bedeutung für den Verstärkungsprozess scheint das VTA zu sein. Hier befinden sich die Zellkörper dopaminerger Neuronen, die ins mesolimbische und mesokortikale System projizieren. Leitet man von diesen Neuronen die elektrische Aktivität ab, so zeigt sich, dass einige von ihnen selektiv ihre Feuerungsrate auf Reize erhöhen, wenn ein positives Ereignis (z. B. Darbietung von Futter) angekündigt wird. In dem Moment, in dem also ein vorher neutraler Reiz, der bisher keine Aktivität in diesen Neuronen auslöste, zu einem Signalreiz für positive Konsequenzen wird, werden diese Neuronen aktiv.

> **!** Beim operanten Konditionieren spielen dopaminerge Strukturen des Gehirns eine Schlüsselrolle. Die drei wichtigsten dopaminergen Systeme sind: das nigrostriatale System, das mesolimbische System und das mesokortikale System.

24.6 Gedächtnisleistungen und Gehirnstrukturen

24.6.1 Verschiedene Gedächtnistypen

Die biopsychologischen Theorien zum Ablauf von Gedächtnisprozessen und zu den verschiedenen Teilaspekten der Gedächtnisleistung beim Menschen wurden in der Vergangenheit überwiegend auf der Basis von neuropsychologischen Beobachtungen erarbeitet. Durch sorgfältiges Testen von Patienten mit relativ gut beschriebenen Läsionen des Gehirns konnten oft sehr spezifische Leistungsminderungen beobachtet werden. Daraus ließ sich schließen, dass bestimmte Leistungen des Gedächtnisses sich offenbar in einzelnen, gut abgrenzbaren Bereichen des Gehirns abspielen. Dies wiederum impliziert, dass es kein einzelnes großes »Gedächtnissystem« in unserem Gehirn gibt, sondern dass bestimmte Teilleistungen in oft weit auseinanderliegenden – aber dennoch untereinander stark vernetzten – Strukturen erfüllt werden.

Wenn man das Funktionieren des Gedächtnisses in systematischer Weise betrachten will, so bietet sich hierzu einerseits eine Untergliederung des Gedächtnisses in der zeitlichen Dimension an (»Wie lange wird etwas behalten?«), andererseits eine Systematik, die sich an den Inhalten orientiert (»Was wird gespeichert?«). Wie wir sehen werden, lassen sich für beide Verarbeitungsebenen jeweils spezialisierte Bereiche des Gehirns identifizieren, die hier Teilaufgaben zu übernehmen scheinen. Allerdings ist man von einer vollständigen und schlüssigen Zuordnung von Gedächtnisleistungen zu Gehirnstrukturen noch sehr weit entfernt. Dabei ist ohnehin fraglich, ob einer streng lokalisationistischen Betrachtungsweise nicht Grenzen gesetzt sind, da das Gehirn aufgrund des eben erwähnten hohen und weiträumigen Vernetzungsgrads nur bedingt eine präzise Zuordnung von Funktionen zu Orten zulässt.

24.6.2 Die zeitliche Dimension des Gedächtnisses

Man kann aufgrund der Dauer des Behaltens von Gedächtnisinhalten ein Stufenmodell der Gedächtnisprozesse aufstellen:

(1) Ein sensorischer Speicher, von dem aus – unter geeigneten Bedingungen – die Information in

(2) das Kurzzeitgedächtnis gelangt, um schließlich wiederum beim Vorliegen günstiger Randbedingungen in

(3) das Langzeitgedächtnis übertragen zu werden.

Sensorisches Gedächtnis und Enkodierung

Unter Enkodierung versteht man die erste mentale Repräsentation eines Reizes, nachdem er von einem Sinnesorgan registriert wurde. Der erste Schritt bei der Enkodierung von Reizen besteht darin, dass die sensorische Information für extrem kurze Zeit – meist weniger als eine Sekunde – im sensorischen Speicher erhalten bleibt, um dann entweder ins Kurzzeitgedächtnis zu

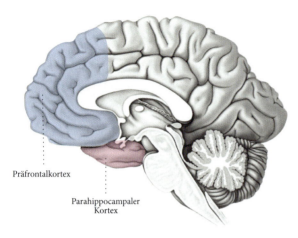

Präfrontalkortex
Parahippocampaler Kortex

Abbildung 24.18 Gehirngebiete, die beim Enkodierungsprozess aktiv sind

gelangen oder zu verblassen. Handelt es sich um visuelle Reize, so spricht man in diesem Zusammenhang vom **ikonischen Gedächtnis**, bei akustischen Reizen nennt man es **echoisches Gedächtnis**. In diesem bleibt die Information etwas länger erhalten als im ikonischen Gedächtnis, im Mittel etwa zwei Sekunden.

Es liegen mittlerweile verschiedene Studien mit bildgebenden Verfahren (meist funktionelle Magnetresonanztomographie, s. Abschn. 26.4.2) vor, die das sensorische Gedächtnis untersuchten. Man ging hierbei meist so vor, dass während der kurzzeitigen Darbietung einer Reihe unterschiedlicher visueller oder auditiver Reize die Gehirnaktivität registriert wurde. Im Anschluss an die Reizserie wurde geprüft, an welche Reize sich die Versuchsperson noch erinnern konnte. Die Annahme ist, dass die später erinnerten Reize während ihrer Darbietung und etwa 1–2 Sekunden danach zu einer höheren Aktivität in den für die Erinnerung relevanten Gehirnregionen führten als die nicht erinnerten Reize. Man betrachtete nun »rückblickend« Unterschiede in den Aufzeichnungen aus der Reizdarbietungsphase zwischen erinnerten und nicht erinnerten Reizen. Als Ergebnis zeigte sich meist eine selektive Aktivitätserhöhung sowohl im präfrontalen Kortex als auch im parahippocampalen Kortex (= Gyrus hippocampi; im Wesentlichen im Bereich der Area 27, 28 und 35 gelegen). Letzteres Gebiet ist über weite Teile überlappend mit dem medialen Temporallappen (s. Abb. 24.18). Weitere Studien, die teilweise mit PET (s. Abschn. 26.4.4) durchgeführt wurden, konnten in erster Linie die Beteiligung des medialen Temporallappens bestätigen.

Kurzzeit- und Arbeitsgedächtnis

Von Kurzzeitgedächtnis spricht man bevorzugt, wenn es sich um einen Speicher für Informationen handelt, die soeben erst aufgenommen wurden und unmittelbar danach zur Verfügung stehen müssen. Als Arbeitsgedächtnis bezeichnet man einen Speicher, der dem Kurzzeitgedächtnis verwandt ist: Im Arbeitsgedächtnis wird Information für weitere Verarbeitung bereitgestellt. Hier werden auch Informationen gehalten, die aus dem Langzeitgedächtnis abgerufen wurden, um für einen begrenzten Zeitraum präsent zu sein. Dies ist z. B. immer dann der Fall, wenn wir beim Gebrauch der Sprache Wörter aus dem Wortlexikon abrufen, um sie zu Sätzen zu kombinieren und auf ihrer Basis die motorischen Impulse an den Sprechapparat zu generieren.

Mittels bildgebender Verfahren (v. a. PET-Studien) hat sich relativ durchgängig ergeben, dass bei Aufgaben, die eine Beteiligung des Arbeits- bzw. Kurzzeitgedächtnisses erfordern, der präfrontale Kortex aktiviert wird. Außerdem fanden sich bei Verarbeitungsprozessen, die sprachliche Information beinhalten, konsistent erhöhte Aktivierungen in den linkshemisphärischen Spracharealen. Bei visuell-räumlichen Aufgaben dagegen wurde eine Aktivierung in rechtshemisphärischen Arealen des Frontallappens sowie des Parietal- und Okzipitallappens beobachtet.

Konsolidierung und Langzeitgedächtnis

Bei der Konsolidierung von Gedächtnisinhalten, also beim Transport der Information vom Kurzzeit- zum Langzeitgedächtnis, spielt die **Hippocampusformation** eine entscheidende Rolle. Dies lässt sich vor allem auf der Basis von Patienten mit Läsionen in diesem Bereich belegen (s. u. das Fallbeispiel von H. M.). Diese Patienten zeigen typischerweise eine anterograde Amnesie, also ein Defizit beim Erinnern von Sachverhalten, die nach dem Zeitpunkt der Schädigung eingetreten sind – von diesem Zeitpunkt aus also zeitlich nach vorne (»antero-«) gesehen. Bei vielen Patienten mit einer solchen Schädigung ist allerdings auch eine leichte bis mittelschwere retrograde Amnesie zu beobachten, also ein Defizit hinsichtlich des Erinnerns von Ereignissen, die vor der Läsion geschehen sind. Hier zeigt sich eine Graduierung in der Weise, dass Dinge, die lange zurückliegen, noch sehr gut erinnert werden können, je näher jedoch der Zeitpunkt des zu erinnernden Sachverhalts an den Zeitpunkt der Läsion rückt, umso größer werden die Defizite. Möglicherweise befand sich diese Information noch im Konsolidierungsprozess und »lag« im Hippocampus. Von dort aus konnte sie nicht mehr ins Langzeitgedächtnis befördert werden.

Auch seitens der Neuroanatomie erscheint es plausibel, dass der Hippocampus bei der Konsolidierung eine Rolle spielt. Er verfügt über reziproke Verbindungen zu allen Assoziationskortizes, die als Langzeitspeicherorte gelten. Außerdem besitzt er aufgrund von **Langzeitpotenzierung** die Fähigkeit, Informationen über kürzere oder längere Zeiträume – Stunden bis Wochen – zwischenzuspeichern.

Fallbeispiel

Der Fall H. M.

In der modernen Geschichte der Neurowissenschaft und insbesondere der Neuropsychologie hat ein Fall von Amnesie nach einer Gehirnoperation besonderes Interesse gefunden und Berühmtheit erlangt. Dies ist der Fall eines Patienten, der nach seinen Initialen als H. M. in die Literatur eingegangen ist. Bei ihm waren wegen seiner schweren Epilepsie beidseitig die medialen Temporallappen entfernt worden.

H. M. litt seit seinem zehnten Lebensjahr unter epileptischen Anfällen. Nachdem die Anfälle immer schwerer und häufiger wurden und trotz stärkster Medikation nicht zu beherrschen waren, wurde H. M. arbeitsunfähig. Man beschloss im Jahr 1953, als er 27 Jahre alt war, eine Gehirnoperation durchzuführen, um die Anfälle in den Griff zu bekommen. Auf der Basis relativ unspezifischer EEG-Indikatoren sowie von – ebenfalls nicht sehr genauen – Oberflächenableitungen vom Kortex während der Operation wurde eine beidseitige mediotemporale Lobektomie durchgeführt. (Unter Lobektomie versteht man das Entfernen von Lappen bzw. Teilen von Lappen des Kortex.) Die Operation war insofern erfolgreich, als die Zahl und Schwere der epileptischen Anfälle zurückging sowie die Dosis der antikonvulsiven Medikation deutlich reduziert werden konnte. Was allerdings erst nach etwa 1¼ Jahren zutage trat, waren massive Gedächtnisstörungen. Diese bezogen sich auf die nicht allzu weit zurückliegende Vergangenheit und – sehr viel schwerwiegender – auf neu zu speichernde Information. Als man beispielsweise H. M. im April des Jahres 1955 testete, gab er an, es sei jetzt März 1953 und sein Alter sei 27 Jahre. Er war allerdings jetzt 29 Jahre alt. Sehr viel beeindruckender war, dass nachdem der Psychologe, der ihn testete, den Raum verlassen hatte und nach einer Weile zurückkehrte, H. M. sich nicht daran erinnern konnte, ihn jemals vorher gesehen zu haben oder dass er überhaupt vorher mit irgend jemand gesprochen hätte. Wirklich zuverlässig war sein Gedächtnis nur noch hinsichtlich länger zurückliegender Ereignisse, z. B. aus seiner Kindheit.

Der Intelligenzquotient von H. M. lag auch nach der Operation noch im Normalbereich. Er zeigte keine Defizite in der sensorischen Leistung oder in der sprachlichen Interaktion. Das Kurzzeitgedächtnis von H. M. war intakt (keine Mängel im Zahlenwiederholungstest). Er hatte jedoch das Gedächtnis für Ereignisse nach der Operation bzw. für Ereignisse, die einige Zeit vor der Operation geschehen waren, vollständig verloren.

Aus dem Operationsbericht des Neurochirurgen William. B. Scoville, der in Montreal die Operation durchgeführt hatte, ging hervor, dass er beidseitig den Hippocampus entfernt hatte. Nach Scovilles Angaben wurden etwa jeweils 8 Zentimeter Gehirngewebe, das sich von der vorderen Spitze des Hippocampus bis in die posterioren Anteile des medialen Temporallappens erstreckte, abgetragen. Nachdem man im Jahr 1997 – 44 Jahre nach der Operation – H. M. mit Magnetresonanztomographie untersucht hatte, stellte sich heraus, dass deutlich weniger Gehirngewebe entfernt worden war (nur 5 Zentimeter), die jedoch in erster Linie den Hippocampus betrafen.

Mittlerweile weiß man aufgrund sorgfältiger neuropsychologischer Untersuchungen von anderen Patienten mit Läsionen im medialen Temporallappen, dass tatsächlich eine eng umschriebene Hippocampusläsion »genügt«, um die schwere anterograde Amnesie, wie man sie von H. M. kennt, auszulösen. Die neuropsychologische Literatur zu Patienten mit Hippocampusläsionen, beginnend mit H. M., konvergiert insofern, als die Hauptaufgabe des Hippocampus die Gedächtniskonsolidierung zu sein scheint. Demnach gelingt Transfer von Information ins Langzeitgedächtnis nur, wenn der Hippocampus intakt ist. Die eigentlichen Speicherorte für Inhalte des Langzeitgedächtnisses sind dagegen in verschiedenen neokortikalen Arealen lokalisiert.

Die Speicher des Langzeitgedächtnisses sind vor allem in den verschiedenen Assoziationsarealen des Neokortex lokalisiert. Wir werden auf die diesbezüglichen Details bei der folgenden Behandlung der inhaltlichen Komponenten des Langzeitgedächtnisses eingehen.

Zusammenfassung

Beim Enkodierungsprozess ist i. Allg. der mediale Temporallappen beteiligt. Bei vielen diesbezüglichen Aufgabentypen liegt außerdem eine präfrontal lokalisierte Aktivation vor.

Bei Aktivierung des Arbeitsgedächtnisses zeigt sich eine erhöhte Aktivierung im Präfrontalkortex und – aufgabenspezifisch – in denjenigen Kortexarealen, die der jeweiligen Sinnesmodalität des Reizmaterials zugeordnet sind.

Der Hippocampus spielt bei der Konsolidierung von Gedächtnisinhalten eine zentrale Rolle. Allerdings ist er nur eine von verschiedenen wichtigen Strukturen im Bereich des medialen Temporallappens, die unterschiedliche Aufgaben im Zusammenhang mit Gedächtnisleistungen wahrnehmen.

24.6.3 Strukturierung des Langzeitgedächtnisses unter inhaltlichen Aspekten

Explizites (deklaratives) und implizites (prozedurales) Gedächtnis

Die Unterscheidung zwischen implizitem und explizitem Gedächtnis wurde nahegelegt, seit man an Patienten mit Läsionen im Hippocampusbereich folgende Beobachtung machte: Präsentierte man den Patienten Aufgaben wie z. B. die Lösung eines einfachen Puzzles oder das Lesen eines Textes in Spiegelschrift, so konnten sich die Patienten einige Tage danach nicht mehr daran erinnern, die entsprechende Aufgabe schon einmal bearbeitet zu haben. Sie waren also nicht in der Lage, explizit über diesen Sachverhalt zu berichten. Dagegen zeigten sich bei diesen Patienten ein deutlicher Übungsgewinn. So traten z. B. bei einer Wiederholung des Tests im Spiegelschriftlesen weniger Fehler auf, es hatte sich also offenbar ein deutlicher Lerneffekt ergeben. Demnach können bestimmte Prozeduren durchaus gelernt werden, auch ohne dass die Patienten sich dessen bewusst sind. Daher nennt man diese Gedächtnisleistung auch prozedurales oder implizites Gedächtnis.

Das explizite Gedächtnis – episodisches und semantisches Material.
Das explizite (deklarative) Gedächtnis beinhaltet die Registrierung, die Speicherung und den Abruf von Wissen, das bewusst und/oder willentlich aufgenommen wurde. Man kann die Elemente, die sich im expliziten Gedächtnis befinden, unterteilen in

▶ Ereignisse aus der eigenen Biographie (Episoden) und
▶ Fakten, die nicht in Form von Szenen, sondern in der Form von Begriffen abgelegt sind (semantische Inhalte).

Das semantische Gedächtnis bezieht sich also auf unser Wissen über die Welt, während das **episodische Gedächtnis** Elemente unserer Biographie enthält.

Das implizite Gedächtnis – Skills und Priming.
Das implizite (prozedurale) Gedächtnis wird häufig weiter untergliedert in

▶ das Gedächtnis für Fertigkeiten (Skill-Learning) und
▶ das Gedächtnis für Priming-Prozesse.

Unter **Priming** versteht man einen Behaltensvorteil, der durch vorherige Konfrontation mit dem Gedächtnismaterial oder verwandtem Material besteht. So kann man etwa Wortfragmente sehr viel schneller und genauer zu dem vollständigen Wort ergänzen, wenn einem das entsprechende Wort auch in einem völlig anderen Kontext vorher (Minuten, Stunden, im Extremfall auch Tage) präsentiert worden war.

24.6.4 Beim deklarativen Gedächtnis involvierte Gehirnstrukturen

Das deklarative Gedächtnis bezieht sich auf den Erwerb, die Speicherung und den Abruf von Wissen, auf das bewusst und willentlich zugegriffen werden kann, wobei zwischen episodischem und semantischem Gedächtnis unterschieden wird.

Diese Gedächtnisleistung kann mit einer Fülle von Paradigmen untersucht werden. Dazu gehören das Lernen von Wortlisten, Lernen von paarweisen Assoziationen zwischen Wörtern etc. Eine Reihe von kortikalen Arealen, die hierbei involviert sind, konnten mit Hilfe bildgebender Verfahren identifiziert werden.

▶ Bei der Enkodierung episodischen Materials ist – wie generell bei Enkodierungsprozessen – die Hippocampusformation beteiligt. Dies ist sowohl auf der Basis neuropsychologischer Untersuchungen als auch mittels bildgebender Verfahren vielfach nachgewiesen worden.

► Beim willentlichen Abruf von episodischen Gedächtnisinhalten hat man Aktivierung bevorzugt im rechten dorsolateralen und medialen Frontalkortex beobachtet.

► Bei der Enkodierung von bedeutungshaltigem, i. Allg. sprachlichem Material ist meist der linke dorsolaterale Frontalkortex aktiviert. Diese Aktivierung kann auch die benachbarten Brodmann-Areale 46 und 47 mit einbeziehen. Bei älteren Menschen konnte in diesem Gebiet ein Nachlassen der Aktivität beobachtet werden.

Vereinzelt wurden Patienten beobachtet, bei denen sehr selektive Gedächtnisausfälle vorlagen. Dazu gehört etwa das Unvermögen, bestimmte Objektklassen, die auf Bildern gezeigt wurden, richtig zu benennen. So wurden Patienten beschrieben, die keine Schwierigkeiten hatten, einzelne Tiere korrekt zu benennen; bei Werkzeugen dagegen war ihnen das unmöglich. Hier scheint der Temporallappenbereich von besonderer Bedeutung zu sein. Es zeichnet sich ab, dass der linke inferiore Temporallappen eher bei der Benennung von belebten Objekten aktiviert wird, der mediale Gyrus temporalis eher bei unbelebten Objekten.

Zusammenfassung

Bei der Enkodierung episodischen Materials ist die Hippocampusformation beteiligt. Beim willentlichen Abruf von episodischen Gedächtnisinhalten hat man Aktivierung im rechten dorsolateralen und medialen Frontalkortex beobachtet. Für das semantische Gedächtnis sind vermutlich der dorsolaterale Frontalkortex und unterschiedliche Regionen im Temporallappenbereich ausschlaggebend.

24.6.5 Beim prozeduralen Gedächtnis involvierte Gehirnstrukturen

Zur Prüfung sensomotorischer Fertigkeiten bei Patienten wird häufig das Spiegelschriftschreiben oder das Nachzeichnen von Figuren, die als Schablonen vorliegen, eingesetzt. Eine Variante ist das Mirror Tracing; hier sieht die Person ihre Hand mit dem Stift und die Vorlage nur im Spiegel. Sie muss die Linien der Vorlage mit dem Stift nachfahren. Nach einigen Übungsdurchgängen verbessern sich die Patienten deutlich. Sie machen weniger Fehler, d. h. weniger Abweichungen von der Vorlage, und bewältigen die Aufgabe in kürzerer Zeit. Dieser Effekt zeigt sich auch bei Patienten, die sich an die Tatsache, dass sie die Aufgabe geübt haben (episodisches Gedächtnis), nicht erinnern können. Ebenso können Patienten, bei denen das deklarative Gedächtnis in seiner Gesamtheit geschädigt ist, diese Lernaufgabe immer noch meistern.

Aktivierung von Motorkortex, Kleinhirn und Basalganglien. Sowohl auf der Basis neuropsychologischer Untersuchungen als auch mittels fMRI konnte die Bedeutung der Basalganglien und des Kleinhirns für die Bewältigung dieser Aufgaben belegt werden. Außerdem wurde mittels bildgebender Verfahren nachgewiesen, dass – wie zu erwarten war – auch die motorischen Kortexareale M1 und M2 (s. Abschn. 9.5.3) aktiviert werden.

Wahrnehmungslernen über die Interaktionsschleife Striatum – Thalamus – Neokortex. Bei Fertigkeiten, die das Wahrnehmungslernen betreffen – z. B. Spiegelschriftlesen – oder das Einüben kognitiver Skills – z. B. das Bearbeiten der »Türme von Hanoi« – scheinen ebenfalls die Basalganglien involviert zu sein. So zeigen Parkinson-Patienten ebenso wie Patienten mit Chorea Huntington geringere Übungseffekte bei diesen Aufgaben als Gesunde. Untersucht man Gesunde mittels funktioneller Magnetresonanztomographie beim Lösen solcher Aufgaben, so zeigt sich eine erhöhte Aktivierung v. a. im Bereich der Basalganglien (bevorzugt im Striatum) sowie in unterschiedlichen Arealen des Neokortex. Diese Aktivierungen veränderten sich jedoch im Laufe des Lernfortschritts, was deutlich macht, dass hier dynamische Anpassungsvorgänge hinsichtlich der rekrutierten neuronalen Netzwerke ablaufen. Man geht davon aus, dass bei diesen Aufgaben typischerweise eine Interaktionsschleife Striatum – Thalamus – Neokortex angeregt wird, denn sobald eine dieser Stationen dysfunktional arbeitet (z. B. durch eine Läsion), kommt es zu Leistungsminderungen.

Priming über Aktivierung verschiedener neokortikaler Areale. Auch beim Priming zeigt sich auf der Basis von Beobachtungen an Patienten, dass der diesbezügliche Lernvorgang unabhängig von jenen Gedächtnisvorgängen abläuft, die das deklarative Gedächtnis betreffen. So kann sich ein Priming-Effekt durchaus auch dann einstellen, wenn die Patienten sich an die diesbezüglichen Lerndurchgänge nicht erinnern können. Demgemäß zeigen sich bei Patienten, bei denen das Priming defizitär

24.6 Gedächtnisleistungen und Gehirnstrukturen

ist, auch Läsionen an anderen Orten, als dies für total amnestische Patienten typisch ist. Auf der Basis der neuropsychologischen Untersuchungen konnte geschlossen werden, dass Ausfälle beim Priming v. a. bei Patienten vorkommen, die unter Schädigungen des Temporal- oder Okzipitalkortex leiden. Auf der Basis bildgebender Verfahren hat sich herauskristallisiert, dass je nach Modalität des vorbereitenden Reizes sich die stärksten Veränderungen im auditorischen, somatosensorischen oder im visuellen Kortex nachweisen lassen.

Zusammenfassung

Bei Anforderungen an das prozedurale Gedächtnis werden die Basalganglien, das Kleinhirn und die motorischen Kortexareale M1 und M2 aktiviert.

Beim Wahrnehmungslernen dürften insbesondere die Basalganglien, v. a. das Striatum, involviert sein. Allerdings konnte verschiedentlich auch eine neokortikale Aktivierung beobachtet werden. Es ist bei diesem Aufgabentyp eine Interaktionsschleife Striatum – Thalamus – Neokortex anzunehmen. Beim Priming dürften insbesondere der Temporal- und/oder Okziptalkortex beteiligt sein. Je nach Modalität des vorbereitenden Reizes zeigen sich meist Veränderungen im auditorischen, somatosensorischen oder visuellen Kortex.

Weiterführende Literatur

Byrne, J. H. (2008) Learning and memory: Basic mechanisms. In L. R. Squire, D. Berg, F. E. Bloom, S. DuLac, A. Ghosh & N. Spitzer (Eds.), Fundamental neuroscience (3rd ed.; pp. 1133–1152). Amsterdam: Elsevier.

Kandel, E. R., Kupfermann, I. & Iversen, S. (2000). Learning and memory. In E. R. Kandel, J. H. Schwartz & T. M. Jessell (Eds.), Principles of neural science (pp. 1227–1246). New York: McGraw-Hill.

Manns, J. R. & Eichenbaum, H. (2008). Learning and memory: Brain systems. In L. R. Squire, D. Berg, F. E. Bloom, S. DuLac, A. Ghosh &. N. Spitzer (Eds.), Fundamental neuroscience (3rd ed.; pp. 1153–1177). Amsterdam: Elsevier.

Markowitsch, H. J. (2000). The anatomical bases of memory. In M. S. Gazzaniga (Ed.), The cognitive neurosciences (2nd ed.; pp. 781–795). Cambridge: MIT Press.

Rudy, J. W. (2008). The neurobiology of learning and memory. Sunderland, USA: Sinauer Associates.

Squire, L. R. & Kandel, E. R. (2009). Gedächtnis – Die Natur des Erinnerns (2. Aufl.). Heidelberg: Spektrum Akademischer Verlag.

25 Sprache und Lateralisierung von Gehirnfunktionen

25.1 Sprache als außergewöhnliche mentale Leistung

Sprache hat sich vermutlich erst relativ spät in der Geschichte des Menschen, die vor etwa 2,5 Millionen Jahren begann, entwickelt. Man schätzt, dass dies vor etwa 100.000 Jahren geschah. Es ist davon auszugehen, dass alle menschlichen Sprachen aus einem einzigen Prototyp entstanden sind, der sich als Ursprache in Afrika herausgebildet hatte. Heute werden auf der Erde 6.500 bis 7.000 verschiedene Sprachen gesprochen, wobei die Vielzahl unterschiedlicher Dialekte noch nicht mitgezählt ist. Die einzelnen Sprachen besitzen jedoch einen weitgehend übereinstimmenden Grundaufbau (s. Abschn. 25.2.1).

Anatomische Grundvoraussetzungen. Sprachentstehung wurde erst möglich, als das menschliche Gehirn so weit entwickelt war, dass die neuronale Basis für die überaus komplexen Vorgänge im Zusammenhang mit Sprachverständnis und Sprachproduktion gegeben war. Auch die besonderen anatomischen Voraussetzungen im Bereich von Mund, Kiefer und stimmbildendem Apparat mussten erfüllt sein. Vor allen Dingen die Verlängerung des Halsbereichs (vermutlich als Folge des aufrechten Gangs) stellte eine Voraussetzung für die Vokalisation dar.

Es kann kein Zweifel daran bestehen, dass unser Gehirn in seiner heutigen Form einige Spezialisierungen aufweist, die bevorzugt dem Erlernen und dem Gebrauch von Sprache dienen. Bereits bei der Geburt ist das Gehirn hinsichtlich neuroanatomischer Besonderheiten (s. Abschn. 25.4), die mit der Sprache zu tun haben, weitgehend ausdifferenziert und optimal vorbereitet.

Phasen des Spracherwerbs. Für den Spracherwerb gibt es bei Kindern offenbar eine besonders wichtige und günstige Phase, die kurz nach der Geburt beginnt und nur einige Jahre anhält – bis maximal zum siebten Lebensjahr. Danach geht der Vorteil gegenüber Erwachsenen beim Erlernen einer Sprache sukzessive zurück. Ein Beispiel für die sehr frühen Leistungen, die höchstwahrscheinlich angeboren sind: Säuglinge im Alter von sechs bis acht Wochen achten bereits bevor-

zugt auf Klänge in ihrer Umgebung, die besondere melodische und rhythmische Merkmale (Prosodie) aufweisen, wie sie typisch für die gesprochene Sprache sind. Bereits im Alter von ca. drei bis sechs Monaten können Säuglinge Laute unterscheiden, die in ihrer Muttersprache gar nicht vorkommen oder deren Unterschied keine Bedeutung hat. Diese Fähigkeit geht ab dem ersten Lebensjahr zurück und verliert sich i. Allg. vollständig nach dem zweiten Lebensjahr, wenn die Sprachkompetenzen sich mehr und mehr auf den Erwerb der Muttersprache fokussieren.

Von besonderer Bedeutung ist, dass beim Erlernen der Muttersprache die Grammatik nicht als ein Regelwerk gelernt wird, sondern die Regeln vermitteln sich quasi beiläufig beim Hören und Nachsprechen der Sprache Erwachsener. Selbst wenn die unmittelbare Bezugsperson grammatikalisch nicht einwandfrei spricht, so erschließen die Kinder auf diese Weise dennoch die grammatikalischen Grundregeln.

Übersicht

Für eine enge Beziehung zwischen dem schon bei der Geburt vorliegenden neuronalen Apparat und dem Erwerb und Gebrauch von Sprache spricht die Tatsache, dass der Spracherwerb über die verschiedenen Kulturen hinweg in fast gleicher Weise abläuft:

- ► einfaches Plappern (6–7 Monate)
- ► Übergang zur Einwortsprache (1 Jahr)
- ► Zweiwortsprache, die schon gewissen syntaktischen Regeln folgt (2 Jahre)
- ► die Bildung von ganzen Sätzen und die Entwicklung differenzierten Sprachgebrauchs (ab 3 Jahre)

Ebenfalls für nahezu alle Kulturen gilt, dass es eine Altersgrenze gibt, bis zu der der Spracherwerb relativ problemlos möglich ist. Diese Grenze fällt ungefähr mit der Pubertät zusammen. Kinder, die in einer Welt ohne Sprache aufgewachsen sind, etwa weil sie ausgesetzt wurden und keinen Kontakt zu Menschen hatten oder weil ihre Eltern stumm waren und ihnen keine Möglichkeit zum Erlernen von Sprache gaben, können dies nach der Pubertät nicht mehr nachholen. Auch beim

Erwerb von Fremdsprachen scheint dieselbe Altersgrenze vorzuliegen. Während es vor der Pubertät sehr leicht fällt, auch die korrekte und akzentfreie Aussprache einer Fremdsprache zu lernen, ist dies nach der Pubertät ungleich schwieriger.

Angeborene Universalgrammatik. Die genannten, universell beobachtbaren Besonderheiten des Spracherwerbs führten Noam Chomsky (vgl. Chomsky, 1957) zu der Theorie, dass die Menschen über ein kulturübergreifend angelegtes Programm zum Erwerb der Sprache verfügen. Dieses sei in der sprachspezifischen neuronalen Ausgestaltung des Gehirns verankert. Jedes Kind verfüge über eine sog. Universalgrammatik, die es befähige, Laute aus seiner Umgebung als Sprache zu erkennen und sich die Sprache weitgehend automatisiert anzueignen. Dieses revolutionäre Konzept ist zwar bis heute nicht zweifelsfrei bewiesen, es ist aber in seinen wesentlichen Zügen weithin akzeptiert.

25.2 »Sprache« bei Tieren

Wenn das Instrumentarium für Sprache beim Menschen zu einem großen Teil biologisch angelegt ist, stellt sich die Frage, ob nicht auch andere, ebenfalls hoch entwickelte Lebewesen eine Sprache besitzen bzw. in der Lage wären, eine Sprache zu erlernen. Bevor man dieser Frage nachgeht, muss man sich vor Augen halten, dass Sprache nicht ein beliebiges Kommunikationssystem ist. Sprache bietet – aufbauend auf relativ wenigen Basiselementen – eine unbeschränkte Zahl von Möglichkeiten, Sachverhalte und Ideen auch komplexester Art zwischen Individuen auszutauschen. Da über Sprache Erfahrung weitergegeben werden kann, ist sie das wichtigste Instrument zur Entwicklung von Kultur.

25.2.1 Kommunikationssysteme in der Tierwelt

Natürlich gibt es in der Tierwelt zwischen Lebewesen ein und derselben Spezies Kommunikationssysteme. Diese haben aber – soviel wir wissen – stets eine vergleichsweise eingeschränkte Funktion: Sie dienen etwa zur Meldung von Gefahren, zur Verdeutlichung von Reviergrenzen, zur Beschreibung von Nahrungsquellen oder zur Signalisierung von Paarungsbereitschaft. Hierzu genügen i. Allg. wenige Zeichen, die entweder durch Vokalisation oder durch Körperbewegungen vermittelt werden. Die verschiedenen kommunikativen Äußerungen sind jeweils in sehr statischer Weise an ihre Funktion gebunden. Dennoch können diese Kommunikationssysteme sehr weit entwickelt sein und durchaus auch komplexe Verschlüsselungsschemata beinhalten.

Exkurs

Der Bienentanz

Der »Bienentanz« gilt als eines der am weitesten entwickelten, angeborenen Kommunikationssysteme im Tierreich. Die Bienen sind damit in der Lage, durch ein Schema von Körperbewegungen und ein bestimmtes Muster von Flügelschlägen den Weg zu einer Nahrungsquelle oder einer Wasserstelle zu beschreiben. Dabei spricht sehr viel dafür, dass

(1) der Winkel, den die Flugbahn zum Azimut der Sonne bildet, durch die Abweichung der Körperstellung von der Vertikalen während einer bestimmten Phase des Tanzes kodiert wird,

(2) die Entfernung des Ziels vom Bienenstock in der Dauer bestimmter Phasen des Tanzes ausgedrückt wird.

Damit sind die Flugrichtung und der Abstand vom Startpunkt definiert.

Diese Information genügt zum Auffinden der Nahrungsquelle. Bei der Wiedergabe der Information im Tanz bedienen sich verschiedene Bienenarten unterschiedlicher »Dialekte«.

25.2.2 Können Tiere den Gebrauch einer »Sprache« erlernen?

Es wurden in der Vergangenheit zahlreiche Versuche unternommen, Tiere – v. a. Primaten, deren Gehirn unserem am ähnlichsten ist – im Gebrauch von Sprache zu unterweisen. Während man sich früher v. a. Erkenntnisse darüber erhoffte, wie weit die kognitiven Leistungen von Tieren wohl reichten, wollte man später auf der Basis von Tierversuchen detaillierteres Wissen über diejenigen Gehirnfunktionen erwerben, die in einem engen Zusammenhang mit Spracherwerb und Sprachgebrauch stehen. Auch wollte man mehr darüber erfahren, wann sich in der Evolution bereits ein sprachfähiges Gehirn ausgebildet haben könnte.

Erlernen von Zeichensprache. Bei den Versuchen, Affen neue kommunikative Fertigkeiten zu vermitteln, war es aussichtslos, ihnen gesprochene Sprache beizubringen, da die Anatomie ihres lautbildenden Apparats hierfür ungeeignet ist. Die Luftröhre ist zu kurz und der Rachenraum ist zu schmal, um genügend Resonanzvolumen für die differenzierte Ausbildung von Sprachlauten bereitzustellen. Allerdings zeigte sich eine teilweise beachtliche Leistungsfähigkeit beim Erlernen von Zeichensprache. Ein bekanntes Beispiel ist etwa das Sprachtraining, das Allen Gardner und Beatrix Gardner (z. B. 1989) in jahrzehntelanger Arbeit mit Schimpansen durchführten. Sie konnten den Tieren Teile der amerikanischen Gebärdensprache beibringen (etwa 200 Wörter). Die Schimpansen verknüpften die Zeichen auch zu sinnvollen Wortketten, z. B. »Bitte, Apfel, ich«. In anderen Experimenten konnte gezeigt werden, dass man Schimpansen den Gebrauch verschiedener Chips beibringen kann, die sich in Farbe und Form unterschieden und jeweils bestimmte Begriffe symbolisierten. Mit diesen Chips konnten die Tiere durch geeignete Auswahl und Sequenzbildung kurze »Sätze« bilden (Premack, 1971).

Stagnation auf niedrigem Niveau. Es ist zu bezweifeln, dass hier wirklich eine Sprache erlernt und als solche angewendet wurde. Dazu müssten die Tiere etwa durch den Einsatz sprachlicher Regeln den Gebrauch der Zeichen (Gesten oder Chips) steuern. Sie müssten erkennen, welche Wortkombinationen sinnlos sind oder welche Zusatzinformation in der Wortreihenfolge steckt. Derartige kreative Leistungen bei der Anwendung der gelernten Zeichen wurden allerdings kaum beobachtet. Darüber hinaus zeigten die Schimpansen fast nie einen selbstständigen Gebrauch der gelernten Zeichen für kommunikative Zwecke, z. B. zwischen den Artgenossen. Außerdem ist man beim Sprachunterricht regelmäßig an bestimmte Kapazitätsgrenzen gestoßen, die dann auch mit erhöhtem Aufwand nicht zu überwinden waren. Auch zeigt sich keine spontane Weiterentwicklung der Sprachkompetenz.

> **Zusammenfassung**
>
> Man kennt aus der Tierwelt eine Fülle von Kommunikationssystemen zwischen Mitgliedern derselben Spezies. Die kommunikativen Äußerungen sind jedoch hierbei in unflexibler Weise an ihre Funktion gebunden (Meldung von Gefahren, Beschreibung

der Lage von Nahrungsquellen, Paarungswunsch oder -bereitschaft). Schimpansen konnte man etwa 200 Wörter der Gehörlosensprache beibringen. Die Tiere waren dann in der Lage, damit bestimmte Wünsche auszudrücken. Allerdings lernten sie nicht ausreichend den Gebrauch sprachlicher Regeln, um die gelernten Wörter flexibel einzusetzen.

25.3 Basiselemente der Sprachproduktion und -wahrnehmung

25.3.1 Aufbau gesprochener Sprache

Das Phonem. Das kleinste Element der gesprochenen Sprache ist das Phonem. Die Klasse der Phoneme wird von den Klängen gebildet, die der menschliche Sprechapparat zu produzieren vermag und die für die gesprochene Sprache verwendet werden. Natürlich sind wir in der Lage, noch sehr viel mehr Klänge zu bilden, diese sind jedoch für das Sprechen bedeutungslos. Sprachklänge entstehen durch das Zusammenspiel der Muskeln des Atemapparats mit der Muskulatur des Mundes. Phoneme sind nicht identisch mit Buchstaben, da bestimmte Phoneme nur durch Buchstabenkombinationen – etwa das »ch« in »Dach« – in der Schriftsprache repräsentiert werden können. Phoneme selbst haben noch keinen Bedeutungsgehalt.

Das Morphem. Die kleinsten Einheiten der Sprache, die bereits eine Bedeutung transportieren, sind die sog. Morpheme. Diese sind meist kurze Sequenzen von Phonemen, die in der geschriebenen Sprache weitgehend den Silben entsprechen, z. B. »feu« in »Feuer« und in »Efeu«.

Schließlich werden aus den Morphemen Wörter zusammengesetzt als die eigentlichen Träger von Bedeutung. Die großen Weltsprachen umfassen jeweils mehr als eine Million Wörter, von denen jedoch im Alltagssprachgebrauch nur etwa 60.000 verwendet werden.

Die Syntax. Unter Anwendung der Regeln der Syntax (Regeln vom Satzbau) können dann aus Wörtern Sätze gebildet werden.

Die Semantik. Üblicherweise ist ein Wort oder Satz mit einer Bedeutung unterlegt. Die Semantik befasst sich mit der Bedeutung sprachlicher Zeichen. Im Regelfall transportiert ein Satz mindestens eine sinnvolle Aussage über Objekte, Geschehnisse, Personen und deren Interaktionen, eine sog. Proposition. Allerdings muss nicht jeder Satz, der korrekt gebildet wurde, in eindeutiger Weise eine Proposition befördern: Man betrachte das Beispiel (in Anlehnung an Groucho Marx): »Ich führte meinen Hund im Pyjama Gassi. Frage: Wie kam der Hund in meinen Pyjama?«

Zusammenfassung

Sprache ist hierarchisch organisiert: Phoneme sind Sprachklänge, aus denen die kleinsten bedeutungstransportierenden Einheiten der Sprache, die Morpheme, gebildet werden. Aus diesen lassen sich Wörter als die eigentlichen Träger von Bedeutung zusammensetzen und daraus unter Anwendung der Regeln der Syntax schließlich Sätze. Wörter und Sätze transportieren in der Regel Aussagen mit einer bestimmten Bedeutung – das ist die semantische Ebene.

25.3.2 Frühe Sprachanalyse

Am Anfang der Sprachwahrnehmung steht naturgemäß die Analyse der Phonemsequenz, die in der primären und sekundären Hörrinde (s. Abschn. 6.4.10) verarbeitet wird. Mit Hilfe der funktionellen Magnetresonanztomographie (s. Abschn. 26.4.3) konnte gezeigt werden, dass hier Bereiche liegen, die nur durch Sprachlaute, nicht aber durch andere Laute des stimmbildenden Systems wie Lachen, Seufzen und Husten aktiviert werden.

Der Mensch kann bereits kurz nach der Geburt Phoneme analysieren. Auch später bleibt eine bevorzugte Verarbeitung von Phonemen gegenüber anderer akustischer Information erhalten. So sind wir in der Lage, bei der Verarbeitung von Sprachinformation bis zu 30 Phoneme pro Sekunde zu analysieren. Haben wir dagegen nichtsprachliche Klänge zu analysieren, die sequenziell dargeboten werden, so ist die Geschwindigkeit deutlich niedriger.

Zeitgleiche Analyse der Sprachebenen. Auch wenn der Aufbau der gesprochenen Sprache hierarchisch gegliedert ist, so wäre es verfehlt anzunehmen, dass auch bei der Analyse der Sprache in ähnlich hierarchischer Weise vorgegangen würde, beginnend mit der Phonemidentifikation und endend mit der Zuordnung von Be-

deutungsinhalten zu vollständig gehörten Sätzen. Der Ablauf ist dagegen mit hoher Wahrscheinlichkeit so, dass die verschiedenen Ebenen der Hierarchie nahezu gleichzeitig bearbeitet werden. Bereits bei der Phonemidentifikation werden erste Modelle für das syntaktische und semantische Umfeld, in das diese Phoneme eingebettet sein könnten, entwickelt. Hierfür spricht v. a. die enorme Leistung des sprachanalysierenden Systems, wenn die einlaufende Sprachinformation lückenhaft, akustisch »verunreinigt« oder inkonsistent ist. Dennoch kommt dann der Analyseprozess nicht zum Stehen, sondern es wird dem, was als Sprachinformation wahrgenommen wurde, auch unmittelbar eine Bedeutung zugewiesen.

25.4 Sprachrelevante Hirnregionen

Bis zur Verfügbarkeit bildgebender Verfahren und ausgereifter, zeitlich hochauflösender Techniken der Elektroenzephalographie seit den 1980er-Jahren war die Forschung zu sprachverarbeitenden Gehirnregionen fast ausschließlich auf die Beobachtung von sprachlichen Ausfällen bei Patienten mit Gehirnschädigungen angewiesen. Dabei war die zugrunde liegende Prämisse streng lokalisationistisch: Bei Vorliegen einer eng umschriebenen neurologischen Läsion entspricht das beobachtete Verhalten der Leistung eines normalen Gehirns abzüglich der Leistung dessen, was das lädierte Gebiet normalerweise leistet. Nach heutigem Verständnis der Arbeitsweise des Gehirns greift dieser Ansatz allerdings in vielen Fällen zu kurz.

Prinzip der Vernetzung. Das Gehirn ist ein hochgradig vernetztes System, bei dem viele Arbeitsschritte parallel ablaufen. Dies geschieht in teilweise weit auseinander liegenden **Modulen.** Darunter versteht man relativ eng umgrenzte neuronale Funktionseinheiten. Die Funktionen des Gehirns beinhalten also wesentlich mehr, als aus der Summe seiner Teile zu erschließen wäre. Von daher muss damit gerechnet werden, dass der Ausfall eines einzelnen Systems Rückwirkungen auf viele vom Netzwerk bereitgestellte Leistungen hat. Andererseits ist davon auszugehen, dass eine ursprünglich mit der ausgefallenen Region in Verbindung stehende Kompetenz aufgrund der Leistungen des Netzwerks nicht vollständig verloren geht, sondern aus dessen übrigen Ressourcen (teilweise) kompensiert werden kann.

496 | 25 Sprache und Lateralisierung von Gehirnfunktionen

Exkurs

Dass dieses Denkmodell auch schon für viel einfachere Systeme unzulänglich ist, verdeutlicht folgendes Beispiel: Sie sind hinsichtlich der Arbeitsweise eines Autos (»Gehirn«) völlig naiv. Als Sie auf der Autobahn dahinfahren, bleibt plötzlich Ihr Auto stehen (»Schlaganfall«). Sie steigen aus, öffnen die Motorhaube und sehen, dass ein Keilriemen zerrissen im Motorraum liegt (die »Läsion«). Sie folgern: Da mein Auto sich nicht mehr bewegt (das »Symptom«), aber der Motor noch läuft, hängt der Keilriemen mit der Kraftübertragung vom Motor auf die Räder zusammen (leider falsch). Da Sie das System nicht kennen, können Sie nicht wissen, dass hier ein Subsystem ausgefallen ist, das nicht dem Antrieb dient, sondern der Motorkühlung. Diese wiederum ist für einen bestimmten – allerdings entscheidenden – Systemparameter zuständig, nämlich die Betriebstemperatur.

Dennoch sind viele der nach dem streng lokalisationistischen Ansatz gewonnenen, neuropsychologisch fundierten Erkenntnisse über Sprachregionen durchaus hilfreich, wenn sie nicht zu Übersimplifizierungen führen. Gegenwärtig ist man von einem schlüssigen und konsistenten neurobiologischen Modell der Sprache noch weit entfernt. Basale Erkenntnisse sollen im Folgenden dargestellt werden.

Klassische Sprachzentren

Die Meinung, dass sprachliche Leistungen ihren Ursprung in der linken Großhirnhemisphäre haben, wurde erstmals von Paul Broca im Jahre 1861 gegenüber der wissenschaftlichen Welt geäußert. Auch vor Broca war schon spekuliert worden, ob Sprache nicht an bestimmte Hirnregionen gebunden sei. Jean-Baptiste Bouillaud (1796–1881, Professor für klinische Medizin, Charité, Paris), ein Zeitgenosse Brocas, vermutete auf der Basis von Autopsien der Gehirne Sprachgestörter, dass Sprache im Frontallappen lokalisiert sein müsse.

Broca begann sich mit dieser Frage zu beschäftigen, nachdem er das Gehirn eines verstorbenen Patienten untersucht hatte, der seit vielen Jahren die Sprache nicht mehr gebrauchen konnte. (Sein Name war Leborgne, jedoch konnte er bei dem Versuch, seinen Namen zu nennen, lediglich die Silbe »tan« herausbringen. Deshalb wurde er »Monsieur Tan« genannt und ging unter diesem Namen in die Literatur ein.) Das Sprachverständnis war bei diesem Patienten kaum gestört. Bei der Autopsie sah Broca eine relativ klar umgrenzte Schädigung im linken Frontallappen, anterior vom motorischen Kortex gelegen. Danach untersuchte er gezielt die Gehirne weiterer Verstorbener, die unter Sprachstörungen gelitten hatten. Er berichtete, dass die Läsionen stets im Frontalbereich auf der linken Seite lagen. Das von ihm beschriebene relativ kleine Gebiet, das heute den Namen Broca-Areal trägt, entspricht etwa dem Bereich von Area 44 und 45 nach Brodmann, d. i. der posteriore Bereich des Gyrus frontalis inferior (s. Abb. 25.1).

Forscherpersönlichkeit

Paul Broca, geboren am 28. Juni 1824 in Sainte-Foy-la-Grande, Frankreich, gestorben am 9. Juli 1880 in Paris. Broca war Chirurg und Anthropologe, ab 1853 war er Professor in Paris. Er begründete 1859 die Société d'Anthropologie de Paris und mit ihr die moderne Anthropologie in Frankreich. Seine frühen Interessen betrafen vor allem die vergleichende Anthropologie, wobei er sich dem Studium der Gestalt des Kopfes widmete. Er entwickelte zahlreiche neue Messinstrumente für anthropometrische Untersuchungen. Mit seiner Beobachtung, dass bei bestimmten Sprachstörungen regelmäßig eine Läsion im Bereich der linken vorderen Kortexhemisphäre vorlag, lieferte er den ersten anatomischen Beweis für die Lokalisation von Gehirnfunktionen. Sein wichtigstes und umfassendstes Werk sind die »Mémoires d'Anthropologie« (5 Bände, 1871 bis 1878).

Hemisphärenspezialisierung. Broca machte auch darauf aufmerksam, dass bei rechtsseitigen Lähmungen durch Schlaganfall – als Folge einer Läsion der linken Gehirnhemisphäre – häufig zugleich Sprachstörungen zu beobachten waren. Dies trat bei Lähmungen der linken Körperhälfte fast nie auf. Konsistent damit beobachtete er, dass bei post mortem festgestellten Schädigungen der rechten Hirnhemisphäre (z. B. durch Verletzungen) die Patienten zu Lebzeiten fast nie Sprachstörungen zeigten.

! Auch aus heutiger Sicht ist die Broca-These, dass Sprachstörungen auf linkshemisphärische Schädigungen zurückgehen, weitestgehend gültig. In 90 bis 95 % der Fälle einer Aphasie liegt die Läsion in der linken Hemisphäre.

Auf Broca geht auch die Annahme zurück, dass ein Zusammenhang zwischen der Händigkeit und der Hemisphärenspezialisierung bestehe. Die bei den meisten Menschen vorliegende Rechtshändigkeit sei ebenfalls ein Zeichen für die »Überlegenheit« der linken Hemisphäre. Bei linkshändigen Menschen sei daher davon auszugehen, dass hier die rechte Hemisphäre die überlegene sei und daher auch die Sprache rechtshemisphärisch lokalisiert sein müsste.

Im Gefolge von Brocas Arbeiten wurde das Konzept der **Hemisphärendominanz** überaus populär. Dieses beinhaltet als Kernaussage, dass im Regelfall (bei Rechtshändern) die linke Hemisphäre der Ort der Sprache und der höheren kognitiven Funktionen sei. Die rechte Hemisphäre dagegen sei ohne spezielle Fähigkeiten, sie unterliege in ihrer Arbeit im Wesentlichen den Befehlen aus der linken Hemisphäre. Wie man heute weiß, gilt dies allerdings nicht in der von Broca formulierten Strenge.

Aktive Gehirngebiete bei Sprachproduktion

Mit bildgebenden Verfahren, v. a. mit PET, ist es möglich, die Aktivität in verschiedenen Gehirnregionen während der Sprachproduktion und Sprachverarbeitung zu studieren. Dabei zeigt sich, dass während der Produktion von Sprache das **Broca-Areal** und benachbarte Gebiete erhöhte Aktivität aufweisen. Zu den benachbarten Gebieten im Frontalhirn gehören etwa der supplementär-motorische Kortex und präfrontale Windungen der Inselrinde. Das Broca-Areal wird auch bei Aufgaben aktiviert, die nicht direkt mit der Produktion von Sprache zu tun haben, sondern mit der Verarbeitung schwieriger Texte oder mit der Identifizierung von Ähnlichkeit oder Unähnlichkeit sinnloser Silben. Auch diese Ergebnisse deuten darauf hin, dass die alte Sichtweise, nach der das Broca-Areal ausschließlich der Sprachproduktion dient, zwar nicht falsch ist, aber die Verhältnisse nur teilweise trifft.

Aktive Gehirngebiete beim Sprachverständnis

Neben dem Broca-Areal wurde von Karl Wernicke im Jahr 1874 ein weiteres »Sprachzentrum« beschrieben. Wernicke beobachtete zunächst bei zwei Schlaganfallpatienten eine Sprachstörung, die sich in typischer Weise von jenen Sprachausfällen unterschied, die von Brocas Patienten berichtet worden waren. Die beiden Patienten hatten größte Schwierigkeiten beim Verständnis gesprochener, aber auch geschriebener Sprache. Sie konnten zwar flüssig sprechen, jedoch erschienen die Wörter und Sätze oft sinn- und inhaltslos, da sie keinen sinnvollen Bezug zur vorangegangenen, zwar gehörten, aber nicht verstandenen Äußerung des Kommunikationspartners hatten. Bei der Autopsie eines der beiden Patienten stellte Wernicke eine Schädigung weit entfernt vom Broca-Areal fest. Die betroffene Region lag linksseitig im posterioren Schläfenlappen, und zwar im oberen Bereich der Temporalwindung (s. Abb. 25.1).

Das später so benannte **Wernicke-Zentrum** (auch: Wernicke-Areal) grenzt kaudal an die erste Heschl-Querwindung (Gyrus temporalis transversus) an und schließt das Planum temporale mit ein (s. auch Abb. 25.4). Schon Wernicke hat auf die enge Nachbarschaft zwischen der von ihm beschriebenen Region und dem sekundären auditorischen Kortex hingewiesen. Nach

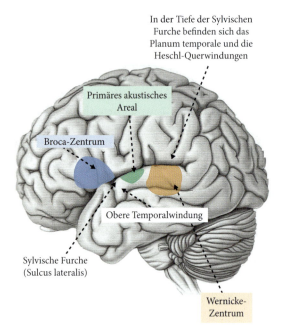

Abbildung 25.1 Anatomische Lage der Sprachareale. Es sind nur die wichtigsten Gebiete eingezeichnet, die im Zusammenhang mit Sprachproduktion und Sprachverständnis stehen

seiner Vermutung war bei diesen Patienten das Sprachverständnis deshalb so schwer beeinträchtigt, weil das Wortgedächtnis betroffen war. Die Auffälligkeiten in der Sprachproduktion führte er darauf zurück, dass die Patienten auch die von ihnen selbst artikulierte Sprache nicht mehr verstehen konnten.

Forscherpersönlichkeit

Karl Wernicke, geboren am 15. Mai 1848 in Tarnowitz, Oberschlesien, gestorben am 15. Juni 1905, Thüringer Wald. Wernicke studierte Medizin an den Universitäten Breslau, Berlin und Wien. Er war Professor für Psychiatrie in Berlin (1885–1890), später in Breslau und Halle/Saale (ab 1904). Wernicke versuchte die unterschiedlichen Aphasieformen in Bezug zu psychischen Störungen schlechthin zu setzen, die in verschiedenen Regionen des Gehirns zu suchen seien. Er betonte, ebenso wie Broca, dass Sprache in einer der beiden Gehirnhemisphären lokalisiert sei. Wernicke unternahm in seinem Lehrbuch der Gehirnkrankheiten (1881) den Versuch, generell für alle neurologischen Erkrankungen eine Lokalisation im Gehirn anzugeben. In diesem Werk beschrieb er auch erstmals verschiedene Nervenkrankheiten. Die wichtigste davon ist die sog. Wernicke-Enzephalopathie, deren häufigste Ursache chronischer Alkoholmissbrauch und der damit einhergehende Thiaminmangel (= Vitamin-B_1-Mangel) ist. Es handelt sich dabei um eine nichtentzündliche Stammhirnerkrankung, die u. a. mit Augenmuskellähmungen, Bewegungsstörungen, vegetativen Störungen, Delirium tremens und einem Korsakow-Syndrom einhergehen kann.

Untersuchungen mit bildgebenden Verfahren bei Gesunden hinsichtlich der Aktivität im Wernicke-Areal waren relativ inkonsistent. Man fand zwar im posterioren Teil des Gyrus temporalis superior – dem eigentlichen Wernicke-Areal – bei Aufgaben, die eine Diskrimination von gesprochenen Wörtern innerhalb einer längeren Passage erforderten, eine erhöhte Aktivität. Wenn die Aufgabe allerdings sehr komplex wurde, v. a. hinsichtlich der grammatikalischen Analyse, wurden hauptsächlich Areale in der Nachbarschaft des Wernicke-Areals aktiviert. Diese Diskrepanz zwischen den Befunden aus der Aphasieforschung und den Ergebnissen bei der Sprachverarbeitung Gesunder weisen auf das schon anfangs erwähnte Grunddilemma neuropsychologischer Erklärungsmodelle hin.

Zusammenfassung

Das Broca-Sprachzentrum ist in erster Linie für Prozesse im Zusammenhang mit der Sprachproduktion entscheidend. Es ist linkshemisphärisch, frontal gelegen und korrespondiert mit den Brodmann-Arealen 44 und 45. Das Wernicke-Sprachzentrum, das v. a. der Analyse gesprochener Sprache dient, schließt sich kaudal an die erste Heschl-Querwindung (Gyrus temporalis transversus) an und beinhaltet das Planum temporale. Es ist der primären Hörrinde unmittelbar benachbart.

Das Wernicke-Geschwind-Modell

Nachdem Wernicke das Zentrum für die Verarbeitung gehörter Sprache – aus heutiger Sicht: eines von mehreren Zentren – lokalisiert hatte und das Broca-Areal für Sprachproduktion schon bekannt war, lag es nahe, eine Verbindung zwischen beiden zu postulieren. Ein Modell, das den Informationsfluss bei sprachlicher Kommunikation bzw. dessen Störungen bei bestimmten Aphasieformen beschreibt, geht schon auf Wernicke zurück und wurde dann v. a. in den 1960er- und 1970er-Jahren von Norman Geschwind präzisiert und weiter entwickelt (s. z. B. Geschwind & Galaburda, 1987). Dieses sog. Wernicke-Geschwind-Modell (gelegentlich auch nur Geschwind-Modell) bezieht explizit die Verbindungen zwischen den beiden Sprachzentren mit ein. Daher wurde es auch als ein **konnektionistisches Modell** bezeichnet. Der Informationsfluss verläuft nach Geschwind in folgender Weise:

(1) Die Analyse gehörter Wörter (s. Abb. 25.2) erfolgt im auditorischen Kortex, die semantische Analyse im Wernicke-Areal. Das Nachsprechen wird durch Informationsweitergabe über den Fasciculus arcuatus in das Broca-Areal ermöglicht, dessen benachbarte motorische Areale Impulse an die Sprechmuskulatur senden.

(2) Die Analyse von visuellem Input beim Lesen erfolgt im primären visuellen Kortex, der die Information an den Gyrus angularis weitergibt. Dieser gilt als Integrationszentrum für akustische, visuelle und

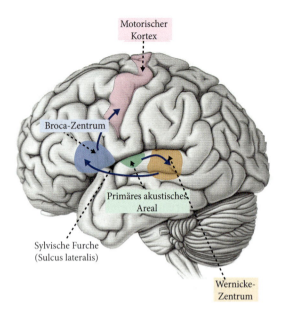

Abbildung 25.2 Wernicke-Geschwind-Modell der Konnektion verschiedener Sprachzentren.

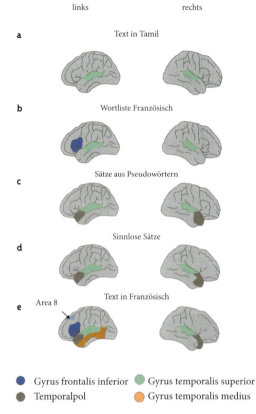

Abbildung 25.3 Beteiligung verschiedener Kortexregionen bei unterschiedlichen sprachlichen Analyse-Leistungen. Diese PET-Untersuchung wurde an Probanden mit Französisch als Muttersprache durchgeführt. Die Tamilen-Sprache war ihnen unverständlich. **a** Es werden nur Regionen zur Analyse (beliebiger) akustischer Signale aktiviert. **b** Es findet eine Verarbeitung auf akustischer, phonologischer und lexikalischer Ebene statt. **c** Die Verarbeitungsgebiete für akustische, phonologische und syntaktische Information werden aktiviert. **d** Die Verarbeitungsgebiete für akustische, phonologische, lexikalische und syntaktische Information werden aktiviert. **e** Es werden die Verarbeitungsgebiete für akustische, phonologische, lexikalische, syntaktische und semantische (konzeptuale) Information aktiviert

taktile Information. Gelangt die Information ins Broca-Areal, wird Sprachproduktion initiiert.

Bei einem gehörten Wort gehört erfolgt zunächst eine Analyse im auditorischen Kortex. Danach fließt die Information zum Wernicke-Areal, wo der Bedeutungsgehalt analysiert wird. Damit das Wort nachgesprochen werden kann, muss die Information über den Fasciculus arcuatus in das Broca-Areal gelangen. Hier wird das Konzept für die Sprachproduktion entworfen. Über die benachbarten motorischen Areale werden schließlich die Impulse an die Sprechmuskulatur ausgesandt

Das Wernicke-Geschwind-Modell gibt die Abläufe der interaktiven sprachlichen Kommunikation beim Gesunden nur stark vereinfacht wieder. Wie man aus den neueren Untersuchungen mit bildgebenden Verfahren weiß, sind bei Sprachverständnis und Sprachproduktion neben dem Broca- und Wernicke-Areal noch weitere Gehirnregionen involviert (vgl. Abb. 25.3).

Auch weiß man heute, dass bei den meisten läsionsbedingten Aphasien größere Regionen betroffen sind als das eng umgrenzte Broca- bzw. Wernicke-Areal oder die zwischen ihnen bestehenden Verbindungen. Daher ist der Rückschluss von einer beobachteten Aphasie auf ein scharf umschriebenes Areal nur in Ausnahmefällen möglich.

Die Bedeutung des Wernicke-Geschwind-Modells besteht v. a. darin, dass nun auch bestimmte Aphasieformen verstehbar werden, die auf Leitungsstörungen beruhen. Dieses Modell löst sich auch von einer unergiebigen, streng lokalisationistischen Sichtweise, nach der bei Sprachstörungen stets von einem ganz bestimmten Läsionsort auszugehen sei, dem auch eine eindeutige Funktion zukäme. Statt dessen steht hier der konnektionistische Gedanke eines vernetzten Systems im Vordergrund. Nur diese Perspektive ist aus heutiger Sicht adäquat zur Beschreibung von Gehirnfunktionen jeglicher Art.

> **Vertiefung**
>
> ### Lokalisation von Gebärdensprachen
>
> Die Gebärdensprachen sind vielschichtig organisierte Sprachen mit einem eigenen Grammatikregelwerk. Streng formalisierte Hand- und Armbewegungen gestatten eine sehr komplexe nonverbale Sprache. Da die Zeichensprache sowohl hinsichtlich des »Sprechens« als auch des »Lesens« in hohem Maße auf dem Gebrauch bzw. der Analyse von räumlicher Information beruht, lag die Annahme durchaus nahe, dass Zeichensprache unter rechtshemisphärischer Steuerung stünde. Es zeigte sich jedoch sowohl mittels pharmakologischer Hemisphärenblockade als auch bei Patienten, die Zeichensprache erlernt hatten und gebrauchten und später von einer Verletzung bzw. einem Schlaganfall betroffen waren, dass eine linkshemisphärische Funktionsminderung zu einer Aphasie hinsichtlich der Zeichensprache führt. Dieses Ergebnis unterstreicht, dass die linke Hemisphäre immer dann dominant ist, wenn die Aufgabe die Anwendung relativ komplexer Regeln erfordert und wenn eine streng sequenzielle Abfolge von Einzelelementen – Wörtern, Zeichen, Symbolen – erforderlich ist.

25.5 Die wichtigsten traditionellen Aphasieklassen

Neben der Broca- und Wernicke-Aphasie kennt man eine Reihe weiterer Aphasietypen, deren Hauptmerkmale in Tabelle 25.1 wiedergegeben sind.

25.5.1 Broca-Aphasie

Nach heutigem Sprachgebrauch versteht man unter einer eigentlichen Broca-Aphasie ein Syndrom, das als Folge einer größeren Schädigung des Gehirns auftritt. Zu den betroffenen Gehirngebieten zählen

- das Broca-Areal,
- die umgebenden frontalen Felder – die oberflächlich gelegenen Bereiche der Brodmann-Areale 6, 8, 9, 10 und 46,
- die unterhalb liegende weiße Substanz,
- die Inselrinde und
- die Basalganglien.

Nach neueren Erkenntnissen scheint für die Broca-Aphasie eine Verletzung der Inselrinde von besonderer Bedeutung zu sein. So konnte in einer Studie bei sorgfältiger Untersuchung der Gehirne von Patienten mit Broca-Aphasie stets auch eine Schädigung der Inselrinde festgestellt werden. Interessanterweise trifft dies auch für Brocas Patienten »Monsieur Tan« zu. (Dessen Gehirn befindet sich im Musée Duputruyen in Paris.) Von diesem Gehirn wurden kürzlich computertomographische Schnittbilder aufgenommen, und es zeigte sich, dass sich die Schädigung von den oberflächlichen Kortexarealen bis weit in die Tiefe hinein zog und auch die Inselrinde und Teile der Basalganglien betroffen waren.

Störungsbild. Bei der Broca-Aphasie finden sich i. Allg. eine angestrengte und langsame Sprache, Störungen der Aussprache und des Sprachrhythmus sowie der Sprachmelodie. Eine Kommunikation mit den Patienten ist in den meisten Fällen durchaus möglich, auch wenn ihre Sprache schwer verständlich ist und Verben oder Präpositionen häufig ausgelassen werden. Typisch für die Broca-Aphasiker ist auch die Unfähigkeit, längere Sätze, die ihnen vorgesprochen werden, fehlerfrei zu wiederholen.

Während man früher glaubte, die Broca-Aphasie beschränke sich auf die Sprachproduktion, haben tiefer gehende Untersuchungen erbracht, dass auch das Sprachverständnis in Teilen gestört ist. Dies zeigt sich jedoch erst dann, wenn die Sprachinhalte komplex sind und sich nicht unmittelbar aus der Erfahrung des Patienten erschließen lassen. So haben sie etwa keine Schwierigkeiten mit dem Satz »Das rote Auto fährt schnell«. Bei dem Satz »Das Auto, das von dem Motorrad verfolgt wird, ist rot« können sich jedoch große Verständnisschwierigkeiten einstellen, v. a. hinsichtlich der Frage, ob das Auto oder das Motorrad die Farbe rot hat. Demnach sind die grammatikalischen Analyseprozesse gesprochener oder gelesener Sprache meistens mitbetroffen.

Bedeutung des Arbeitsspeichers. Diese Schwierigkeit beim Verstehen von Sätzen, deren Inhalt sich nur auf der Basis einer differenzierten grammatikalischen Analyse erschließt, hat zu einem neuen Modell der Broca-Aphasie geführt: Um einen einmal gehörten Satz auf der Basis seiner grammatikalischen Struktur richtig zu verstehen und nicht nur durch Analyse der verwendeten Wörter ist es erforderlich, das Gehörte in einem Arbeitsspeicher abzulegen, um dann die grammatikalische Analyse durchzuführen. Nach diesem Modell ist

Tabelle 25.1 Charakteristiken der verschiedenen Aphasieformen (nach Kolb & Whishaw, 2003)

	Syndrom	Art der Spracherzeugung	Art der Sprachfehler
Flüssige Sprache	Wernicke (sensorisch)	flüssige Sprache ohne Artikulationsstörungen	Neologismen und/oder Anomien oder Paraphasien; geringes Verständnis; geringes Wiederholungsvermögen
	transkortikal (Isolationssyndrom)	flüssige Sprache ohne Artikulationsstörungen, gutes Wiederholungsvermögen	verbale Paraphasien und Anomie; geringes Verständnis
	Leitungsaphasie	flüssige, manchmal stockende Sprache ohne Artikulationsschwierigkeiten	phonematische Paraphasien und Neologismen; geringe Wiederholungsfähigkeit, ziemlich gutes Verständnis
	Anomie (amnestische Aphasie)	flüssige Sprache ohne Artikulationsprobleme	Anomie mit gelegentlichen Paraphasien
Nichtflüssige Sprache	schwere Broca-Aphasie	mühsame Aussprache	Sprechunvermögen, wiederkehrendes Ausstoßen von Lauten oder phonetische Disintegration; schlechtes Wiederholungsvermögen
	leichte Broca-Aphasie	leichte, aber offenkundige Artikulationsstörungen	phonematische Paraphasien mit Anomie; **Agrammatismus, Dysprosodie**
	transkortikale motorische Aphasie	deutliche Neigung zu Sprachreduktion und -faulheit; keine Artikulationsstörungen; gute Wiederholungsfähigkeit	unvollständige Sätze und Anomien; Benennen fällt leichter als Spontansprache
	globale Aphasie	mühsame Aussprache	Sprechunvermögen mit wiederholtem Stottern; geringes Sprachverständnis; geringe Wiederholungsfähigkeit
»Reine Störungen«	Alexie ohne Agraphie	normal	schlechtes Lesen
	Agraphie	normal	schlechtes Schreiben
	Worttaubheit	normal	geringes Sprachverständnis; geringe Wiederholungsfähigkeit
	Vertiefung		

der Arbeitsspeicher für Sprachinformation bei den Patienten gestört. Damit lässt sich auch das Problem bei der Sprachproduktion erklären: Es spricht viel dafür, dass beim Sprechen die Befehle an die Sprechmuskulatur zunächst vorbereitet und im Arbeitsspeicher abgelegt werden. Bevor sie zur motorischen Ausführung gelangen, werden sie im Normalfall noch einmal schleifenförmig zurückgeführt, um sie auf Konsistenz zu überprüfen. Bei den Patienten mit Broca-Aphasie würde dann allerdings während dieses Rückführungsschritts die ursprüngliche Information verloren gehen, sodass die endgültigen Befehle an die Sprachmuskulatur fehlerhaft sind. Für dieses Modell spricht auch die Tatsache, dass sich bei diesen Patienten häufig eine Vernachlässigung der Kontextinformation bei der Analyse von Sätzen zeigt.

Beispiel: »Als er im Herbst durch den Wald spazieren ging, berührte ihn ein herabfallendes Blatt.« Broca-Patienten haben hierbei Schwierigkeiten, das Wort »Blatt« am Ende als ein Baumblatt zu identifizieren und nicht als ein Blatt Papier. Die Ursache ist, dass die vorangegangene Information schon wieder verloren gegangen sein kann, wenn das letzte Wort des Satzes erscheint.

25.5.2 Wernicke-Aphasie

Die Wernicke-Aphasie ist in erster Linie durch eine Störung des **Sprachverständnisses** gekennzeichnet. Sowohl gesprochene als auch geschriebene Sprache kann nur schwer verstanden werden, in Einzelfällen überhaupt nicht. Die Sprache der Patienten ist flüssig mit regulärer Sprachmelodie und normaler Sprechgeschwindigkeit. Damit ist sie völlig verschieden von der Sprache der Broca-Aphasiker. Der Sprachinhalt ist allerdings oft unverständlich, da die Patienten sehr viele Fehler in der Wahl der Wörter und Phoneme machen. Letzteres führt zu einer Fülle von Wortneubildungen. Die Patienten haben generell große Schwierigkeiten – auch wenn sie die Wörter richtig aussprechen –, ihre Gedanken in Sprache zu fassen.

Die Wernicke-Aphasie hat ihre Ursache primär in einer Zerstörung des posterioren Bereichs des linken auditorischen Assoziationskortex (Brodmann-Areal 22). Bei besonders schweren Fällen hat sich auch eine Beteiligung nicht nur des oberen, sondern auch des mittleren Teils des Gyrus temporalis superior (obere Temporalwindung, s. Abb. 25.1) mit einer Beteiligung der darunter liegenden weißen Substanz gezeigt.

Während das klassische Modell der Sprachverarbeitung im Wernicke-Areal das Zentrum für das Sprachverständnis sieht, ist die moderne Sicht hier deutlich differenzierter: Es hat sich gezeigt, dass Läsionen, die auf den engeren Bereich des Wernicke-Areals begrenzt sind, nur vorübergehend zur Wernicke-Aphasie führen. Hier scheint der Grund auch weniger in einer Zerstörung der kortikalen Anteile des Wernicke-Areals zu liegen, als vielmehr in einer Funktionsbeeinträchtigung der Leitungsbahnen, die von diesem Areal wegführen. Kommt es etwa nach einem Schlaganfall zu einer Kompression dieser Leitungsbahnen, so bleibt zeitweise der Informationsfluss unterbrochen. Lässt dann im Laufe von einigen Wochen die Kompression auf die Nervenfasern nach, so kann auch das Sprachverständnis zurückkehren. Man geht heute davon aus,

dass im Wernicke-Areal bereits vergleichsweise komplexe Zuordnungsprozesse zwischen den wahrgenommenen Sprachelementen und den durch sie vermittelten Konzepten bestehen.

25.5.3 Leitungsaphasie

Bereits Wernicke postulierte eine Sprachstörung, die auf eine Unterbrechung der Verbindung zwischen dem Wernicke- und dem Broca-Areal zurückgehen müsste. Diese Bahnverbindungen liegen überwiegend in einem Trakt aus Faserbündeln, dem Fasciculus arcuatus, der Bereiche des Temporallappens mit dem Frontallappen verbindet. Er stellt auch die Verbindung zwischen Wernicke- und Broca-Areal her. Isolierte Schädigungen dieses Trakts sind selten, häufig kommt es auch zu einer Beteiligung des Gyrus supramarginalis – dieser grenzt bogenförmig an das hintere Ende der Sylvischen Furche an – sowie weiterer Anteile des linksseitigen Temporallappens. Daher ist auch hier die strenge Zuordnung der Sprachausfälle zu einer bestimmten anatomischen Struktur schwierig.

Patienten mit Leitungsaphasie können einfache Sätze verstehen und auch verständliche Sprache produzieren. Allerdings haben sie meist große Probleme, wenn sie vorgesprochene Sätze wiederholen sollen und machen zahlreiche **paraphasische** Fehler, d. h., sie ersetzen Wortteile oder Wörter durch unpassende Sprachelemente. Auch haben sie oft Schwierigkeiten, Dinge und Personen, die ihnen gezeigt werden, zu benennen. Stimmig ist, dass sowohl Sprachproduktion als auch Sprachverständnis in geringerem Ausmaß beeinträchtigt sind als bei der reinen Broca- bzw. Wernicke-Aphasie.

25.5.4 Globale Aphasie

Bei globaler Aphasie kommt es zu schwersten Beeinträchtigungen der Sprache. Die Patienten können fast keine Sprache mehr produzieren, verstehen oder wiederholen. Sie zeigen also die Symptomatik einer Broca- plus Wernicke- plus Leitungsaphasie. Häufig verfügen sie nur noch über ganz wenige Wörter, die sie ständig wiederholen, um doch noch eine sprachliche Kommunikation zustande zu bringen. Es gelingen noch simple Aneinanderreihungen von quasi automatisch vorgetragenen Wörtern, etwa die Aufzählung der Wochentage oder das Zählen. Gemeinhin ist die globale Aphasie mit Beeinträchtigungen der Motorik auf der rechten Körperseite verbunden. Ihre neurologische Ursache liegt in einer Zerstörung der vorderen Sprachregion, dem Gyrus temporalis superior, der posterioren Sprachregion, der Insel und der Basalganglien. Die häufigste Ursache für eine solche massive Schädigung des Gehirns ist der Infarkt einer zentralen Gehirnarterie.

25.5.5 Transkortikale Aphasien

Ebenso wie die Leitungsaphasie gehört auch die – vergleichsweise seltene – sensorische und die motorische transkortikale Aphasie (auch Isolationssyndrom genannt) zu den Diskonnektionssyndromen.

Sensorische transkortikale Aphasie. Bei der transkortikalen sensorischen Aphasie ist der Sprachfluss normal, allerdings ist das Sprachverständnis sowie die Benennung von Objekten stark beeinträchtigt. Die reine Wiederholung von vorgesprochenen Wortfolgen ist ungestört. Dies geht sogar so weit, dass die Patienten grammatikalische Fehler in einem vorgesprochenen Satz quasi automatisch beim Wiederholen korrigieren. Sie haben auch keine Schwierigkeiten, Sätze in einer fremden Sprache zu wiederholen. Das Hauptproblem scheint hier in einem Defizit auf der semantischen Ebene zu liegen, nämlich in der Verknüpfung gehörter Wörter mit den zugehörigen Inhalten. Läsionen, die zur transkortikalen sensorischen Aphasie führen, finden sich oft in denjenigen Teilen der weißen Substanz, die Verbindungen zwischen den Spracharealen im Bereich der Sylvischen Furche – also Broca-, Wernicke- und umgebende Areale – beherbergen.

Motorische Aphasie. Patienten mit transkortikaler motorischer Aphasie produzieren Sprache nur stockend, aber sie sind in der Lage, auch sehr lange Sätze fließend zu wiederholen. Es ist naheliegend anzunehmen, dass hier eine Unterbrechung vorliegt zwischen den Regionen, die Sprachinhalte und -konzepte generieren, und denen, die reine Sprachproduktion steuern. Der Ort der Läsion befindet sich meist vor oder über dem Broca-Areal, wobei Letzteres allerdings meist selbst mitbetroffen ist.

Auch bei einer Schädigung des linken supplementärmotorischen Kortex kann dieses Syndrom auftreten. Dies deutet auf die Rolle des supplementär-motorischen Kortex bei Bildung der Spontansprache hin.

Zusammenfassung

Die vier wichtigsten Aphasieformen sind:
(1) die Broca-Aphasie als Störung der Sprachproduktion,
(2) die Wernicke-Aphasie als Störung des Sprachverständnisses mit vielen Paraphasien,
(3) die globale Aphasie als schwer gestörte Kommunikation bei stark eingeschränkter Sprachproduktion und
(4) die Leitungsaphasie mit Schwierigkeiten beim Wiederholen von Sätzen und beim Benennen von Objekten.

25.6 Lese- und Schreibstörungen

25.6.1 Alexie und Agraphie

Aufgrund bestimmter Schädigungen des Gehirns kann sich eine isolierte Unfähigkeit zum Lesen (**Alexie**, Wortblindheit) oder zum Schreiben (**Agraphie**) einstellen. Es können auch beide Störungen gemeinsam vorkommen. Nicht selten treten zusätzlich aphasische Störungen auf.

Vertiefung

Man kennt auch die sehr seltenen Formen der Alexie, bei denen eine »Blindheit« nur für Buchstaben oder nur für Wörter herrscht. Dies kann so weit gehen, dass Patienten bei totaler Wortblindheit auch nicht in der Lage sind, nach Aufforderung auf Wörter zu zeigen. Sogar was sie selbst geschrieben haben, können sie nicht erkennen.

Bei der totalen Worttaubheit lesen und schreiben die Patienten normal. Sie können auch akustische nichtsprachliche Information einwandfrei verarbeiten. Gesprochene Sprache können sie nicht verstehen.

Da Lesen und Schreiben zu den späten Leistungen in der Menschheitsentwicklung gehören – bei bestimmten Naturvölkern gibt es sie bis heute noch nicht –, wäre es wenig erfolgversprechend, im menschlichen Gehirn ein Lese- bzw. Schreibsystem zu suchen. Umso verblüffender ist, dass derartige hochselektive Ausfälle überhaupt, wenn auch selten, zu beobachten sind.

---

504 | 25 Sprache und Lateralisierung von Gehirnfunktionen

Alexie. Die Alexie ist meist ein Diskonnektionssyndrom. Sie dürfte auf einer Unterbrechung bzw. Dysfunktion der Verbindungen zwischen dem visuellen Kortex und den Sprachzentren beruhen. Da die visuelle Informationsverarbeitung in beiden Hemisphären stattfindet, müssen bei vollständiger Alexie auch die Verbindungen sowohl vom linken als auch vom rechten Kortex zu den Spracharealen unterbrochen sein. Dies betrifft vor allem die Fasern, die zum linksseitigen Gyrus angularis (s. Abschn. 25.4) ziehen. Gelegentlich fand man bei Post-mortem-Untersuchungen von diesen Patienten eine Schädigung des Spleniums, des hinteren Teils des Balkens. Dies führt zu einer Beeinträchtigung des Informationsaustauschs visueller Information zwischen den beiden Hemisphären und v. a. zwischen den beiden Brodmann-Arealen 18.

Untersuchungen bei Gesunden mittels PET ergaben Folgendes: Beim Lesen von Wörtern werden v. a. aktiviert:

(1) der linke und rechte visuelle Kortex (Area 17), was nicht überraschend ist, da es sich ja um visuelle Information handelt, und

(2) die linksseitigen, vor dem visuellen Kortex gelegenen Areale der Hirnrinde, der sog. mediale prästriäre Kortex.

Agraphie. Eine Agraphie, die unabhängig von einer Lesestörung auftritt, ist äußerst selten. Ihr isoliertes Vorhandensein belegt, dass Lesen und Schreiben zumindest teilweise über voneinander unabhängige Zentren gesteuert werden. Da beim Schreiben viele unterschiedliche Gehirnregionen sowohl mit semantischen als auch mit visuomotorischen Aufgaben beteiligt sind, ist dieses Störungsbild selten auf einen einzelnen Läsionsort zurückführbar. Bei einer isolierten Agraphie (d. h. ohne Alexie) liegt nicht selten eine Schädigung des unteren Temporallappens in der sprachdominanten Hemisphäre vor.

25.6.2 Dyslexie

Als **Dyslexie** bezeichnet man eine Leseschwäche, die erworben sein kann oder als eine Störung in der Entwicklung der Lese- und Rechtschreibkompetenz vorliegt. Sie wird oft verallgemeinernd als »Lese-Rechtschreib-Schwäche« bezeichnet. Dies entspricht dem im Deutschen bevorzugt verwendeten Begriff der **Legasthenie**, also einer Schwäche im Erlernen des Lesens und orthographischen Schreibens bei sonst normaler Begabung.

Erworbene und entwicklungsbedingte Dyslexie. Die erworbene Dyslexie ist meist die Folge einer Gehirnverletzung, nachdem das Lesen schon erlernt wurde. Sehr viel häufiger und in der Bevölkerung auch viel bekannter ist die entwicklungsbedingte Dyslexie. Zur Prävalenz dieser Störung liegen sehr unterschiedliche Zahlen vor, sie bewegen sich zwischen 5 und 17 % in der Normalbevölkerung. Diese große Schwankungsbreite in den epidemiologischen Zahlen geht v. a. darauf zurück, dass

(1) die Diagnostik einer Lese-Rechtschreib-Schwäche kaum standardisiert ist und

(2) bei vielen Kindern der Verdacht auf eine Dyslexie überhaupt nicht auftaucht, obwohl sie in diesem Bereich deutliche Schwierigkeiten aufweisen. Ein wichtiges Kriterium ist die Diskrepanz zwischen der normal entwickelten Intelligenz und der Schwäche im Bereich Lesen/Schreiben.

Besonders auffallend ist bei den betroffenen Kindern meist eine Leseschwäche, wobei die Schwierigkeit besonders im Bereich der Phoneme liegt. Der Zusammenhang zwischen gehörten Sprachlauten und der Schrift scheint hier nur schwer herzustellen zu sein. Wenn aber die Verknüpfung zwischen Schriftzeichen und zugeordneten Sprachklängen nicht gelingt, ist Lesen nicht möglich. Erstaunlich ist, dass diese Kinder keine Schwierigkeiten haben, nichtsprachliche Symbole wie Verkehrszeichen, Firmenlogos etc. richtig zu erkennen und sofort zu benennen.

Gehirnfunktion und morphologische Anomalien. Es gibt eine Reihe von abnormen Befunden hinsichtlich der Gehirnfunktion und morphologischer Anomalien bei diesen Patienten. Daran knüpfen sich eine Reihe von Erklärungsmodellen für diese Störung an. Allerdings hat sich bisher kein befriedigendes Erklärungsschema durchsetzen können.

▶ Bei Post-mortem-Untersuchungen von Gehirnen dyslektischer Patienten stellte sich die normalerweise vorliegende Asymmetrie zwischen den Hemisphären als verringert dar: Das üblicherweise linksseitig deutlich vergrößerte Planum temporale (s. Abb. 25.4) zeigte bei diesen Patienten kaum einen Unterschied zum rechtsseitigen.

▶ Im linken Planum temporale wurden verschiedentlich Abweichungen von der normalen Zytoarchitektur sichtbar. Vor allem fiel eine undifferenziertere Schichtenstruktur gegenüber der deutlich abgrenzbaren Schichtenaufteilung bei Gesunden auf. Eine

25.6 Lese- und Schreibstörungen | **505**

hierauf aufbauende Theorie besagt, dass die entwicklungsbedingte Dyslexie auf eine irreguläre Ausgestaltung der Neuronennetzwerke im linken Kortex zurückgeht. So könnte z. B. die Wanderung der Neuronenfortsätze in diesem Fall verzögert sein.

Defizite bei der Reizverarbeitung. Auch in den Verarbeitungszentren für visuelle Signale sind Defizite gefunden worden. Bei Autopsien von Dyslektikern fand sich in einzelnen Fällen im Bereich der Sehbahn, v. a. in den magnozellulären Schichten des Corpus geniculatum laterale, eine Verkleinerung der zugehörigen Zellen. Diese Zellen sind Bestandteil der schnell leitenden Bahn. Entsprechend konnte auch bei einigen dyslektischen Patienten nachgewiesen werden, dass sie Schwierigkeiten haben, sehr schnell aufeinanderfolgende und mit starken Kontrasten versehene Reize adäquat zu verarbeiten.

Ein ähnliches Defizit scheint auch in der Hörbahn vorzuliegen. Viele Dyslektiker haben Schwächen bei der zeitlichen Auflösung schnell aufeinanderfolgender akustischer Signale. Es erscheint nicht unplausibel, dass diese Defizite sich bereits beim Spracherwerb hinderlich auswirken, aber erst in der Schule beim Lesenlernen offenkundig zu werden.

Zusammenfassung

Eine Alexie – die isolierte Unfähigkeit zum Lesen – geht in vielen Fällen auf eine Unterbrechung bzw. Dysfunktion der Verbindungen zwischen dem visuellen Kortex und den Sprachzentren zurück.

Eine reine Agraphie – die isolierte Unfähigkeit zum Schreiben – kommt meist durch eine gleichzeitige Dysfunktion mehrerer Gehirnregionen zustande, die sowohl mit semantischen Aufgaben als auch mit visumotorischen Aufgaben befasst sind.

Bei der Dyslexie – i. Allg. gleichgesetzt mit Legasthenie – konnte sich bisher trotz verschiedener Befunde hinsichtlich der veränderten Gehirnfunktionen und morphologischen Anomalien bei diesen Patienten kein befriedigendes Erklärungsschema etablieren.

Häufig scheint bei dyslektischen Patienten die Schwierigkeit zu existieren, schnell dargebotene und mit starken Kontrasten versehene visuelle Reize adäquat zu verarbeiten. Auch bei der zeitlichen Auflösung schnell aufeinanderfolgender akustischer Signale zeigen sich meist deutlich erhöhte Fehlerraten.

25.7 Funktionelle Hemisphärenasymmetrie – Lateralität

Das Gehirn bietet sich bei der Betrachtung seiner Oberfläche als ein Gebilde aus zwei Hälften (Hemisphären) dar. Linker und rechter Teil werden durch eine tiefe von vorn nach hinten verlaufende Furche (Fissura longitudinalis cerebri) voneinander getrennt. Diese paarige Anlage setzt sich bis weit unter die Oberfläche fort. Wenn unterhalb der Hirnrinde auch häufig keine strenge Separation mehr vorliegt, so zeigt sich bei vielen Strukturen dennoch eine spiegelbildliche Symmetrie. Der Gedanke liegt nahe, dass in den beiden Hemisphären unterschiedliche Prozesse angesiedelt sind. Worin läge der Sinn dieser doppelten Existenz bestimmter Strukturen, wenn in beiden identische Prozesse parallel abliefen? Dies erschiene wie eine enorme Verschwendung an Gehirnkapazität.

Eine gewisse Aufgabenteilung zwischen den beiden Hemisphären war schon im Altertum bekannt. Zur Zeit des Hippokrates war bereits beobachtet worden, dass schwere linksseitige Kopfverletzungen zu Bewegungsstörungen auf der rechten Seite führen und umgekehrt. Auch wurde im Corpus Hippocraticum (eine Sammlung antiker medizinischer Texte) schon auf Fälle von hirnverletzten Patienten hingewiesen, bei denen sich eine Sprachstörung gleichzeitig mit einer rechtsseitigen Bewegungsstörung zeigte. Dies kann als ein früher Hinweis auf die linkshemisphärische Lokalisation von Sprache gelten.

Die Leistung Paul Brocas. Das Verdienst, erstmals eine psychische Funktion (Sprache) mit einer der beiden Gehirnhemisphären (der linken) in einen definitiven Zusammenhang gebracht zu haben, kommt Paul Broca zu (s. Abschn. 25.4). Er stellte auch die Hypothese auf, dass Händigkeit in Zusammenhang mit der Hemisphärenspezialisierung stehe. Rechtshändigkeit und Sprache seien eine Konsequenz aus der Überlegenheit der linken Hemisphäre. Die Ansicht, dass die Sprache in derjenigen Hemisphäre lokalisiert sei, die der präferierten Hand gegenüberliegt, ging als Broca-Regel in die Literatur ein. Heute wissen wir jedoch, dass sie in strenger Form nicht gültig ist.

Spezialisierung der Hemisphären. Der Gedanke der Hemisphärenspezialisierung wurde schließlich um die Mitte des 19. Jahrhunderts wissenschaftliches Allgemeingut. Es wurden immer häufiger Befunde berichtet, nach denen läsionsbedingte Sprachstörungen bei

---

506 | 25 Sprache und Lateralisierung von Gehirnfunktionen

linksseitiger Gehirnschädigung auftreten. Daran knüpfte sich der Lehrsatz an, dass Sprache linksseitig lokalisiert sei. Wie wir später sehen werden, ist neben der Sprache eine Reihe anderer Funktionen mäßig lateralisiert, d.h., zu diesen Funktionen tragen die beiden Hemisphären in unterschiedlicher Weise bei.

25.7.1 Anatomische Differenzen zwischen den Hemisphären

Eine überaus wichtige neuroanatomische Untersuchung untermauerte die Hypothese einer linkshemisphärischen Lokalisation von Sprache. Dieser Befund bezog sich auf das **Planum temporale** (s. Abb. 25.4), eine Region, die zum Wernicke-Sprachareal gehört. Bei 100 post mortem untersuchten Gehirnen fanden Norman Geschwind und Walter Levitsky (1968) in 65 Fällen linksseitig eine Verlängerung dieser Struktur gegenüber der rechten Seite, bei 24 Gehirnen wurde kein Unterschied gefunden und nur bei 11 war das Planum temporale rechtsseitig vergrößert.

Neben dem Planum temporale sind auch die Heschl-Querwindungen (Gyri temporales transversi, s. Abb. 25.4) linksseitig dicker. Hier ist der auditorische Kortex angesiedelt. Die Sylvische Furche (s. Abb. 25.1) zeigt ebenfalls einen charakteristischen Unterschied. Linksseitig verläuft sie weniger steil als rechtsseitig. Dies gilt insbesondere für Rechtshänder, weniger deutlich für Linkshänder.

Vertiefung

Der Befund einer Hemisphärenasymmetrie bei rund 70 % der Menschen wurde später auf der Basis größerer Stichproben bestätigt und zeigte sich auch an den Gehirnen Neugeborener. Auch wurde nachgewiesen, dass bei Schimpansen, unseren nächsten Verwandten unter den Primaten, eine Hemisphärenasymmetrie besteht (s. Gannon et al., 1998). In 94 % der untersuchten Gehirne war das Planum temporale linksseitig größer. Folgende naheliegende Interpretation für diese zunächst überraschende Parallelität zwischen den sprachlosen Schimpansen und den Menschen wird von den Autoren der Studie angeboten: Möglicherweise habe bereits der gemeinsame Vorfahre von Menschen und Schimpansen diese Asymmetrie besessen. Sie habe sich für den Menschen dann später als günstig für die Sprachentwicklung erweisen können, nachdem weitere vorteilhafte Randbedingungen dazugekommen wären – z. B. der ausdifferenzierte lautbildende Apparat, der den Schimpansen fehlt. Für die These einer evolutionär sehr frühen Hemisphärendifferenzierung im Bereich der Sylvischen Furche (s. Abb. 25.1), dem sog. Perisylvischen Bereich, spricht auch die Tatsache, dass die Schädel unserer menschlichen Vorfahren, nämlich Australopithecus, Homo habilis, Homo erectus und Homo sapiens neandertalensis, bereits Anzeichen für eine diesbezügliche Asymmetrie erkennen lassen.

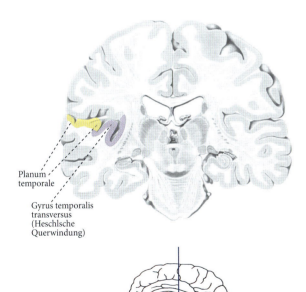

Abbildung 25.4 Planum temporale und Heschl-Querwindung im Frontalschnitt. Die Heschl-Querwindungen (= Gyri temporales transversi) sind horizontal verlaufende Einfaltungen des Temporallappens. Ihre Oberfläche wird vom Planum temporale gebildet. Das kleine Bild zeigt die Lage des Schnitts

Neuerdings konnte auch mit der **Magnetresonanztomographie** (MRT) ein bei Rechtshändern vergrößertes Planum temporale nachgewiesen werden.

Es wurden in den letzten Jahren verschiedene weitere Hirnasymmetrien berichtet. Dazu gehören u. a. linkshemisphärisch:

- ein größeres spezifisches Gewicht der Hemisphäre
- eine größere Inselrinde
- ein relativ größerer Anteil an grauer Substanz
- ein größerer inferiorer Temporallappen
- ein größerer Nucleus lateralis posterior des Thalamus
- ein schmalerer Frontallappen
- eine größere Ausdehnung der Dendriten von Pyramidenzellen im Bereich der Kortex-Schichten II und III.

Die meisten dieser Befunde fußen allerdings auf schmalem Datenmaterial, und Replikationen der Ergebnisse liegen nur selten vor.

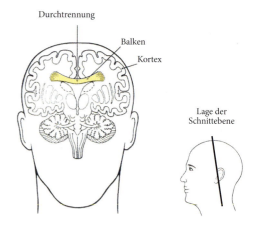

Abbildung 25.5 Lage des Balkens. Bei der Kommissurektomie wird der Balken durchtrennt

Zusammenfassung

Eine paarige Anlage von Gehirnstrukturen zeigt sich v. a. im Bereich der Hirnrinde. In tiefer liegenden Strukturen findet sich zwar keine strenge Separation mehr, dennoch liegt in fast allen Formationen eine spiegelbildliche Symmetrie vor.

Erstmals wurde eine psychische Funktion, die Sprache, von Paul Broca (1861) mit der linken Gehirnhemisphäre in einen definitiven Zusammenhang gebracht. Neben der Sprache sind weitere Funktionen lateralisiert, allerdings nur mäßig, d. h., diese Funktionen werden ungleich detailliert von den beiden Hemisphären bearbeitet.

Der auffallendste und am besten abgesicherte anatomische Unterschied zwischen den beiden Hemisphären ist eine linksseitige Vergrößerung des Planum temporale (Teil des Wernicke-Sprachareals). Die Heschl-Querwindungen sind linksseitig ebenfalls dicker. Auch für die Gehirne Neugeborener sowie anderer Primaten zeigt sich dieser Befund.

25.7.2 Methoden zur Lateralitätsprüfung und typische Ergebnisse

Untersuchungen an Split-Brain-Patienten

Überaus bedeutsam – nicht nur für die Neurowissenschaften, sondern auch für denjenigen Bereich der Philosophie, der sich mit Fragen nach dem Bewusstsein beschäftigt – waren die Untersuchungen an sog. **Split-Brain-Patienten**. Bei diesen Menschen wurde durch einen medizinisch notwendigen neurochirurgischen Eingriff die direkte Verbindung zwischen den beiden Hemisphären – das Corpus callosum (Balken) – ganz oder teilweise durchtrennt (**Kommissurektomie**, s. Abb. 25.5). Danach arbeiten die beiden Hemisphären partiell isoliert voneinander, was unter Einsatz geeigneter Versuchsanordnungen Rückschlüsse auf die jeweils besonderen Leistungen einer jeden Hemisphäre zulässt.

Schwerste Epilepsie als Indikation zur Operation. Patienten, die sich einer Split-Brain-Operation unterzogen, litten unter ansonsten unbehandelbarer Epilepsie. Die Kommissurektomie wird seit den späten 1950er-Jahren angewendet – anfänglich noch unter wenig kontrollierten Bedingungen, seit den 1960er-Jahren jedoch unter genauer Dokumentation der operativen Details. Letzteres ist von großer Bedeutung, will man die Verbindung zwischen den postoperativen Leistungsdefiziten bzw. Auffälligkeiten mit den neuroanatomischen Gegebenheiten herstellen. Durch die (teilweise) Durchtrennung des Balkens wird der interhemisphärische Austausch für pathologische neuronale Erregungszustände, wie sie typisch für den epileptischen Anfall sind, unterbunden. Die Operation ist in den meisten Fällen erfolgreich, auch dann, wenn die Patienten vorher zehn oder mehr Anfälle pro Tag hatten. Sie erlaubt es den Patienten, wieder einem weitgehend normalen Leben nachzugehen, und befreit sie von einer kaum vorstellbaren Belastung.

Die Patienten erholen sich im Regelfall relativ schnell von dem Eingriff. Unmittelbar nach der Operation auftretende halbseitige Lähmungserscheinungen gehen i. Allg. innerhalb weniger Wochen wieder zurück. Dasselbe gilt für anfängliche Gedächtnis- und Sprachstörungen. Die genannten Symptome dürften in erster Linie darauf zurückzuführen sein, dass während der Operation meist die rechte Hemisphäre (oder auch beide Hemisphären) zur Seite gedrängt werden müssen, damit man an den tiefer liegenden Balken gelangen kann, um ihn zu durchtrennen. Diese Kompression von Gehirngewebe kann zu vorübergehenden Dysfunktionen führen.

Teilentkopplung der Hemisphären. Nach einer Kommissurektomie arbeiten die beiden Kortexhälften (weitgehend) unabhängig voneinander. Jede Hälfte erhält Informationen von den sensorischen Systemen, und jede kann die ihr zugeordneten Bereiche der Motorik steuern. Der Informationsaustausch zwischen den beiden über die Kommissur ist jedoch unterbunden. Demzufolge kann man die Tätigkeit einer Hemisphäre isoliert von der anderen studieren, wenn es gelingt, nur eine Hälfte selektiv mit Information zu versorgen. Das beobachtete Verhalten beruht dann auf der Leistung der jeweils angesprochenen Hemisphäre.

Selektive Aktivierung einer Hemisphäre. Die im Folgenden beschriebene Versuchsanordnung zum Studium isolierter Hemisphären wurde bei zahlreichen Patienten angewendet. Pionierarbeit leisteten hier Roger Sperry und Michael Gazzaniga, die seit den 1960er-Jahren Split-Brain-Patienten untersuchten. Sperry erhielt für seine diesbezüglichen Arbeiten im Jahr 1981

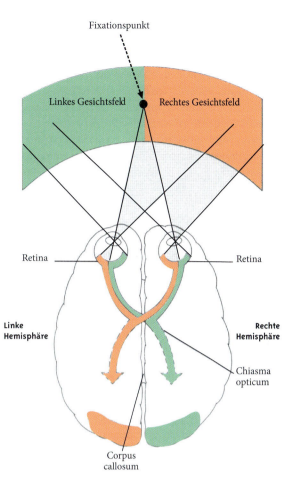

Abbildung 25.7 Projektionen des rechten und linken Gesichtsfeldes. Da die Sehbahn teilweise gekreuzt verläuft, gelangen die Informationen aus einer Gesichtsfeldhälfte nur in eine der beiden Hemisphären. Das Gesichtsfeld links vom Fixationspunkt gelangt in die rechte visuelle Hirnrinde und umgekehrt

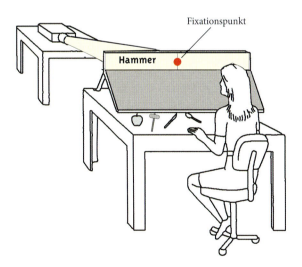

Abbildung 25.6 Split-Brain-Versuchsanordnung. Grundaufbau einer Versuchsanordnung zur lateralisierten Reizdarbietung. Um die taktile Leistung getrennt von der visuellen zu erfassen, befinden sich die zu betastenden Objekte unter einem Sichtschutz

den Nobelpreis. Die typische Versuchsanordnung (s. Abb. 25.6) macht sich zunutze, dass – auch beim Gesunden – die Information, die sich im rechten visuellen Gesichtsfeld befindet, über die Kreuzung der Sehbahn in den linken visuellen Kortex gelangt, die Information aus der linken Hälfte des Gesichtsfelds in den rechten visuellen Kortex (s. Abb. 25.7). Dies bedeutet, dass die beiden Gehirnhemisphären zunächst mit unterschiedlicher Information versorgt werden. Beim gesunden Gehirn kann allerdings direkt danach ein interhemisphärischer Austausch über den Balken stattfinden, sodass beide Hemisphären über die gleichen Informationen verfügen.

Testergebnisse bei Split-Brain-Patienten

► Zunächst ist bei einem typischen Test dafür zu sorgen, dass die Information auch wirklich nur in eine Hemisphäre gelangt. Während der Darbietung visueller Reize entweder im linken oder rechten Gesichtsfeld ist die Person instruiert, einen Markierungspunkt in der Mitte eines Bildschirms zu fixieren.

► Dann wird ein Reiz seitlich des Fixationspunktes dargeboten, d. h., er gelangt nur in eine Hemisphäre.

► Diese Reizdarbietung darf nicht länger als 100 bis 200 ms dauern. Bei längerer Darbietung würde das Auge sich drehen, um den Reiz zu fixieren, das Bild würde in die Netzhautmitte (auf die Fovea) fallen und Bildinformation würde beide Netzhauthälften erreichen und dementsprechend auch beide Hemisphären.

Typische Ergebnisse sind:

► Wird z. B. in der rechten Bildschirmhälfte das Wort »Hammer« dargeboten, so hat die Person keine Schwierigkeiten, das gesehene Wort auszusprechen. Die Information gelangt schließlich über das rechte Gesichtsfeld in die linke, sprachbegabte Hemisphäre.

► Wird dagegen das Wort »Hammer« in der linken Bildschirmhälfte präsentiert (s. Abb. 25.6), so wird nur die rechte Hemisphäre mit der Information versorgt; die Person berichtet, nichts oder nur ein kurzes Aufleuchten auf der linken Bildschirmseite gesehen zu haben. Nun lässt man sie eine Ansammlung von Gegenständen bei verdeckter Sicht befühlen. Sie soll mit der linken Hand, die von der rechten Hemisphäre gesteuert wird, denjenigen Gegenstand auswählen, der als Wort auf dem Schirm projiziert wurde. Dies gelingt ihr im Regelfall. Also wurde die Wortbedeutung in irgendeiner Form erkannt, auch wenn es unmöglich war, den Gegenstand zu benennen. Das Ergebnis wird häufig auch so interpretiert, dass die Person keinen bewussten Zugang zu dem Gesehenen hatte, sonst hätte es ihr möglich sein müssen, den Gegenstand zumindest mit anderen Worten zu beschreiben.

► Ähnlich sind die Ergebnisse, wenn man kein Wort, sondern ein Objekt auf dem Bildschirm präsentiert, z. B. einen Löffel. Gelangt die Information in die linke Hemisphäre (bei Darbietung im rechten Gesichtsfeld), kann die Person das gesehene Bild sprachlich benennen. Wird die Information dagegen in die rechte Hemisphäre geleitet, gelingt ihr dies nicht.

► Wird ein Gegenstand – ohne ihn sehen zu können – mit der linken Hand ertastet, so ist die Person nicht in der Lage, diesen Gegenstand zu benennen, da die somatosensorische Information aus der linken Hand in die rechte Hemisphäre projiziert wird. Umgekehrt hat sie keine Schwierigkeiten, einen mit der rechten Hand betasteten Gegenstand richtig zu benennen.

Bei der Fülle von Experimenten, die mit Split-Brain-Patienten durchgeführt wurden, zeigte sich auch eine Überlegenheit der rechten Hemisphäre für bestimmte Leistungen. Dazu gehört etwa die richtige Anordnung von geometrischen Objekten, um ein bestimmtes vorgegebenes Muster zu erzeugen. Auch wurde verschiedentlich beobachtet, dass die rechte Hemisphäre hinsichtlich des Wiedererkennens von Gesichtern überlegen ist: Man bot in einem ersten Durchgang eine Serie von Gesichtern entweder rechts- oder linkshemisphärisch dar. Bei einer erneuten Präsentation eines Gesichts aus der Serie war die Wiedererkennensleitung wesentlich höher, wenn die Bilder in die rechte Hemisphäre gelangt waren. Allerdings ergab sich dieser Effekt nur, wenn die Gesichter bis dato unbekannt gewesen waren. Bei vertrauten Gesichtern fand sich dagegen keine rechtshemisphärische Überlegenheit.

Zusammenfassung

Bei Split-Brain-Patienten wurde durch einen neurochirurgischen Eingriff der Balken als direkte Verbindung zwischen den beiden Hemisphären ganz oder teilweise durchtrennt. Nach diesem Eingriff kann man die Tätigkeit einer Hemisphäre isoliert von der anderen studieren, wenn man nur eine Hirnhälfte selektiv mit Information versorgt.

Ein Hauptergebnis besteht darin, dass bei Split-Brain-Patienten visuell dargebotene Information nur dann der sprachlichen Verarbeitung zugänglich ist, wenn sie in die linke Hemisphäre gelangt. Allerdings kann auf diese Information nichtsprachlich, etwa durch taktiles Auswählen aus einer Ansammlung von Objekten, richtig reagiert werden. Auch ergaben sich einige Befunde, die für eine Überlegenheit der rechten Hemisphäre z. B. bei räumlichen Aufgaben sprechen.

25.7.3 Überprüfung der Lateralität bei gesunden Personen

Der Wada-Test

Der **Wada-Test** wurde im Jahr 1940 von dem japanisch-kanadischen Neurologen Juhn Wada erstmals vorgestellt. Dieser Test dient zur Überprüfung der Hemisphärendominanz. Sein eigentliches Anwendungsgebiet ist die Neurochirurgie, um vor einem operativen Eingriff am Gehirn zu prüfen, ob bei dem betreffenden Patienten die Sprachregionen links- oder rechtsseitig lokalisiert sind. Häufig hat dann der Neurochirurg die Möglichkeit, den Zugang zum eigentlichen Operationsziel so zu wählen, dass sprachrelevante Areale umgangen werden.

Ablauf des Tests. Man macht sich beim Wada-Test die Tatsache zunutze, dass von der rechten Halsschlagader die rechte Gehirnhälfte versorgt wird und von der linken Halsarterie die linke Gehirnhälfte. Injiziert man in eine der beiden Arterien eine schnell und kurz wirkende betäubende Substanz, meist Amobarbital, so beobachtet man etwa nach einer Minute eine nahezu totale Lähmung auf derjenigen Körperseite, die der Injektionsseite gegenüberliegt (wegen der Kreuzung der absteigenden motorischen Bahnen auf die Gegenseite). Die Beweglichkeit der ipsilateralen Körperhälfte bleibt dagegen vollständig erhalten. Kurz darauf stellt sich für den Fall, dass die sprachdominante Hemisphäre von der Substanz erreicht wurde, eine vollständige Aphasie ein. Wurde mit der Substanz die nichtdominante Hemisphäre erreicht, so bleiben die Sprachfunktionen weitgehend unbeeinträchtigt. Nach ca. zehn Minuten ist die Wirkung des Medikaments abgeklungen, und die Ausfälle in der Motorik und ggf. der Sprachproduktion sind nicht mehr präsent.

Dichotisches Hören

Auch das auditive System ist bis zu einem gewissen Ausmaß lateralisiert: Die Information aus dem rechten Ohr erreicht überwiegend die linke Hirnhälfte und umgekehrt. Es liegen zwar auch ipsilaterale Verbindungen vor, diese sind jedoch schwächer ausgeprägt. Als günstig hat sich erwiesen, beim Studium der Verarbeitung akustischer Information in den beiden Hemisphären nicht nur ein Ohr mit auditiven Signalen zu versorgen, sondern beide (s. Abb. 25.8). Allerdings werden den beiden Ohren unterschiedliche Informationen dargeboten. Zum Beispiel können links und rechts verschiedene sprachliche Botschaften zu hören sein, wobei die Person

Abbildung 25.8 Dichotisches Hören. In den Abbildungen **a** und **b** wird ein Wort entweder nur rechts oder nur links dargeboten. Dann gelangt die Information weitgehend ungehindert in beide Hemisphären. **c** Werden jedoch links und rechts gleichzeitig unterschiedliche Informationen angeboten, kommt es zu einer Abschwächung des Informationsflusses in die ipsilaterale Hemisphäre

die Aufgabe hat, möglichst viele der gehörten Wörter zu wiederholen. Hier zeigt sich ein deutliches Übergewicht zugunsten der rechtsseitig dargebotenen Wörter, die überwiegend in die linke Hemisphäre gelangen. Für Rechtshänder ist dieser Effekt sehr stabil und replizierbar. Bei Linkshändern dagegen findet sich in 50 % der Fälle auch eine Bevorzugung der vom linken Ohr kommenden Information.

Wenn sich diese Unterschiede zwischen links- und rechtsseitig dargebotener Information auch konsistent zeigten, so war die Stärke der Bevorzugung des rechten Ohrs nicht sehr groß. Ein Grund dafür ist, dass beim intakten Gehirn natürlich auch die zunächst rechtshemisphärisch einlaufende Information relativ schnell und ungehindert über das Corpus callosum zur linken Hemisphäre übertritt und dann zu den hier lokalisierten sprachverarbeitenden Zentren gelangt.

Projektion in die visuellen Halbfelder

Auch beim Gesunden lässt sich das Paradigma der Halbfeldprojektion, so wie wir es von der Untersuchung der Split-Brain-Patienten kennen, einsetzen. Natürlich darf nicht übersehen werden, dass der interhemisphärische Informationsaustausch hier ungehindert stattfindet. Insofern kann es hier nur um Aufgaben mit relativ schnellen und einfachen Reaktionen gehen, da sonst die andere Hemisphäre mit eingeschaltet wird.

Bei der Halbfeldprojektion hat die Versuchsperson einen Punkt in der Mitte des Bildschirms zu fixieren, während im linken oder im rechten Teil des Projektionsschirms für ca. 100–150 ms ein Reiz erscheint. Wird sprachliches Material in das rechte Gesichtsfeld projiziert (gelangt zuerst in die linke Hemisphäre), so wird es besser erkannt. Umgekehrt liegen die Verhältnisse, wenn anstatt von Sprachreizen nonverbale Reize dargeboten werden, z. B. Gesichter. Diese können deutlich besser bei rechtshemisphärischer Reizverarbeitung identifiziert werden.

Zusammenfassung

Wichtige Untersuchungsmöglichkeiten auf Lateralisierung bei Gesunden sind der Wada-Test, d. h. die selektive Anästhesie einer Gehirnhälfte, die dichotische Darbietung von akustischem Reizmaterial und die kurzzeitige visuelle Halbfeldprojektion. Mit diesen Verfahren konnten die Befunde zur Lateralisierung von Gehirnfunktionen, die sich bei Patienten ergeben hatten, im Wesentlichen repliziert werden.

25.7.4 Die Bedeutung der Hemisphärenspezialisierung für einzelne Funktionen

Händigkeit

Es besteht ein relativ schwacher Bezug zwischen Händigkeit und Sprachdominanz. Wie sich mittels Wada-Test ergab, ist die Sprachkompetenz bei 95–99 % der Rechtshänder und etwa 70 % der Linkshänder jeweils linksseitig lokalisiert. Nur bei 15–20 % der Linkshänder ist das Sprachzentrum rechtshemisphärisch lokalisiert, etwa weitere 15 % der Linkshänder weisen eine beidseitige Sprachsteuerung auf. Letzteres ist bei Rechtshändern fast nie beobachtet worden.

Ansonsten haben verschiedene Studien an Gesunden z. B. über Aufgaben zum dichotischen Hören ergeben, dass der interhemisphärische Austausch bei Linkshändern etwas besser ist. Generell ist allerdings zu bemerken, dass die relativ zahlreichen Studien zur Händigkeit und zur Hemisphärendominanz uneinheitliche Ergebnisse brachten und die Effekte, auch wenn statistisch signifikant, meist schwach ausgeprägt waren.

Visuelle Analyse und räumliche Leistungen

Das in der populärwissenschaftlichen Literatur neben der Sprache am zweithäufigsten genannte Beispiel für Hemisphärendominanz ist die rechtshemisphärische Überlegenheit im Bereich visuell-räumlicher Leistungen. Häufig findet sich hier auch eine Gleichsetzung von Kreativität mit rechtshemisphärischer Steuerung und von logisch-mathematischem Denken mit linkshemisphärischer Steuerung. Auf der Basis wissenschaftlicher Untersuchungen ist diese vereinfachende Zuordnung nicht haltbar, da die Effekte zu gering bzw. zu inkonsistent sind.

Rechtshemisphärische Raum- und Gesichteranalyse. Für eine gewisse Überlegenheit der rechten Hemisphäre bei räumlichen Aufgaben sprechen u. a. Befunde bei Split-Brain-Patienten. Hier gelang das Zusammenbauen räumlicher Gebilde aus Bauklötzen nach einer Vorlage besser mit der linken Hand (rechtshemisphärisch gesteuert) als mit der rechten. Allerdings mangelt es auch hier nicht an Ausnahmen.

Die rechte Hemisphäre scheint – wie schon erwähnt – eine gewisse Überlegenheit bei der Analyse von Gesichtern aufzuweisen: Sind die Gesichtszüge unbekannt bzw. zeigen sie ungewohnte Details, so können diese von der rechten Hemisphäre schneller erkannt bzw. zugeordnet werden.

Lateralisierung von Emotionen

Aus der klinischen Beobachtung kann tendenziell gefolgert werden, dass emotionale Prozesse mit einem gewissen Übergewicht rechtshemisphärisch ablaufen. So wurde vielfach berichtet, dass sich nach linksseitiger Läsion (was dann ein Übergewicht rechtshemisphärischer Funktionen nach sich zieht) sehr viel häufiger Gefühle von Verzweiflung und Hoffnungslosigkeit sowie anhaltende Depression einstellten, wogegen bei rechtshemisphärischer Läsion Gefühlszustände dieser Art sehr viel seltener vorkamen. Es wurde beispielsweise berichtet, dass bei 150 Patienten mit unilateraler Gehirnläsion 62 % derer mit einer linksseitigen Läsion Reaktionen von Verzweiflung, Hoffnungslosigkeit, Trauer etc. zeigten, jedoch nur 10 % der rechtshemisphärisch Geschädigten. Stimmig damit ist, dass beim Wada-Test deutlich häufiger negative Affekte nach linksseitiger Injektion berichtet werden als nach rechtsseitiger.

Verarbeitung emotionaler Reize. Die Wahrnehmung emotionaler Reizinhalte scheint bevorzugt rechtshemisphärisch abzulaufen. Dies wurde verschiedentlich für Patienten mit links- bzw. rechtsseitiger Läsion gezeigt. Hier konnte v. a. der emotionale Ausdruck in der Mimik sowie der emotionale Gehalt von Wörtern von rechtsseitig geschädigten Patienten deutlich schlechter erkannt werden als von der Patientengruppe mit linkshemisphärischer Läsion. Letztere zeigten oft keine Unterschiede zu gesunden Kontrollpersonen.

Auch bei Untersuchungen an Gesunden fanden sich bei Halbfeldprojektion visueller emotionaler Reize Hemisphärenunterschiede. Gelangten die Reize in die rechte Hemisphäre, führte dies zu größeren emotionalen Reaktionen (verbal oder physiologisch) als bei linkshemisphärischer Darbietung. Auch bei diesen Ergebnissen gilt, dass sie meist in die geschilderte Richtung laufen, wobei aber die absoluten Unterschiede nur vergleichsweise gering sind.

Links positive, rechts negative Verarbeitung. Man verglich Reize mit positivem und negativem emotionalem Gehalt bei gleichzeitiger Beobachtung einer vegetativen Reaktion (Hautleitfähigkeit, s. Abschn. 26.6.2). Negativ getönte Reize lösten bei rechtshemisphärischer Darbietung größere Reaktionen aus, positive dagegen bei linkshemisphärischer Darbietung (s. Abb. 25.9; Hugdahl, 1996). Diese Hemisphärenunterschiede wurden auch bei EEG-Untersuchungen berichtet. War z. B. die linke Hemisphäre vor der Reizdarbietung stärker aktiviert – erkennbar an der EEG-Frequenz –, so wurden positive emotionale Reize als angenehmer erlebt als bei einer anfänglichen stärkeren Aktivierung der rechten Hemisphäre. Das Komplementäre zeigte sich für die erhöhte rechtshemisphärische Aktivierung: Negative Reize wurden jetzt als unangenehmer erlebt, verglichen mit höherer linkshemisphärischer Aktivierung bei Reizdarbietung. Dieser Effekt war am deutlichsten bei frontaler EEG-Aktivierung (s. Tomarken et al., 1992).

Musikalität

Sowohl bei Patienten mit einseitigen Gehirnschädigungen als auch bei gesunden Personen wurde hinsichtlich der Verarbeitung und Produktion von Musik eine rechtshemisphärische Dominanz beobachtet. Es wurden Patienten nach links- bzw. rechtsseitiger Entfernung eines Temporallappens bestimmte musikalische Aufgaben vorgegeben. Bei rechtsseitiger Operation war die Leistung beim (Wieder-)Erkennen bestimmter Melodien, bei der Einstufung von Lautstärke und Tonhöhe sowie der Klangfarbe deutlich erniedrigt. Bei linksseitiger Operation zeigten sich diese Defizite nicht. Beim Wada-Test wurde nur nach rechtsseitiger Betäubung beobachtet, dass die Personen überhaupt nicht mehr oder nur noch sehr monoton singen konnten.

Bei Musikern, die einen Schlaganfall erlitten, war die Beeinträchtigung der musikalischen Fertigkeiten bei rechtshemisphärischer Schädigung durchgängig größer als bei linkshemisphärischer. Selten zeigte sich dagegen ein totaler Ausfall aller musikalischen Leistungen – Notenlesen, Intonation, Benennen von Musikstücken, Erkennen von Tonhöhen und Rhythmus etc. Auch bei musikalischen Leistungen ist also, ähnlich wie bei der Sprache, nicht davon auszugehen, dass alle Kompetenzen komplett in einer Hemisphäre verortet sind, sondern dass Teilleistungen auch in der gegenüberliegenden Gehirnhälfte angesiedelt sind.

These: Geschlechtsunterschiede in bestimmten Leistungen aufgrund unterschiedlicher Hemisphärenspezialisierung

Wie wir bereits in Abschnitt 18.7.2 gesehen haben, existieren zwischen den Geschlechtern in bestimmten kortikalen Funktionen Unterschiede. Diese Unterschiede zeigen sich besonders deutlich in Bereichen, die mit der Spezialisierung der beiden Hemisphären zusammenhängen: bei der Sprache, visuell-räumlichen und mathematischen Fähigkeiten.

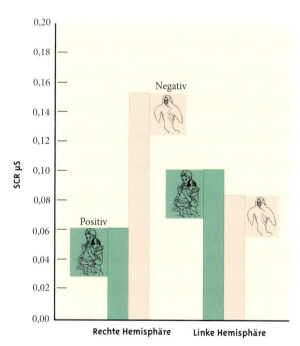

Abbildung 25.9 Unterschiede in der Hautleitfähigkeitsreaktion auf links- bzw. rechtshemisphärisch dargebotene emotionale Reize. Negativ getönte emotionale Reize führen bei rechtshemisphärischer Darbietung zu höheren Reaktionen als bei linkshemisphärischer. Für positiv getönte Reize sind die Verhältnisse umgekehrt (SCR = Skin conductance response; µS = Mikro-Siemens)

Weib und Wort, Mann und Zahl? Mädchen beginnen deutlich (mindestens einen Monat) früher zu sprechen und schneiden nahezu während der gesamten Schulzeit in Sprachtests, z. B. Wortergänzungsaufgaben, besser ab als Knaben. Dagegen weisen Knaben v. a. im Altersbereich von 11 bis 14 Jahren eine Überlegenheit bei mathematisch-geometrischen Aufgaben auf. Dies wird insbesondere deutlich, wenn es um Spitzenleistungen geht. Die Ergebnisse sind zwar über die meisten Studien hinweg betrachtet konsistent, jedoch sind die zahlenmäßigen Unterschiede nur gering, meist unter einer halben Standardabweichung.

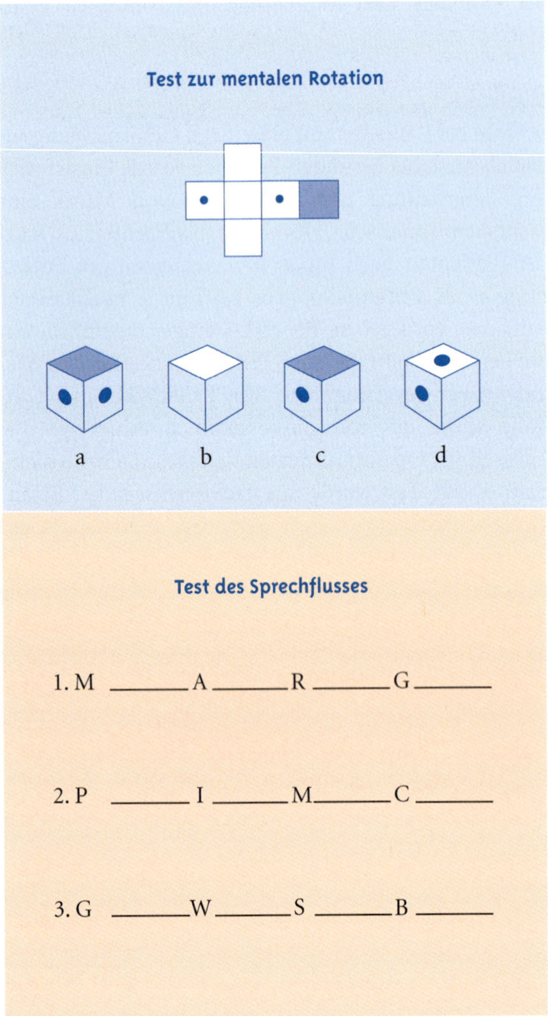

Männer und Raum. Bei visuell-räumlichen Tests ist die Leistung von Knaben und erwachsenen Männern im Durchschnitt meist besser als die von Mädchen und Frauen. Dies bezieht sich v. a. auf das räumliche Vorstellungsvermögen, die Gedächtnisleistung für räumliche Details und Ergebnisse bei Labyrinthaufgaben. Dem scheinen Alltagsbeobachtungen Recht zu geben: Unter Architekten, Malern und Bildhauern finden sich deutlich mehr Männer als Frauen. Inwieweit diese Unterschiede eine Basis auf neuronaler Ebene haben, ist kaum geklärt. Es darf nicht übersehen werden, dass in vielen Kulturen Knaben auch eher zu räumlich-explorativem Verhalten angeregt werden als Mädchen und eher Spielzeug bekommen (z. B. »Lego-Steine«), das zu räumlichem Denken anregt.

Je ein typisches Beispiel für eine sprachliche Aufgabe – Überlegenheit des weiblichen Geschlechts – und eine räumliche Aufgabe – Überlegenheit des männlichen Geschlechts – ist in Abbildung 25.10 wiedergegeben.

Abbildung 25.10 Testaufgaben für Sprache und visuell-räumliche Leistungen. Oben: Die Versuchsperson muss aus den Würfeln denjenigen auswählen, der dem darüber auseinandergefalteten Würfel entspricht. Männer benötigen für diese Aufgabe im Durchschnitt weniger Zeit als Frauen. Unten: Die Probanden müssen den Freiraum zwischen den vorgegebenen Buchstaben so füllen, dass Wörter entstehen, die einen sinnvollen Satz ergeben. Bei diesem Test sind Frauen im Mittel schneller als Männer.

Zusammenfassung

Es besteht ein schwacher Bezug zwischen Händigkeit und Sprachdominanz. Bei 95–99 % der Rechtshänder und etwa 70 % der Linkshänder ist die Sprachkompetenz linksseitig lokalisiert. Für eine Überlegenheit der rechten Hemisphäre bei räumlichen Aufgaben sprechen Befunde bei Split-Brain-Patienten. Diese lösen praktische räumliche Aufgaben häufig besser mit der linken Hand. Bei der Analyse von Gesichtern scheint die rechte Hemisphäre eine Überlegenheit aufzuweisen.

Aus der klinischen Praxis gibt es Hinweise, dass emotionale Prozesse mit einem gewissen Übergewicht rechtshemisphärisch ablaufen. Auch bei Gesunden zeigen sich Hemisphärenunterschiede in der Wahrnehmung und Verarbeitung von Emotionen. Negativ getönte emotionale Prozesse scheinen unter stärkerer Beteiligung der rechten Hemisphäre abzulaufen, positiv getönte dagegen unter stärkerer Aktivierung der linken.

Musikverarbeitung und -produktion sind mit einer stärkeren Beteiligung der rechten Hemisphäre verbunden. Darauf weisen hauptsächlich Befunde an Patienten hin.

Es spricht einiges dafür, dass Männer eine Überlegenheit bei rechtshemisphärischen Leistungen aufweisen und Frauen bessere Ergebnisse bei linkshemisphärischen Aufgaben erbringen. Diese – allerdings schwachen – Unterschiede zeigen sich besonders deutlich in den Bereichen Sprache (Frauen überlegen) sowie visuell-räumliche und mathematisch-geometrische Fähigkeiten (Männer überlegen).

Weiterführende Literatur

Capla, D. N. & Gould, J. L. (2008). Language and communication. In L. R. Squire, D. Berg, F. E. Bloom, S. DuLac, A. Ghosh &. N. Spitzer (Eds.), Fundamental neuroscience (3rd ed.; pp. 1179–1198). Amsterdam: Elsevier.

Friederici, A. D. & Hahne, A. (2000). Neurokognitive Aspekte der Sprachentwicklung. In H. Grimm (Hrsg.), Enzyklopädie der Psychologie: Sprache. Bd. 3: Sprachentwicklung. Göttingen: Hogrefe.

Pulvermüller, F. (1999). Words in the brain's language. Behavioral and Brain Sciences, 22, 253–336.

Springer, S. P. & Deutsch, G. (1998). Linkes, rechtes Gehirn (4. Aufl.). Heidelberg: Spektrum Akademischer Verlag.

26 Methoden der Biologischen Psychologie

Die wissenschaftlichen Erkenntnisse, die in die Biologische Psychologie einfließen, werden auf der Basis einer Fülle von Methoden gewonnen, die einerseits das Tier, andererseits den Menschen zum Untersuchungsgegenstand haben. Das Schwergewicht hat sich in den letzten Jahren allerdings deutlich vom Tierversuch weg, hin zu Untersuchungen am Menschen verlagert. Dies hängt einerseits mit der gewachsenen Sensibilität gegenüber Tierexperimenten zusammen, andererseits mit der rapide zunehmenden Verfügbarkeit von nichtinvasiven Untersuchungstechniken, d. h. Verfahren, die kein Eindringen unter die Körperoberfläche verlangen und damit auch für Humanuntersuchungen gut geeignet sind. Dazu gehören v. a. die Methoden zur funktionellen und bildgebenden Untersuchung des menschlichen Nervensystems.

26.1 Die Untersuchung von Aufbau und Funktion der Nervenzelle

26.1.1 Mikroskopische Methoden

Lichtmikroskopie. Das menschliche Auge vermag ohne optische Hilfsmittel benachbarte Punkte mit einem Minimalabstand von 20–80 µm (1 µm = 1/1.000 mm) aufzulösen. Das klassische Verfahren zur feingeweblichen Strukturaufklärung des Gehirns ist die Lichtmikroskopie. Hiermit erreicht man Auflösungen von bis zu 0,25 µm. Zur lichtmikroskopischen (und elektronenmikroskopischen) Untersuchung von Zellen und deren Verbindungen ist es erforderlich, dünne Schnitte mit Schnittdicken von 100–300 µm anzufertigen. Zuvor muss das Gewebe fixiert werden, um ihm einerseits die zum Schneiden nötige Festigkeit zu geben und es andererseits vor dem Zerfall zu bewahren. Die Fixierung geschieht üblicherweise mit Formaldehyden. Zur Verfestigung wird es beispielsweise in Paraffin eingebettet, oder es wird gefroren. Gefrierschnitte werden mittels spezieller **Gefriermikrotome** angefertigt, die das Präparat auf niedriger Temperatur halten und ein gekühltes Messer besitzen. Damit können extrem dünne Schichten des gefrorenen Gewebes abgetragen werden.

Elektronenmikroskopie. Mit dem Elektronenmikroskop erreicht man sehr viel höhere Auflösungen und Vergrößerungen als mit dem Lichtmikroskop. Es bietet im Durchstrahlungsverfahren von Gewebsschnitten, der **Transmissionselektronenmikroskopie**, eine Steigerung des Auflösungsvermögens um den Faktor 1.000 (bis zu etwa 0,3 nm bzw. unter optimalen Bedingungen 0,1 nm). Zur sehr plastischen Darstellung der Struktur von Gewebeoberflächen dient das **Rasterelektronenmikroskop**. Man erzielt damit allerdings nicht die Auflösung des Elektronenmikroskops, sie liegt hier bei max. 10 nm.

Bei der Elektronenmikroskopie wird das Präparat in ein Vakuum gebracht, um es mit einem Elektronenstrahl zu »durchleuchten« oder seine Oberfläche abzutasten. Üblicherweise müssen die entsprechenden Präparate zur Erzeugung des notwendigen Kontrastes mit bestimmten Metallen oder Metallverbindungen bedampft werden. Mit dem Elektronenmikroskop kann man synaptische Systeme, Membranstrukturen bis hin zu Ionenkanälen sichtbar machen.

Fluoreszenzmikroskopie. Bei der Fluoreszenzmikroskopie wird das Abstrahlen von Licht bestimmter Chemikalien genutzt, die sich an einzelne Moleküle der Nervenzelle wie z. B. Neurotransmitter binden. Bestrahlt man nun das Präparat mit ultraviolettem Licht, so leuchten die entsprechenden Gewebsbereiche in einer bestimmten Farbe auf, die vom jeweiligen Fluoreszenzstoff abhängt. Damit kann man einzelne Gewebsstrukturen sehr deutlich sichtbar und unterscheidbar machen. Diese Methode ist in der modernen Histologie weit verbreitet, da sich unter Einsatz verschiedener Fluoreszenzstoffe im selben Bild unterschiedliche Zellen oder Zellbereiche in verschiedenen Farben darstellen lassen. Eine völlig neue Variante der Fluoreszenzmikroskopie ist die **STED-Mikroskopie** (STED für Stimulated Emission Depletion). Hiermit können bis zu 20 nm kleine Details aufgelöst werden. Vor allem für die Untersuchung zellulärer Strukturen kommt man damit einen bedeutenden Schritt weiter. Man kann damit z. B. Vesikel und Proteinkomplexe sichtbar machen. Seit 2007 wird das STED-Mikroskop kommerziell vertrieben.

26.1.2 Färbemethoden

Um die verschiedenen Elemente des Nervensystems optisch voneinander abzugrenzen und damit erkennbar zu machen, kennt man seit ca. 100 Jahren eine Reihe von Färbemethoden. Die verschiedenen Farbstoffe haben eine unterschiedliche Affinität zu verschiedenen Teilen der Zelle, etwa zum Zellkörper, zu den Membranen oder zur Myelinscheide. Mit der **Golgi-Färbung** lässt sich die Nervenzelle durch Anfärben mit bestimmten Silbersalzen in ihrer Gesamtheit sichtbar machen (Abb. 26.1).

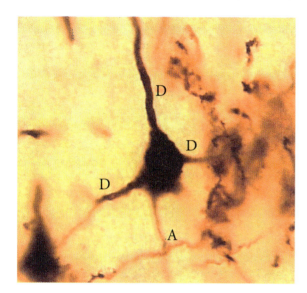

Abbildung 26.1 Darstellung eines Neurons nach Golgi-Färbung. »D« bedeutet Dendrit, »A« steht für Axon

Man erkennt alle Elemente der Nervenzelle: Soma, Axon, Dendriten bis hin zu dendritischen Dornen. Interessanterweise färben sich mit dieser Methode nur wenige Zellen pro Schnitt an. Die Ursache hierfür ist nicht bekannt. Dadurch heben sich die angefärbten Zellen sehr deutlich vor dem ungefärbten Hintergrund ab.

Bei der **Nissl-Färbung** wird primär der Zellkörper sichtbar gemacht. Daher ist diese Färbetechnik besonders gut geeignet, um Zellkörperdurchmesser zu bestimmen oder Zellen auszuzählen.

26.1.3 Weitere Techniken zur Sichtbarmachung von Zellen und Zellbestandteilen

Autoradiographie. Will man die Dynamik neurochemischer Prozesse in der Nervenzelle studieren, kann man die **Autoradiographie** anwenden. Hierbei macht man sich zunutze, dass radioaktive Substanzen zu einer Schwärzung von photographischem Film oder zu einer Anregung lichtempfindlichen Materials führen. Wenn man etwa einem lebenden Tier kurz bevor oder während einer bestimmten Gehirnaktivität – z. B. einer Lernaufgabe – radioaktiv markierte 2-Deoxyglukose (2-DG) injiziert, so sammelt sich dieser Stoff, da er der Glukose eng verwandt ist, in den aktiven Zellen reichhaltiger an als in inaktiven. Danach wird das Tier getötet und sein Gehirn in Schnitte zerlegt. Legt man die Schnitte auf einen photographischen Film, so erzeugt der Schnitt ein Autoradiogramm, auf dem sich die aktivierten Zellbereiche deutlich durch Schwarzfärbung abzeichnen.

Immunohistochemische Methoden. Mit den immunohistochemischen Methoden kann man Zellgruppen oder Zellbestandteile von Nervenzellen markieren, die z. B. bestimmte Membranbestandteile oder Proteine aufweisen. Hierbei bedient man sich spezifischer Antikörper, die auf Antigene reagieren, indem sie sich mit diesen verbinden. Sind die Antikörper mit bestimmten Markierungssubstanzen gekoppelt, z. B. Fluoreszenzfarbstoffen, so kann man deren Anreicherung im Fluoreszenzmikroskop sichtbar machen. Dazu ist allerdings erforderlich, dass man ein Antigen zur Verfügung hat – meist speziell für diesen Zweck hergestellt –, das an das fragliche Molekül bindet. Der Antigen-Antikörper-Komplex kann dann auf verschiedene Arten und über mehrere Zwischenschritte im Mikroskop sichtbar gemacht werden.

Meerrettichperoxidase-Technik für Leitungswege. Das klassische Verfahren zur Darstellung von Leitungswegen ist die **Meerrettichperoxidase**-Technik (HRP, für engl. horseradish peroxidase). Das Enzym HRP wird von lebenden Nervenzellen v. a. von der präsynaptischen Endigung der Axone aufgenommen und wandert von dort aus (etwa innerhalb eines Tages) zum Zellkörper. Wird HRP beim lebenden Tier in eine bestimmte Stelle der grauen Substanz eingespritzt und einen Tag später ein Gewebsschnitt angefertigt, so kann man damit diejenigen Nervenzellen sichtbar machen, deren Axone zum Einspritzort laufen. Dazu wird eine Substanz zugegeben, die mit HRP reagiert und ein farbiges Reaktionsprodukt bildet. Mit dieser Technik lässt sich also selektiv für einen bestimmten Ort des Nervensystems feststellen, über welche Leitungswege und zu welchen Zellkörpern axonale Verbindungen bestehen.

Mikrodialyse. Die Mikrodialyse ist ein tierexperimentelles Verfahren zur Bestimmung der Konzentration chemischer Substanzen, v. a. von Neurotransmittern, in einzelnen Regionen des lebenden Gehirns. Dazu wird eine sehr feine Kanüle bis zu dem interessierenden Gehirngebiet vorgeschoben. Die Sonde lässt sich millimetergenau in einem bestimmten Zielgebiet wie dem Thalamus, dem Hypothalamus oder dem Kleinhirn positionieren, wo sich dann die im Extrazellulärraum vorhandenen Substanzen sowie ihre Konzentrationen bestimmen lassen.

Die Mikrodialysekanüle besteht aus einem doppelwandigen Zylinder (s. Abb. 26.2). Die äußere Wand ist halbdurchlässig für bestimmte Stoffe, z. B. für einen einzelnen Neurotransmitter. Die sog. Perfusionslösung, z. B. isotonische Kochsalzlösung, strömt über den inneren Zylinder ein, gelangt dann in den Raum zwischen innerem und äußerem Zylinder, nimmt die zu untersuchende Substanz auf und wird über den äußeren Zylinder nach außen abgesaugt, um dort analysiert zu werden. Dies geschieht mit Analyseautomaten, die die Substanzkonzentrationen permanent und mit nur geringer Zeitverzögerung bestimmen. Mittels der Mikrodialyse kann man kleinste Veränderungen in der lokalen Konzentration von Neurotransmittern nachweisen. Da am wachen Tier diese Daten erhoben werden können, lassen sich hiermit unmittelbar Zusammenhänge zwischen Verhalten und neurochemischen Vorgängen aufklären.

> **Zusammenfassung**
>
> Das klassische Verfahren zur Strukturaufklärung des Gehirns ist die Lichtmikroskopie mit einer Auflösung von max. 0,25 μm. Mit dem Elektronenmikroskop erreicht man Auflösungen bis zu etwa 0,3 nm. Hiermit lassen sich synaptische Systeme und Membranstrukturen bis hin zu Ionenkanälen sichtbar machen. Zur plastischen Darstellung der Struktur von Gewebeoberflächen dient das Rasterelektronenmikroskop.
>
> Bei der Fluoreszenzmikroskopie können bestimmte Gewebsbereiche farbig sichtbar gemacht werden. Mit dem STED-Fluoreszenzmikroskop lässt sich eine Auflösung bis hin zu wenigen Nanometern erreichen.
>
> Mit der Meerrettichperoxidase-Technik kann man selektiv für einen bestimmten Ort des Gehirns feststellen, über welche Leitungswege und zu welchen Zellkörpern von hier aus axonale Verbindungen bestehen.
>
> Die Mikrodialyse ist ein tierexperimentelles Verfahren zur Bestimmung der Konzentration chemischer Substanzen, v. a. Neurotransmittern, in einzelnen Regionen des lebenden Gehirns.

26.2 Gehirnelektrische Aktivität und Elektroenzephalogramm

Elektrochemische Vorgänge und die sich daraus ergebenden Membranpotenziale bilden die Basis neuronaler Aktivität. Das Elektroenzephalogramm (EEG), die Aufzeichnung hirnelektrischer Vorgänge an der Schädeloberfläche, ist eine Konsequenz aus diesen Membranpotenzialen. Allerdings ist das elektrische Potenzial eines einzelnen Neurons viel zu gering, um als solches an der Schädeloberfläche registrierbar zu sein. Dazu sind die Entfernungen zu groß und die dämpfenden Effekte der dazwischen liegenden Gewebsschichten – Haut, Knochen, Flüssigkeiten – zu hoch. Wenn jedoch größere Verbände von Neuronen sich in ihren Potenzialveränderungen synchron verhalten, kann dies in der

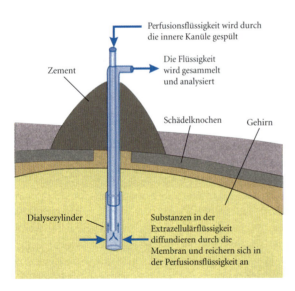

Abbildung 26.2 Mikrodialyse. Die doppelwandige Kanüle wird bis zu dem interessierenden Gehirngebiet vorgeschoben und mit Zement (meist Dentalzement) fixiert. Über eine Membran im äußeren Zylinder können kleine Moleküle ins Innere diffundieren. Hier werden sie von der Perfusionslösung aufgenommen und nach außen transportiert

Summe zu hinreichend starken Gesamtpotenzialen führen, die auch an der Schädeldecke messbar sind. Diese Potenziale können eine Amplitudenhöhe bis zu einigen 100 μV erreichen.

EEG-Diagnostik in der Neurologie. In der Neurologie ist das EEG eine weitverbreitete Methode zur Diagnose bestimmter Erkrankungen. Es wird hier oft als ein erster diagnostischer Schritt eingesetzt, der dem Arzt Hinweise darauf gibt, in welche Richtung er – mithilfe spezifischerer Verfahren, die aber meist aufwendiger und/oder belastender für die Patienten sind – den diagnostischen Prozess weiter fortsetzen soll. Dies gilt etwa bei Funktionsveränderungen im Zusammenhang mit Kopfverletzungen, Vergiftungen und Durchblutungsstörungen. Bei einigen Krankheiten allerdings lässt schon das EEG allein eine relativ zuverlässige Diagnose zu. Das gilt für

- die Epilepsie,
- bestimmte Formen der multiplen Sklerose und
- Störungen im sensorischen Reizleitungssystem.

Analyse der zerebralen Aktivierung in Psychophysiologie und kognitiver Neurowissenschaft. In der Psychophysiologie und kognitiven Neurowissenschaft bedient man sich des EEG im Wesentlichen, um Aufschluss über zerebrale Aktivierungsvorgänge zu gewinnen. Diese Aktivierungsprozesse können stattfinden im Zusammenhang mit

- Aufmerksamkeitsprozessen,
- Bewusstseinszuständen und deren Veränderungen,
- sensorisch evozierter Gehirnaktivität – visuelle, akustische oder somatosensorische Reizverarbeitung – einschließlich der Verarbeitung von Schmerzreizen,
- ereigniskorrelierter Gehirnaktivität im Zusammenhang mit kognitiven Prozessen wie Gedächtnis- und Lernvorgängen,
- kortikaler Plastizität – etwa Reorganisation von Gehirnfunktionen.

26.2.1 Typen der EEG-Aktivität

Das EEG ist, ebenso wie die Aufzeichnung anderer Biopotenziale, die Darstellung eines Spannungsverlaufs in der Zeit. Zur Beschreibung eines EEG-Befunds dienen bevorzugt die Amplitude und die Frequenz der Spannungsschwankungen.

Man unterscheidet bei der hirnelektrischen Aktivität zwischen

- Spontanaktivität und
- evozierter Aktivität.

Erstere ist primär bei der Frage nach dem Zustand der Gehirnfunktion von Bedeutung – etwa in Bezug auf Aufmerksamkeitsprozesse oder auf Schlafstadien –, Letztere wird eher studiert, wenn es um phasische, also kurzzeitige Reaktionen auf bestimmte Ereignisse geht.

Spontanaktivität

Unter der hirnelektrischen Spontanaktivität (»Spontan-EEG«) versteht man die ununterbrochen an der Schädeloberfläche registrierbaren Spannungsschwankungen. Hier herrscht (außer nach dem Eintreten des »Hirntods«) niemals elektrische Ruhe, sondern es liegen ständig mehr oder weniger rhythmische Potenzialveränderungen vor. Die Frequenz dieser Spannungsveränderungen liegt zumeist im Bereich zwischen

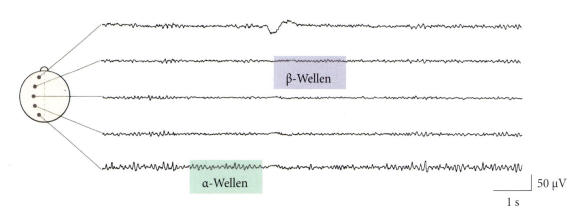

Abbildung 26.3 Ausschnitt aus einem EEG im Wachzustand. Es sind die Aufzeichnungen von fünf Elektroden wiedergegeben, deren Aktivität gegenüber einem inaktiven Punkt (Ohrläppchen) registriert wurde. Hier sind die beiden typischen Wellenformen für das Wach-EEG zu erkennen: Alpha- und Betawellen

0,5 und 50 Hz (allerdings sind auch Frequenzen bis zu 100 Hz möglich). Die Amplituden bewegen sich i. Allg. zwischen 1 und 200 µV. In Abbildung 26.3 sind 10 Sekunden eines EEG wiedergegeben, das von einer wachen und entspannten Versuchsperson abgeleitet wurde.

Die Kurvenverläufe machen deutlich, dass das EEG keineswegs aus einem Gemisch vieler verschiedener Frequenzen zusammengesetzt ist, sondern dass es offenbar bevorzugte Frequenzbereiche, die sog. **Frequenzbänder**, gibt. Man erkennt hier Wellen mit hoher Amplitude und einer Frequenz von ca. 10 Hz, die sog. Alphawellen, und Betawellen mit niedriger Amplitude und einem Frequenzbereich von 14–30 Hz. Schon Hans Berger, der Entdecker und erste Erforscher des menschlichen Elektroenzephalogramms (der ihm auch diesen Namen gab), hat in seinen 1929 veröffentlichten Arbeiten auf die Unterscheidung zwischen Alpha- und Betawellen hingewiesen. Im menschlichen EEG existieren noch weitere Frequenzbänder, die allerdings weniger häufig auftreten oder spezifisch für den Schlaf sind (Deltawellen). Tabelle 26.1 gibt Aufschluss über die fünf wichtigsten Frequenzbereiche.

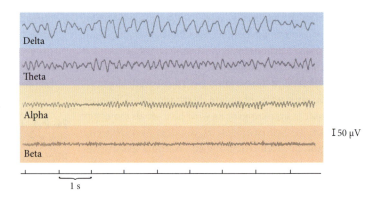

Abbildung 26.4 Beispiele für die vier häufigsten Arten rhythmischer Aktivität im Spontan-EEG

Tabelle 26.1 Die fünf EEG-Frequenzbereiche

Frequenzband (Wellentyp)	Frequenzbereich in Hz
Delta (δ)	0,5–3
Theta (θ)	4–7
Alpha (α)	8–13
Beta (β)	14–30
Gamma (γ)	31–60

Die vier »klassischen« Wellentypen Alpha bis Delta sind in Abbildung 26.4 gesondert dargestellt. Gammawellen lassen sich i. Allg. nur unter besonderen Anregungsbedingungen beobachten.

Rhythmische EEG-Aktivität und Zustände der Aktiviertheit

Eine grobe Zuordnung der vier Hauptfrequenzbänder des EEG zu psychischen Zuständen lässt sich am besten innerhalb der Dimension der Aktiviertheit vornehmen. Die Aktiviertheit bewegt sich zwischen den Extrembereichen Koma und höchsterregtem Zustand, etwa bei panischer Angst. Bei niedriger Frequenz der EEG-Wellen herrscht niedrige Aktiviertheit. Anders ausgedrückt: Je ruhiger die Bewusstseinslage, desto synchronisierter (langsamer und höheramplitudiger) ist das EEG. Diese Schematisierung trifft global die Verhältnisse recht gut, wenn auch im Einzelfall Abweichungen von dieser Regel beobachtet werden können.

Alphawellen. Den höchsten Anteil an Alphawellen finden wir im entspannten Wachzustand. Besonders bei geschlossenen Augen sind fast immer Alphawellen als Bestandteil des Spontan-EEG beobachtbar. Werden die Augen geöffnet, so tritt zunächst eine Blockierung des Alpharhythmus ein, die sog. **Alphablockade**. Diese ist eine generelle Begleiterscheinung bei der Verarbeitung unerwarteter Reize. Sie hat i. Allg. eine Dauer von 0,5 bis zu einigen Sekunden. Hier nimmt kurzzeitig der Betawellenanteil deutlich zu. Das bedeutet jedoch nicht, dass bei geöffneten Augen überhaupt keine Alphawellen mehr vorhanden wären: Auch bei offenen Augen finden sich im entspannten Zustand mehr oder weniger lange (1–20 Sekunden) ununterbrochene Züge von Alphawellen. Sie sind dann jedoch seltener als bei geschlossenen Augen. Bedingung für maximale Alpha-Aktivität ist, dass sich die Person in einer reizarmen Umgebung befindet und die visuelle Aufmerksamkeit reduziert ist. Beim Vorliegen von Alphawellen spricht man auch von einem **synchronisierten** Wach-EEG.

Betawellen. Im Wachzustand zeigt das EEG im Wesentlichen nur Alpha- und Betawellen. Letztere herrschen immer dann vor, wenn eine Person mental oder körperlich aktiv ist oder unter psychischer Belastung steht.

Man nennt EEG-Phasen, die hauptsächlich Betaaktivität aufweisen, **desynchronisiert**.

Thetawellen. Im dösenden Wachzustand, z. B. beim Übergang zum Einschlafen, können gelegentlich Thetawellen beobachtet werden. Im frühkindlichen EEG treten sie auch unter Normalbedingungen auf. In tiefer Entspannung und bei gewissen, durch Meditation herbeigeführten Bewusstseinzuständen sollen sich ebenfalls vermehrt Thetawellen zeigen. Es wurde auch berichtet, dass bei hoher Konzentration im Zusammenhang mit Lern- und Gedächtnisvorgängen Thetawellen auftauchen.

Deltawellen. Bei gesunden Erwachsenen finden sich im Wachzustand keine Deltawellen. Ihr Auftreten und ihre Häufigkeit ist kennzeichnend für die Phasen des Tiefschlafs (s. Abschn. 20.3).

Das Gammaband. Das sog. Gammaband wird seit einigen Jahren verstärkt beachtet, besonders im Zusammenhang mit der Repräsentation und Analyse von Wahrnehmungsobjekten. Diese EEG-Aktivität dürfte eine Begleiterscheinung des **Binding-Phänomens** sein. Darunter versteht man die Koppelung im Gehirn räumlich relativ weit auseinanderliegender Neuronengruppen zu einer eng synchronisierten Aktivität. Dies spielt insbesondere bei der visuellen Wahrnehmung eine große Rolle. Die unterschiedlichen Charakteristika eines Objekts – Farbe, Umriss, Bewegung – werden von verschiedenen Neuronenpopulationen an verschiedenen Orten im Gehirn verarbeitet. Am Ende dieses Verarbeitungsvorgangs steht jedoch ein homogenes Gesamtbild. Es ist davon auszugehen, dass die Zusammenführung der Einzelelemente Farbe, Umriss und Bewegung auf der Basis synchroner Entladungen aller beteiligten Neuronengruppen geschieht, die sie quasi untereinander verbindet. Die diesbezüglichen Oszillationen liegen nach Meinung zahlreicher Autoren im Gammaband, etwa um 40 Hz.

Ereigniskorrelierte Potenziale

Das Gehirn wirkt nicht nur als Generator für die ununterbrochen herrschende Spontanaktivität, sondern bestimmte äußere und innere Ereignisse können typische Potenzialverläufe hervorrufen – »evozieren«, daher auch: »evozierte Potenziale«. (Die Begriffe »evoziertes Potenzial« und »ereigniskorreliertes Potenzial« werden weitgehend synonym gebraucht.) Ein verwandtes Phänomen haben wir schon mit der Alphablockade kennengelernt. Diese ist jedoch kein evoziertes Potenzial eigener Prägung, sondern stellt lediglich eine Veränderung im Rhythmus der ständig vorhandenen oszillatorischen hirnelektrischen Aktivität dar. Ein ereigniskorreliertes Potenzial (EKP) ist dagegen eine eigenständige, ereignisbezogene hirnelektrische Erscheinung, die zur Spontanaktivität hinzutritt.

Übersicht

Arten ereigniskorrelierter (evozierter) Potenziale

Man unterscheidet vier Typen ereigniskorrelierter Potenziale (EKP):

▶ **Sensorische EKP.** Sensorische Potenziale folgen zeitlich unmittelbar auf den Sinnesreiz.

▶ **Motorische EKP.** Motorische Potenziale gehen einer motorischen Aktivität direkt voraus und sind am stärksten über dem motorischen Kortexareal, das kontralateral zur aktivierten Muskelgruppe liegt.

▶ **Endogene EKP.** Endogene EKP sind in ihrem zeitlichen Verlauf nicht so eng an das Auftreten des Ereignisses gekoppelt, wie dies bei den sensorischen EKP der Fall ist. Die endogenen EKP entstehen, wenn ein Ereignis für das Individuum »bedeutungsvoll« ist.

▶ **Langsame Potenzialverschiebungen.** Die langsamen Potenzialverschiebungen zeigen sich bevorzugt entweder während der Vorbereitung auf eine motorische Reaktion oder während der Erwartung eines externen Reizes. Die bekannteste Art einer solchen hirnelektrischen Potenzialverschiebung ist die sog. CNV (Contingent Negative Variation).

Komponenten des ereigniskorrelierten Potenzials. Abbildung 26.5 zeigt das Beispiel eines akustisch evozierten Potenzials. EKP bestehen meist aus einer Folge von Wellenbergen und -tälern. Diese Einzelsegmente nennt man **Komponenten** des evozierten Potenzials. Die Amplitude der Komponenten ist, verglichen mit der Spontanaktivität, gering. Aufgrund dieser niedrigen Amplituden ist eine besondere Analysemethodik erforderlich, die es erlaubt, das EKP aus dem »Hintergrundrauschen« der Spontanaktivität herauszuheben.

Die wichtigste und am besten untersuchte Komponente der mit subjektivem Erleben zusammenhängenden Potenzialanteile ist die sog. **P300-Komponente** (auch P3-Komponente). Sie tritt etwa 250–600 ms (im

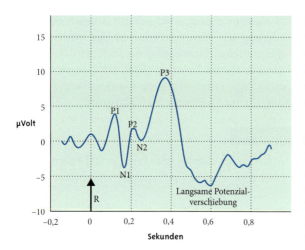

Abbildung 26.5 Akustisch evoziertes Potenzial. R markiert den Reizeinsatz. P1, N1, P2, N2, P3 sind die Bezeichnungen für die wichtigsten Komponenten

Mittel bei 300 ms) nach dem Reiz als positive Welle auf und scheint den o. g. endogenen Einflüssen in besonderem Maße zu unterliegen.

Einer willentlich ausgeführten motorischen Aktivität geht im Regelfall das sog. **Bereitschaftspotenzial** (BP; engl. readiness potential) voraus. Dieses besteht in einer negativen, rampenförmig ansteigenden Potenzialverschiebung, die etwa 500–1000 ms vor der Muskelkontraktion einsetzt. Darauf folgend kann häufig eine prämotorische Positivierung beobachtet werden, an die sich wiederum ein negatives Potenzial anschließt (ca. 50 ms vor der Muskelkontraktion), das motorische Potenzial (»Motorpotenzial«). Diese Potenziale zeigen sich am deutlichsten in der Präzentralregion über den motorischen Arealen.

Exogene und endogene Komponenten. Man unterscheidet grob im sensorisch evozierten Potenzial frühe (exogene) und späte (endogene) Komponenten. Meist liegen die frühen Komponenten im Latenzbereich deutlich unter 200 ms, die späten darüber. Diese Trennung ist weniger formal, sondern eher inhaltlich zu verstehen: Frühe Komponenten spiegeln primär die sensorische Reizanalyse und Aufmerksamkeitsprozesse wider. Sie sind also in erster Linie durch die exogenen Reizeigenschaften determiniert. Die darauf folgenden endogenen Komponenten sind eher diffuse Reaktionen größerer Kortexareale. Sie kovariieren wesentlich stärker mit psychischen Einflüssen, wie z. B. »Überraschung«, »Sicherheit/Unsicherheit über das Auftreten eines Reizes«, »Einstufung in bestimmte Reizklassen« oder »Entscheidungsvorgänge im Zusammenhang mit dem Reiz«.

Die Contingent Negative Variation

Die bedeutendste langsame Potenzialverschiebung ist die sog. Contingent Negative Variation (CNV). Sie lässt sich typischerweise bei folgender Versuchsanordnung beobachten (s. Abb. 26.6): Ein Ankündigungssignal markiert den Beginn einer Vorwarnperiode. Wenn danach ein weiteres Signal (»imperativer Reiz«) auftritt, hat die Versuchsperson z. B. eine motorische Reaktion auszuführen. In der Phase zwischen Ankündigungssignal und imperativem Reiz zeigt sich eine deutliche negative Potenzialverschiebung. Diese verschwindet in dem Moment wieder, in dem die geforderte Reaktion ausgeführt wird.

Zur Auslösung einer CNV muss nicht unbedingt eine motorische Reaktion gefordert werden, sie tritt beispielsweise auch dann auf, wenn ein Urteil hinsichtlich des wahrgenommenen Reizes verlangt wird, eine positive oder negative Verstärkung erwartet wird oder wenn die Vorbereitung auf eine kognitive Anforderung verlangt wird. Es scheint sich also hier um ein hirnelektrisches Phänomen zu handeln, das die Erwartung von bestimmten Anforderungen an das Gehirn begleitet.

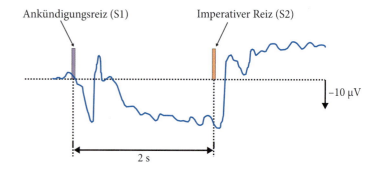

Abbildung 26.6 Das CNV-Paradigma. Die Contingent Negative Variation (CNV) bildet sich in Erwartungssituationen im Zeitbereich von Sekunden aus. Nach Ankündigung einer Aufgabe zeigt sich eine Negativierung an der Schädeloberfläche, die in dem Moment zurückgeht, in dem der sog. imperative Reiz gegeben wird

Dies bedeutet meist die Bereitstellung von kortikalen Informationsverarbeitungsressourcen. Man interpretiert heute demgemäß eine langsame negative Potenzialverschiebung im EEG bevorzugt als einen Indikator für eine (präparatorische) Aktivierung der Hirnrinde.

Zusammenfassung

Man unterscheidet im EEG
(1) die Spontanaktivität und
(2) die evozierte (ereigniskorrelierte) Aktivität.
Die Spontanaktivität zeigt sich als eine ununterbrochen an der Schädeloberfläche registrierbare Spannungsschwankung. Alphawellen besitzen eine Frequenz von 8–13 Hz. Sie kennzeichnen den entspannten Wachzustand. Das EEG einer wachen Person zeigt neben den Alphawellen immer auch Betawellen (14–30 Hz). Thetawellen (4–7 Hz) sind selten. Ihr Auftreten deutet i. Allg. auf einen stark desaktivierten Zustand wie Einschlafen, Dösen oder Meditation hin. Deltawellen (0,5–3 Hz) finden sich beim gesunden Erwachsenen nur in Phasen des Tiefschlafs. Aktivität im sog. Gammaband (31–60 Hz) dürfte eine Begleiterscheinung des Zusammenspiels verschiedener, räumlich weit auseinanderliegender Neuronengruppen sein.

Die evozierte Aktivität tritt nur im Zusammenhang mit »Ereignissen« – Reizen, motorischer Aktivität, Handlungsintentionen – auf. Hierbei trennt man zwischen frühen und späten Komponenten: Die frühen Komponenten werden in ihrer Ausprägung primär durch die Reizeigenschaften determiniert, die späten spiegeln eher die für das Subjekt spezifischen Verarbeitungsprozesse wider. Die Contingent Negative Variation ist eine langsame Potenzialverschiebung zu negativen Werten, die sich sekundenschnell während Erwartungssituationen aufbaut.

26.2.2 Physiologische Grundlagen des EEG
Entstehung des Spontan-EEG
Die naheliegendste Annahme zur physiologischen Basis des Oberflächen-EEG wäre die, dass sich Aktionspotenziale der Neuronen bis zur Schädeloberfläche hin elektrisch ausbreiten. Dagegen sprechen allerdings die Ergebnisse intrazerebraler Ableitungen von Einzelneuronen gleichzeitig mit dem Oberflächen-EEG. Hier ließ sich weder bei verschiedenen Säugetierpräparationen noch beim Menschen ein Zusammenhang zwischen Aktionspotenzialen und evozierten Potenzialen aufzeigen. Die an den Elektroden auftretenden Potenzialschwankungen gelten als eine Folge der Dipoleigenschaften der neuronalen Generatoren. Dipole sind elektrisch leitfähige Gebilde, bei denen die Ladungen so getrennt sind, dass ein Ende einen positiven Pol darstellt, das andere einen negativen (s. Abb. 26.7). Sie sind Quellen für elektrische Felder. Diese Felder führen in der Umgebung – auch wenn isolierende Schichten dazwischen liegen – zu positiven und negativen Potenzialen, die allerdings mit zunehmendem Abstand von der Dipolquelle immer schwächer werden. An den Elektroden machen sich die elektrischen Felder als positive oder negative Spannungsverschiebungen bemerkbar.

Entstehung von Dipolfeldern. Die Entstehung der Dipolfelder kann man simplifizierend in folgender Weise erklären: Betrachten wir ein *exzitatorisches* postsynaptisches Potenzial am Apikaldendriten einer kortikalen Pyramidenzelle, wobei der synaptische Kontakt in diesem Fall nahe der Kortexoberfläche liegt. Hier bildet sich ein Dipol, dessen negativer Pol sich über dem positiven befindet (s. Abb. 26.7 rechts). Die Ursache dafür ist, dass sich im Bereich der exzitatorischen Synapse (meist Glutamat als Neurotransmitter) positive Ionen (v. a. Natrium) im Zellinneren anreichern und, kompensatorisch dazu, negative im umgebenden Zelläußeren. Eine Anhäufung negativer Ladungen entsteht dadurch, dass diese aus der Umgebung – auch aus dem Soma-Umfeld – abgezogen wurden. Der positive Pol in der Umgebung des Somas entsteht demnach als Konsequenz der Anreicherung mit negativen Ladungen oben. (Diese Bildung eines Dipols lässt sich genauer beschreiben, wenn man in das Modell die transmembranösen Stromflüsse aufgrund der Ladungstrennung mit einbezieht. Darauf wird hier jedoch wegen der Komplexität der Prozesse verzichtet.)

Umgekehrt sind die Verhältnisse, wenn die exzitatorische Synapse nicht im oberflächennahen Bereich liegt, sondern in der Tiefe, in der Nähe des Somas der Pyramidenzelle (im Bild links). Dann kehrt der Dipol seine Richtung um.

Bei *inhibitorischen* postsynaptischen Potenzialen dagegen strömen negative Ladungen ein oder positive Ladungen aus. Daher kehrt sich der Dipol jetzt um. Es entsteht also an einer Elektrode auf der Kopfhaut immer dann ein positives Potenzial, wenn eine ober-

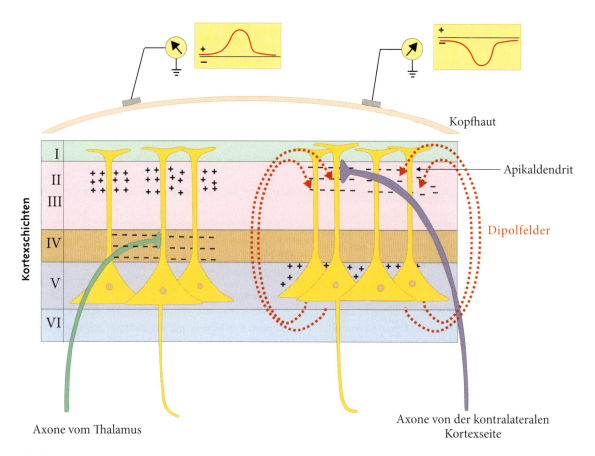

Abbildung 26.7 EEG-Entstehung. Links: Positive Oberflächenpotenziale können sich v. a. durch exzitatorische synaptische Kontakte thalamokortikaler Fasern in Schicht IV ergeben. Rechts: Die Kontakte, die oberflächennah an den Apikaldendriten der Pyramidenzellen angreifen, stammen überwiegend von der kontralateralen Kortexseite

flächennahe inhibitorische oder eine tiefliegende exzitatorische Synapse aktiviert ist.

Natürlich erreichen die Spannungswerte an der Elektrode nur dann eine messbare Höhe, wenn große Neuronenpopulationen – in der Größenordnung von Hunderttausend bis Millionen Neuronen – synchron und gleichartig angeregt werden. Diese Synchronizität muss v. a. auch deshalb vorliegen, weil eine Elektrode an der Schädeldecke wegen ihrer großen Entfernung zu den einzelnen Neuronen und aufgrund ihrer räumlichen Ausdehnung gleichzeitig die Aktivität einer enorm großen Neuronenzahl auffängt. Wenn hier in enger Nachbarschaft voneinander unabhängige Entladungen stattfänden, würde dies an der Elektrode höchstens als eine Art elektrisches »Rauschen« beobachtbar sein.

Entstehung der EEG-Rhythmen. Der Alpharhythmus im EEG wird v. a. von »Schrittmacher«-Zellen im Thalamus generiert. Experimentell ließ sich dies z. B. im Tierversuch nachweisen, indem man die Bahnen vom Thalamus zum Kortex durchtrennte. Dies führte zum Verschwinden der Alphawellen im Kortex, wohingegen der Rhythmus im Thalamus nach wie vor bestehen blieb. Die Ausbildung der typischen Alphawellenform und die Stabilisierung der Alphafrequenz scheint durch ein Netzwerk aus zweiseitigen Verbindungen zwischen kortikalen und thalamischen Neuronen verursacht zu werden. Diese interagieren in exzitatorischen und inhibitorischen Feedbackschleifen. Der Thalamus seinerseits unterliegt modulierenden Einflüssen von der Formatio reticularis. Damit lässt sich erklären, dass die Aktivierung des Kortex durch retikuläre Signale (vgl. retikuläres Aktivierungssystem, Abschn. 6.4.5) von einer Desynchronisation des EEG, d. h. einer Unterbrechung des Alpharhythmus, begleitet ist, denn die retikulären Zuflüsse zum Thalamus können einen hemmenden Einfluss auf die dortigen Schrittmacherzellen ausüben.

Der Alpharhythmus im Bereich des visuellen Kortex dürfte – abweichend von den übrigen Kortexarealen – auf rein kortikale oszillatorische Netzwerke zurückgehen. Diese werden durch die rhythmische Aktivität von Pyramidenzellverbänden in Schicht V des Okzipitalkortex getaktet.

Der Betarhythmus entsteht vermutlich durch intrakortikale oszillatorische Neuronennetzwerke. Der Thetarhythmus wird auf die Tätigkeit von Neuronennetzwerken zurückgeführt, die kortikale und hippocampale Anteile haben. Die Ursache für Gammaoszillationen sind wiederum exzitatorische und inhibitorische Verschaltungen kortikaler Neuronen, vermutlich auch über größere Entfernungen. Das Zustandekommen der Deltawellen wurde schon in Abschnitt 20.4.5 erläutert.

Entstehung ereigniskorrelierter Potenziale

Ähnlich wie beim Spontan-EEG geht man davon aus, dass evozierte Potenziale in erster Linie auf das synchrone Auftreten postsynaptischer Potenziale größerer Zellverbände zurückgehen. Die Prozesse sind hier vergleichbar denen, wie sie für die Entstehung des Spontan-EEG geschildert wurden (s. o.).

Abläufe bei Positivierung und Negativierung. Eine langsame Negativierung, wie wir sie in der CNV beobachten können (s. Abschn. 26.2.1), kommt primär durch kortikale cholinerge Synapsen zustande. Eine Positivierung stellt sich bei einem Rückgang der thalamischen Schrittmacherimpulse ein oder bei überwiegender Erregung von Synapsen im Somabereich der Pyramidenzellen. Die funktionelle Bedeutung einer Negativierung am Apikaldendriten (und damit eine Negativierung im Oberflächenpotenzial) dürfte u. a. darin liegen, dass sie die Auslösung von Aktionspotenzialen am Axonhügel begünstigt. Nach den Dipolvorstellungen aus Abbildung 26.7 bedeutet eine Hyperpolarisation am oberflächennahen Gebiet des Dendriten eine Depolarisation im Somabereich. Da zur Auslösung von Aktionspotenzialen eine schwellenüberschreitende Depolarisation erforderlich ist, bedeutet jegliche (Vor-)Depolarisation eine Erleichterung der Auslösung von Aktionspotenzialen. Somit kann eine oberflächennahe Negativierung als Indikator für einen Mobilisierungszustand des jeweiligen kortikalen Bereichs gesehen werden. Eine Positivierung bedeutet dementsprechend eine Hemmung oder quasi einen »Abbau« von Mobilisierung. Insbesondere für die CNV lässt sich nach diesen Überlegungen in zwangloser Weise erklären, dass in einer Situation, die durch die Vorbereitung auf eine bestimmte Leistung (z. B. eine schnelle motorische Reaktion; vgl. CNV-Paradigma) gekennzeichnet ist, sich über einige Sekunden eine präparatorische Verschiebung des Oberflächenpotenzials ins Negative einstellt.

Vertiefung

Seit einigen Jahren weiß man, dass neben den Nervenzellen auch **Gliazellen** beim Zustandekommen des EEG beteiligt sind. Bei diesen lassen sich Membranpotenziale nachweisen, die denen in Neuronen vergleichbar sind; allerdings kommt es hier zu keiner Impulsweiterleitung, wie wir es von den Nervenzellen kennen. Man vermutet, dass bei wiederholten Neuronenentladungen die Erregung über Verschiebungen der Ionenkonzentration im Extrazellulärraum an die Gliazellen weitergeleitet werden kann. Diese verstärken damit möglicherweise in einem gewissen Gebiet die elektrischen Effekte, die durch Neuronenentladungen zustande kommen.

Zusammenfassung

Die physiologische Basis für das EEG sind exzitatorische und inhibitorische Potenziale, überwiegend an den Apikaldendriten von kortikalen Pyramidenzellen. Die damit einhergehenden Ladungsverschiebungen sind von Dipolfeldern begleitet, die auch an Elektroden an der Kopfoberfläche noch zu messbaren Spannungsschwankungen führen. Die typischen EEG-Rhythmen werden entweder durch intrakortikale Netzwerke erzeugt (Betarhythmus, Gammarhythmus) oder durch thalamokortikale Feedbackschleifen (Alpharhythmus) bzw. hippocampo-kortikale Verschaltungen (Thetarhythmus).

26.2.3 EEG-Registrierung, Auswertung und Kennwertebildung

Die Ableitung des EEG geschieht üblicherweise mit Geräten für die medizinische EEG-Diagnostik. Die Elektrodenplatzierung wird zumeist nach Standardvorschriften vorgenommen. Dabei hat sich als eine

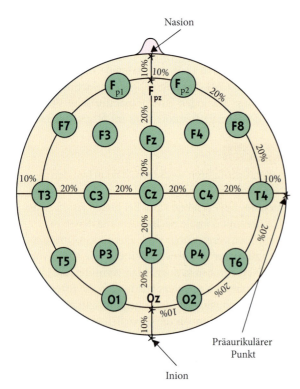

Abbildung 26.8 10-20-System der Platzierung von EEG-Elektroden. Das 10-20-System beruht auf einer Vermessung der Distanzen markanter Punkte des Schädels. Das Inion ist am Hinterkopf die Einbuchtung des knöchernen Schädels im Übergang zum Nacken. Das Nasion ist die Mulde im Bereich der Nasenwurzel am Übergang zur Stirn. Der präaurikuläre Punkt ist der knöcherne Bereich vor dem äußeren Ohr. Durch Teilung dieser Distanzen nach dem gezeigten Schema erhält man die eingezeichneten Elektrodenlokalisationen. Den Punkt F3 erhält man, indem man die Mitte von F_{p1} und C3 bestimmt. Analog geht man für F4, P4 und P3 vor

Minimalkonfiguration das sog. **10-20-System** zur Platzierung von bis zu 20 Elektroden international durchgesetzt (s. Abb. 26.8).

Es existieren weitere, umfangreichere Platzierungssysteme, die v. a. in der Forschung angewendet werden. Diese sind dann nötig, wenn man genauere Aussagen über die Quellen der hirnelektrischen Aktivität machen will. Solche Systeme bestehen zumeist aus 64 oder 128 (gelegentlich auch mehr) Elektroden. Üblicherweise sind die Elektroden dann in Hauben eingebettet, die über den Kopf gestülpt werden.

Bei der Registrierung des EEG lassen sich verschiedene Parameter der elektronischen Signalvorverarbeitung über weite Bereiche variieren. Dazu gehören die Verstärkung, die Filterung – v. a. zum Ausblenden unwichtiger oder störender Signalanteile – und die Steigerung des Signal-Rausch-Verhältnisses.

Frequenzanalyse des Spontan-EEG

Eine wichtige Charakteristik des Spontan-EEG ist die sog. Frequenzverteilung, also der prozentuale zeitliche Anteil der verschiedenen Frequenzbänder innerhalb eines gewissen Zeitabschnitts. Dazu muss abschnittsweise eine Klassifikation des EEG hinsichtlich der momentan herrschenden Frequenz stattfinden. Eine Frequenzanalyse wird mittels spezieller Software durchgeführt, die sehr viele Möglichkeiten zur Selektion bestimmter Signalparameter bietet.

Frequenzhistogramm und Powerspektrum. Der Anteil der verschiedenen Frequenzen im EEG wird als Prozentwert ausgedrückt. So bedeutet die Angabe »30% Alpha«, dass in 30% des analysierten Zeitintervalls Alphawellen identifiziert wurden. Diesen Prozentwert nennt man Alpha-Index; entsprechend Beta-Index etc. Gibt man für jede Frequenz des EEG die prozentualen Zeitanteile an,

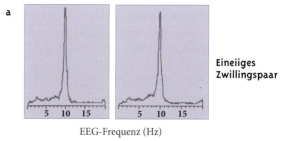
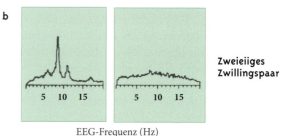

Abbildung 26.9 Beispiele für Frequenzhistogramme. Es ist für jede Frequenz in 0,5-Hz-Schritten ihr relativer Anteil aufgetragen. In diesem Beispiel wurden eineiige mit zweieiigen Zwillingen verglichen. In Teil **a** sehen wir die Frequenzhistogramme – in Ruhe, Augen geschlossen – von zwei eineiigen Zwillingen, in Teil **b** das Analoge für zwei zweieiige Zwillinge. Man erkennt die wesentlich größere Übereinstimmung im Frequenzspektrum bei dem eineiigen Zwillingspaar

so erhält man eine Häufigkeitsverteilung der Frequenzen für die jeweilige Analysezeit, die sich u. a. als Frequenzhistogramm darstellen lässt (s. Abb. 26.9).

Neben dem Frequenzhistogramm wird häufig auch ein Powerspektrum erstellt. Die **Power** – sie entspricht dem Quadrat der Amplitude – bezieht sich auf das Ausmaß der hirnelektrischen Leistung für einen bestimmten Frequenzwert. Deshalb sagt ein Powerspektrum mehr über die »Dominanz« eines gewissen Frequenzbereichs zu einem bestimmten Zeitpunkt aus.

Meist wird eine Frequenzanalyse des Spontan-EEG durchgeführt, um Aussagen über die kortikale Aktiviertheit des Individuums zu machen. Im Wachzustand wird ein Rückgang der Alphaaktivität (Desynchronisation) mit einer Zunahme des Aktiviertheitsniveaus in Verbindung gebracht. Eine stärkere Synchronisation dagegen spricht für einen entspannteren Zustand.

Für die Schlafforschung hat die Frequenzverteilung des EEG eine besondere Bedeutung, da die Identifikation der verschiedenen Schlafstadien an die vorherrschenden Frequenzbänder geknüpft ist. Hier sind insbesondere die Deltawellen von großer Wichtigkeit, da ihre Auftretenshäufigkeit zur Definition der beiden Tiefschlafphasen dient.

Die Frequenzverteilung des Spontan-EEG ist intraindividuell eine äußerst stabile Größe. Interessanterweise ist auch die Übereinstimmung zwischen eineiigen Zwillingen überraschend groß (s. Abb. 26.9).

Neben den bisher genannten Indikatoren, welche sich auf die Frequenz des Spontan-EEG bezogen, sind noch weitere EEG-Kenngrößen im Gebrauch. Diese betreffen z. B. die räumliche Verteilung der Aktivität, die Kohärenz der Power der einzelnen Frequenzen zwischen den beiden Hemisphären oder die Beschreibung der Ähnlichkeit von Wellenformen.

Trennung der ereigniskorrelierten Hirnaktivität vom Spontan-EEG durch Mittelwertsbildung

Die ereigniskorrelierte hirnelektrische Aktivität (EKP) stellt, verglichen mit dem Spontan-EEG, eine niedrigamplitudige Potenzialschwankung dar. Deren Höhe ist meist um einen Faktor 5 bis 20 geringer als das Spontan-EEG. Dies geht u. a. darauf zurück, dass beim Zustandekommen des EKP wesentlich kleinere Zellverbände synchron entladen als beim Spontan-EEG (s. Abb. 26.10). Daraus ergibt sich die Notwendigkeit, die ereigniskorrelierte Aktivität von der stets vorhandenen Spontanaktivität zu separieren.

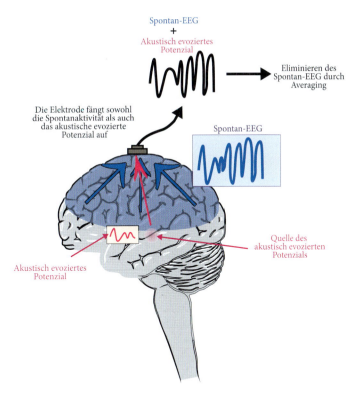

Abbildung 26.10 EKP und Spontan-EEG. Die von einer Elektrode aufgefangene elektrische Aktivität setzt sich bei zerebraler Verarbeitung eines Ereignisses (hier eines akustischen Reizes) stets aus der ereigniskorrelierten Aktivität plus der mit dem Ereignis unkorrelierten Spontanaktivität zusammen

Reizgebundenes Signal, reizungebundenes Rauschen.

Wir wollen im Folgenden eine ereignisbezogene hirnelektrische Reaktion als »Signal« bezeichnen, während jegliche andere elektrische Aktivität, sei sie neuronaler oder anderer Natur, »Rauschen« genannt wird. Demnach ist das Signal beträchtlich niedriger als das Rauschen, es ist darin verborgen. Die Elektrode fängt Signal plus Rauschen auf. Eine wichtige Eigenschaft unterscheidet jedoch das eine vom anderen: Das Signal steht in einem direkten zeitlichen Zusammenhang zum auslösenden Ereignis. Dieser zeitliche Zusammenhang bleibt – im Falle wiederholter Darbietung – bei jeder

26.2 Gehirnelektrische Aktivität und Elektroenzephalogramm | 527 neuerlichen Verarbeitung des Reizes annähernd gleich. Die Wellenform des Signals ist auch bei sehr vielen Reizdarbietungen nahezu unverändert und zeitgebunden an den Reiz. Das Rauschen dagegen steht in keinem Zeitzusammenhang mit dem Reiz. Dies ist die wesentliche Voraussetzung für die Anwendbarkeit des **Mittelungsverfahrens** (**Averaging**) zur Extraktion evozierter Potenziale aus dem Spontan-EEG (s. Kasten).

> **Vertiefung**
>
> ### Das Mittelungsverfahren (Averaging)
>
> Die Grundidee des Mittelungsverfahrens ist folgende (vgl. Abb. 26.11): Jede EEG-Messstrecke, die auf den Reiz folgt, speichert man als Sequenz von Amplitudenwerten. Dazu wird sie zu bestimmten, aufeinanderfolgenden Zeitpunkten t_i (etwa im Abstand von 1 ms) per Analog-Digital-Wandlung abgetastet, wobei die Anzahl der Zeitpunkte gleich T sei (z. B. bei einer Messstrecke von 1 s und 1 ms Abtastrate ist $T = 1.000$). Dies geschieht für n Messstrecken (n Reize). So erhält man n gespeicherte Amplitudenwerte für jedes t_i. Berechnet man aus diesen Amplitudenwerten für jeden Zeitpunkt t_i die gemittelte Amplitude und setzt diese T mittleren Amplitudenwerte schließlich wieder zu einem Potenzial (dem sog. Average) zusammen, so besteht dieses überwiegend aus der ereigniskorrelierten Aktivität. Einerseits folgt das aus der Tatsache, dass Zeit- und Amplitudenwerte des ereigniskorrelierten Potenzials über die n Reizdarbietungen hinweg weitgehend unverändert geblieben sind, andererseits daraus, dass generell jede Mittelungsprozedur das Rauschen unterdrückt. Für das Rauschen besteht ja kein zeitlicher Zusammenhang mit dem Reiz. Läge nur Rauschen vor, hätten die Werte zu den Zeitpunkten t_i eine regellose Verteilung, wobei insbesondere annähernd gleiche Wahrscheinlichkeiten für positive und negative Werte herrschten. Die Durchschnittskurve für das Rauschen alleine setzte sich aus einer Aneinanderreihung von Mittelwerten von zufällig variierenden Zahlen zusammen. Diese Mittelwerte gehen aber gegen 0, wobei sie sich dem Wert 0 immer mehr annähern, je größer n wird. Ist die zu analysierende Wechselspannung also aus einem Rausch- und einem (zeitgebundenen) Signalanteil zusammengesetzt, so wird durch die Mittelungsprozedur der Rauschanteil mit größer werdendem n immer mehr unterdrückt und das Signal kann sich immer weiter aus dem Rauschen herausheben. Diese Trennung gelingt umso besser, je mehr Messstrecken erhoben wurden. Die Zahl der notwendigen Messstrecken liegt zwischen 20 und 100. Ist das Signal sehr schwach, so werden 1.000 und mehr Messstrecken benötigt.
>
> Es sei angemerkt, dass die o. g. Voraussetzungen für die Anwendung des Mittelungsverfahrens meist nicht streng erfüllt sind. Weder sind die Amplituden und Latenzen des evozierten Potenzials über viele Reize hinweg absolut stabil noch ist das Rauschen, in diesem Fall das Spontan-EEG, immer vom Reiz völlig unabhängig. Bei der quantitativen Analyse eines gemittelten evozierten Potenzials ist daher stets zu berücksichtigen, dass sowohl Amplituden- als auch Latenzwerte verzerrt sein können.

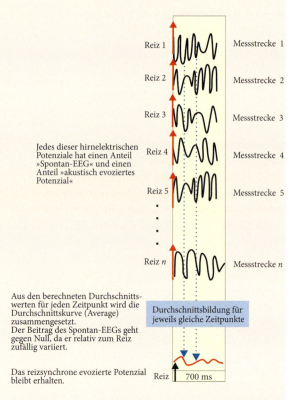

Abbildung 26.11 Prinzip des Averaging zur Reduktion der Anteile des Spontan-EEG. Erläuterung im Text

Kennwerte des ereigniskorrelierten Potenzials

Die am häufigsten gebrauchten Kenngrößen zur Beschreibung des evozierten Potenzials sind
(1) die Amplituden in µV, einschließlich der Polarität (plus oder minus), und
(2) die Latenzen der einzelnen Komponenten.

Außerdem gehört zur differenzierten Beschreibung einer Komponente die Angabe ihrer Lokalisation, d. h. die Position der Elektrode auf der Kopfoberfläche, mit der das Potenzial aufgezeichnet wurde.

Es sind zwei verschiedene Quantifizierungsverfahren für die Amplitudenhöhe im Gebrauch: der Abstand zwischen benachbarten Extremwerten und der Abstand zwischen Grundlinie und Extremwert (s. Abb. 26.12).

Die Zahl der Einflussfaktoren, die auf die Amplituden ereigniskorrelierter Potenziale wirken, ist beträchtlich. Bei sensorisch evozierten Potenzialen scheinen nahezu alle physikalischen Reizeigenschaften für die Gestalt und Topographie (d. i. die örtliche Verteilung über die Schädeldecke) des Potenzials von Bedeutung zu sein. Eine Zunahme der Reizintensität wirkt auf Komponenten ab 50 ms vergrößernd. Hinsichtlich psychischer Einflussgrößen existieren zur Aufmerksamkeit

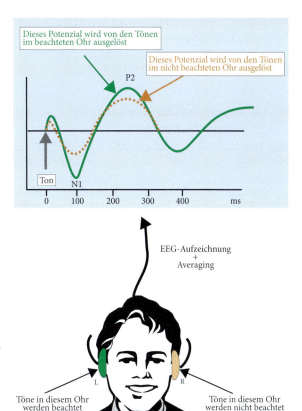

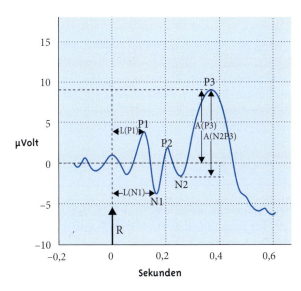

Abbildung 26.12 Bestimmung von Amplituden und Latenzen im ereigniskorrelierten Potenzial. Die Latenzen der verschiedenen Komponenten (L(x)) werden stets als Abstand des Gipfels oder Tals vom Reizeinsatzpunkt bestimmt. Die Amplituden einer Komponente (A(x)) werden von der Grundlinie aus bestimmt oder als Differenz zum unmittelbar davor liegenden Gipfel oder Tal

Abbildung 26.13 Effekt der Aufmerksamkeitslenkung auf das EKP in einer Aufgabe zum dichotischen Hören. Die durchgezogene Linie gibt die Average-Reaktion auf diejenigen Reize wieder, die auf der Seite dargeboten wurden, die vom Probanden zu beachten war. Die unterbrochene Linie zeigt die entsprechende Reaktion auf Töne, die der unbeachteten Seite dargeboten wurden. Dieser Effekt prägt sich maximal für die N1-Komponente aus

(s. Abb. 26.13) die sichersten Befunde: Eine Erhöhung der Aufmerksamkeit bewirkt eine Vergrößerung v. a. der N1-Komponente und häufig auch der nachfolgenden Komponenten.

Unter der **Latenz** wird hier stets der Abstand zwischen Reizbeginn und dem Extrempunkt eines Gipfels oder Tals verstanden. Den Latenzen kommt insofern besondere Bedeutung zu, als sie zur Klassifizierung der einzelnen Komponenten dienen. Eine der beiden Nomenklaturen, die zur Kennzeichnung der Komponenten im Gebrauch sind, trägt dem Rechnung und bezieht den Latenzwert direkt mit ein: Die Großbuchstaben N oder P werden mit dem nachgestellten Latenzwert versehen. Die P2-Komponente (zweite Positivität) aus Abbildung 26.13 wäre demnach eine P210-Komponente.

26.2 Gehirnelektrische Aktivität und Elektroenzephalogramm | 529

Die wichtigste Einflussgröße auf die Latenz ist die Reizintensität. Eine Steigerung der Reizintensität hat einen verkürzenden Effekt auf die Latenzen der meisten Komponenten.

26.2.4 Räumliche EEG-Analyse und »Brain-Mapping«

Das standardmäßig aufgezeichnete EEG besteht aus einer Reihe gleichzeitig registrierter, untereinander dargestellter Kurven (s. Abb. 26.3). Jede von ihnen gibt die Aktivität unter einer bestimmten Elektrode, d. h. an einem genau definierten Ort auf der Schädeloberfläche, wieder. Will man sich anhand dieser Kurven ein Bild über die räumliche Verteilung der hirnelektrischen Aktivität machen, so erfordert dies – v. a. bei einer größeren Zahl von Elektroden – ein beträchtliches Vorstellungsvermögen.

Kartographie des Gehirns: Brain-Maps. Man kann die Werte eines bestimmten EEG-Parameters – z. B. die absolute Amplitude in µV oder die Leistung im Alphafrequenzband – zu einem ganz bestimmten Zeitpunkt zweidimensional auf die Schädelfläche projiziert darstellen. Um eine solche sog. **Brain-Map** zu gewinnen, werden für jeden interessierenden Zeitpunkt der EEG-Messstrecke die Elektrodenorte an der Schädeldecke, an denen gleiche Verhältnisse herrschen – z. B. gleiche Leistung im Alphaband oder gleiche N1-Amplituden –, mit Linien verbunden. Man erhält damit ein Abbild der Verhältnisse, das einer kartographischen Höhenliniendarstellung gleicht. Zur Verdeutlichung der Unterschiede zwischen den entstandenen Bereichen werden verschiedene Grau- bzw. Farbtöne verwendet.

Bei niedriger Anzahl der applizierten Elektroden (unter 20) helfen mathematische Verfahren bei der räumlichen Interpolation zwischen den Elektrodenorten, um für die graphische Darstellung zusätzliche Flächen gleicher Verhältnisse zu gewinnen.

Zusammenfassung

Die EEG-Registrierung geschieht stets mit mehreren Elektroden. Ein weitverbreitetes Positionierungssystem für 20 Elektroden ist das sog. 10-20-System. Der wichtigste Parameter des Spontan-EEG ist die Frequenzverteilung. Damit wird wiedergegeben, welche Zeitanteile einer bestimmten Untersuchungsperiode von den verschiedenen Frequenzen bzw. Frequenzbändern eingenommen werden.

Um ereigniskorrelierte Potenziale von der sehr viel höheren Spontanaktivität zu trennen, bedient man sich i. Allg. des Mittelungsverfahrens (Averaging). Hierzu müssen die zu untersuchenden Reaktionen mehrfach ausgelöst werden, was wiederholte Reizdarbietungen erfordert. Das ereigniskorrelierte Potenzial besteht im Regelfall aus mehreren Maxima und Minima, den sog. Komponenten. Diese werden durch ihre Amplitudenhöhe und ihre Latenz beschrieben. Um die gleichzeitig herrschende Aktivität unter einer großen Zahl von Elektroden bildlich darzustellen, bedient man sich des Brain-Mapping. Hierbei werden die Punkte gleicher Aktivität an der Kopfoberfläche durch gleiche Farben dargestellt. Damit gewinnt man eine Art Landkarte der registrierten Aktivität.

26.3 Magnetoenzephalographie

Neben der Technik des EEG steht seit ca. 30 Jahren zum Studium von elektromagnetischen Erscheinungen im Zusammenhang mit neuronaler Aktivität, die Magnetoenzephalographie (MEG) zur Verfügung. Bei diesem Verfahren werden die magnetischen Feldlinien oberhalb der Schädeloberfläche registriert. Die Quellen für die Magnetfelder sind, ebenso wie beim EEG, überwiegend die dendritischen postsynaptischen Potenziale von Kortexneuronen.

Hohe räumliche Auflösung. Das Verfahren bietet gegenüber dem EEG den Hauptvorteil einer präziseren dreidimensionalen Lokalisation neuronaler Aktivität. Die Magnetfelder breiten sich nicht wie die elektrischen Felder auf dem Wege der sog. Volumenleitung durch die verschiedenen Gewebsschichten des Schädels aus und unterliegen demnach auch nicht den damit verbundenen erheblichen Dämpfungen und Verzerrungen. Man kann daher mit einfacheren und genaueren mathematischen Modellen zur Ausbreitung magnetischer Dipolfelder arbeiten, die dann einen Rückschluss auf die Dipolquellen zulassen. Damit ist eine genauere Lokalisation aktiver Neuronengruppen aufgrund der von ihnen ausgehenden magnetischen Felder bis auf 1–2 mm möglich.

Die MEG-Messung erfolgt ohne Berührung der Schädeloberfläche, die Magnetfeldsensoren sind 10–15 mm von der Kopfhaut entfernt. Dadurch können – im Gegensatz zum EEG – Messungenauigkeiten und Verzerrungen aufgrund störender Begleitsignale (z.B. durch Hautpotenziale) oder variierender Übergangswiderstände zwischen Haut und Elektrode nicht auftreten.

Aufwendige Methodik des MEG. Der apparative Aufwand zur Aufzeichnung eines MEG ist beträchtlich. Die zu registrierenden neuromagnetischen Felder sind extrem schwach. Sie liegen etwa bei 10^{-13} Tesla, sind also um acht bis zehn Zehnerpotenzen niedriger als das erdmagnetische Feld. Daher benötigt man einerseits hochempfindliche Detektoren für niedrigste Magnetfelder, andererseits müssen Störeinflüsse durch externe Magnetfelder aus ferromagnetischem Material in der Umgebung extrem klein gehalten werden. Die Ausblendung von Störeinflüssen erfordert i. Allg. aufwendige Abschirmungsmaßnahmen, u.a. den Bau von magnetisch abschirmenden Untersuchungskammern.

Die Registrierung der schwachen Magnetfelder geschieht heute üblicherweise mit dem sog. **SQUID-Magnetometer** (SQUID für engl. Superconducting Quantum Interference Device), bei dem die hohe Empfindlichkeit aufgrund eines quantenelektrodynamischen Messprinzips erzielt wird. Die Magnetfeldsensoren werden auf sehr tiefe Temperaturen gebracht, z.B. durch Kühlung mit flüssigem Helium, damit der Effekt der Supraleitung einsetzen kann. Jetzt lassen sich die extrem schwachen Magnetfelder in Spannungsschwankungen in den SQUID-Spulen umsetzen, die dann analog zum EEG elektronisch weiterverarbeitet werden können. Die modernen Geräte sind mit bis zu 150 Sensoren ausgestattet, die in eine Art Helm eingebaut sind. Damit lassen sich die neuromagnetischen Felder mit hoher räumlicher Auflösung registrieren.

Mit der Technik des MEG kann sowohl die Spontanaktivität von Neuronengruppen als auch die evozierte Aktivität aufgezeichnet werden.

Klinische Anwendung. Im Bereich der klinischen Anwendung wird das MEG z.B. eingesetzt zur:
▶ Lokalisierung eines epileptischen Fokus
▶ präoperativen Lokalisierung von Spracharealen

▶ Lokalisierung pathologischer rhythmischer Aktivität nach Schlaganfall oder Phasen der Gehirnminderdurchblutung
▶ Erfassung des Rehabilitationserfolgs nach Unfällen und/oder Neurochirurgie

Neurowissenschaftliche Anwendung. In der neurowissenschaftlichen Forschung kann das MEG u. a. bei folgenden Themen als Untersuchungsmethode dienen:
▶ sensorisch evozierte Gehirnaktivität, d. h. visuelle, akustische oder somatosensorische Reizverarbeitung einschließlich der Verarbeitung von Schmerzreizen
▶ ereigniskorrelierte Gehirnaktivität im Zusammenhang mit kognitiven Prozessen, z.B. Gedächtnis, Lernvorgänge und Aufmerksamkeitsprozesse
▶ kortikale Plastizität

> **!** Die Magnetoenzephalographie gestattet gegenüber dem EEG eine sehr viel präzisere räumliche Analyse der Dipolquellen. Es ist ein wesentlich größerer apparativer Aufwand erforderlich, da die neuromagnetischen Felder äußerst schwach sind.

26.4 Bildgebende Verfahren

Im Folgenden geht es um Verfahren zur abbildenden Darstellung der Struktur und Funktion des menschlichen Gehirns. Mit den strukturabbildenden Verfahren kann man z.B. die räumliche Anordnung des neuronalen Gehirngewebes, der Gefäßversorgung des Gehirns und der flüssigkeitsgefüllten Hohlräume wiedergeben. Bei der Darstellung der Funktion lassen sich beispielsweise der Metabolismus, der Blutfluss und die neurochemischen Prozesse im Gehirn sichtbar machen.

Für die Biologische Psychologie bietet die funktionelle Analyse des Gehirns mithilfe der bildgebenden Verfahren einen neuen, bei weitem noch nicht ausgeschöpften Zugangsweg zur Aufklärung zerebraler Basisprozesse psychischer Funktionen.

26.4.1 Bildgebung mit Röntgenstrahlen

Beim Durchtritt von Röntgenstrahlen durch biologisches Gewebe wird die Strahlungsenergie unterschiedlich stark gedämpft, je nachdem, welche Dicke, Dichte und atomare Zusammensetzung das betreffende Gewebe besitzt. So absorbieren Knochen die Strahlung sehr viel stärker als Blut. Fängt man die durchgetretene Strahlung mit einem Röntgenfilm oder – wie bei modernen Geräten üblich – mit Röntgenstrahldetektoren auf, so kann man ein zweidimensionales Abbild der durchstrahlten Struktur gewinnen. Dieses gibt die Abschattungsstärke der Strahlen wieder, die von den verschiedenen Gewebsarten hervorgerufen wird. Die klassische Röntgentechnik kann allerdings die unterschiedlichen Gewebsarten nur mit relativ geringen Kontrastunterschieden darstellen.

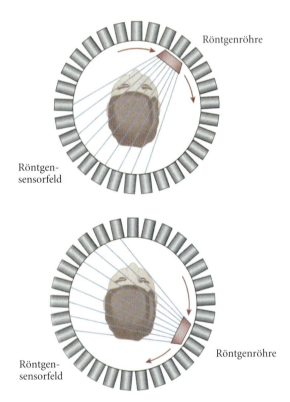

Abbildung 26.14 Prinzip der Röntgentomographie. Der Fächer aus Röntgenstrahlen wird zunächst sukzessive aus verschiedenen Richtungen durch eine einzelne Schicht des Körpers geschickt. Der Fächerstrahl aktiviert ein Feld ringförmig angeordneter Röntgensensoren. Danach wandert die Röhre um einen kleinen Winkel (0,5 bis 1°) weiter. Es wird eine neue Intensitätsverteilung der durchgetretenen Röntgenstrahlung aufgezeichnet. Nachdem ein voller Kreis überstrichen wurde, konstruiert der Computer aus den Einzelaufzeichnungen ein neues Bild. Um das nächste Schnittbild anzufertigen, wandert der Tisch mit dem Patienten oder das System Röntgenröhre-Sensoren um einen kleinen Schritt (ca. 1–10 mm) in Längsrichtung weiter. Darauf wird die nächste Schicht durchleuchtet

Computertomographie

Die **Computertomographie** (CT, auch für Computertomogramm) beruht auf demselben Grundprinzip wie die klassische Röntgentechnik, allerdings besitzt sie ihr gegenüber zwei wichtige Vorzüge: Die Kontraste und damit die Auflösung der Computertomogramme ist wesentlich höher, und es können »Schnittbilder« angefertigt werden.

Methode. Beim CT wird die Röntgenstrahlung zunächst sukzessive aus verschiedenen Richtungen durch eine einzelne Schicht des Körpers geschickt (s. Abb. 26.14). Dazu werden fein gebündelte Röntgenstrahlen, ein sog. Fächerstrahl, verwendet. Nach seinem Durchtritt durch den Körper trifft der Fächerstrahl auf ein Feld von 500–3.000 ringförmig angeordneten Röntgensensoren. Die unterschiedlichen Intensitäten an den verschiedenen Sensoren werden im Computer gespeichert. Danach wandert die Röhre langsam um einen kleinen Winkel (0,5–1°) weiter. Es wird eine neue Intensitätsverteilung der durchgetretenen Röntgenstrahlung aufgezeichnet. Wenn schließlich ein Winkel von 360° überstrichen wurde, berechnet der Computer aus den Einzelaufzeichnungen ein Bild, das aufgrund der verschiedenen Einzelinformationen aus den unterschiedlichen Winkeln sehr viel schärfer ist als ein konventionelles Röntgenbild (s. Abb. 26.15). Dann wandert der Tisch mit dem Patienten oder das System Röntgenröhre-Sensoren um einen kleinen Schritt (ca. 1–10 mm) in Längsrichtung weiter, um die nächste Schicht zu durchleuchten. Daraus gewinnt man Einblick in die räumliche Beschaffenheit der dargestellten Strukturen.

Einsatzmöglichkeiten. Das CT ist in der Neuroradiologie seit ca. 20 Jahren ein Standardverfahren. Aufgrund der dreidimensionalen Bildgebung des Gehirns ist es u. a. möglich, gewisse neurochirurgische Operationen stereotaktisch auszuführen. Dabei werden die chirurgischen Instrumente durch ein oder zwei Bohrlöcher in den Schädel eingeführt und können dann aufgrund der Kenntnisse aus den vorher aufgenommenen CT-Schnittbildern über eine bekannte Distanz vorgeschoben werden, bis der Zielpunkt erreicht ist. Dieser kann dann zerstört, entfernt oder anderweitig behandelt werden. Mit diesem Verfahren können bei einer Reihe von Indikationen die sehr viel aufwendigeren und belastenderen Operationen am offenen Schädel umgangen werden. Bei der intraoperativen Computertomographie wird ein CT während einer Operation durchgeführt. Das bietet u. a. die Möglichkeit, ohne Zeitverlust und ohne Not-

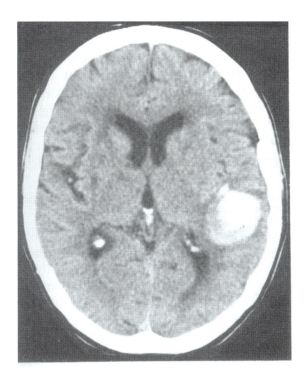

Abbildung 26.15 Es ist ein CT des Gehirns zu sehen (Horizontalschnitt). Man erkennt in der rechten Bildhälfte einen weißen Bereich infolge eines Hämatoms (Bluterguss), aufgenommen am Tage der Blutung

wendigkeit der Umlagerung des Patienten und Beendigung der OP eine sofortige Kontrolle des OP-Ergebnisses (z. B. Sitz eines Implantats) vorzunehmen und bei möglichen Fehlern sofort einzugreifen.

Ein Nachteil des CT besteht darin, dass mit ionisierender Röntgenstrahlung gearbeitet wird. Außerdem muss bei einer Reihe von Untersuchungen ein Kontrastmittel gegeben werden.

26.4.2 Magnetresonanztomographie

Bei der **Magnetresonanztomographie** (MRT, auch für Magnetresonanztomogramm; synonym: Kernspintomographie) werden wie bei der Computertomographie Querschnittsbilder erzeugt. Die MRT besitzt jedoch zahlreiche Vorteile gegenüber dem CT: Sie arbeitet ohne Strahlenbelastung, die Schnittebenen können in allen Raumrichtungen frei gewählt werden, also nicht nur senkrecht zu den drei Hauptachsen wie beim CT, die erzeugten Bilder besitzen eine höhere Auflösung, und es kann auf Kontrastmittel verzichtet werden.

Grundprinzip der Magnetresonanztomographie

Die Grundbausteine der Materie sind Atome und Moleküle. Atome bestehen aus einem Atomkern und einer Elektronenhülle. Ein elektrisch neutrales Atom besitzt genauso viele Elektronen in seiner Hülle wie der Kern Protonen besitzt. Zahlreiche Atomkerne verfügen über ein magnetisches Moment, das aufgrund des Eigendrehimpulses (Spin) des Protons zustande kommt. Dies gilt z. B. für das Wasserstoffatom, dessen Atomkern aus einem einzelnen Proton und einem Neutron besteht. Wasserstoff kommt im menschlichen Körper an vielen Stellen vor, und zwar in vielen chemischen Verbindungen (z. B. Wasser). Nun sind die magnetischen Eigenschaften der Protonen nicht vollständig unabhängig von den Atomen in der Umgebung, also etwa davon, in welches Molekül sie eingebaut sind oder in welchem Kristallgitter sie sich befinden. Wenn es gelingt, die magnetischen Eigenschaften von Protonen (oder von anderen Atomkernen mit einem magnetischen Moment) genau zu identifizieren, kann man daraus Aufschluss über die Art der umgebenden Moleküle gewinnen. Dieses Prinzip macht man sich bei der MRT zunutze (s. Kasten).

Bei der MRT hat man durch eine geeignete Wahl der Messbedingungen – wie Feldstärken und Zeitcharakteristiken der Felder – die Möglichkeit, die Qualität der Aufnahmen je nach der spezifischen Fragestellung zu optimieren. So kann man im sog. FLASH-Modus eine räumliche Auflösung bis unter 1 mm erzielen, allerdings auf Kosten der Geschwindigkeit aufeinanderfolgender Aufnahmen. Mit dem sog. Echo-Planar-Imaging (EPI) kann man dagegen Aufnahmezeiten bis in den Bereich von Zehntelsekunden realisieren.

Funktionelle Magnetresonanztomographie

Mithilfe der funktionellen Magnetresonanztomographie (fMRT) lassen sich zum Zeitpunkt der Aufnahme *aktivierte* Gehirnareale abbilden, d. h., man gewinnt nicht nur ein Bild vom Aufbau des Gehirns, sondern auch von seinen wechselnden Funktionszuständen. Das Verfahren beruht darauf, dass in einer Region mit erhöhter Nervenzellenaktivität der Sauerstoff- und Glukosebedarf steigt. Diese Region wird dann infolge Gefäßerweiterung mit mehr Blut versorgt. Dies ist eine Folge der sog. neurovaskulären Koppelung.

26.4 Bildgebende Verfahren | **533**

> **Vertiefung**
>
> **Mehrstufiges Verfahren der MRT**
> (1) Legt man ein Magnetfeld sehr großer Stärke an, lassen sich die magnetischen Dipole der Protonen, die im ungestörten Fall alle beliebigen Raumrichtungen einnehmen, parallel zu den Feldlinien des äußeren Magneten ausrichten. Ein solches, sehr starkes Magnetfeld (>1 Tesla) kann mit supraleitenden Magnetspulen erzeugt werden. Je stärker das Feld, umso mehr Protonenspins richten sich parallel aus (s. Abb. 26.16).
> (2) Strahlt man zusätzlich hochfrequente elektromagnetische Energie ein, deren Frequenz der Frequenz der Eigenrotation der Protonen entspricht, so gelingt es, die magnetischen Dipole der Kerne alle in eine kreisende Bewegung um die Richtung des externen Felds zu bringen. Dies ist vergleichbar einem Spielzeugkreisel, der unter dem Einfluss der Schwerkraft neben der Kreiselbewegung um seine Hauptachse eine zweite langsamere, torkelnde Rotation (»Präzession«) ausführt.
> (3) Wird das externe Hochfrequenzfeld abgeschaltet, so kippen die Protonen wieder in ihre Ausgangsrichtung parallel zum Magnetfeld zurück (»Relaxation«), was in mehreren Schritten unter Abgabe von Energie (elektromagnetische Wellen) geschieht.
> (4) Diese Relaxationssignale können von Hochfrequenzdetektoren aufgefangen werden. Entscheidende Messgrößen sind hierbei die Verzögerungszeiten zwischen Abschalten des Hochfrequenzfeldes und dem Auftreten der Relaxationssignale.
> (5) Zwei Zeiten sind hierbei von Bedeutung: Die Zeit T_1 (»longitudinale Relaxationszeit«) beschreibt die Dauer, bis alle Protonen sich wieder exakt parallel zum starken äußeren Feld ausgerichtet haben. Diese Zeit hängt u. a. vom Flüssigkeitsgehalt im untersuchten Volumen und vom Proteingehalt der Umgebung der Protonen ab. Die Relaxationszeit T_2 (»transversale Relaxationszeit«) beschreibt die Geschwindigkeit, mit der die Präzession der Spins nach Abschalten des Hochfrequenzfeldes zerfällt. Aus der Größe von T_1 und T_2 kann z. B. darauf geschlossen werden, ob sich in der Umgebung der Protonen Fett, Myelin oder

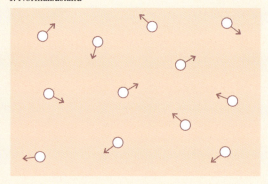

1. Normalzustand

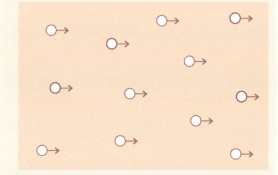

2. Im Magnetfeld

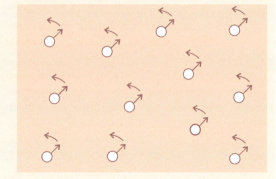

3. Magnetfeld + Hochfrequenzfeld

Abbildung 26.16 Ausrichtung der Magnetdipole beim MRT. Legt man von außen ein Magnetfeld großer Stärke an, lassen sich die magnetischen Dipole der Protonen parallel zu den Feldlinien des äußeren Magneten ausrichten. Je stärker das Feld, umso mehr Protonenspins richten sich parallel aus. Strahlt man zusätzlich hochfrequente elektromagnetische Energie mit einer Frequenz gleich der Kernrotation ein, so werden die magnetischen Dipole der Kerne alle in eine kreisende Bewegung um das externe Feld gebracht. Beim Abschalten der externen Felder kippen die Dipole in die Ausgangslage zurück und emittieren charakteristische elektromagnetische Wellen

Zerebrospinalflüssigkeit befindet. Die bis hier beschriebenen Vorgänge machen zunächst nur klar, dass man mittels des Magnetresonanzsignals unterschiedliche Gewebstypen identifizieren kann. Allerdings hat man damit noch keine Schnittbildaufnahmen.

(6) Zur räumlichen Analyse benötigt man weitere Magnetfelder, die zusätzlich zum Hauptfeld in den drei Raumrichtungen angelegt werden. Deren Stärke variiert mit dem Ort, es handelt sich um sog. magnetische »Gradientenfelder«. Diese Felder, die erheblich schwächer als das »Hauptfeld«

sind, werden während der Messung kurzfristig hinzugeschaltet. Eines dieser Felder erlaubt die Zuordnung zu den parallelen »Scheiben« (»Schnitten«) des untersuchten Organs, die beiden anderen Felder ermöglichen eine Lokalisation der aufgefangenen Signale in den beiden Raumrichtungen innerhalb einer solchen »Scheibe«. Damit lässt sich schließlich – allerdings nur auf der Basis höchst komplexer Rechenoperationen – eine räumliche Abbildung der unterschiedlichen Gewebsdichten gewinnen.

Nutzung des BOLD-Signals. Bei der Nutzung des sog. BOLD-Signals (BOLD für engl. blood-oxygen-level-dependent) macht man sich folgenden Sachverhalt zunutze: Die Blutzufuhr wird wegen des erhöhten Energiebedarfs der Nervenzellen lokal gesteigert. Allerdings ergibt sich dadurch lokal ein Sauerstoffangebot, das höher ist als der Bedarf, sodass sich letztlich v. a. in den venösen Gefäßen des aktivierten Gebiets eine erhöhte Sauerstoffkonzentration einstellt. Hier verschiebt sich das Verhältnis zwischen dem Hämoglobin, das mit Sauerstoff beladen ist (Oxyhämoglobin), und dem Hämoglobin, das den Sauerstoff abgegeben hat (Desoxyhämoglobin), zuungunsten des Letzteren. Desoxyhämoglobin ist paramagnetisch, wodurch es mittels MRT nachweisbar wird. Es absorbiert mehr Energie aus dem elektromagnetischen Feld, was zu einer Abnahme des Signals führt. Die daraus resultierenden Veränderungen im MRT-Signal sind zwar mit einem Anteil von ca. 5 % vergleichsweise gering, dennoch lassen sich damit etwa die Einflüsse kognitiver Prozesse auf die Blutversorgung bestimmter kleinräumiger Gehirngebiete und damit auf die neuronale Aktivität nachweisen. Mit den modernen Geräten kann man Schichtbilder in einem zeitlichen Abstand von weniger als einer Sekunde aufzeichnen.

Das Echo-Planar-Imaging. Mit dem sog. Echo-Planar-Imaging (EPI) lässt sich die zeitliche Auflösung der Aufnahmesequenzen noch steigern. Hier sind Bilder im Abstand von weniger als 100 ms möglich. Dazu müssen die starken Magnetfelder allerdings sehr schnell umgeschaltet werden, was mit beträchtlicher Geräuschentwicklung verbunden ist. Dies kann für den Probanden eine zusätzliche Belastung bedeuten, die mögli-

cherweise mit den zu induzierenden psychischen Veränderungen interferiert.

Vor- und Nachteile der fMRT. Neben der hohen räumlichen Auflösung (ca. 1 mm) und der schnellen Abfolge von einzelnen Aufnahmen spricht für die fMRT die kurze Verweildauer des Patienten im Scanner. Wichtige Ergebnisse, die mit der fMRT gewonnen wurden, beziehen sich auf die kortikale Aktivität im Zusammenhang mit psychischen Prozessen wie Aufmerksamkeit, Gedächtniseinspeicherung und -abruf oder Verarbeitung von gesprochener oder gelesener Sprache.

Ein Nachteil besteht neben der großen Geräuschentwicklung gegenwärtig noch darin, dass die Probanden auch kleinste Bewegungen vermeiden müssen, um eine ausreichende Bildschärfe zu erzielen. So stellt etwa auch das Sprechen eine bedeutende Störquelle dar.

26.4.3 Magnetresonanzspektroskopie

Die Magnetresonanzspektroskopie (MRS) dient v. a. zur *Strukturaufklärung* organischer Verbindungen. Sie wurde in der analytischen und physikalischen Chemie bereits vor 40 Jahren angewandt, um z. B. Molekülbestandteile und -strukturen zu identifizieren. Außerdem dient sie zum Nachweis kleinster Mengen von Substanzen, die in Feststoffen, z. B. Kristallen, eingebaut sind.

Mit einer Weiterentwicklung der MRS lassen sich die chemische Zusammensetzung und der Stoffwechsel von kleinen Volumina des Gehirns untersuchen. Auch hier müssen, wie bei der MRT, die Atomkerne in einem äußeren Magnetfeld ausgerichtet werden, um sie dann durch einen Hochfrequenzimpuls variabler Frequenz aus diesem Gleichgewicht auszulenken. Dabei entspricht der eingestrahlte Hochfrequenzimpuls der Re-

26.4 Bildgebende Verfahren | **535**

sonanzfrequenz der anzuregenden Atomkerne. Wenn die angeregten Kerne in ihren ursprünglichen Zustand zurückkehren (Relaxation), senden sie Hochfrequenzsignale aus, die mit geeigneten Detektoren aufgefangen und einer mathematischen Analyse zugeführt werden können. Im Relaxationsspektrum lassen sich für die Moleküle, die im untersuchten Volumen enthalten sind, charakteristische Gipfel identifizieren. Man kann daher Rückschlüsse auf Art und Zusammensetzung sowie die Konzentration der in einem kleinen Gewebsvolumen vorhandenen Stoffe ziehen.

Mit der MRS lassen sich Stoffwechselvorgänge, insbesondere auch im Zusammenhang mit dem zellulären Energiehaushalt, in kleinen Neuronenpopulationen studieren. Auch können bestimmte Neurotransmitter, z. B. Glutamat, identifiziert werden.

26.4.4 Positronenemissionstomographie

Bei der **Positronenemissionstomographie** (PET) werden Energieemissionen, die beim Zerfall von Positronen auftreten, registriert. **Positronen** sind positiv geladene Elementarteilchen, die aus dem Atomkern von Isotopen stammen. Wenn ein radioaktives Isotop mit kurzer Halbwertszeit, ein Radionuklid, sich in bestimmten Gebieten des Gehirns anreichert oder an bestimmte Rezeptoren als Ligand bindet, so lassen sich mit diesem Verfahren sowohl physiologische als auch biochemische Prozesse im Zusammenhang mit dem Gehirnstoffwechsel darstellen.

Die physikalische Basis des Verfahrens ist folgende (s. Abb. 26.17):

(1) Bei der Emission von Positronen aus dem Atomkern eines Radionuklids legen diese nur eine winzige Strecke (max. einige Millimeter) zurück, bis sie mit einem Elektron, von dem sie wegen der entgegengesetzten Ladung angezogen werden, zusammenprallen. Elektronen sind in hoher Dichte in fester und flüssiger Materie vorhanden.

(2) Beim Zusammenstoß löschen sich die beiden Teilchen aus (Annihilation), wobei zwei sehr energiereiche Photonen (Gammastrahlung) entstehen.

(3) Die beiden Photonen verlassen in exakt entgegengesetzter Richtung, also unter 180°, den Ort der Kollision.

(4) Die Photonen werden mit geeigneten Detektoren aufgefangen, die sich in großer Zahl kreisförmig um das zu untersuchende Gewebe angeordnet befinden. Diese sind elektronisch so verschaltet, dass immer dann, wenn zwei Detektoren gleichzeitig durch ein Photon aktiviert werden, ein Signal abgegeben wird (Koinzidenzschaltung).

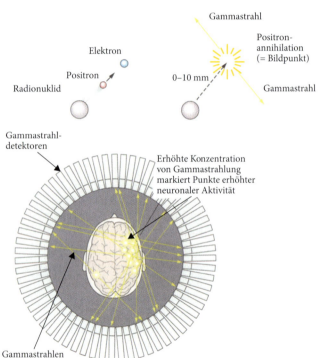

Abbildung 26.17 Prinzip der Positronenemissionstomographie (PET). Beim Zerfall eines Radionuklids werden Positronen aus dem Atomkern emittiert. Beim Zusammenstoß zwischen einem Positron und einem Elektron löschen sich die beiden Teilchen aus, wobei zwei Gammaphotonen entstehen. Die Gammaphotonen verlassen in exakt entgegengesetzter Richtung den Ort der Kollision. Um das zu untersuchende Gewebe (angereichert mit einem Radionuklid) herum sind Detektoren kreisförmig angeordnet. Immer dann, wenn zwei Detektoren gleichzeitig durch ein Photon aktiviert werden, wird ein Signal registriert. Es liegt Koinzidenz vor, wenn die Quelle der Strahlung auf der Verbindungslinie zwischen den beiden Detektoren lag. Auf rechnerischem Wege kann daraus der Ort der Abstrahlung bestimmt werden

536 | 26 Methoden der Biologischen Psychologie

(5) Wurde eine solche Koinzidenz entdeckt, so lag die Quelle der Strahlung auf der Verbindungslinie zwischen den beiden Detektoren.

In modernen PET-Kameras sind mit einer Gesamtzahl von über 12.000 Detektoren mehrere »Detektorringe« (30 und mehr) hintereinander angeordnet. Man kann damit ein räumliches Auflösungsvermögen von unter 5 mm erreichen. Das zeitliche Auflösungsvermögen liegt bei etwa 1 s.

Einsatz von Isotopen und Tracern. Zur Messung der regionalen Gehirndurchblutung wird häufig mit radioaktiv markiertem Wasser oder mit radioaktiv markiertem Sauerstoff gearbeitet. Letzterer hat eine Halbwertszeit von ca. 2 min. Will man längere Messsequenzen durchführen, so muss das Gas wiederholt bzw. kontinuierlich zugeführt werden. Mittlerweile kennt man eine ganze Reihe von anderen schnell zerfallenden Isotopen, die je nach Fragestellung eingesetzt werden können. Die Halbwertszeiten dieser Isotope liegen zwischen Minuten und Stunden. Die Isotope werden i. Allg. chemisch an eine andere Substanz, z. B. an ein Pharmakon, gebunden, das sich dann in dem zu untersuchenden Gebiet anreichert. Von besonderer Bedeutung ist z. B. zur Darstellung des zerebralen Stoffwechsels die 18F-Desoxyglukose (Fluordeoxyglukose, FDG). Damit werden demenzielle Erkrankungen, epileptische Foki, zerebrovaskuläre Erkrankungen, aber auch koronare Herzkrankheiten untersucht. In Abbildung 26.18 sind die Effekte einer Transplantation von dopaminproduzierenden Zellen in das Gehirn eines Parkinson-Patienten wiedergegeben.

Räumliche Analyse neurochemischer Prozesse und regionaler Hirndurchblutung. Zur Messung von Rezeptordichten im Gehirn kann man ebenfalls bestimmte Tracer verwenden, die sich als Liganden an die Rezeptoren der Zellmembran anlagern. Um etwa die Dichte von Dopaminrezeptoren zu bestimmen, kann man mit ^{18}F markierte Fluorverbindungen oder mit ^{11}C markierte Kohlenstoffverbindungen verwenden. Diese Technik wird vielfach in der Forschung zur Parkinson-Erkrankung und zur Schizophrenie eingesetzt.

Es existieren zahlreiche Untersuchungsergebnisse zu regionalen Durchblutungsveränderungen im Zusammenhang mit einer Reihe psychischer Prozesse, z. B. Sprache, Gedächtnis, Wahrnehmung, Aufmerksamkeit und Suchtentwicklung. Die Stärke der PET liegt v. a. in der Möglichkeit zur hochauflösenden räumlichen Analyse der regionalen Hirndurchblutung und von neurochemischen Prozessen.

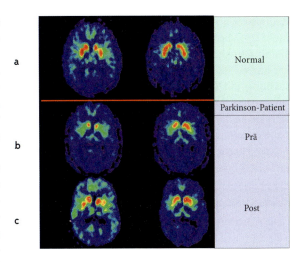

Abbildung 26.18 PET-Aufnahmen eines Gesunden und eines Parkinson-Patienten. Es ist die Dichte dopaminerger Neuronen sichtbar gemacht. Wiedergegeben sind jeweils zwei verschiedene Horizontalschnitte. In Teil **a** der Abbildung erkennt man aufgrund der Rot-/Gelbfärbung die hohe Dichte von dopaminergen Neuronen im Bereich der Basalganglien. In Teil **b** (Parkinson-Patient) wird die drastisch reduzierte Dichte dopaminproduzierender Neuronen deutlich. Teil **c** gibt die Situation wieder, nachdem dem Patienten dopaminproduzierende embryonale Hirnzellen in die Basalganglien implantiert wurden (einige Monate nach dem Eingriff)

Nachteile der PET. Der gewichtigste Nachteil ist die Notwendigkeit, radioaktive Substanzen in den Körper einzubringen. PET-Untersuchungen sind mit hohem technischen Aufwand verbunden. Dazu gehört die Gewinnung spezieller radioaktiv markierter Substanzen, wozu ein Zyklotron benötigt wird. Da die Halbwertszeiten dieser Substanzen gering sind, muss sich das Zyklotron relativ nahe zum Standort des PET-Gerätes befinden, damit die Substanz nicht schon vor der Anwendung zerfällt.

26.4.5 Single-Photon-Emissions-Computertomographie

Die Single-Photon-Emissions-Computertomographie (**SPECT**) ist – ähnlich wie die PET – für neurowissenschaftliche Fragestellungen insofern interessant, als sich damit die *Hirndurchblutung* in ihrer regionalen Verteilung bestimmen lässt. Außerdem kann man mittels radioaktiv markierter Liganden die *Dichte bestimmter Rezeptoren* im Gehirn bestimmen. Beim SPECT werden

Radioisotope verwendet (Xenon-133, Technetium-99, Jod-123), die einzelne Photonen typischerweise als Gammastrahlung aussenden. Der Vorteil von SPECT gegenüber PET besteht v. a. darin, dass die Untersuchung mit kommerziell erhältlichen Markierungssubstanzen durchführbar ist, die intravenös injiziert werden. Dadurch ist die Untersuchung auch in kleineren Krankenhäusern sowie Arztpraxen möglich.

Man benötigt dazu eine einzelne Gammakamera, die um den Körper rotiert. Damit wird zunächst die Verteilung der radioaktiven Substanz als zweidimensionale Projektion aufgezeichnet. Durch Drehung der Rotationsebene der Kamera kann man Flächenprojektionen aus unterschiedlichen Winkeln gewinnen. Außerdem lassen sich hiermit auch Schnittbilder von benachbarten Ebenen erzeugen. Beim SPECT liegt die Auflösung zwischen 0,6 und 1,5 cm, ist also deutlich niedriger als bei PET. Außerdem ist die Sensitivität für die nachzuweisenden Substanzen geringer. Die Aufnahmedauer beträgt etwa 20–30 min.

Zusammenfassung

Die Computertomographie (CT) ist ein bildgebendes Verfahren auf der Basis von Röntgenstrahlen. Das zu untersuchende Körpergebiet wird mit einem fächerförmigen Röntgenstrahl aus verschiedenen Richtungen durchleuchtet. Man kann Schichtaufnahmen anfertigen, d. h. sukzessiv eng benachbarte Gewebsschichten darstellen, womit man Information über die dreidimensionale Struktur des Untersuchungsgebietes erhält.

Die Basis der Magnetresonanztomographie (MRT) ist das Verhalten des Kernspins in starken Magnetfeldern. Mithilfe der MRT kann man detailliertere Bilder des Gehirns anfertigen als beim CT. Außerdem lassen sich durch spezielle Techniken auch lokale Durchblutungsveränderungen und die neuronale Aktivität innerhalb kleiner Volumina des Gehirns registrieren. Es muss hier keine ionisierende Strahlung zur Untersuchung verwendet werden.

Die Positronenemissionstomographie (PET) gestattet einerseits das Studium von Stoffwechselvorgängen im Gehirn, andererseits auch die Identifizierung von bestimmten Proteinen (z. B. Rezeptoren), an die sich radioaktive Markiersubstanzen anlagern. Die Technik beruht auf dem Zerfall von Positronen beim Zusammenstoß mit Elektronen, was unter Abstrahlung von Gammaphotonen geschieht. Für PET-Aufnahmen ist es erforderlich, dass die zu untersuchende Person ein kurzlebiges Radionuklid aufnimmt.

Mit der Single-Photon-Emissions-Computertomographie (SPECT) kann man z. B. die regionale Hirndurchblutung oder die Dichte einzelner Rezeptoren im Gehirn bestimmen. Die Untersuchung kann mit kommerziell erhältlichen radioaktiven Markierungssubstanzen durchgeführt werden. Es können einfachere Kameras verwendet werden als beim PET. Auch mit SPECT lassen sich Schnittbilder erzeugen.

26.5 Transkranielle Magnetstimulation

Mit der **transkraniellen Magnetstimulation** (TMS) wird durch ein von außen angelegtes Magnetfeld die kortikale Funktion beeinflusst. Hierzu wird eine Spule mit einem Durchmesser von einigen Zentimetern über der Kopfhaut platziert. Durch einen kurzen elektrischen Stromstoß von ca. 1 ms Dauer wird in dieser Magnetspule ein starkes Magnetfeld (von bis zu 3 Tesla) senkrecht zur Schädeloberfläche erzeugt. Wiederum senkrecht zu den magnetischen Feldlinien stehen elektrische Feldlinien. Diese starken Felder wirken auf die transmembranösen Ionenwanderungsprozesse der Neuronen ein und verändern damit die Membranfunktion. TMS kann sowohl zur Hemmung als auch zur Aktivierung von bestimmten Gehirnfunktionen dienen. Ob es zur Hemmung oder Erregung kommt, hängt v. a. von der Impulsfolge der magnetischen Reize ab. Aufgrund der hemmenden Funktion ist es möglich, kurzzeitige »Läsionen« – im Millisekunden- bis Sekundenbereich – an wohldefinierten Punkten des Gehirns zu setzen. Die Magnetfelder können so eingestellt werden, dass selektiv Kortexareale von nur wenigen Quadratmillimetern beeinflusst werden.

Durch die Applikation von TMS über einer bestimmten Stelle des motorischen Kortex ist es z. B. möglich, gezielt und selektiv Bewegungen des kleinen Fingers der kontralateralen Hand zu induzieren. Man kann mit TMS also die Lage und Größe eng umschriebener Kortexbereiche untersuchen, indem man in ihre Funktion eingreift.

Das Verfahren wird als eine Routinetechnik in der Neurologie verwendet, um vor allem Reizleitungsprozesse zwischen dem motorischen Kortex und der peripheren Muskulatur zu untersuchen. Dies spielt z. B. eine Rolle bei der Diagnose der multiplen Sklerose und von degenerativen Nervenerkrankungen.

Beispiele aus der Forschung zum visuellen System und zur Sprachlokalisation. Im Bereich des visuellen Systems ist es beispielsweise gelungen, durch Applikation von TMS-Impulsen über dem Areal V5 selektiv die Wahrnehmung der Bewegung eines Reizes bei unveränderter Reizerkennungsleistung zu unterdrücken. Damit konnten Ergebnisse aus bildgebenden Untersuchungen bestätigt werden, die nahelegten, dass V5 in erster Linie mit Bewegungswahrnehmung befasst ist.

Durch die Anwendung von repetitivem TMS (rTMS) mit Impulsraten von 4–25 Hz und Stimulationsdauern von 5–10 s lässt sich bei den meisten Menschen die Sprachproduktion zuverlässig unterdrücken. Dazu muss die Spule über dem linken inferioren Frontallappen platziert werden. Damit stellt diese Technik eine gewisse Alternative zum Wada-Test dar, um die hemisphärische Lokalisation der Sprachzentren zu identifizieren.

Einsatzbereich Depression und Reorganisationsprozesse. Es liegen verschiedene Publikationen vor, die eine Wirksamkeit der TMS bei depressiven Patienten berichten. Zumeist wurde hier über dem dorsolateralen präfrontalen Kortex stimuliert. Teilweise ergaben sich signifikante Verbesserungen in Depressivitätsskalen, auch in placebokontrollierten Studien. Allerdings waren die Stichproben vergleichsweise klein und das Patientengut war in den entsprechenden Publikationen nicht immer gut beschrieben. Das Verfahren hat daher bisher den Stellenwert einer experimentellen Methode.

Eine Reihe von Studien mit TMS wurde durchgeführt, um Prozesse der plastischen Reorganisation des Kortex zu studieren. Darunter versteht man v. a. Reorganisationsprozesse im Zusammenhang mit peripheren und zentralen Läsionen, im weiteren Sinne jedoch auch mit längerfristigen Lern- und Gedächtnisvorgängen. Einige diesbezügliche Ergebnisse sind in Abschnitt 6.4.10 referiert.

Zusammenfassung

Bei der transkraniellen Magnetstimulation (TMS) wird über eine Spule ein starkes Magnetfeld innerhalb kleiner Kortexareale erzeugt. Dadurch wird hier die neuronale Aktivität – je nach Stimulationsfrequenz – entweder gesteigert oder unterbrochen. Mit diesem Verfahren können z. B. aktive Kortexbereiche in ihrer Arbeit gestört werden und gleichzeitig die Einflüsse auf der Ebene des Verhaltens bzw. des subjektiven Empfindens registriert werden. Es lassen sich mit diesem Verfahren auch kortikale Reorganisationsprozesse im Zusammenhang mit dem reduzierten bzw. gesteigerten Gebrauch von Muskelgruppen studieren.

26.6 Psychophysiologische Indikatoren des vegetativen und muskulären Systems

Zwar eröffnet uns die Betrachtung der Arbeitsweise des Gehirns einen unmittelbaren Zugang zu den neurobiologischen Grundlagen des Verhaltens, aber auch eine Beobachtung peripherer physiologischer Prozesse kann Informationen über komplexe psychische Vorgänge liefern.

Physiologische Reaktionen als Abbildung von psychischen Vorgängen. Nehmen wir als Beispiel das Erröten. Dabei handelt es sich physiologisch gesehen um eine selektive Veränderung der Gefäßdurchblutung, und zwar im Bereich der Gesichtshaut. Diese lässt sich mit einfachen Mitteln registrieren. Das Erröten ist jedoch eine vegetative Reaktion, die hochspezifisch für eine bestimmte emotionale Befindlichkeit ist, die wir mit Scham, sozialer Unsicherheit und Peinlichkeit umschreiben können. Ein anderes Beispiel wäre die Verarbeitung subjektiv relevanter Reize: Der Versuchsleiter zeigt einer Person eine Folge von Fotos mit Gesichtern von Personen, die dem Versuchsleiter alle unbekannt sind. Er weiß lediglich, dass auf einem der Bilder die Mutter des Probanden abgebildet ist. Auf allen anderen Bildern sind die Gesichter dem Probanden ebenso fremd wie dem Versuchsleiter. Also ist einer der Reize für die Versuchsperson relevant. Werden gleichzeitig mit der Darbietung der Bilder die physiologischen Reaktionen des Probanden aufgezeichnet, so wird der Versuchsleiter ausschließlich anhand der Kurven vegetativer Reaktionen unschwer erkennen können, welches der Bilder die Mutter zeigte. Ein Wahrnehmungs- und Erkennungsprozess bildet sich also in den peripher-physiologischen Reaktionen ab.

Bei der Registrierung psychophysiologischer Größen geht man i. Allg. in zwei Schritten vor:

(1) Es wird ein Biosignal über Messfühler vom Körper »abgeleitet«.
(2) Daraus wird dann eine zahlenmäßige Größe (Indikator) durch weitere Analyse des Biosignals gewonnen.

Aus der Fülle der möglichen biologischen Signale sind im Bereich der Psychophysiologie besonders diejenigen interessant, die eine oder mehrere der folgenden Eigenschaften aufweisen:

▶ Die Messprozedur ist einfach und für den Probanden wenig belastend.
▶ Das Biosignal spiegelt die Aktivität nur eines bestimmten Organs bzw. Organsystems wider.
▶ Das Signal steht in engem Bezug zu einem psychologischen Konstrukt, z. B. Orientierung, Aufmerksamkeit oder Aktivation.

Die wichtigsten psychophysiologischen Verfahren werden im Folgenden vorgestellt.

26.6.1 Herz-Kreislauf-Aktivität

Das Herz-Kreislauf-System (kardiovaskuläres System) dient in erster Linie dem Transport des Blutes zu den verschiedenen Körperorganen.

Mit dem Bluttransport wird eine Reihe von Funktionen erfüllt:

▶ Es werden Sauerstoff und andere energieliefernde Substanzen befördert.
▶ In den Organen gebildete Stoffwechselprodukte werden abtransportiert.
▶ Die Temperaturregulation geschieht in erster Linie über den Blutkreislauf.
▶ Der Hormontransport und damit die Informationsübertragung findet über die Blutbahn statt.

Wegen seiner Funktion für die Energiebereitstellung im Organismus muss das Herz-Kreislauf-System in seiner Arbeitsleistung äußerst flexibel sein, da der Versorgungsbedarf der Organe stark schwankt, z. B. zwischen Zeiten körperlicher Anstrengungen und Schlafphasen.

Herzfrequenz

Die Anzahl der Herzschläge in einer Minute ist in der Psychophysiologie nach wie vor der am weitesten verbreitete Indikator für kardiovaskuläres Geschehen.

Herzfrequenzreaktionen begleiten nahezu alle Veränderungen der physischen und/oder psychischen Anforderungen an den Organismus. Zu den psychischen Einflussgrößen, die eine Herzfrequenzsteigerung bewirken, gehören z. B. Schmerz- und Angstreize. Eine Abnahme der Pulsfrequenz tritt bei Entspannung, Orientierung auf neue Reize und Aufmerksamkeitsprozessen auf. Damit ist die Herzfrequenz ein empfindlicher Indikator für eine Reihe von psychophysischen Zustandsänderungen, der sich v. a. durch seine zweiseitige Reaktionsrichtung – Frequenzanstieg oder -abnahme relativ zum Ausgangsrhythmus – auszeichnet.

Die Herzfrequenz lässt sich über verschiedene Verfahren registrieren. Das wichtigste ist die **Elektrokardiographie**, andere sind das Pulsfühlen und die Aufzeichnung von Blutvolumenänderung in bestimmten Körpergebieten wie z. B. dem Finger.

Im Elektrokardiogramm (EKG) dient der QRS-Komplex oder die R-Zacke allein aufgrund ihrer leichten Identifizierbarkeit zur zeitlichen Kennzeichnung des einzelnen »Herzschlags« (s. Abb. 26.19). Der Abstand zwischen zwei R-Zacken liefert das Intervall zwischen zwei Herzschlägen – das sog. **RR-Intervall**, aus dem sich leicht die Pulsfrequenz in »Schläge/min« ausrechnen lässt.

Elektrodenplatzierungen. Häufig angewandte Elektrodenplatzierungen sind die sog. Ableitung II nach Einthoven – rechter Unterarm, linkes Bein, rechtes Bein als Erdung – und Brustwandableitungen. Letztere sind unempfindlicher gegen Artefakte durch Bewegung der Extremitäten. Mit beiden Ableitungen erhält man gut ausgeprägte R-Zacken.

Der zeitliche Abstand zwischen aufeinanderfolgenden Herzschlägen lässt sich apparativ mit einem sog. »Kardiotachometer« registrieren. Dieses macht die Länge eines RR-Intervalls i. Allg. als Niveauverschiebung einer horizontalen Linie sichtbar. Man erhält also eine Pulskurve. Das ist immer dann nützlich, wenn es um die Analyse phasischer Prozesse – also nur kurz andauernder Veränderungen im Sekundenbereich – in der Herzfrequenz geht.

Neben der Herzfrequenz selbst kann die **Herzfrequenzvariabilität** zur Beschreibung tonischer, also länger anhaltender Aktivierungsprozesse dienen. Sie geht bei einer Vielzahl von aktivierenden Bedingungen zurück, d. h., die Herzfrequenz wird stabiler. Dies dürfte eine Folge präziserer zentralnervöser Herzfrequenzsteuerung bei erhöhten Anforderungen sein. Zur Erfas-

540 | 26 Methoden der Biologischen Psychologie

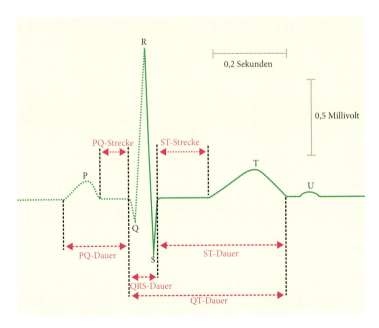

Abbildung 26.19 Ausschnitt aus einem Elektrokardiogramm (EKG). Das EKG ist durch verschiedene typische Kurvenanteile (P- bis U-Welle) und die dazwischen liegenden Zeitstrecken gekennzeichnet. Die Wellen repräsentieren unterschiedliche Phasen im Aktionszyklus des Herzens

sung der Herzfrequenzvariabilität ist z. B. die Varianz der RR-Abstände ein geeignetes Maß.

Die respiratorische Sinusarrhythmie

Die Herzfrequenz unterliegt atmungsgekoppelten Schwankungen, und zwar einer Beschleunigung beim Einatmen und einer Verlangsamung beim Ausatmen. Diese Rhythmusänderung wird als respiratorische Sinusarrhythmie (RSA) bezeichnet.

Indikator für Vagotonie oder mentale Belastung. Die RSA gilt als ein Indikator für **Vagotonie**: Je größer die Amplituden der atmungssynchronen Herzfrequenzschwankungen sind, desto höher ist der Anteil der Vagusaktivität an der vegetativen Steuerung der Herzaktion. Dieser Sachverhalt bezieht sich sowohl auf eine habituell dominante Vagusaktivität bei bestimmten Personengruppen (»Vagotoniker«) als auch auf eine situativ bedingte Erhöhung vagaler Impulse, z. B. im Schlaf oder in tiefer Entspannung. In umgekehrter Weise gilt, dass gesteigerte Aktiviertheit meist von einer Erniedrigung der atmungsbedingten Arrhythmie begleitet wird. So konnte etwa gezeigt werden, dass eine hohe Korrelation zwischen mentaler Belastung und der RSA-Dämpfung besteht.

Eine Registrierung der RSA erfordert stets die gemeinsame Aufzeichnung von Herzfrequenz und der Atemfrequenz als Kontrollvariable. Die Quantifizierung der RSA kann entweder über spektralanalytische Verfahren oder einfacher durch eine Minimum-Maximum-Analyse der Herzratenkurve geschehen.

Phasische Herzfrequenzänderungen

Phasische Änderungen der Herzfrequenz werden fast ausschließlich als reizbedingte Veränderungen der Herzschlagabfolge untersucht. Die Reaktion kann sowohl in einem Absinken (Dezeleration) als auch in einem Anstieg (Akzeleration) der Herzfrequenz bestehen. Sie ist i. Allg. innerhalb von 15 Sekunden wieder abgeklungen.

Akzeleration findet sich v. a. bei der Darbietung von emotional aktivierenden Reizen. Dazu gehören z. B. Angststimuli, Signalreize mit Aufforderungscharakter und erotische Reize. Eine Dezeleration wird primär dann beobachtet, wenn eine sog. Orientierungsreaktion ausgelöst wird. Letztere tritt auf, wenn Reize neu sind und keinen aversiven Charakter besitzen.

Als Kennwert zur Beschreibung der Reaktion wird meist die maximale Abweichung der Herzfrequenz oder des RR-Intervalls von dem Durchschnittswert aus einer stimulusfreien Baselinephase – z. B. über die letzten 5 Sekunden vor dem Reiz – gewählt. Dann sucht man die Werte für die maximale Dezeleration bzw. die maximale Akzeleration in einem Intervall von 10 bis max. 15 Sekunden die Differenz zum Prästimulus-Durchschnitt.

Phasische Herzratenveränderungen haben meist nur eine kleine Amplitude, sie liegen häufig unter 5 Schlägen/min. Dies macht eine EKG-Aufzeichnung mit relativ hoher zeitlicher Auflösung erforderlich.

T-Wellen-Amplitude

Die T-Wellen-Amplitude (TWA) ist ein relativ valider und sensibler Indikator für Sympathikuseinflüsse auf das Herz. Die Reaktion besteht in einer Erniedrigung der TWA bei vermehrter Sympathikuswirkung. Die TWA zeigt eine hohe Ansprechbarkeit bei mentaler und emotionaler Belastung. Daneben ist es eine wohlbekannte klinische Erfahrung, dass eine vegetative Dysfunktion im Sinne einer sympathikotonen Reaktionslage häufig von einer T-Wellen-Abflachung begleitet ist.

Sensibler Indikator für kognitive Prozesse. Die Messung der TWA kann in Ergänzung zur Herzfrequenzregistrierung wichtige Zusatzinformationen liefern: Die Herzfrequenz ist zweiseitig – sympathisch und vagal – gesteuert und wird daher, je nach Aktivierungsbedingung, ein anderes Ansprechverhalten aufweisen als die TWA. So spricht einiges dafür, dass die TWA speziell bei kognitiven Anforderungen ein sensiblerer Indikator ist als die Herzfrequenz.

Die Messung der T-Wellenamplitude geschieht durch die Bestimmung der Spannungsdifferenz zwischen dem Maximum der T-Welle und der ST-Strecke (s. Abb. 26.19). Die ST-Strecke liegt idealerweise als iso-elektrische Linie vor. Typische Abflachungen der TWA, z. B. bei mentalen Aufgaben, liegen zwischen 0,01 und 0,07 mV.

Blutdruck

Der Blutdruck reagiert auf psychische Belastungen sehr sensibel und schnell mit einem Anstieg. Dabei können die Blutdruckerhöhungen beträchtliche Ausmaße annehmen, bis zu 30 mmHg oder darüber innerhalb weniger Sekunden.

Unter dem Blutdruck versteht man den Druck, unter dem die Wände der Arterien während der Herzaktion stehen. Dieser Druck unterliegt innerhalb eines Herzzyklus ausgeprägten Schwankungen: Beim Gesunden findet zwischen **Diastole** (dem unteren Blutdruckwert) und **Systole** (dem oberen Wert) eine Druckänderung von beispielsweise ca. 80 mmHg auf ca. 130 mmHg pro Herzaktion statt.

Der Blutdruck ist in erster Näherung durch Herzarbeit (Schlagvolumen) und den Strömungswiderstand (Querschnitt) der Blutgefäße festgelegt. Insofern liefert er neben den oben aufgeführten Parametern der Herzaktivität zusätzliche Informationen über Status und Veränderungen im Gefäßsystem.

Methoden der Blutdruckmessung. Die nichtinvasiven Verfahren zur Blutdruckmessung beruhen darauf, von außen auf die Arterienwand einen Druck auszuüben, dessen Höhe ausreicht, den Innendruck zu kompensieren. Der Außendruck wird über ein Manometer registriert. Das bekannteste diesbezügliche Verfahren ist das Manschettendruckverfahren, benannt nach Riva-Rocci. Damit können Blutdruckwerte allerdings nur diskontinuierlich innerhalb eines groben Zeitrasters erhoben werden. Seit einigen Jahren ist eine Technik verfügbar, die auch im psychophysiologischen Labor eine kontinuierliche Blutdruckmessung gestattet. Diese beruht auf der Druckmessung am Blutgefäß eines Fingers, wobei die Blutdruckkurve lückenlos aufgezeichnet wird, d. h., es ist nicht nur der systolische und diastolische Wert ablesbar, sondern auch der Blutdruckverlauf zwischen diesen beiden Extremwerten.

Peripheres Blutvolumen

Veränderungen im Blutvolumen eines peripheren Körpergebietes, z. B. eines Fingergliedes, kommen dadurch zustande, dass sich die relativen Anteile von einströmendem zu ausströmendem Blut ändern. Das Blutvolumen wird in der Peripherie fast ausschließlich durch den Gefäßquerschnitt gesteuert, was bedeutet, dass Blutvolumenmessungen mittelbar auch der Beschreibung der **Vasomotorik** (Umfangsänderung der Gefäße) dienen können. Ein großer Teil der Blutgefäße der Hand und v. a. der Finger – die bevorzugten Ableitorte bei der blutvolumetrischen Messung – liegt in der Haut oder nur wenig darunter.

Beobachtung des peripheren Blutvolumens bei Entspannung. Die Steuerung der Gefäßmotorik in der Haut geschieht ausschließlich durch *sympathische* Erregung über gefäßverengende Fasern. Die Blutgefäße der Haut eignen sich demnach sehr gut zur Beobachtung der Sympathikusaktivität. Psychische Entspannung geht mit Gefäßerweiterung einher. Hierbei ist beachtenswert, dass die Gefäßweite stark zunehmen kann, weshalb eine Registrierung des peripheren Blutvolumens vor allem zur Beobachtung von Desaktivationsvorgängen geeignet ist.

Die Differenz zwischen maximalem und minimalem Blutvolumen innerhalb eines Herzzyklus nennt man Pulsvolumen bzw. **Pulsvolumenamplitude** (PVA). Sie entspricht der mit jedem Herzschlag in das untersuchte Gebiet hinein- und wieder heraustransportierten Blutmenge.

Die Registrierung geschieht zumeist auf photoelektrischem Wege (**Photoplethysmographie**) wobei allerdings nur relative Veränderungen aufgezeichnet werden können. Der Messaufnehmer besteht aus einer kleinen Lichtquelle und einem Photosensor. Aus der Intensität des durchtretenden bzw. reflektierten Lichts kann auf den Blutanteil im untersuchten Gewebegebiet geschlossen werden. Die Aufnehmer sind klein, können schnell an beinahe jedem Ort der Körperoberfläche platziert werden und liefern relativ stabile und artefaktunempfindliche Signale.

Bei der Kennwertebildung werden fast ausschließlich relative Reaktionsmaße betrachtet, da eine quantitative und absolute Angabe von Blutvolumina aus technischen Gründen fast unmöglich ist. Bei den Reaktionsmaßen bezieht man sich i. Allg. auf eine für jedes Individuum zu bestimmende Baseline und betrachtet dann die Veränderungswerte relativ zu dieser.

26.6.2 Elektrodermale Aktivität

Unter **elektrodermaler Aktivität** (EDA) werden die Widerstands- und Spannungsänderungen der Haut verstanden, die im Zusammenhang mit psychischen Prozessen auftreten. Die EDA ist das »klassische« Reaktionssystem der Psychophysiologie. Das Phänomen ist bereits seit dem Ende des 19. Jahrhunderts bekannt, und es liegen zur EDA mehrere tausend empirische Arbeiten vor. Ältere Bezeichnungen für elektrodermale Phänomene sind z. B. »psychogalvanischer Reflex« (PGR) oder »galvanic skin response« (GSR).

Schweißdrüsen als »Verursacher«. Von besonderer Bedeutung für die EDA sind die Schweißdrüsen. Sie bestehen aus einem sekretorischen Teil und dem Ausführungsgang, der den Schweiß zur Hautoberfläche transportiert. Im sekretorischen Teil der Drüse findet die eigentliche Schweißproduktion statt. Die Höhe der Hautfähigkeit hängt sehr eng mit dem Füllungszustand der Ausführungsgänge mit Schweiß ab. Je höher dieser gestiegen ist, umso größer ist die elektrische Leitfähigkeit der Haut. Die Schweißdrüsenaktivität wird ausschließlich *sympathisch* angeregt. Die Verteilung der Schweißdrüsen über die Körperoberfläche ist nicht homogen; sie sind am dichtesten an der Hand- und Fußinnenfläche (über 2.000/cm^2), während sie am Rumpf und an den Extremitäten wesentlich dünner gestreut sind (100–200/cm^2).

Messung der Hautleitfähigkeit. Der bevorzugte Indikator für elektrodermale Aktivität ist die Hautleitfähigkeit. Die Ableitung der Hautleitfähigkeit geschieht üblicherweise von den Handinnenflächen bzw. den Fingerinnenseiten. Dazu legt man eine niedrige Spannung von ca. 0,5 V an die Elektroden an. Aus den Stromschwankungen zwischen den Elektroden errechnet das Gerät die Leitfähigkeitswerte, ausgedrückt in Mikro-Siemens (µS) oder in Mikro-mho (µmho). Die wichtigsten Kennwerte der EDA sind:

▶ das Grundniveau der Hautleitfähigkeit
▶ die Häufigkeit spontaner Fluktuationen der Hautleitfähigkeit (»nichtspezifische elektrodermale Reaktionen«)
▶ die Höhe einer phasischen Reaktion und ihre Latenz

Generell gilt, dass eine Zunahme der Aktiviertheit mit einem Anwachsen der Leitfähigkeit sowie einer Zunahme der Frequenz spontaner Fluktuationen verbunden ist. Die Zahlenwerte des Hautleitwerts schwanken interindividuell beträchtlich: Man kann mit Werten zwischen 2 und 100 µmho rechnen. Die Wertebereiche der phasischen Hautleitfähigkeitskennwerte sind aus Abbildung 26.20 ersichtlich.

26.6.3 Muskuläre Aktivität

Bei der Messung der Muskelaktivität wird in der Psychophysiologie i. Allg. die isometrische Aktivität – d. i. die Aktivität ohne Längenänderung des Muskels – der quergestreiften Muskulatur registriert. Dies geschieht mit der Methode der **Elektromyographie** (EMG, auch

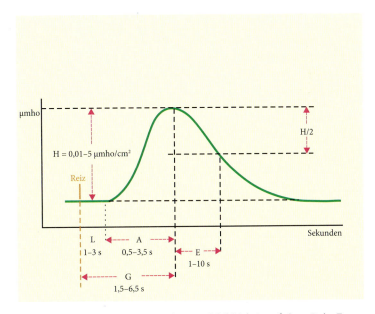

Abbildung 26.20 Veränderung der Hautleitfähigkeit auf einen Reiz. Es sind die wichtigsten Kenngrößen der Reaktion eingezeichnet: L = Latenz der Reaktion, A = Anstiegszeit, G = Gipfelzeit, E = Erholungszeit, H = Amplitudenhöhe

für Elektromyogramm). Die Basis des EMG ist eine Aufzeichnung von Muskelaktionspotenzialen längs muskulärer Membranen. Bei einer erhöhten Muskelspannung wächst sowohl die Anzahl der beteiligten Muskelfasern als auch die Entladungsfrequenz der motorischen Nervenzellen. Dies führt einerseits zu einer Erhöhung der EMG-Amplituden, andererseits in einer Frequenzsteigerung des EMG-Signals.

Die Ableitung des EMG geschieht in der Psychophysiologie mit Oberflächenelektroden – in der Medizin häufig mit Nadelelektroden –, die über dem zu untersuchenden Muskel bzw. über dessen beiden Enden platziert werden. Häufig angewandte Elektrodenlokalisationen sind die Unterarm-, Stirn-, Kinn- und Nackenmuskulatur. Dabei gelten die Unterarm- und Stirnmuskulatur am ehesten als repräsentativ für den Gesamtanspannungszustand des Körpers.

Üblicherweise wird das Integral des EMG-Signals über bestimmte Zeitabschnitte berechnet. Der so gewonnene Kennwert lässt Aussagen über die Energie zu, die während einer bestimmten Zeiteinheit von dem untersuchten Muskelgebiet aufgebracht wurde. Die Aufzeichnung des EMG hat einige Bedeutung beim Muskelrelaxationstraining (**Biofeedback**) und in der Stressforschung.

26.6.4 Okuläre Prozesse

Blickbewegungen, die sog. **Okulomotorik**, lassen sich mit dem **Elektrookulogramm** (EOG) registrieren. Dabei macht man sich die Tatsache zunutze, dass die Netzhaut eine negative Polarität gegenüber der Hornhaut hat (s. Abb. 26.21). Wenn sich das Auge bewegt, führt dies zu Potenzialschwankungen in der Umgebung. Diese lassen sich mit Elektroden registrieren, die in der Nähe des Auges auf die Haut aufgeklebt werden. Selbst kleine Winkelbewegungen des Augapfels können damit erfasst werden.

Von den Reaktionen des Auges ist außerdem die **Pupillenweite** von einiger Bedeutung. Bei Erregung im Sinne sympathischer Aktivierung erweitert sich die Pupille. Die Reaktion wird i. Allg. als ein Veränderungsindex zu einer standardisierten Ausgangslage quantifiziert. Ihre Messung erfolgt meist elektronisch über eine Videokamera, die auf das Auge gerichtet ist.

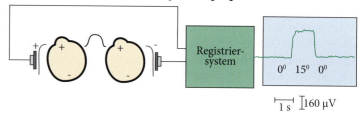
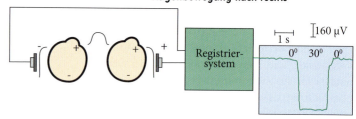

Abbildung 26.21 Prinzip der Elektrookulographie (EOG). Der Augapfel verhält sich wie ein Dipol. In der Ruhelage liegen die Pole symmetrisch zwischen den Elektroden, die links und rechts des Auges auf die Haut aufgeklebt sind. Es ergibt sich dann keine Spannung zwischen den Elektroden. Wandern die Augen zu einer Seite, wird entweder die linke Elektrode positiver (Blickbewegung nach links) oder die rechte (Blickbewegung nach rechts)

Zusammenfassung

Die Indikatoren der Psychophysiologie betreffen neben der Aktivität des Gehirns die Aktivität des Vegetativums und der quergestreiften Muskulatur. Die wichtigsten vegetativen Funktionsbereiche sind das Herz, das Gefäßsystem, die Haut und das Auge. Die diesbezüglichen Verfahren sind v. a. geeignet, Aktivationsvorgänge zu studieren. Diese können im Zusammenhang mit emotionalen Reizen, aber auch mit Stressbelastung oder kognitiven Prozessen auftreten. Ihre Vorteile liegen in einer gewissen Spezifität für die Stimulationsbedingungen, einer i. Allg. einfachen Aufzeichnungstechnik und der geringen Belastung für die Probanden.

Weiterführende Literatur

Andreassi, J. L. (2006). Psychophysiology (5th ed.). Mahwah, USA: Lawrence Erlbaum Associates.

Braus, D. F. (2010) EinBlick ins Gehirn: Moderne Bildgebung in der Psychiatrie (2. Aufl.). Stuttgart: Thieme.

Cacioppo, J. T., Tassinary, L. G. & Berntson, G. G. (Eds.) (2005). Handbook of Psychophysiology (3rd ed.). New York, USA: Cambridge University Press.

Gramann, K. & Schandry, R. (2009). Psychophysiologie (4. Aufl.). Weinheim: Beltz.

Niedermeyer, E. & Lopes Da Silva, F. (2004). Electroencephalography: Basic Principles, Clinical Applications, and Related Fields (5th ed.). Philadelphia: Williams & Wilkins.

Rösler, F. (Hrsg.) (2001). Grundlagen und Methoden der Psychophysiologie. Enzyklopädie der Psychologie: Biologische Psychologie – Band 4. Göttingen: Hogrefe.

Rösler, F. (Hrsg.) (1998). Ergebnisse und Anwendungen der Psychophysiologie. Enzyklopädie der Psychologie: Biologische Psychologie – Band 5. Göttingen: Hogrefe.

Glossar

A

Aberration. *lat. aberrare = abirren, abweichen*
Abweichung, Veränderung.

Ablation. *lat. ablatus = hinweg-, fortgetragen, fortgetan*
Operative Abtragung, d. h. Entfernung von Gewebe.

Abort. *lat. abortus = Fehl-, Frühgeburt*
Abgang des nicht lebensfähigen Embryo bis zur 28. Schwangerschaftswoche.

Achromasie. *gr. a- = ohne/nicht; gr. chroma = Haut, Hautfarbe, Farbe*
Totale Farbenblindheit; Menschen mit Achromasie sehen nur mit den Stäbchen, d. h. ohne Farbe und sehr unscharf. Bei Tag müssen starke Sonnenbrillen getragen werden.

Acetylcholin. *lat. acetum = Essig; gr. yle = Gehölz, Wald, Stoff, Materie; gr. cholos = Galle*
Der erste Neurotransmitter, der im peripheren und zentralen Nervensystem entdeckt wurde und der u. a. die Skelettmuskulatur innerviert.

ACTH. *Abk. für engl. adrenocorticotropic hormone; lat. ad = zu, bei, an; lat. ren = Niere; lat. cortex = Rinde, Schale, Borke; gr. trepein = drehen, wenden, richten*
Adrenokortikotropes Hormon; glandotropes Hormon der Adenohypophyse; steuert insbesondere die Synthese und Sekretion von Kortisol in der Nebennierenrinde.

Adaptation. *lat. adaptare = gehörig anpassen*
Abklingen einer Erregung bei Dauerreizung (mit Abnahme der Frequenz der Aktionspotenziale) als Anpassung des betreffenden Sinnessystems an veränderte Reizqualitäten; ein komplexes Geschehen unter Beteiligung von Rezeptoren und zentralen Neuronenkreisen.

Adenohypophyse. *gr. aden, Gen. adenos = Drüse; gr. hypo = unter, unterhalb; gr. phyesthai = entstehen, wachsen*
Hypophysenvorderlappen; der vordere Teil der Hypophyse, der trope Hormone sezerniert.

Adenosindiphosphat (ADP). Chemische Substanz, die aus Adenin (Base), einem Zucker (Ribose) und zwei (gr. di- = zweifach) Phosphatresten besteht.

Adenosintriphosphat (ATP). Energiereiche Phosphatbindung; Treibstoff der Zelle; besteht aus Adenin (Base), einem Zucker (Ribose) und drei (gr. tria- = dreifach) Phosphatresten. Molekularer »Energieträger«.

ADP. Siehe Adenosindiphosphat.

Adrenalin. *lat. ad = zu, bei, an; lat. ren = Niere*
Synonym: Epinephrin. Chemische Substanz, die sowohl als Hormon (vom Nebennierenmark sezerniert) als auch als synaptischer Transmitter wirkt.

afferent. *lat. affere = hinbringen*
Heranführend, meist im Sinne von: zum zentralen Nervensystem bzw. zu seinen höheren Zentren hinleitend.

Affinität. *lat. affinis = angrenzend, verwandt*
Neigung eines Stoffes, mit einem anderen eine chemische Bindung einzugehen.

Ageusie. *gr. a- = ohne/nicht; gr. geusis = Geschmack*
Verlust der Geschmacksempfindung.

aglandulär. *lat. glans = Eichel, Kernfrucht, Drüse*
Nicht von einer Drüse herrührend. Bezieht sich auf Hormone, die nicht von Drüsen produziert werden, sondern von anderen Gewebstypen des Körpers gebildet werden.

Agnosie. *gr. a- = ohne/nicht; gr. gnosis = Erkennen*
Die Unfähigkeit, Objekte, Gesichter, Gerüche, Geräusche etc. zu erkennen, wobei kein Defekt am Sensororgan vorliegt.

Agonist. *gr. agonistes = (Wett-)Kämpfer*
Ein nicht körpereigener Stoff, der die gleiche Wirkung entfaltet wie ein bestimmtes Signalmolekül bzw. ein bestimmter Neurotransmitter.

Agrammatismus. *gr. a- = ohne/nicht; gr. agrammatos = ungebildet, nicht lesen und schreiben könnend*
Störung im Gebrauch der Grammatik nach abgeschlossener Sprachentwicklung; z. B. einfache, fehlerhafte oder sehr kurze Satzstrukturen (Telegrammstil), Fehlen von Funktionswörtern, fehlerhafte Konjugationen, Deklinationen. Vorkommen bei Aphasie, geistiger Behinderung.

Agraphie. *gr. a- = ohne/nicht; gr. graphein = schreiben.*
Verlust oder schwere Störung der Schreibfähigkeit; bei normaler Intelligenz und uneingeschränkten motorischen Fähigkeiten infolge von Läsionen im Bereich des linken Gyrus angularis; häufig mit Aphasie und Apraxie auftretend.

Akkomodation. *lat. accommodare = anpassen*
Das Fokussieren der Linse, um durch Verkürzung oder Verlängerung der Brennweite ein scharfes Bild auf der Retina zu erreichen.

Akromegalie. *gr. akros = Spitze, äußerstes Ende; gr. megas = groß*
Vergrößerung der Akren (= Enden der Gliedmaßen sowie Nase, Kinn, Ohrmuscheln).

Aktinfilament. *lat. agere, actum = handeln, tätig werden; lat. filamentum = Fadenwerk*
Ein Protein, das zusammen mit dem Myosin die Muskelfasern kontrahiert.

Aktionspotenzial. Eine der Signalfortleitung dienende kurzzeitige Änderung des Membranpotenzials. Auf einen depolarisierenden Reiz folgt zunächst eine Zunahme der Natriumleitfähigkeit, d. h. Natriumeinstrom in die Zelle durch Öffnung der Natriumionenkanäle, wodurch das Membranpotenzial in der Phase der Depolarisation (»Aufstrich«) vom negativen Ruhemembranpotenzial ausgehend schnell positive Werte (ca. $+30$ mV; »overshoot«) erreicht; die Natriumkanäle schließen sich, Kaliumkanäle werden geöffnet und es erfolgt die Repolarisation.

Alexie. *gr. a- = ohne/nicht; gr. lexis = Lesen, Wort*
Leseunfähigkeit; Buchstabenblindheit; Wortblindheit; Unfähigkeit, Geschriebenes trotz erhaltenen Sehvermögens zu lesen, häufig mit aphasischen und apraktischen Störungen kombiniert.

Alkaloid. Eine große Gruppe von pharmakologisch und meist psychoaktiv wirkenden, in Pflanzen vorkommenden Stoffen. Der Name hängt mit den alkaliähnlichen Reaktionen dieser Stoffe zusammen. Viele Alkaloide sind giftig, häufig schon in sehr kleinen Mengen, z. B. Nikotin, Chinin, Heroin.

Allel. *gr. allelon = aneinander, gegenseitig*
Die mögliche Ausprägung eines Gens. Da der Mensch einen doppelten Chromosomensatz besitzt, können sich entsprechende Allele identisch oder unterschiedlich in ihrer Ausprägung sein.

Allergen. *gr. allos = anderer, fremd; gr. ergon = Werk, Tätigkeit; gr. genes = hervorbringend, verursachend*
Stoff, auf den eine allergische Reaktion erfolgen kann.

Alles-oder-Nichts-Gesetz. Die Auslösung des Aktionspotenzials folgt dem Alles-oder-Nichts-Gesetz, d. h., sobald die Schwelle einmal überschritten ist, wird das Aktionspotenzial in stets gleicher Höhe ausgelöst.

Alzheimer-Demenz. *lat. demens = unvernünftig, wahnsinnig*
Degenerative Erkrankung des Gehirns, die v. a. im Alter auftritt und mit einem Defizit an Acetylcholin im Kortex in Zusammenhang gebracht wird; zuerst fortschreitender Gedächtnisverlust, entwickelt sich später zu einer generellen Demenz.

amakrine Zellen. *gr. makros = groß; gr. is, Gen. inos = Muskel, Sehne, Faser*
Eine Zellart in der Retina, die sowohl mit den bipolaren Zellen als auch den Ganglienzellen Verbindungen besitzt und besonders wichtig für inhibitorische Interaktionen in der Retina ist.

Amboss. Das zweite der drei Gehörknöchelchen im Mittelohr.

Aminogruppe. Aminogruppen sind NH_2-Gruppen. Sie sind Bestandteil von Aminosäuren, die ihrerseits durch Polymerisation Proteine bilden.

Amnesie. *gr. a- = ohne/nicht; gr. mnesis = Erinnerung*
Partieller oder totaler Verlust des Gedächtnisses.

Amniozentese. *gr. amnios = Schafshaut; gr. zentesis = Stechen*
Durchstechen der Eihaut zur Gewinnung von Fruchtwasser für diagnostische Zwecke.

AMPA-Rezeptor. AMPA steht für a-Amino-3-Hydroxy-5-Methyl-4-Isoxazolproprionsäure. Diese Substanz wirkt an dem AMPA-Rezeptor als ein Glutamagonist.

Amygdala. *gr. amygdale = Mandel*
Mandelkern; Ansammlung mehrerer Kerne tief in den Temporallappen der Großhirnhemisphären, die reziprok mit dem Hypothalamus, dem Hippocampus und dem Thalamus verbunden sind; ist Teil des limbischen Systems und koordiniert vegetative und endokrine Reaktionen in Verbindung mit emotionalen Zuständen.

amyloide Plaques. Ablagerungen abgestorbener Nervenzellen, in denen sich u. a. das Protein Amyloid befindet. Diese Plaques sind typisch für die Alzheimer-Krankheit.

Analgesie. *gr. a[n]- = ohne/nicht; gr. algesis = Schmerz; gr. analgesie = Schmerzlosigkeit*
Abwesenheit oder Linderung von Schmerzen.

Analgetika. *gr. a[n]- = ohne/nicht; gr. algesis = Schmerz; gr. -ikos = fähig zu, tätig im Bereich*
Schmerzstillende Substanzen.

Androgene. *gr. andros = Mann; gr. genos = Gattung, Geschlecht, Nachkommenschaft*
Eine Klasse von Hormonen, die Testosteron und andere männliche Geschlechtshormone einschließt.

Angina pectoris. *lat. angina = Halsbräune; von gr. agkone = erdrosseln; lat. angere = beengen; lat. pectus = Brust, Brustkorb*
Wörtlich »Brustenge«; Erkrankung des Herzens mit plötzlich auftretendem Engegefühl um den Brustkorb, Schmerzen und Todesangst.

animalisch. *lat. anima = Seele, Geist*
»Animalisches Nervensystem« deshalb, weil dieses dem Geist (im Sinne von »dem Willen«) unterworfen ist.

Anorexie. *gr. anorektein = keinen Appetit haben*
Essstörung, bei der übertriebene Besorgtheit bezüglich des eigenen Gewichts zu einer inadäquaten Essensaufnahme führt. Die Folge ist extremer Gewichtsverlust bis hin zum Hungertod.

Antagonist. *gr. antagonistes = Nebenbuhler*
Wirkstoff, der die Wirkung eines bestimmten Signalmoleküls hemmt oder diesem entgegenwirkt (vgl. Agonist).

antiemetisch. *gr. anti = gegen; gr. emesis = Erbrechen*
Dem Erbrechen entgegenwirkend.

Antigen. *Kurzwort aus Antisomatogen aus gr. anti = gegen(über), entgegen; gr. soma = Körper; gr. genes = hervorbringend, verursachend*
Artfremder Eiweißstoff, der den Körper im Rahmen der Immunreaktion zur Antikörperbildung anregt.

antikonvulsiv. *gr. anti = gegen; lat. convellere, convulsum = losreißen, herumzerren*
Entkrampfend, Krämpfen entgegenwirkend.

Antikörper. *gr. anti = gegen*
Großes Protein, das Antigene erkennt und sich daran bindet; Antikörper sind Teil der körpereigenen Immunabwehr.

antipyretisch. *gr. anti = gegen; gr. pyresis = Fieber*
Fiebersenkend.

Anxiolytika. *zu lat. anxius = ängstlich; gr. lyein = lösen*
Angstlösende Substanzen, durch deren Einsatz herkömmlicherweise die Wirkung des Neurotransmitters GABA verstärkt wird. Können zu Abhängigkeit führen.

Apex. *lat. apex = äußerste Spitze, Gipfel*
Das Ende der Cochlea (Hörschnecke, Teil des Innenohrs), das am weitesten von dem Punkt ihres Kontakts mit dem Steigbügel entfernt ist.

Aphagie. *gr. a- = ohne/nicht; gr. phagein = essen*
Unvermögen zu schlucken (z. B. infolge Schmerzen beim Schluckakt).

Aphasie. *gr. a- = ohne/nicht; gr. phasis = Sprechen, Sprache*
Zentrale Sprachstörung nach abgeschlossenem Spracherwerb nach Schädigung der Sprachzentren in der meist linken Hemisphäre aufgrund von Apoplexie, Tumoren, Schädelhirntrauma; betrifft verschiedene Komponenten des Sprachsystems (Phonologie, Syntax, Lexikon, Semantik).

Apikaldendriten. *Apikal: einen Apex betreffend, zum Apex hin gelegen*
Dendrit, der von einer Pyramidenzelle zur äußersten Kortexoberfläche zieht.

Apoptose. *gr. apo = ab, weg; gr. ptosis = Senkung*
Eigenständige, meist genetisch kontrollierte Form des (»programmierten«) Zelltods. Die Zelle schrumpft dabei zusammen, und es erfolgt eine Zerteilung der DNA. Dieser Vorgang ist im tierischen Organismus bei der Immunabwehr und der Embryonalentwicklung wichtig.

Apraxie. *gr. apraxia = Untätigkeit*
Die Unfähigkeit, willkürliche Bewegungen auszuführen, ohne Vorliegen von Lähmungen oder anderen motorischen oder sensorischen Störungen, v. a. die Unfähigkeit, mit Gegenständen angemessen umzugehen.

Arousal. *engl. to arouse = aufwecken, aufrütteln, erregen*
Aktivierung, Steigerung des Erregungszustandes.

Arteriosklerose. *gr. arteria = Schlagader; gr. skleros = trocken, spröde, hart*
Fortschreitende Degeneration der arteriellen Gefäße mit Verringerung des Gefäßdurchmessers.

Assoziationsfasern. *lat. associare = beigesellen, vereinigen, verbinden*
Fasern, die verschiedene Bereiche des Kortex miteinander verbinden.

Astrozyten. *gr. astron = Stern, »-zyt« steht in fachsprachlichen Zusammensetzungen für »Zelle«*
Häufigster Typ von Gliazellen; stützen und stabilisieren die Neuronen in Gehirn und Rückenmark; spielen bei der Regulation der extrazellulären Ionenkonzentration eine Rolle.

Ataxie. *gr. ataxia = Unordnung, Verwirrung*
Gleichgewichts- und Haltungsstörung; tritt häufig als Begleiterscheinung von Läsionen im Kleinhirn (Cerebellum) oder in den Hintersträngen auf.

Atonie. *gr. atonos = abgespannt, schlaff*
Die vollkommene Entspannung der Skelettmuskulatur, z. B. im REM-Schlaf.

ATP. Siehe Adenosintriphosphat.

Atrophie. *gr. atrophia = Auszehrung, Ernährungsmangel*
Rückbildung oder Schwund von Organen, Geweben, Zellen (wobei Gewebsstrukturen und Organaufbau erhalten bleiben).

Auricula. *lat. auricula = äußeres Ohr, Ohrläppchen*
Ohrläppchen, Ohrmuschel.

autokrin. *gr. autos = selbst*
Ein Vorgang, bei dem eine Zelle einen Stoff in ihre Umgebung sezerniert und dieser Stoff auf die Zelle zurückwirkt.

Autoradiographie. *gr. autos = selbst; lat. radius = Strahl; gr. graphein = schreiben*
Histologische Technik, welche die Verteilung radioaktiver Chemikalien in Geweben sichtbar macht.

Autorezeptoren. *gr. autos = selbst; lat. recipere = aufnehmen, empfangen*
Rezeptormoleküle an der präsynaptischen Endigung, die Bindungsstellen für den ausgeschütteten Transmitter besitzen.

Autosome. *gr. autos = selbst; gr. soma = Leib, Körper*
Die 22 menschlichen Chromosomen, die kein Geschlechtschromosom sind.

Axon. *gr. axon = Wagenachse*
Der impulsleitende Teil des Neurons, der aus dem Soma am Axonhügel entspringt, über seine Länge einen relativ konstanten Durchmesser aufweist und an seinem Ende die präsynaptischen Endigungen bildet. Verzweigungen auf weitere Neuronen sind die Kollateralen.

Axonhügel. Derjenige Teil des Somas der Nervenzelle, an dem das Axon entspringt. Hier ist die Auslösung von Aktionspotenzialen am ehesten möglich.

B

Babinski-Reflex. Die reflexive Krümmung des großen Zehs bei Stimulation der Fußsohle. Benannt nach dem polnisch-französischen Neurologen Joseph Babinski.

Bahnung. Erregungsabläufe im Nervensystem erfahren durch weitere, zusätzliche Erregung eine »Förderung«. Dadurch erfolgt quasi eine Bildung von Spuren in Gehirn und Nervenbahnen.

Balint-Syndrom. Unfähigkeit zur Wahrnehmung mehrerer Gegenstände unter gleichzeitiger detaillierter Wahrnehmung eines dieser Gegenstände durch gezielte gedankliche Konzentration.

Basaldendrit. *gr. basis = Gegenstand, auf dem etwas stehen kann, Sockel, Fundament*
Dendrit einer Pyramidenzelle, der nahezu horizontal aus dem Zellkörper austritt.

Basalganglien. Funktionelle Einheit von Kerngebieten des Gehirns, die der Bewegungssteuerung dienen. Zu den Basalganglien gehören der Nucleus caudatus, das Putamen (zusammen: Striatum) und das Pallidum.

Basic Rest Activity Cycle (BRAC). Ein Zyklus, bestehend aus einer Ruhe- und einer Aktivitätsphase, der sowohl im Schlaf als auch im Wachzustand besteht (Dauer: ca. 1 bis 2 Stunden).

Basilarmembran. Membran in der Cochlea (Hörschnecke im Innenohr), die Schallwellen in neuronale Aktivität transduziert.

Bereitschaftspotenzial. Negatives Potenzial, das vor dem Ausführen motorischer Aktionen über den motorischen Hirnrindenarealen auftritt.

Betarezeptorenblocker (Betablocker). Substanzen, die selektiv und kompetitiv mit den Katecholaminen an ß-Rezeptoren binden, dort selbst aber keine Wirkung entfalten. Betablocker hemmen so gezielt die von diesem Rezeptorsubtyp vermittelten Wirkungen. Sie werden u. a. als blutdrucksenkende Medikamente eingesetzt.

Binding-Phänomen. *engl. to bind = verbinden*

Das Problem, wie aus der Aktivität separater neuronaler Bahnen, die unterschiedliche Arten sensorischer Information verarbeiten, eine einheitliche Wahrnehmung entsteht.

Biofeedback. Die Rückmeldung von physiologischen Vorgängen (z. B. Hirnpotenziale, Herzschlag), wodurch die Person lernt, diese gezielt zu beeinflussen.

Biofeedback hat einen bedeutenden Stellenwert bei der Behandlung von Schmerzzuständen sowie von zahlreichen anderen Erkrankungen und psychischen Störungen.

Biosynthese. *gr. bios = Leben; gr. synthesis = Zusammenlegen, Zusammensetzung*

Aufbau chemischer Verbindungen in lebenden Organismen.

Bipolarzelle. *lat. bi = zwei, doppel[t]; gr. polos = Drehpunkt, Pol*

Ein Neuron mit zwei Fortsätzen, d. h. einem Axon und einem Dendriten; kommen am häufigsten als sensorische Zellen vor. Am bekanntesten sind die Bipolarzellen der Netzhaut.

Blastozyste. *gr. blastos = Spross, Trieb; cystis = Beutel, Blase*

Keimblase; Bezeichnung für ein frühes Stadium der Embryonalentwicklung bei Mensch und Tier.

Blindsehen. Die Fähigkeit, Objekte in einem anscheinend blinden visuellen Feld dennoch (unbewusst) wahrzunehmen.

Bogengänge. Teile des Vestibularorgans, die besonders auf Drehungen in den drei Raumachsen ansprechen. Ein Vestibularorgan hat drei Bogengänge, die aufeinander praktisch senkrecht stehen.

Botulinumtoxin. *lat. Botulus = Darm, Wurst*

Stärkstes bekanntes Gift, das sich z. B. in verdorbenen Fleischwaren entwickelt und durch die sog. Lebensmittelvergiftung zu Lähmungen führt, die mit dem Tod enden können. Es verhindert die Ausschüttung von Acetylcholin und somit die Aktivierung von Muskelbewegungen; wird daher in Kleinstdosierung als Antifaltenmittel verwendet (Botox).

Brain-Map. *engl. brain = Gehirn; map = Landkarte*

Eine Darstellung des EEG, die besonders die räumliche Aktivitätsverteilung über das Gehirn erkennbar macht.

Broca-Sprachzentrum. Dieses im inferioren präfrontalen Kortex der linken Hemisphäre (dritte linke Stirnwindung) liegende motorische Sprachzentrum ist zuständig für die Sprachproduktion.

Brodmann-Areale. Von K. Brodmann nach zytoarchitektonischen Gesichtspunkten eingeteilte und mit 1 bis 47 fortlaufend nummerierte Gebiete der Großhirnrinde.

Bulimie. *gr. boulimia = Heißhunger*

Eine Essstörung, bei der die Betroffenen sich für übergewichtig halten und abnehmen wollen. Nach periodisch vorkommenden Fressorgien führen sie Erbrechen herbei oder gebrauchen Abführmittel, um eine Gewichtszunahme zu verhindern. Zu unterscheiden von der Anorexie.

Bursts. *engl. burst = Ausbruch, Sprengung*

Salven von Aktionspotenzialen.

C

Cannabinoide. Eine Klasse von Substanzen, die an den gleichen Rezeptor binden wie der wirksame Bestandteil des Marihuana, Tetrahydrocannabinol (THC).

Cannabis. *gr. cannabis = Hanf.* Oberbegriff für Drogen, die aus dem indischen Hanf (Cannabis sativa var. indica) gewonnen werden, v. a. Haschisch und Marihuana. Der wirksame Bestandteil ist das Tetrahydrocannabinol (THC).

Capgras-Syndrom. Wahnhafte Personenverkennung mit der Überzeugung, dass eine vertraute Person durch einen Doppelgänger ersetzt sei.

Carrier. *engl. carrier = Überbringer, Überträger*

Fettlösliche Moleküle, an die sich sonst nichtfettlösliche Stoffe binden können. Dadurch wird die Diffusion durch die Zellmembran ermöglicht. Vor allem Glukose gelangt durch diese erleichterte Diffusion in die Zelle.

Cerebellum. *lat. cerebellum = kleines Gehirn*

Kleinhirn; Teil des Metenzephalons; an das übrige Gehirn dorsal angehängter Teil des Gehirns, bestehend aus zwei Hemisphären; beeinflusst Stärke und Ausmaß der Bewegung und wirkt beim Erlernen motorischer Fähigkeiten mit.

Chemische Synapse. Eine Synapse, bei der die Weiterleitung der Information von einer Zelle auf die nächste vermittels chemischer Stoffe (Transmitter) geschieht.

cholinerg. *gr. cholos = Galle; gr. ergon = Arbeit*

Cholinerge Übertragung arbeitet mit dem Überträgerstoff Acetylcholin.

Chordotomie. *gr. chorde = Darm, Darmsaite; gr. tome = Schneiden, Schnitt*

Neurochirurgischer Eingriff, bei dem der Vorderseitenstrang des Rückenmarks durchtrennt wird, um die Weiterleitung von Schmerzsignalen zu unterbinden; wird v. a. bei schweren chronischen Schmerzen im kleinen Becken angewendet.

Chorea Huntington. *gr. choreia = Reigentanz, Tanz*

Eine progressive genetisch bedingte Krankheit, die sich in unkontrollierbaren und kraftvollen kurzen Muskelbewegungen und tiefgreifenden Veränderungen in mentalen Funktionen äußert.

Chromosom. *gr. chroma = Farbe; gr. soma = Körper*

Doppelhelixstruktur, welche die DNA der Gene eines Organismus enthält.

Cochlea. *lat. cochlea = Schnecke*

Hörschnecke; Teil des Innenohrs, das eigentliche Hörorgan.

Codon. *lat. codex = Schreibtafel, Buch, Verzeichnis*

Aus den vier hauptsächlichen Basen der RNS bzw. DNS gebildetes Basentriplett; wichtig für die Proteinbiosynthese. Kodiert i. d. R. eine Aminosäure.

Colliculi inferiores. *lat. colliculus = Hügelchen*

Ein Paar von kleinen Erhebungen im dorsalen Mittelhirn; Teil des auditiven Systems.

Colliculi superiores. *lat. colliculus = Hügelchen*

Ein Paar von kleinen Erhebungen im dorsalen Mittelhirn; Teil des visuellen Systems, u. a. wichtig für die sakkadische Augenbewegung.

Glossar | **549**

Computertomographie (CT). *gr. tome = Schnitt; gr. graphein = schreiben*
Untersuchungstechnik, bei der mithilfe von Röntgenstrahlen gewonnenen Messergebnissen ein Dichteverteilungsgrad der untersuchten Schichten rekonstruiert wird.

Cornea. *lat. cornu = Horn*
Hornhaut; die transparente äußere Schicht des Auges.

Corpus callosum. *lat. corpus = Körper; lat. callosus = hart-, dickhäutig*
Balken; die größte Kommissur im Nervensystem; verbindet die Großhirnhemisphären miteinander.

Corti-Organ. Der eigentliche Hörapparat auf dem Boden der Basilarmembran enthält die Haarzellen mit den Stereozilien, wo die Transduktion von Schallwellen stattfindet. Benannt nach A. Corti.

Craving. *engl. to crave = sich sehnen, verlangen nach*
Das Gefühl des starken Verlangens nach einer Droge.

CREB. *Abk. für engl. cyclic AMP responsive element binding protein*
Ein Transkriptionsfaktor, der an CRE (cyclic AMP responsive element) Sequenzen in Promotoren von Genen bindet. CREB spielt eine entscheidende Rolle z.B. bei den durch Proteinsynthese vermittelten Lernmechanismen.

CRH. *Abk. für engl. corticotropin-releasing hormone; engl. to release = befreien, entbinden, freigeben*
Kortikotropin-Releasing-Hormon; Hormon, das im Hypothalamus gebildet wird und die Ausschüttung von ACTH (adrenokortikotropes Hormon) aus dem Hypophysenvorderlappen steuert.

Crossing-over. *engl. crossing-over = Überkreuzung*
Das »Austauschen« von Abschnitten von Chromosomen während der Meiose. Dieser Mechanismus sorgt dafür, dass die Erbinformation immer neu gemischt wird.

CT. Siehe Computertomographie.

Cupula. *lat. cupula = kleine Kufe, Tonne*
Kleine, gallertartige Säule im Vestibulärsystem der Säugetiere.

Cushing-Syndrom. Eine Krankheit mit hohen Konzentrationen der Glukokortikoide, oft Folge von Hypophysen- oder Nebennierentumoren. Symptome sind rasante Gewichtszunahme v.a. im Gesicht, am Hals und Körper, jedoch nicht an den Gliedmaßen.

D

Darmnervensystem. Neben Parasympathikus und Sympathikus dritter relativ unabhängiger Teil des vegetativen Nervensystems, der die Leistungen des Magen-Darm-Trakts (Sekretion, Motorik, Durchblutung) steuert.

Delirium tremens. *lat. delirare = von der geraden Linie abweichen, verrückt sein; lat. tremere = zittern*
Phase des Alkoholentzugs bei schwerer Alkoholsucht, in der Halluzinationen, Wahnvorstellungen und extreme Unruhe auftreten.

Demenz. *lat. demens = unvernünftig, wahnsinnig*
Drastisches Nachlassen der kognitiven Fähigkeiten einschließlich Gedächtnisverlust und Orientierungsproblemen.

Dendrit. *gr. dendron = Baum*
Das verzweigte rezeptive Element der meisten Nervenzellen.

Depolarisation. Abnahme des (negativen) Ruhemembranpotenzials.

Deprivation. *lat. privare = rauben*
Bezeichnet einen Zustand des Mangels (an Schlaf, Nahrung, sozialer Zuwendung usw.).

Dermatom. *gr. derma = Haut; gr. tome = Abschnitt*
Hautareal, das von einer hinteren Spinalnervenwurzel (zugleich aber auch von Nervenästen der Nachbarsegmente) sensibel innerviert wird.

Desoxyribonukleinsäure. *Desoxy = nach Entfernung eines oder mehrerer Sauerstoffatome aus einem Molekül; Ribose = Kunstwort für einen bestimmten chemischen Zucker; lat. nucleus = Kern*
Desoxyribonucleinacid, DNA; Nukleinverbindung, die in Zellkernen vorhanden ist.

Dienzephalon. *gr. dia = durch, zwischen; gr. enzephalos = was im Kopf ist, Gehirn*
Zwischenhirn; der zwischen End- und Mittelhirn liegende Teil des Hirnstamms; umschließt den vierten Ventrikel und wird in Thalamus, Hypothalamus, Hypophyse unterteilt; enthält Zentren für die Oberflächensensibilität, Seh-, Hör-, Riechbahn, vegetative und inkretorische Funktionen.

Diffusionsdruck. *lat. diffundere = verbreiten, zerstreuen; gr. osmos = Stoßen, Stoß*
Synonym: osmotischer Druck. Das durch das Eintreten z.B. von Wasser in die Zelle ausgelöste Diffusionsgefälle von einem Ort der höheren Konzentration an gelösten Stoffen zum Ort niedrigerer Konzentration.

Dimorphismus. *gr. dis = doppelt, zweimal; gr. morphe = Gestalt, Form*
Das Auftreten zweier verschiedener Formen bei einer Tier- oder Pflanzenart.

Dioptrie. *gr. dioptra = Durchschauer*
Eine Dioptrie ist der Kehrwert der Linsenbrennweite in Metern.

diploid. *gr. diploos = zweifach, doppelt*
Mit zwei Chromosomensätzen.

Divergenz. *lat. dis = auseinander, getrennt; lat. vergere = sich erstrecken, sich nähern*
Nach außen gerichtetes Auseinandergehen von Organteilen in einer Richtung.

dominant. *lat. dominari = herrschen*
Wenn ein Merkmal (z.B. eine Krankheit) von einem einzigen dominanten Gen vererbt wird, entwickelt sich dieses Merkmal bei allen Trägern dieses Gens und im Durchschnitt bei der Hälfte der Nachkommen.

Dopamin. *Dopa = Kurzform von Dioxyphenylalanin; Amin = chemisch veränderte Form des Ammoniaks*
Ein Neurotransmitter, der in den Basalganglien, dem Riechsystem und einigen Teilen des Kortex vorkommt.

Doppelhelix. *gr. helix = Spirale, Schraube*
Spiralförmige Anordnung des DNA-Doppelstrangs.

dorsal. *lat. dorsum = Rücken*
In Richtung nach hinten.

Down-Syndrom. Synonyme: Trisomie 21, Mongolismus. Chromosomale Abnormität mit Fehlbildungen und geistiger Retardierung aufgrund eines dreifachen Chromosoms 21.

DSM-IV. Diagnostisches und statistisches Manual psychischer Störungen, 4. Revision; hrsg. von der American Psychiatric Association.

Dynorphine. Die wirksamste Gruppe der bekannten körpereigenen Opiate.

Dyskinesien. *gr. dys- = miss-, übel-, un-; kinesis = Bewegung* Unfreiwillige abnormale Bewegungen.

Dyslexie. *gr. dys- = miss-, übel-, un-; gr. lexis = Sprechen, Rede, Wort* Lesestörung; Störung der Fähigkeit, Geschriebenes zu erfassen und zusammenhängend vorzulesen.

Dyspareunie. *gr. dys- = miss-, übel-, un-; gr. para = bei, neben, entlang, seitlich von; gr. eune = Lager, Bett* Schmerzen der Frau beim Sexualverkehr ohne physiologische Grundlage.

Dysprosodie. *gr. dys- = miss-, übel-, un-; gr. prosodia= Stimmmodulation, Aussprache* Störung der Prosodie, Veränderung der Sprechmelodie, Wort- und Satzakzent; Vorkommen bei Dysarthrie, Aphasie.

Dystonie. *gr. dys- = miss-, übel-, un-; gr. tonos = Spannen, Anspannung* Störung des Spannungszustands von Muskeln und Gefäßen.

E

Echolalie. *gr. echo = Ton, Schall, Widerhall; gr. lalein = viel reden, schwatzen* Mechanisches, sinnloses Nachsprechen von Wörtern und Sätzen.

Effektor. *lat. efficere, effectum = hervorbringen, bewirken* Erfolgsorgan; Muskeln oder Drüsen, die Reaktionen des Körpers auf nervale Impulse bzw. Umgebungsreize ausführen.

effektorisch. *lat. efficere, effectum = hervorbringen, bewirken* Direkt auf ein Zielorgan wirkend, d.h. ohne den Umweg über eine Drüse nehmend.

EEG. Siehe Elektroenzephalogramm.

efferent. *lat. efferre = herausführen, wegführend* Im Bereich der Neuroanatomie: vom zentralen Nervensystem bzw. seinen höheren Strukturen wegleitend.

Ejaculatio praecox. *lat. eiaculare = hinauswerfen; lat. praecox = vorzeitig, frühzeitig, zu früh auftretend* Verfrühte Ejakulation. Häufigste sexuelle Dysfunktion bei Männern unter 40 Jahren; insgesamt an zweiter Stelle nach Erektionsstörungen.

Ekterozeption/Exterozeption. *lat. externus = äußerer, außen befindlich; lat. recipere = aufnehmen, empfangen* Wahrnehmung von Reizen, die von außen auf die Sinnesorgane einwirken.

Elektrode. Messfühler, der in der Lage ist, das Potenzial an einem bestimmten Ort abzugreifen. Elektroden müssen aus gut leitendem Material bestehen, etwa aus Metall oder aus einer gut leitenden Flüssigkeit, die sich in einer Glaspipette befindet.

elektrodermale Aktivität (EDA). *gr. derma = Haut* Elektrische Erscheinungen der Haut; besonders häufig werden Veränderungen der Hautleitfähigkeit gemessen, die z.B. als Indikatoren von Stress oder Angst dienen können.

Elektroenzephalogramm (EEG). *gr. enzephalos = was im Kopf ist, Gehirn; gr. gramma = Geschriebenes, Buchstabe, Schriftzeichen, Zeichen* Aufzeichnung der von den Gehirnzellen ausgehenden elektrischen Potenzialschwankungen (»Summenpotenziale«) mithilfe von Elektroden, die an standardisierten Stellen auf die Kopfhaut aufgesetzt werden.

Elektrokrampftherapie (EKT). Psychiatrische Behandlung der Depression, bei der zerebrale Krämpfe elektrisch induziert werden. Wird gewöhnlich unter Narkose durchgeführt.

Elektromyogramm (EMG). *gr. myos = Muskel; gr. gramma = Geschriebenes, Buchstabe, Schriftzeichen, Zeichen* Aufzeichnung von Muskelaktivität.

Elektrookulogramm (EOG). *lat. oculus = Auge; gr. gramma = Geschriebenes* Ableitung der Spannungsdifferenz zwischen vorderem und hinterem Augenpol zur Registrierung von Augenbewegungen.

elektrotonisch. *gr. tonos = Spannen, Anspannung* Art der Erregungsweiterleitung ohne große transmembranöse Ladungsströme (im Gegensatz zum Aktionspotenzial).

Embryo. *gr. en = in; gr. bryo = voll sein, sprießen* Frucht in der Gebärmutter während der Zeit der Organentwicklung (Organogenese), also der ersten 2–3 Schwangerschaftsmonate, danach spricht man vom Fetus (Fötus).

EMG. Siehe Elektromyogramm.

endogene Opioide. *gr. endon = innen, drinnen* Eine Familie von Neuropeptiden (»körpereigene Opiate«). Die drei Arten endogener Opioide sind Enkephaline, Endorphine und Dynorphine.

endokrin. *gr. endon = innen; gr. krinein = scheiden* System mit innerer Ausscheidung, Sekretion; das Ausschütten von Hormonen in das Innere des Körpers. Die wichtigsten Hormone werden von endokrinen Drüsen produziert.

endoplasmatisches Retikulum (ER). *lat. reticulum = kleines Netz; endoplasmatisch = im Inneren des Plasmas* Die mit Ribosomen besetzte Netzstruktur im Zellinneren.

Endorphine. *gr. endon = innen, drinnen, inwendig, innerhalb; Morphin = nach dem griechischen Gott Morpheus* Substanzen im Gehirn, die als Neurotransmitter wirken und die gleichen Rezeptoren stimulieren wie Opiate.

Enkephaline. Eine der drei Arten von körpereigenen Opioiden, die morphinähnliche Eigenschaften hat.

Enzym. *gr. en zyme = in der Hefe/im Sauerteig* Ein Protein, das eine chemische Reaktion katalysiert oder beschleunigt. Beispiel: Transferasen.

EOG. Siehe Elektrookulogramm.

Epiphyse. *gr. epiphysis = Zuwuchs, Ansatz* Zirbeldrüse; Drüse in der Hirnmitte (gehört zum Zwischenhirn), die Melatonin produziert.

episodisches Gedächtnis. Explizites, deklaratives Gedächtnis; speichert z. B. vergangene Episoden, die auch verbal beschreibbar sind, bzw. Inhalte, die eine deutliche Repräsentanz im Bewusstsein besitzen müssen, damit sie optimal wiedergegeben werden können.

Epithelzellen. *gr. epi = auf, darauf, darüber, über; gr. thele = Mutterbrust, Brustwarze*
Klasse von Zellen, aus denen z. B. die Oberhaut, Haare und Nägel sowie alle Drüsen aufgebaut sind.

ereigniskorreliertes Potenzial (EKP). Komplexe Wellenform im EEG mit mehreren Extrema als Reaktion auf externe oder interne Ereignisse (z. B. kognitive Prozesse).

ergotrop. *gr. ergon = Werk, Tätigkeit; gr. trepein = drehen, wenden, richten*
Eine Leistungssteigerung bewirkend durch Aktivierung des sympathischen Systems. Gegenteil: trophotrop.

Eukaryontenzelle. *gr. eu = gut, wohl, schön, gut ausgebildet; gr. karyon = Nuss, Fruchtkern – hier: Zellkern*
Zelle, die einen Zellkern enthält. Gegenteil: prokaryonte Zelle: ohne Zellkern.

Eustachi-Röhre. Verbindung zwischen Paukenhöhle und Mundhöhle, die beim Schlucken kurz geöffnet wird, um für Druckausgleich zu sorgen. Benannt nach A. B. Eustachi.

Evolution. *lat. evolvere, evolutum = hervorwälzen, entwickeln*
Die stammesgeschichtliche Entwicklung der Lebewesen von niederen zu höheren Formen. Auch: die allmähliche Entwicklung eines Organs aus vorgebildeten Anlagen.

Exhibitionismus. *lat. exhibere = darbieten, darstellen*
Sexuelle Abweichung: der Drang, sich vor anderen zu entblößen.

Exozytose. *gr. exo = außen, außerhalb, jenseits*
Der Vorgang, durch den synaptische Vesikel Neurotransmitter ausschütten, indem sie mit der Plasmamembran der Zelle verschmelzen.

Extensor. *lat. extendere, extensum = ausdehnen, ausstrecken*
Muskel, der ein Gelenk streckt. Gegenteil: Flexor.

exterozeptiv. *lat. exterior = der äußere; äußerlich, recipere = aufnehmen*
Reize aus der Umwelt aufnehmend.

extrapyramidales motorisches System. Die Gesamtheit der motorischen absteigenden Bahnen zwischen Gehirn und Motoneuronen des Rückenmarks, die nicht zum Pyramidenbahnsystem gehören.

Extrazellulärflüssigkeit. *lat. extra = außerhalb, außen, äußerlich*
Synonym: Interstitialflüssigkeit. Die Flüssigkeit in den Zwischenräumen zwischen den Zellen und des Blutplasmas.

exzitatorisch. *lat. excitare = heraustreiben, aufmuntern, antreiben*
Erregend.

exzitatorisches postsynaptisches Potenzial (EPSP). Stufe der postsynaptischen Depolarisation, welche die Wahrscheinlichkeit, dass ein Aktionspotenzial ausgelöst wird, erhöht.

F

Fetus/Fötus. *lat. fetus = Zeugung, Leibesfrucht*
Das Ungeborene im Mutterleib nach Abschluss der Organogenese (ab 4. Schwangerschaftsmonat) bis zur Geburt; sämtliche Organe sind angelegt und die Körperform ist fertig entwickelt.

Fibrillen. *lat. fibra = Faser*
Aus Kollagenen (Proteinen) aufgebautes kabelähnliches Netz im Extrazellulärraum, das Teil des Bindegewebes ist.

Filialgeneration. *lat. filia = Tochter*
Folgegeneration.

Flexor. *lat. flectere, flexum = beugen, biegen*
Ein Muskel, der ein Gelenk beugt. Gegenteil: Extensor.

follikelstimulierendes Hormon (FSH). *lat. folliculus = Bläschen, Sack*
Hormon des Hypophysenvorderlappens; ein Glykoprotein; fördert die Spermatogenese, das Follikelwachstum und die Östrogensekretion.

Formatio reticularis. *lat. formatio = Aufstellung; lat. reticulum = Netz*
Eine den Hirnstamm durchziehende Struktur, die viele afferente und efferente Verbindungen besitzt. Zur Formatio reticularis gehören u. a. die Raphe-Kerne und der Locus coeruleus. Sie regelt Atmen, Schlucken, Kreislauf, allgemeines Aktivitätsniveau und motorische Grundfunktionen.

Fornix. *lat. fornix = Wölbung, Bogen*
Ein Faserbündel, das vom Hippocampus zu den Mamillarkörpern zieht.

Fovea centralis. *lat. fovea = Grube; lat. centrum = Mittelpunkt*
Sehgrube; Vertiefung in der Mitte der Retina, die hauptsächlich aus Zapfen besteht. Die Sehschärfe ist hier am größten.

Frequenzkodierung. Kodierung der Reizstärke durch die Impulsrate eines Neurons.

Frontalebene. *lat. frons = Stirn*
Schnittebene, die parallel zur Stirn liegt.

Frontallappen. *lat. frons = Stirn*
Der paarige Stirnlappen als vorderster Großhirnlappen; mit Zentren für willkürliche Bewegungen sowie Steuerung und Koordination vegetativer, affektiver und geistiger Funktionen.

G

GABA. *Abk. für engl. **g**amma-**a**mino**b**utyric **a**cid*
Gammaaminobuttersäure; wichtigste hemmende Transmittersubstanz im zentralen Nervensystem; wirkt durch Hyperpolarisation des Neurons. Der Name »*Gamma*aminobuttersäure« kommt daher, dass dieses Molekül die Aminogruppe nicht am ersten (α-), sondern am dritten (γ-) Kohlenstoffatom trägt.

Ganglienzelle (Netzhaut). *gr. gagglion = Nervenknoten*
Nervenzelle mit erregungsleitenden Eigenschaften, z. B. Bestandteil der Pars optica, dem lichtempfindlichen Teil der Retina.

Ganglion. *gr. gagglion = Geschwulst, Überbein – später = Nervenknoten*
Eine Ansammlung funktionell zusammengehöriger neuronaler Zellkörper im peripheren Nervensystem. Beispiele sind die segmental organisierten Spinalganglien, die sensorische Funktionen vermitteln, und die sympathischen und parasympathischen Ganglien des vegetativen Nervensystems.

Gap Junction. *engl. gap = Lücke; junction = Verbindung*
Die Kontaktzone zwischen zwei Neuronen an einer elektrischen Synapse.

Gefriermikrotom. *gr. mikros = klein; gr. tome = Schnitt*
Gerät, das durch Einfrieren des Präparats sehr feine Schnitte ermöglicht.

Gehörknöchelchen. Bestandteile des Mittelohrs. Die drei Gehörknöchelchen Hammer, Amboss und Steigbügel verstärken die Schallwellen und verhindern, dass sie beim Übergang von Luft in Flüssigkeit reflektiert werden.

Gen. *gr. genos = Geschlecht, Gattung, Nachkommenschaft*
Eine abgeschlossene Einheit von Erbinformation, die sich auf einem Chromosom befindet und aus DNA besteht. Jedes Gen kodiert (exprimiert) ein Protein.

Genexpression. *gr. genos = Geschlecht, Gattung, Nachkommenschaft; lat. exprimere, expressum = herausdrücken*
Die Produktion des Proteins, das von einem bestimmten Gen kodiert wird.

genetischer Marker. Ein identifizierbarer Bereich (wenn auch nicht unbedingt der genaue Ort), in dem sich ein fragliches Gen, das z. B. für eine Krankheit ursächlich ist, auf einem Chromosom befindet. Dieser Bereich zeigt bei der biochemischen Chromosomenanalyse der betroffenen Patienten eine Besonderheit.

Genotyp. *gr. genos = Geschlecht, Gattung, Nachkommenschaft*
Das spezifische genetische Material (unsichtbar) eines jeweiligen Individuums, welches die Instruktionen enthält, wie der Phänotyp (sichtbar) desselben Individuums, d. h. seine Ausbildung, zu erfolgen hat.

Geschmacksknospen. Eine Ansammlung von 50 bis 150 geschmackssensitiven Zellen. Geschmacksknospen befinden sich in Geschmackspapillen auf der Zunge.

Geschmackspapillen. *lat. papilla = Brustwarze, Zitze*
Kleine Erhöhungen auf der Zungenoberfläche; die meisten geschmacksempfindlichen Rezeptorzellen befinden sich in Papillen.

Gestagene. *lat. gestare = tragen; gr. genes = hervorbringend*
Klasse von Geschlechtshormonen (v. a. der Frau), deren wichtigster Vertreter das Progesteron ist.

glandotrop. *lat. glans = Eichel, Kernfrucht, Drüse; gr. trepein = drehen, wenden, auf etwas hin richten*
Auf eine Drüse wirkend.

glattes endoplasmatisches Retikulum (ER). *lat. reticulum = kleines Netz*
Im Zellplasma gelegenes netzartiges Doppelmembransystem, das Kanäle und Membranzisternen miteinander verbindet; ohne Ribosomen.

Gliazellen. *gr. glia = Leim*
Neben den Neuronen der zweite Typ von Zellen im Nervensystem. Im Zentralnervensystem von Wirbeltieren sind Gliazellen 10- bis 50-mal häufiger als Nervenzellen. Sie fungieren als Stützelemente, bilden die Myelinscheide um die Axone und beseitigen nach Verletzung oder Zelltod die Zellreste.

Glukagon. *gr. glykys = süß; gr. agein = führen*
Ein Peptidhormon, das von Zellen in den Langerhans-Inseln ausgeschüttet wird und den Blutzuckerspiegel hebt.

Glukokortikoide. *gr. glykys = süß; lat. cortex = Rinde*
Eine Klasse von Steroidhormonen, die von der Nebennierenrinde gebildet werden. Dazu gehört Kortisol.

Glukoneogenese. *gr. glykys = süß; gr. neos = neu; gr. genesis = Erzeugung, Hervorbringen*
Neubildung von Glukose durch Umwandlung von Proteinen.

Glukose. *gr. glykys = süß*
Traubenzucker; dieses wichtigste Monosaccharid (Einfachzucker) im menschlichen und tierischen Kohlenhydratstoffwechsel stellt eine elementare, direkt nutzbare Energiessource dar.

Glutaminsäure. Verbreitetster erregender Transmitter im ZNS; Vorläufersubstanz von GABA (γ-Aminobuttersäure), einem inhibitorischen Transmitter.

Glycin. *gr. glykys = süß*
Eine Aminosäure, die als (oft inhibierender) Neurotransmitter wirkt.

Glykogen. *gr. glykys = süß; gr. genes = verursachend*
Tierische Stärke; in der Leber und in den Muskeln aus Glukose aufgebautes speicherungsfähiges, energiereiches Kohlenhydrat (Polysaccharid).

Glykogenolyse. *gr. glykys = süß; gr. genes = hervorbringend; gr. lyein = lösen, auflösen*
Das Auflösen der Glykogendepots für die Umwandlung in Glukose, z. B. bei erhöhtem Energiebedarf.

Golgi-Apparat. Ein Zellorganell, in dem Proteinmoleküle zusammengesetzt und/oder in Vesikel verpackt werden.

Gonaden. *gr. gone = Nachkommenschaft, Geschlecht*
Die Sexualorgane (Eierstöcke bzw. Hoden), die Gameten für die Fortpflanzung produzieren.

Gonosome. *gr. gone = Abstammung, Geschlecht; gr. soma = Leib, Körper*
Diejenigen Chromosome, die das Geschlecht mitbestimmen (X und Y).

G-Protein. Guaninnukleotid-bindendes Protein der Zelle, an das Neurotransmitterrezeptoren gekoppelt sind. Durch Aufspaltung des G-Proteins nach Rezeptoraktivierung kann ein Teil des G-Proteins direkt oder indirekt einen Ionenkanal öffnen.

Graaf-Follikel. Sekundärer, das reife Ei enthaltender Follikel. Letzte Stufe der Follikelreifung.

Grenzstrang. Lateinische Bezeichnung: Truncus sympathicus. Bestandteil des Sympathikus; paarige, durch Nervenfasern verbundene Kette sympathischer Ganglien links und rechts der Wirbelsäule von der Schädelbasis bis zur Steißbeinspitze.

gustatorisches System. *lat. gustare = schmecken*
Das Neuronensystem vom Mund bis zum Kortex, das Geschmacksempfindungen erzeugt.

Gyrus. *gr. gyros = Kreis*
Kamm einer Windung im Großhirn. Viele Gyri haben eine ganz bestimmte, unveränderliche Lage – eine Hilfe bei der Identifizierung von Oberflächenarealen im Großhirn. Die Furche zwischen zwei Gyri heißt Sulcus.

H

Haarzellen. Hörzellen; sensorische Zellen in der Cochlea (Hörschnecke), die mechanische Verschiebungen in neuronale Impulse umwandeln entsprechend der Frequenz eines Tones.

Halluzination. *lat. [h]a[l]lucinari = gedankenlos sein, träumen*
Sensorische Erfahrung, die nicht mit der Wirklichkeit in Zusammenhang steht.

Hammer. Das erste der drei Gehörknöchelchen im Mittelohr.

haploid. *gr. aploos = einfach*
Mit nur einem Chromosomensatz, z.B. eine Gamete (Keimzelle).

Haschisch. *arab. hašiš = Gras, Heu*
Blütenharz der weiblichen Hanfpflanze, das einen psychotropen Wirkstoff enthält (führt z.B. zu Dämmerzuständen, Euphorie, veränderter Wahrnehmung, Unruhe) und als Rauschgift gekaut oder geraucht wird.

Head-Zonen. Hautzonen, in die häufig Schmerzen der Eingeweide übertragen werden, weil das Organ und der Hautbereich vom selben Rückenmarkssegment aus innerviert werden.

Helikotrema. *gr. helix = Windung, Schneckenlinie; gr. trema = Loch*
Die Öffnung in der Basilarmembran im apikalen Ende der Cochlea (im Innenohr).

Hemianopsie. *gr. hemisys = halb; opsis = Sehen, Anblick*
Sehstörung, bei der die Hälfte des Gesichtsfeldes blind ist.

Hemiplegie. *gr. hemi = halbseitig; gr. plege = Lähmung*
Vollständige Lähmung einer Körperhälfte bei meist kontralateraler Schädigung zentraler motorischer Neuronen des Großhirns, des Hirnstamms oder des oberen Halsmarks.

Hermaphroditismus. *gr. hermaphroditos = Zwitter – eigentlich Name des zwittrigen Sohnes der griechischen Gottheiten Hermes und Aphrodite*
Entwicklungsstörung mit Merkmalen beider Geschlechter im selben Individuum.

Heroin. *gr. heros = Held*
Ein hoch suchterzeugendes synthetisches Opiat; eine modifizierte Form von Morphin, welche die Blut-Hirn-Schranke besser passieren kann.

heterozygot. *gr. heteros = der andere von beiden, anders beschaffen; gr. zygotos = durch ein Joch verbunden*
Mischerbig (von einer befruchteten Eizelle oder einem Individuums), d.h., ein bestimmtes Gen liegt in unterschiedlicher Ausprägung auf den beiden Allelen vor.

Hinterstrangsystem. Synonym: Lemniskales System. Eine Nervenbahn, die somatosensorische Information in der weißen Substanz des Rückenmarks von den Rückenmarkskernen zum Thalamus leitet.

Hinterwurzel. Hintere sensible Wurzel (Ursprungsstelle) der Spinalnerven in der weißen Substanz des Rückenmarks.

Hippocampus. *lat. hippocampus = Seepferdchen*
Vorwölbung im Bereich des mittleren Temporallappens; spielt eine Rolle bei bestimmten Gedächtnisvorgängen und bei der räumlichen Orientierung; Teil des limbischen Systems.

Hirnnerven. Synonym: Nervi craniales. Zwölf paarige, mit Ausnahme des IV. Hirnnervs, an der basalen Seite des Hirnstamms austretende – motorische, sensorische oder vegetative – Nerven, die den Kopf (einschließlich der Sinnesorgane), z.T. den Hals und die Brust- und Bauchorgane versorgen (werden mit römischen Zahlen bezeichnet z.B. VII. Hirnnerv = Nervus facialis).

Hirnnervenkerne. Die Fasern der Hirnnerven entspringen in den Hirnnervenkernen.

Hirnstamm. Lateinische Bezeichnung: Truncus cerebri. Der nach Abtragung des Großhirnmantels (Pallium) und des Kleinhirns verbleibende Teil des Gehirns; er umfasst verlängertes Rückenmark, Brücke und Mittelhirn, nach anderen Autoren auch noch das Zwischenhirn und die Basalganglien.

Histamin. *gr. histion = Gewebe*
Wird bei Allergikern im Zuge einer Antigen-Antikörper-Reaktion freigesetzt und führt zu den allergischen Symptomen; vermutlich auch ein Transmitterstoff.

histologisch. *gr. histos = Webebaum, Gewebe*
Betrifft die Gewebe des Körpers.

Histone. *gr. histos = Webebaum, Gewebe*
Eine Klasse von Proteinen, welche die Eiweißsynthese regulieren.

homolog. *gr. homologos = übereinstimmend, entsprechend*
In Bau und Funktion übereinstimmend.

Homöostase. *gr. homoios = gleichartig, ähnlich; gr. stasis = Stehen, Stillstand*
Die Tendenz des inneren Milieus, gleich zu bleiben.

homozygot. *gr. homos = gemeinsam, gleich; gr. zygotos = durch ein Joch verbunden*
Mit gleichen Erbanlagen versehen, reinerbig (von Individuen, bei denen gleichartige väterliche und mütterliche Erbanlagen zusammentreffen; vgl. heterozygot).

Horizontalzellen. Spezialisierte retinale Zellen, die sowohl mit den Rezeptorzellen als auch den Bipolarzellen in Kontakt stehen.

Hormon. *gr. horman = erregen, antreiben*
Eine chemische Substanz, die von einer Drüse gebildet wird und über den Blutweg ihr Zielorgan erreicht, wo sie ihre Wirkung entfaltet.

Hörstrahlung. Faserbündel, das als Teil des Hörsystems vom Corpus geniculatum mediale des Thalamus zur primären Hörrinde zieht.

HPA-Achse. *Abk. für engl. hypothalamus-pituitary-adren-[ocortic]al axis*
Hypothalamus-Hypophysen-Nebennierenrinden-Achse; ein Weg der Vermittlung der Stressreaktion.

Hyperalgesie. *gr. hyper = über; gr. algesis = Schmerz*
Erhöhte Schmerzempfindlichkeit.

Hypergeusie. *gr. hyper = über; geusis = Geschmack*
Erhöhte Empfindlichkeit gegenüber Geschmacksreizen.

Hyperpolarisation. Erhöhung des (negativen) Ruhemembranpotenzials, die mit einer Erregbarkeitserniedrigung einhergeht. Wichtigste Ursache ist der Einstrom von Chloridionen und Ausstrom von Kaliumionen. Letzte Phase des Aktionspotenzials und bei der postsynaptischen Hemmung.

Hypersäule. Synonym: Hyperkolumne. Eine (Über-)Struktur im visuellen Kortex, die jedem Netzhautabschnitt zugeordnet ist. Diese besteht aus den beiden okulären Dominanzsäulen für das rechte und das linke Auge, in welche die Orientierungssäulen und die »Blobs« (farbsensitiv) eingebettet sind.

Hypersomnie. *gr. hyper = über; lat. somnus = Schlaf*
Extrem großes Schlafbedürfnis mit großer Schläfrigkeit am Tag.

Hypertonie. *gr. hyper = über; gr. tonos = Spannung*
Chronisch erhöhter Blutdruck.

Hypnotika. *gr. hypnos = Schlaf; gr. -ikos = fähig*
Schlaffördernde Substanzen, z.B. bestimmte Benzodiazepine.

Hypogeusie. *gr. hypo = unter, unterhalb; gr. geusis = Geschmack*
Erhöhte Schwelle für Geschmacksempfindungen.

Hypomanie. *gr. hypo = unter, unterhalb; gr. mania = Raserei, Wahnsinn*
Leichter Grad der Manie.

Hypophyse. *gr. hypo = unter, unterhalb; gr. phyesthai = entstehen, wachsen*
Hirnanhangsdrüse; eine kleine, komplexe endokrine Drüse, die sich an der Hirnbasis befindet. Ihre Teile, die Adenohypophyse und die Neurohypophyse, haben unterschiedliche Wirkungen.

Hypothalamus. *gr. hypo = unter, unterhalb; gr. thalamos = Schlafgemach, Kammer*
Eine von zwei Strukturen im Zwischenhirn (Dienzephalon). Der Hypothalamus reguliert vegetative, endokrine und viszerale Funktionen.

I

ICD-10: Abk. für International Statistical Classification of Diseases and Related Health Problems, 10. Revision, hrsg. von der Weltgesundheitsorganisation; gilt international als wichtigstes diagnostisches Klassifikationssystem.

idiopathisch. *gr. idios = eigen, eigentümlich, besonderer; gr. pathos = Leiden, Krankheit*
Unabhängig von anderen Störungen oder Krankheiten entstanden (in Bezug auf Störungen).

immunsuppressiv. *lat. supprimere = herunterdrücken, zurückhalten, hemmen*
Das Immunsystem unterdrückend.

Inhibitinghormone. *engl. to inhibit = hemmen*
Hormone, die im Hypothalamus gebildet werden und die Ausschüttung anderer Hormone aus dem Hypophysenvorderlappen (Adenohypophyse) hemmen.

inhibitorisches präsynaptisches Potenzial (IPSP). *lat. inhibere = hemmen*
Durch die Bindung eines Transmitters an die Rezeptoren der postsynaptischen Membran kommt es zur Hyperpolarisation. Die Auslösung eines neuen Aktionspotenzials und somit die Weiterleitung des Nervensignals wird verhindert.

Insomnie. *lat. insomnia = Schlaflosigkeit*
Die (wahrgenommene) Unfähigkeit zu schlafen oder ausreichend zu schlafen, um sich am nächsten Tag ausreichend erholt zu fühlen.

insulärer Kortex. *lat. insula = Insel*
Inselrinde; Großhirnlappen, der in der Tiefe der Sylvischen Furche liegt; hat Bedeutung für die Wahrnehmung chemischer Reize und für die Verarbeitung und Steuerung von viszeralen Prozessen.

Insulin. *lat. insula = Insel*
In den Betazellen der Langerhans-Inseln der Bauchspeicheldrüse gebildetes Hormon, das den Blutzuckerspiegel senkt und Glykogen aufbaut; beeinflusst viele Stoffwechselvorgänge.

Interferone. *lat. inter = zwischen, in der Mitte von; lat. ferre = tragen, bringen*
Stoffe, welche die Aktivität von Viren hemmen und die in vom Virus befallenen Zellen entstehen.

Interneuron. *lat. inter = zwischen, in der Mitte von*
Ein Neuron, das weder ein sensorisches noch ein motorisches Neuron ist. Bei Säugetieren sind die meisten Neuronen im Gehirn Interneuronen.

interozeptiv. *lat. intro = innerlich*
Reize aus dem Körper aufnehmend.

Interphase. *lat. inter = zwischen; gr. phasis = Erscheinung*
Teil des Zellzyklus zwischen zwei mitotischen Teilungen.

intrakraniell. *lat. intra = innerhalb; gr. kranion = Schädel*
Innerhalb des Schädels lokalisiert.

Ion. *gr. ion = Wanderndes*
Ein Atom oder Molekül, das eine positive (Kation) oder negative (Anion) Nettoladung trägt. Die wichtigsten Ionen auf den beiden Seiten der Nervenzellmembran sind Kalium-, Natrium-, Chlorid-, Kalzium- und Magnesiumionen sowie organische Ionen (z.B. Aminosäuren).

Ionenkanal. Ein Membranprotein, das unter geeigneten Bedingungen sehr gut durchlässig für (eine oder mehrere) Ionensorten ist, d.h. den Ionenein- und -ausstrom ermöglicht.

ionotroper Rezeptortyp. *zu gr. tropein = drehen, wenden, richten auf*
Membranprotein, das durch Konfigurationsänderung zum Ionenkanal werden kann.

Glossar | **555**

ipsilateral. *lat. ipse = selbst; lat. latus = Seite, seitliche Hälfte*
Auf die gleiche Seite bezogen, auf der gleichen Seite befindlich. Gegenteil: kontralateral.

Iris. *gr. iris = Regenbogen*
Regenbogenhaut; pigmenthaltige Membran, welche die Pupille umschließt und durch Größenveränderung den Lichteinfall in das Auge steuern kann.

Ischämie. *gr. ischein = zurückhalten, hemmen; gr. aima = Blut*
Minderdurchblutung. Führt bei längerem Anhalten zum Absterben der Zellen.

K

Kachexie. *gr. kachetsia = schlechter Zustand*
Schlechter körperlicher Zustand; Hinfälligkeit.

Kataplexie. *gr. kataplesein = niedergeschlagen*
Der plötzliche Verlust des Muskeltonus; führt zu einem Zusammenbruch des Körpers ohne Verlust des Bewusstseins.

Katecholamine. *gr. katechein = aufhalten, zügeln*
Vom stickstoffhaltigen Brenzkatechin abgeleitete biogene Amine (z. B. Adrenalin, Noradrenalin, Dopamin), die hauptsächlich im Nebennierenmark gebildet werden.

Katecholring. *gr. katechein = aufhalten, zügeln*
Ein Benzolring, an den zwei OH-Gruppen angelagert sind.

kaudal. *lat. cauda = Schwanz*
Nach dem unteren Körperende hin gelegen.

Kern. Bezeichnung für eine Ansammlung von Zellkörpern im Gehirn; z. B. Hirnnervenkerne.

Kinozilium. *lat. cilium = Augenlid*
Der große Fortsatz einer Haarzelle (daneben hat jede Haarzelle noch mehrere kürzere Stereozilien).

Klaustrophobie. *lat. claustrum = Verschluss, Gewahrsam; gr. phobos = Furcht*
Angst vor dem Aufenthalt in kleinen (geschlossenen) Räumen.

Kleinhirn. Siehe Cerebellum.

Klimakterium. *gr. klimakter = Stufenleiter, kritischer Zeitpunkt des menschlichen Lebens*
Phase, in der die weibliche Fortpflanzungsfähigkeit endet; vgl. auch Menopause.

Klinefelter-Syndrom. Form einer numerischen, gonosomalen Aberration (Trisomie 47, XXY) mit der Folge z. B. eines Hypogonadismus. Tritt nur bei Knaben bzw. Männern auf.

Klonierung. Aufzucht einer Zellstruktur, die sich von einer einzelnen, genotypisch definierten Zelle herleitet; Vervielfachung mit dem Ergebnis identischer Organismen.

Kohabitation. *kirchenlat. cohabitare = beisammenwohnen*
Bezeichnung für Geschlechtsverkehr.

Koitus. *lat. coire = zusammenkommen, sich vereinigen*
Geschlechtsverkehr.

Kollateralen. *lat. con = zusammen, mit; lat. latus = Seite*
Verzweigungen (meist am Ende) eines Axons.

Kommissur. *lat. commissura = Verbindung, Zusammenfügung*
Faserbündel in Nervensystemen, dessen Nervenfasern die Körpermittellinie überkreuzen (dekussieren). Die größte

Kommissur ist das Corpus callosum (Balken) als Verbindung zwischen den beiden Endhirnhemisphären.

Kommissurektomie. *lat. commissura = Verbindung, Zusammenfügung; gr. ektemnein = herausschneiden*
Durchschneidung der Kommissur. Wird gelegentlich bei unbehandelbarer Epilepsie durchgeführt.

kontraktil. *lat. contrahere, contractum = zusammenziehen*
Fähig, sich zusammenzuziehen.

kontralateral. *lat. contra = gegen; lateralis = seitlich, seitwärts [gelegen]*
Auf der gegenüberliegenden Körperseite liegend. Gegenteil: ipsilateral.

Konvergenz. *lat. convergere = sich hinneigen, zusammenlaufen*
Ein neuronales Verknüpfungsmuster, bei dem z. B. mehrere präsynaptische Neuronen Synapsen auf einer gemeinsamen postsynaptischen Nervenzelle ausbilden (vgl. Divergenz).

Konzeptionszeit. *lat. concipere = zusammenfassen, [in sich] aufnehmen*
Zeit bis zur Befruchtung der Eizelle.

Körnerzellen. Ein Zelltyp der Riechbahn.

Korsakow-Syndrom. Eine Form von Gedächtnisschwund, bei der andere kognitive Funktionen intakt bleiben und die häufig durch chronischen Alkoholismus verursacht ist. Symptome: retro- und anterograde Amnesie, Konfabulation.

Kortex. *lat. cortex = Rinde*
Die äußere Gewebeschicht des Gehirns; meist ist der zerebrale Kortex (Großhirnrinde) gemeint.

kortikofugale Fasern. *lat. fugare = fliehen*
Von dem Kortex peripherwärts führend oder leitend.

Kortisol. *Kunstwort zu Kortikosteron; lat. cortex = Rinde, Schale, Borke; gr. stereos = starr, hart, fest*
Hormon der Nebennierenrinde, das v. a. im Zuge anhaltender Stressor-Einwirkung ausgeschüttet wird.

Kotransmitter. *lat. co- = mit; lat. trans = hinüber; lat. mittere = schicken*
Modulieren und beeinflussen die Intensität und Wirkdauer eines Neurotransmitters. Werden entweder zeitgleich oder zeitversetzt zu Neurotransmittern ausgeschüttet (meist bei höherfrequenten Impulsfolgen). Wirkdauer viel länger als die der Neurotransmitter (bis zu Minuten). Dazu gehören u. a. Stickstoffmonoxid, Enkephalin, Somatostatin, Neuropeptid Y.

kranial. *lat. cranium = Schädel*
Zum Kopf gehörend, kopfwärts gelegen.

Kreuztoleranz. *lat. tolerare = tragen, erdulden*
Die Toleranz gegenüber einer neuen Substanz, die durch die vorher entwickelte Toleranz gegenüber einer anderen Substanz verursacht wird.

L

Labyrinth. Teil des Innenohrs, der sich in das knöcherne und häutige Labyrinth unterteilen lässt und der das Gleichgewichts- und das Hörorgan enthält.

Laktogen. *lat. lactare = Milch geben; gr. genes = hervorbringend*
Plazentahormon, welches für die Milchproduktion verantwortlich ist.

Langzeitpotenzierung. Anhaltende Förderung der synaptischen Transmission aufgrund nachfolgender, andauernder Aktivierung einer Synapse durch hochintensive bzw. hochfrequente Stimulierung des präsynaptischen Neurons.

lateral. *lat. lateralis = seitlich, seitwärts*
Seitlich gelegen.

Legasthenie. *lat. legere = lesen; gr. asthenes = kraftlos, schwach*
Lese-Rechtschreib-Schwäche; Defizite beim Lesen und Rechtschreiben bei mindestens normaler Intelligenz.

Ligand. *lat. ligare = anliegen, binden*
Eine Substanz, die z. B. an ein Protein bindet; bezieht sich in der Regel auf Transmitter, Hormone, Pharmaka oder andere Agenzien, die an Rezeptoren binden.

limbisches System. *lat. limbus = Saum, Besatz*
Phylogenetisch altes System zwischen Hirnstamm und Neokortex; ist bei der Regelung von Emotionen und deren Verknüpfung mit vegetativen Organfunktionen von großer Bedeutung und an Gedächtnisprozessen beteiligt.

Lobotomie. *gr. lobos = Lappen; gr. temnein = schneiden, Schnitt*
Die Trennung eines Teils des Frontallappens vom Rest des Gehirn; diese Behandlung, die heute praktisch nicht mehr ausgeführt wird, wurde früher bei Schizophrenie und vielen anderen Krankheiten durchgeführt.

Locus coeruleus. *lat. locus = Ort; lat. coeruleus = dunkelblau, blau, bläulich*
Ein kleiner Kern im Hirnstamm, dessen Neuronen Noradrenalin produzieren und die Aktivität in großen Teilen des Vorderhirns modulieren. Er wird von vielen Autoren zur Formatio reticularis gezählt.

Logoklonie. *gr. logos = Wort, Rede; gr. klonein = in heftige Bewegung setzen*
Rhythmisches Wiederholen kurzer Wörter oder der letzten Wortsilbe.

Lordose. *gr. lordos = vorwärts gekrümmt*
Körperstellung bei weiblichen Säugetieren, die den Geschlechtsverkehr ermöglicht und durch Anheben des Hinterteils gekennzeichnet ist.

LSD. Abk. für Lysergsäurediethylamid; eine halluzinogene Droge. Blockiert in einigen Hirnregionen wohl den Serotoninrezeptor, ist in anderen Serotoninagonist.

Lubrikation. *lat. lubricus = schlüpfrig*
Das Feuchtwerden der vaginalen Schleimhaut bei sexueller Erregung.

Lungenemphysem. *gr. emphysan = hineinblasen*
Aufblähung der Lunge. Zerstört die Lungenbläschen, sodass der Ein- und Abtransport der Luft verschlechtert wird. Risikofaktor: Rauchen.

luteinisierendes Hormon (LH). *lat. luteus = goldgelb, safrangelb*
Hormon des Hypophysenvorderlappens; ein Glykoprotein; stimuliert Testosteronsynthese im Hoden, Oozytenreifung (Eireifung), Ovulation (Follikelsprung) und Progesteronsekretion in den Eierstöcken.

Lysosomen. *gr. lysis = Auflösung; gr. soma = Körper*
Membranumhüllte Bläschen im Zytoplasma der Tierzellen. Sie dienen v. a. der intrazellulären Verdauung z. B. von Bakterien.

M

Magnetresonanztomographie (MRT). *lat. resonare = widerhallen; gr. tome = Schnitt; gr. graphein = schreiben, aufzeichnen*
Synonym: Kernspintomographie. Computergestütztes bildgebendes Verfahren zur Darstellung von Weichteilstrukturen; beruht auf dem Verhalten des Spins von Atomkernen in hochfrequenten Magnetfeldern.

magnozelluläres System. *lat. magnus = groß*
Derjenige Teil der Sehbahn, der besonders auf Kontraste und Bewegungen anspricht.

Major Depression. *lat. major = größer; lat. deprimere = niederdrücken, herabziehen*
Schwere depressive Episode. Abzugrenzen von Dysthymie und bipolarer Störung.

Makulaorgan. *lat. macula = Fleck, Mal*
Teil des Vestibularorgans, der besonders auf die Schwerkraft sowie lineare Beschleunigungen anspricht.

Mamillarkörper. *lat. mamilla = Brustwarze*
Zum Hypothalamus gezählte, am Vorderende der Fornix gelegene zwei Körper mit Aussehen einer Brust, welche zum limbischen System zählen. Verknüpfen Hippocampus und Thalamus. Spielen vermutlich bei Gedächtnis- und Lernvorgängen sowie affektivem Verhalten eine Rolle. Bei Schädigung kommt es zum Korsakow-Syndrom.

MAO-Hemmer. Abk. für Monoaminoxidasehemmer; Substanzen, die das zentrale Katecholaminniveau erhöhen. Einsatz als Antidepressiva.

Marihuana. *span. marihuana, wohl zusammengesetzt aus den weiblichen Vornamen Maria und Juana*
Droge, die aus der Hanfpflanze gewonnen (s. Cannabis) und meist geraucht wird.

Masochismus. *nach dem österreichischen Schriftsteller L. von Sacher-Masoch (1836–1895)*
Abweichendes Sexualverhalten, bei dem sexuelle Erregung und Befriedigung allein durch Erleiden von psychischer Demütigung, Unterwerfung oder körperlicher Misshandlung vonseiten des Partners oder der Partnerin erreichbar ist.

Medulla oblongata. *lat. medulla = Mark; lat. oblongatus = verlängert*
Verlängertes Mark; die Medulla oblongata ist die direkte rostrale Fortsetzung des Rückenmarks, dem sie in Aufbau und Funktion ähnelt. Sie umfasst mehrere Zentren, die lebenserhaltende vegetative Funktionen wie Verdauung, Atmung und Herzrhythmus steuern.

Meerrettichperoxidase. Abk. HRP (für engl. horseradish peroxidase); ein Enzym, das in Meerrettich und anderen Pflanzen vorkommt und benutzt wird, um die Ursprungszellen von Axonenbündeln zu finden.

Glossar | **557**

Meissner-Tastkörperchen. Ein somatosensorischer Rezeptortyp in der Haut. Dient u. a. der Geschwindigkeitsdetektion.

Melanin. *gr. melas = schwarz*
Dunkles Farbpigment, das in der Haut bei starker Sonneneinstrahlung gebildet wird.

Melatonin. *gr. melas = schwarz; gr. tonos = Spannen, Anspannung*
Ein Hormon, das von der Zirbeldrüse (Epiphyse) ausgeschüttet wird und u. a. Schläfrigkeit induziert.

Melatoninsynthese. Geschieht bevorzugt in der Zirbeldrüse auf der Basis des Ausgangsstoffes Tryptophan, aus dem zunächst Serotonin und dann in einem weiteren Schritt das Hormon Melatonin entsteht.

Membranpotenzial. *lat. membranae = zarte, dünne Haut*
Elektrische Spannung, die auftritt, wenn eine Membran verschiedene oder verschieden konzentrierte Elektrolytlösungen voneinander trennt, eine unterschiedliche Durchlässigkeit für verschiedene Ionensorten hat und Unterschiede beim Ionentransport und dessen Geschwindigkeit aufzeigt.

Membranproteine. Bestandteile der Zellmembran; sind mit unterschiedlicher Struktur in die zwei Lipidmolekülschichten der Membran eingefügt.

Menarche. *gr. men = Monat; gr. arche = Anfang*
Erste Menstruationsblutung.

Menopause. *gr. men = Monat; gr. pauein = aufhören machen, beendigen*
Bei der Frau der Zeitpunkt der – infolge Nachlassens der Ovarialfunktion – letzten Menstruation.

Mesenzephalon. *gr. mesos = Mitte; gr. enzephalos = was im Kopf ist, Gehirn*
Mittelhirn; Hirnabschnitt zwischen Hinterhirn und Zwischenhirn; verarbeitet z. B. optische Reize und gilt als übergeordnetes Reflexzentrum.

mesolimbisches System. System, bestehend aus Strukturen im Mesenzephalon, v. a. dem ventralen tegmentalen Areal (VTA), limbischen Strukturen und den dazwischen liegenden Bahnverbindungen.

Messenger-RNA (mRNA). Synonym: Boten-RNA. Durch Transkription eines DNA-Abschnitts hergestellte, einzelsträngige RNA, die als sog. Matrizen-RNA in der Proteinbiosynthese als Informationsvorlage für die Synthese einer spezifischen Polypeptidkette dient.

metabotroper Rezeptor. *gr. metabole = Veränderung; Metabolismus = Stoffwechsel*
Rezeptortyp, bei dem das Andocken eines Transmitters nicht direkt eine Änderung der Membrandurchlässigkeit bewirkt, sondern lediglich Stoffwechselprozesse in Gang setzt, die sekundär eine solche Änderung bewirken.

Metenzephalon. *gr. meta = zwischen, inmitten; gr. enzephalos = was im Kopf ist, Gehirn*
Hinterhirn; unterteilt in Brücke (Pons) und Kleinhirn (Cerebellum).

Mikrofilamente. *mikros = klein; lat. filum = Faden; lat. filament = fadenförmiges Gebilde*
Sehr kleine Filamente (7 nm Durchmesser), die in allen Zellen zu finden sind und die Form der Zelle bestimmen.

Mikroglia. *mikros = klein; gr. glia = Leim*
Bezeichnung für kleine Zellformen der Neuroglia des Zentralnervensystems.

Mikrotubuli. *mikros = klein; lat. tubulus = kleine Röhre*
System von feinen Röhrchen, die das Zytoplasma der Zelle durchziehen und ein Teil des Zytoskeletts sind.

Mitochondrien. *gr. mitos = Faden; gr. chondros = Korn*
Zellorganellen, die u. a. für die Bildung von ATP aus ADP, also für die Versorgung der Zelle mit Energie, verantwortlich sind.

Mitose. *gr. mitos = Faden, Schlinge*
Die der Zellteilung vorausgehende Zellkernteilung; dabei erhält jede Tochterzelle den vollständigen Chromosomensatz.

Monoamine. Moleküle mit einer Amingruppe.

Morphin. *nach dem griechischen Gott Morpheus*
Ein Opiat, das aus der Mohnblume gewonnen wird. Erhöht z. B. die Dopaminwirkung.

Morula. *lat. morula = Maulbeere*
Eine befruchtete Eizelle zeigt nach mehrfacher Zellteilung die Form einer (Maul-)Beere.

Morbus Alzheimer. Siehe Alzheimer-Demenz.

Motoneuron. *lat. motor = Beweger; gr. neuron = Sehne, Flechse*
Motoneuronen bilden Synapsen mit Muskelzellen, übertragen Information vom Zentralnervensystem und setzen sie in Muskelbewegung um.

motorische Einheit. *lat. motor = Beweger*
Funktionseinheit aus Motoneuron und den von ihm innervierten Muskelfasern.

Motorkortex. Eine Region des zerebralen Kortex, die Signale an Motoneuronen sendet.

mRNA. Siehe Messenger-RNA.

MRT. Siehe Magnetresonanztomographie.

multiple Sklerose. *lat. multiplex = vielfältig, vielfach; gr. skleros = hart, trocken*
Die Bezeichnung rührt von dem verhärteten Gewebe her, das die Markscheide ersetzt; es handelt sich um eine Demyelinisierungserkrankung.

muskarinerger Rezeptor. Ein cholinerger Rezeptor, der neben Acetylcholin auch auf die Substanz Muskarin (»Fliegenpilzgift«) anspricht.

Mutation. *lat. mutare = verändern*
Plötzlich eintretende unplanmäßige Veränderung des genetischen Materials, die entweder ohne erkennbare Ursache oder auch durch exogene Einflüsse entstehen kann.

Myelenzephalon. *gr. myelos = Mark; gr. enzephalos = was im Kopf ist, Gehirn*
Nachhirn, »Markhirn«; besteht aus der Medulla oblongata.

Myelinscheide. *gr. myelos = Mark*
Elektrisch isolierende, lipidhaltige Hülle markhaltiger Axone.

Myelinisierung. *gr. myelos = Mark*
Umhüllung der Axone durch Myelin; die Myelinisierung zentraler Neuronen geschieht durch Oligodendrozyten, diejenige peripherer Neuronen durch Schwann-Zellen.

Myocloni. *gr. myos = Muskel; gr. clonos = heftige, verworrene Bewegung*
Vor allem während des REM-Schlafs auftretende kurze Zuckungen der ansonsten entspannten Muskulatur.

Myofibrillen. *gr. mys = Maus, Muskel; Verkleinerungsform von lat. fibra = Faser*
Die kontraktilen Elemente der Muskelzellen.

N

Naloxon, Naltrexon. Die Pharmaka Naloxon und Naltrexon (Opiatantagonisten) unterscheiden sich geringfügig in ihrem molekularen Aufbau. Naltrexon ist derzeit in Deutschland nur für Zwecke von Entzugsprogrammen zugelassen. Seine Wirkdauer ist deutlich länger als die von Naloxon.

Narkolepsie. *gr. narke = Krampf, Lähmung, Erstarrung; gr. lepsis = Anfall*
Eine Krankheit, die sich in häufigen, intensiven Schlafepisoden äußert, die zwischen 5 und 30 Minuten dauern und jederzeit während des Tages auftreten können.

Natrium-Kalium-Pumpe. Aktiver, energieverbrauchender, gegen einen hohen elektrochemischen Gradienten erfolgender Transportmechanismus, der z. B. während eines Aktionspotenzials Natriumionen aus und Kaliumionen in die Zelle pumpt.

Nausea. *gr. nausia = Seekrankheit*
Übelkeit, Brechreiz, v. a. in Verbindung mit Bewegungskrankheit.

Neglect. *engl. neglect = vernachlässigen, missachten, versäumen*
Störung, die durch meist einseitige Läsion eines Parietallappens hervorgerufen wird (v. a. durch Schlaganfälle bedingt) und bei der die Betroffenen nicht auf Reize auf der kontralateralen Körperseite reagieren.

Neokortex. *gr. neos = neu; lat. cortex = Rinde, Schale*
Stammesgeschichtlich jüngster, am stärksten differenzierter Teil der Großhirnrinde. Hier residieren die höchsten kognitiven Funktionen.

Neologismus. *gr. neos = neu; gr. logos = Wort*
Wortneuschöpfung; wird manchmal von Aphasiepatienten, auch von Schizophrenen produziert.

Nerv. *lat. nervus = Sehne, Muskelband*
Aus parallel angeordneten Nervenfasern bestehender, in einer Bindegewebshülle liegender Strang, welcher der Reizleitung zwischen dem ZNS und einem Körperorgan dient.

Nervenzelle. Siehe Neuron.

Neuralgie. *gr. neuron = Sehne, Flechse, Nerv; gr. algos = Schmerz*
Durch Schädigung bzw. Irritation eines Nervs verursachte Schmerzen, die in das Versorgungsgebiet des Nervs projiziert werden und häufig attackenweise auftreten.

Neuroanatomie. *gr. neuron = Sehne, Flechse, Nerv; gr. anatemnein = aufschneiden, zerschneiden*
Das Teilgebiet der Anatomie, welches sich mit dem Aufbau des Nervensystems befasst.

Neurohypophyse. *gr. neuron = Sehne, Flechse, Nerv; gr. hypo = unter, unterhalb; gr. phyesthai = entstehen, wachsen*
Der hintere Teil der Hypophyse, der Hypophysenhinterlappen. Schüttet die Hormone Vasopressin und Oxytocin aus.

neurokrin. *gr. neuron = Sehne, Flechse, Nerv; gr. krinein = scheiden, sondern*
Modus der interzellulären Kommunikation, bei der Nervenzellen Signalstoffe aussondern.

Neuroleptika. *gr. neuron = Sehne, Nerv; gr. lambanein = nehmen, fassen, ergreifen*
Antipsychotika; traditionell Dopaminrezeptorenblocker; Psychopharmaka mit antipsychotischer, sedierender und psychomotorisch dämpfender Wirkung; Anwendung bei Psychosen, Schizophrenie.

Neuromodulator. *neuron = Sehne, Flechse, Nerv; lat. modulari = [nach dem Takt] abmessen, einrichten*
Eine Substanz, welche die Aktivität von Neurotransmittern moduliert. Neuromodulatoren können sich länger im synaptischen Spalt aufhalten, da sie nicht vom präsynaptischen Neuron wiederaufgenommen werden, und somit länger die neuronale Aktivität beeinflussen.

Neuron. *gr. neuron = Nerv, Sehne, Flechse*
Nervenzelle; die Grundeinheit des Nervensystems. Das typische Neuron besteht aus einem Zellkörper, mehreren Dendriten und einem Axon.

Neuropeptide. *gr. peptos = gekocht, verdaut, verdaulich*
Kleine Moleküle, die aus Aminosäureketten aufgebaut sind und im Gehirngewebe vorkommen. Können als Neuromodulatoren fungieren.

Neurose. Bezeichnung für psychische oder psychosoziale Störung ohne nachweisbare organische Grundlage, bei der im Unterschied zur Psychose der Realitätskontakt kaum oder gar nicht gestört ist. Wegen der uneinheitlichen Verwendung ist der Begriff z. B. im ICD-10 nicht enthalten.

Neurotransmitter. *gr. neuron = Nerv, Sehne, Flechse; lat. transmittere = hinüberschicken; auch engl. to transmit = übertragen*
Eine chemische Substanz, die vom präsynaptischen Neuron in den synaptischen Spalt ausgeschüttet wird und an der postsynaptischen Zelle erregende oder hemmende Effekte auslösen kann.

Nidation. *lat. nidus = Nest*
Einnistung des befruchteten Eis in die Schleimhaut der Gebärmutter.

nikotinerg. Cholinerge Rezeptoren, die auf Nikotin ansprechen; nikotinerge Rezeptoren vermitteln v. a. die exzitatorischen Wirkungen des Acetylcholin, z. B. bei der neuromuskulären Übertragung.

NMDA-Rezeptor. *NMDA = Abk. für N-Methyl-D-Aspartat*
Untertyp der auf erregende Aminosäuren als Transmitter ansprechenden Glutamatrezeptoren; steuert im Gehirn Gedächtnisleistungen. Die Permeabilität ist 50-mal höher als

die des AMPA-Rezeptors. Jedoch muss der NMDA-Rezeptor sowohl durch einen Liganden als auch durch ein vorhandenes Potenzial gleichzeitig aktiviert werden.

Non-NMDA-Rezeptor. Siehe AMPA-Rezeptor.

Non-REM-Schlaf. *REM = Abk. für engl. Rapid Eye Movements = schnelle Augenbewegungen*
Schlafphase ohne rasche Augenbewegungen; im EEG sind langsame Wellen oder sog. Schlafspindeln sichtbar.

Nootropika. *gr. noos = Sinn, Verstand; gr. trepein = drehen, wenden*
Substanzen, die eine Verbesserung der kognitiven Funktionen bewirken sollen. Werden z. B. bei fortschreitender Demenz eingesetzt.

Noradrenalin. *lat. norma = Norm; lat. ad = bei, neben; lat. ren = Niere*
Synonym: Norepinephrin. Chemische Substanz, auch abgesondert vom Nebennierenmark, die sowohl als Hormon als auch als Neurotransmitter wirkt. Gehört wie Adrenalin zu den Katecholaminen.

noxisch. *lat. noxa = Schaden*
Gewebeschädigend oder gewebebedrohend.

Nozizeption. *lat. nocere = schaden; lat. capere, captum = nehmen, fassen*
Die von Nozizeptoren vermittelte Wahrnehmung von Schmerzen.

Nozizeptor. *lat. nocere = schaden; Analogiebildung zu »Rezeptor«*
Eine Sinneszelle, die auf Stimuli anspricht, die das Gewebe schädigen oder drohende Gewebsschädigung bedeuten, also ein »Schmerzrezeptor«.

Nucleolus. *lat. nucleolus = Kernchen*
Innerhalb des Zellkerns oft in großer Anzahl vorkommendes, kleines, rundes, stark färbbares Körperchen, das vorwiegend Ribonukleinsäure enthält.

Nucleus accumbens. *lat. nucleus = Kern*
Hirnstruktur, die an das Striatum angrenzt. Spielt eine zentrale Rolle im Belohnungssystem, für das Glücksgefühl und bei Entstehung von Sucht (gesteigerter Dopaminpegel im Nucleus accumbens).

Nucleus praeopticus. *lat. nucleus = Kern; lat. prae = vor; lat. opticus = zum Sehen gehörig*
Teil des Hypothalamus. Für die Regulation der Körpertemperatur und des Sexualverhaltens von Bedeutung. Bei Schädigung: z. B. Hyperthermie oder Hypothermie (erhöhte bzw. verminderte Körpertemperatur).

Nucleus suprachiasmaticus. *lat. nucleus = Kern; lat. supra = darüber; gr. chiasma = Überkreuzung*
Hirnstruktur im vorderen Hypothalamus, die über der Sehnervenkreuzung liegt und der Hauptschrittmacher für den zirkadianen Rhythmus ist.

Nukleinsäuren. *lat. nucleus = Kern*
Die Nukleinsäuren sind DNA (Desoxyribonukleinsäure) und RNA (Ribonukleinsäure).

Nukleotid. *lat. nucleus = Kern*
Ein Teil eines DNA- oder RNA-Moleküls, der aus einer einzelnen Base und der benachbarten Zucker-Phosphat-Einheit des Strangs besteht.

Nystagmus. *gr. nystaxein = nicken*
Augenzittern, Augenschlagen; unwillkürliche, rhythmische Augenbewegungen in bestimmte sich wiederholende Richtungen. Es gibt physiologische und pathologische Formen des Nystagmus.

O

Obstipation. *lat. ob = gegen hin, nach hin, entgegen; lat. stipare = dicht zusammendrängen, voll stopfen*
Verstopfung.

okuläre Dominanzsäulen. *lat. oculus = Auge*
Kortikale Säulen im primären visuellen Areal (V1), die v. a. entweder vom linken oder rechten Auge aktiviert werden, d. h., in denen ein Auge besonders dominant ist.

Okulomotorik. *lat. oculus = Auge; lat. motor = Beweger*
Augenbewegungen.

Okzipitallappen. *lat. occiput = Hinterkopf*
Kleinster Großhirnlappen im Hinterhauptsbereich mit Sehzentrum und Zentrum für das Festhalten von Erinnerungsbildern. Bei Läsion kommt es zu vollkommener oder partieller Blindheit im Gesichtsfeld.

Oligodendrozyten. *gr. oligos = wenig, gering; gr. dendron = Baum*
Ein Typ von Gliazellen im zentralen Nervensystem, der die Myelinschicht bildet; ihre Zellfortsätze haben nur wenige Verästelungen.

operantes Konditionieren. Synonym: instrumentelles Konditionieren. Mit operantem Verhalten ist Verhalten gemeint, das auf die Umwelt wirkt und dann von der Umwelt entweder verstärkt oder bestraft wird. Durch diese Rückwirkung wird die Auftretenswahrscheinlichkeit des gezeigten Verhaltens erhöht bzw. verringert.

Opiate. *gr. opion, Verkleinerungsform von opos = Pflanzensaft*
Natürliche chemische Substanzen (Alkaloide), die im Opium enthalten sind und v. a. schmerzhemmende Wirkung haben (z. B. Morphin).

Opioide. Eine Klasse natürlicher oder synthetischer Substanzen, die an denselben Rezeptortypen wie die Opiate (Opioidrezeptoren) wirksam sind. Zu den natürlichen Opioiden gehören außer den Opiaten die endogenen Opioide (z. B. Endorphine). Synthetische Opioide werden pharmakotherapeutisch v. a. als Schmerzmittel (Opioidanalgetika, z. B. Buprenorphin) eingesetzt, aber auch zur Substitutionstherapie bei Opiatabhängigkeit (z. B. Methadon).

Opioidrezeptoren. An bestimmten Neuronen z. B. des nozizeptiven Nervensystems, befindliche Rezeptoren, die auf Opioide ansprechen. Durch Empfindlichkeitsabnahme dieser Rezeptoren kommt es zu Toleranzentwicklung.

Orientierungssäule. Eine Säule von Neuronen im primären visuellen Kortex, die auf Reize in einer bestimmten Orientierung anspricht.

orthostatisch. *gr. orthos = aufrecht, gerade, richtig, recht; gr. stasis = Stehen, Stellung*
Die aufrechte Körperhaltung betreffend.

Östrogene. *gr. oistros = Pferdebremse, Stachel, Leidenschaft; gr. genes = hervorbringend*
Eine Klasse von Steroidhormonen, die von den weiblichen Gonaden (Ovar, Plazenta) produziert werden und z. B. für die Ausbildung der Geschlechtsorgane, aber auch für Bindegewebs- und Knochenaufbau stimulierend sind.

Ovariektomie. *lat. ovum = Ei; gr. ektemnein = herausschneiden*
Operative Entfernung der Eierstöcke. Eine Form der Sterilisation. Bei zusätzlicher Entfernung der Gebärmutter nennt man dies Ovariohysterektomie.

Ovarien. *lat. ovum = Ei; Ovar = Eierstock*
Eierstöcke.

Oxytocin. *gr. oxys = schnell; gr. tokos = Gebären*
Ein Hormon der Neurohypophyse (Hypophysenhinterlappen), das u. a. den Milchfluss bei stillenden Müttern und die Gebärmutterkontraktionen vor der Geburt bewirkt.

P

Pacini-Körperchen. Mechanosensor in der Haut, der sehr schnell adaptiert; spricht am besten auf schnelle Vibrationen an. Hat großes rezeptives Feld.

Pädophilie. *gr. pais = Knabe, Kind; gr. philein = lieben*
Auf Kinder gerichtetes sexuelles Begehren. Vorwiegend bei Männern vorkommende Deviation aus dem Bereich »Störungen der Sexualpräferenz«.

palliativ. *lat. palliare = mit einem Mantel bedecken*
Beschwerden lindernd, ohne die Ursache zu beseitigen. Bei nicht heilbaren Krankheiten die einzig mögliche Therapieform.

parakrin. *gr. para = bei, neben; gr. krinein = scheiden, sondern*
Eine Art der interzellulären Kommunikation, bei der der Botenstoff durch den extrazellulären Raum zur nahe gelegenen Zielzelle diffundiert.

Paraphasie. *gr. para = bei, neben; gr. phasis = Sprechen*
Sprachstörung, die durch Ersetzen, Auslassen, Hinzufügen oder Umstellen einzelner Laute oder Silben im Wort (phonematische Paraphasie) oder durch Verwechslung semantisch ähnlicher Wörter (verbale Paraphasie) gekennzeichnet ist, ohne dass es dem Sprecher bewusst wird. Vorkommen bei Aphasie.

Paraphilie. *gr. para = bei, neben; gr. philein = lieben*
Neutrale Bezeichnung für eine Form sexueller Vorliebe, die von der gesellschaftlich vorgegebenen abweicht (= Deviation des Sexualverhaltens).

Parasomnie. *gr. para = bei, neben; lat. somnus = Schlaf*
Störung der Schlafqualität und des Schlafverhaltens. Dazu zählt z. B. Schlafwandeln, Sprechen im Schlaf.

parasympathisches Nervensystem. *gr. para = bei, neben, gegen; gr. sympathein = mitleiden*
Der dem Sympathikus entgegengesetzt wirkende Teil des vegetativen Nervensystems; fördert Verdauung und Sexualfunktionen, bewirkt entspannte Körpergrundhaltung. Zuständiger Neurotransmitter: Acetylcholin; wichtigster Nerv: Nervus vagus.

Parasympathomimetika. *gr. mimeisthai = nachahmen*
Arzneimittel, die eine ähnliche Wirkung auf den Organismus haben, wie sie durch Aktivität des Parasympathikus entsteht. Gegenteil: Parasympathikolytika.

Parentalgeneration. *lat. parentes = Eltern*
Vorhergehende Generation.

Parese. *gr. paresis = Erschlaffung*
Muskelschwäche bzw. unvollständige Lähmung.

Parietallappen. *spätlat. parietalis = zur Wand gehörig*
Scheitellappen; einer der Lappen des Großhirns mit Körpergefühlsphäre und dem optischen Sprachzentrum.

Parkinson-Krankheit. Synonyme: Paralysis agitans, Schüttellähmung. Erkrankung des extrapyramidalen Systems mit den Hauptsymptomen: Rigor = Muskelstarre, Tremor = Zittererscheinung, Akinese = Bewegungsarmut; Ursache: Degeneration der Substantia nigra mit Verminderung der Transmittersubstanz Dopamin.

parvozellulär. *lat. parvus = klein*
Der Teil des visuellen Systems, der v. a. für die Analyse von Farbe und Form und für die Objekterkennung zuständig zu sein scheint.

Patellarsehnenreflex. *lat. patella = Scheibe, Kniescheibe*
Reflex, der bei einem speziellen Schlag auf die Kniescheibe durch Hochschnellen des Beins sichtbar wird. Beispiel für monosynaptischen Eigenreflex, d. h. Reizentstehungsorgan = Reaktionsorgan.

Paukenhöhle. Luftgefüllter Teil des Mittelohrs, der die drei Gehörknöchelchen enthält.

Peptid. *gr. peptos = gekocht, verdaut, verdaulich*
Eine kurze Kette von Aminosäuren (weniger als 100); längere Aminosäureketten heißen Proteine.

periaquäduktal. *gr. peri = um … herum; lat. aqua = Wasser; lat. ducere = führen*
Das Aquädukt ist eine mit Liquor gefüllte Verbindung zwischen dem dritten und vierten Ventrikel.

Perikaryon. *gr. peri = um … herum; gr. karyon = Kern, Nuss*
Zellkörper, der einen Zellkern umgibt. Auch als Soma (gr. Körper) bezeichnet.

peripheres Nervensystem (PNS). *gr. periphérein = herumtragen*
Teil des Nervensystems, der nicht im Gehirn oder Rückenmark liegt. Gegenteil: zentrales Nervensystem.

Permeabilität. *lat. permeare = durchgehen, durchdringen*
Durchlässigkeit.

Peroxisome. Kugelförmige, von einer einschichtigen Membran umgebene Zellbestandteile (Zellorganellen). Sie spielen eine wichtige Rolle z. B. beim Abbau der in vielen Stoffwechselvorgängen entstehenden schädlichen Peroxidradikale und können selbst Wasserstoffperoxid bilden.

Perseveration. *lat. perseverare, perseveratum = verharren, standhaft bleiben*
Krankhaftes Verweilen bei ein und demselben Denkinhalt. Symptom z. B. von Alzheimer-Demenz.

Glossar | **561**

PET. Siehe Positronenemissionstomographie.

Phagozytose. *gr. phagein = essen*
Phagozyten sind »Fresszellen«. Bei der Phagozytose werden z. B. Bakterien aufgenommen. Teil des Immunsystems.

Phänotyp. *gr. phainestai = erscheinen*
Das äußere Erscheinungsbild eines Lebewesens, welches nach dem Kode im Genotyp in Interaktion mit der Umwelt entsteht.

Pheromon. *gr. pherein = tragen; gr. horman = bewegen*
Ein chemischer Botenstoff, der vom Körper eines Tieres nach außen abgegeben wird und das Verhalten anderer Artgenossen beeinflusst.

Phobie. *gr. phobos = Furcht*
Meist spezifisch auf ein Objekt oder eine Situation gerichtete krankhafte Angst, die nichts mit normaler, situationsangebrachter Angst zu tun hat.

Phospholipide. *gr. lipa = fett, glänzend*
Fette aus einem Glyceringerüst, Fettsäuren und Phosphatgruppen. Ein Molekül, das aus einem Phosphatkopf und zwei Lipid-»Schwänzen« besteht. Aus Phospholipiden sind z. B. Zellmembranen aufgebaut. Beispiel: Lecithin.

Phosphorylierung. Anfügen einer PO_4-Gruppe (Phosphatgruppe) an ein Proteinmolekül. Viele Rezeptoren und Enzyme können durch Phosphorylierung bzw. Dephosphorylierung an- und ausgeschaltet werden.

photopisches Sehen. *gr. photos = Licht*
Zapfensehen; diese Art des Sehens findet statt, wenn viel Licht vorhanden ist, und ist farbsensitiv.

Photoplethysmographie. *gr. photos = Licht; gr. plethysmos = Vergrößerung; gr. graphein = schreiben*
Aufzeichnung von Durchblutungsveränderungen (v. a. der Haut).

Plazenta. *lat. placenta = Kuchen*
Mutterkuchen; Organ, an dem die Nabelschnur des Fötus ansetzt, und das nach der Geburt ausgestoßen wird (Nachgeburt).

polygen. *gr. polys = viel, zahlreich, häufig*
Abhängigkeit eines Erbmerkmals von mehreren Genen.

Pons. *lat. pons = Brücke*
Eine Struktur des Mittelhirns, die überwiegend aus Fasern gebildet wird, welche die Kleinhirnhemisphären verbinden.

Positronen. Positiv geladene Elementarteilchen, die aus dem Atomkern von Isotopen stammen. Ein Isotop ist ein chemisches Element, das dieselbe Ordnungszahl im periodischen System hat wie ein anderes Element, dessen Atomkern aber eine andere Zahl von Neutronen enthält.

Positronenemissionstomographie (PET). Bildgebendes Verfahren in der Hirnforschung; eine noninvasive Technik zur Untersuchung von Gehirnfunktionen und -strukturen, bei der die Verteilung einer vorher injizierten radioaktiven Substanz analysiert wird.

post mortem. *lat. post = hinten, nach, hinter; lat. mors = Tod*
Nach Eintritt des Todes.

postsynaptische Membran. *lat. post = hinten, nach, hinter; gr. synapsis = Verbindung*
An dieser der präsynaptischen Endigung gegenüberliegenden Membran führen Transmitter eine Änderung der Permeabilität für Ionen herbei, welche die bioelektrische Membranpolarisation ändert (Hyper-/Depolarisation).

posttetanische Potenzierung. *lat. post = hinten, nach, hinter; gr. tetanos = Spannung, Krampf*
Es besteht auch nach dem Ende einer tetanischen Stimulation weiterhin erhöhte Reaktionsbereitschaft des synaptischen Systems.

Power. *engl. power = Kraft, Stärke, Macht*
Bezieht sich auf das Ausmaß der hirnelektrischen Leistung für einen bestimmten Frequenzwert; deshalb sagt ein Powerspektrum etwas über die »Dominanz« eines gewissen Frequenzbereichs zu einem bestimmten Zeitpunkt aus. Die Power ist gleich dem Quadrat der Amplitude.

prädisponierend. *lat. prae = vor, vorher; lat. dispositio = Anordnung, Anlage*
Prädisposition = besonders ausgeprägte Anfälligkeit für eine bestimmte Krankheit.

prämotorischer Kortex. *lat. prae = vor, vorher; lat. motor = Beweger*
Eine Region des Motorkortex; anterior des primären Motorkortex.

präsynaptische Endigung. Endknopf des Axons; meist markscheidenfreie, birnenförmige Anschwellung; enthält Mitochondrien und präsynaptische Vesikel. Hier werden Neurotransmitter in den synaptischen Spalt freigesetzt, die an der postsynaptischen Membran aufgenommen werden.

primäre Sinneszellen. Sinneszellen, die selbst Nervenfortsätze entsenden.

Progesteron. *lat. progerere, progestum = hervor-, heraustragen*
Weibliches Sexualhormon, wird von den Eierstöcken ausgeschüttet.

Prognose. *gr. prognosis = Vorherwissen*
Ärztliche Beurteilung des voraussichtlichen Verlaufs der Krankheit.

Prokaryonten. *gr. pro = vor; gr. karyon = Nuss, Fruchtkern*
Lebewesen, deren Zellen keinen echten Zellkern besitzen (z. B. Bakterien und Blaualgen).

Prolaktin. *lat. pro = vor, für; lat. lac = Milch*
Ein Hormon, das von der Adenohypophyse gebildet wird und die Milchproduktion in weiblichen Säugetieren anregt.

propriozeptiv. *lat. proprius = eigen*
Information aus der Peripherie über die Lage und Bewegung des Körpers.

Propriozeptoren. *lat. proprius = eigen; lat. recipere = aufnehmen, empfangen*
Mechanorezeptoren, die als sensible Endorgane auf den Zustand und auf Zustandsänderungen des Bewegungs- und Halteapparates, insbesondere von Muskel- und Sehnenspindeln, ansprechen.

562 | Glossar

Prosenzephalon. *gr. proso = vorwärts, weiter; enzephalos = was im Kopf ist, Gehirn*
Vorderhirn; unterteilt in Endhirn (Telenzephalon) und Zwischenhirn (Dienzephalon).

Prostaglandine. *engl. prostate gland = Vorsteherdrüse; gr. prostates = Vorsteher*
Gruppe von ungesättigten Fettsäuren, die neuromodulatorisch wirken und bei Entzündungen die Nozizeptoren sensibilisieren.

Protein. *gr. protos = erster, vorderster, wichtigster*
Ein organisches Molekül, das aus einer Vielzahl von Aminosäuren besteht, die mit Peptidbindungen verknüpft sind, deren gefaltete und verdrehte Struktur ihm viele Funktionen ermöglicht.

Proteinsynthese. *gr. synthesis = Zusammenlegen, Zusammensetzung*
Bildung von Proteinen. Findet an den Ribosomen in der Zelle statt.

prozedurales Gedächtnis. Das prozedurale (implizite, nichtdeklarative) Gedächtnis bezieht sich auf Aufgaben, die v. a. Üben erfordern, um zu guten Ergebnissen zu kommen, z. B. das Erlernen und die Speicherung von Handlungsketten. Gegenteil: deklaratives Gedächtnis.

Psychedelika. *gr. psyche = Seele; gr. deloun = offenbaren*
Psychoaktive Substanzen, die in der Lage sind, Wahrnehmung, Stimmung und Gedanken zu beeinflussen. Dies führt zu Erlebnissen, die i. Allg. über die Alltagserfahrung hinausgehen und am ehesten mit traumähnlichen Zuständen vergleichbar sind.

Psychose. *gr. psyche = Seele*
Synonym: psychotische Störung. Oberbegriff für vorübergehende oder sich stetig verschlechternde psychiatrische Erkrankungen mit wesentlicher Beeinträchtigung psychischer Funktionen (z. B. mit gestörtem Realitätsbezug, Halluzinationen, Bewusstseinsstörungen). Die strenge Abgrenzung gegenüber z. B. Neurosen und Persönlichkeitsstörungen ist nicht immer möglich.

psychotrop. *gr. psyche = Seele; gr. trepein = drehen, wenden, richten*
Psychische Prozesse beeinflussend.

Putamen. *lat. putamen = Schale, Hülse*
Struktur der Basalganglien, die zusammen mit dem Nucleus caudatus das Striatum bildet. Wichtig für den Bewegungsablauf.

Pyramidenzellen. Ein Typ von großen Nervenzellen, der einen in etwa pyramidenförmigen Zellkörper mit einem langen absteigenden Axon besitzt und im zerebralen Kortex vorkommt. Die Spitze der Zelle läuft in Apikaldendriten aus. Pyramidenzellen projizieren meist in andere Kortexareale, daher auch Projektionsneuronen genannt.

R

Radiatio optica. *lat. radiare = Strahlen; gr. optikos = das Sehen betreffend*
Sehstrahlung; Nervenverbindungen vom Corpus geniculatum laterale zur primären Sehrinde.

Ranvier-Schnürring. Eine Lücke zwischen aufeinanderfolgenden Segmenten der Myelinschicht, wo die Membran des Axons frei liegt, sodass Ionenaustausch stattfinden kann, der das Aktionspotenzial wieder auffrischen kann.

Raphe-Kerne. *gr. raphe = Naht, in der Bedeutung von Nahtlinie, Verwachsungslinie*
Eine Neuronengruppe der Formatio reticularis im Hirnstamm, die Serotonin produziert und u. a. an der Schlafsteuerung beteiligt ist.

Rating-Skala. *engl. to rate = bewerten, abschätzen*
Skala, die in mehrere Intensitätsstufen unterteilt ist und mit deren Hilfe eine subjektive Empfindung (z. B. Schmerz) beurteilt werden kann.

raues endoplasmatisches Retikulum (ER). *lat. reticulum = kleines Netz*
Im Zellplasma gelegenes netzartiges Doppelmembransystem, das Kanäle und Membranzisternen verbindet; ist mit Ribosomen besetzt und wichtig für die Proteinbiosynthese.

Reflex. *lat. reflectere = zurückbiegen*
Unwillkürliche Reaktion eines Muskels oder einer Muskelgruppe auf einen von außen an den Organismus herangebrachten Reiz. Zu einem Reflexbogen gehören Rezeptororgan und Effektororgan, die neuronal verschaltet sind.

Refraktärphase. *lat. refractarius = widerspenstig, halsstarrig*
Die Zeitspanne um einen Nervenimpuls, während deren die Empfindlichkeit der Axonmembran herabgesetzt ist. Auf eine kurze Phase der vollständigen Unempfindlichkeit gegenüber neuer Stimulation (absolute Refraktärphase) folgt eine längere Phase reduzierter Empfindlichkeit, während der nur eine sehr starke Erregung ein neues Aktionspotenzial auslösen kann (relative Refraktärphase).

rekurrent. *lat. recurrere = zurückkehren*
Rückläufig, zurücklaufend, wiederkehrend.

Releasinghormone. *engl. to release = ent-, freilassen, befreien*
Eine Klasse von Hormonen, die im Hypothalamus produziert werden und von dort aus zur Hypophyse gelangen, wo sie die Ausschüttung troper Hormone kontrollieren. Gegenteil: Inhibitinghormone.

Remission. *lat. remittere = zurückschicken, nachlassen*
Rückgang von Krankheitserscheinungen.

REM-Rebound. *engl. rebound = Rückprall*
Bezeichnung für das vermehrte Auftreten von REM-Schlafphasen z. B. nach dem Absetzen von Schlafmitteln; dann häufig verbunden mit Alpträumen.

REM-Schlaf. *REM von engl. rapid eye movement = schnelle Augenbewegungen*
Ein Schlafstadium, das sich durch schnelle EEG-Wellen mit kleiner Amplitude, das Fehlen von Muskelspannung und schnelle Augenbewegungen auszeichnet; auch paradoxer Schlaf genannt, da Wellenaktivität dem Wachzustand ähnlich ist; gleichzeitig hohe Weckschwelle.

Renshaw-Hemmung. Synonyme: rekurrente oder Rückwärtshemmung. Hemmender Schaltkreis von Moto- und Interneuronen, der ein Aufschaukeln der Neuronenaktivität verhindert. Transmitter der Renshaw-Zellen ist Glycin.

Glossar | **563**

Reparaturenzym. Reparaturenzyme dienen zellulären Reparaturmechanismen zur Behebung von Schäden an Molekülen der DNA, z.B. infolge der Einwirkung von Ultraviolettstrahlung und ionisierender Strahlung auf Zellen.

Retina. *lat. rete = Netz*
Netzhaut; die lichtempfindliche Gewebeschicht, die den Augenhintergrund auskleidet und Stäbchen und Zapfen sowie visuelle Interneurone enthält.

Retinotopie. *lat. rete = Netz; Retina = Netzhaut des Auges; gr. topos = Ort, Platz, Stelle*
Die Repräsentation visueller Information in Strukturen des visuellen Systems, bei der die relative Lage der retinalen Stimuli zueinander beibehalten wird.

Reuptake. *engl. reuptake = Wiederaufnahme*
Im Bereich der Neurobiologie: die Wiederaufnahme des ausgeschütteten Transmitterstoffes in die präsynaptische Endigung. Dies kann durch Reuptake-Hemmer unterbunden werden, sodass der Transmitter wie z.B. Serotonin oder Noradrenalin im synaptischen Spalt verbleibt (selektive Transmitter-Wiederaufnahmehemmer).

rezeptives Feld. *lat. recipere= aufnehmen*
Der Bereich einer rezeptiven Fläche, auf den ein sensorisches Neuron anspricht; beim Sehen ist dies der Bereich der Retina, in dem Lichtreize die Aktivität des sensorischen Neurons beeinflussen; bei der Somatosensorik ist es der Bereich des Körpers, in dem adäquate Reizung eine Änderung in der Aktivität des somatosensorischen Neurons bewirkt.

Rezeptor. *lat. recipere = aufnehmen, empfangen*
(1) Membranrezeptor: Ein Protein, das entweder auf der Oberfläche oder innerhalb einer Zelle lokalisiert ist und spezifisch ein bestimmtes, von außen kommendes Molekül (Ligand) bindet.
(2) Reizaufnehmende Zelle: In Abgrenzung zu Membranrezeptor auch Sensor; Bestandteil eines Gewebes, z.B. Haut, Muskel, Sehne, oder eines Sinnesorgans, wie Auge, Ohr, Gleichgewichtsorgan. Die Haupteigenschaft der Rezeptors besteht darin, auf Einwirkung eines für sie adäquaten Reizes mit einer elektrotonischen Depolarisation, dem Rezeptorpotenzial, zu antworten, die dann in fortgeleitete Aktionspotenziale transformiert wird.

rezessiv. *lat. recedere, recessum = zurücktreten, zurückweichen*
In der Genetik: In seiner Wirkung ist ein rezessives Allel von einem dominanten überdeckt, d.h., ein dominantes Allel setzt sich bei der Merkmalsausprägung durch.

Rhinenzephalon. *gr. rhis, Gen. rhinos = Nase; gr. enzephalos = was im Kopf ist, Gehirn*
Riechhirn; verschiedene Gebiete des Paläokortex, an denen Nerven der Riechbahn enden.

Rhodopsin. *gr. rhodeos = rosig, rosenfarben; gr. opsis = Auge, Angesicht, Sehen*
Das Photopigment in den Zapfen, das auf Licht anspricht. Wegen seiner roten Farbe so benannt.

Ribosomen. *Kurzwort aus Ribose = Kohlenhydratbestandteil der Ribonukleinsäuren; gr. soma = Leib, Körper*
Organellen im Zellkorper, an denen die Übersetzung genetischer Information (die Proteinproduktion) stattfindet.

RNA. *Abk. für engl. ribonucleic acid*
Ribonukleinsäure; eine Nukleinsäure, die Information aus der DNA überträgt. Zwei Formen der RNA: Transfer-RNA und Messenger-RNA; Letztere sind für die Proteinproduktion in den Ribosomen wichtig.

Rückenmark. Strang von Nervengewebe, der im Wirbelkanal von der Medulla oblongata bis zum zweiten Lendenwirbel reicht und wichtige motorische und sensible Nervenbahnen des Zentralnervensystems enthält.

Ruffini-Körperchen. Ein Mechanorezeptorzelltyp in der Haut; Nervenendkörperchen im subkutanen Gewebe; reagieren auf Spannung (Scherkräfte), Berührung und Druck; großes rezeptives Feld.

Ruhepotenzial. Bioelektrisches Potenzial innerhalb einer Zelle im unerregten Zustand (–60 bis –80 mV); vgl. Membranpotenzial.

S

Sacculus. *lat. sacculus = Säckchen*
Neben den Bogengängen und dem Utriculus Teil des Vestibulärorgans (Gleichgewichtsorgans) im Innenohr. Dient zur Erfassung linearer Bewegung.

SAD. *Abk. für engl. seasonal affective disorder = jahreszeitlich bedingte affektive Störung*
Synonym: Winterdepression. In den Wintermonaten auftretende depressive Störung, die vermutlich durch mangelnde Lichteinstrahlung und die daraus resultierende mangelnde Serotoninproduktion in der Zirbeldrüse verursacht wird.

Sadismus. *nach dem französischen Schriftsteller D. A. F. Marquis de Sade (1740–1814)*
Abweichendes Sexualverhalten, bei dem sexuelle Erregung und Befriedigung allein durch psychische Demütigung, Unterwerfung oder körperliche Misshandlung der Partnerin oder des Partners erreichbar ist.

sagittal. *lat. sagitta = Pfeil*
Anatomische Schnittebenen, die der Mittelebene des Körpers parallel sind.

Sakkade. *frz. Saccade = Ruck*
Synonym: sakkadische Augenbewegung. Die schnelle Bewegung der Augen von einem Fixationspunkt zum nächsten, die beim normalen Sehen ständig vorkommt.

saltatorisch. *lat. saltare = tanzen, springen*
Sprunghaft; springende Art der Reizleitung.

Sarkomer. *gr. sarx, Gen. sarkos = Fleisch; gr. meros = Teil*
Ein einzelnes kontraktiles Segment einer Muskelfaser; an beiden Enden von einer Z-Scheibe begrenzt.

Schlafapnoe. *gr. a- = nicht/ohne; gr. pneo = wehen, atmen*
Eine Schlafstörung, die sich durch Atemstillstand oder Verlangsamung des Atems während des Schlafs auszeichnet. Das häufige Aufwachen in der Nacht führt zu extremer Schläfrigkeit am Tag.

Schlafspindel. Muster von EEG-Wellen mit einer Frequenz von 12–14 Hz, das für das Schlafstadium 2 charakteristisch ist.

Schwann-Zellen. Gliazellen, aus denen die Markscheide peripherer Fasern hervorgeht. Im Gehirn und Rückenmark wird dies von den Oligodendrozyten übernommen.

Second Messenger. *engl. second messenger = zweiter Bote*
Eine langsam agierende Substanz in der postsynaptischen Zelle; Effekte von Nervenimpulsen können verstärkt und Prozesse initiiert werden, die zur Änderung des elektrischen Potenzials der Membran führen.

Sehstrahlung. Siehe Radiatio optica.

Sekretion. *lat. secernere, secretus = absondern, ausscheiden*
Sekrete sind im Körper produzierte und ausgeschiedene Flüssigkeiten unterschiedlicher Funktion. Sekretion = Ausscheidung, Ausschüttung.

Sektion. *lat. secare, sectum = schneiden*
Kunstgerechte Zergliederung einer Leiche insbesondere zur Klärung der Todesursache.

Sensor. *lat. sentire, sensum = fühlen, empfinden*
Zelle, die darauf spezialisiert ist, bestimmte Veränderungen im Organismus oder in der Umwelt an das Nervensystem weiterzuleiten (auch: Rezeptor).

Septum. *Synonym: Septum pellucidum; lat. saeptum = Zaun, Schranke; lat. lucidus = scheinend, glänzend*
Dünne Platte zwischen dem Corpus callosum und der Fornix als Trennwand zwischen den Vorderhörnern der Seitenventrikel.

Serotonin. *lat. serum = Flüssigkeit; gr. tonos = Spannung, Druck*
Ein Neurotransmitter, der v.a. in den Raphe-Kernen produziert wird und in zahlreichen Strukturen des Gehirns wirkt.

Sinneskanal. Ein Sinneskanal besteht aus den reizaufnehmenden, reizleitenden und reizverarbeitenden Strukturen zur Verarbeitung von Stimuli einer bestimmten Sinnesmodalität.

Skelettmuskel. *gr. skeleton = ausgetrocknet; Mumie, Gerippe*
Die Bezeichnung rührt daher, dass diese Muskeln mit dem knöchernen Skelett verbunden sind bzw. dessen Bewegung dienen.

Sklera. *gr. skleros = trocken, spröde, hart*
Lederhaut des Auges (äußere Hülle des Augapfels). Dient zum Schutz. Bildet zusammen mit der Hornhaut die äußere Augenhaut.

skotopisches Sehen. *gr. skotos = Finsternis; gr. = topos = Ort, Lage*
Stäbchensehen; das Sehen bei wenig Lichteinfall ins Auge, hierbei sind v.a. die Stäbchen wichtig. Gegenteil: photopisches Sehen.

Soma. *lat. soma = Körper*
Zellkörper einer Nervenzelle.

somatisches Nervensystem (SNS). *gr. somatikos = den Körper betreffend*
Teil des peripheren Nervensystems, der mit der externen Umwelt interagiert.

somatoforme Störung. *gr. soma = Körper; lat. forma = Gestalt*
Das Vorhandensein von körperlichen Symptomen, die einen medizinischen Krankheitsfaktor nahelegen, ohne dass jedoch ein organischer Befund feststellbar ist.

somatotop(isch). *gr. soma = Körper; gr. topos = Ort, Platz, Stelle*
Bei somatotop(isch)er Organisation wird Information, die aus benachbarten Bereichen im Körper kommt, auch in nebeneinanderliegenden Bereichen des Gehirns verarbeitet.

Somnambulismus. *lat. somnus = Schlaf; lat. ambulare = umhergehen*
Schlafwandeln. Eine Parasomnie.

Somnolenz. *lat. somnolentia = Schläfrigkeit*
Krankhafte Schläfrigkeit, die mit einer Bewusstseinstrübung einhergeht.

SPECT. *Abk. für Single-Photon-Emission-Computertomography*
Bildgebendes Verfahren, bei der die Strahlung eines Radiopharmakons erfasst wird. Bietet geringere Auflösung als die Positronenemissionstomographie. Methode zur Bestimmung der regionalen Hirndurchblutung oder Rezeptorendichte.

Spinalganglion. *lat. spinae = Dorn, Rückgrat; gr. gagglion = Nervenknoten*
An der hinteren Wurzel der Rückenmarksnerven im Bereich des Zwischenwirbellochs gelegene spindelförmige Ansammlung pseudounimodaler, vorwiegend somatosensibler Nervenzellen mit peripheren zentralen Fortsätzen.

Spinalnerven. *lat. spina = Dorn, Stachel, Rückgrat*
Vom Rückenmark seitlich austretende Nerven.

Split-Brain-Patienten. *engl. split = Spaltung; engl. brain = Gehirn*
Patienten mit einer neurochirurgischen Durchtrennung des Corpus callosum. Eine solche Kommissurektomie wird v.a. bei der Epilepsie zur Unterbrechung der Erregungsausbreitung von einer auf die andere Großhirnhemisphäre eingesetzt.

Stäbchen. Eine der beiden Arten von lichtsensitiven Zellen in der Retina, die bei geringem Lichteinfall am aktivsten ist. Stäbchen haben dafür geringere Auflösung als die Zapfen; vgl. photopisches und skotopisches Sehen.

Steigbügel. Das letzte der drei Gehörknöchelchen (neben Hammer und Amboss), die sich in der Paukenhöhle im Mittelohr befinden. Kleinster menschlicher Knochen überhaupt.

Steroidhormone. *gr. stereos = hart, stark, fest; gr. horman = erregen, antreiben*
Eine Klasse von Hormonen, die aus vier verbundenen Kohlenstoffringen aufgebaut sind. Dazu gehören Glukokortikoide, Mineralokortikoide, Androgene, Östrogene und Progestagene.

Striatum. *lat. stria = Riefe, Vertiefung, Streifen*
Nucleus caudatus und Putamen zusammen. Teil der Basalganglien.

Stupor. *lat. stupere = betäubt sein*
Bewegungsstarre. Ursache kann z. B. Schizophrenie sein.

Subarachnoidalraum. *lat. sub = unter, unterhalb; gr. arachne = Spinne; gr. eides = gestaltet, ähnlich*
Unter der Arachnoidea (mittlere Hirnhaut) gelegen. Gefüllt mit Liquor cerebrospinalis (Gehirn-Rückenmark-Flüssigkeit).

Subduralraum. *lat. sub = unter, unterhalb; lat. durus = hart*
Unter der Dura (Hirnhaut) gelegen.

Substantia nigra. *lat. substantia = Substanz; lat. niger = schwarz*
Eine Struktur im Hirnstamm des Menschen; wird von einigen Autoren zu den Basalganglien gezählt; enthält dopaminproduzierende Zellen. Bei Untergang dieser Neuronen finden keine inhibitorischen Impulse auf die Bewegungsimpulse statt (Symptom bei der Parkinson-Krankheit).

Substanz P. *lat. substantia = Wesen, Beschaffenheit, Stoff; P für pain = Schmerz*
Kininartiges Peptid v. a. in der Dünndarmmuskulatur und im Gehirn; wirkt anregend auf die Darmmuskulatur, blutdrucksenkend und als Transmitter sensorischer (insbesondere nozizeptiver) Neuronen.

Sulcus. *lat. sulcus = Furche, kleiner Graben; Plural: Sulci*
Die Furchen in der gefalteten Oberfläche des Kortex, wodurch die Windungen (Gyri) voneinander getrennt werden.

Summation. *lat. summare = auf den Höhepunkt bringen*
Fähigkeit einer Serie von mehreren unter- oder überschwelligen Reizen, ihre Wirkung zeitlich oder räumlich zu summieren und damit einen Reflex bzw. Impuls herbeizuführen.

sympathisches Nervensystem. *gr. syn = mit; gr. pathein = leiden*
Der dem Parasympathikus entgegengesetzt wirkende Teil des peripheren Nervensystems; versetzt den Körper in eine angespannte Grundhaltung (ergotrop). Zuständige Neurotransmitter: Acetylcholin (präganglionär) und Noradrenalin (postganglionär).

Sympatholytikum. *gr. lysis = Auflösung*
Synonym: Sympathikolytikum. Substanz, die eine dem Sympathikus entgegengesetzte Wirkung entfaltet.

Sympathomimetikum. *gr. mimeisthai = nachahmen*
Synonym: Sympathikomimetikum. Substanz, die eine ähnliche Wirkung entfaltet, wie sie durch Erregung des Sympathikus hervorgerufen wird.

Synapse. *gr. synapsis = Verbindung*
Besteht aus dem präsynaptischen Endknopf, der postsynaptischen Membran und dem dazwischen liegenden synaptischen Spalt; Funktion: Informationsübertragung von einer Zelle auf die andere.

Synkope. *gr. syn = mit; gr. kope = Schlag*
Kurzer Bewusstseinsverlust z. B. durch eine Störung der Blutzirkulation im Kopf. Tritt häufig bei abruptem Aufstehen auf.

T

Tachykardie. *gr. tachys = schnell; gr. kardia = Herz*
Stark beschleunigte Herztätigkeit, Herzjagen.

Tectum. *lat. tectum = Dach*
Der dorsale Teil des Mittelhirns, einschließlich der Colliculi inferiores und superiores (Vierhügelplatte).

Tegmentum. *lat. tegmentum = Haube, Decke, Bedeckung*
Teil des Mittelhirns. Dazu gehören u. a. Teile der Formatio reticularis und der Nucleus ruber.

Telenzephalon. *gr. telos = Ende, Ziel; enzephalos = was im Kopf ist, Gehirn*
Endhirn, Großhirn; bildet den größten Teil des menschlichen Gehirns; besteht aus der Großhirnrinde (Kortex) und dem Großhirnmark mit Endhirnkernen (Basalganglien) und Faserverbindungen.

Temporallappen. *lat. tempora = Schläfen*
Schläfenlappen des Großhirns, an der seitlichen Hemisphärenoberfläche mit Hör- und Sprachzentrum (Wernicke-Zentrum in der sekundären Hörrinde).

TENS. Abk. für **t**ranskutane **e**lektrische **N**erven**s**timulation; kann durch elektrische Reizung von peripheren Nervenfasern zur Schmerzdämpfung dienen.

Testosteron. *Kunstwort zu lat. testis = Hoden*
Zu den Androgenen gehörendes Steroidhormon, das von den männlichen Gonaden produziert wird; steuert z. B. eine Vielzahl von körperlichen Veränderungen, die in der Pubertät auftreten.

tetanische Potenzierung. *gr. tetanos = Spannung, Krampf*
Synonyme: Tetanie, Tetanus. Anhaltende Muskelspannung z. B. als Folge zahlreicher rasch aufeinanderfolgender Reizungen.

Thalamus. *gr. thalamos = Schlafgemach, Kammer*
Synonym: Sehhügel. Die zwischen Hypothalamus und Epithalamus gelegene größte graue Kernmasse des Zwischenhirns; hier erfolgt die Umschaltung der aufsteigenden sensorischen und sensiblen Bahnen auf Neuronen des Großhirns.

Thymoleptikum. *gr. thymos = Gemüt, Gemütswallung; gr. analeptikos = erfrischend, stärkend*
Ein anregendes, belebendes Mittel; Arzneimittel zur Hebung der Gemütsverfassung v. a. bei Depression.

Tinnitus. *lat. tinnire, tinnitum = klingen, klingeln*
Dauergeräusche im Ohr; häufig zusammen mit Innenohrschwerhörigkeit.

TMS. Siehe transkranielle Magnetstimulation.

Tonotopie. *gr. topos = Ort, Platz*
Die Tonotopie besagt, dass unterschiedliche Tonfrequenzen innerhalb des auditiven Systems in räumlich unterscheidbaren neuronalen Strukturen verarbeitet werden.

topische Gliederung. *gr. topos = Ort, Platz*
Eine Gliederung bezüglich der örtlichen Lage.

Tourette-Syndrom. *nach dem französischen Arzt George Gille de la Tourette (1857–1904)*
Eine erhöhte Sensibilität für taktile, auditive und visuelle Stimuli; häufig begleitet von Tics.

Tranquillanzien. *engl. tranquilize = beruhigen*
Synonym: Tranquilizer. Beruhigende Medikamente gegen Psychosen, Depressionen, Angst- und Spannungszustände, Zwangsvorstellungen. Dazu gehören v. a. Benzodiazepine (wie Valium, das die Wirkung von GABA erhöht).

Transduktion. *lat. transducere = hinüberführen*
Übertragung der Energie eines Reizes in ein elektrisches Potenzial der Membran eines Sinnesrezeptors (Sensors), welches in einem zweiten Schritt (Transformation) fortleitbare Aktionspotenziale erzeugen kann (Generatorpotenzial). Das Potenzial entsteht i. Allg. durch Öffnung von Natriumkanälen der Membran.

Transformation. *lat. transformare = umbilden, verwandeln*
Umwandlung eines Generatorpotenzials von Sensoren oder der postsynaptischen Nervenzellmembran in eine Serie von Aktionspotenzialen.

transkranielle Magnetstimulation (TMS). *lat. trans = jenseits, über; gr. kranion = Schädel*
Nichtinvasives Verfahren, bei dem eine magnetische Spule über dem Schädel platziert wird, um das darunter liegende Gehirn zu stimulieren, sodass es zu veränderter neuronaler Aktivität kommt. Eingesetzt z. B. zur Diagnose von multipler Sklerose und degenerativen Nervenerkrankungen.

Transkription. *lat. transcribere = umschreiben, übertragen*
Übertragung eines DNA-»Textes« in einen RNA-»Text«. Mit der Translation Teil der Proteinbiosynthese.

Translation. *lat. transferre, translatum = hinübertragen, übersetzen*
Übersetzung der durch die Transkription in die Messenger-RNA umgeschriebene genetischen Information der DNA in die Aminosäurensequenz der Proteine mithilfe der Transfer-RNA.

Trichromasie. *gr. tri = drei, dreiteilig; gr. chroma = Haut, Hautfarbe, Farbe*
Normales Farbensehen mit drei Typen von farbempfindlichen Sensortypen.

Trigeminusneuralgie. *lat. trigeminus = dreifach; gr. neuron = Nerv, Sehne, Flechse; gr. algesis = Schmerz*
Auftreten heftiger Schmerzen im Bereich des Trigeminusnervs (im Gesicht gelegen).

trophotrop. *gr. trophe = Ernähren, Nahrung; gr. trepein = drehen, richten*
Auf den Ernährungszustand von Geweben bzw. Organen einwirkend. Zustand des Körpers bei Parasympathikusübergewicht. Gegenteil: ergotrop.

U

ultradiane Periodizität. *ultra = jenseits, darüber, über … hinaus; lat. dies = Tag*
Periodischer Rhythmus mit einer Periodendauer von weniger als einem Tag.

Utriculus. *lat. utriculus = kleiner Schlauch, Balg*
Teil des Gleichgewichtsorgans im Innenohr; vgl. Sacculus.

V

Vagotonie. *lat. vagus = umherschweifend, unstet; gr. tonos = Spannen, Anspannung*
Erhöhte Aktivität des parasympathischen Nervensystems (insbesondere des Vagus).

Vagusnerv. *lat. vagus = umherschweifend, unstet; lat. nervus = Sehne, Muskelband*
Lungen-Magen-Nerv; in der Medulla oblongata entspringender motorische und sensible Fasern führender X. Hirnnerv; innerviert zahlreiche Muskeln (z. B. Kehlkopf, Rachen, Speiseröhre, Atemwege), Drüsen, Drüsenorgane und den Gehörgang. Wichtigster Nerv des parasympathischen Systems.

Varianz. *lat. variare = verändern, verschieden sein*
Die Varianz ist ein statistisches Maß für die Größe der Schwankungen um einen Mittelwert (Streuungsmaß).

Varikositäten. *lat. varix = Krampfader, Venenknoten*
Runde Auswölbungen von Axonen im vegetativen Nervensystem, in denen Vesikel mit Transmitterstoffen gespeichert werden. Entspricht der präsynaptischen Endigung im Zentralnervensystem. Jedoch muss der Transmitter weit diffundieren, bevor er die Zielzelle erreicht; da mehrere Zellen erfasst werden können, erfolgt demgegenüber eine unpräzise Erregung.

Vasodilatation. *lat. vas = Gefäß; lat. dilatare = ausdehnen*
Gefäßerweiterung.

Vasokongestion. *lat. vas = Gefäß; lat. congerere = zusammentragen*
Blutandrang in Gefäßen, z. B. bei der Erektion in Penis und Hoden.

Vasopressin. *lat. vas = Gefäß; lat. premere, pressum = drücken, pressen*
Im Hypothalamus gebildetes und im Hypophysenhinterlappen gespeichertes Hormon von blutdrucksteigernder Wirkung (wirkt gefäßverengend). Auch antidiuretisches Hormon genannt (ADH).

vegetativ. *lat. vegetare = beleben*
Das autonome Nervensystem und seine Funktion betreffend.

vegetatives Nervensystem. *lat. vegetare = beleben*
»Eingeweidenervensystem«, gegenüber dem zentralen Nervensystem autonomes Nervensystem; besteht aus Parasympathikus und Sympathikus.

Vektor. *lat. vector = Träger, Fahrer*
Trägermolekül, das genetisches Material (DNA) in eine fremde Zelle überträgt.

ventral. *lat. venter = Bauch*
Bauchwärts gelegen.

Ventrikel. *lat. ventriculus = kleiner Bauch, Magen*
Mit Gehirnflüssigkeit (Liquor) gefüllte Hohlräume im Gehirn; insgesamt vier.

Vesikel. *lat. vesicula = Bläschen*
Bläschen, deren Membran der Zellmembran gleicht; dienen zur Speicherung von Transmittern in der präsynaptischen Endigung; verschmelzen beim Einlaufen eines Aktions-

Glossar | **567**

potenzials mit der Zellmembran und geben den Transmitter in den synaptischen Spalt ab.

Vestibularorgan. *lat. vestibulum = Vorhof, Vorplatz*
Gleichgewichtsorgan; statisches Organ im Innenohr (Bestandteile: drei Bogengänge, Sacculus, Utriculus), das auf mechanische Kräfte wie Schwerkraft und Beschleunigung reagiert.

visuelle Agnosie. *lat. videre, visum = sehen; gr. a- = ohne/ nicht; gr. gnosis = Erkennen*
Unfähigkeit, Objekte oder Bilder von Objekten zu erkennen; in Zusammenhang mit Läsionen im linken Okzipitallappen und dem Temporallappen.

Visus. *lat. videre, visum = sehen*
Der Sehsinn; auch die Sehschärfe.

viszeral. *lat. viscera = Eingeweide*
Die Eingeweide betreffend.

Viszerozeptoren. *lat. viscera = Eingeweide; lat. recipere, receptum = aufnehmen*
Rezeptoren, die auf Veränderungen in den Eingeweiden ansprechen.

Vorderwurzel. Bezeichnung für die jeweiligen Ursprungsstellen der Rückenmarksnerven an den vorderen (bauchwärts liegenden) efferenten Strängen des Rückenmarks.

W

Wada-Test. Ein Test, bei dem ein kurz wirksames Anästhetikum in eine der beiden Halsschlagadern injiziert wird, um festzustellen, in welcher zerebralen Hemisphäre das Sprachzentrum lokalisiert ist.

Wernicke-Areal. Im oberen Schläfenlappen des Gehirns lokalisiertes sensorisches Sprachzentrum, das auch für das akustische Sprachverständnis zuständig ist; grenzt kaudal an die erste Heschl-Querwindung (Gyrus temporalis transversus) und schließt das Planum temporale mit ein.

Z

Zapfen. Eine Rezeptorenart in der Retina, die für das Farbensehen verantwortlich ist; die drei Typen von Zapfen unterscheiden sich in ihrer Empfindlichkeit für Licht verschiedener Wellenlängen (rot, grün, blau).

Zellmembran. *lat. membrana = dünnes, zartes Häutchen*
Synonym: Plasmalemma. In sich geschlossene, elastisch verformbare, selektiv permeable, äußere Begrenzung von tierischen Zellen zur Gewährleistung des Kontakts zu anderen Zellen (Stoffwechsel, Reizbeantwortung).

Zellorganellen. *Verkleinerungsbildung zu gr. organon = Werkzeug, Hilfsmittel*
Aus Membranen aufgebaute intrazytoplasmatische Strukturen der Zelle (z. B. Mitochondrium, endoplasmatisches Retikulum, Golgi-Apparat, Zellkern).

zentrales Nervensystem (ZNS). Aus Gehirn und Rückenmark bestehender Teil des Gesamtnervensystems.

zentrifugal. *lat. centrum = Mittelpunkt; lat. fugere = fliehen*
Vom Zentrum weglaufend.

Zilien. *lat. cilium = Augenlid, Wimper*
Haarähnliche Fortsätze, z. B. an den Haarzellen der Cochlea.

zirkadian. *lat. circa = um, ringsherum, ungefähr, nahe bei, gegen; lat. dies = Tag*
Innerhalb eines Tagesrhythmus sich einstellende biologische Aktivität (wie Schlafen), die regelmäßig in ungefähr 24-stündigen Abständen oder Zyklen auftritt.

Zygote. *gr. zygon = Verbindung, Joch*
Nach Verschmelzung zweier Gameten (Geschlechtszellen) entstandene befruchtete Eizelle.

Zytoplasma. *»Zyto-« (von gr. kytos = Höhlung, Wölbung) steht in fachsprachlichen Zusammensetzungen für »Zelle«; gr. plasma = Gebildetes, Geformtes*
Der von der Zellmembran umgebene Teil der Zelle ohne den Zellkern.

Zytoskelett. Zellskelett; Stütz- und Bewegungsapparat im Zytoplasma aller eukaryotischen Zellen.

Zytosol. *lat. solvere = lösen, auflösen*
Teil des Zytoplasmas, der durch Zentrifugation nicht weiter auftrennbar ist; enthält zahlreiche Enzyme und Enzymsysteme. Hier befinden sich bei Eukaryonten die Organellen.

Abkürzungsverzeichnis

ACh	Acetylcholin	GSR	Galvanic Skin Response
AChE	Acetylcholinesterase	HCG	Humanes Choriongonadotropin
ACTH	Adrenokortikotropes Hormon	HIV	Humanes Immundefizienz-Virus
ADH	Antidiuretisches Hormon	HPA	Hypothalamus-Hypophysen-Nebennieren-rinden-Achse
ADP	Adenosindiphosphat		
AGC	Anteriorer Gyrus cinguli	HPL	Humanes Plazentalaktogen
ARAS	Aufsteigendes retikuläres Aktivierungs-system	HRP	Horseradish Peroxidase (Meerrettichper-oxidase-Technik)
ATP	Adenosintriphosphat	HT	Hydroxytryptamin
BOLD-Signal	Blood-oxygene-level-dependent-Signal	Hz	Hertz
BRAC	Basic Rest Activity Cycle	ICD-10	Internationale Klassifikation der Krank-heiten, 10. Revision
CaM-Kinase	Calmodulinkinase		
cAMP	Zyklisches Adenosinmonophosphat	IEG	Immediate Early Gene
CGL	Corpus geniculatum laterale	INAH3	Dritter interstitieller Nucleus des anterioren Hypothalamus
cGMP	Zyklisches Guanosinmonophosphat		
Cl	Chlor	IPSP	Inhibitorisches postsynaptisches Potenzial
CNV	Contingent Negative Variation	IQ	Intelligenzquotient
CO	Kohlenmonoxid	IZSH	Interstitialzellenstimulierendes Hormon
CREB-1	cAMP Responsive Element Binding Protein, Typ 1	K	Kalium
		kg	Kilogramm
CRH	Kortikotropin-Releasing-Hormon	L-Dopa	Levodopa
CS	Conditioned Stimulus (Konditionierter Reiz)	LH	Luteinisierendes Hormon
		LPH	Lipotropes Hormon
CT	Computertomographie	LSD	Lysergsäurediethylamid
DAT	Dopaminrücktransporter	LTP	Langzeitpotenzierung
dB	Dezibel	MAO	Monoaminoxidase
Δ9-THC	Delta-9-Tetrahydrocannabinol	MDMA	3,4-Methylendioxy-N-methyl-amphetamin
D-Sensoren	Differential-Sensoren	MEG	Magnetoenzephalographie
DSM-IV	Diagnostisches und Statistisches Manual Psychischer Störungen, 4. Revision	mg	Milligramm
		MHC	Major Histocompatibility Complex
EDA	Elektrodermale Aktivität	mlu/ml	milliunits per Milliliter
EEG	Elektroenzephalographie, -gramm	mm	Millimeter
EF1a	Elongation Factor 1a	MPOA	Mediales präoptisches Areal
EKG	Elektrokardiographie, -gramm	mRNA	Messenger-Ribonukleinsäure
EKP	Ereigniskorreliertes Potenzial	MRS	Magnetresonanzspektroskopie
EKT	Elektrokrampftherapie	MRT	Magnetresonanztomographie, -tomo-gramm
EMG	Elektromyographie, -gramm		
EOG	Elektrookulographie, -gramm	ms	Millisekunde
EPI	Echo-Planar-Imaging	MS	Multiple Sklerose
EPSP	Exzitatorisches postsynaptisches Potenzial	MSH	Melanozytenstimulierendes Hormon
ER	Endoplasmatisches Retikulum	MT	Mediotemporaler Kortex
fMRT	Funktionelle Magnetresonanztomographie	μA	Mikroampere
FSH	Follikelstimulierendes Hormon	μm	Mikrometer
g	Gramm	μmho	Mikro-mho (mho = »Ohm« rückwärts gelesen)
G	Guanosinbindendes Protein		
GABA	Gammaaminobuttersäure	μS	Mikro-Siemens
Gc	Guanylatcyklase	μV	Mikrovolt
GH	Growth Hormone	Na	Natrium
GMP	Guanosinmonophosphat	NaSSRI	Noradrenalin-plus-Serotonin-selektiver-Reuptake-Inhibitor
GnRH	Gonadotropin-Releasing-Hormon		
GRH	Growth-Hormone-Releasing-Hormon	NGF	Nerve Growth Factor

NK-Zellen	Natürliche Killer-Zellen	SQUID	Superconducting Quantum Interference Device
nm	Nanometer		
NMDA	N-Methyl-D-Aspartat	SRH	Somatotropin-Releasing-Hormon
NO	Stickstoffmonoxid	SRY-Gen	Sexdeterminierende Region des Y-Gens
P	Phosphatgruppe	SSRI	Selektiver Serotonin-Reuptake-Inhibitor
PDE	Phosphodiesterase	STED	Stimulated Emission Depletion
PET	Positronenemissionstomographie	STH	Somatotropes Hormon
PGO-Wellen	Pons-Geniculatum-Okzipitalkortex-Wellen	T3	Trijodthyronin
PGR	Psychogalvanischer Reflex	T4	Tetrajodthyronin; Thyroxin
PKA	Proteinkinase A	TDF	Testis-determining factor
PKC	Proteinkinase C	TENS	Transkutane elektrische Nervenstimulation
PMS	Prämenstruelles Syndrom	TMS	Transkranielle Magnetstimulation
PNS	Peripheres Nervensystem	TRH	Thyreotropin-Releasing-Hormon; Thyroliberin
POMC	Proopiomelanocortin		
PTSD	Posttraumatisches Stresssyndrom	tRNA	Transfer- Ribonukleinsäure
REM	Rapid Eye Movements	TSH	Thyroideastimulierendes Hormon; Thyreotropin
RH*	Rhodopsin		
RNA	Ribonukleinsäure	TTX	Tetrodotoxin
rRNA	Ribosomale Ribonukleinsäure	TZA	Trizyklische Antidepressiva
rTMS	Repetitive Transkranielle Magnetstimulation	UCS	Unconditioned Stimulus (Unkonditionierter Reiz)
RVLM	Rostraler ventrolateraler Teil der Medulla oblongata	V	Volt
		VIP	Vasoaktives intestinales Polypeptid
SAD	Saisonal abhängige Depression	VLPO	Ventrolaterales präoptisches Areal
SCR	Skin Conductance Response	VMH	Ventromedialer Kern des Hypothalamus
SKAT	Schwellkörperautoinjektionstherapie	VNO	Vomeronasales Organ
SNRI	Selektive Noradrenalin-Reuptake-Inhibitor	VTA	Ventrales tegmentales Areal
SPECT	Single-Photon-Emissions-Computertomographie	WHO	World Health Organisation
		XTC	Ecstasy
SPL	Sound Pressure Level	ZNS	Zentrales Nervensystem

Literaturverzeichnis

Adolphs, R., Tranel, D., Hamann, S., Young, A. W., Calder, A. J., Phelps, E. A., Anderson, A., Lee, G. P. & Damasio, A. R. (1999). Recognition of facial emotion in nine individuals with bilateral amygdala damage. Neuropsychologia, 37, 1111–1117.

Anderson, S. W., Bechara, A., Damasio, H., Tranel, D. & Damasio, A. R. (1999). Impairment of social and moral behavior related to early damage in human prefrontal cortex. Nature Neuroscience, 2, 1032–1037.

Aschoff, J. (1967). Zirkadiane Rhythmik beim Menschen in Isolation. Verhandlungen der Deutschen Gesellschaft für Innere Medizin, 73, 941–942.

Aserinsky, E. & Kleitman, N. (1953). Regularly occurring periods of eye motility, and concomitant phenomena, during sleep. Science, 118, 273–274.

Bard, P. (1934). On emotional expression after decortication with some remarks on certain theoretical views. Psychological Review, 41, 424–449.

Borbely, A. A. & Achermann, P. (1992). Concepts and models of sleep regulation: an overview. Journal of Sleep Research, 1, 63–79.

Born, J. & Plihal, W. (1998). Gedächtniskonsolidierung beim Schlafen. Spektrum der Wissenschaft, 21–24.

Broca, P. P. (1861). Perte de la parole, ramollissement chronique et destruction partielle du lobe antérieur gauche du cerveau. Bulletin de la Société Anthroplogique, 2, 235–238.

Call, V., Sprecher, S. & Schwartz, P. (1995). The incidence and frequency of marital sex in a national sample. Journal of Marriage and the Family, 57, 639–652.

Campbell, S. (1997). The basics of biological rhythms. In M. Pressman & W. C. Orr (Eds.), Understanding sleep: the evaluation of sleep disorders (pp. 35–56). Washington DC: American Psychological Association.

Campbell, S. S. & Murphy, P. J. (1998). Extraocular circadian phototransduction in humans. Science, 5349, 396–399.

Cannon, W. B. (1927). The James–Lange theory of emotion: a critical examination and an alternative theory. American Journal of Psychology, 39, 106–124.

Chaudhari, N., Landin, A. M. & Roper, S. D. (2000). A metabotropic glutamate receptor variant functions as a taste receptor. Nature Neuroscience, 3, 113–119.

Chomsky, N. (1957). Syntactic structures. Den Haag: Mouton.

Czeisler, C. A., Kronauer, R. E., Allan, J. S., Duffy, J. F., Jewett, M. E., Brown, E. N. & Ronda, J. M. (1989). Bright light induction of strong (type 0) resetting of the human circadian pacemaker. Science, 244, 1328–1333.

Damasio, A. (1995). Descartes Irrtum. München: Paul List Verlag.

Darwin, C. (1872). The expression of emotions in man and animal. New York: Philosophical Library.

Delgado, J. M. R. (1969). Physical control of the mind. New York: Harper & Row.

Fielden, J., Lutter, C. & Dabbs, J. (1994). Basking in glory: testosterone changes in world cup soccer fans. Psychology Department. Georgia State University.

Forth, W., Henschler, D. & Rummel, W. (2001). Allgemeine und spezielle Pharmakologie und Toxikologie. München: Urban & Fischer Verlag.

Galanter, E. (1962). Contemporary psychophysics. In New directions in psychology. New York: Holt, Rinehart & Winston.

Gannon, P. J., Holloway, R. L., Broadfield, D. C. & Braun, A. R. (1998). Asymmetry of chimpanzee planum temporale: humanlike pattern of Wernicke's brain language area homolog. Science, 279, 220–222.

Gardner, R. A. & Gardner, B. T. (1989). Teaching sign language to a chimpanzee. Science, 165, 664–672.

Geschwind, N. & Galaburda, A. M. (1987). Cerebral lateralization: Biological mechanisms, associations, and pathology. Cambridge, MA: MIT Press.

Geschwind, N. & Levitsky, W. (1968). Left-right asymmetries in temporal speech region. Science, 161, 186–187.

Gwinner, E. (1986). Circannual rhythms in the control of avian rhythms. Advances in the Study of Behavior, 16, 191–228.

Hebb, D. O. (1949). The organization of behavior; a neuropsychological theory. New York: Wiley-Interscience.

Hiemke, C. (2003). Biochemische Grundlagen des Schmerzes. In U. T. Egle, S. O. Hoffmann, K. A. Lehmann & W. A. Nix (Hrsg.). Handbuch Chronischer Schmerz: Grundlagen, Pathogenese, Klinik und Therapie aus bio-psycho-sozialer Sicht (S. 55–62). Stuttgart: Schattauer.

Hobson, A. J. (1989). Sleep. New York: W. H. Freeman

Hobson, A. J. (1999). Dreaming as delirium: how the brain goes out of its mind. Cambridge, Mass.: MIT Press.

Hohmann, G. W. (1966). Some effects of spinal cord lesions on experienced emotional feelings. Psychophysiology, 3, 143–156.

Horne, J. (1988). Sleep loss and »divergent« thinking ability. Sleep, 11, 528–36.

Hugdahl, K. (1996). Brain laterality – beyond the basics. European Psychologist, 1, 206–220.

James, W. (1884). What is an emotion? Mind, 9, 188–205.

Kandel, E. R. (2001). The molecular biology of memory storage: a dialogue between genes and synapses. Science, 294, 1030–1038.

Kleitman, N. (1961). The nature of dreaming. In G. E. W. Wolstenholme & M. O'Connor (Eds.), The nature of sleep. London: J. & A. Churchill.

Klüver, H. & Bucy, P. C. (1939). Preliminary analysis of the temporal lobes in monkeys. Archives of Neurology and Psychiatry, 42, 979–1000.

Kolb, B. & Whishaw, I. Q. (2003). Human Neuropsychology. New York: Worth Publishers.

Ladewig, D. (1996). Sucht und Suchtkrankheiten. Ursachen, Symptome, Therapien. München: Beck.

Lange, C. (1887). Über Gemüthsbewegungen. Leipzig: Theodor Thomas.

LeVay, S. (1994). Keimzellen der Lust. Heidelberg: Spektrum der Wissenschaft.

Logan, C. G. & Grafton, S. T. (1995). Functional anatomy of human eyeblink conditioning determined with regional cerebral glucose metabolism and positron-emission tomography. Proceedings of the National Academy of Sciences of the U.S.A., 92, 7500–7504.

Loomis, A. L., Harvey, E. N. & Hobart, G. A. (1937). Cerebral states during sleep as studied by human brain potentials. Journal of Experimental Psychology, 21, 127–144.

Mazur, A. (1995). Biosocial models of deviant behavior among army veterans. Biological Psychology, 41, 271–293.

Mazur, A. & Booth, A. (1998). Testosterone and dominance in men. Behavioral Brain Science, 21, 353–363.

Melzack, R. A. & Wall, P. D. (1965). Pain mechanisms: A new theory. Science, 150, 3699–3709.

Michod, R. E. (1995). Eros and Evolution. New York: Perseus Books.

Moruzzi, G. & Magoun, H. W. (1949). Brain stem reticular formation and activation of the EEG. Electroencephalography and Clinical Neurophysiology, 1, 455–473.

Mountcastle, V. B. (1957). Modularity and topographic properties of single neurons of cat's somatic sensory cortex. Journal of Neurophysiology, 20, 403–434.

Murray, C. J. & Lopez, A. D. (1997). Alternative projections of mortality and disability by cause 1990–2020: Global burden of disease study. Lancet, 349, 1498–1504.

Mutschler, E., et al. (2001). Arzneimittelwirkungen. Stuttgart: Wissenschaftl. Verlagsgesellschaft mbH.

Nauta, W. & Feirtag, M. (1990). Neuroanatomie. Heidelberg: Spektrum Akademischer Verlag.

Olds, J. & Milner, P. (1954). Positive reinforcement produced by electrical stimulation of the septal area and other regions of rat brain. Journal of Comparative and Physiological Psychology, 47, 419–427.

Oren, D. A. (1996). Humoral phototransduction: Blood is a messenger. The Neuroscientist, 2, 207–210.

Pittler, M. H. (1998). Yohimbin zur Therapie der erektilen Dysfunktion. Fortschritte der Medizin, 116, 32–33.

Premack, D. (1971). Language in an chimpanzee? Science, 172, 808–822.

Rechtschaffen, A. & Kales, A. (1968). A manual of standardized terminology, techniques and scoring system of human subjects. Washington DC: US Government Printing Office.

Richter, C. P. (1922). A behavioristic study of the activity of the rat. Comparative Psychology Monographs, 1, 1–55.

Sack, R. L., Brandes, R. W., Kendall, A. R. & Lewy, A. J. (2000). Entrainment of free-running circadian rhythms by melatonin in blind people. New England Journal of Medicine, 343, 1070–1077.

Schachter, S. & Singer, J. E. (1962). Cognitive, social, and physiological determinants of emotional state. Psychological Review, 69, 379–399.

Seligman, M. (1975). Helplessness: On Depression, Development, and Death. San Francisco: W. H. Freeman.

Sherrington, C. S. (1900). Experiments on the value of vascular and visceral factors for the genesis of emotion. Proceedings of the Royal Society of London. Series B: Biological Sciences, 66, 397–404.

Siegel, S., Hinson, R. E., Krank, M. D. & McCully, J. (1982). Heroin »overdose« death: contribution of drug-associated environmental cues. Science, 216, 436–437.

Snyder, S. H. (1994). Chemie der Psyche. Drogenwirkungen im Gehirn. Heidelberg: Spektrum Akademischer Verlag.

Soyka, M., Banzer, K., Buchberger, M., Völkl, M. & Naber, D. (1997). Methadonsubstitution Opioidabhängiger – Katamnestische Ergebnisse und klinische Erfahrungen eines 7jährigen wissenschaftlichen Forschungsprojektes. Nervenheilkunde, 16, 347–352.

Stern, K. & McClintock, M. K. (1998). Regulation of ovulation by human pheromones. Nature, 392, 177–179.

Thompson, P. M., Cannon, T. D., Narr, K. L., van Erp, T., Poutanen, V. P., Huttunen, M., et al. (2001). Genetic influences on brain structure. Nature Neuroscience, 4, 1253–1258.

Tomarken, A. J., Davidson, R. J., Wheeler, R. E. & Doss, R. C. (1992). Individual differences in anterior brain asymmetry and fundamental dimensions of emotion. Journal of Personality and Social Psychology, 62, 676–687.

Trepel, M. (2008). Neuroanatomie. Struktur und Funktion. München: Elsevier.

Tretter, F. (1983). Filmgenie Fassbinder: Kreativität durch Drogen? Deutsches Ärzteblatt, 80, 54–60.

Hinweise zu den Online-Materialien

Zu diesem Lehrbuch gibt es umfangreiche Zusatzmaterialien im Internet. Besuchen Sie unsere Website www.beltz.de. Auf der Seite dieses Lehrbuchs (z. B. über den Pfad „Psychologie – Lehrbücher – Biologische Psychologie" oder über die Eingabe der ISBN im Suchfeld erreichbar) finden Sie den Zugang zu den Online-Materialien.

Lernen Sie online weiter, u. a. mit den folgenden Elementen:

- **Prüfungsfragen.** Zu jedem Kapitel, nach Unterkapiteln gegliedert, finden Sie zahlreiche Fragen (größtenteils vom Multiple-Choice-Typ) und die richtigen Antworten dazu.
- **Zusammenfassungen.** Kommen Sie nicht gleich auf die richtige Antwort, können Sie sich die Kurzzusammenfassungen, wiederum kapitelweise, dazu holen. Auch ist es möglich, das gesamte Kapitel anhand der Zusammenfassungen in komprimierter Form zu rekapitulieren.
- **Glossar.** Online finden Sie auch das Glossar mit über 600 Fachbegriffen und zusätzlich deren englische Übersetzungen.

Online-Feedback

Über Ihr Feedback zu diesem Lehrbuch würden wir uns freuen:
   http://www.beltz.de/psychologie-feedback
Unter den Einsendern verlosen wir einmal pro Semester 10 Abonnements von Psychologie Heute.

Quellenverzeichnis

Die Quellen von Abbildungen, die in zumeist modifizierter Form anderen Werken entlehnt sind, finden sich im Folgenden

Abb. 2.6 Modifiziert nach Berg, P. & Singer, M. (1993). Die Sprache der Gene (S. 46). Heidelberg: Spektrum Akademischer Verlag.

Abb. 2.7 Modifiziert nach Reinhard, E., Kreis, W. & Rimpler, H. (2001). Pharmazeutische Biologie (S. 124). Stuttgart: Wissenschaftl. Verlagsgesellschaft.

Abb. 3.1 Modifiziert nach Kolb, B. & Whishaw, I. Q. (2003). Fundamentals of Human Neuropsychology (S. 77). New York: Worth Publishers.

Abb. 3.6 Aus Nicholls, J. G., Martin, A. R. & Wallace, B. G. (1995). Vom Neuron zum Gehirn (S. 13). Heidelberg: Spektrum Akademischer Verlag.

Abb. 6.1 Modifiziert nach Graham, R. B. (1990). Physiological Psychology (S. 52). Belmont: Wadsworth.

Abb. 6.3 Modifiziert nach Purves, D., Augustine, G. J., Fitzpatrick, D., Hall, W. C., LaMantia, A.-S., McNamara, J. O. & White, L. E. (2008). Neuroscience (S. 817). Sunderland: Sinauer Ass.

Abb. 6.5 Modifiziert nach Toates, F. (2001). Biological Psychology (S. 62). Harlow, UK: Pearson Education.

Abb. 6.7 Modifiziert nach Schneider, A. M. & Tarshis, B. (1994). Elements of physiological psychology (S. 75). New York: McGraw-Hill.

Abb. 6.11 Modifiziert nach Thews, G., Mutschler, E. & Vaupel, P. (2007). Anatomie, Physiologie. Pathophysiologie des Menschen (S. 684). Stuttgart: Wissenschaftl. Verlagsgesellschaft.

Abb. 6.13 Modifiziert nach Trepel, M. (2008). Neuroanatomie. Struktur und Funktion (S. 199). München: Elsevier.

Abb. 6.15 Modifiziert nach Rosenzweig, M.R., Breedlove, S.M. & Leiman, A.L. (2005). Biological Psychology: an introduction to behavioral, cognitive, and clinical neuroscience (S. 134). Sunderland, Mass.: Sinauer Assoc.

Abb. 6.16 Modifiziert nach Rosenzweig, M.R., Breedlove, S.M. & Leiman, A.L. (2005). Biological Psychology: an introduction to behavioral, cognitive, and clinical neuroscience (S. 136). Sunderland, Mass.: Sinauer Assoc.

Abb. 6.18 Modifiziert nach Trepel, M. (2008). Neuroanatomie. Struktur und Funktion (S. 218). München: Elsevier.

Abb. 6.19 Modifiziert nach Kalat, J.W (2001). Biological psychology (S. 98). Belmont: Wadsworth/Thomson Learning.

Abb. 6.23 Modifiziert nach Kandel, E.R., Schwartz, J.H. & Jessell, T.M. (2000). Principles of neural science (S. 326). New York: McGraw-Hill.

Abb. 6.27 Modifiziert nach Benninghoff, A., Drenckhahn, D. & Zenker, W. (2004). Anatomie (Bd. 2, S. 599). München: Urban & Fischer. (Die Darstellung geht auf Penfield & Rasmussen, 1950, zurück)

Abb. 6.29 Modifiziert nach Benninghoff, A., Drenckhahn, D. & Zenker, W. (2004). Anatomie (Bd. 2, S. 500). München: Urban & Fischer. (Die Darstellung geht auf Penfield & Rasmussen, 1950, zurück)

Abb. 6.32 Aus Sobotta, J. (2004). Atlas der Anatomie des Menschen (S. 290). München: Urban & Fischer.

Abb. 7.2 Modifiziert nach Kandel, E.R., Schwartz, J.H. & Jessell, T.M. (2000). Principles of neural science. (S. 964). New York: McGraw-Hill.

Abb. 7.4 Modifiziert nach Nauta, W.J.H. & Feirtag, M. (1990). Neuroanatomie (S. 120). Heidelberg: Spektrum der Wissenschaft.

Abb. 7.6 Modifiziert nach Deetjen, P., Speckmann, E.-J. & Hescheler, J. (2004). Physiologie (S. 730). München: Urban & Fischer.

Abb. 8.3 Modifiziert nach Thews, G., Mutschler, E. & Vaupel, P. (2007). Anatomie, Physiologie. Pathophysiologie des Menschen (S. 541). Stuttgart: Wissenschaftl. Verlagsgesellschaft.

Abb. 9.1 Modifiziert nach Wickens, A. (2005). Foundations of Biological Psychology (S. 80). Harlow: Pearson Education.

Abb. 9.2 Modifiziert nach Deetjen, P., Speckmann, E.-J. & Hescheler, J. (2004). Physiologie (S. 170). München: Urban & Fischer.

Abb. 9.3 Modifiziert nach Graham, R.B. (1990). Physiological Psychology (S. 344). Belmont: Wadsworth.

Abb. 9.4 Modifiziert nach Reichert, H. (1990). Neurobiologie (S. 192). Stuttgart: Thieme.

Abb. 9.5 Modifiziert nach Thews, G., Mutschler, E. & Vaupel, P. (2007). Anatomie, Physiologie. Pathophysiologie des Menschen (S. 773). Stuttgart: Wissenschaftl. Verlagsgesellschaft.

Abb. 9.6 Modifiziert nach Thews, G., Mutschler, E. & Vaupel, P. (2007). Anatomie, Physiologie. Pathophysiologie des Menschen (S. 775). Stuttgart: Wissenschaftl. Verlagsgesellschaft.

Abb. 9.7 Modifiziert nach Thews, G., Mutschler, E. & Vaupel, P. (2007). Anatomie, Physiologie. Pathophysiologie des Menschen (S. 772). Stuttgart: Wissenschaftl. Verlagsgesellschaft.

Abb. 9.9 Modifiziert nach Thews, G., Mutschler, E. & Vaupel, P. (2007). Anatomie, Physiologie. Pathophysiologie des Menschen (S. 776). Stuttgart: Wissenschaftl. Verlagsgesellschaft.

Abb. 9.10 Modifiziert nach Thews, G., Mutschler, E. & Vaupel, P. (2007). Anatomie, Physiologie. Pathophysiologie des Menschen (S. 776). Stuttgart: Wissenschaftl. Verlagsgesellschaft.

Abb. 10.1 Modifiziert nach Schmidt, R.F. & Schaible, H.-G. (2006). Neuro- und Sinnesphysiologie (S. 198). Berlin: Springer.

Abb. 10.2 Modifiziert nach Klinke, R. & Silbernagl, S. (2005). Lehrbuch der Physiologie (S. 730). Stuttgart: Thieme.

Abb. 10.3 Modifiziert nach Klinke, R. & Silbernagl, S. (2005). Lehrbuch der Physiologie (S. 731). Stuttgart: Thieme.

Abb. 10.4 Modifiziert nach Goldstein, E.B. (2002). Wahrnehmungspsychologie (S. 22). Heidelberg: Spektrum Akademischer Verlag.

Abb. 10.5 Modifiziert nach Klinke, R. & Silbernagl, S. (2005). Lehrbuch der Physiologie (S. 732). Stuttgart: Thieme.

Abb. 11.1 Modifiziert nach Goldstein, E.B. (2002). Wahrnehmungspsychologie (S. 531). Heidelberg: Spektrum Akademischer Verlag.

Abb. 11.2 Modifiziert nach Breedlove, S.M., Rosenzweig, M.R. & Leiman, A.L. (2007). Biological Psychology: an introduction to behavioral, cognitive, and clinical neuroscience (S. 230). Sunderland, Mass.: Sinauer Assoc.

Abb. 11.5 Modifiziert nach Guyton, A.C. & Hall, J.E. (1996). Textbook of medical physiology (S. 619). Philadelphia: W.B. Saunders.

Abb. 12.2 Modifiziert nach Schmidt, R.F. & Schaible, H.-G. (2006). Neuro- und Sinnesphysiologie (S. 248). Berlin: Springer.

Abb. 12.3 Aus Deetjen, P., Speckmann, E.-J. & Hescheler, J. (2004). Physiologie (S. 104). München: Urban & Fischer.

Abb. 12.4 Modifiziert nach Breedlove, S.M., Rosenzweig, M.R. & Leiman, A.L. (2007). Biological Psychology: an introduction to behavioral, cognitive, and clinical neuroscience (S. 291). Sunderland, Mass.: Sinauer Assoc.

Abb. 12.5 Modifiziert nach Deetjen, P., Speckmann, E.-J. & Hescheler, J. (2004). Physiologie (S. 108). München: Urban & Fischer.

Abb. 12.7 Modifiziert nach Klinke, R., Pape, H.C. & Silbernagl, S. (2005). Physiologie (S. 696). Stuttgart: Thieme.

Abb. 12.8 Modifiziert nach Beatty, J. (1995). Principles of behavioral neuroscience (S. 162). Madison, Wis.: Brown & Benchmark.

Abb. 12.11 Modifiziert nach Thews, G., Mutschler, E. & Vaupel, P. (1999). Anatomie, Physiologie. Pathophysiologie des Menschen (S. 764). Stuttgart: Wissenschaftl. Verlagsgesellschaft.

Abb. 12.12 Modifiziert nach Beatty, J. (1995). Principles of behavioral neuroscience. (S. 172). Madison, Wis.: Brown & Benchmark.

Abb. 12.13 Aus Zilles, K. & Rehkämper, G. (1998). Funktionelle Neuroanatomie (S.201). Berlin: Springer.

Abb. 12.14 Modifiziert nach Klinke, R., Pape, H.C. & Silbernagl, S. (2005). Physiologie (S. 706). Stuttgart: Thieme.

Abb. 12.15 Modifiziert nach Klinke, R., Pape, H.C. & Silbernagl, S. (2005). Physiologie (S. 707). Stuttgart: Thieme.

Abb. 13.2 Aus Rosenzweig, M.R., Breedlove, S.M. & Leiman, A.L. (2005). Biological Psychology: an introduction to behavioral, cognitive, and clinical neuroscience (S. 266). Sunderland, Mass.: Sinauer Assoc.

Abb. 13.3 Aus Klinke, R., Pape, H.C. & Silbernagl, S. (2010). Physiologie, 6. Aufl. (S. 679). Stuttgart: Thieme.

Abb. 13.4 Aus Klinke, R., Pape, H.C. & Silbernagl, S. (2010). Physiologie, 6. Aufl. (S. 680). Stuttgart: Thieme.

Abb. 13.5 Aus Thews, G., Mutschler, E. & Vaupel, P. (2007). Anatomie, Physiologie. Pathophysiologie des Menschen (S. 734). Stuttgart: Wissenschaftl. Verlagsgesellschaft.

Abb. 13.6 Aus Schmidt, R.F. & Schaible, H.-G. (2005). Neuro- und Sinnesphysiologie (S. 295). Berlin: Springer.

Abb. 13.7 Modifiziert nach Kalat, J.W (2001). Biological psychology (S. 195). Belmont: Wadsworth/Thomson Learning.

Abb. 13.8 Modifiziert nach Nicholls, J.G., Martin, A.R. & Wallace, B.G. (1995). Vom Neuron zum Gehirn (S. 338). Stuttgart: Gustav Fischer Verlag.

Abb. 13.9 Modifiziert nach Goldstein, E.B. (2002). Wahrnehmungspsychologie (S. 404). Heidelberg: Spektrum Akademischer Verlag.

Abb. 13.10 Modifiziert nach Breedlove, S.M., Rosenzweig, M.R. & Leiman, A.L. (2007). Biological Psychology: an introduction to behavioral, cognitive, and clinical neuroscience (S. 260). Sunderland, Mass.: Sinauer Assoc.

Abb. 14.1 Aus Deetjen, P., Speckmann, E.-J. & Hescheler, J. (2004). Physiologie (S. 159). München: Urban & Fischer.

Abb. 14.2 Aus Firbas, W, Gruber, H. & Mayr, R. (1995). Neuroanatomie (S. 219). Wien: Maudrich.

Abb. 14.3 Modifiziert nach Haase, J. (1984). Neurophysiologie (S. 130). München: Urban & Fischer.

Abb. 15.1 Modifiziert nach Purves, D., Augustine, G.J., Fitzpatrick, D., Hall, W.C., LaMantia, A.-S., McNamara, J.O. & White, L.E. (2008). Neuroscience (S. 364). Sunderland, Mass.: Sinauer Ass.

Abb. 15.2 Modifiziert nach Thews, G., Mutschler, E. & Vaupel, P. (2007). Anatomie, Physiologie. Pathophysiologie des Menschen (S. 726). Stuttgart: Wissenschaftl. Verlagsgesellschaft.

Abb. 15.3 Modifiziert nach Klinke, R., Pape, H.C. & Silbernagl, S. (2005). Physiologie (S. 724). Stuttgart: Thieme.

Abb. 15.4 Modifiziert nach Deetjen, P., Speckmann, E.-J. & Hescheler, J. (2004). Physiologie (S. 171). München: Urban & Fischer.

Abb. 15.5 Aus Thews, G., Mutschler, E. & Vaupel, P. (2007). Anatomie, Physiologie. Pathophysiologie des Menschen (S. 723). Stuttgart: Wissenschaftl. Verlagsgesellschaft.

Abb.16.6 Modifiziert nach Deetjen, P., Speckmann, E.-J. & Hescheler, J. (2004). Physiologie (S. 87). München: Urban & Fischer.

Abb. 16.7 Modifiziert nach Göbel, H. (1992). Schmerzmessung (S. 92). München: Urban & Fischer.

Abb. 16.10 Modifiziert nach Stux G. (2001). Akupunktur. In M. Zenz & I. Jurna (Hrsg.), Lehrbuch der Schmerztherapie (S. 314). Stuttgart: Wissenschaftl. Verlagsgesellschaft.

Abb. 17.3 Modifiziert nach Levenstein, S. (2000). The very model of modern etiology: A biopsychological view of peptic ulcer. Psychosomatic Medicine, 62, 176-185.

Quellenverzeichnis | **575**

Abb. 18.2 Modifiziert nach Voet, D. & Voet, J.G. (2002). Biochemie (S. 247). Weinheim: VCH.

Abb. 18.4 Modifiziert nach Masters, W.H. & Johnson, V.E. (1990). Liebe und Sexualität (S. 67). Frankfurt: Ullstein.

Abb. 18.5 Modifiziert nach Bancroft, J. (1985). Grundlagen und Probleme menschlicher Sexualität (S. 53). Stuttgart: Thieme.

Abb. 18.6 Modifiziert nach Deetjen, P., Speckmann, E.-J. & Hescheler, J. (2004). Physiologie (S. 53). München: Urban & Fischer.

Abb. 18.7 Modifiziert nach Thews, G., Mutschler, E. & Vaupel, P. (2007). Anatomie, Physiologie. Pathophysiologie des Menschen (S. 613). Stuttgart: Wissenschaftl. Verlagsgesellschaft.

Abb. 19.1 Modifiziert nach Zulley, J. (1993). Schlafen und Wachen als biologischer Rhythmus (S. 4). Regensburg: Roderer.

Abb. 19.4 Modifiziert nach Pöppel, E. & Asendorpf, J. (1994). Medizinische Psychologie (S. 56). London: Chapman & Hall.

Abb. 20.2 Aus Dressing, H. & Riemann, D. (1994). Diagnostik und Therapie von Schlafstörungen (S. 9). München: Urban & Fischer.

Abb. 20.3 Modifiziert nach Zigmond, M.J., Bloom, F.E., Landis, S.C., Roberts, J.L. & Squire, L.R. (1999). Fundamental Neuroscience (S. 1211). San Diego, CA: Academic Press.

Abb. 20.5 Modifiziert nach Dressing, H. & Riemann, D. (1994). Diagnostik und Therapie von Schlafstörungen (S. 29). München: Urban & Fischer.

Abb. 20.7 Modifiziert nach Benninghoff, A., Drenckhahn, D. & Zenker, W. (2004). Anatomie (Bd. 2, S. 375). München: Urban & Fischer.

Abb. 21.1 Aus Barondes, S.H. (1995). Moleküle und Psychosen. Der biologische Ansatz in der Psychiatrie (S. 189). Heidelberg: Spektrum Akademischer Verlag.

Abb. 21.3 Modifiziert nach Benninghoff, A., Drenckhahn, D. & Zenker, W. (2004). Anatomie (Bd. 2, S. 351). München: Urban & Fischer.

Abb. 21.4 Modifiziert nach Benninghoff, A., Drenckhahn, D. & Zenker, W. (2004). Anatomie (Bd. 2, S. 351). München: Urban & Fischer.

Abb. 21.7 Modifiziert nach Forth, W., Henschler, D. & Rummel, W. (2004). Allgemeine und spezielle Pharmakologie und Toxikologie (S. 333). München: Urban & Fischer.

Abb. 22.5 Modifiziert nach Kandel, E.R., Schwartz, J.H. & Jessell, T.M. (1991). Principles of neural science (S. 236). New York: McGraw-Hill, Inc.

Abb. 22.6 Modifiziert nach Forth, W., Henschler, D. & Rummel, W. (2001). Allgemeine und spezielle Pharmakologie und Toxikologie (S. 884). München: Urban & Fischer.

Abb. 22.7 Modifiziert nach Forth, W., Henschler, D. & Rummel, W. (2004). Allgemeine und spezielle Pharmakologie und Toxikologie (S. 1053). München: Urban & Fischer.

Abb. 23.3 Modifiziert nach Beatty, J. (1995). Principles of behavioral neuroscience (S. 338). Madison, Wis.: Brown & Benchmark.

Abb. 24.2 Modifiziert nach Toates, F. (2001). Biological Psychology (S. 129). Harlow: Pearson Education.

Abb. 24.3 Modifiziert nach Kandel, E.R., Schwartz, J.H. & Jessell, T.M. (1991). Principles of neural science. (S. 1251). New York: McGraw-Hill.

Abb. 24.13 Modifiziert nach Nicholls, J.G., Martin, A.R. & Wallace, B.G. (1995). Vom Neuron zum Gehirn. (S. 211). Heidelberg: Spektrum Akademischer Verlag.

Abb. 24.15 Modifiziert nach Breedlove, S.M., Rosenzweig, M.R. & Leiman, A.L. (2007). Biological Psychology: an introduction to behavioral, cognitive, and clinical neuroscience (S. 554). Sunderland, Mass.: Sinauer Assoc.

Abb. 24.16 Modifiziert nach Breedlove, S.M., Rosenzweig, M.R. & Leiman, A.L. (2007). Biological Psychology: an introduction to behavioral, cognitive, and clinical neuroscience (S. 556). Sunderland, Mass.: Sinauer Assoc.

Abb. 25.1 Modifiziert nach Zigmond, M.J., Bloom, F.E., Landis, S.C., Roberts, J.L. & Squire, L.R. (1999). Fundamental Neuroscience. San Diego, CA.: Academic Press.

Abb. 25.3 Modifiziert nach Zigmond, M.J., Bloom, F.E., Landis, S.c., Roberts, J.L. & Squire, L.R. (1999). Fundamental Neuroscience (S. 1507). San Diego, CA: Academic Press.

Abb. 25.4 Modifiziert nach Sobotta, J. (2004). Atlas der Anatomie des Menschen (S. 326). München: Urban & Fischer.

Abb. 25.5 Modifiziert nach Springer, S.P. & Deutsch, G. (1997). Left brain, right brain (S. 35). New York: Worth Publishers.

Abb. 25.6 Modifiziert nach Springer, S.P. & Deutsch, G. (1997). Left brain, right brain (S. 37). New York: Worth Publishers.

Abb. 25.7 Modifiziert nach Springer, S.P. & Deutsch, G. (1997). Left brain, right brain (S. 38). New York: Worth Publishers.

Abb. 25.9 Modifiziert nach Hugdahl, K. (1996). Brain laterality - beyond the basics. European Psychologist, 1 (3), 206-220.

Abb. 26.2 Modifiziert nach Carlson, N.R. (2004). Physiology of behavior (S. 151). Boston: Allyn & Bacon.

Abb. 26.9 Modifiziert nach Lykken, D.T., Tellegen, A. & Thorkelson, K. (1974). Genetic determination of EEG frequency spectra. Biological Psychology 1, 245-259.

Abb. 26.14 Modifiziert nach Blumenfeld, H. (2002). Neuroanatomy through clinical cases (S. 84). Sunderland, Mass.: Sinauer Assoc.

Abb. 26.16 Modifiziert nach Gazzaniga, M.S., Ivry, R.B. & Marigun, G.R. (1998). Cognitive neuroscience: The biology of the mind (S. 85). New York: Norton & Company.

Abb. 26.17 Modifiziert nach Kandel, E.R., Schwartz, J.H. & Jessell, T.M. (1991). Principles of neural science (S. 377). New York: Elsevier Science Publishing.

Namensverzeichnis

A

Achermann 377
Adolphs 459
Alzheimer 409–410
Anderson 156, 460
Aristoteles 162, 370
Aschoff 359, 363
Aserinsky 372

B

Bard 464, 466
Békésy, von 271
Berger 520
Bernard 81, 162–163
Borbely 377
Born 385
Bouillaud 497
Braille 233
Broca 145, 497–499, 501,
  506, 508
Brodmann 153, 157–158,
  214
Bucy 457

C

Cajal, Ramón y 53–54
Call 338
Campbell 365
Cannon 164, 167
Chandler 441
Chomsky 494
Correns 38
Czeisler 367

D

Dale 92–93
Damasio 465
Darwin 462–463, 465
Delgado 426
Dement 372

E

Ekman 465
Erlanger 81

F

Fassbinder 442
Fechner 218–220, 223
Feirtag 207

Fielden 337
Forth 310

G

Galaburda 499
Galen 444
Gannon 507
Gardner, A. 495
Gardner, B. 495
Gasser 81
Gazzaniga 509
Geschwind 499
Golgi 54
Gräfenberg 340
Grafton 477
Gwinner 360

H

Hebb 478
Helmholtz, von 252
Hering 253
Hiemke 301
Hippokrates 370, 506
Hobson 370, 384
Hodgkin 78
Hofmann 449
Hohmann 464
Homer 164
Horne 387
Hubel 257–258
Hugdahl 513
Hunt 81
Huxley 78

J

James 162, 167, 462–464,
  466
Johnson 338, 357

K

Kales 372–374
Kandel 467, 472
Kleitman 368, 372
Klüver 457
Koch 84
Kolb 130, 502
Kraepelin 409–410
Kuhn 415

L

Ladewig 443
Lange 162, 167, 462–463,
  466
Langley 164
LeDoux 458
LeVay 354
Levitsky 507
Lloyd 81
Loewi 92
Logan 477
Loomis 372
Lopez 396

M

Magnus 252
Magoun 124
Mariani 440
Marx 496
Masters 338, 357
Mazur 337
McClintock 286
McLean 146
Melzack 298
Mendel 37–38
Michod 330
Milner 425–426, 486
Moruzzi 124
Mountcastle 151
Müller 57, 224, 252
Murray 396
Mutschler 431

N

Nauta 207
Niemann 441

O

Olds 425–426, 486
Oren 365

P

Palm 100
Papez 145–146
Parkinson 139
Pawlow 467
Pemberton 440–441
Pittler 357
Platon 462

Plihal 385
Premack 495

R

Ranvier 81
Rechtschaffen 372–373
Richter 360
Riva-Rocci 543

S

Sack 368
Schachter 464
Schwann 57
Scoville 489
Seligman 320
Selye 319
Sertürner 444
Sherrington 83–84
Siegel 446
Singer 464
Snyder 441
Solomon 441
Soyka 448
Sperry 509
Starke 100
Stevens 221–222
Stern 286

T

Thompson 476
Tomarken 514
Tretter 442
Tschermak, von 38

V

Virchow 84
Vries, de 38

W

Wada 511
Wall 298
Weber 218, 220
Whishaw 130, 502
Wiesel 257–258
Wundt 218

Y

Young 252

Sachverzeichnis

A

A-Bande 196
A-Faser 295–296, 302
A-Zelle 190
Abbauprozess 380
Abbaustoffwechsel 190
Abbruchblutung 343
Abhängigkeit, psychische 424, 429, 450
Abhängigkeitsentwicklung 391
Abhängigkeitssyndrom 424
Ablation 24
Abort 437
Absorptionsprozess 167
Abstinenztherapie 447
ACE-Hemmer 292, 391
Acetaldehyd 430
Acetylcholin 26, 55, 86, 90–91, 99, 132, 167, 172, 174, 186, 201, 295–296, 300, 379, 408–410
Acetylcholinesterase 91, 99, 410, 439
Acetylcholinrezeptor 415, 419, 434, 439
– muskarinerger 93, 99
– nikotinerger 93, 99
Acetylcholinwirkung 141
Acetylsalicylsäure 310
Achromasie 254
ACTH 181, 185, 187, 321, 346
Adaptation 226, 246, 289
Adenin 29–30
Adenohypophyse 134, 181–182, 184–185, 190
Adenosintriphosphat (ATP) 47, 55, 71
Aderhaut 241
ADH 136
Adoleszenz 402
Adoptionsstudie 43
Adrenalin 25, 34, 95, 99, 165–166, 181, 192, 280, 321, 398, 416, 421
Adrenalinantagonist 357
Adrenokortikotropes Hormon (ACTH) 181, 185, 321, 346

Adrenozeptor 95–96, 99
Adrenozeptorsubtyp 166, 173
Affekt 406
– negativer 327
Affektverarmung 418
afferent 110
Afferenzen, viszerale 175
Ageusie, partielle 292
Aggressivität 336, 387, 456
Agitation 453
Agnosie 409
– apperzeptive visuelle 263
– assoziative visuelle 263
– taktile 157
– visuelle 263
Agoraphobie 404
Agraphie 505–506
Akathisie 419
Akinesie 140
Akkomodation 165, 242
Akne 191
Akromegalie 185
Aktin 197
Aktinfaden 197
Aktinfilament 197–199
Aktionspotenzial 25, 74, 100, 225, 523
Aktiviertheit 520
Aktivität
– elektrodermale 543
– evozierte (ereigniskorrelierte) 519, 523
Akupunktur 24, 311–312, 316, 439
Akzeleration 541
Aldosteron 192
Alexie 505, 506
– ohne Agraphie 502
Algesimetrie
– klinische 303–304
– psychophysiologische 303–304
Alkaloide 309, 437
Alkohol 388, 391, 424, 427–428, 435, 442
Alkoholabhängigkeit 433
Alkoholabusus 432
Alkoholdehydrogenase 430

Alkoholdelir 432
Alkoholexzess 429
Alkoholgenuss 394
Alkoholismus 396, 405
Alkoholismustherapie 435
Alkoholkarenz 432
Alkoholkonsum, schädlicher 430
Alkoholtote 430
Allele 36
Allergen 325
Allergie 312
Alles-oder-Nichts-Gesetz 75
Allodynie 307
Allokortex 143, 146, 149
α-Motoneuronen 201
α-MSH 181
α-Zellen 250
α_1-Rezeptoren 95
α_2-Rezeptoren 95–96
Alphablockade 520–521
Alpha-Index 526
Alpharhythmus 524–525
Alphawelle 374, 520, 523
Alptraum 392
Alraune 449
Alzheimer-Demenz 97, 409, 410
amakrine Zelle 243
Amboss 267
Aminogruppe 29
Aminosäure 28, 86
Aminosäurederivat 181
Amitriptylin 415
Ammonshorn 144–145, 479
Amnesie
– anterograde 130, 488
– retrograde 130, 488
Amniozentese 43
Amphetamine 391, 452
Amputation 309
Amygdala 138, 144, 146, 149, 168, 189, 286, 331, 408, 426–427, 442, 454, 457, 486
Amygdaläsion 149, 459
amyloide Plaques 410
Anabolika 335
Analgetika 309, 431

– antipyretische 310
Analogskala, visuelle 304
Analyse, semantische 499
Anandamid 454
Anästhesie 294
Androgen 187, 192, 333–336
Androgenproduktion 349
Anfall
– einfacher fokaler 148
– fokaler 148
– generalisierter 148
– komplexer fokaler 148
Angina pectoris 96, 308
Angst 280, 327, 346, 399, 421, 450, 465
Ängstlichkeit 389
Angstreaktion 321
Angststimuli 541
Angststörung 329, 397, 404, 420
Angstzustände 391, 443–444, 453
Anion 61
Annihilation 536
Anomie 502
Anorexie 402
Anorgasmie 358
– absolute 357
– primäre 357
Anspannung 327, 450
Antagonist 206
anterior 109
Anti-Parkinson-Pharmaka 391
Antibiotika 292, 391
Anticholinergika 141
Antidementiva 422
Antidepressiva 329, 356, 391, 393, 400, 402, 412, 414
– Behandlung mit 439
– tetrazyklische 416
– trizyklische 415, 417
antidiuretisches Hormon 431
Antiepileptika 148
Antigen 324
Antigen-Antikörper-Reaktion 325
Antihistaminika 280

– (H_1)-Antihistaminika 280
Antihypertensiva 96
Antikörper 324
Antipsychotika 418
Antisense-DNA 45
Antrieb, sexueller 362
Antriebslosigkeit 320
Antriebsschwäche 194, 418
Antriebsstörung 346
Anxiolytika 419
Apathie 130, 453–454
Apex 271
Aphasie 409, 511
– amnestische 502
– globale 502–503
– sensorische 158
– transkortikale 504
Aphrodisiaka 357
Apikaldendrit 150, 523, 525
Aplysia 469, 475
Apnoe 394
Apoptose 35
Apparat, stimmbildender 493
Appetenz, sexuelle 356
Appetenzstörung 356
Appetitlosigkeit 288–289
Appetitminderung 416
Appetitverlust 451
Apraxie 409, 411
– ideomotorische 411
Arachidonsäure 182
2-Arachidonylglycerol 454
Arachnoidea 112
ARAS 124
Arbeitsgedächtnis 155, 488
Arbeitsspeicher 501
Archikortex 143
Area striata 157, 256
Area tegmentalis ventralis 407
Areal
– mediales präoptisches 352
– sekundäres 153
– tertiäres 153
Areal V1 256
Ärger 327
Aricept® 422
Arousal 379, 381
Arteriae carotides internae 118

Arteriae vertebrales 118
Arteriosklerose 437
Artikulationsstörung 502
Aspartat 97–98, 300
Aspirin 182, 391
Assoziationsareal 153
Assoziationsfaser 151, 155–156, 160–161
Assoziationsgebiete 145
Assoziationskern 128
Assoziationskortizes 489
Assoziativität 480
Asthma bronchiale 96, 173, 191
Asthmaanfall 194
Asthmamedikament 391
Astrozyt 56–57
Ataxie 121, 387
– zerebelläre 211
Atemapparat 495
Atemlähmung 431, 437
Atemnot 163
Atemstillstand 292, 346
Atemwegserkrankung 438
Atemzentrum 347
Atmung 340, 373, 386
Atropin 93, 174
Aufbaustoffwechsel 190
Aufgabe, räumlich-konstruktive 353–354
Aufmerksamkeit 189, 400, 431
Aufmerksamkeitsleistung 362
Aufmerksamkeitsspanne 453
aufsteigendes retikuläres Aktivierungssystem (ARAS) 124, 273
Auge 240
Augenfarbe 241
Augenfeld, frontales 154, 158
Augenhaut
– äußere 240
– innere 241
– mittlere 241
Augenlinse 241–242
Augenmuskelkern 210, 281
Augenspiegel 252
Auricula 266
Aurorix® 416
Außenglied 245
Austausch, interhemisphärischer 512

Austreibungsperiode 347–348
autogenes Training 390
Autokrankheit 280
Autoradiographie 517
Autorezeptor 89, 94–95
Autosom 40
autosomal-rezessiv 42
Averaging 528, 530
Aversionstherapie 439
Axon 25, 51, 56, 150–151
Axonhügel 52, 101, 200–201
Axonkollaterale 201

B
B-Lymphozyt 324
B-Zelle 175
Babinski-Reflex 25, 208
– positiver 209
Backpulverlösung 443
Bahn
– extrapyramidale 209
– mesolimbisch-mesokortikale 407, 419
– mesolimbische 407
– nigrostriatale 407
– retikulospinale 210
Bahnsystem, extrapyramidalmotorisches 213
Bakterie 323
Baldrian 422
Balken 137, 353, 508
Bandscheibenvorfall 307
Barbiturat 98, 420, 442
Bartwuchs 350
Basaldendrit 150
Basalganglien 41, 118, 130, 137, 143, 168–169, 212–214, 454, 491, 501, 504
Basaltemperaturmethode 342
Basalzelle 290
Base, komplementäre 30
Basic Rest Activity Cycle 368–369
Basilarmembran 268
Bauchmuskulatur 347
Bauchspeicheldrüse 95, 167, 181–182, 189
Bauchspeicheldrüsenentzündung 432
Bauchspeicheldrüsenkrebs 438
Beckeneingang 347

Bedingung, freilaufende 360, 364
Befruchtung 345
Befruchtungsfähigkeit 334
Belastung, psychosoziale 346
Belastungsstörung, posttraumatische 329
Belohnung 428
Belohnungssystem 425
– dopaminerges 454
– mesolimbisches 439
Belohnungszentrum 426
Benzodiazepin 98, 390–392, 406, 419–421
Benzodiazepin-Bindungsstelle 420
Bereitschaftspotenzial 522
Berührung 229
Beschleunigungsdetektor 231
β-adrenerg 174
β-Blocker 356, 391
β-Endorphin 342
β-Rezeptor 96
$β_1$-Rezeptoren 95
$β_2$-Adrenozeptoren 175
$β_2$-Rezeptoren 95
$β_3$-Rezeptoren 95
Beta-Index 526
Betarezeptorenblocker 96, 421
Betarhythmus 525
Betawelle 374, 520, 523
Bewältigungsversuch 318
Bewegung 196
Bewegungsempfinden 218
Bewegungskrankheit 280–281
Bewegungsprogramm 154
Bewegungssinn 237–238
Bewegungswahrnehmung 260
Bewusstseinstrübung 431
Bienenstich 325
Bienentanz 494
Bier 429
Bilsenkraut 449
Bindehaut 240
Binding-Phänomen 521
Biofeedback 22, 163, 313, 316
– vasomotorisches 315
Biokybernetik 359
biologische Rhythmen 359

Sachverzeichnis | **579**

Biopotenzial 519
biopsychosozialer Ansatz 23
biopsychosoziales Modell 326
Bipolarzelle 243
– flache 248
– invaginierende 248
– nichtinvaginierende 248
Bizeps 196
Blasenentleerung 165
Blasenkrebs 438
Blasensprung 346
Blasenverschluss 165
Blässe 280
Blastozyste 345, 347
Blau-Zapfen 251
Blendung 247
Blickbewegung 158
Blickzentrum, frontales 154
Blinddarm 324
Blindsehen 264
Blindenschrift 159, 233
blinder Fleck 24, 244
Blindheit, monokulare 263
Blindsehen 264
Blut-Hirn-Schranke 56, 58, 180, 192
Blutdruck 164, 305–306, 313, 340, 366, 386, 432, 438, 449, 452, 542
Blutdruckerhöhung 441
Blutdruckmessung 542
Blutdrucksenkung 419
Blutgefäß 165
Blutgerinnung 96
Bluthochdruck 96, 173, 312, 327, 329
Bluthochdruckmittel 391
Blutkörper, roter 193
Blutplättchen 96
Bluttransport 540
Blutvolumen, peripheres 542
Blutzuckerspiegel 164, 185, 190, 449
Bogengang 277, 280–281
BOLD-Signal 535
Bonobo 337
Botulinumantitoxin 92
Botulinumtoxin 92
Botulismus 92
Bowman-Drüsen 283
Bradykinesie 140

Bradykinin 194, 295–296
Braille-System 233
Brain-Mapping 530
Branntwein 430
Brechreiz 451
Brennen 292
Broca-Aphasie 501–502
Broca-Areal 160, 497–500, 503–504
Broca-Regel 506
Broca-Sprachzentrum 155, 158
Brodmann-Areal 153
Bronchialdrüse 165
Bronchialmuskulatur 96, 165
Bronchie 171, 438, 441
Bronchitis, chronische 96
Bronchosekretion 171
Brown-Molekularbewegung 65
Brücke 118–119
Brust 350
Brustdrüse 346
Brustwachstum 186
Brustwandableitung 540
Brustwarze 340
Brustwirbel 111
Brutpflegeverhalten 189
Bulbus olfactorius 127, 283, 287, 408, 427
Bulimie 402
Bunker-Experiment 363
Bupropion 440
Bursts 81
Butyrophenone 418

C
C-Faser 295–296, 302
CA 479
Calmodulin 475
Calmodulinkinase 483
cAMP 473, 475
cAMP Response Element Binding Protein (CREB) 472, 484
Cannabinoide 452
Cannabinoidrezeptoren 453, 455
Cannabis 454
Cannabispsychose 453
Capgras-Syndrom 411
Capsula interna 160
Carbamazepin 417
Carriermolekül 67
Cauda equina 112

CB$_1$-Rezeptor 454
Central Autonomic Network 168
Cerebellum 120, 403
Cetal® 422
cGMP 246
Chemotherapie 453–454
Chiasma opticum 255, 263, 365
Chinin 434
Chlorion 101
Chlorionenkanäle 101
Chlorpromazin 418
Cholekalziferol 193
Cholesterin 51, 182
Cholesterinmolekül 333
Cholezystokinin 192
Cholin 99
Chordotomie, anterolaterale 315
Chorea Huntington 34, 41, 139, 491
Chorioidea 241
Chromosom 33, 35, 330
Chromosomenaberration 42
Chromosomensatz, haploider 330
Chronobiologie 359, 363
Chronomedizin 359
Cilium 245
Cingulotomie 146
11-cis-Retinal 245
Climacterium virile 351
Clock-Gen 361–362
Clomethiazol 433
Coca-Cola 440
Cocablatt 440
Cochlea 26, 268, 271, 273, 277
Cochleaimplantat 275
Cochleariskern 273–274
Code, genetischer 30, 398
Codon 30
Cold-Pressure-Test 303
Colliculi inferiores 125–126, 264, 273–274
Colliculi superiores 125–126, 158, 255
Commissura anterior 137
Computertomographie 538
Contingent Negative Variation (CNV) 522–523, 525
Cornea 240

Cornu ammonis 144–145, 479
Cornu anterius 113
Cornu laterale 113
Cornu posterior 113
Corpus amygdaloideum 138, 147
Corpus callosum 137, 151, 160, 353
Corpus ciliare 241
Corpus geniculatum 264
– laterale 128–129, 157, 255–256, 260, 506
– mediale 129, 158, 274
Corpus pineale 136
Corpus striatum 122
Cortex cerebri 143
Corti-Organ 25, 268
Cowper-Drüse 339
Crack 443
Cracklunge 443
Crash 443
Craving 424, 434, 442
CRF 187
CRH 45, 183, 321–322, 405–406, 416
CRH-Antagonist 416
CRH-Binding-Protein 183
CRH-Rezeptor 323
Crossing-over 36
Crura cerebri 125–126
CT 538
Cuneus 137
Cupula 279
Curare 25, 200
Cushing-Syndrom 191, 322
Cytosin 29–30

D
D-Sensor 225
D2-Rezeptor 408, 418, 442, 445
D2-Rezeptorblockade 419
Dach 125
Dale-Prinzip 91
Dämmerungssehen 245, 247
Darmdrüse 165
Darmentleerungsstörung 170
Darmerkrankung 438
Darmnervensystem 164, 167
Darmperistaltik 188

Darmwand   164
Darwinismus   462
Deafferenzierungsschmerz   308–309
Dehnungsmessfühler   376
Dehnungsrezeptor   347
Déjà-vu-Erlebnis   147
Delir   420, 432
Delirium tremens   432
Delta-9-Tetrahydrocannabi-nol   452, 454
δ-Rezeptor   309
Deltaschlaf   377
Deltawelle   374–375, 382, 521, 523, 527
Dementia praecox   25
Demenz   408
– vaskuläre   409
– vom Alzheimer-Typ   409
Dendrit   25, 51, 55–56, 150, 200
dendritic spines   55
Depersonalisation   450
Depolarisation   72
Depression   97, 103, 194, 312, 329, 388, 391–392, 400, 403, 442, 453, 512, 539
Depressivität   327, 389
Dermatom   114, 116, 176
Desaktivationsvorgang   542
Desipramin   415
Desoxyhämoglobin   535
Desoxyribonukleinsäure   (DNA)   29, 330
Desynchronisation   524
dexter/-ra   109
Dezeleration   541
Diabetes mellitus   190–191, 356
Diacethylmorphin   444
Diastole   542
Diathese-Stress-Modell   326
Diazepam   420
Dichromasie   254
Dickdarm   171
Dienzephalon   118, 128, 143
Differenzialsensor   226
Differenzierung   28
Differenzlimen   220–221
Diffusionsdruck   66
Diffusionskraft   65
Dihydergot®   422

Dihydroergotoxin   422
Dimorphismus   330
– sexueller   348, 352
Dioptrien   242
diploid   35
Dipoleigenschaft   523
Dipolfeld   523, 530
Dipolquelle   531
Dishabituation   467
Diskonnektionssyndrom   504
distributed processing   152
Diurese   188
Diuresehemmung   437
Diuretika   391
Divergenz   104
DNA   29, 330
– rekombinante   44
DNA-Replikation   35
dominant   38
Dominanzsäule, okuläre   258–259
Dominanzstreben   336
Donepezil   422
Dopamin   26, 94, 99, 132, 141, 181, 186, 300, 333, 352, 398, 406, 427, 440–441
Dopamin-Autorezeptor   419
Dopaminhypothese der   Schizophrenie   406, 408
Dopaminrezeptor   418
Dopaminrücktransporter   442
Doping   335
Doppelbilder   386
Doppelblindstudien   412
Doppelhelix   29
Dorn, dendritischer   55
dorsal   109
Dorsalbahn   260
Dorsalflexion   208
Down-Regulation   105
Down-Syndrom   42
Dreiphasenpräparat   343
Drogen   424
– bewusstseinserweiternd   448
Drogenabhängigkeit   424
Drogentoleranz   425
– konditionierte   446
Drosophila   361
Druck   229
Drüse, endokrine   335
DSM-IV   388, 424

Dunkeladaptation   246, 431
Dura mater   112
Durchfall   437
Durchschlafstörung   367, 394
Durst   96, 99
Dynorphin   300, 309–310
Dysfunktion, erektile   356, 358, 376
Dyskinesie   419
Dyslexie   506
– entwicklungsbedingte   505
Dyspareunie   358
Dysphorie   443
Dyssomnie   388, 392
Dystonie   206

E
E 605   93
Echo-Planar-Imaging   533, 535
Echolalie   411
Ecstasy   450, 452
Edronax®   416
EEG   26, 148, 305–306, 372, 456, 518
– synchronisiertes   520
EEG-Analyse, räumliche   530
EEG-Diagnostik   519
EEG-Registrierung   525
efferent   110
Efferenzkopie   130
Ehrgeiz   327
Eierstock   182, 192, 350–351
Eigenreflex   116, 205
– monosynaptischer   203
Eigenrhythmus   360
Eikosanoide   182, 194–195
Eileiter   344–345
Einheit, motorische   201
Einnistung   341, 343
Einphasenpräparat   343
Einschlafstörung   367
Einwortsprache   493
Eireifung   341, 343
Eisprung   187, 341, 343, 351, 353
Eizelle   334, 344–345
Ejaculatio praecox   356–358
Ejaculatio retarda   357
Ejakulat   339

Ejakulationsstörung   170
Ejakulationsvolumen   339
EKP
– endogenes   521
– motorisches   521
– sensorisches   521
Ekstase   451
Elektrodenbox   373
Elektroenzephalogramm   (EEG)   305, 371, 373, 456, 518
Elektroenzephalographie   (EEG)   372
Elektrokrampftherapie   (EKT)   400–401
Elektrolythaushalt   177, 193
Elektrolytkonzentration   193
Elektromyographie (EMG)   315, 373, 375, 543
Elektron   536
Elektronenmikroskop   26, 83, 516, 518
Elektrookulogramm   373, 544
Elektrostimulation   315
Elektrotonus   72
elongation factor   472
Embryo   345
Emission   339
Emotion   147, 465, 512
Empathogene   450–451
Empfängnisverhütung   342, 356
Empfindung   217
Empfindungslähmung, dissoziierte   298
Encephabol®   422
Enddarm   171
Endhemmung   258
Endhirn   128, 137, 143
Endhirnkern   137, 143
Endigung
– präsynaptische   84
– synaptische   51
Endinhibition   258
Endokrinologie   178
Endorphin   100, 187, 309–310, 312
Endothelzelle   58
Endplatte, motorische   201, 408
Energiebereitstellung   322
Energiestoffwechsel   177

Sachverzeichnis   **581**

Enkephalin 26, 100, 105, 138, 174, 309–311, 342, 366
Enkodierung 487
Entaktogene 450–451
Enterozeption 229
Enterozeptor 226
Enthemmung 431
Entmarkungsherd 60
Entrainment 366
Entspannung, mentale 163
Entspannungsmethode 390
Entspannungsphase 338–339
Entwicklungsrückstand 349
Entwicklungsverzögerung
– geistige 430
– psychomotorische 430
Entwöhnungsbehandlung 435
Entzugserscheinung 420
Entzugsinsomnie 391
Entzugssymptom 424–425, 445
Entzugssyndrom 425
Entzündungsmediator 295
Entzündungsprozess 194
Entzündungsreaktion 322
Enzym 29, 34, 89, 179
EPI 533
Epilepsie 98, 145, 147, 420, 459, 508
– idiopathische 148
Epiphyse 128, 136–137, 194–195, 255, 380
Epiphysenschluss 350
Episode
– amnestische 390
– depressive 400, 417
– (hypo-)manische 417
– schizophrene 406
Epithalamus 128, 136–137
Epithelzelle 225
Erbgang
– autosomal-dominanter 41
– gonosomaler 41
– rezessiver 41
Erbkrankheit 40
Erbrechen 279, 437
Erektion 339, 356, 376
Erektionsstörung 356

Erektionszentrum 339
Erkrankung, zerebrovasku-läre 537
Eröffnungsperiode 347–348
Erregung, tetanische 479
Erregungsleitung, saltatori-sche 79
Erregungsleitungsgeschwin-digkeit 165
Erregungsphase 338, 340
Erregungszustand 346, 391
Erröten 539
Erschöpfung 351, 450
Erythropoetin 193
Erythrozyten 193
Essstörung 329, 397
Ethanol 430
Ethik 156
Ethylalkohol 430
Eukaryonten 46
Eukaryontenzelle 46
Euphorie 431, 450, 453–454
Euphorisierung 431, 441
Eustachi-Röhre 266
Evolution 40
Evolutionsbiologie 330
Exelon® 422
Exhibitionismus 355
Exozytose 86
Explorationsverhalten 189
Extensor 204
exzitatorisch 101

F

FA-Sensoren 231
Fächerstrahl 532
Farb-Gegensatzpaare 253
Farbanomalie 254
Farbdetektor 253
Färbemethode 517
Farbenblindheit 24, 254
Farbensehen 251
Farbkodierung 254
Farbkonstanz 254
Farbkontrast 253
Farbsystem 260
Fasciculus arcuatus 499, 503
Faser
– kortikofugale 157
– noradrenerge 169
– parasympathische 339
– postganglionäre 171

– sensorische 111
– somatomotorische 111
– somatosensible 111
– spinozerebelläre 210
– viszeromotorische 111
– viszerosensible 111
Fechner-Gesetz 25, 218, 221
Feedbackschleife, positive 162
Feedbacksystem, negatives 162
Fehlbildung 430
Feindseligkeit 327
Feinmotorik 208, 353–354
Feld
– prämotorisches 154
– rezeptives 226, 231
– supplementär-motori-sches 154
Feminisierung, testikuläre 349
Fenster, ovales 267
Fertilitätsstörung 187
Fett 534
Fettgewebe 95
Fettleber 432
Fettsäurederivat 182, 195
Fieber 170
Filament 197
Filamentgleitmechanismus 197
Fissura longitudinalis cere-bri 137
FLASH-Modus 533
Flashback 329
Fleck, blinder 24, 244
Fledermaus 217, 360
Flexorreflex 204–205
Fliegenpilz 93, 449
Fluchtreflex 116, 203, 294, 305
Fluctin® 416
Flugkrankheit 280
Fluktuation, spontane 543
Flunarizin 280
Fluoreszenzmikroskopie 516–518
Fluoxetin 27, 416
Foki, epileptische 537
Follikel 341
Follikelbildung 341
Follikelphase 341
Follikelreifung 342, 351
Follikelsprung 341
Follikelzelle 341

Folter 329
Formatio reticularis 115, 121, 126, 128, 132–133, 146, 154, 157, 209–210, 214, 237, 297, 301, 379, 381, 425, 524
– medialis 123
Formsystem 260
Fornix 137, 146
Fornixbahn 146
Fortpflanzung 177
Fovea 250, 255, 263
Fovea centralis 157, 242
Freebase 443
Freezing 319
Freisetzungshormon 185
Fremdreflex 116, 205
– polysynaptischer 203
Frequenzanalyse 526
Frequenzband 520, 530
Frequenzhistogramm 526
Frequenzkodierung 77
Frequenzortsabbildung 272
Fressattacke 402
Fresszelle 324
Frontalebenen 109
Frontalismuskel 315
Frontalkortex 427
– dorsolateraler 491
Frontallappen 147, 152–153, 160
Fruchtblase 347–348
Fruchtwasseruntersuchung 43
Frühdyskinesie 419
Frühgeburt 346, 348
FSH (follikelstimulierendes Hormon) 134, 185, 187, 332, 341, 351
Funktion
– ergotrope 167
– trophotrope 167
Funktionsmodul 152
Funktionsstörung, sexuelle 355
Furche, Sylvische 504
fusiforme Zellen 150
Fußplatte 267

G

G-Protein 27, 88–89, 99, 178
GABA 26, 88, 99, 105, 138, 148, 300, 366, 404–406, 408, 435, 445

GABA-Rezeptor 391, 434
GABA$_A$-Rezeptor 420–421
galvanic skin response (GSR) 543
γ-Motoneuronen 202–203
Gammarhythmus 521, 523, 525
Gammastrahlung 240, 536
Gammazelle 250
Gangataxie 211
Ganglienzelle 243, 248, 250
– koniozelluläre 251
– magnozelluläre 256
– mit Off-Zentrum 249
– mit On-Zentrum 249
– parvozelluläre 251, 256
Ganglion 111
– paravertebrales 170
– prävertebrales 170–171
– sympathisches 170
Ganglion cervicale superior 366, 380
Ganglion spirale 269
Ganglion trigeminale 235
Ganglion vestibulare 281
Gangstörung 169
Gap Junction 83, 198–199
Gärung, alkoholische 430
Gastrin 182, 192
Gastritis 312, 432
Gastrointestinaltrakt 165, 192
Gate-Control-Theorie 26, 298
Gebärdensprachen 495, 501
Gebärmutter 188, 192, 334, 340, 346
Gebärmutterhals 347
Gebärmutterhalskrebs 438
Gebärmutterschleimhaut 334, 341, 343–344
Geburt 188, 346
Gedächtnis 422, 480
– deklaratives 490
– echoisches 488
– episodisches 490
– explizites 490
– ikonisches 488
– implizites 490
– prozedurales 385, 490–491
– semantisches 490

Gedächtnisfunktion 146, 188
Gedächtnisleistung 487
Gedächtnisstörung 401
Gefäße 95
Gefäßmotorik 313
Gefäßveränderung, arterio-sklerotische 409
Gefäßverengung 441
Gefriermikrotom 516
Gegenfarbe 252
Gegenfarbenneuron 253
Gegenstimulationsverfahren 311, 316
Geheimratsecke 334
Gehirn des Darms 167
Gehirnentwicklung 345
– geschlechtstypische 352
Gehör 265
Gehörgang, äußerer 266
Gehörknöchelchen 267
Gelbkörper 341
Gelbkörperbildung 187, 351
Gelbkörperhormon 341
Gelenkschmerz 307, 309
Gelenksensor 238
gemeiner Stechapfel 449
Gen
– dominantes 330
– period (per) 361
– rezessives 330
– timeless (tim) 361
General Adaptation Syndrome (GAS) 319
Generatorpotenzial 225
Genetik, klassische 37
genetische Marker 44
Genexpression 33–35, 183, 361, 428
Genital, äußeres 349
Genitaldurchblutung 373
Genitalorgane 171
Genom 29
Genotyp 37, 330
Gentechnik 44
Genvermischung 330
Geräusch 265
Geschlechtsakt 338
Geschlechtsmerkmal
– primäres 192
– sekundäres 192, 332, 351
Geschlechtsreife 350
Geschlechtsunterschied 513

Geschlechtsverkehr 331, 357
Geschmack 287
Geschmacksbahn 291
Geschmacksintensität 288
Geschmacksknospe 288–291
Geschmacksnachbilder 289
Geschmacksneuron 292
Geschmackspapille 289, 291
Geschmacksqualität 288
Geschwindigkeitsdetektion 231
Gesichtsfeldausfall 157
Gesichtsmuskelfeedback 465
Gesichtsmuskellähmung 465
Gesichtsrötung 356
Gesichtsschmerz 306, 309
Gestagen 189, 333–335, 341, 343, 351
Gestik 456
Gewebehormon 180, 194–195
Gewichtsreduktion 394
Gewichtszunahme 400
Gewöhnung, pharmakologische 424
Ginkgo-biloba-Pflanze 422
Glandulae bulbourethrales 339
Glaskörper 242
Glatzenbildung 334
Gleichgewichtsorgan 119, 277
Gleichgewichtspotenzial 66, 101
Gleichgewichtssinn 218
Gleichgewichtsstörung 431
Gliazelle 46, 150, 525
Gliederung
– somatotopische 154
– tonotopische 273
Globus pallidus 136, 138–139, 143, 160, 212
Glomerulus 284–285
Glukagon 181, 185, 190
Glukokortikoid 180, 182, 191–192, 321–323, 417
Glukokortikoidpharmako-therapie 191

Glukokortikoidrezeptor 460
Glukoneogenese 190, 322
Glukose 190, 322
Glukosestoffwechsel 386
Glutamat 97, 99, 138, 141, 148, 300, 420, 481, 536
Glutamatrezeptor 97, 434
Glutaminsäure 97
Glycin 88, 99, 105, 300
Glykogen 190
Glykogenolyse 190
5'-GMP 246
Golgi-Apparat 25, 34, 48, 55, 85
Golgi-Färbung 517
Golgi-Sehnenorgan 202–203, 210, 238
Gonade 348–349
Gonadoliberin 332, 341
Gonadotropin 185–186, 332, 343
Gonadotropin-Releasing-Faktor 134
Gonadotropin-Releasing-Hormone (GnRH) 187, 332
Gonosom 40
gonosomal-rezessiv 41
Graaf-Follikel 341
Gradientenfeld 535
Grau, periaquäduktales 297, 299–301, 309, 453–454
Greifreflex, visueller 255
Grenzmethode 219, 222, 303
Grenzstrang 170–171, 174
Grenzstrangganglion 170
Grobmotorik 373
Großhirn 118, 128, 137
Großhirnhemisphäre 137
Großhirnmantel 143
Großhirnmark 137
Großhirnrinde 93, 137
growth hormone 185
growth hormone releasing hormone (GRH) 185
GRP (Gastrin-Releasing-Peptid) 167
Grün-Zapfen 251
Grundqualitäten der Emp-findung 218
GSR (galvanic skin respon-se) 543
Guanin 29–30

Sachverzeichnis | **583**

Guanin-Nukleotid-binden-
des Protein 88
Guanosinmonophosphat,
zyklisches 246, 356
Gürtelrose 114
Gyri 137
Gyri occipitalis 137
Gyri temporales transversi
507
Gyrus angularis 158, 499,
505
Gyrus calcarinus 137
Gyrus cinguli 137, 144,
146–147, 149, 460
– anteriorer 298
Gyrus dentatus 137, 144,
454, 479
Gyrus frontalis inferior
137
Gyrus frontalis medius
137
Gyrus frontalis superior
137
Gyrus hippocampi 488
Gyrus paracentralis 137
Gyrus parahippocampalis
137, 144
Gyrus postcentralis 156,
214, 235, 292, 297
Gyrus praecentralis 137,
153, 214
Gyrus temporalis inferior
137
Gyrus temporalis medius
137
Gyrus temporalis postcen-
tralis 137
Gyrus temporalis superior
137
Gyrus temporalis transver-
sus 498

H
H_1-Rezeptor 421
Haarausfall 193
Haarzelle 278, 281
– äußere 269
– innere 269
Habenulae 136
Habituation 467
Halbfeld, visuelles 511
Halbfeldprojektion 513
Halbwertszeit 437
Halcion® 420
Haldol® 418

Halluzination 147, 346,
371, 386, 393, 432, 443,
448, 453
halluzinogen 97, 448–449
Haloperidol 418–419
Halswirbel 111
Hammer 267
Handdynamometer 221
Händigkeit 498, 512
Handlungsplanung 160
Hanf, indischer 452
Hangover 390, 392
haploid 35–36
Harnblase 165, 171, 198
Harnblasenentleerung 170
Harnblasenmuskulatur
171
Haschisch 442, 452
Haube 125
Haut 165
– behaarte 229
– unbehaarte 229
Hautleitfähigkeit 305–306,
513
Hautrötung 325, 340
Hautschwellung 325
Hauttemperatur 387
Hautveränderung 351
Head-Zone 26, 176,
308–309
Hebb-Regel 478
Helicobacter pylori 328
Helligkeitsdetektor 253
Hemianopsie
– bitemporale 263
– homonyme 263
– nasale 263
Hemiballismus 139
Hemiplegie 154
Hemisphärenasymmetrie
506
Hemisphärendominanz
498
Hemisphärenspezialisierung
497, 512
Hemmung
– laterale 249, 285
– präsynaptische 104, 309
– rekurrente 206–207
– reziproke 205, 207
Hepatitis 432
Hermaphroditismus 349
Heroin 25, 424, 428, 444,
447
Heroinjunkie 451
Herpes zoster 114

Herpeserkrankung 311
Herstellungsmethode 219,
222
Herz 95, 162, 165, 170
Herz-Kreislauf-Aktivität
373, 540
Herz-Kreislauf-Krankheiten
327, 356
Herz-Kreislauf-System
164, 330, 421, 431, 540
Herzbeschwerden 312
Herzfrequenz 305–306,
340, 394, 438, 540
Herzfrequenzvariabilität
540
Herzinfarkt 437, 439, 443
Herzjagen 432
Herzklopfen 404
Herzkrankheit, koronare
173, 329, 537
Herzkranzgefäß 96, 437
Herzleistung 164
Herzmuskelschwäche 432
Herzphobie 404
Herzrate 313
Herzrhythmus 360
Herzrhythmusstörung
170, 173, 441
Herzschlag 171
Herzschrittmacher 170
Herzstillstand 437
Heschl-Querwindung 25,
498, 507
Heterozygotie 38
Heuschnupfen 325
High 443
Hilflosigkeit, erlernte 320
Hinterhauptslappen 152
Hinterhorn 113, 116
Hinterhornneuron 156,
300
Hinterstrang 113, 116, 156
Hinterstrangsystem 234
Hinterwurzel 113, 116
Hippocampus 93,
131–132, 144, 189, 286,
322, 403, 406, 408, 420,
426–427, 454, 457, 460,
477, 480, 485, 489
Hippocampusatrophie
322
Hippocampusformation
144, 149, 488, 490
Hirnanhangsdrüse 131,
134
Hirnblutung 346

Hirnfehlbildung 148
Hirnhaut 112
Hirnmantel 149
Hirnnerv 111, 118–119,
126, 174, 296
Hirnnervenkern 133, 157,
199, 201
Hirnrinde 133, 143
– frontale 131
Hirnstamm 118, 128, 174,
189, 209, 347, 399
Hirnstammregion 366
Hirntumor 148
Hirnverletzung 148
Histamin 132, 180–181,
192, 194–195, 295–296,
325
Histaminrezeptor 415,
419
Histon 33
Hitzereiz 303
Hitzeschmerz 237
Hitzeschmerzschwelle 296
Hitzewallung 351
Hoden 182, 192, 338–339,
348–349, 351
Höhenangst 404
Homöostase 26, 162, 322
Homosexualität 354
homozygot 37
Homunculus 26, 154, 156
Hopfen 422
Hörbahn 158, 160, 273
Hören 218
– binaurales 273
– dichotisches 511
Horizontalzelle 243, 248
Hormon 43, 85, 95
– adrenokortikotropes
187
– aglanduläres 182
– antidiuretisches 136, 188
– effektorisches 135
– extraglanduläres 192
– follikelstimulierendes
134, 187, 332, 335, 341,
343
– glandotropes 135
– glanduläres 182
– Gonadotropin-Releasing-
332
– interstitialzellenstimulie-
rendes 332, 335
– laktotropes (LTH) 186
– laktogenes 333
– lipophiles 178

– luteinisierendes 134, 332, 335, 341–343
– luteinisierendes Hormon-Releasing- 332
– mammotropes 333
– melanozytenstimulierendes 181
– somatotropes 185
– Thyreotropin-Releasing- 188
– thyroideastimulierendes (TSH) 187
Hormonrezeptor 330
Hormonsystem 177
Hörnerv 270, 273
Hornhaut 240, 544
Hörrinde
– primäre 155, 158, 160, 273, 499
– sekundäre 155, 160
Horrortrip 450
horseradish peroxidase 517
Hörstrahlung 158, 160, 273
HPA-Achse 329, 399, 402, 416
HPG-Achse 350
HRP 517
5-HT$_2$-Rezeptor 449
5-HT$_{2A}$-Rezeptor 97, 450
5-HT$_3$-Rezeptor 97
humanes Choriongonadotropin (HCG) 345
humanes Plazentalaktogen (HPL) 345
Hunger 96, 99
Hungergefühl 453
Husten 439
– chronischer 438
Hustenanfall 292
Hustenreflex 399
5-Hydroxytryptamin 398
Hyperaktivität 430
Hyperalgesie 295, 307
Hyperkortisolismus 191
Hypergeusie 292
Hypericin 415–416
Hyperkolumne 259
Hyperpolarisation 72
Hypersalivation 170
Hypersäule 258–259
Hypersensibilität 325
Hypersexualität 331
Hypersomnie 388, 392
– idiopathische 393

Hyperthyreose 191
Hypertonie 191, 206
– essenzielle 327
Hypnotika 388, 390–392, 421–422
Hypnotoxin 377
Hypochondrie 389
Hypogeusie 292
Hypohidrose 170
Hypokinese 140
Hypomanie 400
Hypophyse 128, 131, 133–134, 184, 187, 335, 351, 366
Hypophysenhinterlappen 134–135, 347
Hypophysenstiel 131
Hypophysentumor 185
Hypophysenvorderlappen 134, 332
Hypothalamus 25, 122, 128, 130–131, 136, 146–147, 163, 168, 186, 188, 281, 286, 292, 301, 309, 331, 335, 341, 343, 347, 352, 381, 399, 403, 461, 464, 518
Hypothalamus-Hypophysen-Nebennieren-Achse 406
Hypothalamus-Hypophysen-Nebennierenrinden-Achse 320
Hypothalamus-Hypophysen-System 184, 190
Hypothyreose 191
Hypotonie, orthostatische 169
Hysterie 389

I
I-Bande 196
ICD-10 388, 408, 424
ICSS 426
Illusion 448
Imagination 163
Imipramin 415
Imitationslernen 469
immediate early genes (IEG) 484
Immunabwehr 28, 323
– spezifische 324
– unspezifische 324
Immunologie 178
Immunreaktion 432
immunsuppressiv 192

Immunsystem 49, 114, 162, 175, 186, 320, 322–323
Impotenz 191, 356, 376
INAH3 354
Infarkt 504
Infektneigung 346
inferior 109
Infundibulum 131, 407
Inhibitingfaktoren 134
Inhibitinghormon 184
Initialphase 450
Inkontinenzproblem 170
Innenglied 245
Innenohr 267, 279
inneres Milieu 162
Insektenstich 194
Insel 504
Inselrinde 24, 158, 168, 281, 298, 461, 465, 501
Insomnie 382, 421
– idiopathische 389
– primäre 388–389, 391
– substanzinduzierte 391
Insula 158
Insulin 45, 181, 185, 189–190
Intensitätsdetektion 230
Intensitätsdetektoren
– vom Typ I 230
– vom Typ II 231
Intensitätsvergleich, intermodaler 221, 303–304, 306
Intentionstremor 209, 211
Interaktion, soziale 336
Interferon 323
Interleukin 323
Intermodalitätsvergleich 304
Interneuron 55, 115
Internodien 80
Interphase 35
Intervention, paradoxe 356
Intoxikation 425
intrakranielle Selbststimulation (ICSS) 486
Inversion der Retina 244
Ion 61
Ionenkanäle 67–69
– ligandengesteuerte 87, 97
– spannungsgesteuerte 77
Iris 241
Ischämieschmerz 302

Isokortex 143, 146, 149
Isolationsexperiment 364
Isolationssyndrom 502, 504
Isotop 537
Isthmus gyrus cinguli 137
IZSH 332

J
17-Jahr-Zikade 359
James-Lange-Theorie 462, 464
Jetlag-Syndrom 367–369
Jod 190–191
Jodmangel 191
Johanniskraut 416
Joint 452
Jugenddroge 194

K
Kachexie 402
Kalium 417
Kaliumion 295–296
Kaliumionenkanäle 101
Kallidin 194
Kälteschmerz 237, 303
Kaltsensor 236
Kalzitonin 193, 195
Kalzitriol 193, 195
Kalziumeinstrom 201
Kalziumion 197
Kalziumionenkanäle 95
Kalziumresorption 193
Kalziumstoffwechsel 193, 195
Kammerwasser 241
Kampf-Flucht-Reaktion 164, 318
Kanalprotein 67
κ-Rezeptor 309, 445
Kardiotachometer 540
Kataplexie 393
Katatonie, perniziöse 401
Katecholamine 93, 173, 403
Katecholaminsynthese 93
Kategorisierungsverfahren 304
Kation 61
kaudal 109
Kehlkopf 438
Keimdrüse 182, 332, 335, 350
Keimzelle 35, 39
Kern 111
– roter 477

Sachverzeichnis | 585

– unspezifischer 128
– ventromedialer 331
Kern des Hypothalamus
– paraventrikulärer 366
– ventromedialer 352
Kernkomplex, basolateraler 331
K-Ganglienzelle 250
Kiemenrückzugsreflex 470
Killerzellen, natürliche 325
Kinderlähmung 207
Kinin 194–195
Kinnmuskulatur 544
Kinozilium 278
Kitzel 229
Kitzelempfindung 231
K-Komplex 374
Klaustrophobie 404
Kleinhirn 24, 96, 115, 118, 120, 209–214, 281, 403, 476–477, 491, 518
Kleinhirnerkrankung 121
Kleinhirnkern 120
Kleinhirnstiel 477
Kleinhirnwurm 120
Klimakterium 351
Klinefelter-Syndrom 349
Klitoris 165, 340
Klonierung 44, 398
Klüver-Bucy-Syndrom 457
Kniesehnenreflex 116, 203
Kniestrecker 204
Knochenabbau 334
Knochenmark 324
Knock-out-Mäuse 45, 439
Kodein 444
Koffein 388, 391, 424
Kohabitation 338
Kohlendioxidinhalation 404
Kohlenmonoxid 365, 438
Koitus 338
Kokain 25, 69, 311, 388, 424, 428, 440, 442, 450
Kokainhydrochlorid 443
Kokainkarenz 442
Koks 443
Kokzygealsegment 112
Kolik 173
Kollapsneigung 170
Kollaterale 53
Kolumne, vertikale 151
Koma 437
Kommissurektomie 508

Kommissurenfaser 151, 155–156, 160–161
Kommunikationssystem 494
Komplementsystem 324
Komponente 521, 530
– endogene 522
– exogene 522
Konditionieren
– klassisches 121, 468, 481
– operantes 485
Konfabulation 130
Konjunktiva 240
Konkurrenzverhalten 327
Konsolidierung 385, 488
Konstanzmethode 219, 222
Kontraktion 201
Kontraktionskraft 165, 173
Kontraktionsstärke 201
Kontrollbedürfnis 327
Kontrollverlust 320
Kontrollzwang 403
Konvergenz 102
Konzentration 422
Konzentrationsfähigkeit 155, 389, 400, 431, 441
Konzentrationsschwäche 394, 420
Konzentrationsstörung 439
Konzeptionszeit 345, 347
Koordinationsstörung 431
Kopfschmerz 306, 309, 314, 356, 432, 437, 439, 441
Kopplung, neurovaskuläre 533
Korbzelle 120
Körnerschicht
– äußere 150
– innere 151
Körnerzelle 120, 150, 284
Koronarkonstriktion 437
Körperkerntemperatur 387
Körpertemperatur 164, 342, 362, 441, 449
Korsakow-Syndrom 25, 130–131, 499
Kortex 117, 137, 143, 149, 212, 235, 477
– auditorischer 492
– mediotemporaler 260
– motorischer 153

– orbitofrontaler 168, 292, 459
– parahippocampaler 488
– posterior-parietaler 213, 215
– präfrontaler 132, 155, 442, 486, 488
– prämotorischer 213–215
– präpiriformer 285
– primär somatosensibler 156
– primär somatosensorischer 297
– primär visueller 159, 256, 499
– primär-motorischer 213, 215
– primärer olfaktorischer 285
– sekundär visueller 159
– sekundärer somatosensibler 156
– sekundärer somatosensorischer 281, 297
– somatosensorischer 168, 492
– striärer 256, 260
– supplementär-motorischer 213–215, 504
– visueller 160, 492
Kortexzelle
– einfache 258
– komplexe 258
kortikale Karte 159
kortikale Plastizität 159
kortikale Säule 151
Kortikotropin 187
Kortikotropin-Releasing-Faktor (CRF) 187
Kortikotropin-Releasing-Hormon (CRH) 45, 183, 321, 323, 405–406, 417
Kortisol 34, 178, 181, 187, 192, 329, 337, 346, 366, 386, 417, 460
Kortisolkonzentration 365
Kotransmitter 86, 174
Kraftsinn 237–238
Krampf 420
Krampfanfall 441
kranial 109
Krankheitserreger 323
Krebserkrankung, tabakbedingte 438
Kretinismus 191

Kreuztoleranz 425, 450
Kreuzung, reziproke 37
Kreuzwirbel 111
Kriminalisierung 424
Krise, hypertone 416
Kropf 190–191
Kurznarkose 401
Kurzzeiteinspeicherung 155
Kurzzeitgedächtnis 453, 487–488

L
L-Dopa 141
L-Polamidon 447
L-Tryptophan 398
Labyrinth 268, 277, 279
Lähmungserscheinung 431
Lambert-Eaton-Krankheit 87
Lamina I 150
Lamina II 150
Lamina III 150
Lamina IV 151
Lamina V 151
Lamina VI 151
Laminae 256
Lampenfieber 421
Langerhans-Inseln 189
Langzeitdepression 484
Langzeitgedächtnis 487–488
Langzeitpotenzierung 26, 145, 307, 478, 489
Langzeitsensitivierung 471
Läsionsverfahren 315
late effector genes (LEG) 484
lateral 109
laterale Hemmung 105
Lateralität 506
Lautbildungsapparat 196
Lautstärke 265
Lebensereignis, kritisches 346
Leber 167, 430
Leberschädigung 432
Leberzirrhose 432
Leckstrom 73
Lederhaut 240
Legasthenie 505–506
Leitung, elektrotonische 72
Leitungsaktivität 115

Leitungsaphasie 502–503
Lemniscus lateralis 273–274
Lemniscus medialis 235
Lendenwirbel 111
Lernen 189
– assoziatives 467–468
– implizites 121
– motorisches 469
– nichtassoziatives 467
Lernfunktion 188
Lese-Rechtschreib-Schwäche 505
Lesestörung 504
Leucin-Enkephalin 300
Leukotomie 26
Leukotriene 182, 194
Levomethadon 447
Leydig-Zwischenzellen des Hodens 187
LH (luteinisierendes Hormon) 134, 185, 332
LHRH 332
Liberine 134
Libido 186, 331, 347, 351, 354, 416, 432
Libidoverlust 170
Licht 240
Lichtmikroskopie 83, 516, 518
Lichttherapie 400–401
Lidocain 69, 311
Lidschlagreflex 211
– konditionierter 476
Lidschluss 292
Ligand 87–88
limbisches System 26, 132, 143, 145, 285–286, 292, 403, 420, 456
Linsenkern 138, 143
Lipolyse 185
Liquor 116
Liquor cerebrospinalis 111, 118
Lithiumacetat 417
Lithiumaspartat 417
Lithiumkarbonat 417
Lithiumsalz 417
Lithiumsulfat 417
Lobektomie 489
Lobotomie 26
Lobulus parietalis inferior 137
Lobulus parietalis superior 137
Lobus frontalis 152

Lobus occipitalis 152
Lobus parietalis 152
Lobus temporalis 152
Locus coeruleus 95, 122, 132, 151, 169, 379, 381, 403, 445, 486
Locus subcoeruleus 300
Logoklonie 411
Lokalanästhesie 311
Lokalanästhetika 69, 78
Lordose 336, 352
LSD 26, 97, 408, 449–450
Lubrikation 340
Lumbalsegment 112, 170
Lunge 162, 165
Lungenemphysem 438
Lungenkrebs 438–439
Lustzentrum 426
Lutealphase 341
Luteinisierungshormon 186
Lymphknoten 324
Lymphknotenschwellung 387
Lymphozyt 323–324
Lysergsäurediethylamid 97, 449
Lysosom 49, 55

M

M1 214
Magen 198
Magen-Darm-Motilität 171
Magen-Darm-Trakt 162, 164
Magendrüse 165
Magenerkrankung 438
Magengeschwür 319, 327, 329, 438
Magensaftsekretion 194
Magenschmerzen 163
Magnetoenzephalographie 530
Magnetresonanzspektroskopie 535
Magnetresonanztomographie 507, 538
– funktionelle 533
Magnetstimulation, transkranielle 159, 538
Major Depression 400, 402
Major Histocompatibility Complex 324
Makrophage 324

Makulaorgan 277, 280–281
Malaria 453
Mamillarkörper 130–131, 145–146
Mandelkern 147, 457
Manschette, orgiastische 340
Manschettendruckverfahren 542
MAO-A 416
MAO-B 416
MAO-Hemmer 26, 416
Maprotilin 416
Marihuana 452
Marker
– genetischer 355
– somatischer 465
Markscheide 57, 79
Masochismus 355
Massenbewegung 209
Mäßigkeitsbewegung 430
McGill Pain Questionnaire 304
MDA 450
MDEA 451
MDMA 450
Mechanorezeption 294
Mechanosensoren 230, 234
medial 109
mediales präoptisches Areal (MPOA) 331, 352
median 109
Medianebene 109
Medulla 127
Medulla oblongata 112, 115, 117–118, 168, 175, 208, 210, 235, 420
Medulla spinalis 111
Meeresschnecke 469
Meerrettichperoxidase-Technik 517–518
Mehrlingsschwangerschaft 346
Mehrstufenpräparat 343
Meiose 35
Meissner-Körperchen 25, 229, 233
Meissner-Tastkörperchen 230
Melanin 241
Melatonin 136–137, 181, 194–195, 255, 366, 368–369, 380–381
Melatoninsynthese 380

Melisse 422
Membran
– postsynaptische 84
– subsynaptische 84
Membrana tympani 266
Membraneinfaltung 245
Membranpore 67
Membranpotenzial 61, 361
Membranprotein 50, 72
Membranruhepotenzial 62
Membranscheibchen 245
Menarche 350
Menière-Krankheit 279
Meningen 112
Menopause 336, 351
Menstruationsblutung 341–342, 351
Menstruationsphase 353
Menstruationszyklus 162, 184, 341, 350
Meridiane 312
Merkel-Endigung 233
Merkel-Scheiben 233
Merkel-Tastzelle 230
Mesenzephalon 118, 125
Meskalin 449
Meskalinrausch 449
Messenger-RNA (mRNA) 34, 397
Metabolismus 189
metabotrop 99
Metarhodopsin II 245
Metathalamus 128
Metenzephalon 118
Methadon 309, 447
Methadonsubstitution 447
Methioninenkephalin 300
Methylendioxyamphetamin 450
Methylendioxybutamin 450
M-Ganglienzelle 250
MHC-Protein 324
Migräne 173, 313, 315, 397
Migräneattacke 315
Migrationsverhalten 360
Mikrodialyse 397, 518
Mikrofibrille 50
Mikrofilament 50, 55
Mikroglia 56, 58
Mikroinfarkt 409, 422
Mikroläsion 198

Sachverzeichnis | **587**

Mikroschlafepisode 386
Mikroskop 24
Mikrotubuli 52
Mikrovilli 290
Milchabgabe 189
Milchejektion 189
Milchproduktion 186, 346–347
Mimik 456, 465
Minderwuchs 185, 430
Mineralokortikoide 182, 192
Mineralokortikoidrezeptor 322
Minipille 344
Mirror Tracing 491
Missbildung 346
Missbrauch, sexueller 356
Mitochondrien 47, 51, 55
Mitose 35
Mitralzelle 284
Mittelhirn 118, 125
– prätektale Region 255
Mittelohr 266
Mittelohrentzündung 267
Mittelungsverfahren 528
Moclobemid 416
Modalität 223
Modul 496
Molekül 61
Molekularschicht 150
Monatszyklus 334, 343, 345, 351–352
Mongolismus 42
Monoamine 94, 96, 167, 398
Monoaminoxidase 398, 416
Monoaminoxidasehemmer 415–416
monogen 40
Moral 156, 460
Morbidität 59
Morbus Alzheimer 409
Morbus Basedow 191
Morbus Parkinson 139
Morphem 495
Morphin 24, 309, 444–445
Morphium 428
Morphiumsucht 424
Motilität 165
Motivation 160, 189
Motoneuron 55, 104, 114–115, 199, 201, 208–209, 213, 281
Motorik 138, 160, 196

Motorkortex 153, 210, 214
MPOA 331, 352
mRNA 34, 398
MRT 538
µ-Rezeptor 309
Müdigkeit 194, 351, 367, 388–389
Mukoviszidose 193
Müller-Gang 348, 350
Multiinfarktdemenz 422
multiple Sklerose (MS) 59
Mundtrockenheit 170, 415, 419, 453
Musculus ciliaris 165
Musculus dilatator pupillae 165, 241
Musculus sphincter pupillae 165, 241
Musculus sphincter vesicae 165
Musculus stapedius 267
Musculus tensor tympani 267
Muskel 196–199
– quergestreifter 169
Muskelaktionspotenzial 544
Muskelaktivität 543
Muskelatrophie, progressive spinale 207
Muskelentspannungstraining 390
Muskelfaser 196, 199
– intrafusale 202
Muskelkater 198
Muskelkrampf 441
Muskelrelaxanzien 200, 401
Muskelrelaxation 420
Muskelrelaxationsbiofeedback 314–315
Muskelspindel 203
Muskelspindelsensor 238
Muskeltonus 340, 375
Muskelzelle 166
Muskulatur
– glatte 198–199
– quergestreifte 196
Mutation 39
Mutterkornpilz 449
Muttermund 347–348
Myelenzephalon 118
Myelin 56–57, 534
Myelinisierung 59, 345
Myelinscheide 52, 57, 79
Myelinschicht 57

Myocloni 375
Myofibrille 196, 199
Myosin 197
Myosin-Aktin-Querbrücke 197
Myosinfilament 197–199
Myosinkopf 197

N

N1-Komponente 529
Nabelschnur 347–348
Nachgeburt 345
Nachgeburtsperiode 347–348
Nachtschattengewächs 436
Nachwirkungsphase 450
Nackenmuskulatur 544
Nadelelektrode 544
Na^+-K^+-ATPase 71
Naloxon 312, 342, 448
Naloxontherapie 448
Naltrexon 447
Narbenschmerz 311
Narkolepsie 393
Narkoseeinleitung 420
Nasenmaske 394
Natrium 417
Natrium-Kalium-Pumpe 65, 69–70
Natriumamytal 511
Natriumionenkanäle, spannungsgesteuerte 101
Natriumlaktat 404
Nebenniere 182, 191, 335–336
Nebennierenmark 95, 165, 173, 191, 300
Nebennierenrinde 182, 187, 191, 349, 417
Nebenschilddrüse 182, 193
Nebenstromrauch 438
Nefazodon 413
Neglect, visueller 264
Neokortex 122, 143–144, 149, 160, 399, 403, 491
Neologismen 406
Nepenthe 444
Nernst-Gleichung 66
Nerv 110
– gemischter 111
nerve growth factor (NGF) 410
Nervenblockade 311
– periphere 316

Nervenendigung, freie 230, 292, 294
Nervengeist 252
Nervenimpuls 74
Nervenkompression 315
Nervensystem
– animales 110
– animalisches 110
– autonomes 110, 162–164
– enterisches 167
– parasympathisches 164
– peripheres 110, 330
– somatisches 110
– sympathisches 164
– vegetatives 93, 110, 162, 164, 351, 408
– viszerales 110, 162
– zentrales 110
Nervenwachstumsfaktor 410
Nervenzelle 46
– pseudounipolare 295
Nervosität 439
Nervus abducens 119, 126–127, 154
Nervus accessorius 123, 126–127
Nervus cochlearis 270
Nervus facialis 119, 126–127, 170, 174
Nervus glossopharyngeus 123, 126, 171, 174, 291
Nervus hypoglossus 126–127
Nervus oculomotorius 125–126, 154, 170, 174, 242
Nervus olfactorius 126
Nervus opticus 126, 249, 255
Nervus trigeminus 119, 123, 126–127
Nervus trochlearis 125–127
Nervus vagus 119, 123, 126–127, 171, 174–175, 291
Nervus vestibulocochlearis 119, 126–127, 210
Nesselsucht 325
Netzhaut 240, 242–243, 544
– innere 256
Neuralgie 311
Neurit 51

588 | Sachverzeichnis

Anhang

Neuroendokrinologie 23
Neurofibrille 50
Neurofilament 50, 52
Neurohypophyse
134–135, 184
Neurokinin A 300
Neuroleptika 406–407,
418
Neurologie 519
Neuromodulator 186, 300
Neuron 46
– magnozelluläres 257
– parvozelluläres 257, 259
– postganglionäres 169
– präganglionär vegetatives
169
– präganglionäres 174
– primär sensorisches 225
– sekundär somatosensibles
234
– tertiär somatosensibles
234
Neuropeptid 34, 86, 100,
167, 175, 183, 300, 315
Neuropeptid Y 174, 300,
366
Neuropeptidtransmitter
132
Neuropsychologie 21
Neurose 25
Neurostimulation 316
Neurotransmitter 26, 43,
55, 84–85, 186
Neurotropika 422
Neurotubuli 50, 52, 55
Nicergolin 422
Nichtopioidanalgetika
309–310
Nickhaut 476
Nidation 345, 347
Niere 95, 188, 193
Nikotin 173, 424, 436, 439
Nikotinabhängigkeit 439
Nikotinabusus 346
Nikotinentwöhnungspro-
gramm 439
Nikotinentzug 439
Nikotinersatztherapie 439
Nikotingenuss 394
Nikotinkaugummi 440
Nikotinnasenspray 440
Nikotinpflaster 439
Nikotinwirkung 437
Nimodipin 422
Nimotop® 422
Nissl-Färbung 517

NMDA-Rezeptor 97, 484
Non-NMDA-Rezeptor
484
Non-REM-Schlaf 381
Non-REM-Stadium 374
Nootropika 422
Noradrenalin 95, 99, 122,
132, 165–166, 172–173,
181, 186, 192, 280, 300,
321, 352, 379, 381, 398,
403, 415–416, 440–441
Noradrenalin-plus-Seroto-
nin-Wiederaufnahme-
hemmer 415–416
Noradrenalin-Wiederauf-
nahmehemmer, selektive
416
Noradrenalinhypothese der
Depression 403
Noradrenalinrezeptor 419
Noradrenalinwiederaufnah-
mehemmung 441
Normabrain® 422
Novokain 79
Nozizeption 293
Nozizeptor
– chemosensibler 294, 296
– uni- und polymodaler
295
NSC 365, 380
Nuclei anteriores 129
Nuclei cochleares 273
Nuclei intralaminares 129
Nuclei mediales 131
Nuclei mediani 129
Nuclei vestibulares 209
Nucleus 46
Nucleus accumbens 144,
352, 426–429, 435, 439,
442, 445, 454, 486
Nucleus basalis Meynert
379, 408
Nucleus caudatus 138,
143, 160, 212, 427, 486
Nucleus centromedianus
129
Nucleus cochlearis dorsalis
273
Nucleus cochlearis ventralis
273
Nucleus cuneatus 235
Nucleus dentatus 120
Nucleus emboliformis 120
Nucleus fastigii 120
Nucleus globosus 120
Nucleus gracilis 234

Nucleus interpositus 211,
477
Nucleus lentiformis 138
Nucleus medialis dorsalis
297
Nucleus olfactorius anterior
285
Nucleus paraventricularis
133
Nucleus praeopticus 133
Nucleus praeopticus
medialis 331
Nucleus raphe 445
Nucleus raphe magnus
122, 300
Nucleus reticularis giganto-
cellularis 381
Nucleus reticularis pontis
382
Nucleus reticularis pontis
oralis 381
Nucleus ruber 125–126,
209–210, 213–214, 477
Nucleus subthalamicus
138–139, 143, 212
Nucleus suprachiasmaticus
132, 136, 255, 364, 366
Nucleus supraopticus 133
Nucleus tractus solitarii
168, 175, 291–292
Nucleus ventralis anterior
129
Nucleus ventralis lateralis
129
Nucleus ventralis posterior
129, 156
Nucleus ventralis posterola-
teralis 297
Nucleus ventralis postero-
medialis 291
Nucleus vestibulares 210
Nukleinsäure 29
Nukleotid 29
Nullzelle 325
Nystagmus 263

O

Oberflächenelektrode 544
Objektagnosien 264
Obstipation 193
Ödem 335
Off-Zentrum 250
Off-Zentrum-Zelle 253
Ohnmachtsanfall 169
Ohnmachtsgefühl 441
Ohrgeräusch 279

Ohrmuschel 266
okulärer Prozess 544
Okzipitalkortex 381–382,
492
Okzipitallappen 137, 152,
157, 160
Oligodendrozyt 56–57, 59
Oliva superior 273–274
Olive 119
On-off-Organisation 26
On-Zentrum 250
On-Zentrum-Zelle 253
Operation, stereotaktische
141, 532
Opiat 309, 388, 427–428,
443, 450
Opiatabhängigkeit
444–445, 447
Opiatrezeptoren 445
Opioid 342
– endogenes 299, 301, 311
Opioidanalgetika 309–310
Opioidrezeptor 295,
309–310, 445, 453–454
Opioidsystem 342
Opium 24, 444
Opsin 245
Ordnungszwang 403
Organ
– primäres lymphatisches
324
– sekundäres lymphatisches
324
– vomeronasales 286–287
Organelle 51
Organisation, retinotopi-
sche 256
Orgasmus 338–340
Orgasmusphase 339–340
Orgasmusstörung 357
Orientierung 125
– sexuelle 354
Orientierungsreaktion
541
Orientierungssäule 258
Ortskodierung 271
Osteoporose 191, 351
Östradiol 332, 335, 341,
350–352
Östrogen 34, 187–188,
192, 332–336, 341–344,
346, 350–351, 353–354,
432
Östrogenproduktion 187,
351
Oszillation 359

Sachverzeichnis **589**

Otolithe 278
Otolithenmembran 278
Ovarie 192, 336, 348, 350
Ovariektomie 336
Ovotestis 349
Ovulation 341
Ovulationshemmung 343
Oxyhämoglobin 535
Oxytocin 133, 136, 188–189, 333, 335, 346–347
Ozonschicht 363

P

P300-Komponente 521
Paarungsverhalten 352
Pacini-Körperchen 230, 238
Pädophilie 355
Paläokortex 143
Pallidum 138, 143
Pallium 137, 143, 149
Panikattacke 420–421
Panikreaktion 421
Panikstörung 404
Pankreas 189
Pankreatitis 432
Papez-Kreis 145
Papilla nervi optici 244
Parachlorphenylalanin 312
paradoxer Schlaf 375
Parallelverarbeitung 152
Paralysis agitans 139
Paraphasie 411
Paraphilie 355
Parasit 323
Parasomnie 392
Parasympathikus 166–167, 170, 174, 320
Parasympatholytika 173
Parasympathomimetika 173
Parathormon 193, 195
paravertebral 170
Parkinson-Erkrankung 139, 169, 213, 407–408
Paroxetin 416
Pars optica 243
Partialanfall 148
Partydroge 450
Passivrauchen 438
Patch-clamp-Methode 26
Patellarsehnenreflex 116, 203
Paukenhöhle 266

Pawlow-Hund 468
Pedunculi cerebri 125
Penis 165, 358
Penisplethysmograph 356
Penisprothese 357
Penisschaft 357
Peniswurzel 339
Peptid 26, 29
– gastro-inhibitorisches 192
Peptidbindung 29
Peptidhormon 181, 183, 333
PER 361
periaquäduktales Grau 126
Perikaryon 51
Periodik, zirkadiane 184
Periodizität, ultradiane 368
Periodizitätsanalyse 272, 274–275
peripher 109
Peristaltik 165
Peroxisom 49
Perseveration 411
Persönlichkeit 160
Perspektive 261
Pertofran® 415
Perversion 355
PET 159, 212, 538
PET-Scanner 26
PET-Studie 353
Peyer-Plaques 324
Peyote-Kaktus 449
Pfortadersystem 134
P-Ganglienzelle 250
PGO-Welle 381–382, 384
PGR 543
Phagozytose 58
Phänotyp 37
Phantomschmerz 308–309
Phase, sensorische 450
Phase-Advance-Hypothese 401
Phasenkopplung 275
Phenothiazine 418
Phenylalanin 41, 93
Phenylalaninhydroxylase 41
Phenylbrenztraubensäure 41
Phenylketonurie 41
Pheromon 286–287
Phobie 404–405

Phonem 495–496, 505
Phosphatausscheidung 193
Phosphatstoffwechsel 193, 195
Phosphodiesterase Typ 5 356
Phospholipid 48, 50, 55, 72
Phosphorsäureester 92
Photon 246, 536
Photopigment 245
Photorezeptor 244
– korrespondierender 261
Photorezeptorzelle 243
Photosensibilisierung 416
Phototransduktion, humorale 365
Phrenologie 24
Physiologische Psychologie 21
Pia mater 112
Pigmentepithelzelle 243
Pindolol 421
Piracetam 422
PKA 475
place preference 486
Placebo 440
Placeboeffekt 313, 412
Plantarflexion 208
Planum temporale 498–499, 505, 507
Plaques 60
Plasmamembran 50
Plastizität
– neuronale 105, 107
– zentralnervöser Neuronen 308
Plateauphase 338–340
Platzpräferenz, konditionierte 486
Plazenta 345, 347–348
Plexus 171
Polio myelitis 207
Polioschutzimpfung 207
Polyarthritis 191
polygen 31
Polyneuropathie 432
Polysomnographie 372
Pons 118–119, 127, 157, 160, 210, 212–214, 297, 382
pontine Region 381
Portalvene 134
Porus 290

Positivierung, prämotorische 522
Positron 536
Positronenemissionstomographie 397, 536, 538
posterior 109
Postkoitalpille 344
Postmenopause 351
postsynaptisch 101
posttraumatic stress disorder (PTSD) 322
Potenz 351
Potenzial
– ereigniskorreliertes 306, 521, 529–530
– evoziertes 305
– exzitatorisches postsynaptisches 85
– inhibitorisches postsynaptisches 85
– motorisches 522
– schmerzevoziertes 305
Potenzialdifferenz 61
Potenzialverschiebung, langsame 521
Potenzierung 479
– posttetanische 103
– tetanische 103
Potenzstörung 170
Power 527
Powerspektrum 526
Präferenz, sexuelle 354
Präfrontalkortex
– dorsolateraler 459
– ventromedialer 459
Prämenopause 351
präoptische Region 382
Presbyopie 242
Primärstruktur 31
Priming 490–492
Pro-Enkephalin 300
Progesteron 34, 187, 192, 335–336, 344–345, 352–354
Prohibition 430
Projektionsfaser 160–161
Projektionskern 227
Projektionsneuron 150, 299
Prokain 79, 311
Prokaryonten 46
Prolaktin 185–186, 333, 335, 346–348
prolaktin inhibiting factor (PIF) 333

Proopiomelanocortin (POMC) 181
Proportionalsensor 226
Proposition 496
Propranolol 421
Propriozeption 229, 238
Propriozeptor 226
Prosenzephalon 118, 128
Prosopagnosie 264
Prostaglandin 180, 182, 194, 295–296, 347
Prostaglandinsynthese 310
Prostata 339
Protein 28-29
Proteinbiosynthese 33
Proteinkinase 483
Proteinkinase A 483
Proteinkinase C 483
Proteinreifung 34
Proteinsynthese 33, 48, 55
Proteohormon 333
Proton 533
Prozac 27
Prozess, neuroadaptiver 428
Prüfungsangst 421
Pseudohalluzination 450
Pseudoinsomnie 389
Psilocybin 449
Psychedelika 448
Psychochirurgie 146
Psychoenergetika 422
psychogalvanischer Reflex 543
Psychomotorik 371
Psychoneuroendokrinologie 177–178
Psychoneuroimmunologie 23, 178
Psychopharmaka 412
Psychophysik 217–218, 222
– des Geschmacks 288
Psychophysiologie 21
Psychose 25
Psychosomatik 312, 326
Psychotika 449
Pubertät 192, 334, 349–351, 380
Pulsfrequenz 164–165, 441, 449, 451–452
Pulsvolumen 542
Pulsvolumenamplitude 542
Pulvinar 129

Pumpenmolekül 361
Pupille 164, 241–242
Pupillenerweiterung 165, 305, 340, 450–452
Pupillenmuskulatur 199
Pupillenverengung 165
Pupillenweite 544
Purkinje-Zelle 120
Putamen 138, 143, 160, 212, 486
Pyramidenbahn 208–209, 213
Pyramidenkreuzung 118
Pyramidenschicht
– äußere 150
– innere 151
Pyramidenzelle 55, 150–151, 382, 523, 525
Pyritinol 422

Q

Quartärstruktur 31
Querdisparation 262
Querschnitt 542
Querschnittslähmung 206

R

RA-Sensoren 231
Rachen 438
Rachenmandel 324
Radiatio acustica 158
Radiatio optica 256
Radix 113
Ranvier-Schnürringe 25, 80
Raphe-Kern 96, 121–122, 132, 309
– dorsaler 381
Rapid Eye Movement (REM) 26, 372
Rasterelektronenmikroskop 516, 518
Rating-Verfahren 306
Rauschen 527
Rauschzustand 431
Rautengrube 118
Rautenhirn 118
Reaktion
– nichtspezifische elektro-dermale 543
– sexuelle 338, 340
Reaktionslage
– ergotrope 164
– trophotrope 164
Reaktionszeit 431

Rebound-Insomnie 391–392
Rebound-Reaktion 343
Reboxetin 416
Reduktion des REM-Schlafs 391
Redundanz 227
Reflex 24, 205
– indirekter 116
– posturaler 210
– spinaler 116
Reflexaktivität 115
Reflexbogen 203, 205
Refraktärphase 339
– absolute 76
– relative 76
Refraktärzustand 79
Regenbogenhaut 241
Regio entorhinalis 144
Reisekrankheit 280
Reiz
– adäquater 224, 265
– erotischer 541
– imperativer 522
– konditionierter 468
– noxischer 293
– olfaktorischer 287
Reiztransduktion 284
Reizung, tetanische 145
Rekombination 36
Relaxationsspektrum 536
Relaxationszeit
– longitudinale 534
– transversale 534
Releasingfaktor 134
Releasinghormon 184
REM-Bursts 375
REM-off-Neuron 381
REM-on-Neuron 381
REM-Phase 392, 421
REM-Rebound 391
REM-Schlaf 371, 381, 383–385, 391
REM-Schlaf-Deprivation 383
REM-Stadium 374–375
Remission 60
Renshaw-Hemmung 206–207
Renshaw-Zelle 206
Reorganisation 539
– kortikale 308
– neuronaler Verbindungen 159
Reparaturenzym 39
Replikation 39

Repolarisationsphase 75–76
Resolutionsphase 338
Resorption 192
Restless-Legs-Syndrom 388
Retardierung 191
– geistige 191
– psychomotorische 346
Retikulärformation 121
Retikulum
– endoplasmatisches 48
– glattes endoplasmatisches 48, 55
– raues endoplasmatisches 48, 55
– sarkoplasmatisches 197, 199
Retina 241, 362
retinohypothalamischer Trakt 365
retinothalamische Bahn 366
Retinotopie 157, 257, 259
Reuptake 93
Rezeptor 43, 84, 414
– α-adrenerger 174
– β-adrenerger 174
– cholinerger 439
– direkter 87
– ionotroper 87, 97
– metabotroper 87–88, 95, 97
– muskarinerger 90, 93, 173
– nikotinerger 90, 174
– Typ I 87
rezessiv 38
Rhinenzephalon 145, 285
Rhodopsin 245
Rhombenzephalon 118
Rhythmus 359
– endogener 360
Ribonukleinsäure (RNA) 30
Ribosom 34, 48, 51, 55
Riechbahn 145, 285, 287
Riechen 218
Riechepithel 283, 287
Riechhärchen 284
Riechhirn 145, 285, 287
Riechnerv 331
Riechrinde 285
– primäre 285
Riechschleimhaut 283
Riechsinneszelle 290

Sachverzeichnis **591**

Riesenwuchs 185
Rigor 140–141, 419
Rinde 143
– primär-motorische 153, 156
– primär-sensorische 152
– primär-somatomotorische 153
– sekundär-motorische 153
– supplementär-motorische 214
Rindenblindheit 157
Ringer-Lösung 90
Rivastigmin 422
RNA 30
Röntgenfilm 532
Röntgenstrahl 240, 531
Röntgenstrahldetektor 532
Rot-Grün-Blindheit 41
Rot-Zapfen 251
Röteln 345
RR-Intervall 540
Rückenmark 160, 170, 399
Rückenmarksflüssigkeit 111
Rückenmarkshaut 112, 116
Rückenmarksneuron 114
Rückenmarksreflex 203, 208
Rückenmarkssegment 111
Rückenschmerz 306, 309, 314
Rückwärtshemmung 206
Ruffini-Körperchen 25, 230, 233
Ruffini-Mechanosensor 238
Ruhepotenzial 62

S
Sacculus 277
Sadismus 355
Sägezahnaktivität 375
sagittal 109
Sagittalebenen 109
saisonal abhängige Depression (SAD) 400–401
Sakkaden 255
Sakralmark 174, 339
Salbengesicht 170
Samenbläschen 348
Samenerguss, vorzeitiger 356, 357

Samenleiter 348
Samenzelle 192
Sarin 93
Sarkolemm 196, 201
Sarkomere 196–197
Sarkoplasma 196
Saroten® 415
Säulenstruktur 152
– des visuellen Kortex 258
Scala media 268
Scala tympani 268
Scala vestibuli 268
Schädel-Hirn-Trauma 155
Schädellage 347
Schädigung 432
Schadstoff 292
Schall 265
Schalldruckpegel 266, 272
Schallintensität 265
Schallquelle 265
Schallwelle 265
Schambehaarung 334, 350
Schamlippe 340
Scheide 340, 358
Scheinzwitter 349
Scheitellappen 152
Schichtarbeit 359, 366, 368–369, 386
Schilddrüse 182, 187, 190, 193
Schilddrüsenhormon 178, 181, 183, 386
Schizophrenie 25, 329, 396, 406, 408, 449
– Negativsymptome 406
– Positivsymptome 406
Schlaf 370
– aktiver 383
– ruhiger 383
Schlaf-Wach-Rhythmus 96, 99, 359, 365, 392
Schlafapnoe 24, 388, 395
Schlafapnoe-Syndrom 393
– gemischtes 394
– obstruktives 394–395
– zentrales 394–395
Schlafattacke 393
Schlafbedürfnis 400
Schlafdeprivation 370, 386
Schläfenlappen 152
Schlafentzug 370, 400–401
– serieller 392
Schlafentzugstherapie 392, 401

Schlaferwartungsangst 390
Schlafhygiene 389–390, 421
Schlaflabor 372–373, 389
Schlafmittel 388
Schlafmohn 443
Schlafprofil 394
Schlafregistrierung 373
Schlafrestriktion 390
Schlafspindel 374
Schlafstadium 374
Schlafstadium 1 374, 389
Schlafstadium 2 374
Schlafstadium 3 375
Schlafstadium 4 375
Schlafstoffhypothese 377
Schlafstörung 329, 351, 388, 397, 416, 420–421, 439
Schlafwandeln 392–393
Schlaganfall 97, 170, 422, 441, 443, 465, 497
Schlagvolumen 542
Schlangenphobie 404
Schließmuskel 165
Schlüssel-Schloss-Prinzip 87, 178
Schlussfolgerung, mathematische 354
Schmecken 218
Schmerz 229, 235, 293, 444
– chronischer 306, 309–310
– erster 295
– projizierter 307
– übertragener 307, 309
– viszeraler 175
– zweiter 295
Schmerzbahn 296
Schmerzempfinden 218
Schmerzforschung, experimentelle 302
Schmerzfragebogen 304
Schmerzgedächtnis 307
Schmerzhemmung 298
– endogene 299
Schmerzimpuls 156
Schmerzinduktion 302
Schmerzkalender 304
Schmerzkarriere 306
Schmerzmittel 412
Schmerzmittelmissbrauch 307, 309

Schmerzreizung
– chemische 303
– elektrische 302, 305
– mechanische 302, 305
– thermische 303, 305
Schmerzschwelle 387
Schmerzschwellenbestimmung 303
Schmerzsensor 236
Schmerztagebuch 304
Schmerztherapie 309
Schmerztoleranzschwelle 304
Schmerzwahrnehmung 96
Schmerzzustand 388
Schnarchen 394
Schneckengang 268
Schnee 443
Schnüffeln 283
Schock 437
– anaphylaktischer 325
Schreibstörung 504
Schrittmacher 360, 382
Schrittmacherneuron 81
Schrittmacherzelle 361, 524
Schuldgefühl 346, 400
Schüttellähmung 139
Schutzimpfung 324
Schutzreflex 203
– nozifensiver 305
Schwächegefühl 432
Schwangerschaft 192, 334
Schwann-Zelle 24, 56–57, 230
schwarze Tollkirsche 449
Schweiß, kalter 280
Schweißausbrüche 404
Schweißdrüse 165, 543
Schweißproduktion 305
Schweißsekretion 170
Schwellenbestimmung 219, 305
Schwellkörperautoinjektionstherapie 357
Schwindel 280, 439, 450
Schwindelanfall 279
Schwindelgefühl 170
Schwitzen 432
Scopolamin 280
Second Messenger 89
Sedativa 412
Sedierung 431, 453
Seeanemonengift 78
Seekrankheit 280
Sehbahn 255, 365, 506

Sehen 218
– photopisches 245, 247
– skotopisches 245, 247
– stereoskopisches 157
Sehfarbstoff 245
Sehgrube 244
Sehnenorgan 238
Sehnerv 248, 255
Sehrinde 158
– primäre 154, 157, 256
– sekundäre 154, 157
Sehschärfe 251
Sehstörung 356
Sehstrahlung 157, 160,
256
Seitenhorn 113, 116, 170,
174
Seitenstrang 208
Sekretin 182, 192
Sekretion 165
Sekretionsprozess 167
Sekundärstruktur 31
Selbstapplikationspara-
digma 433
Selbststimulation, intrakra-
nielle 426
selektiver Noradrenalin-
Reuptake-Inhibitor
(SNRI) 415
selektiver Serotonin-Reup-
take-Inhibitor (SSRI)
97, 415–416
Semantik 495
Sensibilität
– epikritische 235
– protopathische 235
– somatoviszerale 229
Sensitivierung 467, 471
Sensor 224
– olfaktorischer 283, 287
Sensorzelle 175
Septum 122, 144, 146,
168, 366, 426, 487
Septum pellucidum 137
Sermion® 422
Serotonin 96, 99, 132, 136,
167, 180–181, 186,
194–195, 295–296, 300,
312, 325, 342, 379–381,
397–399, 408, 415–416,
435, 441
Serotonin-Wiederaufnah-
mehemmer, selektiver
(SSRI) 27, 97, 342,
403–404, 416
Serotoninagonist 404, 450

Serotonindysfunktions-
syndrom 402
Serotoninfreisetzung
451–452
Serotoninhypothese der
Depression 402
Serotoninrezeptor 399,
408, 419, 434, 449–450,
473
Serotoninsynthese 452
Serotoninsynthesehemmer
312
Serotoninwiederaufnahme
452
Seroxat® 416
Sexualfunktion 186, 432
Sexualhormon 178, 182,
187, 331, 335, 353
– steroidales 333
Sexualorgan 330
Sexualreflex 399
Sexualverhalten 188–189,
336
Shy-Drager-Syndrom 169
Signalerkennungsaufgabe
371
Signalübertragung
– autokrine 180
– endokrine 180
– neuroendokrine 180
– parakrine 180
Sildenafil 356
simultane Raumschwelle
232
sinister/-ra 109
Sinn
– allgemeiner chemischer
292
– olfaktorischer 282
Sinnesapparat 217
Sinnesempfindung 217
Sinnesenergie 224
Sinneskanal 223–224
Sinnesmodalität 218
Sinnesorgan 224
Sinnesphysiologie, objektive
223
Sinnesreiz 217
Sinnessystem 223
Sinneszelle 202, 224
– gustatorische 291
– primäre 226, 283
– sekundäre 226
Sinusarrhythmie, respiratorische 541
SKAT 357

Skelettmuskel 196
Skelettmuskelzelle 199
Skelettmuskulatur 165
Sklera 240
Sklerose 60
Skorpiontoxin 78
Skotom 263
Skrotum 339
Slow-Wave-Schlaf 375,
382–383
Soforttyp 325
Soldatenkrankheit 444
Soma 51, 56
Somatoliberin 185
Somatomedine 185
Somatosensibilität 229,
294
Somatosensorik 229
Somatostatin 167, 174,
185, 300
Somatotropin 185
Somatotropin-Releasing-
Hormon 185
Somnambulismus 392
sound pressure level 266
Soziophobie 404
Spannung 229
Spannungskopfschmerz
314
Spannungszustand 343
Spätdyskinesie 419
SPECT 538
Speichel 288
Speicheldrüse 165
Speichelfluss 280
Speicher, sensorischer 487
Speicherprotein 183
Spermien 334, 338, 345
Spermienbildung, redu-
zierte 432
Spermienproduktion 187
Spermienzahl 186
spezifische Sinnesenergie
24
Sphinktermuskel 165
Spike 74
Spinalganglion 113–114
Spinalnerv 111–112, 116
Spindelzelle 150
Spinnenphobie 404
Spinnwebhaut 112
SPL 266
Splenium 505
Split-Brain-Patient 508
Spontan-EEG 519, 530
Spontanaktivität 519, 523

Sportlerherz 335
Sprache 196, 265
Spracherwerb 493
Sprachproduktion 539
Sprachstörung 431
Sprachzentrum
– Broca- 155, 158
– motorisches 155
– Wernicke- 158
SQUID-Magnetometer
531
SRY-Gen 348–349
ST-Strecke 542
Stäbchen 244–245, 247
Stäbchenbipolarzelle 248
Stammfettsucht 191
Stammganglion 137, 143
Stammzelle 283
Statine 134
Stechen 292
Steigbügel 267
Steißwirbel 111
Stellungsrezeptoren der Ge-
lenke 281
Stellungssinn 237–238
Steran-Gerüst 182
Stereoskopie 261
Stereovilli 269, 278
Stereozilien 269, 278
Sternzelle 55, 150–151
Steroidhormon 178,
182–183, 191, 332
Stevens-Potenzgesetz 221
Stickstoffmonoxid 174,
356, 365
Stillen 347
Stimmbruch 350
Stimmungslabilität 346
Stimmungsschwankung
367
Stimulanzien 391, 428,
441
Stirnlappen 152
Stirnmuskulatur 544
Stoffwechsel 189
– anaboler 190
– kataboler 190
Störung
– bipolare 396, 417
– depressive 187
– psychische 312
– psychophysiologische
326
Strangzelle 296, 301
Streckreflex, gekreuzter
204

Sachverzeichnis | **593**

Streifenkörper 138, 143
Streptomyzin 279
Stress 185, 192, 280, 318
Stressbelastung 315, 433
Stresshormon 23, 162, 189
Stressmanagementtraining 320
Stressor 318
Stressphase 427
Stressreaktion 191, 318
Stresssyndrom, posttraumatisches 322
Striatum 41, 93, 138, 143, 212–213, 408, 426, 491
Struktur, limbische 330
Struma 190
Strychnin 99
Subiculum 144, 479
Submodalität 223
Substantia gelatinosa 299, 309
Substantia innominata 408
Substantia nigra 125–126, 138, 143, 212, 214, 407, 419
Substanz
– psychoaktive 412
– psychotrope 412
Substanz P 100, 138, 167, 295–296, 300–301, 315
Substanzabhängigkeit 388
Substanzgebrauch 425
Substanzhunger, erneuter 443
Substanzselbstapplikation 427
Subthalamus 128, 136
Sucht 424
Suchterkrankung 312
Sulci 137
Sulcus calcarinus 137
Sulcus centralis 137
Sulcus frontalis inferior 137
Sulcus frontalis superior 137
Sulcus intraparietalis 137
Sulcus lateralis 137, 158
Sulcus parieto-occipitalis 137
Sulcus postcentralis 137
Sulcus temporalis inferior 137
Sulcus temporalis superior 137

Summation
– räumliche 102
– synaptische 103
– zeitliche 103
superior 109
Supraleitung 531
Sylvische Furche 507
Sympathikus 166–167, 174, 320, 541–542
Sympatholytika 96, 173
Sympathomimetika 96, 173
Synapse 53, 200
– chemische 83
– elektrische 83
Syndrom
– adrenogenitales 349
– prämenstruelles 342–343
Synergismus, funktioneller 166
Syntax 495
10-20-System 526
System
– akustisches 225
– anterolaterales 296
– auditorisches 265
– dopaminerges 343, 402
– endokrines 177
– exterozeptives 84
– extralemniscales 235
– glutamaterges 434
– gustatorisches 225, 287
– interozeptives 84
– kardiovaskuläres 169
– lemniscales 235
– limbisches 143, 145, 285–286, 292, 403, 420, 456
– magnozelluläres 260
– mesolimbisches 426–427, 429, 442, 487
– nigrostriatales 486
– noradrenerges 402, 449
– nozifensives 294
– nozizeptives 294
– propriozeptives 84
– serotonerges 397
– tuberoinfundibuläres 407
– vestibuläres 225
– visuelles 225
– vomeronasales 286
Systole 542

T
T-Helferzelle 324
T-Lymphozyt 324
T-Welle 542
T-Wellen-Amplitude 541
T-Zelle 175
Tabakpflanze 436
Tachyarrhythmien 394
Tachykardie 96, 170, 351, 415
Tachykinin 301
Tacrin 422
Tagesmüdigkeit 394
Tagesschlaf 393
Tagessehen 245, 247
Taktgeber, zirkadianer 255
taktile Sensorik 229
Talgsekretion 170
Tanzdroge 450
Tasten 218
Tastsinn 229
Taufliege 361
Tay-Sachs-Krankheit 49
Technokultur 450
Tectum 125–126
Teer 438
Tegmentum 125–126, 209, 408
– ventrales 429
Tegretal® 417
Telenzephalon 118, 128, 137
Temperatur 366
Temperaturempfinden 218
Temperaturregulation 540
Temperatursinn 236
Temporallappen 147, 152, 160, 285, 491–492
Tertiärstruktur 31
Testosteron 187, 192, 334–337, 348–352, 354, 432
Testosteronproduktion 351
Tetanustoxin 99
Tetrodotoxin 78
Thalamus 115, 122, 128, 133, 146–147, 151, 156–157, 160, 210, 212–214, 235, 237, 281, 292, 297, 301, 309, 381–382, 403, 445, 454, 464–465, 477, 518, 524
Thalamus ventralis 136

Thalamuskern 210, 486
– sensorischer 227
– spezifischer 128
– unspezifischer 129
Thalamusschmerz 129
THC-Rezeptor 453–454
Theorie, trichromatische 252
Therapie, neurochirurgische 315
Thermokoagulation 316
Thermonozizeptor 294, 296
Thermoregulation 229
Thetaaktivität 375
Thetarhythmus 525
Thetawelle 374, 521, 523
Thiaminmangel 499
Thorakalsegment 111, 170
Thromboxane 182, 194
Thrombozyt 95, 194
Thrombozytenaggregation 194
Thymin 29–30
Thymoleptika 414
Thymus 324, 380
Thymusdrüse 319
Thyreoglobulin 183
Thyreotropin 185, 190
Thyreotropin-Releasing-Hormon (TRH) 188
Thyroliberin 188
Thyrotropin 187
Thyroxin 181, 188, 190–191
Tiefenschärfe 242
Tiefenschmerz 238
Tiefensehschärfe 431
Tiefensensibilität 237
Tiefenwahrnehmung 261, 453
Tiefschlafphase 370, 391
Tiefschlafstadium 375, 389
Tierversuch 516
Tight Junctions 58
TIM 361
Tinnitus 279
Tip Links 269, 278
TMS 539
Todesfurcht 444
Tofrani® 415
Toleranz 425, 450
Toleranzentwicklung 391, 421, 425, 427, 429, 444
Ton, reiner 265

594 | Sachverzeichnis

Tonhöhe   265
Tonhöhenverarbeitung   274
Tonotopie   158, 274
Tonus, myogener   199
Totenstarre   197
Tourette-Syndrom   25
Tracer   537
Tractus corticospinalis   213
– anterior   208
Tractus olfactorius   145, 285
Tractus opticus   255
Tractus rubrospinalis   209, 213
Tractus spinothalamicus   235, 315
Tractus vestibulospinalis   210, 213
Training, autogenes   439
Trakt
– spinomesenzephaler   297
– spinoretikulärer   297
– spinothalamischer   297
– spinozerebellärer   210
– thalamischer   115
Tränendrüse   165
Tränenflüssigkeit   241
Tranquilizer   98, 390, 392, 419, 421
Transduktion   224–226
Transduktionskanal   270
Transformation   225–226
transgene Mäuse   45
Transkription   33, 35, 179
Transkriptionsfaktor   33, 35, 179
transkutane elektrische Nervenstimulation (TENS)   311, 316
Translation   34
Transmeridianflüge   367
Transmissionselektronenmikroskopie   516
Transport
– aktiver   69
– passiver   67, 72
– retrograder   53
Transportermolekül   416
Transporterprotein   93
Transportprotein   183
Transversalebene   109
Traum   383–385
Traumatisierung   329
Traurigkeit   400

Tremor   140–141, 419
TRH   188
Triazolam   420
Trichomasie, anomale   254
Trigeminus   156, 477
Trigeminuskern   156, 297
Trigeminusnerv   120, 235, 315
Triggerpunkt   311
Triglyzeride   190
Trijodthyronin   187, 190–191
Trisomie 21   42
Trizyklika   415–416
Trommelfell   266
Truncus sympathicus   170
Tryptophan   96, 181, 380, 399
TSH   187
Tuba eustachii   266
Tuberculum olfactorium   285, 407
Tumorzelle   325
Turner-Syndrom   349
TWA   541
Typ
– koniozellulärer   250
– magnozellulärer   250
– nikotinerger   172
– parvozellulärer   250
– verzögerter   325
Typ-A-Verhalten   327
Tyrosin   93
TZA (trizyklische Antidepressiva)   416

U
Übelkeit   163, 279–280, 367, 399, 432, 437, 441, 450, 453–454
Übergangspunkt   219
Übergewicht   394
Überhangeffekt   422
Übersäuerung   347
Überträgerstoffe, hydrophile   178
Übertragung
– glandulorische   180
– myomodulatorische   180
– synaptische   225
Uhr
– biologische   360
– innere   360, 363
Ultraviolett   240
umami   287, 289
Umstellungsprozess   345

Umstrukturierung, kognitive   320
Uncus   137
Universalgrammatik   494
Unruhe   439, 443
– psychomotorische   432
Unterarmmuskulatur   544
Untergewicht   430
Unterschiedsschwelle   220–222
Untertemperatur   346
Unterzuckerung   346
Up-Regulation   105
Uracil   30
Urnierengang   348
Urogenitalorgan   174
Urogenitaltrakt   169
Uterus   198, 345, 347–349
Uterusbewegung   437
Uterusmuskulatur   188, 346
Utrikulus   277
UV-Strahlung   193, 363
Uvea   241

V
Vagina   340, 348
Vaginaldurchblutung   376
Vaginismus   358
Vagotoniker   541
Vagusnerv   171
Vagusstoff   26, 91
Vakuumpumpe   357
Valium®   420
Varicella-zoster-Virus   114
Varikosität   171
vasoaktives intestinales Peptid (VIP)   174
Vasodilatation   376
Vasodilatator   194
Vasokongestion   340
Vasomotorenzentrum   123
Vasomotorik   542
Vasopressin   133, 136, 280, 366
Vektor   44
ventral   109
ventrales tegmentales Areal   426–427, 445, 487
Ventrikel   118
Verdauung   192
Verdauungsdrüse   171
Verdauungstrakt   167
Vererbungslehre   37
Verfolgungswahn   453
Vergewaltigung   329

Vergiftung   424
Verhalten, antisoziales   336
Verhaltensmedizin   23, 326, 328
Verhaltensstörung   430
Verhaltenstherapie   420
Verkehrstote   430
Verlangen, sexuelles   356
verlängertes Mark   117
Verlangsamung   419
Vermeidungsverhalten   404
Vermis cerebelli   120
Verstimmung, depressive   351, 441
Verstopfung   453
Vertebrae cervicales   111
Vertebrae coccygeae   111
Vertebrae lumbales   111
Vertebrae sacrales   111
Vertebrae thoracales   111
Verweiblichung   336
Verwirrtheitszustand   391
Vesikel   51, 85–86, 103
Vestibulariskern   210, 281
Vestibularnerv   281
Vestibularorgan   277
Vestibularsystem   281
Viagra   356
Vibration   229
Vibrationsdetektion   231
Vierhügelplatte   125–126, 194
Vigilanz   367, 371
Vin Mariani   440
Vincamin   422
VIP   167
Virilisierung   335
Virus   44
visuelle Agnosie   158
Visus   251
Viszerozeption   229
Viszerozeptor   226
Vitamin B_1 130
Vitamin D_3 193
Vitamin-D-Mangelrachitis   193
VMH   331
Vorderhirn   118, 128
– basales   379
Vorderhirn, basales   379
Vorderhirnbündel, mediales   486
Vorderhirnkern, basaler   381

Sachverzeichnis   **595**

Vorderhorn 116, 199, 201, 208
Vorderseitenstrang 156, 296
Vorderseitenstrangsystem 235, 237
Vorderstrang 116
Vorderwurzel 116, 200
Vorwärtshemmung 105
VTA 426–427, 445, 487

W
Wachstum 177, 193
Wachstumsbegrenzung 350
Wachstumshormon 185
Wada-Test 511–512
Wahnsystem 406
Wahnvorstellung 346, 418
Wahrnehmung 217
– unterschwellige 226
– visuelle 21, 521
Wahrnehmungsgeschwin-
digkeit 353–354
Wahrnehmungslernen 469, 491–492
Wahrnehmungsschwelle 218–219, 222
Wahrnehmungsstörung 386–387, 420
Wahrnehmungstäuschung
– halluzinatorische 148
– illusionäre 148
Wahrnehmungsverände-
rung 452
Warmsensor 236
Waschzwang 403
Wasserhaushalt 177, 193
Wasserstoffion 295–296
Weber-Gesetz 220, 223
Wechselbäder 407
Wechseljahre 351
Wechselwirkung, elektrosta-
tische 61

Wehen 188, 334, 347
Weingeist 429
Weitsichtigkeit 242
Wellen, elektromagnetische 217
Wernicke-Aphasie 503
Wernicke-Areal 160, 498–500, 504
Wernicke-Enzephalopathie 499
Wernicke-Geschwind-Mo-
dell 499
Wernicke-Korsakow-Syn-
drom 130, 432
Wernicke-Sprachzentrum 158
Wernicke-Zentrum 158
Willkürmotorik 119
Winterdepression 392
Wirkstofftoleranz 446
Wirkung
– agonistische 173
– antagonistische 173
– psychoaktive 439
Wochenbettdepression 346
Wochenbettpsychose 346
Wolff-Gang 348, 350
Wortblindheit 504
Wortflüssigkeit 353
Worttaubheit 502
Wundstarrkrampf 99
Wurzel 113
Wut 456

X
XTC 450
XYY-Syndrom 349

Y
Y-Chromosom 349
Yohimbin 357
Young-Helmholtz-Theorie 252

Z
Z-Linie 196
Zahnpulpareizung 302
Zapfen 244–245, 247–248, 251
Zapfenopsine 246
Zeichensprache 495
Zeitgeber 360, 364
Zeitzonenwechsel 359
Zelle
– amakrine 245, 248
– bewegungssensitive 258
– bipolare 55
– hyperkomplexe 258
– immunkompetente 324
– längensensitive 258
– multipolare 55
– orientierungssensitive 257
– periglomeruläre 285
– thalamokortikale 382
– unipolare 55
Zellflüssigkeit 46
Zellkern 33, 46, 51, 55–56
Zellkörper 51
Zellmembran 46, 50–51, 55
Zellorganelle 46, 50, 55
Zellpräparat 398
Zellzyklus 35
zentrales Höhlengrau 126
Zentralkanal 113
Zerebrospinalflüssigkeit 535
Zerfahrenheit 406
Zervikalsegment 111
Ziliarkörper 241
Ziliarmuskel 241–242
Zilie 284
Zirbeldrüse 24, 128, 136–137, 380–381
zirkadiane Periodik 362
zirkadianer Rhythmus 361, 363

Zittern 404, 437, 441
Zolpiclon 421
Zolpidem 391, 421
Zona glomerulosa 321
Zona reticularis 321
Zone
– erogene 338
– magnozelluläre 122
– parvozelluläre 122
Zonulafaser 242
Zopiclon 391
Zugkrankheit 280
Zustand, depressiver 354
Zwangsgedanken 403
Zwangshandlung 403
Zwangsjacke 407
Zwangsstörung 329, 396–397, 403
Zweiphasenpräparat 343
Zweiprozessmodell des Schlafs 377
Zweipunktschwelle 232
Zweiwortsprache 493
Zwerchfell 347
Zwergwuchs 191
– hypophysärer 185
Zwillingsstudie 43
Zwischenhirn 118, 128, 194
Zwitter 349
Zwölffingerdarmgeschwür 438
Zyban® 440
Zygote 345
Zyklus, anovulatorischer 342
Zyklusphase, prämenstru-
elle 315
Zytoarchitektonik 131, 153
Zytochemie 131
Zytoplasma 46, 55
Zytoskelett 49–50, 55
Zytosol 46, 48, 50, 55, 333

Für Einsteiger und Fortgeschrittene

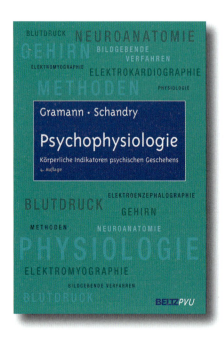

Gramann · Schandry
Psychophysiologie
Körperliche Indikatoren psychischen Geschehens
4. Auflage 2009. 190 Seiten. Broschiert.
ISBN 978-3-621-27674-0

Wie reagiert unser Hirn auf mentale Beanspruchung? Wie verändert sich mein Herzschlag, wenn ich wütend oder ängstlich bin? Oder allgemeiner: Wie hängen psychische Vorgänge und zugrundeliegende körperliche Funktionen zusammen? Diese und ähnliche Fragen beantwortet die Psychophysiologie.

Klaus Gramann und Rainer Schandry stellen neurobiologische und anatomische Grundlagen sowie die Messmethoden der Psychophysiologie fundiert und verständlich aufbereitet dar.

Neu in dieser Auflage ist die Vertiefung des Kapitels Elektroenzephalographie sowie das Kapitel zu bildgebenden Verfahren, die heute angewendet werden, um kognitive Prozesse im Gehirn zu lokalisieren. Einsetzbar in Lehre und Forschung – für alle, die mit psychophysiologischen Methoden arbeiten

Verlagsgruppe Beltz • Postfach 100154 • 69441 Weinheim • www.beltz.de

Darauf warten Studenten: Statistik verständlich erklärt

Michael Eid • Mario Gollwitzer • Manfred Schmitt
Statistik und Forschungsmethoden
2010. 1056 Seiten. Gebunden
ISBN 978-3-621-27524-8

Nullzellenproblem, Dummy-Kodierung, Identifikation von Ausreißern – klingt witziger, als es ist, wenn man in der Statistikvorlesung sitzt und offensichtlich kein »Statistisch« spricht!

In diesem Lehrbuch werden Forschungsmethoden und Statistik verständlich und anschaulich erläutert. Sie erhalten das Handwerkszeug von der Vorlesung im ersten Semester bis zur Abschlussarbeit. Rechenschritte werden dabei in einzelnen Schritten erklärt und durch Beispiele und konkrete Anwendungen ergänzt. So wird klar, wozu Statistik gut ist – und wie sie funktioniert!

Fit für die Prüfung
- Übungsaufgaben und Lernfragen zu jedem Kapitel
- Zahlreiche Beispiele
- Kapitelzusammenfassungen zum schnellen Wiederholen
- Vertiefungen für die, die es genau wissen wollen
- Über 150 Abbildungen und Tabellen

Online lernen und lehren
- Datensätze zum Rechnen der Übungsaufgaben
- Antworthinweise zu den Lernfragen
- Kommentierte Links
- FAQs u. a.

Ob Bachelor, Master oder Diplom – für alle, die Statistik verstehen wollen!

Verlagsgruppe Beltz • Postfach 100154 • 69441 Weinheim • www.beltz.de

Mit R können Sie rechnen

R ist eine freie Statistiksoftware, die in der Psychologie zunehmend eingesetzt wird. In diesem ersten R-Lehrbuch für Psychologen werden die Verfahren erläutert, die für die psychologische Forschung zentral sind.

Die Verfahren werden anhand konkreter Daten – die auch online zur Verfügung gestellt werden – dargestellt, sodass die Beispiele direkt am eigenen PC nachvollzogen werden können. Übersichtstabellen mit den wichtigsten Befehlen, Übungsaufgaben, das Glossar und Anwendertipps erleichtern den Einstieg in die Software (auch für den Umstieg von SPSS auf R).

Maike Luhmann
R für Einsteiger
Einführung in die Statistiksoftware für die Sozialwissenschaften
2010. 317 Seiten. Broschiert
ISBN 978-3-621-27702-0

Verlagsgruppe Beltz • Postfach 100154 • 69441 Weinheim • www.beltz.de

Die psychischen Störungen im Kindes- und Jugendalter im Überblick

Nina Heinrichs · Arnold Lohaus
Klinische Entwicklungspsychologie kompakt
Psychische Störungen im Kindes- und Jugendalter
2011. 224 Seiten. Broschiert
ISBN 978-3-621-27806-5

Die Klinische Entwicklungspsychologie setzt sich zusammen aus den Grundlagenfächern Klinische Psychologie und Entwicklungspsychologie und behandelt psychische Störungen, die im Kindes- und Jugendalter auftreten können.

Alle wichtigen Störungen (z. B. Bindungsstörungen, Schlafstörungen, Störungen des Sozialverhaltens, Essstörungen) werden von den Autoren nach einem einheitlichen Schema beschrieben, das sowohl die Entstehungsbedingungen, den Verlauf als auch die psychosozialen Belastungen des Umfeldes in den Blick nimmt. Fallbeispiele zu jeder Störung, Merksätze und Übungsaufgaben am Ende jedes Kapitels machen die Themen greifbar und leicht zugänglich.

Aus dem Inhalt
Teil I Grundlagen
1 Entwicklungspsychopathologie: Definition
2 Erklärungsansätze für die Entwicklung von psychischen Störungen
3 Ansätze zur Unterscheidung von psychischen Störungen im Kindes- und Jugendalter
4 Epidemiologie zu psychischen Störungen im Kindes- und Jugendalter
5 Präventions- und Interventionsansätze.
Teil II Störungsbilder
6 Störungen im Säuglings- und Kleinkindalter
7 Störungen im Kindesalter
8 Störungen im Jugendalter
9 Psychische Begleitsymptomatik bei körperlicher Erkrankung

Verlagsgruppe Beltz · Postfach 100154 · 69441 Weinheim · www.beltz.de

»Es gibt kein besseres Lehrbuch über Entwicklungspsychologie als den Oerter / Montada.«

Schulmagazin 5–10

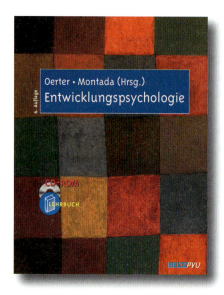

Rolf Oerter • Leo Montada (Hrsg.)
Entwicklungspsychologie
6., vollst. überarb. Auflage 2008
XXXII, 1078 Seiten. Gebunden
ISBN 978-3-621-27607-8

Das bewährte deutschsprachige Lehrbuch in neuer Auflage am Puls der Zeit – inhaltlich und didaktisch auf dem neuesten Stand: alle klassischen Entwicklungsthemen über den gesamten Lebensverlauf.

▶ Alle Lebensalter, von der vorgeburtlichen Entwicklung bis ins hohe Alter
▶ Die wesentlichen Einflussgrößen auf menschliche Entwicklung
▶ Alle Bereiche psychischer, geistiger und sozialer Entwicklung
▶ Wichtige Anwendungsbereiche der Entwicklungspsychologie wie etwa die schulische Förderung

Neu in der 6. Auflage:
▶ neurologische Grundlagen
▶ Bindung, Bindungsstörungen in der frühen Kindheit
▶ Elternschaft und Betreuung kleiner Kinder
▶ Lernstörungen in Teilleistungsbereichen
▶ Umgang mit Medien
▶ Delinquenz und antisoziales Verhalten
▶ moralische Entwicklung und Sozialisation
▶ Entwicklung des Denkens
▶ Integration von Migranten
▶ Hochbegabung

Verlagsgruppe Beltz • Postfach 100154 • 69441 Weinheim • www.beltz.de

4 x Allgemeine Psychologie: Denken, Wahrnehmung, Aufmerksamkeit und Sprache

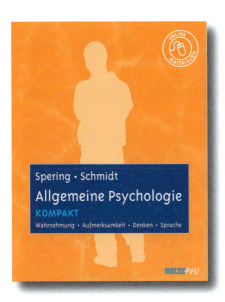

Miriam Spering • Thomas Schmidt
Allgemeine Psychologie kompakt
Mit Online-Materialien
2009. VIII, 151 Seiten. Broschiert
ISBN 978-3-621-27752-5

Die Allgemeine Psychologie beschreibt und erklärt das kognitive System des Menschen: Wie funktioniert der menschliche Geist, welchen Beschränkungen unterliegt er, welche Möglichkeiten bietet er? Vier der Fachgebiete der Allgemeinen Psychologie — Wahrnehmung, Aufmerksamkeit, Denken und Sprache — werden hier vorgestellt.

Neben den Grundlagen, Theorien und klassischen Experimenten werden auch die Anwendungsbezüge des wichtigen Grundlagenfachs herausgestellt. Viele Ergebnisse der Allgemeinen Psychologie sind hilfreich für das Verständnis angewandter Probleme, z. B. in der Klinischen Psychologie: Nur wenn man ein klares Bild davon hat, wie das kognitive System normalerweise funktioniert, kann man verstehen, welche kognitiven Funktionen bei Schizophrenie, Depression oder Demenz gestört sind.

Ob begleitend zur Vorlesung oder zur Prüfungsvorbereitung: Hervorgehobene Definitionen, wichtige Experimente, Praxis- und Hintergrundwissen machen das Wissen anschaulich. Denkanstöße und Anregungen zu Selbstversuchen regen zur kritischen Auseinandersetzung mit dem Fachgebiet an.

Verlagsgruppe Beltz • Postfach 100154 • 69441 Weinheim • www.beltz.de

Familienpsychologie für Studium und professionelle Familienarbeit

Johannes Jungbauer
Familienpsychologie kompakt
Mit Online-Materialien
2009. XIII, 177 Seiten. Broschiert
ISBN 978-3-621-27681-8

Wie können Paare beim Übergang zur Elternschaft unterstützt werden? Warum kommt es zu Gewalt und Vernachlässigung in Familien, und welche Interventionsmöglichkeiten gibt es? Wie kann man Familienangehörige von todkranken und sterbenden Menschen unterstützen?

Das Lehrbuch »Familienpsychologie kompakt« beschreibt die Vielfalt heutiger Familienwirklichkeiten und zeigt konkrete Ansatzpunkte für die psychosoziale Praxis auf. Übersichtlich strukturiert, leicht verständlich und anhand vieler Fallbeispiele gibt der Autor einen Überblick zu zentralen Themen der Familienpsychologie sowie ihren Anwendungsmöglichkeiten. Praxisbezogenes Wissen – für Studium und berufliche Praxis der Sozialen Arbeit und Sozialpädagogik, Erziehungs- und Familienberatung.

Online-Materialien: u. a. mit ausführlichem Glossar, kommentierten Links, Lösungshinweisen zu den Praxisübungen, Übersicht über Angebote der Elternbildung

Verlagsgruppe Beltz • Postfach 100154 • 69441 Weinheim • www.beltz.de

Einführung in eine bewährte Therapieform

Martin Hautzinger (Hrsg.)
Kognitive Verhaltenstherapie
Behandlung psychischer Störungen im Erwachsenenalter
Mit Online-Materialien
2011. 392 Seiten. Gebunden
ISBN 978-3-621-27771-6

Eine junge Frau, die nur noch hungert, ein Mann, dem vor Angst die Stimme versagt, ein Paar, im Clinch miteinander verstrickt – ihnen allen kann mit Kognitiver Verhaltenstherapie geholfen werden.

Die Kognitive Verhaltenstherapie (KVT) ist bei vielen psychischen Störungen wirksam. Das von Martin Hautzinger herausgegebene Buch gibt eine Einführung in die Behandlung von 22 Störungen mit KVT vor. Der Leser erfährt die wichtigsten Prinzipien von Diagnostik und Intervention, sodass besonders Studierende und Therapeuten in Ausbildung einen Einstieg bekommen. Online-Materialien mit den wichtigsten Informationen zu den Störungen für Betroffene und Angehörige ergänzen das Buch.

Aus dem Inhalt
Agoraphobie und Panikstörung, Soziale Ängste, Generalisierte Ängste, Zwangsstörungen, Belastungsstörungen, Depressionen, Bipolare Störung, Schizophrene Störungen, Somatoforme Störungen, Dissoziative Störungen, Alkoholabhängigkeit, Essstörungen, Chronische Schmerzen, Schlafstörungen, Sexuelle Störungen, Partnerschaftsprobleme, Aufmerksamkeitsdefizite, Borderline-Störung, Persönlichkeitsstörungen, Diabetes mellitus, Morbus Parkinson, Demenzielle Störungen

Verlagsgruppe Beltz • Postfach 100154 • 69441 Weinheim • www.beltz.de

Entwickeln Sie ein gesundes Selbstwertgefühl – mit dem neuen Patientenbuch von Harlich H. Stavemann

Harlich H. Stavemann
... und ständig tickt
die Selbstwertbombe
Selbstwertprobleme erkennen und lösen
Mit Online-Materialien
2011. 176 Seiten. Gebunden
ISBN 978-3-621-27805-8

Selbstwert ist ein allgegenwärtiges Thema in der Psychotherapie. Harlich H. Stavemann zeigt, wie Sie ein gesundes Selbstkonzept entwickeln können und es leben lernen.

Ein stabiles Selbstwertgefühl entwickeln, unabhängig sein von Leistungen, Zuneigung von anderen Menschen oder Statussymbolen – das ist gar nicht so leicht. Selbstwertprobleme sind daher auch die mit Abstand größte Gruppe emotionaler und psychischer Probleme, die Menschen im Laufe ihres Lebens haben: Vier von fünf Patienten in ambulanter Psychotherapie oder Beratung leiden darunter.

Stavemann zeigt, was schädliche Selbstwertkonzepte ausmacht und wie man sie erkennt, aber auch, wie sie sich langfristig und dauerhaft verändern lassen. Einsetzbar zur Selbsthilfe oder begleitend zur psychotherapeutischen Behandlung, insbesondere mittels der Kognitiven Verhaltenstherapie. Übungsaufgaben und Arbeitsblätter helfen, die vermittelten Inhalte im Alltag zu trainieren.

Aus dem Inhalt
▶ Selbstwertkonzepte
▶ Selbstwertbomben und ihre Auswirkungen
▶ Eigene Selbstwertbomben erkennen
▶ Das Ziel: Gesunde Selbstkonzepte und Selbstbewertungen
▶ Eigene Selbstwertbomben entschärfen
▶ Neue Selbstkonzepte und Selbstbewertungen leben lernen.

Verlagsgruppe Beltz • Postfach 100154 • 69441 Weinheim • www.beltz.de

Rasch den roten Faden finden

Bernd Ubben
Planungsleitfaden Verhaltenstherapie
Sitzungsaufbau, Probatorik, Bericht an den Gutachter
Mit Online-Materialien
2010. 291 Seiten. Gebunden
ISBN 978-3-621-27784-6

Bernd Ubben beschreibt alle Etappen des verhaltenstherapeutischen Prozesses. Zusätzlich wird Schritt für Schritt gezeigt, wie nach durchgeführter Probatorik der Bericht an den Gutachter zu erstellen ist. Mit Formulierungsvorschlägen und Mustergutachten.

Mit
▶ praktischen Checklisten,
▶ anschaulichen Beispielberichten und
▶ umfangreichen Online-Zusatzmaterialien
stellt das Buch insgesamt eine äußerst praktikable Orientierungshilfe im therapeutischen Alltag dar.

Aus dem Inhalt
▶ Aspekte moderner Verhaltenstherapie
▶ Zehn Planungsschritte der Probatorik
▶ Einsatz des ABC-Modells im weiteren Therapieprozess und in der Supervision
▶ Bericht an den Gutachter
▶ Neue Selbstkonzepte und Selbstbewertungen leben lernen.

Verlagsgruppe Beltz • Postfach 100154 • 69441 Weinheim • www.beltz.de

Schematherapie — eine Einführung für Praktiker

Gitta Jacob • Arnoud Arntz
Schematherapie in der Praxis
2011. 206 Seiten. Gebunden
ISBN 978-3-621-27783-9

Die Schematherapie ist eine sinnvolle Ergänzung zur Verhaltenstherapie. Schemata werden als überdauernde Eigenschaften verstanden, die sich bereits in der Kindheit ausbilden. Die Autoren legen den Schwerpunkt des Buches auf das Moduskonzept.

Ein Modus (z. B. das verletzte Kind) ist der aktuelle Zustand des Patienten, mit dem man in der Therapie leichter arbeiten kann und der deshalb im Vordergrund der therapeutischen Arbeit steht. Es wird gezeigt, welche Modusklassen es gibt und wie das Modus-Fallkonzept erarbeitet wird. Die schematherapeutischen Interventionen wie z.B. Stuhldialoge werden modusspezifisch vorgestellt. Fallbeispiele unterschiedlicher Patiententypen veranschaulichen das therapeutische Vorgehen. Typische Fragen werden am Ende jedes Kapitels beantwortet.

Aus dem Inhalt
Teil I Fallkonzeptualisierung:
Grundlagen • Das Moduskonzept • Vermittlung des Moduskonzeptes an den Patienten
Teil II Behandlung:
Übersicht über die Behandlung • Überwinden von Bewältigungsmodi • Umgang mit verletzbaren Kindmodi • Umgang mit wütenden und impulsiven Kindmodi • Interventionen bei dysfunktionalen Elternmodi • Stärkung des gesunden Erwachsenenmodus

Verlagsgruppe Beltz • Postfach 100154 • 69441 Weinheim • www.beltz.de